Herbert Lippert

HANDBUCH ANATOMIE

Textatlas

Herbert Lippert

Handbuch Anatomie

Textatlas

Deutsche und lateinische Bezeichnungen

Unter Mitarbeit von
Wunna Lippert-Burmeister

6., überarbeitete und erweiterte Auflage

1231, großteils mehrfarbige Abbildungen

Nikol

Anschrift des Verfassers
Prof. Dr. med. Dr. phil. Herbert Lippert
Schneeren, Am großen Horn 1
D - 31535 Neustadt

Lektorat:
Dr. med. Dorothea Scheiderbanger,
München

Herstellung:
Renate Hausdorf,
München

Anatomie
6. Auflage

Genehmigte Lizenzausgabe für
Nikol Verlagsgesellschaft mbH & Co. KG
Hamburg 2006

Einbandgestaltung:
Thomas Jarzina, Köln
Printed in the Czech Republic

ISBN 13: 978-3-937872-20-9
ISBN 10: 3-937872-20-5

www.nikol-verlag.de

Vorwort

Wer erstmals einen anatomischen Atlas durchblättert, wundert sich gewöhnlich über die vielen Bezeichnungen. Er gewinnt leicht den Eindruck, das Studium der Anatomie sei eine Art Sprachkurs, bei dem es in erster Linie auf das Vokabellernen ankomme. Der anatomische Atlas ist dann für ihn ein Wörterbuch dieser Fremdsprache. Beginnt man mit dieser Einstellung das „Pauken", so wird die Anatomie bald zum Alptraum werden. In der Anatomie geht es in erster Linie um das Verständnis der Baugesetzlichkeiten des menschlichen Körpers und nicht um die anatomischen Namen. Diese sind nur Hilfsmittel zur leichteren Verständigung, aber niemals Selbstzweck. Ebensowenig wie man eine Fremdsprache durch Auswendiglernen eines Wörterbuchs beherrschen lernt, kann man den Körperbau des Menschen durch Auswendiglernen anatomischer Namen erfassen.

In dem hier vorliegenden „Textatlas" wird versucht, dieser Problematik Rechnung zu tragen: Der „Text" soll mit möglichst wenig Fachbegriffen klare Vorstellungen vom funktionellen Bau des Körpers vermitteln. Der „Atlas" muß nach Art eines Bildwörterbuchs möglichst viele Begriffe anbieten. Damit sich der Anfänger im „Dschungel" der Begriffe nicht verläuft, sind die Hinweisziffern für die wichtigen Bezeichnungen durch Fettdruck herausgehoben. Im Zusammenhang gelesen, vermittelt der Text ein Grundverständnis der Anatomie, das in den Krankenpflegeberufen als Examenswissen ausreichen sollte, für den Medizinstudenten natürlich nur eine Einführung bedeuten kann. Die Wiederholungsfragen am Ende des Buches sollen die Vorbereitung auf eine Prüfung erleichtern.

Die 5. Auflage brachte eine Neugestaltung des Bildteils des Buches, um es noch stärker an der praktischen Medizin zu orientieren. So waren z.B. zahlreiche Fotos von gesunden und kranken Personen aufgenommen worden, um zu betonen, daß es in der Anatomie um den lebenden Menschen und nicht um die Leiche geht.

Bei der vorliegenden 6. Auflage stand die Überarbeitung des Textes im Mittelpunkt:

- Der Mensch kann dem Menschen nicht völlig wertfrei gegenüberstehen. Trotz redlichsten Bemühens fließen auch in wissenschaftliche Werke über den Menschen die Vorurteile des Verfassers ein, so wie auch der sich für unbefangen haltende Leser den Text durch die Brille seiner Vorurteile liest. Den menschlichen Körper gibt es in den „Versionen" von Frau und Mann. Ein Buch über den menschlichen Körper sollte daher gemeinsam von einer Frau und einem Mann geschrieben werden. Dementsprechend ist das Buch nunmehr ein Gemeinschaftswerk von Tochter und Vater. Die „Tochter" brachte für viele Proble die Sicht der Frau und der Mutter von drei kleinen Kindern ein. Zugleich wurde das Buch dadurch verjüngt, weil die 32 Jahre jüngere Tochter in ihrem Weltbild der überwiegenden Altergruppe der Leser viel näher steht als der schon etwas „abgeklärte" Vater.
- Im Zuge der „Verjüngung" wurde der gesamte Text didaktisch und stilistisch überarbeitet. Die Beschreibung sollte noch verständlicher, übersichtlicher und einprägsamer werden. Noch mehr fettgedruckte Zwischenüberschriften und kursiv gesetzte Stichwörter sollen die rasche Orientierung erleichtern. Auf den meisten Textseiten im Bildteil wurden einige Hauptpunkte umrahmt, damit schon beim Durchblättern der Blick auf wichtigem Lehrstoff verweilt.
- Selbstverständlich sollte die Neuauflage den aktuellen Stand der Wissenschaft widerspiegeln. Dazu wurden z.B. immunologische Fragen eingehender behandelt.
- Beim Vergleich mit der vorhergehenden Auflage erscheinen manche Texte länger. Dies ist die Folge der stärkeren „Aufbereitung". Der Lernstoff wurde nicht vermehrt, sondern eher

gekürzt, um Platz für die anschauliche Beschreibung des Wichtigen zu gewinnen.

• Im Bildteil wurden Hinweislinien und Bezifferungen bei vielen Abbildungen verbessert. Neu hinzugekommen sind Ultraschallbilder, um die immense praktische Bedeutung dieses „bildgebenden Verfahrens" für den Einblick in den lebenden Körper zu unterstreichen.

• Die von kritischen Lesern vorgeschlagenen Verbesserungen wurden soweit wie möglich berücksichtigt. Lehrbuchautoren brauchen in besonderem Maß die Rückkoppelung. Deshalb die Bitte an die Leser: Schreiben Sie, was Ihnen nicht gefällt. Haben Sie keine Hemmungen, Kritik zu üben. Jede Zuschrift wird willkommen sein.

Besonderen Dank schulde ich Herrn Dr. med. h.c. Michael Urban und seinen Mitarbeitern, vor allem Frau Dr. med. Dorothea Schneiderbanger und Frau Renate Hausdorf, die verständnisvoll auf meine Wünsche für diese Auflage eingingen. Ohne sie im einzelnen zu erwähnen, sei all derer gedacht, die durch Erteilen von Abdruckgenehmigungen die Zusammenstellung dieses Atlasses ermöglicht haben. Ihre Namen gehen aus dem Abbildungsnachweis am Ende des Buches hervor.

Hannover, im Herbst 1994

Herbert Lippert

Zeichenerklärung

1. Halbfette Ziffern und farbige Unterlegung
Ein anatomischer Atlas hat zumeist eine Doppelfunktion zu erfüllen: Er soll Lernhilfe und Nachschlagewerk zugleich sein. Als Lernhilfe müßte er sich auf das Wesentliche beschränken, als Nachschlagewerk aber viele Einzelheiten bringen. In diesem Atlas wurde versucht, beiden Gesichtspunkten durch unterschiedliche Drucktechnik Rechnung zu tragen. Die Hinweise für wichtige Bezeichnungen wurden in halbfetten Ziffern gesetzt und die Texte farbig unterlegt, um diese besonders zu kennzeichnen. Die Summe dieser Begriffe gehört zum Basiswissen der Anatomie. Bei diesen Hervorhebungen wurde auch die Klarheit der Abbildung berücksichtigt: Es kann also sein, daß eine Bezeichnung in einer Abbildung hervorgehoben ist, auf einer anderen, wo das Bezeichnete nur schlecht zu erkennen ist, nicht.

2. Namen in eckigen Klammern
Die Hinweislinien wurden jeweils mit deutschen (links) und lateinischen (rechts) Namen bezeichnet. Die lateinischen Namen sind größtenteils durch internationale Übereinkunft festgelegt. Begriffe, die nicht zu diesen internationalen „Nomina anatomica", „Nomina histologica" und „Nomina embryologica" gehören, wurden in eckige Klammern gesetzt, z.B. [Linea vitalis].

3. Namen in runden Klammern
a) Bei deutschen Namen:
• *Alternativen*: z.B. Bizeps (= zweiköpfiger Armmuskel). Die deutschen Namen für Organe usw. sind im Gegensatz zu den lateinischen Namen nicht offiziell festgelegt. Es steht weitgehend im Ermessen des Autors, welchen Namen er gebrauchen will. Im genannten Beispiel ist die offizielle Bezeichnung „M. biceps brachii", dies heißt wörtlich übersetzt „zweiköpfiger Armmuskel". In der Umgangssprache hat sich die aus dem Lateinischen stammende eindeutschende Bezeichnung „Bizeps" so eingebürgert, daß sie hier an erster Stelle genannt wurde.
• *Erläuterungen*: z.B. „weiße Linie" (Durchkreuzung der Sehnenzüge der schrägen Bauchmuskeln in der Körpermittelebene). Hier schien ein kurzer Kommentar angebracht, da man sich unter dem Namen „weiße Linie" wohl kaum etwas vorstellen kann.

b) Bei lateinischen Namen:
• *Ergänzungen*, z.B. Margo lateralis (renis) = seitlicher Rand (der Niere). Das Eingeklammerte kann wegbleiben, wenn es aus dem Zusammenhang klar ist. So führen die „Nomina anatomica" nur Margo lateralis unter der Überschrift Ren (= Niere) auf.
• *Offizielle Alternativen*, z.B. M. peroneus (fibularis) longus = langer Wadenbeinmuskel. Hier lassen die „Nomina anatomica" sowohl „M. peroneus longus" als auch „M. fibularis longus" zu.
• *Vereinfachte Bezeichnungen*: z.B. (V. hepatica) für „Ast der Lebervene". Obwohl die Neufassung der „Nomina anatomica" über 13 000 Namen enthält, fehlen darin viele Bezeichnungen für weniger wichtige Details. So werden nicht alle Äste der Lebervenen eigens benannt.

4. Abkürzungen
Traditionsgemäß werden einige sehr häufig verwendete Wörter als Bestandteil von anatomischen Namen abgekürzt. Es sind dies:

A.	Arteria	Schlagader
Lig.	Ligamentum	Band
M.	Musculus	Muskel
N.	Nervus	Nerv
R.	Ramus	Ast
V.	Vena	Vene

Um die Mehrzahl anzugeben, wird der letzte Buchstabe der Abkürzung verdoppelt:

Aa.	Arteriae	Schlagadern
Ligg.	Ligamenta	Bänder
Mm.	Musculi	Muskeln
Nn.	Nervi	Nerven
Rr.	Rami	Äste
Vv.	Venae	Venen

Andere Abkürzungen werden in diesem Atlas nicht verwendet.

Inhalt

Teil 1: Atlas mit Begleittext

Teil 2: Wiederholungs- und Prüfungsfragen („Basiswissen“)

Was ist Anatomie?
Das Wort Anatomie leitet sich vom griechischen anatémnein = auseinanderschneiden, zergliedern ab. Anatomie bedeutet somit etwa Zergliederungskunst. Der heutigen Anatomie geht es aber weniger um das Aufteilen als um das geistige Zusammenfügen der Teile zu einem funktionsfähigen Ganzen. Wir können dies mit der Berufsbezeichnung „Schneider" vergleichen. Das Zerschneiden des Stoffes ist zwar auch nötig, aber noch nötiger erscheint uns das Zusammennähen zu einem passenden Kleidungsstück.
Die Anatomie ist eine sehr alte Wissenschaft. Nach schon sehr weitgehenden Erkenntnissen in der Antike trat im Mittelalter, wie in allen Naturwissenschaften, ein Rückschlag ein. Damals herrschte die Lehre von *Galen*, der seine anatomischen Kenntnisse mehr an Affen als an Menschen gewonnen hatte. Im 13. Jahrhundert begann dann für die Anatomie bereits die Renaissance. Man führte, zunächst zögernd, dann immer häufiger, Sektionen des Menschen durch. In der Mitte des 16. Jahrhunderts erlebte die Anatomie eine unerhörte Blüte. 1543 erschien ein umfassendes Werk über die menschliche Anatomie von *Vesal*. Es bildete die Grundlage für die weitere Entwicklung der Medizin. Die Anatomie kann damit als die erste anerkannte Naturwissenschaft gelten. 57 Jahre nach Erscheinen von Vesals Anatomie wurde Giordano Bruno wegen neuer Ansichten noch verbrannt, und 90 Jahre später mußte der Astronom Galilei noch abschwören, daß sich die Erde um die Sonne dreht. Die Anatomie entwickelte sich jedoch weitgehend ungestört.
Vom 16. bis zum 18. Jahrhundert war die Anatomie die Naturwissenschaft vom Menschen schlechthin. Der Arzt studierte damals im wesentlichen vier Fächer: Anatomie, Chirurgie, (innere) Medizin und Botanik. Im 19. Jahrhundert erfolgte dann in rascher Folge die Verselbständigung von Teilgebieten der „Lehre vom Körperbau": Die „vergleichende Anatomie", die den Bau des Menschen mit dem der Tiere vergleicht, wurde zu einem Teil der Zoologie. Die „pathologische Anatomie", mit den krankhaften Veränderungen des Körpers befaßt, wurde zu einem selbständigen Fach der klinischen Medizin. Am einschneidendsten wurde die Spaltung der Lehre vom gesunden Menschen in „Anatomie" und „Physiologie". Physiologie bedeutet, wörtlich übersetzt, „Lehre vom Körper". Sie befaßt sich jedoch im wesentlichen mit den Lebensvorgängen (Kreislauf, Atmung, Verdauung, Fortpflanzung usw.). Für die alte Anatomie blieb damit die Untersuchung des Baues und der Strukturgesetzlichkeiten des gesunden menschlichen Körpers übrig. Aber auch in diesem Bereich mußte sie sich noch einschränken. Die Lehre von den Unterschieden der Menschenrassen und der Konstitutionstypen wurde zu einem Teilgebiet der „Anthropologie" (wörtlich „Lehre vom Menschen").
Trotzdem hat die Anatomie als Lehr- und Forschungsgebiet eine Fülle von Aufgaben. Gerade in jüngerer Zeit gewann die Anatomie durch viele neue Untersuchungsverfahren am lebenden Menschen (Ultraschall, Computertomographie, Magnetbild, Spiegeluntersuchung und Feinnadelpunktion praktisch aller inneren Organe usw.) neue Aktualität.

Anatomie = Lehre vom Bau des gesunden menschlichen Körpers

Betrachtungsweisen der Anatomie
Die Anatomie beschränkt sich heute nicht mehr auf die Beschreibung von Formen, sondern sieht die Wechselwirkung von Form und Funktion („funktionelle Anatomie"). Der menschliche Körper ist ein funktionelles Ganzes. Die einzelnen Teile können ohne das Ganze nicht zweckmäßig arbeiten. Trotzdem ist es nötig, zum Studium die einzelnen Teile und Aspekte gesondert zu betrachten. Man darf aber das Ganze nicht einfach als Summe der Teile verstehen. Dies wird bei der „Baustofflehre" deutlich: Ein Gewebe ist mehr als die Summe der Zellen, ein Organ mehr als die Summe der Gewebe. Erst das sinnvolle Gefüge, die Abstimmung der Funktionen der einzelnen Teile, ergibt ein vollständiges Ganzes.
Der menschliche Körper ist nicht ein für allemal unverändert da. Aus winzigen Anfängen reift er durch Ausgestaltungs- und Wachstumsvorgänge zum eigenständigen Leben heran. Er ist auf dem Höhepunkt seiner körperlichen Entwicklung selbst fortpflanzungsfähig. Danach verfällt er, erst fast unmerklich, dann immer schneller, bis die Lebensfähigkeit erlischt. Die Entwicklungsgeschichte ist ein wichtiger Teilaspekt der Anatomie.

A Titelblatt des Hauptwerks von Andreas Vesal: „Vom Bau des menschlichen Körpers" aus dem Jahre 1543. Es ist das erste umfassende gedruckte Werk über die menschliche Anatomie. Mit ihm hielt die naturwissenschaftliche Betrachtungsweise ihren Einzug in die Medizin. Allerdings eilte die Anatomie darin den anderen medizinischen Fächern weit voraus. Bis weit in das 19. Jahrhundert hinein wurde die praktische Medizin mehr von Spekulationen als von Tatsachenwissen bestimmt.

ANDREAE VESALII
BRVXELLENSIS, SCHOLAE
medicorum Patauinæ professoris, de
Humani corporis fabrica
Libri septem.
CVM CAESAREAE
Maiest. Gallíarum Regis, ac Senatus Veneti gratia & priuilegio, ut in diplomatis eorundem continetur.

Gliederung der Anatomie
Den Körperbau des Menschen kann man unter drei Hauptgesichtspunkten sehen:

1. Bausteine	Zellen	Zellenlehre (Zytologie)
	Gewebe	Gewebelehre (Histologie)
	Organe + Organsysteme	mikroskopische + makroskopische Anatomie
2. Lagebeziehungen		topographische Anatomie
3. Entwicklung		Entwicklungsgeschichte (Embryologie)

Nach ihren Aufgaben für den Gesamtorganismus kann man die Organe des Menschen (wie aller Wirbeltiere) in drei große Gruppen einteilen:
1. Organe, die dem Körper seine charakteristische Gestalt und die Möglichkeit der Bewegung verleihen (Knochen, Gelenke, Muskeln usw.), fassen wir unter dem Begriff „Bewegungsapparat" zusammen.
2. Organe im Dienst der Verdauung, der Atmung, der Harnbereitung, der Fortpflanzung, des Kreislaufs, der Infektionsabwehr und die großen Drüsen werden gewöhnlich als „innere Organe" bezeichnet.
3. Organe, die der Abgrenzung des Organismus gegen die Umwelt und dem Kontakt mit dieser dienen, sind die Haut, die Sinnesorgane und das Nervensystem.
In diesem Atlas steht die Baustofflehre im Vordergrund, da sie die grundlegenden Kenntnisse über den Körperbau vermittelt. Das Buch ist weitgehend nach der eben angegebenen Reihenfolge der Organsysteme gegliedert. Nur die Haut wurde mit der Zellen- und Gewebelehre in den Abschnitt allgemeine Anatomie einbezogen.

Die anatomischen Bezeichnungen
Die meisten Wissenschaftssprachen sind von den Sprachen des klassischen Altertums geprägt. So sind auch die offiziellen Bezeichnungen in der Anatomie (*Nomina anatomica*) lateinisch. Manche anatomische Bezeichnungen haben eine lange Tradition: Schon im Griechischen entstanden, wurden sie in die lateinische Wissenschaftssprache des Mittelalters übernommen. Sie finden sich in den frühen anatomischen Lehrbüchern der Neuzeit und wurden auch in den deutschsprachigen Lehrbüchern des 19. Jahrhunderts beibehalten. Im 19. Jahrhundert traten an die Stelle des Lateinischen die Nationalsprachen als Wissenschaftssprachen. Viele lateinische Bezeichnungen wurden allmählich eingedeutscht (entsprechend in den anderen Ländern anglisiert, romanisiert usw.). Die Endungen schliffen sich ab, lange Bezeichnungen wurden verkürzt. So entstand in Deutschland „Muskel" aus „Musculus", „Arterie" aus „Arteria", „Tube" aus „Tuba uterina" und „Tuba auditiva" usw. Die Umgangssprache des Mediziners ist im wesentlichen von solchen eingedeutschten Bezeichnungen bestimmt.
Die Wissenschaft gesteht dem Entdecker das Recht zu, dem Entdeckten einen Namen zu geben. Viele wissenschaftliche Entdeckungen werden jedoch unabhängig voneinander mehrfach gemacht. Häufig bemerkt man erst später, daß es sich um Gleiches handelt. So kommt es oft zu mehreren Bezeichnungen für das gleiche Gebilde.
Um die internationale Verständigung zu erleichtern, haben sich daher 1895 die Anatomen aus aller Welt auf einem internationalen Kongreß in Basel auf einheitliche Bezeichnungen geeinigt, die „Nomina anatomica". Im Laufe der Zeit wurden Ergänzungen und Verbesserungen nötig, so daß die „Basler" Nomina anatomica 1935 von den „Jenaer" und 1955 von den „Pariser" Nomina anatomica abgelöst wurden. Die komplette Liste der Bezeichnungen wurde jeweils als Buch herausgegeben und dient als Nachschlagewerk. Es ist allerdings für den Nichtanatomen etwas schwierig zu handhaben. Die Unterschiede zwischen den drei anatomischen Nomenklaturen sind gering. Sie betreffen vor allem die Richtungsbegriffe, einige Adjektivendungen, die Schreibung der Umlaute und den Bindestrich bei zusammengesetzten Wörtern. Der praktisch tätige Arzt kümmert sich meist wenig um die sprachlichen Bemühungen des Anatomen. Er gebraucht häufig eine Mischung der drei Nomenklaturen. Die offiziellen Bezeichnungen wurden 1975 durch Einbeziehen der Gewebelehre („Nomina histologica") und der Entwicklungsgeschichte („Nomina embryologica") wesentlich erweitert.

A Bildnis des Andreas Vesal, des Begründers der neuzeitlichen Anatomie. Im Alter von nur 28 Jahren schuf er sein großes Werk, mit dem ein neues Zeitalter in der Medizin begann.
B-D Bilder aus Vesals „Vom Bau des menschlichen Körpers" (1543) als Beispiele für die obengenannten 3 großen Gruppen von Organen: Bewegungsapparat (**B**), innere Organe (**C**), Nervensystem und Sinnesorgane (**D**). Die Skelettafeln Vesals sind wegen der Anmut der Zeichnung berühmt geworden. Die Holzschnitte stammen von Johann Stephan von Calcar, einem Schüler Tizians. Ein Vergleich der Abb. C mit der modernen Darstellung der großen Blutgefäße des Bauchraums auf S. 303 zeigt die große Genauigkeit im Werk Vesals: Er bemerkte z.B. schon die seitenverschiedene Mündung der Hodenvenen: rechts in die untere Hohlvene, links in die Nierenvene.

ANDREAE VESALII.
AN. ÆT. XXVIII
D. XLII

A

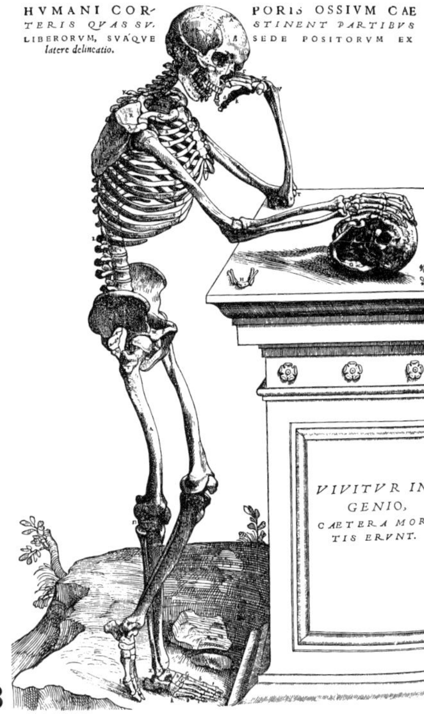
HVMANI CORPORIS OSSIVM CAETERIS QVAS SVSTINENT PARTIBVS LIBERORVM, SVAQVE SEDE POSITORVM EX latere delineatio.
VIVITVR INGENIO, CAETERA MORTIS ERVNT.

B

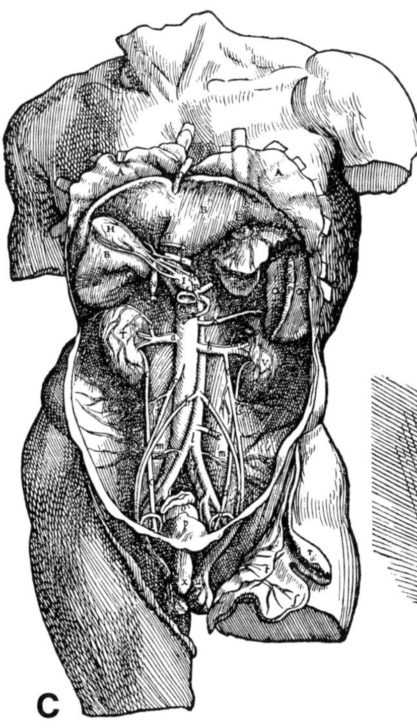

C

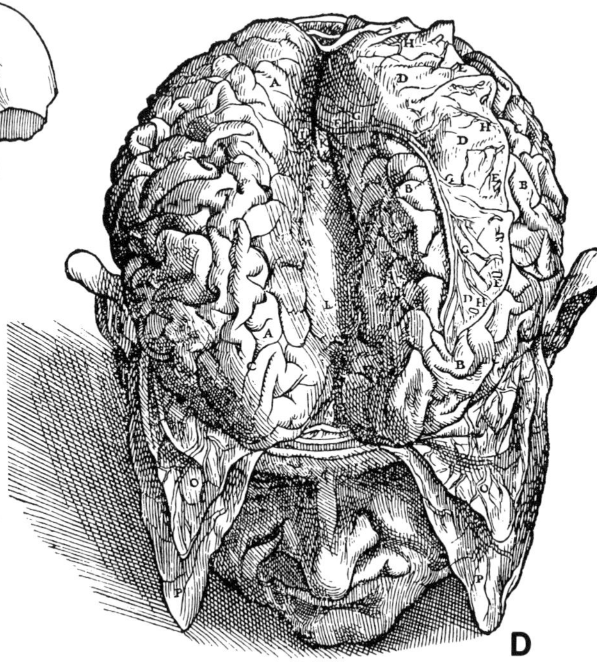

D

Schreibweise und Aussprache der Nomina anatomica

Die derzeit gültigen anatomischen Bezeichnungen weichen in der *Schreibweise* etwas vom klassischen Latein ab. So ist es üblich, das erste Wort eines anatomischen Begriffs (und nur dieses) mit großem Anfangsbuchstaben zu schreiben: z.B. Arcus aortae = Aortenbogen. Umlaute werden vielfach nicht mehr gebraucht: z.B. Peritoneum = Bauchfell (früher üblich Peritonaeum). Wie „j" gesprochenes lateinisches „i" wird als „j" geschrieben: z.B. Jejunum = (Leerdarm).

Die *Aussprache* der lateinischen Wörter in der Medizin folgt dem lateinischen Gebrauch des Mittelalters, wie er in den romanischen Sprachen weiterlebt. So wird „c" vor e, ae, oe und i wie „z" sonst wie „k" gesprochen, z.B. Caecum (= Blinddarm), gesprochen „Zäkum". Die größte Schwierigkeit bietet dem Nichtlateiner die richtige Betonung. Viele Fehler kann man vermeiden, wenn man sich einprägt, daß nie die letzte Silbe, sondern immer die zweit- oder drittletzte Silbe betont ist. Meist liegt der Ton auf der vorletzten Silbe, z.B. Vagina (= Scheide). Nur wenn die vorletzte Silbe kurz ist, geht die Betonung auf die drittletzte über, z.B. Ventriculus (= Magen). Bei einigen Wörtern ist man sich über die korrekte Betonung nicht einig, z.B. M. deltoideus (= Deltamuskel): Die einen betonen „deltoideus", die anderen „deltoideus".

A + B Körpergegenden, in Holzschnitte aus Vesals Anatomie eingezeichnet.

1	Stirngegend	Regio frontalis
2	Scheitelgegend	Regio parietalis
3	Hinterhauptgegend	Regio occipitalis
4	Schläfengegend	Regio temporalis
5	Gesichtsgegenden	Regiones faciales
6	Vordere Halsgegend = (vorderes Halsdreieck)	Regio cervicalis anterior = (Trigonum cervicale anterius)
7	Kopfwendergegend	Regio sternocleidomastoidea
8	Seitliche Halsgegend = (hinteres Halsdreieck)	Regio cervicalis lateralis = (Trigonum cervicale posterius)
9	Hintere Halsgegend (Nackengegend)	Regio cervicalis posterior (Regio nuchalis)
10	Brustbeingegend	Regio presternalis
11	Unterschlüsselbeingrube	Fossa infraclavicularis
12	Brustgegend	Regio pectoralis
13	Achselgegend	Regio axillaris
14	Rippenbogengegend	Regio hypochondriaca (Hypochondrium)
15	Magengrube	Regio epigastrica (Epigastrium)
16	Seitliche Bauchgegend	Regio lateralis
17	Nabelgegend	Regio umbilicalis
18	Leistengegend	Regio inguinalis
19	Schamhaargegend	Regio pubica (Hypogastrium)
20	Schamgegend	Regio urogenitalis
21	Wirbelsäulengegend	Regio vertebralis
22	Kreuzbeingegend	Regio sacralis
23	Lendengegend	Regio lumbaris (lumbalis)
24	Schulterblattgegend	Regio scapularis
25	Unterschulterblattgegend	Regio infrascapularis
26	Deltamuskelgegend	Regio deltoidea
27	Vordere Oberarmgegend	Regio (Facies) brachialis anterior
28	Hintere Oberarmgegend	Regio (Facies) brachialis posterior
29 + 30	Vordere + hintere Ellbogengegend	Regio (Facies) cubitalis anterior + posterior
31	Vordere Unterarmgegend	Regio (Facies) antebrachialis anterior
32	Hintere Unterarmgegend	Regio (Facies) antebrachialis posterior
33 + 34	Vordere + hintere Handwurzelgegend	Regio carpalis anterior + posterior
35	Hohlhand (Handfläche)	Palma manus
36	Handrücken	Dorsum manus
37	Gesäßgegend	Regio glutealis
38	Vordere Oberschenkelgegend	Regio (Facies) femoralis anterior
39	Hintere Oberschenkelgegend	Regio (Facies) femoralis posterior
40 + 41	Vordere + hintere Kniegegend	Regio genus anterior + posterior
42 + 43	Vordere + hintere Unterschenkelgegend	Regio (Facies) cruralis anterior + posterior
44	Fersengegend	Regio calcanea (Calx)
45	Fußrücken	Dorsum (Regio dorsalis) pedis
46	Fußsohle	Planta (Regio plantaris) pedis

A

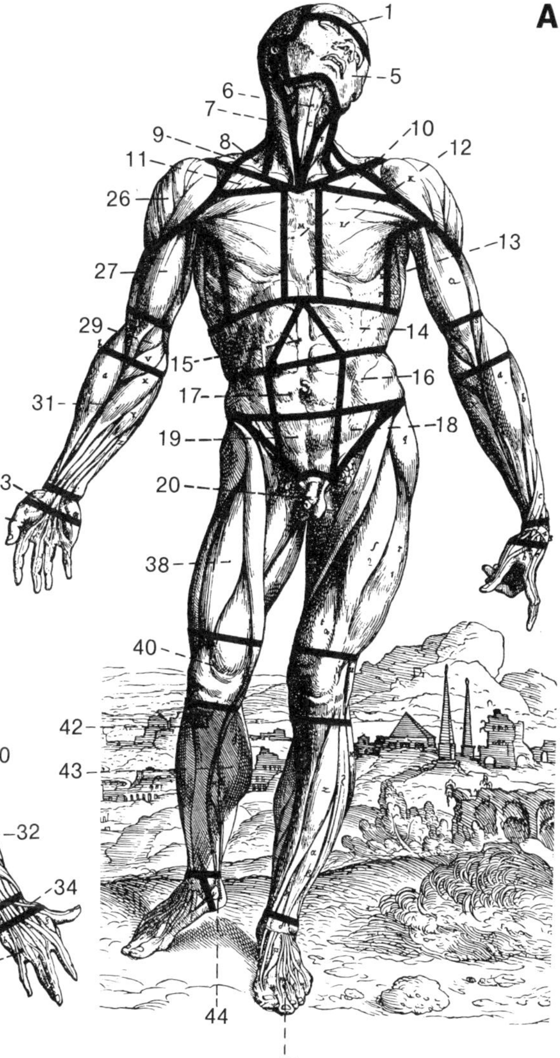
1
5
6
7
9
8
10
12
11
26
13
27
29
14
15
16
17
31
18
19
33
20
35
38
40
42
43
44
45

B

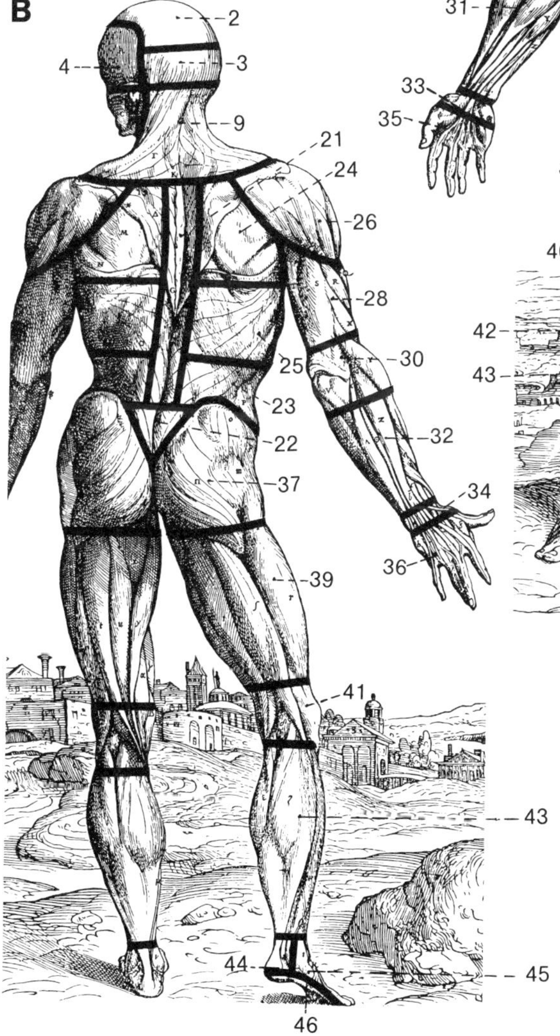
2
4
3
9
21
24
26
28
25
30
23
32
22
37
34
36
39
41
43
44
45
46

Die Richtungsbegriffe der Anatomie

Der Mensch lebt in einem dreidimensionalen Raum und erlebt auch den eigenen Körper als dreidimensional. Wir sind gewohnt, an unserem Körper „oben" und „unten" (Längsrichtung), „vorn" und „hinten" (Pfeilrichtung), „rechts" und „links" (Querrichtung) zu unterscheiden. Diese Richtungen sind nicht vertauschbar: Wir können uns drehen wie wir wollen: Der rechte Arm wird nie zum linken, das „Hinterteil" nie ein „Vorderteil", der „Ober"-Schenkel nie zum „Unter"-Schenkel (auch wenn wir uns auf den Kopf stellen!). Weil die Richtungen nicht vertauschbar sind, können sie bei anatomischen Bezeichnungen verwendet werden: So unterscheiden wir an der Lunge einen Oberlappen und einen Unterlappen, am Herzen eine rechte Kammer und eine linke Kammer, am Rückenmark eine vordere und eine hintere Wurzel usw. Der Arzt verwendet statt der deutschen häufig aus dem Lateinischen abgeleitete Bezeichnungen:

1	oben (kranial)	superior (cranialis)
2	unten (kaudal)	inferior (caudalis)
3	längs (longitudinal)	longitudinalis
4	vorn (ventral)	anterior (ventralis)
5	hinten (dorsal)	posterior (dorsalis)
6	in Pfeilrichtung (sagittal)	sagittalis
7	seitlich (lateral)	lateralis
8	zur Mitte zu (medial)	medialis
9	in der Mittelebene gelegen (median)	medianus
10	quer (transversal)	transversalis (transversus)

Bei den Armen und Beinen spricht man statt von oben und unten gern von „rumpfnah" (proximal) und „rumpffern" (distal).

Aus zwei Richtungen kann man eine Ebene bilden, dementsprechend aus drei Hauptrichtungen des Körpers drei Gruppen von Hauptebenen:

11	Frontalebenen (parallel zur Stirn, frons = Stirn),
12	Transversalebenen (auch Horizontalebenen genannt),
13	Sagittalebenen (auch Paramedianebenen, weil sie parallel zur Medianebene = Symmetrieebene des Körpers stehen).

Klarheit über die Richtungsbegriffe erleichtert das Verständnis anatomischer Texte sehr. Die Richtungsbezeichnungen als Bestandteile anatomischer Begriffe werden in der Fachliteratur häufig abgekürzt. Dies ist in diesem Atlas unterblieben, da im Lateinischen die Endung von Eigenschaftswörtern vom Geschlecht des zugehörigen Hauptworts abhängig ist. Der des Lateinischen nicht Kundige hat somit Schwierigkeiten mit der vollständigen Wiedergabe solcher abgekürzten Bezeichnungen. Deshalb sind in der unten stehenden Tabelle die wichtigsten Abkürzungen aufgeführt.

A + B Hauptrichtungen des Körpers, in Holzschnitte aus Vesals Anatomie (aus dem Jahre 1543) eingezeichnet.

C Hauptebenen des Körpers.

Abkürzungen von Richtungsbezeichnungen als Bestandteile anatomischer Begriffe. Es sind jeweils die vollständigen Formen in der Einzahl wiedergegeben. Man beachte jedoch, daß das Geschlecht im Lateinischen und im Deutschen nicht immer übereinstimmt: z.B. der Körper = „das" Corpus, die Lunge = „der" Pulmo, die Leber = „das" Hepar.

Abkürzung	*männlich*	*weiblich*	*sächlich*	*deutsch*
ant.	anterior	anterior	anterius	vorderer (bzw. vordere, vorderes)
caud.	caudalis	caudalis	caudale	unten
dext.	dexter	dextra	dextrum	rechts
dist.	distalis	distalis	distale	rumpffern
dors.	dorsalis	dorsalis	dorsale	hinten (rückwärts)
ext.	externus	externa	externum	außen (i.S. von oberflächlich)
inf.	inferior	inferior	inferius	unterer
int.	internus	interna	internum	innen (i.S. von tief)
lat.	lateralis	lateralis	laterale	außen (i.S. von seitlich)
med.	medialis	medialis	mediale	innen (als Gegensatz von seitlich)
	medius	media	medium	mittlerer (von drei)
post.	posterior	posterior	posterius	hinterer
prof.	profundus	profunda	profundum	tief
prox.	proximalis	proximalis	proximale	rumpfnah
sin.	sinister	sinistra	sinistrum...	links
sup.	superior	superior	superius	oberer
superf.	superficialis	superficialis	superficiale	oberflächlich
ventr.	ventralis	ventralis	ventrale	vorn (bauchwärts)

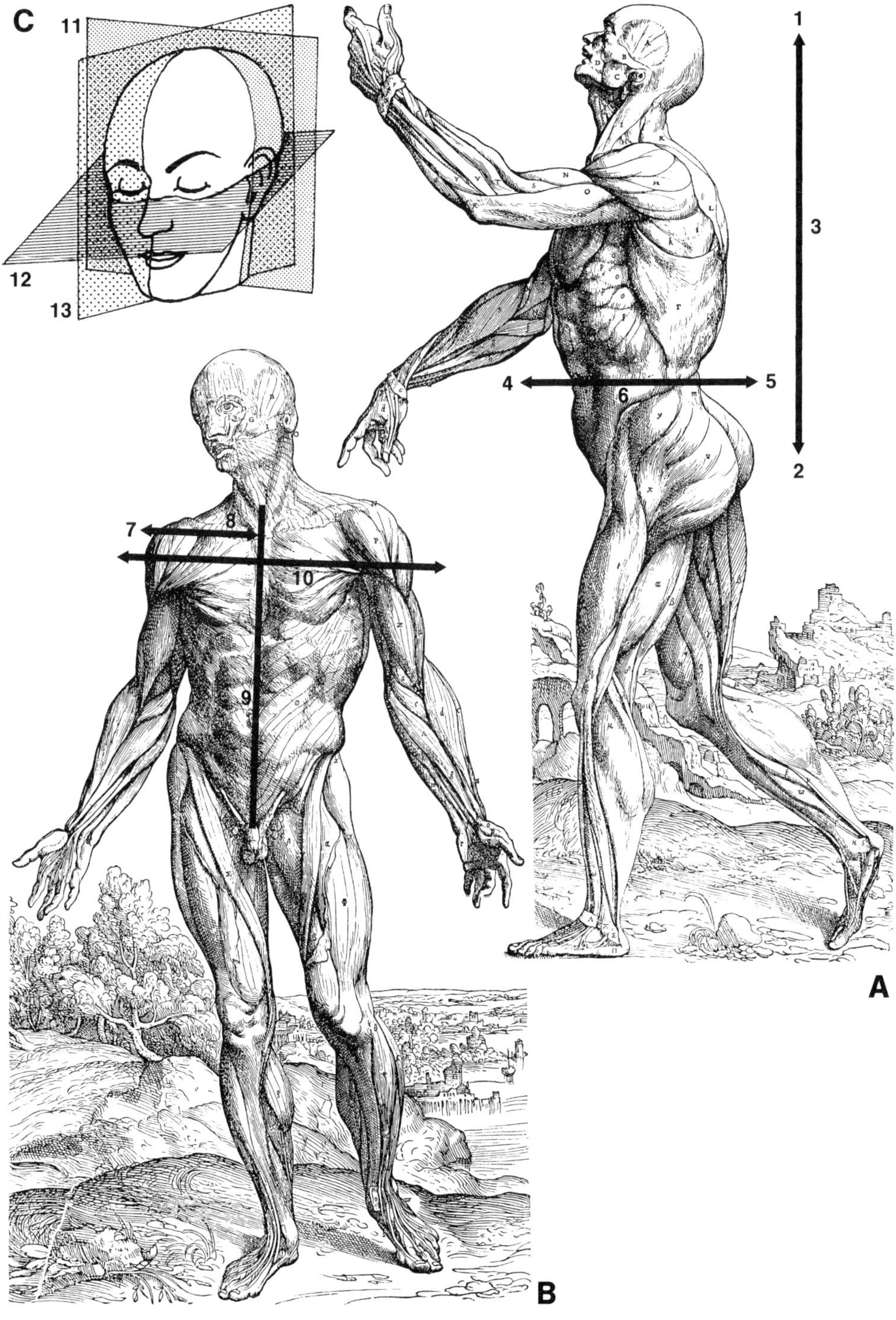
C
11
12
13
1
3
2
4
6
5
7
8
10
9
A
B

Geschlechtsunterschiede im Körperbau
Auch wenn man die Geschlechtsorgane nicht sieht, kann man meist ohne Schwierigkeit Frau und Mann unterscheiden. Dies ist häufig sogar an einzelnen Körperteilen möglich, z.B. einem Fuß, der unter einer Decke hervorschaut. Dabei ist es oft schwierig anzugeben, woran wir das Geschlecht erkennen. Wir erfassen den Körper gestalthaft als Ganzes aufgrund angeborener Bilder und langjähriger Erfahrung.

Auffallendste Unterschiede im Körper des Mannes gegenüber dem Körper der Frau (abgesehen von den Geschlechtsorganen):
- größere Körperlänge (im Mittel 7 %), daher größere Organe
- dünneres Unterhautfettgewebe, daher eckigere Körperform
- schmäleres Becken und breitere Schultern
- unentfaltete Brustdrüsen
- größerer Kehlkopf, daher tiefere Stimme
- stärkere Körperbehaarung, besonders im Gesicht und am Unterbauch

Die 3 letztgenannten Unterschiede sind durch Geschlechtshormone auch noch beim Erwachsenen zu beeinflussen: Durch weibliche Geschlechtshormone kann man auch beim Mann die Brustdrüse zu weiblichen Formen entwickeln (Foto ➥ S. 343, N). Durch männliche Geschlechtshormone wird bei der Frau die Stimme tiefer und die Behaarung dichter. Dies tritt bei der Frau natürlicherweise in den Wechseljahren ein, wenn weniger weibliche Geschlechtshormone erzeugt werden und dann die Androgene der Nebennierenrinde (➥ S. 270) in den Vordergrund treten.

Körperbautypen
Kein Mensch entspricht im Körperbau ganz genau einem anderen. Trotzdem bestehen aber auffallende Gemeinsamkeiten bei Gruppen von Menschen, wodurch sie sich von anderen unterscheiden. Auch ohne mit ihnen zu reden, wird man eine Gruppe von Japanern von einer Gruppe von Mitteleuropäern ohne Schwierigkeit unterscheiden können. Diese *Rassenunterschiede* betreffen nicht nur die äußere Form des Körpers, sondern auch die der inneren Organe. So ist z.B. der Wurmfortsatz bei Schwarzen im allgemeinen weiter als bei Weißen. Deshalb ist die Wurmfortsatzentzündung bei Schwarzen seltener als bei Weißen.
Aber auch innerhalb einer Rasse gibt es wieder Gruppen, deren Körperform ähnlich ist. Dieses Problem hat schon die Maler der Renaissance beschäftigt. Von Albrecht Dürer gibt es ein Buch „von menschlicher Proportion“ (1528), worin er einen breitwüchsigen Typ (7 Kopfhöhen lang) von einem Mitteltyp (8 Kopfhöhen lang) und von einem schmalwüchsigen Typ (10 Kopfhöhen lang) unterscheidet. Seitdem sind fast fünf Jahrhunderte verflossen, in denen immer wieder neue Körperbautypen beschrieben wurden. Besonders beschäftigte dabei der Gedanke, daß zwischen dem Körperbau und dem Charakter eine Beziehung bestehen könne. Dabei ist die Frage offen, ob der Körperbau den Charakter oder umgekehrt der Charakter den Körperbau beeinflußt.
Nach teilweise recht emotionalen Auseinandersetzungen sieht man das Problem heute recht nüchtern: Einerseits steht fest, daß es gewisse statistische Beziehungen zwischen den Ergebnissen in manchen psychologischen Tests und dem Körperbautyp gibt. Andererseits wird man sich hüten, aus dem Körperbautyp auf den Charakter eines ganz bestimmten Menschen zu schließen. In der Medizin beschäftigt man sich mit der Beziehung der Körperbautypen zu bestimmten Krankheiten. So werden z.B. Schmalwüchsige etwas häufiger von der Lungentuberkulose befallen, Breitwüchsige von der Gicht.

A Weiblicher und männlicher Körper (Stahlstich des 19. Jahrhunderts nach einem Gemälde von Palma il Vecchio, Venedig 1512).
B-G Körperbautypen (Konstitutionstypen) nach Kretschmer.
B + C *Schmalwüchsiger Typ* (Leptosomer), in ausgeprägter Form Astheniker genannt.
D + E *Athletischer Typ.*
F + G *Breitwüchsiger Typ* (Eurysomer), in ausgeprägter Form Pykniker genannt.
H-J Form der großen Körperhöhlen bei verschiedenen Konstitutionstypen. Herz schwarz, Lungen punktiert, Bauchhöhle schraffiert.
H Beim Schmalwüchsigen ist der Rumpf angedeutet sanduhrförmig. Die Längsdurchmesser von Brust- und Bauchraum sind größer als die Querdurchmesser. Das Herz steht steil („Tropfenherz“).
I Bei Mitteltypen und beim Athletiker (Querdurchmesser des Brustkorbs größer als Beckenbreite) hat auch das Herz eine Mittelstellung.
J Beim Breitwüchsigen beherrscht der Bauchraum die Gestalt. Der Rumpf nähert sich der Eiform. Die Brusthöhle ist breiter als hoch, dadurch nimmt das Herz eine mehr quere Lage ein („Schuhherz“ genannt wegen der Ähnlichkeit des Projektionsbildes mit einem hohen Schuh).

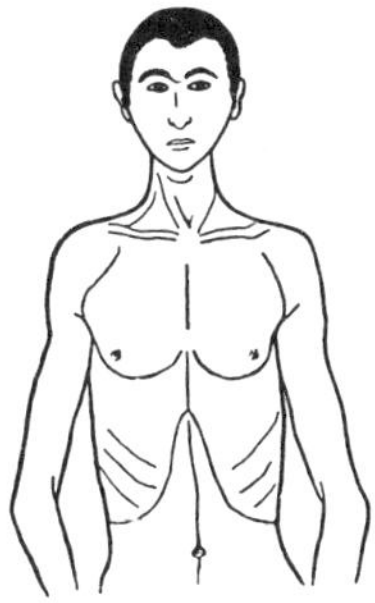

B

C

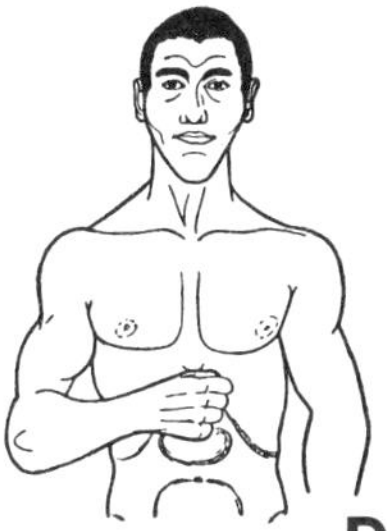

D

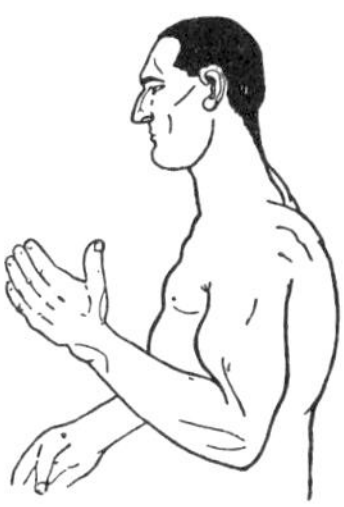

E

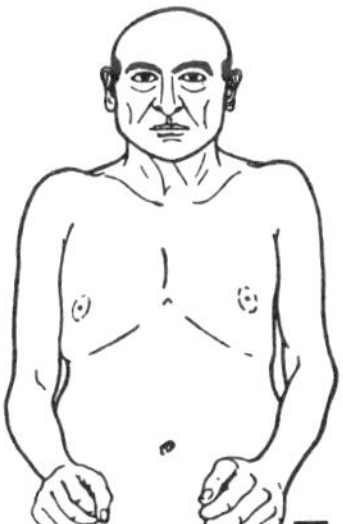

F

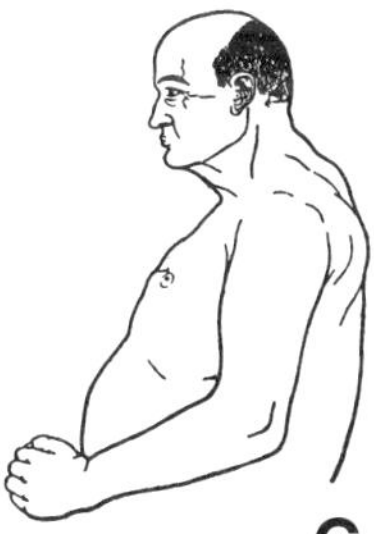

G

A

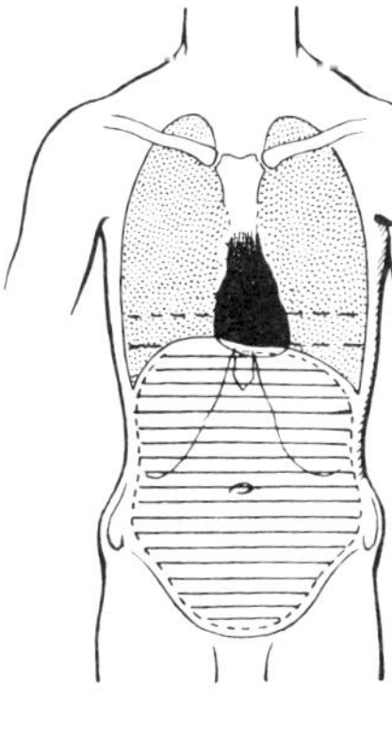

H

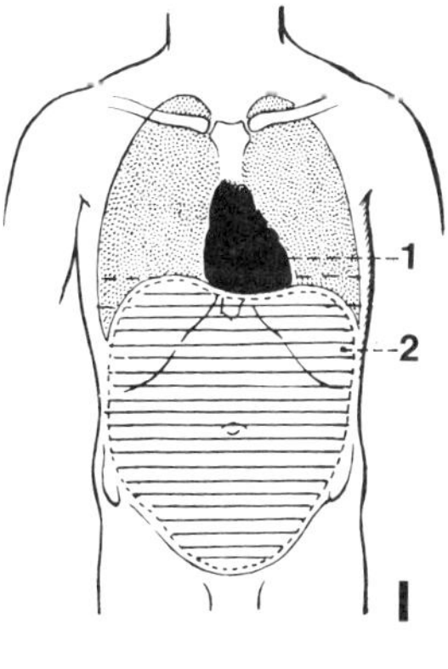

I

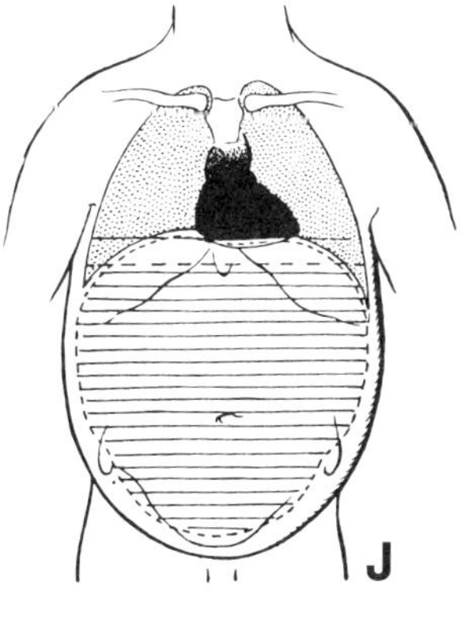

J

Wachstum und Proportionen

A Änderung der menschlichen *Proportionen* während des Wachstums. Ganz links Neugeborenes, ganz rechts Erwachsener, dazwischen die Altersstufen 2, 6 und 12 Jahre. Am auffälligsten ist die relative Größenänderung des Kopfes und der Beine, während der Rumpf seine relative Länge beibehält. Der Kopf ist beim Kleinkind so groß, weil das Gehirn beim Dreijährigen schon nahezu seine Endgröße erreicht hat. Im Alter von einem Jahr lernt das Kind bereits gehen und sprechen. Damit müssen sowohl der Apparat für die Steuerung der Bewegungen als auch der Apparat für die geistigen Funktionen betriebsfähig sein. Hingegen sind die Beine beim Säugling noch nicht sehr wichtig. Sie sind daher vor der Geburt im Wachstum zurückgeblieben. Auf diese Weise kann die Gesamtgröße der Frucht in der Gebärmutter kleingehalten werden.

> Das Kleinkind hat (verglichen mit dem Erwachsenen) einen großen Kopf, aber kurze Arme und Beine

Auch innerhalb des Kopfes lassen sich Proportionsänderungen erkennen: Beim Neugeborenen ist das Gesicht klein und der Hirnschädel groß. Mit der Bezahnung der Kiefer nimmt die Größe des Gesichts zu. Der Hirnschädel hingegen muß nicht mehr sehr viel wachsen, da das Gehirn ab dem dritten bis vierten Lebensjahr kaum noch an Volumen zunimmt.

Die relative Übergröße des Kopfes beim Neugeborenen und Säugling hat erhebliche praktische Bedeutung: In den ersten Lebenswochen können die noch schwachen Halsmuskeln des Kindes den schweren Kopf nicht im Gleichgewicht halten. Die Mutter bzw. Pflegeperson muß daher bei allen Pflegemaßnahmen den Kopf des Kindes sorgfältig abstützen, damit er nicht nach rückwärts oder zur Seite fällt. Dies gilt besonders, wenn das Kind aus dem Bettchen oder dem Kinderwagen gehoben wird.

Der übergroße Kopf des Säuglings ist bei Unfällen stärker gefährdet. Fällt das Kind vom Wickeltisch, so kommt es leicht zu Schädelverletzungen, weil der schwere Kopf voranfällt und das Kind damit zuerst auf den Boden aufschlägt. Einen Säugling darf man daher nicht einmal nur kurze Zeit unbeaufsichtigt auf einem Wickeltisch liegen lassen, um etwa neue Windeln zu holen.

B *Längenwachstum* des Kindes und des Jugendlichen. Die Körperlänge nimmt am stärksten im ersten Lebensjahr zu. Dann wird der Zuwachs von Jahr zu Jahr kleiner, bis beim Mädchen mit etwa 11 Jahren, beim Knaben mit 13 Jahren der Wachstumsschub der Pubertät einsetzt. Das Längenwachstum endet bei der Frau mit etwa 20, beim Mann mit 25 Jahren. Die Längenzunahme ist jedoch bei der Frau nach dem 16., beim Mann nach dem 18. Lebensjahr nur noch gering.

C + D Verteilung der *Körperoberfläche* auf die einzelnen Körperteile. Deren Kenntnis ist wichtig, z.B. um die Gefährlichkeit von Verbrennungen beurteilen zu können. Ist mehr als die Hälfte der Körperoberfläche verbrannt, besteht kaum eine Überlebenschance. Die Gefährdung ist jedoch stark abhängig vom Lebensalter: Die Verbrennung von einem Viertel der Körperoberfläche überleben etwa 90 % der Jugendlichen und jungen Erwchsenen, aber nur etwa 20 % der über 65jährigen.

C Beim Erwachsenen dient zum groben Abschätzen der Körperoberfläche die *Neunerregel*: Die Arme und der Kopf werden mit je 9 %, die Beine sowie die Rumpfvorderseite und die Rumpfhinterseite mit je 2mal 9 = 18 % angesetzt. Dies gibt zusammen 99 %. Das restliche 1 % wird den äußeren Geschlechtsorganen zugewiesen. Eine Handfläche macht etwa 1 % der Körperoberfläche aus.

D Beim Kind stimmt die Neunerregel nicht. Wie aus Abb. A hervorgeht, ist beim Kind der Kopf viel größer. Dafür sind die Beine bei ihm relativ kürzer als beim Erwachsenen. Deshalb muß man beim Kind für den Kopf einen höheren Prozentsatz als 9 %, für die Beine einen niedrigeren Prozentsatz als 18 % ansetzen. Die im Bild angegebenen Zahlen gelten etwa für das 5jährige Kind. Beim Säugling muß man einen noch höheren Anteil für den Kopf und einen noch kleineren für die Beine annehmen.

E Die *Schwerpunkte* des Körpers und seiner Teile (die Prozentzahlen bedeuten die Anteile am Körpergewicht):

1 Kopf	7 %
2 Arm	7 %
3a Oberarm	3 %
3b Unterarm	3 %
4 Rumpf + Kopf + Arme	63 %
5 ganzer Körper ohne Standbein beim einbeinigen Stand	81 %
6 ganzer Körper	100 %
7 Bein	19 %
8a Oberschenkel	12 %
8b Unterschenkel	5 %
8c Fuß	2 %

F + G Abhängigkeit der *Körpertemperatur* von der Raumtemperatur. Die gleichmäßige Körpertemperatur von 37°C wird nur im Körperkern, d.h. im Bereich der inneren Organe, aufrechterhalten. Die Temperatur in den Gliedmaßen wird von der Umgebungstemperatur (**F** 20°, **G** 35°C) mitbestimmt. Sie schwankt daher recht stark.

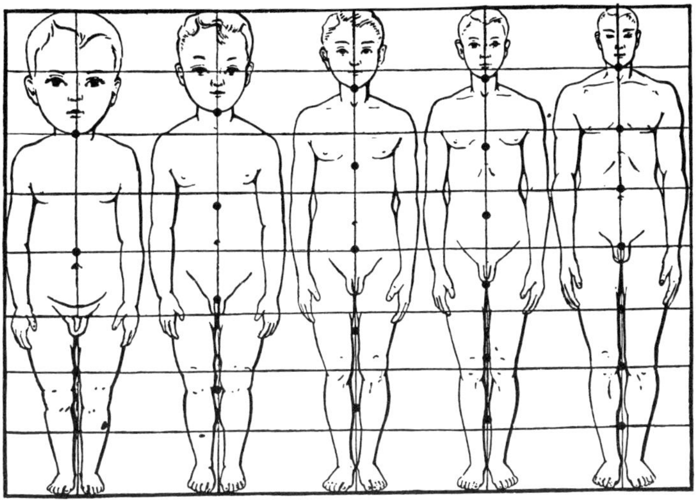

A

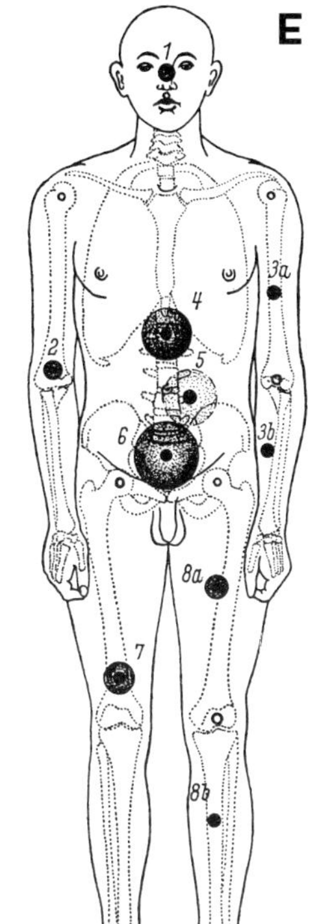
1
2
3a
3b
4
5
6
7
8a
8b
8c

E

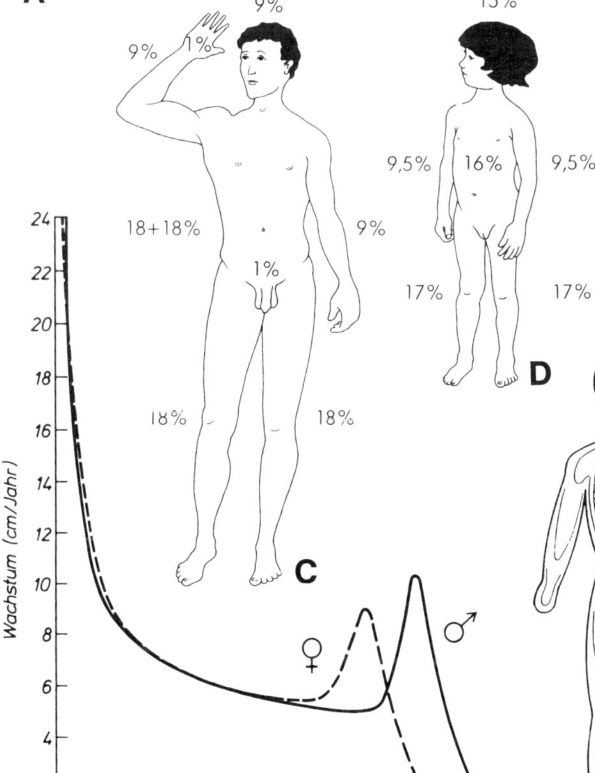
9%
9%
1%
18+18%
9%
1%
18%
18%
15%
9,5%
16%
9,5%
17%
17%
Wachstum (cm/Jahr)
Alter (Jahre)
♀
♂

B

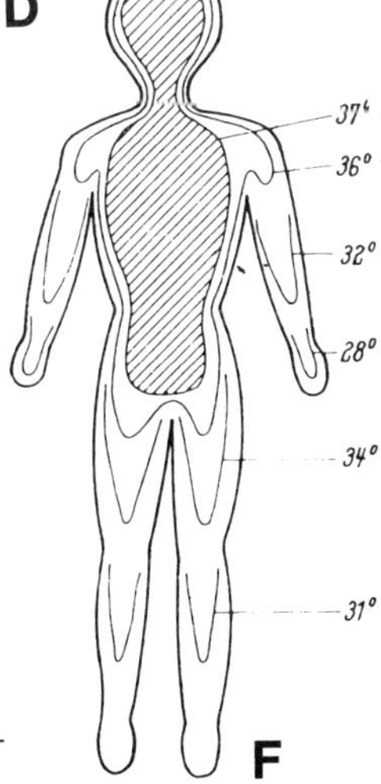
36°
32°
28°
34°
31°

F

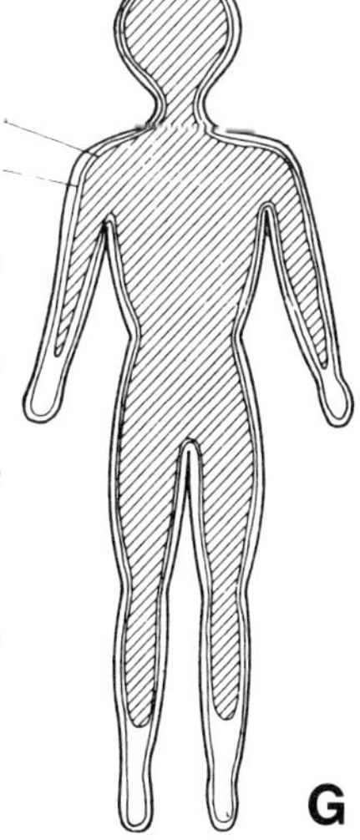

G

Störungen der Körperform

Kein Mensch sieht genau gleich aus wie ein anderer. Selbst zwischen den in den Erbanlagen völlig gleichen eineiigen Zwillingen bestehen kleine Unterschiede, an denen sie zumindest die eng Vertrauten unterscheiden können. Trotz all dieser Vielfalt haben wir ein Gefühl für die Spielbreite des Normalen und empfinden manche Körperformen als gestört. Manchmal ist es einfach, den Grund anzugeben, z.B. wenn ein Körperteil fehlt oder die Körperproportionen grob verändert sind. In anderen Fällen ist es wegen des schon besprochenen gestalthaften Erfassens der Körperform schwer, eine verstandesmäßige Begründung zu geben. Häufig sind dann auch mehrere Beurteiler verschiedener Meinung.

Ursachen von Störungen der Körperform:	
angeboren	• Fehler in den Erbanlagen • Erkrankung im Mutterleib
erworben	• Fehlhaltung • seelische Erkrankung • körperliche Erkrankung

Beispiele für angeborene Störungen der Körperform: Abb. A-E, für erworbene: z.B. Magersucht (Abb. F + G) und Fettsucht (➡ S. 47, C-F).

A *Trisomie 21* („Mongolismus", Down-Syndrom): Der Gesichtsausdruck ist gekennzeichnet durch die engen und leicht schrägstehenden Lidspalten, die Stumpfnase, den offenstehenden Mund und eine fleckige Gesichtsröte. Die Kinder bleiben in der körperlichen und geistigen Entwicklung zurück (Minderwuchs und Schwachsinn). Häufig liegen bei ihnen noch weitere Mißbildungen vor. Ursache ist eine Störung des Chromosoms 21: Es ist dreimal vorhanden (deshalb die wissenschaftliche Bezeichnung Trisomie). Die Wahrscheinlichkeit des Auftretens der Trisomie 21 bei einem Kind nimmt mit dem Alter der Mutter zu, doch können auch schon junge Mütter ein mongoloides Kind haben. Die Eltern haben meist normale Chromosomen. Eine Behandlung der Ursachen ist nicht möglich. Durch intensive Zuwendung kann jedoch die Entwicklung des Kindes sehr gefördert werden. Der schwachsinnige Gesichtsausdruck beruht hauptsächlich auf dem offenstehenden Mund. Dieser wiederum kommt durch eine übergroße Zunge (Makroglossie) zustande. Wird die Zunge operativ verkleinert, so kann der Mund geschlossen werden. Das Kind wird dann von der Umwelt besser angenommen und seine Eingliederung in die Gemeinschaft dadurch erleichtert.

B *Robbengliedrigkeit* (Phokomelie): Die langen Röhrenknochen der Arme (Oberarmbein, Speiche, Elle) sind stark verkürzt oder fehlen völlig. Die Hände sitzen mehr oder weniger unmittelbar am Rumpf. Das 12jährige Mädchen auf der Abbildung kann mit der rechten Hand gerade noch den Mund erreichen. Ursache ist eine Erkrankung des Embryos in der fünften Entwicklungswoche, wenn die Gliedmaßen angelegt werden. Um 1960 traten solche Gliedmaßenfehlbildungen (Dysmelien) gehäuft auf. Nachträglich stellte sich dann heraus, daß die Mütter das Schlafmittel Contergan (wissenschaftliche Bezeichnung Thalidomid) in der 7. Schwangerschaftswoche eingenommen hatten. Durch dieses Schlafmittel wird die Gliedmaßenentwicklung gehemmt („Contergan-Kind", Thalidomid-Embryopathie).

C *Disproportionierter Zwergwuchs* (Chondrodystrophie): Bei normal großem Körperstamm sind die Gliedmaßen zu kurz. Das Längenwachstum der langen Röhrenknochen ist gestört, weil der Umbau von Knorpel in Knochen an den Wachstumsfugen (Epiphysenfugen, ➡ S. 52, A) verzögert ist. Die geistige Entwicklung verläuft normal. Die Wachstumsstörung ist erblich. Andere Ursachen für Zwergwuchs (mit meist normalen Körperproportionen) sind Störungen der Hirnanhangsdrüse oder der Schilddrüse (➡ S. 267, E), Mangelernährung und geringe Körpergröße der Eltern.

D *Angeborenes Fehlen der Schlüsselbeine* (Dysostosis cleidocranialis): Die Schultern lassen sich vor der Brust zusammenklappen. Bei dieser Erbkrankheit treten meist auch Störungen am Schädel, den Zähnen, dem Becken und anderen Knochen auf.

E *Doppelmißbildung*: Die Körper von eineiigen Zwillingen haben sich in einem sehr frühen Entwicklungsstadium nicht völlig voneinander getrennt oder sind nachträglich wieder verschmolzen. Auf etwa 50 000 Geburten entfällt eine Doppelmißbildung. Da Zwillinge etwa bei jeder 80. Geburt zur Welt kommen, führt etwa jede 600. Zwillingsschwangerschaft zu einer Doppelmißbildung. Die Formenvielfalt ist groß. Am häufigsten sind die Kinder im Brustbereich verwachsen. Der volkstümliche Name „siamesische Zwillinge" geht auf das in Siam 1811 geborene Geschwisterpaar Chang und Eng Bunkes zurück, die 63 Jahre ungetrennt lebten. Sie waren mit einem Schwesternpaar verheiratet und hatten 22 Kinder. Heute bemüht man sich, Doppelmißbildungen im frühen Kindesalter zu trennen, um ihnen eine normale gesellschaftliche Entwicklung zu ermöglichen. Die Medien berichten meist ausführlich darüber.

F + G *Magersucht*: Äußerste Abmagerung wegen zu geringer Nahrungsaufnahme tritt vor allem bei weiblichen Jugendlichen auf. Zugrunde liegt meist ein (unbewußter) seelischer Konflikt mit Ablehnung der weiblichen Rolle. In extremen Fällen kann die Magersucht zum Tode führen. Im Mittelpunkt der Behandlung steht die Psychotherapie.

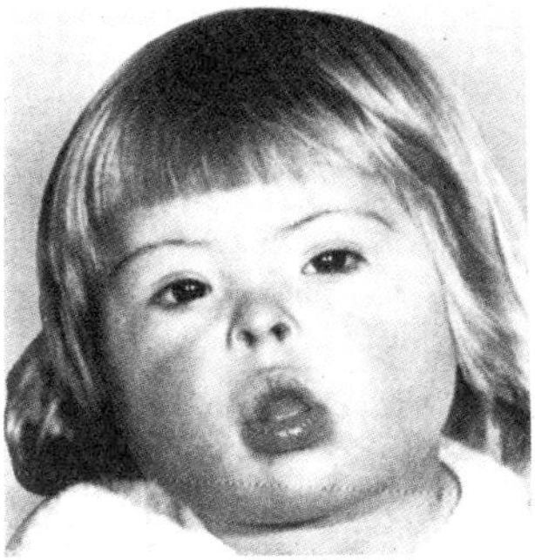

A

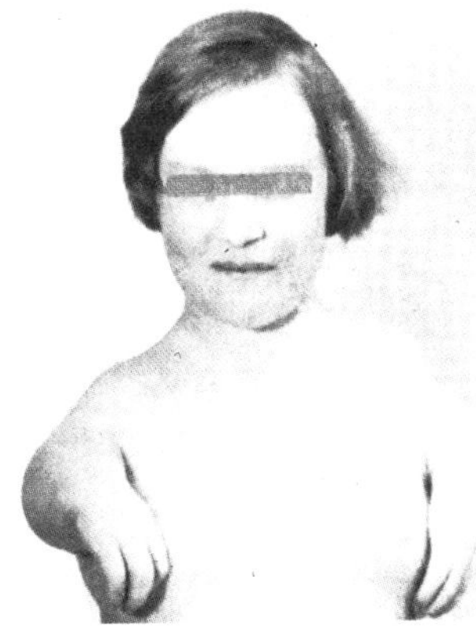

B

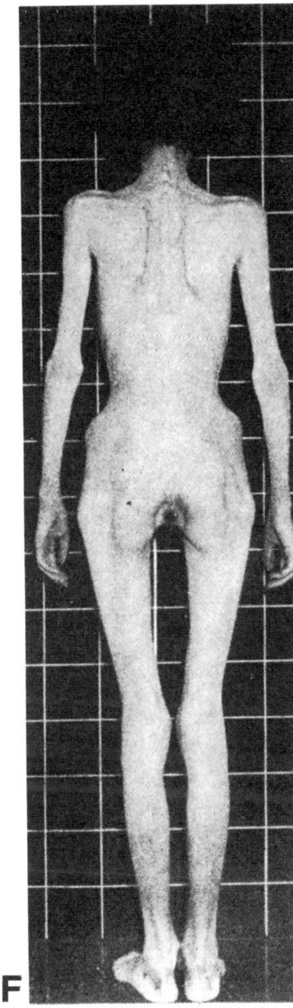

F

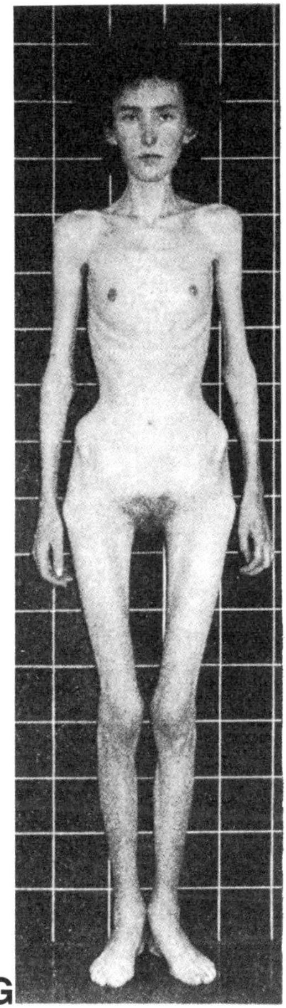

G

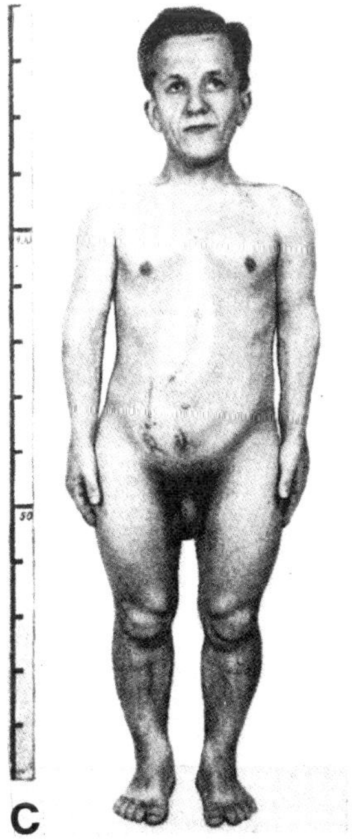

C

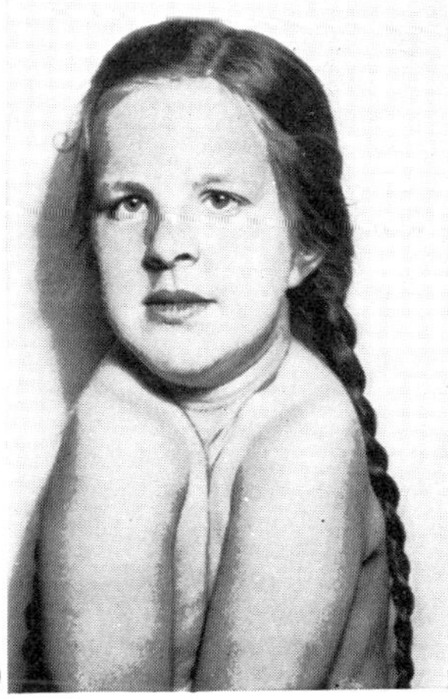

D

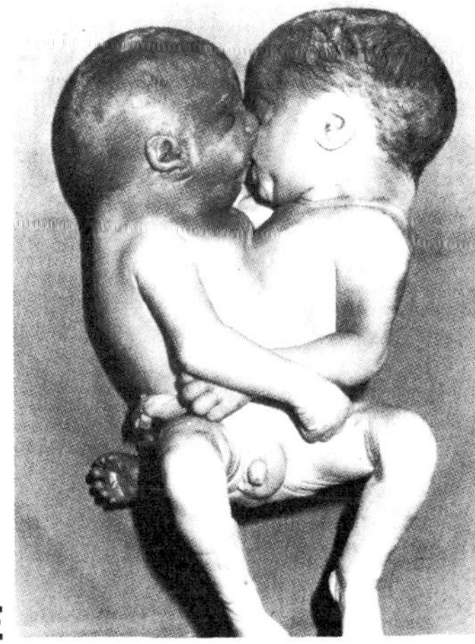

E

Innere Organe

Wird man gefragt, was „innere Organe" sind, so ist man versucht zu antworten: „die im Inneren des Körpers liegenden Organe". Diese Antwort führt nicht viel weiter. Denn man könnte dann fragen, ob es auch „äußere Organe" gibt, die im „Äußeren" oder gar außerhalb des Körpers liegen. Wer vor dem Kochen einmal ein Huhn, einen Hasen oder einen Fisch „ausgenommen" und dabei die „Innereien" entfernt hat, wird keine Schwierigkeiten haben, als „Inneres" die Leibeshöhle zu verstehen. Die Leibeshöhle wird von der Rumpfwand umschlossen. Deren Hauptabschnitte (Brustwand, Bauchwand, Wirbelsäule und Becken) werden beim Bewegungsapparat besprochen. Das Zwerchfell teilt die Leibeshöhle in zwei große Abschnitte: die Brusthöhle und die Bauchhöhle. Meist spricht man von den „3" großen Körperhöhlen: Brust-, Bauch- und Beckenhöhle. Die Beckenhöhle ist strenggenommen nur ein Teil der Bauchhöhle, und zwar jener Abschnitt, der im kleinen Becken liegt. Brust- und Bauchhöhle sind durch das Zwerchfell scharf getrennt. Die Grenze zwischen Bauchhöhle im engeren Sinn und Beckenhöhle ist jedoch fließend.

Als zweite Definition für „innere Organe" könnte man daher anbieten: die in Brust-, Bauch- und Beckenhöhle liegenden Organe. Diese Definition ist wieder etwas zu eng. So wird z.B. die im Halse gelegene Schilddrüse, die doch zweifellos ein „inneres Organ" ist, von ihr nicht erfaßt. Die Leibeshöhle erstreckt sich in frühen Entwicklungsstadien auch beim Menschen bis in den Kopf. Der „Kopfdarm" ist der Vorläufer von Mund- und Nasenhöhle, und auch die Schilddrüse geht aus ihm hervor. Will man die inneren Organe über die Körperhöhlen definieren, so muß man auf embryonale Verhältnisse zurückgehen. Dann ist es einfacher zu sagen, was nicht zu den inneren Organe gehört: Knochen, Muskeln, Haut.

So kommen wir zur 3. Definition: Innere Organe sind alle Organe, die nicht zum Bewegungsapparat oder zur Haut zählen. Hierbei bleibt eine Schwierigkeit: Soll man das Nervensystem und die Sinnesorgane in die inneren Organe einbeziehen oder nicht? Man wird dies nur im weiteren Sinne tun. Zuletzt erscheint es am besten, einfach aufzuzählen, welche Organsysteme wir zu den inneren Organen rechnen (4. Definition):

„Innere Organe":	• Verdauungsorgane • Hormondrüsen • Atmungsorgane • Harn- und Geschlechtsorgane • Kreislauforgane • lymphatische Organe

Die inneren Organe nennt man auch *Eingeweide*. Dieser Begriff entstammt der Jägersprache: Es handelt sich um die Teile des erlegten Wildes, die den Hunden zur Nahrung (= „Weide") vorgeworfen wurden. Je nach der Lage im Körper spricht man von Kopf-, Hals-, Brust-, Bauch- und Beckeneingeweiden.

Die Erkrankungen der inneren Organe sind nicht allein das Arbeitsgebiet des Facharztes für „innere Medizin" („Internist"). Auch die Fachärzte für Chirurgie, Urologie, Frauenkrankheiten usw. betätigen sich auf ihm. Andererseits befaßt sich der Internist auch mit Krankheiten des Bewegungsapparates (soweit sie nicht zur Orthopädie gehören). Das Gebiet der inneren Medizin selbst beginnt sich inzwischen wegen seiner Größe schon wieder in Unterfachgebiete aufzulösen: Gastroenterologie (Verdauungsorgane), Endokrinologie (Hormondrüsen), Pneumonologie = Pulmonologie (Atmungsorgane), Nephrologie (Niere), Kardiologie (Herz), Angiologie (Blutgefäße) usw. Die „innere Medizin" wird manchmal auch als die „Medizin" schlechthin bezeichnet. Eine „Medizinische Klinik" ist eine Klinik für innere Medizin und nicht etwa für die gesamte Medizin.

A Projektion der inneren Organe auf die vordere Rumpfwand.

1	Leber	Hepar
2	Dickdarm, querer Teil	Colon transversum
3	Dickdarm, aufsteigender Teil	Colon ascendens
4	Blinddarm	Caecum
5	Wurmfortsatz	Appendix vermiformis
6	Schilddrüse	Glandula thyroidea
7	Lunge	Pulmo
8	Herzbeutel	Pericardium
9	Magen	Gaster (Ventriculus)
10	Milz	Splen (Lien)
11	Dünndarm	Intestinum tenue
12	Nabel	[Umbilicus]
13	Dickdarm, S-förmiger Teil	Colon sigmoideum
14	Harnblase	Vesica urinaria

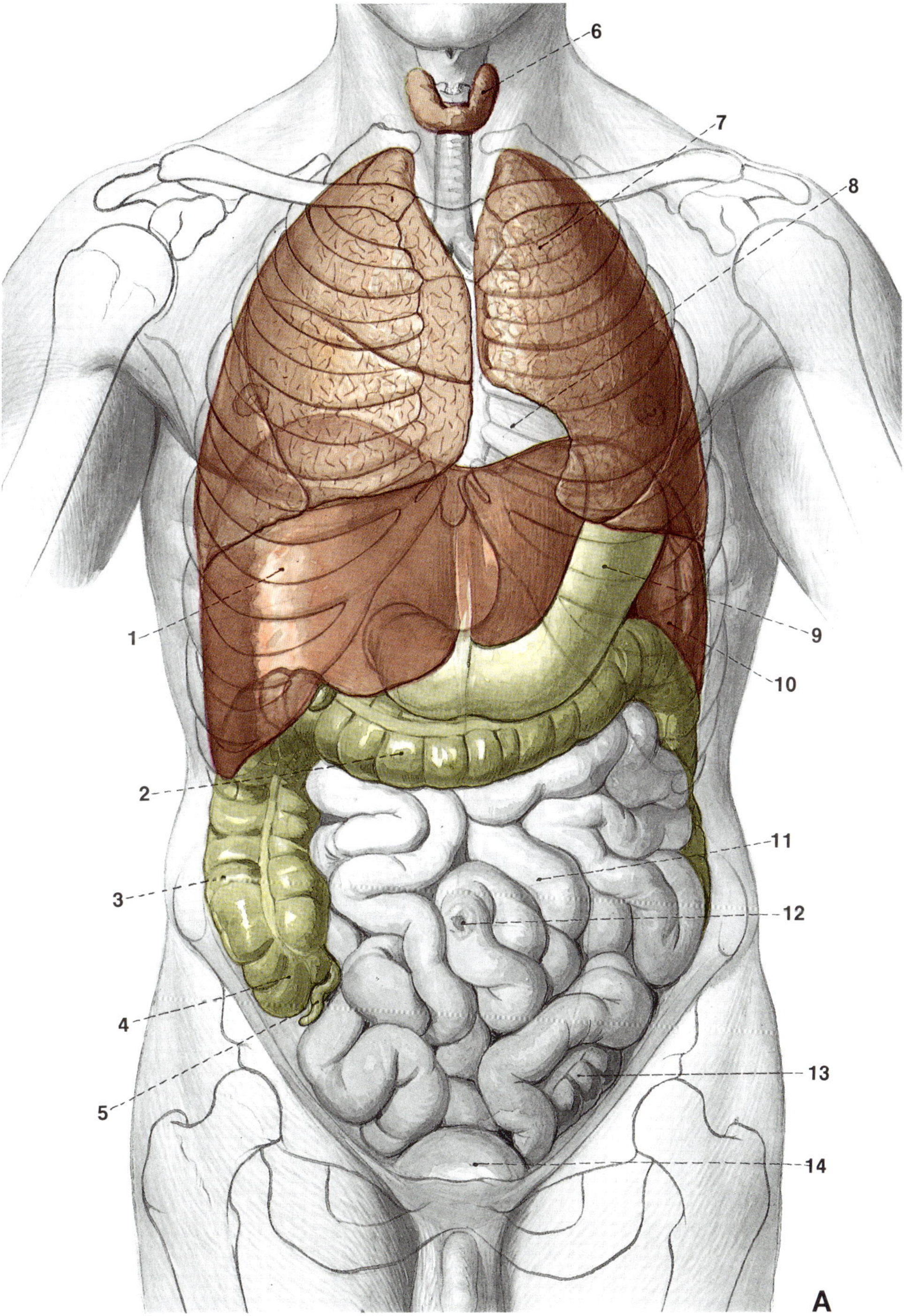
6
7
8
9
10
1
2
11
3
12
4
13
5
14
A

A Projektion der inneren Organe auf die rechte Rumpfwand. Die Brustwirbelsäule ist nach rückwärts ausgebogen. Deshalb reicht die Brusthöhle weit nach hinten. Die Lendenwirbelsäule ist vorn konvex und drängt die Baucheingeweide nach vorn. Diese können nur etwa die vordere Hälfte des Unterleibs einnehmen. Die Kippstellung des Beckens läßt den Beckenorganen rückwärts mehr Platz. Die Beckenhöhle erscheint daher auf der Abbildung nahezu rechtwinklig gegen die Bauchhöhle abgeknickt. Die Führungslinie des Dickdarms geht daher Z-förmig vom Bauchraum durch das Becken zum After.

B Querschnitt durch den Oberkörper des Erwachsenen. Die äußere Kontur ist annähernd queroval, die Kontur der Brusthöhle hingegen bohnen- oder nierenförmig. Die Wirbelsäule springt in den Brustraum vor. Die Lungen liegen nicht nur vor, sondern auch seitlich der Wirbelsäule.

C Medianschnitt (Schnitt in der Körpermittelebene = Symmetrieebene) durch den Rumpf. Gesäß und Rücken sind infolge der Rückenlagerung der Leiche plattgedrückt. Man achte auf die Dicke des Unterhautfettgewebes. Den Laien wird es wohl überraschen, wie schmal der Platz für die Baucheingeweide vor der Wirbelsäule ist.

D + E Frontale Magnetresonanzschichtbilder (MRT) durch den Rumpf eines 2jährigen Kindes. *Fortsetzung der Bildreihe auf S. 20.*

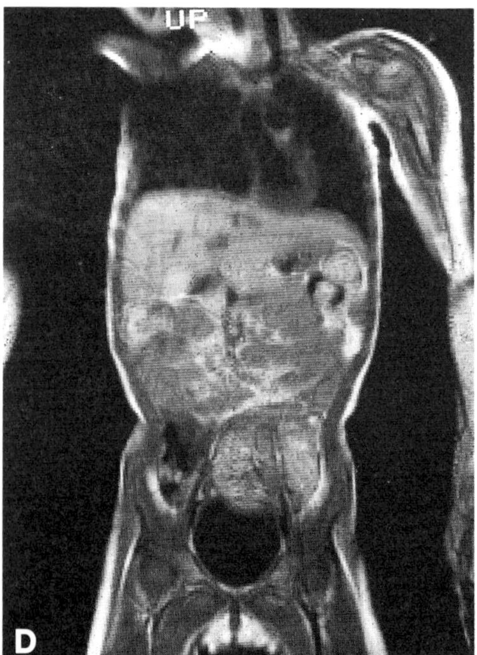

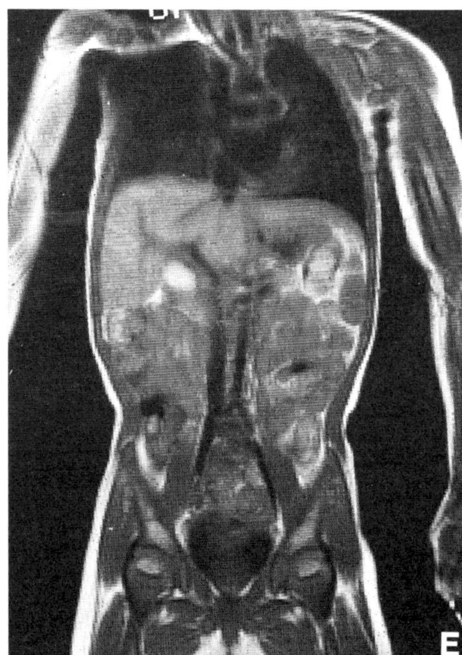

1	Speiseröhre	Oesophagus
2	Lunge	Pulmo
3	Zwerchfell (darunter Leber, darüber Lunge)	Diaphragma (thoraco-abdominale)
4	Leber	Hepar
5	Dickdarm, aufsteigender Teil	Colon ascendens
6	Mastdarm	Rectum
7	Kehlkopf	Larynx
8	Schilddrüse	Glandula thyroidea
9	Luftröhre	Trachea
10	Dickdarm, querer Teil	Colon transversum
11	Dünndarm	Intestinum tenue
12	Wirbelkanal	Canalis vertebralis
13	Brusthöhle	Cavitas thoracis

A

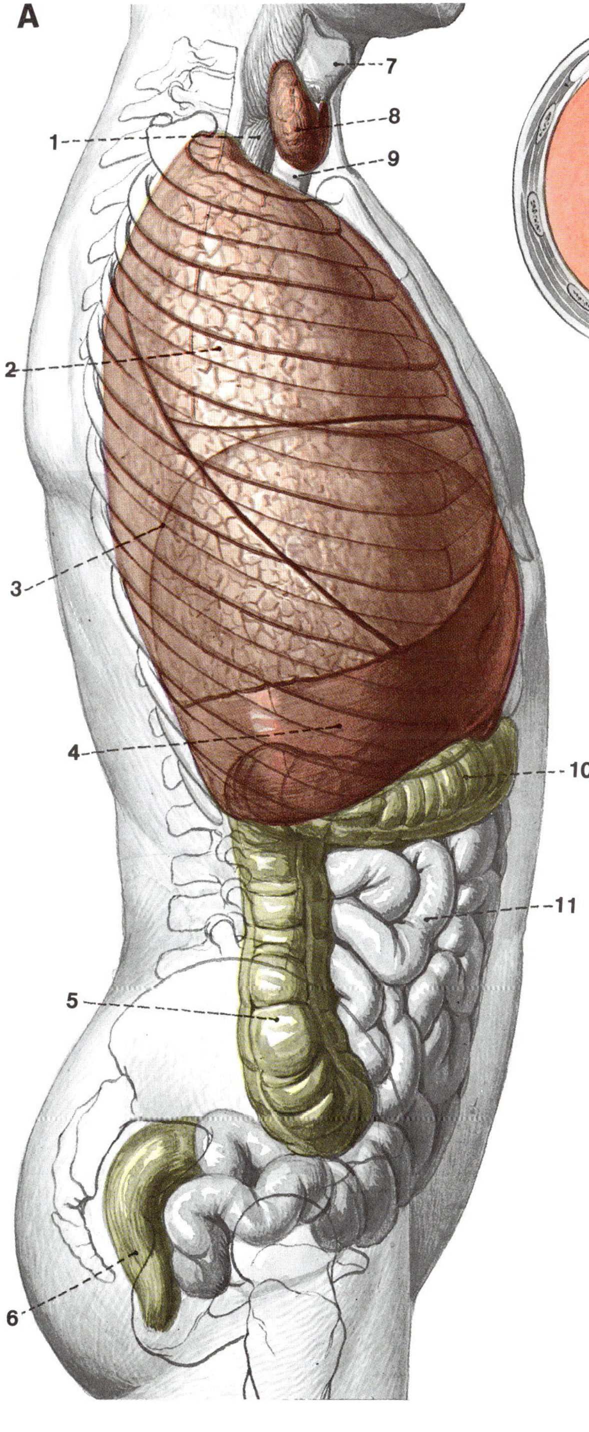

B

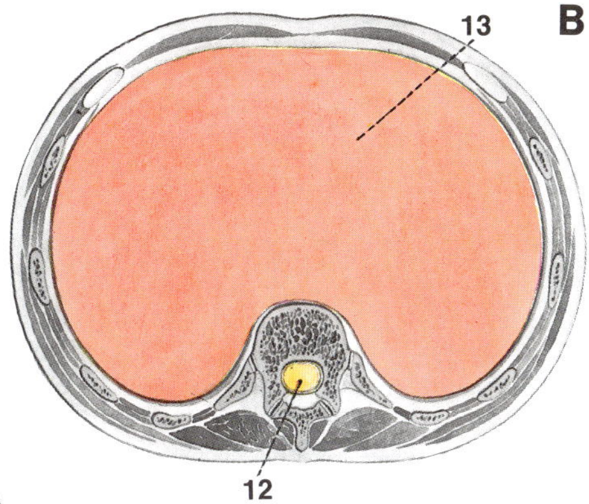

C

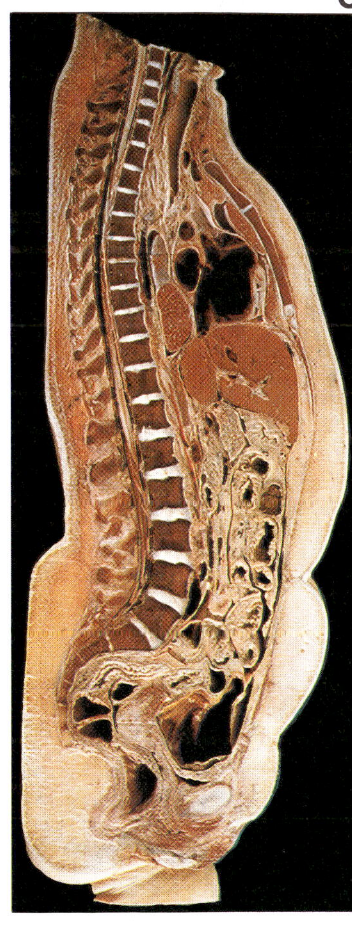

A Projektion der inneren Organe auf die hintere Rumpfwand. Der Rumpf ist oben und unten etwas breiter als in der Taille. Vergleicht man damit die Form der Leibeshöhle, so wird man überrascht feststellen, daß diese keineswegs der äußeren Form folgt. Sie bildet in der Ansicht von vorn oder hinten ein Längsoval mit dem größten Querdurchmesser in der Mitte. Die Verbreiterungen des Rumpfes oben und unten sind durch die mächtigen Knochen und Muskeln der Gliedmaßenwurzeln bedingt. Die Form der Körperhöhlen ist für das Verständnis von Schuß- und Stichverletzungen wichtig. Ein in Pfeilrichtung (sagittal) den Oberkörper durchsetzender Schuß muß die Brusteingeweide nicht verletzen, bei Bauchschüssen ist das Ausbleiben von Eingeweideverletzungen unwahrscheinlich. Anders ist dies bei Schußverletzungen in der queren (transversalen) Richtung. Hierbei kann der Schuß hinter den Baucheingeweiden durchgehen, aber kaum hinter den Brust- oder Beckeneingeweiden.

B + C Fortsetzung der Reihe frontaler Magnetresonanzschichtbilder eines 2jährigen Kindes von S. 18 (vorderste Schicht = Bild D auf S. 18, hinterste Schicht = Bild C auf dieser Seite). Man versuche die Organe durch Vergleich mit Abbildungen auf den S. 17, 21, 111, 161 und 303 zuzuordnen.

Allgemeines über Magnetresonanzschichtbilder ➥ S. 466.

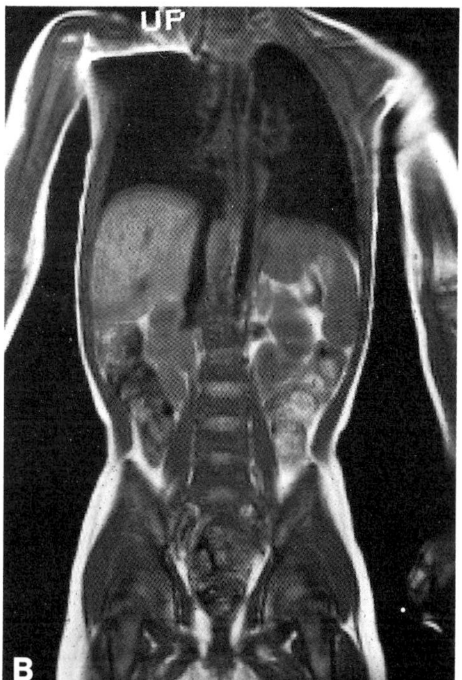

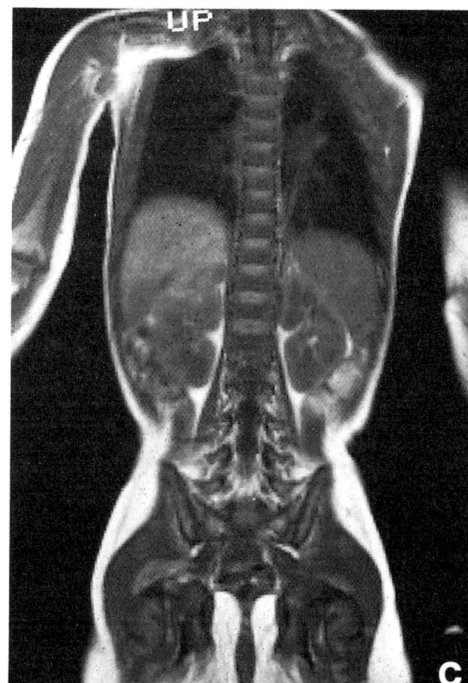

1	Milz	Splen (Lien)
2	Magen	Gaster (Ventriculus)
3	Niere	Ren (Nephros)
4	Dickdarm, absteigender Teil	Colon descendens
5	Dickdarm, S-förmiger Teil („Sigma")	Colon sigmoideum
6	After	Anus
7	Lunge	Pulmo
8	Leber	Hepar
9	Harnleiter	Ureter
10	Dickdarm, aufsteigender Teil	Colon ascendens
11	Wurmfortsatz	Appendix vermiformis
12	Blinddarm	Caecum
13	Mastdarm	Rectum
14	Lungenspitze	Apex pulmonis (pulmonalis)

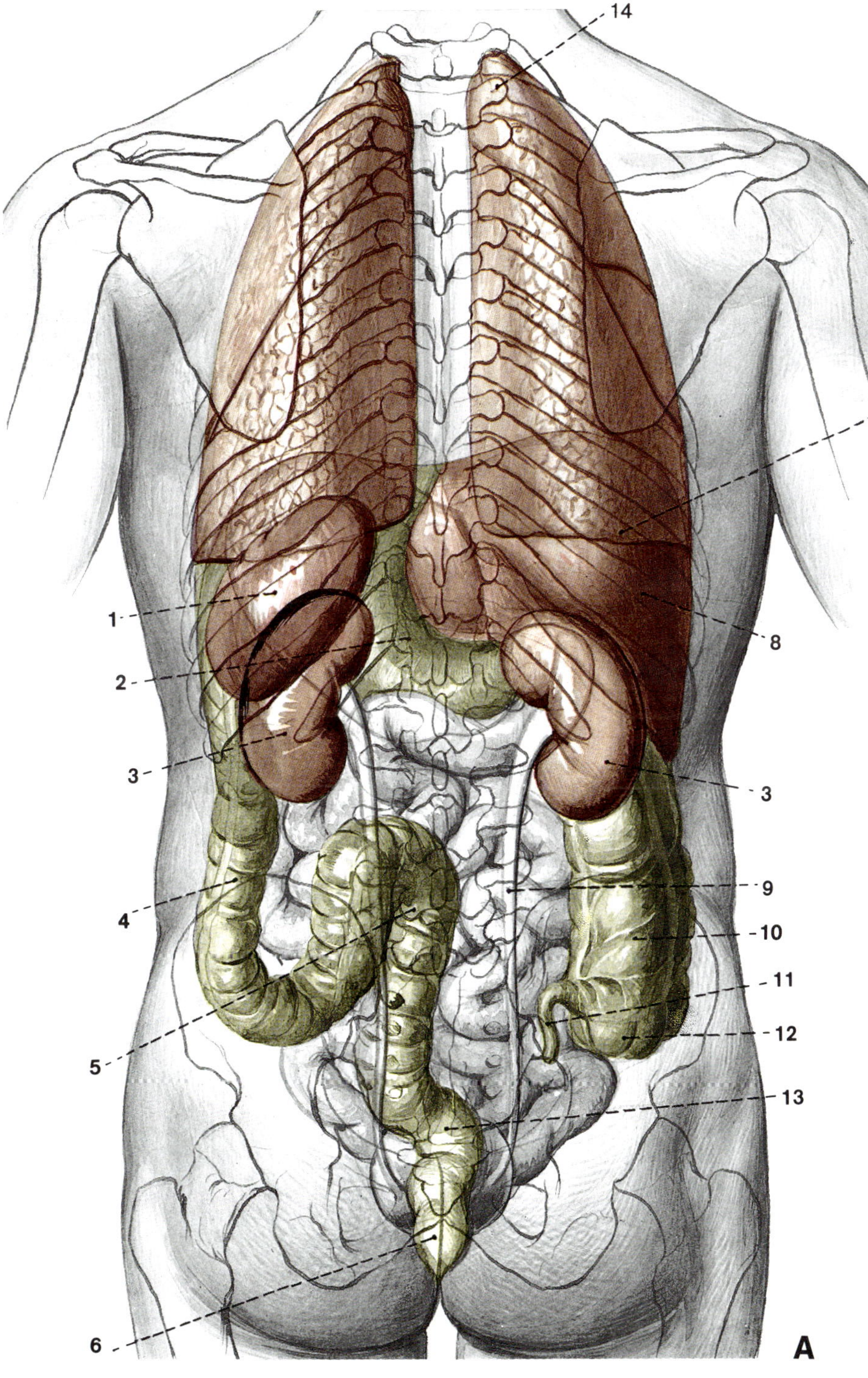
14
7
1
8
2
3
3
9
4
10
11
5
12
13
6
A

Lage der inneren Organe

• Die *Lungen* ragen bis über die Schlüsselbeine nach oben (also in den Hals hinein!). Sie erreichen auch bei tiefster Einatmung nicht den Unterrand des Brustkorbs.

• Das *Herz* füllt den Raum zwischen den beiden Lungen hinter dem Brustbein etwa zwischen den Ansätzen der dritten und sechsten Rippen.

• Die *Leber* kann bei tiefer Ausatmung rechts bis in die Nähe der Brustwarze nach oben steigen. Sie soll den Unterrand des Brustkorbs seitlich nicht unterschreiten (dies kann jedoch bei krankhafter Vergrößerung der Leber der Fall sein).

• Die *Gallenblase* findet man etwa am Schnittpunkt einer vertikalen Linie durch die rechte Brustwarze mit dem Rippenbogen.

• Lage und Form des *Magens* wechseln abhängig von den Mahlzeiten. Große Teile liegen hinter dem linken Rippenbogen.

• Die *Milz* hat ihren Platz hinter dem Magen im Bereich der achten bis elften linken Rippe. Die gesunde Milz unterschreitet nie die Grenzen des Brustkorbs.

• Die Lage der *Nieren* hingegen ist gerade durch die hintere Brustkorbgrenze gekennzeichnet: Ein Teil liegt oberhalb, ein Teil unterhalb der zwölften Rippe. Die rechte Niere steht meist etwas tiefer. Sie wird von der großen Leber nach unten gedrängt.

• Der *Dickdarm* umrahmt bei der Ansicht von vorn oder rückwärts den Dünndarm. Wir unterscheiden an diesem Rahmen einen aufsteigenden (rechten), einen queren und einen absteigenden (linken) Teil. Die oberen „Ecken" des Rahmens werden von den Rippenbogen und den unteren Rippen verdeckt, die unteren „Ecken" sind etwas einwärts der vorderen oberen Darmbeinstachel zu suchen. Der quere Teil des Dickdarms hängt meist girlandenartig nach unten durch.

• Das „Bild" im „Rahmen" ist der *Dünndarm*, der allerdings auch noch in das kleine Becken absteigt.

• Die *Harnblase* kann bei starker Füllung die Schambeinfuge weit überragen.

A Innere Organe von links.

B Projektion der inneren Organe auf die vordere Rumpfwand (➥ S. 17): Lunge blau, Herz (mit Aortenbogen und Lungenschlagadern) orange, Magen und Zwöffingerdarm hellgrün, Dickdarm hellbraun, Leber (hier etwas vergrößert) dunkelbraun, Gallenblase dunkelgrün. Es ist lehrreich, sich selbst die Umrisse der eigenen inneren Organe vor einem Spiegel auf Brust- und Bauchwand aufmalen.

C Querschnitt durch den Brustkorb eines vierfüßigen Säugetiers, z.B. eines Hundes. Der Hauptteil des Rumpfes hängt unter der Wirbelsäule. Die „Lungenrinne" neben der Wirbelsäule (im Bild schraffiert) ist seicht.

D Brustkorb des Neugeborenen von oben gesehen. Die Form des Querschnitts nimmt eine Mittelstellung zwischen jener des Vierfüßers und des erwachsenen Menschen ein. Sagittaler und transversaler Durchmesser des Brustkorbs sind etwa gleich groß. Lediglich durch den Schultergürtel wird der Querdurchmesser des Oberkörpers größer. Diese runde Form ist für den Weg durch das mütterliche Becken bei der Geburt günstig (➥ S. 357).

Übersichtsbilder zur Lage der inneren Organe:
Querschnitte durch den Oberkörper ➥ *S. 376,377*
Querschnitte durch den Bauchraum, ➥ *S. 135, 300, 301, 395,*
Querschnitte durch den Hals ➥ *S. 203, 269,*
Medianschnitte durch Kopf und Hals ➥ *S. 265, 275, 277,*
Frontalschnitte durch den Kopf ➥ *S. 221, 445,*
Medianschnitt durch den Bauchraum ➥ *S. 247,*
Medianschnitte durch das weibliche Becken ➥ *S. 309, durch das männliche Becken* ➥ *S. 331,*
Frontalschnitt durch das Becken ➥ *S. 245,*
Lungen- und Brustfellgrenzen ➥ *S. 287, 289, 399,*
Brustorgane beim Neugeborenen ➥ *S. 399,*
Bauchorgane von vorn ➥ *S. 233, 237, 241, 243, 249, 251, 261, 384,*
Hinterbauchraum von vorn ➥ *S. 303, 461,*
Beckenorgane der Frau ➥ *S. 313, 317,*
Beckenorgane des Mannes ➥ *S. 331.*

1	Kehlkopf	Larynx
2	Schilddrüse	Glandula thyroidea
3	Leber	Hepar
4	Magen	Gaster (Ventriculus)
5	Dickdarm, querer Teil	Colon transversum
6	Dünndarm	Intestinum tenue
7	Dickdarm, S-förmiger Teil („Sigma")	Colon sigmoideum
8	Speiseröhre	Oesophagus
9	Linke Lunge, Oberlappen	Pulmo sinister, Lobus superior
10	Linke Lunge, Unterlappen	Pulmo sinister, Lobus inferior
11	Milz	Splen (Lien)
12	Dickdarm, absteigender Teil	Colon descendens
13	Mastdarm	Rectum

A

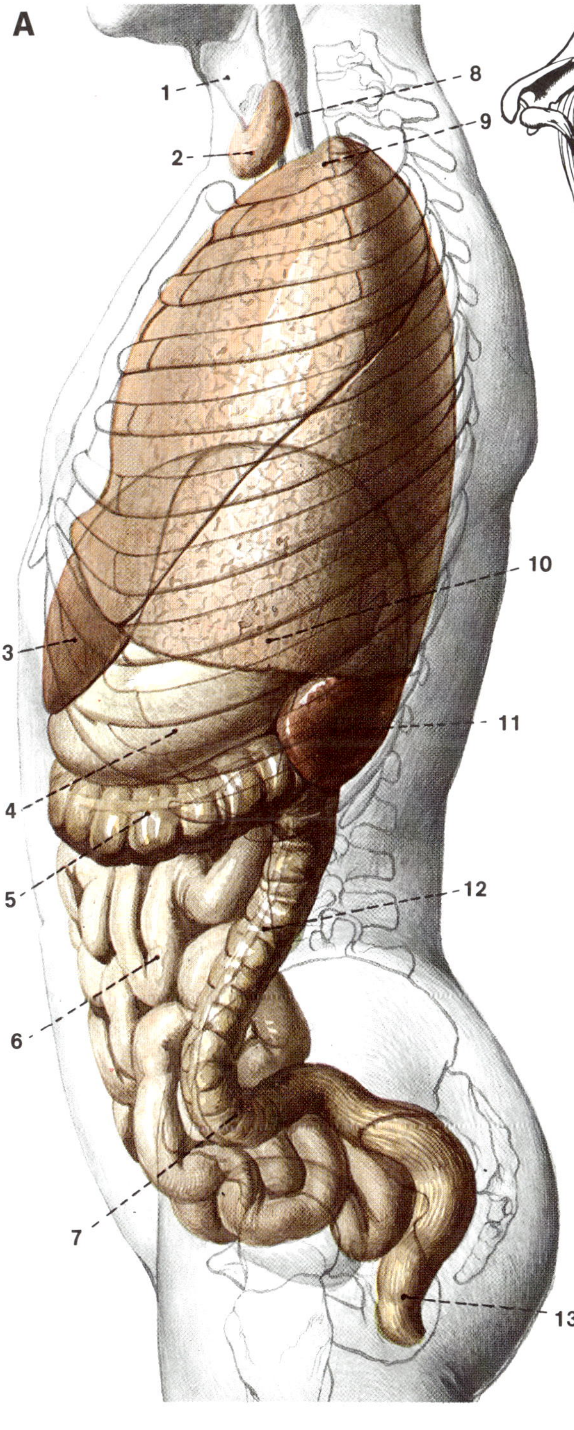

D

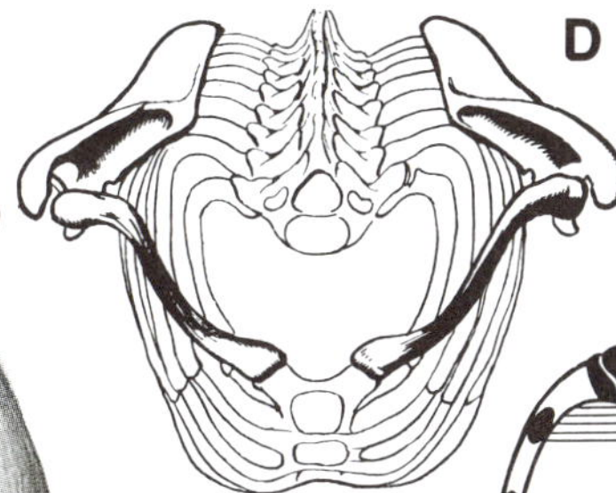

C

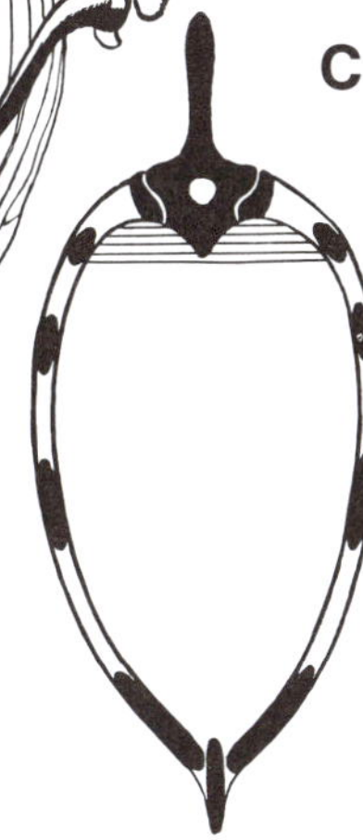

B

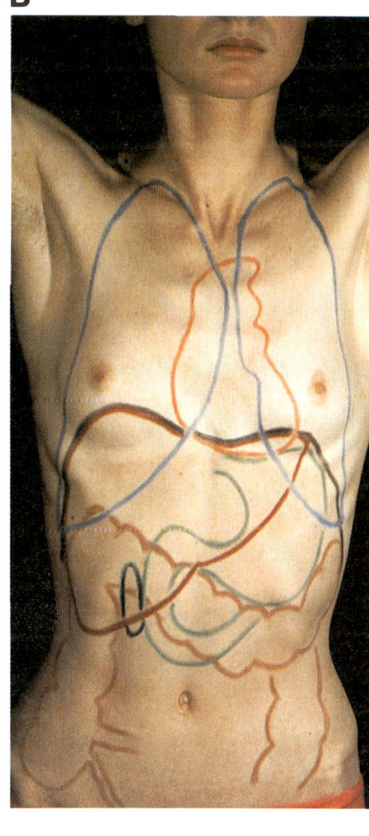

Zelle

Die Zelle gilt als der Grundbaustein aller Lebewesen. Nimmt man den Begriff „Baustein" wörtlich, so kann man die Zellen mit den Ziegeln eines Hauses vergleichen. So wie es (nach Ausgangsmaterial und Größe) sehr verschiedenartige Ziegel gibt, so sind auch die Zellen je nach ihrer Aufgabe in ihrem Feinbau und ihrer Größe recht unterschiedlich. Die meisten Zellen des menschlichen Körpers haben Durchmesser im Größenbereich zwischen 7 und 20 µm (µm = Mikrometer; 1 µm = 1/1000 mm). Die größten menschlichen Zellen, die Eizellen, sind mit einem Durchmesser von 0,10-0,12 mm gerade noch mit dem freien Auge sichtbar.

Der Begriff „Zelle" ist vom lateinischen „cellula" = Kämmerchen abgeleitet. Der Name wurde erstmals im 17. Jahrhundert gebraucht, als man mit den damals noch recht primitiven Mikroskopen kleine Hohlräume in Pflanzen bemerkte. Bei der Pflanzenzelle liegt der Vergleich mit einem „Kämmerchen" nahe. Sie besitzt im Gegensatz zur Tierzelle eine feste Zellwand. Erst als man im 19. Jahrhundert den Zellkern entdeckt hatte, wurde der Zellbegriff im heutigen Sinne entwickelt. Die klassische Definition der Zelle (1861) lautet: „ein mit den Eigenschaften des Lebens begabtes Klümpchen von Protoplasma, in welchem ein Kern liegt".

Zelle = Zellkern + Zelleib

Mit der Zellenlehre ging es ähnlich wie mit der Atomlehre. So wie man in dem ursprünglich für unteilbar gehaltenen Atom eine ganze Reihe von „Atomteilchen" entdeckte, so hat man innerhalb der Zelle wieder winzige „Organe" gefunden, die man „Zellorganellen" nennt. Es gibt übrigens auch Zellen ohne Kern, die reifen roten Blutkörperchen. Sie gehen jedoch aus kernhaltigen Vorstufen hervor und sind nur begrenzte Zeit (etwa vier Monate) lebensfähig.

Um die Zellen und ihre Bausteine im *Lichtmikroskop* gut sichtbar zu machen, werden hauchdünne Schnitte von wenigen Mikrometern Dicke mit bestimmten Farbstoffen angefärbt. Aufgrund der verschiedenen chemischen Zusammensetzung von Zellkern, Zelleib und Zellorganellen färben sich diese mit unterschiedlichen Farbstoffen an.

Die Grenze der Detailerkennbarkeit im Lichtmikroskop liegt bei etwa 0,1 µm. Diese Grenze ist erstens durch den Abstand der lichtempfindlichen Zellen in der menschlichen Netzhaut, zweitens durch die Wellenlänge des sichtbaren Lichts bedingt. Da man an beiden nichts ändern kann, hat es auch keinen Zweck, mit dem Lichtmikroskop stärker als etwa 2000fach zu vergrößen (obwohl dies theoretisch möglich wäre). Will man feinere Einzelheiten unterscheiden, so muß man anstelle des sichtbaren Lichts Strahlen von kleinerer Wellenlänge verwenden. Dies geschieht im *Elektronenmikroskop*. Mit ihm erreicht man Vergrößerungen bis 1,5millionenfach. Die Grenze der Detailerkennbarkeit im Elektronenmikroskop liegt bei etwa 1 nm (nm = Nanometer; 1nm = 0,001 µm = 0,000 001 mm). Nachteil des Elektronenmikroskops ist der große Arbeitsaufwand, der mit der Gewinnung eines Bildes verbunden ist: Das Präparat muß dünner als 0,0001 mm sein. Es muß im Vakuum gearbeitet werden usw.

A Elektronenmikroskopisches Bild einer Knorpelzelle, Vergrößerung etwa 12 000fach.

B Elektronenmikroskopisches Zellschema (nicht maßstabsgetreu).

1	Zellkern	Nucleus
2	Kernmembran	Nucleolemma
3	Kernkörperchen	Nucleolus
4	Zelleib	Cytoplasma
5	Mitochondrion („Fadenkorn")	Mitochondrion
6	Rauhes (granuliertes) endoplasmatisches Retikulum	Reticulum endoplasmicum granulosum
7	Golgi-Apparat (Binnennetz)	Complexus golgiensis
8	Einstülpung der Zellmembran	Invaginatio cellularis
9	Mikrozotte	Microvillus
10	Haftplatte	Macula adherens (Desmosoma)
11	Zwischenzellraum	Spatium intercellulare
12	Freies Ribosom	Ribosoma
13	Bläschen im Zelleib	Vesicula cytoplasmica
14	Fingerförmige Verzahnung der Zellmembranen	Junctio intercellularis digitiformis
15	Zellorganellen und Zelleinschlüsse (verschiedener Art)	Organellae + Inclusiones cytoplasmicae
16	Kernpore	Porus nuclearis
17	Zentralkörperchen	Centriolum

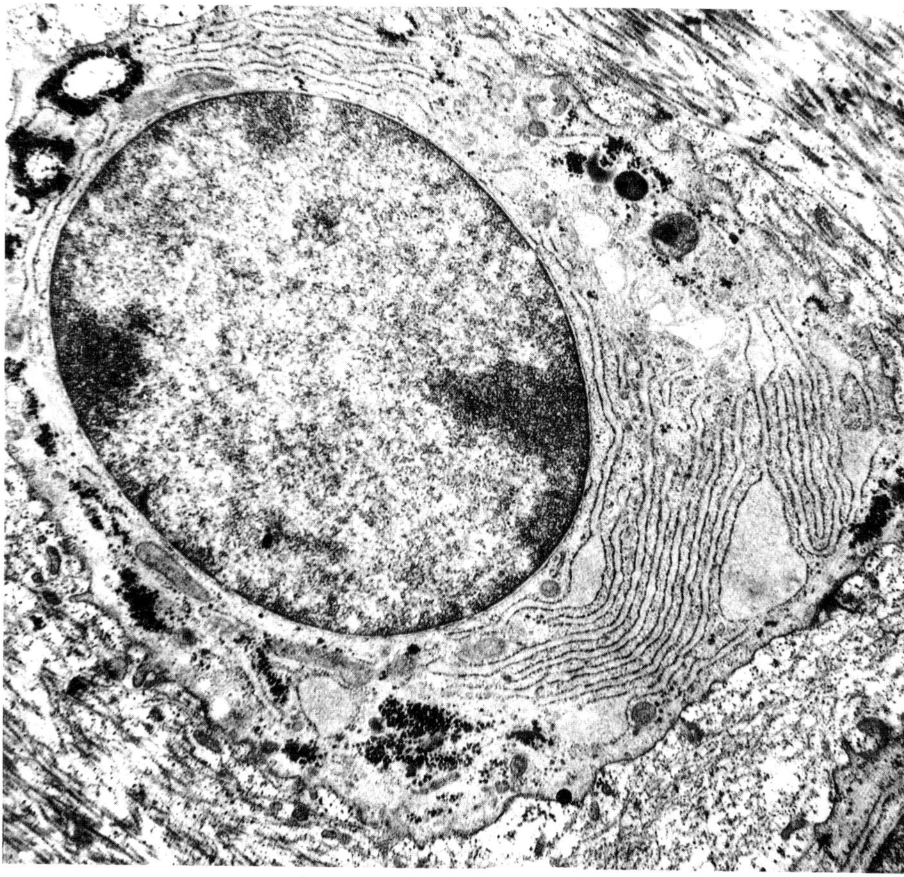

A

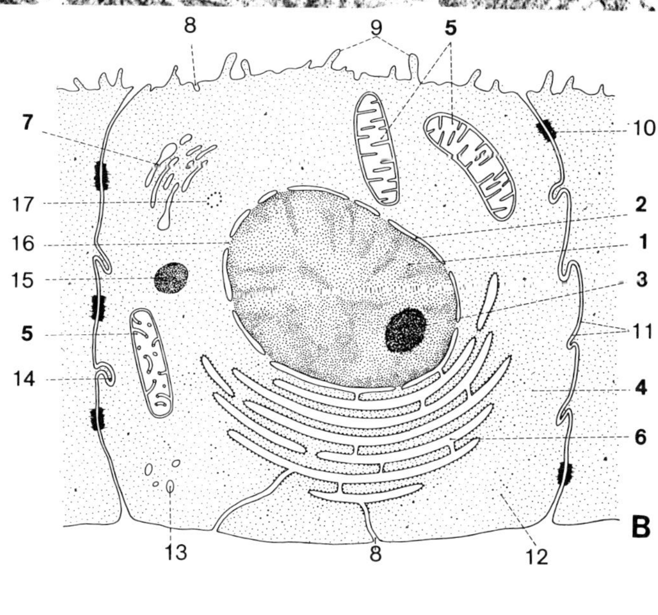

B

Zellbestandteile

Der **Zellkern** (Nucleus) besteht aus:
- *Kernmembran* mit Kernmembranspalt
- *Kernplasma* (Nucleoplasma)
- *Chromatin* bzw. Chromosomen
- *Kernkörperchen* (Nucleolus)

Der **Zelleib** (Cytoplasma) besteht aus:
① *Zellmembran* (Plasmalemm)
② *Grundplasma*
③ *Zellorganellen*:
- Mitochondrien
- Ribosomen
- rauhes endoplasmatisches Retikulum
- glattes endoplasmatisches Retikulum
- Golgi-Apparat
- Lysosomen
- Peroxysomen
- Zentralkörperchen (Zentriol)

④ *Zelleinschlüssen*:
- Zellskelett: Mikrotubuli, Mikrofilamente
- Bläschen (mit Sekreten, Farbstoffen, Fett, Abbauprodukten)
- in manchen Zellen spezielle Fäserchen (Myofibrillen, Neurofibrillen)

⑤ *Verbindungskomplexen* (zu Nachbarzellen):
- Haftverbindungen (Desmosomen)
- undurchlässige Verbindungen
- kommunizierende Verbindungen

A + B Ausschnitte aus elektronenmikroskopischen Bildern einer Knorpelzelle (Vergrößerung etwa 25 000fach).

A *Endoplasmatisches Retikulum*. Nicht nur Drüsenzellen erzeugen Stoffe: Die meisten Zellen sind hierzu in der Lage. Die Bindegewebezellen bauen die Zwischenzellsubstanz und die in ihr liegenden Fasern auf. Die Nervenzellen sondern z.B. „Überträgerstoffe" ab, um die Erregung von einer Zelle zur nächsten weiterzuleiten. Vor allem aber müssen alle Zellen ihren eigenen Zellkörper erhalten. Sie müssen dazu ständig Eiweiß herstellen, um verbrauchte Zellbestandteile zu ersetzen. Dies geschieht in den Ribosomen, die als feine Körnchen im Zelleib verteilt sind, vor allem aber den Membranen des endoplasmatischen Retikulums anliegen und dessen „rauhes" Aussehen bedingen. Man unterscheidet daher 2 Formen des endoplasmatischen Retikulums:
- rauhes endoplasmatisches Retikulum: mit Ribosomen besetzt. Hier wird Eiweiß erzeugt.
- glattes endoplasmatisches Retikulum: ohne Ribosomen. In ihm werden z.B. Steroidhormone synthetisiert.

B *Golgi-Apparat* (gesprochen „Gol-dschi"). Die vom endoplasmatischen Retikulum gebildeten Sekrete werden in membranumhüllten Bläschen gespeichert. Die Membranen werden vom Golgi-Apparat (die deutsche Bezeichnung „Binnennetz" ist wenig gebräuchlich) geliefert, sie schützen die Zelle vor ihren eigenen Sekreten, z.B. Verdauungssäften. Zum Teil werden im Golgi-Apparat auch Sekrete gebildet oder fertiggestellt.

C Elektronenmikroskopisches Bild von *Mitochondrien* (Vergrößerung etwa 40 000fach). Mitochondrien kommen in allen Zellen, ausgenommen den reifen roten Blutkörperchen, vor. Sie enthalten die Enzyme für die Verbrennungsvorgänge in der Zelle, durch die Energie gewonnen wird. Sie sind damit für den Betriebsstoffwechsel der Zelle unentbehrlich. Sie haben eine Sonderstellung unter den Zellorganellen: Mitochondrien sind weitgehend autonom. Sie leben nach Art einer Symbiose innerhalb der Zelle (wenige bis über tausend). Aufgebaut sind sie aus einem komplizierten Membransystem. Bei genauem Hinsehen erkennt man in diesem Bild die Dreischichtung der Membran: Zwischen zwei dunklen Außenschichten liegt eine helle Innenschicht. Dies ist nicht nur bei den Membranen der Mitochondrien der Fall, sondern (fast) alle Membranen im Inneren und an der Oberfläche der Zelle sind nach dem gleichen Prinzip gebaut. Man spricht daher von „Elementarmembran" oder „Einheitsmembran".

D Stoffaufnahme im elektronenmikroskopischen Bild (Vergrößerung etwa 40 000fach). Man beachte die Einstülpungen der Zellmembran.

1	Zellkern	Nucleus
2	Golgi-Apparat (Binnennetz)	Complexus golgiensis
3	Zwischenzellsubstanz	Substantia intercellularis
4	Zellmembran	Plasmalemma
5	Zelleib	Cytoplasma
6	Mitochondrion	Mitochondrion
7	Kernmembran	Nucleolemma

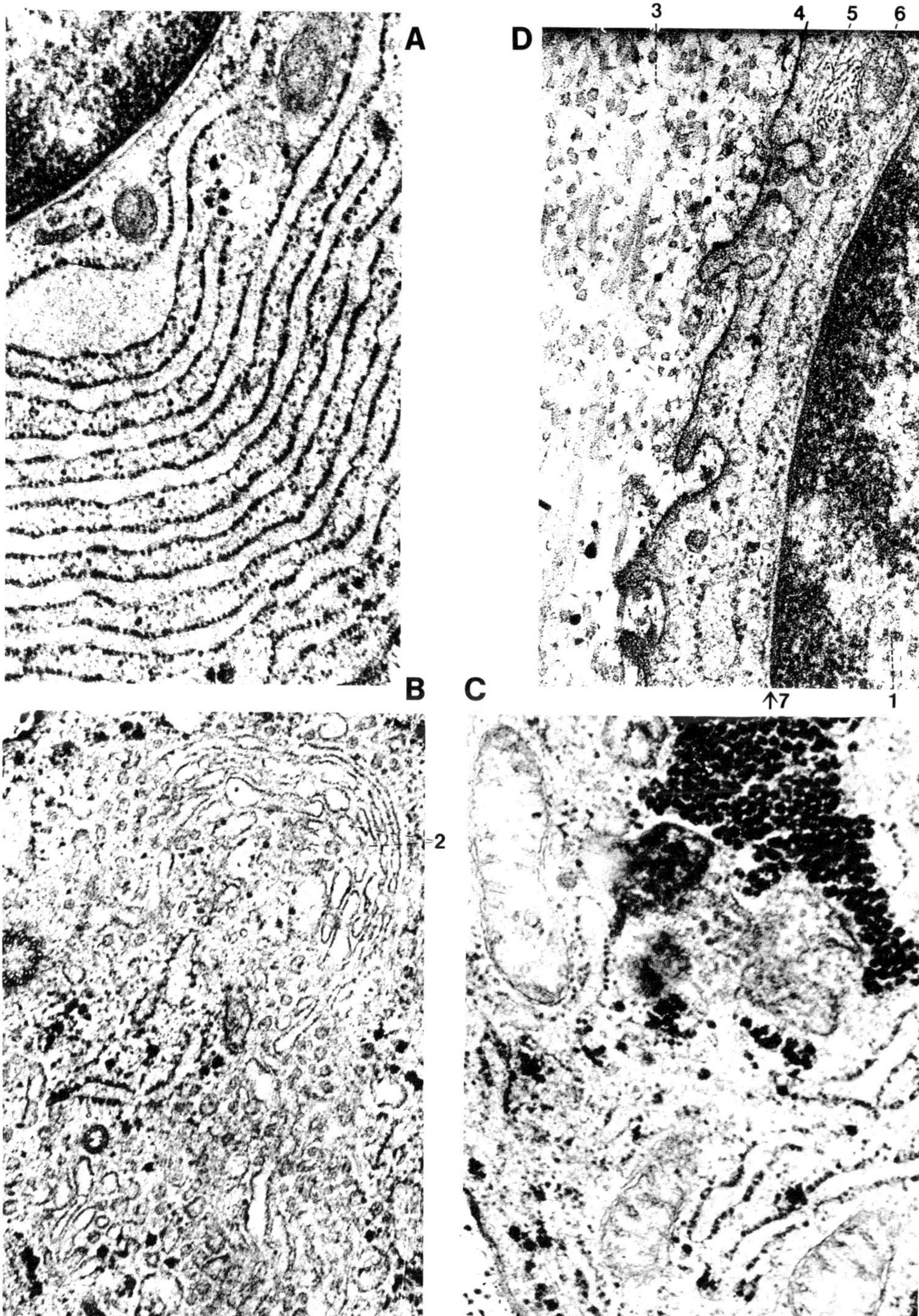
A
D
3
4
5
6
1
↑7
B
C
2

Zellarten

Angesichts der Winzigkeit der Zellen bedeutet eine einzelne Zelle nicht viel. Es müssen sich jeweils zahlreiche Zellen der gleichen Art zusammenschließen, um eine Aufgabe zu erfüllen. Einen solchen Verband gleichartiger Zellen nennt man Gewebe.

4 Hauptgruppen von Geweben:
• Deckgewebe (Epithelgewebe)
• Binde- und Stützgewebe
• Muskelgewebe
• Nervengewebe

• *Deckgewebe (= Epithelgewebe)* bedecken die äußeren (Haut) und inneren (Schleimhäute) Oberflächen des Körpers. Damit eine geschlossene Oberfläche zustande kommt, müssen sich die Deckzellen (Epithelzellen) lückenlos aneinanderlagern.

• *Binde- und Stützgewebe* sichern den Zusammenhalt der einzelnen Teile des Körpers und gewährleisten seine Form. Kennzeichnend ist die Art der zwischen den Zellen liegenden Zwischenzellsubstanz. Sie kann verformbar (Bindegewebe, Knorpel) oder formstabil (Knochen, Zahnbein) sein. In der Zwischenzellsubstanz liegen Fasern.

• *Muskelgewebe* können aktiv ihre Form verändern. Sie ermöglichen das Bewegen des Körpers. Die kontraktilen Fasern liegen (im Gegensatz zu den Bindegewebefasern) innerhalb der Zellen.

• *Nervengewebe* dienen der Verarbeitung und Fortleitung von Nachrichten („Erregungen") im Körper. Da die Nervenfaser ein langer Fortsatz der Zelle ist, können Nervenzellen über einen Meter lang werden (z.B. in den Nerven, die zum Fuß ziehen).

Zellfortsätze

Viele Zellen an der Oberfläche von Schleimhäuten tragen feine Fortsätze. Man könnte sie etwa dem Haar auf dem Kopf vergleichen, jedoch sind die Zellen und ihre Fortsätze nur etwa ein Zwanzigtausendstel so groß wie der Kopf. Manche Menschen ziehen einen Bürstenhaarschnitt vor, andere wallendes langes Haar. Ähnlich gibt es kurze und lange Zellfortsätze. Wichtiger als die Länge ist jedoch die aktive Beweglichkeit: Manche Zellfortsätze sind aktiv beweglich. Man nennt sie *Flimmerhaare* (Wimpern, Zilien). Mit ihrem Schlag befördern die Zellen z.B. Staubteilchen, um die Schleimhaut zu reinigen. Die meisten Fortsätze sind jedoch unbeweglich und kurz. Sie liegen meist dicht aneinander (bis zu 3000 an einer Zelle). Die Zelloberfläche sieht dann wie eine Bürste aus (daher der Name *Bürstensaum* oder Bürstenbesatz). Man vergleicht diese Fortsätze auch mit den Darmzotten (Villi) und nennt sie deshalb *Mikrozotten* (Mikrovilli), weil sie eben sehr viel kleiner als die Darmzotten sind.

A Bürstensaum und Flimmerhaare an der Schleimhautoberfläche der Ohrtrompete bei 8300facher Vergrößerung. Man sieht die langen Flimmerhaare in Büscheln an einzelnen „Wimperzellen", daneben den dichten Bürstensaum an den übrigen Deckzellen.

B-D Schemata zu den Oberflächendifferenzierungen von Deckzellen.

B Bürstensaum (Stäbchensaum, Mikrovilli), z.B. beim Darmepithel oder den Nierenkanälchen. Zottenähnliche Fortsätze von etwa 2 µm Länge vergrößern die Oberfläche. Eine Zelle kann Tausende solcher Fortsätze besitzen. Besonders lange haarförmige unbewegliche Fortsätze („Stereozilien") findet man im Nebenhodengang.

C Flimmerhaare (Wimpern, Zilien), z.B. auf den Deckzellen der Atemwege, des Eileiters, der Gebärmutter: Im Gegensatz zu den Mikrovilli sind die Flimmerhaare beweglich. Bei Lebendbeobachtung im Mikroskop sieht ihr Schlag aus wie das Wogen eines Getreidefeldes. Auf diese Weise können kleine Teilchen (z.B. Staubteilchen in den Atemwegen, Eizellen im Eileiter) transportiert werden. Die Flimmerhaare überragen die Zelle um 5-10 µm und sind tief in den Zellen verankert.

D Häutchenbildung („Cuticula") durch Ausscheiden eines erstarrenden Sekrets: Im Tierreich sind solche Häutchen weit verbreitet, z.B. die Chitinpanzer der Insekten oder die Kalkpanzer der Muscheln und Schnecken. Bei Menschen ist das wichtigste Beispiel der Zahnschmelz. Er wird vom Schmelzepithel gebildet. Im Gegensatz dazu gehen die Hornbildungen der Haut aus abgestorbenen Epithelzellen hervor.

E Bürstensaum bei 3200facher Vergrößerung. Die Zellgrenzen heben sich deutlich ab, weil an ihnen der Bürstensaum fehlt.

F Flachschnitt durch den Bürstensaum (Mikrovilli) der Darmzellen im elektronenmikroskopischen Bild bei etwa 80 000facher Vergrößerung. Was im lichtmikroskopischen Bild (Abb. B) nur als feine Streifung zu sehen ist, zeigt sich im elektronenmikroskopischen Bild als sehr regelmäßige zottenartige Struktur. Auf den mit der Lupe sichtbaren Darmzotten (➥ S. 235) sitzen nochmals Mikrozotten zur weiteren Oberflächenvergrößerung. Je größer die Oberfläche ist, desto rascher geht der Stoffaustausch vonstatten.

G Sinneshaare von Hörsinneszellen aus dem Innenohr (Vergrößerung 5200fach, Ausschnitt aus S. 420, C + D). Die Sinneshaare werden durch Schallwellen in Schwingungen versetzt und übertragen diese verstärkt auf die Empfänger (Rezeptoren) der Sinnesreize.

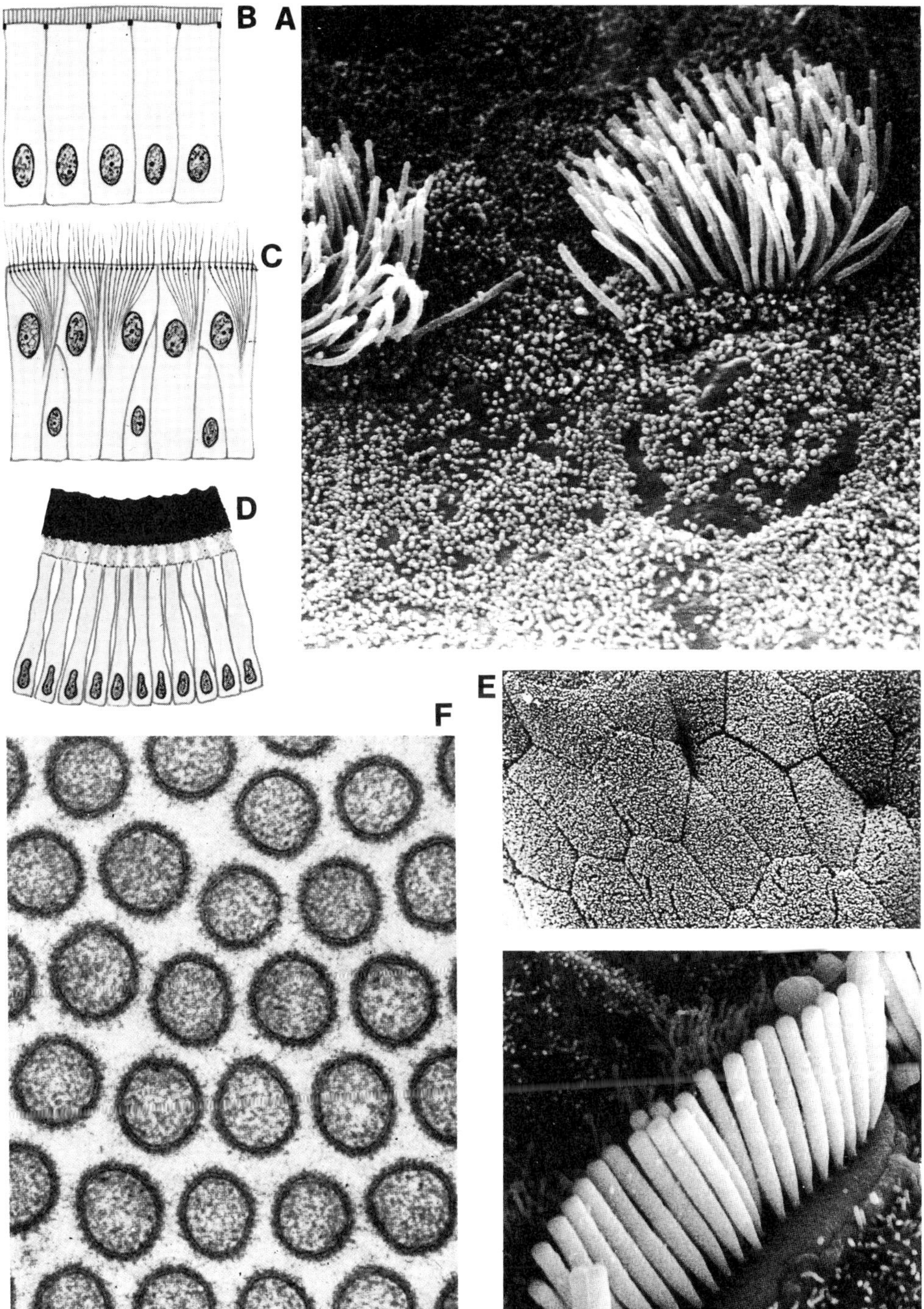
B
A
C
D
E
F
G

Stoffaufnahme und Stoffaustausch

A Schema der Fremdkörperaufnahme (*Phagozytose*): Manche Zellen, z.B. weiße Blutkörperchen können außerhalb der Zelle liegende Fremdkörper, z.B. Bakterien, umfließen und so in das Zellinnere bringen. Dort verschmilzt dieses Bläschen mit einem Lysosom, in welchem Enzyme gespeichert sind. Mit Hilfe dieser Enzyme wird der Fremdkörper abgebaut. Unverdauliche Anteile werden auf dem umgekehrten Weg wieder über ein Bläschen aus der Zelle geschleust (*Exozytose*).

• Auch Flüssigkeiten können als kleine Bläschen in das Zellinnere gelangen (*Mikropinozytose*): Dort kann die umhüllende Membran aufgelöst und der Bläscheninhalt in das Grundplasma aufgenommen werden. Oder mehrere Bläschen fließen zu einem größeren Bläschen zusammen, in welchem der Inhalt gespeichert wird.

• In Form von Bläschen können auch Stoffe durch die Zelle geschleust werden (*Transzytose*): Die durch Mikropinozytose in die Zelle gelangten Flüssigkeitsbläschen durchqueren diese und werden auf der anderen Seite wieder unverändert ausgeschieden. Dieser Transportweg dient höhermolekularen Stoffen. Sie können die Zellmembran nicht ungehindert passieren. Eiweiße werden auf diesem Weg durch die Kapillarwände oder das Darmepithel transportiert. Niedermolekulare Stoffe können dagegen durch Zellen entsprechend den Konzentrationsgefällen hindurchdiffundieren.

B Staubzelle aus der Lunge. Mit der Atemluft gelangt Staub in die Luftwege. Zum großen Teil bleibt er an der feuchten Schleimhaut von Nase, Rachen, Kehlkopf, Luftröhre und Bronchen hängen. Er wird dann durch den Schlag der Flimmerhaare der Deckzellen oder durch Hustenstöße wieder nach außen befördert. Bis in die Lungenbläschen gelangter Staub kann auf diesem Weg nicht entfernt werden. Er wird von Freßzellen (Makrophagen) aufgenommen und abtransportiert („Staubzellen").

C Stoffaustausch durch die Wand eines Haargefäßes = Kapillare (elektronenmikroskopisches Bild, Vergrößerung etwa 100 000fach). Die Wand der Haargefäße wird von drei Elementen gebildet:

• den deckzellartig gelagerten Endothelzellen, welche die Lichtung (nahezu) lückenlos auskleiden,

• dem bindegewebigen Grundhäutchen (Basalmembran), das strumpfartig den Endothelzellschlauch umgibt,

• den Zellen, die außerhalb des Grundhäutchens liegen (Perizyten).

Der Stoffaustausch zwischen Blut und Gewebe kann durch den Zelleib der Endothelzelle hindurch oder durch Lücken in oder zwischen den Endothelzellen erfolgen.

• Durch die Zelle hindurch gehen die einfache Diffusion und der Bläschentransport. Dieser ist im Bild gut zu sehen. Der Stoffaustausch durch Diffusion hängt von Druck- und Konzentrationsunterschieden ab: Am Anfang des Haargefäßes ist der Blutdruck höher als der Druck im Gewebe. Es wird Flüssigkeit aus dem Haargefäß in das Gewebe abgepreßt. Dadurch wird das Blut eingedickt. Am Ende des Haargefäßes wird aufgrund des osmotischen Drucks wieder Flüssigkeit aus dem Gewebe in die Blutbahn zurückgesaugt. Sauerstoff, Kohlendioxid, Nährstoffe und Stoffwechselabbauprodukte werden entsprechend den Konzentrationsgefällen zwischen Blut und Gewebe ausgetauscht.

• Die Poren der „gefensterten" Kapillaren sind zum Teil durch ein dünnes Häutchen geschlossen. In jedem Fall bildet das bindegewebige Grundhäutchen noch eine Grenze zwischen Blut und Gewebe. Die Poren erleichtern den Stoffaustausch z.B. in Dünndarm, Niere und Hormondrüsen.

• Durch Spalten zwischen den Endothelzellen können sich z.B. auch Blutzellen hindurchzwängen. Solche „unterbrochenen" Kapillaren findet man in Knochenmark, Leber und Milz.

D Gasaustausch in den Lungenbläschen zwischen Haargefäßen und Atemluft. Nähere Erläuterung ➥ S. 292.

E Abpressen von Flüssigkeit in einem Nierenkörperchen. Das Endothel hat zahlreiche Poren. Erläuterung der Harnbereitung ➥ S. 298.

1	Blut	Sanguis
2	Gewebe	Textus
3	Luft	-
4	Primärharn	-
5	Haargefäß (Kapillare)	Vas capillare
6	Haargefäßwandzelle mit Poren	Endotheliocytus fenestratus
7	Mikropinozytosebläschen	Vesicula pinocytotica
8	Lungenbläschenwandzelle	Epitheliocytus respiratorius
9	Freßzelle in der Lunge (Alveolarmakrophage)	Macrophagocytus alveolaris
10	Elastische Faser	Fibra elastica
11	Füßchenzelle mit Fortsätzen	Podocytus; Cytopodium
12	Grundhäutchen (Basalmembran)	Membrana basalis
13	Kapselraum (mit Primärharn)	Lumen capsulae

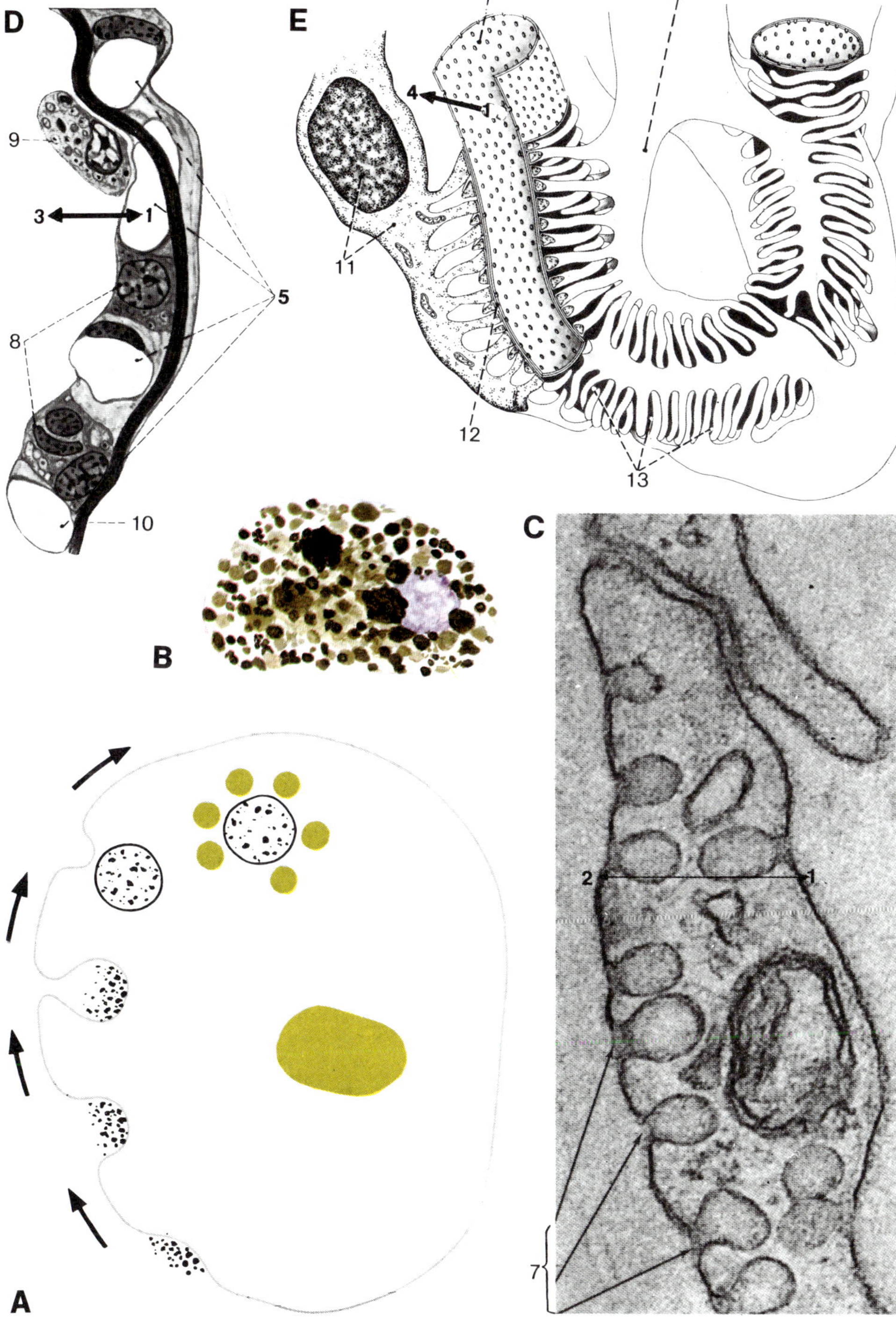
D
E
6
11
4
9
3
1
11
5
8
12
13
10
C
B
2
1
7
A

Zellteilung

Wachstum und Differenzierung während der Entwicklung eines Menschen sind mit einer gewaltigen Zunahme der Zellzahl verbunden. Allein das in unseren Blutgefäßen kreisende Blut enthält etwa 25 Billionen (25 000 000 000 000) rote Blutkörperchen. All diese Zellen sind aus der einzigen befruchteten Eizelle hervorgegangen. Angesichts des komplizierten Aufbaus jeder einzelnen Zelle kann die Zellteilung nicht einfach so vor sich gehen, daß eine Zelle in mehrere Stücke zerfällt und diese wieder zur ursprünglichen Größe heranwachsen. Alle wichtigen Zellbestandteile müssen allen neuen Zellen mitgegeben werden. Die Zellteilung erfolgt daher meist nicht „direkt" (Amitose), sondern auf einem komplizierten „indirekten" Weg (Mitose). Dabei werden die Erbanlagen zu genau gleichen Teilen den beiden Tochterzellen übergeben.

> Die Zellkerne aller (!) Körperzellen enthalten in den Chromosomen einen vollständigen (!) Satz der Erbanlagen (Gene)

Die Erbanlagen liegen in den Chromosomen im Zellkern. Bei der indirekten Zellteilung wird je ein vollständiger Chromosomensatz jeder Tochterzelle mitgegeben. Deswegen muß vor der Zellteilung jedes Chromosom verdoppelt werden. Nur so kann ein kompletter Satz der Erbanlagen an jede der beiden Tochterzellen weitergereicht werden. Im Mikroskop kann man die Trennung der schon verdoppelten Chromosomen und das Durchschnüren von Zellkern und Zelleib beobachten. Dies ist auch bei menschlichen Zellen möglich, die man in einer Nährlösung züchtet („Gewebekultur").

> 4 Phasen im Lebenslauf einer Zelle (Zellzyklus):
> - Wachstums- und Arbeitsphase (*G_1-Phase*)
> - Synthesephase (*S-Phase*)
> - Zwischenphase vor der Zellteilung (*G_2-Phase*)
> - Zellteilung (*M-Phase, Mitose*)

• *G_1-Phase*, Wachstums- und Arbeitsphase: Nach der Zellteilung wachsen die beiden Tochterzellen allmählich zur Größe der Mutterzellen heran und nehmen die Arbeit auf, die ihnen im Bauplan des Körpers zukommt. Diese Phase dauert bei kurzlebigen Zellen, z.B. den Deckzellen des Darms oder bestimmten weißen Blutkörperchen, nur wenige Tage. Bei langlebigen Zellen, z.B. Nerven- oder Muskelzellen erstreckt sich diese Phase über Jahrzehnte.

• *S-Phase*, Synthesephase: Zur Vorbereitung der Zellteilung wird die Erbsubstanz im Zellkern (DNS, ➥ S. 34) verdoppelt. Die DNS-Synthese dauert etwa 5 bis 8 Stunden.

• *G_2-Phase*, Prämitosephase: Ruhepause vor der Zellteilung von ein bis fünf Stunden.

• *M-Phase*: Die Zellteilung (Mitose) ist in 4 Unterphasen (Prophase, Metaphase, Anaphase, Telophase) gegliedert. Ihr Gesamtablauf benötigt etwa eine Stunde.

A-E Schema der indirekten Zellteilung („Mitose").

A Knäuelstadium (*Prophase*): Im Zellkern treten knäuelförmige Strukturen auf. Es handelt sich um die Chromosomen. Sie sind in der zwischen den Zellteilungen liegenden „Arbeitsphase" (fälschlich oft „Ruhephase" genannt) der Zelle nicht zu sehen. Im Zelleib hat sich das Zentralkörperchen geteilt. Die beiden neuen Zentralkörperchen wandern zu gegenüberliegenden Polen der Zelle (daher auch „Polkörperchen" genannt). Die Kernmembran beginnt zu verschwinden. Die Zellorganellen mit Ausnahme der Mitochondrien scheinen aufgelöst zu werden.

B Bildung des Muttersterns (*Metaphase*): Die Chromosomen haben sich in der Ebene des Zelläquators angeordnet. Sie liegen dabei so, daß ihre Einschnürungen (➥ S. 35) zur Mitte und die Arme abgewinkelt zur Seite weisen. Es entsteht ein Stern. Von den Zentralkörperchen ausgehend hat sich in jeder Zellhälfte eine Spindel ausgebildet. Sie setzt jeweils an den Einschnürungen der schon gespaltenen Chromosomen an.

C Auseinanderrücken der Kernhälften (*Anaphase*): Von den Spindeln werden die beiden Tochterchromosomen auseinandergezogen.

D Späte Anaphase: Es sind zwei Tochtersterne entstanden. Der Zelleib beginnt sich einzuschnüren.

E Endphase (*Telophase* oder Rekonstruktionsphase): Die beiden Tochterzellen haben sich getrennt. Die Zellkerne sind wieder von einer Kernmembran umschlossen. Die Chromosomen entknäueln sich und verschwinden scheinbar.

F-N Mikrofotos von Zellteilungen in Kulturen von Lymphozyten. **F** Vergrößerung 1000fach, **G** bis **N** Vergrößerung 2000fach (Grenze des Auflösungsvermögens des Lichtmikroskops).

> 4 Phasen der indirekten Zellteilung (Mitose):
> - Knäuelstadium (Prophase)
> - Mutterstern (Metaphase)
> - Tochtersterne (Anaphase)
> - Endstadium (Telophase)

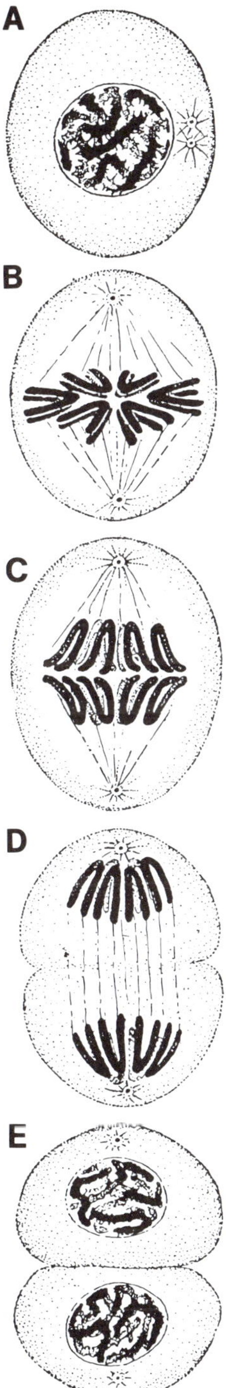
A
B
C
D
E

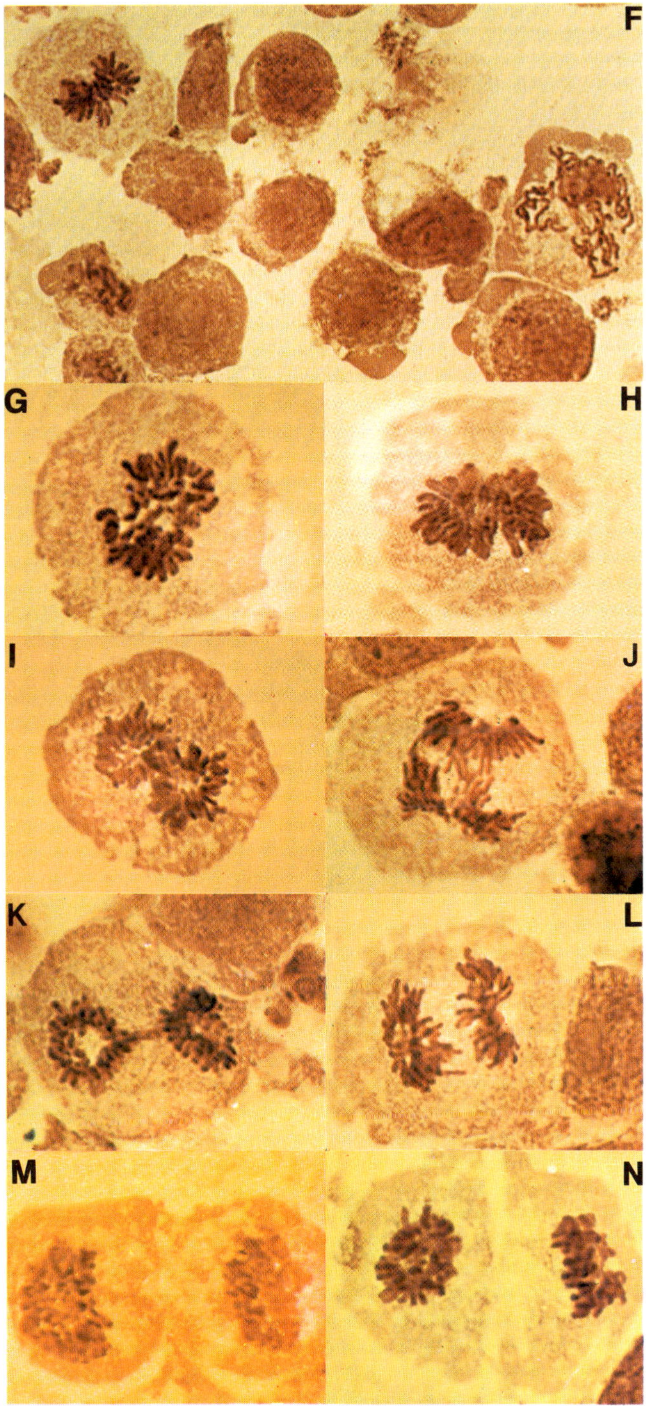
F
G
H
I
J
K
L
M
N

Chromosomen

Der Mensch hat 46 Chromosomen, davon 2 Geschlechtschromosomen: Frau XX, Mann XY

Von den 46 Chromosomen des Menschen liegen 44 in Paarform vor (Nr. 1-22). Dabei stammt jeweils der eine Paarling von der Mutter, der andere vom Vater ab. Die restlichen beiden Chromosomen sind geschlechtsspezifisch und werden daher „Geschlechtschromosomen" genannt. Die Frau besitzt zwei X-Chromosomen, der Mann ein X- und ein Y-Chromosom in allen Körperzellen. In den Keimzellen liegt nur der halbe Chromosomensatz vor. Dies ist nötig, weil sonst bei jeder Befruchtung der Chromosomensatz verdoppelt würde. Die Chromosomenzahl wird in den „Reifeteilungen" („Meiose") halbiert. Das Geschlecht wird bei der Befruchtung durch die Samenzelle bestimmt (Abb. C).

Die Chromosomen sind nur während der Zellteilung sichtbar. In der Zwischenphase zwischen zwei Zellteilungen („Interphase") sind sie scheinbar in das Chromatingerüst des Zellkerns aufgelöst. Diesem Vorgang liegt folgender Bau zugrunde: Jedes Chromosom besteht aus zwei Armen, die durch eine Einschnürung verbunden sind. Die Erbanlagen sind an einem Faden aus Desoxyribonucleinsäure (DNS) aufgereiht. Dieser Faden ist in Schraubenwindungen gelegt, die ihrerseits wieder in übergeordneten Systemen schraubig gewickelt sind. Man hat errechnet, daß die Länge der DNS-Fäden eines Zellkerns in gestrecktem Zustand etwa 100 000- bis 1 000 000mal länger als der Durchmesser des Kerns ist. In der Zwischenphase sind die Chromosomen im Kern „entspiralisiert" und daher nicht abgrenzbar. Vor der sichtbaren Kernteilung muß sich jeder DNS-Faden verdoppeln. Es bilden sich die beiden Tochterfäden. Sie rollen sich getrennt auf und werden als Tochterchromosomen sichtbar.

Anomalien der Chromosomenzahl

- Nicht jede Zellteilung läuft planmäßig ab. Bei Störung der Spindel können Chromosomen ungleich auf die Tochterzellen verteilt werden. Die eine Zelle kann ein Chromosom zuviel, die andere eines zuwenig erhalten. Dies kann sich bei den Keimzellen verheerend auswirken.
- Viele angeborene Mißbildungen beruhen auf solchen fehlerhaften Chromosomenzahlen. Beim Down-Syndrom („Mongolismus") z.B. findet man ein überzähliges Chromosom Nr. 21 (also drei = Trisomie 21, ➥ S. 15, A).
- Manche Formen der Zwitterbildung (➥ S. 343) sind auf eine falsche Zahl der Geschlechtschromosomen zurückzuführen, z.B. Klinefelter-Syndrom (2 X- und 1 Y-Chromosom = XXY), Turner-Syndrom (1 X-, kein Y-Chromosom = X0).

A Chromosomensatz einer Frau (Mikrofoto). Die Chromosomen sind am besten in der Metaphase der Zellteilung zu beobachten. Sie sind bereits längsgespalten. Die beiden Hälften hängen nur noch an der Einschnürung zusammen. Dies bedingt die eigenartige H-Figur der Chromosomen.

B Fotomontage aus Abb. A (Karyogramm). Die Buchstaben und Ziffern entsprechen den internationalen Bezeichnungen (Denver-Klassifikation).

C *Geschlechtsbestimmung*. Bei den Reifeteilungen wird die Chromosomenzahl in den Keimzellen halbiert. Der volle Satz von 44 „Autosomen" (44A) und zwei Geschlechtschromosomen (XX bzw. XY) wird auf 22 Autosomen und 1 Geschlechtschromosom reduziert. Die Eizellen haben danach einheitlich 22 Autosomen und 1 X-Chromosom. Bei den Samenzellen gibt es jedoch zwei Sorten: solche mit X- und solche mit Y-Chromosom. Bei der Befruchtung der Eizelle mit einer X-Samenzelle entsteht ein Mädchen, mit einer Y-Samenzelle ein Knabe. Die Y-Samenzellen scheinen im Wettstreit um die Eizelle im Vorteil zu sein: Es werden wesentlich mehr Knaben als Mädchen gezeugt. Die Sterblichkeit männlicher Embryonen ist jedoch höher als die der weiblichen, so daß nur noch etwa 5 % mehr Knaben als Mädchen geboren werden.

D + E *Geschlechtschromatin* in Deckzellen der Mundschleimhaut einer Frau. Von den beiden X-Chromosomen im Arbeitskern wird nur eines benötigt und entspiralisiert. Das andere bleibt in der verdichteten Form der Chromosomen bestehen. Anhand dieses Geschlechtschromatins kann man das „Kerngeschlecht" eines Menschen erkennen. Rechtsmedizinisch besonders interessant ist die Möglichkeit, unter Umständen an einer einzigen Haarwurzel das Geschlecht bestimmen zu können!

- Neuerdings spielt diese Geschlechtsbestimmung bei Sportwettkämpfen eine Rolle: Einige ungewöhnlich leistungsfähige Sportlerinnen haben sich im Kerngeschlecht als „Männer" erwiesen.
- Der Nachweis des Geschlechtschromatins ist auch bei den erwähnten Abweichungen der Geschlechtschromosomenzahl wichtig. Sind z.B. drei X-Chromosomen vorhanden, so gibt es zwei Geschlechtschromatinkörperchen, da immer nur ein X-Chromosom entspiralisiert wird. Entsprechend ist beim Turner-Syndrom (X0) kein Geschlechtschromatin zu finden.
- Mit besonderen Färbemethoden ist auch das Y-Chromosom nachweisbar, so daß man heute das genetische Geschlecht genau ermitteln kann.

F Das Kerngeschlechts bestimmt man gewöhnlich in einem Abstrich der Mundschleimhaut oder einem Blutausstrich. Hier hat ein Teil der segmentkernigen weißen Blutkörperchen der Frau „trommelschlegelähnliche" Kernanhängsel.

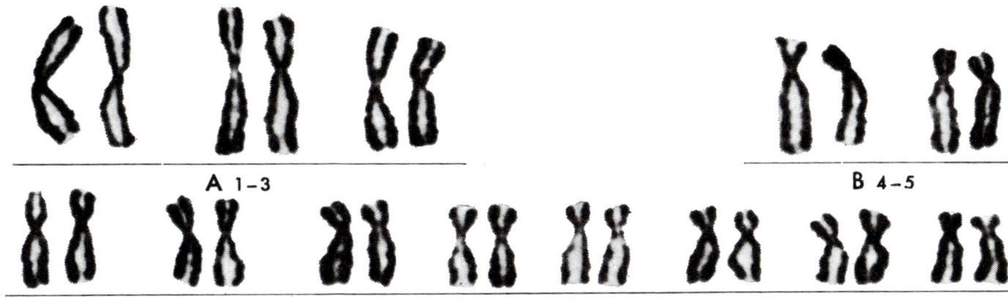
A 1–3
B 4–5
C 6–12 + X

A

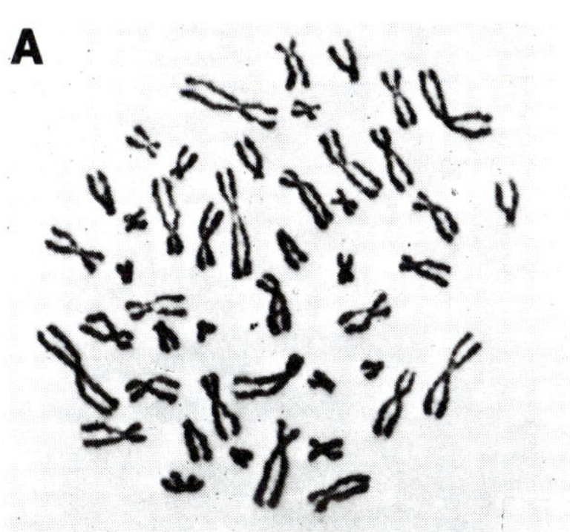

B

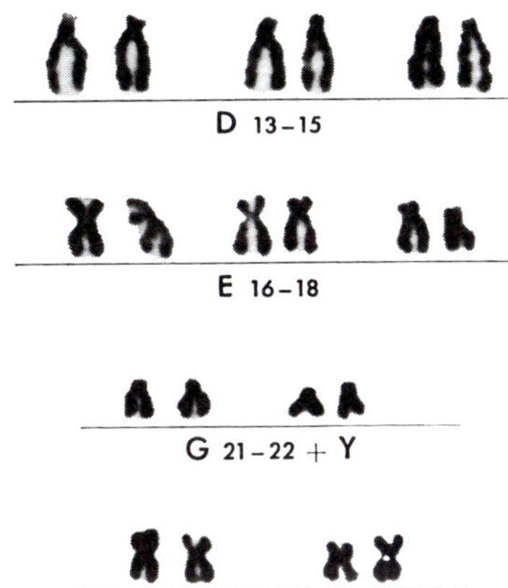
D 13–15
E 16–18
G 21–22 + Y
F 19–20

D

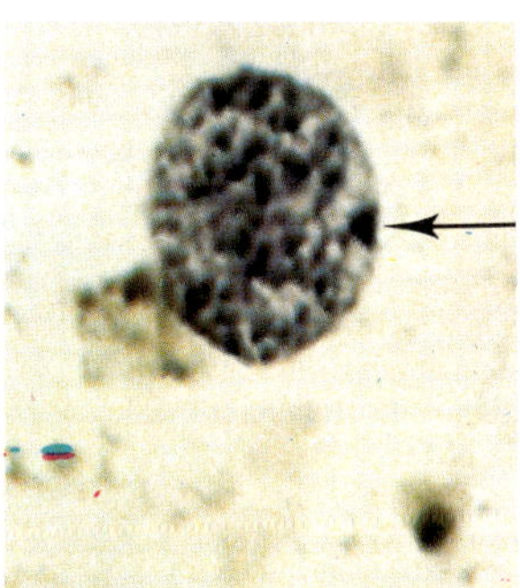

F

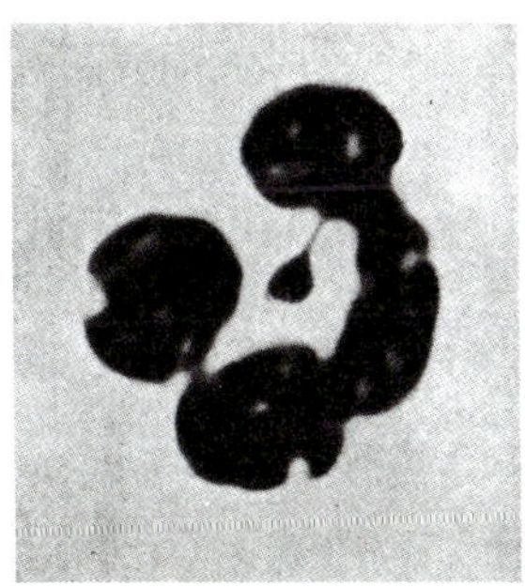

C

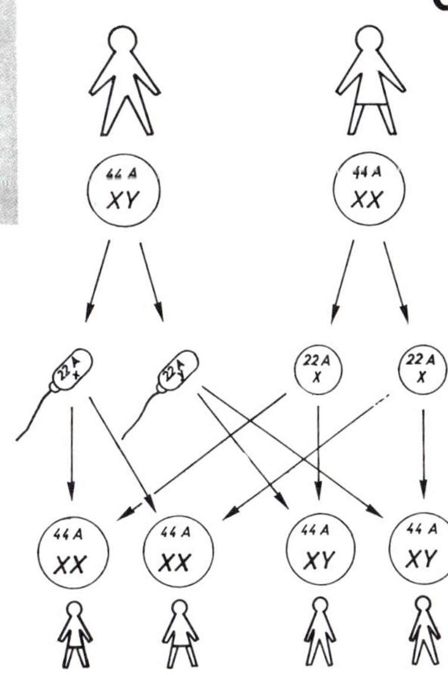
44 A
XY
44 A
XX
22 A
X
22 A
X
22 A
X
22 A
X
44 A
XX
44 A
XX
44 A
XY
44 A
XY

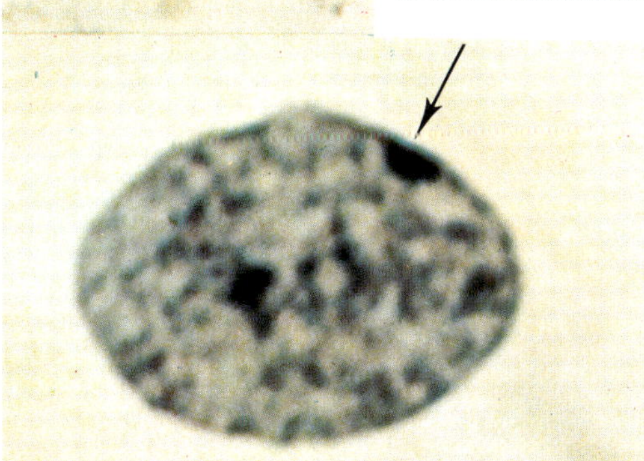

E

Deckgewebe

Einteilung der Deckgewebe (nach der Form der oberflächlichen Zellschicht): • Plattenepithel • kubisches Epithel • Säulenepithel • Sonderfälle: Flimmerepithel, Übergangsepithel

A-G Verschiedene Formen des Deckgewebes. Die Deckgewebe (Epithelien) unterscheiden sich entsprechend ihren Aufgaben in:

• der Form der Zellen: platte Zellen, wenn kaum spezifische Leistungen erbracht werden müssen, säulenförmige Zellen, wenn viele Aufgaben, wie z.B. Stoffabgabe und Stoffaufnahme,

• der Zahl der Schichten: ein- und mehrschichtige Deckgewebe; Sonderform: „mehrreihig“ = eigentlich nur eine Zellschicht, aber die Zellen sind verschieden lang, die Zellkerne liegen in mehreren Reihen übereinander.

A *Einschichtiges Plattenepithel*: Es dient dem Glätten von Oberflächen. Vorkommen: Brustfell, Bauchfell, Herzinnenwand, Gefäßinnenwand, Lungenbläschen.

B *Einschichtiges kubisches Epithel*: Die Zellen sind wie Pflastersteine zusammengefügt, z.B. in den dicken Teilen der Nierenkanälchen und in manchen Drüsenausführungsgängen.

C *Einschichtiges Säulenepithel* (Zylinderepithel, „hochprismatisches“ Epithel): Die Zellen dienen der Stoffaufnahme (Resorption) oder -abgabe (Sekretion). Vorkommen: Magen, Darm, Eileiter, Gebärmutter, viele Drüsenausführungsgänge.

D *Mehrreihiges Epithel* (Atemepithel): Es kleidet die Atemwege aus: Nasenhöhle, Kehlkopf, Luftröhre, Bronchen. An der Oberfläche finden sich Flimmerhärchen („Flimmerepithel“).

E *Verhorntes mehrschichtiges Plattenepithel*: Die mehrschichtigen Epithelien werden nach der Beschaffenheit der obersten Zellage benannt. Sie weist in diesem Beispiel platte Zellen auf. Mehrschichtige Plattenepithelien verwendet der Körper an mechanisch besonders beanspruchten Stellen:

• Verhorntes mehrschichtiges Plattenepithel: Als zusätzlicher Schutz wird aus abgestorbenen Epithelzellen eine Hornschicht gebildet: äußere Haut.

• Unverhorntes mehrschichtiges Plattenepithel: an mechanisch beanspruchten Schleimhäuten mit geringen spezifischen Zellaufgaben, z.B. Mundhöhle, Speiseröhre, After, Stimmlippen im Kehlkopf, Bindehaut des Auges, Scheide, Eichel.

F *Mehrschichtiges Säulenepithel*: Es kommt nur an wenigen Stellen vor, z.B. in der männlichen Harnröhre.

G *Übergangsepithel*: Es kleidet nur die Harnwege aus: Nierenbecken, Harnleiter, Harnblase und Teile der Harnröhre. Kennzeichnend ist die oberflächliche Lage großer Zellen. Sie sondern Schleim ab, der die darunterliegenden Zellen vor dem hochkonzentrierten Harn schützt. Den Namen verdankt das Übergangsepithel seiner Fähigkeit, sich den unterschiedlichen Füllungszuständen der Hohlräume anzupassen. Es kann z.B. beim Ausdehnen der Harnblase von einer scheinbar vielschichtigen in eine scheinbar zweischichtige Form übergehen.

H Räumliches Schema eines einschichtigen Säulenepithels mit Stäbchensaum aus der Darmwand (Vergrößerung etwa 1000fach). Der Stäbchensaum („Bürstenbesatz“) dient der Oberflächenvergrößerung zur Erleichterung von Stoffaufnahme (Resorption) und Stoffabgabe (Sekretion).

I Unterschiedliche Gestaltung von Deckgeweben je nach Beanspruchung am Beispiel der Hornhaut des Auges. Das vordere, der Außenwelt zugewandte Deckgewebe ist ein mehrschichtiges Plattenepithel. Es ist unverhornt, da die Hornhaut von der Tränenflüssigkeit befeuchtet wird und die Lider schützend vor ihr geschlossen werden können (der Name Hornhaut ist insofern etwas irreführend). Das hintere Deckgewebe dient nur der Abgrenzung der vorderen Augenkammer. Es ist einschichtig und flach.

J Übergangszone des verhornten mehrschichtigen Plattenepithels (Vergrößerung etwa 1000fach). Die Hornschicht entsteht aus absterbenden Epithelzellen.

K Flachschnitt durch die Stachelzellschicht der Haut. Die Epithelzellen hängen nicht kontinuierlich, sondern nur an Haftstellen (Desmosomen) zusammen. In der Stachelzellschicht sind die Zwischenzellräume besonders breit. Die Haftstellen treten dadurch stachelartig hervor.

1	Stäbchensaum (= Bürstensaum)	Microvilli
2	Zwischenzellspalt	Spatium intercellulare
3	Haftkomplex zwischen zwei Zellen (Schlußleiste)	Zonula occludens + Zonula adherens
4	Lymphozyt (Lymphzelle)	Lymphocytus
5	Bindegewebe	Textus connectivus
6	Hornschicht	Stratum corneum
7	Helle Schicht	Stratum lucidum
8	Körnerschicht	Stratum granulosum
9	Stachelzellschicht	Stratum spinosum

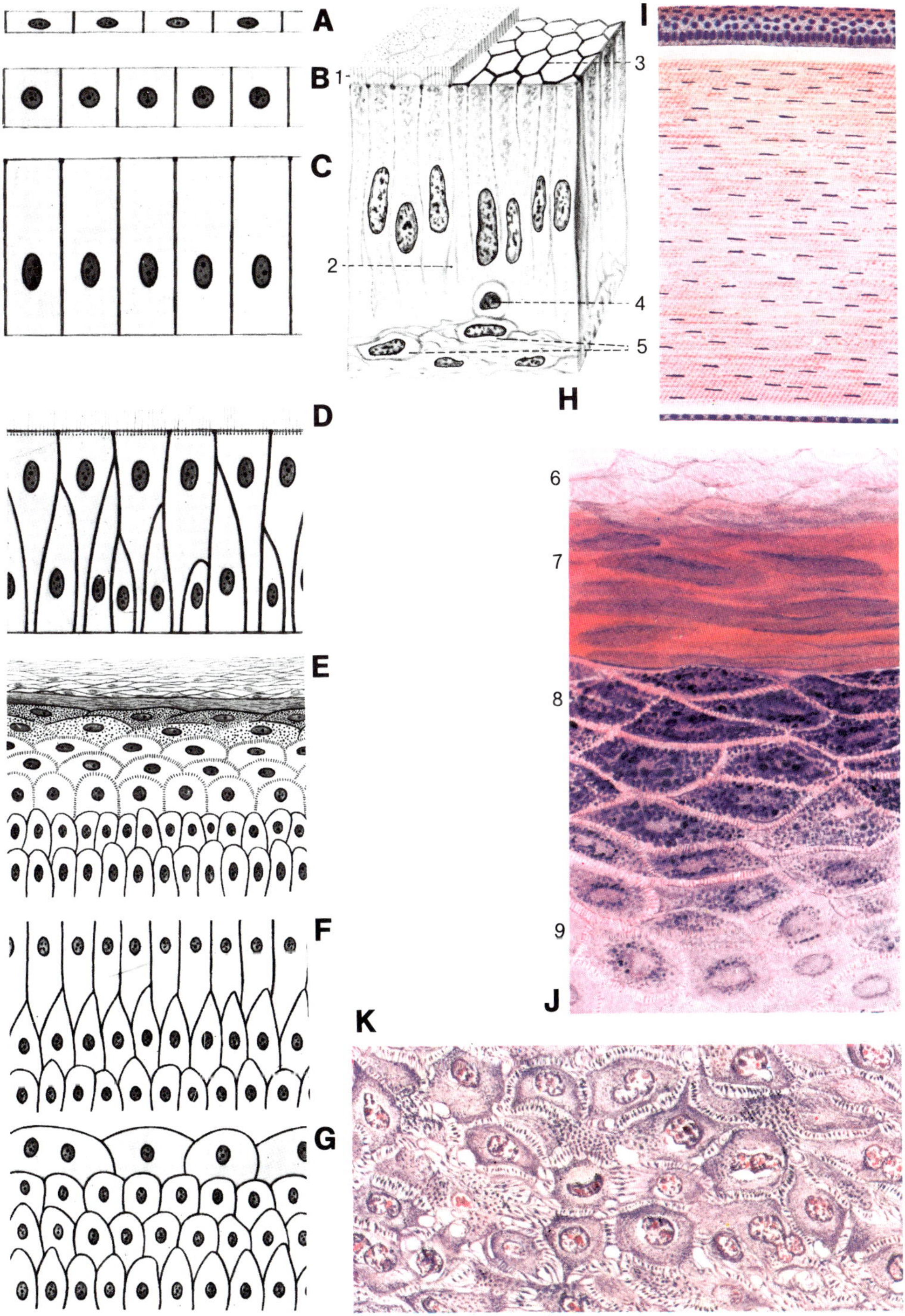
A
B
C
D
E
F
G
H
I
J
K
1
2
3
4
5
6
7
8
9

Drüsengewebe

2 Hauptarten von Drüsen:
- exokrine Drüsen: geben ihr Sekret an innere oder äußere Oberfläche des Körpers ab
- endokrine Drüsen (Hormondrüsen): geben ihr Sekret in Blutgefäße ab

Das Drüsengewebe ist eine Sonderform des Deckgewebes. Es handelt sich um Deckzellen, die sich auf die Stoffabsonderung spezialisiert haben. Die abgegebenen Stoffe kann man in zwei Gruppen einteilen:
- *Sekrete* sind für den Körper nützliche Stoffe, z.B. Verdauungssäfte, Tränenflüssigkeit, Hormone.
- *Exkrete* sollen aus dem Körper entfernt werden, z.B. Harn.

Die einfachsten „Drüsen" sind die Becherzellen des Darms. Sie bestehen nur aus einer Zelle. Die meisten Drüsen sind jedoch vielzellig. Die vielen Zellen haben nicht an der Oberfläche Platz. Sie werden schlauchartig in die Tiefe ausgestülpt (Abb. **A + B**). Diese Schläuche können sich weiter verzweigen und beerenförmig (Abb. **C + D**) oder bläschenförmig (Abb. **E + F**) auswachsen.
Den Entstehungsort einer Drüse erkennt man an der Mündung ihres Ausführungsgangs: Dort haben sich während der Entwicklung die ersten Drüsenzellen in die unter dem Deckgewebe liegende Gewebeschicht eingestülpt. Durch weiteres Wachstum des Schlauchs und fortgesetzte Verzweigungen entsteht dann die endgültige Drüse. Diese liegt aus Platzgründen oft recht weit von ihrem Entstehungsort entfernt (z.B. Ohrspeicheldrüse, Leber). Sie bleibt mit ihm aber immer durch den Ausführungsgang verbunden. Eine Ausnahme bilden die Hormondrüsen. Da sie ihr Sekret direkt an das Blut abgeben, benötigen sie keinen Ausführungsgang. Die Hormone werden daher manchmal auch als „Inkrete" von den „Sekreten" und „Exkreten" abgegrenzt.

A-F Grundformen von Drüsen.
A + B Schlauchförmige (tubulöse) Drüsen.
C + D Beerenförmige (azinöse) Drüsen.
E + F Bläschenförmige (alveoläre) Drüsen.
G Beispiel für wenig verzweigte schlauchförmige Drüsen: Magengrübchen mit zwei Magendrüsen aus der Magenkuppel (Längsschnitt, Vergrößerung 200fach). Nach der unterschiedlichen Anfärbung kann man vermuten, daß es sich um drei verschiedene Sekrete handelt:
- Die *Hauptzellen* (im Bild blau) sondern das eiweißverdauende Enzym Pepsin (bzw. dessen Vorstufe Pepsinogen) ab.
- Die *Belegzellen* (gelb) erzeugen Wasserstoffionen für die Salzsäure des Magens.
- Die *Nebenzellen* (rot) überziehen die Magenschleimhaut mit einem schützenden Schleim, damit der Magen sich nicht selbst durch seine eigenen Verdauungssäfte auflöst.

H Schema vom Bau einer großen Drüse am Beispiel der Unterkieferdrüse. Es sind zwei verschiedene Drüsenanteile zu erkennen:
- seröse (dünnes Sekret bildend),
- muköse (schleimbildend). Die Lichtungen der schleimbildenden Drüsenteile müssen weiter sein, da zähflüssiges Sekret in dünnen Röhren zu langsam vorankommt. Am Ende der schleimbildenden Drüsenschläuche sitzen häufig noch einige seröse Zellen. Sie spülen mit ihrem dünnen Sekret den zähen Schleim aus.

J Querschnitt durch das Endstück einer serösen Drüse (Vergrößerung etwa 800fach). Die Lichtung ist eng und setzt sich zwischen die Zellen fort. Die Zellkerne sind rund.
K Querschnitt durch das Endstück einer mukösen Drüse (Vergrößerung etwa 800fach). Die Lichtung ist weit. Die Zellkerne sind platt und liegen am äußeren Rand des Schlauchs.

1	Deckzellen der Magenschleimhautoberfläche	Epitheliocyti superficiales gastrici
2	Magengrübchen	Foveola gastrica
3	Ausführungsgang	Ductus excretorius
4	Seröse Drüsenzellen (dünnflüssiges Sekret bildend)	Serocyti
5	Muköse Drüsenzellen (schleimbildend)	Mucocyti
6	Nebenzelle	Mucocytus cervicalis
7	Belegzelle	Exocrinocytus parietalis
8	Hauptzelle	Exocrinocytus principalis
9	Sekretrohr (= „Streifenstück")	Ductus striatus
10	Schaltstück	Ductus intercalatus
11	Sekretkanälchen zwischen den Zellen	Canaliculus intercellularis
12	Korbzelle (kann sich wie eine Muskelzelle zusammenziehen und das Drüsenendstück auspressen)	Myoepitheliocytus stellatus

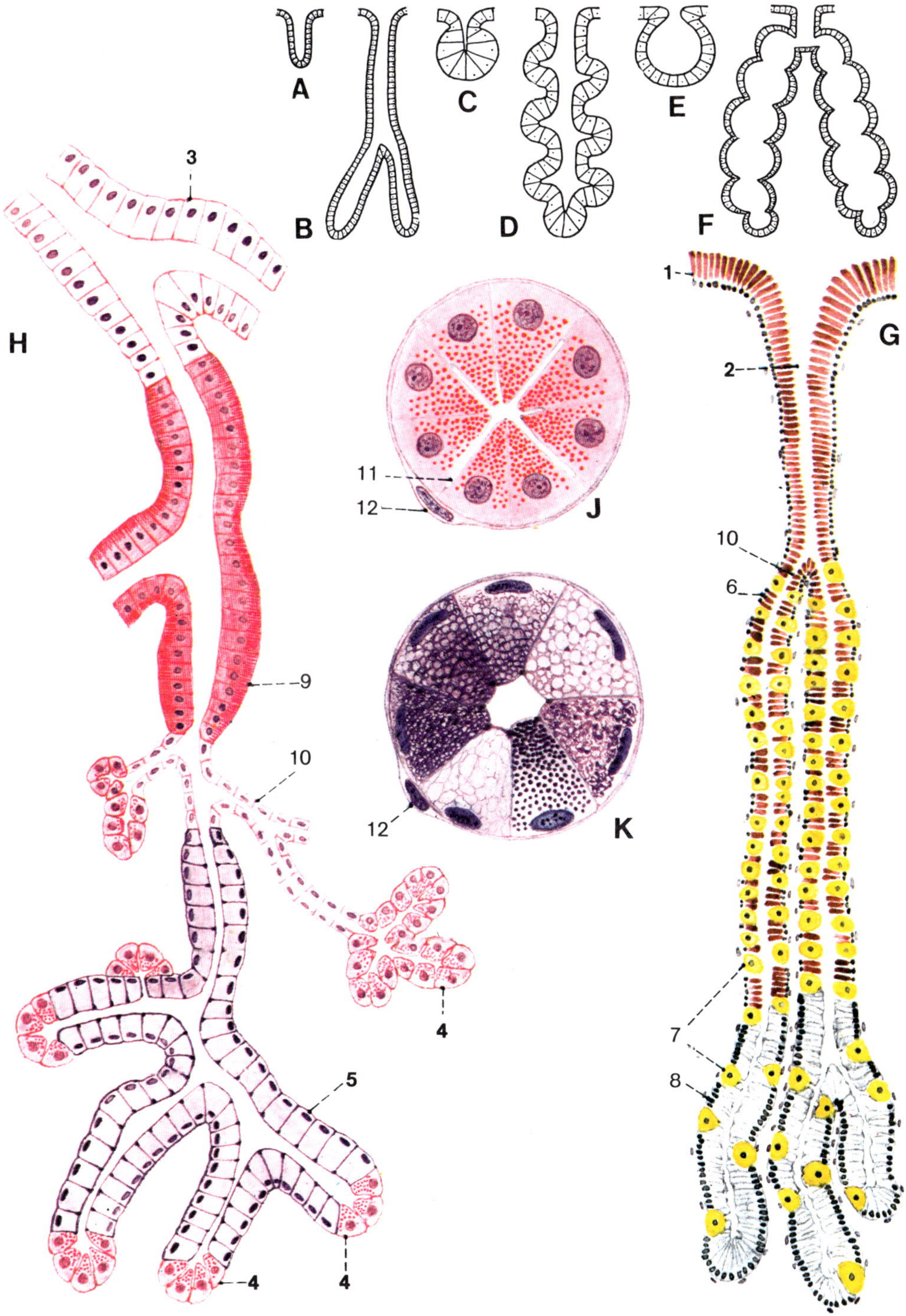
A
B
C
D
E
F
G
H
J
K
1
2
3
4
5
6
7
8
9
10
11
12

Binde- und Stützgewebe

Binde- und Stützgewebe bestehen aus:
- Zellen
- Zwischenzellsubstanz: Fasern + Grundsubstanz

Deckgewebe allein sind nicht lebensfähig. Sie müssen durch das Blut mit Sauerstoff und Nährstoffen versorgt werden. Blut steht in den Schlagadern unter hohem Druck. Die Blutgefäßwand muß diesem Druck standhalten können. Deckgewebe kann zwar die Innenseite der Gefäßwand glätten, ein Gefäßrohr aus Deckgewebe allein würde aber beim Einströmen des Blutes sofort aufplatzen: Die Zellen sind nicht für höhere Zugspannungen gebaut. Zug wird in der Technik mit Seilen abgefangen. Ähnlich geht der Körper vor: Er lagert zwischen die Zellen Fasern ein, die Zugbeanspruchungen aufnehmen können. Fasern allein sind nicht lebensfähig (Grundbaustein des Lebendigen ist die Zelle), deshalb benötigen wir Zellen zur Bildung und Ernährung der Fasern. Bei der Zusammenlagerung runder Fasern entstehen Zwischenräume. Diese müssen wir mit einer Füllsubstanz („Grundsubstanz") ausfüllen. Für die Binde- und Stützgewebe ist somit „das zwischen den Zellen Liegende", d.h. die Zwischenzellsubstanz (= Fasern + Grundsubstanz), kennzeichnend.

Die einzelnen Binde- und Stützgewebe unterscheiden sich nach Art und Anordnung von Grundsubstanz und Fasern:
- *Grundsubstanz*: Sie besteht aus hochmolekularen Zuckern und Eiweißen: Glycosaminoglycanen und Proteoglycanen (früher Mucopolysaccharide und Mucoproteine genannt). Sie ist in den Bindegeweben (im engeren Sinn) flüssig, in den Stützgeweben fest. Bei den Stützgeweben unterscheidet man wieder 2 Formen: Beim Knorpelgewebe ist die Grundsubstanz rein organisch. Beim Knochengewebe und beim Zahnbein sind auch noch anorganische Bestandteile (vor allem Calcium- und Magnesiumsalze) eingelagert.
- *Faserart*: Zugfeste Fasern kennzeichnen das kollagene Bindegewebe, zugelastische das elastische Bindegewebe. Eine Sonderform des kollagenen Bindegewebes ist das retikuläre (netzartige) Bindegewebe mit besonders feinen Fasern.
- *Faseranordnung*: Lockeres Bindegewebe ist meist faserarm. Straffes Bindegewebe ist faserreich. Geflechtartiges straffes Bindegewebe findet man in der Lederhaut. In Sehnen und Bändern ist das straffe Bindegewebe parallelfaserig.
- *Sonderformen* sind das embryonale Bindegewebe (= Mesenchym: zellreich, keine Fasern), das Fettgewebe (Fetteinlagerung innerhalb der Zellen) und das Blut (Zwischenzellsubstanz flüssig, die Fasern sind gelöst und werden erst bei der „Blutgerinnung" sichtbar).

4 Hauptformen der Bindegewebe:
- embryonales Bindegewebe (Mesenchym)
- retikuläres Bindegewebe
- kollagenes Bindegewebe (locker oder straff)
- elastisches Bindegewebe

A *Embryonales Bindegewebe* (Mesenchym): Es ist die Urform des Bindegewebes, aus der alle anderen Binde- und Stützgewebe sowie das Blut hervorgehen. Auch nach der Geburt bleiben noch Zellen mit den Eigenschaften des Mesenchyms erhalten. Sie können sich bei Bedarf zu den verschiedenen Binde- und Stützgeweben hin differenzieren. Auf dieser Fähigkeit beruhen die meisten Wundheilungsvorgänge (Vergrößerung 640fach).

B Elektronenmikroskopisches Bild kollagener Fasern (Vergrößerung 18 700fach).

C + D Schema des Baues kollagener Mikrofibrillen: **C** im Querschnitt, **D** im Längsschnitt. Die im Lichtmikroskop sichtbare kollagene Faser (Durchmesser 1-20 μm) ist aus Kollagenfibrillen (Durchmesser 0,3-0,5 μm) und diese aus noch feineren Fasern, den Mikrofibrillen (Durchmesser 20-200 nm; nm = Nanometer, 1nm = 1/1000000 mm) zusammengesetzt. Diese wiederum werden von Tropokollagenmolekülen (Durchmesser etwa 1,4 nm) gebildet. Die Moleküle sind zu Längsketten verknüpft (im Schema schwarz). Dabei liegen jeweils gleiche Abschnitte der Moleküle nebeneinander. Darauf beruht die im Mikroskop sichtbare Querstreifung der Fasern. Sie ist allerdings etwa 20mal feiner als jene der „quergestreiften" Muskeln. Die Zugfestigkeit der kollagenen Fasern beträgt etwa 5 bis 10 kg pro mm^2 Querschnittfläche. Der Name „Kollagen" kommt vom griechischen kolla = Leim (früher erzeugte man durch Auskochen von Sehnen und Bändern den Tischlerleim). Kollagen ist das im Körper am häufigsten vorkommende Eiweiß (etwa ein Drittel des gesamten Körpereiweißes).

E *Gallertiges Bindegewebe* aus der Nabelschnur. Wir erkennen Bindegewebezellen (im Bild rot) umgeben von feinen kollagenen Fasern (blau).

F-H Zellen des retikulären Bindegewebes (➥ S. 42): **F** Freßzelle (Makrophage), **G** Freßzelle mit aufgenommenen Fremdkörpern, **H** (festsitzende) Bindegewebezelle (Fibrozyt).

1 Zellnetz der (undifferenzierten) Bindegewebezellen .... (Fibroblastocyti)
2 Maschenräume (Zwischenzellsubstanz) .... (Substantia intercellularis)

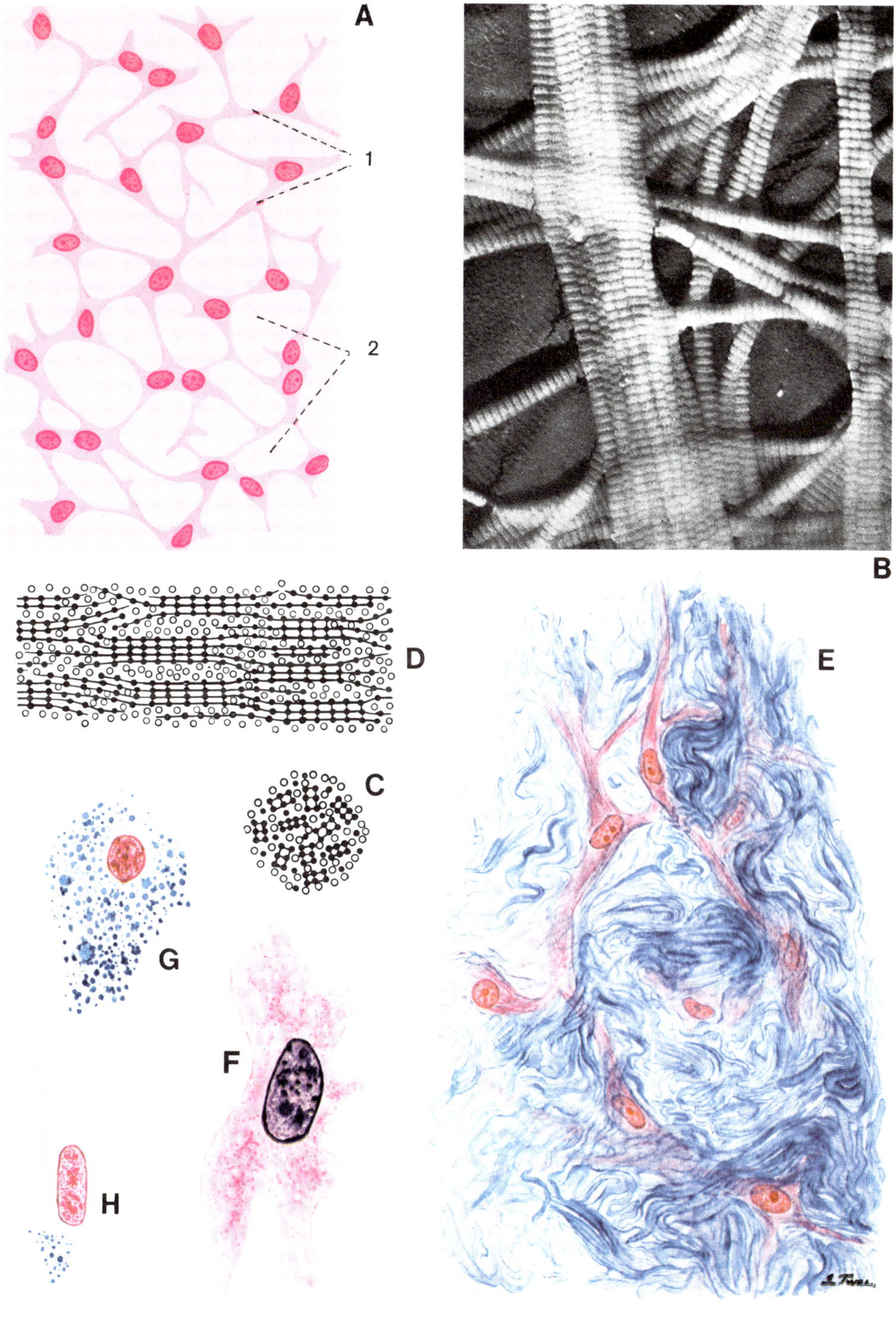
A
1
2
B
D
E
C
G
F
H

Retikuläres Bindegewebe
Es steht dem embryonalen Bindegewebe noch sehr nahe. Auch hier überwiegen die großen, reich verzweigten Zellen. Auf den Zelloberflächen bilden sich jedoch Netze von „Gitterfasern" = „retikulären Fasern" (lateinisch reticulum = Netz), die den Zellverband abstützen. Die feinen retikulären Fasern können sich besonders gut an Formänderungen des Gewebes anpassen. Chemisch gesehen bestehen sie aus Collagen Typ III. Alternsvorgänge beruhen z.T. auf dem Übergang der zarten Gitterfasern in die groben kollagenen Fasern (Collagen Typ I). Dadurch verhärtet das Gewebe. Das retikuläre Bindegewebe bildet:

- das Maschenwerk der lymphatischen Organe (Lymphknoten, Mandeln und Milz) sowie des blutbildenden (roten) Knochenmarks.
- das feinere Stützgerüst vieler Organe, vor allem in der Umgebung von Blut- und Lymphgefäßen.
- die Bindegewebeschicht der Schleimhaut von Magen und Darm.

Makrophagensystem
In den Maschenräumen des retikulären Bindegewebes findet man größere Zellen mit der Fähigkeit zur Phagozytose (Fremdkörper zu „fressen", ➥ S. 30, A) und Speicherung. Sie werden daher *„große Freßzellen"* (Makrophagen) genannt („kleine Freßzellen" sind die neutrophilen Granulozyten, ➥ S. 56). Sie gehen aus Monozyten hervor, die aus dem Blut in die Gewebe ausgewandert sind. Früher meinte man, daß diese Zellen direkt aus dem retikulären Bindegewebe und den Blutgefäßwänden entständen und nannte daher das Makrophagensystem retikuloendotheliales System (RES).

Zellen des Makrophagensystems:
- Monozyten im Blut
- Histiozyten im Gewebe
- bestimmte Zellen der Gefäßinnenwand (Endothel) von Knochenmark, Lymphknoten, Milz
- Sternzellen der Leber
- Staubzellen der Lunge
- knochenabbauende Zellen (Osteoklasten)

A Bindegewebegerüst eines Lymphknotens (Vergrößerung etwa 130fach). Die Lymphozyten sind aus dem Präparat herausgelöst. Nur das Stützgerüst blieb stehen. Die kräftigen Züge der Kapsel und der Balken (Trabekel) bestehen aus zugfestem (kollagenem) Bindegewebe, die feineren Züge aus retikulärem Bindegewebe. Die lymphatischen Organe (Milz, Lymphknoten, Mandeln) benötigen ein derartiges bindegewebiges Gerüst, weil die Lymphozyten in ihnen nicht festsitzen, sondern bei ihrer Wanderung durch den Körper in ihnen „rasten". Man könnte sie mit den Autos in einem Parkhaus vergleichen: Die Autos wechseln, das Betongerüst des Parkhauses bleibt. Wie bei den meisten Autos sind auch bei den Lymphozyten die „Parkzeiten" sehr viel länger als die „Fahrzeiten": Die Zirkulation in der Blutbahn ist viel kürzer als die Verweildauer in den lymphatischen Organen.

B Parallelfaseriges Bindegewebe in entspanntem (gewelltem) Zustand aus dem Herzbeutel (Vergrößerung 110fach).

C Bündel zugfester Fasern, von elastischen Netzen umsponnen, aus der Nierenkapsel.

D Querschnitt durch ein elastisches Band (Vergrößerung 250fach). *Elastisches Bindegewebe* wird im Körper unter zwei Gesichtspunkten verwendet: große Dehnbarkeit und Einsparung von Muskelarbeit. Der Vergleich mit einem Gummiband liegt nahe. Es ist dehnbar, kehrt aber danach in seine ursprüngliche Lage zurück, ohne daß man noch einmal „Arbeit" aufwenden muß. Der Kopf steht z.B. so über der Halswirbelsäule, daß etwa 2/3 seines Gewichts vor der Unterstützungsfläche, 1/3 dahinter liegen. Damit er nicht nach vorn umkippt, muß er rückwärts festgehalten werden. Das Nackenband aus elastischem Bindegewebe hilft, den Kopf im Gleichgewicht zu halten, ohne daß hierfür Energie (wie beim Muskel) aufgewandt werden muß. Auch zwischen den Wirbelbogen liegen elastische Bänder, welche die aufrechte Körperhaltung erleichtern. Die elastischen Fasern sind von kollagenen Fasern umsponnen, um sie zu bündeln und eine Überdehnung zu verhindern.

Bilder von straffem Bindegewebe der Lederhaut der Haut ➥ S. 73, der Lederhaut des Auges ➥ S. 405, 407.
Bilder elastischer Fasern in Blutgefäßen ➥ S. 379, 381. Bilder von Zellen des retikulären Bindegewebes ➥ S.58.

1	Elastisches Bindegewebe	Textus connectivus elasticus
2	Zugfestes (kollagenes) Bindegewebe	Textus connectivus collagenosus
3	Kapsel (des Lymphknotens)	Capsula (nodi lymphatici)
4	Fettgewebe	Textus adiposus
5	Randsinus umgeben von	Sinus subcapsularis
	retikulärem Bindegewebe	Textus connectivus reticularis
6	Lymphknötchen	Nodulus lymphaticus (Lymphonodulus)
7	Balken (Trabekel)	Trabeculum

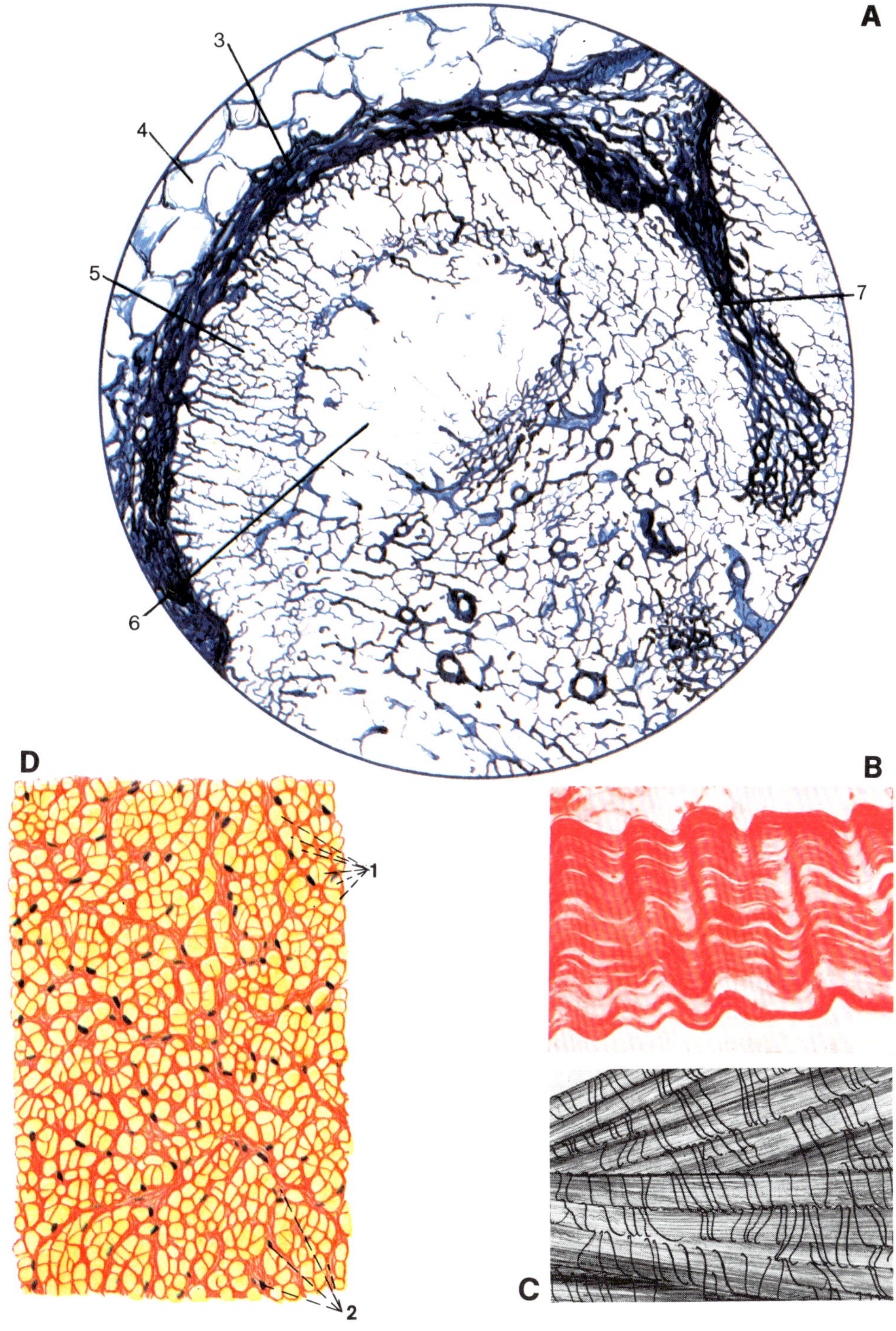
A
3
4
5
6
7
D
1
2
B
C

A *Straffes geflechtartiges Bindegewebe*. Im polarisierten Licht leuchten die Faserzüge auf und lassen die Durchflechtung gut erkennen. Derartige Bindegewebezüge bilden die Grundlage der Haut (Lederhaut) und der Schleimhäute sowie das Stützgerüst für viele innere Organe.

B *Straffes parallelfaseriges Bindegewebe* mit gekreuzten Faserlagen. Man findet es in Sehnenplatten, in die mehrere Muskeln einstrahlen, z.B. in der Rektusscheide (➥ S. 105-111).

C Querschnitt durch eine Sehne (Vergrößerung 400fach).

D Räumliche Darstellung einer Sehnenzelle mit drei kollagenen Fasern. Sehnengewebe ist straffes parallelfaseriges Bindegewebe. Sehnen dienen der Übertragung der Muskelkraft auf Knochen. Die kollagenen Fasern der Sehnen gehen an Muskelursprung und -ansatz in die kollagenen Fasern des Knochens über. Die Zugfestigkeit von Sehnen, Knorpel und Knochen beruht auf den in ihnen enthaltenen kollagenen Fasern. So werden fast alle mechanischen Belastungen im Körper mit kollagenen Fasern aufgefangen.

E Netzwerk kollagener Fibrillen aus Gelenkknorpel nahe der Oberfläche (rasterelektronenmikroskopisches Bild, Vergrößerung etwa 6000fach).

F + G Rasterelektronenmikroskopische Bilder des bindegewebigen Gerüsts des Randsinus eines Lymphknotens (➥ S. 43, A). Vergrößerung **F** 670fach, **G** 1450fach.

F

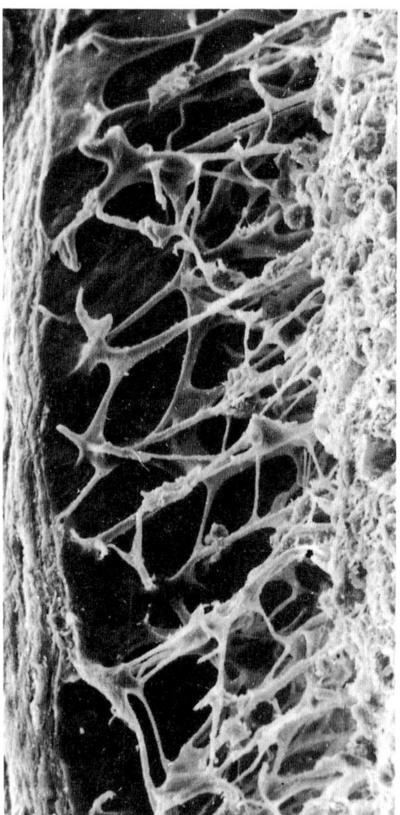

G

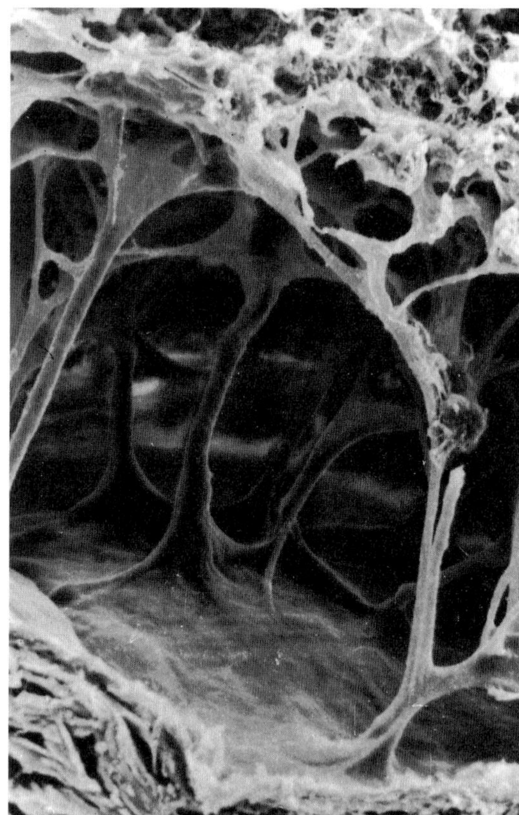

1	Sehnenfasern	Fibrae tendineae
2	Sehnenzelle (= „Flügelzelle“)	Tendinocytus (Tenocytus)
3	Kollagene Fibrillen (in der Sehne parallel gelagert)	Fibrillae collagenosae
4	Zellkern	Nucleus

C

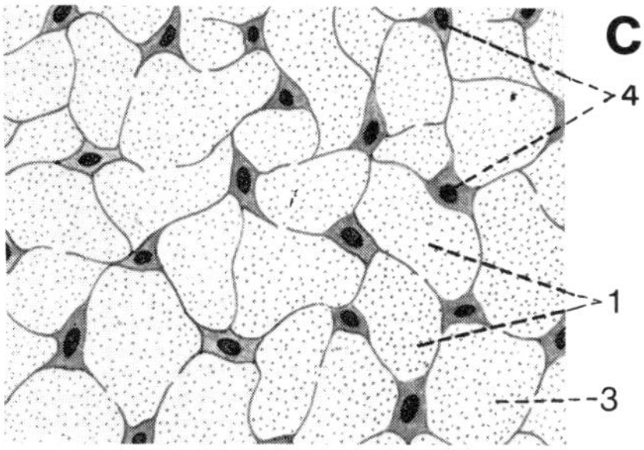

A

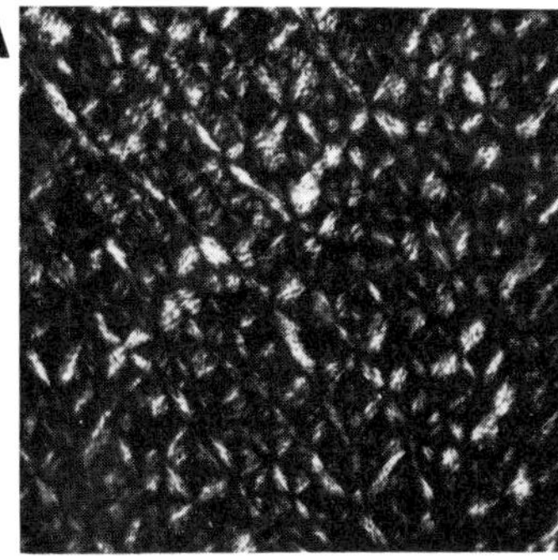

D

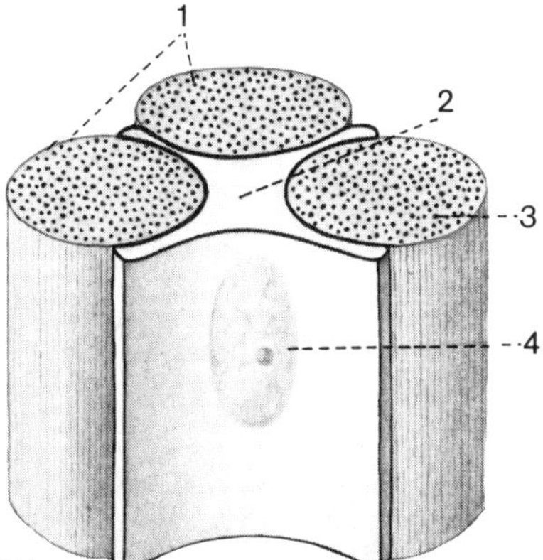

B

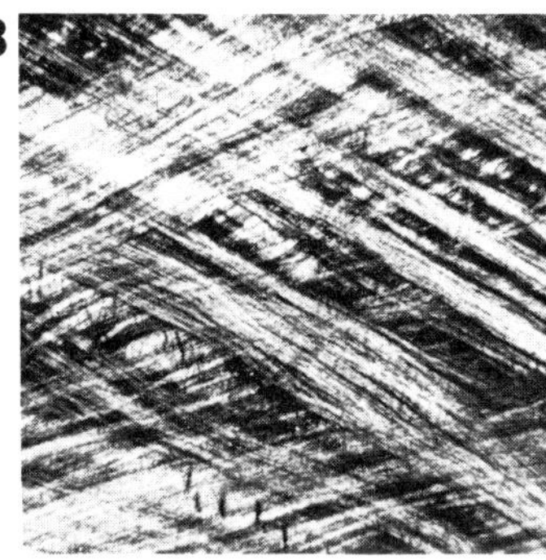

E

Fettgewebe

Fettgewebe speichert Fett innerhalb der Zellen

Fettgewebe ist eine Sonderform des Bindegewebes, bei dem die Zellen fähig sind, Fett zu speichern. Dieses Fett wird nicht etwa zwischen den Zellen, sondern innerhalb der Zellen gestapelt. Dadurch schwellen die Zellen zu großen Kugeln an. Sie können Durchmesser von 0,1 bis 0,2 mm erreichen. Damit sind sie, wie die reife Eizelle, gerade noch mit freiem Auge sichbar. Sie bedingen das körnige Aussehen von Fettgewebe. Das in der Zelle gespeicherte Fett fließt zu einem großen Tropfen zusammen, der den übrigen Zelleib und den Zellkern an den Rand drängt. Im mikroskopischen Schnittpräparat wird das Fett herausgelöst. Die Zelle hat dann eine „Siegelringform".

Fettgewebe hat zwei Hauptaufgaben im Körper: • Baufett: als Füllmasse • Speicherfett: als Energievorrat

• *Baufett*: Die Fettzellen sind von Gitterfasern und kollagenen Fasern umsponnen. Bei Druck auf Fettpolster verformen sich die Fettzellen. Dadurch werden die Fasern gespannt und der Druck abgefangen. Solche Druckpolster findet man z.B. an der Fußsohle, am Handteller und am Gesäß. An anderen Körperstellen dient Fett zur Füllung von Hohlräumen. Es sichert dadurch die Lage von Organen, z.B. in der Augenhöhle oder der Nierenkapsel. Gleichzeitig wirkt es als Schutzpolster, z.B. bei Stößen. Fett versteift die Wangen beim Säugling, damit diese sich beim Saugen nicht eindellen (deshalb das „pausbäckige" Aussehen von Säuglingen!). Schließlich dient Fett auch als Platzhalter für ruhende Gewebe: So besteht z.B. die weibliche Brustdrüse außerhalb von Schwangerschaft und Stillzeit hauptsächlich aus Fettgewebe.

• *Speicherfett*: Fett hat den höchsten Brennwert von allen Nährstoffen 39 kJ/g (9,3 kcal/g) gegenüber 17 kJ/g (4,1 kcal/g) bei Kohlenhydraten und Eiweißen (kJ = Kilojoule, Einheit der Energie im Internationalen Einheitensystem; 1 kcal = 4,2 kJ). Der Körper kann daher in Form von Fettdepots große Energiereserven anlegen. Fett wird vor allem in der Unterhaut (wo es zusätzlich der Wärmeisolierung dient) und im Bauchraum (Fettanhängsel am Dickdarm, Gekröse, großes Netz) gespeichert.

• Eine Sonderform des Fettgewebes ist das *braune Fettgewebe*, in dem das Fett nicht in einem großen Tropfen, sondern in vielen kleinen Tröpfchen in der Zelle gespeichert ist. Es enthält besonders viele Mitochondrien und dient der Wärmeregulation bei winterschlafenden Tieren. Beim Menschen kommt es in nennenswerten Mengen (2-5 %) nur bei der Leibesfrucht vor.

A Fettgewebe: Fettzellen von Gitterfasern umsponnen (Schema).

B Rasterelektronenmikroskopisches Bild von Fettgewebe (Vergrößerung etwa 400fach). Die großen, kugeligen Fettzellen sind wie in Abb. A von Gitterfasern umsponnen. Die kleinen glattwandigen Kugeln sind Kunstprodukte: Bei der Anfertigung des Präparats sind einige Fettzellen geplatzt. Dabei ist das Fett in Tröpfchenform freigeworden.

Fettsucht

Speicherfett ist kein „totes" Depot. Es ist reichlich mit Blutgefäßen versorgt und in ständigem Umbau begriffen. Zu große Depots bedeuten für den Körper eine Belastung, besonders für den Kreislauf. Sie verkürzen die Lebenserwartung. Die Fettspeicherung ist ein Bilanzproblem: Wird zuviel gegessen, so wird Fett gespeichert. Wird zuwenig Nahrung aufgenommen, so wird Speicherfett abgebaut.

• Die einzige wirksame Methode der *Entfettung* ist daher das bekannte „FDH" (friß die Hälfte). Für den Kalorienplan muß man wissen, daß Fettgewebe Wasser speichert. Man muß also nicht 39 000 kJ (9300 kcal) einsparen, um 1 kg Körpergewicht zu verlieren, sondern nur etwa Dreiviertel davon (etwa 30 000 kJ=7100 kcal). Nimmt man täglich etwa 5000 kJ (1200 kcal) zu sich, so kann man bei körperlich nicht anstrengender Arbeit etwa 1 kg pro Woche an Gewicht abnehmen. Die Anfangserfolge vieler sog. „Entfettungskuren" beruhen auf der vermehrten Ausscheidung von Wasser. Wird jedoch das zugehörige Speicherfett nicht durch Hungern abgebaut, so wird das Wasser alsbald wieder eingelagert: Raschen Gewichtsverlusten entspricht ein ebensorascher Wiederanstieg des Gewichts.

C-F Verschiedene Formen von Fettsucht. Die meisten Fälle beruhen auf Überernährung, doch können Störungen der Hormonproduktion die Fetteinlagerung fördern.

C Cushing-Krankheit: Bei vermehrter Bildung von Glucocorticoiden in der Nebennierenrinde kommt es zur sog. „Stammfettsucht" mit „Vollmondgesicht", „Büffelnacken" und schlanken Gliedmaßen (➡ S. 271, F).

D „Matronenfettsucht". Nach den Wechseljahren mit dem Abfall der Bildung weiblicher Geschlechtshormone nimmt manchmal das Fettgewebe im gesamten Körper zu.

E Fröhlich-Krankheit bei Schädigung der Hirnanhangsdrüse und des Zwischenhirns. Fettpolster besonders an Hüften, Bauch, Schamgegend, Gesäß, Oberschenkeln und Brüsten.

F Lipodystrophie: Fettschwund der oberen Körperhälfte bei Fettpolstern um Hüfte, Gesäß und Oberschenkel. Die Ursache der Krankheit ist noch nicht geklärt.

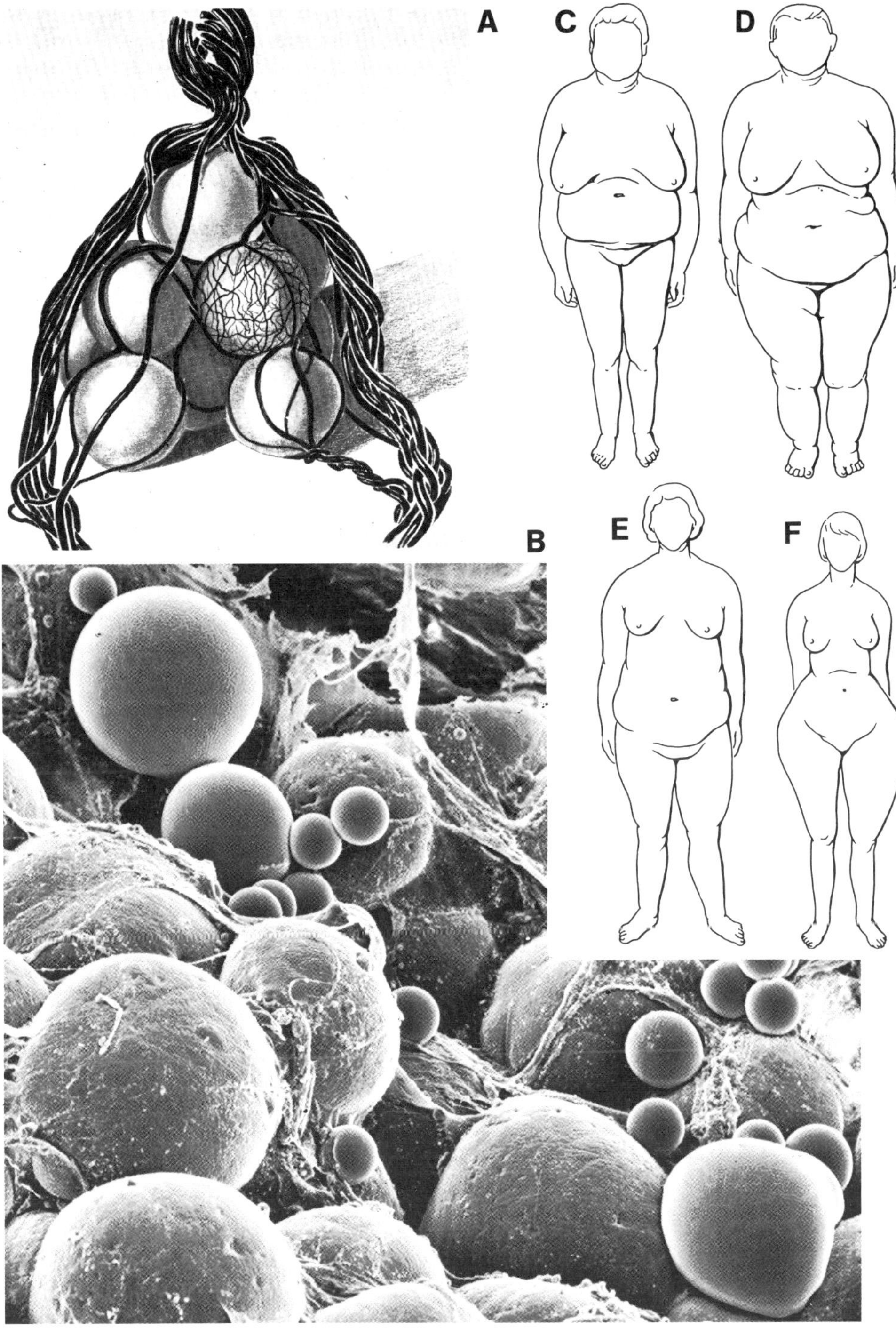
A
C
D
B
E
F

Stützgewebe

- Knorpel: feste Grundsubstanz rein organisch
- Knochen: feste Grundsubstanz mit anorganischen Kristallen

Kollagene Fasern sind sehr zugfest, aber auch sehr biegsam. Diese Biegsamkeit ist bei Sehnen, Bändern, Organkapseln usw. erwünscht, nicht jedoch beim Skelett. An diesem greifen Kräfte (vor allem die Schwerkraft und Muskelzug) in wechselnden Richtungen an, ohne daß es dabei zu wesentlichen Gestaltänderungen kommen darf. Nur so werden eine rasche Fortbewegung des Körpers und eine ungestörte Tätigkeit der inneren Organe möglich. Diese Steifigkeit wird erreicht, indem die kollagenen Fasern (und Zellen) mit einer festen Grundsubstanz umhüllt werden. Ist diese Grundsubstanz nur aus organischen Stoffen aufgebaut (vor allem Chondroitinsulfat), so nennt man das Gewebe *Knorpel*. Werden in die Grundsubstanz nach einem bestimmten Bauplan Kristalle von Calcium- und Magnesiumsalzen (vor allem Phosphate) eingelagert, so entsteht daraus *Knochen* oder *Zahnbein*.

Knochen ist das mechanisch am vielseitigsten beanspruchbare Gewebe: Es hat eine um etwa die Hälfte höhere Zugfestigkeit als eine Sehne (etwa 10 kg/mm^2) und eine zehnmal so hohe Druckfestigkeit wie Knorpel (etwa 15 kg/mm^2). Aber Knochen ist wegen seiner hohen Biegungssteifigkeit nicht überall zu gebrauchen: Wie oft würde man sich die Nasenspitze oder das Ohr brechen, wenn diese aus Knochen statt aus Knorpel gebaut wären! Ebenso erleichtern die Rippenknorpel die Verformung des Brustkorbs bei der Atmung. Wegen des Knorpelskeletts sind auch Kehlkopf, Luftröhre und Bronchen weniger gefährdet. Ferner hat Knochen eine rauhe Oberfläche. Würden zwei Knochen direkt aufeinander reiben, so wären sie sehr rasch abgenutzt. Zur Glättung der Oberflächen wird den Knochen in den Gelenken Knorpel aufgelagert.

Die kollagenen Fasern haben die gleiche Lichtbrechung wie die Grundsubstanz des Knorpels, dadurch heben sie sich nicht von ihr ab. Im mikroskopischen Präparat sind daher die Fasern normalerweise nicht zu sehen. Man nennt diese im Körper am meisten verwandte Art des Knorpels „hyalinen" Knorpel (griechisch hyalos = Glas), weil die Zwischenzellsubstanz glasartig homogen erscheint. Dort wo besondere Elastizität erforderlich ist, z.B. am Ohr, werden statt kollagener Fasern elastische Fasern als Grundgerüst des Knorpels verwendet. Diese sind stark lichtbrechend und heben sich daher von der Grundsubstanz ab, besonders deutlich nach Spezialfärbungen („elastischer" Knorpel).

- Hyaliner Knorpel enthält kollagene Fasern
- Elastischer Knorpel enthält elastische Fasern

A *Hyaliner Knorpel* aus der Nasenscheidewand (Vergrößerung 270fach). Die Knorpelzellen liegen meist in kleinen Gruppen zusammen. Am oberen Rand des Bildes sieht man die Knorpelhaut aus kollagenem Bindegewebe. Sie ernährt und regeneriert den Knorpel.

B Teil eines Längsschnitts durch ein Fingergelenk (Vergrößerung etwa 10fach). Die Gelenkenden der Knochen sind mit hyalinem Knorpel überzogen. Diesem Knorpel fehlt die Knorpelhaut. Er hat auch keine Blutgefäße. Die Ernährung muß auf der einen Seite von der Gelenkschmiere, auf der anderen Seite vom Knochen her erfolgen. Dieses Ernährungssystem wird mit zunehmendem Alter immer störanfälliger. Deshalb sind „Abnutzungserscheinungen" der Gelenke (Arthrosen) im Alter so häufig.

C *Gelenkknorpel.* Die im Mikroskop sichtbare eigenartige Anordnung der Knorpelzellgruppen ist durch den Verlauf der Fasern (Abb. D) bedingt.

D Schema der Anordnung der Faserzüge beim Gelenkknorpel, schwarz die Knorpelzellgruppen (Abb. C).

E Verformung der Faserzüge des Gelenkknorpels bei Belastung. Druckbelastungen werden im Körper immer in Zugbelastungen übergeführt. Diese werden von den kollagenen Fasern abgefangen.

1	Gelenkhöhle	Cavitas articularis
2	Gelenkknorpel	Cartilago articularis
3	Gelenkkapsel	Capsula articularis
4	Knochenbälkchen	Trabecula ossea
5	Gelbes Knochenmark (Fettgewebe)	Medulla ossium flava
6	Verankerung straffer Faserzüge der Gelenkkapsel im Knochen	-
7	Oberflächliche Zone (tangentiale Fasern)	Zona superficialis
8	Übergangszone	Zona intermedia
9	Tiefe Zone (radiäre Fasern)	Zona profunda
7 + 8 + 9 = 2		
10	Verkalkter Knorpel	Cartilago calcificata
11	Knochen unter dem Gelenkknorpel	Lamina ossea subchondrialis

B

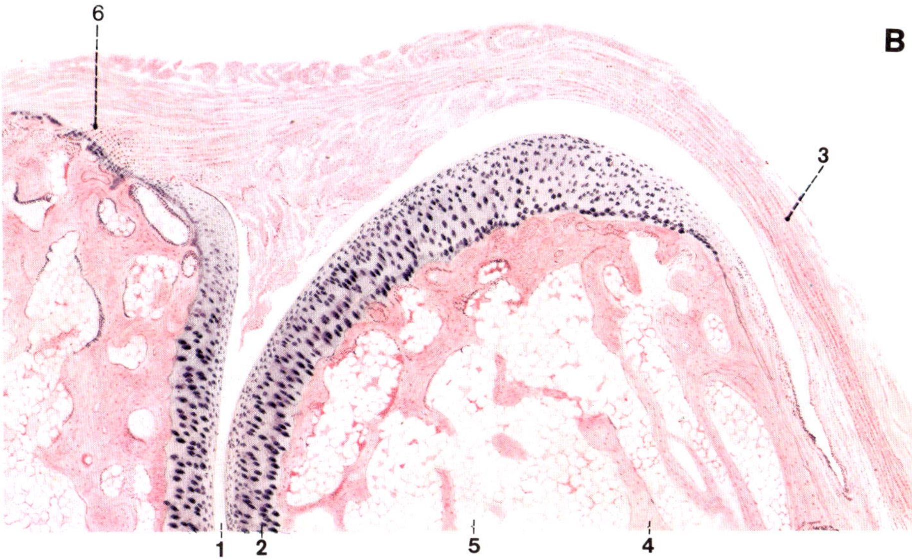

A

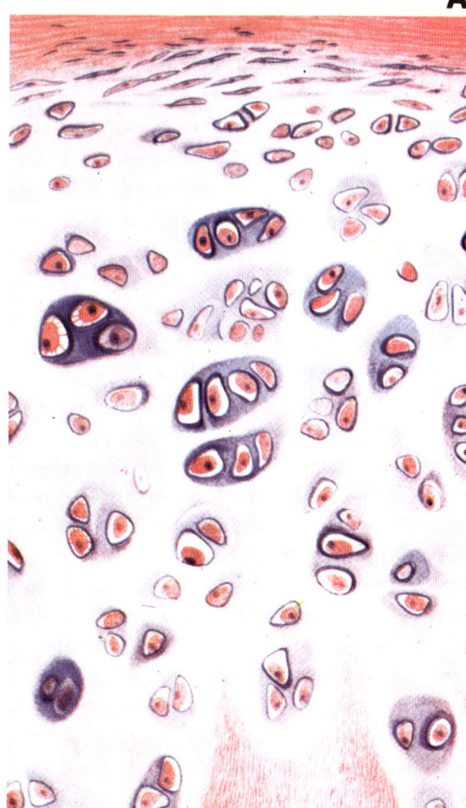

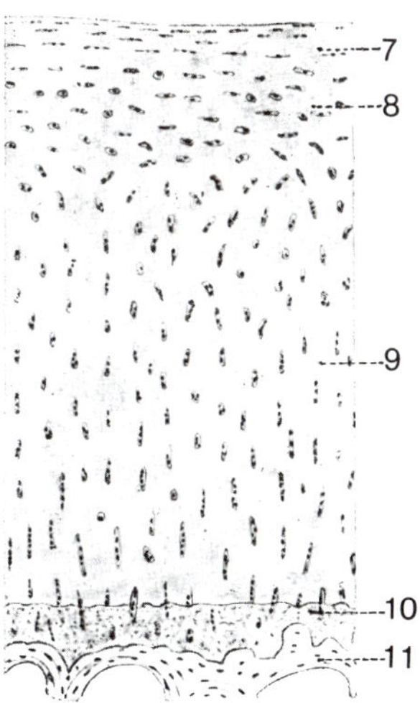

C

D

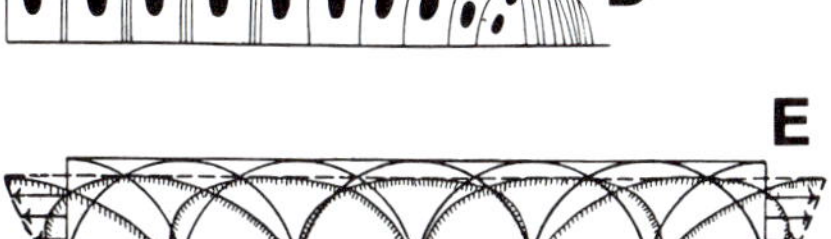

E

Knochen

Knochengewebe ist 2-3mal schwerer als die meisten übrigen Gewebe. Der Körper spart daher Knochengewebe ein, wo immer er kann, um nicht zu schwerfällig zu werden. Von der Bautechnik her ist bekannt, daß ein T-Träger nahezu ebenso biegefest ist wie ein massiver Balken, ein Rohr wie ein massiver Stab. Deshalb sind die langen Knochen rohrartig gebaut: außen kompakter Knochen, innen schwammartiger Knochen oder Markraum.

> Knochen ist ein lebendes Gewebe und wird ständig umgebaut:
> - Anpassung an veränderte Belastung
> - Sicherung des konstanten Blut-Calciumspiegels

Obwohl der Knochen so starr erscheint, stellt er sich jeweils auf neue Beanspruchungen ein. Dazu werden kleine Knochenbereiche von knochenabbauenden Zellen (Osteoklasten) zerstört und von knochenaufbauenden Zellen (Osteoblasten) nach funktionellen Gesichtspunkten neu gestaltet.

Dabei wird z.B. der vor der Geburt gebildete recht primitive *Geflechtknochen* durch hochwertigen *Lamellenknochen* ersetzt: Um ein Blutgefäß herum werden in schießscheibenartigen Ringen Lamellen kollagener Fasern (mit zugehörigen Zellen) gelegt. Zwischen sie werden Calcium- und Magnesiumphosphatkristalle eingelagert. Die Wicklungsrichtungen der Fasern wechseln in aufeinanderfolgenden Lagen. Diese Lamellensysteme (*Osteone*) verlaufen vorwiegend in der Längsrichtung des Knochens und tragen zu seiner großen Biegefestigkeit bei.

Beim gesunden Knochen halten sich Abbau- und Aufbauvorgänge die Waage. In höherem Alter oder bei manchen Erkrankungen (Osteoporose) wird dieses Gleichgewicht zugunsten des Abbaus verschoben. Dann besteht erhöhte Bruchgefahr.

Ein (kleiner) Teil des Knochens dient der Sicherung des für den Körper so wichtigen Calciumhaushalts. Calciumüberschüsse werden im Knochen abgelagert und bei Bedarf wieder mobilisiert. Den lebhaften Umbauvorgängen entspricht die ausgezeichnete Blutversorgung der Knochen. Hierin unterscheidet sich der Knochen grundsätzlich vom Knorpel: Knorpel ist meist gefäßlos und wird nur durch Diffusion ernährt. Verletzungen am Knorpel heilen schlecht, am Knochen jedoch sehr gut. Die schlechte Regeneration des Knorpels ist das Grundproblem aller sog. Abnützungserkrankungen der Gelenke („Arthrosen“).

> - Knochen enthält viele Blutgefäße
> - bei Knochenbrüchen blutet es daher stark

A Schema vom Bau des Knochens.

B Querschnitt durch Lamellenknochen. 200fache Vergrößerung.

C Gruppe von Knochenzellen (Osteozyten) bei 400facher Vergrößerung. Knochengewebe ist durch eine harte, unverschiebliche Grundsubstanz gekennzeichnet. Die Knochenzellen sind in diese Grundsubstanz praktisch eingemauert. Als lebende Zellen müssen sie aber, wie alle anderen Zellen auch, ernährt werden. Durch das Kristallgitter der Grundsubstanz können die Nährstoffe nicht hindurchgelangen. Deshalb sind die Knochenzellen mit vielen feinen Fortsätzen mit den ernährenden Blutgefäßen verbunden. Diese Fortsätze hatten sie natürlich schon ausgestreckt, bevor sie sich selbst einmauerten! Sich teilende Knochenzellen können sich wegen der starren Grundsubstanz nicht voneinander trennen. Knochengewebe kann somit nicht wachsen. Dies erscheint zunächst widersinnig, da wir doch das „Knochenwachstum“ bei den Kindern direkt beobachten können. Es geht mit einem kleinen Umweg. Knochen werden größer, indem an vorhandenes Knochengewebe neugebildetes angelagert wird. Diese Knochenbildung kann über Knorpel oder Bindegewebe erfolgen.

1	Kompakter Knochen (Rindenschicht)	Substantia compacta (Substantia corticalis)
2	Schwammartig gebauter Knochen	Substantia spongiosa (trabecularis)
3	Osteon (auseinandergezogen)	Osteonum
4	Blutgefäße	Vasa sanguinea
5	Knochenhaut	Periosteum
6	Zentralkanal (Havers-Kanal) mit Blutgefäß	Canalis centralis
7	Erweiterte Havers-Kanäle in der Spongiosa	(Canales centrales)
8	Äußere Generallamellen	Lamellae circumferentiales externae
9	Von der Knochenhaut in den Knochen einstrahlende Fasern (Sharpey-Fasern)	Fibrae perforantes
10	Durchbrechender Kanal (Volkmann-Kanal) mit Blutgefäß	Canalis perforans
11	Knochenzelle	Osteocytus
12	Knochenhöhle mit neugebildetem Knochen	Lacuna ossea
13	Kittlinie (Grenzlinie zwischen Lamellensystemen)	Linea cementalis

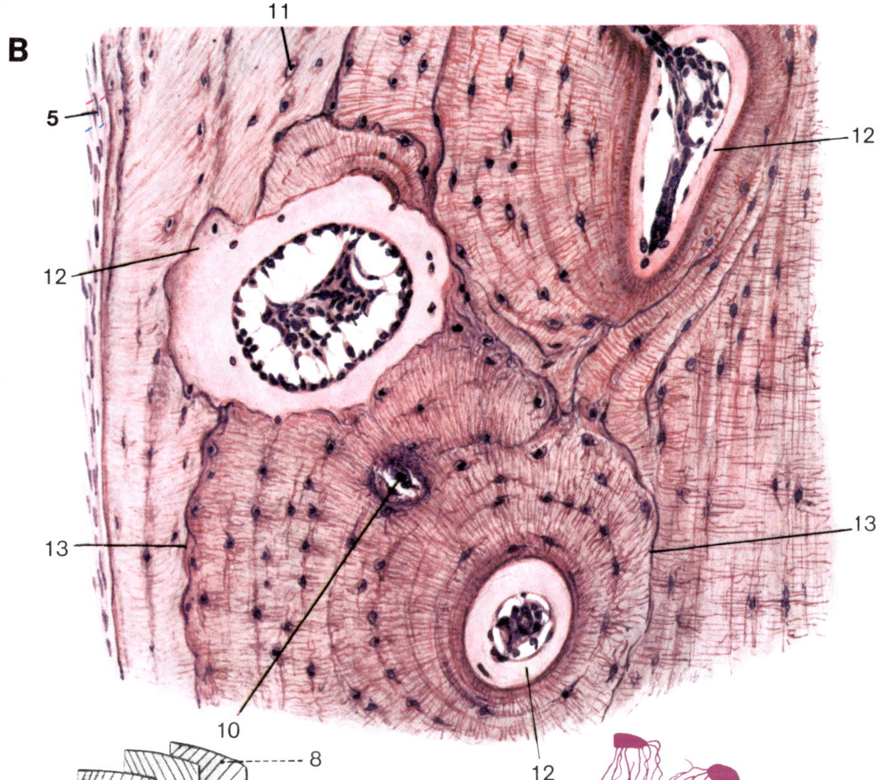
B
11
5
12
12
13
13
10
12

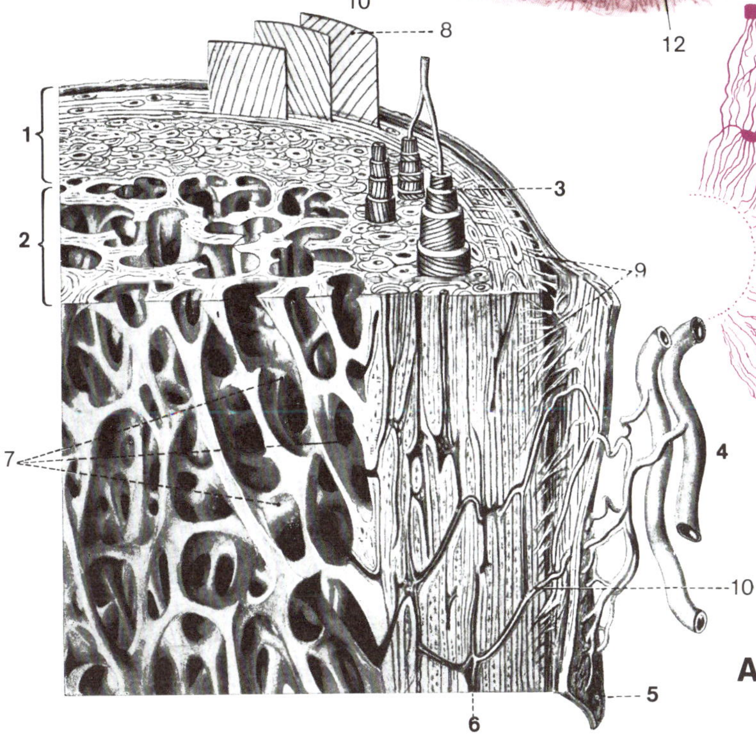
8
1
3
2
9
7
4
10
A
5
6

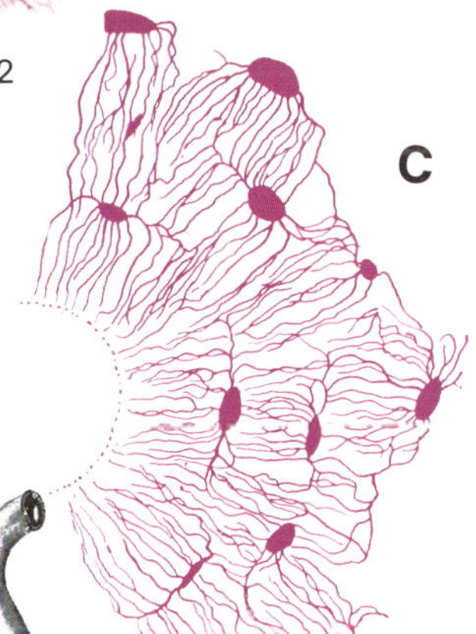
C

Knochenwachstum

Die meisten Knochen, vor allem alle Röhrenknochen, werden bei der Leibesfrucht zunächst als Knorpel angelegt. Nach einiger Zeit bildet die Knochenhaut („Periost") um den Schaft des Knorpels herum Knochen. Im Bereich dieser „Knochenmanschette" wird der Knorpel aufgelöst. Es entsteht eine kleine Markhöhle. Die Gelenkenden des Knochens („Epiphysen") bleiben noch knorpelig. Zwischen Schaft und Gelenkenden wird Knorpel in Knochen umgebaut: Der Knochen wächst so immer weiter auf die Gelenkenden zu. Im Gegensatz zum Knochen kann der Knorpel der Gelenkenden direkt wachsen, weil die Knorpelgrundsubstanz die Trennung geteilter Zellen gestattet. Der neugebildete Knorpel wird dann in Knochen umgebaut (*Längenwachstum*). Der Knorpel wächst also für den Knochen. Die Knochenhaut lagert inzwischen der vorhandenen Knochenmanschette immer neuen Knochen an (*Breitenwachstum*).

Röhrenknochen wachsen in die
- Länge durch Umbau von Knorpel an den Wachstumsfugen (Epiphysenfugen)
- Breite durch Anlagerung von Knochen durch die Knochenhaut (Periost)

Mit zunehmender mechanischer Belastung benötigen auch die Gelenkenden ein knöchernes Stützgerüst. Dieses entsteht in Form eines „Knochenkerns": Im Innern des Gelenkendes wird Knorpel in Knochen umgebaut. Zwischen Knochenkern im Gelenkende und Knochenschaft bleibt eine Knorpelzone (*Epiphysenfuge*) für die Dauer des Längenwachstums erhalten. Nur an dieser Stelle wächst der Knochen in die Länge. Wird bei einer Erkrankung diese Wachstumsfuge zerstört, so hört das Längenwachstum auf. Bei der Erbkrankheit „Chondrodystrophie" entstehen auf diese Weise Zwerge mit normal großem Rumpf, aber kurzen Armen und Beinen (➡ S. 15, E). Beim Hund wird diese Erbkrankheit sogar gezüchtet (Dackel).

A Fingerknochen eines 5 Monate alten Fetus. Knorpelige Anteile violett.

B Knochenbildung (80fache Vergrößerung). Das Bild entspricht etwa einem Ausschnitt aus Abb. A oberhalb von 1. In der Hauptwachstumszone teilen sich die Knorpelzellen sehr rasch und ordnen sich dabei in Säulen an. Der bei der Verknöcherung entstehende geflechtartige Knochen wird später durch Lamellenknochen mit Osteonen ersetzt.

C Osteon mit Lamellensystem (➡ S. 51, A).

D Röntgenbild der Hand eines einjährigen Kindes. Die wachsenden Teile des Skeletts bestehen aus Knorpel oder aus Bindegewebe. Sie sind auf normalen Röntgenbildern nicht sichtbar. Röntgenaufnahmen der Hände von kleinen Kindern sehen so leer aus, weil große Teile des Skeletts noch aus Knorpel bestehen. Man vergleiche mit dem Röntgenbild der Hand des Erwachsenen auf S. 181, C.

E Röntgenbild des Daumens eines Knaben von 5 Jahren. Die Röhrenknochen haben für das Längenwachstum knorpelige Wachstumszonen, die Epiphysenfugen. Sie liegen bei den Fingerknochen am rumpfnahen Ende (Pfeile im Bild). Hier ist nur scheinbar ein Spalt im Knochen, weil der gut strahlendurchlässige Knorpel im Röntgenbild nicht sichtbar ist.

1	Knochenmanschette (Knochenbildung durch die Knochenhaut)	Anulus osseus perichondrialis
2	Knorpeliges Gelenkende	Epiphysis
3	Umbauzone von Knorpel in Knochen	Zona ossificationis
4	Knochenbälkchen	Trabeculae osseae;
5	Primäres Knochenmark	Cavitas medullaris primaria
6	Knochenhaut, Keimschicht	Periosteum, Stratum osteogenicum
7	Knochenhaut, Faserschicht	Periosteum, Stratum fibrosum
8	Blutgefäße	Vasa sanguinea
9 + 10	Lamellen des Osteons	Lamellae osteoni (concentricae)
11	Speiche	Radius
12	Elle	Ulna
13	Hakenbein	Os hamatum
14	Kopfbein	Os capitatum
15	Mittelhandknochen	Ossa metacarpi (Metacarpalia)
16	Fingergrundglieder	Phalanges proximales
17	Daumenendglied, Schaft	Phalanx distalis I, Corpus
18	Knochenscheibe in der Basis des Daumenendglieds	(Phalanx distalis I, Basis)
19	Daumengrundglied, Schaft	Phalanx proximalis I, Corpus
20	Knochenscheibe in der Basis des Daumengrundglieds	(Phalanx proximalis I, Basis)
21	Mittelhandknochen des Daumens, Schaft	Os metacarpi I, Corpus
22	Knochenkern in der Basis des Mittelhandknochens des Daumens	(Os metacarpi I, Basis)

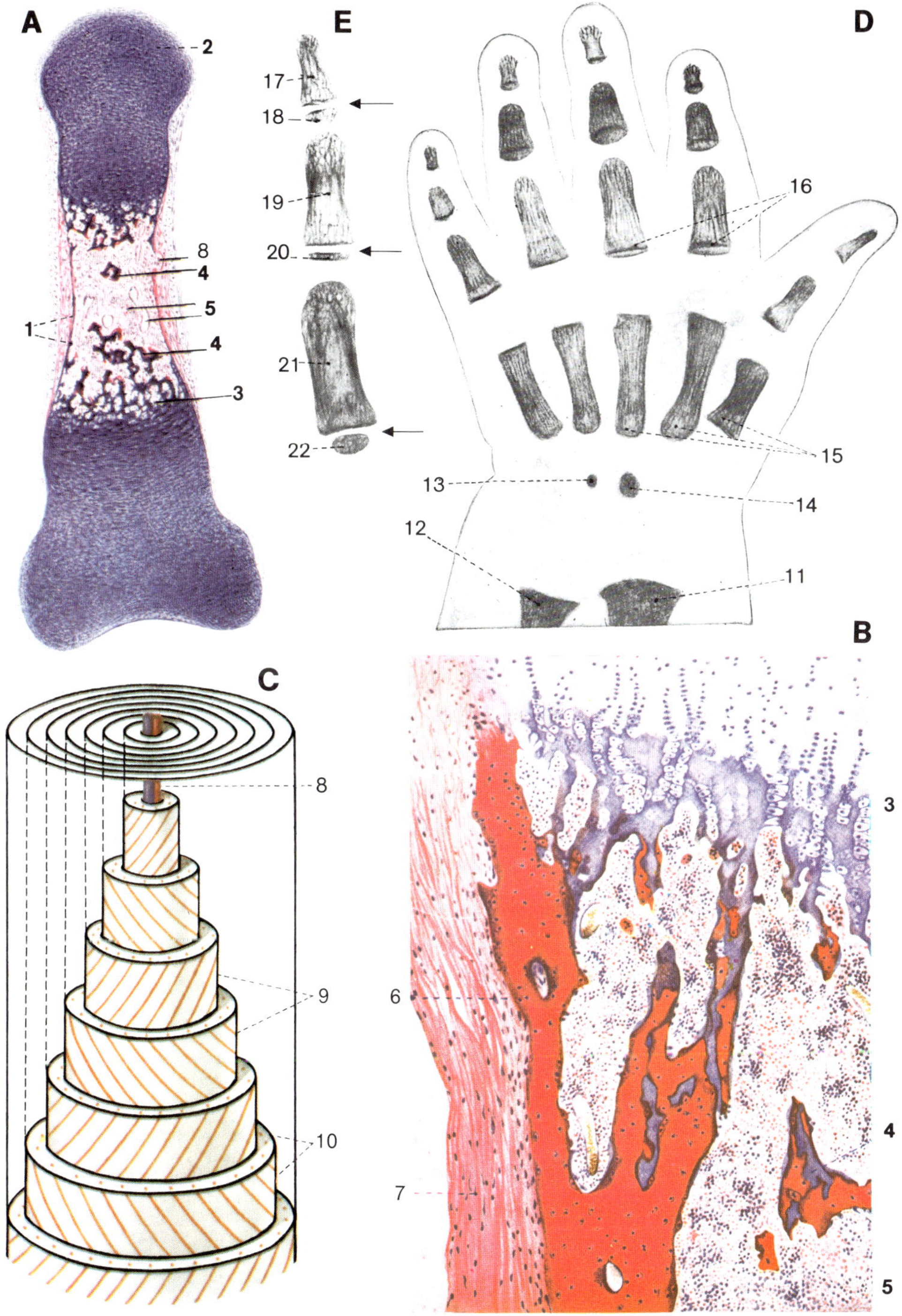
A
2
8
4
5
1
4
3
E
17
18
19
20
21
22
D
16
15
13
14
12
11
B
C
8
9
10
3
6
4
7
5

Blut

Blut besteht aus:	
1. Blutzellen:	• rote Blutkörperchen • weiße Blutkörperchen • Blutplättchen
2. Blutplasma:	• Fibrin • Blutserum

Blut besteht zu etwa 50-60% aus einer eiweißreichen Flüssigkeit (*Blutplasma*) und zu etwa 40-50% aus Zellen (*Blutkörperchen*). Den Anteil der Blutzellen am Blut nennt man *Hämatokrit*. Das Blut kann man als eine Sonderform des Bindegewebes betrachten. Die Zwischenzellsubstanz ist flüssig (Blutplasma). Bei der Blutgerinnung fällt aus dem Blutplasma ein Fasergerüst (Fibrin) aus. Übrig bleibt das *Blutserum*.

Zahl der Blutzellen pro Mikroliter (µl) Blut:	
• rote Blutkörperchen:	~ 4,5-5 Millionen
• weiße Blutkörperchen:	~ 4000-8000
• Blutplättchen:	~ 200 000-300 000

Die Stammzellen der Blutkörperchen gehen aus embryonalen Bindegewebezellen hervor. Blut ist also ein flüssiges Gewebe. Mit dem Blutplasma werden Kohlenhydrate, Fette, Eiweiße, Mineralien, Vitamine, Hormone, Stoffwechselabfallprodukte, dem Körper zugeführte Arzneimittel und nicht zuletzt Wasser durch den ganzen Körper geleitet. Für die Zusammensetzung des Blutplasmas sind vor allem die Leber (als Bildungsort der Bluteiweiße) und die Niere (als „Reinigungsanstalt") verantwortlich.

Rote Blutzellen

Die roten Blutkörperchen (Erythrozyten) transportieren den Sauerstoff bzw. das Kohlendioxid, das bei den Verbrennungsvorgängen entsteht. Dazu enthalten sie den roten Blutfarbstoff (*Hämoglobin*). Er vermag Sauerstoff bzw. CO_2 zu binden. Die roten Blutkörperchen sind runde Scheibchen von etwa 7,5 µm Durchmesser, die auf beiden Seiten eingedellt sind (bikonkav). Sie haben keinen Zellkern und keine Zellorganellen, jedoch eine Zellmembran. Im Grunde sind sie daher keine vollständigen Zellen, sondern nur noch Blutfarbstoffbehälter. Der Blutfarbstoff macht etwa ein Drittel ihres Inhalts aus. Sie können sich nicht teilen. Ihre Lebensdauer beträgt etwa vier Monate.

Die *roten Blutkörperchen* entstehen im (roten) Knochenmark. Dort liegen die (kernhaltigen) Stammzellen der roten Blutkörperchen. Aus ihnen gehen durch fortgesetzte Teilung und schließlich Ausstoßen des Kerns die reifen roten Blutkörperchen hervor, die in das Blut ausgeschwemmt werden. Die Knochen des erwachsenen Menschen enthalten etwa 1300 g blutbildendes Knochenmark. Stündlich werden etwa 10 000 000 000 (zehn Milliarden) rote Blutkörperchen erzeugt!

A Blutausstrich mit roten und weißen Blutkörperchen sowie Blutplättchen (Vergrößerung 1200-fach).

B Blutbildendes Knochenmark (Vergrößerung 80-fach).

C Entwicklung der Blutzellen im Knochenmark (Schema).

1	Rotes Blutkörperchen (Erythrozyt)	Erythrocytus
2 - 7	Weiße Blutkörperchen (Leukozyten)	Leucocyti
2	Segmentkerniger neutrophiler Granulozyt	Granulocytus neutrophilicus segmentonuclearis
3	Jugendlicher neutrophiler Granulozyt	Metamyelocytus neutrophilicus (Granulocytus neutrophilicus juvenilis)
4	Eosinophiler Granulozyt	Granulocytus acidophilicus (eosinophilicus)
5	Basophiler Granulozyt	Granulocytus basophilicus
6	Monozyt („Einkerniger")	Monocytus
7	Lymphozyt (Lymphzelle)	Lymphocytus
8	Blutplättchen (Thrombozyten)	Thrombocyti
9	Knochenbälkchen	Trabecula ossea
10	Blutbildendes Knochenmark	Textus haemopoeticus
11	Blutstammzelle	Haemocytoblastus
12	Proerythroblast	Proerythroblastus
13	Vielfarbiger Erythroblast	Erythroblastus polychromatophilicus
14	Normoblast	Erythroblastus acidophilicus
15	Monoblast	Monoblastus
16	Myeloblast	Myeloblastus
17	Promyelozyt	Promyelocytus
18	Myelozyt	Myelocytus
19	Megakaryoblast	Megakaryoblastus
20	Megakaryozyt	Megakaryocytus

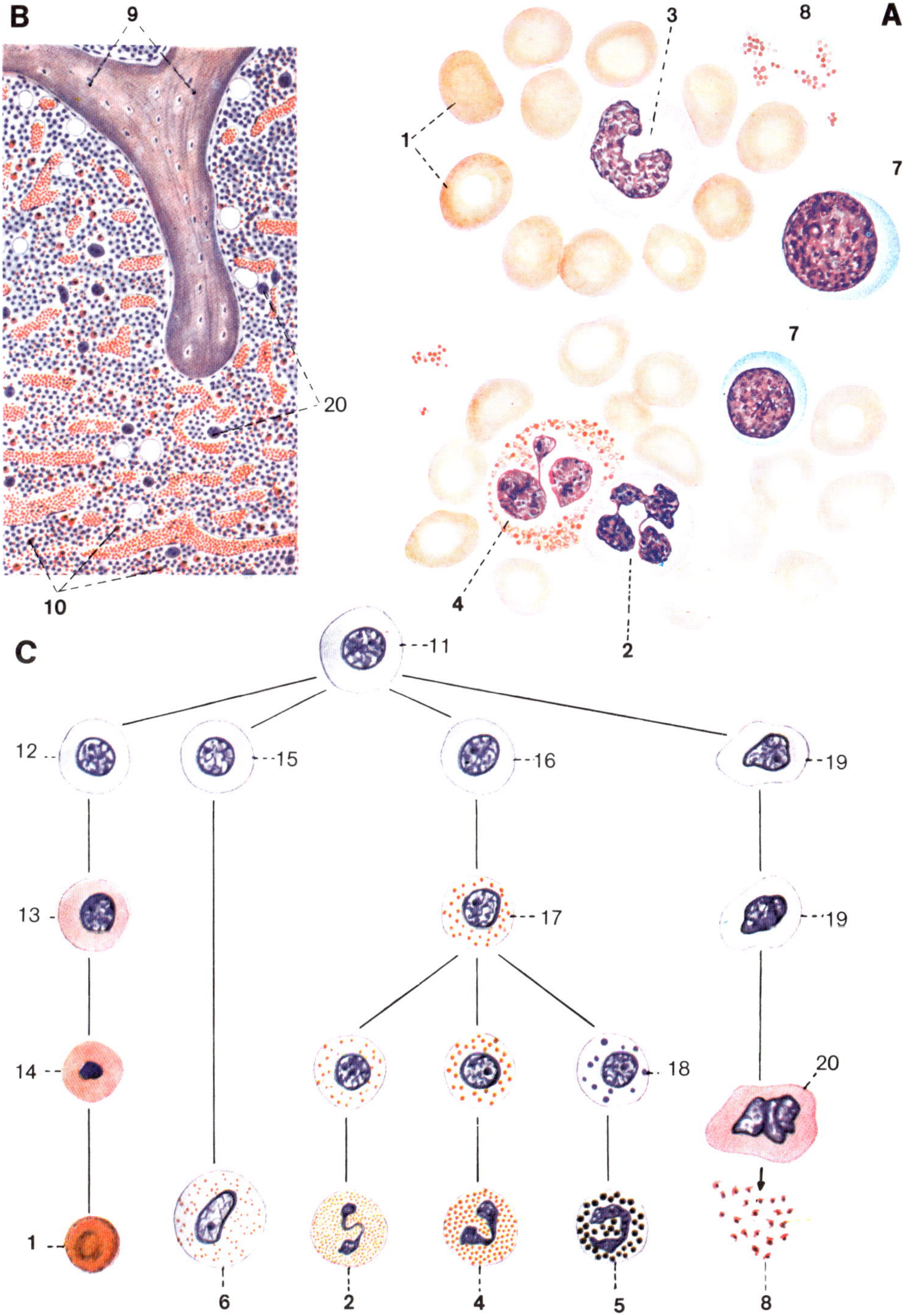
B
9
20
10
A
1
3
8
7
7
4
2
C
11
12
15
16
19
13
17
19
14
18
20
1
6
2
4
5
8

Weiße Blutzellen

Weiße Blutkörperchen (Leukozyten):
1. Granulozyten:
   - neutrophile Granulozyten
   - eosinophile Granulozyten
   - basophile Granulozyten
2. Monozyten
3. Lymphozyten

Die *weißen Blutkörperchen* (Leukozyten) dienen den Abwehrvorgängen im weitesten Sinne. Im Gegensatz zu den roten Blutkörperchen halten sie sich nur vorübergehend im Blut auf. Sie benützen das Blut als Verkehrsmittel, um zu ihren Bestimmungsorten zu gelangen. Dort treten sie durch die Haargefäßwand in das Gewebe über (Diapedese). Vermutlich werden sie dabei von bestimmten chemischen Stoffen angelockt (Chemotaxis).
Die Zahl der weißen Blutkörperchen wechselt daher im Blut sehr stark. Im Durchschnitt kreisen etwa 5% aller weißen Blutkörperchen im Blut. Der Rest ist auf alle Gewebe verteilt. Ein Drittel davon hält sich in ihrer Bildungsstätte, dem Knochenmark, auf. Entsprechend der Mannigfaltigkeit der Abwehrvorgänge sind auch die weißen Blutkörperchen vielgestaltig. Man unterscheidet 3 Gruppen:
1. Die *Granulozyten* tragen ihren Namen nach den vielen kleinen Körnchen (Granula) im Zelleib. Diese lassen sich mit neutralen (neutrophile Granulozyten), basischen (basophile Granulozyten) oder sauren Farbstoffen (z.B. Eosin, eosinophile Granulozyten) anfärben.
• Neutrophile Granulozyten haben die Fähigkeit zur Phagozytose (kleine Freßzellen, → S. 31, A). Sie umfließen Fremdkörper und lösen diese dann mit den in den Körnchen enthaltenen Enzymen auf. Dabei sterben sie selbst oft ab. Auf diese Weise entsteht Eiter.
• Eosinophile Granulozyten finden sich besonders reichlich bei allergischen Reaktionen. Sie dienen dem Abbau von Antigen-Antikörper-Komplexen.
• Die Körnchen der basophilen Granulozyten enthalten Heparin. Dieser Stoff wirkt der Blutgerinnung entgegen.
2. Die *Monozyten* sind große Freßzellen. Sie enthalten reichlich Enzyme. Sie wandern aus dem Blut in die Gewebe aus und wandeln sich dort in die Zellen des Makrophagensystems (→ S. 42) um.
3. Die *Lymphozyten* (Lymphzellen) dienen der „spezifischen" Abwehr. Sie werden anders als die übrigen weißen Blutzellen außer im Knochenmark auch noch in den lymphatischen Organen (→ S. 394) gebildet oder differenziert. Eine übergeordnete Rolle spielt dabei der Thymus (T-Lymphozyten). Eine tragische Erkrankung der Lymphozyten ist AIDS. Die Untergruppen der Lymphozyten werden auf S.62 näher beschrieben.

1 - **20** Entwicklung der Granulozyten	Granulocytopoiesis
21 - **36** Entwicklung der roten Blutkörperchen	Erythrocytopoiesis
37 + **38** Vorstufen der Blutplättchen	Thrombocytopoiesis
1 + 2 + 17 Myeloblast	Myeloblastus
3 + 4 Promyelozyt	Promyelocytus
5 + 9 + 18 + 19 Neutrophiler Myelozyt	Myelocytus neutrophilicus
6 - 8 Neutrophiler Metamyelozyt („Jugendlicher")	Metamyelocytus neutrophilicus (Granulocytus neutrophilicus juvenilis)
10 „Stabkerniger" (=stabkerniger neutrophiler Granulozyt)	(Granulocytus neutrophilicus)
11 + 12 + 20 Segmentkerniger neutrophiler Granulozyt	Granulocytus neutrophilicus segmentonuclearis
13 Eosinophiler Myelozyt	Myelocytus acidophilicus
14 Eosinophiler Granulozyt	Granulocytus acidophilicus (eosinophilicus)
15 Basophiler Myelozyt	Myelocytus basophilicus
16 Basophiler Granulozyt	Granulocytus basophilicus
17 - 20 Zellen mit negativer und positiver (blaue Körnchen) Peroxidasereaktion	-
21 + 22 Proerythroblast	Proerythroblastus
23 + 24 Basophiler Erythroblast	Erythroblastus basophilicus
25 - 27 Vielfarbiger Erythroblast	Erythroblastus polychromatophilicus
28 + 29 Acidophiler Erythroblast (= orthochromatischer Normoblast)	Erythroblastus acidophilicus
30 -34 Retikulozyt (Stadien 0-IV)	Erythrocytus reticulatus (Haemoreticulocytus)
35 Erythrozyt mit Jolly-Körperchen	(Erythrocytus)
36 Reifes rotes Blutkörperchen (Erythrozyt)	Erythrocytus
37 Megakaryoblast	Megakaryoblastus
38 Megakaryozyt	Megakaryocytus

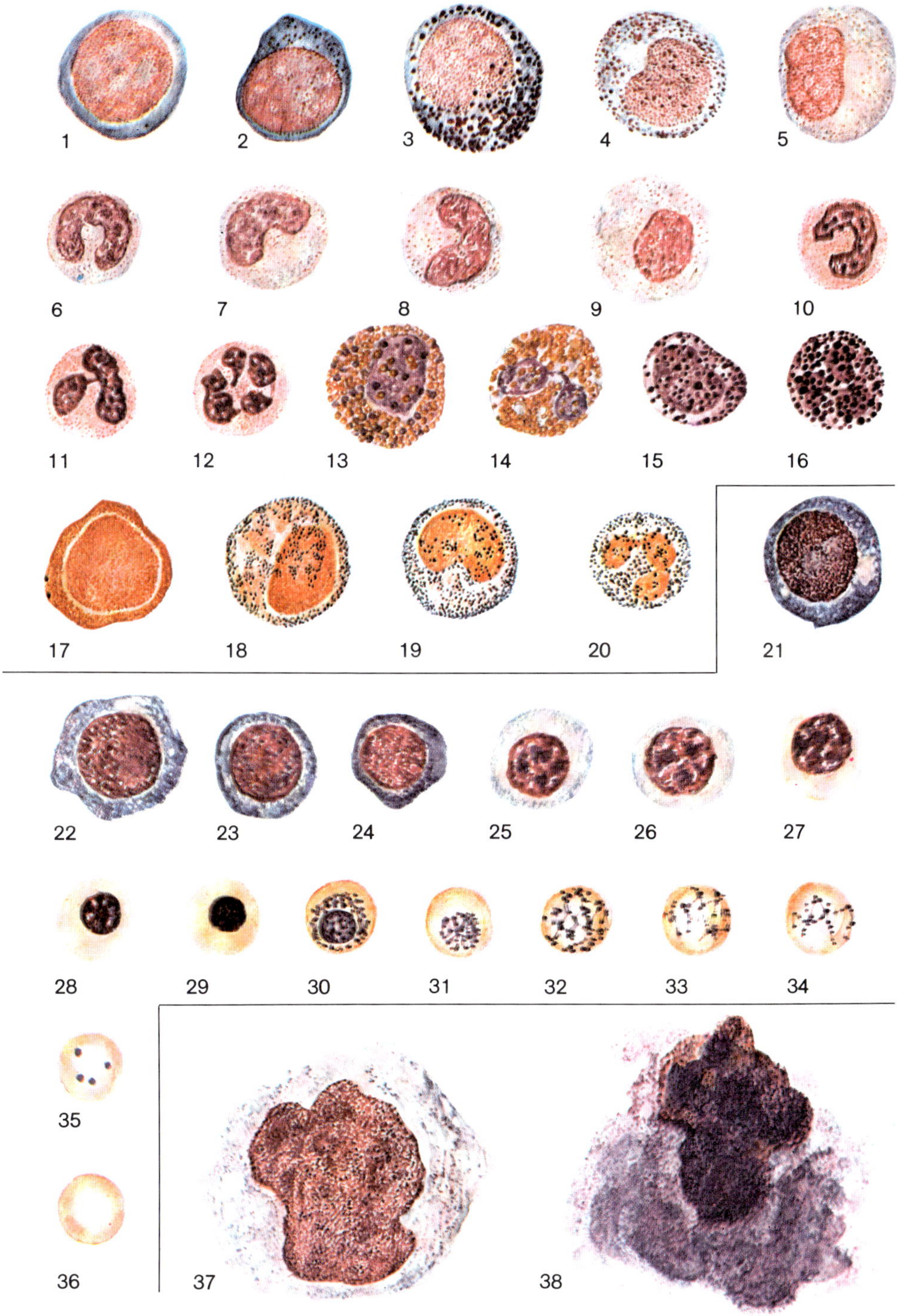
1
2
3
4
5
6
7
8
9
10
11
12
13
14
15
16
17
18
19
20
21
22
23
24
25
26
27
28
29
30
31
32
33
34
35
36
37
38

Differentialblutbild
Die einzelnen Formen der weißen Blutkörperchen sind im Blut unterschiedlich häufig zu finden. Ihr Verteilungsmuster läßt Rückschlüsse auf die Diagnose und den Verlauf von Krankheiten zu. Für das sog. „Differentialblutbild" werden 100 weiße Blutkörperchen ausgezählt.

Normales Differentialblutbild	%
• „Basophile" (basophile Granulozyten)	0-1
• „Eosinophile" (eosinophile Granulozyten)	2-4
• Myelozyten	0
• Metamyelozyten („Jugendliche")	0-1
• „Stabkernige" (stabkernige neutrophile Granulozyten)	3-5
• „Segmentkernige" (segmentkernige neutrophile Granulozyten)	50-70
• Lymphozyten	20-30
• Monozyten	4-10

Blutplättchen
Die *Blutplättchen* (Thrombozyten) sind eigentlich nur Zellteile (der Megakaryozyten, ➥ S. 57, Nr. 38). Sie enthalten für die Blutgerinnung nötige Enzyme. Da Blut für den Körper so wichtig ist, muß er sich bei Verletzung von Blutgefäßen vor Blutverlusten schützen. Blut ist daher mit der Fähigkeit ausgestattet, rasch aus dem flüssigen in einen halbfesten Zustand überzugehen und damit ein Leck in der Gefäßwand abzudichten („Blutgerinnung"). Dazu ist im Blutplasma ein Eiweiß gelöst (Fibrinogen), das durch das Enzym Thrombin in das faserige Fibrin umgewandelt wird. Thrombin wiederum wird auf kompliziertem Weg aus Prothrombin gebildet. An diesem Prozeß sind mehr als ein Dutzend Faktoren beteiligt, die zum Teil aus den Blutplättchen, zum Teil aus dem Blutplasma stammen. Blutplättchen können auch zur „Ersten Hilfe" durch Aneinanderlagern (Thrombozytenaggregation) einen Pfropf bilden, mit welchem kleinere Löcher der Gefäßwand sofort verschlossen werden.

1 - 7 + 30 Retikulumzelle (Zelle des retikulären Bindegewebes)	Reticulocytus
2 + 3 „Sternenhimmelzelle" (Speicherung von Kerntrümmern)	(Reticulocytus)
4 Fettspeicherung	(Reticulocytus)
5 Große undifferenzierte Retikulumzelle	(Reticulocytus)
6 Kleine lymphoide Retikulumzelle	(Reticulocytus)
7 Lymphatische Retikulumzelle aus Lymphknoten	(Reticulocytus)
8 Mastzelle (früher auch „Gewebebasophiler" genannt)	-
9 - 13 Plasmazelle	Plasmocytus
14 - 18 + 29 Monozyt	Monocytus
19 - 28 Lymphozyt (Lymphzelle)	Lymphocytus
19 + 20 Großer Lymphozyt	Lymphocytus magnus
21 + 22 Mittlerer Lymphozyt	Lymphocytus medius
23 + 24 Kleiner Lymphozyt	Lymphocytus parvus
25 + 26 Anfärbung der Kernkörperchen	(Lymphocytus)
27 + 28 PAS-Reaktion	(Lymphocytus)
29 + 30 Esterasereaktion	(Monocytus; Reticulocytus)

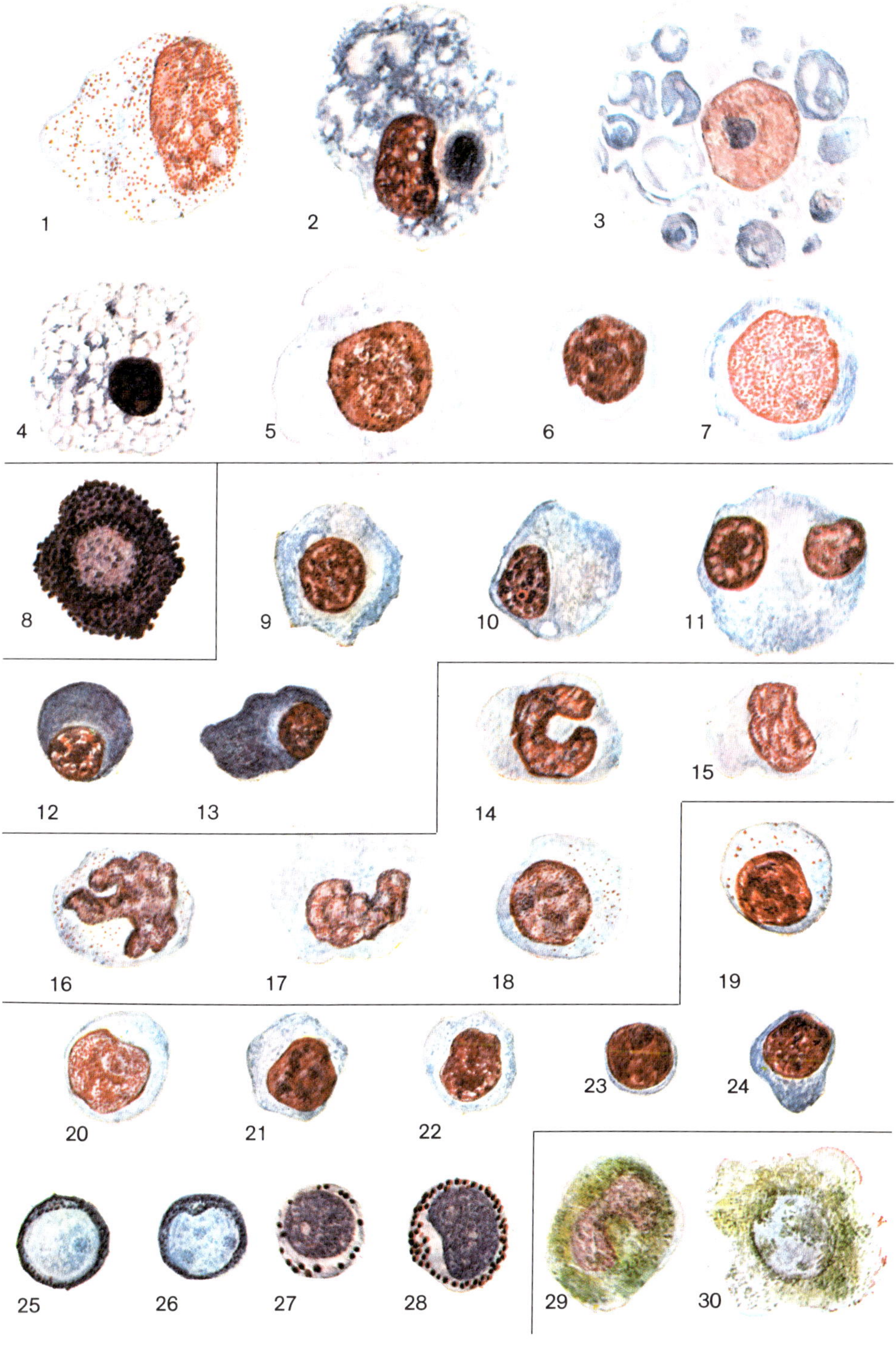
1
2
3
4
5
6
7
8
9
10
11
12
13
14
15
16
17
18
19
20
21
22
23
24
25
26
27
28
29
30

Abwehrsystem und Immunität

Leben ist immer ein Kampf um das Überleben. Natürliche Feinde aller höheren Lebewesen sind Kleinlebewesen. Viren, Bakterien, Pilze, ein- und mehrzellige Parasiten versuchen, sich in den Körpern der höheren Lebewesen einzunisten und auf deren Kosten zu leben. In Einzelfällen kann es dabei zu einem friedlichen Miteinander kommen, das beiden Teilen Vorteile bringt. Ein Beispiel sind die säurebildenden Bakterien (Lactobacillus acidophilus) in der Scheide der gesunden Frau. Die von ihnen gebildete Säure verhindert die Vermehrung krankheitserregender Bakterien und schützt somit die Frau vor Infektionen der Scheide. Nicht ganz so friedlich ist das Zusammenleben mit den Dickdarmbakterien (Escherichia coli). Im Dickdarm stören sie nicht und werden daher vom Körper geduldet. In anderen Organen, z.B. den Harnwegen, können sie jedoch gefährliche Entzündungen hervorrufen. Sie müssen daher außerhalb des Darms bekämpft werden.

2 Stufen der Abwehr gegen Krankheitserreger:
- allgemeine (angeborene) Abwehr: richtet sich gegen Kleinlebewesen ganz allgemein
- spezifische (erlernte) Abwehr: richtet sich gegen einen speziellen Krankheitserreger

Allgemeine Abwehr

Zum System der allgemeinen = unspezifischen Abwehr gehören:

- Haut: Die gesunde Haut ist für Bakterien kaum zu durchdringen. Hat man sich jedoch verletzt, so besteht hohe Infektionsgefahr.
- Magensäure: Sie vernichtet mit den Speisen aufgenommene Bakterien. Wird zu wenig Magensäure gebildet, so sind Durchfallerkrankungen häufiger.
- Schleim und Flimmerhaare in den Luftwegen: Mit der Atemluft in den Körper gelangte Bakterien und Staubteilchen bleiben am Schleim hängen. Sie werden dann durch den Schlag der Flimmerhaare, verstärkt durch Husten und Niesen, aus dem Körper geschleust.
- Abwehrstoffe: Viele Zellen und Sekrete des Körpers enthalten das Enzym Lysozym. Es greift die Zellwand zahlreicher Bakterien an. Die geschädigte Zellwand wird dann vom „Komplement" (einer Gruppe von etwa 20 Bluteiweißkörpern) aufgelöst („lytischer Reaktionsweg"). Die „Akutphasenproteine" werden während einer Infektion vom Körper vermehrt erzeugt. Sie unterstützen das Komplement und die Abwehrzellen.
- Freßzellen (Phagozyten): Sie nehmen nicht in den Körper gehörende Teilchen (Bakterien, Staub usw.) in ihren Zelleib auf und zerstören sie mit ihren Enzymen. Zu den Freßzellen gehören die neutrophilen Granulozyten (kleine Freßzellen) und alle Zellen des Makrophagensystems (große Freßzellen, Übersicht ➥ S. 42). Die Freßzellen werden z.T. durch Lockstoffe zu den Krankheitsherden geleitet (Chemotaxis). Solche Lockstoffe entstehen z.B. beim Zerfall geschädigter Körperzellen.

Spezifische Abwehr

Die spezifische Abwehr richtet sich jeweils nur gegen einen einzigen Feind. Beim erstmaligen Kontakt mit einem Krankheitserreger bildet der Körper Zellen in der speziellen Abwehr dieses Krankheitserregers aus, um bei einem erneuten Kontakt gewappnet zu sein. Die spezifische Abwehr wird hauptsächlich von den Lymphozyten getragen (➥ nächsteTextseite).

A Gruppe von Abwehrzellen aus einem Lymphknoten im elektronenmikroskopischen Bild (Vergrößerung 1800fach).

B Große Freßzelle (Makrophage) aus einem Lymphknoten (Vergrößerung 4000fach). Die dunklen Stellen in diesem elektronenmikroskopischen Bild stellen von der Freßzelle aufgenommene Öltröpfchen eines Röntgenkontrastmittels dar.

C + D Große Freßzellen (Makrophagen) in der Milz im lichtmikroskopischen Bild (Vergrößerung 70fach). Zwei Gruppen von Freßzellen sind mit Hilfe eines an verschiedene Antikörper gebundenen braunen Farbstoffs zu unterscheiden. Zusammen mit den Abb. B + C auf S. 63 wird hier am etwa gleichen mikroskopischen Schnittpräparat gezeigt, wie die an sich frei beweglichen Abwehrzellen sich je nach ihrer Aufgabe bevorzugt an bestimmten Stellen der einzelnen Organe aufhalten.

C Die mit dem Antikörper ED3 markierten Freßzellen stehen im Dienst der Infektionsabwehr. Sie halten sich an der Grenze zwischen den B- und T-Lymphozytenregionen in der weißen Pulpa der Milz auf (vgl. Schema C, ➥ S. 397).

D Die mit dem Antikörper ED2 markierten Freßzellen beseitigen überalterte rote Blutkörperchen, die sich im Maschenwerk der roten Pulpa der Milz verfangen haben (➥ S. 396).

1	Retikulumzelle	Reticulocytus
2	Große Freßzelle (Makrophage)	Macrophagocytus
3	Kleiner Lymphozyt	Lymphocytus parvus
4	Plasmazelle	Plasmocytus

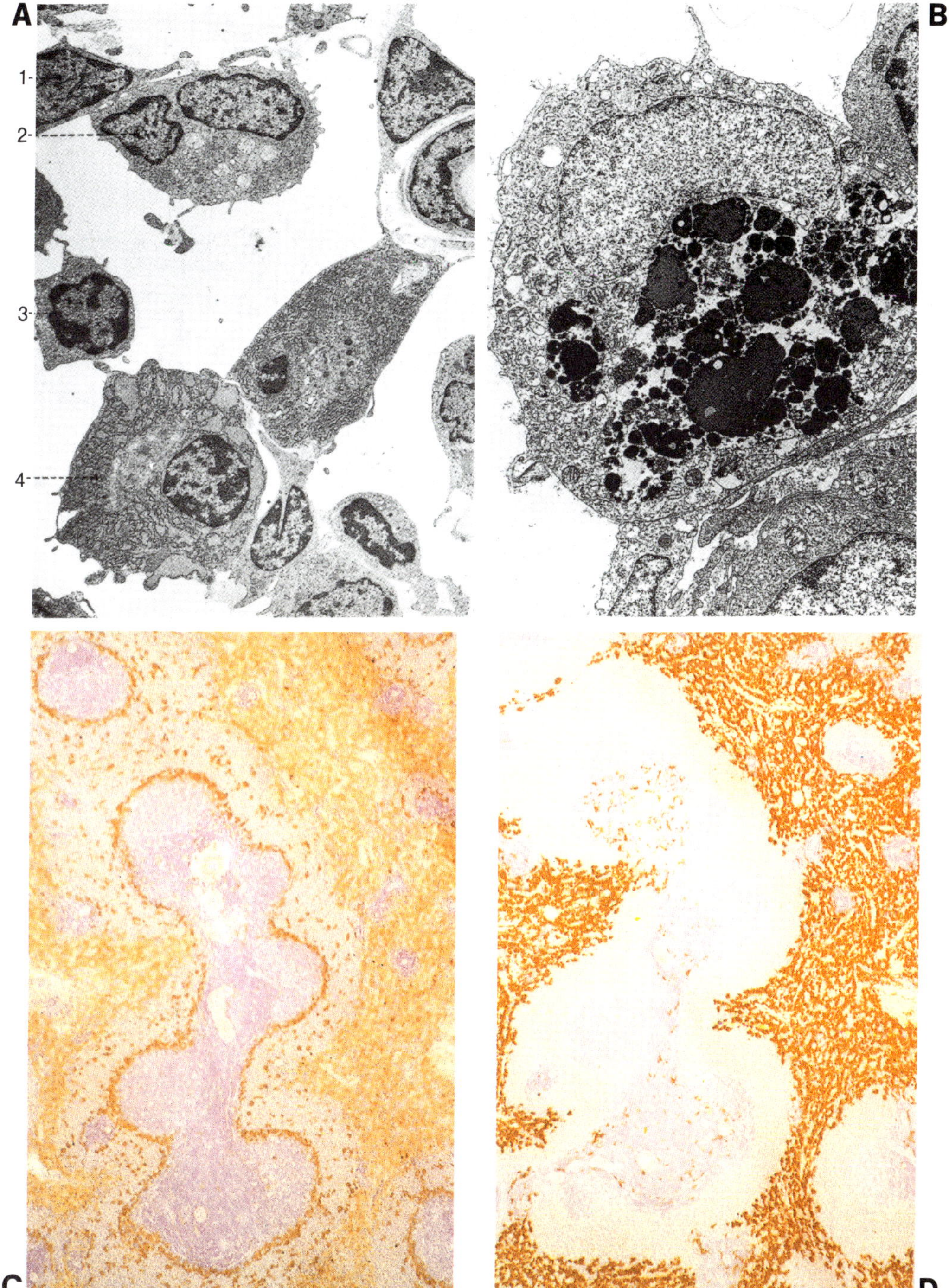
A
1
2
3
4
B
C
D

Lymphozyten

Hauptgruppen der Lymphozyten:	
T-Lymphozyten:	• sensibilisierter T-Lymphozyt (T_2) • T-Helferzelle (T_H, T_4) • T-Suppressorzelle (T_S, T_8) • T-Killerzelle (T_K) • T-Gedächtniszelle
B-Lymphozyten:	• aktivierter B-Lymphozyt • Plasmazelle • B-Gedächtniszelle
Nullzellen:	• Killerzelle (K-Zelle) • natürliche Killerzelle (NK-Zelle)

① Die **T-Lymphozyten** bekämpfen gemeinsam mit den Freßzellen in den Körper eingedrungene Bakterien direkt (zelluläre Immunreaktion). Die Bezeichnung T-Lymphozyt kommt daher, daß diese Zellen im Thymus eine Art Spezialausbildung durchmachen. Es gibt mehrere Arten von T-Zellen:

• Sensibilisierte T-Lymphozyten binden Antigene an ihrer Oberfläche und werden dann gemeinsam mit diesen von Killerzellen aufgelöst.

• T-Helferzellen unterstützen B-Lymphozyten und erzeugen Interleukin 2. Sie sind bei AIDS stark vermindert.

• T-Suppressorzellen verhindern, daß körpereigenes Gewebe von Lymphozyten angegriffen wird.

• T-Killerzellen (zytotoxische T-Zellen) können fremde Zellen im direkten Kontakt töten: Mit dem Eiweiß Perforin perforieren sie die Zellmembran der Fremdzelle.

② Die **B-Lymphozyten** erkennen mit Rezeptoren an ihrer äußeren Zellmembran Antigene. Nach dem Antigenkontakt wandeln sie sich unter zahlreichen Zellteilungen (klonale Vermehrung) in Plasmazellen um. Diese bilden Antikörper (humorale Immunreaktion). Antikörper richten sich jeweils nur gegen einen bestimmten körperfremden Stoff.

③ **Nullzellen** sind Lymphozyten, die weder T- noch B-Lymphozyten sind):

• Killerzellen (K-Zellen) töten nur Zellen, die mit bestimmten Antikörpern markiert sind.

• Natürliche Killerzellen (NK-Zellen) töten unspezifisch Geschwulstzellen und virusbefallene Zellen. Sie werden dazu von Interferonen aktiviert.

Immunität

Nach dem ersten Kontakt mit einem Krankheitserreger beginnen die Plasmazellen „Antikörper" zu bilden. Es dauert etwa zehn Tage, bis der Körper damit „aufgerüstet" ist. Dann holt er zum großen Schlag aus. Die nun ablaufenden Antigen-Antikörper-Reaktionen führen bei manchen Infektionskrankheiten zu Hautausschlägen. Nach dem Überstehen der Krankheit behalten einige Lymphozyten als „Gedächtniszellen" die Fähigkeit zur Bildung des speziellen Antikörpers. Bei einem neuerlichen Kontakt mit dem Krankheitserreger wird dieser sofort durch die Antikörper unschädlich gemacht. Es kommt gar nicht mehr zum Ausbruch der Krankheit.

• Nach bestimmten Erkrankungen hält die Antikörperbildung zeitlebens an. An Masern erkrankt man nur einmal. Die Krankheit hinterläßt eine lebenslange Immunität. Höchstens in stark geschwächtem Zustand des Körpers oder im Alter läßt die Antikörperbildung nach. Dann ist eine zweite Masernerkrankung möglich.

• Bei anderen Infektionskrankheiten ist die Immunität kürzer. Von „Erkältungskrankheiten" kann man mehrfach im gleichen Winter heimgesucht werden. Dies liegt allerdings z.T. daran, daß es eine große Zahl unterschiedlicher Erreger gibt.

• *Schutzimpfungen*: Antikörper können auch auf andere Lebewesen übertragen werden und diese schützen. Bei dieser „passiven" Schutzimpfung hält der Schutz nur solange an, wie die übertragenen Antikörper im Blut kreisen. Einen langdauernden Schutz erreicht man mit der „aktiven" Schutzimpfung: Der Körper wird zur eigenen Erzeugung von Antikörpern angeregt, indem man eine abgeschwächte Form des Krankheitserregers in den Körper bringt.

Antigenpräsentierende Zellen

Die Arbeit der Lymphozyten wird durch Zellen unterstützt, die selbst weder Fremdzellen töten, noch Antikörper bilden. Sie binden sich vielmehr an das Antigen und bringen es zu den Lymphozytenstationen. Zu ihnen gehören:

• die Langerhans-Zellen der Haut

• follikuläre dendritische (bäumchenartige) Zellen in den Lymphfollikeln

• interdigitierende (mit fingerartigen Fortsätzen) dendritische Zellen in T-Lymphozyten-Regionen.

A Lymphozyten der Lederhaut aus der Umgebung einer bösartigen Geschwulst im rasterelektronenmikroskopischen Bild (Vergrößerung 2400fach). B- und T-Lymphozyten unterscheiden sich nicht in ihrem Aussehen. Im Bild sieht man außerdem parallele Bündel zugfester (kollagener) Fasern, von einzelnen elastischen Fasern umsponnen.

B + C Lymphozyten der Milz im lichtmikroskopischen Bild (Vergrößerung 70fach). B- und T-Lymphozyten sind mit Hilfe eines an unterschiedliche Antikörper gebundenen braunen Farbstoffs zu unterscheiden.

B Die mit dem Antikörper Ox19 markierten T-Lymphozyten sammeln sich in den Begleitscheiden der Milzknötchenschlagadern an (➥ S.397, C).

C Die mit dem Antikörper His14 markierten B-Lymphozyten besiedeln die Randzone und die Follikel (vgl. Schema C, ➥ S.397).

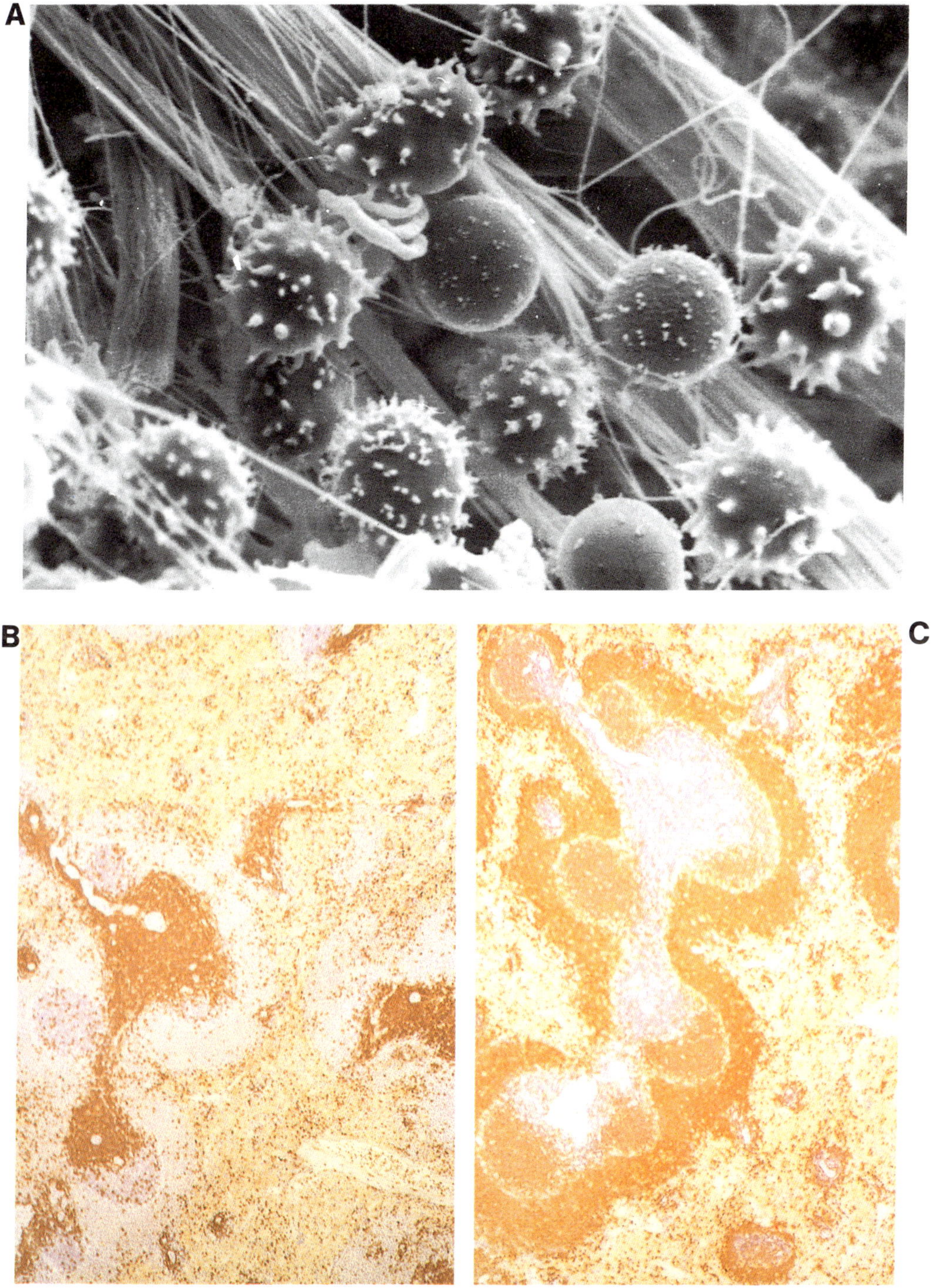
A
B
C

Muskelgewebe

3 Arten von Muskelgewebe:
- glattes Muskelgewebe: Eingeweidemuskulatur
- quergestreiftes Muskelgewebe: Skelettmuskeln
- Herzmuskelgewebe

Muskelgewebe kann sich zusammenziehen. Dies ist eine Fähigkeit der innerhalb des Zelleibs der Muskelzelle liegenden Myofibrillen (im Gegensatz dazu liegen die Bindegewebefasern zwischen den Zellen!). Üblicherweise bezeichnet man nicht die Myofibrillen, sondern die ganze Muskelzelle als „Muskelfaser".

- Beim *Skelettmuskelgewebe* liegen die Myofibrillen dicht aneinander. Die Zellkerne sind an den Rand verlagert. Zellgrenzen sind innerhalb der Muskelfaser nicht zu erkennen. Eine derartige Muskelfaser kann bis zu 0,1 mm dick und 20 cm lang werden! Die Myofibrillen sind aus feineren Myofilamenten aufgebaut, in denen stärker und schwächer lichtbrechende Abschnitte abwechseln. Jeweils gleiche Abschnitte dieser Myofilamente liegen nebeneinander. Dies bedingt die Querstreifung der ganzen Muskelfaser.
- Beim *glatten Muskelgewebe* fehlt die parallele Lage der Myofibrillen und damit die Querstreifung.
- Das *Herzmuskelgewebe* ist ein spezialisiertes quergestreiftes Muskelgewebe (➥ S. 371).

Muskelgewebe kann sich etwa auf die Hälfte seiner Faserlänge verkürzen. Ein dem Blutfarbstoff verwandter Farbstoff (Myoglobin) verleiht ihm die rotbraune Farbe. In einem arbeitenden Muskel sind normalerweise nie alle Muskelfasern gleichzeitig tätig, sondern immer nur so viele, wie gerade zu Ausführung der Tätigkeit benötigt werden. Geschicklichkeit ist danach die Fähigkeit, die richtige Anzahl von Muskelfasern der richtigen Muskeln zur richtigen Zeit anzuspannen. Durch „Training" kann man dies in individuell verschiedenem Ausmaß erlernen.

A Schema vom Bau eines Skelettmuskels. Der Skelettmuskel ist ein Organ und als solches aus mehreren Geweben zusammengefügt:
- Quergestreiftes Muskelgewebe.
- Straffes parallelfaseriges Bindegewebe überträgt den Zug der Muskelfasern auf den Knochen. Jede Muskelfaser geht in eine Sehnenfaser über. Nur diese strahlt in das Knochengewebe bzw. in die Knochenhaut ein (auch wenn man vereinfachend sagt, daß der „Muskel" am Knochen ansetzt).
- Lockeres Bindegewebe umhüllt die einzelnen Muskelfasern und ermöglicht so ihre Verschiebung gegeneinander. Lockeres Bindegewebe faßt auch Bündel von Muskelfasern zusammen. Schließlich wird der ganze Muskel strumpfartig von der „Muskelfaszie" umhüllt.
- Nervengewebe dringt mit den die Muskeltätigkeit steuernden Nerven in den Muskel ein.
- Mit den versorgenden Blutgefäßen gelangen auch noch weitere Gewebe aus der Gefäßwand in den Muskel: Endothel und glattes Muskelgewebe.

B Übergang der quergestreiften Muskelfaser in die Sehne. Die Muskelfaser ist von einem Strumpf von Gitterfasern umsponnen. Am Ende der Muskelfaser finden sich handschuhfingerförmige Einstülpungen, in denen die Sehnenfasern liegen. Die Muskelfaser geht also nicht etwa in eine Sehnenfaser über. Sie sind nur ineinander verzahnt.

C Quergestreiftes Muskelgewebe (Vergrößerung 700fach).

D Schema der Vorgänge beim Verkürzen einer quergestreiften Myofibrille. Die schwach lichtbrechenden Actinfäden werden zwischen die stark lichtbrechenden Myosinfäden gezogen.

E Elekronenmikroskopisches Bild von vier quergestreiften Myofibrillen (Vergrößerung etwa 40 000fach).

F Einfach gefiederter Muskel: Die Muskelfasern verlaufen parallel.

G Doppelt gefiederter Muskel.

1	Myofibrillen	Myofibrillae
2	Sehnenfasern	Fibrae tendineae
3	Muskelfaszie	Fascia
4	Übergang der Muskelfasern in Sehnenfasern	Junctio myotendinea
5	Zellmembran	Plasmalemma
6	Zellkerne der (vielkernigen) quergestreiften Muskelzelle	Nuclei; Myocytus striatus
7	„Faserstrumpf" aus Gitterfasern	Endomysium
8	Muskelfaserbündel mit umhüllendem Bindegewebe	Fasciculus muscularis; Perimysium
9	Bindegewebehüllen um Gruppen von Muskelfaserbündeln	Epimysium
10	A-Streifen (anisotrop, stark lichtbrechend)	Discus anisotropicus (Stria A)
11	I-Streifen (isotrop, schwach lichtbrechend)	Discus isotropicus (Stria I)
12	Z-Streifen (Zwischenstreifen)	Telophragma (Linea Z)
13	M-Streifen (Mittelstreifen)	Mesophragma (Linea M)
14	H-Streifen (Hensen-Streifen)	Zona lucida (Stria H)
15	Myofibrillensegment (Sarkomer, Myomer)	Myomerum
16	Myofilamente	Myofilamenta

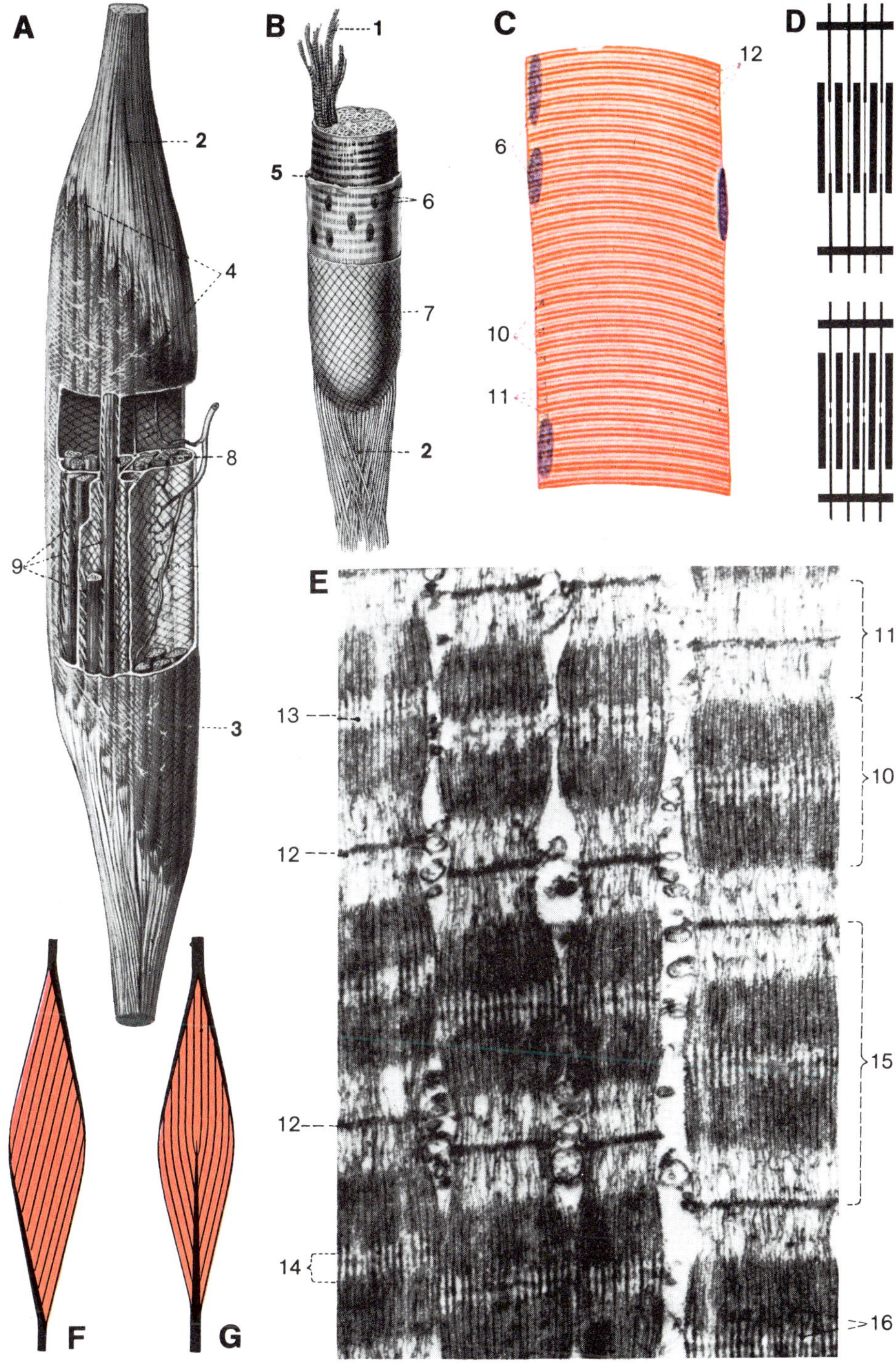
A
B
C
D
E
F
G
1
2
3
4
5
6
7
8
9
10
11
12
13
14
15
16

Glattes Muskelgewebe

A *Glattes Muskelgewebe* in lockerer Lage (Vergrößerung 300fach). Seinen Namen führt das glatte Muskelgewebe im Gegensatz zum quergestreiften. Seine Myofibrillen lassen keine Querstreifung erkennen, sind also „glatt". Das glatte Muskelgewebe ist aus einzelnen Zellen aufgebaut, deren Kerne in der Mitte liegen. In lockerer Lage kommt es in manchen Organkapseln vor. In dichter Lage bildet es die Muskelwände aller Eingeweide mit Ausnahme von Mund, Rachen und oberer Speiseröhre. Das Zusammenziehen der glatten Muskulatur erfolgt unwillkürlich. Es wird vom vegetativen Nervensystem gesteuert. Das „Unbewußte" hat jedoch großen Einfluß, z.B. Durchfall bei Aufregung!

B + C Größenänderung glatter Muskelzellen der Gebärmutter während der Schwangerschaft (**B** Ausgangsgröße, **C** Endgröße). Mit dem raschen Wachstum der Frucht muß die Gebärmutter Schritt halten. Die einzelnen Muskelzellen können sich bis auf das 20fache ihrer ursprünglichen Länge vergrößern. Sie erreichen dabei etwa 0,5 mm Länge. Nach der Entbindung schrumpfen sie im Lauf von 6 bis 8 Wochen wieder auf ihre Ausgangslänge. Auch in anderen Organen kann sich die glatte Muskulatur innerhalb weniger Tage neuen Aufgaben anpassen.

Nervenendorgane im Muskel

Das Organ Muskel (➥ S. 64, A) wird durch Nerven gesteuert. Steuern heißt nicht einfach kommandieren, sondern auch ständig die Voraussetzungen für die Möglichkeit der Ausführung der Befehle zu überwachen. Deshalb findet man im Muskel zwei Arten von Nervenendorganen: die einen ermitteln die Spannung des Muskels, die anderen übermitteln Befehle.

Nervenendorgane im Muskel:	
Motorische Endplatte	überträgt Arbeitsbefehl von Nerv auf Muskel
Muskelspindel	registriert Muskelspannung und meldet sie an Zentralnervensystem

D-F Kontaktstellen zwischen Nerv und Muskel (*motorische Endplatte*): **D** im lichtmikroskopischen Bild (Vergrößerung etwa 250fach), **E + F** im elektronenmikroskopischen Schema, **E** Längsschnitt, **F** Querschnitt. Die Erregung wird vom Nerv auf den Muskel mit Hilfe eines „Überträgerstoffs" (Transmittersubstanz), dem Acetylcholin, übertragen.

G *Muskelspindel*. In den Skelettmuskeln befinden sich Sinnesorgane der Tiefenempfindung, die dem Zentralnervensystem die Spannung der einzelnen Muskeln melden. An spezialisierten Muskelfasern enden sensible Nerven (schwarz), die Dehnungsreize aufnehmen (in der Mitte der Muskelspindel). Am Rand der Muskelspindel stellen motorische Nervenfasern (rot) die Vorspannung der Spindelfasern ein. Über die Muskelspindeln werden die sog. Muskeleigenreflexe ausgelöst: Schlägt man mit dem Reflexhammer unterhalb der Kniescheibe auf die Sehne des vierköpfigen Oberschenkelmuskels, so wird dieser ruckartig gedehnt. Dies melden die Muskelspindeln an das Rückenmark. Dieses veranlaßt sofort ein Zusammenziehen des Muskels: Der Unterschenkel schlägt nach vorn aus. Die Muskeleigenreflexe schützen z.B. den Muskel vor Überdehnung.

Mikroskopische Bilder glatter Muskulatur im Verdauungstrakt ➥ S. 231, 235, 239, 245, 257, in den Harnwegen ➥ S. 305, 307, in den weiblichen Geschlechtsorganen ➥ S. 313, 323, in der Blutgefäßwand ➥ S. 379, 381.

1	Glatte Muskelzelle	Myocytus nonstriatus
2	Bindegewebezellen	Cellulae textus connectivi
3	Quergestreifte Myofibrille	Myofibrilla
4	Axon (vom Zelleib wegleitender Nervenzellfortsatz)	Axon (Neuritum)
5	Markscheide der Nervenfaser	Stratum myelini
6	Zellkern der Nervenscheide (Schwann-Zellkern)	Nucleus; Neurolemmocytus
7	Zellkern der Skelettmuskelfaser	Nucleus; Myocytus striatus
8	Zelleib (der Muskelfaser)	Cytoplasma
9	Kontaktbereich zwischen Nerven- und Muskelfaser	Fissura synaptica
10	Mitochondrien	Mitochondria
11	Synapsenbläschen	Vesicula presynaptica
12	Kollagene Fäserchen des Hüllgewebes	Fibrillae collagenosae
13	Sensible Nervenfasern (zum Rückenmark)	Neurofibrae afferentes
14	Motorische Nervenfasern (vom Rückenmark)	Neurofibrae efferentes
15	Spiralendungen +	Terminatio neuralis anulospiralis
	Doldenendungen	Terminatio neuralis racemosa
16	Motorische Nervenendung der Muskelspindel	Terminatio neuromuscularis fusi
17	Bindegewebige Kapsel der Muskelspindel	Capsula; Fusus neuromuscularis

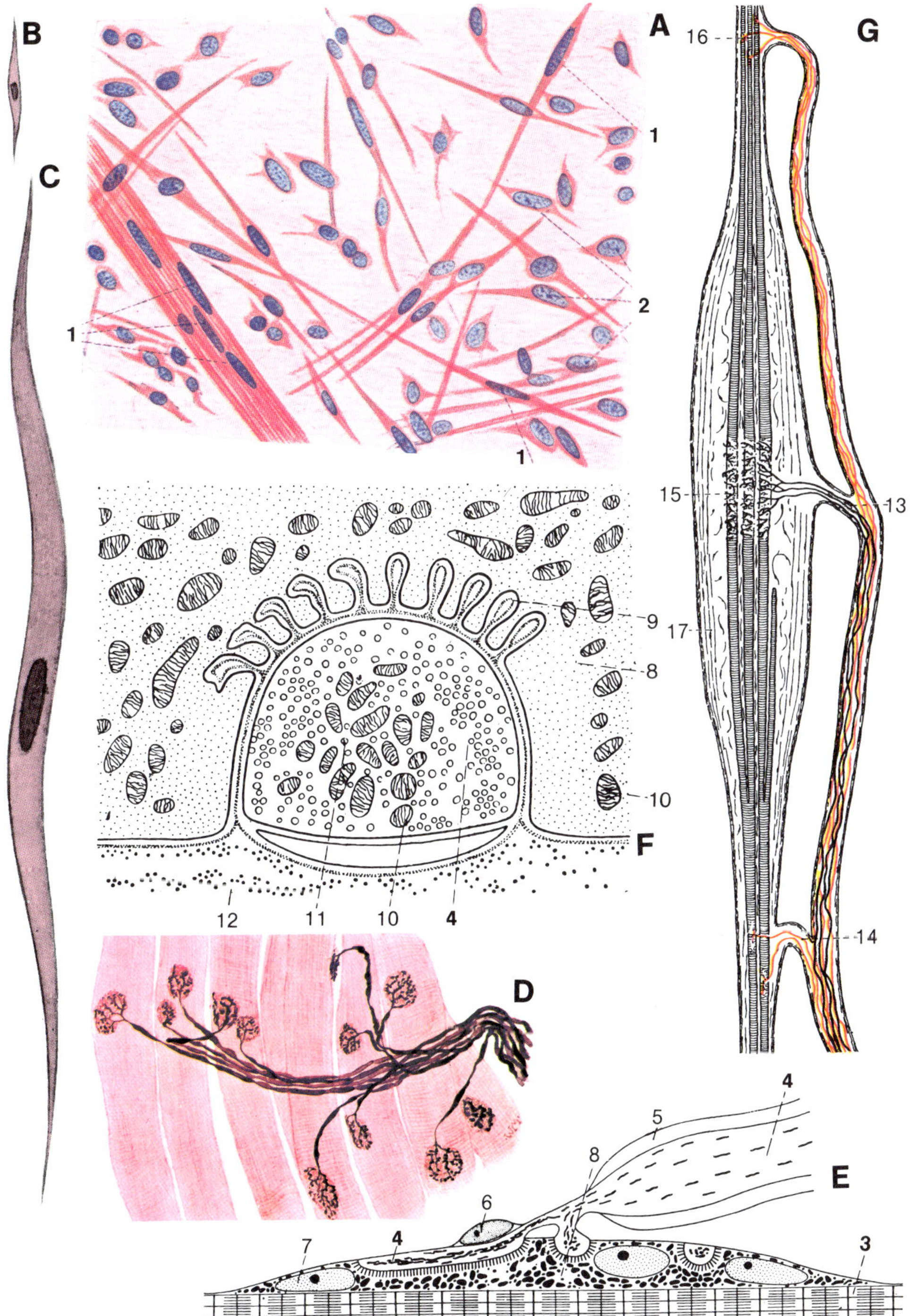
A
B
C
D
E
F
G
1
2
3
4
5
6
7
8
9
10
11
12
13
14
15
16
17

Nervengewebe

2 Hauptzelltypen des Nervengewebes: • Nervenzelle: leitet, verarbeitet, speichert und erzeugt Informationen („Erregungen") • Gliazelle: stützt, schützt, isoliert und ernährt Nervenzellen

Jede Nervenzelle (Neuron) besteht aus dem Nervenzellkörper (Perikaryon) und den Nervenzellfortsätzen. Nervenzellen sind höchst unterschiedlich in Form und Größe. Man findet sie unter den kleinsten (Körnerzellen des Kleinhirns, Durchmesser des Nervenzellkörpers etwa 4 µm) und größten Zellen (Riesenpyramidenzellen des Großhirns bis 130 µm) des Körpers. Nervenzellfortsätze können über 1 m lang sein, z.B. in den Nerven, die am Fuß enden und deren Nervenzellkörper im Rückenmark im Wirbelkanal der oberen Lendenwirbelsäule liegen.
Erregbarkeit ist eine Eigenschaft jeder lebenden Zelle. Nervenzellen besitzen darüber hinaus die Fähigkeit, Erregungen auch über große Entfernungen weiterzuleiten. Ursprünglich hatte man angenommen, daß die Erregung von den in der Nervenzelle sichtbaren Fäserchen, den Neurofibrillen, weitergegeben wird. Heute weiß man, daß die Fortleitung des „Aktionsstroms" an der Oberfläche, der Zellmembran, erfolgt. Durch einen Draht kann man einen elektrischen Strom in beiden Richtungen schicken. Die Fortsätze der Nervenzellen hingegen können nur in eine Richtung leiten:

2 Haupttypen der Nervenzellfortsätze: • Dendrit: leitet zur Nervenzelle hin • Axon (Neurit): leitet von der Nervenzelle weg

Jede Nervenzelle hat nur ein Axon (das sich allerdings verzweigen kann). Hingegen wechselt die Zahl der Dendriten. Nach deren Zahl kann man die Nervenzellen gliedern in:
• unipolare Nervenzelle: nur 1 Axon, kein Dendrit. Sie kommt in Sinnesorganen als „primäre Sinneszelle" vor. Anstelle von Dendriten sitzen die Sinnesrezeptoren unmittelbar am Nervenzellkörper. Beispiel: Stäbchen- und Zapfenzellen der Netzhaut.
• bipolare Nervenzelle: 1 Dendrit, 1 Axon. Auch dieser Typ kommt vorwiegend in höheren Sinnesorganen vor, z.B. die Riechzellen der Nase.
• pseudounipolare Nervenzelle: Dendrit und Axon sind in der Nähe des Zellkörpers miteinander verschmolzen, so daß die Nervenzelle scheinbar nur einen Fortsatz hat. Beispiel: Zellen der Rückenmarkganglien (Spinalganglien).
• multipolare Nervenzelle: mehrere Dendriten, 1 Axon. Dies ist der überwiegende Zelltyp im Zentralnervensystem und in den autonomen Ganglien.

A Nervenzelle (Pyramidenzelle) aus der Großhirnrinde (Abb. G).
B Verbindung von Nervenzellen (Schema). Nervenzellfortsätze gehen nicht kontinuierlich ineinander über. Sie berühren sich an speziellen Kontaktstellen (Synapsen). An den Synapsen wird die Erregung mit Hilfe von chemischen Überträgerstoffen von einer Zelle auf die andere übertragen. Dies ist bereits auf S. 66 für die Nerv-Muskel-Verbindungen erläutert worden.
C-G Beispiele für die unterschiedliche Form und Anordnung von Nervenzellen.
C Nervenzelle aus dem Rückenmark.
D Nervenzelle aus dem Großhirn.
E Große Nervenzelle (Purkinje-Zelle) aus dem Kleinhirn. Die Fortsätze der Nervenzellen sind Telefondrähten vergleichbar. In ihnen werden im Körper Nachrichten übermittelt.
F Nervenzellen aus einem Spinalgaglion umgeben von Stützzellen (Glia). Die Aufgaben des Bindegewebes werden im Nervensystem von den Gliazellen wahrgenommen. Sie leiten sich vom Nervengewebe ab.
G Mikroskopisches Bild der Großhirnrinde (Vergrößerung 20fach). Charakteristisch sind die großen pyramidenförmigen Nervenzellen (Abb. A). Entsprechend den unterschiedlichen Aufgaben der einzelnen Rindengebiete sind Zahl, Form und Anordnung der Nervenzellen verschieden.

1	Zelleib der Nervenzelle (Perikaryon)	Corpus neurale
2	Zellkern	Nucleus
3	Vom Zelleib wegleitender Nervenzellfortsatz (Axon)	Axon (Neuritum)
4	Zum Zelleib leitender Nervenzellfortsatz (Dendrit)	Dendritum
5	Markscheide	Stratum myelini
3 + 5	Markhaltige Nervenfaser	Neurofibra myelinata
7	Verbindung zwischen den Fortsätzen zweier Nervenzellen	Synapsis
8	Knopfförmige Synapsen an einem Dendriten	Synapsis axodendritica
9	Knopfförmige Synapsen am Zelleib	Synapsis axosomatica
10	Schnürring	Nodus neurofibrae
11	Zellkern der Nervenscheidenzelle (Schwann-Zelle)	Nucleus; Neurolemmocytus

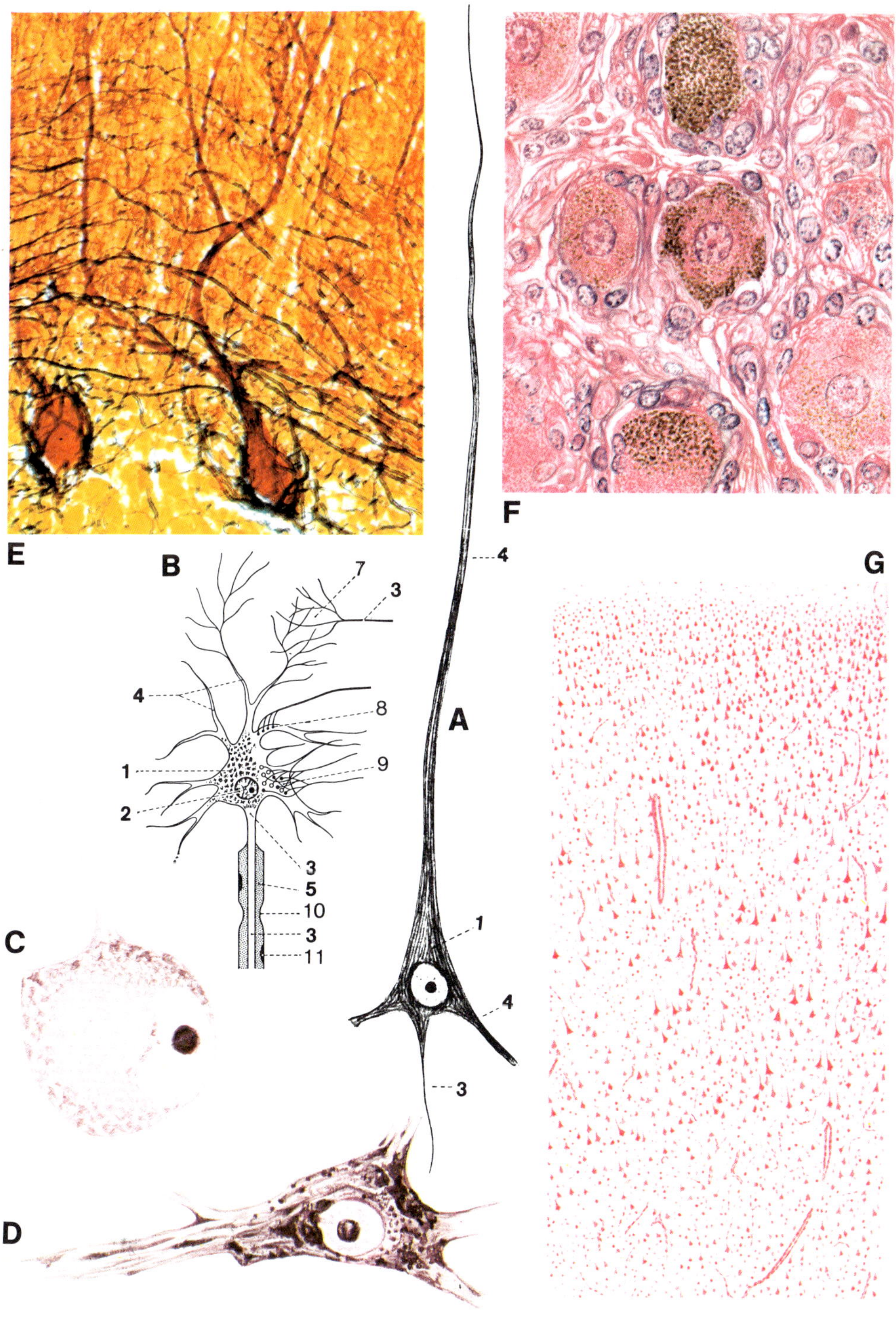
E
F
4
G
B
7
3
4
8
1
9
2
3
5
10
3
11
A
C
1
4
3
D

Nervenfaser

Nervenfaser = Nervenzellfortsatz eingehüllt in Nervenscheide (Neurolemm)

Da die Erregung an der Oberfläche des Nervenzellfortsatzes (Axon oder Dendrit) entlangläuft, muß dieser gegen die in der Umgebung liegenden Nervenzellfortsätze isoliert sein. Des halb sind alle Nervenfasern von speziellen Gliazellen (Markscheidenzellen) umhüllt. 2 Fälle:

- Bei besonders gut isolierten Nervenfasern wickelt sich die Markscheidenzelle (Schwann-Zellen) mit ihrem Zelleib spiralig um den Nervenzellfortsatz („markhaltige Nervenfaser). An den Grenzen zweier Nervenscheidenzellen ist die Markscheide eingekerbt (Schnürring). Die Erregung der Nervenfaser springt von Schnürring zu Schnürring weiter („saltatorische Erregungsleitung"). Je dicker die Faser, desto größer ist der Abstand der Schnürringe, desto schneller pflanzt sich die Erregung fort. Bei den dicken A-Nervenfasern (mit Untergruppen α, β, γ, δ) beträgt die Leitungsgeschwindigkeit 20-100 m/s, bei den B-Nervenfasern: etwa 10 m/s, bei den dünnen C-Nervenfasern: etwa 1 m/s.
- Bei weniger gut isolierten Nervenfasern liegen die Nervenzellfortsätze ohne Wickelung im Zelleib der Markscheidenzelle, meist mehrere Nervenfasern nebeneinander in einer Zelle. Die Erregung pflanzt sich in solchen Zellen sehr viel langsamer fort als in den markreichen Fasern. Man findet sie vor allem im vegetativen Nervensystem.

Nervenfasern teilt man ein nach:	
Nervenscheide:	• markhaltige Nervenfaser • marklose Nervenfaser
Leitungsgeschwindigkeit:	• A-Nervenfaser • B-Nervenfaser • C-Nervenfaser
Leitungsrichtung:	• afferente Nervenfaser • efferente Nervenfaser
Systemzugehörigkeit:	• animalische Nervenfaser • autonome Nervenfaser

Afferente Nervenfasern leiten von der Peripherie zum Zentralnervensystem oder innerhalb des Zentralnervensystems von niederen zu höheren Zentren, efferente Nervenfasern umgekehrt.

Nervenzellen können sich nach der Geburt kaum noch teilen (daher können abgestorbene Zellen nicht durch neue ersetzt werden). Nervenzellfortsätze können jedoch regenerieren. Wird eine Nervenfaser durchgeschnitten, so geht der Teil, der keine Verbindung zum Zellkörper hat, zugrunde. Der andere Teil bleibt am Leben, kann wieder auswachsen und neue Endorgane bilden. Voraussetzung ist, daß der auswachsende Nervenzellfortsatz den richtigen Weg findet. Dazu dienen ihm die Reste des abgestorbenen Teils.

A Markscheide eines Nervenzellfortsatzes. Die isolierende Markscheide der „markhaltigen" Nervenfaser ist um den Nervenzellfortsatz gewickelt. Die Nervenzellfortsätze liegen inmitten der Markscheide. Sie bilden die „Achse" der Nervenfaser (deswegen Achsenzylinder oder Axon genannt).
B Nervenscheidenzelle mit „marklosen" Nervenfasern. Nicht alle Nervenfasern sind so sorgfältig spiralig von Markscheiden umwickelt, wie auf Bild A dargestellt. Die sog. marklosen oder markarmen Nervenfasern sind einfach in den Zelleib der Nervenscheidenzelle eingelassen.
C Querschnitt durch 6 Nervenfasern (Vergrößerung etwa 1500fach). Markscheiden schwarz, bindegewebige Hüllen dunkelrot.
D Längsschnitt durch zwei Nervenfasern (Vergrößerung etwa 1200fach). Färbung wie bei C.
E Mikroskopisches Bild des Querschnitts durch einen Nerv (Ausschnitt, Vergrößerung 35fach). Nervenfasern und Blutgefäße gelb, Bindegewebe rot. Jede Nervenfaser ist in feines Bindegewebe eingehüllt (Endoneurium). Durch gröberes Bindegewebe werden Bündel von Nervenfasern zusammengehalten (Perineurium). Schließlich wird der Nerv außen von einer dicken bindegewebigen Scheide (Epineurium) überzogen (ähnlich wie beim Muskel Endomysium - Perimysium - Epimysium).
F Querschnitt durch einen peripheren Nerv (Vergrößerung etwa 300fach). Bei der stärkeren Vergrößerung sieht man die einzelnen Nervenfasern.

Weitere mikroskopische Bilder von Nervengewebe ➥ S. 431, 453.

1 Vom Zelleib wegleitender Nervenzellfortsatz (Axon) .... Axon (Neuritum)
2 Zellmembran der Nervenscheidenzelle .... Neurolemma
3 Zelleib der Nervenscheidenzelle .... (Neurolemmocytus)
4 Schnürring .... Nodus neurofibrae
5 Markscheide .... Stratum myelini
6 Zellkern der Nervenscheidenzelle (Schwann-Zelle).......... Nucleus; Neurolemmocytus
7 Rauhes endoplasmatisches Retikulum............ Reticulum endoplasmicum granulosum
8 Bündel von Nervenfasern umgeben von .... (Neurofibrae)
bindegewebiger Nervenscheide .... Perineurium
9 Äußere bindegewebige Nervenscheide............ Epineurium

A

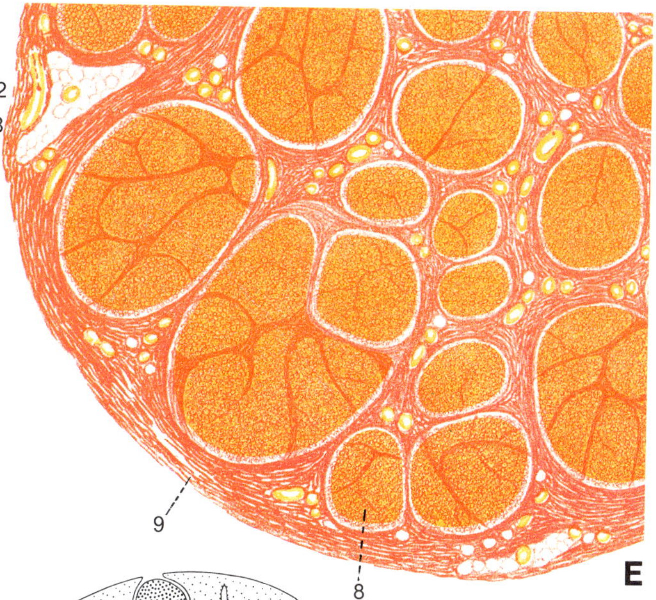

E

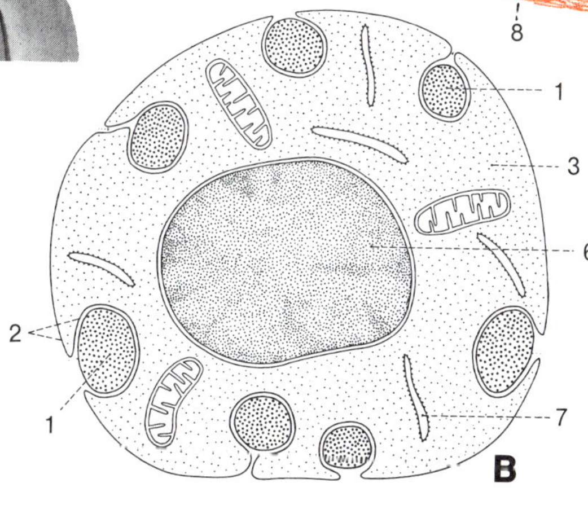

B

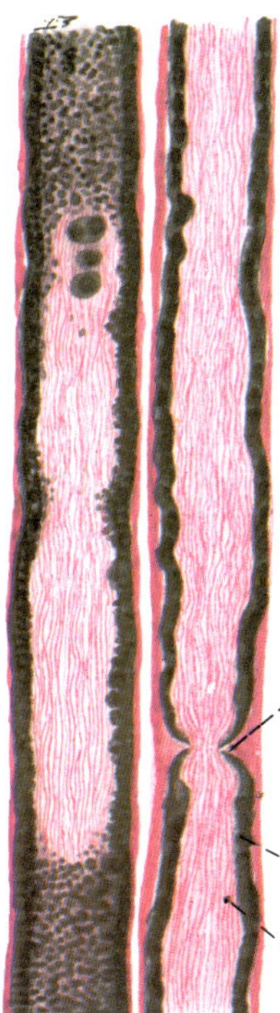

D

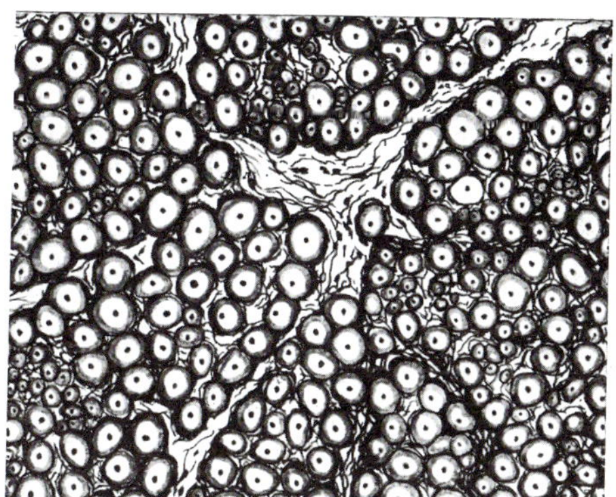

F

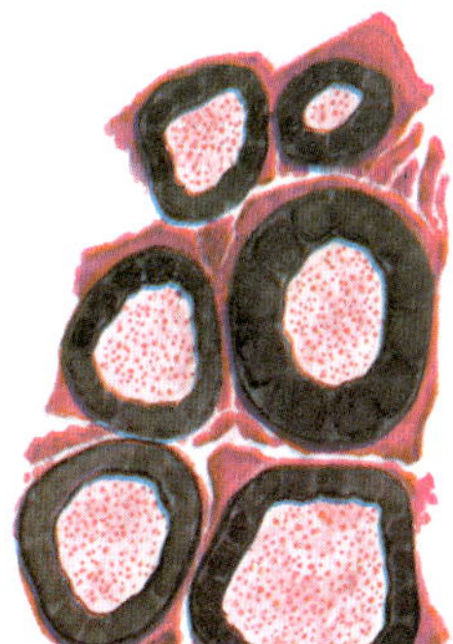

C

Haut

Schichten der Haut:	
Oberhaut:	• Hornschicht • verhornende Schicht • Keimschicht
Lederhaut:	• Papillarschicht • Netzschicht
Unterhaut:	• Fettpolster

Die Haut im weiteren Sinn besteht aus Oberhaut, Lederhaut und Unterhaut. Als Haut im engeren Sinn faßt man Oberhaut und Lederhaut zusammen. Die Oberhaut wird von einem mehrschichtigen verhornten Plattenepithel gebildet, die Lederhaut vorwiegend von zugfestem und elastischem Bindegewebe, die Unterhaut von Fettgewebe.

An der Oberfläche werden ständig Zellen in Horn umgewandelt. Neue Zellen werden von der Keimschicht geliefert. Dort teilen sich die Zellen lebhaft. Die Zellteilung ist sehr strahlenempfindlich. Deshalb sind in die Keimschicht Pigmentzellen eingelagert. Der von diesen gebildete braunschwarze Farbstoff fängt ultraviolette Lichtstrahlen ab. Bei starker Lichteinstrahlung wird dieser Farbstoff vermehrt erzeugt (Hautbräunung).

Die Hornschicht ist dünn an mechanisch wenig beanspruchten Stellen, z.B. Augenlid. Sie ist dick an Körperstellen, die in ständigem Kontakt mit festen Gegenständen der Umwelt sind: Hohlhand und Fußsohle. Dort bilden sich Schwielen. Diese sind nötig, um die empfindlichen Gewebe in der Tiefe zu schützen. Nimmt ein Handarbeiter nach einer längeren Ruhepause, z.B. Erkrankung, wieder die Arbeit auf, so ist in den ersten Tagen Schonung geboten.

Der mechanische Schutz darf nicht starr sein wie ein Panzer (wie bei den schwerfälligen Krebsen oder Schildkröten), sondern muß sich Bewegungen anpassen können und zäh sein: Die „Lederhaut" (aus der man durch Gerben Leder gewinnt) besteht im wesentlichen aus einem Geflecht zugfester Fasern, das erhebliche Belastungen aushält. Die Talgdrüsen fetten die Haare und die Hornschicht der Haut ein, um sie geschmeidig zu erhalten.

A Mikroskopisches Bild der Haut der Fingerbeere (*Leistenhaut*), Vergrößerung etwa 20fach.
B Schema des Baues der unbehaarten Haut (Leistenhaut).
C-F Leistenmuster der Fingerbeere. Die Anordnung der Hautleisten an den Fingern zeigt eine derartige Vielfalt, daß praktisch jeder Mensch sein eigenes Muster besitzt. Anhand von Fingerabdrücken kann man einen Menschen identifizieren. Die wichtigsten Grundmuster sind: Wirbel (**C**), Doppelschleife (**D**), Schleife (**E**) und Bogen (**F**).
G Mikroskopisches Schnittbild eines Teils einer *Talgdrüse* (Vergrößerung etwa 300fach).
H Mikroskopisches Schnittbild einer *Duftdrüse* (besondere Form der Schweißdrüsen) aus der Achselhaut (Vergrößerung 60fach). Der aufgeknäuelte Drüsenschlauch ist mehrfach angeschnitten.
I Besonders druckgefährdet sind Hautstellen, an denen die Haut nur mangelhaft durch Muskeln gegen Knochen gepolstert ist. Die Haut muß ständig gut durchblutet werden, um gesund zu bleiben. Druck auf eine Hautstelle mindert die Durchblutung. Deshalb wechseln wir im Schlaf ganz unbewußt häufig die Lage, um keinen Hautbereich zu lange zu belasten. Bei langem Krankenlager mit geringer Bewegung, z.B. bei Lähmungen, besteht die hohe Gefahr von Durchblutungsstörungen der Haut mit *Wundliegen* (Dekubitus).

1 Oberhaut .... Epidermis
2 Lederhaut .... Dermis
3 Unterhaut (= „Subkutis") .... Tela subcutanea
1 + **2** Haut (im engeren Sinn) .... Cutis
1 + **2** + **3** Haut (im weiteren Sinn) .... Integumentum commune
4 Hornschicht .... Stratum corneum
5 Helle Schicht .... Stratum lucidum
6 Körnerschicht (5 + 6 = verhornende Schicht) .... Stratum granulosum
7 Stachelzellschicht .... Stratum spinosum
8 Grundschicht (7 + 8 = Keimschicht) .... Stratum basale
9 Papillarschicht .... Stratum papillare
10 Netzschicht .... Stratum reticulare
11 Fettgewebe der Unterhaut .... Panniculus adiposus
12 Lamellenkörperchen (= Vater-Pacini-Körperchen) .... Corpusculum lamellosum
13 Ausführungsgang einer Schweißdrüse .... Ductus sudorifer
14 Hautpore (Mündung des Ausführungsgangs einer Schweißdrüse) .... Porus sudorifer
15 Lederhautpapille (Hautwärzchen) .... Papilla (dermidis)
16 Blutgefäß .... Vas sanguineum
17 Haargefäße .... Vasa capillaria
18 Duftdrüse .... Glandula sudorifera apocrina
19 Flachschnitte durch die Wand von Drüsengängen .... -

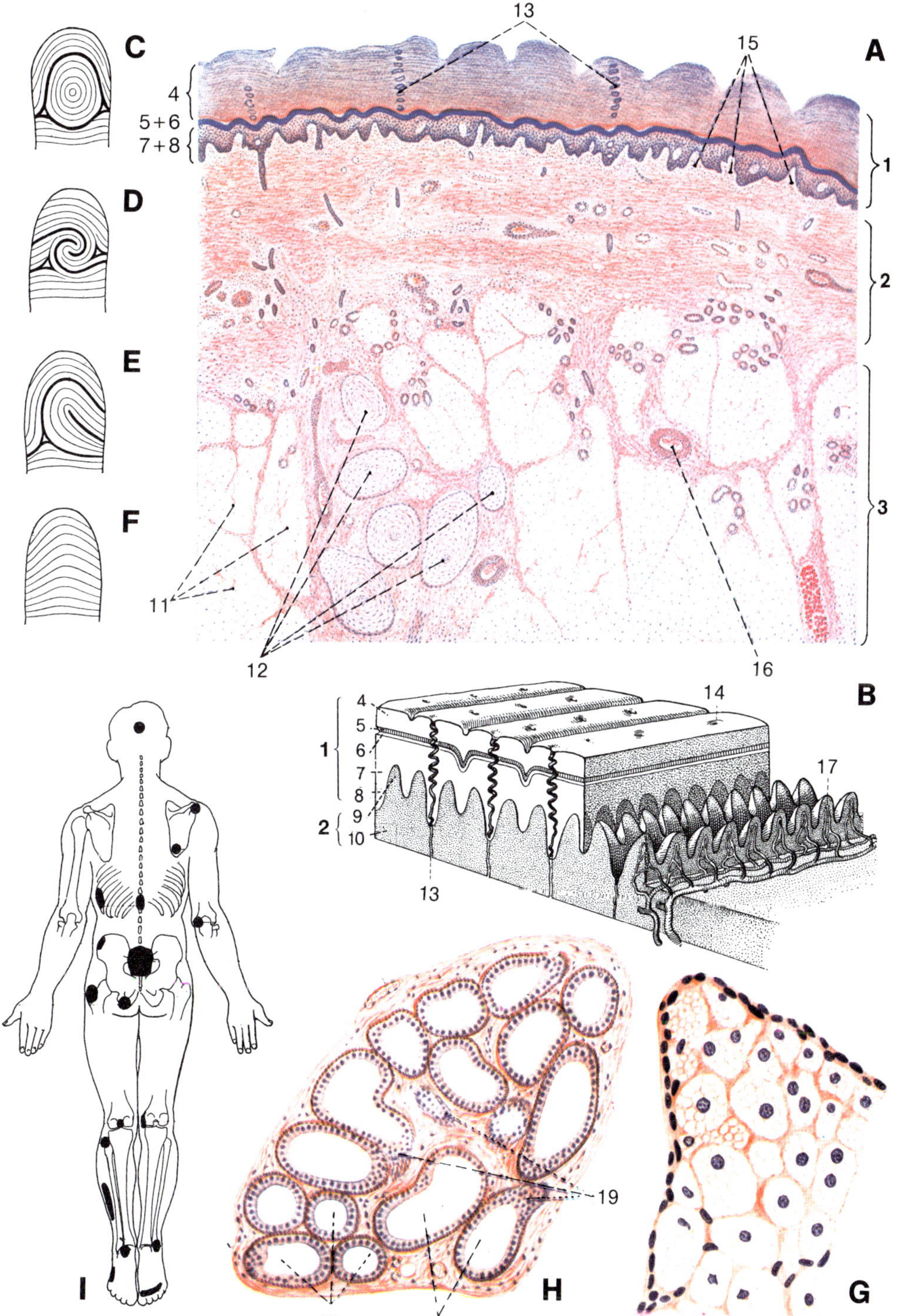
13
15
A
C
D
E
F
4
5+6
7+8
1
2
3
11
12
16
B
4
5
6
7
8
9
10
1
2
14
17
13
I
H
G
19
18
18

Schutzaufgaben der Haut

- *Mechanischer Schutz:* Hornschicht + Lederhaut
- *Wärmeschutz:* Blutgefäße + Haare + Unterhautfettgewebe + Schweiß
- *Flüssigkeitsschutz:* Hornschicht
- *Bakterienschutz:* Hornschicht + Säuremantel
- *Strahlenschutz:* Pigmentbildung
- *Energiespeicher:* Unterhautfettgewebe
- *Sinnesorgane als Alarmauslöser*

• Das feine Bewegungsspiel der menschlichen Hand hätte wenig Sinn, wenn wir mit der Hand nicht fest zugreifen könnten, ohne sie zu verletzen.

• Die Säugetiere erhalten eine gleichmäßige Körperwärme, die für ihre Leistungsfähigkeit optimal ist. Die Haut ist die wichtigste Berührungszone für eine Umwelt, die meist eine andere Temperatur hat als der Körper (andere Berührungszonen: Atem- und Verdauungstrakt!). Die Haut muß daher in die Temperaturregelung einbezogen werden. Die Papillarschicht der Lederhaut ist reich an Blutgefäßen. Sie erweitern sich, wenn der Körper Wärme abgeben will. Sie verengen sich, wenn Wärmeenergie gespart werden soll. Die Blutgefäße sind damit den Heizkörpern einer Warmwasserheizung zu vergleichen. Das Haarkleid und das Unterhautfettgewebe wirken zusätzlich wärmeisolierend (magere Menschen frieren leichter). Der Wärmeregelung dient auch die Schweißsekretion: Beim Verdunsten des Schweißes wird dem Körper Wärme entzogen („Verdunstungswärme").

• Rund zwei Drittel des Körpers bestehen aus Wasser. Größere Wasserverluste führen zu lebensbedrohlichen Krankheitszuständen (Exsikkose). Die Haut muß also den Flüssigkeitsdurchtritt gering halten. Wasser wird nur gezielt zur Wärmeregelung abgegeben. Pro Tag gehen etwa 0,5 l Wasser durch die Haut verloren. Die Haut muß auch verhindern, daß beim Baden Wasser in den Körper dringt.

• Die gesunde Haut ist für Bakterien schlecht zu durchdringen. Bei Verletzungen hingegen kommt es rasch zu Entzündungen und Eiterungen. Der Bakterienabwehr dient auch die leicht saure Oberfläche („Säuremantel") der Haut. Die Haut ist in die Abwehrvorgänge bei manchen Allgemeininfektionen einbezogen: Hautausschläge bei Masern, Röteln, Windpocken usw.

• Die Hautsinnesorgane melden Gefahren und lösen damit Gegenreaktionen des Körpers aus.

A + B Unterschiedliche Dicke der Oberhaut je nach mechanischer Beanspruchung: **A** an der Fingerbeere, **B** in der Achselhöhle, beide bei gleicher Vergrößerung (etwa 130fach).

C Hautsinnesorgane (schematisch).

D Prüfen der Raumschwelle: Die Hautsinnesorgane liegen an manchen Körperstellen eng beisammen, an anderen weit entfernt. Je nachdem werden 2 nebeneinanderliegende Einstiche in die Haut als zwei oder nur als ein Stich empfunden. Von der unterschiedlichen Dichte der Hautsinnesorgane kann man sich leicht selbst überzeugen: Die Versuchsperson schließt die Augen. Dann berührt man in unregelmäßigem Wechsel mit einer oder gleichzeitig mit den beiden Spitzen eines Zirkels die Haut. Die Versuchsperson soll nun angeben, ob sie eine oder zwei Berührungen verspürt hat. An den Fingerspitzen werden meist 2 Berührungen bereits als getrennt empfunden, wenn sie im Abstand von 2 mm erfolgen. Am Rücken hingegen können oft noch Berührungen von 10 cm Abstand nicht als getrennt erkannt werden.

E Einspritzung in das Unterhautfettgewebe (*subkutane Injektion*, meist abgekürzt s.c.): Man hebt eine Hautfalte ab und sticht flach ein. Vor dem Einspritzen muß man den Spritzenstempel etwas zurückziehen (ansaugen), um sicher zu sein, daß die Nadelspitze nicht zufällig in einer Vene liegt.

F-K Chirurgische Hautnähte: **F** fortlaufende Hautnaht in der Lederhaut, davor gesonderte Naht des Unterhautfettgewebes, **G** fortlaufende überwendliche Hautnaht, **H** Einzelknopfnaht, **I** Allgöwer-Naht, **J** Rückstichnaht (Donati-Naht), **K** maschinelle Klammernaht.

1	Hornschicht	Stratum corneum
2	Helle Schicht	Stratum lucidum
3	Körnerschicht	Stratum granulosum
4	Stachelzellschicht	Stratum spinosum
5	Grundschicht	Stratum basale
6	Ausführungsgang einer Schweißdrüse	Ductus sudorifer
7	Lederhautpapille	Papilla (dermidis)
8	Blutgefäß	Vas sanguineum
9	Freie Nervenendung (Schmerzempfindung)	Terminatio neuralis libera
10	Merkel-Tastscheiben (Druckempfindung)	Menisci tactus
11 - 15	Umkapselte Nervenendkörperchen	Corpuscula nervosa capsulata
12	Golgi-Mazzoni-Körperchen (Tiefensensibilität)	Corpusculum bulboideum
13	Meißner-Tastkörperchen (Berührungsempfindung)	Corpusculum tactile
15	Lamellenkörperchen (Vater-Pacini-Körperchen, Vibrationsempfindung)	Corpusculum lamellosum

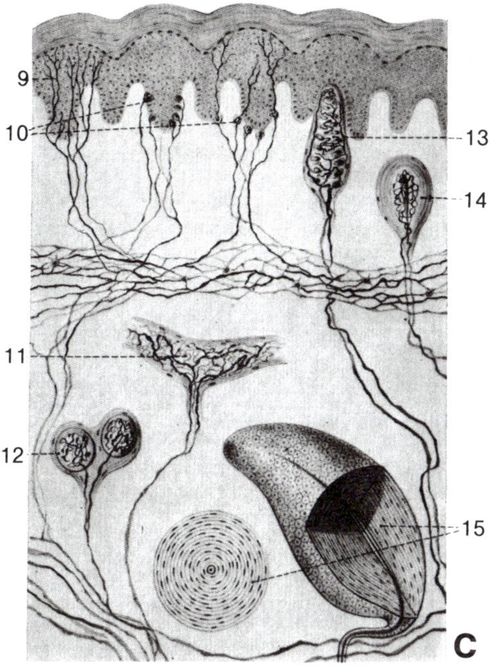

C

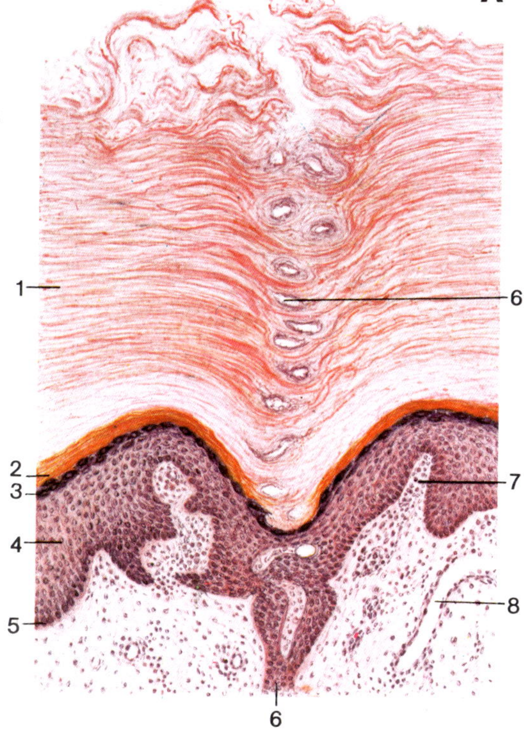

A

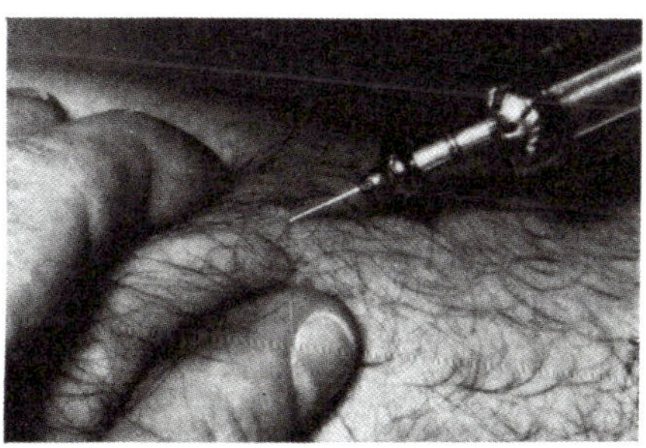

E

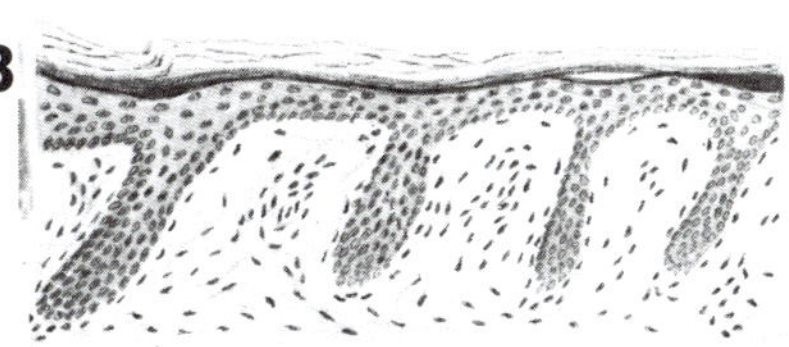

B

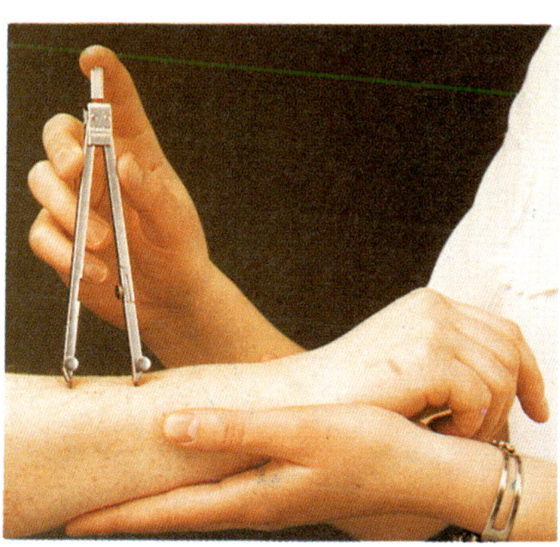

D

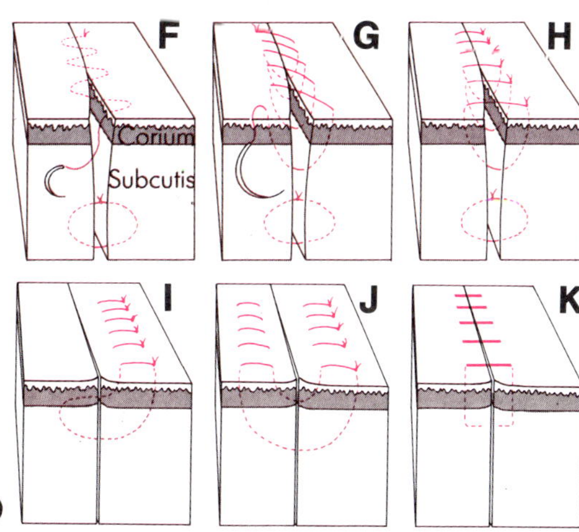

Regeneration

Regeneration (wörtlich „Wiedererzeugung“) ist der Ersatz von verbrauchten, beschädigten oder verlorengegangenen Zellen bzw. Zellverbänden oder Organteilen durch neugebildete. Regenerationsfähigkeit besitzen nicht alle Zellen im gleichen Ausmaß. Sie ist gut bei Deck- und Bindegewebezellen, dagegen schlecht bei Muskel- und Nervenzellen: Eine Hautwunde oder ein Knochenbruch heilen meist ohne Spätfolgen aus. Von einem Herzinfarkt oder einer Gehirnerkrankung bleibt immer ein Dauerschaden zurück.

Wenn bei den beiden letztgenannten Fällen trotzdem eine „Genesung“ eintritt, so beruht dies auf einer anderen Fähigkeit des Körpers, der zur *Kompensation*. Bei Zerstörung von Nervenzellen übernehmen andere Nervenzellen einen Teil ihrer Aufgaben. Anstelle zugrunde gegangener Muskelzellen verdicken sich erhaltene Nachbarzellen und stellen so die ursprüngliche Muskelkraft wieder her. Diese Kompensation ist aber nur begrenzt möglich: Gehen zu viele Zellen verloren, so reichen bald die Kompensationsmöglichkeiten durch die Nachbarzellen nicht mehr aus.

Regeneration ist hingegen grundsätzlich ein Leben lang möglich. Doch droht hier eine andere Gefahr: Wird der Körper über Jahre hinweg zu ständiger Regeneration an der gleichen Stelle gezwungen, z.B. bei chronischen Magengeschwüren oder Strahlenschäden der Haut, so kann die Steuerung der Zellteilung defekt werden. Eine Zellgruppe teilt sich dann ohne Rücksicht auf den tatsächlichen Bedarf immer weiter. Der Zellverband wächst sinnlos. Es entsteht eine *Geschwulst*. Bleiben diese autonom gewordenen Zellen in einem geschlossenen, scharf abgegrenzten Verband, so nennt man die Geschwulst gutartig (z.B. Myome in der Gebärmutter). Brechen dagegen diese Zellen in Nachbargewebe ein und bilden sie Absiedlungen (Tochtergeschwülste = Metastasen) in anderen Körperteilen, so nennt man die Geschwulst bösartig (z.B. Krebs). Dies ist allerdings nur einer von mehreren Wegen der Krebsentstehung!

A-D *Wundheilung*. Zum besseren Verständnis der Wundheilung vergleiche man das Bild der gesunden Haut auf S. 73.

Phasen der Wundheilung:
1. Phase: Blutgerinnsel
2. Phase: Einsprossen von Bindegewebe
3. Phase: Faserbildung (Vernarbung)

A + B Erste Phase der Wundheilung (Exsudationsphase). Das aus zerrissenen Haargefäßen sowie kleinen Venen und Schlagadern in die Wunde ausgetretene Blut gerinnt (➥ S. 58). Die Blutung wird dadurch beendet. In das Blutgerinnsel wandern weiße Blutkörperchen (Freßzellen) ein. Diese Freßzellen beseitigen Gewebetrümmer und nehmen den Kampf mit in die Wunde gelangten Bakterien auf.

C Zweite Phase der Wundheilung (Proliferationsphase). Haargefäße sprossen in das Blutgerinnsel ein. Aus Zellen der Gefäßwand gehen verschiedene Arten von Bindegewebezellen hervor, die das Blutgerinnsel durchsetzen. Auch im Deckgewebe beginnen abseits der Wunde Zellteilungen. Die Zellen schieben sich von der Seite her über den Spalt und bedecken ihn mit einer dünnen Schicht.

D Dritte Phase der Wundheilung (Narbenbildung). Die Bindegewebezellen bilden etwa ab dem 5. Tag Gitterfasern, ab dem 20. Tag zugfeste Fasern. Das ursprüngliche Gerüst der Lederhaut wird langsam wiederhergestellt. Auch das Deckgewebe kehrt zu seiner ursprünglichen Dicke zurück. Die Gesamtdauer der Heilung hängt von der Größe der Wunde ab. Bei Knochenbrüchen kann man geradezu einen „Fahrplan“ angeben.

Dauer der Bruchheilung in Wochen:			
Finger	2	Oberarm	6
Rippen	3	Wadenbein	6
Schlüsselbein	4	Schienbein	7
Elle	5	Oberschenkel	10
Speiche	5	Schenkelhals	12

E-O *Hautausschläge* (Effloreszenzen): Das Verständnis von Hautkrankheiten wird sehr erleichtert, wenn man sich klarmacht, welche Hautschicht besonders betroffen ist.

E + F Flecken (Makeln): **E** roter Fleck durch Gefäßerweiterung in der Lederhaut, **F** brauner Fleck (Mal) durch vermehrte Farbstoffbildung in der Grundschicht der Oberhaut.

G-J Hautknötchen (Papeln): **G** Lederhautknötchen (dermale Papel), **H** Oberhautknötchen (epidermale Papel), **I** gemischtes Hautknötchen (Oberhaut + Lederhaut verdickt), **J** Ekzemknötchen (Schwellung von Oberhaut und Unterhaut, Hornschicht aufgelockert).

K-M Hautbläschen (Vesikeln) und Eiterbläschen (Pusteln): Die Flüssigkeit kann die Hornschicht von der verhornenden Schicht abheben (subkorneal, **K**), die Oberhaut von der Lederhaut trennen (subepithelial, **L**) oder die Oberhaut aufspalten (intraepithelial, **M**).

N Oberflächlicher Hautdefekt (Erosion): nur die Oberhaut ist betroffen.

O Tiefer Hautdefekt (Geschwür, Ulkus): Der Schaden reicht in die Lederhaut oder sogar bis in die Unterhaut.

P Frische Brandblasen bei leichter Verbrühung. Die Hornschicht ist von der verhornenden Schicht abgehoben (Schema K).

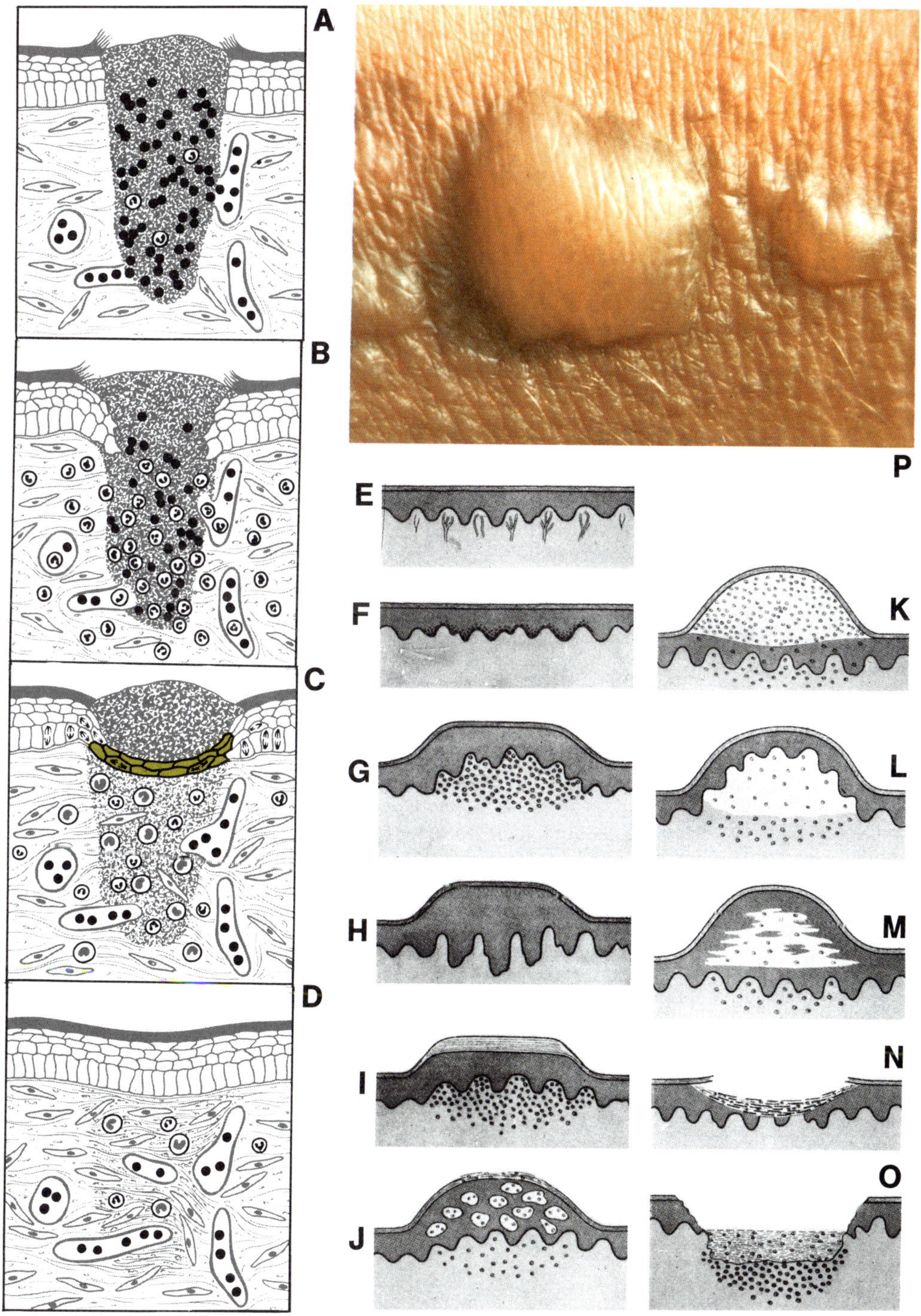
A
B
C
D
P
E
F
K
G
L
H
M
I
N
J
O

Haar

2 Hauptarten von Haaren:
• Wollhaare (Flaum, Lanugo)
• Terminalhaare

• Die *Wollhaare* bedecken beim Neugeborenen fast den ganzen Körper und auch beim Erwachsenen noch große Hautgebiete.

• Die *Terminalhaare* sind stärker, länger und dunkler: Barthaare, Schamhaare, Achselhaare, Haare der Nasenöffnung und des äußeren Gehörgangs. Sonderformen der Terminalhaare sind das Kopfhaar, die Augenbrauen und die Augenwimpern. Die Lebensdauer der Terminalhaare beträgt etwa drei bis fünf Jahre. Die Kopfhaare wachsen etwa 1 cm pro Monat. Die Entwicklung der Terminalhaare wird von Hormonen der Keimdrüsen und der Nebennieren beeinflußt: mangelnde Schambehaarung bei Hodenstörungen, übermäßige Behaarung bei Nebennierenrindenstörungen mit Überschuß an männlichen Hormonen (➥ S. 273, C-F).

3 Lebensphasen eines Haars:	
• Wachstumsphase:	Monate bis 5 Jahre
• Übergangsphase:	1-2 Wochen, Papille atrophiert
• Ruhephase:	2-4 Monate bis Ausfall

A Schema des Baues der behaarten Haut (Felderhaut). Der größte Teil der Körperoberfläche ist behaart. Die Haut zeigt eine feine Felderung. Die Haare stehen in den Furchen. Nur an wenigen, mechanisch besonders beanspruchten Stellen mit entsprechend dicker Hornschicht (Fußsohlen und Handflächen) und an einigen anderen Körperstellen (Lippenrot, kleine Schamlippen, Vorhaut) fehlen die Haare. Die Haut an den Handflächen und Fußsohlen ist durch ein besonderes Leistenmuster („Leistenhaut") gekennzeichnet.

B Bau eines Haares (Schema). Das Oberhäutchen des Haares und das Oberhäutchen der inneren Wurzelscheide bestehen aus dachziegelartig angeordneten Zellen, die ineinander verzahnt sind. Das Haar wird dadurch im Follikel gehalten. Das Haar wächst im Bereich der Haarzwiebel. Dabei gleiten beide Oberhäutchen miteinander an die Hautoberfläche. Dort geht die Wurzelscheide zugrunde. Die Haarfarbe wird von den Pigmentzellen der Haarzwiebel bestimmt. Diese geben den Farbstoff an das wachsende Haar ab.

C Querschnitt durch einen Haarfollikel (Vergrößerung etwa 100fach).

D Flachschnitt durch die Kopfhaut (Vergrößerung 30fach).

E + F Schema des Haarwechsels. Ist die Wachstumskraft eines Haares erloschen, so bildet sich die Haarzwiebel zu einem Haarkolben zurück. Dieser löst sich von der Haarpapille und wird nach außen geschoben. Der Haarbalg wird zum Haarstengel, in welchem eine neue Papille entsteht. Ein neues Haar bildet sich und schiebt das alte nach außen.

1	Oberhaut	Epidermis
2	Haarschaft	Scapus pili
3	Haarfollikel	Folliculus pili
4	Talgdrüse (am Haar)	Glandula sebacea pilaris
5	Haarmuskel (Haaraufrichter, Haarbalgmuskel)	M. arrector pili
6	Ausführungsgang der Schweißdrüse	Ductus sudorifer
7	Schweißdrüse	Glandula sudorifera merocrina (eccrina)
8	Oberhäutchen des Haares („Haarkutikula")	Cuticula (pili)
9	Oberhäutchen der inneren Wurzelscheide	Cuticula vaginalis
10	Huxley-Schicht	Stratum epitheliale internum (granuliferum)
11	Henle-Schicht	Stratum epitheliale externum (pallidum)
12	Innere Wurzelscheide (Fortsetzung der Hornschicht der Oberhaut)	Vagina epithelialis radicularis interna
13	Äußere Wurzelscheide (Fortsetzung der Keimschicht der Oberhaut)	Vagina epithelialis radicularis externa
14	Glashaut	Membrana basalis (vitrea)
15	Rinde des Haares	Cortex (pili)
16	Haarpapille (mit Blutgefäß)	Papilla (pili)
17	Haarbalg (bindegewebige Hülle)	Vagina dermalis radicularis
18	Ausfallendes Haar („Kolbenhaar")	(Pilus)
19	Epithelstrang, der neue Haarpapille bildet	Matrix (pili)
20	Neues Haar	(Pilus)
21	Neue Haarpapille	(Papilla pili)

C

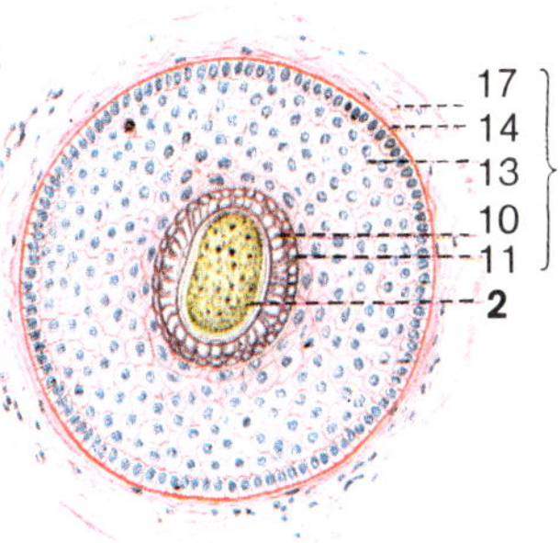
17
14
13
3
10
11
2

E

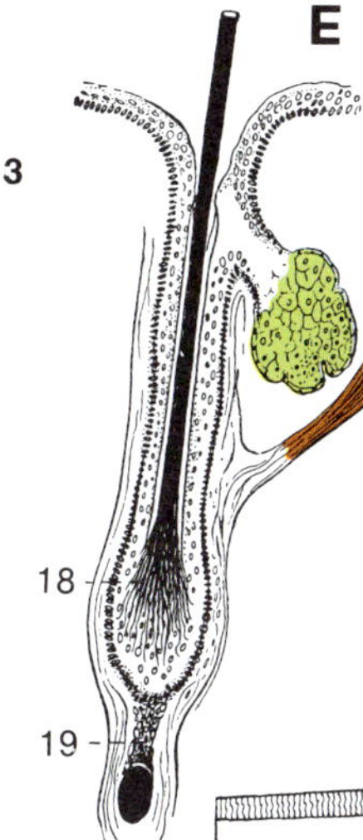
18
19

F

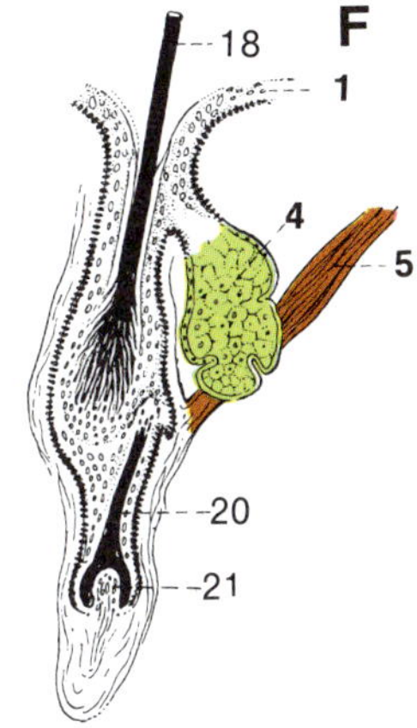
18
1
4
5
20
21

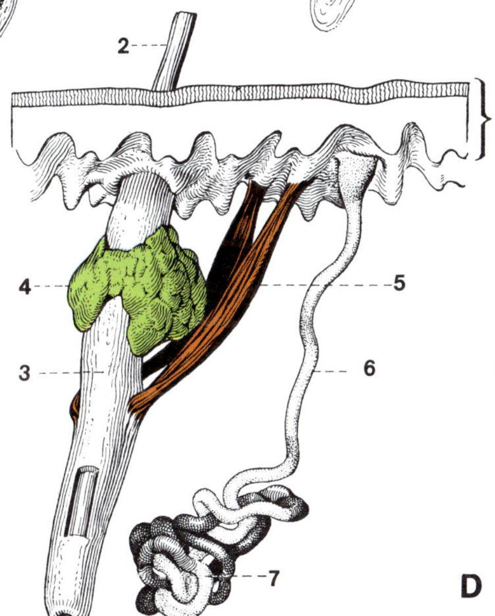
2
1
4
5
3
6
7

A

B

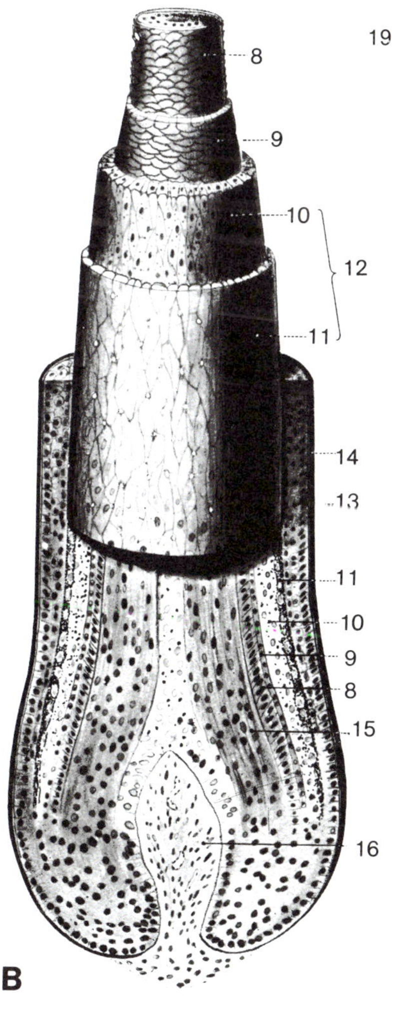
8
9
10
12
11
14
13
11
10
9
8
15
16

D

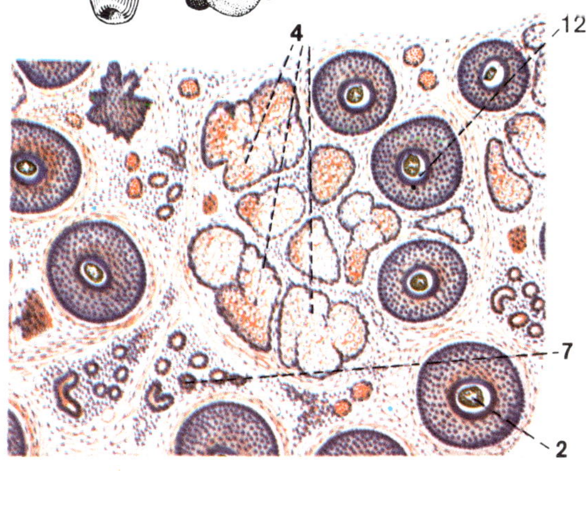
4
12
7
2

Nagel

> Nägel sind von der Oberhaut gebildete Hornplatten, die den Krallen und Hufen bei anderen Wirbeltieren entsprechen

Nach ihrer Entstehung sind sie mit den Haaren verwandt. Sie dienen dem Schutz der Fingerspitze und ermöglichen das Kratzen. Darüber hinaus bieten sie der weichen Fingerbeere ein Widerlager. Dies verfeinert das Tastempfinden.

• Der Nagel wird vom Nagelbett gebildet, und zwar von seinem hellen Abschnitt („Möndchen"). Der Nagel wächst pro Woche 1-3 mm. Bei Durchblutungsstörungen, z.B. bei schweren Erkrankungen, ist die Nagelbildung beeinträchtigt. Es entstehen dann quere Linien und Verfärbungen am Nagel. Sie werden entsprechend dem Nagelwachstum allmählich gegen den freien Rand vorgeschoben. Die Längsrillung der Nägel ist normal. Bei Beschädigung des Nagelbetts wird der Nagel abgestoßen. Ein neuer Nagel wird vom „Möndchen" gebildet. Er wächst allmählich nach vorn.

• *Eingewachsener Nagel*: Bei unzweckmäßigem Nagelschnitt kann (besonders an den Zehen) eine Ecke des freien Nagelrandes in die Haut des Nagelwalls einwachsen. Dies schafft eine Eintrittspforte für Bakterien Es folgt eine schmerzhafte Entzündung und evtl. Eiterung, die der chirurgischen Entlastung bedarf. Fußnägel sollte man daher seitlich nicht rundschneiden, sondern die Ecken den Nagelwall überragen lassen!

A Mikroskopisches Schnittbild der *Kopfhaut* (Vergrößerung etwa 20fach). Die Haare reichen mit ihren Wurzeln tief in die Unterhaut. Die Kopfhaut ist straff auf einer Sehnenplatte befestigt. Diese erstreckt sich haubenartig von der Stirn bis zum Hinterhaupt über das ganze Schädeldach. In diese „Sehnenhaube" strahlen Muskeln von der Stirn, den Schläfen und dem Hinterhaupt ein, so daß wir die Kopfhaut recht gut bewegen können. Da die Knochenhaut des Schädeldachs nicht sehr fest am Knochen verankert ist, kann man die Kopfhaut mit Sehnenhaube und Knochenhaut leicht vom Schädeldach abschieben. Diese Technik des „Skalpierens" wird in der Pathologie angewandt. Bei der Obduktion wird im Hinterhauptbereich die Kopfhaut durchgetrennt und bis zur Stirn vorgeschoben. Dann wird das Schädeldach aufgesägt und das Gehirn zur weiteren Untersuchung herausgenommen. Zuletzt stülpt man die Haut wieder über das Schädeldach zurück und vernäht den Hautschnitt. Er bleibt bei der Aufbahrung der Leiche verdeckt und stört die Angehörigen nicht.

B Endglied eines Fingers mit Nagel. In der rechten Bildhälfte ist der Nagel entfernt, um das Nagelbett zu zeigen.

C Mikroskopisches Schnittbild durch einen Nagel (Vergrößerung 30fach).

D + E Unterschiedliche Begrenzung der Schambehaarung nach oben bei Frau und Mann: Bei der Frau (**D**) endet normalerweise das Schamhaar horizontal und ziemlich scharf begrenzt kurz oberhalb der Schambeinfuge. Beim Mann (**E**) hingegen zieht es sich dreieckig bis zum Nabel hinauf, wobei es allmählich dünner wird. Die Hohlnadel im Bild weist auf die Stelle, an der man den Puls der Oberschenkelschlagader tasten und die Schlagader punktieren kann (➥ S. 132, C).

1	Oberhaut	Epidermis
2	Lederhaut	Dermis
3	Unterhaut (= „Subkutis")	Tela subcutanea
4	Haarschaft	Scapus (pili)
5	Haarfollikel	Folliculus (pili)
6	Talgdrüse (am Haar)	Glandula sebacea pilaris
7	Haarmuskel (Haaraufrichter)	M. arrector pili
8	„Möndchen" (weißliche Wachstumszone des Nagels)	Lunula
9	Nagelwall	Vallum unguis
10	Nagelbett	Lectulus; Hyponychium
12	Haarbalg	Vagina dermalis radicularis
13	Sehnenhaube	Galea aponeurotica (Aponeurosis epicranialis)
14	Freier Rand (des Nagels)	Margo liber
15	Seitlicher Rand (des Nagels)	Margo lateralis
16	Nagelplatte	Corpus unguis
17	Nagelfalz	Sulcus matricis
18	Hornschicht des Nagelwalls	Eponychium
19	Schweißdrüse	Glandula sudorifera merocrina (eccrina)
20	Verborgener Rand (des Nagels)	Margo occultus
21	Keimschicht des Nagels	Stratum germinativum (unguis)
22	Papillen (der Lederhaut)	Papillae (dermidis)

B

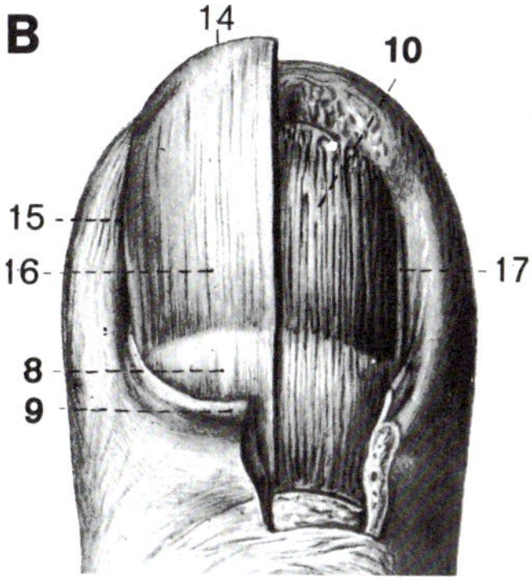

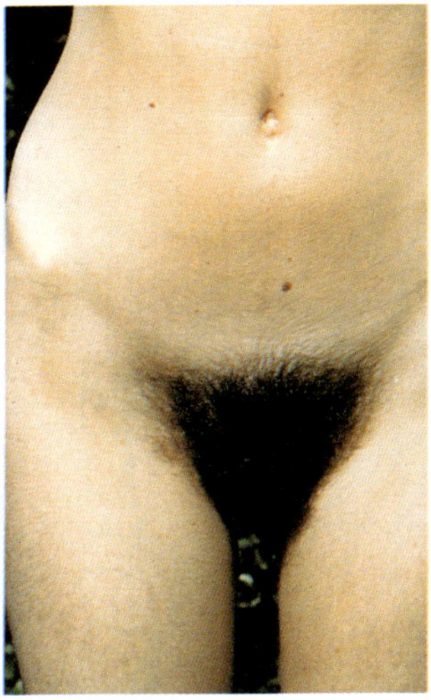

D

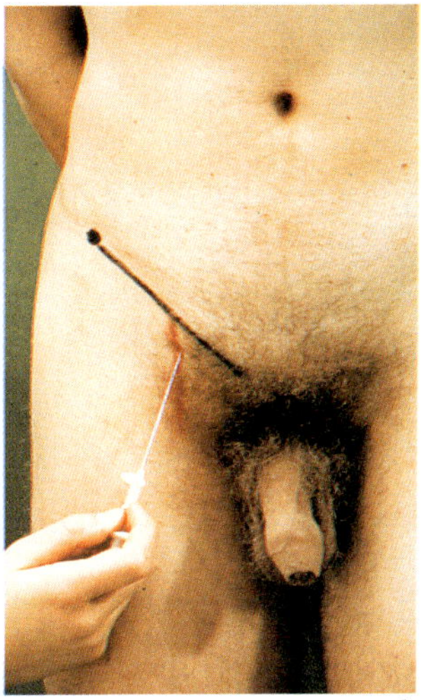

E

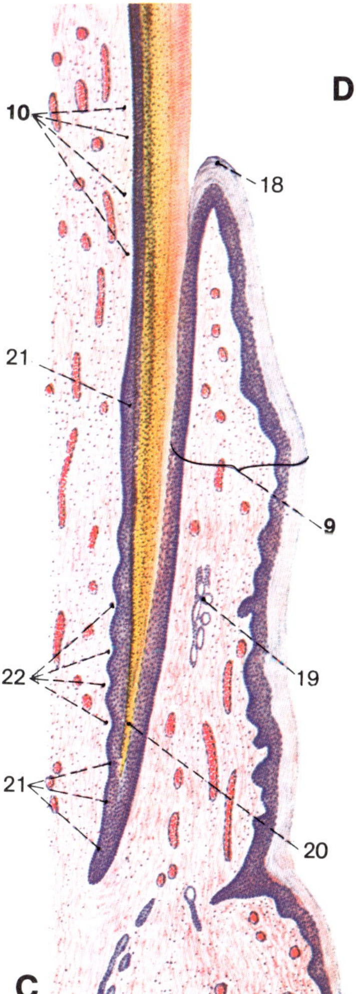

C

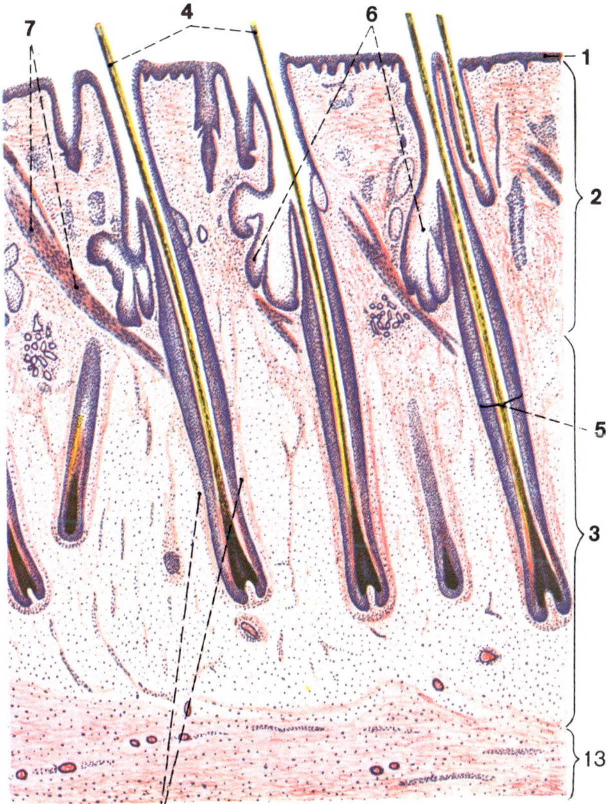

A

Brustdrüse

Die Brustdrüse besteht aus 15-25 Einzeldrüsen, die mit den „Milchgängen“ an der Brustwarze ausmünden

Die Brust- oder Milchdrüse gehört, ähnlich wie Talg- und Schweißdrüsen, zu den Hautdrüsen: Das Drüsengewebe liegt in der Unterhaut. Das Sekret wird an der Haut abgegeben. Die äußere Form der Brustdrüse wird weniger durch das Drüsengewebe als durch Fettgewebe bestimmt. Bei der nichtschwangeren Frau ist der Anteil des Drüsengewebes gering.

Die schwerstwiegende Erkrankung der Brustdrüse ist der Brustkrebs. Etwa jede 20. Frau erkrankt im Laufe ihres Lebens an Brustkrebs und etwa die Hälfte von ihnen stirbt früher oder später (Tochtergeschwülste = Metastasen) daran (im vereinten Deutschland pro Jahr etwa 18 000 Frauen). Bedauerlicherweise tritt diese Krebsform auch schon bei jungen Frauen auf (im Gegensatz zu den meisten anderen Krebsarten, die das höhere Alter bevorzugen).

Beim *Mann* bleibt die Brustdrüse normalerweise in der kindlichen Form (➥ S. 86, A) bestehen. Der Brustkrebs ist bei ihm selten (nur etwa 100 Todesfälle pro Jahr in Deutschland). Durch weibliche Geschlechtshormone kann jedoch auch beim Mann die Brustdrüse weiterentwickelt werden. Dies ist z.B. eine vom Mann meist als störend empfundene Nebenwirkung der Behandlung des Vorsteherdrüsenkrebses mit weiblichen Geschlechtshormonen. Diese Wirkung ist jedoch erwünscht bei der Geschlechtsumwandlung vom Mann zur Frau. Dabei kann dieses Merkmal des weiblichen Körper einfach und sehr natürlich entfaltet werden (➥ S. 343, N). Leider steigt damit auch das Brustkrebsrisiko.

A Brustdrüse der Frau. Da die Brustdrüse als Organ der Haut kein knorpeliges oder knöchernes Skelett enthält, hängt sie je nach Fülle und damit Gewicht sackartig nach unten durch. Bei der jugendlichen Brustdrüse hält das eingelagerte Bindegewebe die Form einigermaßen konstant. Mit zunehmendem Alter erschlafft das Bindegewebe, und die Brustdrüse sinkt tiefer (Hängebrust).

B Horizontalschnitt durch die Brustwand einer Frau auf Höhe der Brustwarze. Die einzelnen Drüsenlappen sind von den Nachbarlappen durch Bindegewebe getrennt. Die Brustdrüse ist gegen die Brustfaszie gut abgegrenzt. Es laufen keine wesentlichen Blutgefäße oder Nerven vom großen Brustmuskel zur Drüse. Der kosmetische Chirurg kann daher zwischen Brustdrüse und Faszie eine Kunststoffprothese einführen und damit das äußere Aussehen verändern. Der Hautschnitt wird am unteren Rand der Brustdrüse geführt. Die Narbe wird durch die etwas überhängende Brustdrüse verdeckt. Die gesunde Drüse ist gegen ihre Unterlage gut verschieblich. Hat ein Brustkrebs von der Drüse auf die darunterliegende Brustfaszie oder den großen Brustmuskel übergegriffen, so ist die Verschieblichkeit aufgehoben, ein wichtiges Zeichen, das allerdings schon ein fortgeschrittenes Stadium anzeigt!

C Brustwarze und Warzenhof einer Frau. Die kleinen Höckerchen im Bereich des Warzenhofs sind durch Talg- und Schweißdrüsen bedingt, welche die zarte Haut des Warzenhofs vorwölben. Sie fetten den Warzenhof ein und feuchten ihn an. Sie gewährleisten einen besseren Kontakt mit dem Mund des Säuglings.

D Der gleiche Warzenhof nach Berührung. Die Brustwarze enthält ein schraubenförmig angeordnetes Netz von Muskelfasern, das in den Warzenhof ausstrahlt (➥ S. 85, C). Berühren der Brustwarze löst das Aufrichten der Brustwarze aus: Durch das Zusammenziehen der Ringmuskeln wird die Brustwarze länger und tritt so stärker aus der Kontur der Brustdrüse hervor. Gleichzeitig wird der Durchmesser des Warzenhofs kleiner. Die durch die darunterliegenden Warzenhofdrüsen bedingten Höckerchen werden deutlicher. Der biologische Sinn dieses Reflexes ist klar: Die Brustwarze schiebt sich auf den Berührungsreiz hin geradezu in den Mund des Säuglings. Hört der Berührungsreiz auf, so erschlafft die Muskulatur. Die Brustwarze kehrt in die Ruhestellung zurück.

1	Brustwarze („Mamille“)	Papilla mammaria
2	Warzenhof	Areola mammae
3	Milchgang	Ductus lactifer
4	Milchsäckchen (Erweiterung des Milchgangs)	Sinus lactifer
5	Läppchen der Milchdrüse	Lobuli glandulae mammariae
6	Fettkörper	Stratum adiposum (mammae)
7	Brustfaszie	Fascia pectoralis
8	Großer Brustmuskel	M. pectoralis major
9	Kleiner Brustmuskel	M. pectoralis minor
10	Warzenhofdrüsen („Montgomery-Drüsen“)	Glandulae areolares
11	Brustbein	Sternum
12	Rippe	Costa

B

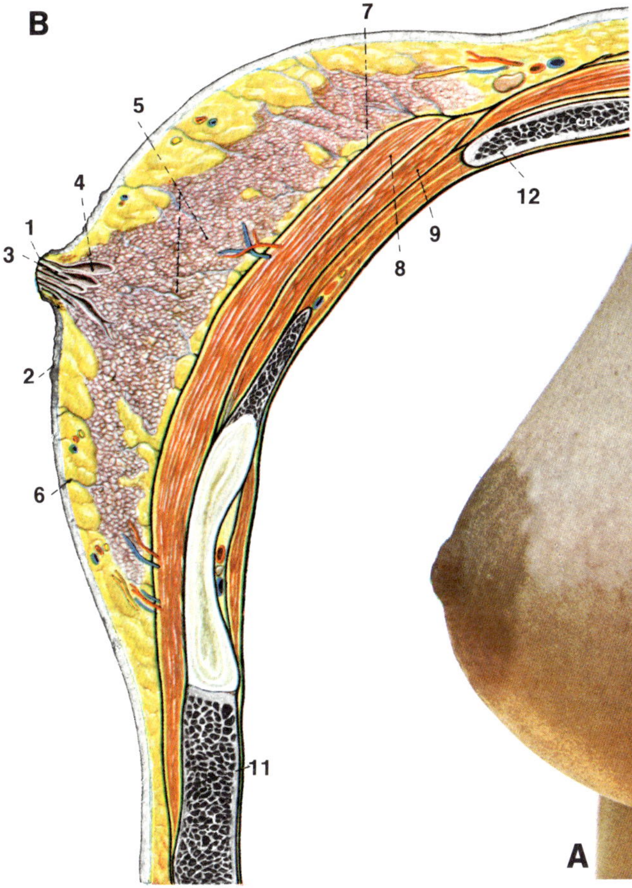

A

C

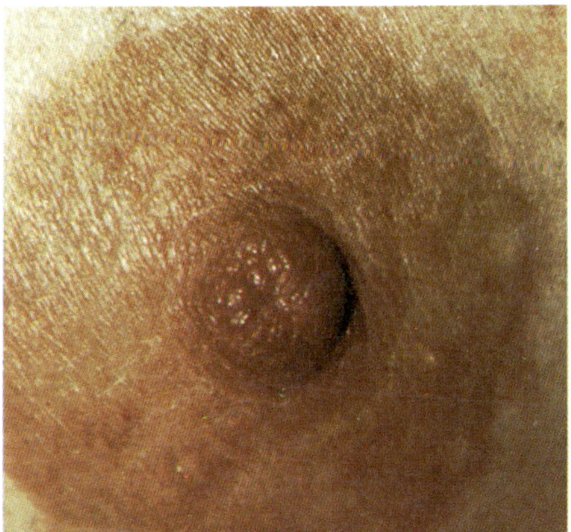

D

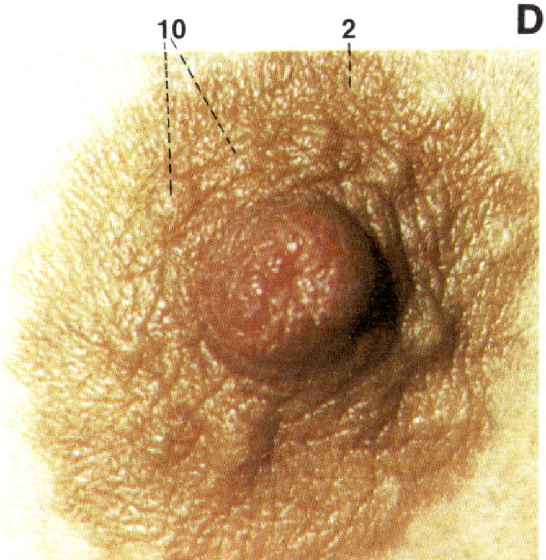

Röntgenuntersuchung der Brustdrüse

Fettgewebe ist gut strahlendurchlässig. Im Röntgenbild der Brust zeichnen sich daher vorwiegend Bindegewebezüge und Blutgefäße ab. Im Krebsgewebe liegen die Zellen dicht nebeneinander. Es ist viel „strahlendichter" als die übrigen Gewebe der Brustdrüse. Man kann daher im Röntgenbild der Brustdrüse auch schon kleine Geschwülste sehen. Die Röntgenaufnahme bedarf dazu allerdings einer besonderen Technik (*Mammographie*). Auf der üblichen Röntgenaufnahme des Brustkorbs zur Darstellung des Herzens oder der Lungen sind Feinheiten der Brustdrüse nicht zu erkennen.

Wurde im Röntgenbild ein verdächtiger Bereich festgestellt, so sollte das Gewebe unbedingt mikroskopisch untersucht werden. Hierzu ist die Entnahme einer Gewebeprobe mit Hilfe einer Injektionsnadel (Feinnadelpunktion) oder durch Herausschneiden (Probeexzision) erforderlich.

Die Mammographie ist keine Untersuchungsmethode, die man etwa monatlich anwenden könnte, um einen Krebs auch ganz sicher im Frühstadium zu erfassen. Röntgenstrahlen schädigen den Körper und begünstigen das Entstehen bösartiger Geschwülste. Die Mammographie soll daher gezielt eingesetzt werden, wenn es um die Klärung von Befunden geht.

Harmlose Untersuchungsmethoden

- Besichtigen (Inspektion)
- Abtasten (Palpation)
- Ultraschalluntersuchung (Sonographie)
- Hautwärmemessung (Thermographie)

• Besichtigen und Abtasten ➥ S. 88.

• Die *Ultraschalluntersuchung* ist vor allem wertvoll für die Beurteilung der Achsellymphknoten. Erfahrungsgemäß werden die ersten Tochtergeschwülste (Metastasen) des Brustkrebses in den Achsellymphknoten abgesiedelt. Deren Beurteilung ist daher für den Behandlungsplan sehr wichtig. Erkrankte Lymphknoten können mit der Ultraschalluntersuchung ab etwa 1 cm Durchmesser erkannt werden.

• Bei der *Thermographie* werden die Hauttemperaturen landkartenartig aufgezeichnet. Geschwülste haben wegen ihres raschen Wachstums einen lebhaften Stoffwechsel und sind daher wärmer als die Umgebung. Die Aussagemöglichkeiten der Thermographie sind jedoch begrenzt: Das Bild ist sehr grob, und auch viele gutartige Prozesse, z.B. Entzündungen, erhöhen die Temperatur.

• Für alle Untersuchungsmethoden gilt: Wenn man nichts findet, so bedeutet das nicht, daß mit Sicherheit nichts vorhanden ist. Die Geschwulst ist mit allen Methoden erst ab einer gewissen Größe zu erfassen.

A Mikroskopisches Schnittbild der milchbildenden Brustdrüse (Vergrößerung 75fach). Jeder der 15-25 die Brustdrüse zusammensetzenden Drüsenlappen enthält ein baumartig verzweigtes Ausführungsgangsystem. An den Enden der Gänge liegen die sezernierenden Drüsenschläuche.

B Endstücke einer milchbildenden Brustdrüse bei etwa 400facher Vergrößerung. Die Fetttröpfchen sind schwarz angefärbt. In der Milch ist das Fett in Form feinster Tröpfchen enthalten. Sie werden vom Milcheiweiß in der Schwebe gehalten (Emulsion). Fett und Eiweiß werden offenbar von den gleichen Zellen abgesondert, aber in verschiedenen Zellorganellen gebildet.

C Anordnung der Muskelfasern in der Brustwarze (➥ S. 82, D).

D Röntgenbild der Brustdrüse (Mammogramm).

E Häufigkeit von Krebserkrankungen in den einzelnen Bereichen der weiblichen Brustdrüse (Prozent, stark abgerundet). Am häufigsten befallen ist das äußere obere Viertel.

1	Drüsenendstück	Alveolus glandulae
2	Ausführungsgang	Ductus alveolaris lactifer
3	Milchdrüsenzelle	Exocrinocytus lactis (Lactocytus)
4	Fetttröpfchen	Gutta adipis
5	Bindegewebe	Textus connectivus
6	Milchgang	Ductus lactifer
7	Vene	Vena
8	Ringmuskel der Brustwarze	M. sphincter papillae
9	Längsgerichteter Muskelzug	(Myocyti)
10	Elastische Sehnen zur Haut	(Fibrae elasticae)

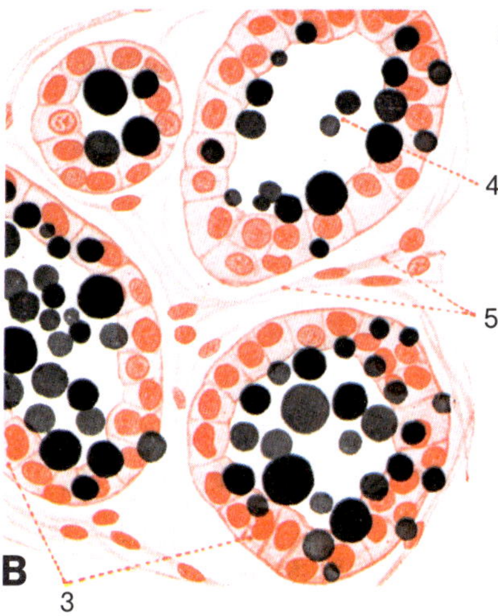

B
3
4
5

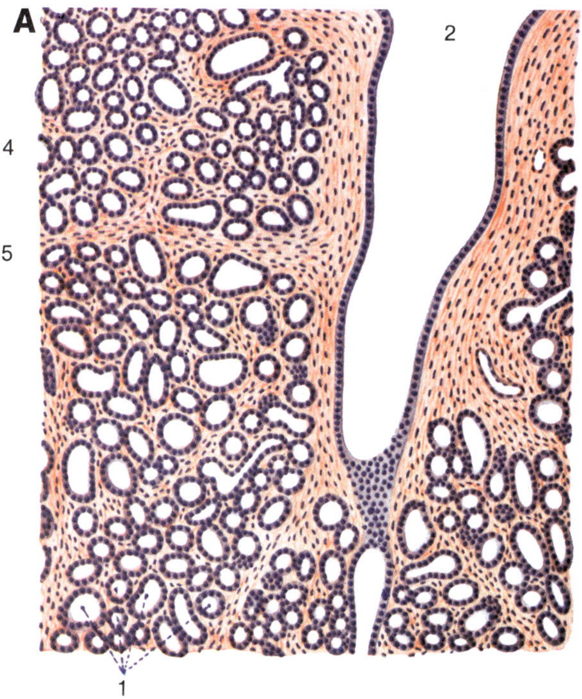

A
1
2

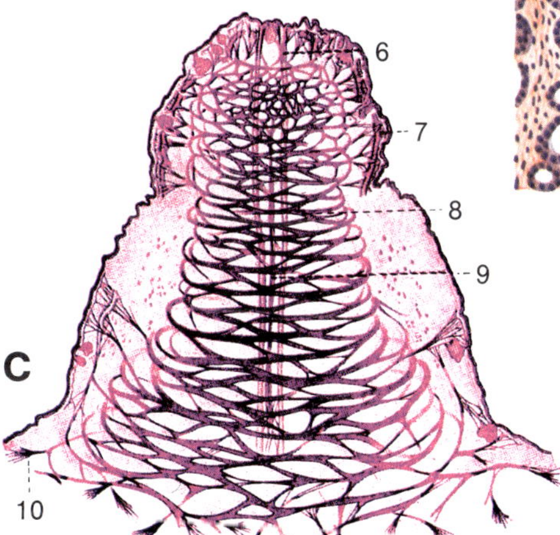

C
6
7
8
9
10

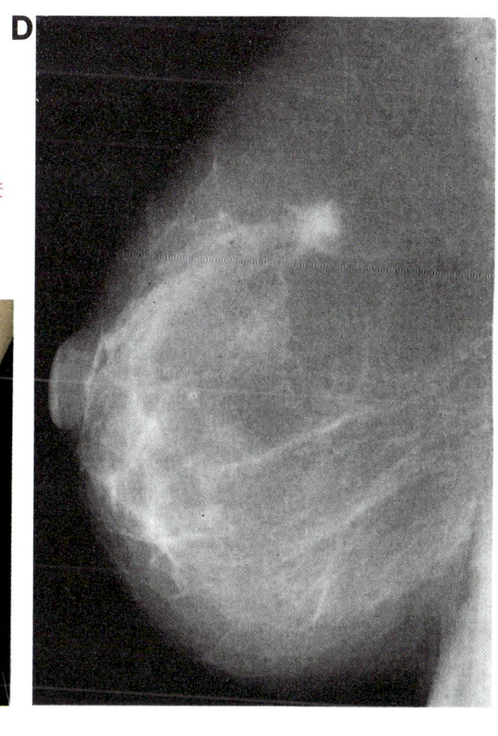

D

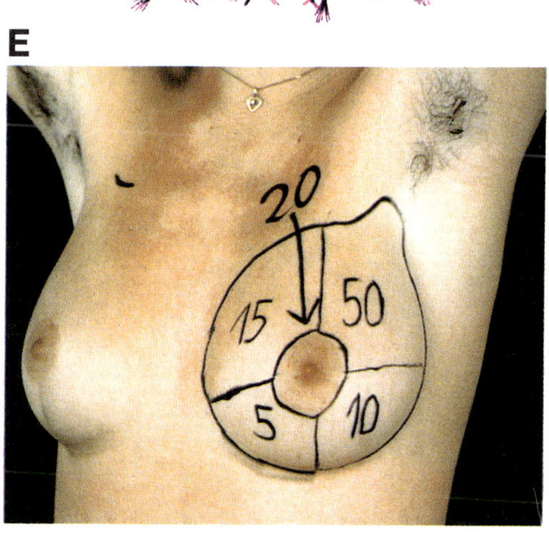

E
20
15
50
5
10

A-E Entwicklung der Brustdrüse.

• Die Milchdrüsen verharren beim Kind in einem Ruhezustand (**A**).

• In der Pubertät beginnt sich beim Mädchen das Gewebe zuerst unter dem Warzenhof zu vermehren. Dieser erhebt sich über die sonst noch flache Brust. Danach wächst auch der Drüsenkörper in verschiedenem Ausmaß heran (**B**). Die Drüsenschläuche verzweigen sich etwas, bleiben aber gegenüber dem Zwischengewebe zurück (**C**).

• Erst in einer Schwangerschaft geht unter hormonellem Einfluß die Entwicklung weiter. Die Drüsen sprossen aus und treiben Seitenzweige. In den ursprünglich soliden Strängen treten Lichtungen auf. Im Schnittbild (**D**) überwiegt das Drüsengewebe (**D**).

• Während des Stillens ist die Brustdrüse voll entfaltet (**E**). Solange Milch abgesaugt wird, erzeugt die Brustdrüse Milch. Dies wird durch einen Reflex von der Brustwarze zum Zwischenhirn und von dort über die Hirnanhangsdrüse mit dem Hormon Prolactin gesichert.

• Nach dem Abstillen kehren die Drüsen wieder zu einem Zustand ähnlich dem vor der Schwangerschaft zurück.

> • Die Größe der Brustdrüse ändert sich auch während des normalen Menstruationszyklus
> • Manche Frauen verspüren ein Spannungsgefühl in den Brüsten vor der Menstruation

F Lage der Brustdrüse auf der Brustwand. Die Haut (ausgenommen am Warzenhof) und das Unterhautfettgewebe sind entfernt. Die Brustdrüse liegt im wesentlichen auf dem großen Brustmuskel. Sie überragt ihn jedoch seitlich. Dort liegt in der Tiefe der vordere Sägemuskel. Blutgefäße, Lymphgefäße und Nerven treten von allen Rändern in die Brustdrüse ein. Die wichtigste Versorgungsstraße kommt jedoch von der Achselhöhle. Bei der radikalen Brustkrebsoperation wurde früher die Brustdrüse mit dem großen Brustmuskel in einem Stück entfernt. Heute wird meist die „eingeschränkt radikale" Brustkrebsoperation bevorzugt, bei der man den großen Brustmuskel erhält.

G Anordnung der Hauptausführungsgänge der Brustdrüse (schematisch). Die 15-25 Milchgänge laufen strahlig auf die Brustwarze zu. Sie erweitern sich zum „Milchsäckchen", bevor sie auf der Brustwarze ausmünden. Wenn der Chirurg in die Brustdrüse einschneiden muß, z.B. bei einem Abzeß, gerät er in einen Zwiespalt: Ein radiärer Schnitt durchtrennt möglichst wenig Milchgänge, ein bogenförmiger gibt kosmetisch schönere Narben.

H Lymphabflußwege aus der Brustdrüse (schematisch). Der Hauptabflußweg führt zu den Lymphknoten der Achselhöhle. Weitere Lymphstraßen führen zu Lymphknoten oberhalb des Schlüsselbeins, hinter dem Brustbein, im Oberbauch und zu Brustdrüse und Achselhöhle der anderen Körperseite. Auch die „radikale" Brustkrebsoperation kann nicht alle diese Wege für Absiedlungen ausschalten. Deswegen begnügt man sich heute meist mit weniger eingreifenden Operationen, weil sie das Risiko des Wiederauftretens des Krebses nicht sehr erhöhen.

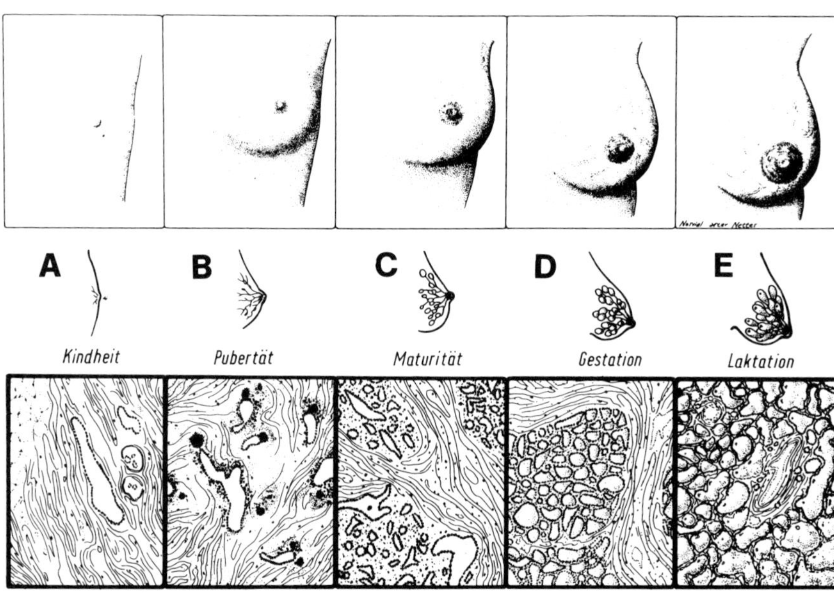

F

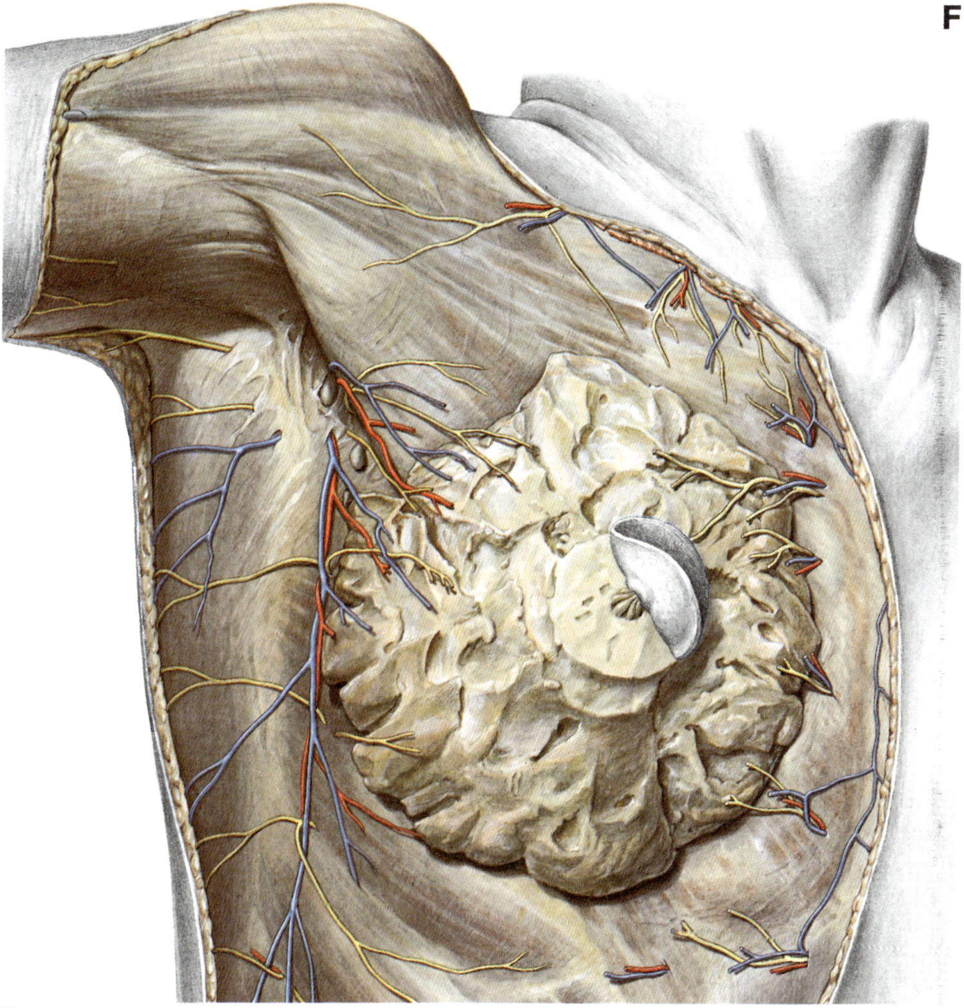

G

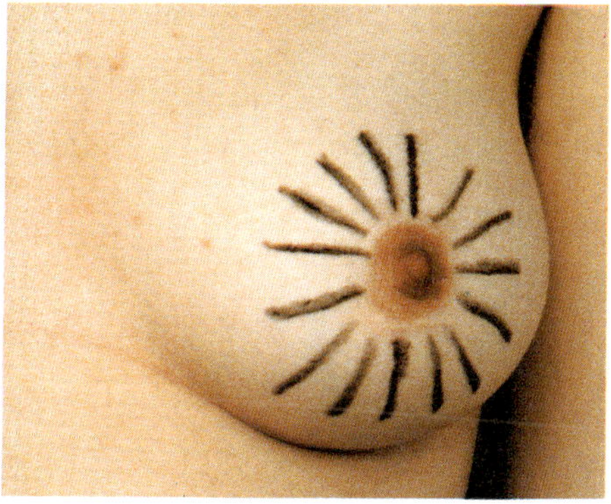

H

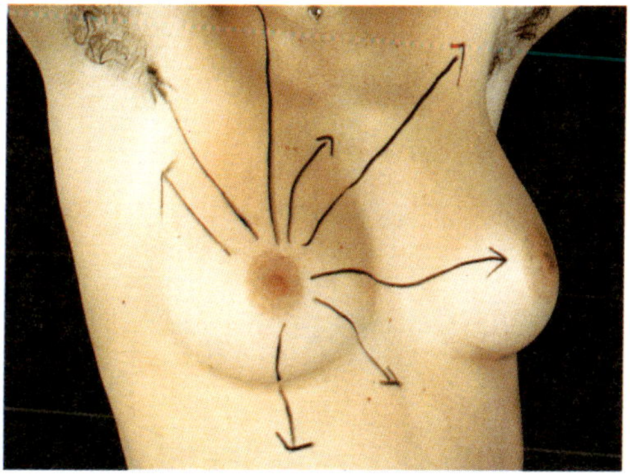

Selbstuntersuchung der Brustdrüse

Mindestens einmal monatlich:	
Besichtigen:	• bei locker herabhängenden Armen • bei langsamem Heben beider Arme
Abtasten:	• vier Quadranten • Warzenhof • Achselgrube

A-H Die Selbstuntersuchung der Brustdrüse gehört zu den wichtigsten Früherkennungsmaßnahmen des Brustkrebses, die jede Frau regelmäßig vornehmen sollte. Sie sollte systematisch in 2 Abschnitten erfolgen: Besichtigung (Inspektion, **A** + **B**) und Betastung (Palpation, **C-H**). Bemerkt man etwas Verdächtiges, so sollte man umgehend einen in der Brustuntersuchung erfahrenen Arzt aufsuchen. Die meisten „Befunde" sind harmlos. Sie können jedoch erst nach einer gründlichen Untersuchung sicher beurteilt werden.
A Zur *Besichtigung* stelle man sich vor einen großen Spiegel, der möglichst den ganzen Rumpf, mindestens aber den Oberkörper verzerrungsfrei widerspiegelt. Bei entspannt herunterhängenden Armen stehen die Brustwarzen auf gleicher Höhe und gleich weit von der Mittellinie entfernt. Bei Geschwülsten ist die Brustwarze manchmal in Richtung der Geschwulst verzogen. Die gesunden Brustdrüsen erscheinen etwa gleich groß. Bei vielen gesunden Frauen ist jedoch eine Brustdrüse größer. Verdächtig ist nur ein Größenunterschied, der sich nach vorheriger gleicher Größe allmählich einstellt. Die Haut der gesunden Brustdrüse ist nirgends eingezogen oder verändert. Bei in die Haut einwachsenden Krebsen nimmt die Haut oft ein apfelsinenschalenartiges Aussehen an.
B Die Symmetrie der Brustdrüsen darf sich nicht ändern, wenn beide Arme gleichmäßig gehoben werden. Der große Brustmuskel setzt am Oberarm an. Er wird beim Heben der Arme gedehnt. Seine Kontur tritt stärker hervor. Die Brusthaut wird mit dem angehobenen Schultergürtel nach oben gezogen. Die Brustdrüse als Hautorgan muß diesem Zug folgen: Bleibt sie auf einer Seite zurück, so läßt dies auf bindegewebige Verwachsungen schließen. Sie können u.a. auf einer Geschwulst beruhen.
C-G Nächste Aufgabe ist das *Abtasten* der beiden Brustdrüsen. Die untersuchende Hand wird flach auf die Brust gelegt. Die Fingerballen dringen mit nicht zu zaghaftem Druck in die Tiefe. Die gesunde Brustdrüse ist von gleichmäßig weicher Beschaffenheit und gut beweglich. Krebsgewebe hingegen ist hart und in fortgeschrittenen Stadien auch schlecht verschieblich, da es in Nachbargewebe einwächst. Nicht jedes härtere Gewebe in der Brustdrüse ist jedoch ein Krebs. Viele Frauen haben umschriebene „Drüsenpakete" in der Brustdrüse (Mastopathie). Sie fühlen sich etwas härter an als das andere Gewebe und sind immer gut verschieblich. Verdächtig sind neu auftretende oder größer werdende härtere Knoten.
Um Befunde leichter beschreiben zu können, denke man sich die Brustdrüse durch ein Achsenkreuz, das seinen Mittelpunkt in der Brustwarze hat, in vier Viertel zerlegt: innerer oberer (**D**), innerer unterer (**E**), äußerer unterer (**F**), äußerer oberer (**G**) Quadrant. Alle 4 Viertel sind sorgfältig abzutasten. Besondere Aufmerksamkeit ist dem äußeren oberen Quadranten zu widmen, weil hier erfahrungsgemäß die meisten Krebse entstehen.
H Zum Schluß der Untersuchung sollte man auch noch die Achselhöhle nach verhärteten Lymphknoten austasten. Der Arm muß dazu locker an den Rumpf angelegt werden. Bei abgespreiztem Arm kann man nicht tief genug in die Achselhöhle eindringen.
I Medizinisch belangloser Seitenunterschied in der Größe der Brustdrüse bei einer jungen Frau. Manche Frauen leiden jedoch unter derartigen „Schönheitsfehlern". In solchen Fällen kann ein verständnisvolles Gespräch mit einer Vertrauensperson (die nicht unbedingt ein Arzt oder Psychologe sein muß) über Wesentliches und Unwesentliches im Leben (vor allem in der Partnerschaft) oft mehr bringen als eine Schönheitsoperation (z.B. Einsetzen einer Kunststoffprothese unter die kleinere Brustdrüse).

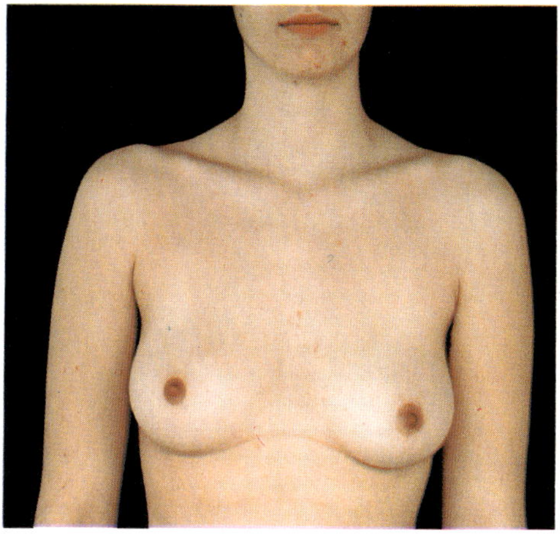

A

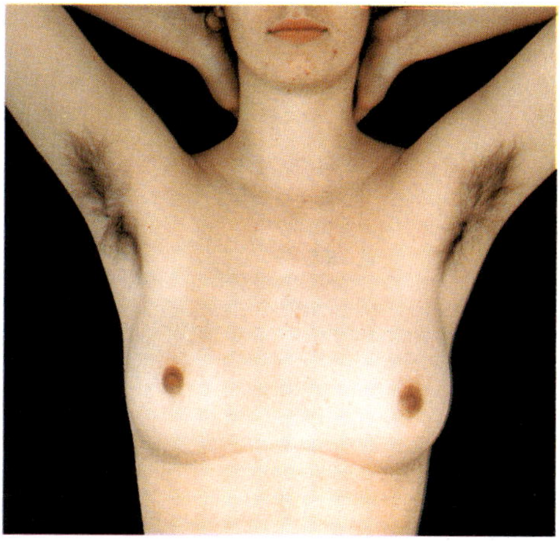

B

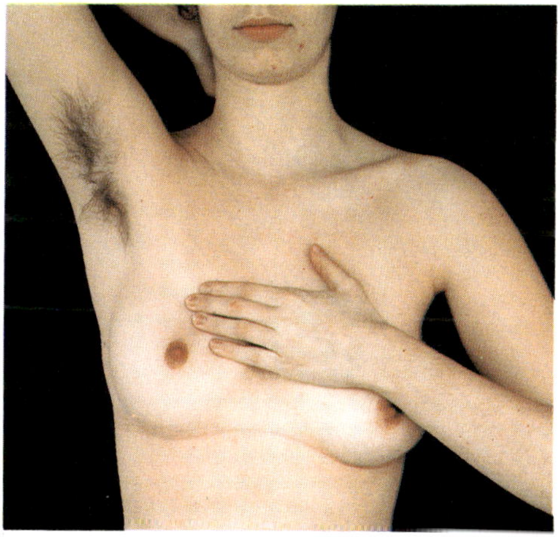

C

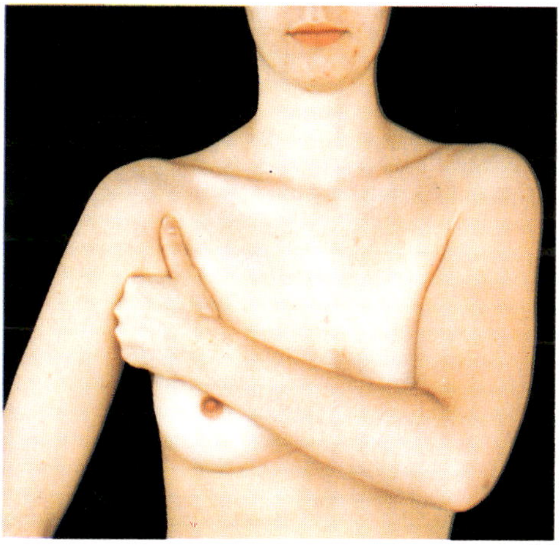

H

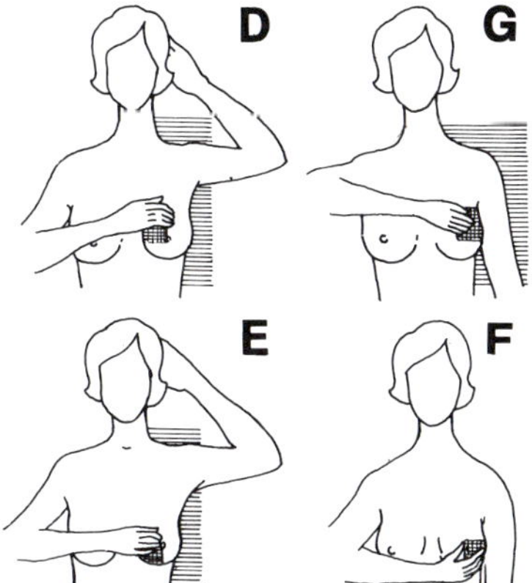

D G E F

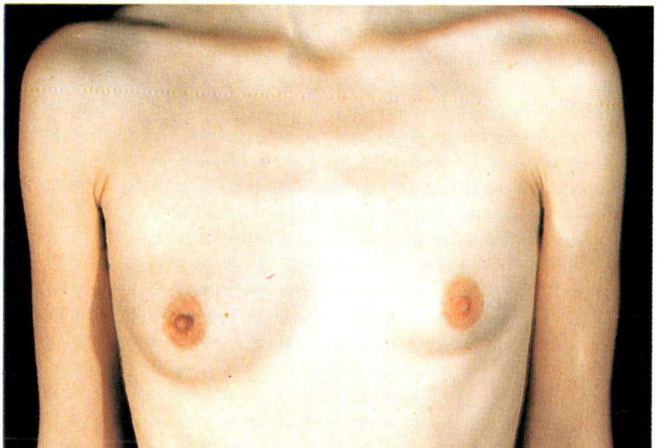

I

Wirbelsäule

Die menschliche Wirbelsäule besteht aus:
- 7 Halswirbeln
- 12 Brustwirbeln
- 5 Lendenwirbeln
- Kreuzbein
- Steißbein
- 23 Zwischenwirbelscheiben

Zum Kreuzbein verschmelzen 5 Kreuzbeinwirbel. Das Steißbein ist der Rest des Schwanzes und entsteht meist aus 3-5 zurückgebildeten Wirbeln. Charakteristisch für den Menschen ist der Knick zwischen Lendenwirbelsäule und Kreuzbein (Promontorium). Er kommt durch den Übergang vom vierbeinigen zum zweibeinigen Stand (die „Aufrichtung" des Menschen) zustande.

Am Wirbel unterscheidet man:
- Wirbelkörper
- Wirbelbogen (der das Wirbelloch umschließt)
- Fortsätze (1 Dornfortsatz, 2 Querfortsätze, 4 Gelenkfortsätze)

Die Wirbelsäule besteht jedoch nicht nur aus den starren knöchernen Wirbeln: Die zwischen den einzelnen Wirbeln liegenden *Bewegungssegmente* sind für die Funktion der Wirbelsäule mindestens ebensowichtig. Als Bewegungssegment bezeichnet man den gesamten zwischen zwei Wirbeln liegenden Bereich: Er umfaßt die Zwischenwirbelscheibe (= Bandscheibe), das Zwischenwirbelloch, die Wirbelbogengelenke und die Bänder.

A Wirbelsäule von links. Man beachte die Größenzunahme der Wirbelkörper von der Hals- über die Brust- zur Lendenwirbelsäule.
B Fünfter Halswirbel von oben. Die Anteile, die im Brustbereich den Rippen entsprechen, sind gepunktet. Überknorpelte Gelenkflächen blau.
C Sechster Brustwirbel von oben.
D Dritter Lendenwirbel von oben.
E Sechster Brustwirbel von links.
F Brustwirbelpaar mit Zwischenwirbelscheibe (Medianschnitt).
G Zwischenwirbelscheibe aus dem Lendenbereich. Kräftige Faserzüge umrunden den Gallertkern. Zwischenwirbelscheiben fehlen zwischen den ersten beiden Halswirbeln (➥ S. 93, C-F) und zwischen den Kreuzbeinwirbeln (➥ S. 95, A).
H Bei mageren Menschen wölben die Dornfortsätze die Haut vor. Das richtige Numerieren der Dornfortsätze ist schwerer, als man zunächst annimmt. Man orientiert sich am besten an:
7. Halswirbel: Der Dornfortsatz ist meist etwas länger als bei den benachbarten Wirbeln und tritt daher am Übergang vom Hals zum Rumpf am stärksten hervor.
3. Brustwirbel: Der Dornfortsatz steht etwa auf der Höhe der beiden Schulterblattgräten (bei locker herabhängenden Armen).
7. Brustwirbel: Der Dornfortsatz steht etwa auf der Höhe der beiden unteren Schulterblattwinkel (bei locker herabhängenden Armen).
4. Lendenwirbel: Der Dornfortsatz liegt etwa in der Verbindungslinie der höchsten Punkte der beiden Darmbeinkämme.

1 - 6	Wirbelsäule	Columna vertebralis
1	Halswirbel	Vertebrae cervicales
2	Brustwirbel	Vertebrae thoracicae
3	Lendenwirbel	Vertebrae lumbales (lumbares)
4	Lenden-Kreuzbein-Knick der Wirbelsäule	Promontorium
5	Kreuzbein	Os sacrum (sacrale)
6	Steißbein	Os coccygis (Coccyx)
7	Wirbelkörper	Corpus vertebrae (vertebrale)
8	Wirbelbogen	Arcus vertebrae (vertebralis)
9	Wirbelloch	Foramen vertebrale
10	Dornfortsatz (bei Halswirbeln meist zweigeteilt)	Processus spinosus
11	Querfortsatz	Processus transversus
12	Faserring der Zwischenwirbelscheibe	Anulus fibrosus
13	Gallertkern in der	Nucleus pulposus
	Zwischenwirbelscheibe	Discus intervertebralis
14	Zwischenwirbelloch	Foramen intervertebrale
15	Wirbelbogengelenk	Articulatio zygapophysialis
16	Querfortsatzloch (nur bei Halswirbeln)	Foramen transversarium
17	Oberer Gelenkfortsatz	Processus articularis superior
18	Gelenkfläche für die Rippe am Querfortsatz	Fovea costalis processus transversi
19	Gelenkfläche für die Rippe am Wirbelkörper	Fovea costalis superior
20	Unterer Gelenkfortsatz	Processus articularis inferior
21	Querfortsatz des Lendenwirbels („Rippenfortsatz", da den Rippen im Brustbereich entsprechend)	Processus costalis
22	Unterer Wirbeleinschnitt	Incisura vertebralis inferior

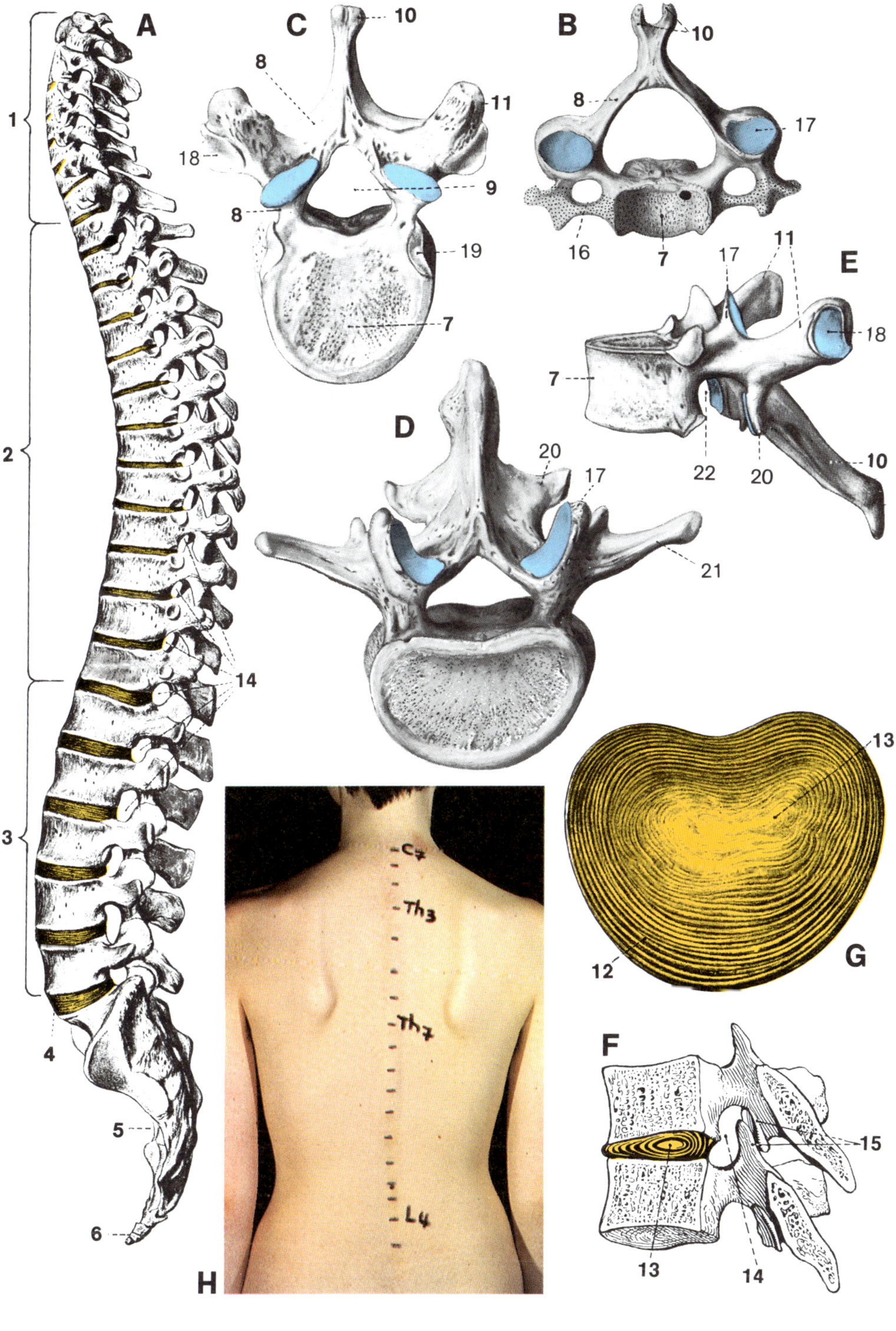
A
1
2
3
4
5
6
14
C
10
8
11
18
9
8
19
7
B
10
8
17
16
7
E
17
11
18
7
22
20
10
D
20
17
21
13
G
12
C7
Th3
Th7
L4
H
F
15
13
14

Aufgaben der Wirbelsäule

Die Wirbelsäule stützt, schützt, federt und ermöglicht Bewegungen

- *Stützaufgabe*: Der Rumpf benötigt wie die übrigen Teile des Körpers ein Stützgerüst, damit er nicht zu einer unförmigen Masse zusammensinkt. Diese Aufgabe wird hauptsächlich von den Wirbelkörpern erfüllt. Da die zu tragende Körperlast von oben nach unten zunimmt, werden die Wirbelkörper von oben nach unten hin größer.
- *Schutzaufgabe*: Das Zentralnervensystem ist der mechanisch gefährdetste Teil des menschlichen Körpers (weil Heilungsvorgänge in ihm nur begrenzt möglich sind). Deshalb werden Gehirn und Rückenmark schützend von Knochen umschlossen. An der Wirbelsäule übernehmen vor allem die Wirbelbogen diese Aufgabe.
- *Federungsaufgabe*: Das Gehirn ist nicht nur durch direkte Verletzungen, sondern auch durch Stöße und Erschütterungen gefährdet („Hirnerschütterung"). In die Wirbelsäule sind daher die Zwischenwirbelscheiben (Bandscheiben) als Federungselemente eingebaut. Jede Zwischenwirbelscheibe besteht aus Faserring und Gallertkern.
- *Bewegungsaufgabe*: Die Beweglichkeit innerhalb der Wirbelsäule ist nicht nur wegen der Federung, sondern auch wegen der inneren Organe nötig: Atmung, Nahrungsverarbeitung und Schwangerschaft führen zu Volumenänderungen in Brust- und Bauchraum, denen sich die Wirbelsäule anpassen muß. Schließlich erfordert auch die Erhaltung des Gleichgewichts beim Stehen und Gehen Ausgleichsbewegungen der Wirbelsäule. Der passiven Beweglichkeit dienen die „Bewegungssegmente", der aktiven Beweglichkeit Muskeln, denen die Wirbelsäule mit ihren Quer- und Dornfortsätzen Ursprungs- und Ansatzstellen bietet. Elastische Bänder zwischen den Wirbelbogen und Dornfortsätzen unterstützen die Muskelarbeit.

A Medianschnitt durch die Brustwirbelsäule eines Jugendlichen.
B Röntgenaufnahme der Lendenwirbelsäule im Strahlengang von vorn nach hinten (anterior-posterior, „AP-Bild", Erläuterung ➥ S. 136).
C Erster und zweiter Halswirbel von oben. Diese beiden Wirbel weichen deutlich von der Form der übrigen Wirbel ab: Dem ersten Halswirbel („Atlas") fehlt der Wirbelkörper. Dieser ist gewissermaßen dem zweiten Halswirbel („Axis") als nach oben ragender Zapfen („Zahn") angewachsen.
D Der erste Halswirbel kann sich um den Zapfen des zweiten Halswirbels drehen. Der erste Halswirbel ist wiederum mit dem Kopf gelenkig verbunden. Der Kopf wird hauptsächlich in den Gelenken zwischen den ersten beiden Halswirbeln gedreht.
E Erster und zweiter Halswirbel von links.
F Röntgenaufnahme der Halswirbelsäule. Der Patient muß den Mund weit öffnen, sonst werden die ersten beiden Halswirbel von den Zähnen und Kieferknochen verdeckt (➥ S. 189).

Weitere Röntgenbilder der Wirbelsäule ➥ S. 99, 117, 191, 227, 229, 239, 245, 257, 287, 299, 305, 349, 383, 391.
Medianschnitte der Wirbelsäule ➥ S. 19, 101, 247, 265, 275, 277, 427. Horizontalschnitte der Wirbelsäule ➥ S. 135, 203, 301, 377, 395.
Bilder des Wirbelkanals mit Inhalt ➥ S. 427, 429, 433, 463.

1	Wirbelkörper	Corpus vertebrae (vertebrale)
2	Dornfortsatz	Processus spinosus
3	Faserring der Zwischenwirbelscheibe	Anulus fibrosus
4	Gallertkern	Nucleus pulposus
5	Zwischenwirbelloch	Foramen intervertebrale
6	Zapfen („Zahn") des 2. Halswirbels	Dens axis
7	Atlasquerband	Lig. transversum atlantis
8	Querfortsatz	Processus transversus
9	Wirbelbogen	Arcus vertebrae (vertebralis)
10	Kreuzbein-Darmbein-Gelenk	Articulatio sacro-iliaca
11	Vorderes Längsband	Lig. longitudinale anterius
12	Hinteres Längsband	Lig. longitudinale posterius
13	Zwischenbogenband („gelbes Band")	Lig. flavum
14	Zwischendornfortsatzband	Lig. interspinale
15	Wirbelschlagaderrinne	Sulcus arteriae vertebralis
16	Seitliche Masse des Atlas	Massa lateralis atlantis
17	Querfortsatzloch	Foramen transversarium
18	Vorderer Atlasbogen	Arcus anterior atlantis
19	Obere Gelenkfläche (für das Hinterhauptbein)	Facies articularis superior
20	Hinterer Höcker (des Atlas)	Tuberculum posterius
21	Hinterer Atlasbogen	Arcus posterior atlantis

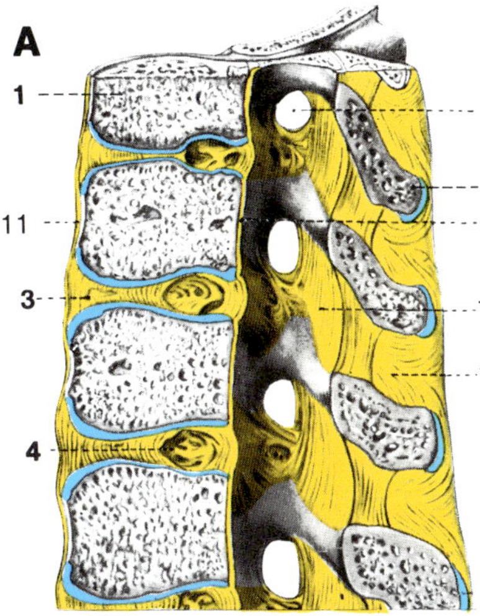
A
1
5
2
11
12
3
13
14
4

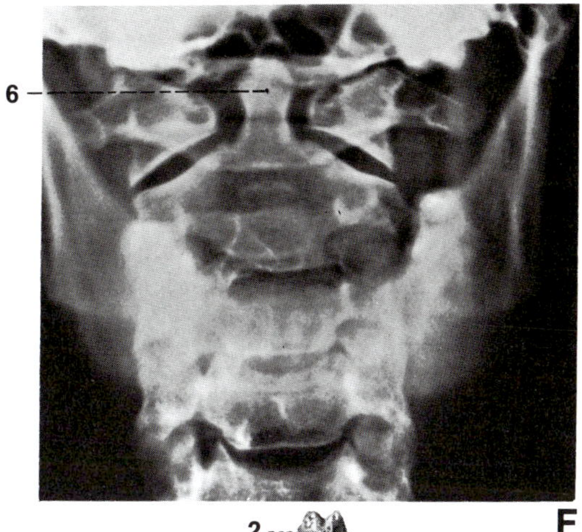
6
F

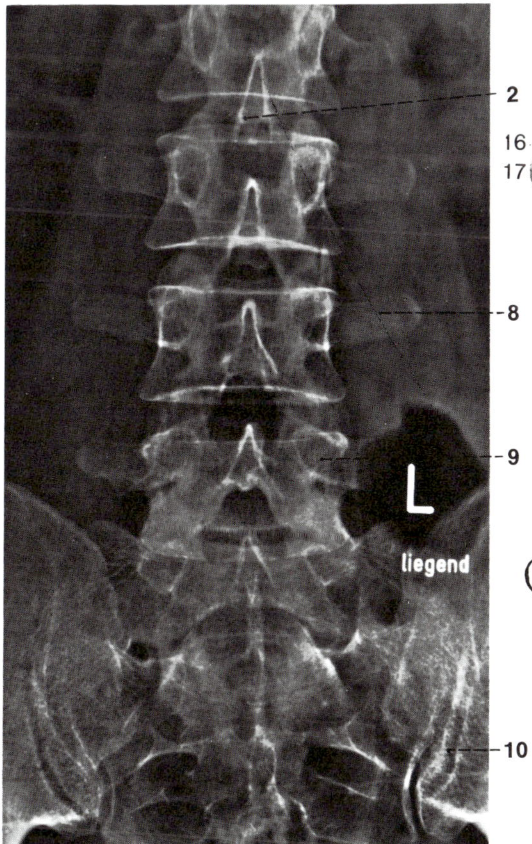
2
8
9
L
liegend
10
B

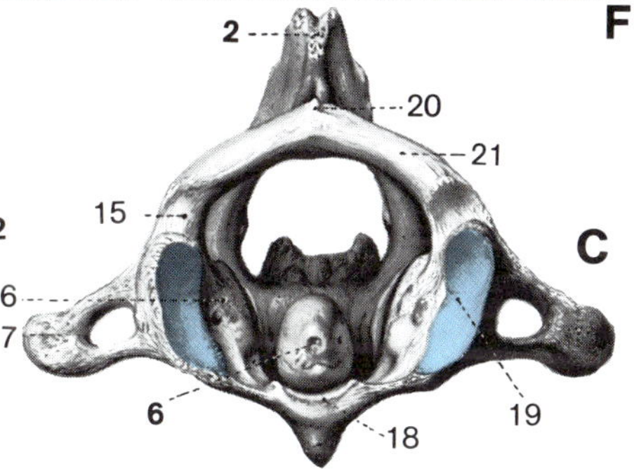
2
20
21
15
C
16
17
19
6
18

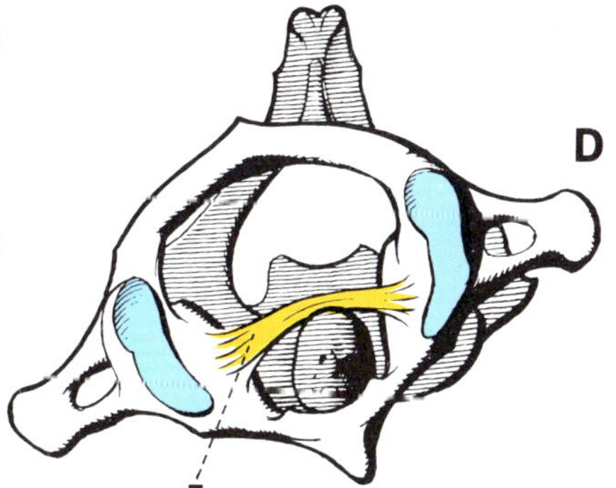
D
7

E

Kreuzbein

Das Kreuzbein entsteht durch Verschmelzen von fünf Kreuzbeinwirbeln

Die ursprüngliche Gliederung des Kreuzbeins kann man beim Anblick von vorn (Abb. A) noch gut erkennen: An Stelle der Zwischenwirbelscheiben finden sich beim Kreuzbein jedoch nur quere Linien. Hier liegen während der Wachstumsphase Knorpelscheiben.
Den Grundbauplan des Wirbels sieht man am Kreuzbein am besten bei Betrachtung von oben (Abb. B): Auch hier wird ein Kanal (der „Kreuzbeinkanal" entsprechend dem „Wirbelkanal") für das Nervensystem gebildet. Dem Rückenmark entspringen beiderseits segmental angeordnete Nerven, die den Wirbelkanal durch die Zwischenwirbellöcher verlassen. Auch im Kreuzbeinbereich sind entsprechende Löcher für den Austritt der Segmentnerven vorhanden. Aus dem Kreuzbeinkanal führen auf jeder Seite vier Kanäle nach außen (vier „Zwischenwirbellöcher" zwischen fünf „Wirbeln"). Jeder Segmentnerv teilt sich in einen vorderen und einen hinteren Ast. Die seitlichen Kanäle enden daher jeweils mit einem vorderen (beckenseitigen) und einem rückwärtigen Loch.
Die Deckplatte des Kreuzbeins ist durch die fünfte Lendenbandscheibe mit der Lendenwirbelsäule verbunden. An dieser Stelle ist die Wirbelsäule abgeknickt (*Promontorium*). Dieser Lenden-Kreuzbein-Knick verursacht offenbar eine verstärkte Abnutzung. Die dritte bis fünfte Lendenzwischenwirbelscheibe erkranken etwa 100mal häufiger als die übrigen. Diese „Bandscheibenschäden" können infolge Drucks auf die Segmentnerven in den Zwischenwirbellöchern oder im Wirbelkanal Schmerzen in den Beinen („Ischias") hervorrufen.

A Kreuzbein von vorn.
B Kreuzbein von oben.
C Kreuzbein von hinten.

D Häufige Mißbildung: Teilweise Verschmelzung des fünften Lendenwirbels mit dem Kreuzbein. In den Verschmelzungsprozeß der Kreuzbeinwirbel wird manchmal der fünfte Lendenwirbel ganz oder teilweise mit einbezogen. Dies kann seitliche Verkrümmungen der Wirbelsäule („Skoliosen") nach sich ziehen. Diese bedingen vorzeitige „Abnützungserscheinungen".
E Beim wirbelsäulengesunden Menschen ist der gebeugte Rücken harmonisch gekrümmt. Die Bewegung verteilt sich auf alle Bewegungssegmente. Die Dornfortsätze werden ziehharmonikaartig auseinandergezogen. Markiert man die Dornfortsätze beim stehenden Probanden auf der Haut, so kann man ausmessen, wie sich ihr Abstand beim Rumpfbeugen vergrößert.
F Die kranke Wirbelsäule ist in einzelnen Bereichen oder in ganzer Länge weniger gut beweglich. Die Beugung nach vorn findet dann im wesentlichen im Hüftgelenk statt, während der Rücken steif bleibt.
G Bei der Seitneigung bildet die gesunde Wirbelsäule einen Bogen. Ein Knick oder ein gerader Abschnitt weisen auf eine Erkrankung der Wirbelsäule hin.
H Bei besonders starker Beweglichkeit (Hypermobilität) der Wirbelsäule und der Hüftgelenke können beim Vorneigen die Hände flach auf den Boden gelegt werden. Das Modell hat allerdings etwas gemogelt: Die Knie sind leicht gebeugt. Junge Erwachsene erreichen im allgemeinen mit den Fingerspitzen den Boden, ältere meist nicht mehr. Der Finger-Boden-Abstand ist dann eine Kenngröße für die Beweglichkeit der Wirbelsäule und der Hüftgelenke.

Medianschnitt des Kreuzbeins ➥ S. 19, 119, 309, 331, 357.
Röntgenbild des Kreuzbeins ➥ S. 117.
Stellung des Kreuzbeins im Becken ➥ S. 117-121, 129.

1	Kreuzbeinkanal	Canalis sacralis
2	Untere Öffnung des Kreuzbeinkanals	Hiatus sacralis
3	Hintere Kreuzbeinlöcher	Foramina sacralia posteriora
4	Vordere Kreuzbeinlöcher	Foramina sacralia anteriora (pelvica)
5	Seitlicher Teil (des Kreuzbeins)	Pars lateralis
6	Gelenkfläche für das Darmbein	Facies auricularis
7	Verschmelzungslinien der Kreuzbeinwirbelkörper	Lineae transversae
8	Gelenkfortsatz (für den 5. Lendenwirbel)	Processus articularis superior
9	Mittelständiger Kreuzbeinkamm (Reste der Dornfortsätze)	Crista sacralis mediana
10	Seitlicher Kreuzbeinkamm (Reste der Querfortsatzkanten)	Crista sacralis lateralis
11	Ansatzstelle für vom Darmbein kommende Bänder	Tuberositas sacralis
12	Reste der Gelenkfortsätze der Kreuzbeinwirbel	Crista sacralis intermedia

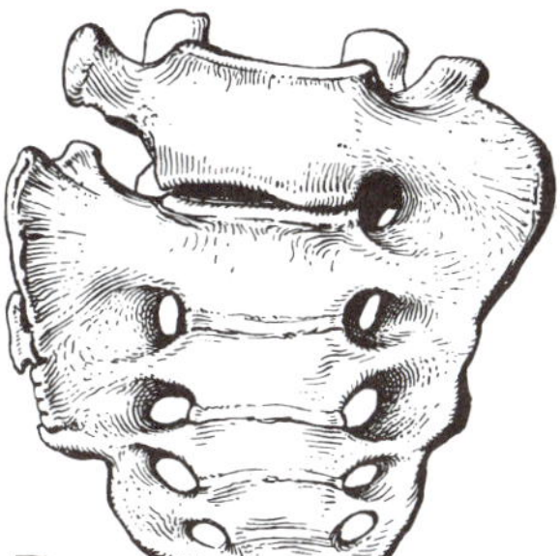

D

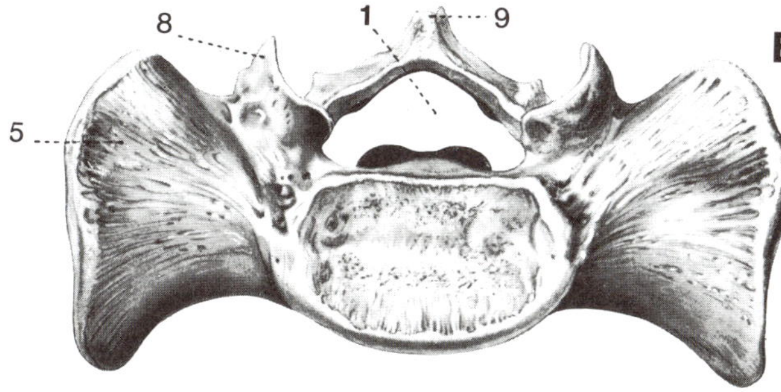

B

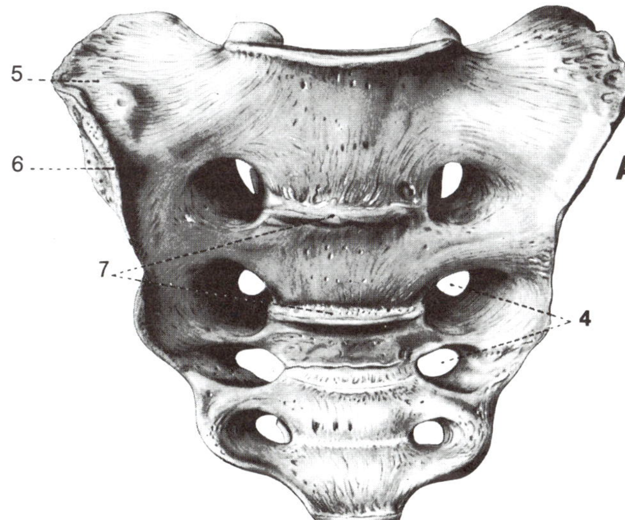

A

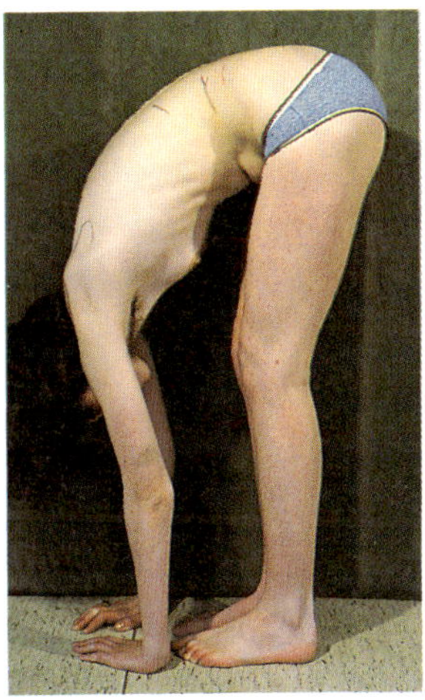

H

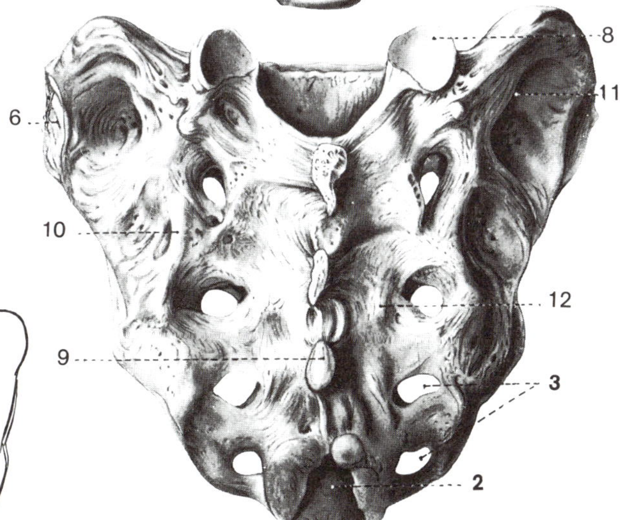

C

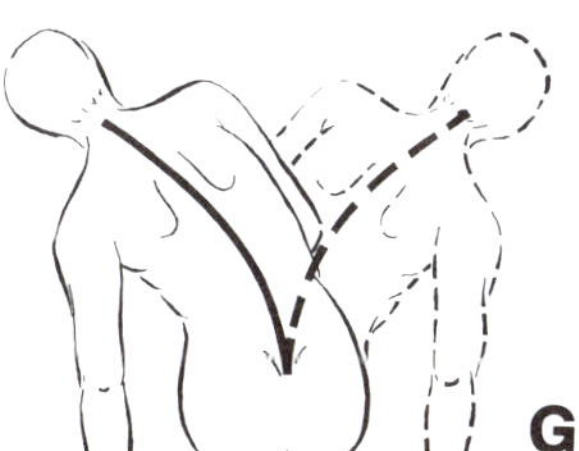

G

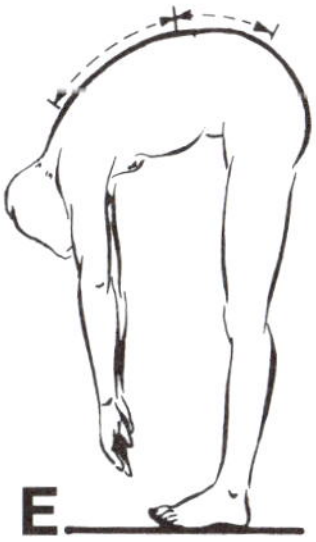

E

F

Bewegungen der Wirbelsäule

Hauptbewegungsrichtungen der Wirbelsäule:
- Vor- und Rückneigen
- Seitneigen
- Drehen

Je zwei benachbarte Wirbel sind durch ein *Bewegungssegment* (Zwischenwirbelscheibe, Wirbelgelenke, Bänder) beweglich miteinander verbunden. Der Bewegungsumfang ist in den einzelnen Bereichen der Wirbelsäule verschieden: Hals- und Lendenbereich sind gut beweglich, im Brustbereich ist die Beweglichkeit durch den anhängenden Brustkorb eingeschränkt. Den größten Bewegungsumfang hat die Halswirbelsäule. Hier ist auch die größte Beweglichkeit erforderlich, da die Halswirbelsäule den Kopf mit den wichtigsten Sinnesorganen trägt. Der Kopf muß ähnlich wie eine Radaranlage nach allen Seiten frei bewegt werden können. Die Bewegungen des Kopfes finden hauptsächlich in den Gelenken zwischen dem Hinterhauptbein und dem erstem Halswirbel (Vor-, Rück- und Seitneigen) bzw. dem ersten und dem zweiten Halswirbel (Drehen) statt. In der Lendenwirbelsäule ist wegen der Stellung der Wirbelbogengelenke eine Drehbewegung nur gering möglich. Das, was als Drehen des Rumpfes erscheint, geht im wesentlichen als Drehen in den Hüftgelenken und in der unteren Brustwirbelsäule (im Bereich der freien Rippen) vor sich.

Rückenstrecker

Da der Schwerpunkt des Körpers (➥ S. 13, E) vor der Wirbelsäule liegt, besteht eine Neigung, nach vorn umzufallen. Wir brauchen daher kräftige Muskeln am Rücken, die der Schwerkraft entgegenwirken. Im Gegensatz zu den oberflächlichen Rückenmuskeln, die im wesentlichen im Dienst der oberen Gliedmaßen stehen, bezeichnen wir als tiefe Rückenstrecker die den Bewegungen der Wirbelsäule dienenden bodenständigen Rückenmuskeln. Man kann vier große Systeme unterscheiden:
- die großen Längsmuskeln („Wirbelsäulenaufrichter"): Dornmuskel, längster Muskel und Darmbein-Rippen-Muskel,
- an den Querfortsätzen entspringendes Schrägsystem: Drehmuskeln, vielgefiederter Muskel, Halbdornmuskel,
- an den Dornfortsätzen entspringendes Schrägsystem: Riemenmuskel,
- Muskeln der Kopfgelenke (zwischen Hinterhauptbein und erstem und zweitem Halswirbel): schräge und hintere gerade Kopfmuskeln.

A Große Längszüge der tiefen Rückenstrecker („Wirbelsäulenaufrichter"). Man kann sie jeweils in mehrere Abschnitte gliedern, weshalb die gleiche Hinweisziffer in der Abbildung mehrfach erscheint.

B Muskeln, die für die Bewegungen der Wirbelsäule von Belang sind: Das Rückneigen wird von den tiefen Rückenstreckern bewirkt. Entsprechende Muskeln auf der Vorderseite der Wirbelsäule fehlen: Das Vorneigen der Wirbelsäule wird von Muskeln der vorderen Rumpfwand (in aufrechter Haltung unterstützt von der Schwerkraft) übernommen. Ähnlich steht es mit dem Seitneigen: Am stärksten wirken die Muskeln der seitlichen Rumpfwand, hinzu treten die seitlichen Züge der tiefen Rückenstrecker.

C Vergleich der tiefen Rückenmuskeln mit den Seilzügen eines Schiffsmastes. Die vielfältige Verspannung wird gern mit den Tauen eines Schiffsmastes verglichen, wobei der eigentliche Mast den Dornfortsätzen, die Querbalken (Rahen) den Querfortsätzen und Rippen entsprechen.

1	Tiefe Rückenstrecker („Wirbelsäulenaufrichter")	M. erector spinae
2 - 12	Rippen 2-12	Costae II-XII
13	Treppenmuskeln	Mm. scaleni
14	Innerer schräger Bauchmuskel	M. obliquus internus abdominis
15	Äußerer schräger Bauchmuskel	M. obliquus externus abdominis
16	Gerader Bauchmuskel	M. rectus abdominis
17	Halbdornmuskel	M. semispinalis
18	Längster Muskel	M. longissimus
19	Dornmuskel	M. spinalis
20	Darmbein-Rippen-Muskel	M. iliocostalis
21	Riemenmuskel des Kopfes	M. splenius capitis
22	Schulterblattheber	M. levator scapulae
23	Hinterer oberer Sägemuskel	M. serratus posterior superior
24	Hinterer unterer Sägemuskel	M. serratus posterior inferior
25	Rippenheber	Mm. levatores costarum
26	Äußere Zwischenrippenmuskeln	Mm. intercostales externi
27	Breiter Rückenmuskel	M. latissimus dorsi
28	Großer Gesäßmuskel	M. gluteus maximus

C

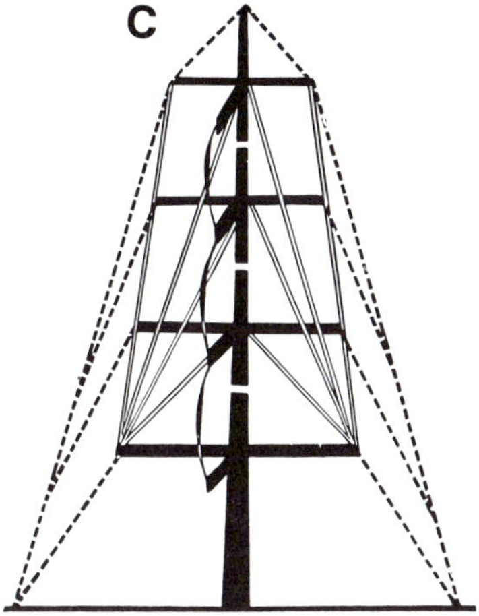

A

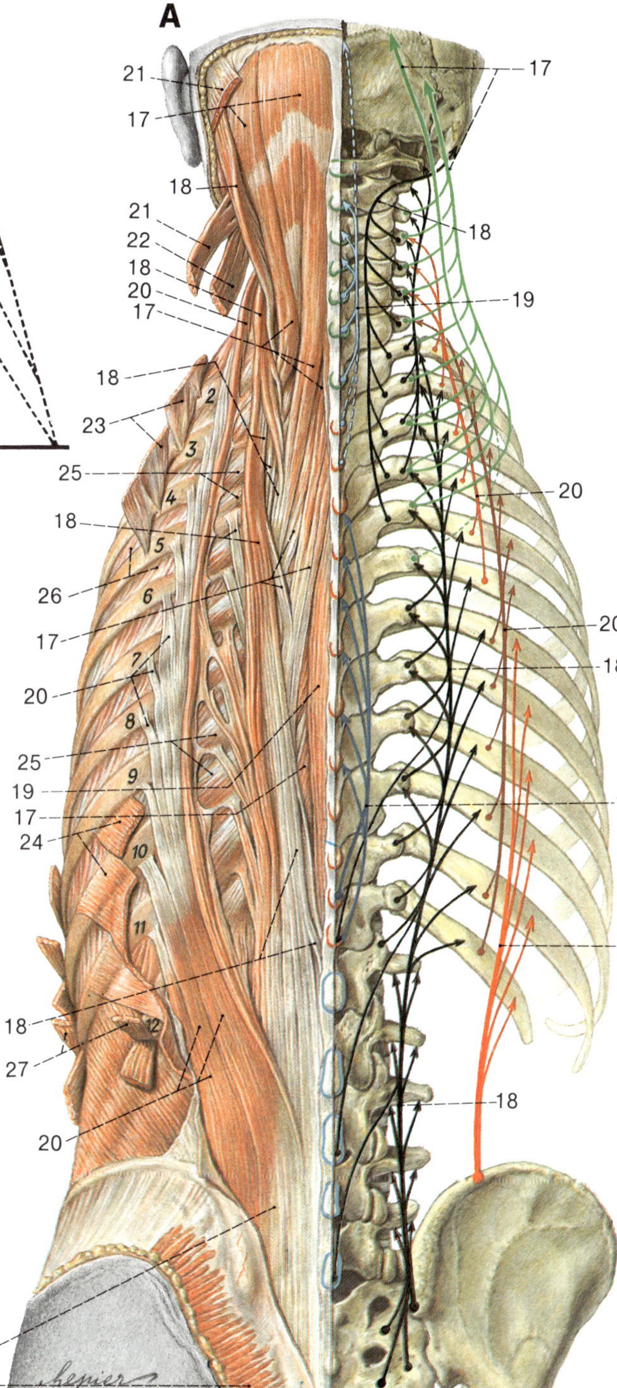
21
17
18
21
22
18
20
17
18
23
2
3
25
4
18
5
26
6
17
7
20
8
25
9
19
17
24
10
11
18
12
27
20
1
28
17
18
19
20
20
18
19
20
18

B

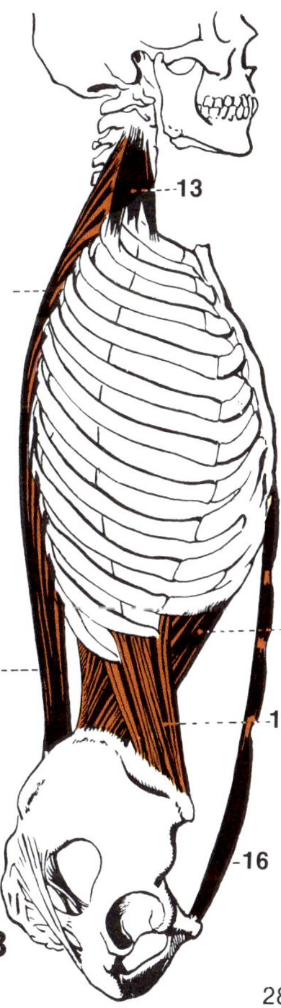
13
1
1
14
15
16

Krümmungen der Wirbelsäule

Die Wirbelsäule ist doppelt S-förmig gekrümmt: • Halslordose • Brustkyphose • Lendenlordose • Kreuzbeinkyphose
• Lordose = nach vorn konvexe Krümmung • Kyphose = nach hinten konvexe Krümmung

Seitliche Verkrümmungen der Wirbelsäule sind immer abnorm. Häufigste Ursache ist der Beckenschiefstand wegen unterschiedlicher Länge der Beine. Folge ist die einseitige Überlastung der Bewegungssegmente und dadurch verstärkter Verschleiß. Seitliche Verkrümmungen sollten daher frühzeitig begradigt werden. Ein Beinlängenunterschied von 1-2 cm ist durch eine Schuheinlage auszugleichen, ab 3cm sind orthopädische Schuhe erforderlich. Große Unterschiede sind operativ zu berichtigen.

A Tiefe Schicht der tiefen Rückenstrecker. Rechts ist die tiefste Schicht, links eine mittlere Schicht dargestellt. Der Halbdornmuskel ist links vom Hinterhauptbein abgelöst und zur Seite geklappt.

B Röntgenaufnahme der Halswirbelsäule im seitlichen Strahlengang.
C Gesunde Haltung: harmonische Krümmungen.
D „Schlechte“ Haltung: verstärkte Kyphose, der „Bauch“ wird dadurch stärker vorgewölbt.
E Hohlrunder Rücken: Kyphose und Lordose verstärkt.
F Flachrücken: Kyphose und Lordose abgeschwächt.
G Altersrundrücken (mit „Froschbauch“).
H Starke Brustkyphose bei Bechterew-Krankheit.
I „Buckel“ (Gibbus): Knick bei Zusammenbruch eines oder mehrerer Wirbelkörper, z.B. durch Unfall, Geschwulst oder (früher häufig) Tuberkulose.
K Haltung des Fetus in der Gebärmutter.
L-N Aufrichten des Kindes im ersten Lebensjahr. Krabbeln fördert die Entwicklung einer gesunden Haltung. Die ständige Bauchlage ist allerdings von Nachteil, weil die Füße dabei zu stark nach außen gedreht werden.
O Vieles Sitzen im ersten Lebensjahr ist ungesund. Es begünstigt das Entstehen eines Rundrükkens!.

Oberflächliche Rückenmuskeln ➥ *S. 163-167.*

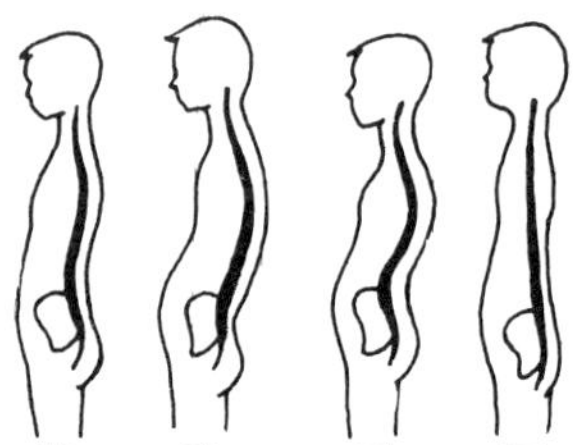

C D E F

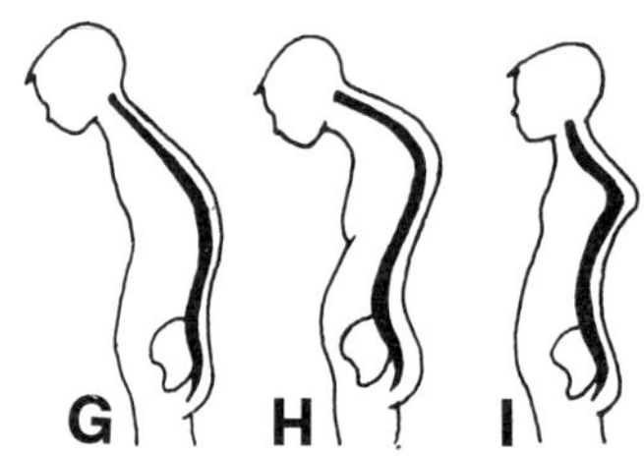

I - VII	(in Abb. A oben) Halswirbel	Vertebrae cervicales
1 - 12	(in Abb. A Mitte) Brustwirbel	Vertebrae thoracicae
I - V	(in Abb. A unten) Lendenwirbel	Vertebrae lumbales (lumbares)
2	Halbdornmuskel	M. semispinalis
3	Kleiner hinterer gerader Kopfmuskel	M. rectus capitis posterior minor
4	Oberer schräger Kopfmuskel	M. obliquus capitis superior
5	Großer hinterer gerader Kopfmuskel	M. rectus capitis posterior major
6	Unterer schräger Kopfmuskel	M. obliquus capitis inferior
7	Zwischendornfortsatzmuskeln	Mm. interspinales
8	Rippenheber	Mm. levatores costarum
9	Innerer schräger Bauchmuskel	M. obliquus internus abdominis
10	Innere Bauchwandfaszie	Fascia transversalis
11	Vielgefiederter Muskel	M. multifidus
12	Riemenmuskel des Kopfes	M. splenius capitis
13	Kurze Dreher	Mm. rotatores [breves]
14	Zwischenquerfortsatzmuskeln	Mm. intertransversarii
15	Äußere Zwischenrippenmuskeln	Mm. intercostales externi
16	Lange Dreher	Mm. rotatores [longi]
17	Zwischenrippenschlagader, -vene, -nerv	A. + V. + N. intercostalis
18	Innere Zwischenrippenmuskeln	Mm. intercostales interni
19	Querer Bauchmuskel	M. transversus abdominis

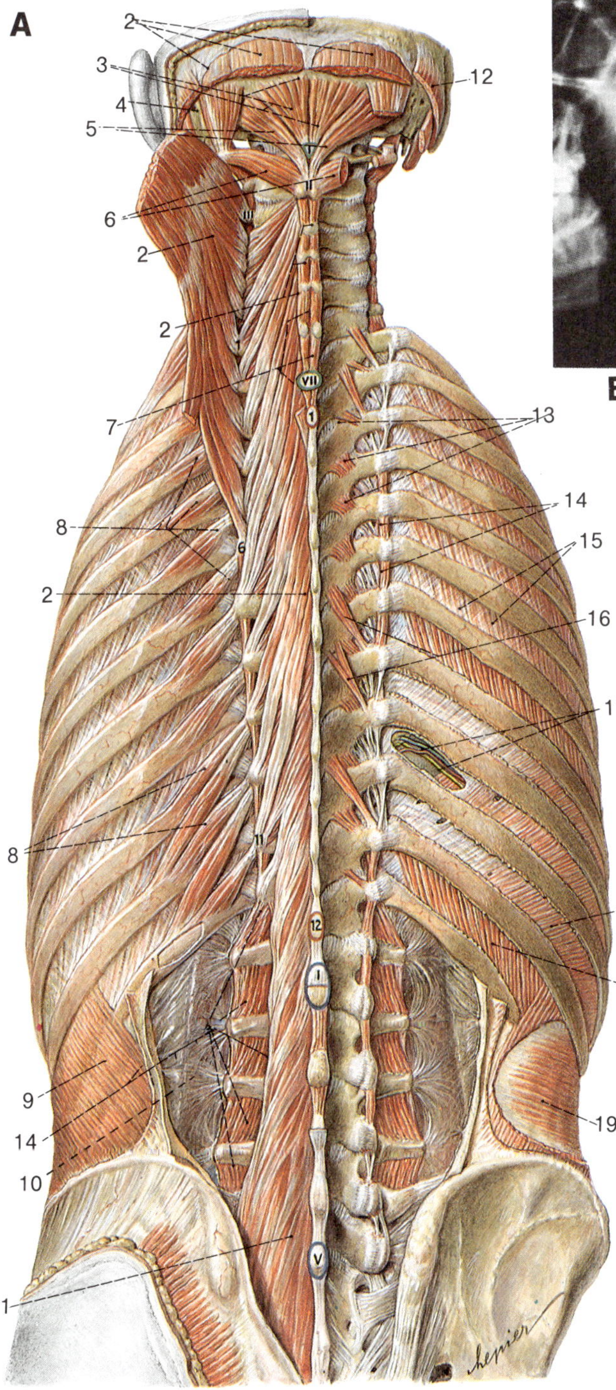
A
2
3
4
5
6
2
2
7
8
2
8
9
14
10
11
12
13
14
15
16
17
18
15
19

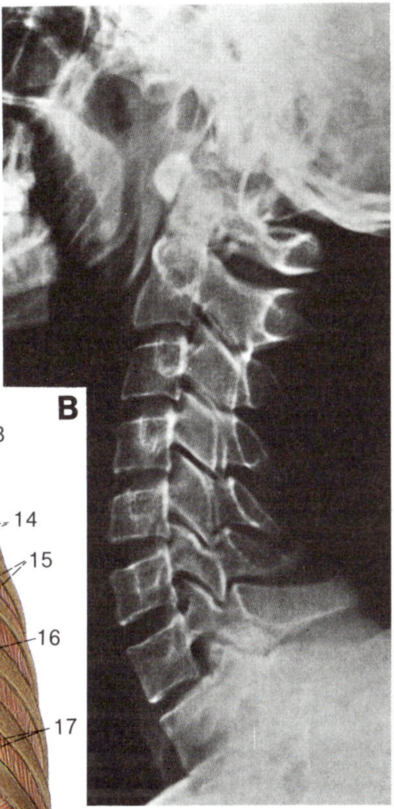
B

K
L
M
N
O

Brustkorb

Der Brustkorb besteht aus: Brustbein + 2 x 12 Rippen + Brustwirbelsäule

Die Bauprinzipien von Brust- und Bauchraum unterscheiden sich entsprechend den unterschiedlichen Aufgaben beträchtlich. Beiden ist gemeinsam, daß der Rauminhalt wechselt. Der sich verändernde Inhalt aber ist im Brustraum gasförmig, im Bauchraum flüssig. Flüssigkeiten kann man in Schläuchen bewegen, man muß nur eine Pumpe anschließen (z.B. Herz und Muskelwand des Darms mit rhythmischen oder peristaltischen Kontraktionen). Durch Einbau von Klappen wird der Flüssigkeitsstrom in eine Richtung gezwungen. Die Flüssigkeitsstraßen des Körpers sind Einbahnstraßen. Nur in Notfällen wird die Strömungsrichtung umgekehrt (Erbrechen). Den Gastransport hingegen führt der Körper im Wechselverkehr durch. Bei Ein- und Ausatmung strömt die Luft im gleichen „Luftröhrensystem", jedoch in gegensätzlicher Richtung.

Gase strömen abhängig von Druckunterschieden. Solche Gasbewegungen erleben wir täglich in größtem Ausmaß beim Wetter: Die Winde wehen vom Hoch zum Tief. Nach dem gleichen Prinzip arbeitet der Organismus. Er erzeugt im Innern des Brustkorbs abwechselnd höheren und niedrigeren Luftdruck als in der Außenwelt. Dementsprechend strömt Luft aus dem Körper aus oder in ihn ein.

Dieser rhythmische Wechsel von Unter- und Überdruck bedingt das besondere Bauprinzip des Brustkorbs: Überdruck läßt sich in Muskelschläuchen (Herz, Darm) erreichen, Unterdruck jedoch nicht. Für einen Unterdruck benötigen wir eine versteifte Wand, die vom höheren Druck der Umgebung nicht zusammengepreßt werden kann. Das gesamte luftleitende System hat daher durch Knochen oder Knorpel versteifte Wände. Bei Gasen ist das Produkt von Volumen und Druck konstant (Boyle-Mariotte-Gesetz). Unterdruck erzeugt man am einfachsten, indem man den Rauminhalt vermehrt. Der Brustkorb ist daher so gestaltet, daß der umschlossene Rauminhalt vergrößert (Einatmung) und verkleinert (Ausatmung) werden kann.

A Knochengerüst des Oberkörpers.

B Medianschnitt durch den Körperstamm mit Skelett und Eingeweideräumen. Das besonders empfindliche Nervensystem wird von Knochen gegen Gefahren abgeschirmt. Die Brusteingeweide liegen in einem nicht ganz so stabilen Knochenkäfig. Die Baucheingeweide werden nur zum Teil von Brustkorb und Becken umgeben. Die freie Bauchwand ist nur durch Konventionen geschützt (z.B. Tiefschlag beim Boxen). Man beachte den von hinten nach vorn absteigenden Verlauf der Rippen!

C *Wirbel-Rippen-Gelenke*. Die Rippen sind an zwei Stellen gelenkig mit den Wirbeln verbunden: die Rippenköpfe mit den Wirbelkörpern, die Rippenhöckerchen mit den Querfortsätzen. Infolge dieser doppelten Befestigung können sich die Rippen nur um eine Achse drehen, die der Richtung des Rippenhalses folgt, also vom Wirbelkörper auf beiden Seiten schräg nach rückwärts (!) zieht. Ein Heben der Rippen rückwärts ist nicht möglich. Das Drehen der Rippen in den Wirbel-Rippen-Gelenken führt jedoch zum Heben und Senken der vorderen Rippenabschnitte und damit zur Tiefenzunahme des Brustkorbs.

D-F Formänderungen des Brustkorbs bei den *Atembewegungen*. Die Rippen stehen nicht horizontal (wie auf romanischen Plastiken), sondern in allen Atemphasen nach vorn geneigt. Drehbewegungen der Rippen in den Wirbel-Rippen-Gelenken müssen (entsprechend der Krümmung der Rippen) in deren vorderen Bereichen zum Heben und Senken führen. Mit dem Heben der Rippen ist gleichzeitig eine Bewegung nach seitlich und vorn verbunden: Der Brustkorb wird breiter (**F**) und tiefer (**D**). Bei Ausatmung ist der quere Durchmesser klein (**E**), bei Einatmung groß (**F**). Die Wirbel-Rippen-Gelenke sind nicht absolute Fixpunkte bei der Atmung: Durch Strecken der Wirbelsäule kann man die oberen Rippen nach hinten verlagern und damit den Brustkorb „ziehharmonikaförmig" auseinanderziehen. Dies unterstützt die Volumenzunahme bei der Einatmung. Eine „gute Haltung" erleichtert also die Atmung.

1	Schlüsselbein	Clavicula
2	Brustbein	Sternum
3	Schulterblatt	Scapula
4	Schädelhöhle	Cavitas cranii
5	Wirbelkanal	Canalis vertebralis
6	Hals	Collum
7	Brusthöhle	Cavitas thoracis (thoracica)
8	Bauchhöhle	[Cavitas abdominalis]
9	Zwerchfell	Diaphragma (thoraco-abdominale)
10	Rippenhöckerchen	Tuberculum costae
11	Rippenhals	Collum costae
12	Rippenkopf	Caput costae

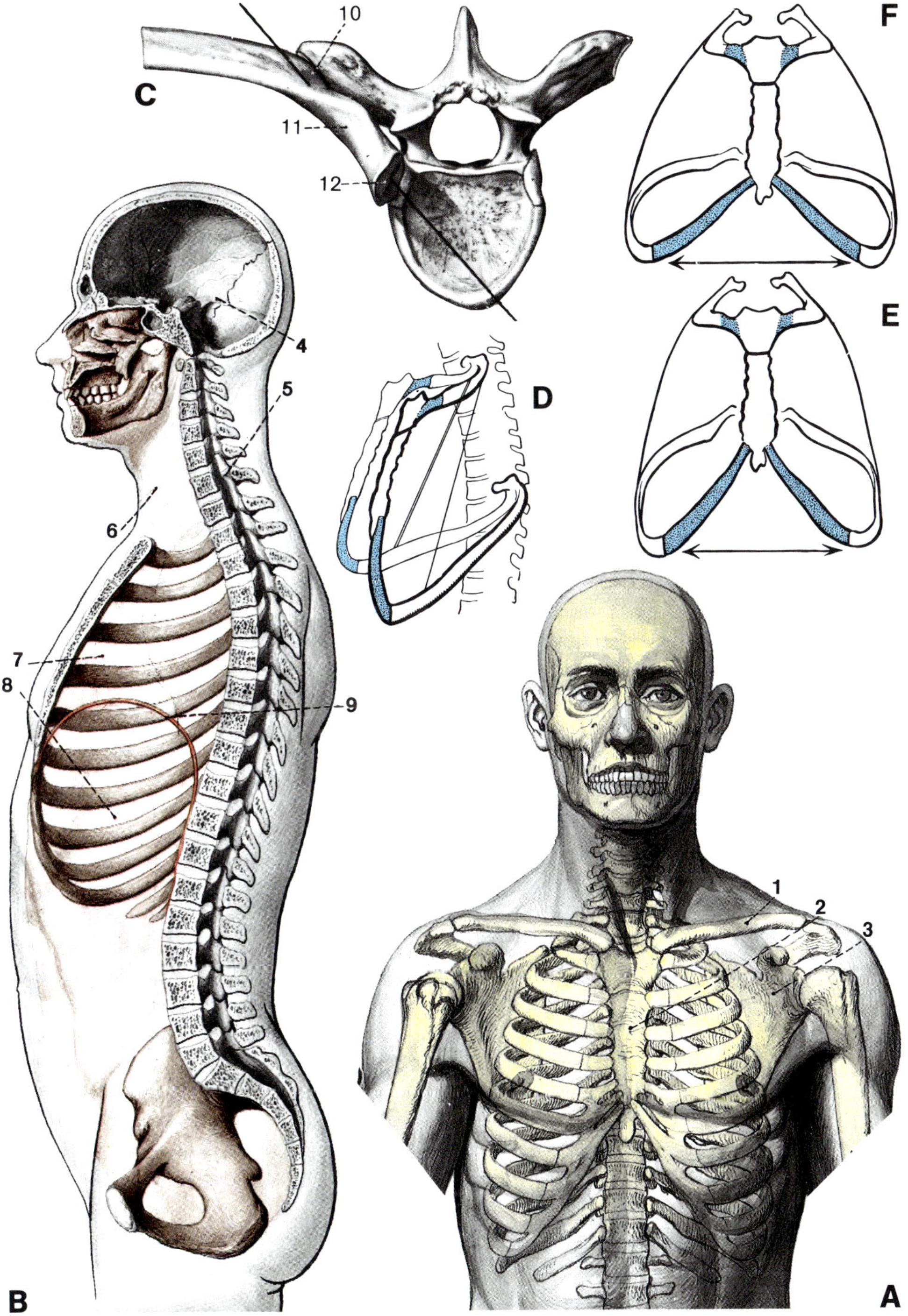
C
10
11
12
F
E
D
4
5
6
7
8
9
1
2
3
B
A

Zwerchfell

Das Zwerchfell ist ein flacher Muskel, der Brust- und Bauchhöhle voneinander trennt

Diese Abgrenzung ist nötig, damit bei der Erweiterung des Brustraums bei der Einatmung nicht einfach Bauchorgane durch den Unterdruck nach oben gesaugt werden: Das Zwerchfell hält die Bauchorgane zurück. Das Zwerchfell kann sich im Brustkorb, ähnlich wie der Kolben in einem Zylinder des Automotors, auf- und abbewegen. Bei der Abwärtsbewegung wird Luft in den Brustkorb gesaugt (Einatmung), bei der Aufwärtsbewegung ausgepreßt (Ausatmung). Die Bewegung nach unten erfolgt durch aktives Zusammenziehen der Muskelfasern des Zwerchfells. Bei deren Erschlaffen wird das Zwerchfell durch die Baucheingeweide (verstärkt durch den Druck der Bauchmuskeln) wieder nach oben geschoben.

Zwerchfell-Lücken

Brust- und Bauchhöhle dürfen nicht vollständig voneinander getrennt sein, sonst hätten Ober- und Unterkörper keine Verbindung. Das Zwerchfell läßt daher 3 große und mehrere kleine Lücken frei:

3 große Lücken im Zwerchfell:
- *Speiseröhrenschlitz*: für die Speiseröhre
- *Aortenschlitz*: für die Aorta (Hauptweg des Blutes vom Herzen zur unteren Körperhälfte)
- *Hohlvenenloch*: für die untere Hohlvene (Hauptweg des Blutes von der unteren Körperhälfte zurück zum Herzen)

Der Speiseröhrenschlitz muß erweiterungsfähig sein, damit auch ein großer Bissen in den Magen gelangen kann. Ist er zu nachgiebig, so kann umgekehrt ein Teil des Magens infolge des Druckunterschieds zwischen Brust- und Bauchraum in den Brustraum gepreßt werden. Kleine „Gleitbrüche" verursachen meist nur geringe Beschwerden (Sodbrennen). Gleitet jedoch der gesamte Magen in die Brusthöhle, so ist die Atmung stark beeinträchtigt, weil sich die Lunge bei der Einatmung nicht angemessen entfalten kann.

A Zwerchfell von vorn. Die fünften bis achten Rippen sind auf beiden Seiten durchgetrennt und mit einem Teil des Brustbeins entfernt, um den Blick auf das Zwerchfell freizugeben.
B Bewegung der Bauchwand bei der *Zwerchfellatmung*. Wenn das Zwerchfell wie ein Kolben im Zylinder tiefer tritt, müssen die abwärts gedrängten Baucheingeweide irgendwohin ausweichen, denn das Volumen des Bauchraums wird bei den Atembewegungen praktisch nicht verändert. Da ein Ausweichen nach unten (Becken) und hinten (Wirbelsäule) nicht möglich ist, müssen die Muskeln der Bauchwand bei der Einatmung etwas nachgeben. Bei der Ausatmung ziehen sich die Bauchmuskeln wieder zusammen und schieben mit den Baucheingeweiden das Zwerchfell nach oben.
C + D Änderung des *Brustumfangs* bei den Atembewegungen: Bei gesunden jungen Erwachsenen beträgt der Unterschied zwischen dem Brustumfang bei tiefer Ausatmung (**C**) und tiefer Einatmung (**D**) je nach Trainingszustand, Körperbautyp und Höhe der Meßstelle etwa 6-15 cm (10-20 %). Die Querschnittfläche des Brustkorbs wächst dabei viel stärker als der Umfang, da sie vom Quadrat des Umfangs abhängt. Bei der abgebildeten Person stieg der Brustumfang von 65 auf 73 cm , somit um 12 %. Die Querschnittfläche wuchs dabei um 26 %. Der Rauminhalt der Lufträume in der Lunge nahm jedoch um ein Vielfaches zu, da
- sich gleichzeitig auch noch das Zwerchfell senkte und damit die Höhe des Brustraums zunahm,
- der Rauminhalt der Brustwand und des Lungengewebes unverändert blieb und der ganze Unterschied im Gesamtrauminhalt den Lufträumen zugute kam.

Weitere Bilder von Brustkorb und Atmung ➥ S. 101, 289, 291, 361.
Weitere Bilder des Zwerchfells ➥ S. 105, 111, 227, 249, 261, 289.
Röntgenbilder des Brustkorbs ➥ S. 227, 287, 365.
Horizontalschnitte durch den Brustkorb ➥ S. 19, 23, 376, 377.
Brustkorb und Brustorgane ➥ S. 17-23, 289, 361, 373, 383.

I	Erster Lendenwirbel	Vertebra lumbalis (lumbaris) I
II	Zweiter Lendenwirbel	Vertebra lumbalis (lumbaris)II
1	Seitliches Bogenband (Zwerchfellbogen über dem viereckigen Lendenmuskel, „Quadratusarkade")	Lig. arcuatum laterale
2	Mediales Bogenband (Zwerchfellbogen über dem großen Lendenmuskel, „Psoasarkade")	Lig. arcuatum mediale
3	Aortenschlitz (Lücke im Zwerchfell für die Aorta)	Hiatus aorticus
4	Lendenteil des Zwerchfells	Pars lumbalis diaphragmatis
5	Einatmung	[Inspiratio]
6	Ausatmung	[Exspiratio]

B

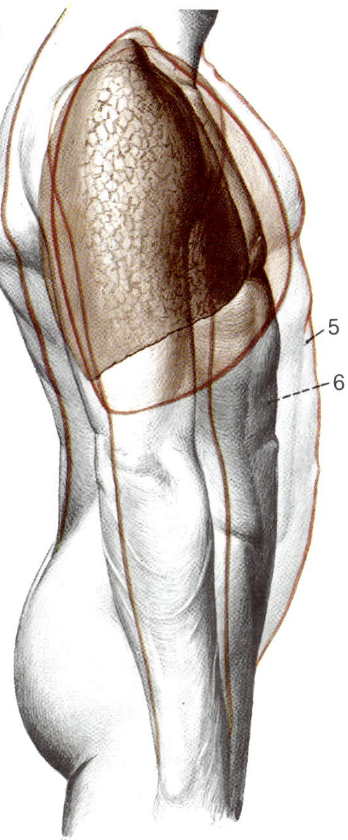

A

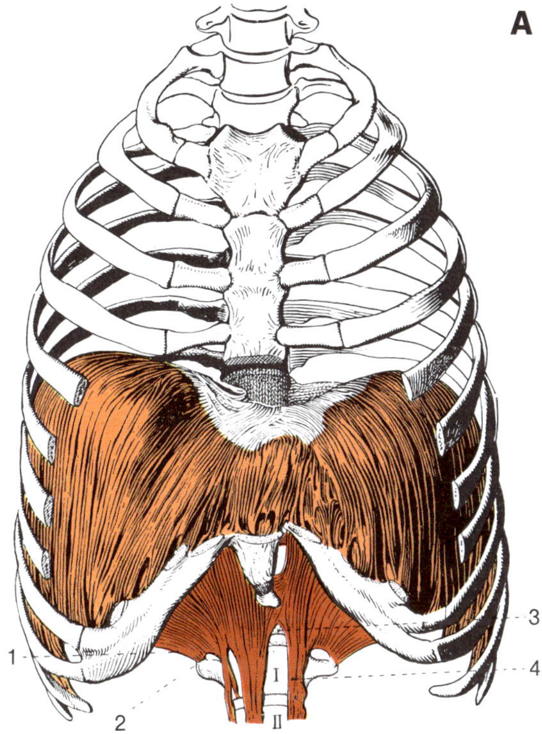

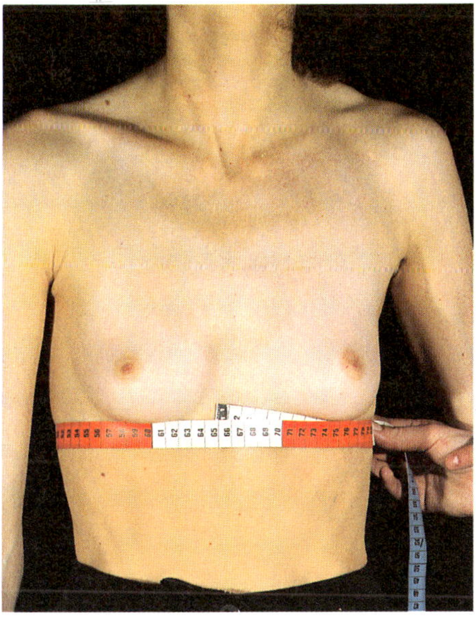

C

D

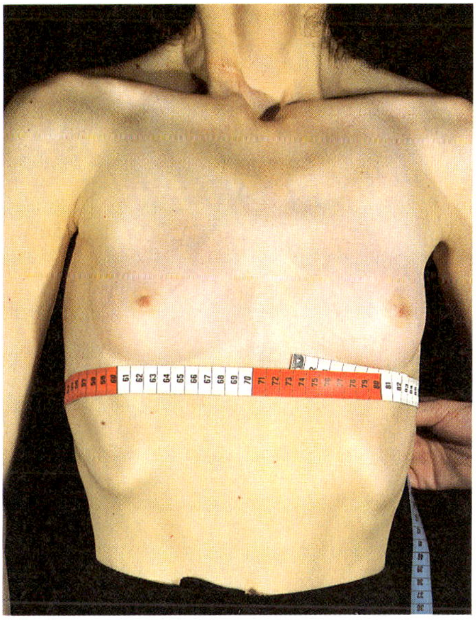

Brust- und Bauchwand

A Vordere Bauch- und Brustwand von innen. Die beiden geraden Bauchmuskeln liegen in einem bindegewebigen Köcher, der *Rektusscheide*. Die Sehnenplatten des queren und der schrägen Bauchmuskeln durchflechten sich in der Mittellinie, so daß Sehnenzüge in Achtertouren um die geraden Bauchmuskeln verlaufen. Im Bild sind links der quere Bauchmuskel und das hintere Blatt der Rektusscheide entfernt. Dadurch wird der sonst im Köcher der Rektusscheide verborgene gerade Bauchmuskel sichtbar. Man vergleiche hierzu die Abbildungen auf den nächsten Bildseiten (➥ S. 107-111)!

B Ausatmung (Exspiration). Der Brustkorb wird durch die Muskeln der Bauchwand gesenkt.

C Einatmung (Inspiration). Der Brustkorb wird durch die sogenannten „Hilfsatemmuskeln" gehoben.

D + E Bewegung der Bauchwand bei der *Bauchatmung*. Wird der Rauminhalt des Brustraums hauptsächlich durch Senken und Heben des Zwerchfells vermehrt, so werden die Baucheingeweide nach unten und oben verlagert. Die Bauchwand wird beim Einatmen (**E**) vorgewölbt und sinkt beim Ausatmen (**D**) ein. Die Brustwand kann dabei nahezu unverändert bleiben.

F + G Bewegung der Bauchwand bei der *Rippenatmung*. Wird der Rauminhalt des Brustraums hauptsächlich durch Weiterstellen und Heben des Brustkorbs vermehrt, so werden die Baucheingeweide nur wenig verlagert. Die vom gehobenen Brustkorb gestraffte Bauchwand sinkt beim Einatmen (**F**) ein. Die in **D-G** abgebildeten Atemformen sind Extremfälle. Bei der „durchschnittlichen" Atmung laufen Brust- und Bauchatmung in wechselnden Anteilen je nach Körperlage, Bekleidung und Sauerstoffbedarf gleichzeitig ab.

1	Querer Bauchmuskel	M. transversus abdominis
2	Äußerer schräger Bauchmuskel	M. obliquus externus abdominis
3	Innerer schräger Bauchmuskel	M. obliquus internus abdominis
4	Gerader Bauchmuskel	M. rectus abdominis
5	Kopfwender	M. sternocleidomastoideus
6	Treppenmuskeln	Mm. scaleni
7	Kleiner Brustmuskel	M. pectoralis minor
8	Zungenbein	Os hyoideum
9	Sehnenzentrum des Zwerchfells	Centrum tendineum
10	Rippenbogen	Arcus costalis
11	Darmbeinmuskel	M. iliacus
12	Leistenband	Lig. inguinale (Arcus inguinalis)
13	Leistenkanal	Canalis inguinalis
14	Innere Zwischenrippenmuskeln	Mm. intercostales interni
15	Brustbein	Sternum
16	Äußere Beckenschlagader und -vene	A. iliaca externa; V. iliaca externa
17	Samenleiter	Ductus deferens
18	Darmbein-Schambeinkamm-Bogen	Arcus iliopectineus
19	Gefäßfach (unter dem Leistenband)	Lacuna vasorum
20	Leistensichel (Ausstrahlung der Sehne des queren Bauchmuskels)	Falx inguinalis
21	Unterkiefer-Zungenbein-Muskel	M. mylohyoideus
22	Kinn-Zungenbein-Muskel	M. geniohyoideus
23	Brustbein-Zungenbein-Muskel	M. sternohyoideus
24	Schulterblatt-Zungenbein-Muskel	M. omohyoideus
25	Querer Brustmuskel	M. transversus thoracis
26	Hohlvenenloch (Lücke im Zwerchfell für die untere Hohlvene)	Foramen venae cavae
27	Lücke zwischen Brustbein- und Rippenursprüngen des Zwerchfells (= Larrey-Spalte)	[Trigonum sternocostale]
28	Halbmondlinie (halbmondförmige Grenze zwischen Muskel- und Sehnenfasern des queren Bauchmuskels)	Linea semilunaris
29	Bogenlinie (bogenförmige untere Begrenzung des hinteren Blattes der „Rektusscheide")	Linea arcuata
30	Untere Bauchwandschlagader	A. epigastrica inferior
31	Zwischengrubenband (in der Hinterwand des Leistenkanals)	Lig. interfoveolare
32	Brustbeinteil des Zwerchfells	Pars sternalis diaphragmatis
33	Rippenteil des Zwerchfells	Pars costalis diaphragmatis
34	Faszie des Darmbeinmuskels	Fascia iliaca

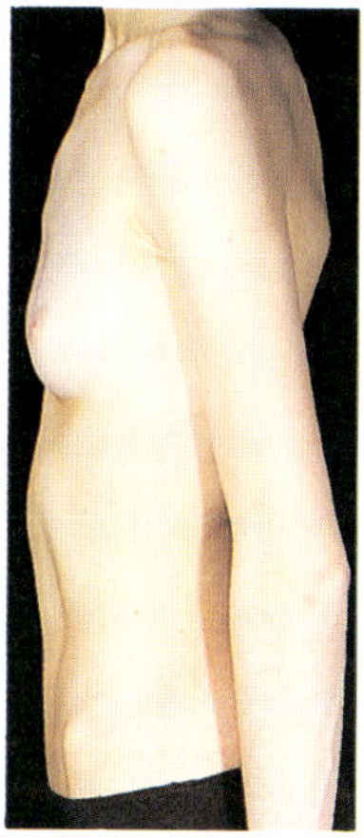

D

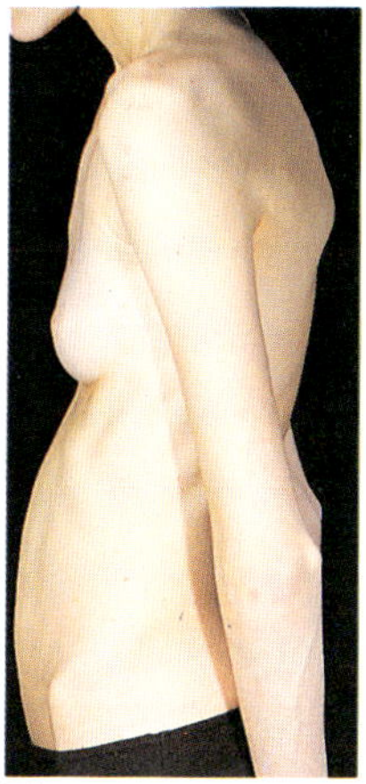

E

B

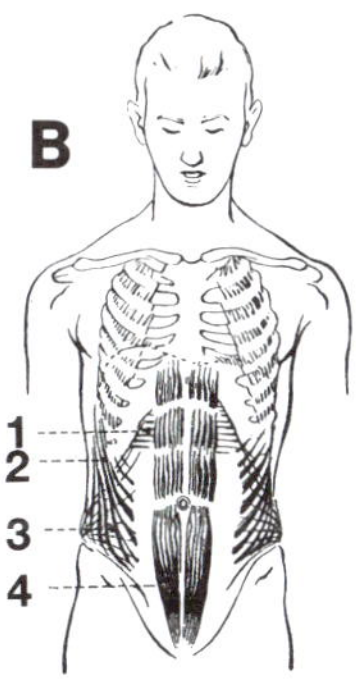
1
2
3
4

C

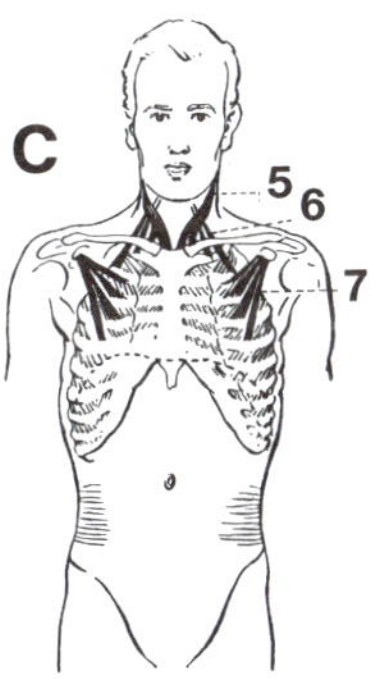
5
6
7

F

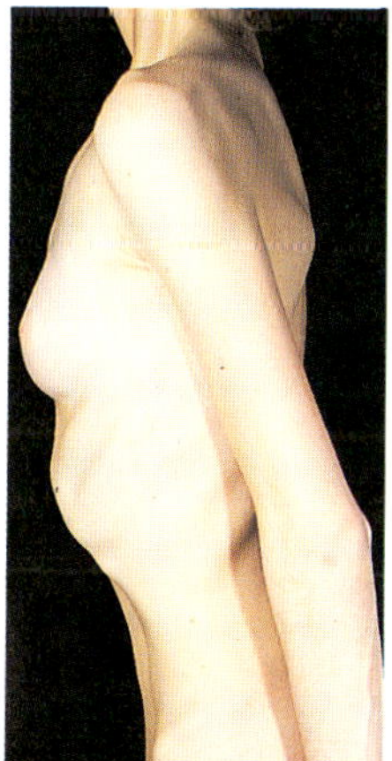

G

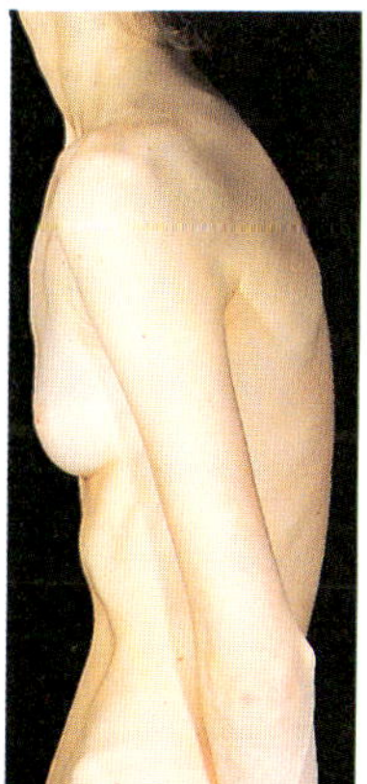

A

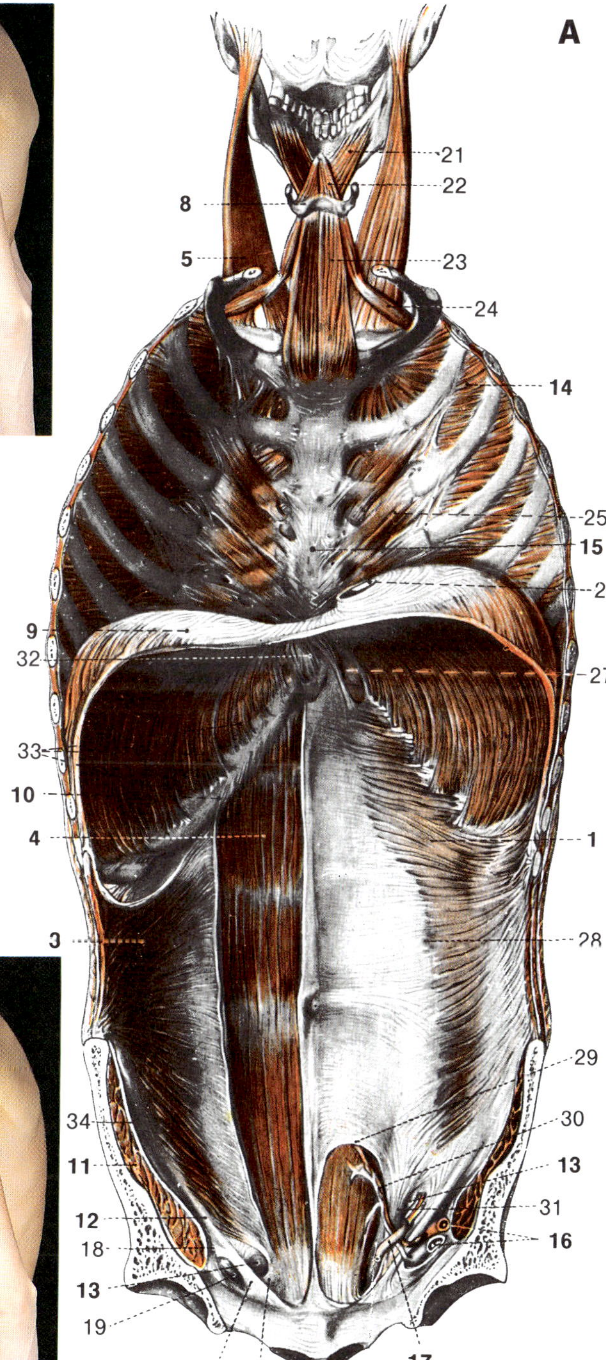
21
22
8
5
23
24
14
25
15
26
9
32
27
33
10
4
1
3
28
29
34
30
11
13
31
12
16
18
13
19
17
12
20

Brustmuskeln

Oberflächliche Schicht:	• großer Brustmuskel • kleiner Brustmuskel • vorderer Sägemuskel
Tiefe Schicht:	• äußere Zwischenrippenmuskeln • innere Zwischenrippenmuskeln

Ähnlich wie die Muskeln des Rückens gehören die Muskeln der Brustwand zwei verschiedenen Herkunfts- und Aufgabengebieten an: Die großflächigen Muskeln an der Oberfläche stehen im Dienst der oberen Gliedmaße, die tiefe Schicht zwischen den Rippen dient dem Abdichten des Brustkorbs.

• *Großer Brustmuskel*: Er entspringt am Schlüsselbein, an den Rippen und an der Rektusscheide. Er setzt am Oberarmknochen an. Er zieht den Arm an den Rumpf heran und nach vorn. Er kreiselt ihn nach innen. Er hilft bei festgestelltem Arm bei der Einatmung.

• *Kleiner Brustmuskel*: Er entspringt an den oberen Rippen und setzt am Rabenschnabelfortsatz des Schulterblatts an. Er senkt den Schultergürtel und hebt die Rippen. Er hilft bei der Einatmung.

• *Vorderer Sägemuskel*: Er entspringt an den oberen neun Rippen und setzt am inneren Rand des Schulterblatts an. Er schwenkt das Schulterblatt nach vorn und ermöglicht so gemeinsam mit dem Trapezmuskel das Heben des Arms über die Horizontale.

• *Zwischenrippenmuskeln*: Sie verbinden je zwei benachbarte Rippen. Sie dienen hauptsächlich dem Abdichten des Brustkorbs, damit bei Unterdruck im Brustraum (Einatmung) die Zwischenrippenräume nicht durch den höheren äußeren Luftdruck eingedellt werden. Sie sind in zwei Schichten mit sich annähernd rechtwinklig überkreuzenden Fasern angeordnet: Die äußeren Zwischenrippenmuskeln heben (Einatmung), die inneren senken die Rippen (Ausatmung).

A Muskeln der vorderen Brust- und Bauchwand: oberflächliche Schicht. Auf der rechten Seite des Präparats (im Bild links) ist das vordere Blatt der Rektusscheide entfernt, so daß der gerade Bauchmuskel sichtbar wird.

B Beim Aufstützen des Arms am Reck hängt der Körper an der Muskelschlinge des großen Brustmuskels und des breiten Rückenmuskels (➥ S. 108, E), die beide am Oberarmknochen ansetzen.

C Beim Heben der Arme und Einatmung treten bei schlanken Personen die Muskeln der Brustwand deutlich hervor. Die vordere Achselfalte mit dem großen Brustmuskel zieht zur Brustdrüse. Darunter heben sich die Ursprünge des vorderen Sägemuskels von den einzelnen Rippen deutlich voneinander ab. Mit den Ursprüngen des äußeren schrägen Bauchmuskels bilden sie eine Zickzacklinie („Sägelinie"). Sie hat dem vorderen Sägemuskel zu seinem Namen verholfen.

Weitere Bilder der Muskeln der Brustwand ➥ *S. 109, 165, 167.*

1 Zungenbein .... Os hyoideum
2 Kopfwender .... M. sternocleidomastoideus
3 Schlüsselbein .... Clavicula
4 Gerader Bauchmuskel („Rektus") .... M. rectus abdominis
5 Äußerer schräger Bauchmuskel .... M. obliquus externus abdominis
6 Rektusscheide .... Vagina musculi recti abdominis
7 Deltamuskel .... M. deltoideus
8 Großer Brustmuskel .... M. pectoralis major
9 Breiter Rückenmuskel .... M. latissimus dorsi
10 Vorderer Sägemuskel .... M. serratus anterior
11 Darmbeinkamm .... Crista iliaca
12 Äußerer Leistenring .... Anulus inguinalis superficialis
13 Samenstrang .... Funiculus spermaticus

14 Zwischensehne im geraden Bauchmuskel .... Intersectio tendinea
15 Weiße Linie (Durchkreuzung der Sehnenzüge der schrägen Bauchmuskeln in der Körpermittelebene) .... Linea alba
16 Pyramidenmuskel .... M. pyramidalis
17 Schlingenförmiges Gliedband .... Lig. fundiforme penis
18 Öffnung der Schenkelbinde für die große Rosenvene .... Hiatus saphenus
19 Schenkelbinde (Oberschenkelfaszie) .... Fascia lata
20 Große Rosenvene („große Saphena") .... V. saphena magna
21 Hautmuskel des Halses .... Platysma
22 Muskeleck des äußeren schrägen Bauchmuskels .... (M. obliquus externus abdominis)
23 Schenkelbindenspanner .... M. tensor fasciae latae
24 Leistenband .... Lig. inguinale (Arcus inguinalis)
25 Darmbein-Schienbein-Sehne .... Tractus iliotibialis
26 Schneidermuskel .... M. sartorius

A

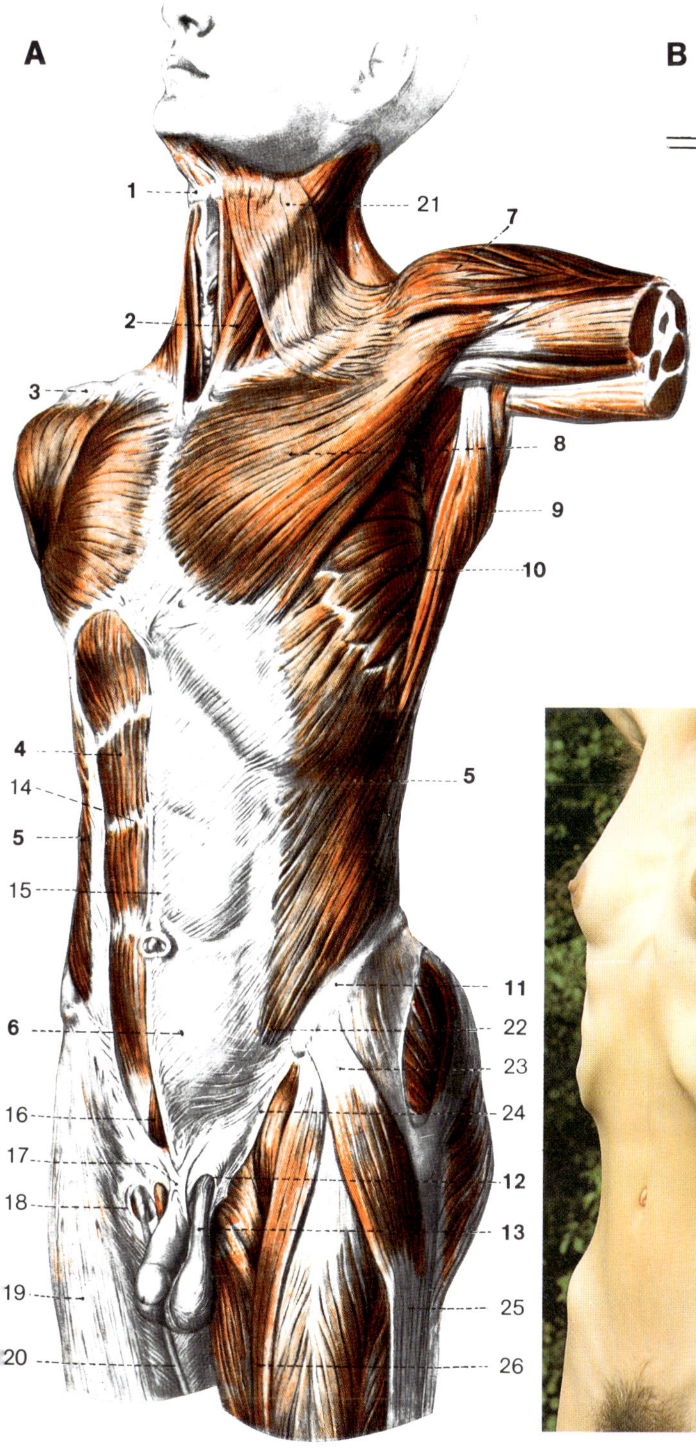

B

C

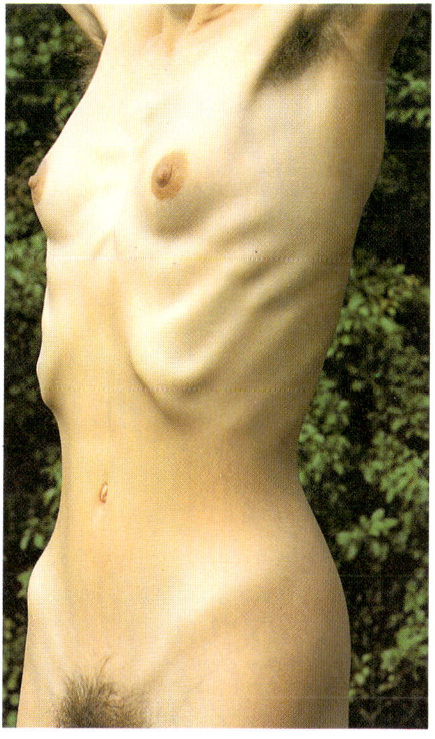

Bauchmuskeln

4 große Bauchmuskeln:	• äußerer schräger Bauchmuskel • innerer schräger Bauchmuskel • querer Bauchmuskel • gerader Bauchmuskel

Die Bauchwand wird von zwei um einen halben rechten Winkel gegeneinander verdrehten Muskelkreuzen verstärkt. Ein Kreuz bilden die beiden schrägen Bauchmuskeln, das andere der gerade und der quere Bauchmuskel.

• *Äußerer schräger Bauchmuskel*: Er entspringt an den acht unteren Rippen abwechselnd mit den Ursprungszacken des vorderen Sägemuskels („Sägelinie", ➥ S. 106, C). Seine Sehnenplatte geht in das vordere Blatt der Rektusscheide über.

• *Innerer schräger Bauchmuskel*: Er entspringt am Darmbeinkamm. Seine Fasern verlaufen annähernd rechtwinklig zu denen des äußeren schrägen Bauchmuskels. Seine Sehnenzüge gehen in das vordere + hintere Blatt der Rektusscheide über.

• *Querer Bauchmuskel*: Er entspringt an der Innenseite der unteren Rippen, an der Faszie der tiefen Rückenstreckmuskeln und am Darmbeinkamm. Seine Sehnenplatte geht in das hintere Blatt der Rektusscheide über.

• *Gerader Bauchmuskel:* Er zieht von der fünften bis siebenten Rippe zum Schambein. Er ist durch Zwischensehnen gegliedert. Er liegt in einem Köcher (Rektusscheide), der von den Sehnenplatten der vorgenannten Bauchmuskeln gebildet wird.

A Muskeln der vorderen Brust- und Bauchwand: mittlere Schicht.

B Beim Drehen des Rumpfes nach links spannt sich folgende Muskelschlinge an: äußerer schräger Bauchmuskel rechts → Rektusscheide → innerer schräger Bauchmuskel links.

C „Muskelschlingen", an denen sich Bauchmuskeln beteiligen (punktiert dargestellte Muskeln liegen am Rücken). Man beachte die sich überkreuzende „Schräggurtung" der Bauchwand.

D Sich überkreuzende Muskelzüge der seitlichen Körperwand: Kopfwender und Schulterblattheber; äußere und innere Zwischenrippenmuskeln; äußerer und innerer schräger Bauchmuskel; mittlerer und großer Gesäßmuskel.

E Beim Husten tritt der Vorderrand des breiten Rückenmuskels in der hinteren Achselfalte deutlich hervor. Dieser Muskel entspringt mit einer großen Sehnenplatte von den unteren Brust- und den Lendendornfortsätzen sowie vom Darmbeinkamm und den unteren drei Rippen (➥ S. 165, A). Er setzt auf der Vorderseite des Oberarmbeins an. Beim Husten wird der Brustkorb allseitig zusammengepreßt. Dabei werden die 3 untersten Rippen durch den breiten Rückenmuskel gehoben. Man kann sich vor dem Spiegel leicht selbst vom Anspannen des Muskels beim Husten überzeugen. Bei chronischem Husten verdickt sich der Muskelrand und bestimmt das Aussehen der Brustwand mit. Er wird daher auch „Hustenmuskel" genannt.

1	Rabenschnabelfortsatz	Processus coracoideus
2	Deltamuskel	M. deltoideus
3	Großer Brustmuskel	M. pectoralis major
4	Vorderer Sägemuskel	M. serratus anterior
5	Breiter Rückenmuskel	M. latissimus dorsi
6	Äußere Zwischenrippenmuskeln	Mm. intercostales externi
7	Innerer schräger Bauchmuskel	M. obliquus internus abdominis
8	Darmbeinkamm	Crista iliaca
9	Schlüsselbein	Clavicula
10	Kleiner Brustmuskel	M. pectoralis minor
11	Innere Zwischenrippenmuskeln	Mm. intercostales interni
12	Rektusscheide	Vagina musculi recti abdominis
13	Vorderer oberer Darmbeinstachel	Spina iliaca anterior superior
14	Mittlerer Gesäßmuskel	M. gluteus medius
15	Äußerer schräger Bauchmuskel	M. obliquus externus abdominis
16	Oberschenkelanzieher (Adduktoren)	Mm. adductores
17	Vorderer Sägemuskel (oberster Abschnitt)	M. serratus anterior
18	Rabenschnabelfortsatz-Oberarm-Muskel	M. coracobrachialis
19	Unterschulterblattmuskel	M. subscapularis
20	Großer runder Muskel	M. teres major
21	Zwölfte Rippe	Costa XII
22	Unterschlüsselbeinmuskel	M. subclavius
23	Innerer schräger Bauchmuskel (Sehnenplatte)	M. obliquus internus abdominis
24	Samenstrang	Funiculus spermaticus
25	Großer Rautenmuskel +	M. rhomboideus major
	kleiner Rautenmuskel	M. rhomboideus minor

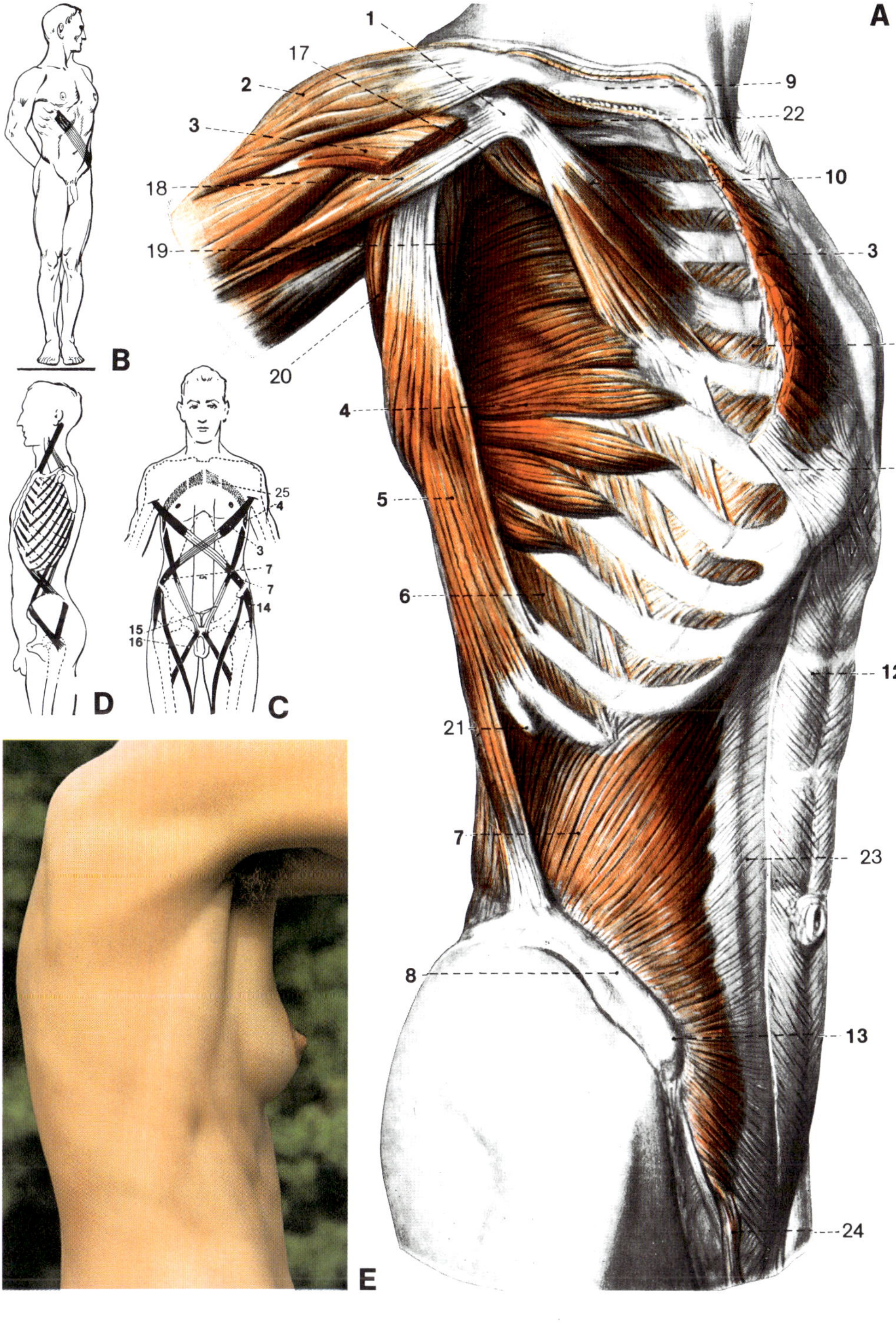
1
17
2
3
18
19
20
4
5
6
21
7
8
9
22
10
3
11
3
12
23
13
24
A
B
25
4
3
7
7
14
15
16
D
C
E

A Hinterwand des Bauchraums. Auf der rechten Seite des Präparats (im Bild links) wurde der weiche Teil der Bauchwand türflügelartig herausgeklappt. Auf der linken Seite des Präparats (im Bild rechts) ist die vordere Bauchwand mit dem Rippenbogen und einem Teil des Zwerchfells herausgeschnitten. Vom großen und kleinen Lendenmuskel wurden Teile entfernt, um die Ursprünge zu zeigen. Man achte besonders auf den äußeren Leistenring in der Sehnenplatte des äußeren schrägen Bauchmuskels. Er ist die äußere Bruchpforte der Leistenbrüche (➡ S. 114/115).

B Horizontalschnitt durch die Bauchwand auf Höhe des Nabels. Die Sehnen des queren und der beiden schrägen Bauchmuskeln durchflechten sich in der Mittellinie und bilden Sehnenköcher um die beiden geraden Bauchmuskeln (Rektusscheide). Am Nabel hat die Durchflechtungszone ein Loch (für die Nabelschnur), das nach der Geburt durch eine Narbenplatte verschlossen wird.

III - V	Lendenwirbel (dritter bis fünfter)	Vertebrae lumbales (lumbares)
O	Lenden-Kreuzbein-Knick der Wirbelsäule	Promontorium
1	Brustwirbel (zehnter)	Vertebra thoracica
2	Darmbeinkamm	Crista iliaca
3	Grenzlinie (zwischen großem und kleinem Becken)	Linea terminalis
4	Schambein	Os pubis
5 - 12	Rippen (fünfte bis zwölfte)	Costae
13	Zwerchfell	Diaphragma (thoraco-abdominale)
14	Brustfell	Pleura
15	Herzbeutel	Pericardium
16	Speiseröhre	Oesophagus
17	Hauptschlagader (Aorta)	Aorta
18	Aortenschlitz (Lücke im Zwerchfell für die Aorta) mit Anfangsteil der Bauchaorta	Hiatus aorticus (Pars abdominalis aortae)
19	Untere Hohlvene	V. cava inferior
20	Viereckiger Lendenmuskel	M. quadratus lumborum
21	Großer und kleiner Lendenmuskel	M. psoas major; M. psoas minor
22	Darmbeinmuskel	M. iliacus
23	Querer Bauchmuskel	M. transversus abdominis
24	Innerer schräger Bauchmuskel	M. obliquus internus abdominis
25	Äußerer schräger Bauchmuskel	M. obliquus externus abdominis
26	Gerader Bauchmuskel	M. rectus abdominis
27	Leistenkanal	Canalis inguinalis
28	Leistenband	Lig. inguinale (Arcus inguinalis)
29	Äußere Beckenschlagader	A. iliaca externa
30	Äußere Beckenvene	V. iliaca externa
31	Oberschenkelschlagader	A. femoralis
32	Große Rosenvene („große Saphena“)	V. saphena magna
33	Oberschenkelnerv	N. femoralis
34	Breiter Rückenmuskel	M. latissimus dorsi
35	Vorderer Sägemuskel	M. serratus anterior
36	Zwischengrubenband	Lig. interfoveolare
37	Schneidermuskel	M. sartorius
38	Schenkelbinde	Fascia lata
39	Seitliches Bogenband	Lig. arcuatum laterale
40	Inneres Bogenband	Lig. arcuatum mediale
41	Rippenfortsatz (des dritten Lendenwirbels)	Processus costalis
42	Lenden-Rippen-Band	Lig. lumbocostale
43	Zwischenquerfortsatzband	Lig. intertransversarium
44	Zwischenschenkelfasern	Fibrae intercrurales
45	Weiße Linie	Linea alba
46	Pyramidenmuskel	M. pyramidalis
47	Öffnung der Schenkelbinde für die große Hautvene	Hiatus saphenus
48	Äußerer Leistenring	Anulus inguinalis superficialis
49	Kleines Becken	Pelvis minor
50	Nabelring	Anulus umbilicalis
51	Zwischenrippennerv	N. intercostalis
52	Untere Bauchwandschlagader	A. epigastrica inferior
53	Rektusscheide	Vagina musculi recti abdominis

A

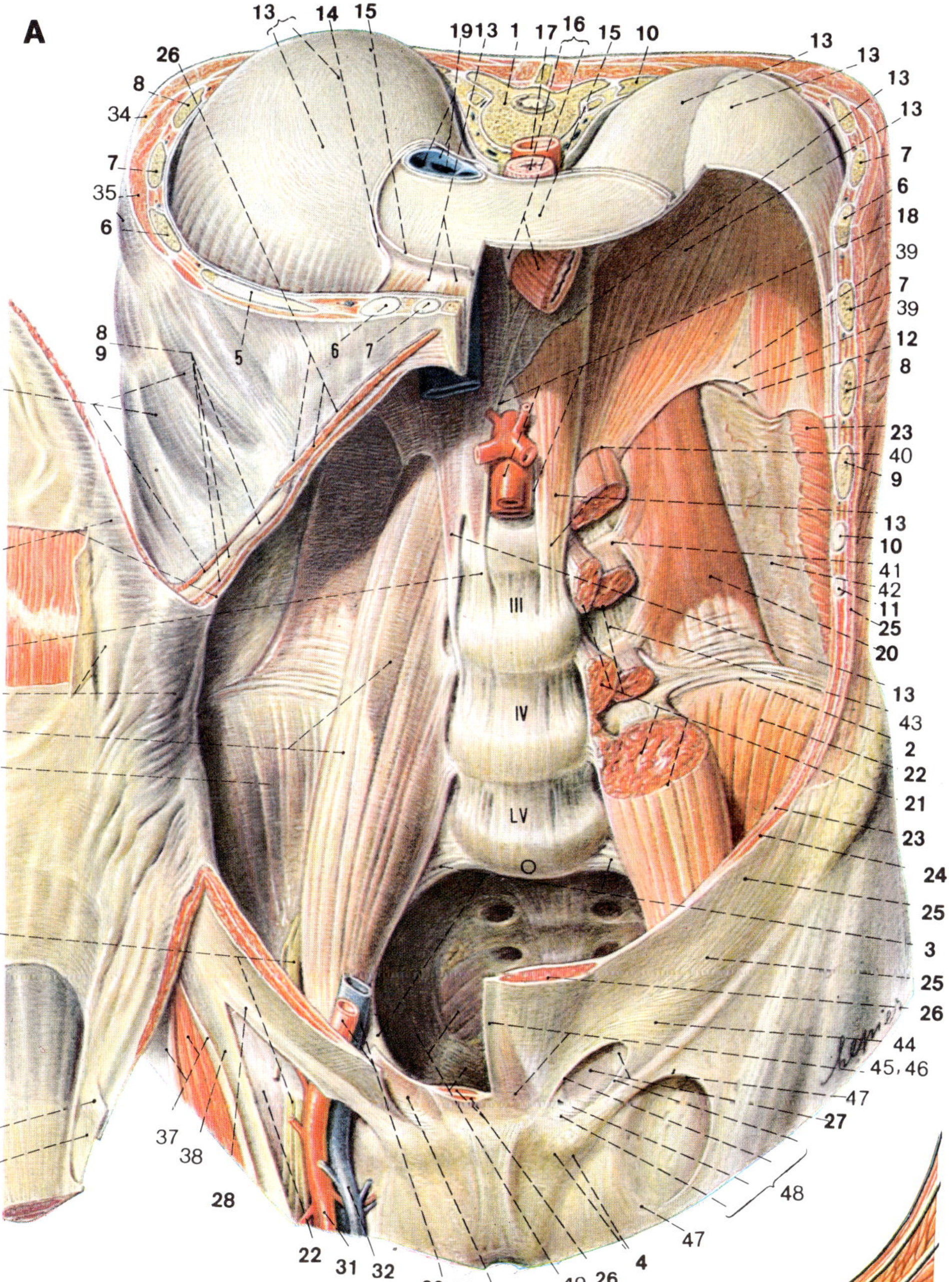
13
14
15
19
13
1
17
16
15
10
13
13
13
13
26
8
34
7
35
6
7
6
18
39
7
39
12
8
5
6
7
8
9
25
23
40
9
13
10
23
41
42
11
25
13
III
20
13
23
IV
43
2
21
22
22
21
LV
23
24
25
33
3
25
26
44
45, 46
47
27
37
38
36
28
48
47
22
31
32
29, 30
27
49
26
4

B

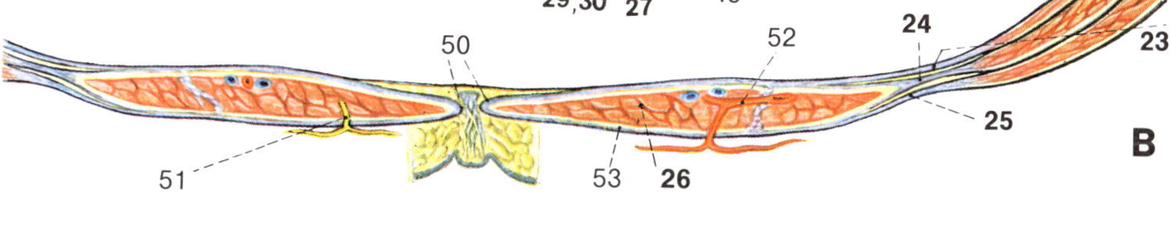
50
52
24
23
25
51
53
26

Nabel und Leistenkanal

Die wichtigsten Bruchpforten der Bauchwand sind der Nabel und die Leistenkanäle

Die Muskeln der vorderen Bauchwand müssen drei Öffnungen freigeben: den Nabel und die beiden Leistenkanäle.

• Die *Nabelöffnung* wird nur vor der Geburt benützt: Durch sie tritt die Nabelschnur mit den von der Plazenta kommenden Blutgefäßen in den Körper ein. Nach der Abnabelung verschließt der Körper die Öffnung durch eine bindegewebige Platte. Sie hält manchmal dem Druck im Bauchraum nicht stand, so daß es zum „Nabelbruch" kommt.

• Die *Leistenkanäle* bleiben zeitlebens offen. Beim Mann werden sie von den Samensträngen, bei der Frau vom runden Mutterband durchquert. Ursache der Entstehung der Leistenkanäle ist die merkwürdige Tatsache, daß die Säugetiere bei der Temperatur des Körperinnern keine Samenzellen bilden können. Die Hoden werden zwar in der Embryonalzeit im Bauchraum angelegt, „wandern" vor der Geburt aber durch den Leistenkanal nach außen in den Hodensack („Abstieg" des Hodens). Im Hodensack ist dann eine feine Temperaturregulation durch den Hodenheber möglich: Wird es im Hoden zu kalt, so zieht dieser Muskel den Hoden näher an den warmen Bauchraum heran. Wird es im Hoden zu warm, so erschlafft der Muskel, der Hoden sinkt nach unten. Diese Hodenbewegungen kann man beim Wechsel vom kalten zum warmen Bad und umgekehrt gut beobachten.

A Vordere Bauchwand, von innen her gesehen. Man beachte die auf den Nabel zulaufenden Bauchfellfalten.

B Tiefe Einziehung der Bauchwand bei Verlagerung der Bauchorgane in den Brustraum. Führt man nach tiefer Ausatmung bei geschlossener Stimmritze eine rasche Einatmungsbewegung des Brustkorbs durch, so wird anstelle von Luft der Inhalt des Bauchraums, soweit er beweglich ist, unter den Brustkorb gesaugt. Das Bild soll das Wechselspiel zwischen Brust- und Bauchraum verdeutlichen.

C Die Venen von Brust- und Bauchwand bilden ein zusammenhängendes Netz. Bei Abflußstörungen in einem Bereich kann das Blut über den anderen abfließen.

D Bei Operationen schneidet man die Bauchwand so auf, daß möglichst wenig Muskeln durchgetrennt werden. Dabei wechselt man in verschiedenen Schichten notfalls die Schnittrichtung („Wechselschnitt"). Beim sog. Pfannenstiel-Schnitt wird die Haut im Schamhaarbereich quer durchgeschnitten Dann wird die Wunde auseinandergezogen und der Schnitt zwischen den beiden geraden Bauchmuskeln längs weitergeführt.

E Gliederung der Bauchwand durch die äußeren Ränder der geraden Bauchmuskeln (➥ S. 7).

1	Oberflächliche Bauchwandfaszie, darunter	[Fascia abdominalis superficialis]
	äußerer schräger Bauchmuskel	M. obliquus externus abdominis
2	Innerer schräger Bauchmuskel	M. obliquus internus abdominis
3	Querer Bauchmuskel	M. transversus abdominis
4 + 5	Darmbein-Lenden-Muskel	M. iliopsoas
4	Darmbeinmuskel	M. iliacus
5	Großer Lendenmuskel	M. psoas major
6	Äußerer Hüftlochmuskel	M. obturator externus
7	Innerer Hüftlochmuskel	M. obturator internus
8	Afterheber	M. levator ani
9	Innere Bauchwandfaszie	Fascia transversalis
10	Bauchfell	Peritoneum
11	Samenleiter	Ductus deferens
12	Samenblase	Vesicula (Glandula) seminalis
13	Vorsteherdrüse	Prostata (Glandula prostatica)
14	Harnleiter	Ureter
15	Oberschenkelvene	V. femoralis
16	Sichelförmiges Leberband	Lig. falciforme (hepatis)
17	Rundes Leberband	Lig. teres hepatis
18	Mittelständige Nabelfalte	Plica umbilicalis mediana
19	Mediale Nabelfalte	Plica umbilicalis medialis
20	Seitliche Nabelfalte	Plica umbilicalis lateralis
21	Seitliche Leistengrube	Fossa inguinalis lateralis
22	Nabelschlagader	A. umbilicalis
23	Große Rosenvene („große Saphena")	V. saphena magna
24	Oberflächliche Bauchwandvene	V. epigastrica superficialis
25	Brustwand-Bauchwand-Venen	Vv. thoraco-epigastricae
26	Seitliche Brustwandvene	V. thoracica lateralis

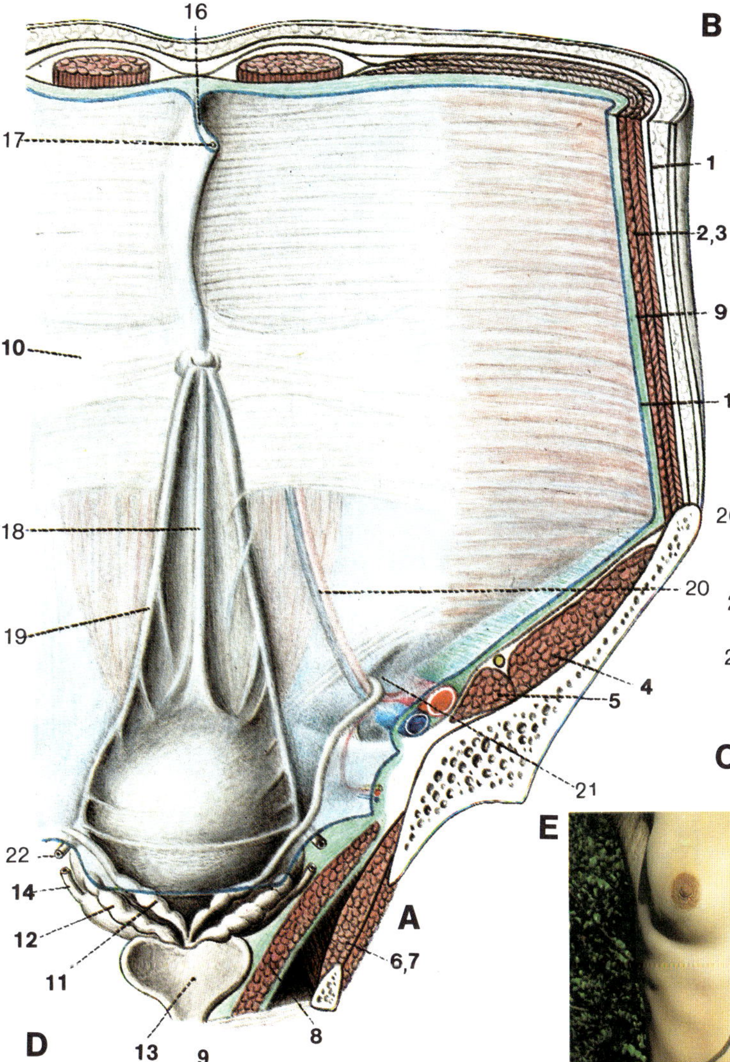

B
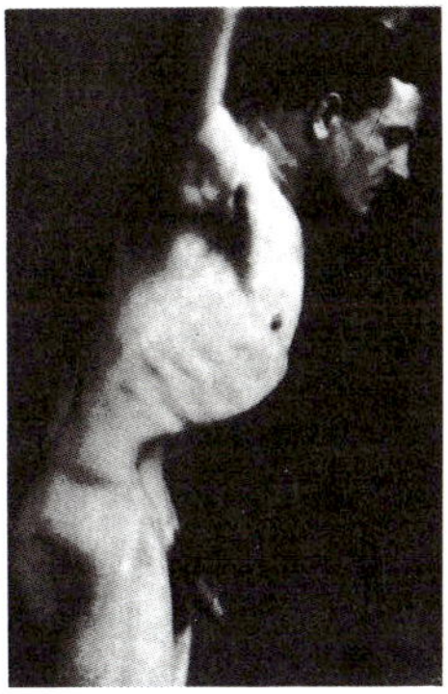

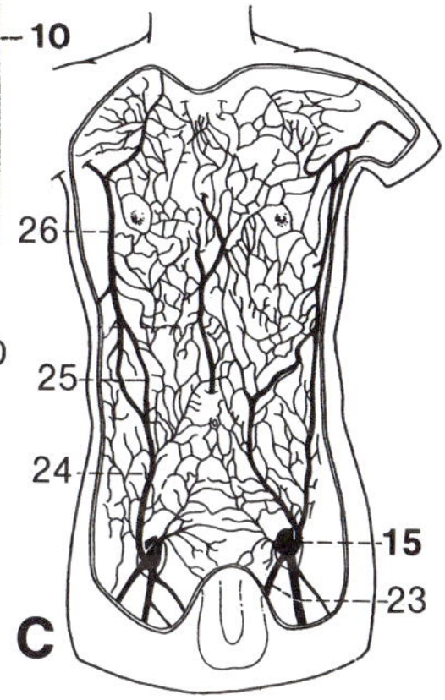

C

E
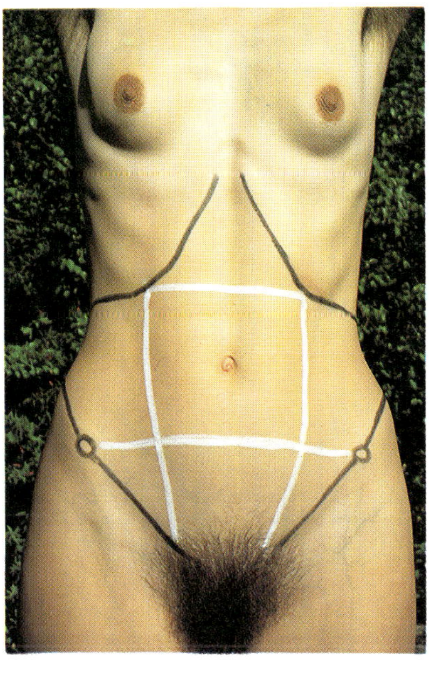

D
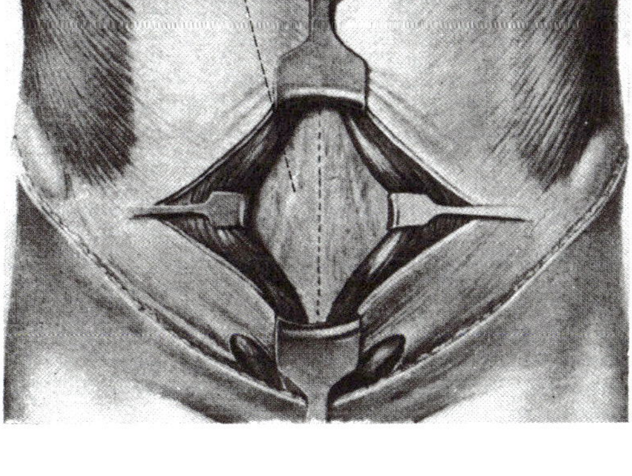

Leistenbruch

- Indirekter Leistenbruch: durch Leistenkanal zum äußeren Leistenring, angeboren oder erworben
- direkter Leistenbruch: direkt durch Bauchwand zum äußeren Leistenring, immer erworben

A Leistengegend beim Mann (➥ S. 112).
B Halbschematischer Schnitt durch die untere Bauchwand mit dem Leistenkanal bei der Frau. Bauchfell grün, Sehnenplatten und Bänder blau. Bei der Frau tritt durch den Leistenkanal das runde Mutterband. Sein Durchmesser ist viel kleiner als der des Samenstrangs. Deswegen ist der Leistenkanal enger. Leistenbrüche sind daher bei der Frau seltener als beim Mann.
C-G Schemata über Leistenkanal und *Leistenbrüche*. Auf seinem Weg durch den Leistenkanal stülpt der Hoden alle Schichten der Bauchwand mit aus. So kommen die „Hodenhüllen" zustande. Der Hodenheber z.B. geht aus dem inneren schrägen Bauchmuskel hervor. Wichtig ist vor allem eine Ausstülpung des Bauchfells: Der Hoden zieht bei seinem Abstieg (➥ S. 112) einen Bauchfellsack neben sich her (er liegt nicht in ihm, sondern neben ihm!). Hat der Hoden seinen endgültigen Platz im Hodensack erreicht, schließt sich normalerweise dieser Sack, und es bleibt nur ein kleiner Abschnitt als Gleitlager für den Hoden übrig (**C**).
In einigen Fällen bleibt dieser Verschluß aus, so daß zeitlebens eine offene Verbindung zwischen Bauchraum und Hodensack besteht (**D**). In diesen Kanal können sich frei bewegliche Baucheingeweide (zunächst meist großes Netz, bei zunehmender Erweiterung des Kanals auch Darm) hineinzwängen. Einen Leistenbruch, der in einen offen gebliebenen Bauchfellfortsatz hinein erfolgt, nennt man einen „angeborenen Leistenbruch" (**E**).
Leistenbrüche können aber auch ohne Entwicklungsfehler entstehen. Durch den Leistenkanal ist das Gefüge der Bauchwand so gestört, daß Baucheingeweide direkt durch die Bauchwand im Bereich des äußeren Leistenrings durchbrechen können („direkte Leistenbrüche", **G**) oder den indirekten Weg durch den Leistenkanal, auch ohne einen erhaltenen Bauchfellfortsatz, wählen („erworbener indirekter Leistenbruch", **F**).

1	Leistenband	Lig. inguinale (Arcus inguinalis)
2	Äußerer Leistenring	Anulus inguinalis superficialis
3	Samenleiter	Ductus deferens
4	Nebenhoden	Epididymis
5	Hoden	Testis
6	Äußerer schräger Bauchmuskel	M. obliquus externus abdominis
7	Innerer schräger Bauchmuskel	M. obliquus internus abdominis
8	Vorderer oberer Darmbeinstachel	Spina iliaca anterior superior
9	Querer Bauchmuskel	M. transversus abdominis
10	Innere Bauchwandfaszie	Fascia transversalis
11	Samenstrang	Funiculus spermaticus
12	Männliches Glied (Querschnitt)	Penis
13	Bauchfell	Peritoneum
14	Rundes Mutterband	Lig. teres uteri
15	Rektusscheide	Vagina musculi recti abdominis
16	Schambeinfuge	Symphysis pubica
17	Hüftloch	Foramen obturatum (obturatorium)
18	Leistenkanal	Canalis inguinalis
19	Innerer Schenkel (der den äußeren Leistenring bildenden Sehnenzüge des äußeren schrägen Bauchmuskels)	Crus mediale
20	Äußerer Schenkel	Crus laterale
21	Muskelfach unter dem Leistenband (für den Durchtritt des Darmbein-Lenden-Muskels)	Lacuna musculorum M. iliopsoas
22	Darmbein-Schambeinkamm-Bogen	Arcus iliopectineus
23	Gefäßfach unter dem Leistenband (für den Durchtritt der Oberschenkelgefäße)	Lacuna vasorum A. femoralis + V. femoralis
24	Lakunenband	Lig. lacunare
25	Hodenheber	M. cremaster
26	Gliedaufhängeband	Lig. suspensorium penis
27	Faszien zwischen den Bauchmuskeln	-
28	Innerer Leistenring	Anulus inguinalis profundus
29	Pyramidenmuskel (nicht regelmäßig vorhanden)	M. pyramidalis
30	Weiße Linie (Durchflechtung der Sehnenplatten)	Linea alba
31	Umbiegendes Band	Lig. reflexum
32	Leistensichel	Falx inguinalis (Tendo conjunctivus)
33	Zwischengrubenband	Lig. interfoveolare

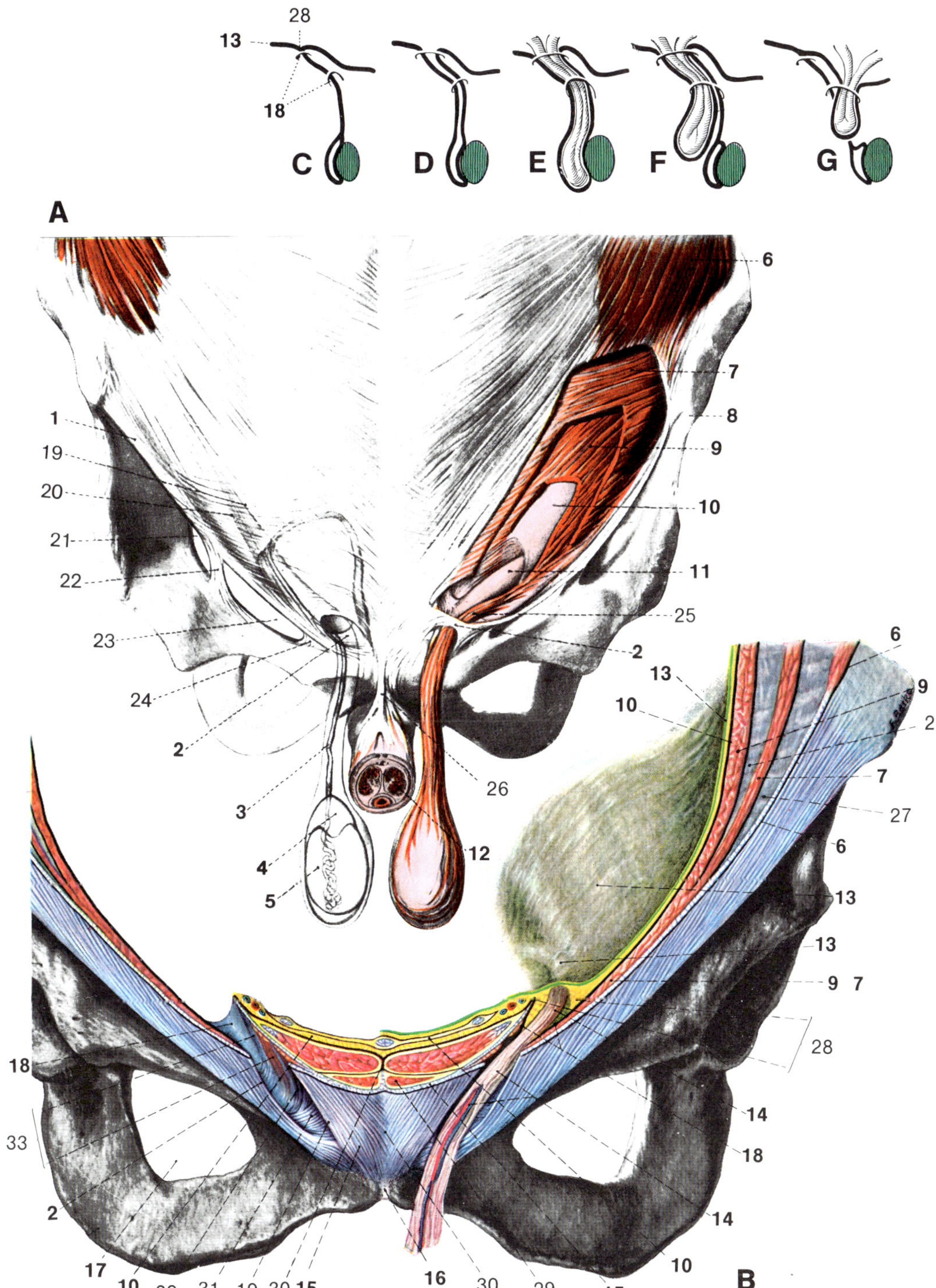
13
28
18
C
D
E
F
G
A
1
19
20
21
22
23
24
2
3
4
5
6
7
8
9
10
11
25
2
26
12
B
13
10
6
9
27
7
27
6
13
13
9 7
28
14
18
14
10
15
29
30
16
18
33
2
17
10
32
31
19
30
15

Becken

Der Beckengürtel besteht aus:
- Kreuzbein
- 2 Darmbein-Kreuzbein-Gelenken
- 2 Hüftbeinen (Darmbein-Schambein-Sitzbein)
- Schambeinfuge

A Männliches Becken von vorn.
B Weibliches Becken von vorn. Im Hinblick auf den Gebärvorgang ist das kleine Becken der Frau breiter und tiefer als das des Mannes. Die Darmbeinkämme laden seitlich weiter aus. Das weibliche Skelett erkennt man am raschesten am Schambeinwinkel: Die unterhalb der Schambeinfuge gelegenen unteren Schambeinäste bilden einen stumpfen Winkel, beim Mann einen spitzen.
C Röntgenbild des Beckens und des Hüftgelenks.
D Hüftbein eines 14jährigen Kindes, Außenseite. Die drei Teile des Hüftbeins (Darmbein, Schambein, Sitzbein) sind beim Kind durch Knorpelfugen verbunden, die sich in der Hüftpfanne treffen (*Y-Fuge*). Diese Knorpelfugen sind Wachstumszonen des Knochen, denn die Hüftpfanne muß mit dem Wachstum des Hüftkopfes Schritt halten. Sie verknöchern am Ende der Wachstums. Am erwachsenen Hüftbein sind sie nur undeutlich zu erkennen.
E Bänder von Beckens und Hüftgelenk von vorn.
F Bänder des Beckens und des Hüftgelenks von hinten. Die drei Knochen des Beckengürtels sind durch die beiden Darmbein-Kreuzbein-Gelenke und die Schambeinfuge beweglich miteinander verbunden. Durch einen straffen Bandapparat sind die Bewegungsmöglichkeiten stark eingeschränkt. Diese Knochenverbindungen dienen mehr der Federung und damit der Bruchfestigkeit des Beckenrings als der aktiven Beweglichkeit. Beckenbrüche wären ohne diese Fugen viel häufiger. Die Bänder der Darmbein-Kreuzbein-Gelenke müssen so kräftig sein, da an ihnen das Gewicht des oberen Rumpfes zwischen den Darmbeinen hängt.

1	Darmbeinkamm	Crista iliaca
2	Vorderer oberer Darmbeinstachel	Spina iliaca anterior superior
3	Grenzlinie	Linea terminalis
	(zwischen großem und kleinem Becken)	Pelvis major; Pelvis minor
4	Hüftgelenkpfanne	Acetabulum
5	Hüftloch („verstopftes Loch")	Foramen obturatum (obturatorium)
6	Schambeinwinkel	Angulus subpubicus
7	Darmbein	Os ilium (Ilium)
8	Schambein	Os pubis (Pubis)
9	Sitzbein	Os ischii (Ischium)
7 + 8 + 9	Hüftbein	Os coxae (pelvicum)
10	Fünfter Lendenwirbel	Vertebra lumbalis (lumbaris) V
11	Leistenband	Lig. inguinale (Arcus inguinalis)
12	Großer Rollhügel	Trochanter major
13	Darmbein-Oberschenkel-Band	Lig. iliofemorale
14	Oberschenkelbeinschaft	Corpus femoris
15	Kleiner Rollhügel	Trochanter minor
16	Hüftlochmembran	Membrana obturatoria
17	Schambeinfuge	Symphysis pubica
18	Steißbein	Os coccygis (Coccyx)
19	Sitzbeinhöcker	Tuber ischiadicum (ischiale)
20	Kreuzbein-Sitzbeinhöcker-Band	Lig. sacrotuberale
21	Kreuzbein-Sitzbeinstachel-Band	Lig. sacrospinale
22	Hinterer oberer Darmbeinstachel	Spina iliaca posterior superior
23	Sitzbeinstachel	Spina ischiadica (ischialis)
24	Vordere Kreuzbein-Darmbein-Bänder	Ligg. sacro-iliaca anteriora (ventralia)
25	Schambein-Oberschenkel-Band	Lig. pubofemorale
26	Ringzone der Hüftgelenkkapsel	Zona orbicularis
27	Sitzbein-Oberschenkel-Band	Lig. ischiofemorale
28	Darmbein-Lendenwirbel-Band	Lig. iliolumbale
29	Dornfortsatzband	Lig. supraspinale
30	Zwischenknochenkamm des Kreuzbeins	Crista sacralis intermedia
31	Hintere Kreuzbein-Darmbein-Bänder	Ligg. sacro-iliaca posteriora (dorsalia)
32	Oberflächliches hinteres Kreuzbein-Steißbein-Band	Lig. sacrococcygeum posterius (dorsale) superficiale
33	Bogenband der Schambeinfuge	Lig. arcuatum pubis
34	Gerader Durchmesser (des kleinen Beckens)	Diameter conjugata
35	Schräger Durchmesser	Diameter obliqua
36	Querer Durchmesser	Diameter transversa

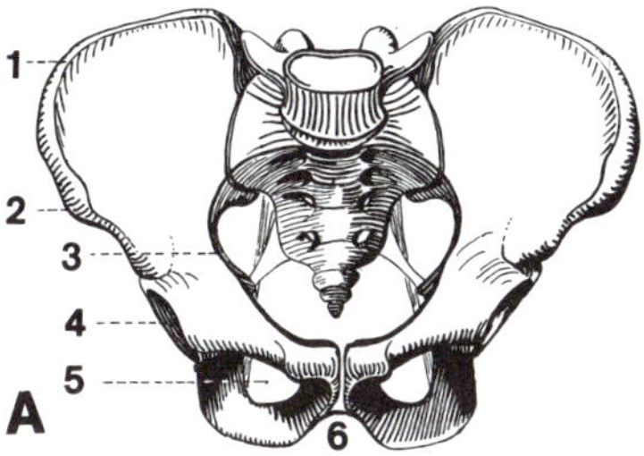
1
2
3
4
5
6
A

C
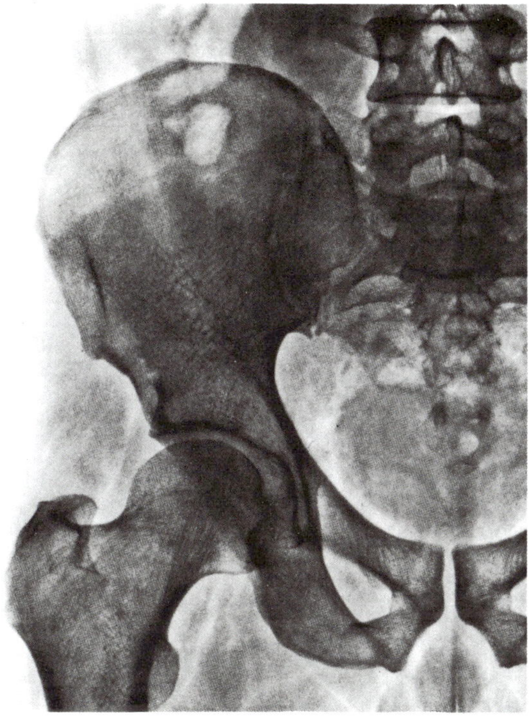

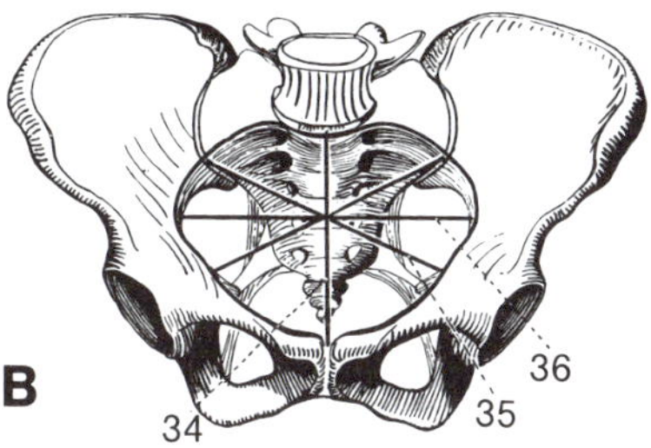
36
35
34
B

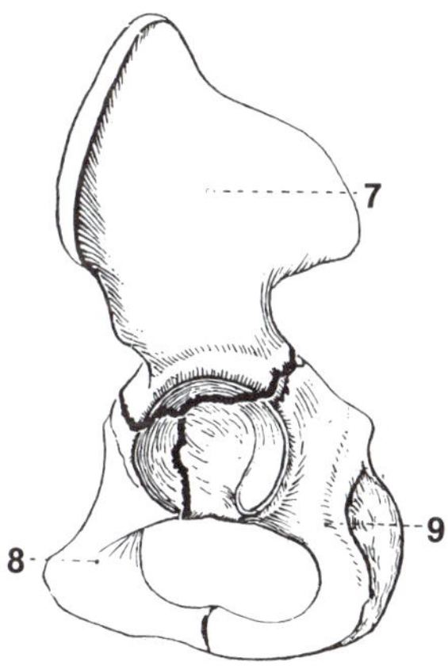
7
9
8
D

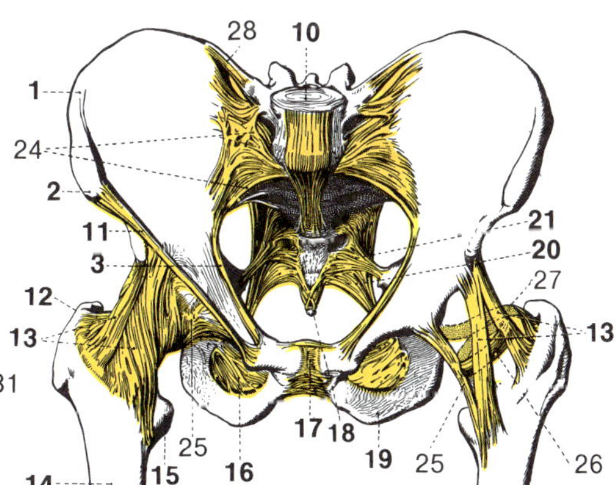
28
10
1
24
2
21
11
20
3
27
12
13
13
25
15
16
17
18
19
25
26
14
E

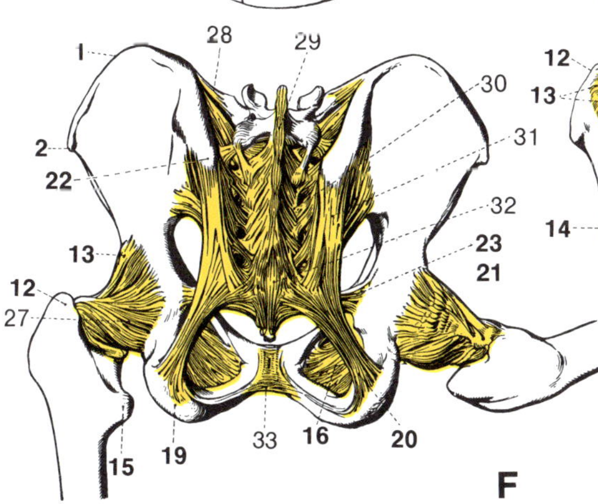
1
28
29
30
31
2
22
32
13
23
21
12
27
19
33
16
20
15
F

A Medianschnitt durch das Becken mit den für den Geburtshelfer wichtigen Maßen. Der kleinste Durchmesser des kleinen Beckens zwischen der Hinterwand der Schambeinfuge und dem Promontorium („Conjugata vera", in der Abbildung mit b bezeichnet) ist bei der Ultraschalluntersuchung zu bestimmen. Seine Größe kann man auch abschätzen, wenn man den „diagonalen" Durchmesser (c) vom Unterrand der Schambeinfuge aus mißt (mit Hilfe des in die Scheide oder den Mastdarm eingeführten Fingers). Der „wahre" Durchmesser ist etwa 2 cm kürzer als der diagonale. Der Durchmesser des Beckenausgangs zwischen dem Unterrand der Schambeinfuge und der Spitze des Steißbeins (d) ist bei der Geburt meist nicht problematisch, da das Steißbein bei der jungen Frau gegen das Kreuzbein gut beweglich ist. Bei Versteifung des Kreuzbein-Steißbein-Gelenks kann jedoch das in den Geburtskanal vorspringende Steißbein die Geburt behindern.

B *Beckenboden*, vom Bauchraum her gesehen. Ähnlich wie das Zwerchfell den Bauchraum nach oben begrenzt, schließt der „Afterheber" den Bauchraum nach unten ab und wird daher auch *Beckenzwerchfell* (Diaphragma pelvis) genannt. Wie beim Zwerchfell kann auch beim Beckenboden der Verschluß nicht vollständig sein, weil Eingeweide den Muskel durchsetzen: Harnröhre und Mastdarm sowie bei der Frau noch zusätzlich die Scheide. Der Afterheber ist daher U-förmig angelegt: Das sogenannte „Levator-Tor" läßt die Eingeweide ungehindert hindurchtreten. Es kann sich bei der Entbindung gewaltig erweitern. Der Name „Afterheber" beschreibt nur eine Nebenfunktion dieses Muskels.

Beckenboden von unten ➡ S. 325, 329, 339, 359.

> Das „Levator-Tor" im Afterheber läßt Platz für Harnröhre, Scheide und Mastdarm

C + D Untersuchung der *Darmbein-Kreuzbein-Gelenke*. Wegen der sehr straffen Bänder sind in ihnen nur geringe Bewegungen möglich. Diese sind trotzdem für die Elastizität des Beckenrings und für die Federung der Wirbelsäule (und damit des Kopfes) wichtig. Leider verschleißen Gelenke, besonders bei ungleichmäßiger Belastung. So können die Darmbein-Kreuzbein-Gelenke an der typischen Abnützungskrankheit der Gelenke (Arthrose) erkranken. Kreuzschmerzen sind die Folge.

Beim Fahnden nach der Ursache von Kreuzschmerzen muß man auch die Darmbein-Kreuzbein-Gelenke prüfen. Dabei belastet man diese besonders stark. Sind sie erkrankt, wird der Patient Zeichen des Schmerzes von sich geben. Gesunden Gelenken hingegen macht die Balastung nichts aus. Angesichts der benachbarten sehr gut beweglichen Hüftgelenke und der Lendenwirbelsäule ist es nicht leicht, die Darmbein-Kreuzbein-Gelenke besonders anzuspannen. Man muß zunächst die Mitbewegung in den Nachbargelenken ausschalten. Dazu bringt man die Hüftgelenke in äußerste Streckstellung und verhindert man Bewegungen in der Lendenwirbelsäule. Der englische Orthopäde Mennell hat dafür folgendes Vorgehen empfohlen: Der Patient liegt auf dem Bauch (**C**). Der Arzt steht neben der Untersuchungsliege. Er hebt mit der einen Hand den Oberschenkel bis in volle Überstreckung des Hüftgelenks. Mit der anderen Hand drückt er die Gesäßbacke der anderen Seite des Patienten herab, um Bewegungen der Lendenwirbelsäule unmöglich zu machen. Ruckt er nun das gehobene Bein an, so trifft die Belastung voll das Darmbein-Kreuzbein-Gelenk. Wenn es erkrankt ist, spürt der Patient den typischen Kreuzschmerz.

Bei schwergewichtigen Patienten ist es für den Arzt weniger anstrengend, den Patienten in Rükkenlage zu untersuchen und das Bein nach unten zu drücken. Dabei muß das Bein über den Rand der Untersuchungsliege hängen. Mitbewegungen in der Lendenwirbelsäule schaltet man aus, indem man den Patienten das andere Bein im Hüftgelenk maximal beugen läßt (Oberschenkel an Rumpf ziehen, **D**).

1	Fünfter Lendenwirbel	Vertebra lumbalis V
2	Lenden-Kreuzbein-Knick der Wirbelsäule	Promontorium
3	Schambeinfuge	Symphysis pubica
4	Innerer Hüftlochmuskel	M. obturator internus
5	Harnröhre	Urethra
6	Scheide	Vagina
7	Mastdarm	Rectum
8	Hüftlochkanal	Canalis obturatorius
9	Großes Sitzbeinloch	Foramen ischiadicum (sciaticum) majus
10	Kreuzbein-Sitzbeinstachel-Band	Lig. sacrospinale
11	Kreuzbein-Sitzbeinhöcker-Band	Lig. sacrotuberale
12	After-Steißbein-Band	Lig. anococcygeum
13	Afterheber (Ursprungssehnenbogen)	M. levator ani
14	Steißmuskel (auf Kreuzbein-Sitzbeinstachel-Band)	M. coccygeus; Lig. sacrospinale
15	Birnförmiger Muskel	M. piriformis

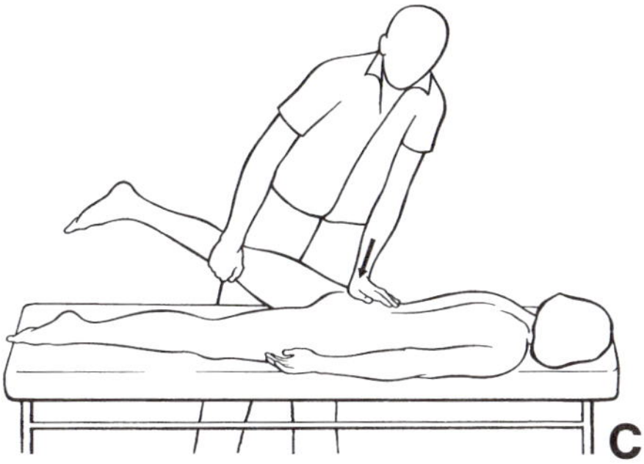
C

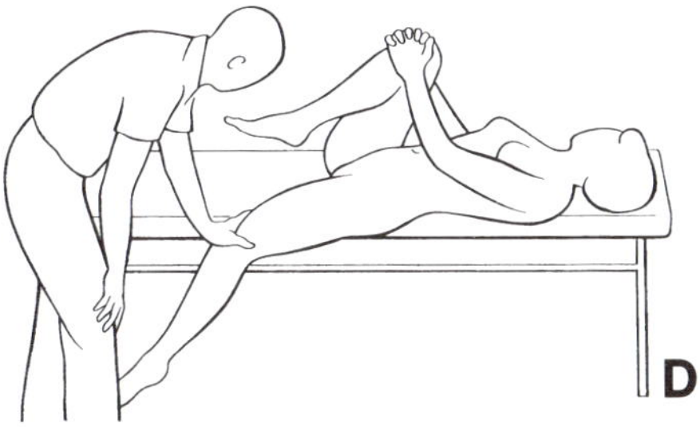
D

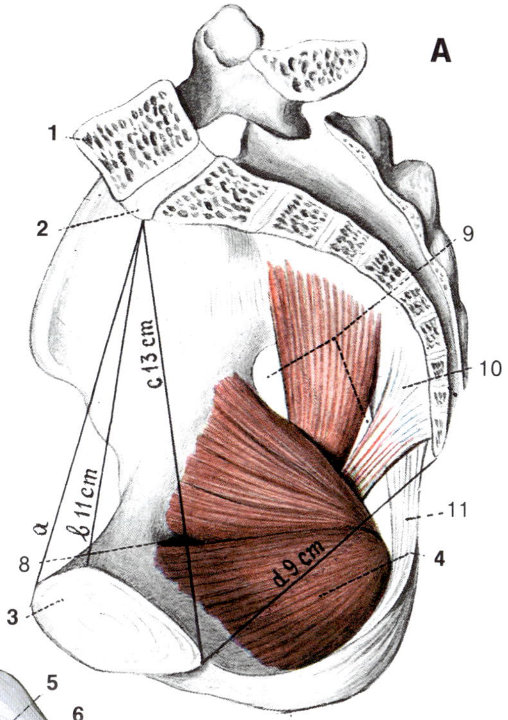
A
1
2
9
c 13 cm
10
b 11 cm
a
11
8
d 9 cm
4
3

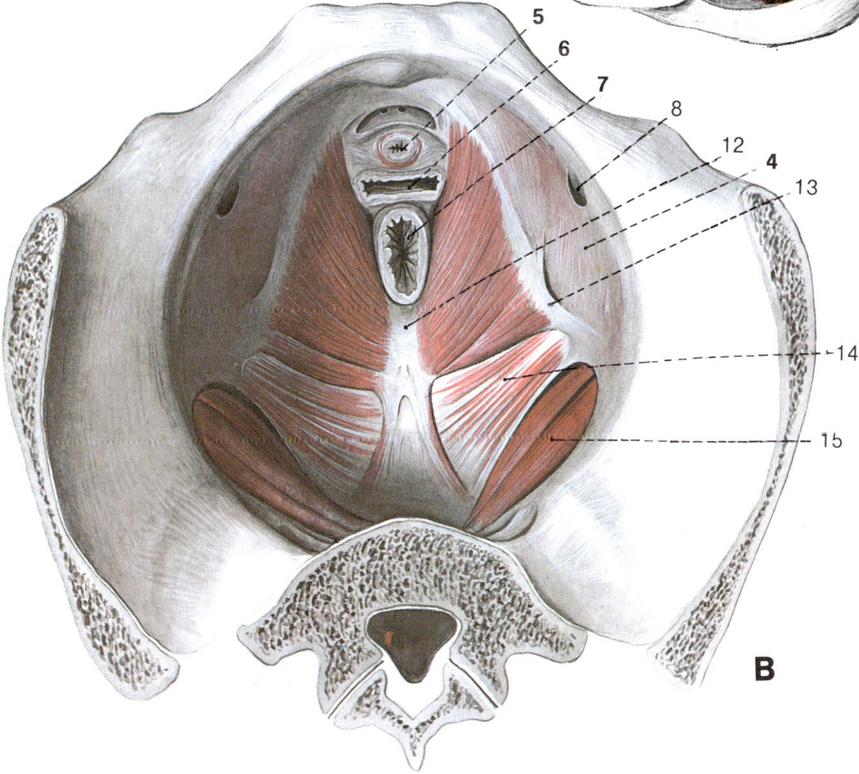
5
6
7
8
12
4
13
14
15
B

Bein

Gliederung der unteren Gliedmaße (Extremität):
- Hüftbein (zugleich Teil des Beckens)
- Hüftgelenk
- Oberschenkel
- Kniegelenk
- Unterschenkel (Schienbein + Wadenbein)
- oberes Sprunggelenk
- Fuß (Fußwurzel + Mittelfuß + Zehen)

Der Begriff „Bein" ist nicht eindeutig: Im allgemeinen versteht man darunter den frei beweglichen Teil der unteren Gliedmaße, also vom Hüftgelenk abwärts. Manche Ärzte setzen jedoch Bein gleich untere Gliedmaße (also einschließlich Hüftbein). Dementsprechend wird auch die „Beinlänge" unterschiedlich definiert: vom Boden bis zum Unterrand der Schambeinfuge, zur Spitze des großen Rollhügels, zum vorderen oberen Darmbeinstachel oder bis zum höchsten Punkt des Darmbeinkamms.

A Skelett der unteren Körperhälfte von rückwärts.
B Linkes Oberschenkelbein von hinten.
C Linkes Oberschenkelbein von vorn.
D Die Hauptgelenke des Beins stehen nicht genau in der Frontalebene: Hüftgelenk und Sprunggelenke sind etwas außen-, das Kniegelenk innengedreht. Dies ist sehr zweckmäßig: Beim Beugen im Kniegelenk z.B. wird der Fuß nach hinten außen geführt. Damit schlägt er beim raschen Laufen nicht gegen das Standbein, sondern wird an ihm vorbeigeführt.
E Das Gewicht des Rumpfes wird über Hüftgelenk, Kniegelenk und Sprunggelenke auf den Boden übertragen („Traglinie"). Wegen des Schenkelhalses steht der Oberschenkelschaft nicht in der Traglinie des Beins. Deshalb treten große Biegebeanspruchungen am Schenkelhals auf.
F *Oberschenkelschlagader* und Oberschenkelbein. Auf den rechten Oberschenkel (im Bild links) ist die Projektion der Traglinie des Beins, auf den linken die der Oberschenkelschlagader und des Oberschenkelbeins aufgemalt. Wegen des Schenkelhalses weicht der Schenkelschaft aus der Traglinie nach außen ab. Deswegen kann die Hauptschlagader des Beins den kürzesten Weg von der Beugeseite des Hüftgelenks (vorn) zur Beugeseite des Kniegelenks (hinten) entsprechend der Traglinie wählen. Schlagadern sind nicht beliebig dehnbar. Deshalb verlaufen die großen Schlagadern immer auf der Beugeseite von Gelenken, um bei extremen Bewegungen nicht zerrissen zu werden.
Unmittelbar unterhalb des Leistenbandes ist der Puls der Oberschenkelschlagader etwa in der Mitte zwischen dem vorderen oberen Darmbeinstachel und dem Oberrand der Schambeinfuge deutlich zu fühlen. Hier kann die Schlagader auch zur Ersten Hilfe abgedrückt werden. Man sollte das Tasten ihres Pulses daher üben.

1	Kreuzbein	Os sacrum (sacrale)
2	Steißbein	Os coccygis (Coccyx)
3	Hüftbein	Os coxae (pelvicum)
4	Sitzbeinhöcker	Tuber ischiadicum (ischiale)
5	Großer Rollhügel	Trochanter major
6	Hüftkopf (= Schenkelkopf)	Caput femoris
7	Kleiner Rollhügel	Trochanter minor
8	Rauhe Linie (Muskelansatz- und -ursprungslinie)	Linea aspera
9	Äußerer Gelenkknorren (des Oberschenkelbeins)	Condylus lateralis (femoris)
10	Innerer Gelenkknorren (des Oberschenkelbeins)	Condylus medialis (femoris)
11	Schenkelhals	Collum femoris
12	Oberschenkelbeinschaft	Corpus femoris
13	Innerer Obergelenkknorren (des Oberschenkelbeins)	Epicondylus medialis (femoris)
14	Äußerer Obergelenkknorren (des Oberschenkelbeins)	Epicondylus lateralis (femoris)
15	Knochenkamm zwischen den Rollhügeln	Crista intertrochanterica
16	Rauhigkeit für den Ansatz des großen Gesäßmuskels	Tuberositas glutea
17	Kammlinie (Ansatz des Kamm-Muskels)	Linea pectinea
18	Rauhe Linie, innere Lippe	Linea aspera, Labium mediale
19	Rauhe Linie, äußere Lippe	Linea aspera, Labium laterale
20	Kniekehlenfläche (des Oberschenkelbeins)	Facies poplitea
21	Zwischenknorrengrube (für die Kreuzbänder)	Fossa intercondylaris
22	Kopfbandgrube	Fovea capitis femoris
23	Zweiter Lendenwirbel	Vertebra lumbalis (lumbaris) II
24	Linie zwischen den Rollhügeln	Linea intertrochanterica
25	Gelenkfläche für die Kniescheibe	Facies patellaris
26	Traglinie des Beins	-
27	Schaftachse des Oberschenkelbeins	-
28	Kniebasis	-
29	Knöchelachse	-

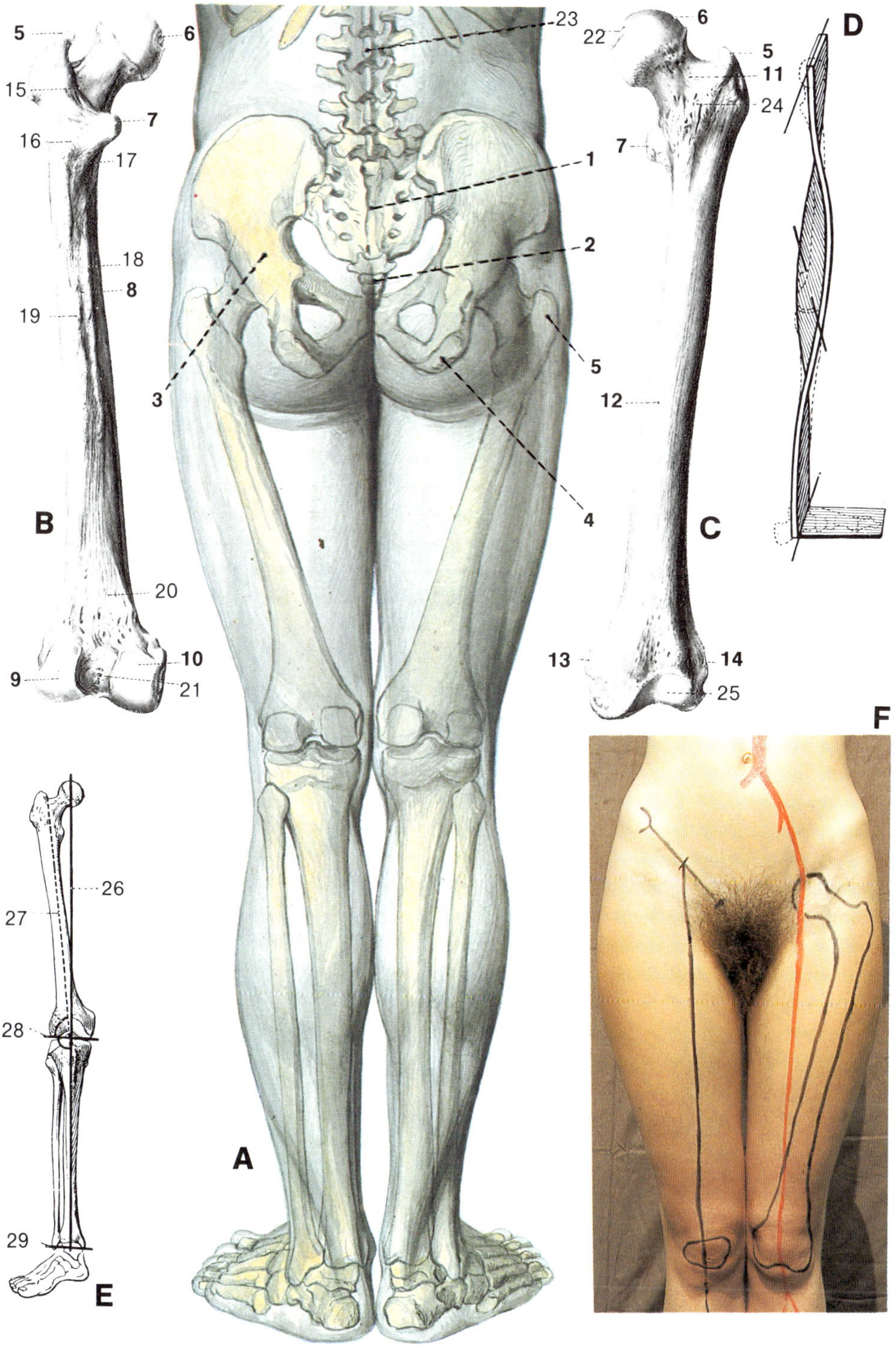
A
B
C
D
E
F
1
2
3
4
5
6
7
8
9
10
11
12
13
14
15
16
17
18
19
20
21
22
23
24
25
26
27
28
29

Hüftgelenk

Das Hüftgelenk ist ein Kugelgelenk mit 3 Hauptbewegungsrichtungen:
- Beugen - Strecken
- Abspreizen - Anziehen
- Außenkreiseln - Innenkreiseln

Der erstaunlich große Bewegungsumfang wird durch die Konstruktion des Schenkelhalses möglich: Der Hüftkopf sitzt nicht unmittelbar dem Oberschenkelschaft auf, sondern ist durch einen sich verjüngenden Hals mit ihm verbunden. Deswegen kann sich der Kopf sehr frei in der Pfanne bewegen und ist trotzdem gegen Verrenkungen gut geschützt (im Gegensatz zum Schultergelenk!). Ein Nachteil dieser Konstruktion ist die Gefahr des Schenkelhalsbruchs im Alter.

A Frontalschnitt durch den hüftgelenknahen Teil eines Oberschenkelbeins. Auf dem Foto erkennt man deutlich die in Abb. B schematisch angegebenen Verlaufsrichtungen der Knochenbälkchen. Diese Anordnung ist nicht zufällig, sondern ergibt sich aus der Belastungssituation im Hüftgelenk. Bei Änderungen der Belastung über längere Zeit werden die Knochenbälkchen neu orientiert.
- Knochen ist nicht ein für allemal in seiner Form festgelegt, sondern als lebendes Gewebe in einem ständigen Erneuerungsprozeß begriffen. An weniger belasteten Stellen wird Knochen abgebaut und dafür an stärker belasteten aufgebaut. Im höheren Alter überwiegen bei Knochen die Abbauvorgänge. Damit nimmt die Bruchfestigkeit ab. Ein für das Kind harmloser Sturz kann für den Greis lebensgefährdend sein.
- Besonders problematisch ist im Alter der Schenkelhals. Die eigenartige Abwinklung des Hüftkopfs gegenüber dem Schaft des Oberschenkelbeins führt zu starken Biegebelastungen im Schenkelhals. Die Anordung der Knochenbälkchen und die hochgezogene kompakte Rindenschicht des Schaftes wirken der Biegung entgegen. Beim Knochenabbau im Alter („Altersosteoporose“) kann so viel Knochen verloren gehen, daß schon eine geringfügige Mehrbelastung zum Bruch des Schenkelhalses führt. Die Bruchheilung dauert im Alter sehr lange und bedeutet damit ein langes Krankenlager. Es wirft den alten Menschen körperlich und seelisch aus seiner Bahn und beschleunigt so oft das Ende. Durch Einsetzen eines künstlichen Hüftgelenk sucht man die Beweglichkeit des Patienten rasch wiederherzustellen.

B Frontalschnitt durch das Hüftgelenk. Eingezeichnet sind die Hauptverlaufszüge der Knochenbälkchen des schwammartigen Knochengewebes (Spongiosa) in der Nähe der Gelenkenden.

C Frontalschnitt durch das obere Ende des Oberschenkelbeins eines 6jährigen Kindes. Der Hüftkopf ist durch eine knorpelige Wachstumszone vom Schenkelhals abgesetzt. Auch der große Rollhügel ist nur knorpelig mit dem Schaft verbunden.

D Rechtes Hüftgelenk von vorn. Die Gelenkkapsel ist zweifach aufgeschnitten, um den Hüftkopf mit dem Kopfband und den Schenkelhals zu zeigen. Das Kopfband dient keineswegs dazu, den Hüftkopf in der Hüftpfanne zu halten. Es ist vielmehr eine Ernährungsstraße, über die Blutgefäße zum Hüftkopf gelangen. Allerdings reichen sie allein nicht aus, um den Hüftkopf zu ernähren. Zusätzliche Blutgefäße kommen über den Schenkelhals zum Hüftkopf. Werden diese bei Wachstumsfugenlösung, Hüftverrenkung oder Schenkelhalsbruch zerrissen, so kann der Hüftkopf geschädigt werden („Hüftkopfnekrose“).

E Bewegungsspielraum des Hüftgelenks, eingezeichnet auf der Bahnkugel.

1	Hüftpfanne	Acetabulum
2	Vorderer oberer Darmbeinstachel	Spina iliaca anterior superior
3	Darmbein-Oberschenkel-Band	Lig. iliofemorale
4	Hüftkopf (= Schenkelkopf)	Caput femoris
5	Schaft des Oberschenkelbeins	Corpus femoris
6	Kleiner Rollhügel	Trochanter minor
7	Großer Rollhügel	Trochanter major
8	Sitzbeinhöcker	Tuber ischiadicum (ischiale)
9	Hüftlochmembran	Membrana obturatoria
10	Kopfband des Oberschenkelbeins	Lig. capitis femoris
11	Querband der Hüftpfanne	Lig. transversum acetabuli
12	Gelenklippe der Hüftpfanne	Labrum acetabulare
13	Ringzone der Gelenkkapsel	Zona orbicularis
14	Vorderer unterer Darmbeinstachel	Spina iliaca anterior inferior
15	Schambein-Oberschenkel-Band	Lig. pubofemorale
16	Sitzbein-Oberschenkel-Band	Lig. ischiofemorale
17	Gelenkkapsel	Capsula articularis
18	Kopfbandgrube	Fovea capitis femoris

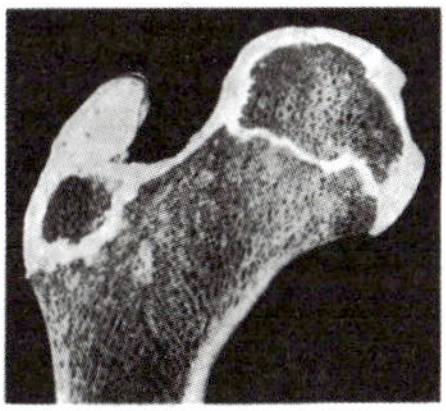
C

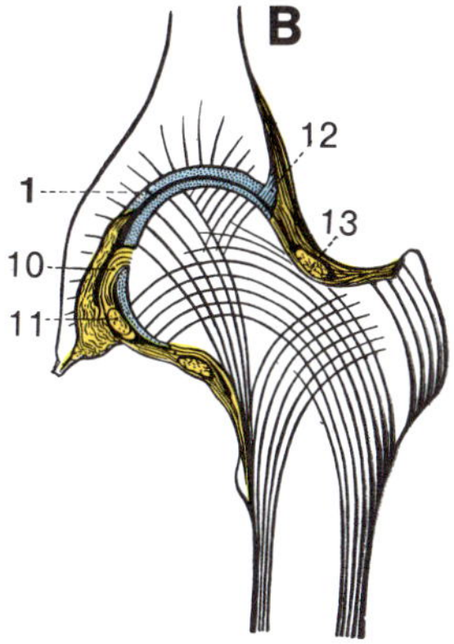

B

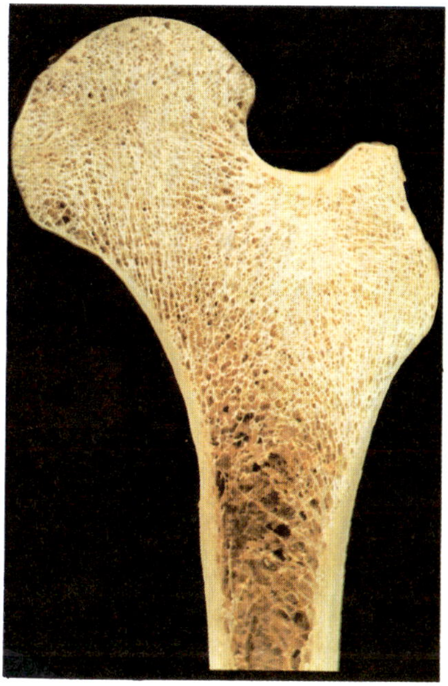
A

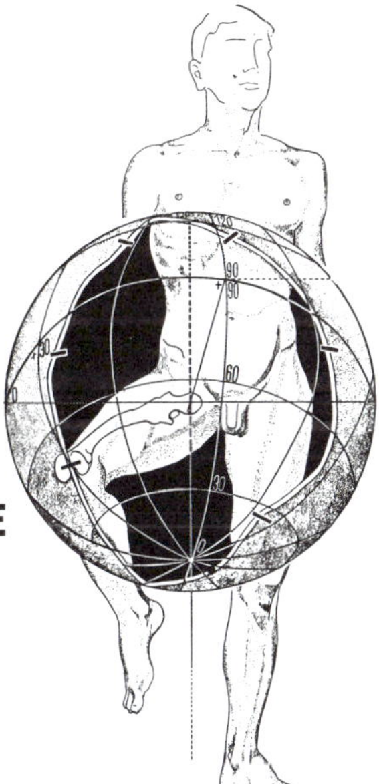
E

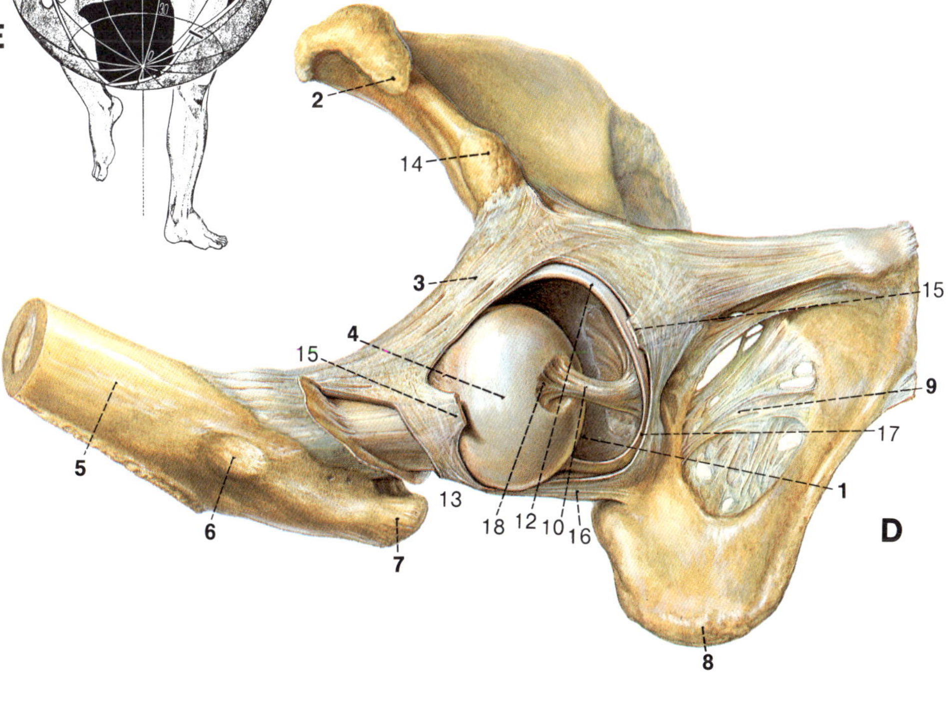

D

Neutralnullmethode
Um bei Bewegungsmessungen vergleichbare Ergebnisse zu erhalten, muß man einheitliche Meßbedingungen schaffen. Dazu gehört vor allem eine eindeutige Bestimmung der Ausgangsstellung, von der aus man eine Bewegung mißt. In der Bundesrepublik Deutschland wird für alle Begutachtungen die *Neutralnullmethode* empfohlen. Ausgangsstellung (Nullstellung) ist dabei für alle Gelenke ihre Haltung bei der „Neutralnullstellung": Der Patient steht aufrecht mit geschlossenen Füßen und angelegten Armen, wobei die Daumen nach vorn weisen.

Den Bewegungsumfang gibt man für jede Hauptachse eines Gelenks in 3 Zahlen an:
- die Bewegung in Winkelgraden in der einen Richtung
- die Null (für die Nullstellung)
- die Bewegung in der anderen Richtung

Man mißt jeweils die „passive" Beweglichkeit, d.h. den Bewegungsumfang, den der Arzt beim Bewegen des Patienten erzielen kann. Die „aktive" Beweglichkeit (das was der Patient mit den zu dem betreffenden Gelenk gehörenden Muskeln selbst erreichen kann) ist meist kleiner.

A-E Bewegungsumfänge des Hüftgelenks: mittlere Meßwerte von gesunden jungen Erwachsenen nach der Neutralnullmethode.

A + B Um die Beuge-Streck-Achse kann man das Hüftgelenk (in Seitenlage) etwa 10° strecken (**A**) und 130° beugen (**B**). Das Protokoll lautet dann: Strecken - Beugen (Extension - Flexion) 10° - 0° - 130°. Beugen und Strecken im Hüftgelenk werden normalerweise durch entsprechende Bewegungen in der Lendenwirbelsäule ergänzt. Deshalb muß man diese Mitbewegungen ausschalten: Beim Strecken verhindert der Patient eine Mitbewegung des Beckens, indem er den Oberschenkel der anderen Seite an den Rumpf preßt. Beim Beugen hält der Untersucher den Oberschenkel fest.

C Um die Abspreiz-Anführ-Achse kann man das Hüftgelenk (in Rückenlage) etwa 45° abspreizen und 30° anführen (anziehen). Das Protokoll lautet: Abspreizen - Anführen (Abduktion - Adduktion) 45° - 0° - 30°.

D + E Kreiselbewegungen werden bei den großen Kugelgelenken gewöhnlich außer aus der Neutralnullstellung noch aus einer weiteren Ausgangsstellung gemessen. Beim Hüftgelenk ist dies die rechtwinklige Beugung (entsprechend dem Sitzen). Häufig ist in Beugestellung (**D**) die Kreiselung größer als in Streckstellung (**E**). Um einen einfachen „Zeiger" für die Bewegung zu gewinnen, beugt man das Knie rechtwinklig. Dann kann man am Unterschenkel das Bewegungsmaß für das Kreiseln im Hüftgelenk leicht ablesen. Das Protokoll lautet etwa: Außenkreiseln - Innenkreiseln (Außenrotation - Innenrotation) 50° - 0° - 40°.

F Überbeweglichkeit (Hypermobilität) im Hüftgelenk. Es kann bis auf 170° gebeugt werden.

G Außenkreiseln im Hüftgelenk im Sitzen.

H Innenkreiseln im Hüftgelenk im Sitzen. Man beachte, daß beim Innenkreiseln im Hüftgelenk der Unterschenkel nach außen geführt wird!

I-M Hüftgelenke und Wirbelsäule wirken zusammen. Beuge- und Streckbewegungen im Hüftgelenk werden durch Vertiefen und Abflachen der Krümmungen der Wirbelsäule ergänzt. Leichte Bewegungsbehinderungen in der Wirbelsäule oder im Hüftgelenk können durch den jeweils anderen Teil der Bewegungskette ausgeglichen werden
- Die tiefen Rückenstreckmuskeln, der vierköpfige Oberschenkelmuskel und die Oberschenkelanzieher kippen das Becken nach vorn (**I**). Die Lendenlordose wird dadurch vertieft. Der Oberkörper wird zum Ausgleich zurückgeneigt. Die Bauchwand wird gedehnt.
- Der gerade Bauchmuskel, der große Gesäßmuskel und die Sitzbein-Unterschenkel-Muskeln kippen das Becken nach hinten (**J**). Die Lendenlordose flacht ab. Der Brustkorb wird dem Becken angenähert.
- Im aufrechten Stand muß das Hüftgelenk nicht in Neutralnullstellung (**L**) stehen. Eine leichte Beugung im Hüftgelenk kann durch Vertiefen der Lendenlordose ausgeglichen werden (**K**). Beim Überstrecken des Hüftgelenks wird die Lendenlordose abgeflacht (**M**). Die Stellung des Beckens (und damit des Hüftgelenks) kann man in den 3 Abb. anhand des Oberrandes des Bikiniunterteils sowie am markierten Beckenkamm leicht beurteilen.

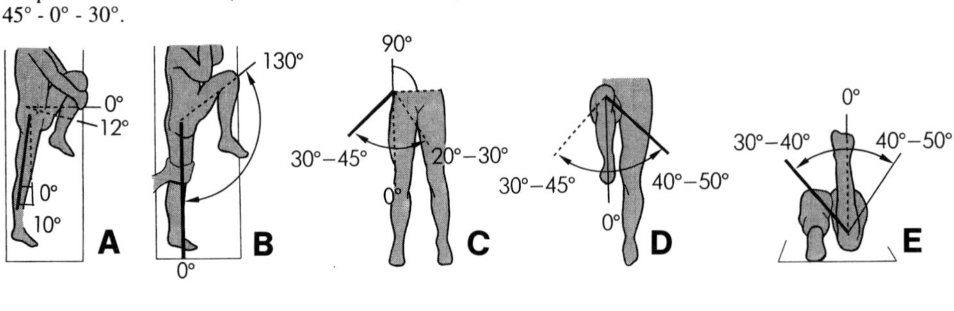

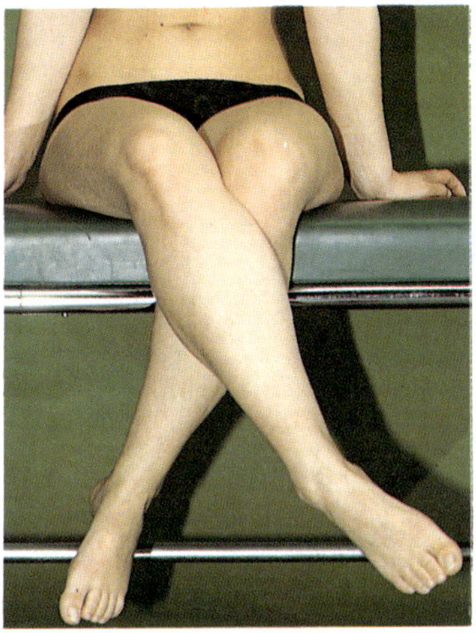

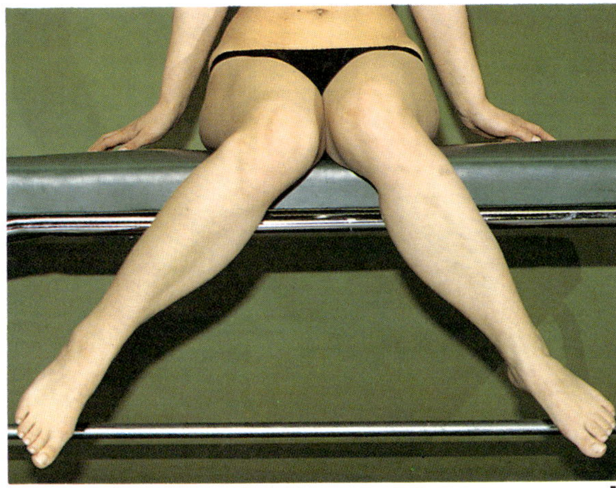

G

F

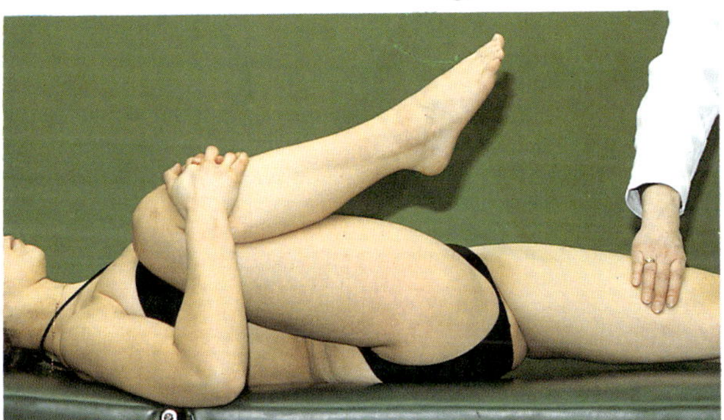

H

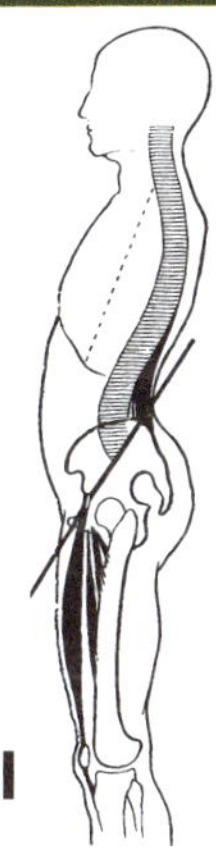

I

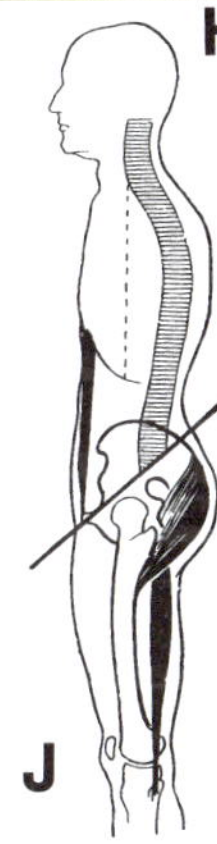

J

K

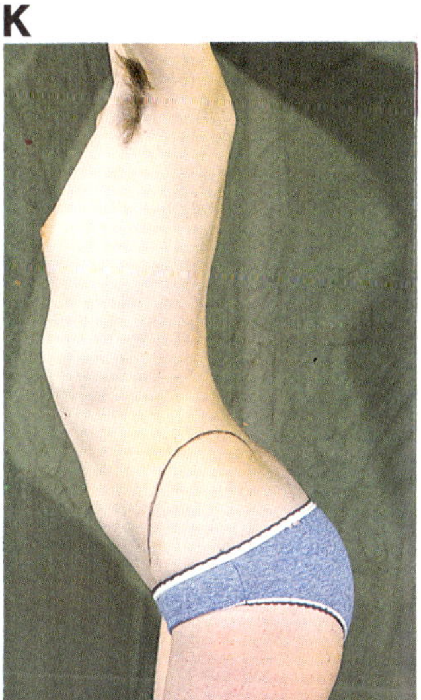

L

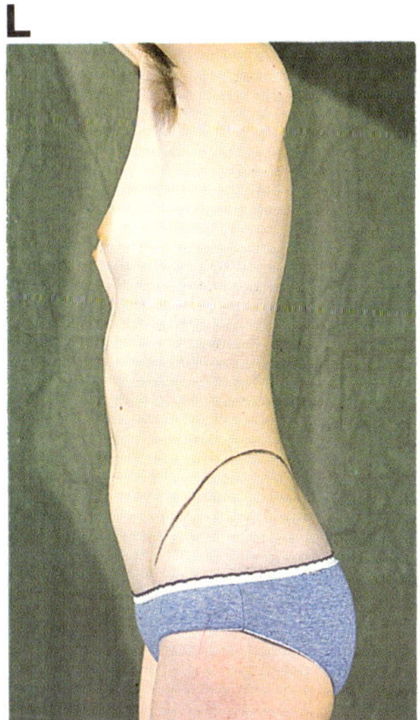

M

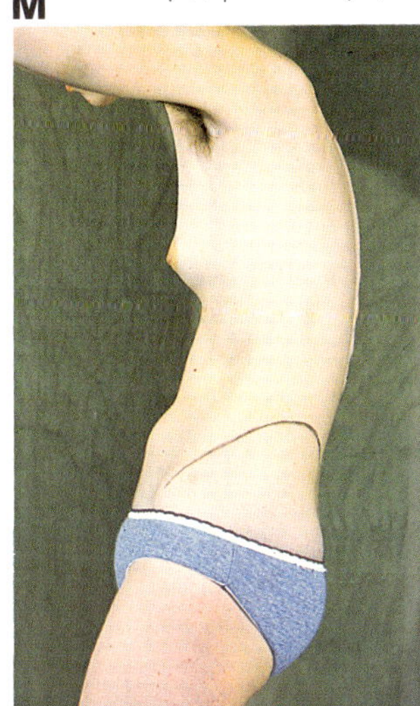

Muskeln des Hüftgelenks

Wichtigste Muskeln des Hüftgelenks:
- *Strecker*: großer Gesäßmuskel
- *Beuger*: Darmbein-Lenden-Muskel + gerader Oberschenkelmuskel
- *Abspreizer*: mittlerer + kleiner Gesäßmuskel
- *Anzieher*: Anziehergruppe

Der *große Gesäßmuskel* entspringt vom Kreuzbein und vom hinteren Abschnitt des Darmbeins und setzt am Oberschenkelschaft unterhalb der Rollhügel an. Er strahlt aber auch in die Darmbein-Schienbein-Sehne in der Oberschenkelfaszie ein. Er streckt im Hüftgelenk und kreiselt den Oberschenkel nach außen. Der große Gesäßmuskel ist ein für den Menschen charakteristisches Merkmal des Körperbaus: Infolge der „Aufrichtung" zum zweibeinigen Stand hat sich die Streckmuskulatur des Hüftgelenks so stark entfaltet.

Als *Sitzbein-Unterschenkel-Muskeln* (ischiokrurale Muskeln) faßt man drei Muskeln auf der Rückseite des Oberschenkels zusammen:
- zweiköpfiger Oberschenkelmuskel,
- halbsehniger Muskel,
- halbmembranöser Muskel.

Sie entspringen gemeinsam am Sitzbein und setzen am Wadenbein bzw. Schienbein an. Sie strecken im Hüftgelenk. Ihre Hauptaufgabe aber ist, im Kniegelenk zu beugen.

A Muskeln des Gesäßes und der Rückseite des Oberschenkels, oberflächliche Schicht.

B-D *Lendenraute* und Gesäßbacken. Im Lenden-Kreuzbein-Bereich sinkt die Haut gewöhnlich an 4 Punkten zu Grübchen ein, die etwa in Rautenform angeordnet sind:
- Die beiden seitlichen Grübchen liegen über den hinteren oberen Darmbeinstacheln.
- Die obere, rinnenförmige Einsenkung entsteht durch die Lendenlordose (tiefster Punkt etwa über dem 3. Lendendornfortsatz).
- Die untere Begrenzung der Raute wird vom Rand des großen Gesäßmuskels auf beiden Seiten gebildet.

Eine gut hervortretende Lendenraute gehört zu den Schönheiten des Körpers. Die Form der Gesäßbacken hängt sehr vom Grad der Anspannung des großen Gesäßmuskels ab:

B Beim ruhigen Stehen sind die Gesäßbacken gleichmäßig gerundet. Die Gesäßfurche läuft weit zur Seite.

C Bei der strammen Haltung (oder um den Abgang heftig drängender Winde zu verhindern) werden die Gesäßbacken zusammengepreßt. Die Gesäßfurchen sind verkürzt.

D Wird nur das rechte Bein belastet, so ist die rechte Gesäßbacke gespannt und die linke schlaff. Die Gesäßfurche ist links weniger deutlich und steht tiefer.

E Bei Lähmung des mittleren und des kleinen Gesäßmuskels kann beim Stehen auf dem kranken Bein das Becken nicht im Gleichgewicht gehalten werden. Das Gesäß sinkt auf der gesunden (!) Seite nach unten.

F Normalhaltung. Die Schwerpunkte des Kopfes und des Gesamtkörpers liegen in einer Frontalebene, die durch Hüft-, Knie- und Sprunggelenke zieht.

G Stramme Haltung. Der Oberkörper wird vorgeschoben, die Schwerelinie geht nicht mehr durch die Sprunggelenke, es müssen sich die Muskeln der Rückseite des Körpers anspannen, um das Gleichgewicht zu erhalten.

1	Hinterer oberer Darmbeinstachel	Spina iliaca posterior superior
2	Mittlerer Gesäßmuskel	M. gluteus medius
3	Großer Gesäßmuskel	M. gluteus maximus
4	Großer Rollhügel	Trochanter major
5	Halbmembranöser Muskel	M. semimembranosus
6	Halbsehniger Muskel	M. semitendinosus
7	Zweiköpfiger Oberschenkelmuskel	M. biceps femoris
8	Äußerer Wadenmuskel	M. gastrocnemius, Caput laterale
9	Schlanker Muskel	M. gracilis
10	Großer Anzieher	M. adductor magnus
11	Darmbein-Schienbein-Sehne	Tractus iliotibialis
12	Schneidermuskel	M. sartorius
13	Kniekehlenfläche (des Oberschenkelbeins)	Facies poplitea
14	Sohlenmuskel	M. plantaris

A

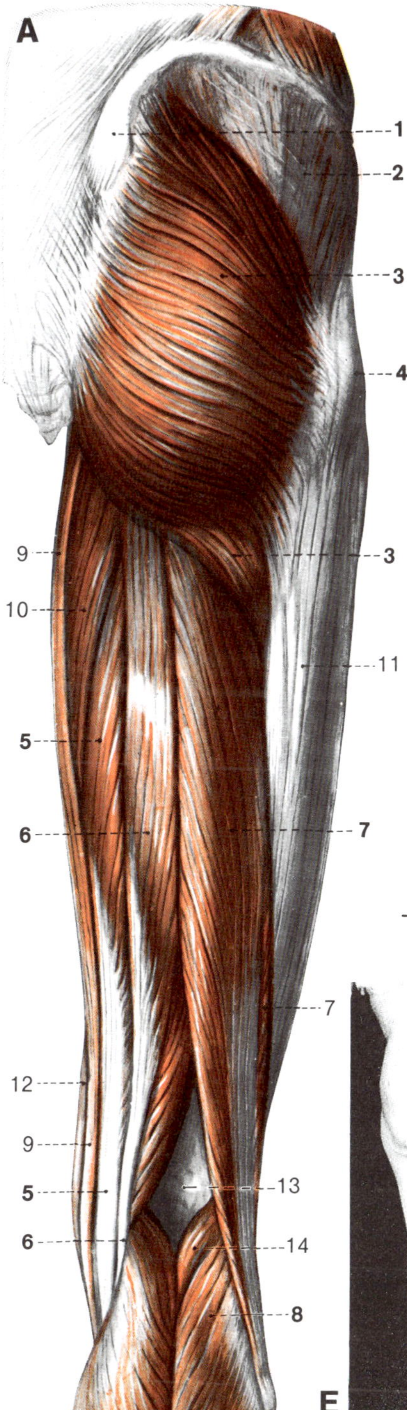

F

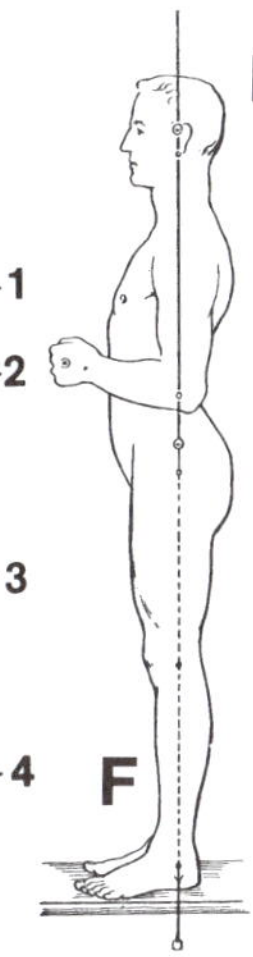

B

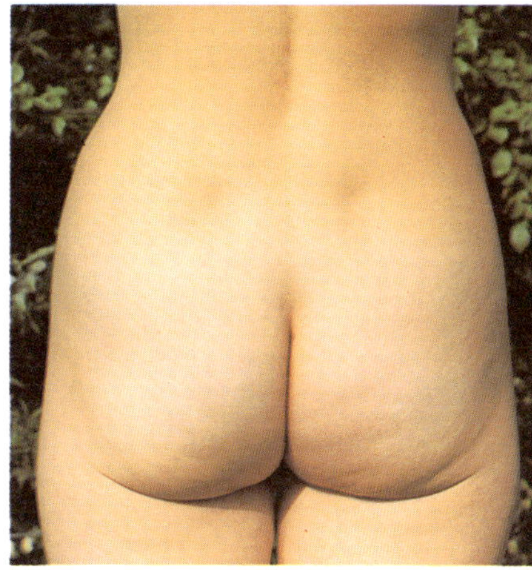

G

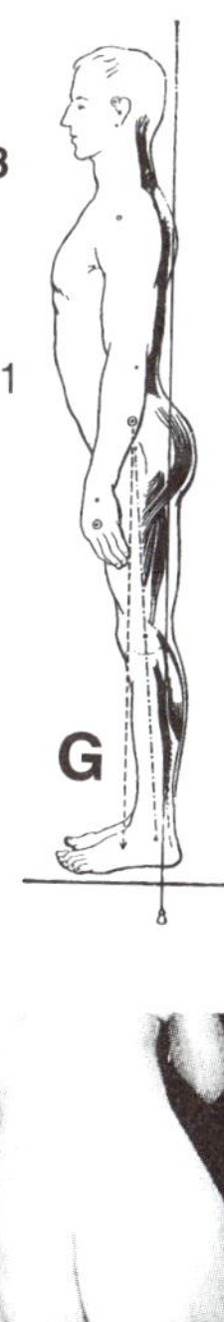

C

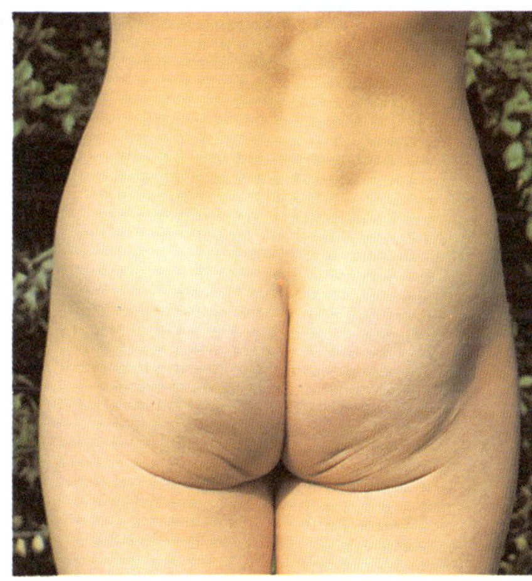

D

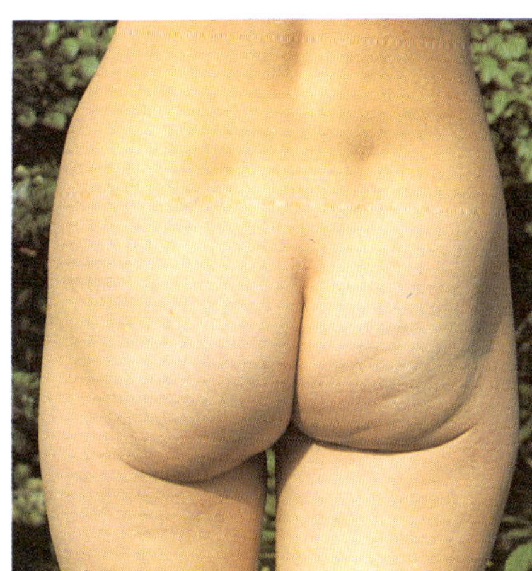

E

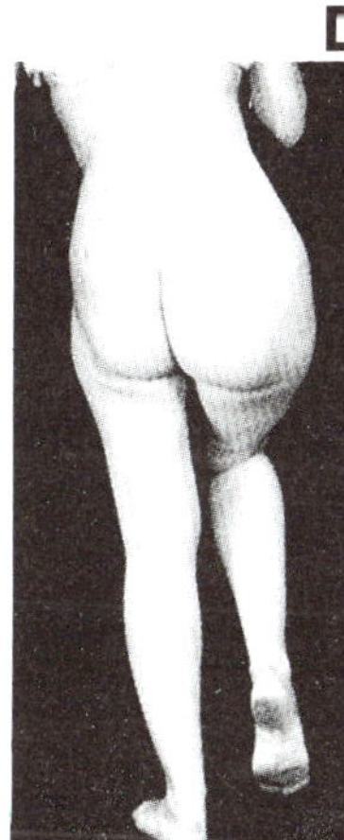

A Muskeln des Gesäßes und der Rückseite des Oberschenkels, tiefe Schicht. Der große Gesäßmuskel, der halbsehnige Muskel und der lange Kopf des zweiköpfigen Oberschenkelmuskels sind größtenteils entfernt. Der mittlere und der kleine Gesäßmuskel sind sehr wichtig für die Ausgleichsbewegungen des Beckens beim Gehen: Damit das Spielbein durchschwingen kann, muß das Becken auf dieser Seite angehoben werden. Dies geschieht durch die genannten Muskeln der Standbeinseite.

B Nerven und Schlagadern der Gesäßgegend und der Rückseite des Oberschenkels. Der große und der mittlere Gesäßmuskel sind teilweise entfernt. Die wichtigsten Nerven des Beins sind:

• *Ischiasnerv* („Ischiadikus"): Er versorgt die Muskeln der Rückseite des Oberschenkels und alle Muskeln unterhalb des Kniegelenks. Er ist der stärkste Nerv des Körpers (in der Gesäßgegend etwa 1 cm breit!).

• *Oberschenkelnerv* („Femoralis", ➥ S. 133, B): Er ist für die mächtigen Muskeln auf der Vorderseite des Oberschenkels verantwortlich, die sich an der Kniescheibe befestigen.

C Gedehnte Muskelschlinge vom Oberarm zum Unterschenkel: Trapezmuskel, breiter Rückenmuskel, großer Gesäßmuskel, Sitzbein-Unterschenkel-Muskeln.

D Beim Vorneigen des Rumpfes im Sitzen werden die Rückenstrecker und die hinteren Oberschenkelmuskeln gedehnt.

E Balance des Beckens im Hüftgelenk. Es sind die abwärts gerichteten Muskelzüge in Seitenansicht dargestellt. Oberhalb des Hüftgelenks großer, mittlerer und kleiner Gesäßmuskel sowie Schenkelbindenspanner, unterhalb hinten die Sitzbein-Unterschenkel-Muskeln, vorn der gerade Oberschenkelmuskel und die Oberschenkelanzieher.

1	Hinterer oberer Darmbeinstachel	Spina iliaca posterior superior
2	Mittlerer Gesäßmuskel	M. gluteus medius
3	Kreuzbein-Sitzbeinhöcker-Band	Lig. sacrotuberale
4	Großer Gesäßmuskel (durchgetrennt)	M. gluteus maximus
5	Halbsehniger Muskel (durchgetrennt)	M. semitendinosus
6	Großer Anzieher	M. adductor magnus
7	Halbmembranöser Muskel	M. semimembranosus
8	Zweiköpfiger Oberschenkelmuskel	M. biceps femoris
9	Wadenbeinkopf	Caput fibulae (fibulare)
10	Äußerer Wadenmuskel	M. gastrocnemius, Caput laterale
11	Innerer Wadenmuskel	M. gastrocnemius, Caput mediale
12	Kreuzbein-Sitzbeinstachel-Band	Lig. sacrospinale
13	Ischiasnerv	N. ischiadicus (sciaticus)
14	Kleiner Gesäßmuskel	M. gluteus minimus
15	Großer Rollhügel	Trochanter major
16	Schienbeinnerv	N. tibialis
17	Gemeinsamer Wadenbeinnerv	N. fibularis communis
18	Birnförmiger Muskel	M. piriformis
19	Oberer Zwillingsmuskel	M. gemellus superior
20	Innerer Hüftlochmuskel	M. obturator internus
21	Unterer Zwillingsmuskel	M. gemellus inferior
22	Viereckiger Oberschenkelmuskel	M. quadratus femoris
23	Darmbein-Schienbein-Sehne	Tractus iliotibialis
24 + 25	Schleimbeutel auf dem großen Rollhügel unter dem großen Gesäßmuskel	Bursa trochanterica musculi glutei maximi
26	Schlanker Muskel	M. gracilis
27	Rauhe Linie	Linea aspera
28	Kniekehlenfläche (des Oberschenkelbeins)	Facies poplitea
29	Sohlenmuskel	M. plantaris
30	Schneidermuskel (Sehne)	M. sartorius
31	Schlanker Muskel (Sehne)	M. gracilis
32	Lücke oberhalb des birnförmigen Muskels	[Foramen suprapiriforme]
33	Schamnerv	N. pudendus
34	Innere Schamschlagader	A. pudenda interna
35	Untere Gesäßschlagader	A. glutealis inferior
36	Unterer Gesäßnerv	N. gluteus inferior
37	Hinterer Oberschenkelhautnerv	N. cutaneus femoris posterior
38	Obere Gesäßschlagader	A. glutealis superior
39	Oberer Gesäßnerv	N. gluteus superior
40	Schenkelbindenspanner	M. tensor fasciae latae

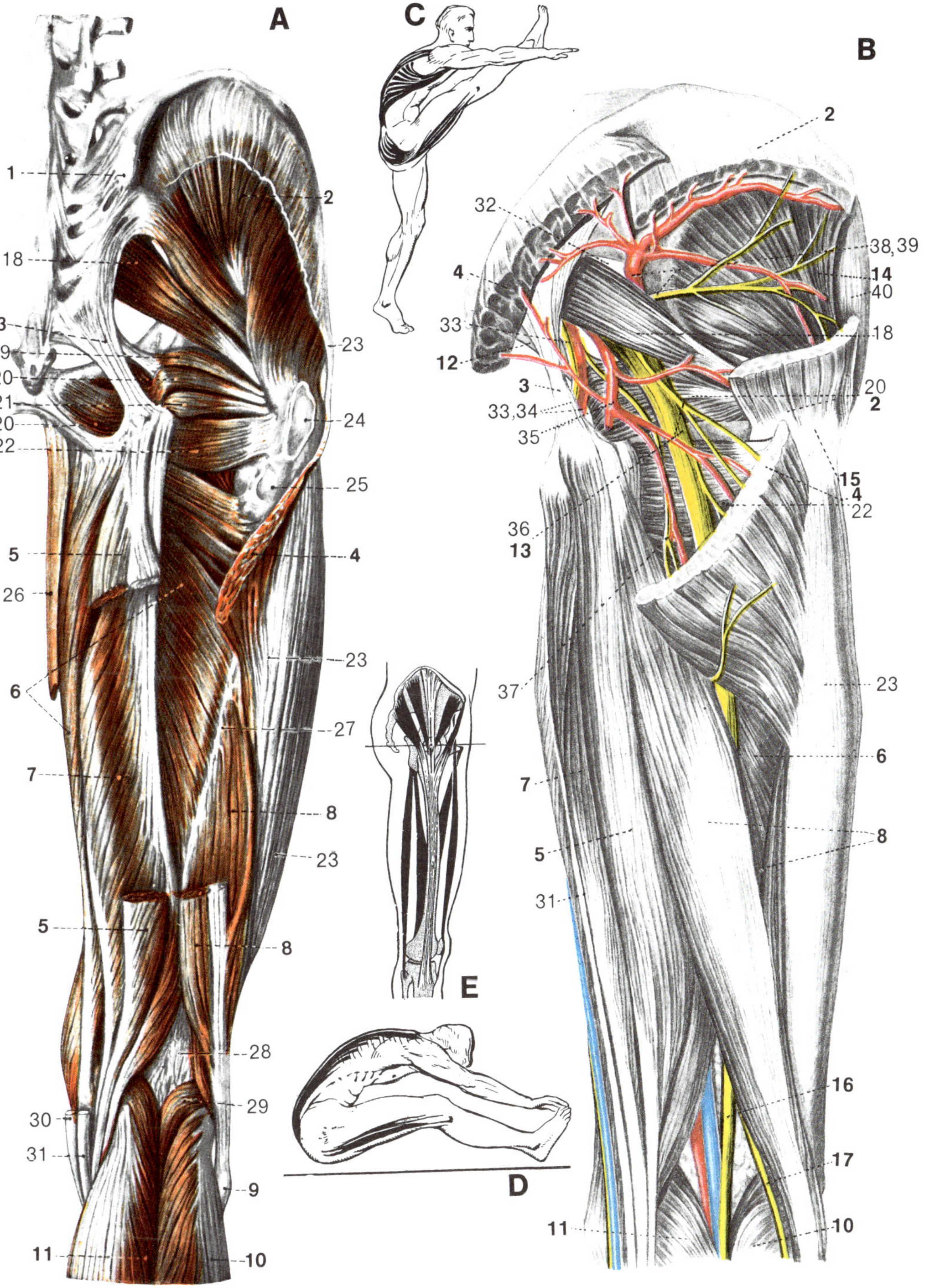
A
1
2
18
3
19
20
21
20
22
23
24
25
5
26
4
23
6
27
7
8
23
5
8
28
29
30
31
9
11
10
C
E
D
B
2
32
38,39
14
40
4
33
18
12
3
20
33,34
2
35
15
4
22
36
13
37
23
6
7
8
5
31
16
17
11
10

Intramuskuläre Injektion
Muskeln sind gut durchblutet. Spritzt man ein in Wasser gelöstes Heilmittel in Muskeln ein, so gelangt es fast ebensoschnell in den Kreislauf wie beim Einspritzen in eine Vene. Man kann aber auch durch entsprechende Zubereitung (Depotform) des Heilmittels eine langsame Aufnahme des Wirkstoffs erreichen (z.B. „3-Monats-Spritze"). Durch eine unsachgemäße Injektion kann einem Patienten schwerer Schaden zugefügt werden, denn manche Arzneimittel sind zwar im Muskel, nicht aber bei Injektion in Fettgewebe, Blutgefäße oder Nerven verträglich. Lang anhaltende Schmerzen, Lähmungen („Spritzenlähmung") oder gar plötzliches Kreislaufversagen (Schock) sind möglich. Man muß daher für die intramuskuläre Injektion eine Körperstelle wählen, an der

- die Muskelschicht dick genug ist, damit man die Nadel auch sicher in den Muskel und nicht etwa nur in das Unterhautfettgewebe oder in Bindegeweberäume einsticht.
- keine größeren Blutgefäße oder Nerven liegen.

Bevorzugte Orte für die intramuskuläre Injektion:
- Gesäßgegend („intragluteale Injektion")
- vordere Oberschenkelgegend
- hintere Oberarmgegend

A Intramuskuläre Injektion in den „äußeren oberen Quadranten" der Gesäßgegend: Man denke sich die Gesäßgegend durch ein Achsenkreuz in vier gleich große Viertel zerlegt (1 = Darmbeinkamm, 2 = Ischiasnerv). Nur in das äußere obere Viertel (4) darf man einspritzen. Diese althergebrachte Methode ist zwar bei richtiger Ausführung sicher, doch bestehen offenbar häufig Mißverständnisse bezüglich der Grenzen des „äußeren oberen Quadranten". Verhängnisvolle Fehler kommen zustande, wenn man zu weit zur Mitte oder zu weit nach unten gelangt. Deshalb wird heute meist die in Abb. B beschriebene Methode empfohlen.

B + C Intramuskuläre Injektion in den vorderen Bereich der Gesäßgegend (ventrogluteale Injektion nach von Hochstetter). Bei Injektion in die rechte Gesäßgegend legt man die Spitze des Zeigefingers der linken Hand auf den rechten vorderen oberen Darmbeinstachel (3) des Patienten, spreizt den dritten Finger weit ab und injiziert in das dreieckige Feld (4) zwischen den beiden Fingern und dem Darmbeinkamm (1). Die Handfläche liegt dabei auf dem großen Rollhügel. Bei Injektion in die linke Gesäßgegend werden die Finger sinngemäß vertauscht. Vorteile:

- Die Muskelschicht ist hier besonders dick, weil der mittlere und der kleine Gesäßmuskel übereinander liegen. Man darf daher tief einstechen, ohne Gefahr zu laufen, den Knochen zu treffen.
- In diesem Bereich stößt man auf keine größeren Blutgefäße oder Nerven. Lediglich der Muskelast des oberen Gesäßnervs für den Schenkelbindenspanner kreuzt das Injektionsfeld. Sollte er zufällig getroffen werden, so hätte das nur bei Ballettänzern und bestimmten Hochleistungssportlern (z.B. Sprintern) unangenehme Folgen: Sie brauchen den Schenkelbindenspanner, um das Bein hochzureißen. „Normalpersonen" dürften den Ausfall des Schenkelbindenspanners kaum bemerken.

D Injektionsfeld bei der Injektion in den vorderen Abschnitt der Gesäßgegend. Nachteil dieser Methode ist das relativ kleine Injektionsfeld. Es sollte veranlassen, kritisch zu bedenken, ob eine intramuskuläre Injektion wirklich nötig ist. Viele Injektionen sind überflüssig, weil die betreffenden Arzneimittel ebensogut über den Mund eingenommen werden können. Läßt sich das Einspritzen nicht vermeiden, so sollte man zumindest prüfen, ob nicht auch eine intravenöse Injektion möglich wäre. Bei dieser wird das eingespritze Mittel im Blutstrom rasch verdünnt. Deshalb sind örtliche Reizerscheinungen selten.

E Zum besseren Verständnis sollte man sich die besonders gefährdeten Nerven und Blutgefäße auf die Gesäßgegend aufmalen. Wichtige Orientierungspunkte sind dabei: A hinterer oberer Darmbeinstachel (seitliche Eckpunkte der Lendenraute), B Sitzbeinhöcker (unten in der Tiefe der Gesäßgegend zu tasten), C Spitze des großen Rollhügels (seitlich ganz oberflächlich). Der Ischiasnerv und die untere Gesäßschlagader treten in der Mitte der Linie AB in die Gesäßgegend ein und ziehen im Bogen nach außen und unten (innerer Drittelpunkt von BC). Der obere Gesäßnerv und die obere Gesäßschlagader verlaufen von inneren Drittelpunkt der Linie AC etwa horizontal zur Seite.

F Injektionsfelder und Nerven der Gesäßgegend.

- Blau geschrafft der „äußere obere Quadrant".
- Schwarz horizontal markiert das Feld für die Injektion in den vorderen Abschnitt der Gesäßgegend (ventrogluteale Injektion).
- Schwarz vertikal geschrafft ein Injektionsfeld zwischen Darmbeinkamm und der Verbindungslinie zwischen vorderem und hinterem oberen Darmbeinstachel (nach von Lanz und Wachsmuth). Dieses Feld ist bezüglich Gefäßen und Nerven am sichersten. Es hat den Nachteil, daß die Dicke der Muskeln nicht so einfach abzuschätzen ist.

G Großer Gewebedefekt nach fehlerhafter intramuskulärer Injektion. Der Einstich erfolgte zu weit innen und unten und traf die untere Gesäßschlagader. Das Arzneimittel löste einen Gefäßkrampf aus. Das nicht mehr durchblutete Gewebe starb ab. Es dauerte viele Wochen, bis der tiefe Krater wieder geschlossen war. Eine tief eingezogene Narbe, Schmerzen und Bewegungsbehinderungen blieben.

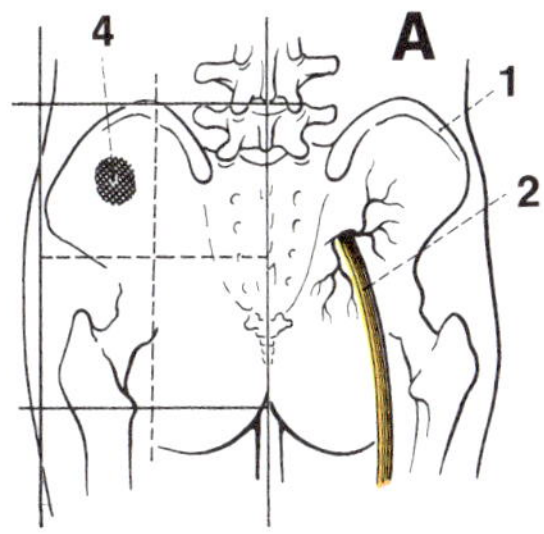

A

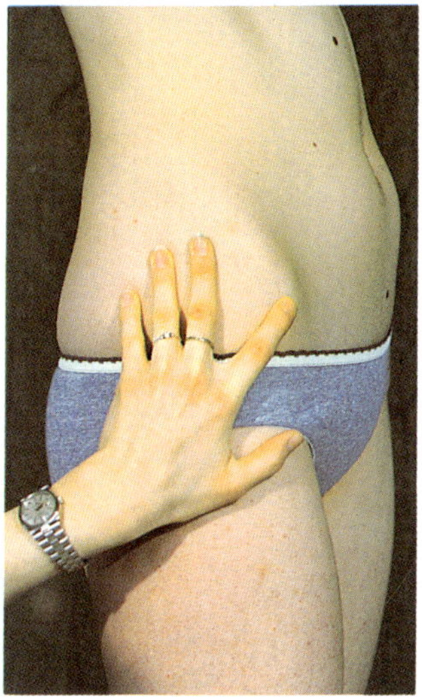

B

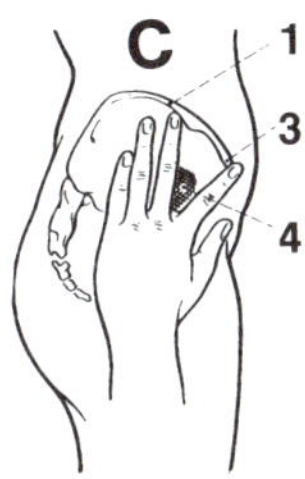

C

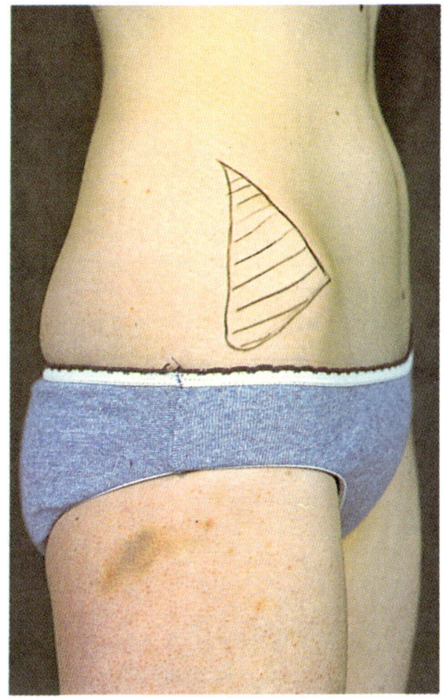

D

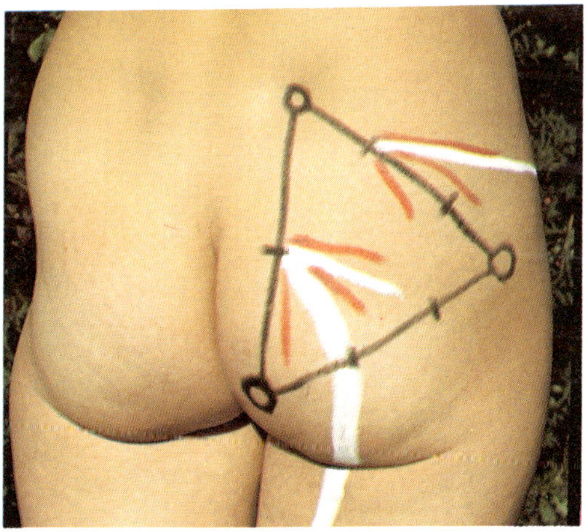

E

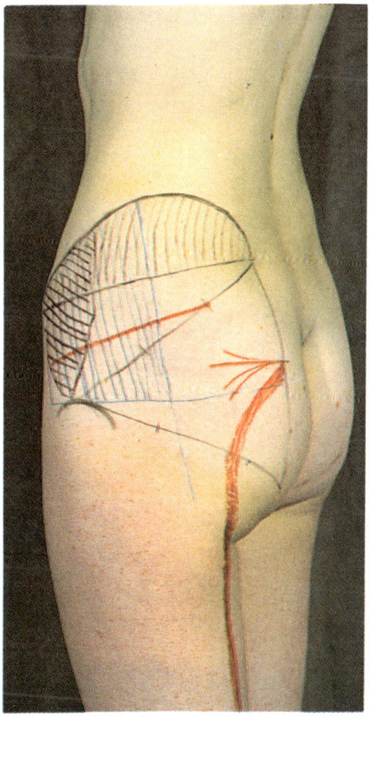

F

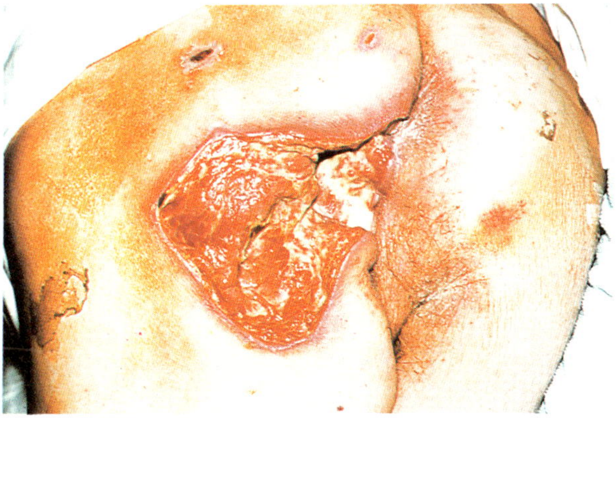

G

A Muskeln der Vorderseite des Oberschenkels.
B Nerven und Blutgefäße der Vorderseite des Oberschenkels. Der Schneidermuskel ist durchgetrennt. Die Oberschenkelschlagader ist die Fortsetzung der äußeren Beckenschlagader. Sie zieht mit der Oberschenkelvene in der unteren Hälfte des Oberschenkels durch den Anzieherkanal zur Kniekehle und teilt sich etwas unterhalb des Kniegelenks in die vordere und hintere Schienbeinschlagader. Seitlich der Oberschenkelschlagader gelangt der Oberschenkelnerv unter dem Leistenband zum Oberschenkel. Er versorgt dort die Strecker des Kniegelenks (vierköpfiger Oberschenkelmuskel) und die Vorderseite der Haut.
C Einspritzung in die Oberschenkelschlagader. Unterhalb des Leistenbandes liegt die Schlagader recht oberflächlich. Ihr Puls ist gut zu tasten (➥ S. 121, F). Trotzdem erfordert der Einstich großes Geschick, um die Hohlnadel in die Schlagader zu bringen und nicht deren Hinterwand zu durchstoßen. Über die Oberschenkelschlagader kann man Katheter in alle großen Schlagadern und in das linke Herz einführen (zur Schlagaderdarstellung im Röntgenbild und zur Herzkatheteruntersuchung).

Der Puls der Oberschenkelschlagader ist unter der Mitte des Leistenbandes zu tasten

D Das Einknicken des Beins wird von den Streckmuskeln der drei großen Gelenke der unteren Gliedmaße verhindert: großer Gesäßmuskel für das Hüftgelenk, vierköpfiger Oberschenkelmuskel für das Kniegelenk, Schollenmuskel für die Sprunggelenke. Man beachte die Anordnung der Hauptbewegungsrichtungen der Gelenke: im Hüft- und in den Sprunggelenken knickt man nach vorn, im Kniegelenk nach hinten ein.
E Beim Seitneigen im einbeinigen Stand halten die Muskeln der seitlichen Bauchwand, der mittlere und der kleine Gesäßmuskel der Spielbeinseite sowie die Oberschenkelanzieher der Standbeinseite den Rumpf im Gleichgewicht.
F Gedehnte Muskelschlinge bei Seitneigung: Kopfwender, schräge Bauchmuskeln, Schenkelbindenspanner, Oberschenkelanzieher.
G Anspannen des großen Gesäßmuskels, des vierköpfigen Oberschenkelmuskels und des dreiköpfigen Wadenmuskels bei der federnden Hocke.

1	Zwölfte Rippe	Costa XII
2	Darmbeinkamm	Crista iliaca
3	Großer Lendenmuskel	M. psoas major
4	Darmbeinmuskel	M. iliacus
3 + **4**	Darmbein-Lenden-Muskel	M. iliopsoas
5	Vorderer oberer Darmbeinstachel	Spina iliaca anterior superior
6	Lenden-Kreuzbein-Knick der Wirbelsäule	Promontorium
7	Leistenband	Lig. inguinale (Arcus inguinalis)
8	Langer Anzieher	M. adductor longus
9	Gerader Oberschenkelmuskel	M. rectus femoris
10	Äußerer Oberschenkelmuskel	M. vastus lateralis
11	Innerer Oberschenkelmuskel	M. vastus medialis
9 + **10** + **11**	Vierköpfiger Oberschenkelmuskel	M. quadriceps femoris
12	Kniescheibe	Patella
13	Kniescheibenband	Lig. patellae
14	Wadenbeinkopf	Caput fibulae (fibulare)
15	Oberschenkelnerv	N. femoralis
16	Oberschenkelschlagader	A. femoralis
17	Oberschenkelvene	V. femoralis
18	Schenkelkanal	Canalis femoralis
19	Viereckiger Lendenmuskel	M. quadratus lumborum
20	Kleiner Lendenmuskel	M. psoas minor
21	Schenkelbindenspanner	M. tensor fasciae latae
22	Schneidermuskel	M. sartorius
23 + 30	Kamm-Muskel	M. pectineus
24	Schlanker Muskel	M. gracilis
25	Darmbein-Schienbein-Sehne	Tractus iliotibialis
26	Inneres Halteband der Kniescheibe	Retinaculum patellae mediale
27	„Gänsefuß“ (Ansatzsehnen des Schneidermuskels, des schlanken Muskels und des halbsehnigen Muskels)	[Pes anserinus]
28	Oberflächliche herumbiegende Darmbeinschlagader	A. circumflexa iliaca superficialis
29	Lakunenband	Lig. lacunare
31	Großer Anzieher	M. adductor magnus
32	Anzieherkanal	Canalis adductorius
33	Saphenusnerv (Hautnerv)	N. saphenus

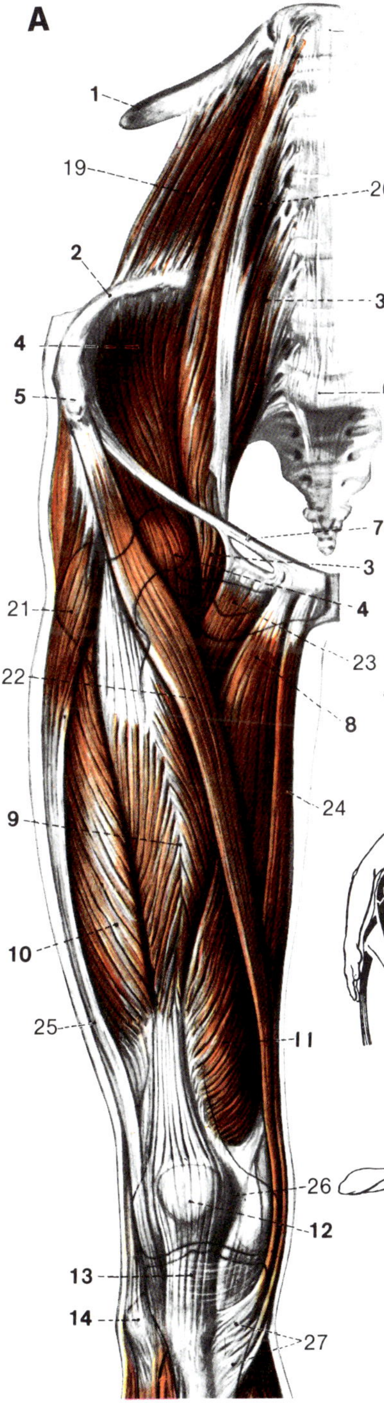
A
1
19
20
2
3
4
5
6
7
3
4
21
23
22
8
24
9
10
25
11
26
12
13
14
27

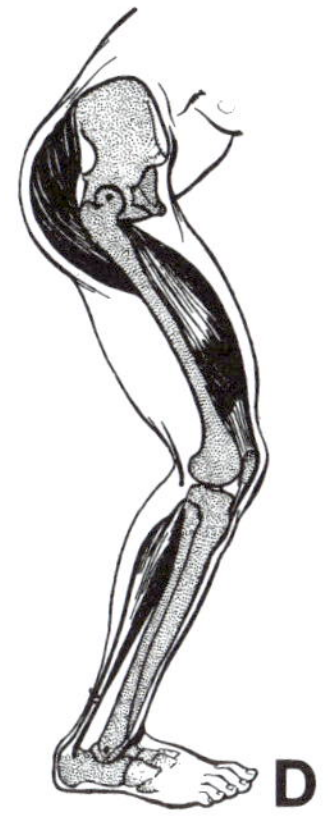
D

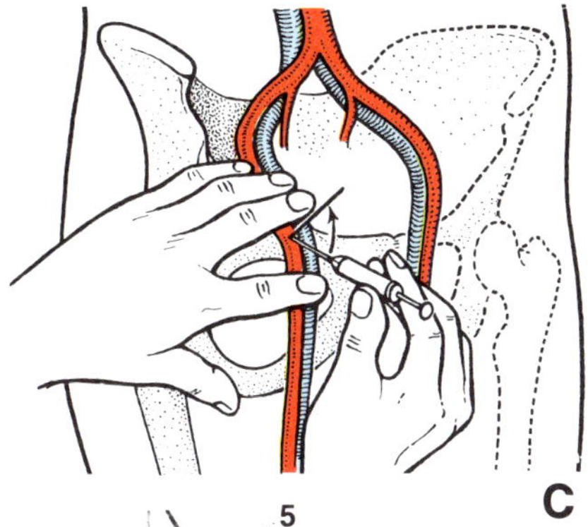
C

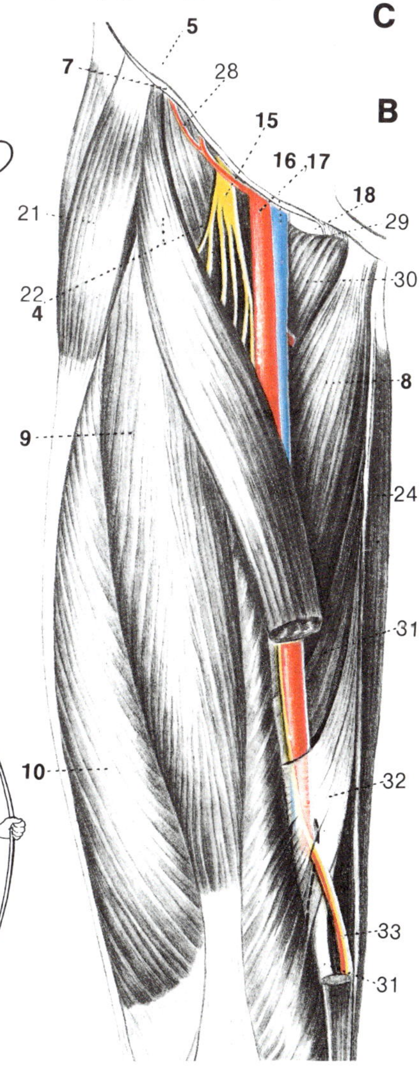
5
7
28
15
B
16, 17
18
29
21
30
22
4
8
9
24
31
10
32
33
31

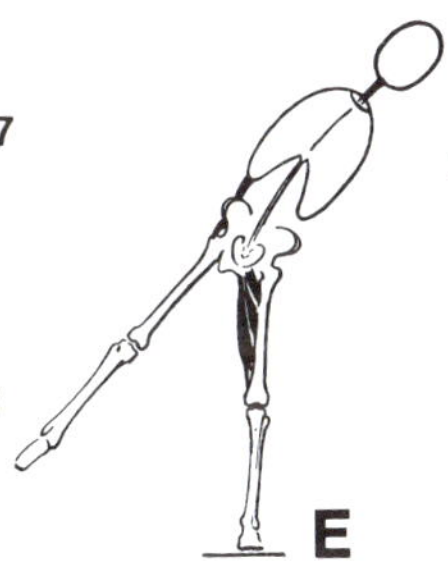
E

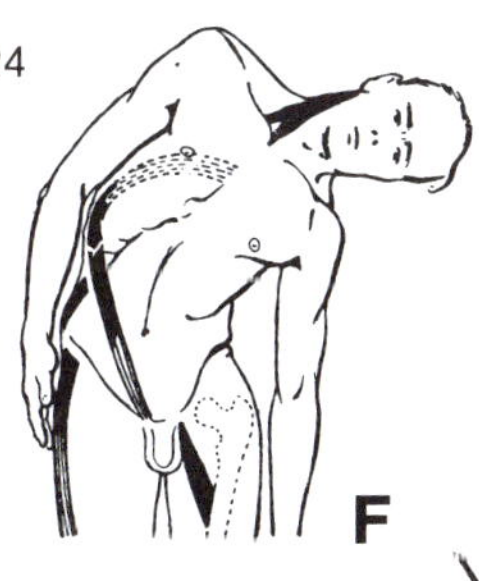
F

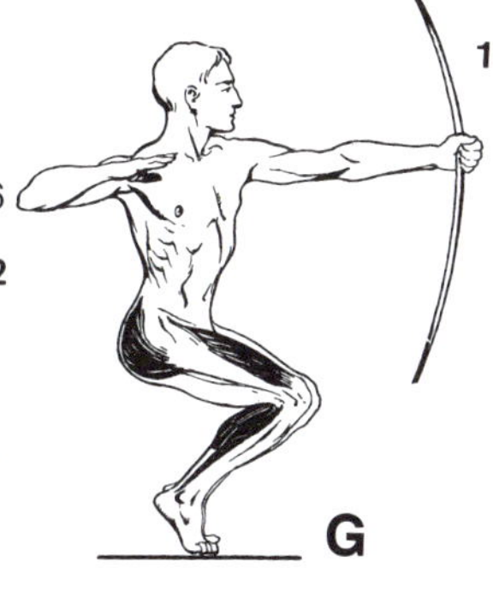
G

Vordere Oberschenkelmuskeln

Die Muskeln der Vorderseite des Oberschenkels kann man nach den Gelenken, an denen sie ihre Hauptwirkung entfalten, in zwei große Gruppen einteilen, in Hüftgelenk- und Kniegelenkmuskeln.

• *Hüftgelenkbeuger:* Darmbein-Lenden-Muskel („Iliopsoas"), gerader Oberschenkelmuskel, Schenkelbindenspanner.

• *Anzieher des Hüftgelenks:* Oberschenkelanzieher („Adduktoren"): langer, kurzer und großer Anzieher, Kamm-Muskel, schlanker Muskel.

• *Kniegelenkstrecker:* vierköpfiger Oberschenkelmuskel („Quadrizeps" = gerader + äußerer + innerer + mittlerer Oberschenkelmuskel).

> Wichtigste Muskeln des Kniegelenks:
> • *Strecker*: vierköpfiger Oberschenkelmuskel
> • *Beuger*: Sitzbein-Unterschenkel-Muskeln + Wadenmuskel

A Beugen im Hüftgelenk: Wichtig: großer Lendenmuskel und gerader Oberschenkelmuskel.

B Die Oberschenkelanzieher („Adduktoren") wirken dem Auseinanderweichen der Beine bei der Grätsche entgegen.

C Beim Abspreizen des Beins springen auf der Innenseite des Beins unterhalb des Schamhaars 2 Sehnen vor: vorn (im Bild links) die Sehne des langen Oberschenkelanziehers, hinten (im Bild rechts) die Sehne des schlanken Muskels.

D Beim Heben des Beins gegen Widerstand tritt unterhalb des vorderen oberen Darmbeinstachels der Schneidermuskel vor. Medial von ihm sinkt das „Schenkeldreieck" ein, das am langen Oberschenkelanzieher endet. Die Rundung des Oberschenkels unterhalb des Schneidermuskels wird vom vierköpfigen Oberschenkelmuskel bestimmt.

E Querschnitt durch den Körper auf Höhe des 5. Lendenwirbels (etwa 40 % der natürlichen Größe, Blick von unten).

• Der Wirbelkörper des 5. Lendenwirbels liegt fast in der Mitte. Der Schwerpunkt des Körpers (➥ S. 13, E) liegt nahe dem 5. Lendenwirbel, und die Schwerlinie geht durch die Lendenwirbelkörper.

• Dornfortsatz und Querfortsätze sind vom Schnitt nicht vollständig getroffen. Im Wirbelkanal sieht man den Hirnwasserraum (Subarachnoidealraum) mit Nervenwurzeln, jedoch kein Rückenmark (dessen unteres Ende liegt auf Höhe der zweiten Lendenzwischenwirbelscheibe).

• Seitlich der Querfortsätze geht der Schnitt durch die Darmbeinschaufel. An deren mechanisch stark belasteten Rändern ist der Knoche dick, in der wenig belasten Mitte jedoch ganz dünn.

• Von der Darmbeinschaufel entspringen auf beiden Seiten Muskeln: innen der Darmbeinmuskel, außen der mittlere Gesäßmuskel.

• Da der mittlere Gesäßmuskel bevorzugt für die intramuskuläre Injektion herangezogen wird, sollte man sich die Dicke der Fettschicht zwischen Haut und Muskel klarmachen: im abgebildeten Präparat bis zu 4 cm! Dabei handelt es sich nicht um einen Fettsüchtigen, wie die zarte Fettschicht an der seitlichen Bauchwand und der Vergleich mit anderen Schnitten durch die gleiche Leiche (➥ S. 300/301, 376/377 und 395) zeigt. Man sehe sich auch die Fettreserven in anderen Bereichen des Schnitts an: Alles Gelbe ist Fett. Zum Rücken hin wird das Fett immer rötlicher, weil sein Blutgehalt zunimmt. Mit dem Herzstillstand endet der Kreislauf, und das Blut sinkt entsprechend der Schwerkraft allmählich nach unten. Da die Leiche auf dem Rücken lag, sammelte sich das Blut am Rücken an.

• Beidseits des Dornfortsatzes sieht man die tiefen Rückenstreckmuskeln („Wirbelsäulenaufrichter"), von Fett durchzogen (beim Rind das Roastbeef). Dem Wirbelkörper liegen auf beiden Seiten die großen runden Querschnitte des großen Lendenmuskels an (beim Rind das Filet).

• An der seitlichen Bauchwand lassen sich 3 Muskelschichten abgrenzen (die beiden schrägen und der quere Bauchmuskel), vorn nur eine (gerader Bauchmuskel).

• Unmittelbar vor dem Wirbelkörper verlaufen die Hauptblutgefäße für Becken und Bein.

• In der Bauchfellhöhle ist der Dünndarm mehrfach angeschnitten. Das Gekröse enthält reichlich Fett.

1	Großer Lendenmuskel	M. psoas major
2	Gerader Oberschenkelmuskel	M. rectus femoris
3	Mittlerer Gesäßmuskel	M. gluteus medius
4	Darmbeinmuskel	M. iliacus
5	Gemeinsame Beckenvene	V. iliaca communis
6	Gemeinsame Beckenschlagader	A. iliaca communis
7	Dünndarmgekröse	Mesenterium
8	Fünfter Lendenwirbel	Vertebra lumbalis (lumbaris) V
9	Wirbelsäulenaufrichter	M. erector spinae
10	Gerader Bauchmuskel	M. rectus abdominis
11	Dickdarm, absteigender Teil	Colon descendens
12	Darmbein	Os ilium (Ilium)

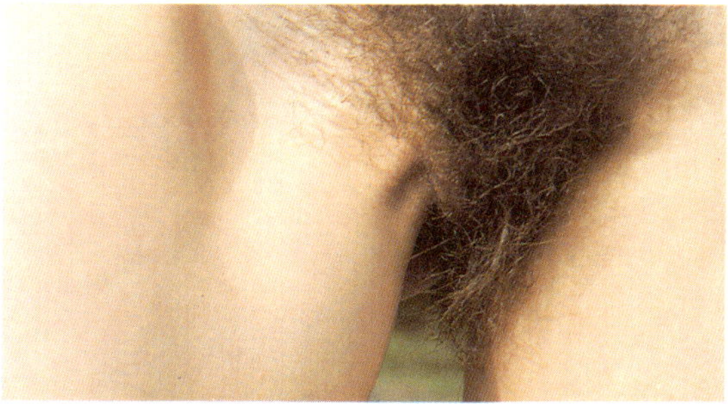

C

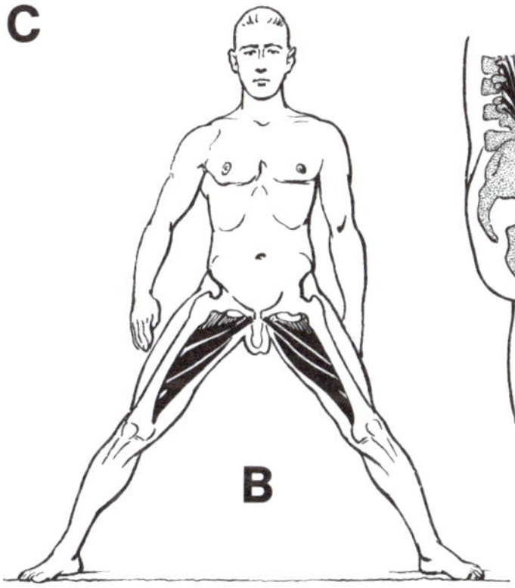

B

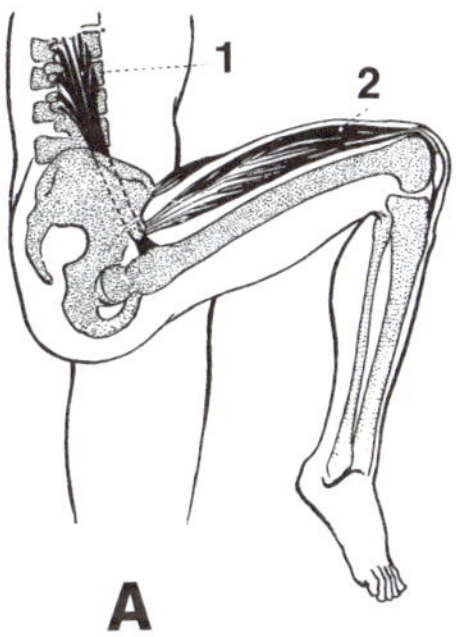

A

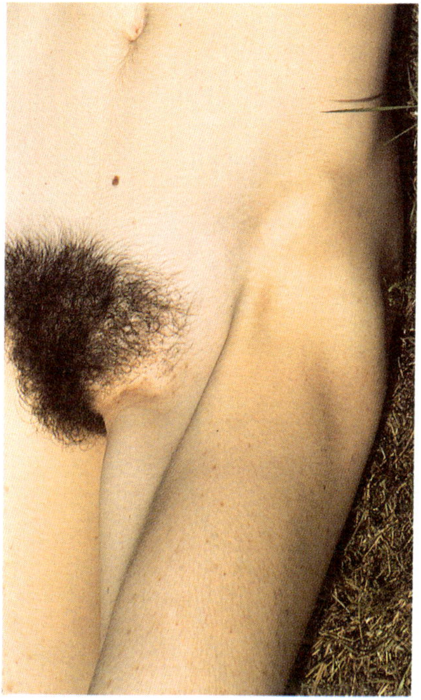

D

E

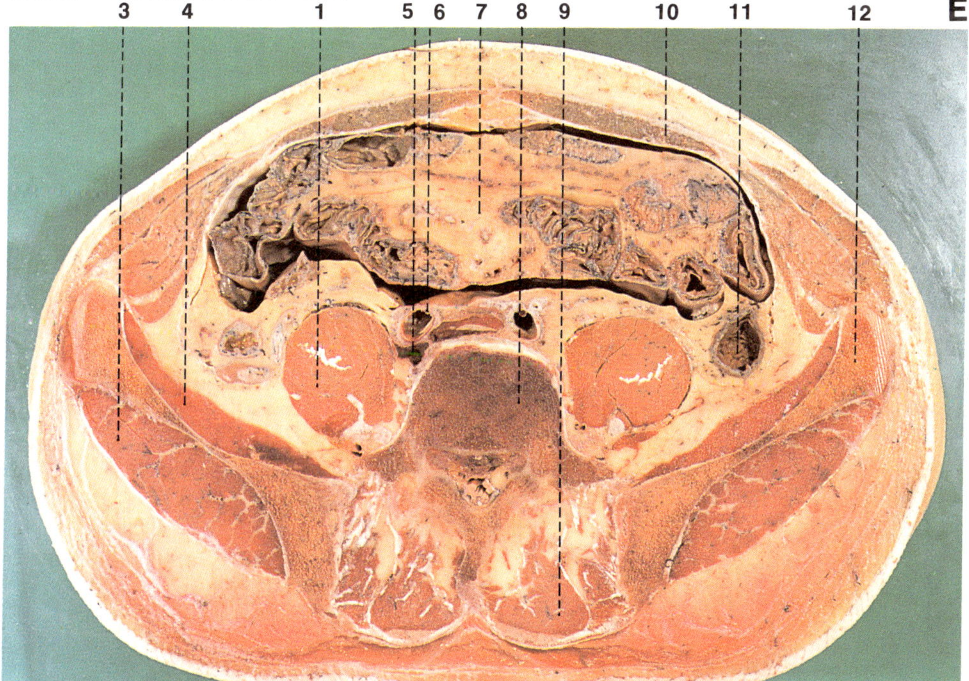

Kniegelenk

Im Kniegelenk kann man
- strecken und beugen
- bei gebeugtem Gelenk auch innenkreiseln und außenkreiseln

A Knochen des linken Unterschenkels von vorn.
B Knochen des linken Unterschenkels von oben.
C Rechtes Kniegelenk von vorn. Die Kniescheibe ist mit dem Kniescheibenband entfernt.
D Röntgenbild des Kniegelenks im Strahlengang von hinten nach vorn (posterior-anterior, PA-Bild). Der Röntgenologe definiert die Aufnahmerichtung nach dem Verlauf des Röntgenstrahls. Steht die Röntgenröhre vor und die Kassette mit dem Film hinter dem Patienten, so spricht man vom anterior-posterioren Strahlengang, abgekürzt AP, im umgekehrten Fall vom posterior-anterioren Strahlengang (PA). AP- und PA-Bild sind nicht identisch. Je näher ein Körperteil dem Röntgenfilm ist, desto schärfer wird er abgebildet. Man wird also den Strahlengang so wählen, daß die Körperteile, die man beurteilen will, „filmnahe" liegen. Die Wirbelsäule wird daher meist in anterior-posteriorer Richtung aufgenommen, das Brustbein in posterior-anteriorer. Will man z.B. die Kniescheibe scharf sehen, so legt man den Film unmittelbar auf die Haut vor der Kniescheibe (Kontaktaufnahme).
Zu den Standardaufnahmerichtungen gehören außer den beiden sagittalen der transversale und der schräge Strahlengang. „Transversale" oder „seitliche" Röntgenbilder kann man z.B. beim Kniegelenk in tibiofibularer (➨ S. 139) oder fibulotibialer Richtung aufnehmen, je nachdem ob das Schienbein oder das Wadenbein der Röntgenröhre zugewandt ist. Bei den Schrägaufnahmen kann entweder die rechte Schulter („Fechterstellung", „1. schräger Durchmesser", RAO) oder die linke Schulter („Boxerstellung", „2. schräger Durchmesser", LAO) der Röntgenröhre zugekehrt sein.
E Bewegungsumfänge des Kniegelenks: mittlere Meßwerte von gesunden jungen Erwachsenen nach der Neutralnullmethode. Das Kniegelenk kann man nur geringfügig überstrecken, aber sehr weit beugen. Ein typisches Protokoll lautet: Strecken - Beugen (Extension - Flexion) 10° - 0° - 150°. In Beugestellung kann das Kniegelenk auch einwärts- und auswärtsgekreiselt werden. Man kann dies an der Bewegung der Fußspitze leicht erkennen.
F Gelenkhöhle des linken Kniegelenks von rechts (➨ S. 140, B).
G Gelenkhöhle des linken Kniegelenks von hinten (maximal gefüllt).

1	Innerer Gelenkknorren (des Schienbeins)	Condylus medialis (tibiae)
2	Äußerer Gelenkknorren (des Schienbeins)	Condylus lateralis (tibiae)
3	Schienbeinhöcker (Ansatz des Kniescheibenbandes)	Tuberositas tibiae
4	Wadenbeinkopf	Caput fibulae (fibulare)
5	Wadenbeinschaft	Corpus fibulae
6	Schienbeinschaft	Corpus tibiae (tibiale)
7	Vordere Schienbeinkante	Margo anterior
8	Innerer Knöchel (Schienbeinknöchel)	Malleolus medialis
9	Äußerer Knöchel (Wadenbeinknöchel)	Malleolus lateralis
10	Äußerer Gelenkknorren (des Oberschenkelbeins)	Condylus lateralis (femoris)
11	Innerer Gelenkknorren (des Oberschenkelbeins)	Condylus medialis (femoris)
12	Innerer Obergelenkknorren (des Oberschenkelbeins)	Epicondylus medialis (femoris)
13	Äußerer Obergelenkknorren (des Oberschenkelbeins)	Epicondylus lateralis (femoris)
14	Hinteres Kreuzband	Lig. cruciatum posterius
15	Vorderes Kreuzband	Lig. cruciatum anterius
16	Innerer Meniskus	Meniscus medialis
17	Äußerer Meniskus	Meniscus lateralis
18	Außenband (= äußeres Seitenband des Kniegelenks)	Lig. collaterale fibulare
19	Innenband (= inneres Seitenband des Kniegelenks)	Lig. collaterale tibiale
20	Schienbein-Wadenbein-Gelenk	Articulatio tibiofibularis
21	Kniescheibe	Patella
22	Zwischenknorrenerhebung	Eminentia intercondylaris
23	Inneres Zwischenknorrenhöckerchen	Tuberculum intercondylare mediale
24	Äußeres Zwischenknorrenhöckerchen	Tuberculum intercondylare laterale
25	Vordere Zwischenknorrenfläche	Area intercondylaris anterior
26	Hintere Zwischenknorrenfläche	Area intercondylaris posterior
27	Zwischenknochenkante (des Wadenbeins)	Margo interosseus
28	Untere Gelenkfläche (des Schienbeins)	Facies articularis inferior
29	Kniescheibenfläche (des Oberschenkelbeins)	Facies patellaris
30	Querband des Kniegelenks	Lig. transversum genus (genuale)
31	Schleimbeutel oberhalb der Kniescheibe	Bursa suprapatellaris

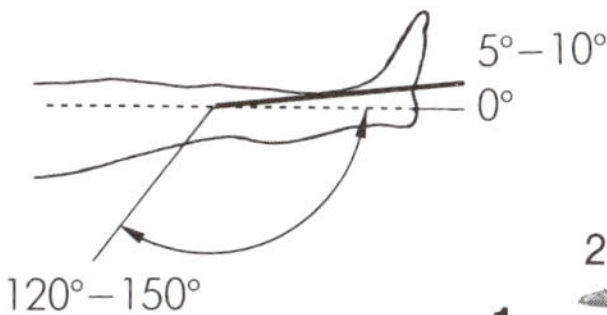
E
5°–10°
0°
120°–150°

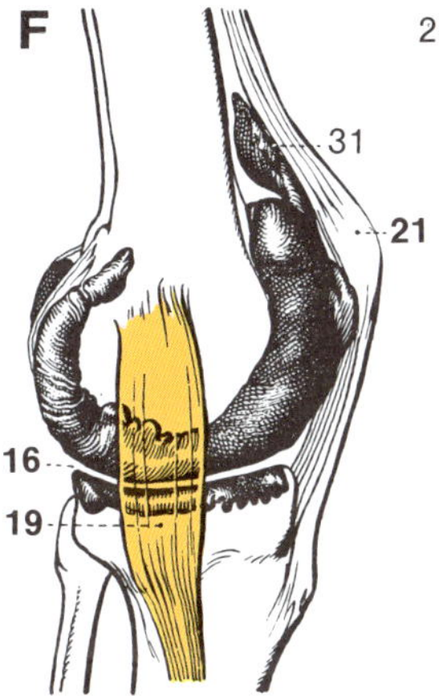
F
31
21
16
19

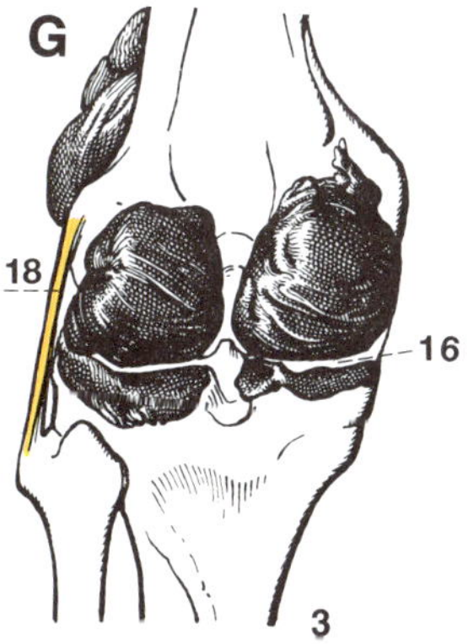
G
18
16

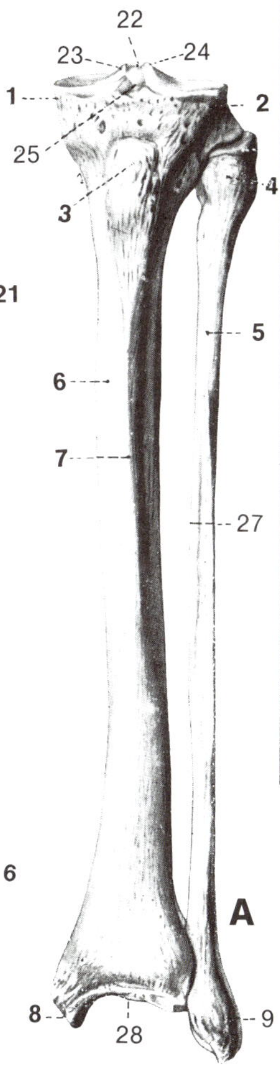
22
23
24
1
2
25
3
4
5
6
7
27
A
8
28
9

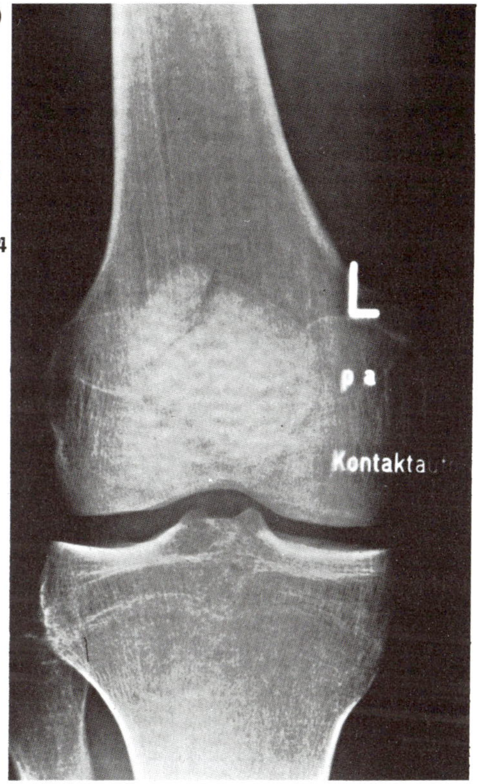
D
L
pa
Kontakt

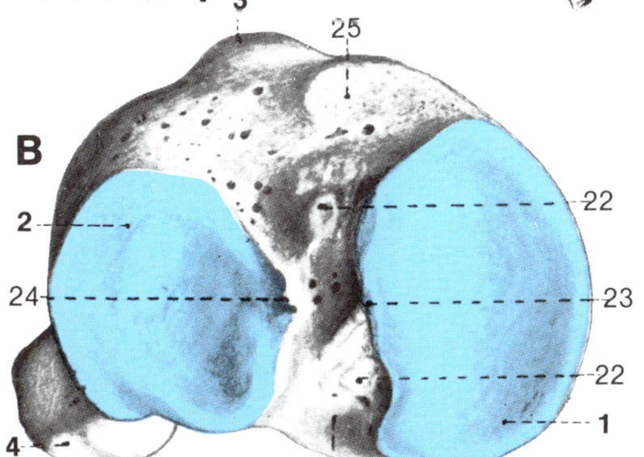
3
25
B
2
22
24
23
22
1
4
26

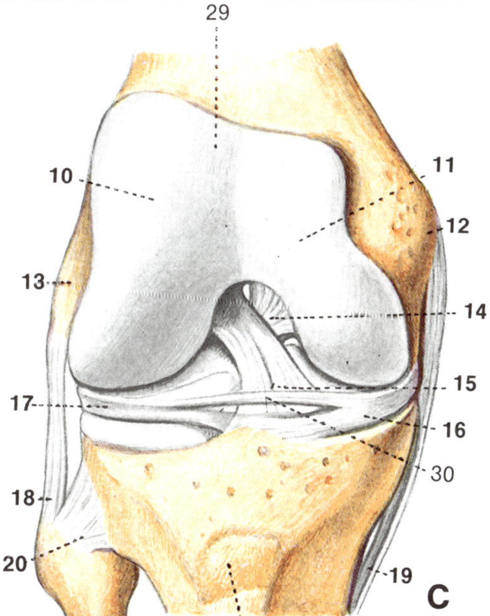
29
10
11
12
13
14
15
17
16
30
18
20
19
C
3

Kniegelenk

Besonderheiten des Kniegelenks sind • die *Menisken* (bewegliche Faserknorpelringe) • die *Kreuzbänder* (im Innern des Gelenks)

Das Kniegelenk besteht eigentlich aus drei Gelenken: dem Gelenk zwischen Oberschenkel und Kniescheibe sowie den beiden Gelenken zwischen den inneren und äußeren Gelenkknorren von Oberschenkelbein und Schienbein (das Wadenbein ist am Kniegelenk nicht beteiligt!). Die Gelenkknorren des Schienbeins weisen nahezu ebene Gelenkflächen auf. Damit eine Art Gelenkpfanne zustande kommt, sind die Menisken aufgelagert. Durch ihre Beweglichkeit lassen sie auch Drehbewegungen zu, die bei knöchernen Gelenkpfannen infolge der starren Koppelung der beiden Teilgelenke nicht möglich wären.

A Blick auf die *Menisken* des rechten Kniegelenks von oben.
B Verschiebung der Menisken des rechten Kniegelenks bei Beuge-Streck-Bewegungen im Kniegelenk. Menisken in Streckstellung punktiert, in Beugestellung schwarz. Die beiden Menisken unterscheiden sich in der Form sehr deutlich: Die Befestigungspunkte des äußeren Meniskus liegen nahe zusammen, die des inneren weit auseinander. Dadurch ist der äußere Meniskus gut verschieblich, der innere nicht. Dieser ist außerdem noch mit dem Innenband verwachsen. Bei ruckartigem Strecken aus einer Drehstellung hat ein Meniskus manchmal nicht mehr genügend Zeit, wieder nach vorn zu gleiten. Er kann dann zwischen die Gelenkfortsätze von Oberschenkelbein und Schienbein eingeklemmt und dabei zerrissen werden. Dieser Schaden trifft weitaus häufiger den schlechter beweglichen inneren Meniskus.
C Rechtes Kniegelenk in Streckstellung. Die Seitenbänder sind gespannt und lassen keine Drehbewegung zu. Menisken schwarz.
D Rechtes Kniegelenk in Beugestellung. Die Seitenbänder sind wegen der rückwärts zunehmenden Krümmung der Gelenkknorren des Oberschenkelbeins entspannt und lassen jetzt Drehbewegungen zu. Drehen im Kniegelenk ist also nur in Beugestellung möglich. Beim Beugen rollen die Gelenkknorren des Oberschenkels auf den Gelenkknorren des Schienbeins nach hinten und ziehen dabei die Menisken zurück.
E Rechtes Kniegelenk von hinten. Die Gelenkkapsel ist breit eröffnet.
F Röntgenbild des Kniegelenks im tibiofibularen Strahlengang (➡ S. 136, D).

1	Kniescheibe	Patella
2	Innerer Gelenkknorren (des Schienbeins)	Condylus medialis (tibiae)
3	Äußerer Gelenkknorren (des Schienbeins)	Condylus lateralis (tibiae)
4	Innerer Meniskus	Meniscus medialis
5	Äußerer Meniskus	Meniscus lateralis
6	Vorderes Kreuzband	Lig. cruciatum anterius
7	Hinteres Kreuzband	Lig. cruciatum posterius
8	Innenband (= inneres Seitenband des Kniegelenks)	Lig. collaterale tibiale
9	Außenband (= äußeres Seitenband des Kniegelenks)	Lig. collaterale fibulare
10	Innerer Gelenkknorren (des Oberschenkelbeins)	Condylus medialis (femoris)
11	Äußerer Gelenkknorren (des Oberschenkelbeins)	Condylus lateralis (femoris)
12	Wadenbeinkopf (Spitze)	Caput fibulae (fibulare)
13	Schienbein	Tibia
14	Schienbein-Wadenbein-Gelenk	Articulatio tibiofibularis
15	Kniescheibenband	Lig. patellae
16	Innerer Kniescheibenzügel	Retinaculum patellae mediale
17	Äußerer Kniescheibenzügel	Retinaculum patellae laterale
18	Fettkörper unter der Kniescheibe	Corpus adiposum infrapatellare
19	Gelenkkapsel	Capsula articularis
20	(Falte der Innenhaut der Gelenkkapsel)	Plica synovialis infrapatellaris
21	Hinteres Meniskus-Oberschenkel-Band	Lig. meniscofemorale posterius
22	Halbmembranöser Muskel (Sehne)	M. semimembranosus
23	Schräges Kniekehlenband	Lig. popliteum obliquum
24	Zweiköpfiger Oberschenkelmuskel	M. biceps femoris
25	Kniekehlenmuskel	M. popliteus
26	Ausbuchtung der Kniegelenkhöhle unter dem Kniekehlenmuskel	Recessus subpopliteus
27	Querband des Kniegelenks	Lig. transversum genus (genuale)

A

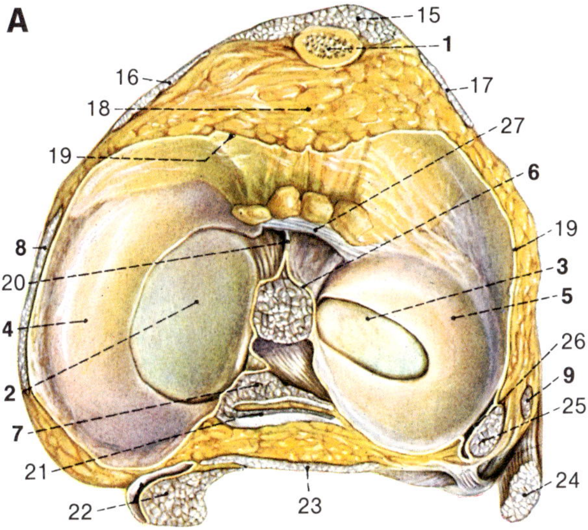
15
1
16
17
18
27
19
6
19
8
20
3
5
4
2
26
9
7
25
21
24
22
23

D

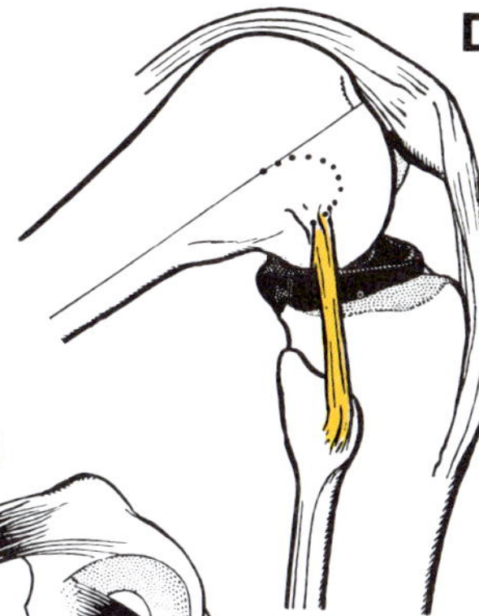

B

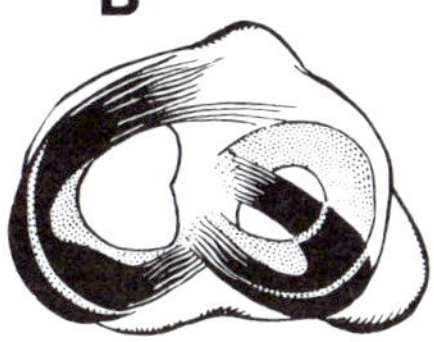

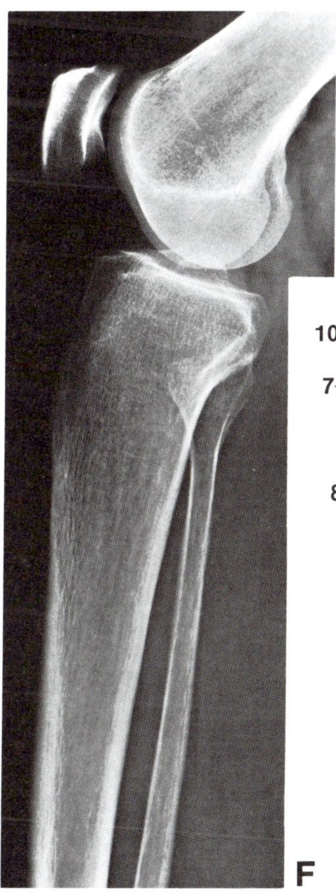

C

F

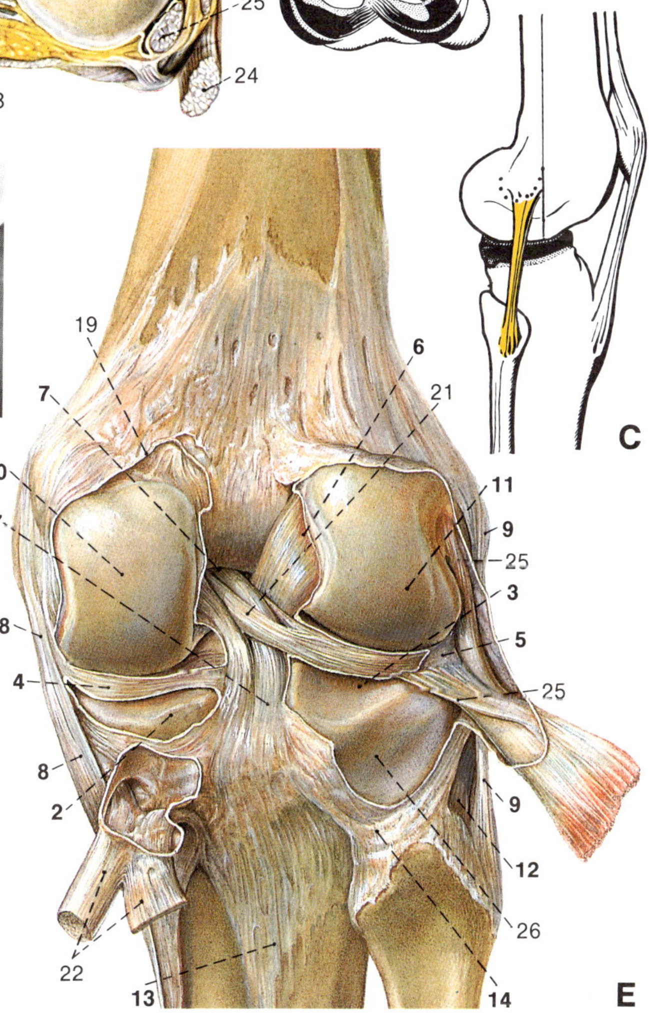
19
6
21
7
10
11
9
7
25
3
8
5
4
25
8
9
2
12
26
22
13
14

E

Kniegelenk

A Rechtes Kniegelenk von vorn. Die Gelenkkapsel ist U-förmig aufgeschnitten und die Kniescheibe nach unten geklappt. Man sieht die Vorderseite der Gelenkknorren des Oberschenkelbeins, die Kreuzbänder, die Menisken und die Hinterseite der Kniescheibe. Die *Kreuzbänder* sind für die Stabilität des Kniegelenks entscheidend wichtig. Ihr Name kommt daher, daß sie etwa kreuzförmig zu einander verlaufen. Beim Innenkreiseln wickeln sich die Kreuzbänder umeinander und begrenzen die Bewegung. Beim Außenkreiseln geben sie diese frei. In nahezu jeder Stellung des Gelenks ist ein Teil eines Kreuzbands angespannt und preßt dadurch die Gelenkflächen aufeinander. Bei Riß eines Kreuzbands kann man bei rechtwinkliger Beugung des Kniegelenks das obere Schienbeinende ähnlich wie eine Schublade vor- oder zurückschieben.

Schubladenphänomen bei Kreuzbandschaden

B Untersuchung des Kniegelenks bei Verdacht auf einen *Gelenkerguß*. Der normale Gelenkraum entspricht nur einem kapillaren Spalt. Bei Entzündungen oder Blutergüssen kann es zu der auf S. 137, Abb. G, dargestellten maximalen Füllung der Gelenkhöhle kommen. Das Knie schwillt dann an. Die Kniescheibe wird durch die Flüssigkeit aus ihrer Führungsrinne im Oberschenkelbein abgehoben. Sie hat keinen Halt mehr und vibriert beim Anstoßen („tanzende Kniescheibe“ als Hinweis für einen Gelenkerguß im Unterschied etwa zu einer Schleimbeutelentzündung vor der Kniescheibe). Der Schleimbeutel oberhalb der Kniescheibe (➥ S. 137, F) steht regelmäßig mit der Gelenkhöhle des Kniegelenks in Verbindung. Der Erguß breitet sich daher auch auf diesen Schleimbeutel aus. Hat sich nur wenig Flüssigkeit in der Gelenkhöhle angesammelt, so kann man die Füllung verstärken, wenn man den Schleimbeutel auspreßt. Dazu umgreift man mit der Hand zangenartig den Oberschenkel unmittelbar oberhalb der Kniescheibe (im Bild die Hand rechts) und preßt ihn zusammen. Die dadurch vermehrte Flüssigkeit in der Haupthöhle des Gelenks hebt die Kniescheibe aus ihrer Führungsrinne, und man kann nun das Vibrieren mit der anderen Hand fühlen.

C Rechtes Knie von vorn bei aktivem Strecken. Kniescheibe und Kniescheibenband treten hervor. Seitlich der Kniescheibe (im Bild links) hebt sich die Darmbein-Schienbein-Sehne deutlich ab. Über diese Sehne beteiligen sich der große Gesäßmuskel und der Schenkelbindenspanner am Strecken des Kniegelenks. Hauptstrecker ist der vierköpfige Oberschenkelmuskel („Quadrizeps“). Der Muskelwulst seines medialen Kopfes (im Bild rechts) reicht weiter nach unten als der des seitlichen.

D Rechte Kniekehle bei leichter Beugung gegen Widerstand. Zwei Sehnen bestimmen das Relief: auf der Innenseite (im Bild links) die des halbsehnigen Muskels, auf der Außenseite die des zweiköpfigen Oberschenkelmuskels. Unter der Sehne des halbsehnigen Muskels kann man noch die breitere Sehne des halbmembranösen Muskels tasten.

E + F Röntgenbilder des Gelenks zwischen Kniescheibe und Oberschenkelbein („tangentiale“ Aufnahme). **E** rechts, **F** links. Der äußere Gelenkknorren des Oberschenkelbeins ragt stärker vor als der innere. Dazwischen gleitet die Kniescheibe in ihrer Führungsrinne. In **F** als Zufallsbefund eine zweigeteilte Kniescheibe (auch S. 137, D, belanglos, wird aber gelegentlich mit einem Kniescheibenbruch verwechselt).

1	Schaft des Oberschenkelbeins	Corpus femoris
2	Gelenkkapsel	Capsula articularis
3	Innerer Obergelenkknorren (des Oberschenkelbeins)	Epicondylus medialis (femoris)
4	Äußerer Obergelenkknorren (des Oberschenkelbeins)	Epicondylus lateralis (femoris)
5	Innerer Gelenkknorren (des Oberschenkelbeins)	Condylus medialis (femoris)
6	Äußerer Gelenkknorren (des Oberschenkelbeins)	Condylus lateralis (femoris)
7	Innerer Gelenkknorren (des Schienbeins)	Condylus medialis (tibiae)
8	Äußerer Gelenkknorren (des Schienbeins)	Condylus lateralis (tibiae)
9	Innerer Meniskus	Meniscus medialis
10	Äußerer Meniskus	Meniscus lateralis
11	Vorderes Kreuzband	Lig. cruciatum anterius
12	Hinteres Kreuzband	Lig. cruciatum posterius
13	Innenband (= inneres Seitenband des Kniegelenks)	Lig. collaterale tibiale
14	Außenband (= äußeres Seitenband des Kniegelenks)	Lig. collaterale fibulare
15	Schienbein-Wadenbein-Gelenk	Articulatio tibiofibularis
16	Wadenbeinkopf	Caput fibulae (fibulare)
17	Kniescheibe	Patella
19	(Falte der Innenhaut der Gelenkkapsel)	Plica synovialis infrapatellaris
20	Fettkörper unter der Kniescheibe	Corpus adiposum infrapatellare
21	Vierköpfiger Oberschenkelmuskel	M. quadriceps femoris
22	Schleimbeutel oberhalb der Kniescheibe	Bursa suprapatellaris

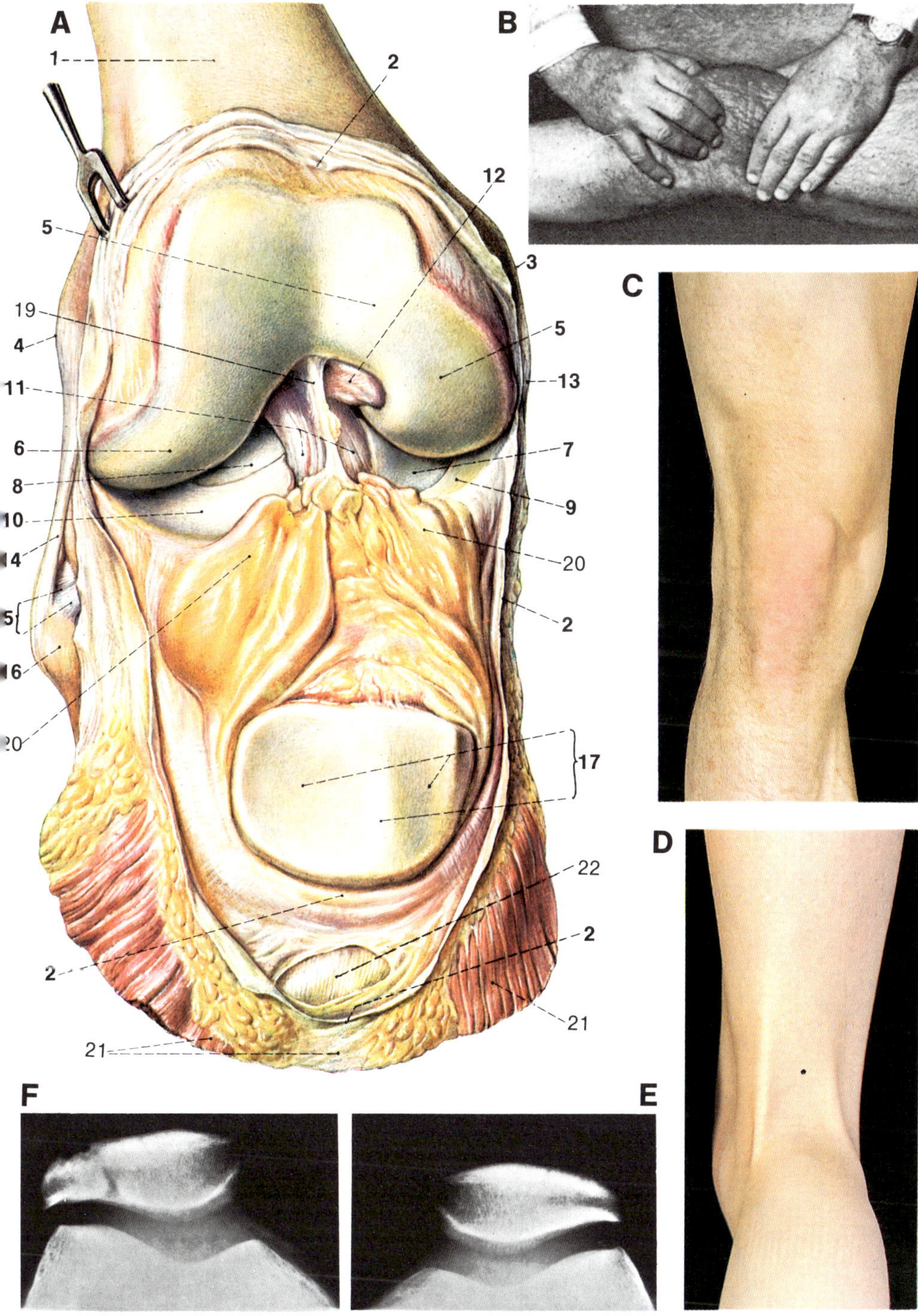
A
1
2
12
5
3
19
5
4
13
11
6
7
8
9
10
20
14
2
15
16
20
17
22
2
2
21
21
B
C
D
F
E

Fußskelett

Der Fuß ist in drei Abschnitte gegliedert: Fußwurzel, Mittelfuß und Zehen

Auf die Gesamtlänge des Fußes bezogen macht der Bereich der sieben Fußwurzelknochen etwa die hintere Hälfte aus. Die Zehen haben beim Menschen ihre ursprüngliche Bedeutung als Greiforgane verloren und sind daher (verglichen mit den Fingern) kurz. Die Großzehe hat wie der Daumen nur zwei Glieder (das Mittelglied fehlt). Neben den 26 größeren Knochen kommen am Fuß noch kleine Sesambeine in wechselnder Zahl und gelegentlich auch „überzählige" Fußwurzelknochen vor.

Diese vielen Knochen sind durch entsprechend viele Gelenke miteinander verbunden. In vielen von ihnen sind nur geringe Federungsbewegungen möglich. Die größeren Bewegungen erfolgen in 5 Gelenklinien:

- *oberes Sprunggelenk*: zwischen der „Knöchelgabel" von Schienbein und Wadenbein und dem Sprungbein,
- *unteres Sprunggelenk*: zwischen dem Sprungbein oben und dem Fersenbein und dem Kahnbein unten,
- *Zehengrundgelenke*: zwischen den Köpfen der Mittelfußknochen und den Zehengrundgliedern,
- *Zehenmittelgelenke*: zwischen den Zehengrundgliedern und den Zehenmittelgliedern (fehlt bei der Großzehe),
- *Zehenendgelenke*: zwischen den Zehenmittelgliedern (bei der Großzehe dem Zehengrundglied) und dem Zehenendglied.

A Skelett des linken Fußes von oben.

B Röntgenbild des Fußes im dorsoplantaren Strahlengang (der Fuß ruht wie in Abb. G auf der Röntgenfilmkassette, die Röntgenröhre steht über dem Fußrücken). Der Fersenbereich wird wegen des störenden Unterschenkels hierbei nicht scharf abgebildet. Die beiden bohnenförmigen „Schatten" unter dem Kopf des 1. Mittelfußknochens sind die Sesambeine der Großzehe. Sesambeine sind Knochen, die in den Verlauf von Sehnen eingeschaltet sind. Größtes Sesambein des Menschen ist die Kniescheibe. Ein weiteres wichtiges Sesambein ist das Erbsenbein in der Handwurzel.

C Die Schrägaufnahme gibt den besten Überblick über alle Bereiche des Fußes.

D + E Bewegungen des Beins beim Gehen. Weiß = Standbein, schwarz = Spielbein. Der gesunde Fuß wird beim Gehen mit der Ferse aufgesetzt und über die Köpfe der Mittelfußknochen und die Zehen abgerollt. Bei unzweckmäßigen Schuhen kann der natürliche Ablauf beeinträchtigt sein. Dies führt zu rascher Ermüdung und geringerer Sicherheit beim Aufsetzen des Fußes. So steht der Fuß in Schuhen mit hohen Absätzen in einer Spitzfußstellung, in der nur noch wenig Spiel für die Plantarflexion übrig bleibt. Dadurch arbeiten die Muskeln unökonomisch. Sind die Absätze dazu auch noch schmal, so besteht die Gefahr des Umknickens des Fußes. Unfallträchtig sind auch Schuhe mit starren Holzsohlen, in denen der Fuß nicht abrollen kann. Bei Erschlaffen der Fußgewölbe (beginnender Spreiz- und Plattfuß) kann allerdings die Mehrarbeit der Fußmuskeln beim Tragen von Sandalen erwünscht sein.

F + G Beim Gehen wird beim Standbein der Unterschenkel über dem Fuß bewegt. Trotzdem werden die Bewegungen so bezeichnet, als ob der Fuß gegen den Unterschenkel verstellt würde: rückwärtsstrecken (Dorsalextension oder Dorsalflexion, **F**) und fußsohlenwärtsbeugen (Plantarflexion, **G**).

1 - 3	Zehenknochen	Phalanges
1	Zehenendglied	Phalanx distalis
2	Zehenmittelglied	Phalanx media
3	Zehengrundglied	Phalanx proximalis
4	Mittelfußknochen	Os metatarsi (Metatarsale)
5	Kahnbein (des Fußes)	Os naviculare
6	Sprungbeinkopf	Caput tali (talare)
7	Sprungbeinrolle	Trochlea tali (talaris)
8	Fersenbein	Calcaneus
9	Rauhigkeit am fünften Mittelfußknochen	Tuberositas ossis metatarsalis quinti (V)
10	Würfelbein	Os cuboideum
11	Sprungbein, Gelenkfläche für den Wadenbeinknöchel	Talus, Facies malleolaris lateralis
12	Hinterer Sprungbeinfortsatz	Processus posterior tali
13	Inneres Keilbein	Os cuneiforme mediale
14	Mittleres Keilbein	Os cuneiforme intermedium
15	Äußeres Keilbein	Os cuneiforme laterale
16	Sprungbeinhals	Collum tali
17	Rinne für die Sehne des langen Großzehenbeugers	Sulcus tendinis musculi flexoris hallucis longi

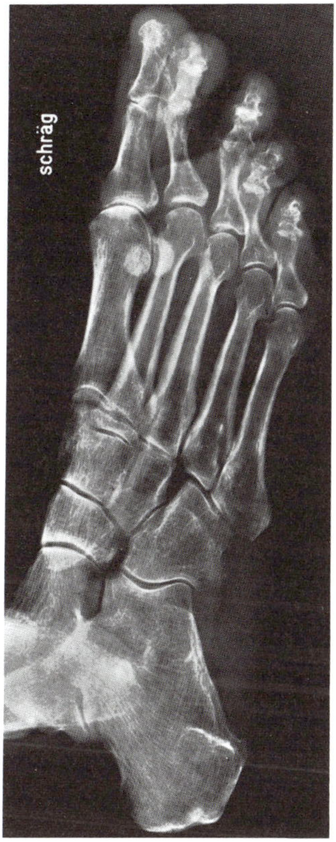

C

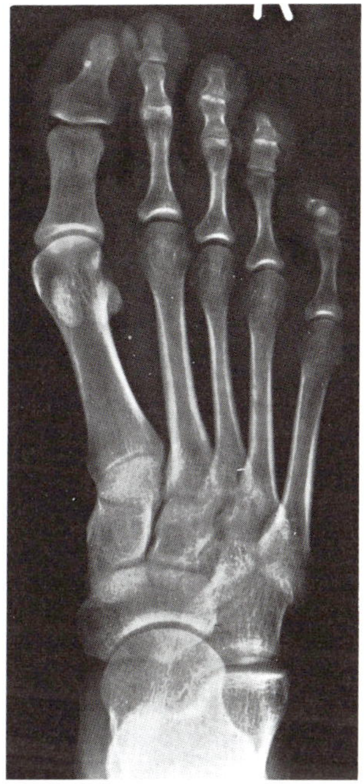

B

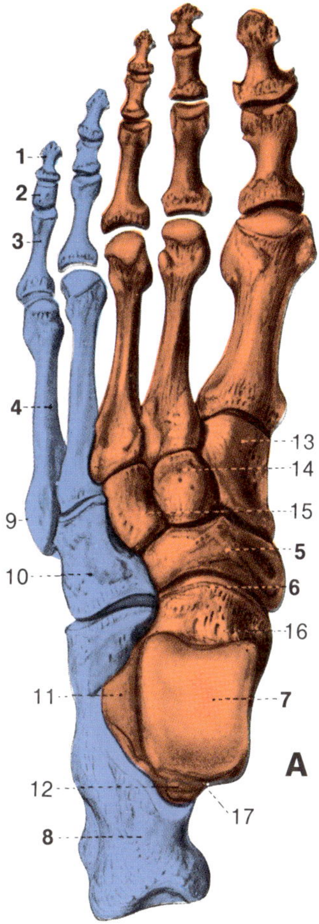

A

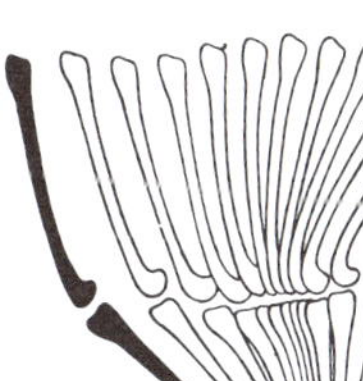

D

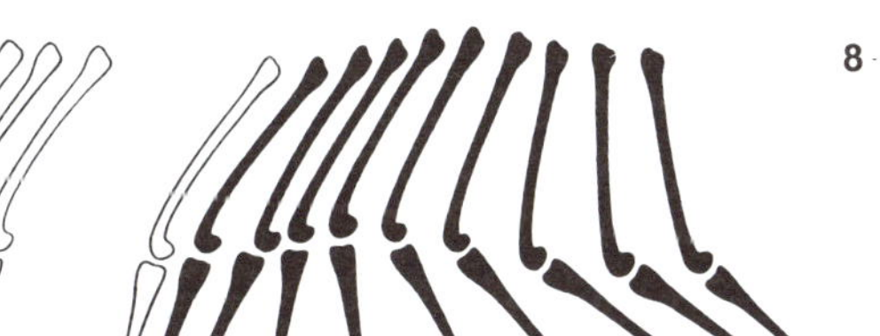

E

F

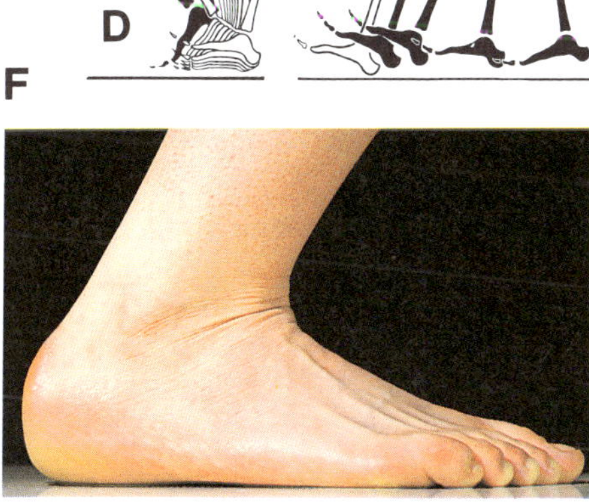

G

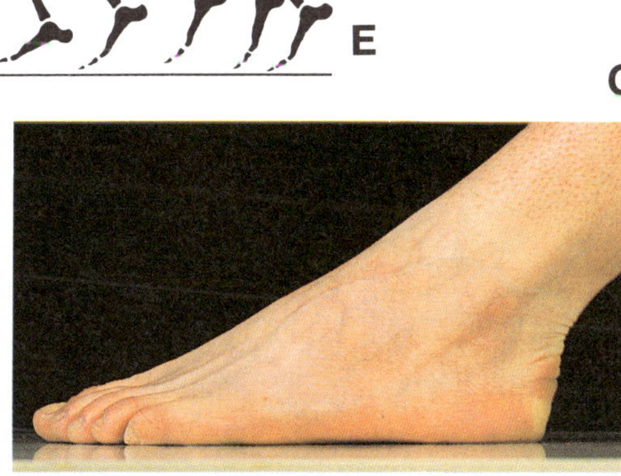

Sprunggelenke

Der Fuß wird gegen den Unterschenkel in 2 Gelenken bewegt:
- oberes Sprunggelenk: zwischen Knöchelgabel und Sprungbein
- unteres Sprunggelenk: zwischen Sprungbein oben und Fersenbein + Kahnbein unten

A Konstruktion der Fußwölbung. Die 3 inneren Strahlen des „fünfstrahligen" Fußes laufen in das Sprungbein, die 2 äußeren in das Fersenbein aus. Während im Vorfußbereich die 5 Strahlen nebeneinander liegen, sind im Fußwurzelbereich die 2 äußeren Strahlen unter die 3 inneren Strahlen geschoben. Die über den Unterschenkel auf den Fuß drückende Körperlast wird vom Sprungbein in 2 Richtungen weitergegeben: nach vorn über das Kahnbein hauptsächlich zum ersten Mittelfußknochen, nach rückwärts zum Fersenbeinhöcker. Die Längswölbung des Fußes wird durch Bänder und Sehnen verspannt. Dadurch wird die Körperlast federnd aufgefangen.

B Röntgenbild der Sprunggelenke im tibiofibularen Strahlengang. Man beachte in den Knochen die Hauptverlaufsrichtung der Knochenbälkchen.

C Bänder der Sprunggelenke von hinten (rechter Fuß). Die Gelenkkapseln des oberen und des unteren Sprunggelenks sind eröffnet. Sicheres Gehen und Stehen hängen von der Stabilität der Fußgelenke ab. Deshalb sind die Sprunggelenke durch kräftige Seitenbänder gesichert. Die Bänder der Sprunggelenke kann man in 5 Gruppen einteilen:

- Bänder der Knöchelgabel: vorn und hinten zwischen Schienbein und Wadenbein.
- Bänder des oberen Sprunggelenks: zwischen Schienbeinknöchel und Sprungbein auf der Innenseite und zwischen Wadenbeinknöchel und Sprungbein auf der Außenseite.
- Bänder des unteren Sprunggelenks: zwischen Sprungbein und Fersenbein, hauptsächlich in der Tiefe der Fußbucht als „Zwischenknochenband".
- Bänder, die beide Sprunggelenke überspannen: vom Schienbeinknöchel zum Fersenbein und zum Kahnbein („Deltaband"), vom Wadenbeinknöchel zum Fersenbein.
- Pfannenband: Das fußsohlenseitige Fersenbein-Kahnbein-Band bildet einen Teil der Gelenkpfanne für den Sprungbeinkopf und trägt daher einen Überzug aus Gelenkknorpel.

D Röntgenbild des Unterschenkels, der Knöchelgabel und des oberen Sprunggelenks im anteriorposterioren Strahlengang. Außer der Sprungbeinrolle sind andere Einzelheiten an den Fußknochen nicht zu beurteilen, da die einzelnen Knochen übereinander projiziert werden.

E Bewegungsumfänge des oberen Sprunggelenks: mittlere Meßwerte von gesunden jungen Erwachsenen nach der Neutralnullmethode. Im oberen Sprunggelenk kann man den Fußrücken heben (rückwärtsstrecken) und senken (fußsohlenwärtsbeugen). Ein typisches Protokoll lautet: Rückwärtsstrecken - Fußsohlenwärtsbeugen (Dorsalextension - Plantarflexion) 30° - 0° - 50°.

1	Wadenbein	Fibula
2	Schienbein	Tibia
3	Innerer Knöchel (= Schienbeinknöchel)	Malleolus medialis
4	Äußerer Knöchel (= Wadenbeinknöchel)	Malleolus lateralis
5	Zwischenknochenmembran des Unterschenkels	Membrana interossea cruris
6	Sprungbein	Talus
7	Sprungbeinkopf	Caput tali (talare)
8	Fersenbein	Calcaneus
9	Fersenbeinhöcker	Tuber calcanei
10	Sprungbeinstütze (des Fersenbeins)	Sustentaculum tali
11	Kahnbein (des Fußes)	Os naviculare
12	Würfelbein	Os cuboideum
13	Inneres Keilbein	Os cuneiforme mediale
14	Mittleres Keilbein	Os cuneiforme intermedium
15	Mittelfußknochen	Os metatarsi (Metatarsale)
16	Zehengrundglied	Phalanx proximalis
17	Zehenmittelglied	Phalanx media
18	Zehenendglied	Phalanx distalis
19	Oberes Sprunggelenk	Articulatio talocruralis
20	Hintere Kammer des unteren Sprunggelenks	Articulatio subtalaris (talocalcanea)
21	Achillessehne (Sehne des dreiköpfigen Wadenmuskels)	Tendo calcaneus
22	Hinteres Schienbein-Wadenbein-Band	Lig. tibiofibulare posterius
23	Deltaband	Lig. mediale (Lig. deltoideum)
24	Hinteres Wadenbein-Sprungbein-Band	Lig. talofibulare posterius
25	Wadenbein-Fersenbein-Band	Lig. calcaneofibulare

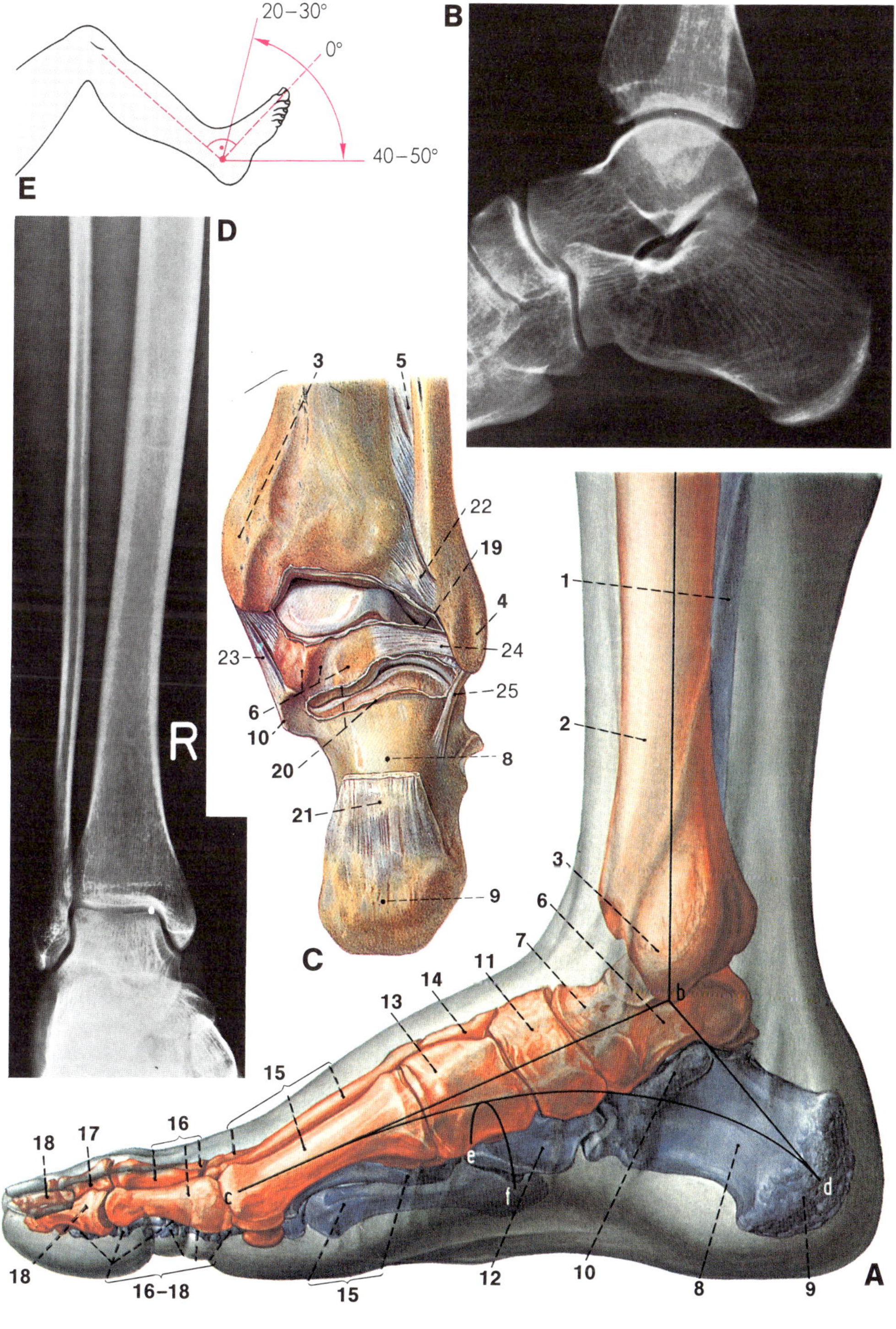
20–30°
0°
40–50°
E
B
D
R
C
3
5
22
19
4
24
23
25
6
10
20
8
21
9
1
2
3
6
7
11
14
13
15
16
17
18
b
c
d
e
f
18
16–18
15
12
10
8
9
A

Bewegungen im unteren Sprunggelenk

- Auswärtsdrehen (Eversion, Pronation)
- Einwärtsdrehen (Inversion, Supination)

Die Bewegungen sind schwierig zu verstehen:

- Das Gelenk hat 2 getrennte Gelenkkammern. Die vordere Kammer ist ähnlich wie ein Kugelgelenk gebaut: Der Sprungbeinkopf bewegt sich in der Gelenkpfanne, die vom Kahnbein, vom Fersenbein und vom überknorpelten Pfannenband gebildet wird. Trotzdem entspricht der Bewegungsspielraum nicht einem Kugelgelenk. Wegen der Koppelung an die hintere Gelenkkammer ist nur die Drehung um eine Achse möglich.
- Die Achse läuft schräg durch die Fußwurzel (Abb. C). Deshalb gibt es im Grunde kein reines Auswärts- oder Einwärtsdrehen. Der Fuß wird beim Außwärtsdrehen gleichzeitig vorn gehoben (rückwärtsgestreckt) und nach außen geführt (abgespreizt). Beim Einwärtsdrehen wird der Fuß gleichzeitig vorn gesenkt und nach innen geführt.
- Es besteht keine Einigkeit über die lateinischen Bewegungsbegriffe. In der Anatomie sind die Bezeichnungen *Pronation* (äußeren Fußrand heben) und *Supination* (inneren Fußrand heben) üblich. Der Kliniker bevorzugt Eversion und Inversion für die Bewegung des Fersenbeins, z.T. auch für den ganzen Fuß, während andere Pronation und Supination für die Drehung des Vorfußes beibehalten.
- Auch die deutschen Bezeichnungen Auswärts- und Einwärtsdrehen können leicht mißverstanden werden. Sie orientieren sich an der Fußspitze. Sie wird im ersten Fall nach außen, im zweiten nach innen geführt. Wollte man die Drehung des Fußrückens ähnlich wie bei der Hand betrachten, so käme man zu genau umgekehrten Bezeichnungen: Hier bedeutet Auswärtsdrehen, die Handfläche nach oben zu drehen. Die Hand ist jedoch um 180° gegenüber dem Fuß verdreht: Der Daumen ist bei der Hand auf der Außenseite (lateral), die Großzehe beim Fuß hingegen auf der Innenseite (medial).

A Sprunggelenke des rechten Fußes von oben. Das Sprungbein ist herausgeklappt. Es bestehen drei getrennte Kammern (eine vom oberen, zwei vom unteren Sprunggelenk). Die beiden Gelenkhöhlen des unteren Sprunggelenks werden durch das Zwischenknochenband getrennt.

B Lage der Sehnen der Unterschenkelmuskeln zur Achse des oberen Sprunggelenks. Die Achse des oberen Sprunggelenks läuft etwa durch die Knöchelgabel. Der Vorfuß kann um diese Achse fußrückenwärts (Dorsalflexion = Dorsalextension) und fußsohlenwärts (Plantarflexion) bewegt werden. Nur die Sehnen der Strecker laufen vor der Achse, d.h. alle übrigen Muskeln drehen fußsohlenwärts, sind also Plantarflexoren.

C Lage der Sehnen der Unterschenkelmuskeln zur Achse des unteren Sprunggelenks. Im unteren Sprunggelenk dreht sich der Fuß um eine schräge Achse. Dabei wird der äußere Fußrand entweder gehoben (Pronation) oder gesenkt (Supination). Die Wadenbeinmuskeln und der größere Anteil der Strecker pronieren, alle übrigen supinieren. Bei Lähmung der Wadenbeinmuskeln sinkt der äußere Fußrand ab. Es bildet sich ein Klumpfuß.

D-G Bewegungen im unteren Sprunggelenk: **D + G** Heben des äußeren Fußrandes (Auswärtsdrehen, Pronation, Eversion), **E + F** Heben des inneren Fußrandes (Einwärtsdrehen, Supination, Inversion).

1	Schienbein	Tibia
2	Wadenbein	Fibula
3	Oberes Sprunggelenk	Articulatio talocruralis
4	Sprungbeinrolle	Trochlea tali (talaris)
5	Sprungbeinkopf	Caput tali (talare)
6	Fersenbein	Calcaneus
7	Hintere Kammer des unteren Sprunggelenks	Articulatio subtalaris (talocalcanea)
8	Vordere Kammer des unteren Sprunggelenks	Articulatio talocalcaneonavicularis
9	Kahnbein (des Fußes)	Os naviculare
10	Pfannenband	Lig. calcaneonaviculare plantare
11	Fußwurzel-Mittelfuß-Gelenke	Articulationes tarsometatarsales
12	Achse des oberen Sprunggelenks	(Articulatio talocruralis)
13	Achse des unteren Sprunggelenks	(Articulatio talocalcaneonavicularis)
14	Achillessehne	Tendo calcaneus
15	Hinterer Schienbeinmuskel	M. tibialis posterior
16	Langer Zehenbeuger	M. flexor digitorum longus
17	Langer Großzehenbeuger	M. flexor hallucis longus
18	Vorderer Schienbeinmuskel	M. tibialis anterior
19	Langer Großzehenstrecker	M. extensor hallucis longus
20	Langer Zehenstrecker	M. extensor digitorum longus
21	Kurzer Wadenbeinmuskel	M. peroneus (fibularis) brevis
22	Langer Wadenbeinmuskel	M. peroneus (fibularis) longus

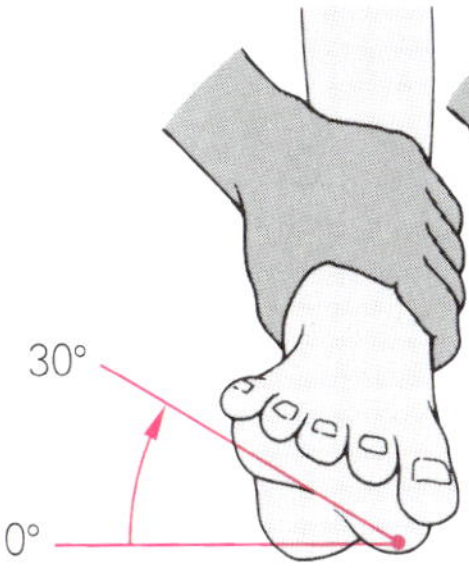

D

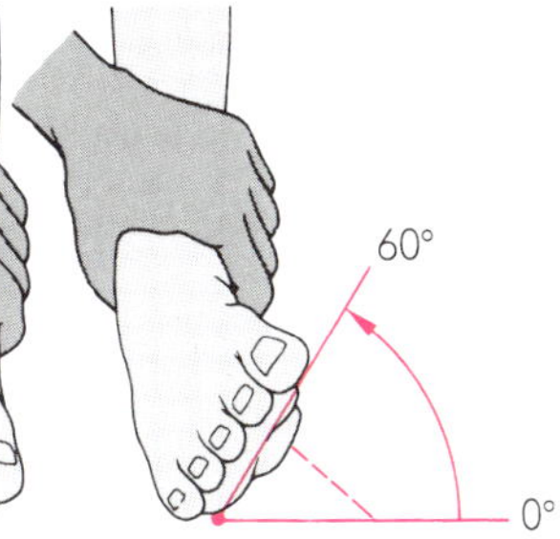

E

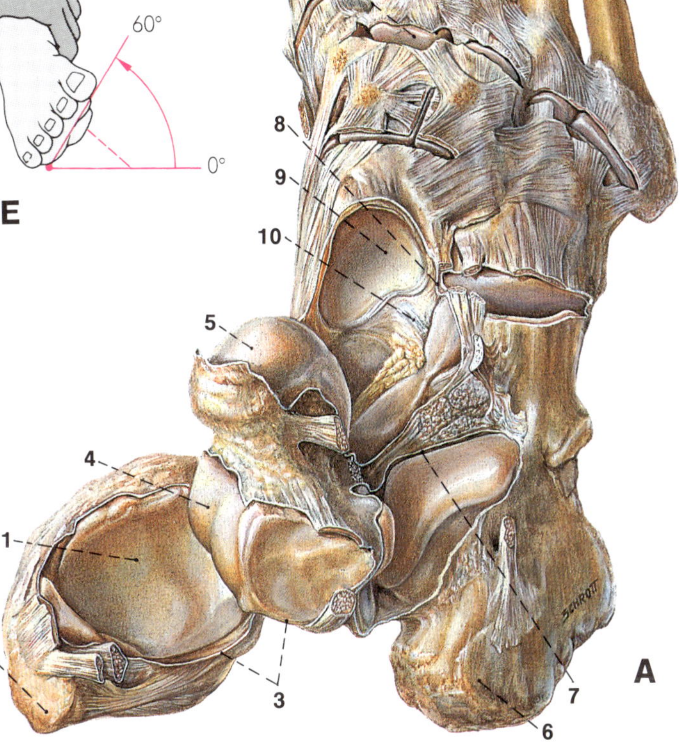

A

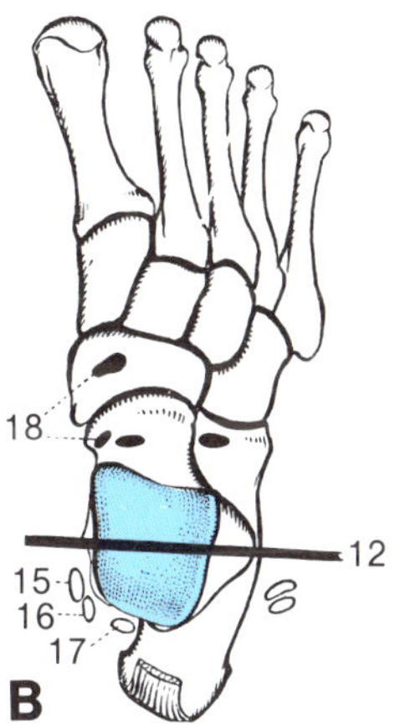

B

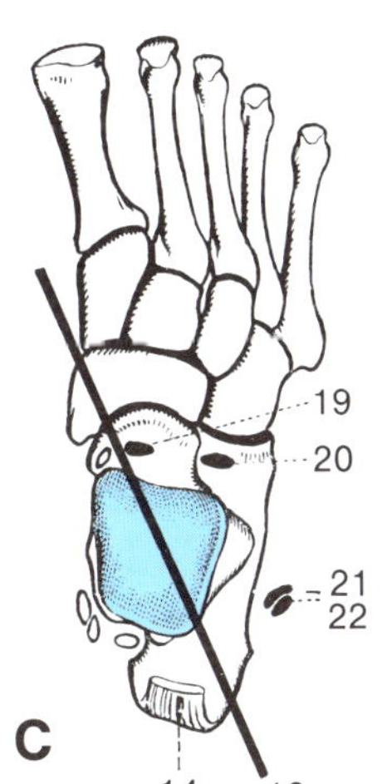

C

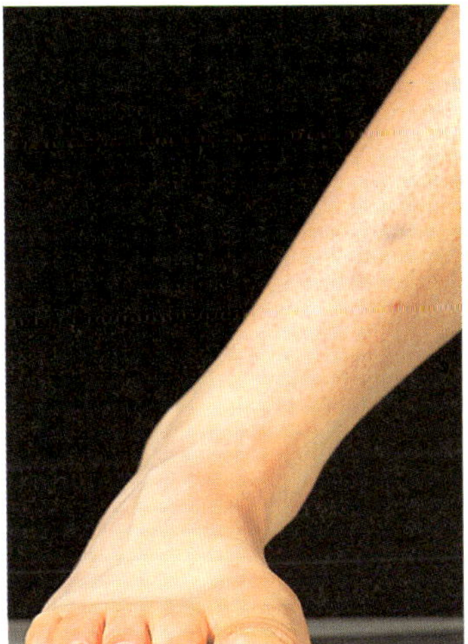
F

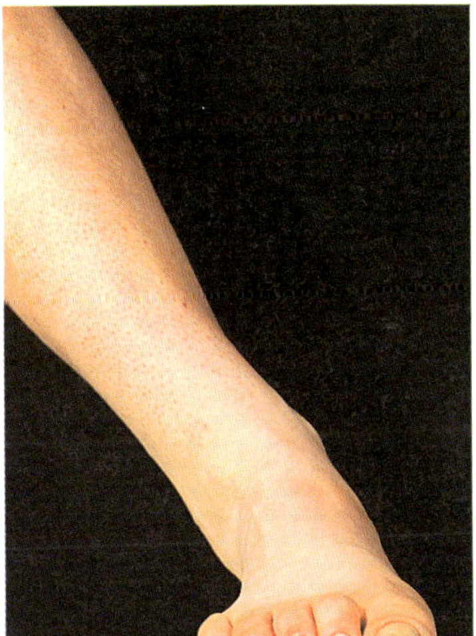
G

Unterschenkelmuskeln

4 Muskelgruppen in 4 Muskelkammern:	
• oberflächliche Beuger	• tiefe Beuger
• Wadenbeinmuskeln	• Strecker

• *Oberflächliche Beuger*: dreiköpfiger Wadenmuskel, bestehend aus innerem und äußerem Wadenmuskel sowie Schollenmuskel, Ansatz am Fersenbein mit der Achillessehne.
• *Tiefe Beuger*: hinterer Schienbeinmuskel, langer Zehenbeuger, langer Großzehenbeuger.
• *Wadenbeinmuskeln*: langer und kurzer Wadenbeinmuskel.
• *Strecker*: vorderer Schienbeinmuskel, langer Zehenstrecker, langer Großzehenstrecker, dritter Wadenbeinmuskel (Muskellogen ➥ S. 153, B).
„Beugen" und „Strecken" kann man am Fuß strenggenommen nur in den Zehengelenken. Für die Bewegungen in den Sprunggelenken sind die eindeutigen wissenschaftlichen Bezeichnungen „Plantarflexion" (Bewegung fußsohlenwärts) und „Dorsalflexion" oder „Dorsalextension" (Heben des Fußrückens) vorzuziehen. „Strecken" ist an den Sprunggelenken mehrdeutig: Für den Laien ist der Fuß beim Zehenstand „gestreckt", diese Stellung wird aber gerade von den „Beugern" bewirkt.

A Muskeln der Vorderseite des Unterschenkels und des Fußrückens, rechtes Bein.
B Schlagadern, Nerven und Sehnenscheiden der Vorderseite des Unterschenkels. Der gemeinsame Wadenbeinnerv liegt am Wadenbeinkopf ungeschützt oberflächlich. Er kann hier, z.B. durch einen ungepolsterten Gipsverband, gedrückt werden. Wird ein Fußgänger beim Überqueren der Straße von einem Auto angefahren, so wird häufig dieser Nerv verletzt, wenn er zwischen Stoßstange und Knochen gequetscht wird.
C Der Fußrücken beim Lebenden. Bei herabhängendem Bein füllt sich das Venennetz des Fußrückens stark an. Aus ihm fließt das Blut auf der Innenseite zur großen Rosenvene (vor dem Schienbeinknöchel zu erkennen), auf der Außenseite zur kleinen Rosenvene ab (➥ S. 157). Darunter treten die Strecksenen hervor: am weitesten medial die Sehne des vorderen Schienbeinmuskels, anschließend die Sehne des langen Großzehenstreckers, dann die 4 Sehnen des langen Zehenstreckers. Manchmal sieht man am äußeren Fußrand noch eine weitere Sehne: Sie gehört zu dem nicht bei allen Menschen vorhandenen dritten Wadenbeinmuskel. Zwischen den Strecksehnen zur Großzehe und zur zweiten Zehe kann man (mit etwas Übung) den Puls der Fußrückenschlagader tasten (Abb. B).

1	Kniescheibe	Patella
2	Kniescheibenband (= Kniescheibensehne)	Lig. patellae
3	Wadenbeinkopf	Caput fibulae (fibulare)
4	Schienbein	Tibia
5	Innerer Knöchel (= Schienbeinknöchel)	Malleolus medialis
6	Äußerer Knöchel (= Wadenbeinknöchel)	Malleolus lateralis
7	Dreiköpfiger Wadenmuskel	M. triceps surae
8	Langer Wadenbeinmuskel	M. peroneus (fibularis) longus
9	Kurzer Wadenbeinmuskel	M. peroneus (fibularis) brevis
10	Vorderer Schienbeinmuskel	M. tibialis anterior
11	Langer Großzehenstrecker	M. extensor hallucis longus
12	Langer Zehenstrecker	M. extensor digitorum longus
13	Vordere Schienbeinschlagader	A. tibialis anterior
14	Fußrückenschlagader	A. dorsalis pedis
15	Gemeinsamer Wadenbeinnerv	N. fibularis communis
16	Oberflächlicher Wadenbeinnerv	N. fibularis superficialis
17	Tiefer Wadenbeinnerv	N. fibularis profundus
18	Schneidermuskel	M. sartorius
19	Zweiköpfiger Oberschenkelmuskel	M. biceps femoris
20	Kurzer Zehenstrecker	M. extensor digitorum brevis
21	Dritter Wadenbeinmuskel (Sehne)	M. peroneus (fibularis) tertius
22	Kurzer Großzehenstrecker	M. extensor hallucis brevis
23	Oberes Halteband der Strecksehnen	Retinaculum musculorum extensorum superius
24	Unteres Halteband der Strecksehnen	Retinaculum musculorum extensorum inferius
25	Sehnenscheide der Wadenbeinmuskeln	Vagina tendinum musculorum peroneorum (fibularium) communis
26	Sehnenscheide des langen Zehenstreckers	Vagina tendinum musculi extensoris digitorum pedis longi
27	Sehnenscheide des vorderen Schienbeinmuskels	Vagina tendinis musculi tibialis anterioris
28	Sehnenscheide des langen Großzehenstreckers	Vagina tendinis musculi extensoris hallucis longi
29	Vordere rückläufige Schienbeinschlagader	A. recurrens tibialis anterior

B

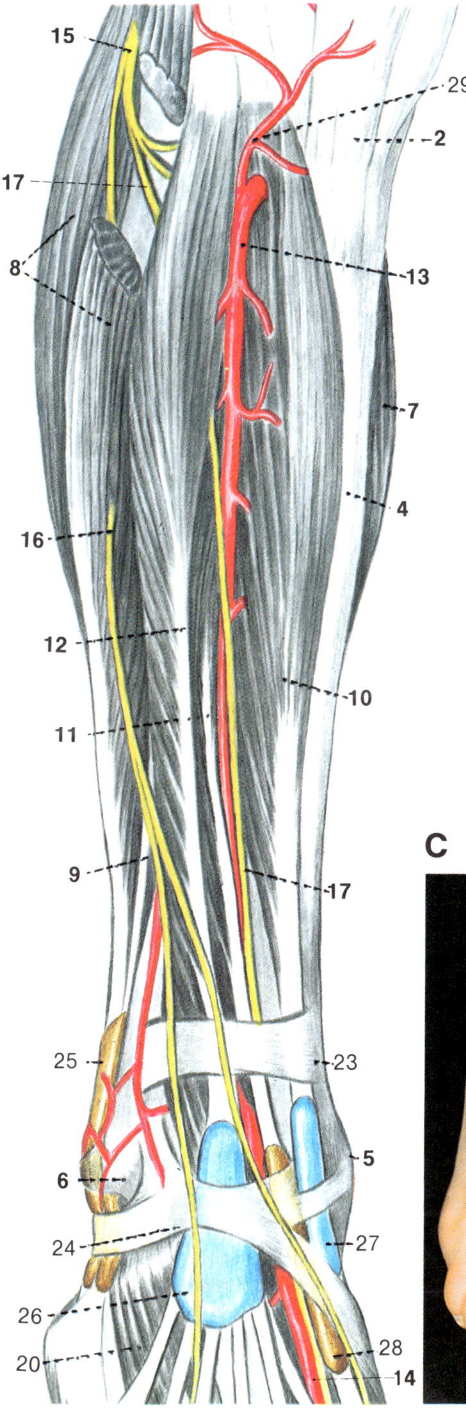
15
29
2
17
8
13
7
4
16
12
10
11
9
17
25
23
5
6
24
27
26
28
20
14

A

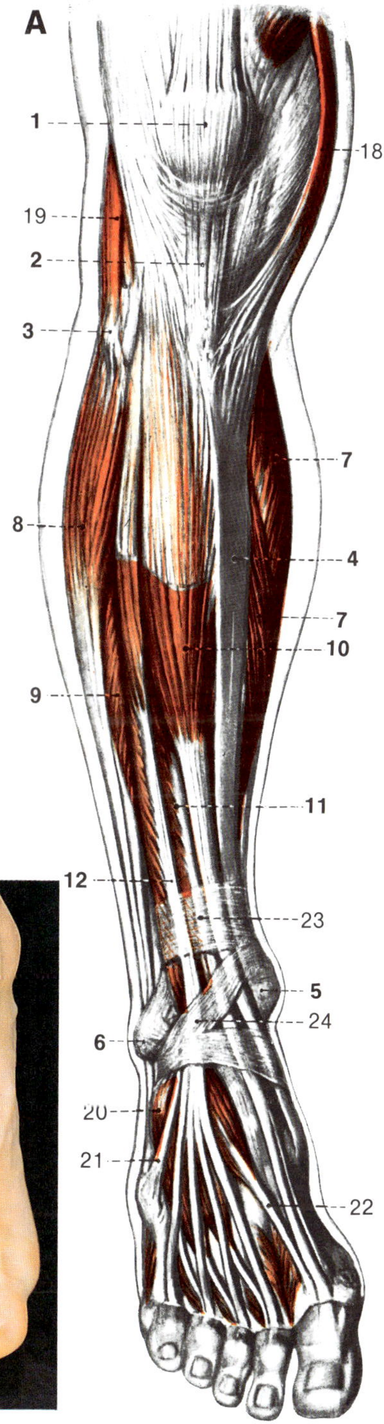
1
18
19
2
3
7
8
4
7
10
9
11
12
23
5
24
6
20
21
22

C

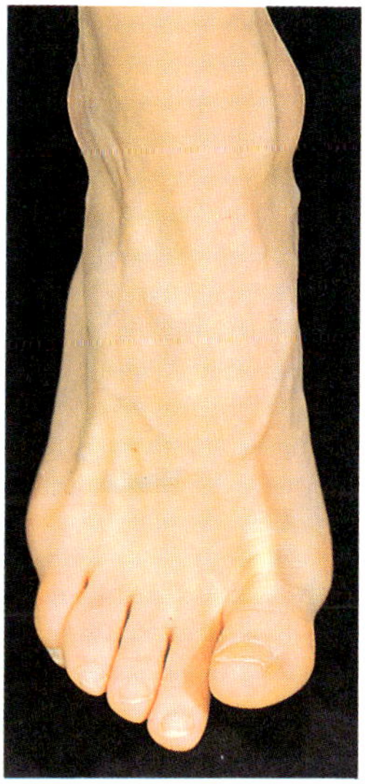

Fehlformen des Fußes

2 Gruppen von Fehlformen des Fußes:
- *veränderte Fußwölbungen*: Plattfuß, Hohlfuß, Spreizfuß
- *abnorme Stellungen*: Knickfuß, Klumpfuß, Spitzfuß, Hackenfuß

A Muskeln der Hinterseite des Unterschenkels und der Fußsohle, tiefe Schicht, rechtes Bein. Der dreiköpfige Wadenmuskel ist entfernt.
B Schlagadern und Nerven der Rückseite des Unterschenkels.
C-G Fehlformen des Fußes.
C *Knickfuß*. Bei Schwäche der tiefen Beuger knickt der Fuß über dem inneren Rand ein. Das Fersenbein ist aus der Achse des Beins abgeknickt.
D *Plattfuß* (= Senkfuß). Beim Plattfuß knickt die Längswölbung des Fußes ein. Der innere Fußrand, der normalerweise wegen der Längswölbung den Boden im Bereich des Kahnbeins und Sprungbeinkopfes nicht berührt, liegt flach auf. Dies macht beim Gehen erhebliche Beschwerden.
E *Spitzfuß*. Bei Schwäche der Strecker (z.B. bei Lähmung des tiefen Wadenbeinnervs) kann der Fußrücken nicht mehr gehoben werden. Durch das Überwiegen der Beuger wird der Fuß mit den Zehen zuerst aufgesetzt. Die Zehen schleifen beim Gehen am Boden.
F *Spitzklumpfuß*. Bei Schwäche der Wadenbeinmuskeln (z.B. bei Lähmung des oberflächlichen Wadenbeinnervs), die den äußeren Fußrand heben, bildet sich ein Klumpfuß aus: Der äußere Fußrand ist gesenkt, der Fuß wird über den äußeren Rand abgerollt. Bei Lähmung der Strecker und der Wadenbeinmuskeln (z.B. bei Lähmung des gemeinsamen Wadenbeinnervs) entsteht eine Kombination von Spitzfuß und Klumpfuß.
G *Hackenfuß*. Bei Lähmung der Beuger (bei Ausfall des Schienbeinnervs) wird der Fußrücken durch die dann überwiegenden Strecker hochgezogen.

1	Außenband (= äußeres Seitenband des Kniegelenks)	Lig. collaterale fibulare
2	Wadenbeinkopf	Caput fibulae (fibulare)
3	Wadenbein	Fibula
4	Fersenbeinhöcker	Tuber calcanei
5 - 8	Dreiköpfiger Wadenmuskel	M. triceps surae
5	Innerer Wadenmuskel (abgeschnitten)	M. gastrocnemius, Caput mediale
6	Äußerer Wadenmuskel (abgeschnitten)	M. gastrocnemius, Caput laterale
7	Schollenmuskel (abgeschnitten)	M. soleus
8	Achillessehne (abgeschnitten)	Tendo calcaneus
9	Hinterer Schienbeinmuskel	M. tibialis posterior
10	Langer Zehenbeuger	M. flexor digitorum longus
11	Langer Großzehenbeuger	M. flexor hallucis longus
12	Langer Wadenbeinmuskel	M. peroneus (fibularis) longus
13	Kurzer Wadenbeinmuskel	M. peroneus (fibularis) brevis
14	Fußsohlensehnenplatte	Aponeurosis plantaris
15	Kniekehlenschlagader	A. poplitea
16	Vordere Schienbeinschlagader	A. tibialis anterior
17	Hintere Schienbeinschlagader	A. tibialis posterior
18	Kniekehlenvene	V. poplitea
19	Schienbeinnerv	N. tibialis
20	Gemeinsamer Wadenbeinnerv	N. fibularis communis
21	Schleimbeutel unter der Sehne des inneren Wadenmuskels	Bursa subtendinea musculi gastrocnemii medialis
22	Schräges Kniekehlenband	Lig. popliteum obliquum
23	Halbmembranöser Muskel (Sehne)	M. semimembranosus
24	Sprungbein	Talus
25	Sohlenmuskel (Sehne durchgetrennt, setzt neben Achillessehne am Fersenbein an)	M. plantaris
26	Kniekehlenmuskel	M. popliteus
27	Schlanker Muskel	M. gracilis
28	Halbsehniger Muskel	M. semitendinosus
29	Untere innere Knieschlagader	A. inferior medialis genus
30	Sehnenbogen des Schollenmuskels	Arcus tendineus musculi solei
31	Zweiköpfiger Oberschenkelmuskel	M. biceps femoris
32	Untere äußere Knieschlagader	A. inferior lateralis genus
33	Hintere rückläufige Schienbeinschlagader	A. recurrens tibialis posterior
34	Wadenbeinschlagader	A. fibularis
35	Verbindungsast	R. communicans

A

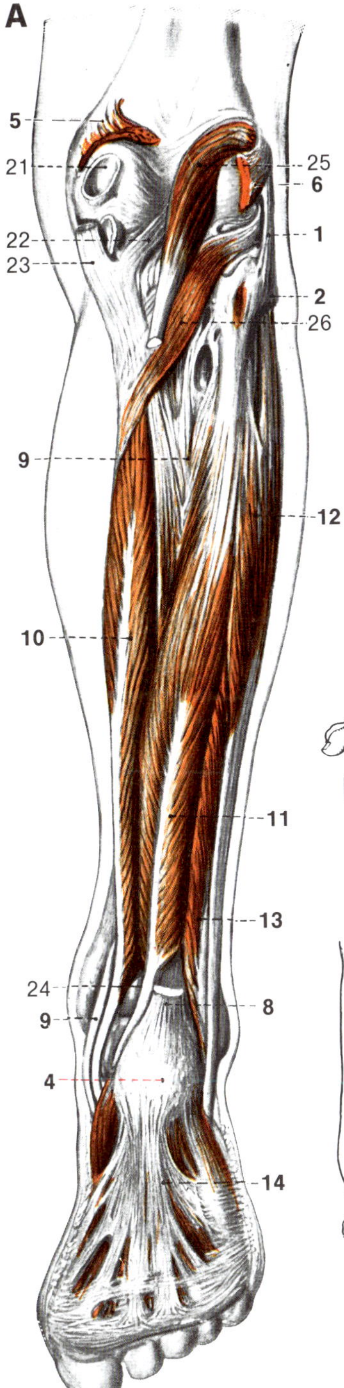
5
21
22
23
25
6
1
2
26
9
12
10
11
13
24
9
8
4
14

C

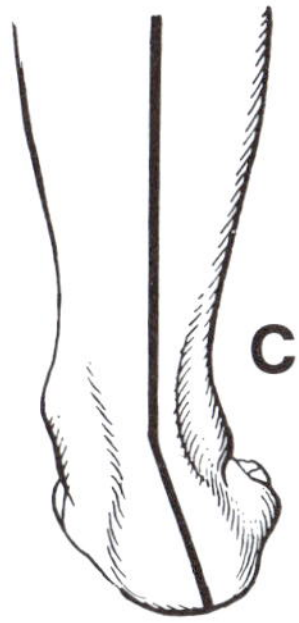

E

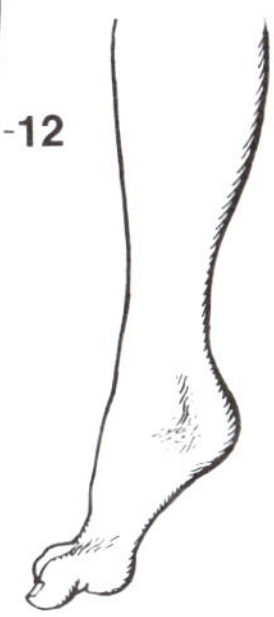

D

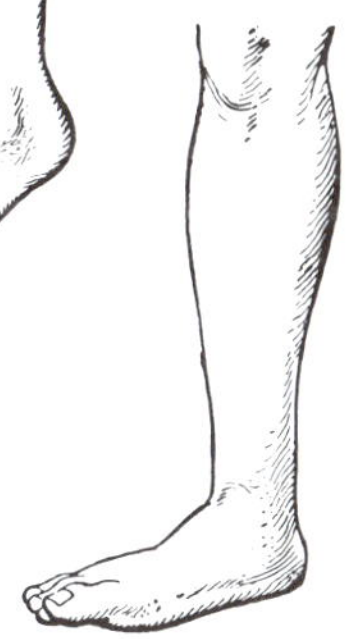

F

G

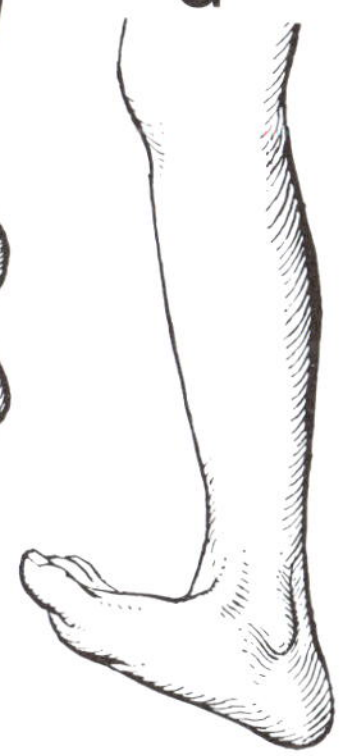

B

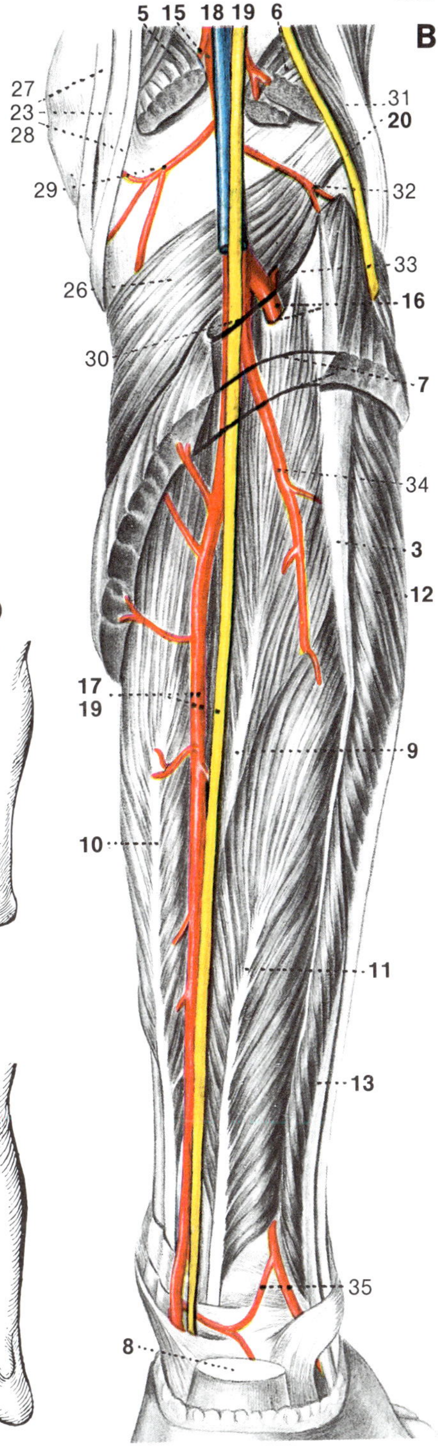
5
15
18
19
6
27
23
28
29
31
20
32
33
26
16
30
7
34
3
12
17
19
9
10
11
13
35
8

Muskeln des Unterschenkels und des Fußes

4 Muskelkammern am Unterschenkel:
- Strecker (Extensorenloge)
- Wadenbeinmuskeln (Peroneusloge)
- oberflächliche Beuger (oberflächliche Flexoren)
- tiefe Beuger (tiefe Flexorenloge)

A Muskeln des Unterschenkels und des Fußes, Außenseite, rechtes Bein.

B Die 4 großen Muskelgruppen des Unterschenkels werden durch straffere Faszien und die Zwischenknochenmembran voneinander getrennt. Zusammen mit der äußeren Unterschenkelfaszie entstehen damit 4 Muskelkammern (Kompartments). Sie begrenzen Schwellungen, erhöhen aber gerade dadurch den Druck in der Kammer nach Verletzungen. Dies kann die Durchblutung der Muskeln behindern (Kompartment-Syndrom). Dann muß man die Faszie weit aufschneiden, um die Muskeln zu retten.

C Muskeln der rechten Fußsohle, oberflächliche Schicht. Die Fußsohlensehnenplatte ist im vorderen Fußbereich entfernt.

1	Schienbein	Tibia
2	Wadenbein	Fibula
3	Wadenbeinkopf	Caput fibulae (fibulare)
4	Äußerer Knöchel (= Wadenbeinknöchel)	Malleolus lateralis
5	Fersenbeinhöcker	Tuber calcanei
6	Außenband (= äußeres Seitenband des Kniegelenks)	Lig. collaterale fibulare
7	Zweiköpfiger Oberschenkelmuskel	M. biceps femoris
8 - 10	Dreiköpfiger Wadenmuskel	M. triceps surae
8	Äußerer Wadenmuskel	M. gastrocnemius, Caput laterale
9	Schollenmuskel	M. soleus
10	Achillessehne	Tendo calcaneus
11	Langer Wadenbeinmuskel	M. peroneus (fibularis) longus
12	Kurzer Wadenbeinmuskel	M. peroneus (fibularis) brevis
13	Vorderer Schienbeinmuskel	M. tibialis anterior
14	Langer Zehenstrecker	M. extensor digitorum longus
15	Langer Großzehenbeuger	M. flexor hallucis longus
16	Kurzer Zehenbeuger	M. flexor digitorum brevis
17	Fußsohlensehnenplatte	Aponeurosis plantaris
18	Vordere Schienbeinschlagader	A. tibialis anterior
19	Tiefer Wadenbeinnerv	N. fibularis profundus
20	Hintere Schienbeinschlagader	A. tibialis posterior
21	Schienbeinnerv	N. tibialis
22	Kammer der Streckmuskeln (Extensorenloge)	-
23	Kammer der Wadenbeinmuskeln (Peroneusloge)	-
24	Kammer der tiefen Beugemuskeln (tiefe Flexorenloge)	-
25	Kammer der oberflächlichen Beugemuskeln (oberflächliche Flexorenloge)	-
26	Sohlenmuskel	M. plantaris
27	Sehnenscheide der Wadenbeinmuskeln	Vagina musculorum peroneorum (fibularium) communis
28	Unteres Halteband der Wadenbeinmuskelsehnen	Retinaculum musculorum peroneorum (fibularium) inferius
29	Darmbein-Schienbein-Sehne	Tractus iliotibialis
30	Tiefer Schleimbeutel unterhalb der Kniescheibe	Bursa infrapatellaris profunda
31	Oberes Halteband der Strecksehnen	Retinaculum musculorum extensorum superius
32	Unteres Halteband der Strecksehnen	Retinaculum musculorum extensorum inferius
33	Dritter Wadenbeinmuskel (Sehne)	M. peroneus (fibularis) tertius
34	Kurzer Zehenstrecker	M. extensor digitorum brevis
35	Kleinzehenabspreizer	M. abductor digiti minimi
36	Bindegewebige Sehnentunnel der Zehen	Vaginae fibrosae digitorum pedis
37	Regenwurmmuskeln (Spulmuskeln)	Mm. lumbricales
38	Kurzer Großzehenbeuger	M. flexor hallucis brevis
39	Großzehenabspreizer	M. abductor hallucis
40	Hinterer Schienbeinmuskel	M. tibialis posterior
41	Halteband der Beugesehnen	Retinaculum musculorum flexorum
42	Langer Zehenbeuger	M. flexor digitorum longus
43	Zwischenknochenmembran des Unterschenkels	Membrana interossea cruris
44	Wadenbeinschlagader	A. fibularis

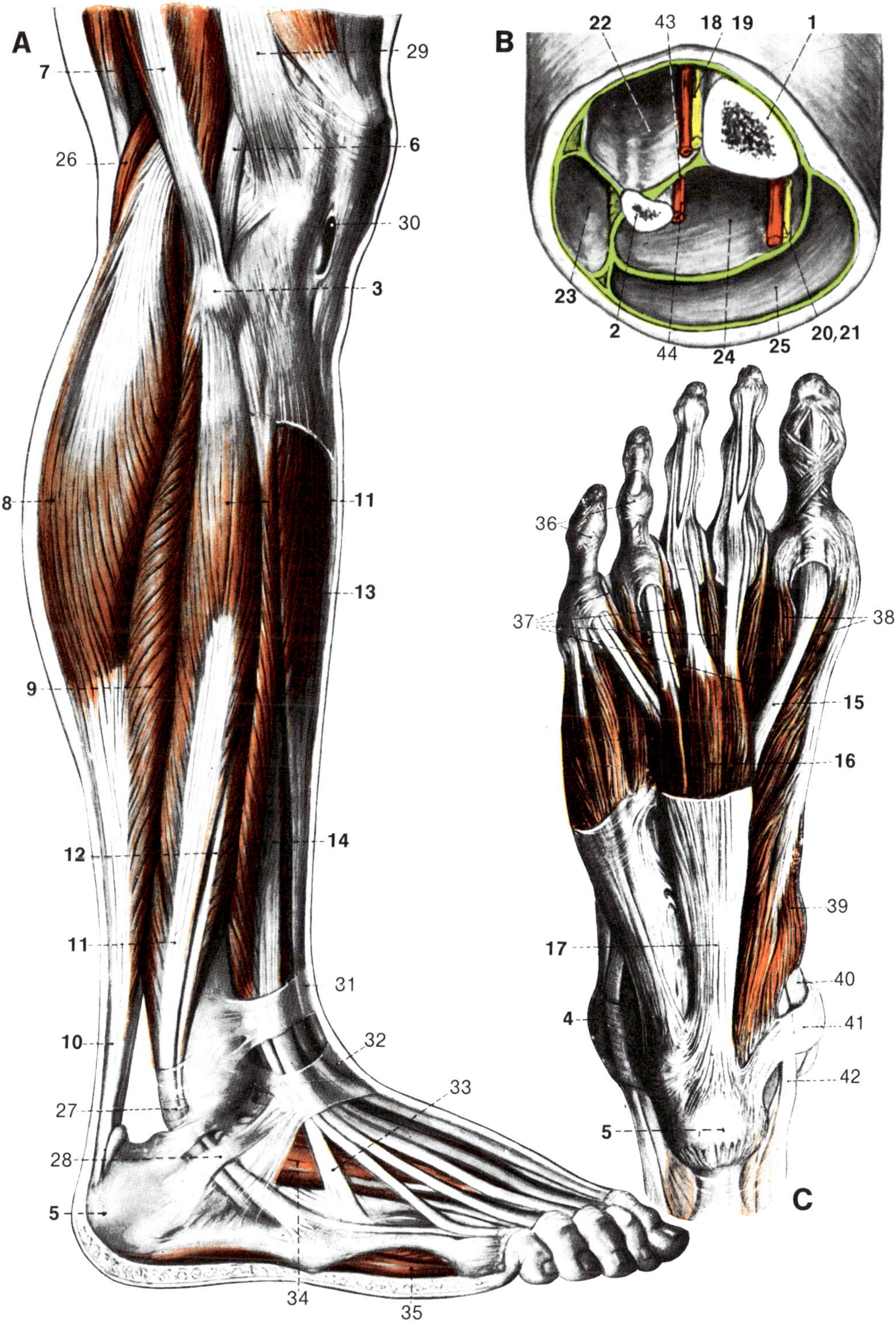
A
29
7
26
6
30
3
8
11
13
9
12
14
11
31
10
32
33
27
28
5
34
35
B
22
43
18
19
1
23
2
44
24
25
20,21
C
36
37
38
15
16
39
17
40
4
41
42
5

Fußsohle

Der Bau der Fußsohle unterscheidet sich wesentlich vom Bau der Hohlhand. Dies hat mehrere Gründe:

- Die Hand ist ein Greifwerkzeug, der Fuß ein Stand- und Gehwerkzeug.
- Der Fuß ist gegen den Unterschenkel rechtwinklig abgesetzt, die Hand setzt die Richtung des Unterarms fort.
- Die Gewölbekonstruktion des Fußes läßt an der Fußsohle viel Platz für Muskeln, die Hohlhand nicht.

Die Vielfalt der Muskeln der Fußsohle ist aus der biologischen Sonderstellung des Menschen in der Reihe der Säugetiere zu verstehen. Der zweibeinige Stand ermöglichte es, die Hände als Greifwerkzeuge einzusetzen, wodurch der Mensch allen Tieren überlegen wurde. Voraussetzung ist die Sicherheit dieses zweibeinigen Stehens und Gehens. Der Kontakt mit dem Boden muß mit zwei Füßen so gut sein wie bei den anderen Säugetieren mit vier Füßen. Wir benötigen daher sehr differenzierte Anpassungsmöglichkeiten des Fußes an den Boden. Beim hochzivilisierten Menschen verkümmert diese Aufgabe des Fußes allmählich. Fußbeschwerden werden daher immer häufiger. Ihnen kann man durch eifriges Training der Fußsohlenmuskeln entgegenwirken.

A Muskeln der rechten Fußsohle, mittlere Schicht.
B Muskeln der rechten Fußsohle, tiefe Schicht.
C Innere Knöchelgegend und Fußsohle mit Sehnenscheiden (➥ S. 185), Blutgefäßen und Nerven.
D Abtasten des inneren Fußrandes. Markiert sind die leicht tastbaren Knochen, Sehnen und Schlagadern. Der Fuß ist ausgezeichnet geeignet, sich im Tasten des Körpers zu üben. Man beginnt am besten bei der Großzehe, bewegt sie auf und ab und wird so schnell das Großzehengrundgelenk und den Kopf des 1. Mittelfußknochens abgegrenzt haben. Dann folgt man der Fußwölbung in Richtung Schienbeinknöchel. Nahe der Höhe der Wölbung wird man 3 Einschnitte tasten: die Gelenke zwischen dem Mittelfußknochen und dem inneren Keilbein, zwischen diesem und dem Kahnbein und zuletzt das untere Sprunggelenk (vordere Kammer). Zwischen Schienbeinknöchel und Fersenbeinhöcker tastet man dann das Sprungbein und die Sprungbeinstütze des Fersenbeins. An Sehnen sind außer der Achillessehne die Sehnen des vorderen und des hinteren Schienbeinmuskels leicht zu finden. Man spannt sie an, wenn man den Vorfuß gegen Widerstand hebt (vorderer Schienbeinmuskel) bzw. senkt hinterer Schienbeinmuskel). Den Puls der hinteren Schienbeinschlagader fühlt man am besten zwischen Schienbeinknöchel und Fersenbeinhöcker (im Bild mit einem Pfeil bezeichnet).

1	Fersenbeinhöcker	Tuber calcanei
2	Fünfter Mittelfußknochen	Os metatarsi (Metatarsale) V
3	Langer Großzehenbeuger (Sehne)	M. flexor hallucis longus
4	Langer Zehenbeuger (Sehnen)	M. flexor digitorum longus
5	Hinterer Schienbeinmuskel (Sehne)	M. tibialis posterior
6	Vorderer Schienbeinmuskel (Sehne)	M. tibialis anterior
7	Langer Wadenbeinmuskel (Sehne)	M. peroneus (fibularis) longus
8	Kurzer Wadenbeinmuskel (Sehne)	M. peroneus (fibularis) brevis
9	Kurzer Zehenbeuger (abgeschnitten)	M. flexor digitorum brevis
10	Regenwurmmuskeln (Spulmuskeln)	Mm. lumbricales
11	Rückseitige Zwischenknochenmuskeln	Mm. interossei dorsales
12	Kurzer Kleinzehenbeuger	M. flexor digiti minimi brevis
13	Viereckiger Fußsohlenmuskel	M. quadratus plantae
14	Kleinzehenabspreizer	M. abductor digiti minimi
15	Kurzer Großzehenbeuger	M. flexor hallucis brevis
16	Großzehenabspreizer (abgeschnitten)	M. abductor hallucis
17	Halteband der Beugesehnen	Retinaculum musculorum flexorum
18	Bindegewebige Sehnentunnel der Zehen	Vaginae fibrosae digitorum pedis
19 + 20	Großzehenanzieher	M. adductor hallucis
19	Querer Kopf	Caput transversum
20	Schräger Kopf	Caput obliquum
21	Kurzer Kleinzehenbeuger	M. flexor digiti minimi brevis
22	Fußsohlenseitige Zwischenknochenmuskeln	Mm. interossei plantares
23	Langes Fußsohlenband	Lig. plantare longum
24	Saphenusnerv (Hautnerv)	N. saphenus
25	Große Rosenvene („große Saphena")	V. saphena magna
26	Medialer Fußsohlennerv	N. plantaris medialis
27	Seitlicher Fußsohlennerv	N. plantaris lateralis
28	Schlagaderbogen der Fußsohle	Arcus plantaris profundus

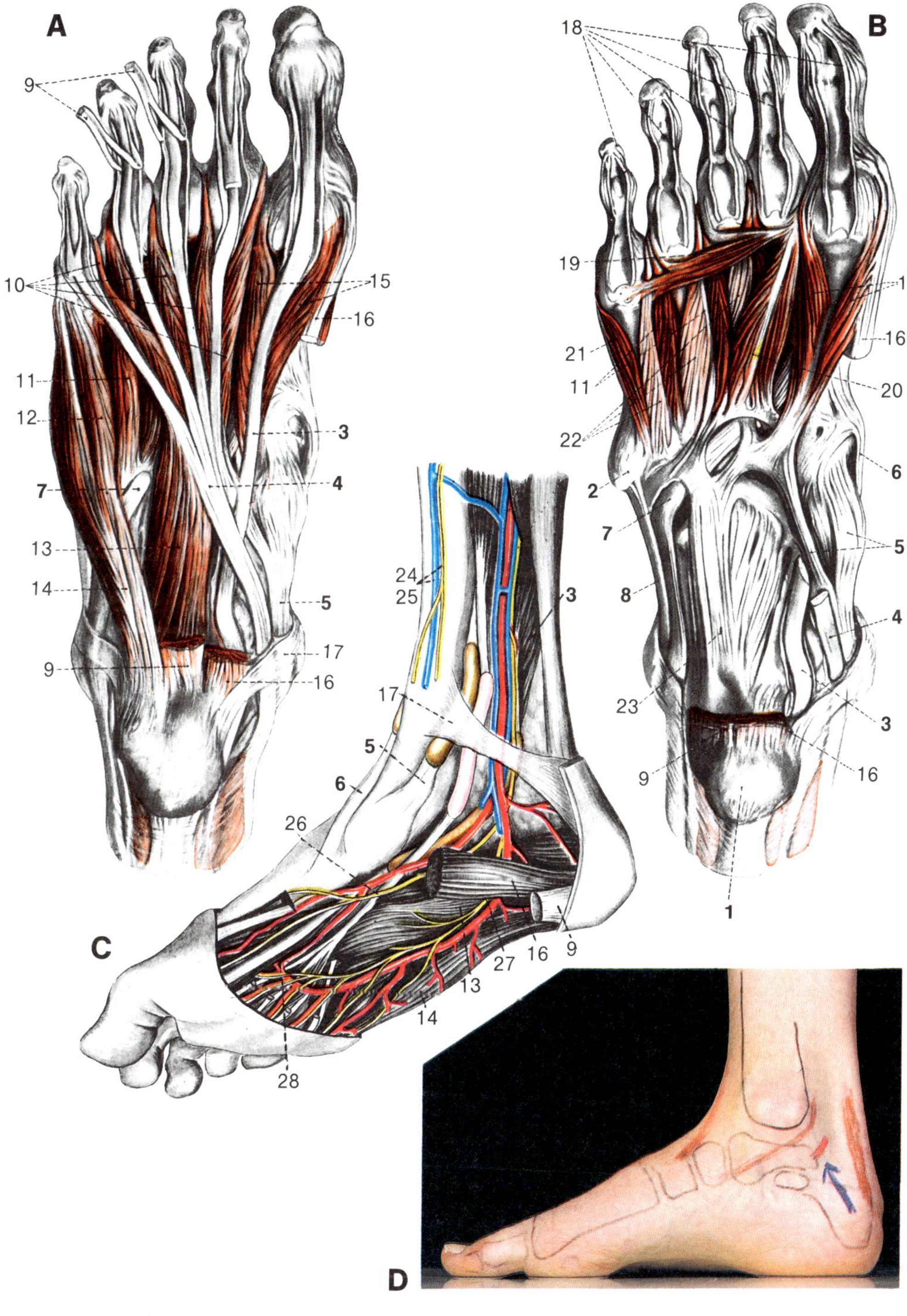
A
9
10
15
16
11
12
3
7
4
13
14
5
9
17
16
B
18
19
15
16
21
11
20
22
6
2
7
5
8
4
23
3
9
16
1
C
24
25
3
17
5
6
26
9
16
27
13
14
28
D

Hautvenen und Blutrückfluß

Den Blutrückstrom aus dem Bein fördern:
- Venenklappen
- Muskelpumpe
- Fußsohlenpumpe
- Bewegung ganz allgemein

Der in den großen Schlagadern das Blut rasch vorantreibende Blutdruck fällt in den kleinen Schlagäderchen und in den Haargefäßen stark ab. In den Venen ist dann die bewegende Kraft gering. Sie ist im Fuß geringer als das Gewicht der Flüssigkeitssäule (hydrostatischer Druck) zwischen Fuß und Herz. Der Körper muß dann gewissermaßen mit Tricks arbeiten, um das Blut zum Herzen zurückzubefördern. Am wichtigste hierfür sind die Venenklappen (➥ S. 385). Sie lassen den Blutstrom nur in einer Richtung zu. Die über einen Meter lange Blutsäule vom Fuß zum Herzen wird dadurch in viele, nur wenige Zentimeter hohe Stockwerke zerlegt. Für jedes dieser Stockwerke kann der Körper dann zusätzliche „Pumpen" einsetzen:

- *Muskelpumpe*: Wenn sich Muskeln zusammenziehen, werden sie kürzer, aber ihr Rauminhalt bleibt gleich. Folglich müssen sie dicker werden. Dies ist jedem bekannt, der schon einmal seinen Bizeps angespannt hat, um anderen damit zu imponieren. Liegen Muskeln und Venen im gleichen Bindegeweberaum (➥ S. 153, B), so werden bei jeder Verdickung des Muskels die Venen zusammengepreßt. Wegen der Venenklappen kann das Blut nur herzwärts weiterfließen.
- *Fußsohlenpumpe*: Beim Gehen wird die Fußsohle abwechseln be- und entlastet. So wird bei jedem Schritt das Blut aus der Fußsohle herausgepumpt. Gehen ist für den Kreislauf besser als Stehen.
- *Bewegungen ganz allgemein* führen zu Druckänderungen in umschriebenen Körperbereichen und fördern damit den Blutrückstrom. Beim Einatmen wird nicht nur Luft in den Luftwegen, sondern auch Blut in den Venen zur Brusthöhle gesaugt. Selbst der Puls in den Schlagadern wird noch für den Blutstrom in den Venen ausgenutzt: Wegen der gemeinsamen bindegewebigen Hülle der Schlagader mit ihren Begleitvenen werden diese von der Pulswelle zusammengedrückt.

In den Hautvenen ist die Lage viel ungünstiger: Da sie außerhalb der Körperfaszie liegen, ist die Muskelpumpe wenig wirksam. Sie verlaufen unabhängig von den Schlagadern, so daß ihnen auch die Pulswelle nichts nützt. Der Körper sucht dies durch besonders viele Venenklappen auszugleichen. Mit zunehmendem Alter erschlafft die Venenwand. Die Klappen schließen nicht mehr dicht. Die Stockwerkbildung versagt. Die Flüssigkeitssäule lastet nun mit immer höherem Gewicht auf der Venenwand und dehnt diese aus. Es entstehen Krampfadern (Varizen). Diese sind zunächst nur Schönheitsfehler. Sie begünstigen jedoch das Entstehen von Venenentzündungen und Beingeschwüren. Hochlagern der Beine vermindert den hydrostatischen Druck und erleichtert so den Blutrückfluß.

A-C Hautvenen und Hautnerven des rechten Beins.

D Stellen des Beins mit besonders reichlichen Verbindungsvenen (*Perforansvenen*).

E Die Hautvenen (im Schema links) sind durch eine Art Kurzschlüsse mit den tiefen Venen verbunden. In diesen strömt das Blut wegen der Venenklappen normalerweise nur von außen nach innen. Werden hier die Klappen undicht („insuffizient"), so verstärkt dies die Krampfaderbildung in den Hautvenen. Zugleich wird auch der Blutrückstrom in den tiefen Venen behindert, weil die Muskelpumpe unwirksam wird (das Blut pendelt zwischen tiefen und Hautvenen hin und her). Dann ist es besser, die Hautvenen zu opfern (Veröden oder Stripping-Operation).

1	Oberschenkelschlagader	A. femoralis
2	Oberschenkelvene	V. femoralis
3	Große Rosenvene („große Saphena")	V. saphena magna
4	Kleine Rosenvene („kleine Saphena")	V. saphena parva
5	Oberflächliche Bauchwandschlagader + -vene	A. + V. epigastrica superficialis
6	Seitlicher Oberschenkelhautnerv	N. cutaneus femoris lateralis
7	Schamgegend-Oberschenkel-Nerv	N. genitofemoralis
8	Oberflächliche umbiegende Darmbeinschlagader + -vene	A. + V. circumflexa iliaca superficialis
9	Darmbein-Unterbauch-Nerv	N. iliohypogastricus
10	Darmbein-Leisten-Nerv	N. ilioinguinalis
11	Äußere Schamschlagader + -vene	A. + V. pudenda externa
12	Vordere Hautäste (des Oberschenkelnervs)	Rr. cutanei anteriores
13	Saphenusnerv	N. saphenus
14	Oberflächlicher Wadenbeinnerv	N. fibularis superficialis
15	Hinterer Oberschenkelhautnerv	N. cutaneus femoris posterior
16	Wadennerv	N. suralis
17	Venennetz des Fußrückens	Rete venosum dorsale pedis

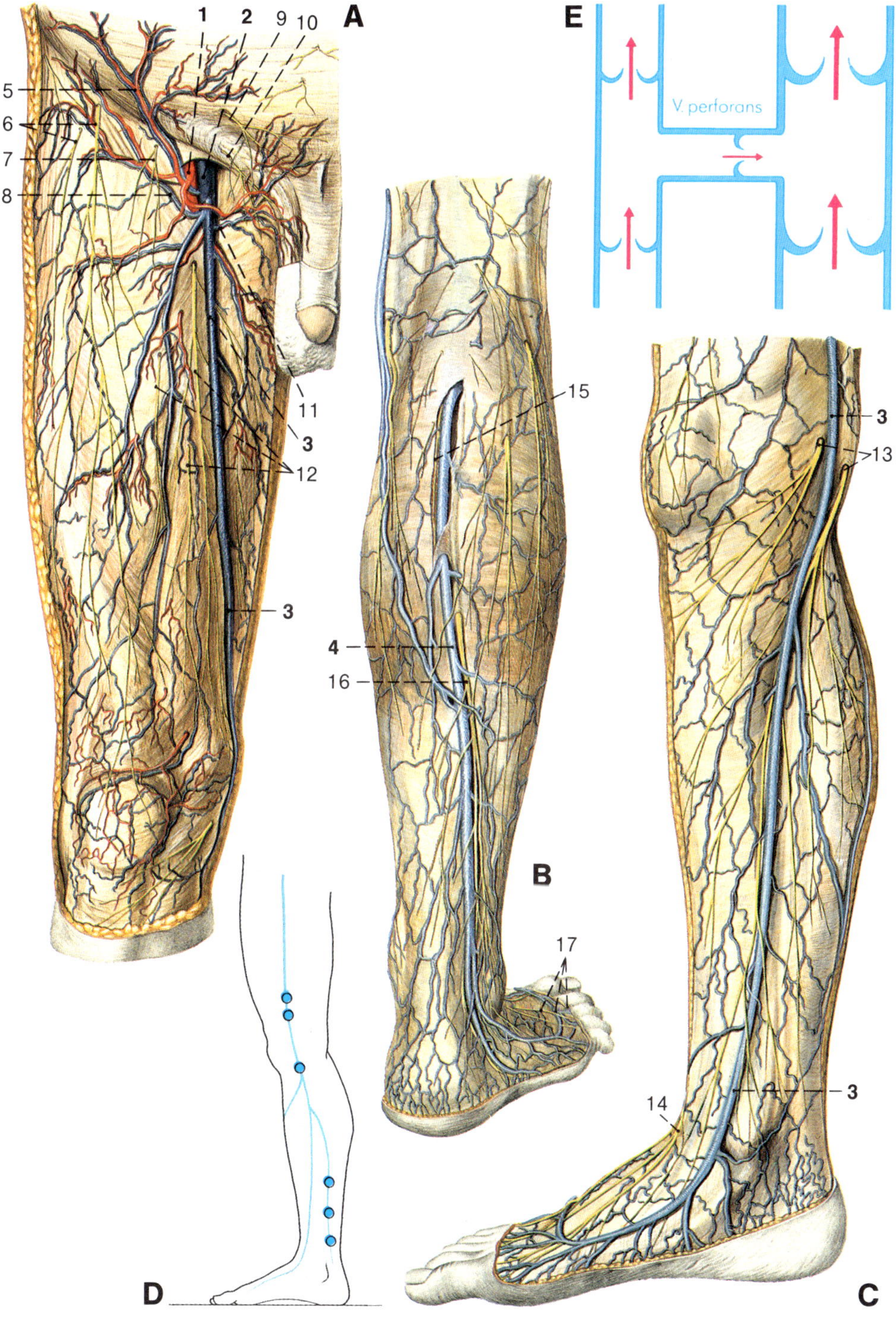
A
1
2
9
10
5
6
7
8
11
3
12
3
B
15
4
16
17
E
V. perforans
C
3
13
14
3
D

Schultergürtel und Schultergelenk

Schultergürtel = Schlüsselbein + Schulterblatt

Der Arm ist durch den Schultergürtel mit dem Rumpf verbunden. Das Schlüsselbein bildet Gelenke mit dem Brustbein und dem Schulterblatt. Das Schulterblatt hat am Rücken kein Gelenk mit dem Rumpf, sondern ist an Muskeln aufgehängt. Bei vielen Säugetieren, besonders solchen, die beim Erjagen der Beute oder im schnellen Lauf auf die Vorderbeine aufspringen, fehlt das Schlüsselbein. Bei diesen Tieren wird das Schulterblatt nur mit Muskeln am Rumpf gehalten. Dies ermöglicht ein besonders gutes Abfedern beim Aufsprung. Der Arm ist beim Menschen über das Schlüsselbein relativ starr am Rumpf befestigt. Deshalb bricht das Schlüsselbein (oder die Speiche, ➥ S. 174) beim Sturz auf den schützend vorgestreckten Arm häufig. Praktisch alle Bewegungen des Schultergelenks werden durch Bewegungen der Schlüsselbeingelenke ergänzt. Der Oberarm verfügt damit über eine Fülle von Bewegungsmöglichkeiten, die letztlich im Dienst der Hand stehen.

Das *Schultergelenk* ist ein Kugelgelenk und hat demnach drei Hauptachsen, um welche die Hauptbewegungen des Oberarms erfolgen:

- Vorwärts- und Rückwärtsheben,
- Abspreizen und Anführen (Anziehen),
- Innen- und Außenkreiseln.

Die Gelenkpfanne des Schultergelenks ist im Verhältnis zum Oberarmkopf klein. Durch eine Gelenklippe (Faserknorpelring) wird der Kontakt verbessert. Um dem Oberarmbein einen großen Bewegungsspielraum zu ermöglichen, muß die Gelenkkapsel entsprechend weit sein. Kräftige Verstärkungsbänder fehlen. Verrenkungen sind häufig. Einen unsicheren Schutz bietet der „Muskelmantel“ des Gelenks: Es wird von allen Seiten von Muskeln umgeben, die sich schützend anspannen, wenn Gefahr droht. Muskelreflexe benötigen Zeit (obzwar nur im Millisekundenbereich). Sehr schnell einwirkende Kräfte können dann das Gelenk schon verrenkt haben, bevor sich die Muskeln anspannen konnten. Daher ist das Schultergelenk eines der gefährdetsten Gelenke des menschlichen Körpers.

Schultergelenk = das häufigst verrenkte Gelenk

A Das Skelett der oberen Gliedmaße ist in 4 Abschnitte zu gliedern: Schultergürtel, Oberarm, Unterarm, Hand. 3 große Gelenke trennen sie: Schultergelenk, Ellbogengelenk und oberes Handgelenk.
B Schultergürtel und rechtes Schultergelenk.
C Schultergürtel und Brustkorb des Erwachsenen von oben (Queroval!). Vgl. hierzu das Bild von Schultergürtel und Brustkorb des Neugeborenen auf S. 23.
D Schlüsselbeinbruch. Durch den Zug des Kopfwenders wird dabei das innere Bruchstück des Schlüsselbeins häufig nach oben gezogen. Es kann sich dann in die Haut des Halses einspießen.
E Röntgenbild des Schultergelenks bei angeführtem Arm in Mittelstellung (Neutralnullstellung). AP-Aufnahme.
F Röntgenbild des Schultergelenks bei abgespreiztem Arm („axial“). Die Röntgenröhre steht über der Schulter, der Röntgenfilm liegt der Achselhöhle und der Innenseite des Oberarms an. Rabenschnabelfortsatz, äußeres Schlüsselbeinende und Schultereck sind dabei besonders gut zu beurteilen.

Weiteres Röntgenbild des Schultergelenks ➥ S. 385.
Röntgenbild des Schulterblatts und des Oberarmbeins ➥ S. 163.

1	Hinterhauptbein	Os occipitale
2	Halswirbel	Vertebrae cervicales
3	Brustwirbel	Vertebrae thoracicae
4	Lendenwirbel	Vertebrae lumbales (lumbares)
5	Rippen	Costae
6	Brustbeinhandgriff	Manubrium sterni
7	Brustbeinkörper	Corpus sterni
8	Schlüsselbein	Clavicula
9	Schulterblatt	Scapula
10	Elle	Ulna
11	Speiche	Radius
12	Brustbein-Schlüsselbein-Gelenk	Articulatio sternoclavicularis
13	Schultereck	Acromion
14	Schulterpfanne	Cavitas glenoidalis
15	Rabenschnabelfortsatz-Schultereck-Band	Lig. coraco-acromiale
16	Rabenschnabelfortsatz-Schlüsselbein-Band	Lig. coracoclaviculare
17	Rippen-Schlüsselbein-Band	Lig. costoclaviculare
18	Gelenkscheibe (im Brustbein-Schlüsselbein-Gelenk)	Discus articularis

B

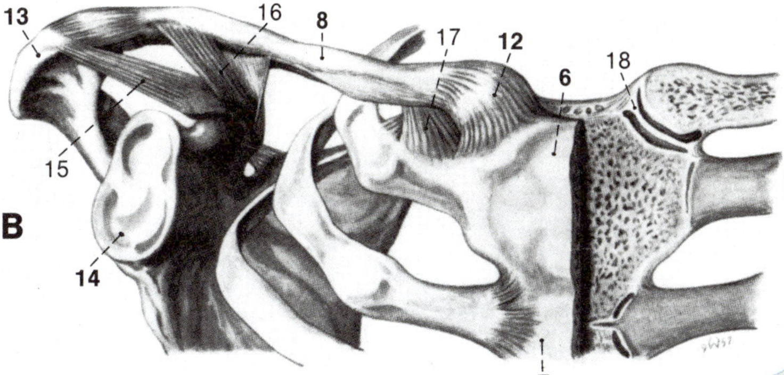

E

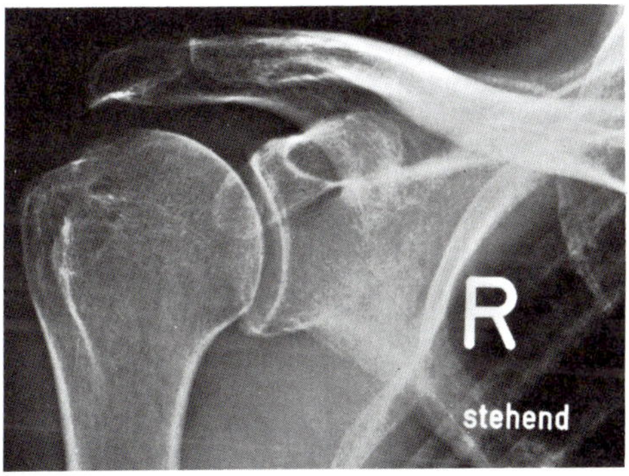

C

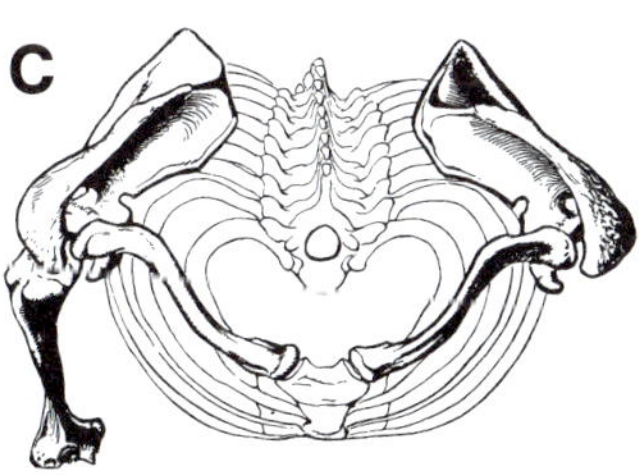

D

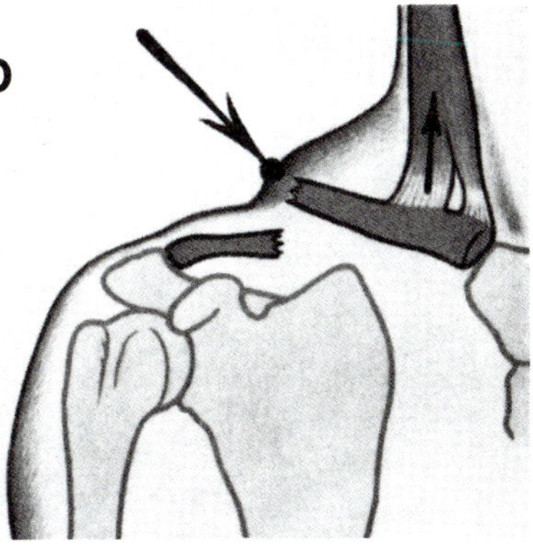

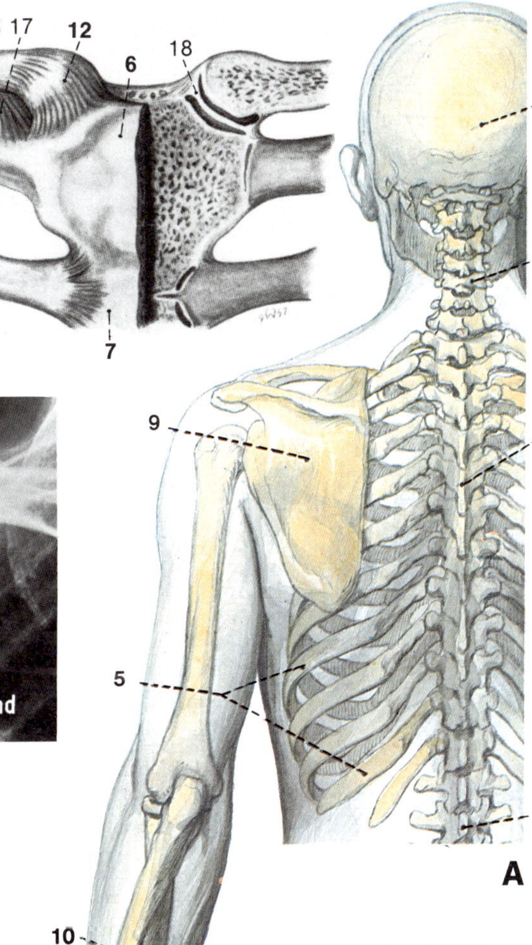

A

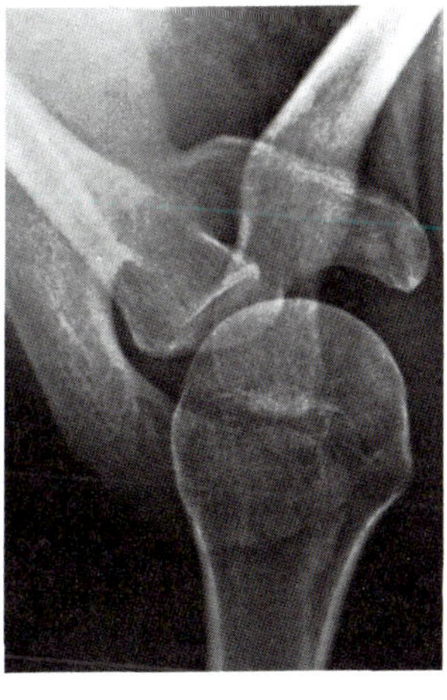

F

Schultergelenk

A Rechtes Schultergelenk von hinten. Die Gelenkkapsel ist aufgeschnitten, um den Blick auf Kopf und Schulterpfanne freizugeben.

B Frontalschnitt durch das rechte Schultergelenk mit Muskelmantel.

C Bewegungsumfang des Schultergelenks bei Festhalten des Schultergürtels. Im Schultergelenk allein kann der Arm nur etwa bis zur Horizontalen gehoben werden. Wollen wir den Arm über die Horizontale bringen, müssen wir die Schulterpfanne nach oben richten. Dazu heben wir den Schultergürtel (oberer Abschnitt des Trapezmuskels) und schwenken das Schulterblatt nach vorn (unterer Teil des Trapezmuskels und vorderer Sägemuskel). Die Bewegungen des Schultergürtels und des Schultergelenks sind jedoch nicht so abgegrenzt, daß das Heben bis zur Horizontalen nur im Schultergelenk und darüber nur in den Schlüsselbeingelenken vor sich geht. Vielmehr wirken alle drei Gelenke auch schon bei kleinen Bewegungen zusammen: Man kann sich selbst unschwer davon überzeugen, wenn man mit einer Hand nach dem unteren Schulterblattwinkel der anderen Seite tastet und dann Armbewegungen ausführt. Man merkt deutlich, wie das Schulterblatt ständig mitbewegt wird.

Bewegungen im Schultergelenk sind praktisch immer mit Bewegungen in den Schlüsselbeingelenken verbunden

D-G Bewegungsumfänge des Schultergelenks einschließlich der Schlüsselbeingelenke (mittlere Meßwerte von gesunden jungen Erwachsenen nach der Neutralnullmethode, ➥ S. 160).

D Rückwärts- und Vorwärtsheben (Retroversion und Anteversion): 40° - 0° - 180°.

E Abspreizen und Anführen (Abduktion und Adduktion): 180° - 0° - 40°.

F Außen- und Innenkreiseln (Außen- und Innenrotation) bei angeführtem Arm: 60° - 0° - 90°.

G Außen- und Innenkreiseln bei rechtwinklig abgespreiztem Arm: 90° - 0° - 90°.

1	Schulterblattgräte	Spina scapulae
2	Schultereck	Acromion
3	Schulterpfanne (Pfanne des Schultergelenks)	Cavitas glenoidalis
4	Oberarmbeinkopf	Caput humeri (humerale)
5	Oberarmbeinschaft	Corpus humeri
6	Schlüsselbein	Clavicula
7	Rabenschnabelfortsatz	Processus coracoideus
8	Gelenkkapsel (des Schultergelenks)	Capsula articularis
9	Langer Bizepskopf (Sehne)	M. biceps brachii, Caput longum
10	Deltamuskel	M. deltoideus
11	Oberer Winkel (des Schulterblatts)	Angulus superior
12	Unterer Winkel (des Schulterblatts)	Angulus inferior
13	Innerer Rand (des Schulterblatts)	Margo medialis
14	Äußerer Rand (des Schulterblatts)	Margo lateralis
15	Obergrätengrube	Fossa supraspinata (supraspinosa)
16	Untergrätengrube	Fossa infraspinata (infraspinosa)
17	„Anatomischer" Hals (des Oberarmbeins)	Collum anatomicum
18	„Chirurgischer" Hals (des Oberarmbeins)	Collum chirurgicum
19	Schultereck-Schlüsselbein-Band	Lig. acromioclaviculare
20	Rabenschnabelfortsatz-Schlüsselbein-Band	Lig. coracoclaviculare
21	Rabenschnabelfortsatz-Schultereck-Band	Lig. coraco-acromiale
22	Gelenklippe der Schulterpfanne (Faserknorpelring)	Labrum glenoidale
23	Armstrecker, langer Kopf	M. triceps brachii, Caput longum
24	Großer runder Muskel	M. teres major
25	Schleimbeutel unter dem Deltamuskel	Bursa subdeltoidea
26	Gelenkhöhle	Cavitas articularis
27	Obergrätenmuskel	M. supraspinatus
28	Untergrätenmuskel	M. infraspinatus
29	Kleiner runder Muskel	M. teres minor
30	Hintere umbiegende Oberarmschlagader	A. circumflexa posterior humeri
31	Achselnerv	N. axillaris
32	Epiphysenlinie (ehemalige Wachstumszone)	Metaphysis
33	Rabenschnabelfortsatz-Oberarm-Band	Lig. coracohumerale
34	Unterschulterblattmuskel	M. subscapularis
35 + 36	Innere und äußere Achsellücke	[Hiatus axillaris medialis + lateralis]
37	Breiter Rückenmuskel	M. latissimus dorsi
38	Armstrecker, medialer Kopf	M. triceps brachii, Caput mediale

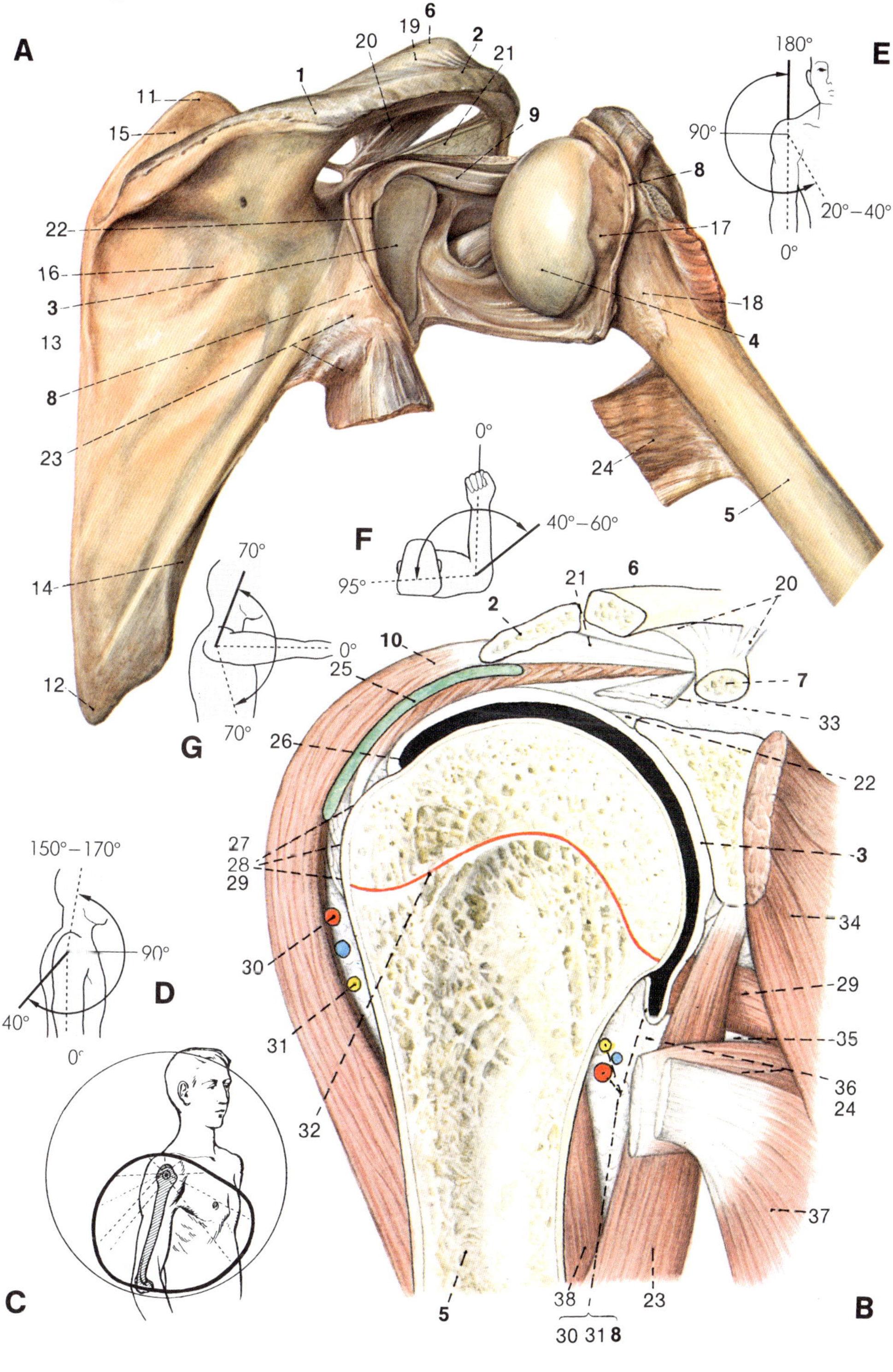
A
1
2
3
4
5
6
8
9
11
12
13
14
15
16
17
18
19
20
21
22
23
24
E
180°
90°
20°−40°
0°
F
0°
40°−60°
95°
G
70°
0°
70°
D
150°−170°
90°
40°
0°
C
B
2
6
7
10
20
21
22
25
26
3
27
28
29
30
31
32
33
34
29
35
36
24
37
5
38
23
30 31 8

Oberarmbein

> Ein typischer Röhrenknochen mit 3 Abschnitten:
> • zwei verdickte Gelenkenden
> • dazwischen der schlanke Schaft

Das Oberarmbein hat 2 „Köpfe“:
• oben den Schulterkopf für das Schultergelenk,
• unten das Oberarmbeinköpfchen neben der Oberarmbeinrolle für das Ellbogengelenk.

Das rumpfferne (distale) Ende des Oberarmbeins ist stark verbreitert: Die kräftigen Obergelenkknorren dienen dem Ursprung der Beugemuskeln (medial) und Streckmuskeln (lateral) der Handgelenke. Bei Überbeanspruchung dieser Muskeln kann sich die Knochenhaut der Obergelenkknorren entzünden („Tennisellbogen“, „Werferellbogen“).

Seltsamerweise unterscheidet man oben 2 „Hälse“:
• Der „anatomische“ Hals liegt, entsprechend dem allgemeinen Baugesetz des Röhrenknochens, zwischen der überknorpelten Gelenkfläche und den Muskelansatzhöckern. Beim Oberschenkelbein ist dieser Hals lang und bruchgefährdet. Beim Oberarmbein ist er kurz und sehr stabil.
• Brüche sind unterhalb der Höcker viel häufiger. Daher bezeichnet der Chirurg diese Stelle als Hals.

A Linkes Oberarmbein von vorn.
B Linkes Oberarmbein von hinten.
C Röntgenbild des Oberarmbeins (AP-Aufnahme, der gestreckte Arm ist im Schultergelenk rechtwinklig abgespreizt. Man vergleiche die Einzelheiten der Bilder B und C!

D Frontal aufgeschnittenes rechtes Oberarmbein (Blick auf die vordere Hälfte). Auch hier sieht man eine Dreigliederung: Die gelenknahen Abschnitte bestehen aus feinen Knochenbälkchen. In ihrem Maschenwerk findet man blutbildendes Gewebe (rotes Knochenmark). Die Gelenkflächen sind mit Gelenkknorpel, die angrenzenden Bereiche mit einer relativ dünnen Rindenschicht aus dichtem Knochen überzogen. Im Schaft liegt das gesamte Knochengewebe als kompakte Schicht außen. Die knochenfreie Markhöhle ist mit Fettgewebe (gelbes Knochenmark) ausgefüllt. Da der Knochen ein lebendes Organ mit Stoffwechsel ist, müssen Blutgefäße in den Knochen eintreten.
E Röntgenbild des Schulterblatts („im Profil“). Die Krümmung der Vorderfläche des Schulterblatts entspricht der Krümmung des Brustkorbs. Wie die schrägen Balken eines Y ragen nach vorn der Rabenschnabelfortsatz, rückwärts die Schulterblattgräte heraus.
F Anspannen der oberflächlichen Rückenmuskeln beim Seilspringen. Wie bei kaum einer anderen gymnastischen Übung kann man beim Seilspringen das wechselnde Anspannen der hinteren Schultergürtel- und Schultermuskeln beobachten (man vergleiche mit Abb. A auf der nächsten Bildseite):
• medial (von oben nach unten) Trapezmuskel, großer Rautenmuskel, breiter Rückenmuskel,
• seitlich Untergrätenmuskel, großer runder Muskel, vorderer Sägemuskel,
• am Arm Deltamuskel und dreiköpfiger Oberarmmuskel.

1	Oberarmbeinkopf (Schulterkopf)	Caput humeri (humerale)
2	Großer Höcker (des Oberarmbeins)	Tuberculum majus
3	Kleiner Höcker (des Oberarmbeins)	Tuberculum minus
4	Oberarmbeinschaft	Corpus humeri
5	Oberarmbeinrolle	Trochlea humeri
6	Oberarmbeinköpfchen	Capitulum humeri
7	Innerer Obergelenkknorren (des Oberarmbeins)	Epicondylus medialis (humeri)
8	Äußerer Obergelenkknorren (des Oberarmbeins)	Epicondylus lateralis (humeri)
9	Dichter (kompakter) Knochen	Substantia compacta
10	Schwammartig (spongiös) gebauter Knochen mit	Substantia spongiosa (trabecularis)
	rotem Knochenmark	Medulla ossium rubra
11	Markhöhle mit	Cavitas medullaris
	gelbem Knochenmark	Medulla ossium flava
12	Knochenschlagader	A. nutritia (nutriens)
13	Knochenhaut	Periosteum
14	Gelenkfläche mit	Facies articularis;
	Gelenkknorpel	Cartilago articularis
15	Anatomischer Hals (des Oberarmbeins)	Collum anatomicum
16	Chirurgischer Hals (des Oberarmbeins)	Collum chirurgicum
17	Zwischenhöckerrinne	Sulcus intertubercularis
18	Knochenkamm des kleinen Höckers	Crista tuberculi minoris
19	Knochenkamm des großen Höckers	Crista tuberculi majoris
20	Ellbogengrube	Fossa olecrani
21	Kronenfortsatzgrube	Fossa coronoidea
22	Speichenkopfgrube	Fossa radialis

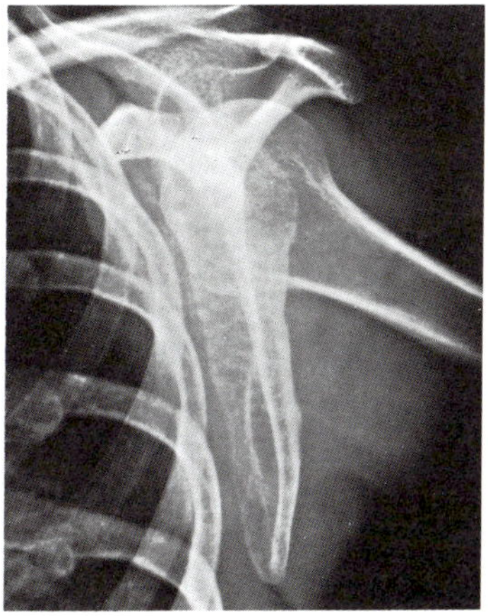
E

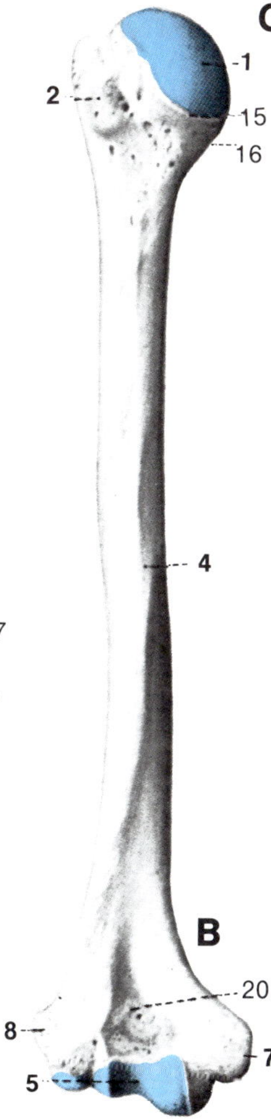

1
2
15
16
4
20
8
7
5

B

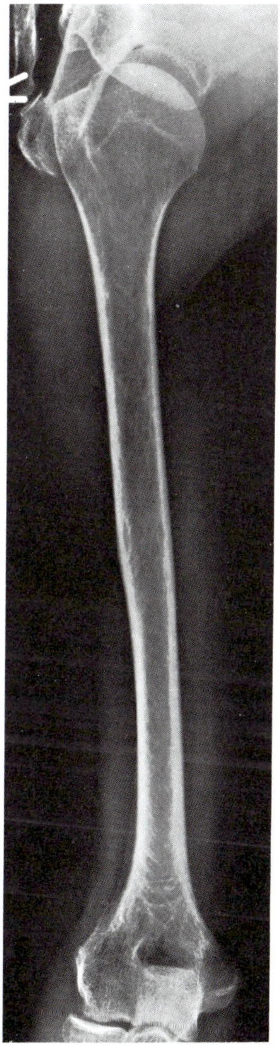
C

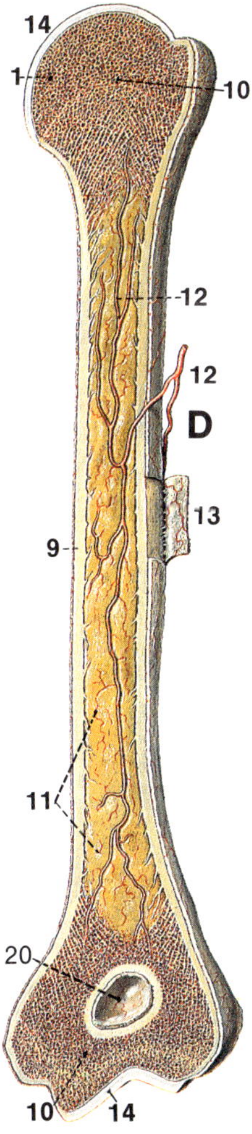

14
1
10
12
12
13
9
11
20
10
14

D

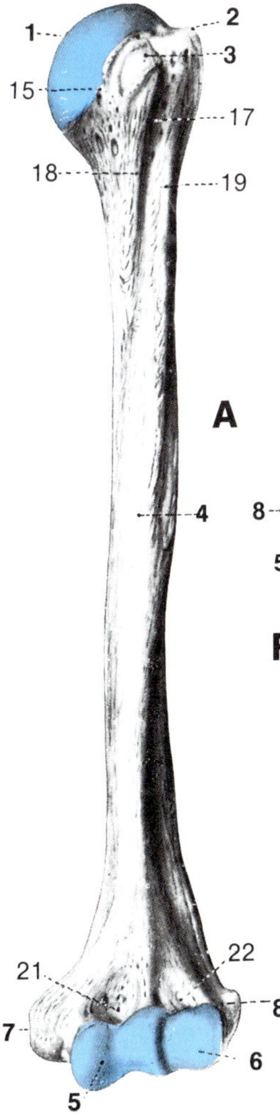

1
2
3
15
17
18
19
4
21
22
7
8
6
5

A

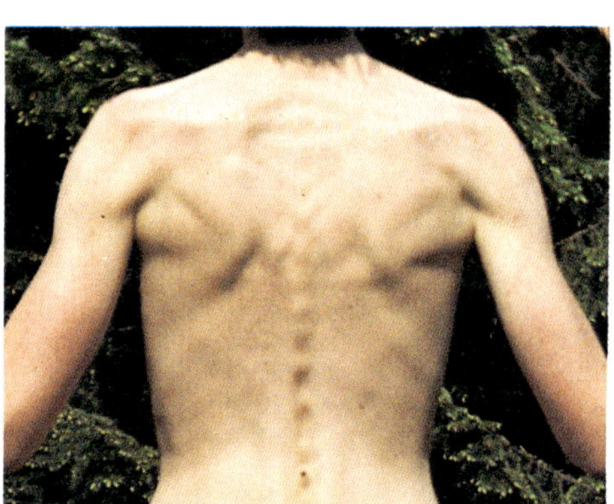
F

Oberflächliche Rückenmuskeln

Trapezmuskel und breiter Rückenmuskel sind die beiden großflächigsten Rückenmuskeln

Die hinteren Gürtelmuskeln (im Dienst von Schultergürtel und Arm) haben sich über den Rücken ausgebreitet und die „bodenständigen" tiefen Rükkenmuskeln (Wirbelsäulenmuskeln) überlagert.

• Der *Trapezmuskel* entspringt an den Dornfortsätzen der Hals- und Brustwirbel sowie am Hinterhauptbein. Er setzt an Schlüsselbein, Schultereck und Schulterblattgräte an. Er hebt den Schultergürtel (mit seinem oberen Teil) und zieht ihn nach rückwärts. Er unterstützt das Heben des Arms durch Drehen des Schulterblatts.

A Oberflächliche Rückenmuskeln. Auf der rechten Seite ist die erste Lage der Muskeln abgetragen, um die zweite Schicht zu zeigen.

B Heben des Schultergürtels: Es wirken der obere Abschnitt des Trapezmuskels und der Schulterblattheber zusammen.

C Vor- und Rückbewegen des Schultergürtels: Der vordere Sägemuskel und der kleine Brustmuskel ziehen den Schultergürtel nach vorn. Der mittlere Abschnitt des Trapezmuskels und die beiden Rautenmuskeln führen ihn nach hinten. Beide Muskelgruppen wirken zusammen, wenn das Schulterblatt fest an den Rumpf gepreßt werden soll, z.B. beim Handstand, bei dem der Rumpf von den Gürtelmuskeln über dem Arm festgehalten wird.

D Stütz auf dem Barren oder am Reck: Es spannen sich die Muskeln an, die den Schultergürtel nach unten ziehen bzw. in diesem Fall den Rumpf an den Armen oder am Schultergürtel aufhängen: unterer Abschnitt des Trapezmuskels, breiter Rükkenmuskel, unterer Abschnitt des vorderen Sägemuskels und großer Brustmuskel.

E Halten einer Last am vorgestreckten Arm. Der Deltamuskel kann den Arm im Schultergelenk bis zur Horizontalen heben. Die Anspannung des Deltamuskels allein genügt aber nicht: Das Schultergelenk selbst ist nicht direkt dem Rumpf, sondern dem Schultergürtel angegliedert, der seinerseits wieder gegen den Rumpf beweglich ist. Es müssen also noch der Trapezmuskel und der vordere Sägemuskel das Schwenken des Schulterblatts nach rückwärts verhindern.

F Heben des Arms über die Horizontale (➥ S. 160, C).

G Hang am Reck. Der Rumpf hängt mit dem breiten Rückenmuskel (➥ S. 108, E) an den Armen.

H Angespannte Muskeln beim Liegestütz: Nakkenmuskeln, vorderer Sägemuskel, gerader Bauchmuskel, vierköpfiger Oberschenkelmuskel.

1	Kopfwender	M. sternocleidomastoideus
2	Schulterblattgräte	Spina scapulae
3	Deltamuskel	M. deltoideus
4	Trapezmuskel (= Kapuzenmuskel)	M. trapezius
5	Breiter Rückenmuskel	M. latissimus dorsi
6	Äußerer schräger Bauchmuskel	M. obliquus externus abdominis
7	Darmbeinkamm	Crista iliaca
8	Großer und kleiner Rautenmuskel	M. rhomboideus major + minor
9	Innerer schräger Bauchmuskel	M. obliquus internus abdominis
10	Dornfortsatz des siebenten Halswirbels	Vertebra prominens
11	Sehnenspiegel im Trapezmuskel („Lindenblattsehne")	(M. trapezius)
12	Großer runder Muskel	M. teres major
13	Zwölfter Brustwirbel (Dornfortsatz)	Vertebra thoracica XII
14	Lendendreieck (zwischen äußerem schrägen Bauchmuskel, breitem Rückenmuskel und Darmbeinkamm)	Trigonum lumbale
15	Sehnenhaubenmuskel, Hinterhauptabschnitt	M. occipitofrontalis, Venter occipitalis
16	Halbdornmuskel des Kopfes	M. semispinalis capitis
17	Riemenmuskel des Kopfes	M. splenius capitis
18	Riemenmuskel des Halses	M. splenius cervicis
19	Schulterblattheber	M. levator scapulae
20	Obergrätenmuskel	M. supraspinatus
21	Untergrätenmuskel	M. infraspinatus
22	Äußere Achsellücke	[Hiatus axillaris lateralis]
23	Innere Achsellücke	[Hiatus axillaris medialis]
24	Dreiköpfiger Oberarmmuskel, langer Kopf	M. triceps brachii, Caput longum
25	Achte Rippe	Costa VIII
26	Hinterer unterer Sägemuskel	M. serratus posterior inferior
27	Breiter Rückenmuskel (Rippenursprünge)	M. latissimus dorsi
28	Zwölfte Rippe	Costa XII
29	Rücken-Lenden-Faszie	Fascia thoracolumbalis
30	Hinterer oberer Darmbeinstachel	Spina iliaca posterior superior

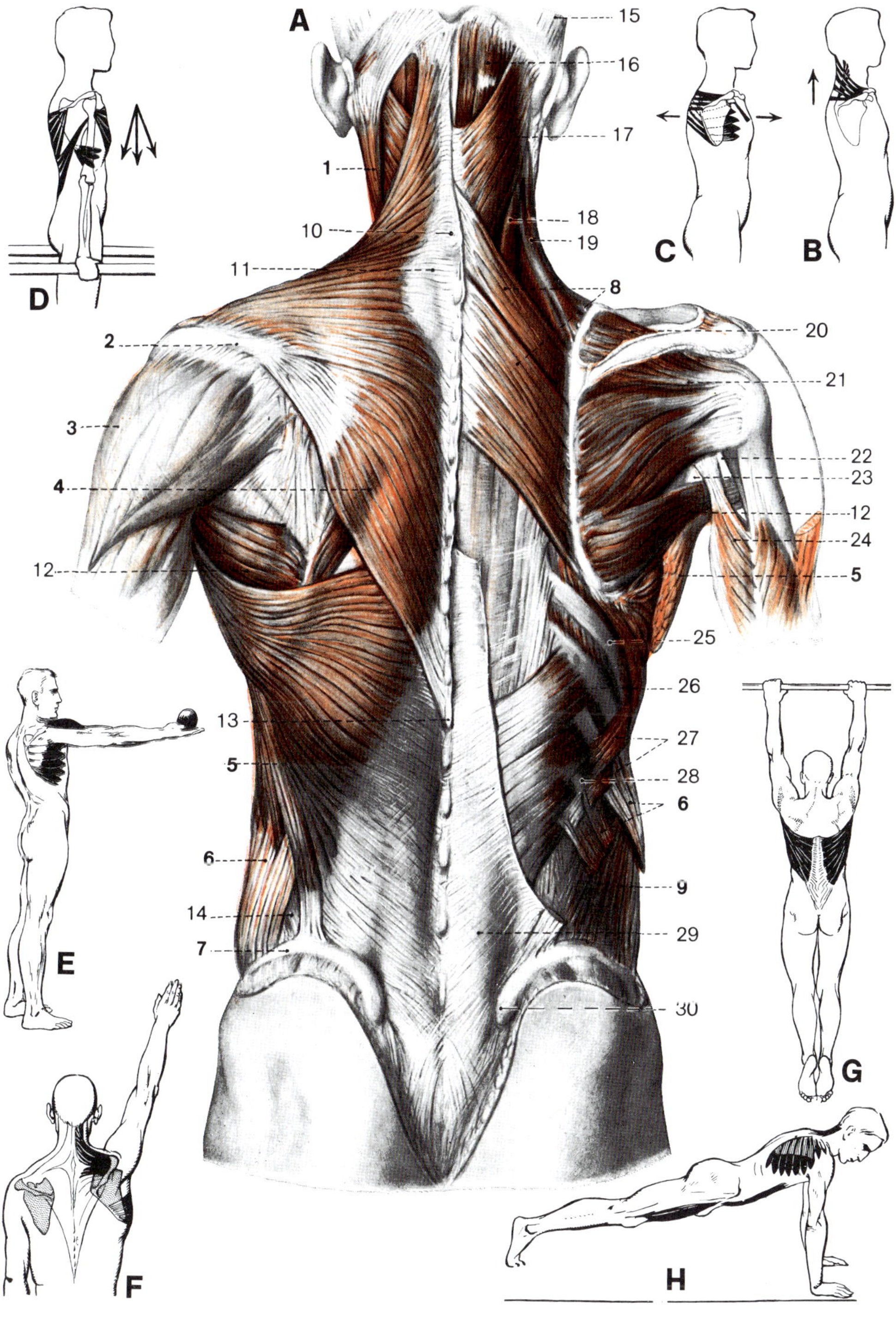
A
B
C
D
E
F
G
H
1
2
3
4
5
6
7
8
9
10
11
12
13
14
15
16
17
18
19
20
21
22
23
24
25
26
27
28
29
30

Achselgegend

Die Achselgegend ist eine wichtige Lymphknotenstation sowie Aufzweigungsstelle der Blutgefäße und Nerven für
- Arm
- Brustwand
- Rücken

Die Lymphknoten (➥ S. 393) der Achselgegend werden vor allem bei Brustkrebs von Tochtergeschwülsten (Metastasen) befallen. Die Achselgegend ist daher bei der regelmäßigen Selbstuntersuchung der Brustdrüse der Frau (➥ S. 88) sorgfältig auszutasten (➥ S. 89, H).

5 Hauptäste des Armnervengeflechts zum Arm:
- Mittelarmnerv (Medianus)
- Ellennerv (Ulnaris)
- Speichennerv (Radialis)
- Achselnerv (Axillaris)
- Muskel-Haut-Nerv (Muskulokutaneus)

A Nerven der Achselgegend. Des besseren Überblicks wegen sind im abgebildeten Präparat Teile des Schlüsselbeins, des großen und kleinen Brustmuskels, der Blutgefäße sowie alle Lymphknoten und der Fettkörper der Achselgegend entfernt worden. Auf ihrem Weg von den Zwischenwirbellöchern zu ihren Versorgungsgebieten durchflechten sich die Nerven ähnlich wie das Schienennetz eines Bahnhofs. Das Armnervengeflecht bildet sich aus den vorderen Ästen des fünften bis achten Halsnervs und des ersten Brustnervs (C_5 bis Th_1). Seine Äste (➥ S. 176 und 179, B) liegen in der Achselgegend rund um die Achselschlagader. Spritzt man hierhin ein Lokalanästhetikum, so wird die Schmerzempfindung nahezu im gesamten Arm ausgeschaltet (Armplexusanästhesie). Bei Druck auf die Achselgegend können die Nerven gegen das Oberarmbein gequetscht werden. Deshalb sind Gehstützen, die in die Achselgrube eingestemmt werden, nicht zu empfehlen (moderne Gehstützen werden mit der Hand gestützt und enden am Unterarm).

B Die Achselgrube wird von den beiden Achselfalten begrenzt. Die vordere Achselfalte wird vom großen Brustmuskel, die breitere hintere Achselfalte vom großen runden Muskel und vom breiten Rückenmuskel aufgeworfen.

C Gut bewegliche Personen können die Schulterblätter so weit zurückführen, daß sie sich nahezu berühren. Zwischen den beiden Innenrändern werden dabei die Trapezmuskeln zusammengestaucht. Sie bilden die Randwülste um die Hautrinne über den Dornfortsätzen.

D + E „Nackengriff" und „Schürzengriff". Schultergürtel und Schulter sind bei vielen Menschen nicht seitengleich beweglich. Übungen bei Medizinstudenten zeigen, daß nahezu alle die Hände fassen können, wenn die rechte Hand von oben (Nackengriff) und die linke Hand von unten (Schürzengriff) kommt (**D**). Hingegen klafft häufig ein Zwischenraum von etwa 10 cm bei der seitenverkehrten Übung (**E**).

1	Kopfwender („Sternokleido")	M. sternocleidomastoideus
2	Großer Brustmuskel	M. pectoralis major
3	Breiter Rückenmuskel + großer runder Muskel	M. latissimus dorsi + M. teres major
4	Schlüsselbeinschlagader	A. subclavia
5	Armschlagader	A. brachialis
6	Schlüsselbeinvene	V. subclavia
7 - 12	Armnervengeflecht (Hauptäste)	Plexus brachialis
7	Speichennerv („Radialis")	N. radialis
8	Achselnerv	N. axillaris
9	Muskel-Haut-Nerv	N. musculocutaneus
10	Mittelarmnerv („Medianus")	N. medianus
11	Ellennerv („Ulnaris")	N. ulnaris
12	Ellenseitiger Unterarmhautnerv	N. cutaneus antebrachii medialis
13	Beinerv (elfter Hirnnerv)	N. accessorius
14	Zwerchfellnerv	N. phrenicus
15	Hinterer Schulterblattnerv	N. dorsalis scapulae
16	Überschulterblattnerv	N. suprascapularis
17	Medialer + lateraler Brustmuskelnerv	N. pectoralis medialis + lateralis
18	Zwischenrippen-Arm-Nerv	N. intercostobrachialis
19	Brustkorb-Rücken-Nerv	N. thoracodorsalis
20	Langer Brustkorbnerv	N. thoracicus longus

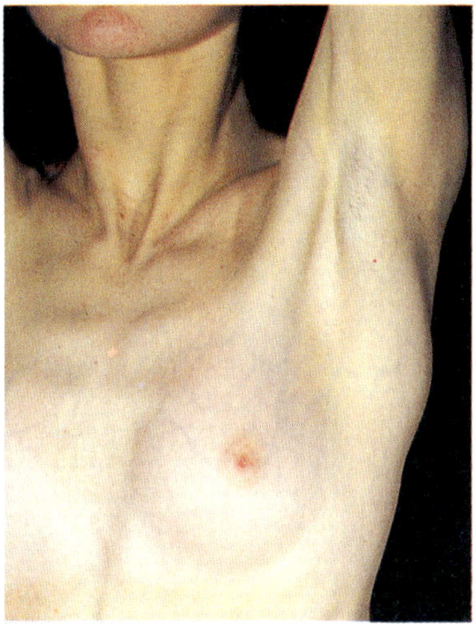

B

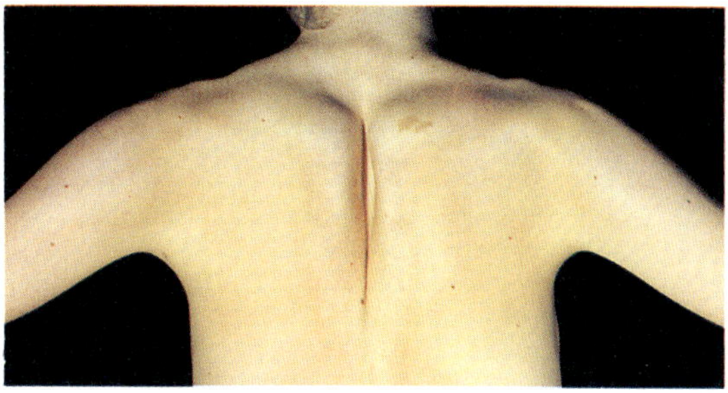

C

A

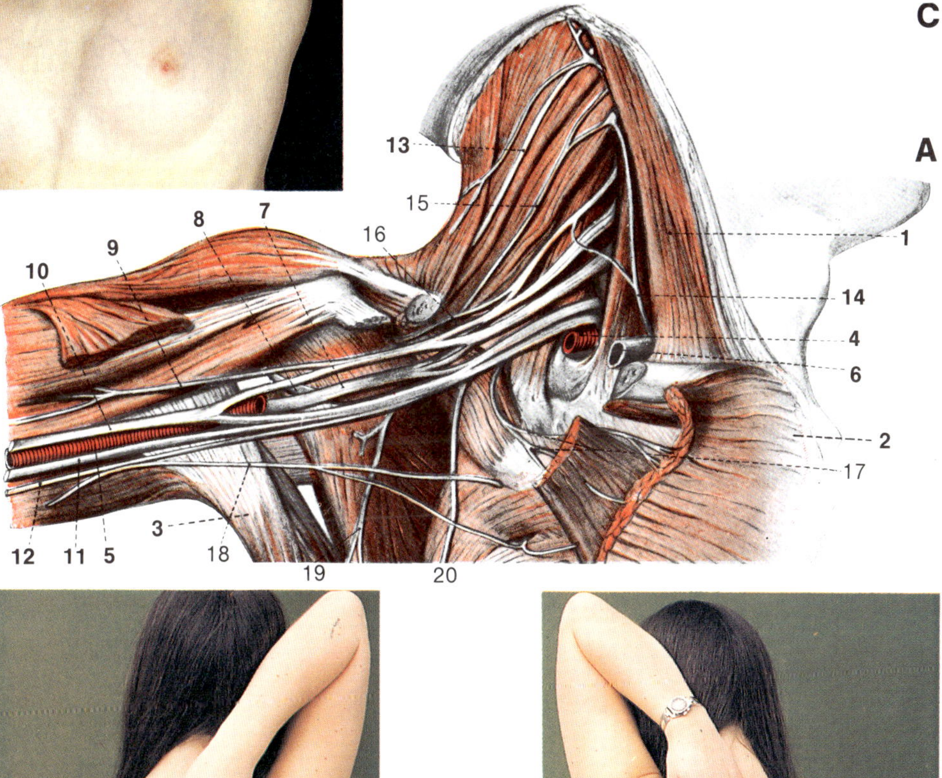

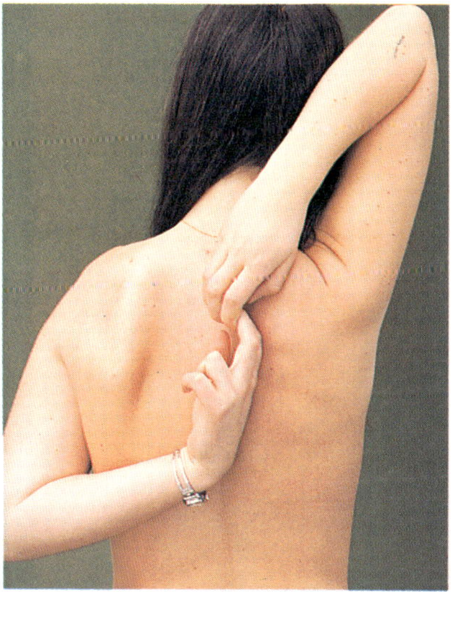

D

E

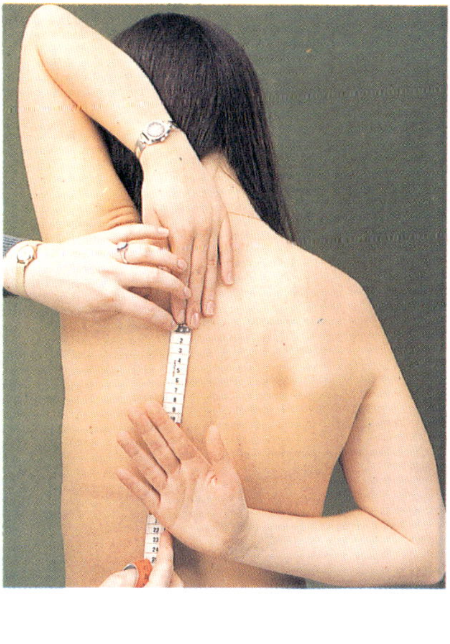

Ellbogengelenk

Das Ellbogengelenk besteht aus 3 Teilgelenken: • Oberarmbein - Speiche • Oberarmbein - Elle • Speiche - Elle

• Die Elle führt eine Scharnierbewegung um die Rolle des Oberarmbeins aus (Beugen - Strecken).

• Die Speiche dreht sich radartig um die Elle, wodurch die Handfläche nach oben (Supination) oder unten (Pronation) gedreht wird (➡ S. 171, G).

• Die Speiche muß mithin gegenüber dem Oberarmbein sowohl die Scharnier- als auch die Drehbewegung ausführen können. Deshalb ist das der Speiche gegenüberstehende Gelenkende des Oberarmbeins halbkugelig (Oberarmbeinköpfchen), das der Elle gegenüberstehende dagegen zylindrisch (Oberarmbeinrolle).

A Linke Elle und Speiche von vorn.
B Linke Elle und Speiche von hinten.
C Rechtes Ellbogengelenk von vorn. Die Gelenkkapsel ist aufgeschnitten.
D Der Speichenkopf wird durch das Ringband an die Elle gebunden.
E Kapsel des Ellbogengelenks mit Innenband und Zwischenknochenmembran.

F Röntgenbild des Ellbogengelenks. Man beachte, wie die Elle mit Kronenfortsatz und Ellbogen die Rolle des Oberarmbeins umgreift.

G + H Bewegungsumfänge des Ellbogengelenks (mittlere Meßwerte von gesunden jungen Erwachsenen nach der Neutralnullmethode). **G** Strecken und Beugen (Extension - Flexion): 0° - 0° - 150°.
H Auswärtsdrehen und Einwärtsdrehen (Supination - Pronation): 90° - 0° - 90°.

I Bei gestrecktem Ellbogengelenk liegen Obergelenkknorren und Ellbogen in einer Geraden.

J Bei rechtwinklig gebeugtem Ellbogengelenk bilden Obergelenkknorren und Ellbogen ein gleichschenkliges Dreieck. Bei Verrenkungen ist diese Beziehung gestört.

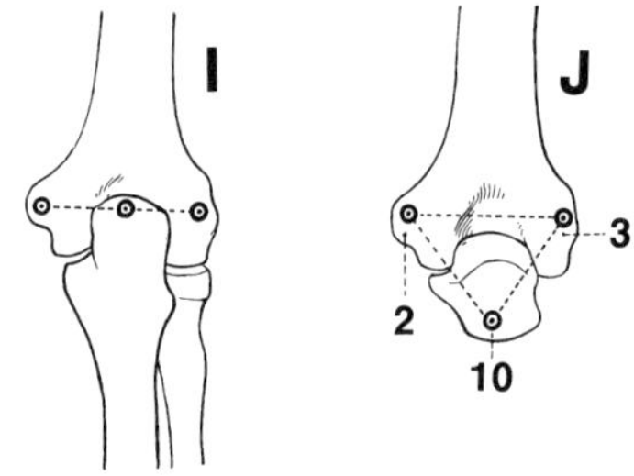

1	Oberarmbeinschaft	Corpus humeri
2	Innerer Obergelenkknorren (des Oberarmbeins)	Epicondylus medialis (humeri)
3	Äußerer Obergelenkknorren (des Oberarmbeins)	Epicondylus lateralis (humeri)
4	Oberarmbeinköpfchen	Capitulum humeri
5	Oberarmbeinrolle	Trochlea humeri
6	Speichenkopf	Caput radii (radiale)
7	Speichenhals	Collum radii
8	Speichenschaft	Corpus radii
9	Griffelfortsatz (der Speiche)	Processus styloideus (radii)
10	Ellbogen (Ansatz des dreiköpfigen Armmuskels)	Olecranon; M. triceps brachii
11	Kronenfortsatz (der Elle)	Processus coronoideus (ulnae)
12	Ellenschaft	Corpus ulnae
13	Ellenkopf	Caput ulnae
14	Griffelfortsatz (der Elle)	Processus styloideus (ulnae)
15	Außenband des Ellbogengelenks	Lig. collaterale radiale
16	Innenband des Ellbogengelenks	Lig. collaterale ulnare
17	Ringband der Speiche	Lig. anulare radii
18	Gelenkkapsel (des Ellbogengelenks)	Capsula articularis
19	Zwischenknochenmembran des Unterarms	Membrana interossea antebrachii
20	Speichenkopfgrube	Fossa radialis
21	Kronenfortsatzgrube	Fossa coronoidea
22	Einschnitt für die Oberarmbeinrolle	Incisura trochlearis
23	Einschnitt für den Speichenkopf	Incisura radialis
24	Rauhigkeit der Elle (Ansatz des Armbeugers)	Tuberositas ulnae; M. brachialis
25	Rauhigkeit der Speiche (Ansatz der Bizepssehne)	Tuberositas radii; M. biceps brachii
26	Zwischenknochenrand (von Elle und Speiche)	Margo interosseus
27	Eintrittsstellen für Blutgefäße	Foramina nutrientia
28	Durch die Streckensehnen bedingte Knochenrinnen	-
29	Schrägzug	Chorda obliqua
30	Zweiköpfiger Oberarmmuskel (Sehne)	M. biceps brachii
31	Gelenkkapsel (dünne Stelle)	Capsula articularis
32	Oberes Speichen-Ellen-Gelenk	Articulatio radio-ulnaris proximalis

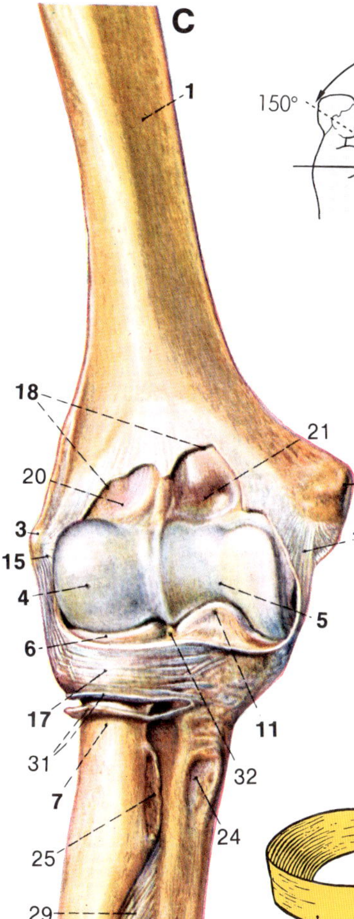
C
1
18
21
20
2
3
16
15
4
5
6
17
11
31
32
7
24
25
29
27
8
12
19

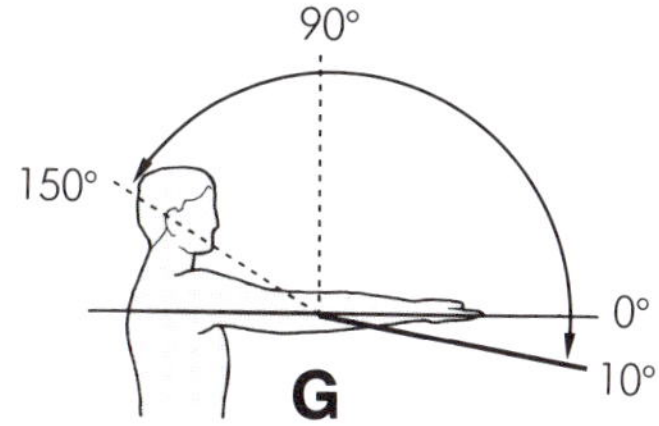
90°
150°
0°
10°
G

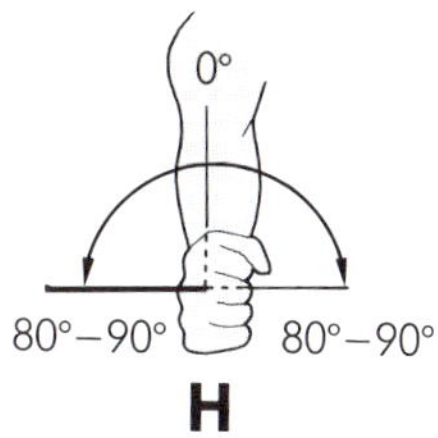
0°
80°–90°
80°–90°
H

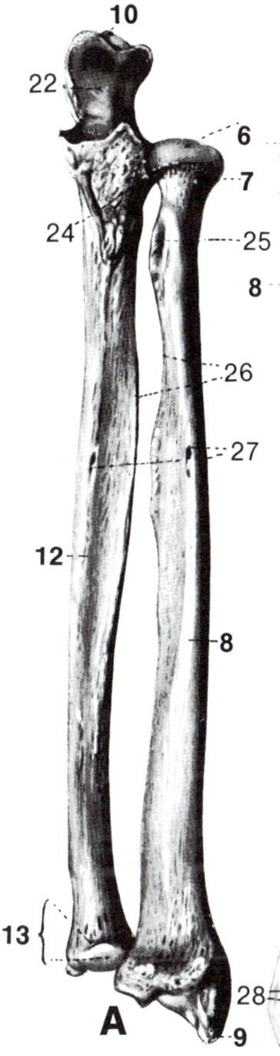
10
22
6
7
24
25
26
27
12
8
13
A
9

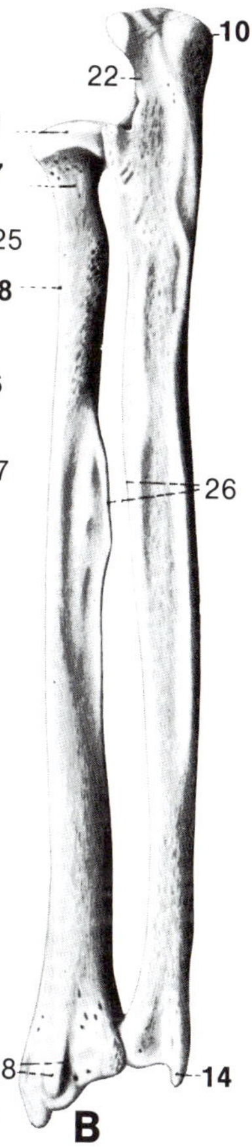
10
22
8
26
28
14
B

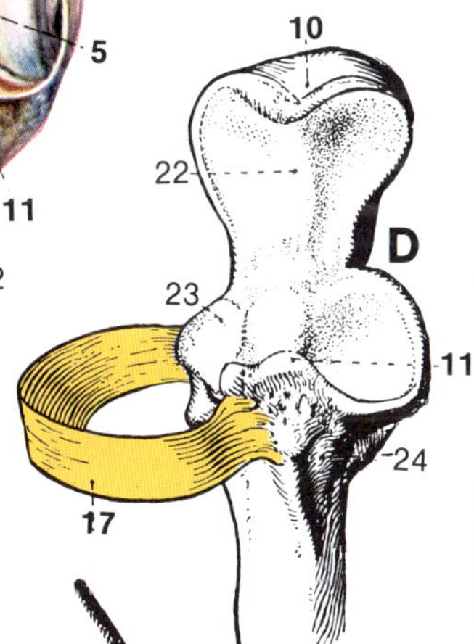
10
22
D
23
11
24
17

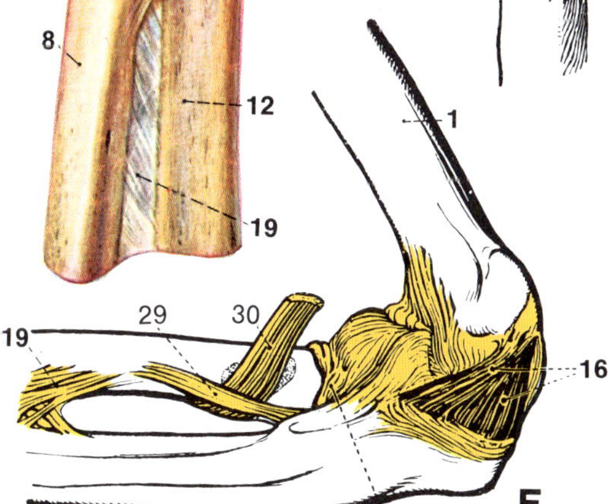
1
19
29
30
16
31
E

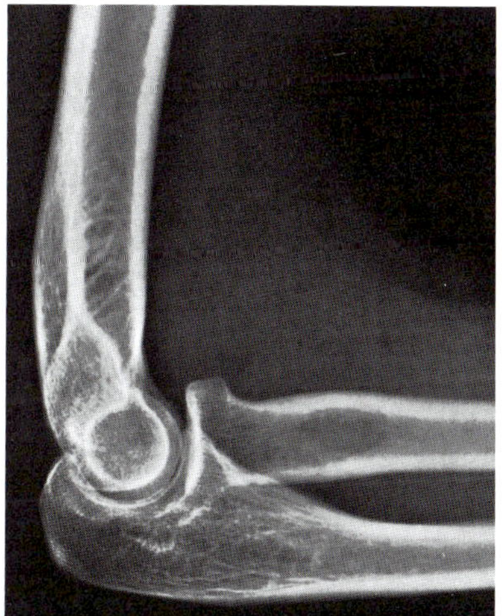
F

Vorderseite des Oberarms

Der Puls der Armschlagader ist am gesamten Oberarm in der Rinne zwischen Bizeps und Armstrecker auf der Innenseite des Arms zu tasten

A Muskeln der Vorderseite des Schulterblatts und des Oberarms.

B Schlagadern und Nerven des Oberarms. Die *Armschlagader* kann am Oberarm rasch zur Ersten Hilfe abgedrückt werden (mit dem Daumen gegen das Oberarmbein pressen). Auf die Dauer ist es allerdings für den Helfer bequemer, den Oberarm abzubinden: Ein Tuch um den Oberarm legen, verknoten und mit einem Stab zudrehen. Man sollte jedoch nicht stärker als nötig zuziehen, da sonst die Nerven geschädigt werden können. Die Unterbrechung der Blutzufuhr bedeutet Ausfall der Sauerstoffversorgung und damit Untergang des Gewebes. Der Verunglückte ist daher auf schnellstem Weg in unfallchirurgische Behandlung zu bringen.

C Verlauf der Sehne des langen Bizepskopfs im Schultergelenk. Die Sehne entspringt am Schulterblatt innerhalb des Gelenks und wird dann durch eine Sehnenscheide nach außen geschleust. Die Sehne verläuft dabei in der Knochenrinne zwischen dem großen und dem kleinen Höcker des Oberarmbeins.

D + E Lage der Bizepssehne zur Speiche bei den Umwendbewegungen der Hand. Beim Pronieren (**D**) wird die Sehne aufgewickelt, beim Supinieren (**E**) abgerollt.

F Beim Beugen und Auswärtsdrehen gegen Widerstand treten der Oberarm-Speichen-Muskel und die beiden Bizepssehnen deutlich hervor. Der Bizeps ist der stärkste Auswärtsdreher.

G Einwärtsdrehen des Unterarms und der Hand durch den runden + viereckigen Einwärtsdreher.

1	Schlüsselbein (abgesägt)	Clavicula
2	Rabenschnabelfortsatz	Processus coracoideus
3	Innerer Obergelenkknorren (des Oberarmbeins)	Epicondylus medialis (humeri)
4	Speichenkopf	Caput radii (radiale)
5	Speiche	Radius
6	Schulterpfanne	Cavitas glenoidalis
7	Gelenkkapsel	Capsula articularis
8	Unterschulterblattmuskel	M. subscapularis
9	Großer runder Muskel	M. teres major
10	Breiter Rückenmuskel (durchgetrennt)	M. latissimus dorsi
11	Deltamuskel	M. deltoideus
12	Großer Brustmuskel (durchgetrennt)	M. pectoralis major
13	Bizeps (= zweiköpfiger Oberarmmuskel)	M. biceps brachii
14	Armbeuger	M. brachialis
15	Oberarm-Speichen-Muskel	M. brachioradialis
16	Runder Einwärtsdreher	M. pronator teres
17	Speichenseitiger Handbeuger	M. flexor carpi radialis
18	Armschlagader	A. brachialis
19	Speichenschlagader	A. radialis
20	Ellenschlagader	A. ulnaris
21	Mittelarmnerv („Medianus")	N. medianus
22	Rabenschnabelfortsatz-Oberarm-Muskel	M. coracobrachialis
23	Armstrecker (dreiköpfiger Oberarmmuskel)	M. triceps brachii
24	Langer speichenseitiger Handstrecker	M. extensor carpi radialis longus
25	Kurzer speichenseitiger Handstrecker	M. extensor carpi radialis brevis
26	Obergrätenmuskel	M. supraspinatus
27	Kleiner Brustmuskel (abgeschnitten)	M. pectoralis minor
28	Innere Muskeltrennwand des Oberarms	Septum intermusculare brachii mediale
29	Flache Bizepssehne	Aponeurosis musculi bicipitis brachii (Aponeurosis bicipitalis)
30	Muskelast (der Armschlagader)	R. muscularis
31	Speichenseitige rückläufige Schlagader	A. recurrens radialis
32	Tiefe Armschlagader	A. profunda brachii
33	Obere ellenseitige Kollateralschlagader	A. collateralis ulnaris superior
34	Untere ellenseitige Kollateralschlagader	A. collateralis ulnaris inferior
35	Viereckiger Einwärtsdreher	M. pronator quadratus
36	Schleimbeutel zwischen Bizepssehne und Speiche	Bursa bicipitoradialis
37	Gelenklippe der Schulterpfanne (Faserknorpelring)	Labrum glenoidale
38	Epiphysenlinie (Wachstumszone)	Metaphysis
39	Schulterblattquerband	Lig. transversum scapulae

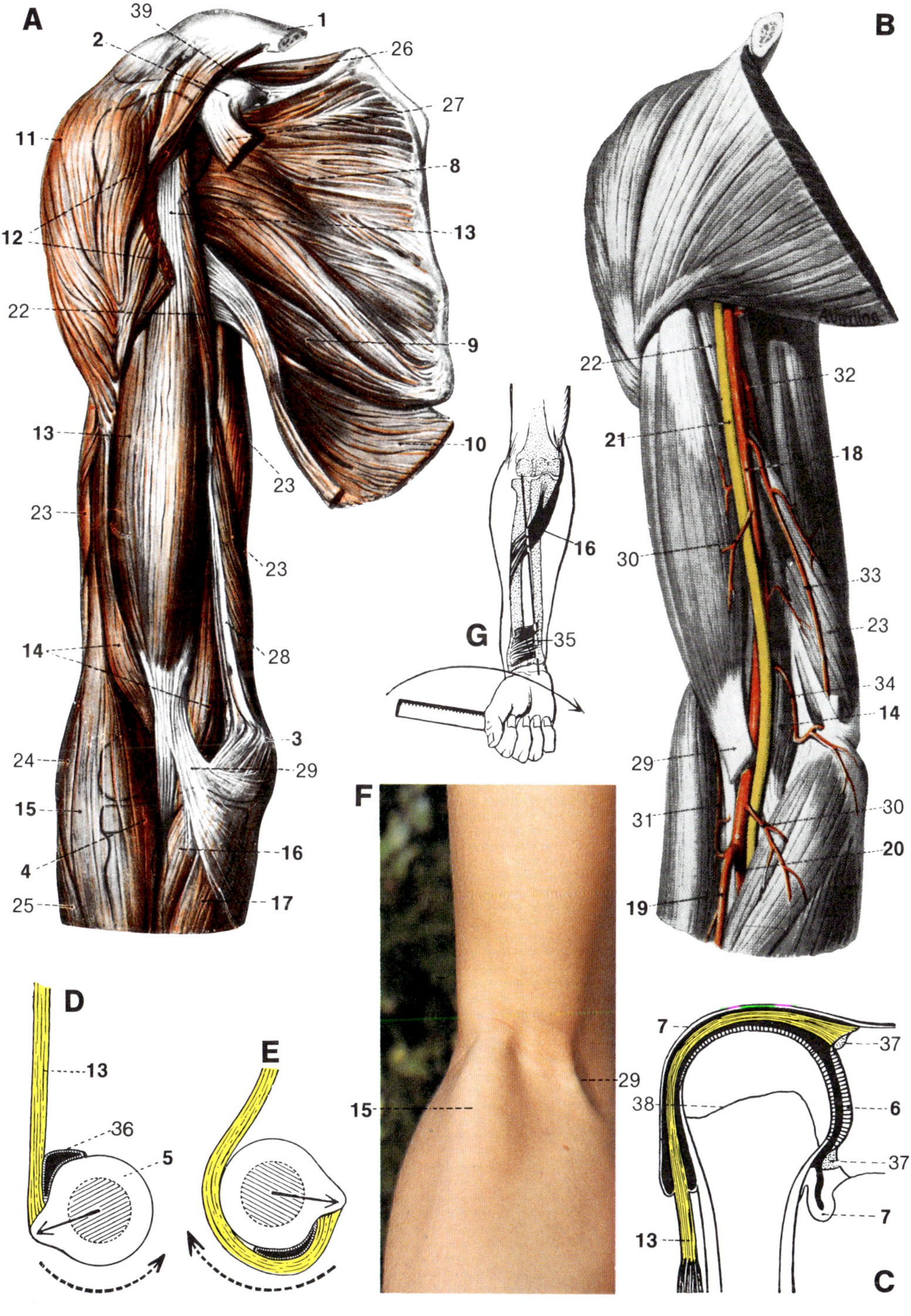
A
39
1
2
26
27
11
8
12
13
22
9
13
10
23
23
23
14
28
3
24
29
15
4
16
25
17
B
22
32
21
18
30
33
23
34
14
29
30
31
20
19
G
16
35
F
15
29
D
13
36
5
E
C
7
37
38
6
37
7
13

Muskeln des Ellbogengelenks

- einziger Strecker: dreiköpfiger Armmuskel
- wichtigste Beuger: Bizeps, Armbeuger, Oberarm-Speichen-Muskel

A Muskeln der Rückseite des Schulterblatts und des Oberarms. Der Deltamuskel ist abgetragen.
B Muskeln der Rückseite des Unterarms und der Hand.
C Anspannen des Armstreckers beim Aufstützen.
D Querschnitt durch den Unterarm in Nähe des Handgelenks. Der Chirurg ist nicht zu beneiden, der bei einer Kreissägenverletzung alle Sehnen, Nerven und Blutgefäße zusammenflicken muß!
E „Krallenhand" bei Lähmung des Ellennervs (Ausfall der Zwischenknochenmuskeln, ➥ S. 176).
F „Schwurhand" bei Lähmung des Mittelarmnervs (teilweiser Ausfall der Fingerbeuger).
G „Fallhand" bei Lähmung des Speichennervs (Ausfall aller Handstrecker, ➥ S. 176).

1	Schulterblattgräte	Spina scapulae
2	Schultereck	Acromion
3	Großer Höcker (des Oberarmbeins)	Tuberculum majus
4	Innerer Obergelenkknorren (des Oberarmbeins)	Epicondylus medialis (humeri)
5	Äußerer Obergelenkknorren (des Oberarmbeins)	Epicondylus lateralis (humeri)
6	Ellbogen	Olecranon
7	Hinterkante (der Elle)	Margo posterior
8	Ellenkopf	Caput ulnae
9	Obergrätenmuskel	M. supraspinatus
10	Untergrätenmuskel	M. infraspinatus
11	Großer runder Muskel	M. teres major
12	Breiter Rückenmuskel	M. latissimus dorsi
13	Kleiner runder Muskel	M. teres minor
14	Armstrecker (= dreiköpfiger Armmuskel)	M. triceps brachii
15	Langer speichenseitiger Handstrecker	M. extensor carpi radialis longus
16	Kurzer speichenseitiger Handstrecker	M. extensor carpi radialis brevis
17	Fingerstrecker	M. extensor digitorum
18	Ellenseitiger Handstrecker	M. extensor carpi ulnaris
19	Halteband der Strecksehnen	Retinaculum extensorum
20	Rückseitige Zwischenknochenmuskeln	Mm. interossei dorsales
21	Viereckiger Einwärtsdreher	M. pronator quadratus
22	Oberflächlicher Fingerbeuger	M. flexor digitorum superficialis
23	Tiefer Fingerbeuger	M. flexor digitorum profundus
24	Kleinfingerabspreizer	M. abductor digiti minimi
25	Äußere Muskeltrennwand des Oberarms	Septum intermusculare brachii laterale
26	Bizeps (= zweiköpfiger Oberarmmuskel)	M. biceps brachii
27	Armbeuger	M. brachialis
28	Oberarm-Speichen-Muskel	M. brachioradialis
29	Knorrenmuskel	M. anconeus
30	Kleinfingerstrecker	M. extensor digiti minimi
31	Langer Daumenstrecker (Sehne)	M. extensor pollicis longus
32	Zeigefingerstrecker	M. extensor indicis
33	Langer Daumenabspreizer	M. abductor pollicis longus
34	Kurzer Daumenstrecker	M. extensor pollicis brevis
35	Sehnenverbindungen des Fingerstreckers	Connexus intertendineus
36	Fingerrückensehne („Dorsalaponeurose")	[Aponeurosis dorsalis digiti]
37 - 39	Langer + äußerer + innerer Kopf (des Armstreckers)	Caput longum + laterale + mediale
40	Innere Muskeltrennwand des Oberarms	Septum intermusculare brachii mediale
41	Ellenseitiger Handbeuger	M. flexor carpi ulnaris
42	Äußere Achsellücke	[Hiatus axillaris lateralis]
43	Innere Achsellücke	[Hiatus axillaris medialis]
44	Ellennerv („Ulnaris")	N. ulnaris
45	Ellenschlagader	A. ulnaris
46	Langer Hohlhandsehnenspanner	M. palmaris longus
47	Mittelarmnerv („Medianus")	N. medianus
48	Langer Daumenbeuger	M. flexor pollicis longus
49	Speichenseitiger Handbeuger	M. flexor carpi radialis
50	Speichenschlagader	A. radialis
51	Unteres Speichen-Ellen-Gelenk	Articulatio radio-ulnaris distalis
52	Gelenkkapsel	Capsula articularis

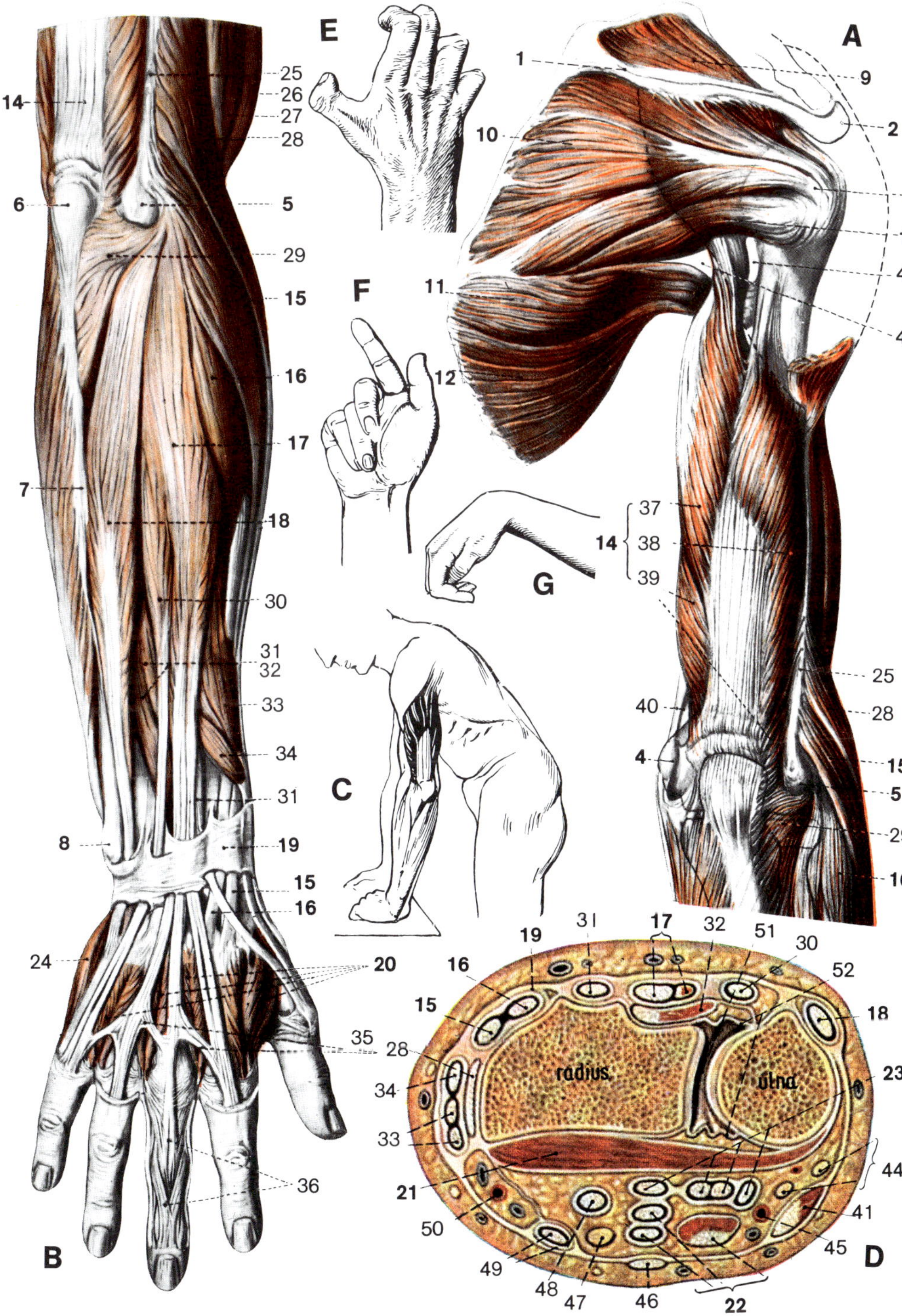
A
B
C
D
E
F
G
1
2
3
4
5
6
7
8
9
10
11
12
13
14
15
16
17
18
19
20
21
22
23
24
25
26
27
28
29
30
31
32
33
34
35
36
37
38
39
40
41
42
43
44
45
46
47
48
49
50
51
52
radius
ulna

Vorderseite des Unterarms

Die Vorderseite des Unterarms wird hauptsächlich von den langen Beugemuskeln der Hand und der Finger eingenommen. Auf dem Weg zu den Fingern werden 9 lange Sehnen (4 vom oberflächlichen Fingerbeuger, 4 vom tiefen Fingerbeuger, 1 vom langen Daumenbeuger) durch eine Öse geführt, den *Hohlhandkanal* („Karpaltunnel"). Er wird vom Halteband der Beugesehnen und den hufeisenförmig angeordneten Handwurzelknochen (➥ S. 187, D) gebildet. Er verhindert ein Abgleiten der Sehnen bei den Handbewegungen.

Um die Reibung der neun Sehnen an den Wänden des engen Hohlhandkanals zu mindern, sind sie von Sehnenscheiden (➥ S. 185, B) umhüllt. Diese an sich zweckmäßige Bauweise hat auch eine Schattenseite: Bei Entzündung und damit Schwellung der Sehnenscheiden wird es im Hohlhandkanal besonders eng. Der auf dem Weg zur Hand ebenfalls den Hohlhandkanal durchquerende Mittelarmnerv („Medianus", ➥ S. 187, A + D) wird dabei gequetscht und dadurch zuerst gereizt (Schmerzen in der Hand) und schließlich gelähmt (Schwäche der Muskeln des Daumenballens, Gefühlsstörungen vom Daumen bis zum Mittelfinger). Dieses „*Karpaltunnelsyndrom*" gehört zu den „Nervenkompressionssyndromen".

Bei den Umwendbewegungen der Hand (Pronation - Supination) dreht sich die Speiche um die Elle. Die Speiche hat eine breite Kontaktfläche zu den Handwurzelknochen, die Elle zum Oberarmbein. Druck wird von der Hand vor allem auf die Speiche weitergegeben. Deshalb bricht beim Sturz auf die schützend vorgestreckte Hand bevorzugt die Speiche, und zwar nur wenige Zentimeter oberhalb des oberen Handgelenks.

> Speichenbruch und Schlüsselbeinbruch sind die häufigsten Knochenbrüche

A Muskeln von Unterarm-Beugeseite und Hand.

B Mittlere Muskelschicht der Beugeseite des Unterarms. In dieser Schicht ziehen vier Sehnen des oberflächlichen Fingerbeugers zu den Mittelgliedern des zweiten bis fünften Fingers. An den Fingern spalten sich die Sehnen des oberflächlichen Fingerbeugers in jeweils zwei Züge auf. Zwischen ihnen gelangen die Sehnen des tiefen Fingerbeugers zu den Fingerendgliedern.

C Tiefe Muskelschicht der Unterarm-Beugeseite.

1	Äußerer Obergelenkknorren (des Oberarmbeins)	Epicondylus lateralis (humeri)
2	Innerer Obergelenkknorren (des Oberarmbeins)	Epicondylus medialis (humeri)
3	Oberarmbeinköpfchen	Capitulum humeri
4	Oberarmbeinrolle	Trochlea humeri
5	Speichenkopf	Caput radii (radiale)
6	Kronenfortsatz (der Elle)	Processus coronoideus (ulnae)
7	Oberarm-Speichen-Muskel	M. brachioradialis
8	Runder Einwärtsdreher	M. pronator teres
9	Speichenseitiger Handbeuger	M. flexor carpi radialis
10	Oberflächlicher Fingerbeuger	M. flexor digitorum superficialis
11	Ellenseitiger Handbeuger	M. flexor carpi ulnaris
12	Erbsenbein	Os pisiforme
13	Halteband der Beugesehnen	Retinaculum flexorum
14	Hohlhandsehne	Aponeurosis palmaris
15	Tiefer Fingerbeuger	M. flexor digitorum profundus
16	Langer Daumenbeuger	M. flexor pollicis longus
17	Flache Bizepssehne	Aponeurosis musculi bicipitis brachii (Aponeurosis bicipitalis)
18	Auswärtsdreher	M. supinator
19	Langer Hohlhandsehnenspanner	M. palmaris longus
20	Langer Daumenabspreizer	M. abductor pollicis longus
21	Kurzer Hohlhandsehnenspanner	M. palmaris brevis
22	Kurzer Daumenabspreizer	M. abductor pollicis brevis
23	Daumengegensteller	M. opponens pollicis
24	Kurzer Daumenbeuger	M. flexor pollicis brevis
25	Rückseitige Zwischenknochenmuskeln	Mm. interossei dorsales
26	Hohlhandseitige Zwischenknochenmuskeln	Mm. interossei palmares
27	Kleinfingergegensteller	M. opponens digiti minimi
28	Haken des Hakenbeins	Hamulus ossis hamati
29	Speichenkopfgrube	Fossa radialis
30	Kronenfortsatzgrube	Fossa coronoidea
31	Rauhigkeit der Speiche (Ansatz der Bizepssehne)	Tuberositas radii; M. biceps brachii
32	Rauhigkeit der Elle (Ansatz des Armbeugers)	Tuberositas ulnae; M. brachialis
33	Viereckiger Einwärtsdreher	M. pronator quadratus

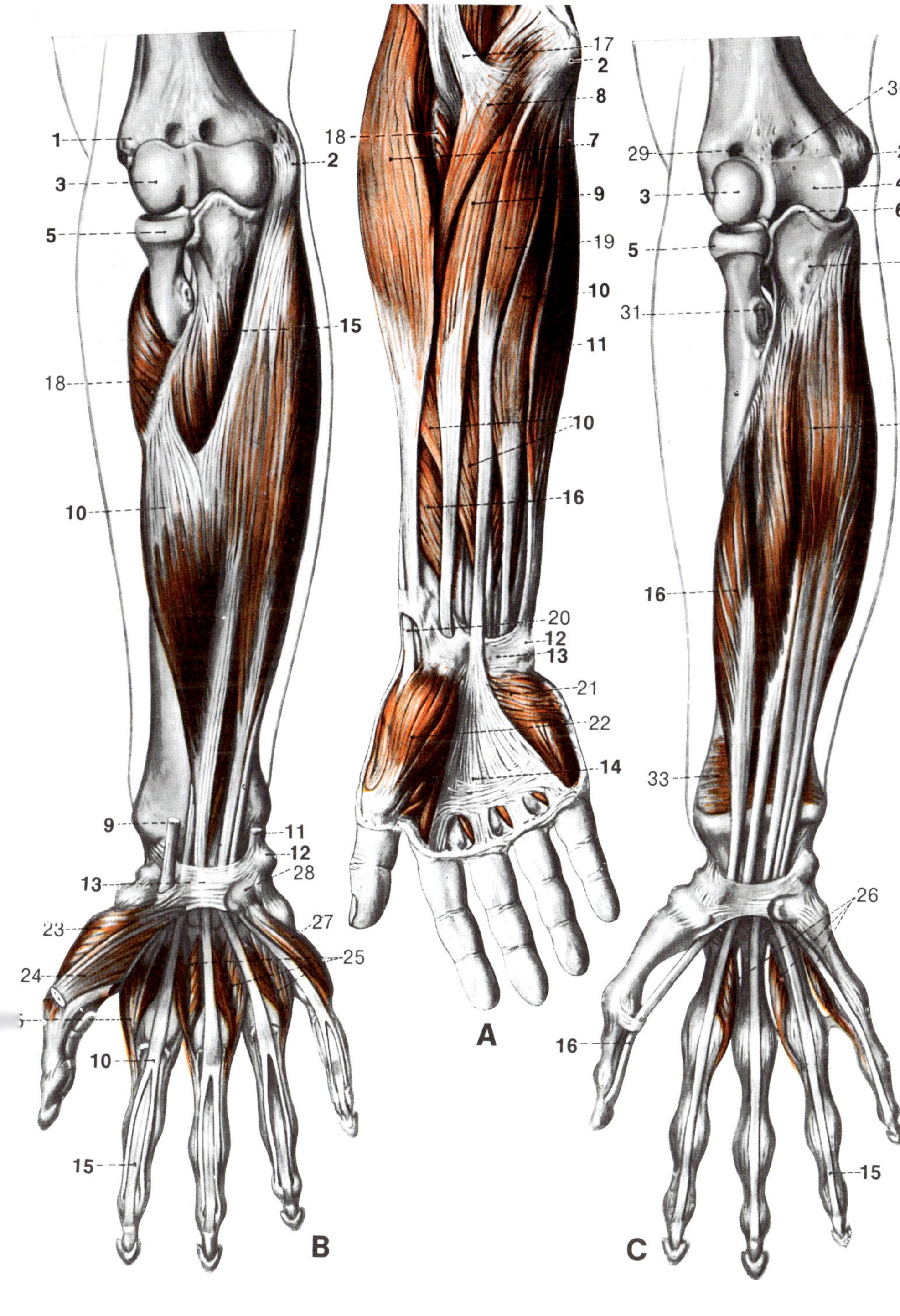
1
3
5
18
10
9
13
23
24
10
15
2
15
11
12
28
27
25
B
18
17
2
8
7
9
19
10
11
10
16
20
12
13
21
22
14
A
29
3
5
31
16
33
16
30
2
4
6
32
15
26
15
C

Armnerven

Die wichtigsten Armnerven sind:

• *Mittelarmnerv* („Medianus"): Sensibel versorgt er den größeren Teil der Hohlhand und der Finger (wichtigster Nerv der Tastempfindung!). Er innerviert fast alle Beugemuskeln des Unterarms. Bei Ausfall des Mittelarmnervs können der Daumen, der Zeigefinger und meist auch der Mittelfinger in den Mittel- und Endgelenken nicht mehr gebeugt werden („Schwurhand", ➥ S. 173, F).

• *Ellennerv* („Ulnaris"): Sensibel innerviert er den kleinen Finger und die angrenzenden Teile der Hand. Motorisch versorgt er die meisten kleinen Muskeln der Hand, den ellenseitigen Handbeuger und einen Teil der Fingerbeuger. Bei seiner Lähmung wird die Hand wegen des Ausfalls der Zwischenknochenmuskeln in einer eigenartigen „Krallenstellung" gehalten (➥ S. 173, E).

• *Speichennerv* („Radialis"): Er ist für alle Streckmuskeln des Ober- und Unterarms verantwortlich. Hautgebiete hat er am Handrücken und der Rückseite von Ober- und Unterarm. Bei Lähmung des Speichennervs (und damit der Handstrecker) fällt die Hand kraftlos herab („Fallhand", ➥ S. 173, G). Es ist auch kein kräftiger Faustschluß mehr möglich. Um fest zupacken zu können, muß man die Hand im Handgelenk überstrecken: Dann werden die Beugesehnen, die durch den Hohlhandkanal laufen, gestrafft, und die Fingerbeugemuskeln können ihre volle Kraft entfalten.

> Optimales Arbeiten einer Muskelgruppe setzt in der Regel auch die Leistungsfähigkeit ihrer Gegenspieler voraus

• *Achselnerv* („Axillaris"): für den Deltamuskel.

• *Muskel-Haut-Nerv* („Muskulokutaneus"): Er versorgt Bizeps und Armmuskel und die Haut auf der Speichenseite des Unterarms.

A Schlagadern und Nerven der Ellenbeuge und des Unterarms nach dem Entfernen von Haut, Unterhaut und Faszie. Die Hohlhandsehne ist abgeschnitten. Die Speichenschlagader ist in den handgelenknahen Abschnitten des Unterarms, vor allem in der sogenannten „Radialispulsgrube", gut zu tasten. Hier zählt man üblicherweise den Puls nach Auflegen der Fingerspitzen des zweiten bis vierten Fingers (nicht so gut des Daumens).

B Schlagadern und Nerven der Ellenbeuge und des Unterarms: tiefe Schicht. Der oberflächliche Fingerbeuger, der speichenseitige Handbeuger und der runde Einwärtsdreher sind durchgetrennt.

1	Bizeps (zweiköpfiger Oberarmmuskel)	M. biceps brachii
2	Armbeuger	M. brachialis
3	Armstrecker (dreiköpfiger Oberarmmuskel)	M. triceps brachii
4	Innerer Obergelenkknorren (des Oberarmbeins)	Epicondylus medialis (humeri)
5	Runder Einwärtsdreher	M. pronator teres
6	Speichenseitiger Handbeuger	M. flexor carpi radialis
7	Ellenseitiger Handbeuger	M. flexor carpi ulnaris
8	Oberflächlicher Fingerbeuger	M. flexor digitorum superficialis
9	Tiefer Fingerbeuger	M. flexor digitorum profundus
10	Oberarm-Speichen-Muskel	M. brachioradialis
11	Armschlagader	A. brachialis
12	Speichenschlagader	A. radialis
13	Ellenschlagader	A. ulnaris
14	Oberflächlicher Hohlhandbogen	Arcus palmaris superficialis
15	Mittelarmnerv („Medianus")	N. medianus
16	Speichennerv („Radialis")	N. radialis
17	Ellennerv („Ulnaris")	N. ulnaris
18	Speichenseitige rückläufige Schlagader	A. recurrens radialis
19	Langer Daumenabspreizer	M. abductor pollicis longus
20	Kurzer Daumenstrecker	M. extensor pollicis brevis
21	Kurzer Daumenabspreizer	M. abductor pollicis brevis
22	Kurzer Daumenbeuger	M. flexor pollicis brevis
23	Daumenanzieher	M. adductor pollicis
24	Flache Bizepssehne	Aponeurosis musculi bicipitis brachii (Aponeurosis bicipitalis)
25	Langer Hohlhandsehnenspanner	M. palmaris longus
26	Unterarmfaszie	Fascia antebrachii
27	Kurzer Hohlhandsehnenspanner	M. palmaris brevis
28	Hohlhandsehne	Aponeurosis palmaris
29	Langer Daumenbeuger	M. flexor pollicis longus
30	Viereckiger Einwärtsdreher	M. pronator quadratus
31	(tiefer Teil von 5)	-
32	Ellenseitige rückläufige Schlagader	A. recurrens ulnaris

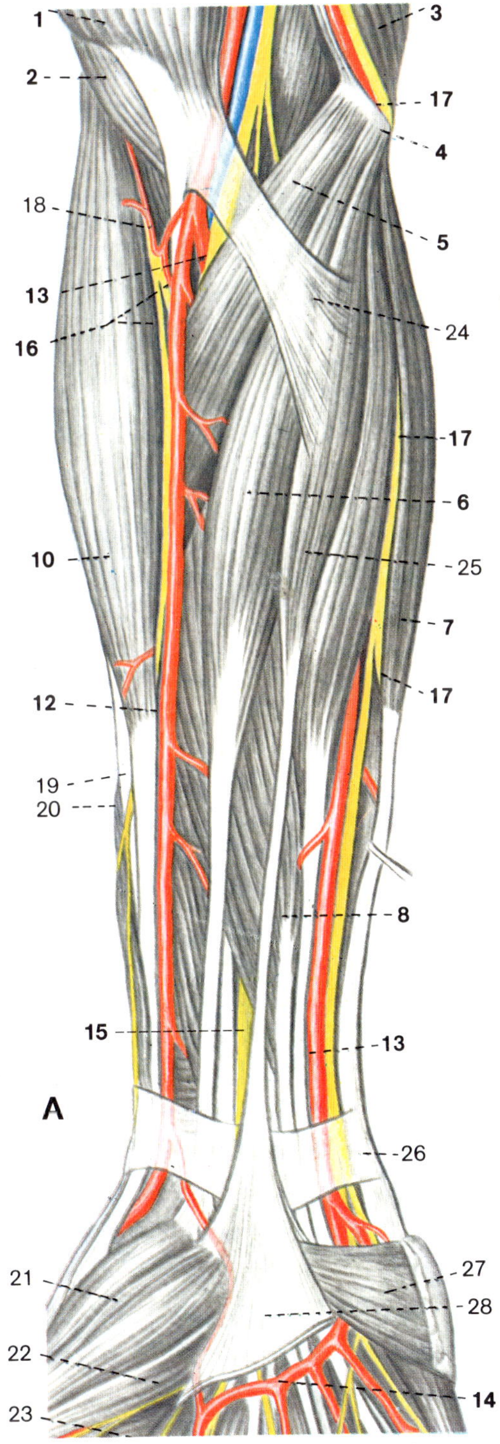
1
2
3
17
4
5
18
13
16
24
17
6
10
25
7
17
12
19
20
8
15
13
A
26
21
27
28
22
14
23

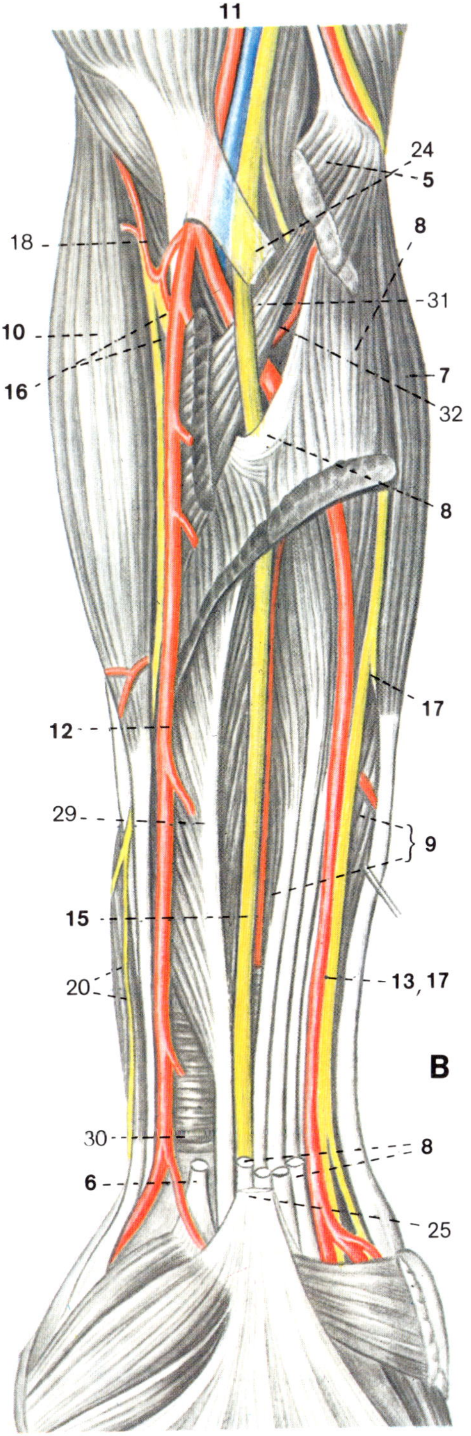
11
24
5
8
18
31
10
7
16
32
8
17
12
29
9
15
20
13, 17
B
30
8
6
25

Intravenöse Injektion

Ein in die Blutbahn eingespritztes Medikament ist in einer Minute im gesamten Körper verteilt

Es kann damit sofort und vollständig wirken. Ein durch den Mund („peroral") eingenommenes Heilmittel hingegen wirkt unter Umständen erst nach Stunden (z.B. bei vollem Magen) und seine Wirkstärke ist oft nicht vorhersehbar, da die Aufnahme durch den Darm in unterschiedlichem Ausmaß erfolgt. Ideale Injektionsorte sind die Venen des Unterarms und der Ellenbeuge: Die Haut ist zart, der Einstich kaum schmerzhaft. Nur wenn die Injektion hier nicht möglich ist, wird man auf andere Körperstellen ausweichen:

- Der Einstich am Handrücken ist schmerzhafter, die Haut ist zäher, die Venen sind schlechter verankert und weichen leicht der Nadel aus.
- In die Kopfvenen wird beim Kleinkind injiziert, da die Armvenen bei ihm schlecht sichtbar sind.
- Die Hautvenen des Beins sind für die intravenöse Injektion im allgemeinen nicht geeignet: Hier ist der schnelle Abfluß des injizierten Mittels nicht gewährleistet (Gefahr der Venenwandreizung).

Infusionen legt man am besten an Venen des Unterarms an: Hier wird die Infusionsnadel bei Bewegungen des Patienten weniger leicht aus der Vene geschoben. Bei der Infusion muß man besonders sorgfältig auf die gute Lage der Kanüle achten: Infusionen werden meist nicht ständig überwacht. Ein Ausfließen der Infusionslösung in das Unterhautgewebe statt in die Vene wird dann nicht rechtzeitig bemerkt. Manche Arzneimittel sind außerhalb der Venen nicht verträglich und rufen schmerzhafte Reizzustände bis zum Gewebeuntergang hervor. Die den Venen benachbarten Hautnerven sind dabei besonders gefährdet.

Vor Injektion immer Aspiration (Ansaugen), um sich zu vergewissern, daß man in der Vene ist

A Hautvenen und Hautnerven des Unterarms und der Ellenbeuge.

B Versorgungsgebiete der Armnerven. Dunkelgelb = Autonomgebiet, hellgelb = anatomisches Gebiet. Unter „anatomischem" Gebiet eines Nervs versteht man den Bereich, über den sich seine gröberen Äste, die man an der Leiche freilegen kann, erstrecken. Interessanterweise kommt es bei Lähmung eines Nervs gewöhnlich zu einer Empfindungsstörung nur in einem Teil des „anatomischen" Gebiets. Dies ist einfach zu erklären: Die Nerven entsenden feine Fortsätze auch in die anatomischen Gebiete der Nachbarnerven. Die Gebiete überlappen sich. Die Bereiche ohne Überlappung, in denen ein Nerv „autonom" ist, nennt man daher „Autonomgebiete".

C Beim Abspreizen des Daumens wölbt die zum Endglied des Daumens ziehende Sehne des langen Daumenstreckers die Haut stark vor. Links daneben sieht man die Sehne des kurzen Daumenstreckers (zum Grundglied des Daumens). Noch weiter links an der Kante tritt ein kurzes Stück die Sehne des langen Daumenabspreizers hervor (zum Mittelhandknochen des Daumens).

D Bei maximalem Strecken der Finger wölben die Strecksehnen die Haut vor. Die Finger 2 bis 5 erreichen die Sehnen des Fingerstreckers. Zum Daumen ziehen der lange und der kurze Daumenstrecker. Zwischen ihren Sehnen sinkt die Haut zu einer Mulde ein (*Tabatiere*, weil Tabakschnupfer hier eine Prise Schnupftabak auftragen).

E Die Sehnen des tiefen Fingerbeugers überqueren 5 Gelenke mit großem Bewegungsspielraum: oberes und unteres Handgelenk, Fingergrund-, Fingermittel- und Fingerendgelenke. Die Verkürzungsmöglichkeit des Muskels reicht nicht aus, um in all diesen Gelenken kraftvoll zu beugen. Bei gebeugtem Handgelenk kann daher die Faust nicht fest geschlossen werden.

F Ein fester Faustgriff ist nur möglich, wenn in den Handgelenken rückwärtsgestreckt wird. Dabei wird die Sehne des langen Fingerbeugers gespannt und kann nunmehr in den Fingergelenken maximal beugen. Bei Lähmung der Strecker (Fallhand, ➥ S. 173, G) kann man den festen Faustschluß wiederherstellen, indem man die Handgelenke durch eine Streckschiene in Rückwärtsstreckung hält.

1	Speichenseitige Hautvene des Arms („Zephalika")	V. cephalica
2	Ellenseitige Hautvene des Arms („Basilika")	V. basilica
3	Mittelvene der Ellenbeuge	V. mediana cubiti
4	Speichenschlagader	A. radialis
5	Achselnerv (Hautäste)	N. axillaris
6	Speichennerv (Hautäste)	N. radialis
7	Muskel-Haut-Nerv (Hautäste)	N. musculocutaneus
8	Mittelarmnerv (Hautäste)	N. medianus
9	Ellennerv (Hautäste)	N. ulnaris
10	Ellenseitiger Unterarmhautnerv	N. cutaneus antebrachii medialis
11	Ellenseitiger Oberarmhautnerv	N. cutaneus brachii medialis
12	Mittelvene des Unterarms	V. mediana antebrachii

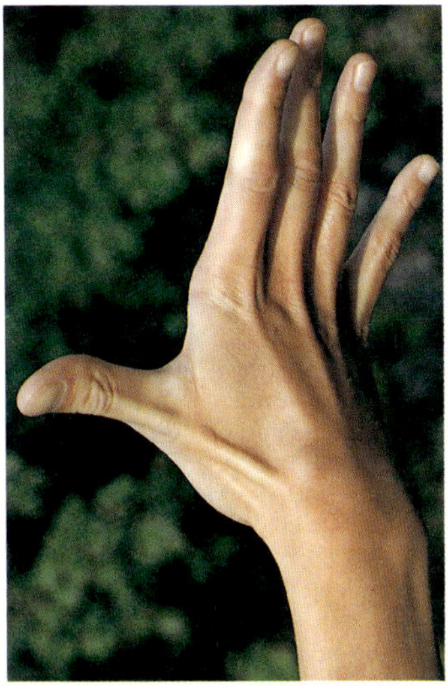
C

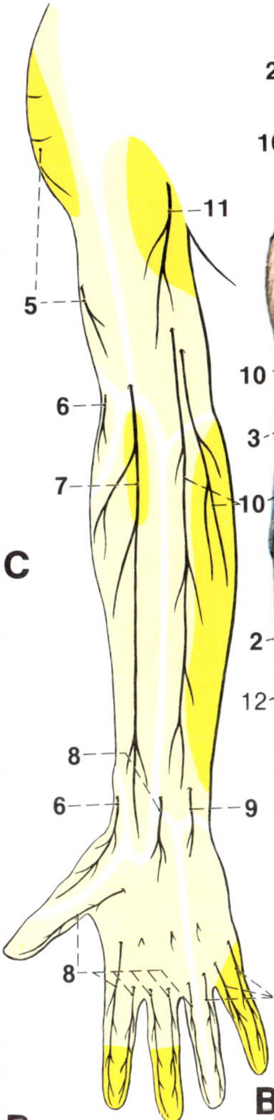

B

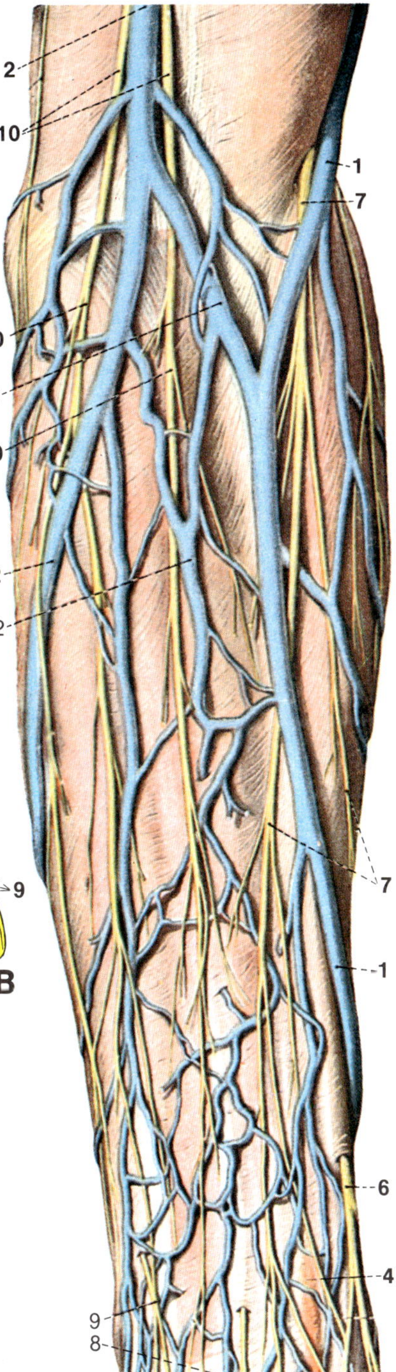

A

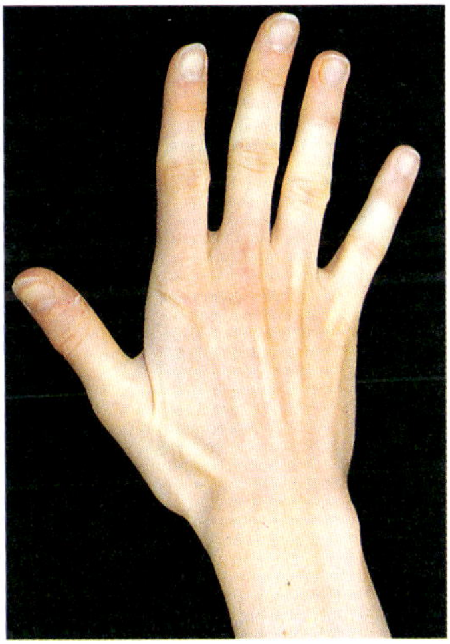
D

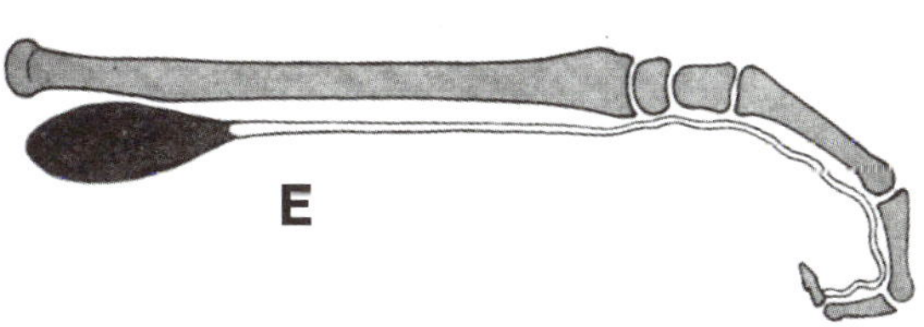
E

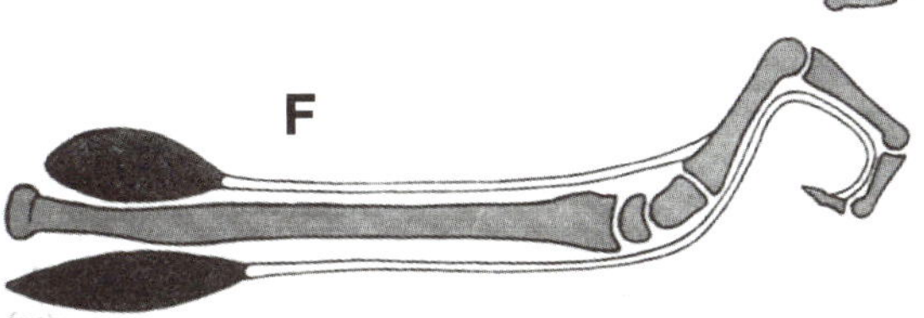
F

Handskelett

Das Handskelett ist gegliedert in Handwurzel, Mittelhand und Finger

• Die 8 *Handwurzelknochen* sind in 2 Reihen angeordnet. Obere (proximale) Reihe (von der Daumen- zur Kleinfingerseite): Kahnbein, Mondbein und Dreieckbein. Das Erbsenbein ist als Sesambein in der Sehne des ellenseitigen Handbeugers dem Dreieckbein angelagert. Untere (distale) Reihe: Trapezbein (großes Vieleckbein), Trapezoidbein (kleines Vieleckbein), Kopfbein und Hakenbein. Wer die Namen unbedingt behalten will, kann sich mit einem (etwas schwachsinnigen, aber altbewährten) Reim helfen:

„Es fuhr ein Kahn im Mondenschein
im Dreieck um das Erbsenbein.
Vieleckchen groß, Vieleckchen klein -
der Kopf, der muß am Haken sein.“

• An den 5 *Mittelhandknochen* unterscheidet man Basis, Schaft und Kopf.

• Die *Fingerknochen* bestehen aus den 5 Fingergrundgliedern, den 4 Fingermittelgliedern und den 5 Fingerendgliedern. Beim Daumen fehlt (wie bei der Großzehe) das Mittelglied.

Außer den bisher genannten 27 größeren Knochen gibt es an der Hand noch eine wechselnde Zahl kleiner Sesambeine, wovon 2 auf der Beugeseite des Daumengrundgelenks regelmäßig vorhanden sind (im Röntgenbild C deutlich zu sehen).

A Skelett der Hand (Hohlhandseite, links).

B Bandapparat der Handwurzel (Hohlhandseite, rechts). Das Halteband der Beugesehnen ist z.T. herausgeschnitten.

C Röntgenbild (Xeroradiogramm) der Hand im dorsopalmaren Strahlengang (vom Handrücken zur Hohlhand). *(Röntgenbild der kindlichen Hand ➥ S. 53, D + E.)*

D Röntgenbild der Handwurzel im ulnoradialen Strahlengang. Die Handwurzelknochen sind übereinanderprojiziert und nicht ganz leicht gegeneinander abzugrenzen.

E + F Die Seitenbänder der Fingergrundgelenke spannen sich beim Beugen (**E**) und entspannen sich beim Strecken (**F**). Dies dient dem festen Faustschluß. Nur gestreckt kann man die Finger spreizen.

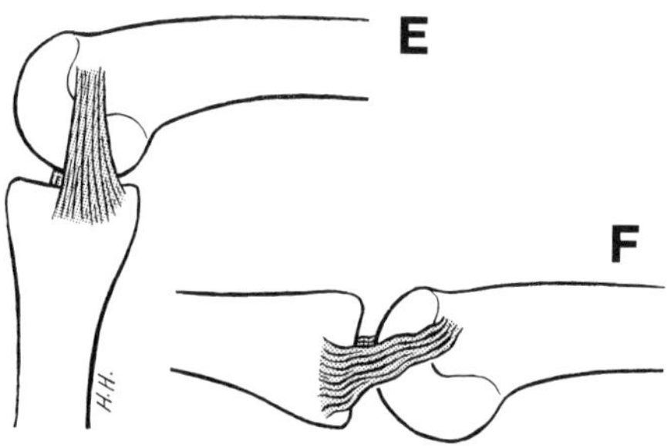

1	Daumenendglied	Phalanx distalis I
2	Daumengrundglied	Phalanx proximalis I
3	Mittelhandknochen des Daumens	Os metacarpi (Metacarpale) I
4	Griffelfortsatz (der Speiche)	Processus styloideus (radii)
5	Speiche	Radius
6 - 8	Fingerknochen	Phalanges
6	Fingerendglied	Phalanx distalis
7	Fingermittelglied	Phalanx media
8	Fingergrundglied	Phalanx proximalis
9	Mittelhandknochen	Ossa metacarpi (Metacarpalia)
10	Handwurzelknochen	Ossa carpi (Carpalia)
11	Ellenkopf	Caput ulnae
12	Elle	Ulna
13	Erbsenbein	Os pisiforme
14	Trapezbein (= großes Vieleckbein)	Os trapezium
15	Trapezoidbein (= kleines Vieleckbein)	Os trapezoideum
16	Kopfbein	Os capitatum
17	Kahnbein der Hand	Os scaphoideum
18	Haken des Hakenbeins	Hamulus ossis hamati
19	Dreieckbein	Os triquetrum
20	Mondbein	Os lunatum
21	Griffelfortsatz (der Elle)	Processus styloideus (ulnae)
22	Ellenseitiger Handbeuger (Sehne abgeschnitten)	M. flexor carpi ulnaris
23	Innenband der Hand	Lig. collaterale carpi ulnare
24	Epiphysenlinie (Wachstumszone)	Metaphysis
25	Halteband der Beugesehnen	Retinaculum flexorum
26	Außenband der Hand	Lig. collaterale carpi radiale

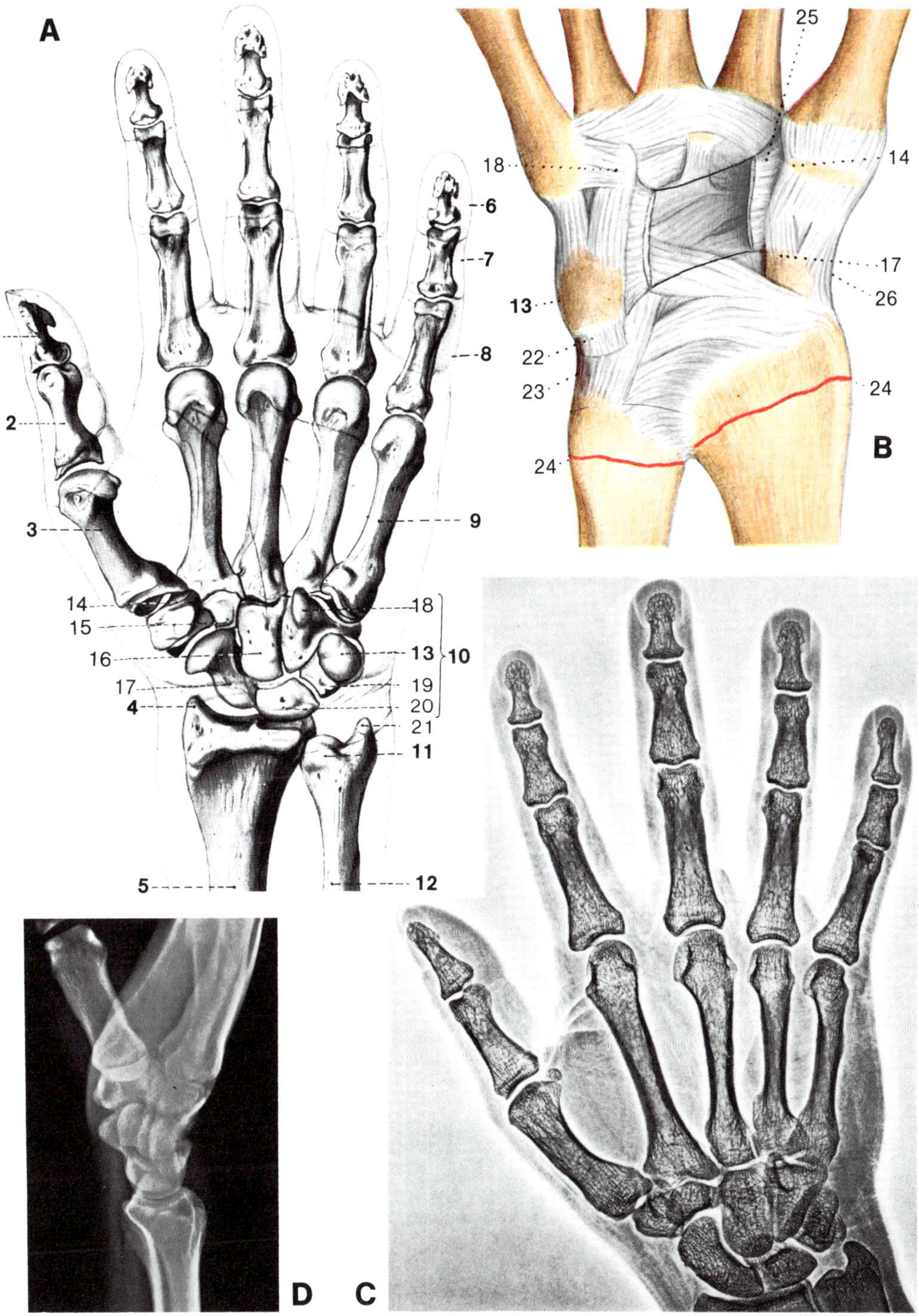
A
2
3
4
5
6
7
8
9
10
11
12
13
14
15
16
17
18
19
20
21
B
25
18
14
17
26
13
22
23
24
24
C
D

Gelenke der Hand

- oberes (proximales) Handgelenk
- unteres (distales) Handgelenk
- Handwurzel-Mittelhand-Gelenke
- Fingergrundgelenke
- Fingermittelgelenke
- Fingerendgelenke

A Gelenke der Hand (rechte Hand, Rückseite). Die Gelenkkapseln sind z. T. eröffnet.

B + C Ellenseitiges (**B**) und speichenseitiges (**C**) Abspreizen der Hand („Ulnarabduktion" und „Radialabduktion"). Diese Bewegungen gehen im wesentlichen im proximalen Handgelenk vor sich.

D + E Bewegungsumfänge der Handgelenke (mittlere Meßwerte bei gesunden jungen Erwachsenen nach der Neutralnullmethode).

D Rückwärtsstrecken und Beugen (Dorsalextension und Palmarflexion): 80° - 0° - 80°.

E Daumen- und kleinfingerseitiges Abspreizen (Radial- und Ulnarabduktion): 20° - 0° - 40°.

F + G Bewegungsumfänge der Fingergrundgelenke. In den Fingergrundgelenken kann man beugen und strecken, abspreizen und anziehen. Für Strekken und Beugen (Extension und Flexion) findet man meist: 30° - 0° - 90°.

H Bewegungsumfänge der Fingermittelgelenke. Hier handelt es sich um reine Scharniergelenke. Es kann also nur gestreckt und gebeugt werden. Ein Strecken über die 0°-Stellung ist meist nicht möglich. Bei gesunden jungen Erwachsenen mißt man nach der Neutralnullmethode meist: 0° - 0° - 100°.

I Bewegung des Daumens auf den Kleinfinger zu: Gegenüberstellen (Opposition) im Daumensattelgelenk, Beugen (Flexion) im Daumengrundgelenk.

J Bewegung des Daumens auf den Zeigefinger zu: Anziehen (Adduktion) im Daumensattelgelenk.

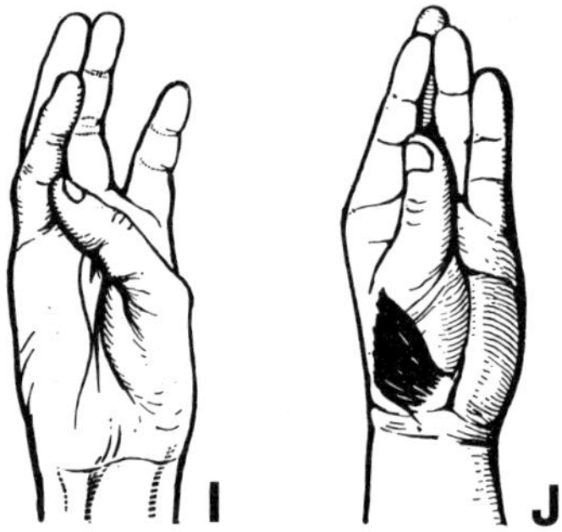

1 - 3	Fingerknochen	Phalanges
1	Fingerendglied	Phalanx distalis
2	Fingermittelglied	Phalanx media
3	Fingergrundglied	Phalanx proximalis
4	Mittelhandknochen	Ossa metacarpi (Metacarpalia)
5	Speiche	Radius
6	Elle	Ulna
7	Zwischenknochenmembran des Unterarms	Membrana interossea antebrachii
8	Oberes (proximales) Handgelenk	Articulatio radiocarpalis
9	Unteres (distales) Handgelenk	Articulatio mediocarpalis
10	Handwurzel-Mittelhand-Gelenke	Articulationes carpometacarpales
11	Daumensattelgelenk	Articulatio carpometacarpalis pollicis
12	Fingergrundgelenke	Articulationes metacarpophalangeales
13 + 14	Fingermittelgelenke + Fingerendgelenke	Articulationes interphalangeales (manus)
15	(16-22) Handwurzelknochen	Ossa carpi (Carpalia)
16	Kahnbein der Hand	Os scaphoideum
17	Mondbein	Os lunatum
18	Dreieckbein	Os triquetrum
19	Trapezbein (= großes Vieleckbein)	Os trapezium
20	Trapezoidbein (= kleines Vieleckbein)	Os trapezoideum
21	Kopfbein	Os capitatum
22	Hakenbein	Os hamatum
23	Gelenkscheibe	Discus articularis
24	Griffelfortsatz (der Elle)	Processus styloideus (ulnae)
25	Ellenkopf	Caput ulnae
26	Zwischenknochenrand (von Elle und Speiche)	Margo interosseus
27	Rinnen der Strecksehnen	-
28	Kopf des Mittelhandknochens	Caput metacarpale
29	Daumengrundglied + Sesambein	Phalanx proximalis; Os sesamoideum
30	Seitenbänder (der Fingermittelgelenke)	Ligg. collateralia
31	Tiefes queres Mittelhandband	Lig. metacarpeum transversum profundum
32	Basis des Mittelhandknochens	Basis metacarpalis

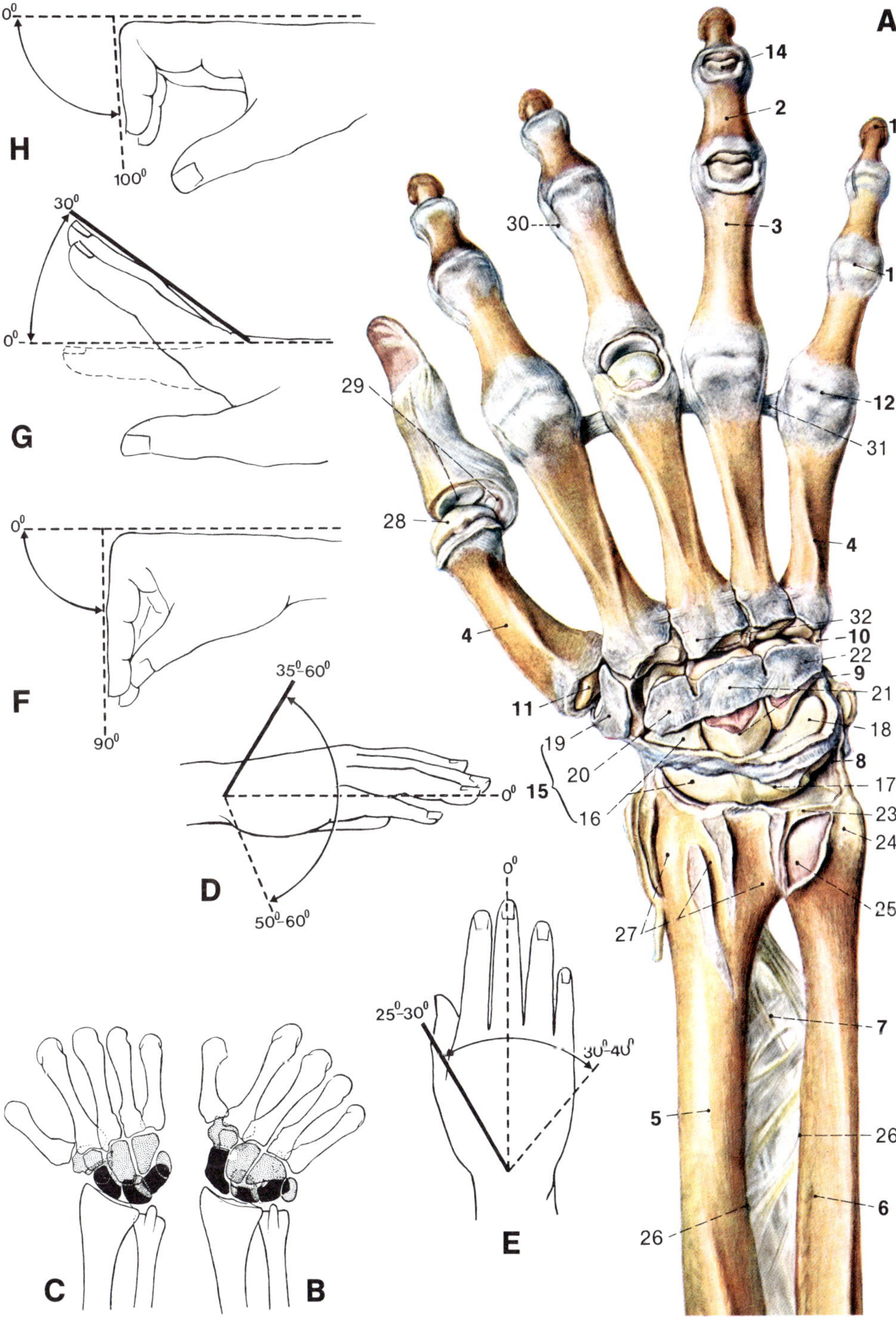

A
14
2
1
30
3
13
29
12
31
28
4
4
32
10
22
9
11
21
19
18
20
8
15
17
16
23
24
25
27
7
5
26
26
6
H
0^0
100^0
G
30^0
0^0
F
0^0
90^0
D
35^0–60^0
0^0
50^0–60^0
E
0^0
25^0–30^0
30^0–40^0
C
B

Handmuskeln

3 Gruppen kleiner Handmuskeln:
- Daumenballenmuskeln
- Kleinfingerballenmuskeln
- Zwischenknochenmuskeln + Spulmuskeln

A Muskeln der Hohlhand (rechts). Die Hohlhandsehne ist mit ihren Spannmuskeln entfernt. Die Sehnen der Fingerbeuger sind über den Mittelhandknochen abgeschnitten, die Sehnenscheiden z.T. eröffnet. Die langen Fingerbeugesehnen gelangen durch den Hohlhandkanal (➥ S. 175, B + C) vom Unterarm zur Hand.

B Sehnenscheiden der Hand (Hohlhandseite, rechts). Aufgabe von Sehnenscheiden ist es, die Reibung der Sehne an Haltebändern zu mindern. Dazu ist die Sehne in einen bindegewebigen Köcher eingelassen. Die Sehne und die Innenseite des Köchers sind mit einer glatten feuchten Schicht überzogen. Man achte im Bild darauf, daß die Sehnenscheiden des Daumens und des Kleinfingers bis in den Hohlhandkanal reichen, die der drei mittleren Finger jedoch nicht. Eine Sehnenscheidenentzündung des Daumens kann daher auf den Kleinfinger übergreifen (und umgekehrt), während die mittleren Finger ausgespart bleiben („V-Phlegmone“).

C Wirkung der Zwischenknochen- und Spulmuskeln. Deren Sehnen verlaufen zunächst vor den Fingergrundgelenken und strahlen dann in die Strecksehne des Fingerrückens („Dorsalaponeurose“) ein. Sie beugen in den Fingergrundgelenken und strecken in den Fingermittel- und -endgelenken. Sie spreizen und schließen die Finger.

D Beuge- und Strecksehnen eines Fingers.

E Längsschnitt durch einen Finger.

F + G Sehnenscheide im Längsschnitt (**F**) und im Querschnitt (**G**).

1	Sehnenscheiden der Fingerbeuger	Vaginae tendinum digitorum manus
2	Bindegewebige Sehnentunnel	Vaginae fibrosae digitorum manus
3	Oberflächlicher Fingerbeuger (Sehne)	M. flexor digitorum superficialis
4	Tiefer Fingerbeuger (Sehne)	M. flexor digitorum profundus
5	Hohlhandseitige Zwischenknochenmuskeln	Mm. interossei palmares
6	Langer Daumenbeuger (Sehne)	M. flexor pollicis longus
7	Halteband der Beugesehnen	Retinaculum flexorum
8	Erbsenbein	Os pisiforme
9	Hohlhandkanal (= Karpaltunnel)	Canalis carpi (carpalis)
10	Ellenseitiger Handbeuger (Sehne)	M. flexor carpi ulnaris
11	Speichenseitiger Handbeuger (Sehne)	M. flexor carpi radialis
12	Sehnenscheide des langen Daumenbeugers	Vagina tendinis musculi flexoris pollicis longi
13	Gemeinsame Sehnenscheide der Fingerbeuger	Vagina communis musculorum flexorum
14	Fingerendgelenk	Articulatio interphalangealis [distalis]
15	Fingermittelgelenk	Articulatio interphalangealis [proximalis]
16	Fingergrundgelenk	Articulatio metacarpophalangealis
17	Handwurzel-Mittelhand-Gelenk	Articulatio carpometacarpalis
18	Distales Handgelenk	Articulatio mediocarpalis
19	Kopf des Mittelhandknochens	Caput metacarpale
20	Fingergrundglied	Phalanx proximalis
21	Fingerstrecker (Sehne)	M. extensor digitorum
22	Sehne	Tendo
23	Kleinfingergegensteller	M. opponens digiti minimi
24	Kleinfingerbeuger	M. flexor digiti minimi
25	Kleinfingerabspreizer	M. abductor digiti minimi
26	Ringzüge des bindegewebigen Sehnentunnels	Pars anularis vaginae fibrosae
27	Kreuzzüge des bindegewebigen Sehnentunnels	Pars cruciformis vaginae fibrosae
28	Kurzer Daumenbeuger	M. flexor pollicis brevis
29	Kurzer Daumenabspreizer	M. abductor pollicis brevis
30	Daumengegensteller	M. opponens pollicis
31	Daumenanzieher	M. adductor pollicis
32	Langer Daumenabspreizer (Sehne)	M. abductor pollicis longus
33	Spulmuskeln (Regenwurmmuskeln)	Mm. lumbricales
34	Haken des Hakenbeins	Hamulus ossis hamati
35	Sehnenscheide des speichenseitigen Handbeugers	Vagina tendinis musculi flexoris carpi radialis
36	Sehnenfesseln (Faserzüge mit Blutgefäßen)	Vincula tendinum
37	Strecksehne des Fingerrückens („Dorsalaponeurose“)	[Aponeurosis dorsalis digiti]
38	Schleimbildende Schicht der Sehnenscheide	Vagina synovialis tendinis
39	Sehnengekröse (gefäßführend)	Mesotendineum
40	Gelenkkapsel	Capsula articularis

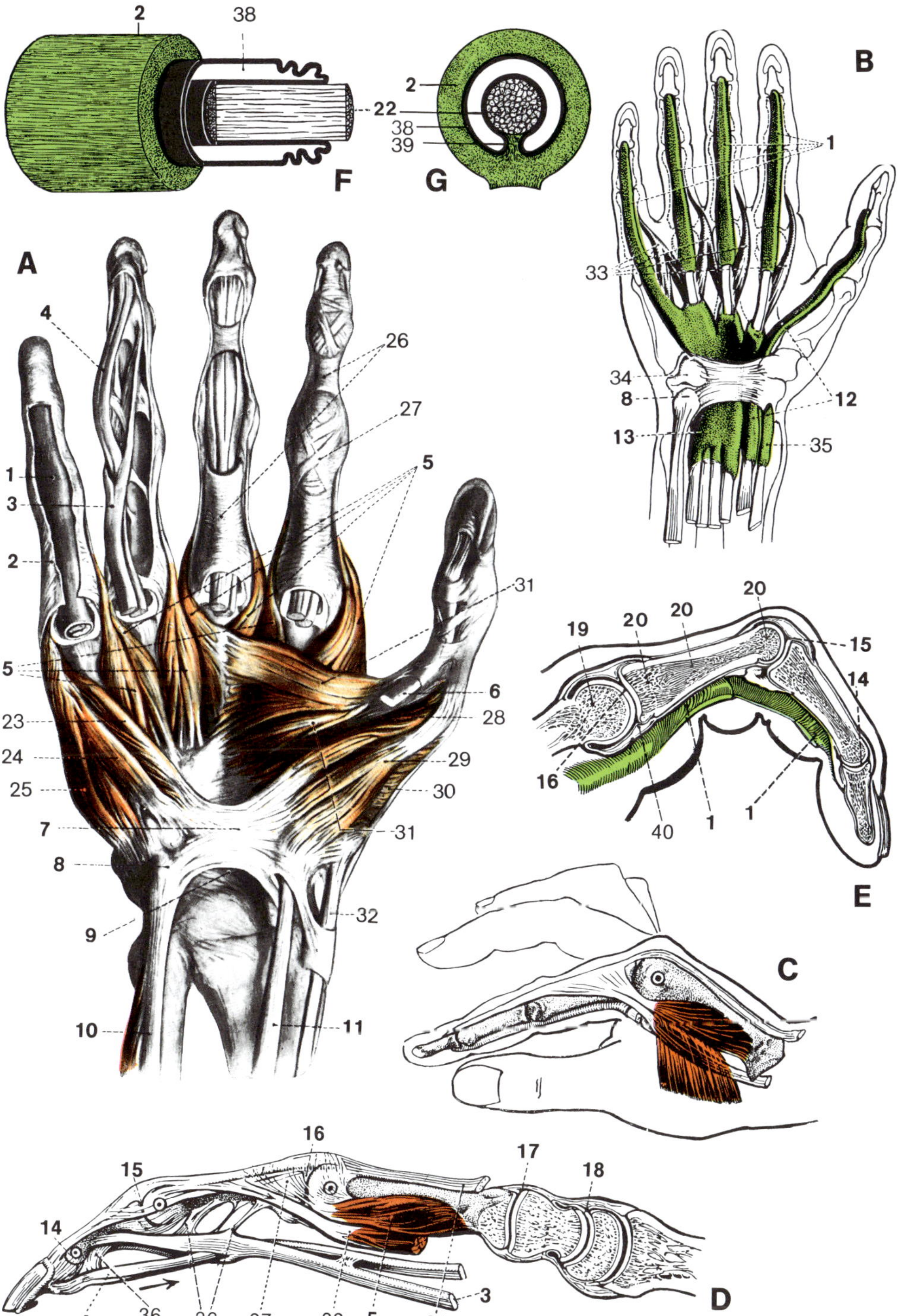
2
38
22
F
2
38
39
G
B
1
33
34
8
12
13
35
A
4
26
27
5
1
3
2
31
5
6
28
23
24
29
25
30
7
31
8
9
32
10
11
19
20
20
20
15
14
16
40
1
1
E
C
16
17
15
18
14
3
D
4
36
36
37
33
5
21

Blutgefäße und Nerven der Hand

Die feinste Tastempfindung haben: 1. Zungenspitze, 2. Fingerkuppen, 3. Lippen

A Schlagadern, Nerven und Sehnenscheiden der Hohlhand. Die Venen sind der besseren Übersicht wegen weggelassen. Die Haut ist mit ihren Beugefalten durchsichtig dargestellt. Diese „Handlinien" spielen seit Jahrtausenden in der Handlesekunst (Chiromantie) eine wichtige Rolle.

B Schema der Schlagaderbogen der Hohlhand.

C Querschnitt durch das Grundglied eines Fingers (Vergrößerung etwa 2fach).

D Querschnitt durch die Handwurzel. Die hufeisenförmig angeordneten Knochen bilden zusammen mit dem Halteband der Beugesehnen den Hohlhandkanal („Karpaltunnel"), durch den die Fingerbeugesehnen und der Mittelarmnerv (Medianus) ziehen (➥ S. 175, B + C).

E Beim Gegenüberstellen von Daumen und Kleinfinger wird die Hohlhandsehne durch den langen Hohlhandsehnenspanner gestrafft. Seine Sehne wölbt oberhalb des Daumenballens die Haut stark vor. Daumenseitig daneben sieht man die (dickere) Sehne des speichenseitigen Handstreckers. Sollte sich bei Ihnen bei dieser Bewegung nur eine Sehne zeigen, so fehlt Ihnen (wie vielen anderen Menschen) der lange Hohlhandsehnenspanner. Der Griff ist dadurch nicht merklich beeinträchtigt.

1	Speiche	Radius
2	Elle	Ulna
3	Erbsenbein	Os pisiforme
4	Oberflächlicher Fingerbeuger + tiefer Fingerbeuger	M. flexor digitorum superficialis + M. flexor digitorum profundus
5	Langer Daumenbeuger (Sehne)	M. flexor pollicis longus
6	Gemeinsame Sehnenscheide der Fingerbeuger	Vagina communis musculorum flexorum
7	Sehnenscheiden der Fingerbeuger	Vaginae tendinum digitorum manus
8	Sehnenscheide des langen Daumenbeugers	Vagina tendinis musculi flexoris pollicis longi
9	Speichenschlagader	A. radialis
10	Ellenschlagader	A. ulnaris
11	Oberflächlicher Hohlhandbogen + handflächenseitige gemeinsame Fingerschlagadern	Arcus palmaris superficialis + Aa. digitales palmares communes
12	Tiefer Hohlhandbogen + handflächenseitige Mittelhandschlagadern	Arcus palmaris profundus + Aa. metacarpales palmares
13	Handflächenseitige Fingerschlagadern	Aa. digitales palmares propriae
14	Mittelarmnerv („Medianus")	N. medianus
15	Ellennerv („Ulnaris")	N. ulnaris
16	Handflächenseitige Fingernerven	Nn. digitales palmares proprii
17	Mittelarmnerv, Verbindungsast zum Ellennerv	N. medianus, R. communicans cum nervo ulnari
18	Ellenschlagader, tiefer Hohlhandast + Ellennerv, tiefer Hohlhandast	A. ulnaris, R. palmaris profundus + N. ulnaris, R. profundus
19	Ellennerv, Ast zu den Kleinfingerballenmuskeln	N. ulnaris, R. muscularis
20	Vordere Zwischenknochenschlagader	A. interossea anterior
21	Herzlinie	[Linea mensalis]
22	Kopflinie	[Linea cephalica]
23	Lebenslinie	[Linea vitalis]
24	Handflächenseitige Mittelhandschlagader	A. metacarpalis palmaris
25	Hauptschlagader des Daumens	A. princeps pollicis
26	Mittelarmnerv, Äste zu den Daumenballenmuskeln	N. medianus, Rr. musculares
27	Speichenschlagader, oberflächlicher Hohlhandast	A. radialis, R. palmaris superficialis
28	Distale Beugefalte des Handgelenks	[Linea rascetae]
29	Mittlere Beugefalte des Handgelenks	[Linea restricta]
30	Mittelarmnerv, Handflächenast	N. medianus, R. palmaris
31	Fingergrundglied	Phalanx proximalis
32	Fingerstrecksehne	[Aponeurosis dorsalis digiti]
33	Haut	Cutis
34	Sehnengekröse	Mesotendineum
35	Fingerrückenschlagader, -vene, -nerv	A. + V. + N. digitalis dorsalis
36	Fingerstrecker	M. extensor digitorum
37	Mondbein	Os lunatum
38	Kopfbein	Os capitatum
39	Dreieckbein	Os triquetrum
40	Halteband der Beugesehnen	Retinaculum flexorum
41	Kahnbein der Hand	Os scaphoideum

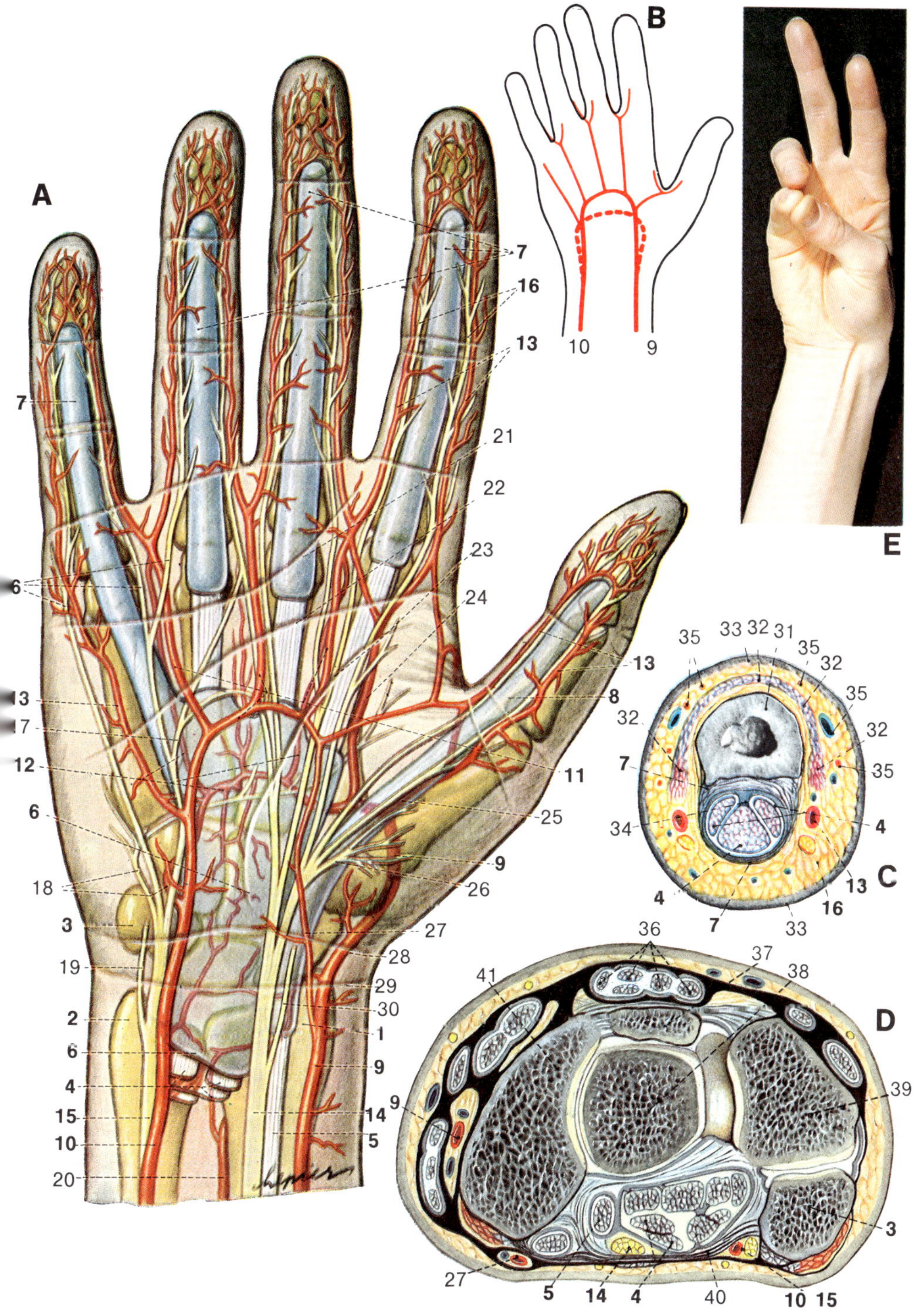
A
7
16
13
21
22
23
24
6
13
17
12
6
18
3
19
2
6
4
15
10
20
8
11
25
9
26
27
28
29
30
1
9
14
5
B
10
9
E
35
33
32
31
35
32
35
32
32
35
7
34
4
4
7
33
16
13
C
36
41
37
38
D
39
9
3
27
5
14
4
40
10
15

Schädel
Der Schädel ist gewissermaßen das knöcherne Haus des Kopfes. Es enthält 5 „Wohnungen“:

- *Schädelhöhle*: für das Gehirn
- *Augenhöhle*: für das Sehorgan
- *Nasenhöhle* mit *Nasennebenhöhlen*: für den Luftweg und das Riechorgan
- *Mundhöhle*: für den Speiseweg und das Geschmacksorgan
- *Paukenhöhle* und *Labyrinth* (im Felsenbein): für das Hör- und Gleichgewichtsorgan

Die größte „Wohnung“ („Theatersaal“) ist die Schädelhöhle mit etwa 1,5-2 l Fassungsvermögen. Ihr Fußboden, die Schädelbasis, hat zahlreiche Ein- und Ausgänge für Nerven und Blutgefäße. Darüber wölbt sich als Kuppel das Schädeldach. Die kleinste Wohnung bilden die Hohlräume im Felsenbein: Die Paukenhöhle (Mittelohr) ist nur etwa 3 mm tief, die Bogengänge haben einen Rohrdurchmesser von etwa 1 mm. Zimmerreichste „Wohnung“ ist die Nasenhöhle mit ihren Nebenhöhlen (Kieferhöhlen, Stirnhöhlen, Keilbeinhöhlen, Siebbeinzellen).

• Die knöchernen Wände von Augen-, Nasen- und Mundhöhle faßt man als *Gesichtsschädel* zusammen (im Bild blau, violett und grün).

• Ihm stellt man die Wand der Schädelhöhle als *Hirnschädel* gegenüber (im Bild gelb und rot).

A Schädel von vorn.

B Röntgenbild des Schädels (PA-Aufnahme).

C Schema der Aufnahmerichtung zu Abb. B.

D Frontalschnitt durch den vorderen Schädelbereich. Der von außen so kompakt wirkende Schädel enthält im Innern ein kompliziertes Hohlraumsystem, das jedoch großteils von Weichteilen (Gehirn, Auge, Zunge) ausgefüllt wird (➡ S. 221).

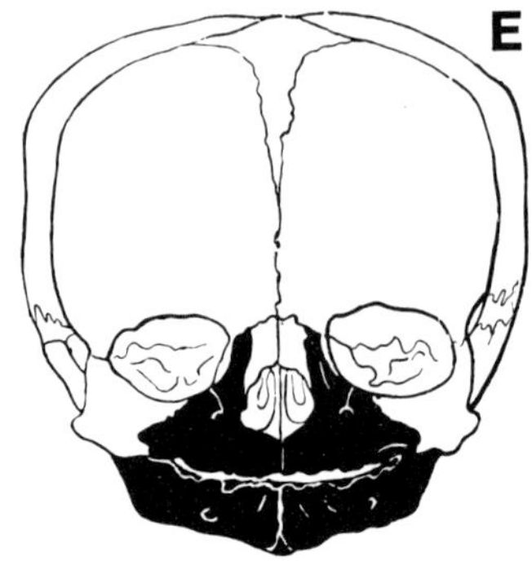

E + F Vergleich des Schädels des Erwachsenen (**F**) mit dem des Neugeborenen (**E**). Schwarz die Kieferknochen. Das Neugeborene hat noch keine Zähne und nimmt nur flüssige Nahrung zu sich. Die Entwicklung des Kieferapparats ist daher noch weit im Rückstand. Das Gehirn hingegen ist in der Entwicklung schon sehr weit fortgeschritten. Es erreicht mit drei Jahren praktisch seine Endgröße. Die Kindheit ist schließlich das Hauptlernalter. Der Gehirnschädel ist daher beim Neugeborenen weitaus größer als der Gesichtsschädel. Die Augen liegen unterhalb der Mitte und „steigen“ dann allmählich auf. Beim Greis wird der Gesichtsschädel wieder kleiner, weil sich nach dem Zahnausfall die Zahnfachfortsätze der Kieferknochen zurückbilden (das künstliche Gebiß verjüngt das Aussehen!).

1	Stirnbein	Os frontale
2	Scheitelbein	Os parietale
3	Schläfenbein	Os temporale
4	Keilbein, großer Flügel	Os sphenoidale, Ala major
5	Keilbein, kleiner Flügel	Os sphenoidale, Ala minor
6	Nasenbein	Os nasale
7	Siebbein	Os ethmoidale
8	Tränenbein	Os lacrimale
9	Jochbein	Os zygomaticum
10	Oberkiefer	Maxilla
11	Unterkiefer	Mandibula
12	Nasenscheidewand	Septum nasi (nasale)
13	Untere Nasenmuschel	Concha nasalis inferior
14	Mittlere Nasenmuschel	Concha nasalis media
15	Obere Nasenmuschel	Concha nasalis superior
16	Schädelhöhle	Cavitas cranii
17	Augenhöhle	Orbita
18	Siebbeinzellen	Cellulae ethmoidales
19	Kieferhöhle	Sinus maxillaris
20	Knöcherner Gaumen	Palatum osseum
21	Kranznaht	Sutura coronalis
22	Sehnervenkanal	Canalis opticus
23 + 24	Obere + untere Augenhöhlenspalte	Fissura orbitalis superior + inferior

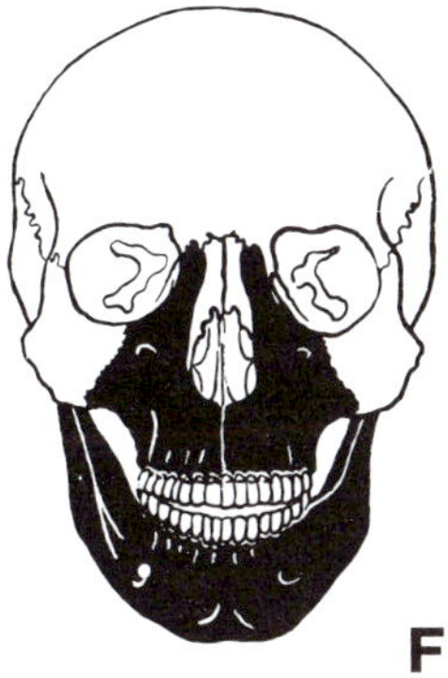

F

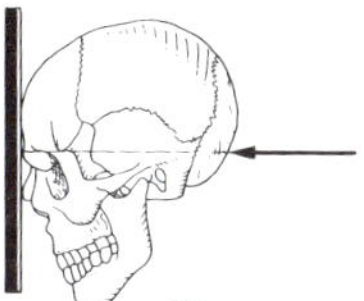

C

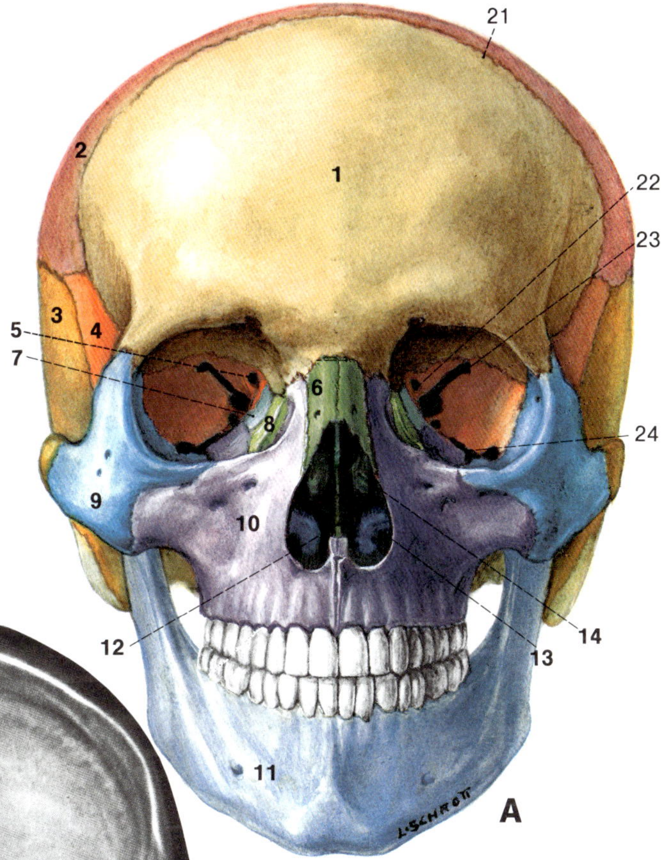
21
2
1
22
23
3
4
5
7
6
8
24
9
10
12
14
13
11
L.SCHROTT

A

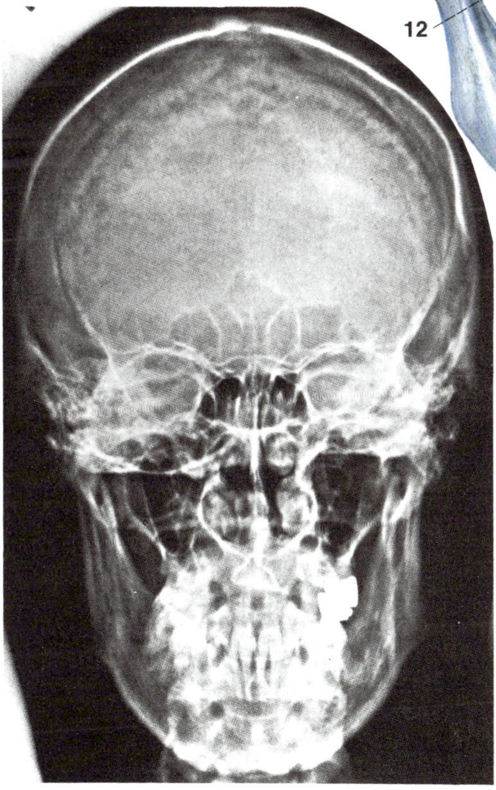

B

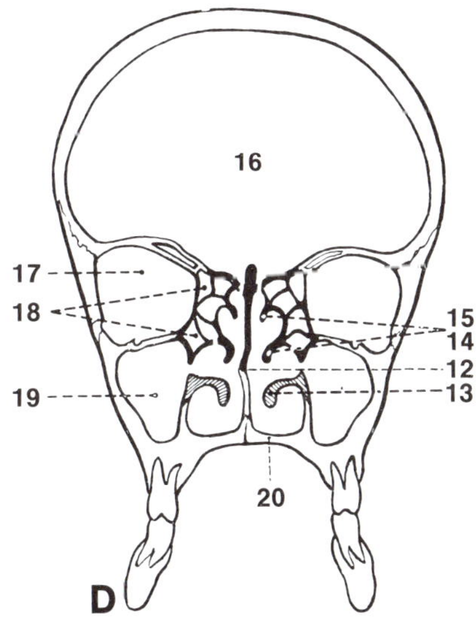
16
17
18
15
14
12
19
13
20

D

Schädel

Hauptgliederung des Schädels: • Hirnschädel: Schädeldach + Schädelbasis • Gesichtsschädel

A Schädel von der Seite. Die Gliederung in Hirnschädel und Gesichtsschädel ist hierbei besonders deutlich zu erkennen.
B Seitliches Röntgenbild des Schädels.
C Kiefergelenk bei geschlossenem Mund.
D Kiefergelenk bei Mahlbewegung zur Gegenseite.
E Schädel des Neugeborenen von links. Die einzelnen Knochen des Schädeldachs sind noch durch deutliche Spalten getrennt. Dies ermöglicht das Verformen des Schädels bei der Geburt, um sich dem mütterlichen Beckenkanal besser anpassen zu können.
F Rahmenkonstruktion der Kieferknochen und Fortleitung des Kaudrucks über verstärkte Bereiche des Gesichtsschädels.

Weitere Bilder des Schädels und seiner Hohlräume ➥ auf den nächsten Seiten sowie S. 215 (Kieferknochen), S. 221 (Frontalschnitt durch den Gesichtsschädel mit Weichteilen), S. 225 und 457 (Schädelbasis), S. 265 und 277 (Medianschnitte durch den Kopf), S. 275 (Nasennebenhöhlen), S. 405, 409-413 (Augenhöhle), S. 415-425 (Felsenbein), S. 437, 445-451 (Schädelhöhle).

E

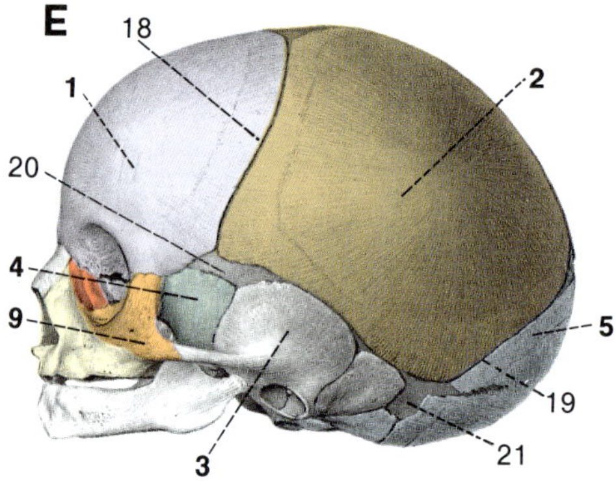

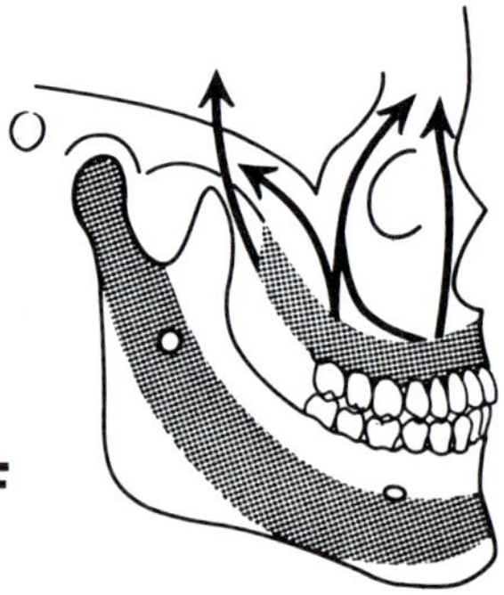

F

1	Stirnbein	Os frontale
2	Scheitelbein	Os parietale
3	Schläfenbein	Os temporale
4	Keilbein, großer Flügel	Os sphenoidale, Ala major
5	Hinterhauptbein	Os occipitale
6	Nasenbein	Os nasale
7	Siebbein	Os ethmoidale
8	Tränenbein	Os lacrimale
9	Jochbein	Os zygomaticum
10	Oberkiefer	Maxilla
11	Unterkiefer	Mandibula
12	Äußerer Gehörgang	Meatus acusticus externus
13	Warzenfortsatz	Processus mastoideus
14	Unterkieferkopf	Caput mandibulae
15	Jochbogen	Arcus zygomaticus
16	Griffelfortsatz (des Schläfenbeins)	Processus styloideus
17	Kronenfortsatz (des Unterkiefers)	Processus coronoideus (mandibulae)
18	Kranznaht	Sutura coronalis
19	Lambdanaht	Sutura lambdoidea
20	Vordere Seitenfontanelle	Fonticulus sphenoidalis (anterolateralis)
21	Hintere Seitenfontanelle	Fonticulus mastoideus (posterolateralis)
22	Kiefergelenkpfanne	Fossa mandibularis
23	Gelenkscheibe des Kiefergelenks	Discus articularis
24	Gelenkfortsatz (des Unterkiefers)	Processus condylaris

A

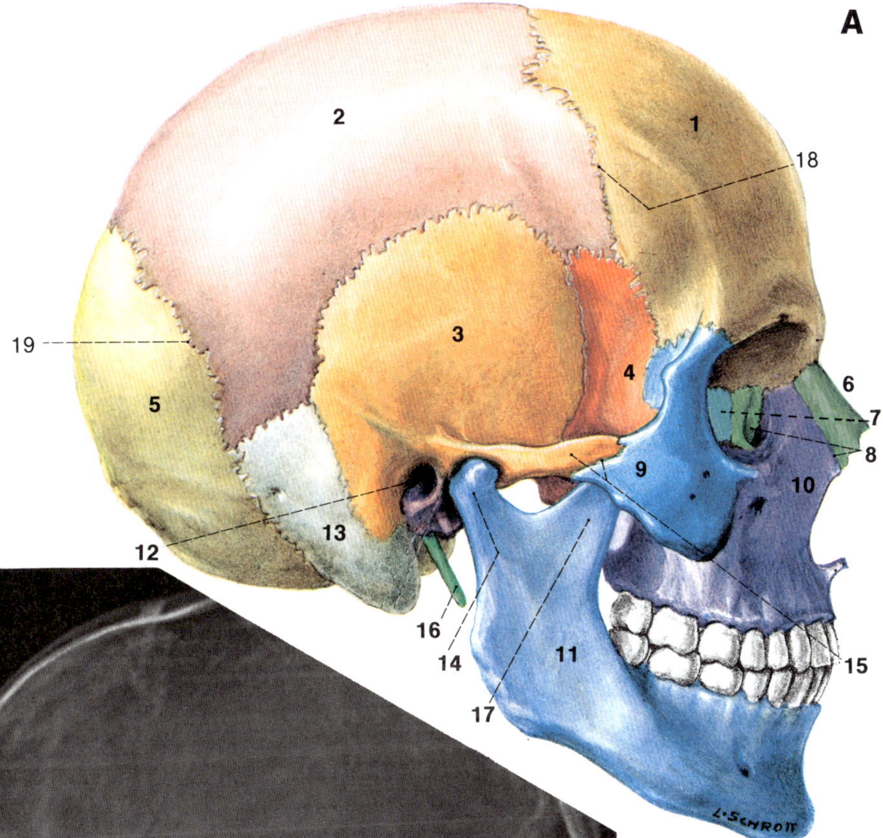

B

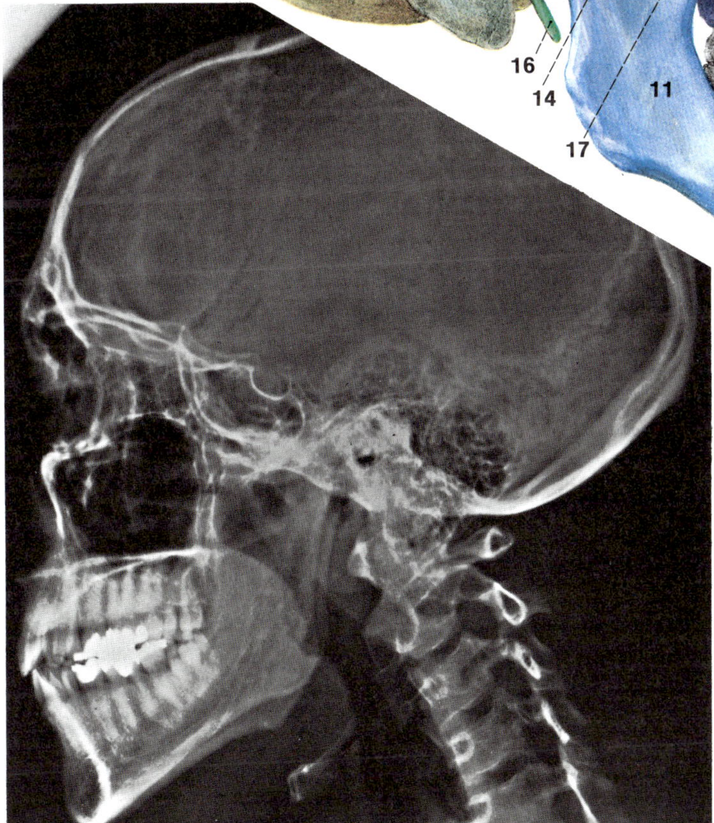

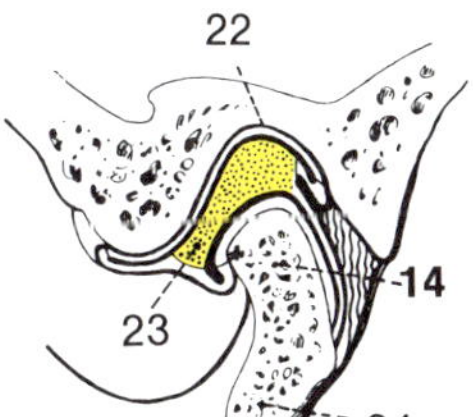

C

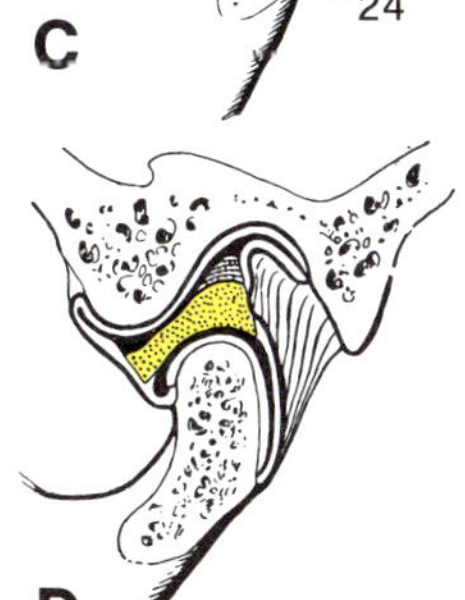

D

Schädelbasis

5 Knochen:	• Stirnbein • Siebbein • Keilbein • Schläfenbein • Hinterhauptbein
3 Schädelgruben:	• vordere Schädelgrube • mittlere Schädelgrube • hintere Schädelgrube

A Schädelbasis von oben. Der Boden der Schädelhöhle wird durch die kleinen Keilbeinflügel und die Felsenbeine in 3 „Gruben" geteilt: vordere, mittlere und hintere Schädelgrube.

B Schädel von unten. Die rechte Unterkieferhälfte (im Bild links) ist weggenommen. Gesichtsschädel blau, grün und violett, Hirnschädel weiß, gelb, orange und rot. Die Schädelbasis enthält zahlreiche Kanäle, durch die Nerven und Blutgefäße in den Schädel ein- oder austreten. Durch das „große Loch" ist das Gehirn mit dem Rückenmark verbunden.

C Computertomogramm der Schädelbasis. Man versuche die Einzelheiten in den Abb. A + B wiederzufinden!

Bild der Schädelbasis von oben mit harter Hirnhaut und durchtretenden Nerven ➥ S. 457.

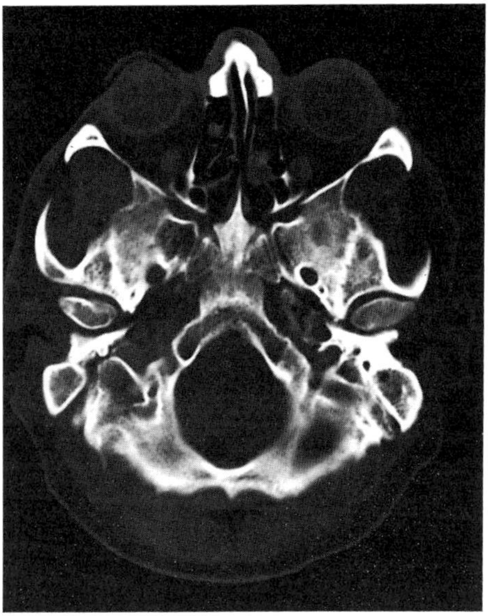

C

1	Stirnbein	Os frontale
2	Keilbein, kleiner Flügel	Os sphenoidale, Ala minor
3	Keilbein, großer Flügel	Os sphenoidale, Ala major
4	Türkensattel (hier liegt die Hirnanhangsdrüse)	Sella turcica
5	Hinterhauptbein	Os occipitale
6	Großes Hinterhauptloch	Foramen magnum
7	Schläfenbein	Os temporale
8	Felsenbein (Teil des Schläfenbeins, enthält Innenohr)	Pars petrosa
9	Siebbein	Os ethmoidale
10	Warzenfortsatz (Teil des Schläfenbeins)	Processus mastoideus
11	Gehörgangknochen (Teil des Schläfenbeins)	Pars tympanica
12	Oberkiefer	Maxilla
13	Unterkiefer	Mandibula
14	Gaumenbein	Os palatinum
15	Pflugscharbein	Vomer
16	Jochbein	Os zygomaticum
17	Flügelfortsatz (Teil des Keilbeins)	Processus pterygoideus
18	Griffelfortsatz (des Schläfenbeins)	Processus styloideus
19	Stirnhöhle	Sinus frontalis
20	Kiefergelenkpfanne	Fossa mandibularis
21	Sehnervenkanal	Canalis opticus
22	Rundes Loch (für Oberkiefernerv)	Foramen rotundum
23	Ovales Loch (für Unterkiefernerv)	Foramen ovale
24	Dornloch (für Hirnhautschlagader)	Foramen spinosum
25	Innerer Gehörgang	Meatus acusticus internus
26	Drosselloch (für Nerven und innere Halsvene)	Foramen jugulare
27	Kanal des Unterzungennervs	Canalis hypoglossi
28	Austrittsstelle des Gesichtsnervs	Foramen stylomastoideum
29	Kanal der inneren Kopfschlagader	Canalis caroticus
30	(Eingang in die) Flügelgaumengrube	Fossa pterygopalatina

B

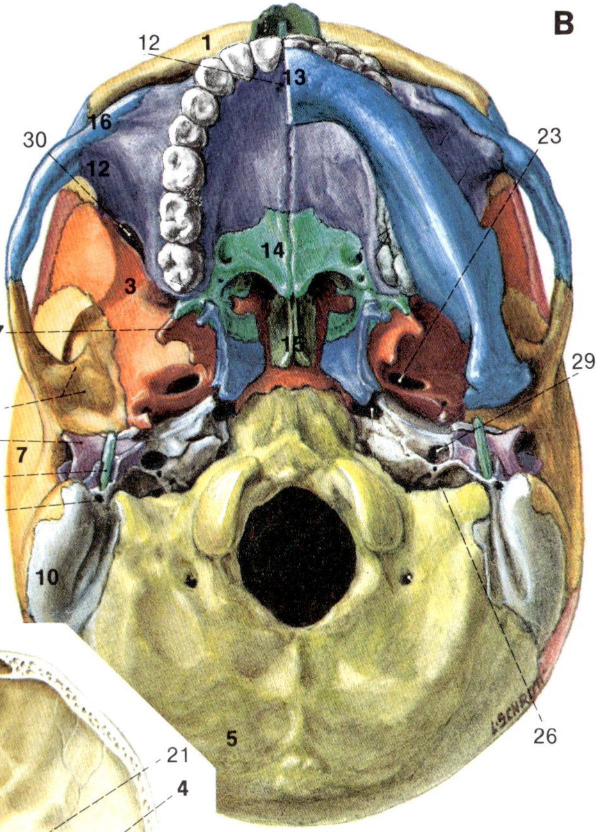
12
1
13
16
30
12
23
14
3
17
15
29
20
11
7
18
28
10
5
26

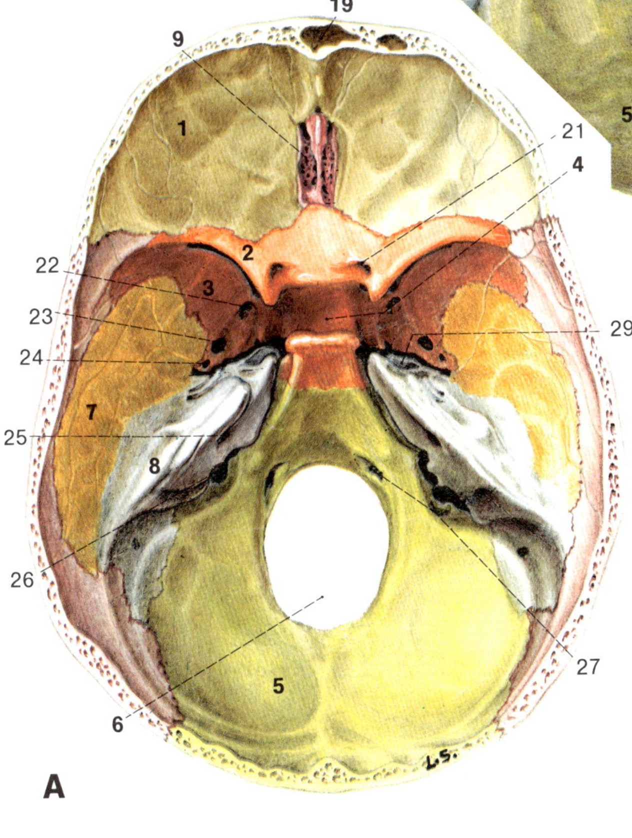
19
9
1
21
4
2
22
3
23
29
24
7
25
8
26
27
5
6
L.S.

A

Schädel

A Schnitt durch den Schädel (etwas rechts der Körpermittelebene, um die Nasenscheidewand zu erhalten). Die 3 Schädelgruben steigen von vorn nach hinten ab. Die hintere Schädelgrube im tiefsten Stockwerk enthält das Kleinhirn.

B Schädel des Erwachsenen von oben.

C Schädel des Neugeborenen von oben. Kennzeichnend sind die weiten Lücken, wo mehrere Knochen aneinandergrenzen. Sie sind mit Bindegewebeplatten verschlossen, die sich je nach der Höhe des Drucks im Innern der Schädelhöhle vorwölben oder einsinken. Man fühlt an ihnen auch das Pulsieren der Schlagadern. Dies mag zu ihrer Bezeichnung als *Fontanellen* („Springbrünnlein") beigetragen haben.

D Lupenfoto eines Schnitts durch das Schädeldach (Vergrößerung 8fach). Zwischen den dichten Rindenschichten liegt eine Schicht aufgelockerter Knochens (Diploe).

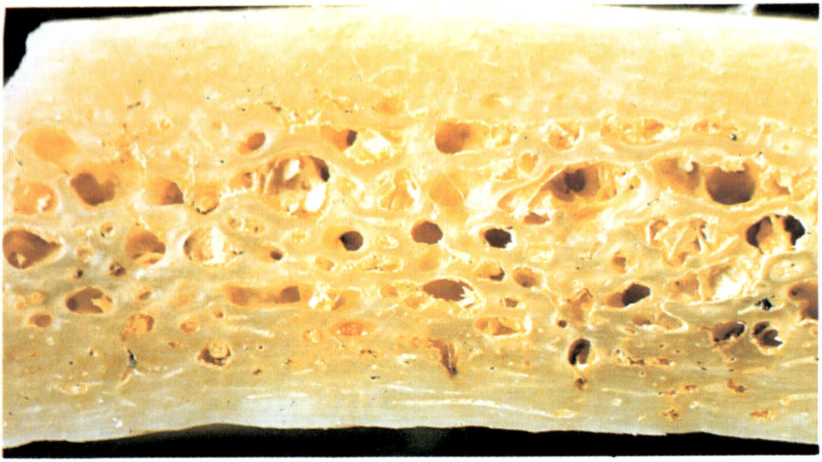

D

1	Stirnbein	Os frontale
2	Scheitelbein	Os parietale
3	Schläfenbein	Os temporale
4	Keilbein, großer Flügel	Os sphenoidale, Ala major
5	Keilbein, kleiner Flügel	Os sphenoidale, Ala minor
6	Hinterhauptbein	Os occipitale
7	Nasenbein	Os nasale
8	Siebbein	Os ethmoidale
9	Untere Nasenmuschel	Concha nasalis inferior
10	Pflugscharbein	Vomer
11	Oberkiefer	Maxilla
12	Unterkiefer	Mandibula
13	Jochbogen	Arcus zygomaticus
14	Stirnhöhle	Sinus frontalis
15	Türkensattel (Teil des Keilbeins)	Sella turcica
16	Keilbeinhöhle	Sinus sphenoidalis
17	Felsenbein (Teil des Schläfenbeins)	Pars petrosa
18	Vordere (große) Fontanelle	Fonticulus anterior
19	Hintere (kleine) Fontanelle	Fonticulus posterior
20	Stirnnaht	Sutura frontalis (metopica)
21	Kranznaht	Sutura coronalis
22	Pfeilnaht	Sutura sagittalis
23	Lambdanaht	Sutura lambdoidea
24	Scheitelbeinloch (für Vene)	Foramen parietale
25	Innerer Gehörgang	Meatus acusticus internus
26	Kanal des Unterzungennervs	Canalis hypoglossi
27	Griffelfortsatz (des Schläfenbeins)	Processus styloideus
28	Flügelfortsatz (Teil des Keilbeins)	Processus pterygoideus
29	Gaumenbein	Os palatinum

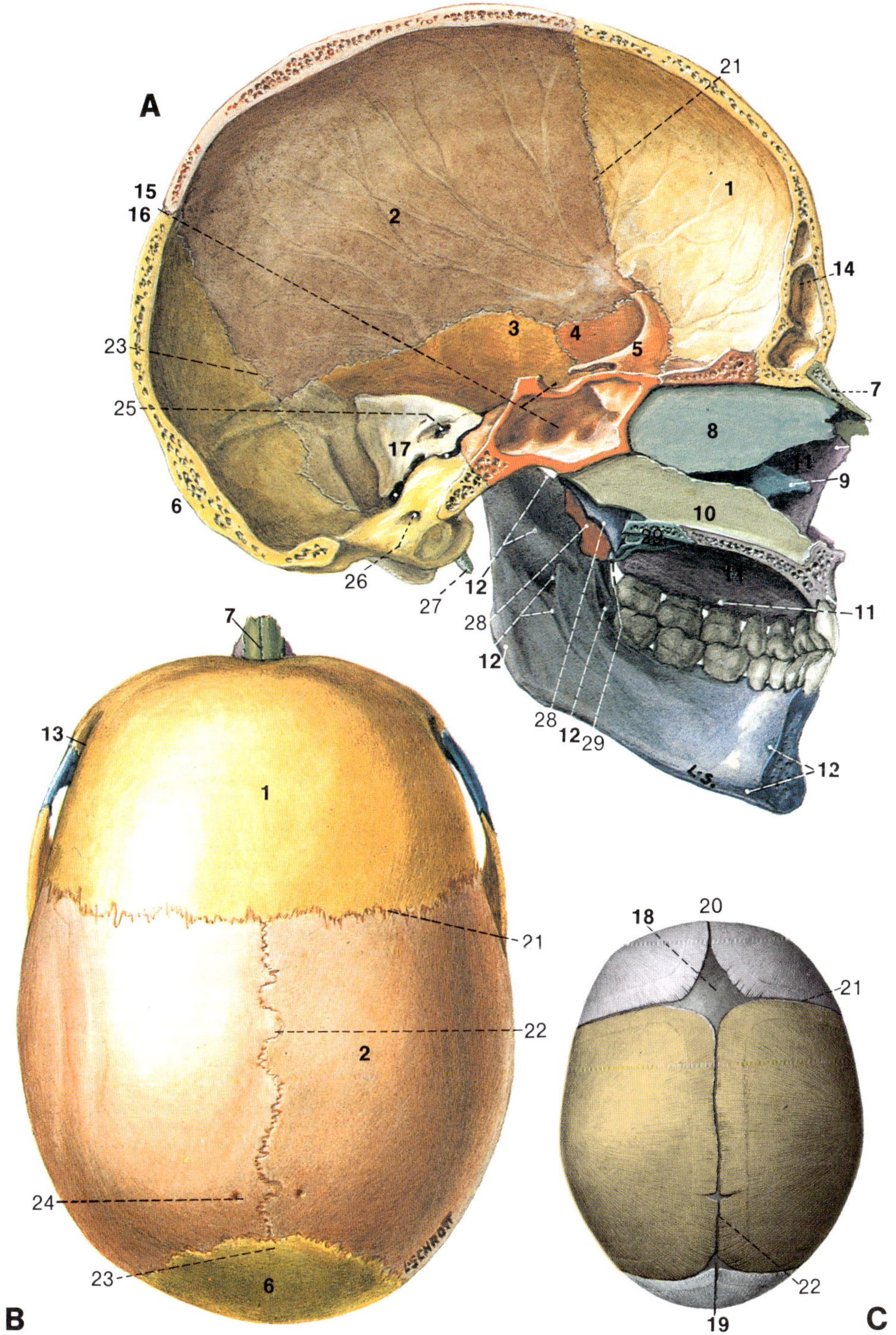
A
21
1
15
16
2
14
3
4
5
23
7
25
8
17
11
9
6
10
29
26
27
12
11
11
28
12
28
12
29
12
7
13
1
21
22
2
24
23
6
B
18
20
21
22
19
C

Mimische Muskeln

- sind Hautmuskeln
- vermitteln den Gesichtsausdruck

Die mimischen Muskeln unterscheiden sich von fast allen übrigen Muskeln des Bewegungsapparates:
- Sie entspringen meist nicht an Knochen und setzen auch nicht an ihnen an.
- Sie dienen nicht der Bewegung von Gelenken.
- Sie liegen in der Unterhaut und bewegen die Haut.
- Sie ordnen sich zirkulär und radiär um die Körperöffnungen im Gesichtsbereich an: um Lidspalten, Nasenöffnungen und Mund. Für den mimischen Ausdruck ist die Muskulatur um die Lidspalte und um den Mund besonders wichtig.

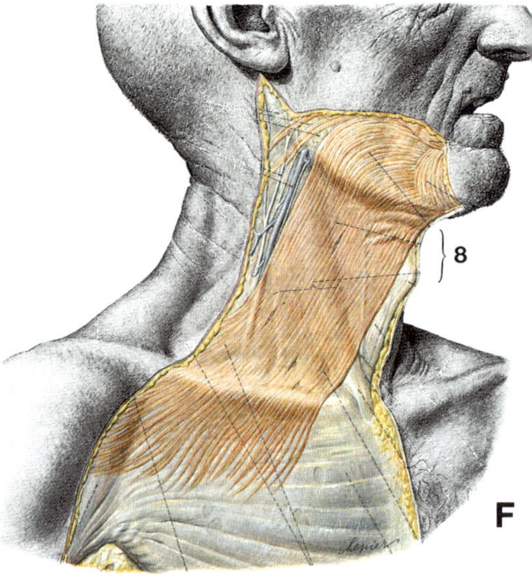

A Muskeln des Gesichts. Im Bild links die oberflächliche Schicht (nur mimische Muskeln), rechts die tiefere Schicht (z.T. auch Kaumuskeln).
B Fröhlicher Gesichtsausdruck beim seitlichen Heben der Mundwinkel durch die Jochbeinmuskeln.
C Weit herabgezogene Mundwinkel als Ausdruck der Unzufriedenheit.
D + E Heben der Oberlippe bei herabgezogenem Mundwinkel als Ausdruck der Trauer und beim Weinen.
F Der breite Hautmuskel des Halses reicht vom Mundwinkel bis über das Schlüsselbein.

1	Augenschließmuskel (Augenringmuskel)	M. orbicularis oculi
2	Ohrspeichelgang (Ausführungsgang der Ohrspeicheldrüse)	Ductus parotideus
3	Ohrspeicheldrüse	Glandula parotidea
4	Wangenmuskel (Trompetermuskel)	M. buccinator
5	Masseter („Kaumuskel" i.e.S.)	M. masseter
6	Mundschließmuskel (Mundringmuskel)	M. orbicularis oris
7	Kopfwender	M. sternocleidomastoideus
8	Hautmuskel des Halses	Platysma
9	Sehnenhaube	Galea aponeurotica (Aponeurosis epicranialis)
10	Stirnmuskel (vorderer Sehnenhaubenmuskel)	M. epicranius, M. occipitofrontalis, Venter frontalis
11	Kleiner Jochbeinmuskel	M. zygomaticus minor
12	Oberlippenheber	M. levator labii superioris
13	Großer Jochbeinmuskel	M. zygomaticus major
14	Mundwinkelheber	M. levator anguli oris
15	Lachmuskel	M. risorius
16	Augenbrauenherabzieher	M. depressor supercilii
17	Stirnhautherabzieher	M. procerus
18	Augenbrauenrunzler	M. corrugator supercilii
19	Inneres Lidband	Lig. palpebrale mediale
20	Nasenflügelheber	M. levator labii superioris alaeque nasi
21	Nasenmuskel	M. nasalis
22	Mundwinkelherabzieher	M. depressor anguli oris
23	Unterlippenherabzieher	M. depressor labii inferioris
24	Kinnmuskel	M. mentalis
25	Wangenfettpfropf	Corpus adiposum buccae

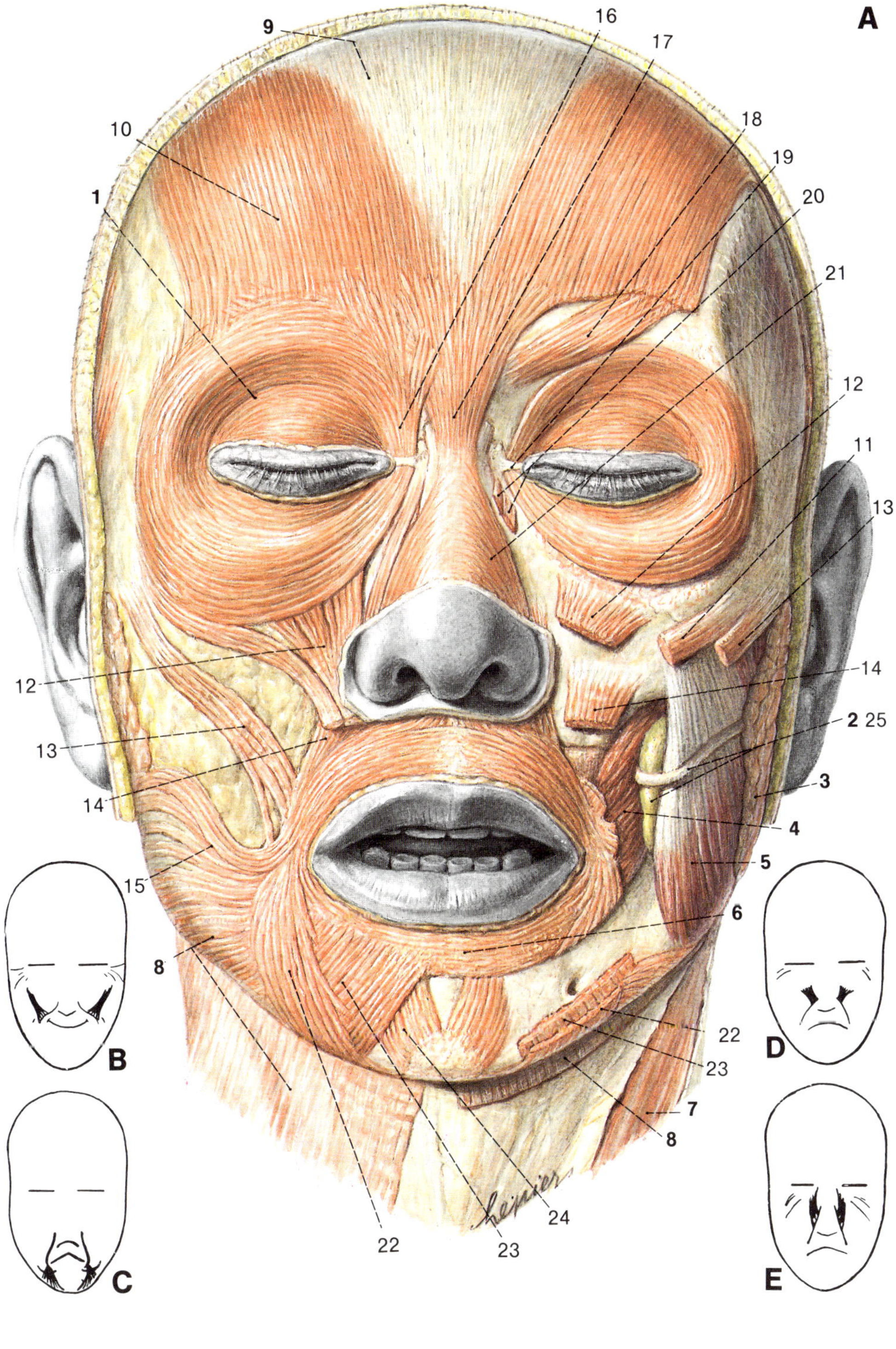
A
9
16
17
18
19
20
21
10
1
12
11
13
12
14
13
2 25
3
14
4
15
5
6
8
22
23
7
8
22
23
24
B
C
D
E

Kaumuskeln

• Schläfenmuskel	• innerer Flügelmuskel
• Masseter	• äußerer Flügelmuskel

Die das Kiefergelenk bewegenden Muskeln werden Kaumuskeln genannt. Der Mensch hat davon vier: Die drei erstgenannten schließen den Mund und üben den Kaudruck aus. Der äußere Flügelmuskel dient den Mahlbewegungen und der Mundöffnung. Der mächtige Schläfenmuskel nutzt die Schläfengrube als Ursprungsgebiet. Er setzt mit kräftigen Sehnen am Kronenfortsatz des Unterkiefers an. Der Masseter wird auch als „Kaumuskel" schlechthin bezeichnet. Er zieht vom Jochbogen zum Unterkieferwinkel. Legt man die Hand auf die hintere seitliche Gesichtspartie, so kann man beim Kauen deutlich seine Anspannung fühlen.
Während der Masseter und der innere Flügelmuskel ausschließlich Kaudruck ausüben, hat der Schläfenmuskel zwei Funktionen: Seine vorderen Abschnitte wirken wie der Masseter, seine hinteren Abschnitte ziehen den Unterkiefer nach rückwärts. Gegenspieler dieser Bewegung ist der äußere Flügelmuskel: Er zieht den Unterkiefer nach vorn. Durch dieses Hin- und Herschieben wird die Nahrung zwischen den Zahnreihen zerrieben.

A Kaumuskeln, oberflächliche Schicht (Schläfenmuskel und Masseter).
B Tiefere Kaumuskeln und Hilfsmuskeln. An diesem Präparat sind der Masseter und der Schläfenmuskel abgetragen sowie der Jochbogen und der Kronenfortsatz des Unterkiefers abgesägt. Man sieht so die Flügelmuskeln. Ihr Name rührt daher, daß sie an der Flügelgrube des Keilbeins entspringen. Außer den Kaumuskeln sind für eine zweckmäßige Zerkleinerung des Bissens jedoch noch zwei mimische Muskeln wichtig: Der Ringmuskel des Mundes schließt die Lippen und verhindert so, daß der Speisebrei aus dem Mund läuft. Der Wangenmuskel schiebt den Bissen als Gegenspieler der Zunge zwischen die Zahnreihe. Beim Säugling ist die Wange noch durch einen Fettpfropf versteift, damit sie beim Saugen nicht einfällt.
C Die Kaumuskeln von unten her gesehen (die Zunge und die Muskeln des Mundbodens sind entfernt). Man beachte die quere Verlaufsrichtung der Flügelmuskeln: Mahlbewegungen der Zähne können so nicht nur von vorn nach hinten und umgekehrt, sondern auch in der Querrichtung ausgeführt werden. Vgl. Mahlzähne ➥ S. 168.
D-H Die wichtigsten Muskeln für die einzelnen Kieferbewegungen.
D Schließen des Mundes: Die 3 kräftigsten Kaumuskeln (Schläfenmuskel, Masseter und innerer Flügelmuskel) üben den Kaudruck aus.
E Öffnen des Mundes: Durch den äußeren Flügelmuskel wird der Unterkieferkopf aus der Gelenkpfanne nach vorn gezogen. Das Keilbein-Unterkiefer-Band hält aber den Unterkiefer zurück, so daß eine Drehbewegung zustande kommt. Diese wird durch eine Reihe von Zungenbeinmuskeln unterstützt, die den Unterkiefer nach unten und rückwärts ziehen.
F Unterkiefer nach vorn schieben: Der äußere Flügelmuskel zieht den Unterkiefer nach vorn, wenn gleichzeitig durch Masseter und inneren Flügelmuskel die Kieferöffnung verhindert wird.
G Unterkiefer zurückziehen: Am wichtigsten hierfür sind die untersten, nahezu horizontal verlaufenden Abschnitte des Schläfenmuskels.
H Seitbewegung des Unterkiefers: Wird der Unterkiefer im linken Kiefergelenk durch den äußeren Flügelmuskel nach vorn und im rechten Kiefergelenk durch den Schläfenmuskel nach hinten gezogen, so schwenkt der Unterkiefer nach rechts. Durch abwechselndes Rechts- und Linksbewegen des Unterkiefers werden Speisen zwischen den Mahlzähnen zerrieben („Mahlbewegung").

1	Schläfenmuskel	M. temporalis
2	Masseter („Kaumuskel" i.e.S.)	M. masseter
3	Kiefergelenk (Gelenkkapsel)	Articulatio temporomandibularis
4	Äußerer Flügelmuskel	M. pterygoideus lateralis
5	Innerer Flügelmuskel	M. pterygoideus medialis
6	Wangenmuskel („Trompetermuskel")	M. buccinator
7	Mundschließmuskel (Mundringmuskel)	M. orbicularis oris
8	Griffelfortsatz-Unterkiefer-Band	Lig. stylomandibulare
9	Flügel-Kiefer-Naht (Sehnenstreifen zwischen oberem Schlundschnürer und Wangenmuskel)	Raphe pterygomandibularis
10	Griffelfortsatz-Zungenbein-Muskel	M. stylohyoideus
11	Zweibäuchiger Muskel	M. digastricus
12	Unterkiefer-Zungenbein-Muskel	M. mylohyoideus
13	Kinn-Zungenbein-Muskel	M. geniohyoideus
14	Flügelgrube	Fossa pterygoidea
15	Nasenhöhle	Cavitas nasi

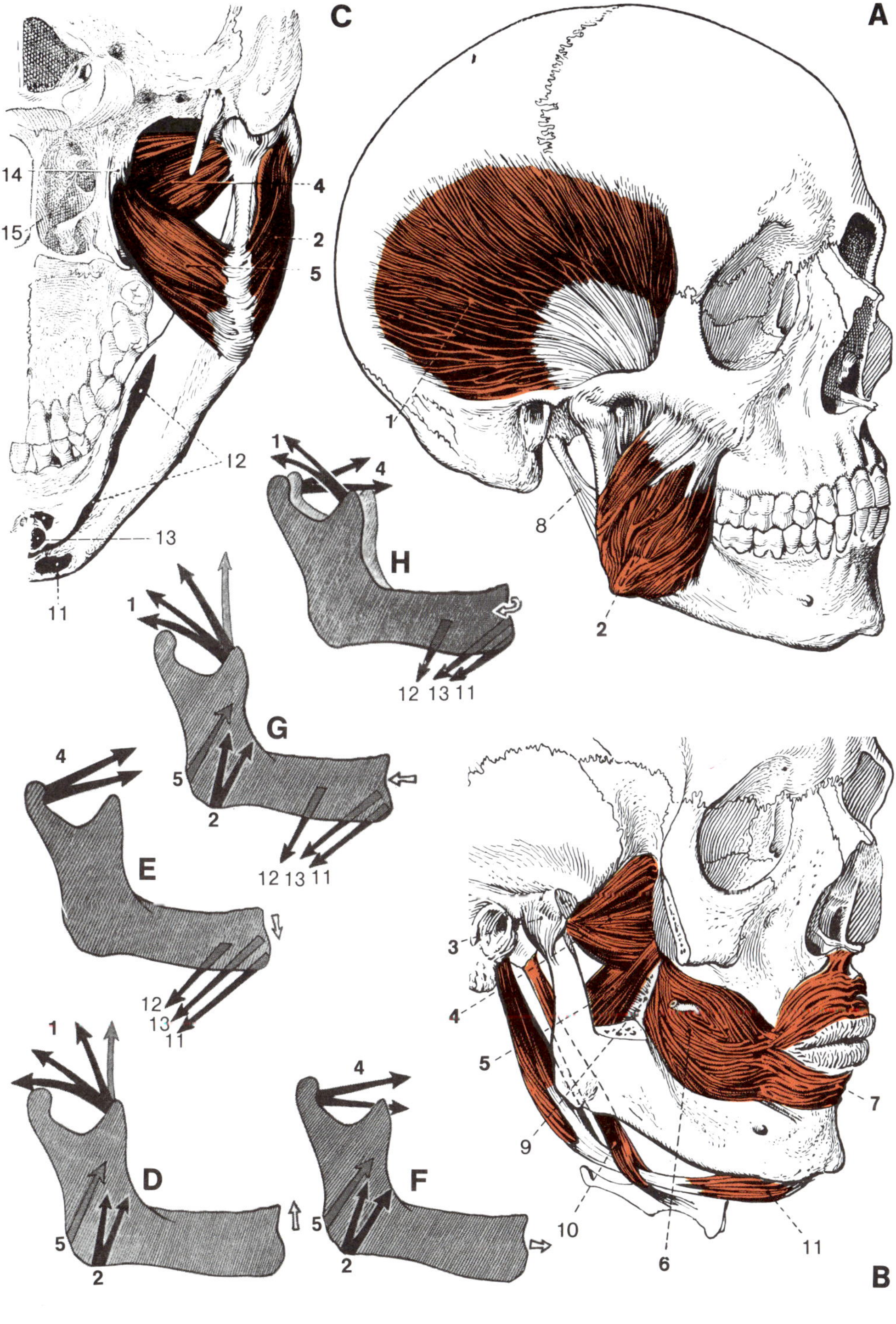
C
A
14
4
15
2
5
12
13
11
1
8
2
1
4
H
12 13 11
1
G
5
2
12 13 11
4
E
12
13
11
1
D
5
2
4
F
5
2
3
4
5
9
10
6
7
11
B

Halsregionen

- *vorderes Halsdreieck:* vor dem Kopfwender
- *Kopfwendergegend:* bedeckt vom Kopfwender
- *hinteres Halsdreieck:* zwischen Kopfwender und Trapezmuskel
- *Nackengegend:* bedeckt vom Trapezmuskel

A Muskeln des Kopfes und des Halses. Der Hautmuskel des Halses ist entfernt, um den Blick auf die Skelettmuskeln nicht zu verdecken. Viele vordere Halsmuskeln stehen mit dem Zungenbein in Verbindung. Am Zungenbein ist der Kehlkopf aufgehängt. Die Zungenbeinmuskeln heben und senken den Kehlkopf und sind vor allem für den Schluckakt wichtig.

B-D Bewegungen von Kopf und Hals. Eingezeichnet sind die Halswirbelsäule, der Kopfwender und die Riemenmuskeln. **B** Rückneigen, **C** Vorneigen, **D** Vorlagern des Kopfes.

1	Ohrspeicheldrüse	Glandula parotidea
2	Masseter („Kaumuskel" i.e.S.)	M. masseter
3	Innere Halsvene (innere Drosselvene)	V. jugularis interna
4	Kopfwender	M. sternocleidomastoideus
5	Trapezmuskel	M. trapezius
6	Schultereck	Acromion
7	Deltamuskel	M. deltoideus
8	Schlüsselbein	Clavicula
9	Großer Brustmuskel	M. pectoralis major
10	Armnervengeflecht	Plexus brachialis
11	Schilddrüse	Glandula thyroidea
12	Halsschlagader (= gemeinsame Kopfschlagader)	A. carotis communis
13	Schildknorpel	Cartilago thyroidea
14	Zungenbein	Os hyoideum
15	Unterkieferspeicheldrüse	Glandula submandibularis
16	Mundschließmuskel (Mundringmuskel)	M. orbicularis oris
17	Wangenmuskel (Trompetermuskel)	M. buccinator
18	Augenschließmuskel (Augenringmuskel)	M. orbicularis oculi
19	Ohrspeichelgang (Ausführungsgang der Ohrspeicheldrüse)	Ductus parotideus
20	Nebenohrspeicheldrüse	Glandula parotidea accessoria
21	Seitlicher Sehnenhaubenmuskel	M. epicranius, M. temporoparietalis
22	Hinterer Sehnenhaubenmuskel	M. epicranius, M. occipitofrontalis, Venter occipitalis
23	Halbdornmuskel des Kopfes	M. semispinalis capitis
24	Wangenfettpfropf	Corpus adiposum buccae
25	Zweibäuchiger Muskel	M. digastricus
26	Griffelfortsatz-Zungenbein-Muskel	M. stylohyoideus
27	Riemenmuskel	M. splenius
28	Schulterblattheber	M. levator scapulae
29	Mittlerer Treppenmuskel (Rippenheber)	M. scalenus medius
30	Speichenseitige Hautvene des Arms	V. cephalica
31	Schulterblatt-Zungenbein-Muskel	M. omohyoideus
32	Vorderer Treppenmuskel (Rippenheber)	M. scalenus anterior
33	Brustbein-Zungenbein-Muskel	M. sternohyoideus
34	Brustbein-Schildknorpel-Muskel	M. sternothyroideus
35	Unterer Schlundschnürer	M. constrictor pharyngis inferior
36	Schildknorpel-Zungenbein-Muskel	M. thyrohyoideus
37	Unterkiefer-Zungenbein-Muskel (mit Zwischensehne)	M. mylohyoideus
38	Unterlippenherabzieher	M. depressor labii inferioris
39	Kinnmuskel	M. mentalis
40	Zungenbein-Zungen-Muskel	M. hyoglossus
41	Mundwinkelherabzieher	M. depressor anguli oris
42	Mundwinkelheber	M. levator anguli oris
43	Nasenmuskel	M. nasalis
44	Nasenflügelheber	M. levator labii superioris alaeque nasi
45	Oberlippenheber	M. levator labii superioris
46	Inneres Lidband	Lig. palpebrale mediale
47	Kleiner Jochbeinmuskel	M. zygomaticus minor
48	Großer Jochbeinmuskel	M. zygomaticus major
49 + 50	Vorderer und hinterer Ohrmuschelmuskel	M. auricularis anterior + posterior
51	Zwischenschlüsselbeinband	Lig. interclaviculare

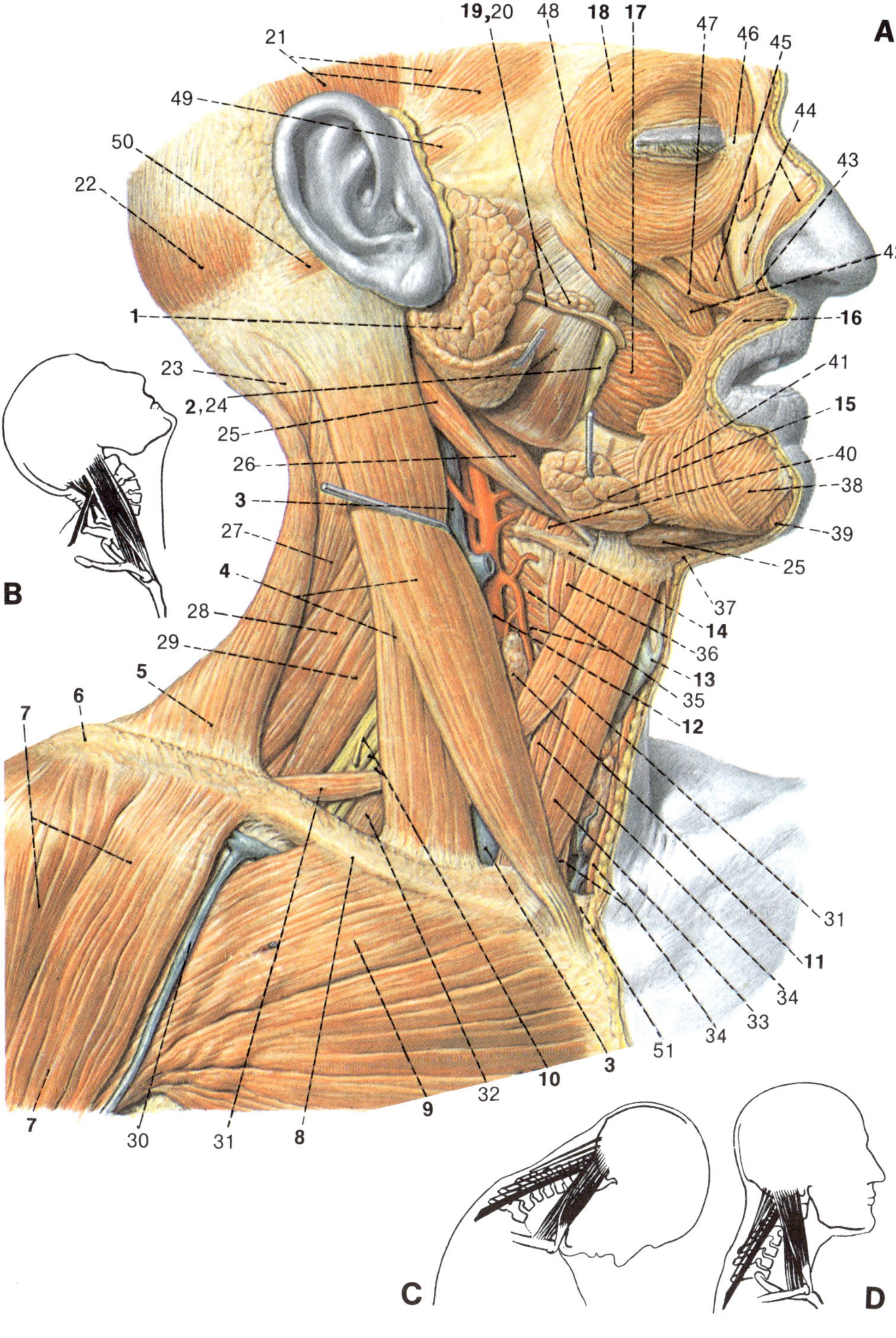
19,20
48
18
17
47
46
45
A
21
44
49
43
50
22
42
1
16
23
41
2,24
15
25
40
26
38
3
39
27
25
4
37
14
28
36
29
13
5
35
6
12
7
31
11
34
33
34
51
3
10
32
9
8
31
30
7
B
C
D

A Querschnitt durch den Hals in Höhe des Stimmbandes. Zusammengehörende Muskeln sind in gleicher Farbe gekennzeichnet: a) Muskeln, die vom oberflächlichen Blatt der Halsfaszie umschlossen werden: Kopfwender + Trapezmuskel (blau), b) Muskeln, die vom mittleren Blatt der Halsfaszie eingehüllt werden: Unterzungenbeinmuskeln (rotbraun), c) Muskeln, die vom tiefen Blatt der Halsfaszie bedeckt werden: langer Halsmuskel + Treppenmuskeln (rot), tiefe Rückenstreckmuskeln (gelb), Schulterblattheber (grün), d) Eingeweidemuskeln: Kehlkopf- und Rachenmuskeln (blau).

B Muskeln und Leitungsbahnen des Halses von vorn (rechts oberflächliche Muskeln abgetragen).

C Tiefe Schicht der Muskeln des Mundbodens und des Halses. Der Kopfwender und die oberflächlichen Zungenbeinmuskeln sind abgetragen.

D Schiefhals bei Verkürzung eines Kopfwenders (Entwicklungsstörung oder Krankheitsfolge). Der Kopf ist zur erkrankten Seite und nach hinten geneigt sowie zur Gegenseite gedreht.

1	Schildknorpel	Cartilago thyroidea
2	Stimmritze	Rima glottidis
3	Rachen	Pharynx
4	Wirbelbogen	Arcus vertebrae (vertebralis)
5	Trapezmuskel	M. trapezius
6	Rückenmarknerv	N. spinalis
7	Tiefe Halslymphknoten	Nodi lymphatici cervicales profundi
8	Kopfwender („Sternokleido“)	M. sternocleidomastoideus
9	Halsschlagader (= gemeinsame Kopfschlagader)	A. carotis communis
10	Innere Halsvene (innere Drosselvene)	V. jugularis interna
11	Masseter („Kaumuskel“ i.e.S.)	M. masseter
12	Warzenfortsatz	Processus mastoideus
13	Querfortsatz	Processus transversus
14	Unterkiefer	Mandibula
15	Unterkieferspeicheldrüse	Glandula submandibularis
16	Ohrspeicheldrüse	Glandula parotidea
17	Armnervengeflecht	Plexus brachialis
18	Schlüsselbein	Clavicula
19	Deltamuskel	M. deltoideus
20	Achselschlagader	A. axillaris
22	Großer Brustmuskel	M. pectoralis major
23	Brustbein	Sternum
24	Luftröhre	Trachea
25	Schilddrüse	Glandula thyroidea
26	Ringknorpel	Cartilago cricoidea
27	Zungenbein	Os hyoideum
28	Halsfaszie, tiefes Blatt	Fascia cervicalis, Lamina prevertebralis
29	Querfortsatzloch	Foramen transversarium
31	Nackenband	Lig. nuchae
32	Schulterblattheber	M. levator scapulae
33	Langer Halsmuskel	M. longus colli
34 - 36	Vorderer + mittlerer + hinterer Treppenmuskel	M. scalenus anterior + medius + posterior
37	Langer Kopfmuskel	M. longus capitis
38	Brustbein-Zungenbein-Muskel	M. sternohyoideus
39	Stimm-Muskel	M. vocalis
40	Schildknorpel-Zungenbein-Muskel	M. thyrohyoideus
41	Brustbein-Schildknorpel-Muskel	M. sternothyroideus
42	Schulterblatt-Zungenbein-Muskel	M. omohyoideus
43	Speichenseitige Hautvene des Arms	V. cephalica
44	Unterschlüsselbeinmuskel	M. subclavius
45	Kleine Oberschlüsselbeingrube	Fossa supraclavicularis minor
46	Ringknorpel-Schildknorpel-Muskel	M. cricothyroideus
47	Zungenbein-Zungen-Muskel	M. hyoglossus
48	Griffelfortsatz-Zungenbein-Muskel	M. stylohyoideus
49	Zweibäuchiger Muskel	M. digastricus
50	Innerer Flügelmuskel	M. pterygoideus medialis
51	Unterkiefer-Zungenbein-Muskel (mit Zwischensehne)	M. mylohyoideus
52	Kinn-Zungen-Muskel	M. genioglossus
53	Kinn-Zungenbein-Muskel	M. geniohyoideus
54	Griffelfortsatz-Zungen-Muskel	M. styloglossus

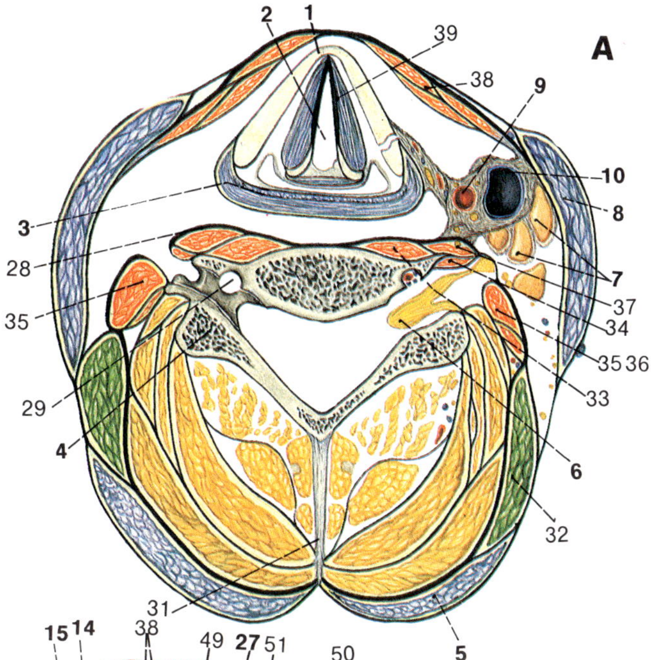

2
1
39
38
9
10
8
7
37
34
35 36
33
6
32
5
31
4
29
35
28
3

A

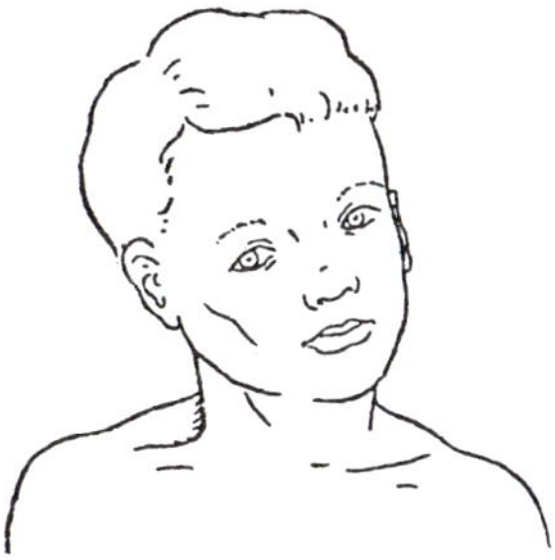

D

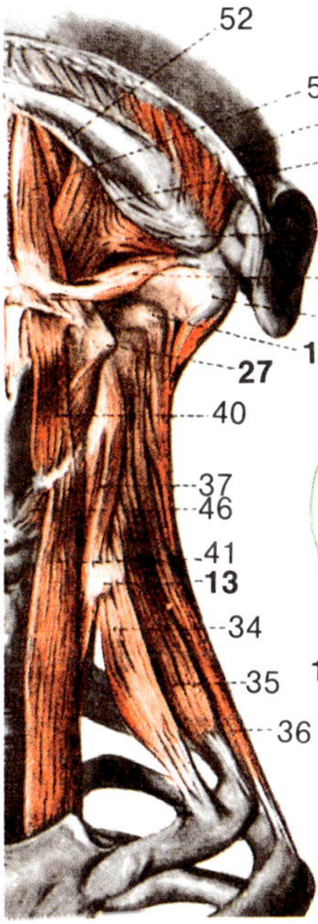

52
53
11
47
54
48
12
13
27
40
37
46
41
13
34
35
36

C

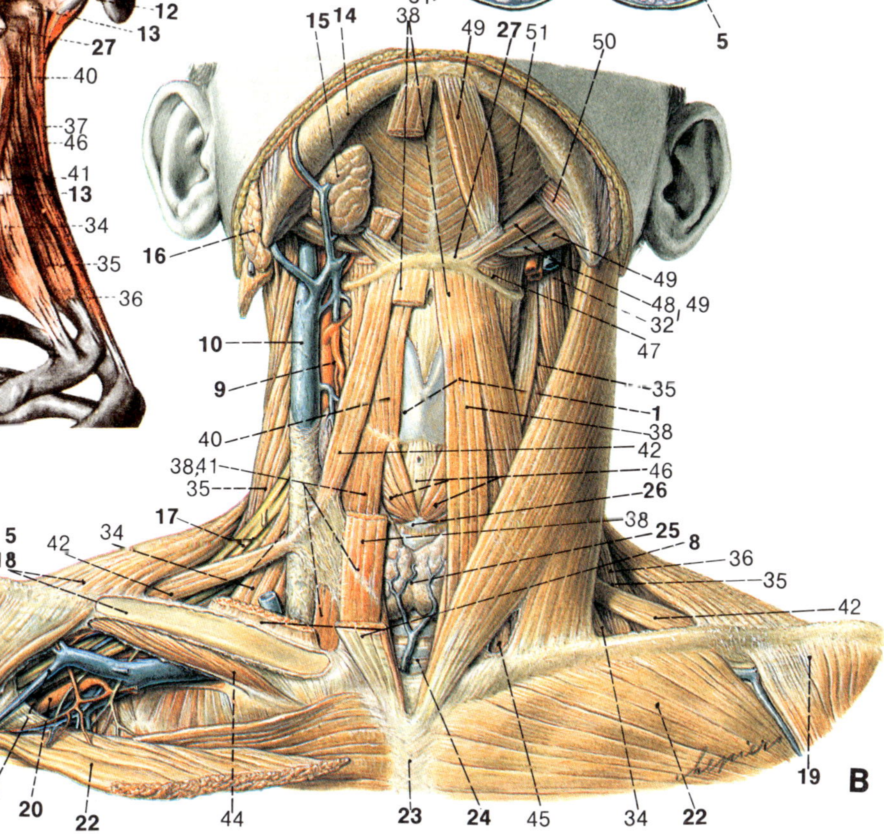

15
14
38
49
27
51
50
16
49
48
32
49
47
10
9
35
1
38
40
42
38,41
46
35
26
17
38
5
42
34
25
8
36
18
35
42
19
43
20
22
44
23
24
45
34
22
19

B

Blutgefäße des Kopfes

3 große Schlagadern ziehen (beidseits) zum Kopf:
- innere Kopfschlagader
- äußere Kopfschlagader
- Wirbelschlagader

Der Kopf erhält das Blut über Schlagadern, die aus der Hauptschlagader (Aorta) im Bereich des Aortenbogens entspringen. Der Aortenbogen entsendet zu jeder Körperseite eine Halsschlagader („Karotis") und eine Schlüsselbeinschlagader („Subklavia"). Auf der rechten Seite bilden diese beiden Gefäße normalerweise einen gemeinsamen Stamm (➥ S. 383, A), so daß insgesamt drei Äste vom Aortenbogen abzweigen.

Die *Halsschlagader* (gemeinsame Kopfschlagader) teilt sich etwa auf der Höhe des vierten Halswirbels in die innere und äußere Kopfschlagader (➥ S. 207, A).

- Die *innere Kopfschlagader* läuft in das Schädelinnere und versorgt das Gehirn und die Augen.
- Die *äußere Kopfschlagader* verzweigt sich in viele Äste. Diese führen nahezu der gesamten Oberfläche des Kopfes und dem tiefen Gesichtsbereich das Blut zu.

Auch von der *Schlüsselbeinschlagader* fließt Blut zum Kopf: Aus ihr entspringt die Wirbelschlagader (➥ S. 209, A-C), die in den Querfortsatzlöchern der Halswirbel nach oben zieht. Sie erreicht die Schädelhöhle durch das große Hinterhauptloch und versorgt dann vor allem den Hirnstamm und das Kleinhirn mit Blut (➥ S. 457).

Vom Kopf fließt das Blut über 2 Venen ab:
- innere Drosselvene (größter Teil des Kopfes)
- äußere Drosselvene (Hinterhaupt + Ohrgegend)

Die *innere Drosselvene* (➥ S. 225, A) entsteht an der Schädelbasis als Fortsetzung des S-förmigen Blutleiters, der das Blut vom Gehirn und den Hirnhäuten sammelt (entsprechend dem Stromgebiet der inneren Kopfschlagader). Sie verläuft parallel zur inneren Kopfschlagader und zur Halsschlagader. Im sogenannten Venenwinkel vereinigt sie sich mit der Schlüsselbeinvene und der äußeren Drosselvene zur Arm-Kopf-Vene (➥ S. 289, D). Während ihres Verlaufs nimmt sie zahlreiche Äste auf, die etwa den Ästen der äußeren Kopfschlagader entsprechen. Die innere Drosselvene wird (wie die Schlüsselbeinvene) häufig benutzt, um einen zentralen Venenkatheter einzulegen.

Die *äußere Drosselvene* (➥ S. 86, A) läuft oberflächlich seitlich am Hals über den Kopfwender hinweg. Sie ist oft gut sichtbar, besonders beim Schreien oder Husten (wenn der Druck im Brustraum erhöht und dadurch der Blutrückfluß erschwert ist). Ist eine intravenöse Injektion am Arm nicht möglich, kann man notfalls hier injizieren.

Nerven des Kopfes

Wichtigste Nervenversorgungsbereiche des Kopfes:
- alle Kaumuskeln: Drillingsnerv (N. trigeminus, 5. Hirnnerv)
- alle mimischen Muskeln: Gesichtsnerv (N. facialis, 7. Hirnnerv)
- Bewegungen der Augen: Augenmuskelnerven (3. + 4. + 6. Hirnnerv)
- Bewegungen der Zunge: Unterzungennerv (12. Hirnnerv)
- Sensibilität des Gesichts: Drillingsnerv
- Zahnschmerz: Drillingsnerv

Nahezu der gesamte Kopf wird von den 12 Hirnnerven versorgt (Übersicht ➥ S. 454/455).

A Lagebeziehungen der Blutgefäße und Nerven der oberflächlichen Kopfregionen.

B + C Lähmung der mimischen Muskeln (*Fazialislähmung*). Beim abgebildeten Patienten wurde der Gesichtsnerv auf der linken Seite durch eine Geschwulst der Ohrspeicheldrüse zerstört. Der Mundwinkel hängt links schlaff herab, das linke Auge kann nicht völlig geschlossen werden. Trotz intakter Kaumuskeln ist der Patient auch beim Essen behindert: Wegen des schlaffen Wangenmuskels sammelt sich der Speisebrei in den Wangentaschen an. Der Patient muß die Hand zur Hilfe nehmen, um den Speisebrei aus den Wangentaschen herauszumassieren.

Schlagaderring des Gehirns ➥ *S. 457, B + C,*
Hirnhautschlagadern ➥ *S. 449, C,*
Blutleiter der harten Hirnhaut ➥ *S. 447, B,*
Übersicht über die Hirnnerven ➥ *S. 454/455,*
Verzweigung des Drillingsnervs ➥ *S. 215.*

1	Ohrspeicheldrüse („Parotis")	Glandula parotidea
2	Oberflächliche Schläfenschlagader	A. temporalis superficialis
3	Gesichtsschlagader	A. facialis
4	Gesichtsnerv (siebenter Hirnnerv)	N. facialis (intermediofacialis)

A

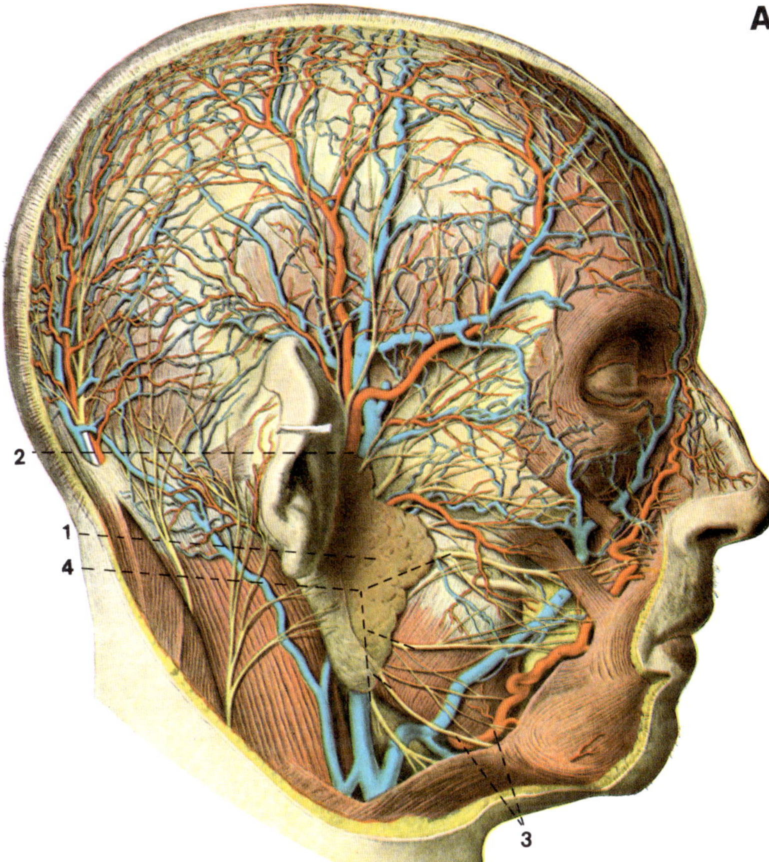

B

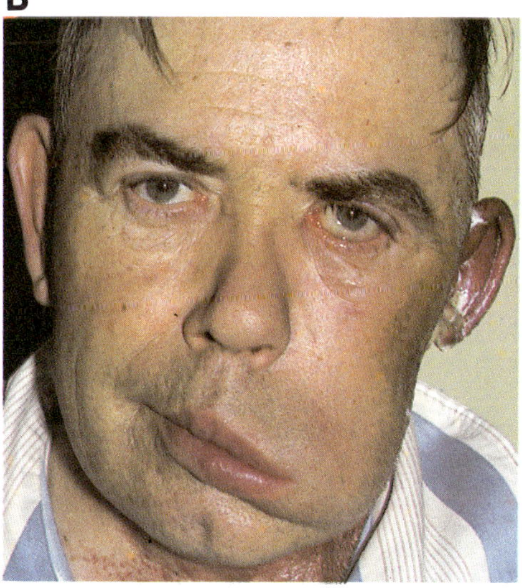

C

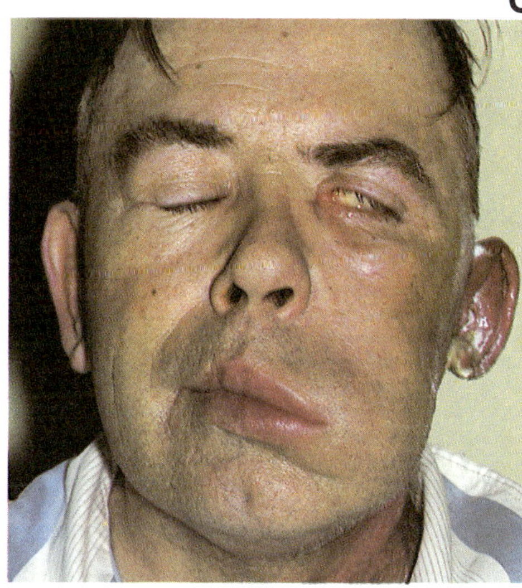

Blutgefäße und Nerven des Kopfes

A Schlagadern des Kopfes. Den Puls der oberflächlichen Schläfenschlagader kann man auf dem Jochbogen, unmittelbar vor der Ohrmuschel, leicht tasten. Ihr Stirnast liegt unmittelbar unter der Haut und tritt bei manchen Menschen so deutlich hervor, daß man das Pulsieren seitlich an der Stirn sogar sehen kann. Mit etwas Geschick findet man auch den Puls der Gesichtsschlagader am Rand des Unterkiefers.

B Lagebeziehungen der Blutgefäße und Nerven des Mundbodens und des Raums neben dem Rachen. Geschmacknerven grün, Nervenfasern für die Speicheldrüsen violett. Der Raum neben dem Rachen ist eine wichtige Durchgangs- und Verteilungsstraße für Blutgefäße und Nerven.

C Aufzweigung des Drillingsnervs.

D Lähmung des Unterzungennervs (zwölften Hirnnervs) links (Erläuterung ➥ S. 454).

1	Großhirn	Cerebrum
2	Kleinhirn	Cerebellum
3	Verlängertes Mark	Medulla oblongata
4	Rückenmark	Medulla spinalis
5	Zunge	Lingua
6	Zungenbein	Os hyoideum
7	Halsschlagader (= gemeinsame Kopfschlagader)	A. carotis communis
8	Äußere Kopfschlagader	A. carotis externa
9	Innere Kopfschlagader	A. carotis interna
10	Gesichtsschlagader	A. facialis
11	Oberkieferschlagader	A. maxillaris
12	Oberflächliche Schläfenschlagader, Stirnast	A. temporalis superficialis, R. frontalis
13	Oberflächliche Schläfenschlagader, Scheitelast	A. temporalis superficialis, R. parietalis
14	Innere Halsvene (innere Drosselvene)	V. jugularis interna
15	Vagus (zehnter Hirnnerv)	N. vagus
16	Griffelfortsatz-Rachen-Muskel	M. stylopharyngeus
17	Griffelfortsatz-Zungen-Muskel	M. styloglossus
18	Kinn-Zungen-Muskel	M. genioglossus
19	Unterkiefer-Zungenbein-Muskel	M. mylohyoideus
20	Zweibäuchiger Muskel	M. digastricus
21	Zungenbein-Zungen-Muskel	M. hyoglossus
22	Griffelfortsatz-Zungenbein-Muskel	M. stylohyoideus
23	Jochbeinschlagader	A. zygomatico-orbitalis
24	Tiefe Schläfenschlagadern	Aa. temporales profundae
25	Obere hintere Zahnschlagader	A. alveolaris superior posterior
26	Winkelschlagader	A. angularis
27	Unteraugenhöhlenschlagader	A. infraorbitalis
28	Obere Lippenschlagader	A. labialis superior
29	Absteigende Gaumenschlagader	A. palatina descendens
30	Wangenschlagader	A. buccalis
31	Kinnschlagader	R. mentalis
32	Untere Lippenschlagader	A. labialis inferior
33	Unterkinnschlagader	A. submentalis
34	Unterkieferschlagader (untere Zahnschlagader)	A. alveolaris inferior
35	Zungenschlagader	A. lingualis
36	Obere Schilddrüsenschlagader	A. thyroidea superior
37	Mittlere Schläfenschlagader	A. temporalis media
38	Hinterhauptschlagader	A. occipitalis
39	Hintere Ohrschlagader	A. auricularis posterior
40	Quere Gesichtsschlagader	A. transversa faciei (facialis)
41	Mittlere Hirnhautschlagader	A. meningea media
42	Aufsteigende Rachenschlagader	A. pharyngea ascendens
43	Aufsteigende Gaumenschlagader	A. palatina ascendens
44	Obere Kehlkopfschlagader	A. laryngea superior
45	Gesichtsnerv (siebenter Hirnnerv)	N. facialis (intermediofacialis)
46	Zungen-Rachen-Nerv (neunter Hirnnerv)	N. glossopharyngeus
47	Unterzungennerv (zwölfter Hirnnerv)	N. hypoglossus
48	Grenzstrang des Sympathikus	Truncus sympatheticus
49	Zahnnerv des Unterkiefers	N. alveolaris inferior
50	Sensibler Zungennerv	N. lingualis
51	Oberer Kehlkopfnerv	N. laryngealis superior

A

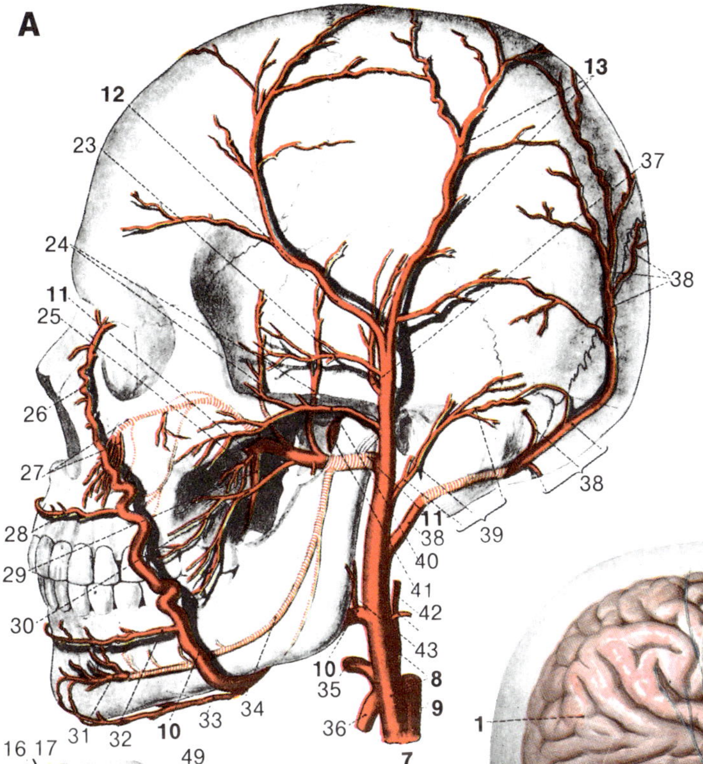
12
13
23
37
24
38
11
25
26
27
38
28
11
38
39
29
40
30
41
42
43
10
8
35
9
36
7
31
32
10
33
34

B

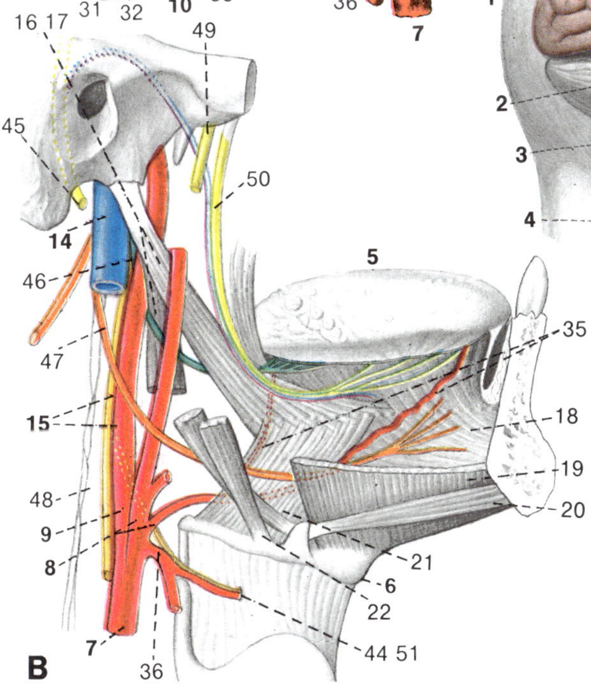
16 17
49
45
50
14
5
46
35
47
15
18
19
48
20
9
21
8
6
22
7
36
44 51

C

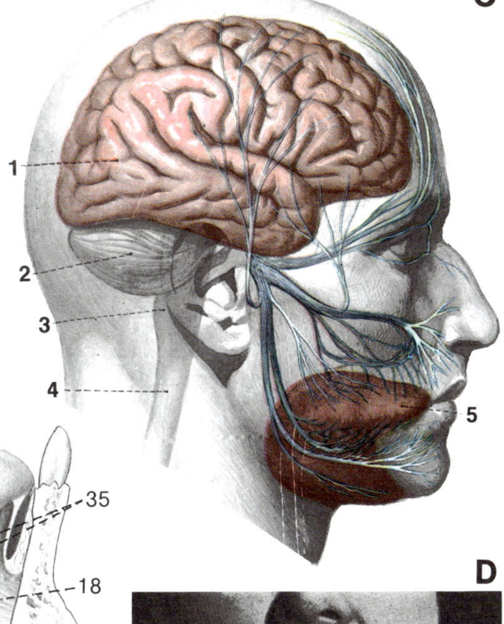
1
2
3
4
5

D

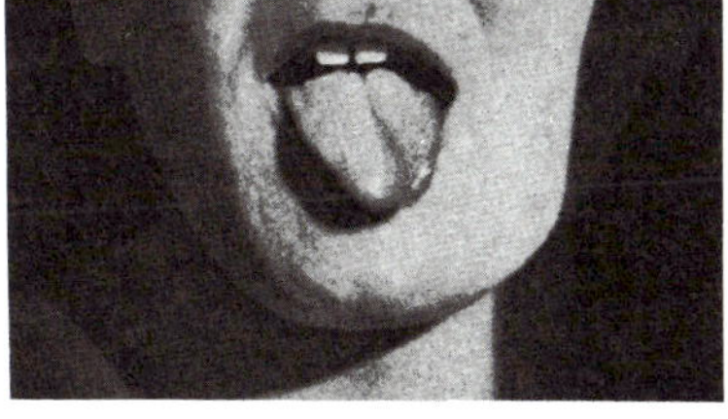

Blutgefäße und Nerven des Halses

2 große Schlagadern:	• Halsschlagader • Schlüsselbeinschlagader
2 große Venen:	• innere Drosselvene • Schlüsselbeinvene
2 Nervengeflechte:	• Halsnervengeflecht • Armnervengeflecht

A Topographische Anatomie der seitlichen Halsgegend und der Achselgegend. Vom Halsnervengeflecht ist nur der Zwerchfellnerv zu sehen.

B Schema der Hauptäste der Schlüsselbeinschlagader.

C Verlauf der Wirbelschlagader. Die Wirbelschlagader entspringt meist als erster Ast aus der Schlüsselbeinschlagader im Bereich der oberen Brustkorböffnung. Sie wendet sich zur Wirbelsäule und tritt dann gewöhnlich in das Querfortsatzloch des 6. Halswirbels ein. Von dort steigt sie in den Querfortsatzlöchern des 5. bis 1. Halswirbels auf und gelangt durch das große Hinterhauptloch in die Schädelhöhle. Dort vereinigt sie sich mit der Wirbelschlagader der anderen Seite zur unpaaren Schädelbasisschlagader (➥ S. 457). Gelegentlich beginnt die Wirbelschlagader statt im 6. Halswirbel in einem anderen Halswirbel ihren Weg in den Querfortsatzlöchern.

D Einführen eines Katheters in die Schlüsselbeinvene („zentraler Zugang"). Die Hohlnadel wird unterhalb des Schlüsselbeins eingestochen und hinter das Schlüsselbein in die Vene geschoben.

E Verlauf der Schlüsselbeinvenen mit dem Übergang in die Hals-Kopf-Venen und in die obere Hohlvene.

Überblick über das Armnervengeflecht ➥ S. 167.

1	Schlüsselbein	Clavicula
2	Großer Brustmuskel	M. pectoralis major
3	Kleiner Brustmuskel	M. pectoralis minor
4	Deltamuskel	M. deltoideus
5	Vorderer Treppenmuskel (Rippenheber)	M. scalenus anterior
6	Trapezmuskel	M. trapezius
7	Kopfwender	M. sternocleidomastoideus
8	Halsschlagader (= gemeinsame Kopfschlagader)	A. carotis communis
9	Schlüsselbeinschlagader	A. subclavia
10	Schlüsselbeinvene	V. subclavia
11	Wirbelschlagader	A. vertebralis
12	Achselschlagader	A. axillaris
13	Vagus (zehnter Hirnnerv)	N. vagus
14	Armnervengeflecht	Plexus brachialis
15	Mittelarmnerv („Medianus")	N. medianus
16	Ellennerv („Ulnaris")	N. ulnaris
17	Mittlerer Treppenmuskel	M. scalenus medius
18	Hinterer Treppenmuskel	M. scalenus posterior
19	Oberflächliche Halsschlagader	A. cervicalis superficialis
20	Quere Halsschlagader	A. transversa cervicis
21	Schulterblatt-Zungenbein-Muskel	M. omohyoideus
22	Brustkorb-Schultereck-Schlagader	A. thoraco-acromialis
23	Speichenseitige Hautvene des Arms	V. cephalica
24	Bizeps (= zweiköpfiger Oberarmmuskel)	M. biceps brachii
25	Rabenschnabelfortsatz-Oberarm-Muskel	M. coracobrachialis
26	Muskel-Haut-Nerv	N. musculocutaneus
27	Brustkorb-Rücken-Schlagader	A. thoracodorsalis
28	Brustkorb-Rücken-Nerv	N. thoracodorsalis
29	Langer Brustkorbnerv	N. thoracicus longus
30	Seitliche Brustkorbschlagader	A. thoracica lateralis
31	Zwerchfellnerv	N. phrenicus
32	Aufsteigende Halsschlagader	A. cervicalis ascendens
33	Untere Schilddrüsenschlagader	A. thyroidea inferior
34	Schilddrüsen-Hals-Schlagaderstamm	Truncus thyrocervicalis
35	Überschulterblattschlagader	A. suprascapularis
36	Schlüsselbeinschlinge des Sympathikus	Ansa subclavia
37	Obere Brustkorbschlagader	A. thoracica superior
38	Seitlicher und medialer Brustnerv	N. pectoralis lateralis + medialis
39	Innere Brustkorbschlagader	A. thoracica interna
40	Rippen-Hals-Schlagaderstamm	Truncus costocervicalis
41	Arm-Kopf-Schlagaderstamm (nur rechts)	Truncus brachiocephalicus

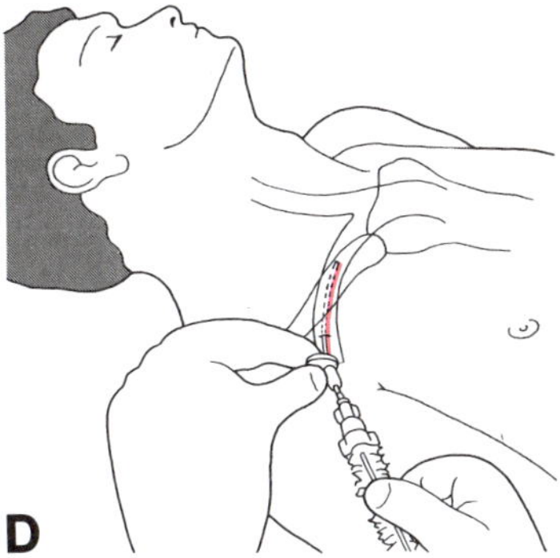

D

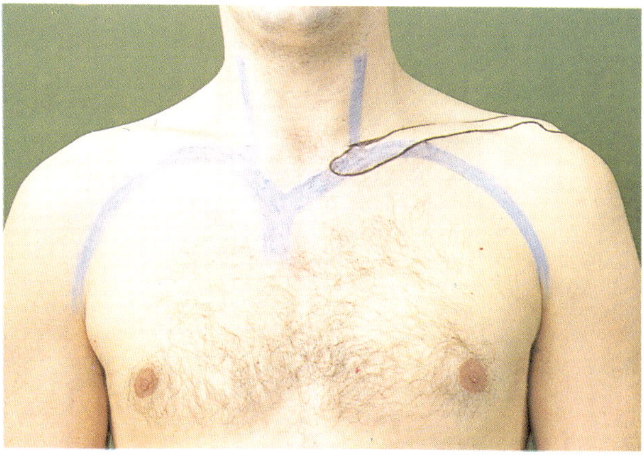

E

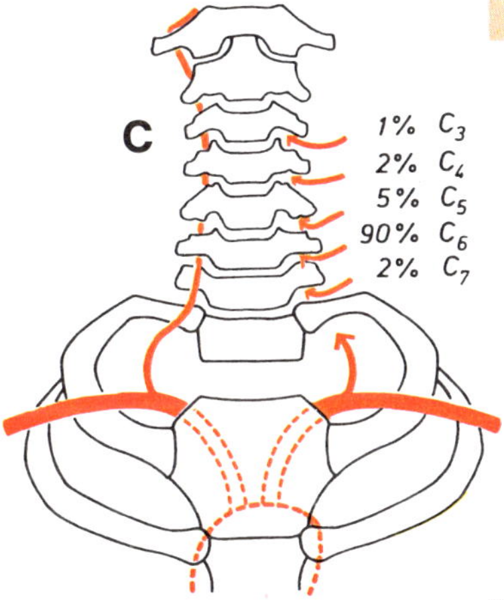
1% C3
2% C4
5% C5
90% C6
2% C7

C

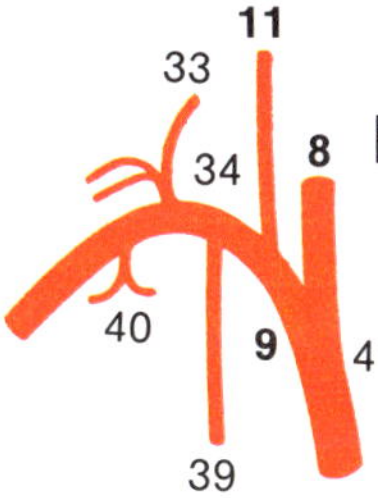
11
33
34
8
40
9
41
39

B

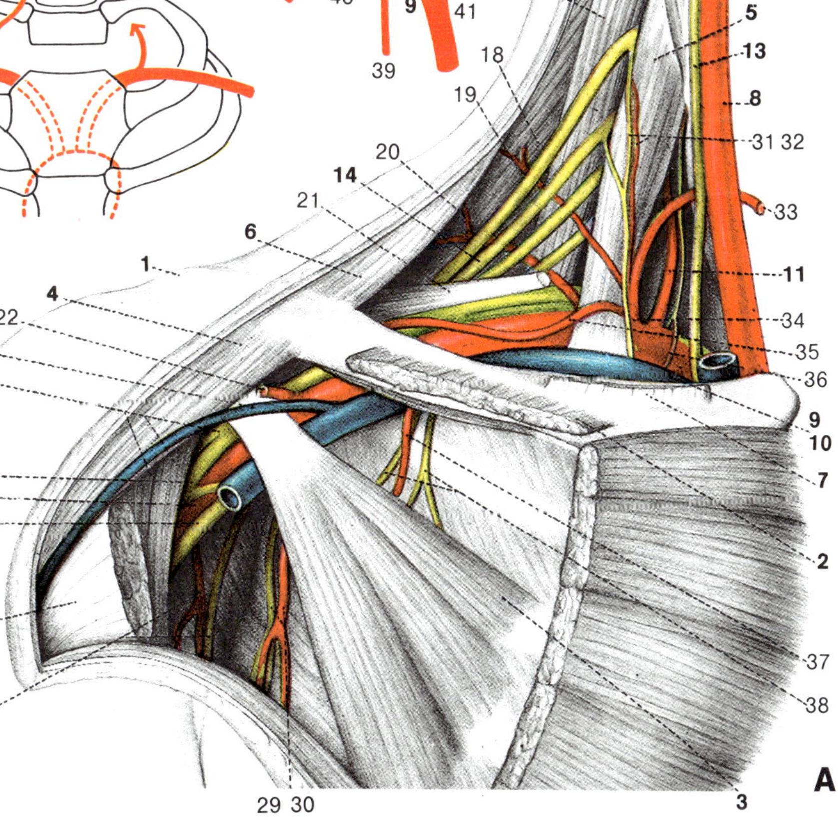
17
5
13
8
18
19
31 32
20
14
21
33
6
1
11
4
34
22
35
23
36
24-26
9
10
15
7
12
16
2
2
37
38
27 28
3
29 30

A

Gebiß

Das bleibende Gebiß besteht aus 32 Zähnen, je 8 in einer Ober- bzw. Unterkieferhälfte. Je nach ihrer Lage haben diese acht Zähne unterschiedliche Aufgaben. Sie unterscheiden sich daher in der Form. Mit den vorderen Zähnen beißt man ab. Ober- und Unterkieferzähne werden dabei wie die beiden Blätter einer Schere aneinander vorbeigeführt. Die Kontaktflächen sind daher schneidenähnlich („Schneidezähne"). Die hinteren Zähne zerquetschen die Nahrung wie Mühlsteine („Mahlzähne"). Dazwischen liegen die „Eckzähne". Sie sind bei den Raubtieren besonders kräftig und dienen dem Halten der Beute. Zwischen Eckzähne und Mahlzähne schieben sich die „vorderen Backenzähne" als Übergangsformen ein.

Zahnformel des Erwachsenen: 2-1-2-3,
d.h. in jeder Kieferhälfte:

- 2 Schneidezähne
- 1 Eckzahn
- 2 vordere Backenzähne (Prämolaren)
- 3 Mahlzähne (Molaren)

Ober- und Unterkieferzähne stehen sich nicht genau gegenüber. Sie sind bis zu einer halben Zahnbreite gegeneinander verschoben. Der erste obere Schneidezahn ist deutlich breiter als der erste untere. Mit Ausnahme des ersten unteren Schneidezahns und des dritten oberen Mahlzahns haben alle Zähne mit jeweils zwei gegenüberliegenden Zähnen Bißkontakt. Bei Ausfall eines Zahnes beißt damit der entsprechende Zahn des anderen Kiefers nicht ins Leere.

A Schema vom Bau eines Zahns (➥ S. 213, A).

B Rechte Gebißhälfte eines Erwachsenen. Die Form der Zähne unterscheidet sich bei den einzelnen Menschen erheblich. Selbst die Zahl der Zahnwurzeln ist nicht bei allen Menschen gleich. Eine Wurzel haben meist die Zähne 1-5 (➥ S. 216) im Unterkiefer sowie 1-3 und 5 im Oberkiefer. Mit zwei Wurzeln sind meist die Zähne 6-8 im Unterkiefer und 4 im Oberkiefer, mit drei Wurzeln die Zähne 6-8 im Oberkiefer ausgestattet.

C-H Schnitte durch verschiedene Zähne des Unterkiefers. Zahnschmelz blau, Zahnmark („Pulpa") schwarz. Wegen der großen Variabilität können die Abbildungen nur als Beispiele dienen.

C Schneidezahn.

D Eckzahn.

E Zweiter vorderer Backenzahn.

F-H Erster Mahlzahn in verschiedenen Schnittrichtungen: **F** in Richtung des Zahnbogens, **G** durch die vordere (mesiale) Wurzel, **H** durch die hintere (distale) Wurzel.

I *Mundhöhle*. Die Wangen sind eingeschnitten, um den Überblick zu verbessern. Die eigentliche Mundhöhle wird vorn und seitlich durch die Zahnreihen, rückwärts durch die Gaumenbogen und die Schlundenge begrenzt. Der Raum zwischen Zähnen und Lippen bzw. Wangen wird Vorhof genannt. Die Mundhöhle wird von der Nasenhöhle durch den Gaumen getrennt. In dessen starrem vorderen Abschnitt liegt unter der Schleimhaut Knochen (*harter Gaumen*). Der hintere Teil ist durch Muskeln beweglich (*weicher Gaumen = Gaumensegel*). Die untere Begrenzung der Mundhöhle bildet der „Mundboden".

1	Zahnschmelz	Enamelum
2	Zahnbein (Dentin)	Dentinum
3	Zement	Cementum
4	Zahnmark	Pulpa dentis (dentinalis)
5	Schneidezähne	Dentes incisivi
6	Eckzahn	Dens caninus
7	Vordere Backenzähne (Prämolaren)	Dentes premolares
8	Mahlzähne (Molaren)	Dentes molares
9	Harter Gaumen	Palatum durum
10	Weicher Gaumen (Gaumensegel) mit Gaumenzäpfchen	Palatum molle (Velum palatinum); Uvula palatina
11	Rachen (Hinterwand)	Pharynx
12	Wange	Bucca
13	Gaumenmandel	Tonsilla palatina
14	Zungenrücken	Dorsum linguae
15	Zahnfleisch	Gingiva
16	Gaumenmandelnische	Fossa tonsillaris
17	Schlundenge	Isthmus faucium
18	Vorhof der Mundhöhle	Vestibulum oris
19	Oberes Lippenbändchen	Frenulum labii superioris
20	Hinterer Gaumenbogen	Arcus palatopharyngeus
21	Vorderer Gaumenbogen	Arcus palatoglossus
22	Unteres Lippenbändchen	Frenulum labii inferioris

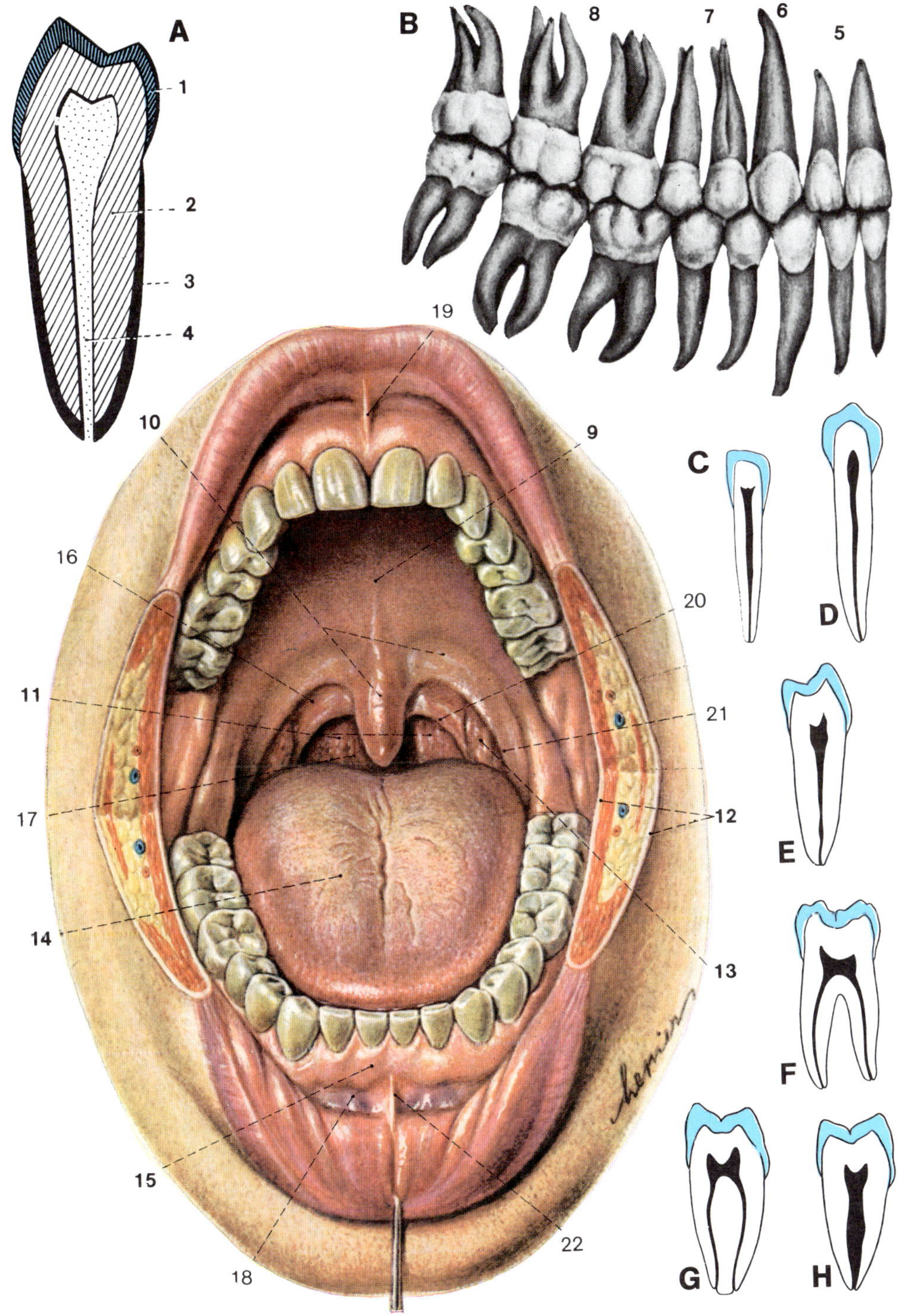
A
1
2
3
4
B
8
7
6
5
19
10
9
C
D
16
20
11
21
E
17
12
14
13
F
15
22
18
G
H

Feinbau des Zahns

Zahnhartgewebe:
- Zahnbein (Dentin): Hauptteil des Zahns
- Zahnschmelz: überzieht Zahnkrone
- Zement: überzieht Zahnwurzel

Der größte Teil des Zahns besteht aus *Zahnbein* (Dentin), einem Gewebe, das mit dem Knochen verwandt ist. Da sich das Zahnbein beim Kauen zu stark abnützen würde, trägt die Zahnkrone einen Überzug aus dem härtesten Gewebe des menschlichen Körpers, dem *Zahnschmelz*. Die in die Kieferknochen eingebettete Zahnwurzel benötigt keinen Schmelzüberzug, dafür ist hier das *Zement* zur Befestigung der Wurzelhaut aufgelagert.
Die Zähne sind nicht starr in die Kieferknochen eingebaut, sondern über die *Wurzelhaut* federnd aufgehängt. Dadurch werden Schäden durch harte Nahrungsteile vermieden. Die Wurzelhaut besteht aus zugfesten Fasern. Diese sind einerseits in der knöchernen Wand der Zahnfächer der Kieferknochen und andererseits in der Zementschicht der Zähne verankert. Zement, Wurzelhaut und Alveolarknochen bilden somit den *Zahnhalteapparat*.
Löst sich das Zahnfleisch vom Zahn, so können über die dabei entstehenden Taschen Bakterien in den Spaltraum zwischen Zahn und Kieferknochen eindringen. Dort rufen sie langwierige Wurzelhautentzündungen hervor. Die dabei entstehenden schweren Schäden am Zahnhalteapparat können bis zum Verlust des Zahns führen.

A Mikroskopischer Bau des Zahns.
B Unterkiefer von oben.
C Lupenbild eines Schnitts durch die Unterlippe (Vergrößerung etwa 4fach). Im Bereich des Lippenrots schimmern die Blutgefäße der Lederhaut durch. Bei Sauerstoffmangel im Blut verfärbt sich das Lippenrot bläulich.
D *Lippen-Kiefer-Spalte* bei einem 4 Wochen alten Säugling. Das Gesicht bildet sich beim etwa 4-5 Wochen alten Embryo aus 5 Wülsten: einem unpaaren Stirnwulst und den paarigen Oberkiefer- und Unterkieferwülsten. Aus dem Stirnwulst gehen 3 weitere Wülste hervor: der mittlere und die beiden seitlichen Nasenwülste. Sie lassen zwischen sich die Nasenlöcher frei. Unterhalb des Nasenlochs verschmilzt der mittlere Nasenwulst mit dem Oberkieferwulst zur Oberlippe. Bei etwa jeder tausendsten Leibesfrucht bleibt diese Verschmelzung aus. Diese Lippenspalte nennt man in der Umgangssprache *Hasenscharte*. Sie kann einseitig oder doppelseitig auftreten und kann mit einer Spalte im Oberkiefer verbunden sein. Manchmal ist auch der Gaumen teilweise oder vollständig gespalten (*Wolfsrachen*). Eine Gaumenspalte muß frühzeitig durch eine Operation verschlossen werden, da der Säugling sonst nicht saugen kann.
E Gesundes Zahnfleisch. Die Zwischenräume zwischen den Zähnen werden vom Zahnfleich vollständig ausgefüllt.

1 + 2	Erster + zweiter Schneidezahn	Dens incisivus I + II
3	Eckzahn	Dens caninus
4 + 5	Erster + zweiter vorderer Backenzahn (Prämolar)	Dens premolaris I + II
6 + 7	Erster + zweiter Mahlzahn (Molar)	Dens molaris I + II
8	Weisheitszahn (= dritter Mahlzahn)	Dens molaris III (Dens serotinus)
9	Zahnfleisch	Gingiva
10	Alveolarknochen (zahntragender Teil des Unter- bzw. Oberkiefers)	Processus alveolaris
11	Zahnschmelz	Enamelum
12	Zahnbein (= Dentin)	Dentinum
13	Zement	Cementum
14	Wurzelhaut	Periodontium
15	Zahnmark in der Zahnhöhle	Pulpa dentis, Cavitas dentis (pulparis)
16	Lippenhaut	Labium, Pars cutanea
17	Haare	Pili
18	Ringmuskel des Mundes	M. orbicularis oris
19	Lippenschleimhaut	Labium, Pars mucosa
20	Lippendrüsen	Glandulae labiales
21	Unterkieferloch	Foramen mandibulae
22	Kinnloch	Foramen mentale
23	Zahnfleischrand	Margo gingivalis
24	Zahnfleischrinne	Sulcus gingivalis
25	Zahnbeinbildende Zellen	Dentinoblasti (Odontoblasti)
26 + 27 + 28	Vene + Schlagader + Nerv	Vena + Arteria + Nervus
29	Knochenmark (des Kieferknochens)	Medulla ossium
30	Lippenrot	Labium, Pars intermedia

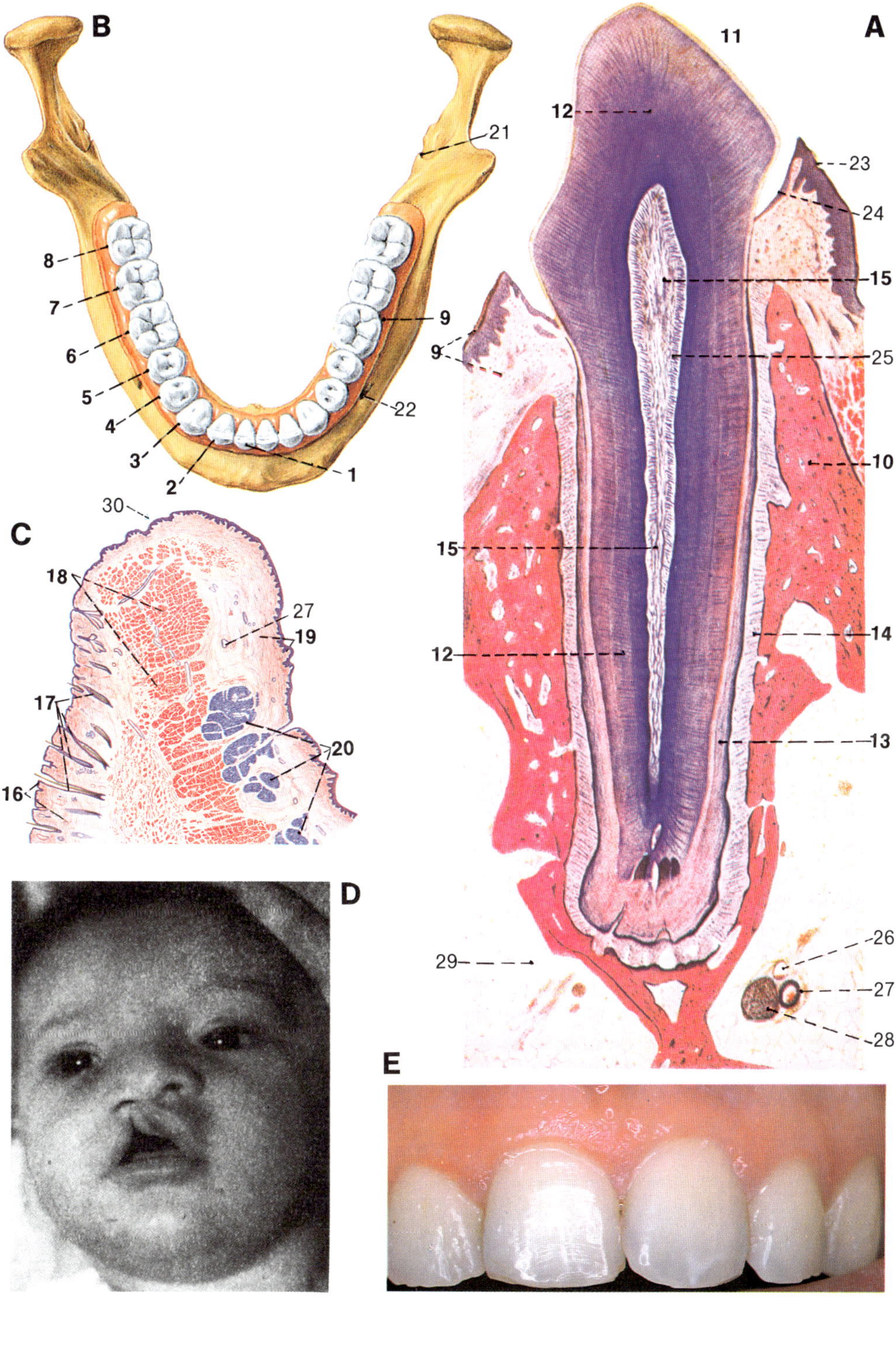
B
21
8
7
9
6
5
22
4
3
1
2
A
11
12
23
24
15
9
25
10
15
14
12
13
26
29
27
28
C
30
18
27
19
17
20
16
D
E

A Nervenversorgung des Gebisses. Die gesunden Zähne sind lebende Organe. Sie sind daher mit Nerven und Blutgefäßen versorgt. Diese treten an den Zahnwurzeln in die Zähne ein.

Alle Zahnnerven entstammen dem Drillingsnerv (fünfter Hirnnerv, „Trigeminus“)

Zur schmerzfreien Zahnbehandlung wird die Schmerzleitung in der Nervenbahn vorübergehend durch ein sog. Lokalanästhetikum unterbrochen. Der Zahnarzt spritzt dieses Mittel um die Zahnwurzeln oder um größere Nervenstämme. Wird z.B. der ganze Alveolarnerv des Unterkiefers ausgeschaltet, so sind alle unteren Zähne der betreffenden Seite gefühllos. Außerdem stellt sich ein „pelziges“ Gefühl über dem Kinn ein, weil von diesem Nerv auch die Kinnhaut versorgt wird. Treten trotz richtiger Leitungsanästhesie noch Schmerzen beim Zahnziehen auf, so rühren diese meist vom Zahnfleisch her. An dessen Innervation beteiligen sich auch der Zungennerv und der Wangennerv.

B Gaumen und Zahnbogen des Oberkiefers.

C Horizontalschnitt durch den Unterkiefer in Höhe der Zahnwurzeln. Die Mahlzähne besitzen im Unterkiefer je zwei Wurzeln (im Oberkiefer drei).

D Schema des Zahnhalteapparats (➥ S. 213, A).

E-G *Zahnfleischschwund* (Parodontose) in Abhängigkeit vom Lebensalter.

E In der Jugend ist der Zahn zu mehr als der Hälfte seiner Länge in den Kieferknochen verankert. Das Zahnfleisch umschließt den Zahnhals. Der Drehpunkt des Zahns für Federbewegungen liegt am unteren Drittelpunkt.

F Beim sog. Zahnfleischschwund (Parodontose) schwindet weniger das Zahnfleisch selbst als der von ihm bedeckte zahntragende Knochen. Dann ist der Zahn schlechter verankert. Der Drehpunkt des Zahns tritt tiefer. Der Zahn beginnt zu wackeln und fällt schließlich aus.

G Altersabhängigkeit des Zahnfleischschwundes (die Zahlen bedeuten das Lebensalter in Jahren). Die Zähne werden im Laufe des Lebens scheinbar länger, weil sie immer weniger vom Kiefer verdeckt werden. Den aus dem Zahnfleisch herausragenden Teil des Zahnes bezeichnet der Zahnarzt als „klinische“ Zahnkrone im Gegensatz zur „anatomischen“ Zahnkrone, die durch den Schmelzüberzug gekennzeichnet ist. Während die klinische Zahnkrone „wächst“, wird die anatomische durch Abnützung eher kleiner.

H *Milchgebiß* (blau) und Anlagen des bleibenden Gebisses (grün) in den Kieferknochen. Der erste bleibende Zahn (erster Mahlzahn) beginnt im Oberkiefer schon durchzubrechen. Die Zahnformel des Milchgebisses lautet 2-1-2: 2 Milchschneidezähne, 1 Milcheckzahn, 2 Milchmahlzähne.

1 - 8	Bleibende Zähne	Dentes permanentes
1 + 2	Erster + zweiter Schneidezahn	Dens incisivus I + II
3	Eckzahn	Dens caninus
4 + 5	Erster + zweiter vorderer Backenzahn (Prämolar)	Dens premolaris I + II
6 + 7	Erster + zweiter Mahlzahn (Molar)	Dens molaris I + II
8	Weisheitszahn (= dritter Mahlzahn)	Dens molaris III (Dens serotinus)
9	Harter Gaumen	Palatum durum
10	Weicher Gaumen (= Gaumensegel)	Palatum molle (Velum palatinum)
11	Gaumenzäpfchen	Uvula palatina
12	Wurzelhaut	Periodontium
13	„Klinische“ Zahnkrone	Corona clinica
14	„Klinische“ Zahnwurzel	Radix clinica
15 + 16	Milchzähne	Dentes decidui
15	Milcheckzahn	Dens caninus deciduus
16	Milchmahlzähne (Milchmolaren)	Dentes molares decidui
17	Zweiter Hauptast des Drillingsnervs (Oberkiefernerv)	N. maxillaris
18	Erster Hauptast des Drillingsnervs	N. ophthalmicus
19	Zahnnerven (Alveolarnerven) des Oberkiefers	Nn. alveolares superiores
20	Ganglion des Drillingsnervs (Gasser-Ganglion)	Ganglion trigeminale
21	Zungennerv	N. lingualis
22	Zahnnerv (Alveolarnerv) des Unterkiefers	N. alveolaris inferior
23	Unteraugenhöhlennerv	N. infraorbitalis
24	Kinn-Nerv	N. mentalis
25	Quere Gaumenfalten	Plicae palatinae transversae
26	Mittelständige Gaumenleiste	Raphe palati
27	Gaumenspeicheldrüsen (Mündungen)	Glandulae palatinae
28	Vorderer Gaumenbogen	Arcus palatoglossus
29	Hinterer Gaumenbogen	Arcus palatopharyngeus
30	Unterkieferkanal	Canalis mandibulae
31	Kinnloch mit Kinn-Nerv	Foramen mentale, N. mentalis

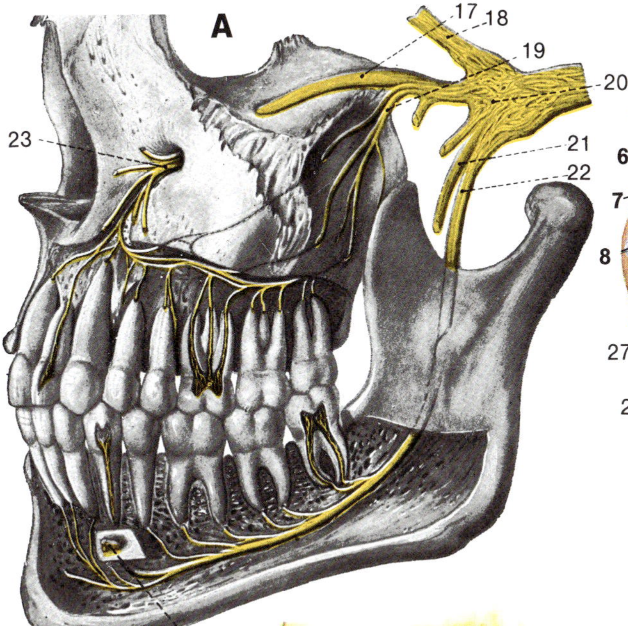
A
17
18
19
20
21
22
23
24

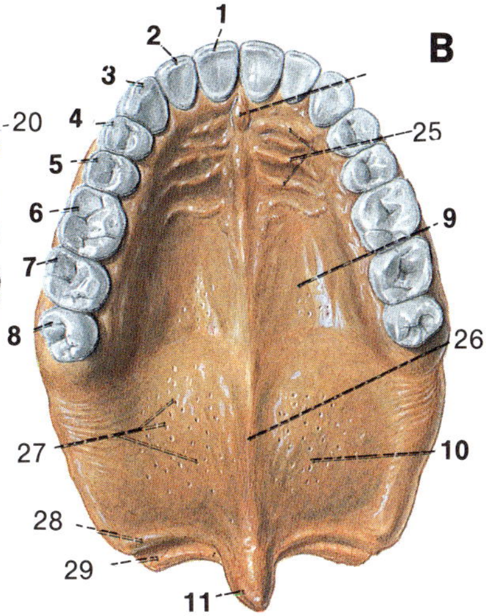
B
1
2
3
4
5
6
7
8
9
10
11
25
26
27
28
29

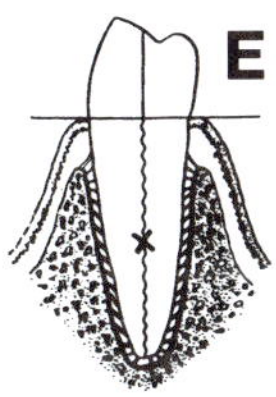
E

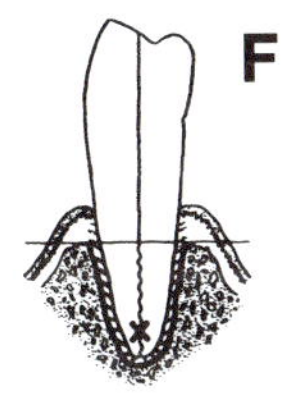
F

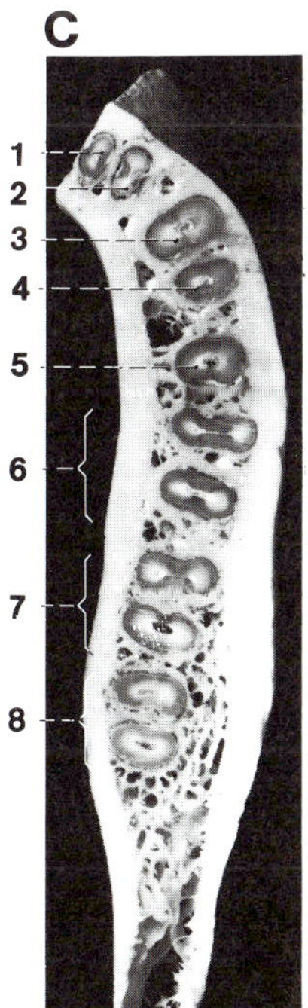
C
1
2
3
4
5
6
7
8

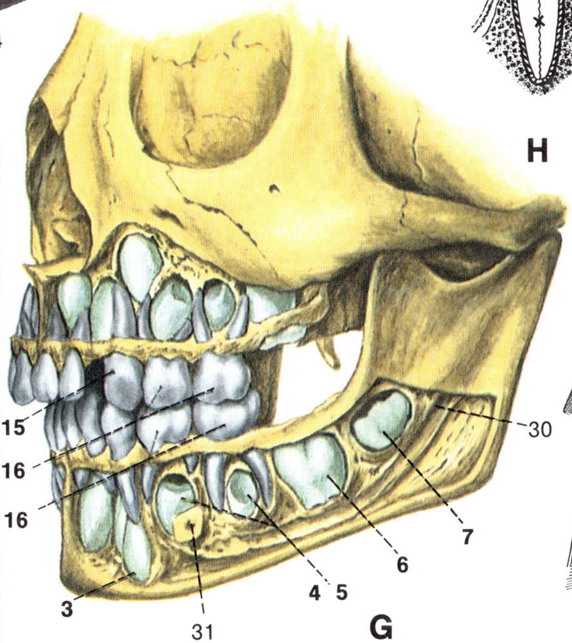
H
15
16
16
3
31
4
5
6
7
30

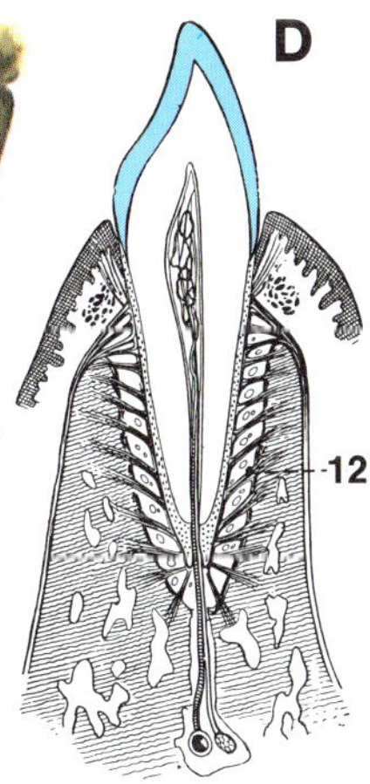
D
12

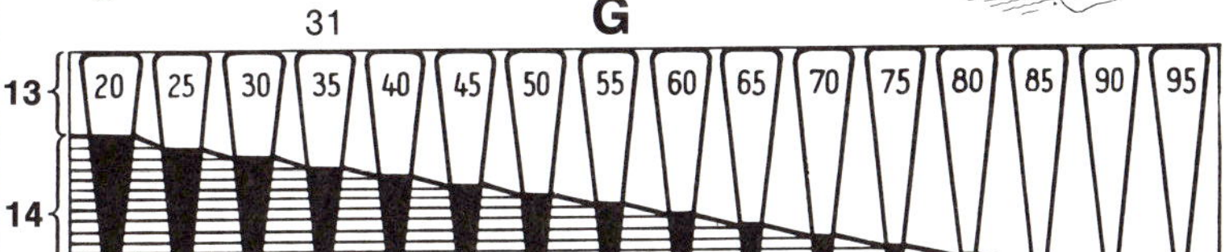
G
13
14
20
25
30
35
40
45
50
55
60
65
70
75
80
85
90
95

Internationale Bezifferung der Zähne
Wenn der Zahnarzt Befunde an den Zähnen notieren will, so sind Formulierungen wie „zweiter vorderer Backenzahn rechts oben" zu umständlich. Einfacher ist es, jedem Zahn eine Nummer zu geben. Nach der jetzt üblichen internationalen Formel werden die Zähne in jeder Kieferhälfte zunächst einmal von der Mitte ausgehend mit 1 bis 8 numeriert. 1 und 2 sind Schneidezähne, 3 der Eckzahn, 4 und 5 vordere Backenzähne und 6 bis 8 Mahlzähne. Jetzt müssen noch der Ober- und der Unterkiefer sowie rechts und links unterschieden werden. Dazu setzt man vor die Zahnnummern 1 bis 8 jeweils eine 1 für die rechte Oberkieferhälfte, eine 2 für die linke Oberkieferhälfte, eine 3 für die linke Unterkieferhälfte und eine 4 für die rechte Unterkieferhälfte. Die komplette Zahnformel lautet:

18	17	16	15	14	13	12	11	21	22	23	24	25	26	27	28
48	47	46	45	44	43	42	41	31	32	33	34	35	36	37	38

46 (gesprochen vier - sechs) bedeutet 1. Mahlzahn im Unterkiefer rechts. Für die *Milchzähne* verwendet man sinngemäß die Ziffern von 51 bis 85:

55	54	53	52	51	61	62	63	64	65
85	84	83	82	81	71	72	73	74	75

Die Notierung erfolgt so, wie der Zahnarzt auf das Gebiß des Patienten sieht.

Milchgebiß und Zahnwechsel
Die Kiefer des Kindes sind kleiner als die des Erwachsenen. Das komplette Gebiß kann noch nicht untergebracht werden. Die Kiefer fassen beim Kleinkind 20, beim Schulkind 24, in der Pubertät 28, beim Erwachsenen 32 Zähne. Die ersten 20 Zähne sind in der Größe dem kindlichen Kiefer angepaßt. Die durchgebrochenen Zähne aber können nicht mehr wachsen. Daher werden die 20 „Milchzähne" allmählich durch größere „bleibende" Zähne ersetzt. In jeder Kieferhälfte werden also fünf Zähne ausgetauscht (1-5, „Ersatzzähne") und drei kommen neu hinzu (6-8, „Zuwachszähne"). Die Milchzähne sind Platzhalter für die Ersatzzähne. Vorzeitiger Verlust von Milchzähnen führt häufig zu Engstand der bleibenden Zähne, Hemmung des Kieferwachstums und Bißanomalien mit abnormer Stellung der Kiefer zueinander.

Zahnformel des Milchgebisses: 2-1-2
- 2 Milchschneidezähne
- 1 Milcheckzahn
- 2 Milchmahlzähne

A-J *Entwicklung des Gebisses* am Beispiel einer Oberkieferhälfte. Milchgebiß weiß, bleibende Zähne blau, unterbrochene Linie = Zahnfleischgrenze.

A Neugeborenes: Von allen 5 Milchzähnen jeder Kieferhälfte sind bereits Teile der Krone angelegt. Die Zähne liegen noch innerhalb des Knochens.
B Säugling von 6 Monaten: Der erste Milchschneidezahn beginnt durchzubrechen. Dieses „Zahnen" ist mit Schmerzen verbunden. Das Kind schreit viel, nimmt weniger Nahrung auf und kann sogar an Gewicht verlieren.
C Ende des 1. Lebensjahres: Nach dem ersten Milchschneidezahn ist der zweite Milchschneidezahn durchgebrochen (8. bis 12. Monat). Es folgt im 12. bis 16. Monat der erste Milchmahlzahn. Der dazwischen liegende Milcheckzahn erscheint meist als vierter Zahn (15. bis 20. Monat).
D Kleinkind von 2 bis 3 Jahren: Als letzter Milchzahn ist der zweite Milchmahlzahn durchgebrochen (20. bis 40. Monat). Die Wurzeln der Milchmahlzähne sind noch nicht vollendet. Oberhalb und hinter den Milchzähnen beginnt in den Kieferknochen die Entwicklung der bleibenden Zähne.
E 4 Jahre: Die Entwicklung des Milchgebisses ist abgeschlossen, sieben bleibende Zähne entstehen.
F 6 Jahre: Der Oberkiefer ist inzwischen so weit gewachsen, daß ein sechster Zahn Platz findet. Als erster bleibender Zahn bricht im Alter von 6 bis 8 Jahren der erste Mahlzahn durch. Die Wurzeln der Milchzähne werden abgebaut. Als erster Milchzahn wird der erste Milchschneidezahn vom nachdrängenden ersten bleibenden Schneidezahn ausgestoßen (6. bis 9. Jahr). Der erste bleibende Zahn („Sechsjahresmolar") ist naturgemäß am frühesten den schädigenden Einflüssen der Mundhöhle ausgesetzt. Er erkrankt daher häufig als erster der bleibenden Zähne an Zahnfäule (Karies).
G 9 Jahre: Der zweite Milchschneidezahn wurde durch den zweiten. bleibenden Schneidezahn ersetzt (7. bis 10. Jahr).
H 10 Jahre: Als vierter bleibender Zahn nimmt der erste vordere Backenzahn die Stelle des ersten Milchmahlzahns ein (9. bis 13. Jahr).
I 11 Jahre: Auch die letzten beiden Milchzähne sind verlorengegangen. Sie wurden vom zweiten Backenzahn und vom bleibenden Eckzahn verdrängt (9. bis 14. Jahr).
J 13 Jahre: Der zweite Mahlzahn bricht durch (10. bis 14. Jahr). Damit ist das bleibende Gebiß bis auf die „Weisheitszähne" vollständig. Diese lassen manchmal viele Jahre auf sich warten oder bleiben ganz aus. Manchmal finden sie auch nicht den richtigen Platz (besonders im Unterkiefer), brechen schräg durch oder werden eingekeilt. Dann muß u. U. ein gesunder Weisheitszahn entfernt werden.
K Panoramaaufnahme des Oberkiefers eines 9jährigen Kindes (vgl. Abb. G).
L Panoramaaufnahme des Unterkiefers eines bleibenden Gebisses, bei dem die Weisheitszähne noch nicht durchgebrochen sind.

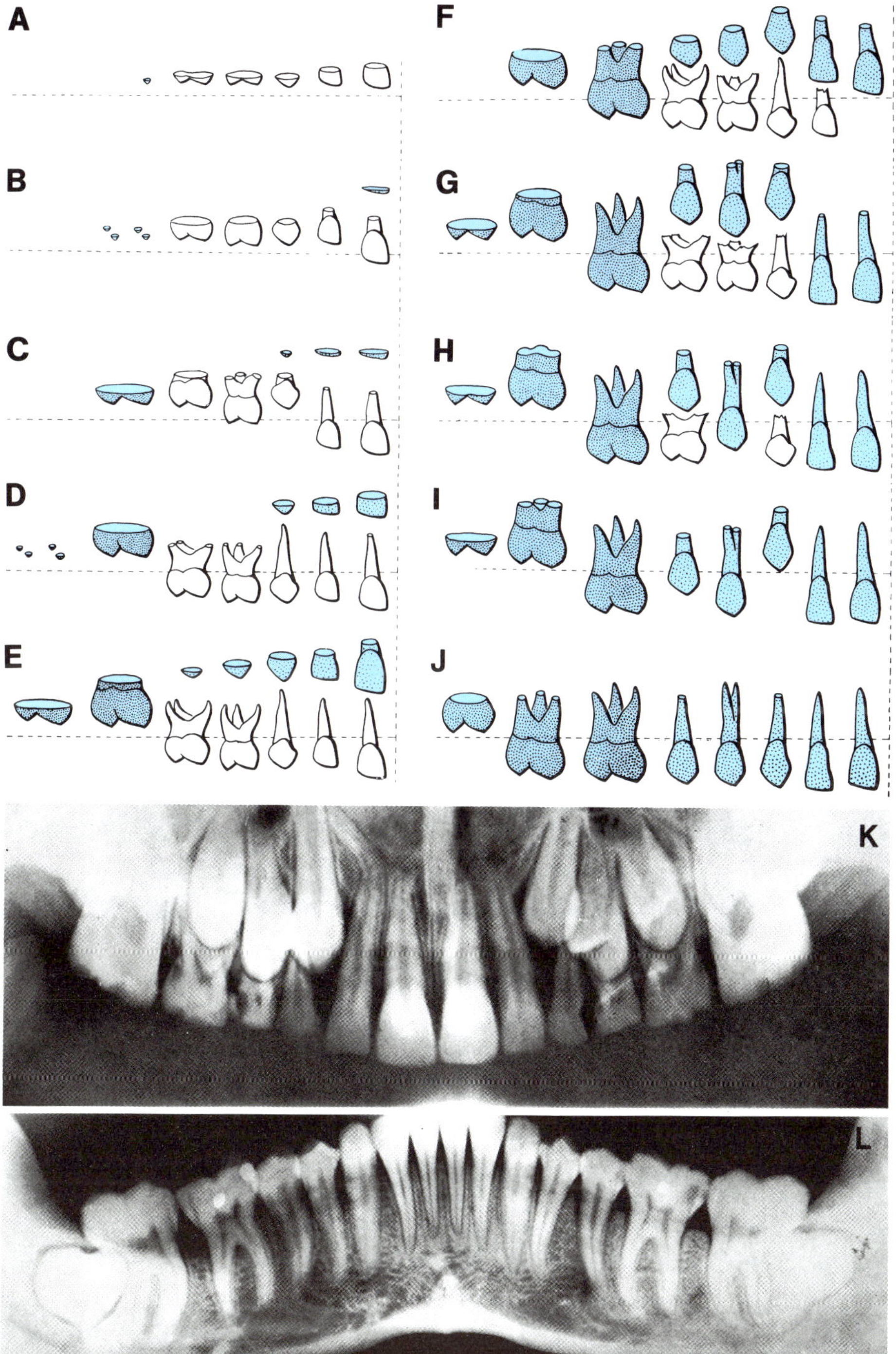
A
B
C
D
E
F
G
H
I
J
K
L

Zunge

Die Zunge ist:	• Muskel • Sinnesorgan • Abwehrorgan

Als *Muskel* bewegt sie den Bissen im Mund und bildet Laute beim Sprechen (der Kehlkopf gibt die Stimme dazu). Als *Sinnesorgan* überprüft sie den Geschmack der Speisen. Als *Abwehrorgan* ist der Zungengrund mit lymphatischem Gewebe bedeckt (Zungenmandel, ➥ S. 391, D).
Der Zungenmuskel hat einen im Körper einmaligen Bau: Muskelfasern verlaufen in allen drei Hauptrichtungen des Raums: von vorn nach hinten, vom Rand zur Mitte, von oben nach unten. Durch diese dreidimensionale Anordnung der Muskelfasern erhält die Zunge eine ungewöhnliche Beweglichkeit. Sie ist der einzige Skelettmuskel, der sich selbst verlängern kann: Wenn sich nämlich die vertikalen und die queren Muskelfasern zusammenziehen, wird die Zunge verengt und damit verlängert. Man kann so „die Zunge herausstrecken". Die Eigenbeweglichkeit der Zunge wird ergänzt von Muskeln, die von vorn (vom Unterkiefer), von hinten unten (vom Zungenbein) und von hinten oben (von der Schädelbasis) in die Zunge einstrahlen.

A Einbau der Zunge in den Muskelapparat des Hals-Kopf-Bereichs.

B Zungenoberfläche. Die Oberfläche der Zungenschleimhaut ist reich ausgestaltet: Die Fadenpapillen rauhen die Oberfläche auf und vermitteln die Tastempfindung. Die Zunge hat das feinste Tastempfinden des Körpers. Ein kleiner Speiserest zwischen den Zähnen fühlt sich wie ein mächtiger Brocken an. Pilzpapillen, Wallpapillen und Blattpapillen tragen Geschmacksknospen.

C Zungenrücken mit dem „V" der Wallpapillen.

D Lage der Geschmacksqualitäten auf der Zunge: süß vor allem an der Zungenspitze, bitter am hinteren Ende, sauer und salzig am Seitenrand.

E Mikroskopisches Schnittbild der Blattpapillen der Zunge (Vergrößerung etwa 20fach). Die Organe der Geschmacksempfindung, die „Geschmacksknospen", liegen in Gräben zwischen den Papillen.

1	Unterkiefer	Mandibula
2	Zungenbein	Os hyoideum
3	Schildknorpel	Cartilago thyroidea
4	Luftröhre	Trachea
5	Zungenspitze	Apex linguae
6	Gaumenmandel	Tonsilla palatina
7	Mittlerer Schlundschnürer	M. constrictor pharyngis medius
8	Unterer Schlundschnürer	M. constrictor pharyngis inferior
9	Speiseröhre	Oesophagus
10	Zungenmandel	Tonsilla lingualis
11	Wallpapillen	Papillae vallatae
12	Zungenrücken	Dorsum linguae
13	Kinn-Zungen-Muskel	M. genioglossus
14	Kinn-Zungenbein-Muskel	M. geniohyoideus
15	Zungenbein-Zungen-Muskel	M. hyoglossus
16	Kleines Zungenbeinhorn	Cornu minus
17	Schildknorpel-Zungenbein-Membran	Membrana thyrohyoidea
18	Schildknorpel-Zungenbein-Muskel	M. thyrohyoideus
19	Ringknorpel-Schildknorpel-Muskel („Externus")	M. cricothyroideus
20	Unterer Zungenlängsmuskel	M. longitudinalis inferior
21	Mundschleimhaut	Tunica mucosa oris (oralis)
22	Griffelfortsatz-Zungen-Muskel	M. styloglossus
23	Gaumen-Zungen-Muskel	M. palatoglossus
24	Griffelfortsatz (des Schläfenbeins)	Processus styloideus
25	Griffelfortsatz-Zungenbein-Band	Lig. stylohyoideum
26	Griffelfortsatz-Rachen-Muskel	M. stylopharyngeus
27	Obere Kehlkopfschlagader + -vene	A. + V. laryngea superior
28	Oberer Kehlkopfnerv	N. laryngealis superior
29	Ringknorpel-Luftröhren-Band	Lig. cricotracheale
30	Hinterer Gaumenbogen	Arcus palatopharyngeus
31	Blattpapillen	Papillae foliatae
32	Geschmacksknospe	Caliculus gustatorius (Gemma gustatoria)
33	Pilzpapille	Papilla fungiformis
34	Fadenpapille	Papilla filiformis
35	Wallgraben	Vallum papillae
36	Seröse Spüldrüsen	Glandulae serosae
37	Schleimdrüsen	Glandulae mucosae

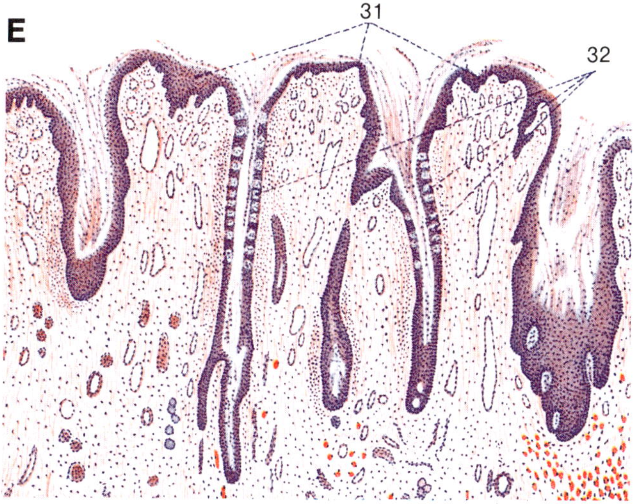
E
31
32

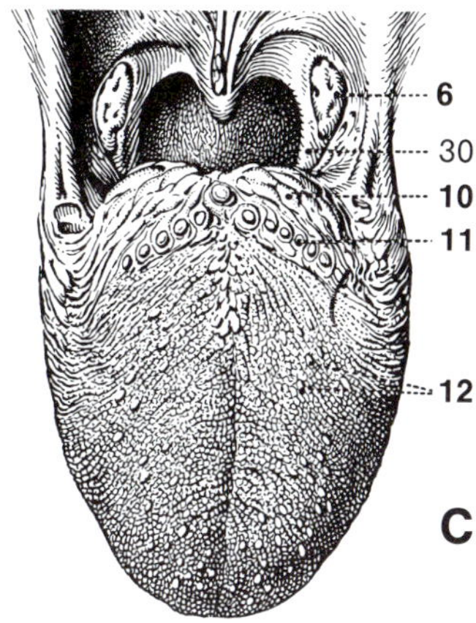
6
30
10
11
12
C

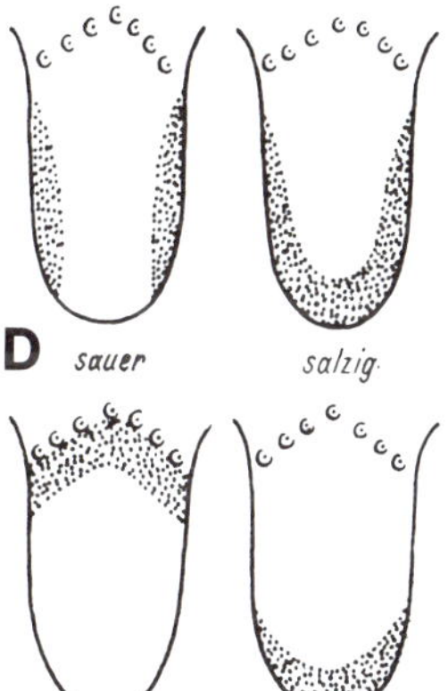
D
sauer
salzig
bitter
süß

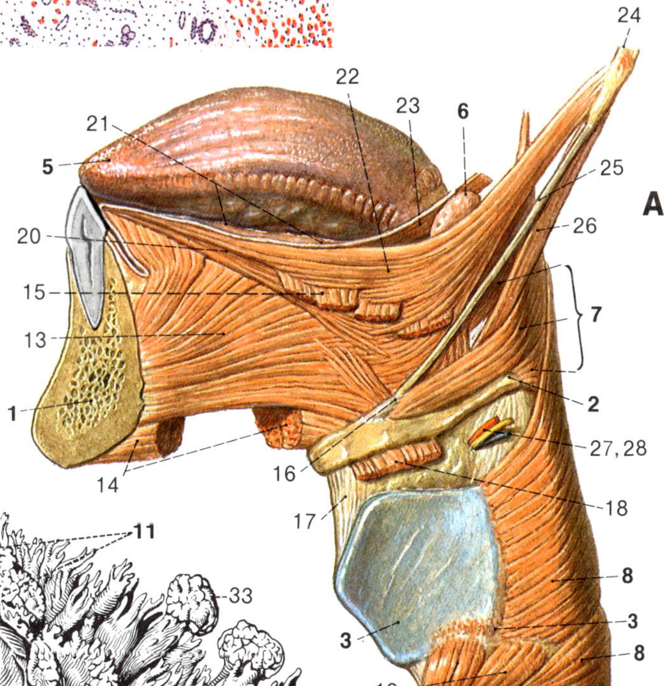
24
22
23
6
21
5
25
A
20
26
15
7
13
2
1
27, 28
16
14
18
17
8
3
3
8
19
29
4
9

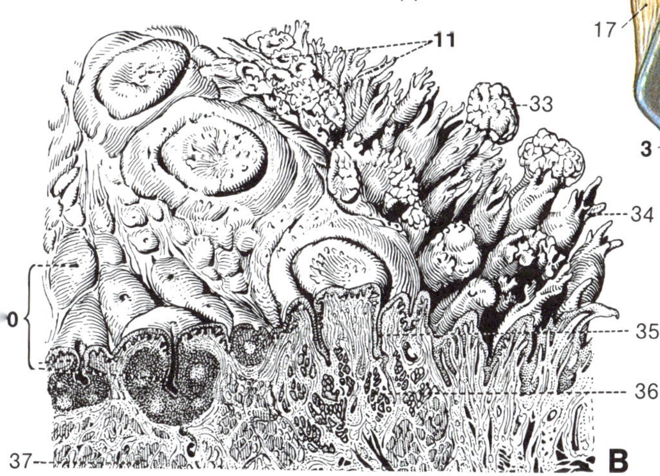
11
33
34
0
35
36
37
B

Sprechen

Lautbildung:	Zunge, Gaumen, Lippen, Zähne
Stimme:	Kehlkopf
Klangfarbe:	Rachen, Nasenhöhle, Mundhöhle

Die enorme Beweglichkeit der Zunge steht beim Tier fast ausschließlich im Dienst der Nahrungsaufnahme. Beim Menschen werden der Zunge durch Hände und Werkzeuge viele Aufgaben abgenommen. Dafür wird ihr Bewegungsreichtum zum Sprechen genutzt. Die Klangfarbe der Stimme wird vor allem vom „Ansatzrohr" in Rachen, Nase und Mund bestimmt. Der Kehlkopf gibt nur die Stimme. Die Laute (Selbstlaute = Vokale und Mitlaute = Konsonanten) werden durch Zunge, Gaumen, Lippen und Zähne gebildet. In vielen Sprachen wird für Zunge und Sprache das gleiche Wort verwendet: lateinisch und italienisch lingua, spanisch lengua, französisch langue.

Man kann also auch nach Entfernung des Kehlkopfs reden, allerdings nur in Flüstersprache. Bei Entzündungen der Stimmbänder, Belag mit Schleim usw. wird die Stimme heiser. Dies gilt auch für gutartige und bösartige Geschwülste. Sie verursachen sehr früh Beschwerden und können daher häufig rechtzeitig operiert werden.

A Frontalschnitt durch den Kopf. Die Zunge füllt nahezu die gesamte Mundhöhle aus. Sie ruht auf den Muskeln des Mundbodens. Man achte in diesem Bild auch auf die großen lufthaltigen Hohlräume in den Gesichtsknochen („Nasennebenhöhlen"). Sie verstärken die Stimme als Resonanzräume. Beim Schnupfen und bei Erkrankungen der Nasennebenhöhlen ist die Klangfarbe der Stimme verändert.

B-G Bedeutung der Zunge für die Lautbildung beim Sprechen (➥ Medianschnitt S. 277).

B Mundhöhle bei den „Lippenlauten": b, p, f, w, m.

C Mundhöhle bei den „Zungen-„ und „Gaumenlauten": g, k, ch, r, l, (n, d, t).

D Mundhöhle bei den „Zahnlauten": s (n, d, t).

E Form des „Ansatzrohres" beim Vokal „a": Die Mundhöhle ist weit, der Mund weit geöffnet.

F Bei „i" wird der Zungenrücken gehoben und ein kleiner Raum hinter der Zahnreihe gebildet.

G Bei „u" ist die Mundöffnung verengt.

1	Jochbein	Os zygomaticum
2	Nasenscheidewand	Septum nasi (nasale)
3	Oberkiefer	Maxilla
4	Untere Nasenmuschel	Concha nasalis inferior
5	Kieferhöhle	Sinus maxillaris
6	Knöcherner Gaumen	Palatum osseum
7	Unterkiefer	Mandibula
8	Zungenbein	Os hyoideum
9	Stirnbein	Os frontale
10	Stirnhöhle	Sinus frontalis
11	Siebbeinzellen	Cellulae (Sinus) ethmoidales
12	Sehnerv	N. opticus
13	Harte Hirnhaut	Dura mater cranialis (encephali)
14	Schläfenmuskel	M. temporalis
15	Ohrspeichelgang	Ductus parotideus
16	Masseter	M. masseter
17	Wangenmuskel (= Trompetermuskel)	M. buccinator
18	Zunge	Lingua
19	Unterzungenspeicheldrüse	Glandula sublingualis
20	Unterkieferspeichelgang	Ductus submandibularis
21	Unterkieferspeicheldrüse	Glandula submandibularis
22	Unterkiefer-Zungenbein-Muskel	M. mylohyoideus
23	Zungennerv	N. lingualis
24	Zungenschlagader	A. lingualis
25	Unterzungennerv (zwölfter Hirnnerv)	N. hypoglossus
26	Oberer schräger Augenmuskel	M. obliquus superior
27	Oberer gerader Augenmuskel	M. rectus superior
28	Seitlicher gerader Augenmuskel	M. rectus lateralis
29	Unterer gerader Augenmuskel	M. rectus inferior
30	Gesichtsschlagader	A. facialis
31	Hautmuskel des Halses	Platysma
32	Zungenbein-Zungen-Muskel	M. hyoglossus
33	Kinn-Zungen-Muskel	M. genioglossus
34	Zweibäuchiger Muskel	M. digastricus
35	Kinn-Zungenbein-Muskel	M. geniohyoideus

A

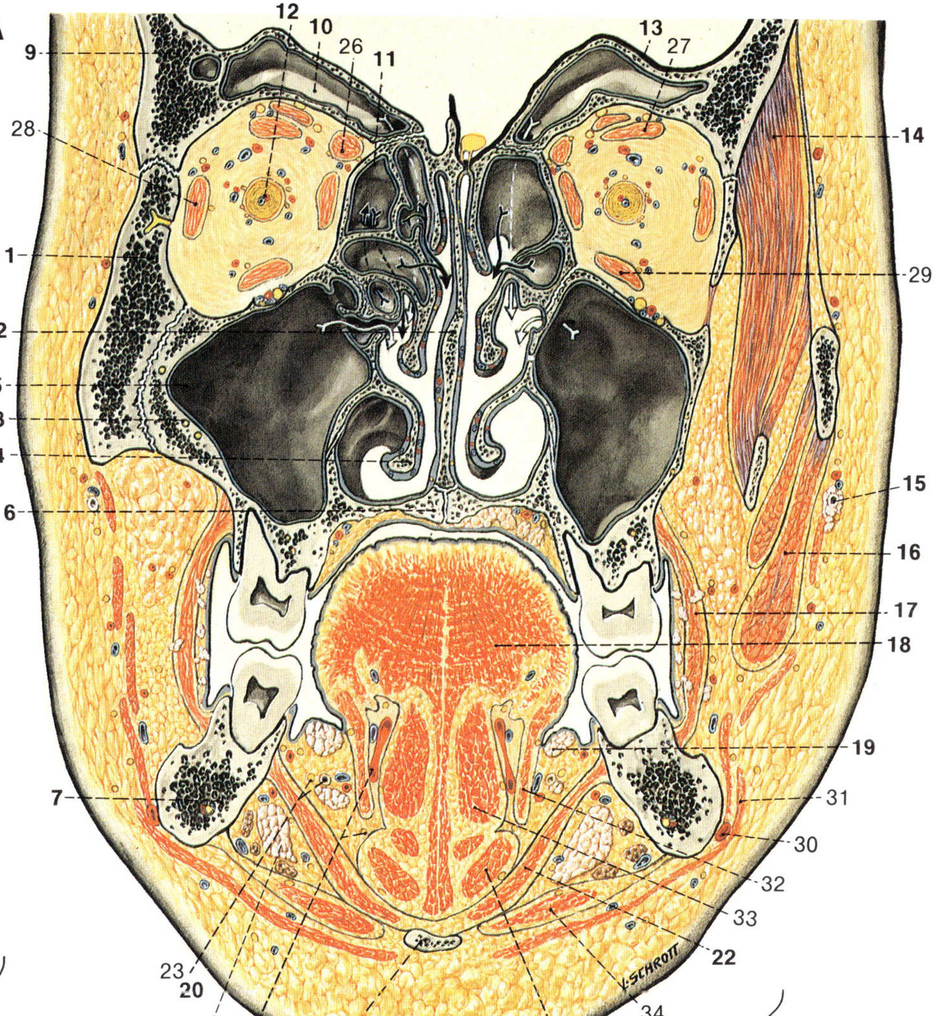

1
2
3
4
5
6
7
8
9
10
11
12
13
14
15
16
17
18
19
20
21
22
23
24
25
26
27
28
29
30
31
32
33
34
35
V. SCHROTT

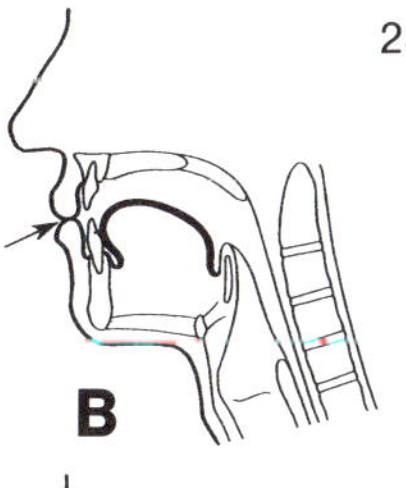

B

C

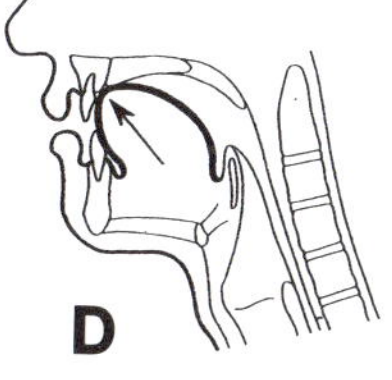

D

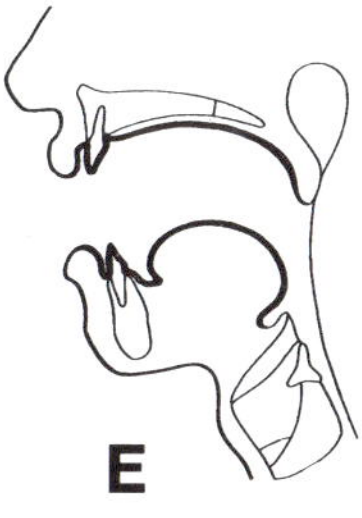

E

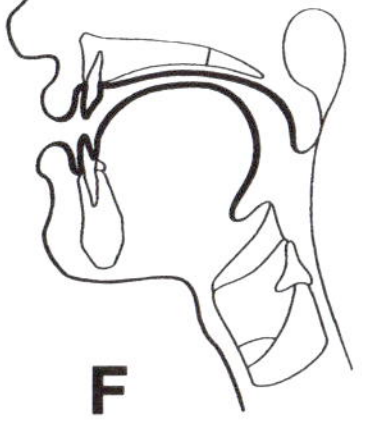

F

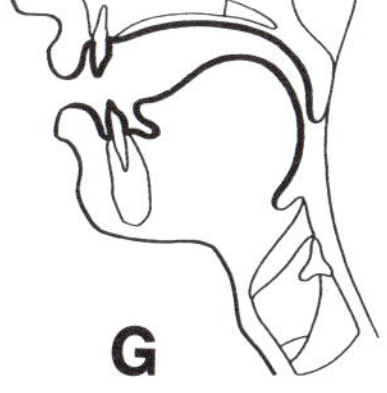

G

Speicheldrüsen

Große Speicheldrüsen:	• Ohrspeicheldrüse • Unterkieferspeicheldrüse • Unterzungenspeicheldrüse

Die Nahrung wird in der Mundhöhle zerkleinert und durch Zugabe von Speichel zu einem gut gleitfähigen Brei verarbeitet. Die dafür benötigte Menge an Speichel beträgt je nach Art der Nahrung einen halben bis zwei Liter pro Tag. Dafür reichen die kleinen Drüsen in der Mundschleimhaut nicht aus. Die Hauptmenge des Speichels kommt von den drei großen Speicheldrüsen.
Mit den Verdauungsenzymen im Speichel werden z.B. in den Zahnzwischenräumen verbliebene Speisereste aufgelöst. Daneben leiten sie auch die Verdauungsvorgänge im Speisebrei ein. Da die Speichelflüssigkeit (wie alle Drüsensekrete) letztlich dem Blutserum entstammt, enthält sie auch Mineralstoffe. Diese setzen sich zum Teil als „Zahnstein" an den Zähnen ab.
Die Ausführungsgänge der Unterzungen- und der Unterkieferspeicheldrüse münden unter der Zunge. Der Ausführungsgang der Ohrspeicheldrüse endet im Vorhof der Mundhöhle auf Höhe des zweiten oberen Mahlzahns. Der Ohrspeichelgang läuft oberflächlich zum Kaumuskel (Masseter) etwa fingerbreit unterhalb des Jochbogens. Er kann dort beim Anspannen des Kaumuskels gut getastet werden. Die Ohrspeicheldrüse selbst liegt mit einem großen Teil zwischen Unterkiefer und Warzenfortsatz. Beim Öffnen des Mundes wird sie zusammengedrückt. Dabei wird der in ihr erzeugte Speichel durch den Ohrspeichelgang in den Mund gepreßt. Die Kaubewegung dient also gleichzeitig dem Speicheltransport. Die Bewegungen der Zunge und der Mundbodenmuskeln wirken sich ähnlich auf die Unterzungen- und Unterkieferspeicheldrüsen aus.

A Speicheldrüsen. *Topographisches Bild der Ohrspeicheldrüse* ➥ *S. 205.*
B Innenseite (Mundhöhlenseite) des rechten Unterkiefers. Die Zunge ist weggenommen. Dadurch wird der Blick auf die Unterkiefer- und Unterzungenspeicheldrüse sowie auf den Unterkieferspeichelgang frei. Der Unterkiefer-Zungenbein-Muskel bildet den Boden der Mundhöhle („Mundbodenzwerchfell").
C Geöffneter Mund mit Unterseite der Zunge. Das Deckgewebe am mechanisch stark beanspruchten Zungenrücken ist hoch. Auf der geschützten Zungenunterseite ist das Deckgewebe niedrig. Es kann sogar in begrenztem Maß Stoffe aufnehmen. Manche Arzneimittel gelangen, unter die Zunge gelegt, sehr rasch in den Kreislauf („sublinguale" Darreichungsform, z.B. für Mittel zur Erweiterung der Herzkranzgefäße bei Angina-pectoris-Anfall).
D Mikroskopisches Bild der Unterzungendrüse. Die im Bild hellen Drüsenanteile erzeugen Schleim, die dunklen (violett angefärbten) dünnflüssiges Sekret.

Schema vom Bau der Unterkieferspeicheldrüse ➥ *S. 39.*

1	Ohrspeicheldrüse („Parotis")	Glandula parotidea
2	Ohrspeichelgang (Ausführungsgang der Ohrspeicheldrüse)	Ductus parotideus
3	Unterkieferspeicheldrüse	Glandula submandibularis
4	Unterkieferspeichelgang	Ductus submandibularis
5	Unterzungenspeicheldrüse	Glandula sublingualis
6	Unterkiefer-Zungenbein-Muskel	M. mylohyoideus
7	Zungenbein	Os hyoideum
8	Innerer Flügelmuskel	M. pterygoideus medialis
9	Zungenunterfläche	Facies inferior linguae
10	Unterlippe	Labium inferius
11	Oberlippe	Labium superius
12	Unterzungenwärzchen (Mündung des Unterkieferspeichelgangs)	Caruncula sublingualis
14	Mundschleimhaut (mit Haken angehoben)	Tunica mucosa oris (oralis)
15	Kleine Unterzungenspeichelgänge	Ductus sublinguales minores
16	Kinn-Zungen-Muskel	M. genioglossus
17	Kinn-Zungenbein-Muskel	M. geniohyoideus
18	Zweibäuchiger Muskel	M. digastricus
19	Zungenrand	Margo linguae
20	Zungenbändchen	Frenulum linguae
21	Unterzungenfalte	Plica sublingualis
22	Fransenfalte (an der Zungenunterseite)	Plica fimbriata
23	Schleimbildende Zellen	Mucocyti
24	Ausführungsgang	Ductus excretorius
25	Vene	Vena
26	Lymphozyten	Lymphocyti

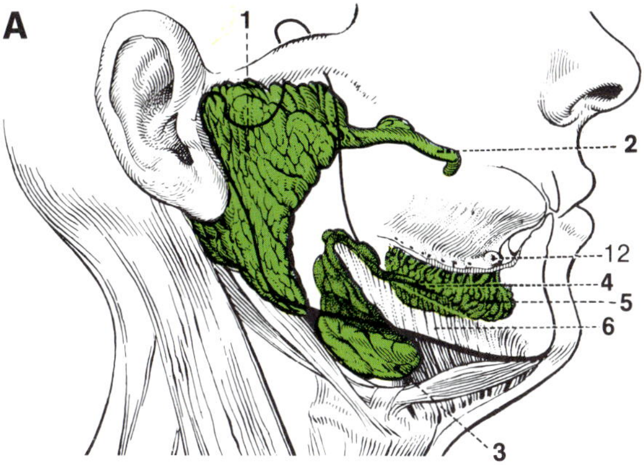
A
1
2
12
4
5
6
3

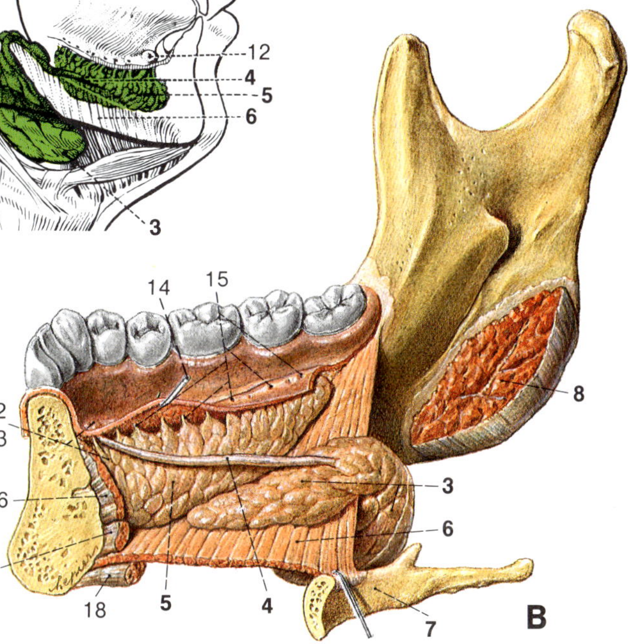
14
15
12
13
16
17
18
5
4
8
3
6
7
B

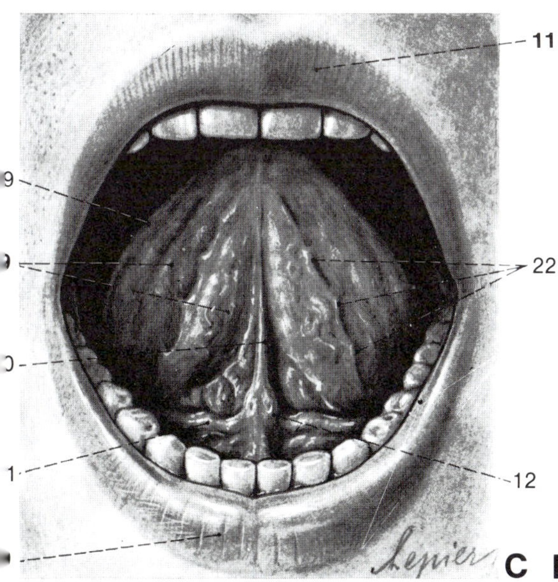
11
9
22
12
C

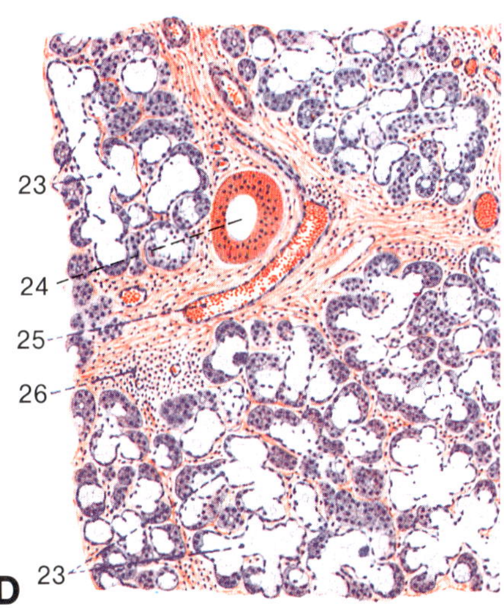
23
24
25
26
23
D

Rachen

Der Rachen hat 3 Abschnitte:
- Nasenabschnitt (Nasenrachenraum): hinter der Nasenhöhle
- Mundabschnitt: hinter der Mundhöhle
- Kehlkopfabschnitt („Kellerrachen"): hinter dem Kehlkopf

A Rachen. *Rachen als Abwehrorgan ➥ S. 391.*
B Schematische Darstellung der Durchkreuzung von Luft- und Speiseweg im Mundabschnitt des Rachens.
C *Schluckakt.* Es ist gleichgültig, ob etwas Luft in den Verdauungskanal gelangt (und tatsächlich ist immer etwas Luft in der Speiseröhre und im Magen). Speisebrei in den Luftwegen hingegen löst heftige Hustenanfälle aus. Deshalb versucht der Körper, den Luftweg so gut wie möglich gegen den Speiseweg abzudichten. Der weiche Gaumen wird beim Schlucken angehoben. Ein Querwulst am Rachen wölbt sich ihm entgegen (im Schema schraffiert). Der Kehlkopf wird hochgezogen. Dabei legt sich der Kehldeckel schützend über den Kehlkopfeingang, ohne diesen jedoch dicht zu verschließen. Deshalb gelangt gelegentlich eine kleine Menge Speisebrei in den falschen Weg. Der schon erwähnte Hustenanfall schützt dann die Lunge.
Beim bewußtlosen Patienten sind die Schutzmechanismen unzureichend. Erbrochenes kann in den Luftweg geraten (Aspiration) und eine heftige Lungenentzündung (Aspirationspneumonie) auslösen (Verätzung durch die Magensäure + Infektion). Deshalb muß der bewußtlose Patient so gelagert werden, daß Erbrochenes aus dem Mund abfließen kann (stabile Seitenlagerung).
Weitere Bilder des Rachens ➥ S. 275, 277 (Medianschnitte), S. 391 (Vorderwand), S. 419 (Beziehung zum Mittelohr).

1	Nasenscheidewand	Septum nasi (nasale)
2	Obere/mittlere/untere Nasenmuschel	Concha nasalis **s**uperior/media/inferior
3	Rachenmandel	Tonsilla pharyngealis (adenoidea)
4	Ohrtrompete	Tuba auditoria (auditiva)
5	Gaumenmandel	Tonsilla palatina
6	Hinterer Gaumenbogen	Arcus palatopharyngeus
7	Zungengrund	Radix linguae
8	Kehldeckel	Epiglottis
9	Speiseröhre	Oesophagus
10	Schilddrüse	Glandula thyroidea
11	Nebenschilddrüse (Epithelkörperchen)	Glandula parathyroidea
12	Luftröhre	Trachea
13	Aortenbogen	Arcus aortae
14	Hals-Kopf-Schlagaderstamm (nur rechts)	Truncus brachiocephalicus
15	Schlüsselbeinschlagader	A. subclavia
16	Halsschlagader (= gemeinsame Kopfschlagader)	A. carotis communis
17	Innere Kopfschlagader	A. carotis interna
18	Obere Hohlvene	V. cava superior
19	Hals-Kopf-Vene	V. brachiocephalica
20	Schlüsselbeinvene	V. subclavia
21	Innere Halsvene (innere Drosselvene)	V. jugularis interna
22	S-förmiger Blutleiter	Sinus sigmoideus
23	Vagus (zehnter Hirnnerv)	N. vagus
24	Rückläufiger Kehlkopfnerv („Rekurrens")	N. laryngealis recurrens
25	Grenzstrang des Sympathikus	Truncus sympatheticus
26	Oberes Halsganglion (des Sympathikus)	Ganglion cervicale superius
27	Mittleres Halsganglion (des Sympathikus)	Ganglion cervicale medium
28	Unteres Halsganglion („Sternganglion") (des Sympathikus)	Ganglion cervicothoracicum (stellatum)
29	Beinerv (elfter Hirnnerv)	N. accessorius
30	Unterzungennerv (zwölfter Hirnnerv)	N. hypoglossus
31	Zweibäuchiger Muskel	M. digastricus
32	Untere Schilddrüsenschlagader	A. thyroidea inferior
33	Zungen-Rachen-Nerv (neunter Hirnnerv)	N. glossopharyngeus
34	Hinterhauptschlagader	A. occipitalis
35	Oberer Schlundschnürer	M. constrictor pharyngis superior
36	Gaumen-Rachen-Muskel	M. palatopharyngeus
37	Zäpfchenmuskel	M. uvulae
38	Obere Kehlkopfschlagader + -vene	A. + V. laryngea superior
39	Oberer Kehlkopfnerv	N. laryngealis superior
23 + **29** + **30** + **33**	Hirnnerven	Nn. craniales (encephalici)

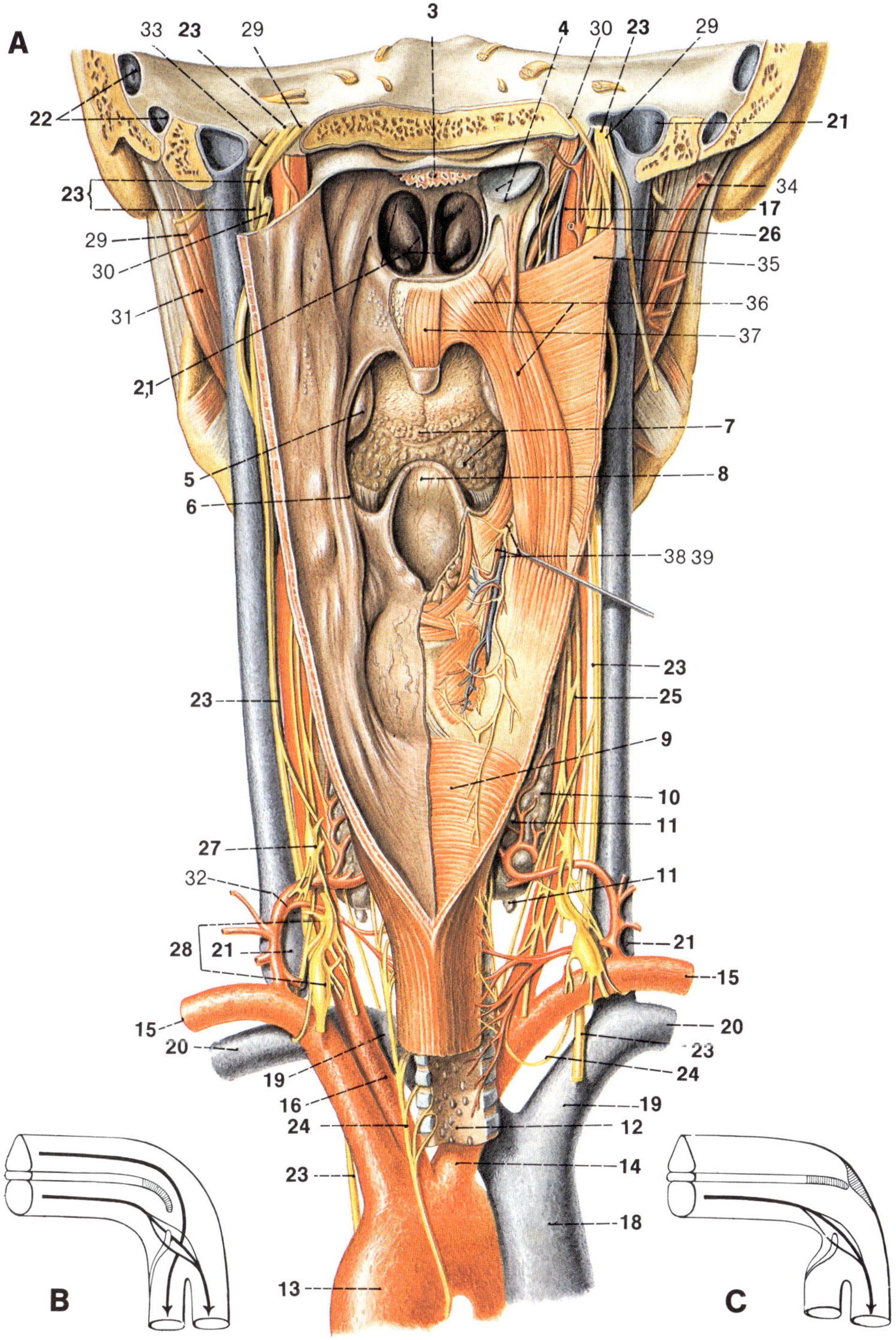
A
3
33
23
29
4
30
23
29
22
21
23
34
17
26
29
35
30
36
31
37
2,1
7
5
8
6
38 39
23
25
23
9
10
11
27
11
32
21
28
21
15
15
20
20
23
19
24
16
19
24
12
23
14
18
13
B
C

Speiseröhre

A Speiseröhre mit Luftröhre, Aorta und Zwerchfell von vorn.

B Speiseröhre, Luftröhre und Aorta von rechts.

C Engstellen der Speiseröhre. Die Speiseröhre ist nicht an allen Stellen gleich weit. Sie hat normalerweise drei Engstellen: An diesen bleiben große Fremdkörper bevorzugt stecken, die u.U. mit dem Ösophagoskop entfernt werden müssen.

3 Engstellen der Speiseröhre:
- am oberen Ende („Speiseröhrenmund"): am Übergang vom Rachen
- in der Mitte: eingeschnürt zwischen Aortenbogen und Luftröhrengabel
- am unteren Ende: vor der Mündung in den Magen

D Speiseröhre im Röntgenbild. Die Speiseröhre kann man im Röntgenbild gut sichtbar machen, wenn man einen „Kontrastbrei" (ein Mittel, das Röntgenstrahlen gut absorbiert), schlucken läßt. Da das Herz mit seinem linken Vorhof der Speiseröhre anliegt, kann man aus dieser Aufnahme auch etwas über die Form des Herzens erfahren.

E Querschnitt durch die Speiseröhre (Lupenpräparat). Die Speiseröhre folgt dem Bauprinzip der meisten Hohlorgane des Körpers (Dreischichtenbau): Schleimhaut - Muskelwand - bindegewebige Hülle (➥ S. 234). Die bindegewebige Hülle dient dem Einbau und dem Verschieben der Speiseröhre in der Umgebung. Mit Hilfe der Muskelwand kann der Speisebrei (auch im Kopfstand) vom Rachen in den Magen befördert werden. Die Schleimhaut schafft die glatte Gleitfläche. Sie besitzt selbst noch eine dünne Muskelschicht. Mit dieser paßt sie sich an die Form des Bissens an. Die Schleimhaut kann so z.B. einer mitgeschluckten Fischgräte ausweichen.

1	Zwerchfell	Diaphragma (thoraco-abdominale)
2	Magenkuppel (Luftansammlung)	Fundus gastricus (ventricularis)
3	Mageneingang („Kardia")	Ostium cardiacum (Cardia)
4	Speiseröhre, Halsabschnitt	Oesophagus, Pars cervicalis
5	Speiseröhre, Brustabschnitt	Oesophagus, Pars thoracica
6	Speiseröhre, Bauchabschnitt	Oesophagus, Pars abdominalis
7	Luftröhre	Trachea
8	Luftröhrengabelung	Bifurcatio tracheae (trachealis)
9 + **10**	Rechter + linker Stammbronchus	Bronchus principalis dexter + sinister
11	Rechter Oberlappenbronchus	Bronchus lobaris superior dexter
12	Aortenbogen	Arcus aortae
13	Brustaorta	Pars thoracica aortae
14	Bauchaorta	Pars abdominalis aortae
15	Halsschlagader (= gemeinsame Kopfschlagader)	A. carotis communis
16	Schlüsselbeinschlagader	A. subclavia
17	Hals-Kopf-Schlagaderstamm (nur rechts)	Truncus brachiocephalicus
18	Zungenbein	Os hyoideum
19	Schildknorpel	Cartilago thyroidea
20	Schilddrüse	Glandula thyroidea
21 - **23**	Schleimhaut	Tunica mucosa
21	Schleimhautdeckgewebe	Epithelium (tunicae mucosae)
22	Schleimhautbindegewebe („Propria")	Lamina propria mucosae
23	Schleimhautmuskelschicht	Lamina muscularis mucosae
24	Unterschleimhaut („Submukosa")	Tela submucosa
25	Muskelwand der Speiseröhre: Ringschicht	Tunica muscularis, Stratum circulare
26	Muskelwand der Speiseröhre: Längsschicht	Tunica muscularis, Stratum longitudinale
27	Speiseröhrendrüse	Glandula oesophagea
28	Inneres Längsmuskelbündel (Zufallsbefund am abgebildeten Präparat)	
29	Lichtung	[Lumen]
30	Sehnenzentrum (des Zwerchfells)	Centrum tendineum
31	Hohlvenenloch (im Zwerchfell)	Foramen venae cavae
32	Speiseröhrenschlitz (im Zwerchfell)	Hiatus oesophageus
33	Aortenschlitz (Lücke im Zwerchfell für die Aorta)	Hiatus aorticus
34	Untere Zwerchfellschlagader	A. phrenica inferior
35	Stamm der Leber-, Milz- und Magenschlagadern	Truncus coeliacus
36	Schlagaderband (Rest des Botallo-Gangs)	Lig. arteriosum
37	Oberer Kehlkopfnerv	N. laryngealis superior
38	Unterer Schlundschnürer	M. constrictor pharyngis inferior
39	Hintere Zwischenrippenschlagader	A. intercostalis posterior
40	Schildknorpel-Zungenbein-Membran	Membrana thyrohyoidea
41	Ringknorpel-Schildknorpel-Muskel („Externus")	M. cricothyroideus

B

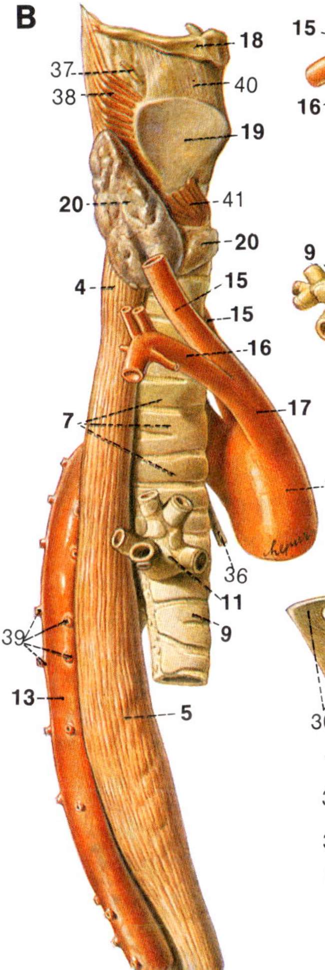
18
37
40
38
19
20
41
20
4
15
15
16
7
17
12
36
11
9
39
13
5

A

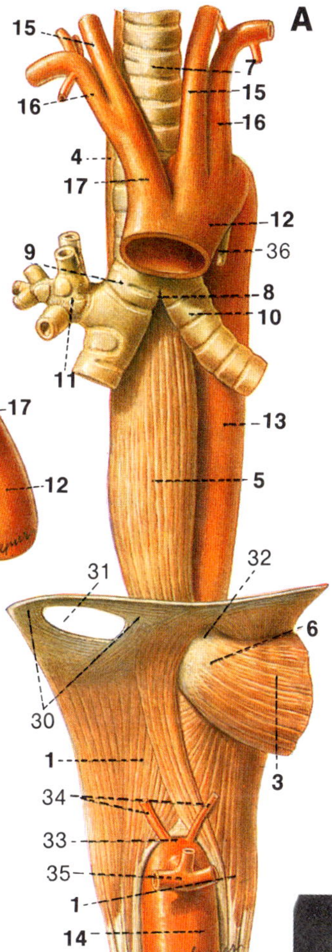
15
7
15
16
16
4
17
12
9
36
8
10
11
13
5
31
32
6
30
1
3
34
33
35
1
14

C

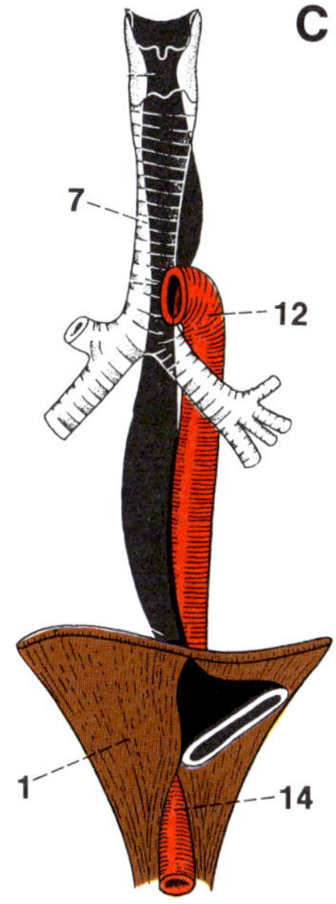
7
12
1
14

D

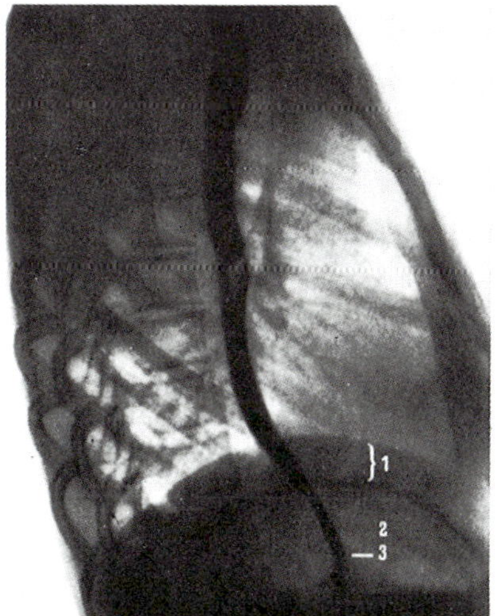
1
2
3

E

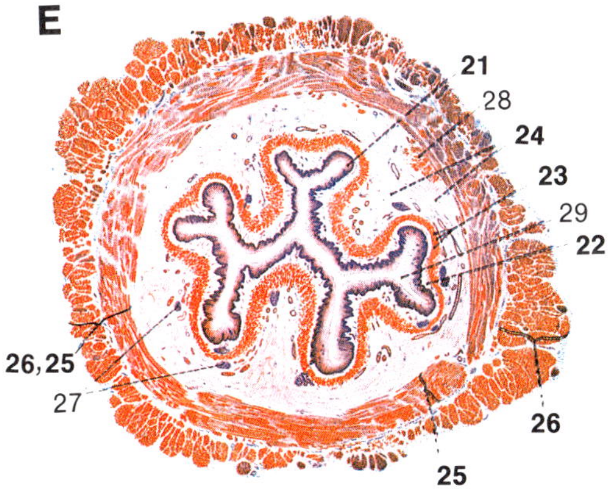
21
28
24
23
29
22
26,25
27
26
25

Magen

Der Magen	• speichert • desinfiziert • verdaut

• Hauptaufgabe des Magens ist es, die Nahrung vorübergehend zu speichern, um diese dann gleichmäßig in kleinen Mengen an den Darm zur weiteren Verdauung weiterzugeben. Der Magen ermöglicht es, den Nahrungsbedarf mit wenigen größeren Mahlzeiten zu decken. Ist der Magen entfernt, so muß die Nahrung über den Tag verteilt in vielen kleinen Portionen eingenommen werden.

• Da der Körper auf äußerste Rationalisierung angelegt ist, wird der Magen nicht nur als Vorratsbehälter genutzt. Die Nahrung wird im Magen gleichzeitig auch desinfiziert. Dazu sondert die Magenwand *Salzsäure* ab, welche die meisten Bakterien unschädlich macht. Lediglich bei sehr starker Bakterienbesiedlung der Nahrung wird der Darm infiziert. Die Magenschleimhaut ist zum Schutz vor der eigenen Säure mit einer Schleimschicht überzogen. Läuft Magensaft in die Speiseröhre zurück, so greift die Säure dort die Schleimhaut an („Sodbrennen"). Ist die Säureproduktion des Magens gestört, so kommt es viel häufiger zu Infektionen des Darms (Durchfall!) und von dort zu Infektionen der Gallenwege, der Leber und der Bauchspeicheldrüse.

• Der Körper begnügt sich nicht damit, im Magen zu speichern und zu desinfizieren, er beginnt auch gleich zu verdauen. Die Verdauungsenzyme der Magendrüsen sind speziell auf die Magensäure abgestimmt. Wenn man dem Magen bei Störung der Säurebildung Säure in Form von Tabletten usw. zuführt, so ist das eher eine symbolische Handlung: Man müßte sehr viel Säure einnehmen, um auf die im gesunden Magen herrschenden Säurewerte (pH 1,0-1,5!) zu kommen.

A Magen und Zwölffingerdarm.

B Magen. Die Vorderwand ist entfernt, um das Schleimhautrelief zu zeigen.

C Röntgenbild des Magens, des Zwölffingerdarms und des Leerdarms nach Einnahme eines Kontrastmittels (sog. „Kontrastbreipassage"). Die Schleimhautfalten des Magens sind vorwiegend in Längsrichtung angeordnet (Abb. B), die des Darms ringförmig (➥ S. 235, A). Das Kontrastmittel sammelt sich in den „Tälern" zwischen den Falten der Magenschleimhaut an. Die Falten sind deshalb im Bild hell. Die Form des Magens ist abhängig vom Füllungszustand und von der Körperhaltung. Der leere Magen ist weitgehend hinter dem linken Rippenbogen verborgen. Der gefüllte Magen sinkt im Stehen bis unter den Nabel herab.

D-F Verschiedene Formen des gesunden Magens bei der Röntgenuntersuchung (schematisch, Kontrastmittel schwarz). In der Magenkuppel sammelt sich meist etwas Luft an, die mit den Speisen geschluckt wurde. Der Röntgenologe nennt sie die „Magenblase".

D „Normaler" Magen.

E „Stierhornform" des Magens bei breitwüchsigem Körperbau.

F „Langmagen" bei schmalwüchsigem Körperbau.

1	Kleine Magenkrümmung	Curvatura gastrica (ventriculi) minor
2	Große Magenkrümmung	Curvatura gastrica (ventriculi) major
3	Speiseröhre, Bauchabschnitt	Oesophagus, Pars abdominalis
4	Pförtnernaher Magenabschnitt	Pars pylorica
5	Magenkörper	Corpus gastricum (ventriculare)
6	Winkeleinschnitt (tiefster Punkt der kleinen Magenkrümmung)	Incisura angularis
7	Magenkuppel	Fundus gastricus (ventricularis)
8	Mageneingang	Ostium cardiacum
9	Mageneingangnaher Magenabschnitt	Pars cardiaca
10	Magenpförtner	Pylorus
11	Zwölffingerdarm, oberer Teil	Duodenum, Pars superior
12	Zwölffingerdarm, absteigender Teil	Duodenum, Pars descendens
13	Zwölffingerdarm, horizontaler (unterer) Teil	Duodenum, Pars horizontalis (inferior)
14	Leber-Zwöffingerdarm-Band	Lig. hepatoduodenale
15	Gallenblasengang	Ductus cysticus
16	Lebergallengang	Ductus hepaticus
17	Pfortader	V. portae hepatis
18	Leberschlagader	A. hepatica propria
19	Linke Magenschlagader	A. gastrica sinistra
20	Linke Magen-Netz-Schlagader	A. gastro-omentalis (-epiploica) sinistra
21	Rechte Magen-Netz-Schlagader	A. gastro-omentalis (-epiploica) dextra

B

A

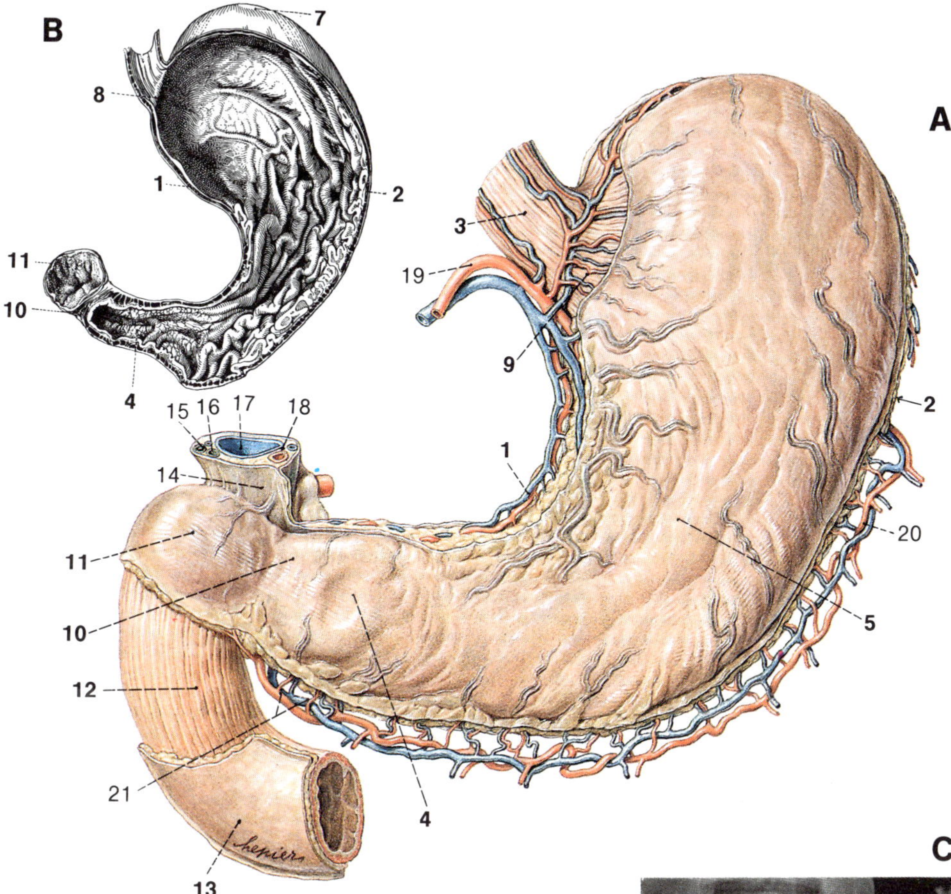

C

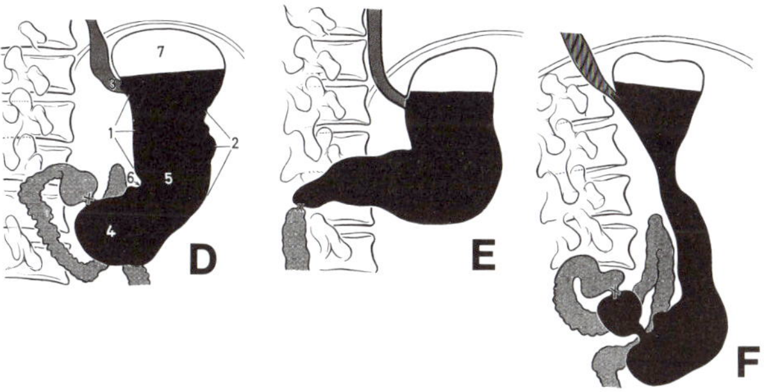

D

E

F

Feinbau der Magenwand

Wichtige Zelltypen der Magenwand:	
• Hauptzelle:	sezerniert Pepsin
• Belegzelle:	sezerniert Salzsäure + Intrinsic-Faktor
• Nebenzelle:	sezerniert Schleim
• endokrine Zelle:	sezerniert Gastrin oder andere Hormone

Nach der Art der Sekretion kann man am Magen drei Bereiche trennen: den Mageneingang, den Körper-Kuppel-Bereich und den Abschnitt vor dem Magenausgang.

• Die *Drüsen des Mageneingangs* (Kardiadrüsen) sondern Schleim ab.

• Die *Drüsen des Magenkörpers* (Korpusdrüsen, ➥ S. 39, G) bilden die Salzsäure und das eiweißspaltende Pepsin. Sie erzeugen ferner Schleim und den Intrinsic-Faktor. Dieser ist zusammen mit dem Vitamin B_{12} für die Bildung der roten Blutkörperchen wichtig. Der Schleim schützt die Magenwand vor der Selbstverdauung. Nach dem Tod erlischt sehr rasch die Schutzfunktion des Magenschleims. Der noch im Magen vorhandene Magensaft löst dann die Schleimhaut auf.

• Die *magenausgangnahen Drüsen* (Pylorusdrüsen) geben ein alkalisches schleimhaltiges Sekret und das Hormon Gastrin ab. Dieses regt die Drüsen im Magenkörper zur Bildung von Salzsäure an.

Magengeschwür: Überschüssige Salzsäure scheint ein wesentlicher Faktor bei der Entstehung von Magengeschwüren zu sein. Ist gleichzeitig nicht genügend schützender Schleim vorhanden, so kann der Magensaft den eigenen Magen andauen. Die Behandlung des Magengeschwürs zielt daher auf eine Minderung der Säurebildung ab:

• Die Säure chemisch zu binden, hilft nur vorübergehend.

• Man kann die (parasympathischen) Nerven ausschalten, welche die Säuresekretion steuern vorübergehend durch Medikamente (H_2-Rezeptorenblocker, z.B. Cimetidin, Ranitidin) oder dauernd durch Operation = Vagotomie.

• Bei der klassischen Magenoperation werden der magenausgangnahe Teil und ein Teil des Magenkörpers entfernt (Billroth-Operation) und damit die Säuresekretion gemindert.

• Erst in letzter Zeit hat man die Rolle der Besiedlung von Magen und Zwölffingerdarm mit dem Bakterium Helicobacter pylori für die Geschwürsbildung erkannt. Dementsprechend gehört heute auch die Einnahme von Antibiotika zur Geschwürsbehandlung.

A Schema des Feinbaus der Magenwand (Vergrößerung etwa 15fach).
B Magenschleimhautoberfläche bei 30facher Vergrößerung. Die Pünktchen (Magengrübchen) sind die Mündungen der Magendrüsen.
C Mikroskopisches Schnittbild der Magenschleimhaut in der Nähe des Übergangs zum Zwölffingerdarm (Vergrößerung 50fach).
D Ausschnitt aus einer Drüse des Magenkörpers bei 500facher Vergrößerung. Die salzsäurebildenden Belegzellen heben sich deutlich von den pepsinbildenden Hauptzellen ab.
E Schleimhautoberfläche des Magens im rasterelektronenmikroskopischen Bild (Vergrößerung etwa 500fach). Man sieht die von einem Wall umgebenen Mündungen der Magendrüsen, die sog. Magengrübchen.

Mikroskopische Bilder einer Magendrüse ➥ S. 39.
Lagebeziehungen des Magens zu den Nachbarorganen ➥ S. 17, 21, 23, 251, 300.
Blutgefäße des Magens ➥ S. 389.
Magen und Bauchfell ➥ S. 247, 251.

1 + 2	Schleimhaut (des Magens)	Tunica mucosa
1	Magendrüsen + Schleimhautbindegewebe	Glandulae gastricae propriae + Lamina propria mucosae
2	Schleimhautmuskelschicht	Lamina muscularis mucosae
3	Unterschleimhaut („Submukosa“)	Tela submucosa
4	Muskelwand, Ringschicht	Tunica muscularis, Stratum circulare
5	Muskelwand, Längsschicht	Tunica muscularis, Stratum longitudinale
6	Bauchfellüberzug	Tunica serosa
7	Magengrübchen	Foveolae gastricae
8	Magenfelder (an der Schleimhautoberfläche)	Areae gastricae
9	Blutgefäße	Vasa sanguinea
10	Magenpförtnerdrüsen	Glandulae pyloricae
11	Belegzelle	Exocrinocytus parietalis
12	Hauptzelle	Exocrinocytus principalis
13	Schleimhautbindegewebe („Propria“)	Lamina propria mucosae
14	Lichtung der Drüse	[Lumen glandulae]

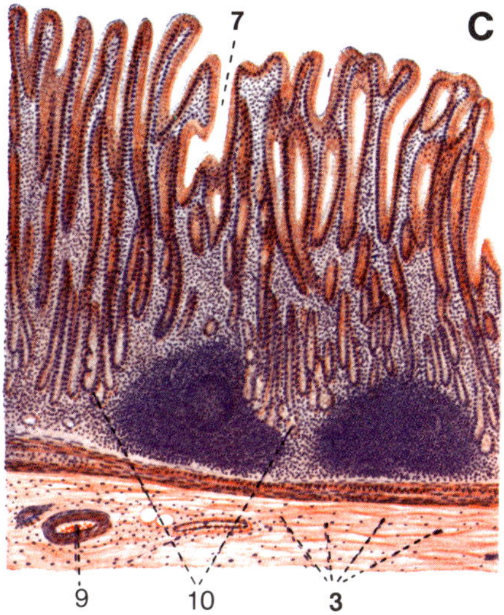
C
7
9
10
3

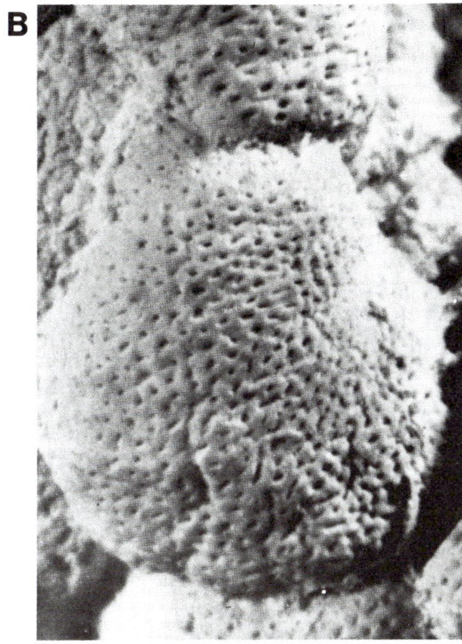
B

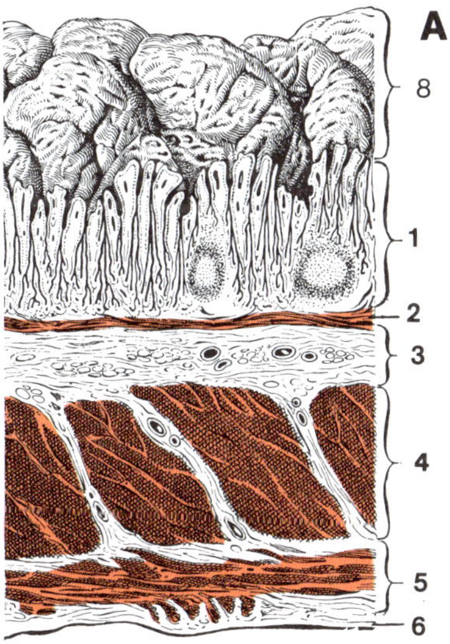
A
8
1
2
3
4
5
6

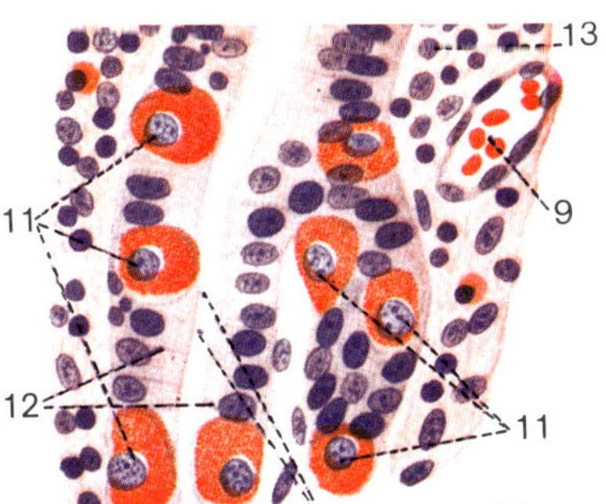
13
11
9
12
11
14
D

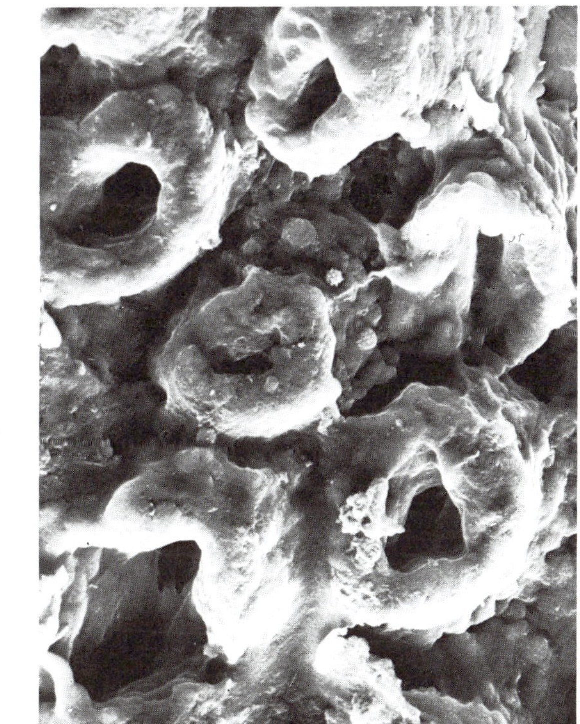
E

Bauchfell
Die meisten Bauchorgane sind mehr oder weniger ausgedehnt vom Bauchfell überzogen. Das Bauchfell schafft eine glatte äußere Oberfläche für eine gute Verschieblichkeit. Diese ist nötig, weil:
• die Größe der einzelnen Abschnitte des Magen-Darm-Kanals sich je nach Füllungszustand ändert.
• der Darm in ständiger Bewegung ist, um die Nahrung mit den Verdauungssäften zu durchmischen. Legt man das Ohr an die Bauchwand, so hört man gluckernde Geräusche von der Bewegung des Darminhalts. „Totenstille" im Bauchraum ist ein Zeichen der gefürchteten Darmlähmung, die sofortiges ärztliches Eingreifen erfordert.
Das Bauchfell darf die Bauchorgane jedoch nicht vollständig bedecken: Es müssen auch Blut- und Lymphgefäße sowie Nerven usw. an sie herantreten. Der Darm benötigt viel Blut. Die Deckzellen der Darmschleimhaut arbeiten so intensiv, daß sie schon nach Stunden bis wenigen Tagen „verbraucht" sind und durch neue ersetzt werden müssen. (Wegen der lebhaften Zellteilung ist der Darm besonders leicht durch Strahlen zu schädigen.). Der Darm ist daher durch einen Haftstiel (*Gekröse,* Mesenterium) mit der hinteren Bauchwand verbunden, in dem die Blut- und Lymphgefäße sowie Nerven verlaufen. Dieser Haftstiel ist auf beiden Seiten von Bauchfell bedeckt, das einen lückenlosen Sack darstellt, in den die Bauchorgane gewissermaßen „eingeschoben" sind. Die Bauchorgane teilt man nach den Gekröseverhältnissen in zwei Gruppen ein:
• Als *intraperitoneal* bezeichnet man Bauchorgane, die nahezu völlig mit Bauchfell überzogen und nur durch ein Gekröse mit der hinteren Bauchwand verbunden sind.
• *Retroperitoneal* nennt man Organe, die nur auf einer Seite mit Bauchfell überzogen, sonst aber breit mit der Bauch- oder Beckenwand verwachsen sind.

Intraperitoneale Organe:	*Retroperitoneale Organe:*
• Magen • Leerdarm • Krummdarm • Blinddarm • Wurmfortsatz • querer + S-förmiger Teil des Dickdarms • Leber* • Milz • Eierstöcke • Eileiter • Gebärmutter	• Zwölffingerdarm • auf- und absteigender Teil des Dickdarms • Bauchspeicheldrüse • Nieren • Nebennieren • Harnblase • Mastdarm

* mit gewisser Einschränkung wegen der breiten Verwachsung mit dem Zwerchfell

A Überblick über den Verdauungskanal. Leber rot, Gallenwege grün, Bauchspeicheldrüse gelb.
B Schema vom Wandbau des Darms. Bei der Speiseröhre hatten wir als Schichten die Schleimhaut, die Muskelwand und die bindegewebige Hülle genannt. Im Bauchraum kommt als weitere Schicht das Bauchfell hinzu.
C + D Fotos der Bauchhöhle einer Leiche nach Wegnahme der Bauchwand. In **C** sieht man oben die Leber und den Magen. Vom Querteil des Dickdarms hängt das große Netz wie eine Schürze vor dem Dünndarm. Schlägt man das frei bewegliche große Netz nach oben (**D**), so wird der Dünndarm sichtbar.

1 Speiseröhre .... Oesophagus
2 Magen .... Gaster (Ventriculus)
3 Leber .... Hepar
4 Gallenblase .... Vesica biliaris (fellea)
5 Lebergallengang .... Ductus hepaticus
6 Bauchspeichelgang .... Ductus pancreaticus
7 Dünndarm .... Intestinum tenue
8 Krummdarm-Blinddarm-Klappe (Bauhin-Klappe) .... Valva ileocaecalis (ilealis)
9 Blinddarm .... Caecum
10 Wurmfortsatz .... Appendix vermiformis
11 Dickdarm, aufsteigender Teil .... Colon ascendens
12 Dickdarm, Querteil .... Colon transversum
13 Dickdarm, absteigender Teil .... Colon descendens
14 Dickdarm, S-förmiger Teil (= Sigma) .... Colon sigmoideum
15 Mastdarm .... Rectum
16 Gekröse .... Mesenterium
17 Schleimhautmuskelschicht .... Lamina muscularis mucosae
18 Unterschleimhaut („Submukosa") .... Tela submucosa
19 Muskelwand, Ringschicht .... Tunica muscularis, Stratum circulare
20 Muskelwand, Längsschicht .... Tunica muscularis, Stratum longitudinale
21 Unterbauchfell (Verschiebeschicht unter dem Bauchfell) .... Tela subserosa
22 Ringfalte der Darmschleimhaut (Kerckring-Falte) .... Plica circularis

A

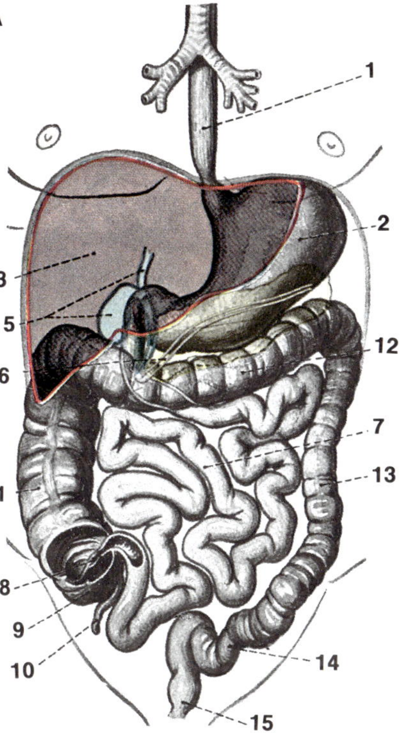

B

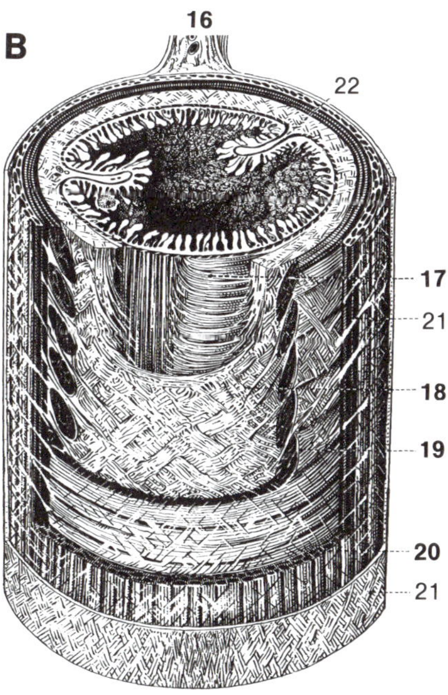

C

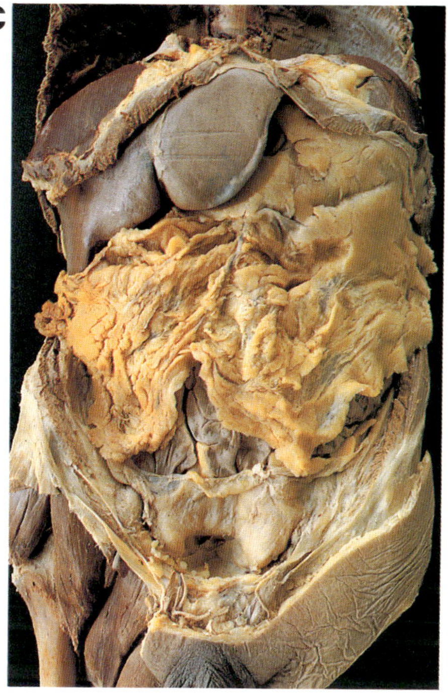

D

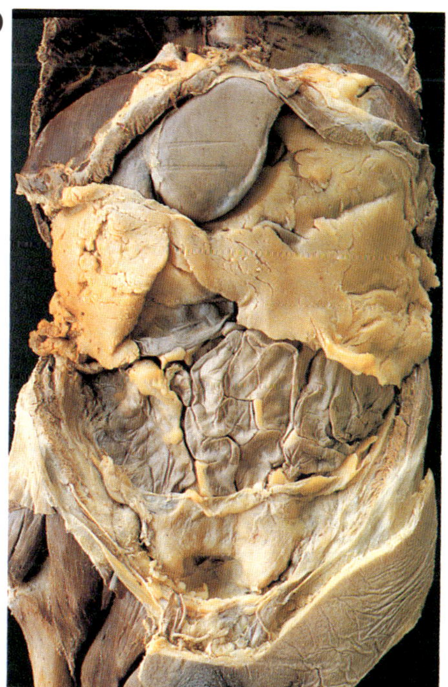

Dünndarm

Die drei Hauptabschnitte des Dünndarms sind:
- Zwölffingerdarm (Duodenum)
- Leerdarm (Jejunum)
- Krummdarm (Ileum)

Der Zwölffingerdarm ist etwa so lang wie 12 Finger breit sind. In ihn münden die Ausführungsgänge der großen Verdauungsdrüsen (Leber und Bauchspeicheldrüse) ein. Im Gegensatz zu den folgenden intraperitonealen Dünndarmabschnitten liegt er retroperitoneal (➥ S. 232). Leerdarm und Krummdarm gehen ohne scharfe Grenze ineinander über.

Schichten der Darmwand

Die Reihenfolge der Wandschichten ist im gesamten Magen-Darm-Kanal von der Speiseröhre bis zum Afterkanal gleich: 3 Hauptschichten, dazwischen 2 Verschiebeschichten:

① *Schleimhaut* („Mukosa"):
- Deckgewebe (Speiseröhre und After mehrschichtiges Plattenepithel, Magen und Darm hohes einschichtiges Epithel),
- Bindegewebeschicht („Propria"),
- Muskelschicht der Schleimhaut (Längsmuskeln).

② *Unterschleimhaut* („Submukosa"): Verschiebeschicht unter der Schleimhaut mit Blut- und Lymphgefäßen, Nerven und Drüsen.

③ *Muskelwand* („Muskularis"): obere Speiseröhre quergestreifte, sonst glatte Muskulatur:
- Ringschicht (innen),
- Längsschicht (außen).

④ *Unterbauchfell* („Subserosa"): Verschiebeschicht unter dem Bauchfell mit Blut- und Lymphgefäßen sowie Nerven.

⑤ *Bauchfell* („Serosa") oder *Hüllgewebe* („Adventitia").

Oberflächenvergrößerung

Alle Stoffwechselvorgänge vollziehen sich an Oberflächen. (Wo etwas „wechseln" soll, muß eine Kontaktfläche vorhanden sein.) Je größer die Oberfläche ist, desto mehr Stoffe können ausgetauscht werden. Bei den Drüsen hatten wir dieses Prinzip bereits kennengelernt: Drüsen vergrößern ihre innere Oberfläche durch Verlängern und Verzweigen des Drüsenschlauchs. Die großen „Darmdrüsen", Leber und Bauchspeicheldrüse, haben sich so vom Darm ausgehend zu selbständigen Organen entwikkelt.

Wenn es aber nicht um das Absondern von Verdauungssäften, sondern umgekehrt um das Aufnehmen von aufgeschlossenen Nahrungsbestandteilen geht, so nützt Oberflächenvergrößerung abseits vom Darm nichts. Die Darmoberfläche selbst muß größer werden. Dies geschieht einmal durch Faltenbildung. Im Dünndarm als dem Hauptaufnahmeorgan reicht diese nicht aus. Die Oberfläche wird durch
- *Zotten* (fingerartige Ausstülpungen) und
- *Krypten* (Einstülpungen)

weiter vergrößert. Wurde die Darmoberfläche durch die Falten nur um ein Drittel vergrößert, so steigt sie durch die Zotten auf das Siebenfache an und beträgt nun etwa 4 m^2. Durch den feinen „Bürstensaum" (Mikrovilli) der Deckzellen wird die Oberfläche noch weiter vergrößert (➥ S. 29). Im Grundgewebe der Zotte liegen auch glatte Muskelzellen. Durch sie kann die Zotte in der Längsrichtung verkürzt werden. Dabei werden die Blut- und Lymphgefäße ausgepreßt. Dadurch wird der Abstrom der aufgenommenen Nahrungsbestandteile gefördert („Zottenpumpe").

A Schleimhautbild im mittleren Dünndarmabschnitt (Leerdarm = Jejunum). Hohe Ringfalten, mit Zotten besetzt.
B Mikroskopisches Schnittbild der Wand des mittleren Dünndarmabschnitts bei etwa 20facher Vergrößerung.
C Räumliche Darstellung von Zotten des Dünndarms bei etwa 70facher Vergrößerung.
D Mikroskopisches Schnittbild einer Darmkrypte bei 300facher Vergrößerung.

1	Ringfalte der Darmschleimhaut	Plica circularis
2	Darmzotte	Villus intestinalis
3	Schleimhautmuskelschicht	Lamina muscularis mucosae
4	Unterschleimhaut (Submukosa)	Tela submucosa
5	Muskelwand	Tunica muscularis
6	Lymphknötchen	Nodulus (Folliculus) lymphaticus
7	Deckzelle (einschichtiges Säulenepithel)	Epitheliocytus columnaris villi
8	Becherzelle	Exocrinocytus caliciformis
9	Paneth-Körnerzelle	Exocrinocytus cum granulis acidophilicis
10	Vene	Vena
11	Schlagäderchen	Arteriola
12	Lymphgefäß	Vas lymphaticum

B

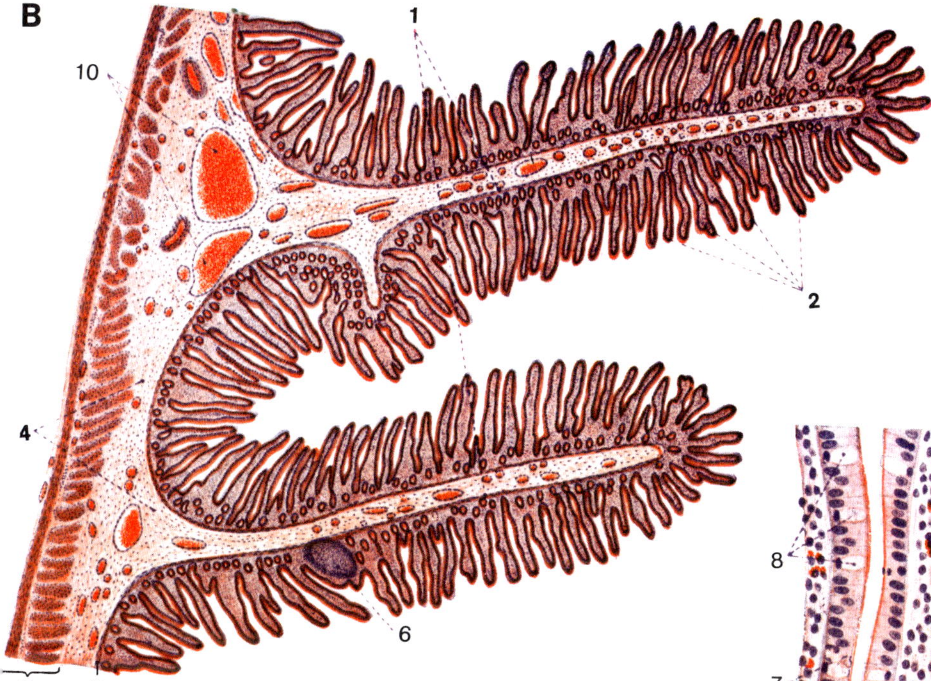

D

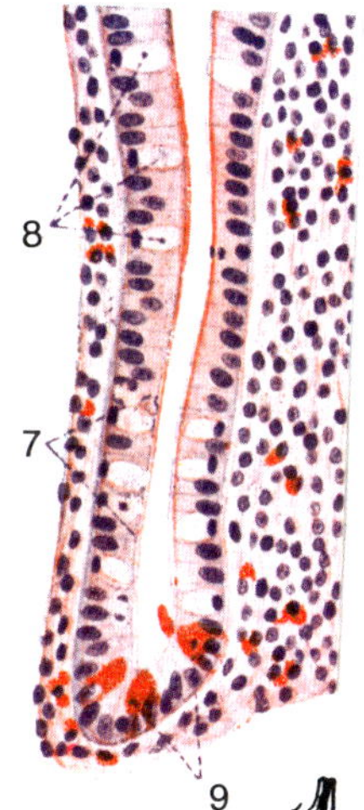

C

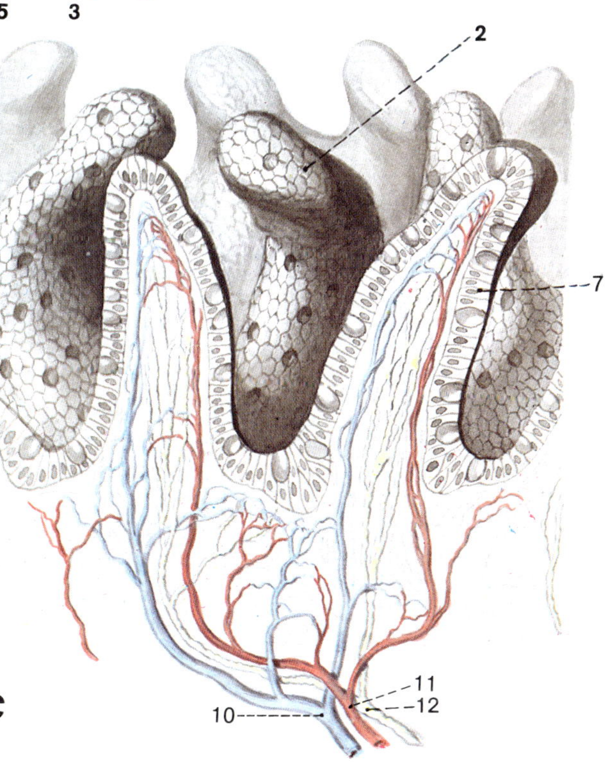

A

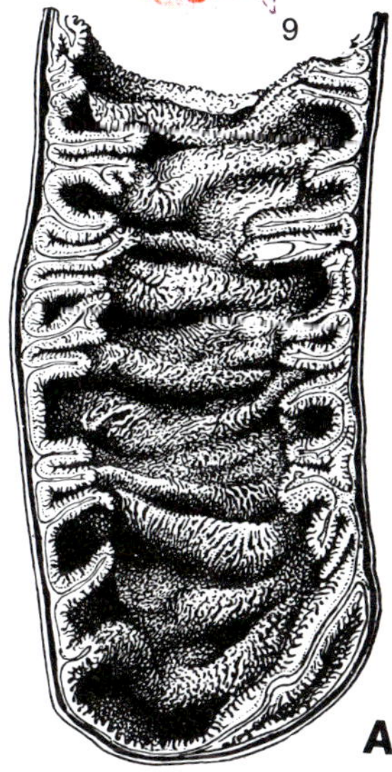

Bewegungen im Magen-Darm-Kanal

Hauptbewegungsformen:
- Mischbewegungen (Pendelbewegungen + Segmentierungsbewegungen)
- peristaltische Welle
- Feineinstellung der Schleimhaut
- Zottenpumpe

• *Mischbewegungen* dienen dem Durchmischen des Speisebreis mit den Verdauungssäften. In der Küchenmaschine verwenden wir ein Rührwerk, das sich um die eigene Achse dreht. Eine derartige Konstruktion kommt in der Natur nicht vor. Sie ist nicht möglich, weil lebendes Gewebe ernährt werden muß. Ein Organ, das sich um mehr als 360° dreht, klemmt dabei seine Blutgefäße ab. Die Folge ist der Tod des Organs. Dies zeigt anschaulich die sog. Darmverschlingung: Dreht sich eine Darmschlinge zu sehr um ihre eigene Achse, so dreht sie dabei ihre eigene Lichtung zu, vor allem aber auch ihre Blutgefäße. Nur die sofortige Operation kann den Patienten retten. Mischbewegungen im Darm gehen also viel einfacher vor sich, in dem sich die Ringmuskulatur einmal an der einen, dann an einer anderen Stelle zusammenzieht (Segmentierungsbewegung). Wird dann auch noch die Längsmuskelschicht eingesetzt, so schaukelt der Darminhalt hin und her (Pendelbewegung). Da der Darminhalt Gase enthält, hört man bei den Mischbewegungen laufend blubbernde Geräusche. Die „Totenstille" im Bauchraum weist auf eine Darmlähmung hin.

• Mit der *peristaltischen Welle* wird der Darminhalt in einer Richtung (vom Mund zum After) weiterbefördert. Wenn sich nebeneinanderliegende Teile der Ringmuskeln nicht gleichzeitig, sondern kurz nacheinander zusammenziehen, schieben sie den Inhalt des Schlauchs weiter. Vor den Ringmuskeln kontrahieren sich die Längsmuskeln. Dadurch wird ein Darmabschnitt verkürzt, aber gleichzeitig auch weiter. Die Mischbewegungen werden von Zeit zu Zeit von einer derartigen peristaltischen Welle unterbrochen, um den Speisebrei weiterzubewegen. Als „Antiperistaltik" bzeichnet man eine Umkehrung der Bewegungsrichtung der peristaltischen Welle, z.B. beim Erbrechen.

• Die *Feineinstellung der Schleimhaut* erfolgt mit deren zarter Muskelschicht. Die Schleimhaut kann so z.B. einem mitgeschluckten Knochensplitter oder einer Fischgräte ausweichen (lebensnotwendig für Raubtiere!).

• *Zottenpumpe* ➡ S. 234.

A Blutversorgung einer Darmschlinge.

B Blutgefäßnetz einer Darmzotte. Zwei kleine Schlagadern (schwarz) dringen bis zur Zottenspitze vor und gehen über ein Kapillarnetz (weiß) in zwei Venen (gepunktet) über. Hauptaufgabe der Zotten ist die Aufnahme der zu einfachen Bestandteilen abgebauten Nahrung:

• Die Eiweiße werden als Aminosäuren, die Kohlenhydrate als einfache Zucker von den Zotten resorbiert. Sie gelangen dann mit dem venösen Blut über die Pfortader zur Leber. Dort werden sie vorübergehend gespeichert oder zu körpereigenen Stoffen umgebaut und wieder an das Blut abgegeben.

• Einen anderen Weg nehmen die Fette. Sie werden nicht über das Blut, sondern auf dem Lymphweg abtransportiert. Die Lymphbahnen des Darms vereinigen sich mit anderen Lymphbahnen zum Milchbrustgang (die Fetttröpfchen geben der Lymphe ein milchiges Aussehen). Er mündet in den linken Halsvenenwinkel ein. Erst dort werden die Fette in kleinen Tröpfchen dem Blut beigemischt.

C Flachschnitt durch Krypten des Dünndarms (Vergrößerung 150fach).

D Blinddarm mit Bauhin-Klappe und Wurmfortsatz. Der Wurmfortsatz ist eigentlich ein verkümmerter Abschnitt des bei Pflanzenfressern großen Blinddarms. Er hat beim Menschen eine neue Aufgabe als Abwehrorgan gefunden.

E Foto der Verzweigung der oberen Gekröseschlagader an den Darm. Das Bauchfell und das Bindegewebe des Dünndarmgekröses wurden entfernt, um die Blutgefäße sichtbar zu machen. Der Querdickdarm ist über Magen und Leber hochgeschlagen, um die Gesamtverzweigung zu zeigen. Man vergleiche mit der schematisierten Zeichnung auf S. 243, A. Die obere Gekröseschlagader versorgt Leerdarm und Krummdarm und etwa die Hälfte des Dickdarms. Wird sie durch eine Embolie plötzlich verschlossen („akuter Mesenterialinfarkt"), so entsteht wegen der Gefahr des Absterbens von Darmteilen ein lebensbedrohlicher Zustand, der eine sofortige Operation erfordert.

1 Wurmfortsatz .... Appendix vermiformis
2 Krummdarm-Blinddarm-Klappe (Bauhin-Klappe) .... Valva ileocaecalis (Valva ilealis)
3 Fettanhängsel .... Appendix epiploica (omentalis)
4 Bandstreifen (Längsmuskel der Dickdarmwand) .... Taenia

5 Zügel der Krummdarm-Blinddarm-Klappe .... Frenulum valvae ilealis
6 Mündung des Wurmfortsatzes .... Ostium appendicis vermiformis
7 Wurmfortsatzgekröse .... Meso-appendix

B

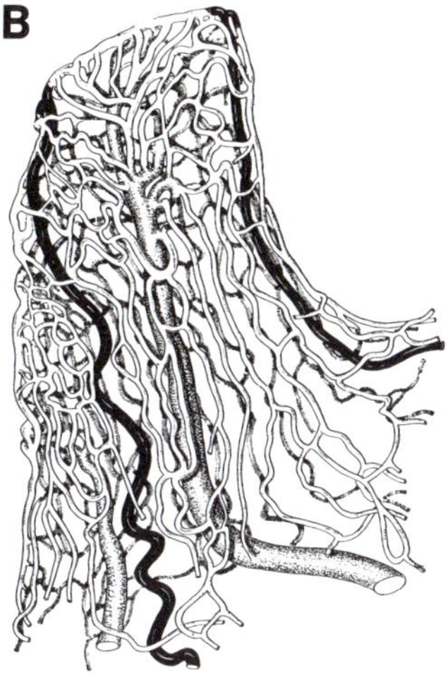

A

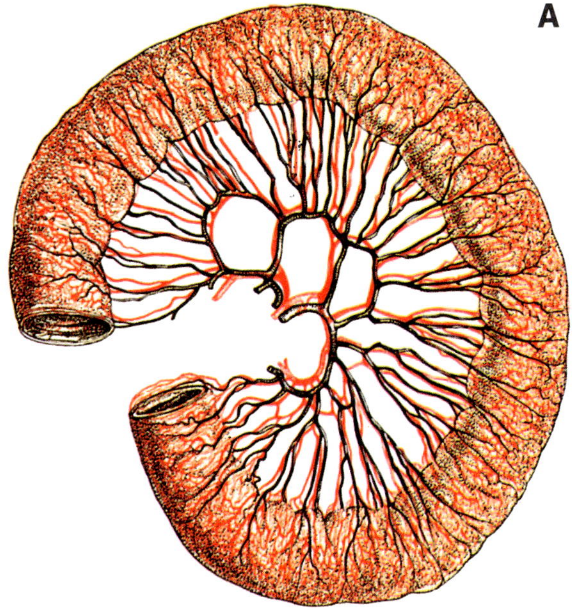

D

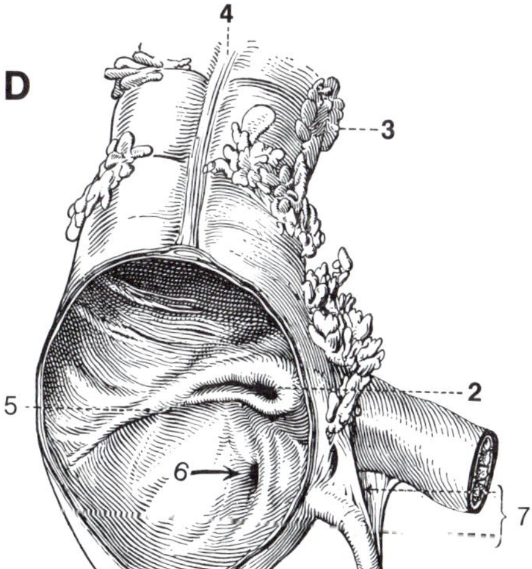

C

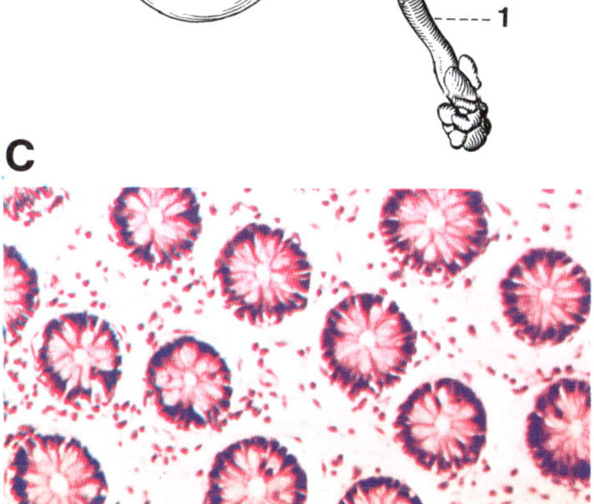

E

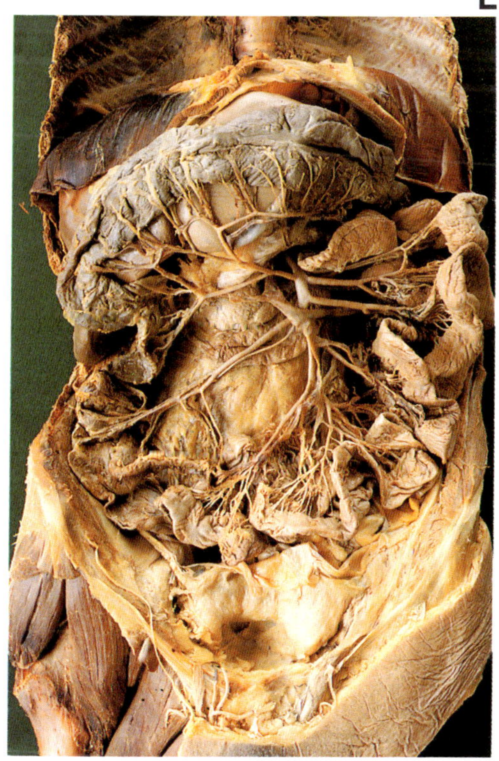

Dickdarm

Die Hauptabschnitte des Dickdarms sind:
- Blinddarm (Zäkum) mit Wurmfortsatz
- Grimmdarm (Kolon) mit 4 Unterabschnitten: aufsteigender Teil, Querteil, absteigender Teil, S-förmiger Teil (Sigma)
- Mastdarm (Rektum)

Die Bezeichnung Grimmdarm wird vom Arzt wenig gebraucht. Er spricht vereinfachend gewöhnlich vom Dickdarm, z.B. Querdickdarm statt Quergrimmdarm. Deshalb wurde in diesem Buch ebenso verfahren.

Der Dünndarm baut die Nahrung zu einfachen Bestandteilen ab und saugt diese auf. Er vollzieht diese Aufgabe sehr gründlich, so daß für den Dickdarm wenig zu leisten übrig bleibt. Seine Schleimhautoberfläche ist daher nicht durch Zotten vergrößert. Lediglich Krypten für Schleimdrüsen sind vorhanden. Im Dickdarm wird der verbleibende Speisebrei durch *Wasserentzug* eingedickt. Gleichzeitig wird ihm *Schleim* beigemengt, um ihn als Kot gut gleitfähig zu machen. Bei Entzündungen des Dickdarms kann die Schleimabsonderung so stark werden, daß reine „Schleimstühle" abgesetzt werden. Auch ohne Nahrungszufuhr entsteht aus Schleim und abgeschilferten Darmzellen „Stuhl".

Der Dickdarm unterscheidet sich vom Dünndarm durch die reichliche Besiedlung mit *Bakterien* (vor allem Kolibakterien). Sie sind im Darm harmlos, können aber in anderen Organen gefährliche Entzündungen hervorrufen. Durch die Darmbakterien werden einige von den Verdauungssäften nicht angreifbare Nahrungsbestandteile (z.B. manche Faserstoffe) gespalten und dadurch aufnahmefähig gemacht. Dieser Vorgang ist für den Menschen ohne Bedeutung. Anders ist dies bei reinen Pflanzenfressern, die auf die Vergärung ihrer Nahrung durch Bakterien angewiesen sind. Trotzdem ist auch beim Menschen eine gesunde „Darmflora" für das Wohlbefinden wichtig. Wird diese Flora, z.B. durch Antibiotika, gestört, so treten leicht Durchfallerkrankungen auf. Der Dickdarm ist beim Lebenden etwa 1 Meter lang.

A Überblick über den Dickdarm (schematisch nach Röntgenbildern).

B Röntgenbild des Dickdarms (Kontrastbreieinlauf). Die Bakterienbesiedlung des Dickdarms soll nicht auf den Dünndarm übergreifen. Deshalb ist zwischen Dünn- und Dickdarm eine Klappe eingebaut. Sie läßt den Flüssigkeitsstrom normalerweise nur in einer Richtung zu: Die *Bauhin-Klappe* ist so in den Dickdarm eingestülpt, daß bei höherem Druck im Dünndarm Brei in den Dickdarm übertreten kann. Bei höherem Druck im Dickdarm wird die Klappe geschlossen. Bei der Röntgenuntersuchung des Dickdarms kann man allerdings den Rückstrom kleiner Kontrastmittelmengen in den Dünndarm beobachten.

C Lage des Dickdarms im Bauchraum, von der linken Seite betrachtet. Die Muskelwand des Dickdarms weist eine Besonderheit auf: Die Längsmuskelschicht hüllt nicht das ganze Darmrohr gleichmäßig dick ein, sondern ist zu drei *Bandstreifen* zusammengefaßt, die am Dickdarm entlanglaufen. Einen dieser Bandstreifen kann man im Bild gut erkennen. Die Ringmuskeln schnüren tiefe Falten ein, zwischen denen sich die Darmwand ausbuchtet. Diese Einschnürungen sind nicht starr. Jeweils andere Abschnitte der Ringmuskeln ziehen sich zusammen.

Der Chirurg unterscheidet den Dickdarm vom Dünndarm an:
- Bandstreifen
- Ausbuchtungen
- Fettanhängseln

D Mikroskopisches Schnittbild der Dickdarmwand (Vergrößerung 33fach).

E Oberfläche der Dickdarmschleimhaut (rasterelektronenmikroskopisches Bild). Man sieht die Mündungen der Darmkrypten.

1	Blinddarm	Caecum
2	Dickdarm, aufsteigender Teil	Colon ascendens
3	Rechte Dickdarmbiegung	Flexura coli dextra
4	Dickdarm, Querteil	Colon transversum
5	Linke Dickdarmbiegung	Flexura coli sinistra
6	Dickdarm, absteigender Teil	Colon descendens
7	Dickdarm, S-förmiger Teil (Sigma)	Colon sigmoideum
8	Mastdarm	Rectum
9	Wurmfortsatz	Appendix vermiformis
X	Krummdarm-Blinddarm-Klappe (Bauhin-Klappe)	Valva ileocaecalis (ilealis)
10	Krummdarm (unterer Dünndarmabschnitt)	Ileum
11	Schleimhaut	Tunica mucosa
12	Unterschleimhaut (Submukosa)	Tela submucosa
13	Muskelwand, Ringschicht	Tunica muscularis, Stratum circulare
14	Muskelwand, Längsschicht	Tunica muscularis, Stratum longitudinale

C

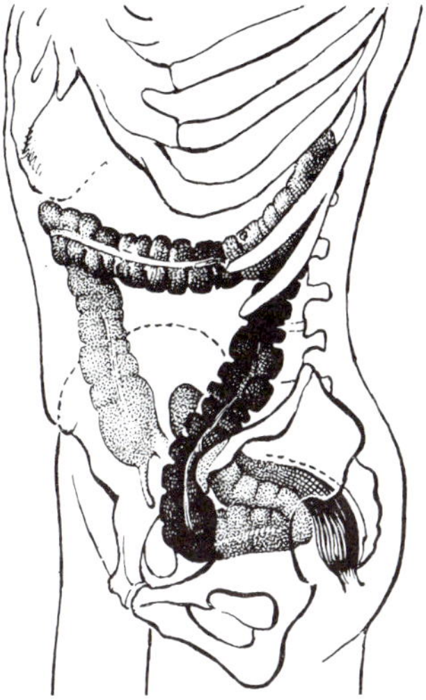

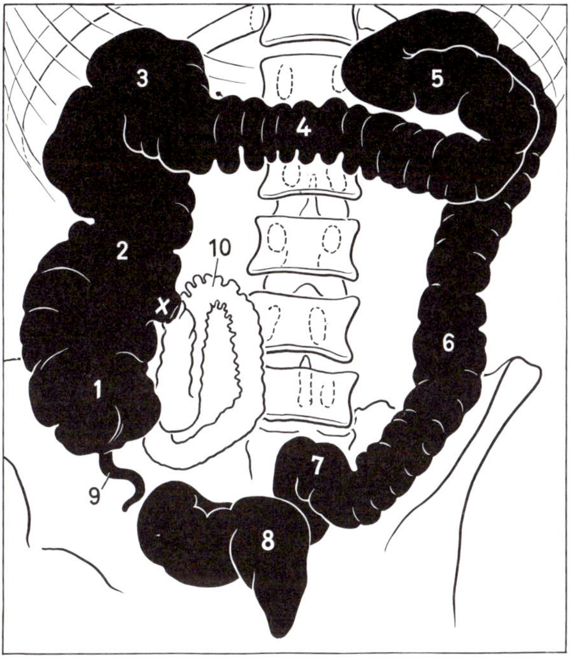

A

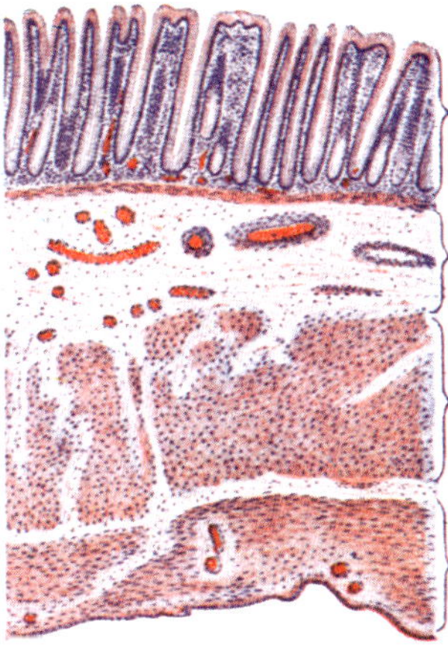

D

B

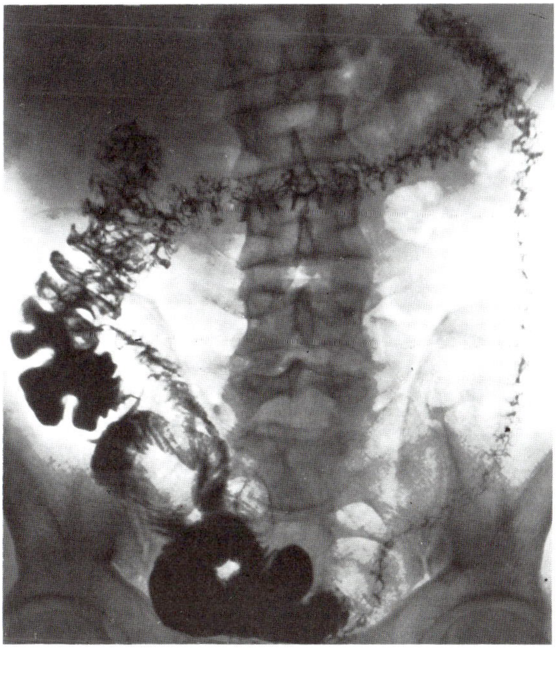

E

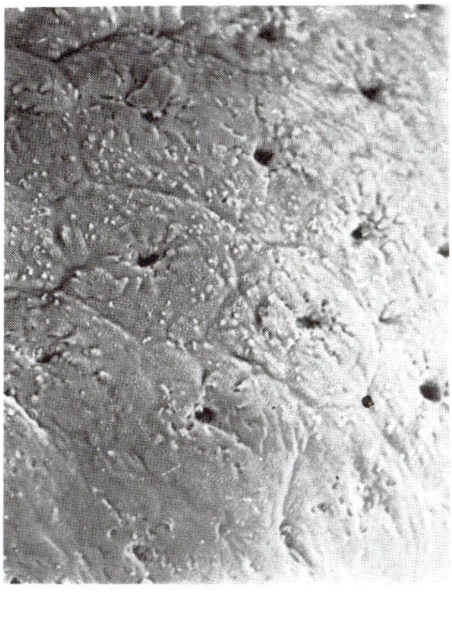

Wurmfortsatz

> Der Wurmfortsatz enthält in seiner Wand reichlich lymphatisches Gewebe

Er steht damit den Mandeln nahe und wurde auch als „Darmmandel“ bezeichnet. Lymphatisches Gewebe kommt in allen Darmabschnitten vor („darmassoziiertes lymphatisches Gewebe“, gewöhnlich nach der englischen Bezeichnung abgekürzt als GALT), im Wurmfortsatz aber besonders reichlich. Als Abwehrorgan kann der Wurmfortsatz auch einmal von den Angreifern, den Bakterien, überwältigt werden. Bei der *akuten Wurmfortsatzentzündung* (meist nicht ganz korrekt „Blinddarmentzündung“ genannt) droht der Durchbruch der Eiterung durch die Wand. Dies hätte die Verbreitung der Krankheitserreger in der Bauchfellhöhle und damit eine lebensbedrohende Bauchfellentzündung zur Folge. In diesem Fall hilft nur die sofortige Operation (Appendektomie). Die Wurmfortsatzentfernung und die Leistenbruchoperation sind die beiden häufigsten Operationen im Bauchbereich. Jeder Schmerz im rechten Mittel- und Unterbauch sollte grundsätzlich an eine Wurmfortsatzentzündung denken lassen.

A Lage von Blinddarm und Wurmfortsatz im Bauchraum.

B Projektion von Wurmfortsatz, Blinddarm und aufsteigendem Dickdarm auf die Körperoberfläche. Es sind 6 verschiedene mögliche Lagen des Wurmfortsatzes angegeben.

C Typische Druckschmerzpunkte bei der Wurmfortsatzentzündung:

- *McBurney-Punkt* in der Mitte zwischen Nabel und rechtem vorderem oberen Darmbeinstachel,
- *Lanz-Punkt* am rechten Drittelpunkt der Verbindungslinie der beiden vorderen oberen Darmbeinstachel.

Im Zuge von Entwicklungshemmungen (mangelhafte Drehung der Nabelschleife des Darms, ➥ S. 246/247) kann der Blinddarm mit dem Wurmfortsatz atypisch liegen, sogar auf der linken Seite. Dann ist natürlich auch der Schmerz entsprechend verschoben. Denkt der Arzt nicht an diese Möglichkeit, kann dies zu Fehldiagnosen führen.

D Querschnitt durch den Wurmfortsatz (10fache Vergrößerung).

D

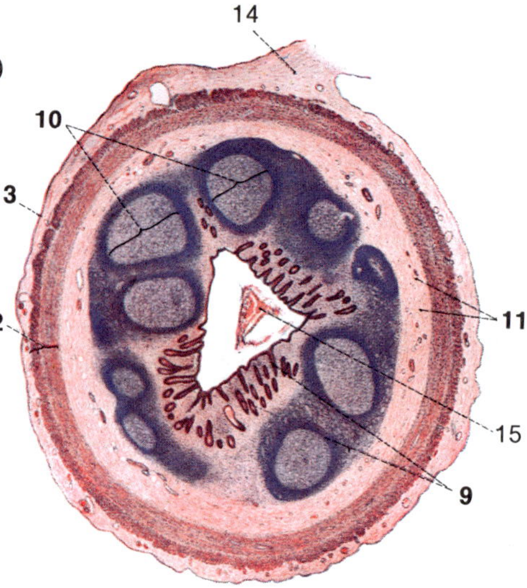

1	Zwölffingerdarm (unter dem Bauchfell)	Duodenum
2	Leerdarm	Jejunum
3	Krummdarm	Ileum
4	Blinddarm	Caecum
5	Wurmfortsatz	Appendix vermiformis
6	Dickdarm, aufsteigender Teil	Colon ascendens
7	Dickdarm, S-förmiger Teil (Sigma)	Colon sigmoideum
8	Dünndarmgekröse	Mesenterium
9	Darmdrüsen (Krypten)	Glandulae (Cryptae) intestinales
10	Vereinigte Lymphknötchen des Wurmfortsatzes	Folliculi lymphatici aggregati appendicis vermiformis
11	Unterschleimhaut (Submukosa)	Tela submucosa
12	Muskelwand	Tunica muscularis
13	Bauchfell	Peritoneum
14	Wurmfortsatzgekröse	Meso-appendix
15	Lichtung	[Lumen]
16	Eierstockaufhängeband	Lig. suspensorium ovarii
17	Freier Bandstreifen	Taenia libera
18	Fettanhängsel	Appendices epiploicae (omentales)

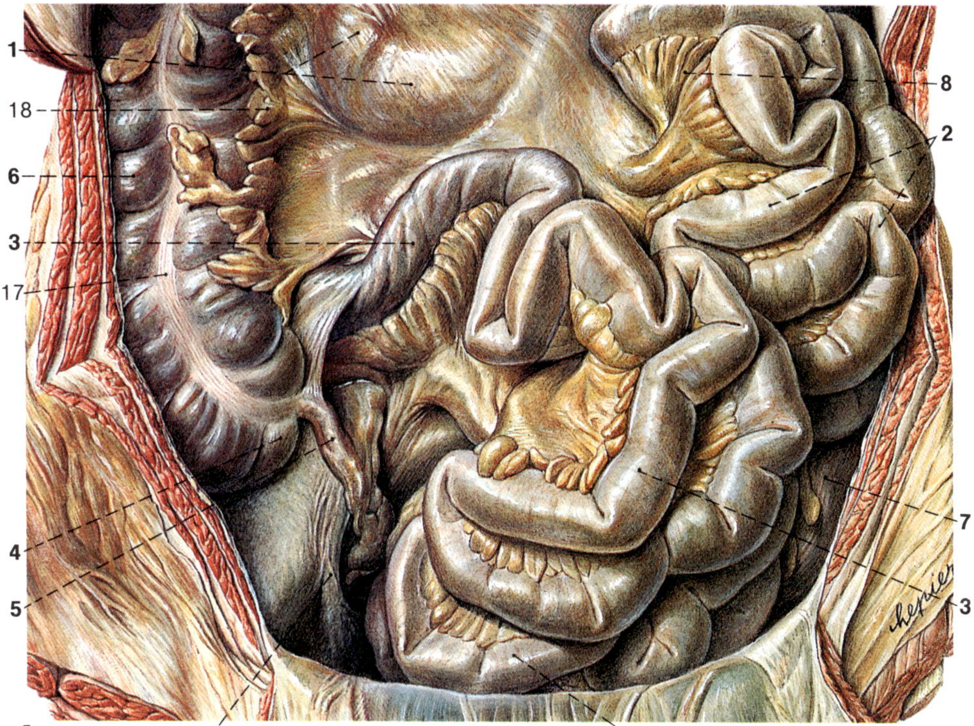

A

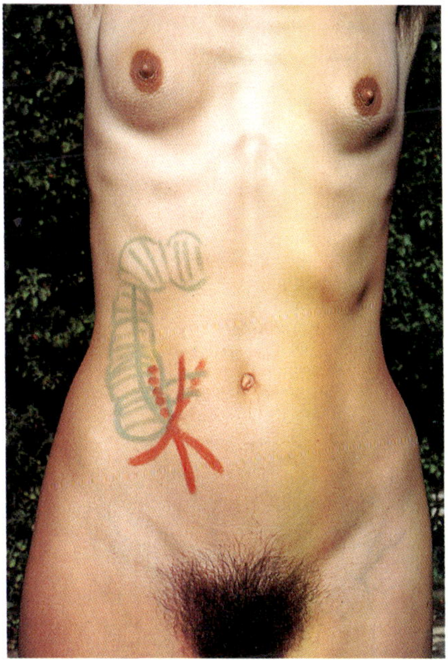

B

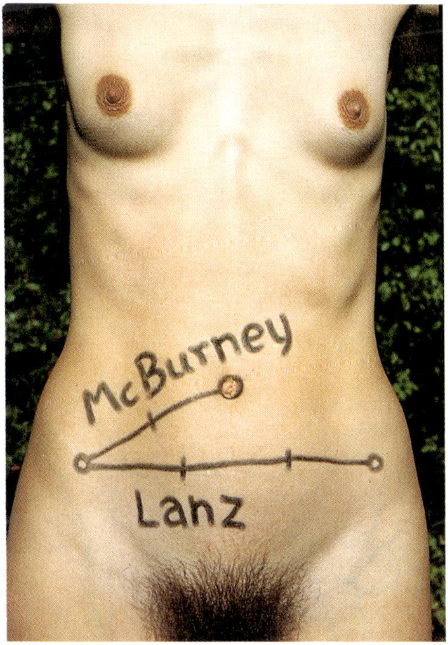

C

A Blutversorgung von Dünn- und Dickdarm aus der oberen Gekröseschlagader (➡ S. 237, A).

B Schema der Gefäßverzweigung am Dickdarm.

C Linker Unterbauch. Der Dünndarm ist abgeschnitten. Der absteigende und der S-förmige Teil des Dickdarms sind zur Seite gezogen. Ein Fenster im Bauchfell gibt den Blick auf die Teilung der Aorta sowie auf die linke Niere und deren Harnleiter frei.

D Projektion der großen Schlagadern der Verdauungsorgane auf die Körperoberfläche.

E Horizontales Magnetschichtbild (NMR-Bild) auf Höhe des 1. Lendenwirbelkörpers. Man sieht den rechten Leberlappen, den Darm mit Gekrösen, beide Nieren mit Nierenvenen, die Milz und die Aorta. Der Schnitt liegt etwas oberhalb des Schnitts durch eine Leiche auf S. 301, B.

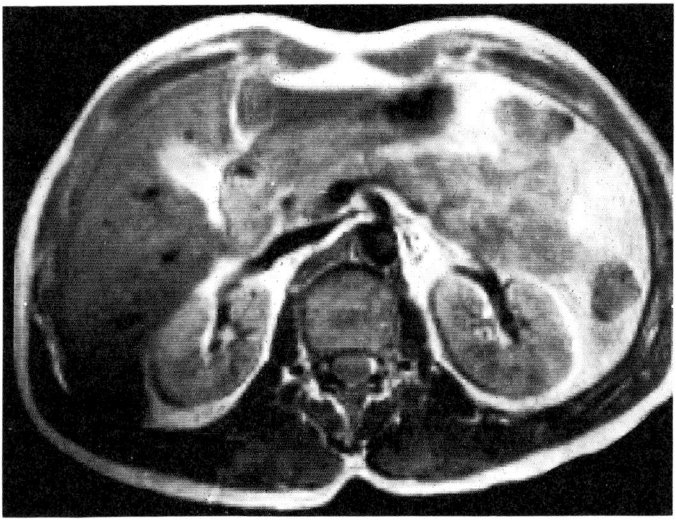

E

1	Bauchaorta	Pars abdominalis aortae
2	Obere Gekröseschlagader	A. mesenterica superior
3	Untere Gekröseschlagader	A. mesenterica inferior
4	Leerdarm (mittlerer Teil des Dünndarms)	Jejunum
5	Niere	Ren (Nephros)
6	Nierenvene	V. renalis
7	Harnleiter	Ureter
8	Gemeinsame Beckenvene	V. iliaca communis
9	Untere Bauchspeicheldrüsen-Zwölffingerdarm-Schlagader	A. pancreaticoduodenalis inferior
10	Leerdarmschlagadern	Aa. jejunales
11	Krummdarmschlagadern	Aa. ileales
12	Wurmfortsatzschlagader	A. appendicularis
13	Krummdarm-Dickdarm-Schlagader	A. ileocolica
14	Rechte Dickdarmschlagader	A. colica dextra
15	Mittlere Dickdarmschlagader	A. colica media
16	Linke Dickdarmschlagader	A. colica sinistra
17	Sigmaschlagadern	Aa. sigmoideae
18	Obere Mastdarmschlagader	A. rectalis superior
19	Zwölffingerdarm-Leerdarm-Übergang	Flexura duodenojejunalis
20	Querdickdarmgekröse	Mesocolon transversum
21	Wurmfortsatzgekröse	Meso-appendix
22	Untere Gekrösevene	V. mesenterica inferior
23	Grenzstrang des Sympathikus	Truncus sympatheticus
24	Oberes Beckengeflecht der autonomen Nerven	Plexus hypogastricus superior (N. presacralis)

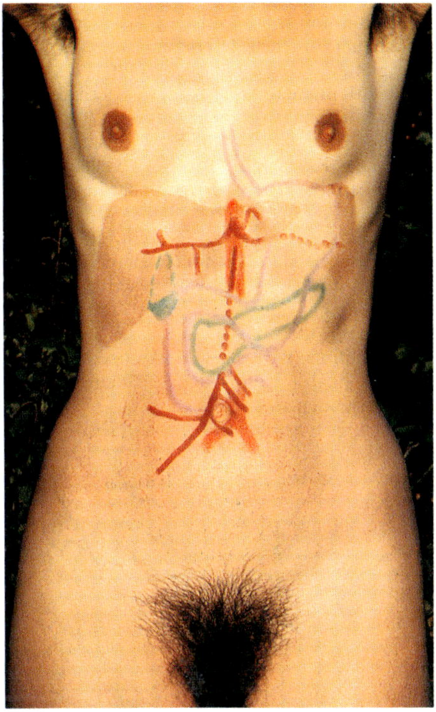

D

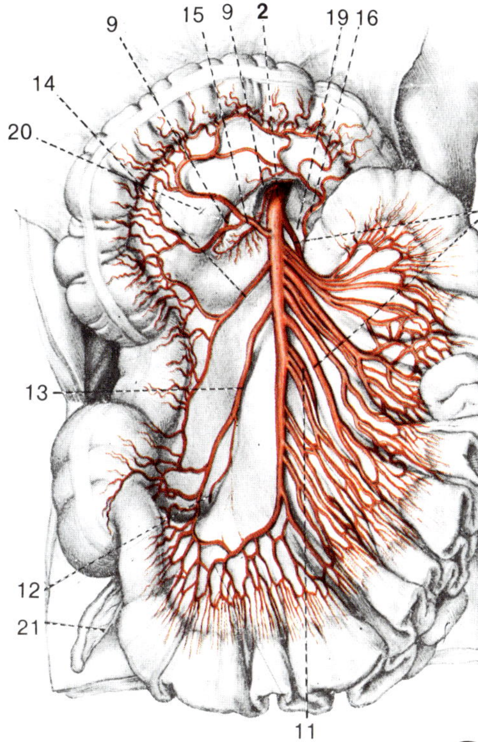
9
15
9
2
19
16
14
20
10
13
12
21
11

A

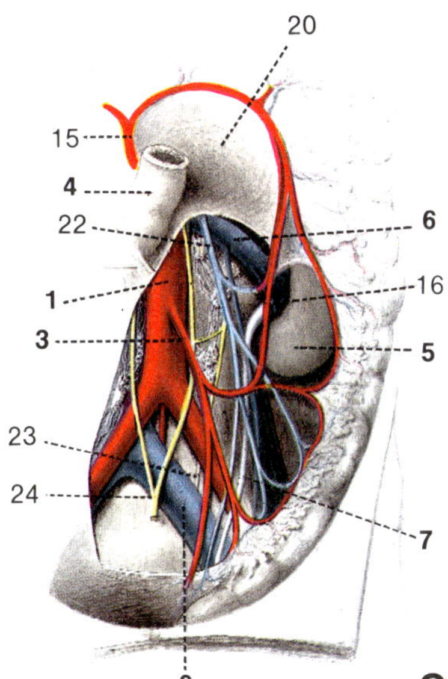
20
15
4
22
6
1
16
3
5
23
24
7
8

C

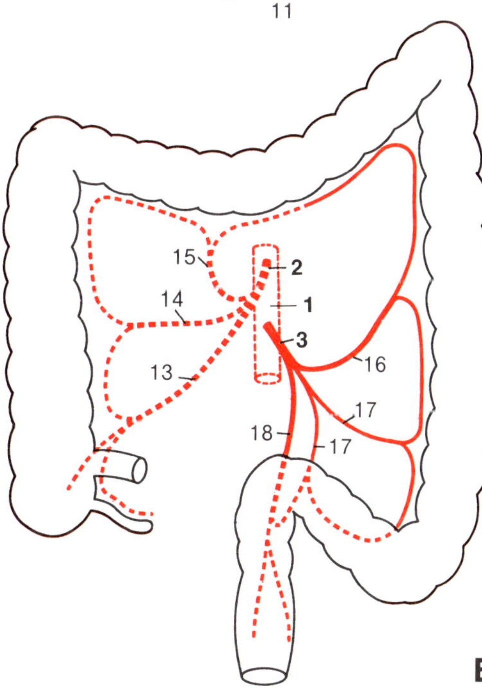
15
2
14
1
3
13
16
17
18
17

B

Mastdarm

Der Mastdarm hat Speicheraufgaben ähnlich wie der Magen. Er verwahrt den Kot, damit dieser nicht ständig in kleinen Mengen, sondern im allgemeinen nur einmal täglich abgesetzt werden muß.

Mit dem Magen hat der Mastdarm auch die häufige Erkrankung an Krebs gemeinsam. Dies könnte mit der Speicheraufgabe zusammenhängen: Schädigende Stoffe in der Nahrung können im Magen und im Mastdarm viel länger auf die Schleimhaut einwirken als in Darmabschnitten mit raschem Durchgang. Etwa 30 000 Menschen (etwa 17 000 Frauen und 13 000 Männer) sterben im vereinten Deutschland jährlich an Dickdarm- und Mastdarmkrebs. Dieser steht damit an zweiter Stelle in der Krebstodesursachenstatistik (nach dem Lungenkrebs mit etwa 34 000 Todesfällen, es folgen der Brustkrebs mit etwa 18 000 und der Magenkrebs mit etwa 17 000 Todesfällen).

Bei der rektalen Untersuchung können nur afternahe Krebse getastet werden (der Bereich ist abhängig von der Länge des Fingers). Trotzdem ist die Vorsorgeuntersuchung sehr wichtig, weil der im Frühstadium erkannte Mastdarmkrebs gute Heilungsaussichten bietet.

A Darstellung des Dickdarms im Röntgenbild mit der „Doppelkontrastmethode". Ein sehr plastisches Bild der Dickdarmlichtung erhält man, wenn man nach dem Kontrastmitteleinlauf (strahlendichter als das Körpergewebe) noch Luft einbläst (weniger strahlendicht als das Körpergewebe). Dabei werden die halbkugeligen Ausbuchtungen gut sichtbar, die den Dickdarm kennzeichnen.

B Rechtwinklig zum Beckenausgang verlaufender Schnitt durch Mastdarm und After. Man achte auf die 3 Stockwerke des Afterkanals:

- oben: Zone der abwechselnden Aftersäulen und Afterbuchten (violetter „Afterkamm"),
- Mitte: glatte, weißlich-bläuliche Haut,
- unten: stark pigmentierte (braune) Afterhaut.

C Afterschließmuskeln. Der sichere Afterverschluß muß vom Kleinkind erst mühsam erlernt werden. Die Ringschicht der Muskelwand des Mastdarms ist in Afternähe verstärkt (innerer Afterschließmuskel). Um diesen glatten Muskel liegt außen noch eine Skelettmuskelschicht (äußerer Afterschließmuskel), die dem Willen unterworfen ist. Damit der Verschluß gasdicht wird, ist die Schleimhaut mit Adergeflechten unterpolstert (Schwellkörper der „Aftersäulen"). Sie helfen durch ihre Füllung die letzten Lücken zu schließen. Hier treten häufig Zivilisationsschäden in Form von Hämorrhoiden auf.

D Krümmungen des Mastdarms in einem schematischen Medianschnitt durch das Becken. Der Mastdarm ist im Ruhezustand oberhalb des Afterkanals rechtwinklig nach hinten abgebogen. Diese „Dammkrümmung" ist für den sicheren Afterverschluß wichtig: Die Stuhlsäule im Mastdarm lastet nicht auf dem After, sondern weiter rückwärts auf dem Steißbeinbereich. Bei der Stuhlentleerung (*Defäkation*) wird der Mastdarm über den After gehoben. Die Afterkrümmung kommt durch Zug bogenförmiger Muskelzüge zustande, die vom Schambein entspringen und den Mastdarm umrunden (Schambein-Mastdarm-Muskel = Teil des Afterhebers). Sie bilden den Rand des Levatortors (➥ S. 119, B).

Den Afterverschluß sichern:
- äußerer und innerer Afterschließmuskel
- Dammkrümmung des Mastdarms
- Schwellkörper der Aftersäulen

1	Mastdarmschleimhaut	Rectum, Tunica mucosa
2	Grenzlinie zwischen Mastdarm und Afterkanal	Linea anorectalis
3	Aftersäulen (Längsfalten der Afterwand)	Columnae anales
4	Afternischen	Sinus anales
5	Grenzlinie zwischen Afterkanal und Haut	Linea anocutanea
6	Unterhautfettgewebe	Panniculus adiposus
7	Innerer Afterschließmuskel	M. sphincter ani internus
8	Äußerer Afterschließmuskel	M. sphincter ani externus
9	Sitzbein	Os ischii (Ischium)
10	Afterheber	M. levator ani
11	Innerer Hüftlochmuskel	M.obturator internus
12	Hüftlochmembran	Membrana obturatoria
13	Äußerer Hüftlochmuskel	M.obturator externus
14	Samenblase (= Bläschendrüse)	Vesicula (Glandula) seminalis
15	Bauchfell	Peritoneum
16	Haut	Cutis
17	Sitzbein-After-Grube	Fossa ischio-analis
18	Querfalten der Mastdarmschleimhaut (Kohlrausch-Falte)	Plicae transversae recti
19	Innere Schamschlagader + innere Schamvene	A. + V. pudenda interna
20	Innerer Schamnerv	N. pudendus

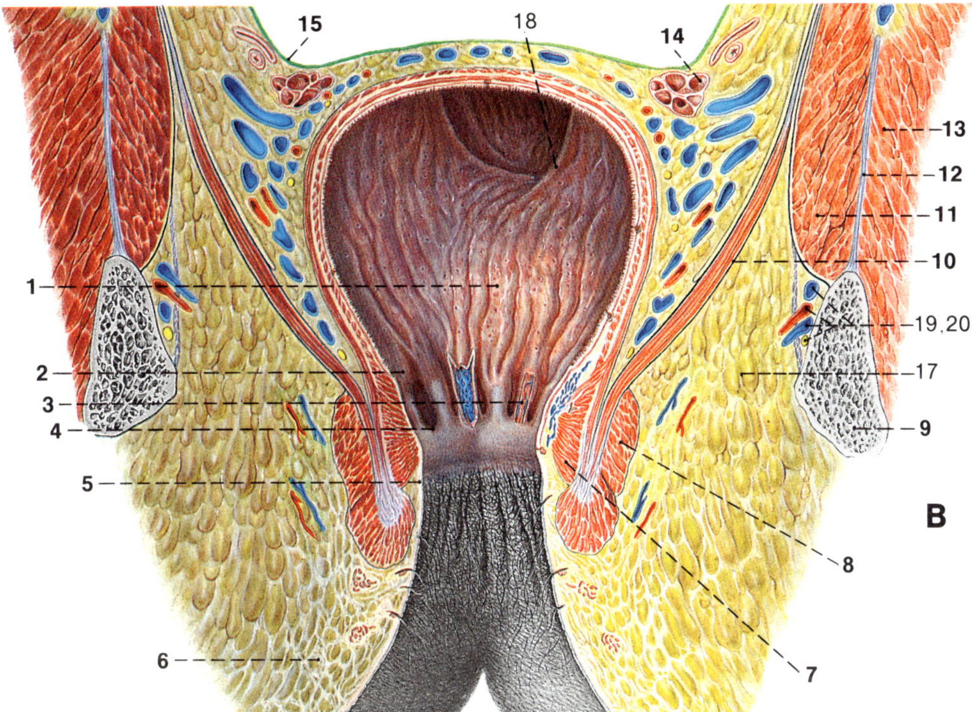
15
18
14
13
12
11
10
1
19,20
2
17
3
4
9
5
B
8
6
7

C

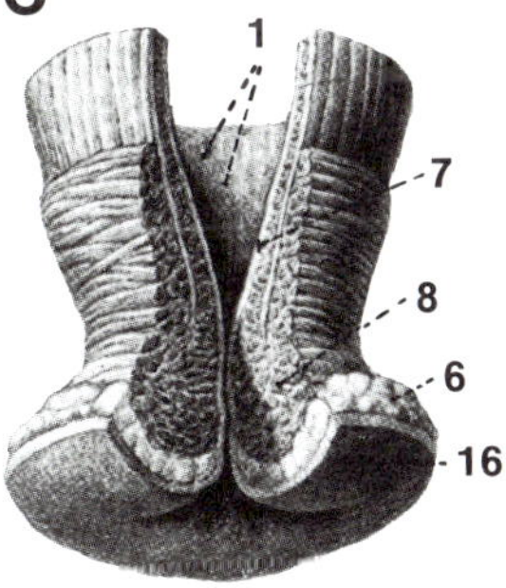
1
7
8
6
16

D

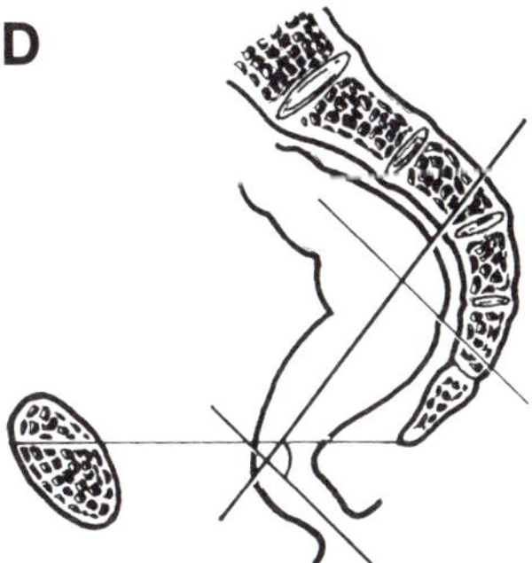

A

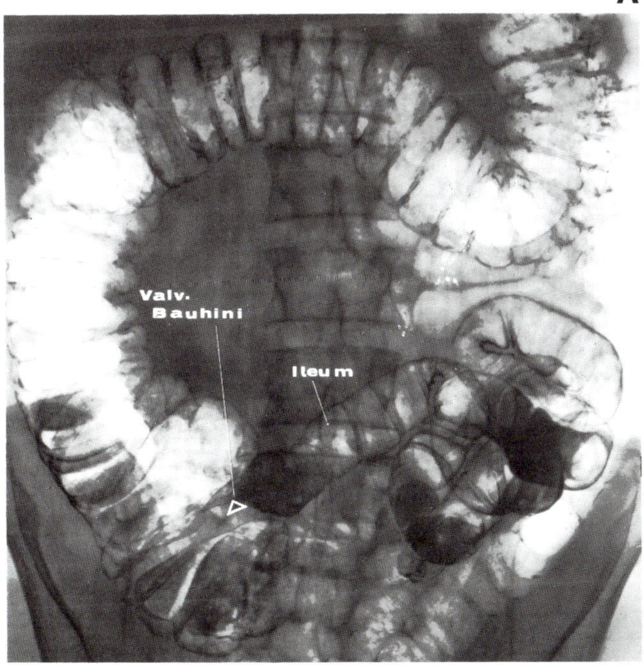
Valv.
Bauhini
Ileum

Gekröse

A + B Gekröseverhältnisse im Bauchraum. Die Gekröse ermöglichen den intraperitonealen Organen (➥ S. 232) eine ausgedehnte Beweglichkeit. Die retroperitonealen Organe hingegen sind relativ ortsbeständig. Auf S. 229 wurde gezeigt, wie der Magen abhängig von Füllungszustand und Körperhaltung seine Lage wechselt. Ähnlich kann der Querteil des Dickdarms höher oder tiefer stehen. Leerdarm und Krummdarm sind wegen ihrer wechselnden Lage oft schwer zu unterscheiden. Die Gekröse selbst hingegen haben sehr konstante „Wurzeln" an der hinteren Bauchwand. Die genaue Kenntnis der Gekröseverhältnisse ist für den Chirurgen bei allen Operationen im Bauchraum sehr wichtig. Ein tieferes Verständnis dafür ermöglicht nur ein Studium der Entwicklungsgeschichte (Abb. C-E).

A Medianschnitt durch den Bauchraum. Bauchfell rot, Netzbeutel blau. Stark schematisiert!

B Baucheingeweide von vorn. Teile des Magens sowie die intraperitoneal liegenden Abschnitte des Dünndarms (Leerdarm, Krummdarm) und Dickdarms (Querteil und Sigma) sind entfernt. Man vergleiche hierzu das Bild der Hinterwand des Bauchraums auf S. 249.

C-E Entwicklung der Lage der Baucheingeweide. Der Magen-Darm-Kanal durchzieht in frühen Entwicklungsstadien den Embryo in gestreckter Form. Magen und Zwölffingerdarm sind vorn und hinten durch ein Gekröse mit der Bauchwand verbunden. Im vorderen Magengekröse entwickelt sich die Leber, im hinteren die Milz und die Bauchspeicheldrüse. Infolge der mächtigen Entfaltung der Leber auf der rechten Seite werden Magen, Milz und Bauchspeicheldrüse nach links verdrängt. Der Magen wird quergestellt. So entsteht zwischen Magen und Bauchspeicheldrüse eine Bauchfelltasche, der Netzbeutel. Die ursprünglich intraperitoneale Bauchspeicheldrüse legt sich der hinteren Bauchwand an und wird sekundär retroperitoneal. Ähnlich geht es mit dem Zwölffingerdarm. Der übrige Dünndarm wächst in die Länge und beginnt sich zu schlängeln. Der Dickdarm dehnt sich so weit aus, daß er sich in einem Bogen von 270° (entgegen dem Uhrzeigersinn) über den Dünndarm hinwegschiebt (Abb. B) und ihn so gewissermaßen „einrahmt". Das kleine Netz (➥ S. 251, A) ist somit ein Teil des ursprünglichen vorderen Magengekröses. Das große Netz entsteht als Aussackung des Netzbeutels aus dem hinteren Magengekröse (Abb. E).

1 + P	Bauchspeicheldrüse	Pancreas
2 + L	Milz	Splen (Lien)
3 + G	Magen	Gaster (Ventriculus)
4 + H	Leber	Hepar
5	Gallenblase	Vesica biliaris (fellea)
6	Zwölffingerdarm	Duodenum
7	Leerdarm + Krummdarm	Jejunum + Ileum
8	Dickdarm, Querteil	Colon transversum
9	Dickdarm, absteigender Teil	Colon descendens
10	Mastdarm	Rectum
11	Gebärmutter	Uterus
12	Zwerchfell	Diaphragma (thoraco-abdominale)
13	Bauchfellüberzug der Bauchwand	Peritoneum parietale
14	Bauchfellüberzug der Baucheingeweide	Peritoneum viscerale
15	Bauchfellhöhle („freie" Bauchhöhle)	Cavitas peritonealis
16	Dickdarmgekröse	Mesocolon
17	Dünndarmgekröse	Mesenterium
18	Großes Netz	Omentum majus
19	Kleines Netz	Omentum minus
20	Netzbeutel	Bursa omentalis
21	Eingang in den Netzbeutel	Foramen omentale (epiploicum)
22	Magen-Milz-Band (Bauchfellplatte zwischen Magen und Milzhilus	Lig. gastrosplenicum (gastrolienale)
23	Bauchfellfreies Feld der Leber (Verwachsungsfläche mit dem Zwerchfell)	Area nuda
24	Sichelförmiges Leberband	Lig. falciforme (hepatis)
25	Rundes Leberband	Lig. teres hepatis
26	Gekrösewurzel	Radix mesenterii
27	Obere Gekröseschlagader	A. mesenterica superior
28	Bauchfelltasche zwischen Harnblase und Gebärmutter	Excavatio vesico-uterina
29	Bauchfelltasche zwischen Mastdarm und Gebärmutter (Douglas-Raum)	Excavatio recto-uterina

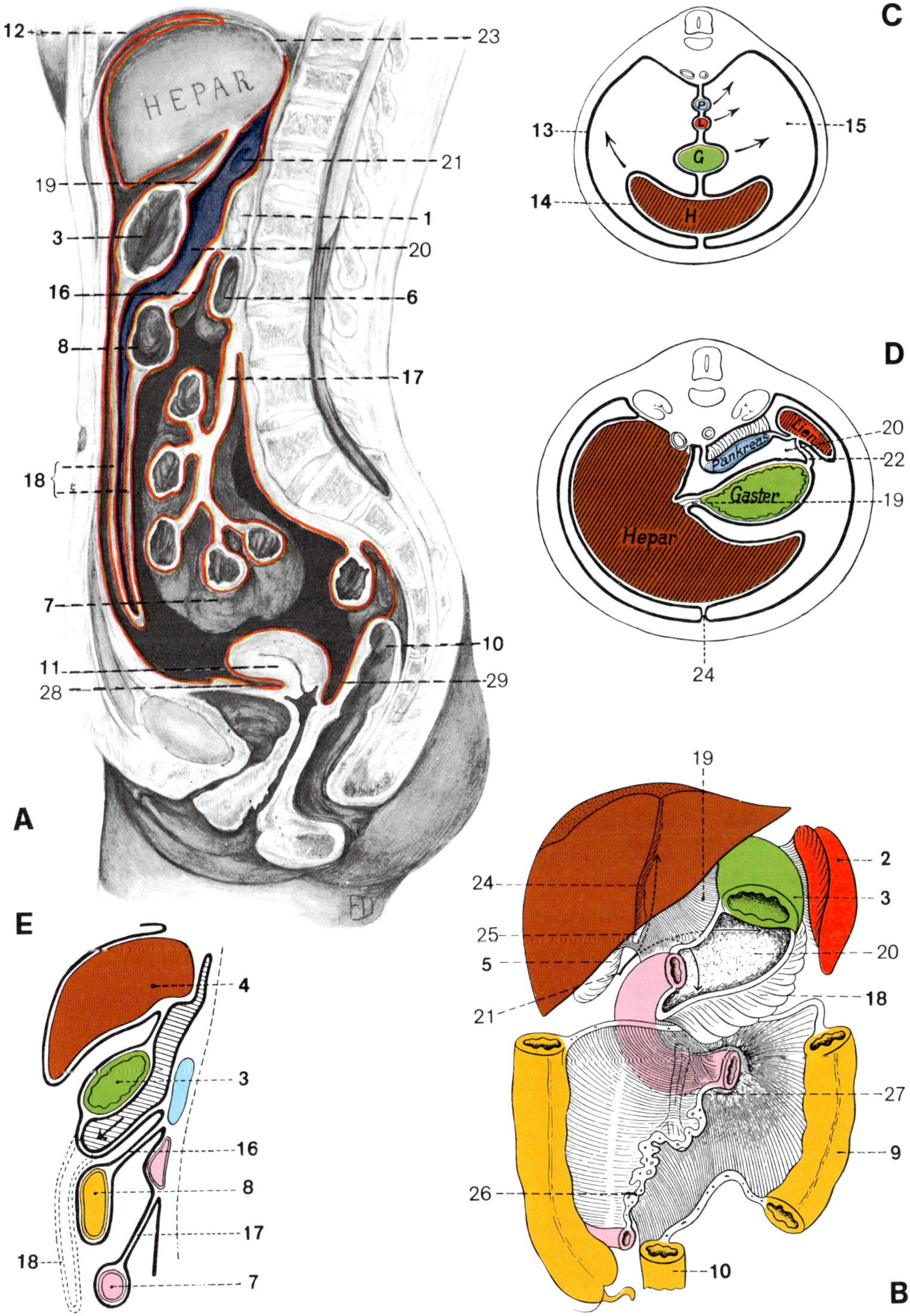
A
12
23
HEPAR
19
21
1
3
20
16
6
8
17
18
7
10
11
28
29
C
13
15
14
P
L
G
H
D
Lien
Pankreas
20
22
Gaster
19
Hepar
24
E
4
3
16
8
17
18
7
B
19
2
24
3
25
20
5
18
21
27
9
26
10

Retroperitonealraum (Hinterbauchfellraum)

A Hinterwand des Bauchraums. Magen, Leber und große Teile von Dünn- und Dickdarm sind entfernt. Vom Dünndarm blieb nur der Zwölffingerdarm, vom Dickdarm der Mastdarm stehen. Von den übrigen Eingeweiden sind im Oberbauch die Bauchspeicheldrüse und die Milz, im kleinen Bekken die Eierstöcke, die Eileiter und die Kuppe der Gebärmutter zu sehen. Die Nieren und die Harnleiter wölben das Bauchfell vor. Man achte auf die Ursprungslinien der (abgeschnittenen) Gekröse: Diese gefäß- und nervenreichen Versorgungsstraßen sind bei Operationen an der Hinterwand des Bauchraums sorgfältig zu schonen und behindern daher die Bewegungsfreiheit des Chirurgen an der hinteren Bauchwand erheblich. Unter dem praktisch-chirurgischen Gesichtspunkt wird das Querdickdarmgekröse als innere Grenze zwischen „Oberbauch" und „Unterbauch" angesehen.

Weitere Bilder der Hinterwand des Bauchraums ➥ S. 261, 303, 461.

*	Anheftungsstellen des aufsteigenden und	(Colon ascendens)
	absteigenden Dickdarms an der hinteren Bauchwand	(Colon descendens)
1	Nebenniere (links unter dem Bauchfell	Glandula suprarenalis (adrenalis)
2	Niere (unter dem Bauchfell)	Ren (Nephros)
3	Zwölffingerdarm (unter dem Bauchfell)	Duodenum
4	Bauchfell	Peritoneum
5	Bauchspeicheldrüse (unter dem Bauchfell)	Pancreas
6	Mastdarm	Rectum
7	Harnblase	Vesica urinaria
8	Gebärmutter	Uterus
9	Kleines Becken	Pelvis minor
10	Eileiter	Tuba uterina (Salpinx)
11	Eierstock	Ovarium
12	Untere Hohlvene + Lebervenen	V. cava inferior + Vv. hepaticae
13	Mageneingang (durchgetrennt)	Pars cardiaca
14	Milz	Splen (Lien)
15	Harnleiter	Ureter
16	Bauchfellfreies Feld der Leber (Verwachsungsfläche mit dem Zwerchfell)	Area nuda
17	Eingang in den Netzbeutel	Foramen omentale (epiploicum)
18	Kleines Netz (durchgetrennt)	Omentum minus
19	Rechte Magen-Netz-Schlagader	A. gastro-omentalis (gastro-epiploica) dextra
20	Gekrösewurzel	Radix mesenterii
21	Bauchfelltasche oberhalb der Mündung des Krummdarms in den Blinddarm	Recessus ileocaecalis superior
22	Wurmfortsatzgekröse	Meso-appendix
23	Gemeinsame Beckenschlagader +	A. iliaca communis +
	gemeinsame Beckenvene	V. iliaca communis
24	Bauchfelltasche zwischen Gebärmutter und Mastdarm (Douglas-Raum)	Excavatio recto-uterina
25	Bauchfelltasche zwischen Gebärmutter und Harnblase	Excavatio vesico-uterina
26	Rundes Mutterband	Lig. teres uteri
27	Netzbeutel (Teil)	Bursa omentalis
28	Magen-Bauchspeicheldrüsen-Falte (Bauchfellfalte in der Rückwand des Netzbeutels)	Plica gastropancreatica
29	Magen-Zwerchfell-Band	Lig. gastrophrenicum
30	Magen-Milz-Band	Lig. gastrosplenicum (gastrolienale)
31	Milzschlagader	A. splenica (lienalis)
32	Querdickdarmgekröse	Mesocolon transversum
33	Untere Gekrösevene	V. mesenterica inferior
34	Obere und untere Bauchfelltasche am Übergang vom Zwölffingerdarm in den Leerdarm	Recessus duodenalis superior + Recessus duodenalis inferior
35	Untere Gekröseschlagader (mit Ästen)	A. mesenterica inferior
36	Bauchfelltasche am Sigma	Recessus intersigmoideus
37	Sigmagekröse	Mesocolon sigmoideum
38	Eierstockschlagader	A. ovarica

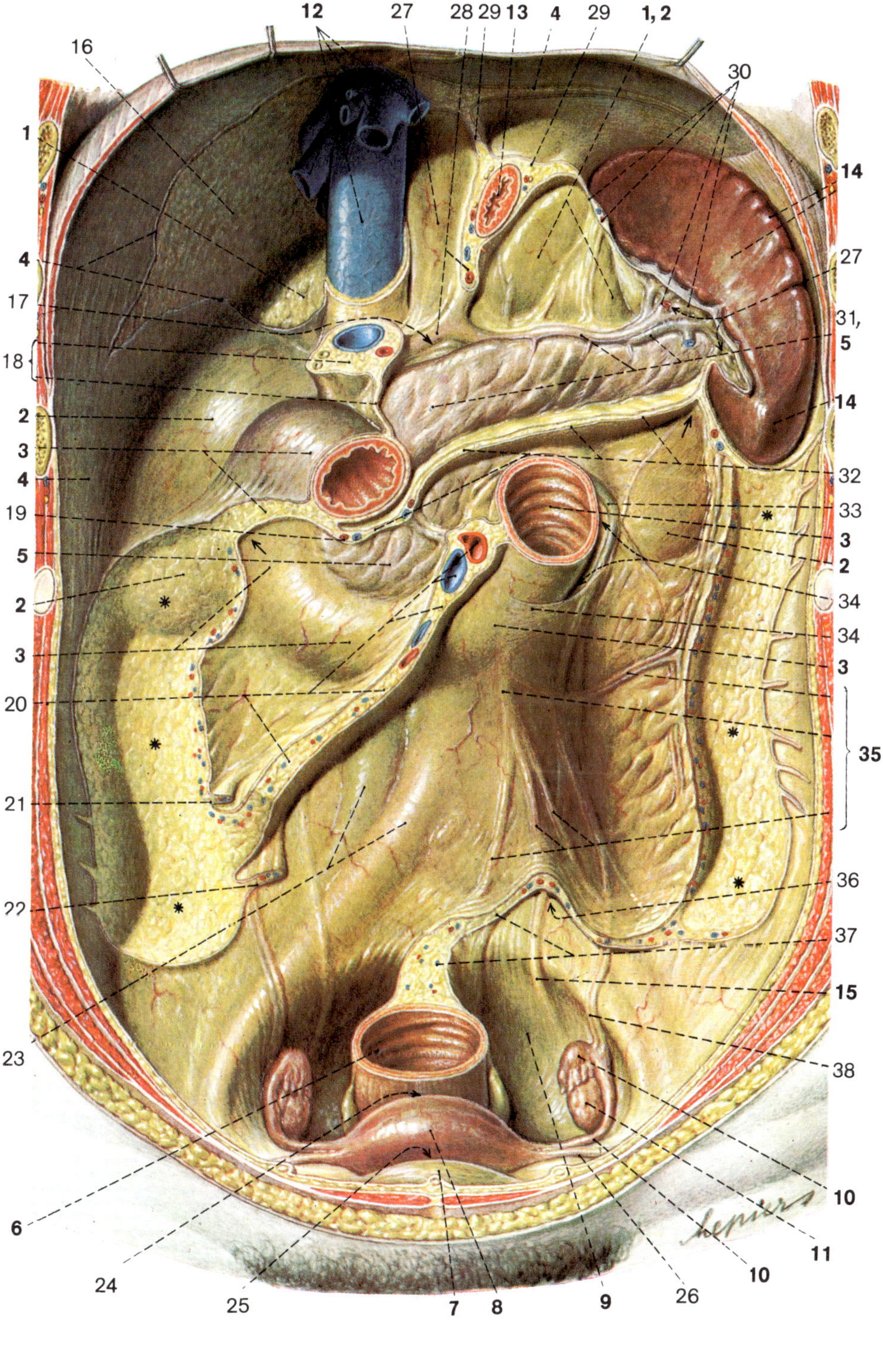

12
27
28
29
13
4
29
1, 2
16
30
1
14
4
27
17
31,
5
18
2
14
3
32
4
33
19
3
5
2
2
34
3
34
3
20
35
21
36
22
37
15
23
38
10
6
11
24
10
25
7
8
9
26

Leber

> Die Leber ist das wichtigste Stoffwechselorgan („Zentrallaboratorium“) des Körpers

Die Leber hat viele Aufgaben zu erfüllen:

- *Eiweißstoffwechsel*: Sie baut aus Aminosäuren die Bluteiweiße auf und baut verbrauchte Eiweiße zu Harnstoff ab.
- *Kohlenhydratstoffwechsel*: Sie speichert Zucker als Glycogen (tierische Stärke), das sie bei Bedarf wieder zu Blutzucker = Traubenzucker (Glucose) spaltet.
- *Fettstoffwechsel*: Sie erzeugt Fettsäuren und Cholesterin und baut Überschüsse davon ab.
- *Entgiftung*: Viele mit der Nahrung aufgenommene Schadstoffe, aber auch im Körper selbst entstehende giftige Stoffwechselprodukte werden von der Leber unschädlich gemacht.
- *Bildung von Galle*: Die Galle ist für die Fettverdauung wichtig. Mit der Galle werden auch Stoffe ausgeschieden, die mit dem Stuhl den Körper verlassen sollen.

A Organe des Oberbauchs nach Entfernen der Bauchwand. Die Leber ist mit einem Haken hochgezogen. Dadurch wird der Blick auf das kleine Netz frei. Das kleine Netz begrenzt den Netzbeutel nach vorn (➥ S. 247).

B Unterfläche der Leber von hinten gesehen. In die Oberfläche der weichen Leber drücken sich die Nachbarorgane ein. Sie bestimmen das Relief der Leberunterseite. Die Leberoberseite liegt der Zwerchfellkuppel an und ist entsprechend geformt.

Bilder der Organe des Oberbauchs nach Wegnahme von Leber und Magen ➥ S. 249, 261.
Bilder der Lagebeziehungen der Leber zu den Nachbarorganen ➥ S. 17-23.
Projektion der Leber auf die Körperoberfläche ➥ S. 17, 19, 23, 243.
Die Leber in Querschnitten durch den Körper ➥ S. 300, 301, 377.
Die Leber im Medianschnitt durch den Körper ➥ S. 19.

1	Rechter Leberlappen	Lobus hepatis dexter
2	Linker Leberlappen	Lobus hepatis sinister
3	Schwanzlappen der Leber	Lobus caudatus
4	Quadratischer Leberlappen	Lobus quadratus
5	Gallenblase	Vesica biliaris (fellea)
6	Hauptgallengang	Ductus choledochus (biliaris)
7	Gemeinsamer Lebergallengang	Ductus hepaticus communis
8	Leberschlagader	A. hepatica propria
9	Pfortader	V. portae hepatis
10	Untere Hohlvene	V. cava inferior
11	Bauchfell	Peritoneum
12	Bauchfellfreies Feld der Leber (Verwachsungsfläche mit dem Zwerchfell)	Area nuda
13	Zwerchfellfläche der Leber	Facies diaphragmatica
14	Mageneingang („Kardia“)	Pars cardiaca
15	Magenkuppel	Fundus gastricus (ventricularis)
16	Magenkörper	Corpus gastricum (ventriculare)
17	Große Magenkrümmung	Curvatura gastrica (ventriculi) major
18	Kleine Magenkrümmung	Curvatura gastrica (ventriculi) minor
19	Pförtnernaher Magenabschnitt	Pars pylorica
20	Magenpförtner	Pylorus
21	Zwölffingerdarm	Duodenum
22	Dickdarm, aufsteigender Teil	Colon ascendens
23	Rechte Dickdarmbiegung	Flexura coli dextra
24	Dickdarm, Querteil	Colon transversum
25	Kleines Netz	Omentum minus
26	Großes Netz	Omentum majus
27	Zwerchfell	Diaphragma (thoraco-abdominale)
28	Eingang in den Netzbeutel	Foramen omentale (epiploicum)
29	Abdruck des Dickdarms (Querteil)	Impressio colica
30	Magen-Dickdarm-Band	Lig. gastrocolicum
31	Rundes Leberband	Lig. teres hepatis
32	Spalte für das runde Leberband	Fissura ligamenti teretis
33	Leberpforte	Porta hepatis
34	Magen-Milz-Band	Lig. gastrosplenicum (gastrolienale)
35	Sichelförmiges Leberband	Lig. falciforme (hepatis)

B

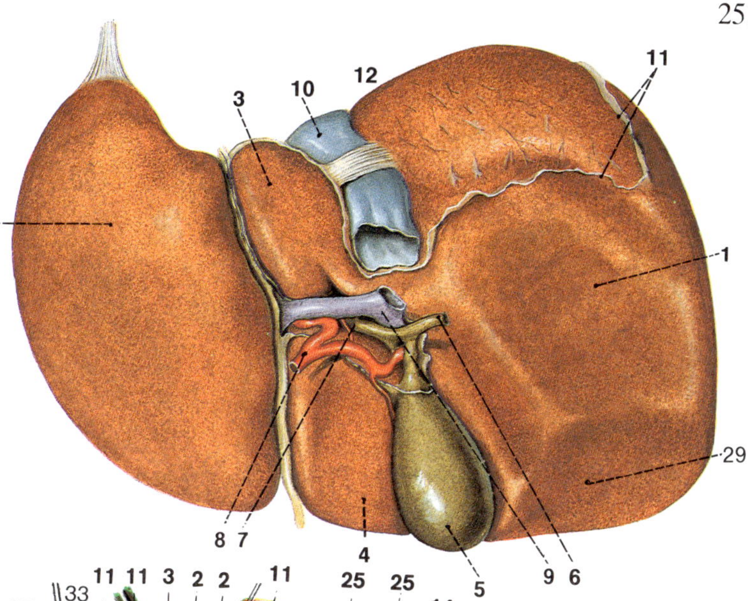
1
2
3
4
5
6
7
8
9
10
11
12
29

A

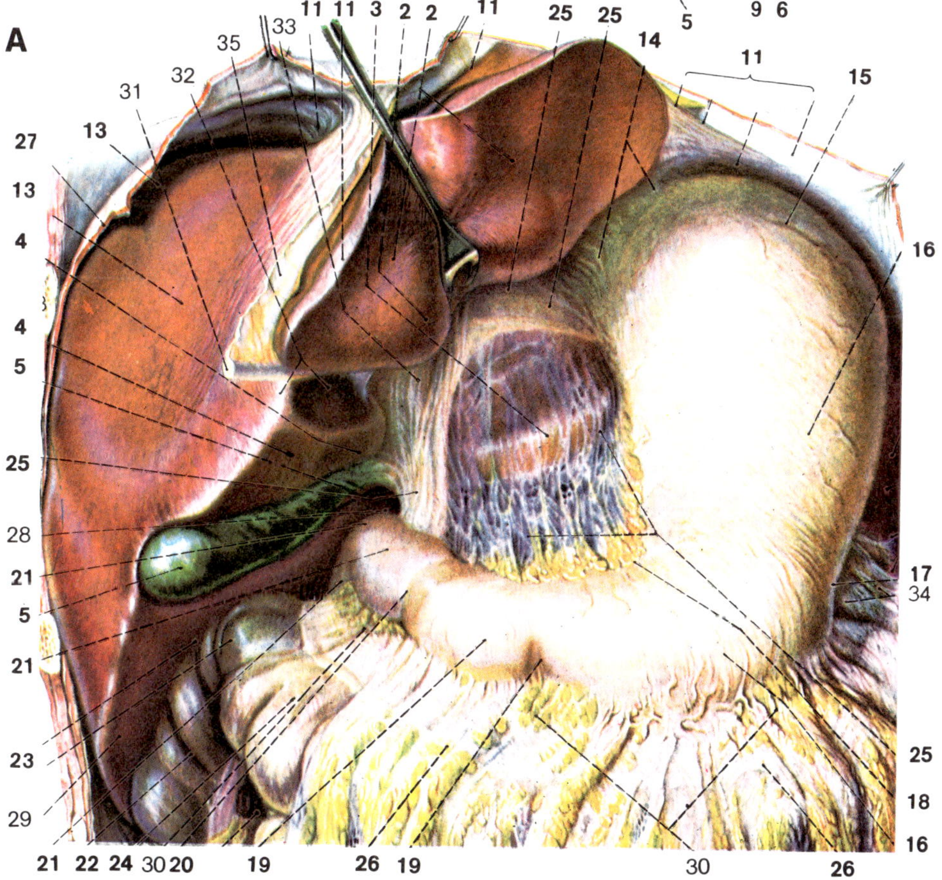
2
3
4
5
11
13
14
15
16
17
18
19
20
21
22
23
24
25
26
27
28
29
30
31
32
33
34
35

Pfortaderkreislauf

In der Pfortader strömt das Blut von Magen, Darm, Bauchspeicheldrüse und Milz zur Leber

Die Leber ist durch ein „Wundernetz" gekennzeichnet: Venen vereinigen sich normalerweise zu immer größeren Stämmen. Sie leiten das Blut direkt zum Herzen zurück. Die Pfortader bildet eine Ausnahme: Sie spaltet sich „wunderbarerweise" in der Leber wieder in ein Kapillarnetz auf, aus dem dann die Lebervenen hervorgehen. Das Blut muß in diesem Fall zwei Kapillarsysteme (im Darm und in der Leber) durchlaufen, bevor es in der Lunge wieder arterialisiert wird.

Da das Blut der Pfortader im Darmkapillarsystem Sauerstoff und Druck verloren hat, müßte es sauerstoffarm sein und nur langsam strömen. Im Bauchraum gibt es jedoch zahlreiche „Kurzschlüsse" zwischen Schlagadern und Venen. In ihnen strömt unter Umgehung des Kapillarsystems sauerstoffreiches Blut unter hohem Druck in das Pfortadersystem ein.

Der Sinn des doppelten Kapillarsystems ist einfach zu erklären: In den Darmkapillaren werden Nährstoffe (Kohlenhydrate, Eiweißabbauprodukte, Vitamine, Mineralsalze), aber auch unverwertbare oder gar giftige Stoffe in das Blut aufgenommen. Zentrales „Laboratorium" des Körpers ist die Leber. Hier werden Nährstoffe in verwertbare Formen umgebaut oder gespeichert. Hier werden auch die meisten Giftstoffe unschädlich gemacht. Es ist also sinnvoll, das Blut aus dem Darm nicht erst im ganzen Körper zu verteilen, sondern direkt der Leber zuzuführen.

Leberläppchen

Die Leber ist wie die meisten Organe „hierarchisch" gegliedert. Nach den großen Gefäßen ist die Leber zunächst in zwei „Lappen" (einen rechten und einen linken) geteilt, diese sind in „Segmente" zu zerlegen, diese wieder in kleinere Bestandteile, bis wir als kleinste Funktionseinheiten die „Leberläppchen" abgrenzen können. Sie weisen etwa 1 mm Durchmesser und 1-2 mm Höhe auf. Dementsprechend beträgt die Länge der Leberkapillaren jeweils 0,35 bis 0,5 mm. Diese Länge scheint für die Austauschvorgänge an den Leberzellen optimal zu sein, sonst wäre die hunderttausendfache Wiederholung des Bauprinzips „Leberläppchen" innerhalb einer Leber nicht verständlich.

Die *Leberkapillaren* unterscheiden sich zweifach von Blutkapillaren im übrigen Körper:

- Blut strömt hier von einer Vene zu einer anderen Vene („venöses Wundernetz").
- Sie sind besonders weit, weshalb man sie *Sinusoide* (lateinisch sinus = Bucht) nennt.

Ein Teil der Wandzellen der Sinusoide besitzen die Fähigkeit zur Phagozytose: Sie können feste Teilchen mit ihrem Zelleib umfließen und in das Zellinnere aufnehmen. Sie gehören damit zu den Zellen des Makrophagensystems (früher meist „retikuloendotheliales System" = RES genannt). Deren Aufgabe ist es, das Blut von ungelösten Teilchen zu reinigen. Solche Zellen findet man darüber hinaus vor allem in den lymphatischen Organen.

Blutströmung durch die Leberläppchen:

Pfortader		Leberschlagader
↓		↓
Zwischenläppchenvene		Zwischenläppchenschlagader
↓		↓
→	Lebersinusoide	←
	↓	
	Zentralvene	
	↓	
	Lebervene	

A Schema der Gefäßverzweigung in der Leber.

B Kapillarsystem im Leberläppchen (Kaninchenleber, Vergrößerung etwa 50fach). In die Pfortader wurde ein blauer Farbstoff eingespritzt. Daher sind alle Venen blau. Die Kerne der Leberzellen wurden rot angefärbt. In der Mitte sieht man die Zentralvene, am Rand die Zwischenläppchenvenen. Das Blut strömt vom Rand zur Mitte hin.

1	Größerer Ast der Pfortader (zweigt sich in Zwischenläppchenvenen auf)	(V. portae hepatis)
2	Zwischenläppchenvene (kleinerer Ast der Pfortader)	V. interlobularis
3	Leberkapillaren	Vasa capillaria sinusoidea
4	Zentralvene	V. centralis
5	Ast der Lebervene	(V. hepatica)
6	Schaltvene (entsteht aus den Zentralvenen)	V. sublobularis
7	Ast der Leberschlagader	(A. hepatica propria)
8	Zwischenläppchenschlagader	A. interlobularis
9	Größerer Gallenausführungsgang	Ductulus bilifer
10	Kleinerer Gallenausführungsgang	Ductulus interlobularis
11	Gallenkapillare	Canaliculus bilifer

A

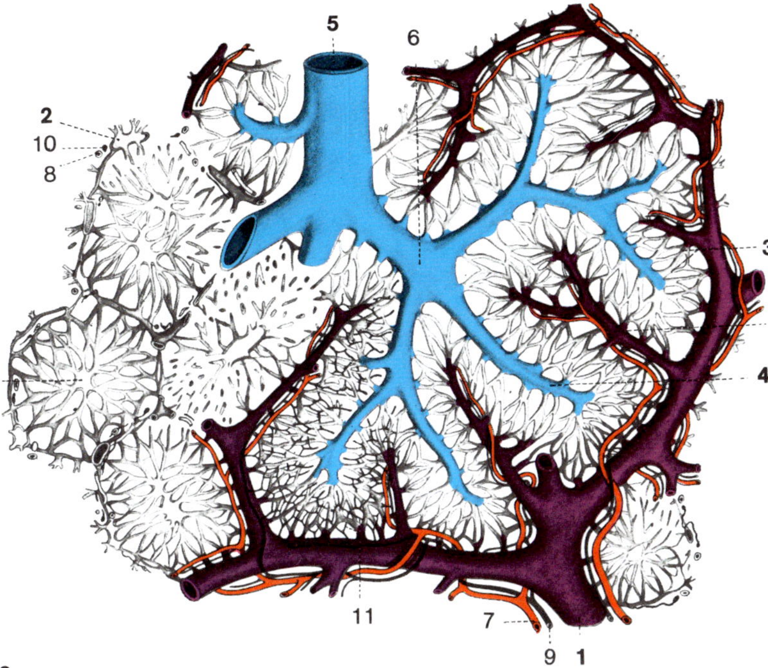

B

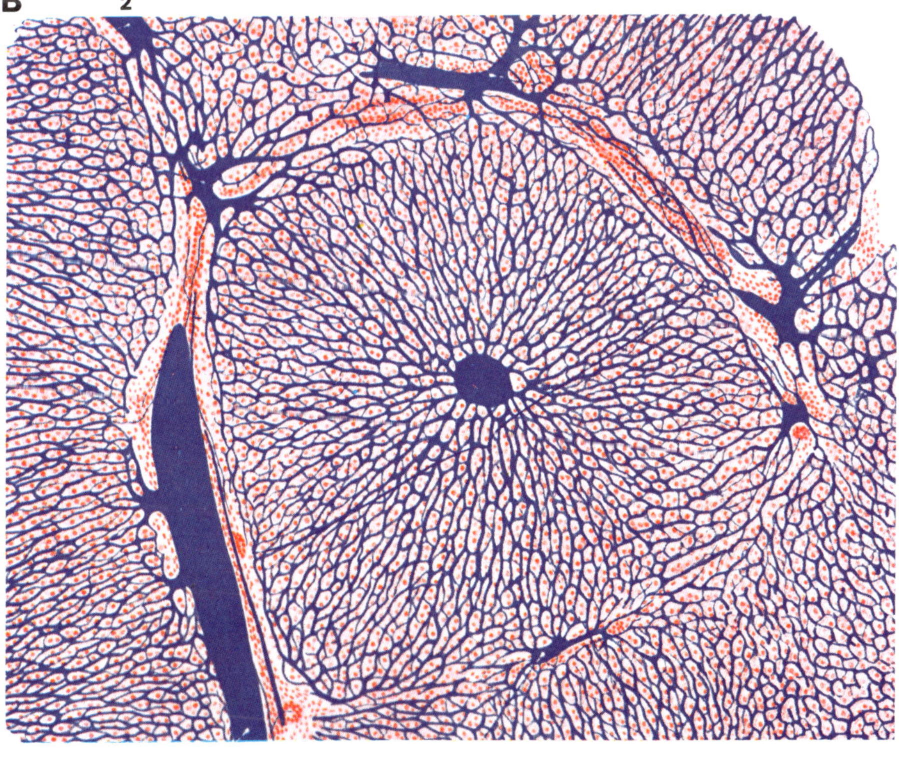

Leberläppchen

Am Rand:	Pfortaderast + Leberschlagaderast + Gallengang in Glisson-Dreieck
Im Zentrum:	Zentralvene (Lebervenenast)

A Anordnung der Gefäße im Leberläppchen. Das Blut strömt von der Zwischenläppchenvene (violett) zwischen den Leberzellbalken zur Zentralvene (blau). Die Leberzellen nehmen Stoffe aus dem Pfortaderblut auf, bauen sie um und geben sie dann in das Lebervenenblut ab. Daneben bilden sie auch die Galle. Diese wird in einem eigenen Kanalsystem (grün) transportiert. Für die Sauerstoffversorgung der Leberzellen wird das Blut aus den Ästen der Leberarterie (rot) dem Blut der Sinusoide beigemischt. Zwischenläppchenvene, Leberschlagaderast und Gallenausführungsgang liegen am Rand des Leberläppchens in Bindegewebezwickeln beisammen (Portalkanäle = „Glisson-Dreiecke").

• In dieser Abbildung steht die Zwischenläppchenvene und nicht die Zentralvene in der Mitte. Es ist also nicht ein Läppchen, sondern links und rechts je ein halbes dargestellt! Man kann das „Läppchen" aber auch so definieren, daß die Portalkanäle in der Mitte und die Zentralvenen am Rande stehen. Im Unterschied zum „klassischen" Leberläppchen nennt man dieses „Läppchen" „Leberazinus".

B Mikroskopisches Schnittbild der menschlichen Leber (Vergrößerung etwa 50fach). Das Leberläppchen ist am besten durch Vergleich mit dem Injektionspräparat auf der vorhergehenden Seite zu erkennen.

C Horizontales Magnetschichtbild (NMR-Bild) durch den Bauchraum auf Höhe des 11. Brustwirbels. Der Schnitt trifft die Leber, den Magen und die Milz. Vor dem Wirbelkörper sieht man die untere Hohlvene und die Aorta. Man vergleiche den Horizontalschnitt durch eine Leiche auf S. 395, C.

Weitere Magnetschichtbilder durch die Leber ➥ S. 18 und 20 (Frontalschnitte), S. 242 (Horizontalschnitt). Allgemeines über Magnetschichtbilder (NMR-Bilder) ➥ S. 466.

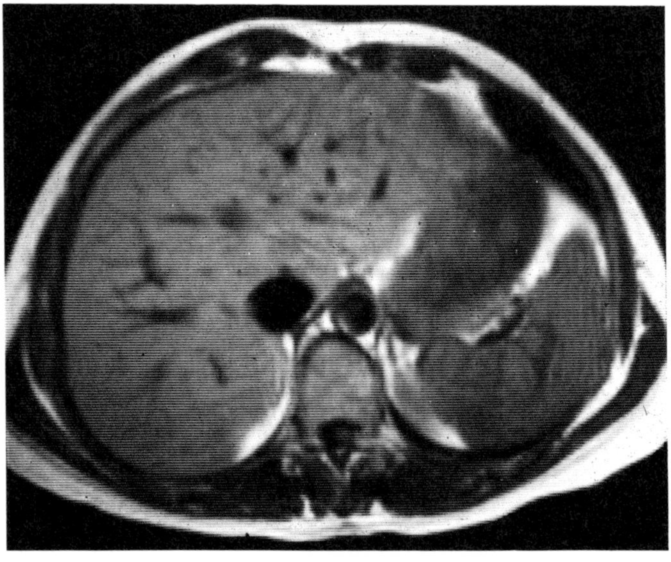

C

1	Zwischenläppchenvene (Ast der Pfortader)	V. interlobularis
2	Leberkapillaren (Sinusoide)	Vasa capillaria sinusoidea
3	Zentralvene	V. centralis
4	Zwischenläppchenschlagader (Ast der Leberschlagader)	A. interlobularis
5	Gallengang	Ductulus interlobularis
6	Leberzelle	Epitheliocytus hepatis (Hepatocytus)
7	Arteriovenöse Anastomose (Kurzschluß zwischen Schlagader und Vene)	Anastomosis arteriovenosa
8	Faserige Gefäßscheide (um den Pfortaderast)	Capsula fibrosa perivascularis

A

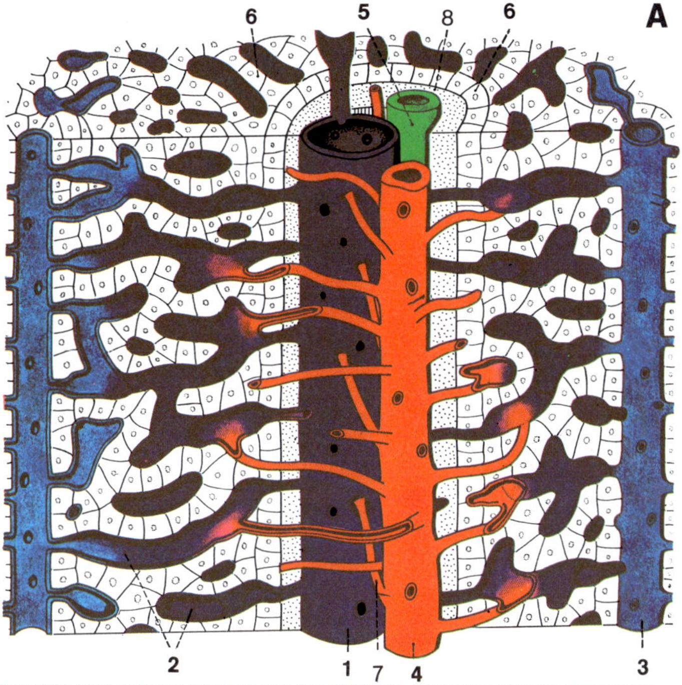

B

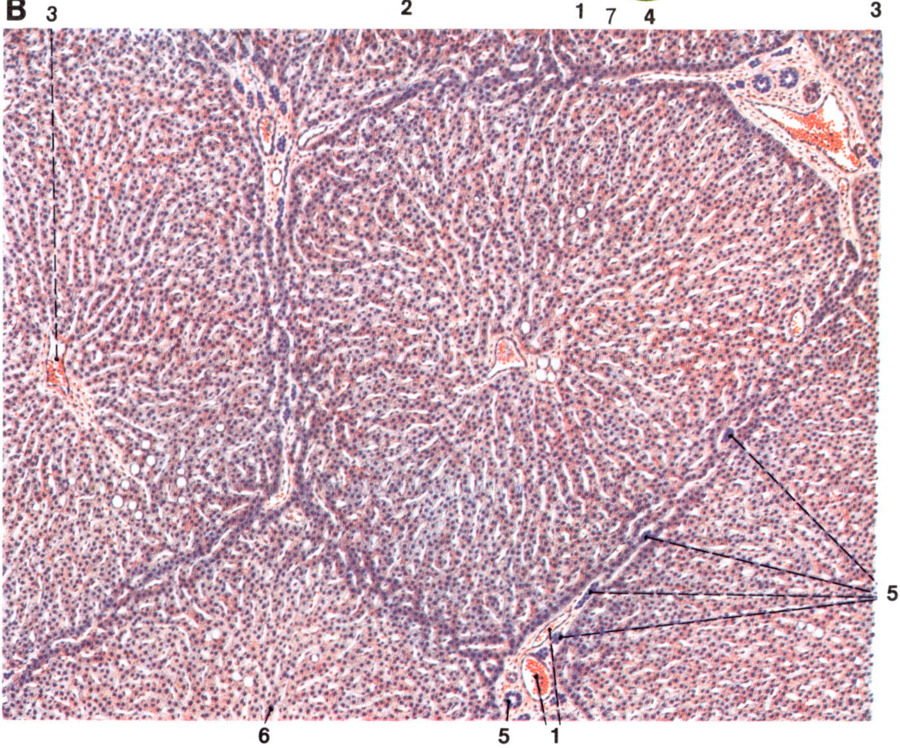

Gallenwege

Die in der Leber gebildete Galle strömt über *Lebergallengänge* und *Hauptgallengang* zum Zwölffingerdarm. Verhindert der an der Einmündungsstelle gelegene Schließmuskel (Oddi-Sphinkter) den Abfluß in den Darm, so wird über den *Gallenblasengang* die *Gallenblase* gefüllt. Die Gallenblase kann nur 40-100 ml aufnehmen. Deshalb wird die Galle durch Wasserentzug auf das Fünf- bis Zehnfache eingedickt. So wird die Speicherleistung erhöht. Nach Öffnen des Oddi-Schließmuskels entleert sich die Gallenblase wieder. Die Kontraktion der glatten Muskeln ihrer Wand wird durch das in der Darmwand gebildete Hormon *Cholecystokinin* angeregt. Dessen Absonderung wird durch Nahrungsmittel im Darm oder psychisch (Vorstellung von Speisen) ausgelöst.

Gallensteine: Das Eindicken der Galle in der Gallenblase birgt Risiken in sich: Die Konzentration einzelner Bestandteile kann so hoch werden, daß diese auskristallisieren. Es entstehen Gallensteine. Die Gallenblase versucht, die Steine durch den engen Gallenblasengang auszutreiben. Die Krampfzustände der glatten Muskeln verursachen sehr heftige Schmerzen („Gallenkolik"). Diese strahlen häufig in die rechte Schulter aus (*Head-Zone der Gallenblase* ➥ S. 459).

G

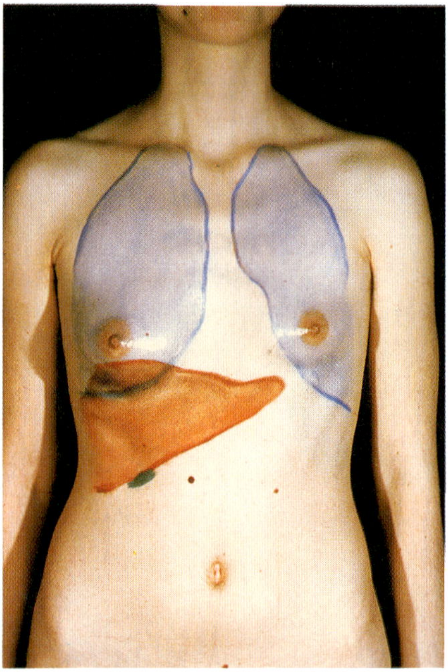

Gallenfluß in den extrahepatischen (außerhalb der Leber gelegenen) Gallenwegen:
↓ rechter und linker Lebergallengang
↓ gemeinsamer Lebergallengang
↓ (↔ Gallenblasengang und Gallenblase)
↓ Hauptgallengang (zum Zwölffingerdarm)

A Längsschnitt durch Gallenblase und Gallenblasengang.

B Anordnung der glatten Muskelfasern in der Wand der Gallenblase.

C Mikroskopisches Schnittbild der Gallenblasenwand (Vergrößerung 80fach). Kennzeichnend sind die großen, parallel zur Wand liegenden Schleimhautfalten. Sie verschmelzen manchmal untereinander zu langen Schläuchen. Es fehlen die Muskelschicht der Schleimhaut und die Unterschleimhaut.

D + E Gallensteine im Röntgenbild. Sofern die Gallensteine Kalk enthalten, sind sie im normalen Röntgenbild zu sehen. Andernfalls macht man die Gallenblase mit einem Kontrastmittel, das von der Leber in die Galle ausgeschieden wird, sichtbar.

F Gallensteine in der eröffneten Gallenblase.

G Projektion von Gallenblase (grün), Leber (braun) und Lungen (blau) auf die vordere Bauchwand *(weitere Bilder ➥ S. 17, 23)*. Die Gallenblase schmiegt sich der Unterseite der Leber an und unterragt deren Unterrand (➥ S. 251). Der Gallenblasengrund liegt am Rippenbogen, etwa in einer durch die Mitte des rechten Schlüsselbeins (oder rechte Brustwarze) gehenden Längslinie.

1	Gallenblasengrund	Fundus vesicae biliaris
2	Gallenblasenkörper	Corpus vesicae biliaris
3	Gallenblasenhals	Collum vesicae biliaris
4	Gallenblasengang	Ductus cysticus
5	Gemeinsamer Lebergallengang	Ductus hepaticus communis
6	Hauptgallengang	Ductus choledochus (biliaris)
8	Schleimhaut der Gallenblase	Tunica mucosa (vesicae biliaris)
9	Muskelwand der Gallenblase	Tunica muscularis (vesicae biliaris)
10	Spiralfalte (Verschlußmechanismus)	Plica spiralis
11	Längsfasern der Muskelwand	(Tunica muscularis)
12	Einbiegen der Längsfasern in Schrägfasern	(Tunica muscularis)
13	Bindegewebe unter dem Bauchfell der Gallenblase	Tela subserosa (vesicae biliaris)

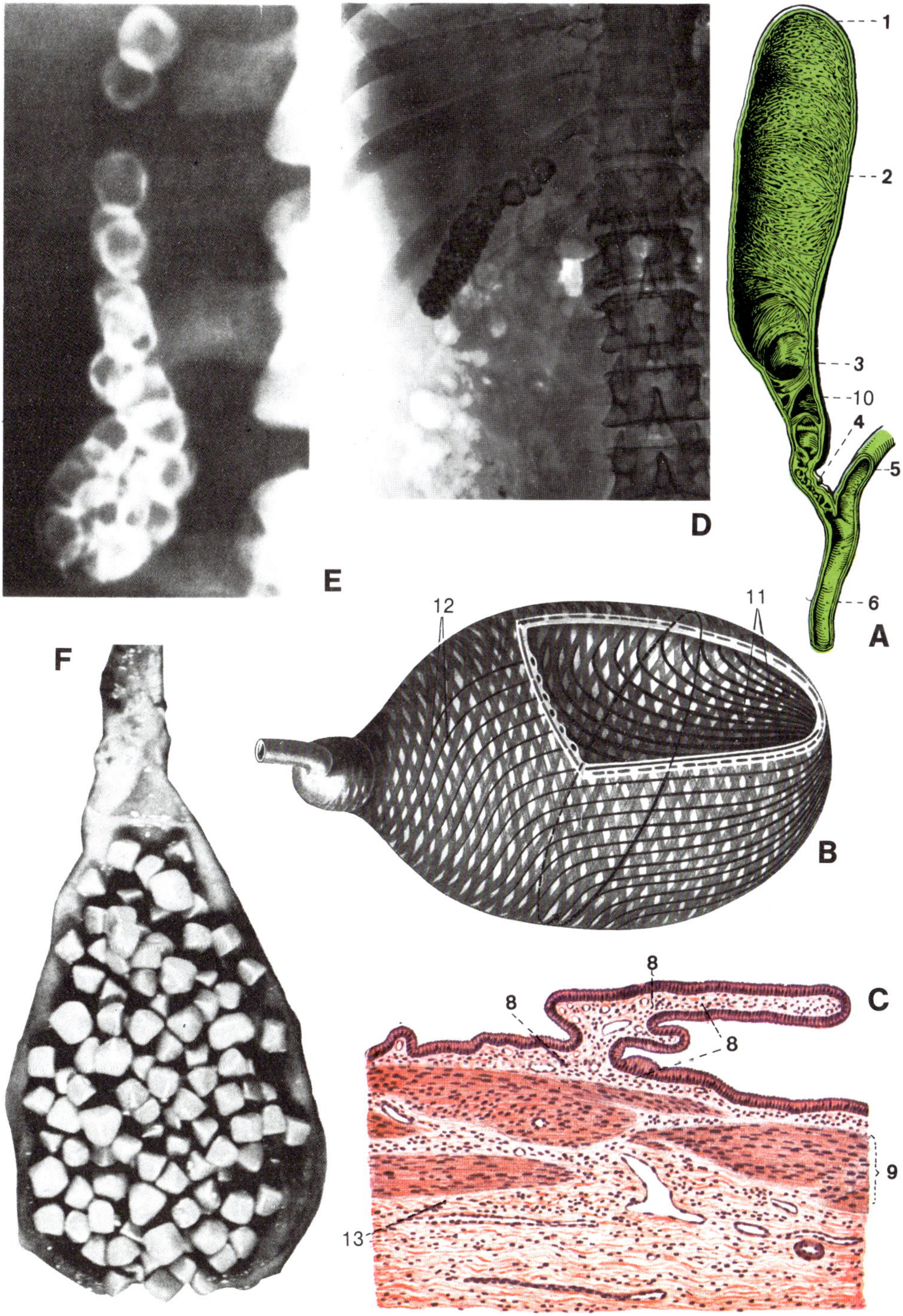

1
2
3
10
4
5
6
A
D
E
12
11
B
F
8
8
8
8
C
9
13

Bauchspeicheldrüse

Die Bauchspeicheldrüse enthält zwei Anteile mit sehr verschiedenen Aufgaben:	
exokriner Teil:	bildet Bicarbonat + Verdauungsenzyme
endokriner Teil (Inselorgan):	bildet Insulin, Glucagon und weitere Hormone

Die „Bauch-Speicheldrüse" ist zunächst eine Verdauungsdrüse. Der dünnflüssige Bauchspeichel enthält reichlich Bicarbonat, um die Magensäure zu neutralisieren, und Enzyme für die Eiweiß-, Kohlenhydrat- und Fettverdauung. Pro Tag werden etwa 1-2 Liter Bauchspeichel von den „exokrinen" Drüsenzellen über den Bauchspeichelgang in den Zwölffingerdarm abgegeben.
In dieses exokrine Drüsengewebe sind etwa eine halbe Million kleiner „Inseln" von endokrinen Zellen eingeschlossen (besonders reichlich im Schwanz der Bauchspeicheldrüse). Sie geben ihre Wirkstoffe nicht in das Ausführungsgangsystem, sondern in das Blut ab. Deshalb finden sich Haargefäße (Kapillaren) besonders reichlich in den (nach ihrem Entdecker benannten) *Langerhans-Inseln*. Diese weisen zwei Hauptzelltypen auf:

- Die *B-Zellen* bilden das Inselhormon = *Insulin*. Es fördert den Kohlenhydrateinstrom in die Körperzellen und den Aufbau von Stärke (Glycogen) in der Muskulatur. Dadurch senkt es den Blutzuckerspiegel. Bei der „Zuckerkrankheit" (Diabetes mellitus) gelangt zu wenig Insulin in das Blut. Dann steigt der Blutzuckerspiegel an. Der überhöhte Blutzucker wird von den Nieren ausgeschieden und kann im Harn nachgewiesen werden. Die Körperzellen können nicht mehr richtig arbeiten, weil ihnen die Energie fehlt. Es kommt zu lebensbedrohlichen Zuständen, wenn man dem Körper nicht Insulin zuführt (Injektion) oder die Langerhans-Inseln zu vermehrter Ausschüttung von Insulin anregt (Tabletten). Nur so wird der Blutzucker für die Zellen wieder verwertbar.
- In den *A-Zellen* wird das Hormon *Glucagon* gebildet. Es mobilisiert in der Leber Kohlenhydrate. Dadurch wird kurzfristig der Blutzucker erhöht. Es erscheint damit als Gegenspieler des Insulins.

A Bauchspeicheldrüse und Zwölffingerdarm. Die Ausführungsgänge sind freipräpariert. Neben dem Hauptausführungsgang findet sich häufig noch ein zusätzlicher Bauchspeichelgang, der gesondert in den Zwöffingerdarm ausmündet.
B Mikroskopisches Bild der Bauchspeicheldrüse (400fache Vergrößerung).
C Schnitt durch die große Zwölffingerdarmpapille (Vater-Papille). Die Papille liegt in der Hinterwand des absteigenden Teils des Zwölffingerdarms. Hier münden Hauptgallengang und Bauchspeichelgang meist gemeinsam (bei einem Drittel der Menschen getrennt) aus. Am Ende der Papille steuert ein Schließmuskel (Oddi-Sphinkter) den Sekretfluß.
D-I Spielarten der Bauchspeichelgänge. Im typischen Fall (**D**) mündet der Bauchspeichelgang zusammen mit dem Hauptgallengang an der großen Zwölffingerdarmpapille, der „zusätzliche" Bauchspeichelgang etwas oberhalb an der kleinen Zwölffingerdarmpapille. Die beiden Bauchspeichelgänge sind innerhalb der Bauchspeicheldrüse verbunden. Diese Verbindung kann fehlen (**E + F**), wobei der eine oder der andere Bauchspeichelgang der Hauptabfluß ist. Es kann auch nur einer der Bauchspeichelgänge vorhanden sein (**G + H**) oder einer ungewöhnlich verlaufen (**I**).

1	Kopf der Bauchspeicheldrüse	Caput pancreatis
2	Körper der Bauchspeicheldrüse	Corpus pancreatis
3	Schwanz der Bauchspeicheldrüse	Cauda pancreatis
4	Bauchspeichelgang (Wirsung-Gang)	Ductus pancreaticus
5	Zusätzlicher Bauchspeichelgang (Santorini-Gang)	Ductus pancreaticus accessorius
6	Große Zwölffingerdarmpapille (Vater-Papille)	Papilla duodeni major
7	Kleine Zwölffingerdarmpapille	Papilla duodeni minor
8	Hauptgallengang	Ductus choledochus (biliaris)
9	Obere Gekröseschlagader	A. mesenterica superior
10	Obere Gekrösevene	V. mesenterica superior
11	Erweiterung des vereinigten Ausführungsgangs (Hauptgallengang + Bauchspeichelgang)	Ampulla hepatopancreatica
12	Oddi-Schließmuskel	M. sphincter ampullae hepatopancreaticae (Sphincter ampullae)
13	Exkretorische Endstücke der Bauchspeicheldrüse	Acini pancreatici
14	Insel der Bauchspeicheldrüse (Langerhans-Insel)	Insula pancreatica
15	Zwölffingerdarm (Wand)	Duodenum
16	Schleimhaut (des Zwölffingerdarms)	Tunica mucosa
17	Längsfalte in der Rückwand des Zwölffingerdarms	Plica longitudinalis duodeni
18	Haargefäß (Kapillare)	Vas capillare
19	Ausführungsgang	Ductus excretorius
20	Schaltstück (➡ S. 39)	Ductus intercalatus

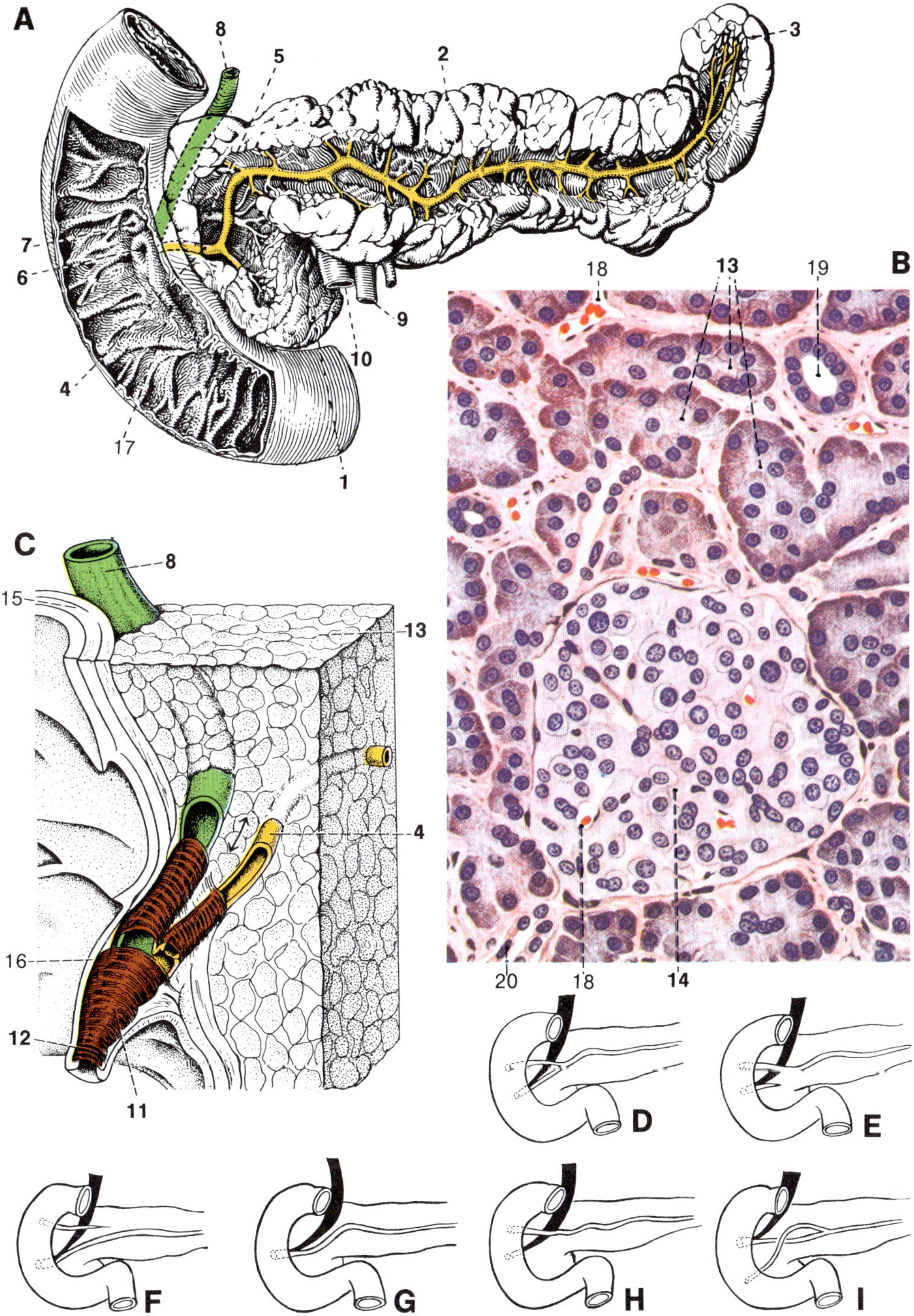
A
8
5
2
3
7
6
4
17
1
10
9
B
18
13
19
20
18
14
C
8
15
13
4
16
12
11
D
E
F
G
H
I

Gliederung der Bauchorgane nach der Lage:

Oberbauch (oberhalb des Querdickdarms):	• Magen • Leber mit Gallenblase • Milz
Unterbauch (unterhalb des Querdickdarms):	• Leerdarm • Krummdarm • Blinddarm mit Wurmfortsatz • auf- und absteigender Dickdarm
Retroperitonealraum (i.e.S.):	• Nieren • Nebennieren
An der Grenze der 3 Bereiche:	• Querdickdarm • Zwölffingerdarm • Bauchspeicheldrüse

A Oberbauchorgane nach Entfernung von Magen, Leerdarm, Krummdarm sowie von Teilen des kleinen Netzes und des Magen-Dickdarm-Bandes. Der Netzbeutel (➥ S. 247, A-E) ist dadurch breit eröffnet. In seiner Rückwand liegt die Bauchspeicheldrüse. Aus dem Querdickdarm ist ein kurzes Stück herausgeschnitten, um das Dünndarmgekröse zu zeigen. Das Bild verdeutlicht die Schwierigkeit des chirurgischen Zugangs zur Bauchspeicheldrüse.

B Hinter dem Bauchfell gelegene Organe des Oberbauchs. Die intraperitonealen Organe Magen, Leerdarm, Krummdarm, Leber und Milz, der gesamte Dickdarm (einschließlich der sekundär retroperitonealen Teile) sowie das Bauchfell sind weggenommen. Man vergleiche mit S. 249. Der Kopf der Bauchspeicheldrüse wird vom C-förmigen Zwölffingerdarm umgeben. Ein Krebs der Bauchspeicheldrüse greift daher häufig auf den Zwölffingerdarm über. Dabei wird oft der Hauptgallengang vom Krebsgewebe umwachsen und zusammengedrückt. Die dadurch ausgelöste Gelbsucht infolge mangelnden Gallenabflusses kann erstes Symptom des Krebses sein.

1 Zwerchfell .... Diaphragma (thoraco-abdominale)
2 Nebenniere .... Glandula suprarenalis (adrenalis)
3 Gemeinsamer Lebergallengang .... Ductus hepaticus communis
4 Gallenblasengang .... Ductus cysticus
5 Zwölffingerdarm, oberer Teil .... Duodenum, Pars superior
6 Niere .... Ren (Nephros)
7 Zwölffingerdarm, absteigender Teil .... Duodenum, Pars descendens
8 Kopf der Bauchspeicheldrüse .... Caput pancreatis
9 Zwölffingerdarm, unterer Teil .... Duodenum, Pars horizontalis (inferior)
10 Hauptgallengang .... Ductus choledochus (biliaris)
11 Pfortader .... V. portae hepatis
12 Leberschlagader .... A. hepatica propria
13 Untere Hohlvene .... V. cava inferior
14 Lebervenen .... Vv. hepaticae
15 Gemeinsame Leberschlagader .... A. hepatica communis
16 Mageneingangnaher Magenabschnitt .... Pars cardiaca
17 Stamm der Leber-, Milz- und Magenschlagadern .... Truncus coeliacus
18 Milzschlagader + -vene .... A. splenica (lienalis) + V. splenica
19 Bauchspeicheldrüse .... Pancreas
20 Obere Gekröseschlagader + -vene .... A. + V. mesenterica superior
21 Zwölffingerdarm-Leerdarm-Übergang .... Flexura duodenojejunalis
22 Aortengabel (Aufzweigung in die .... Bifurcatio aortae
gemeinsamen Beckenschlagadern) .... Aa. iliacae communes
23 Harnleiter .... Ureter
24 Querteil des Dickdarms .... Colon transversum
25 Milz .... Splen (Lien)
26 Magen, Pförtnerabschnitt .... Gaster (Ventriculus), Pars pylorica
27 Schwanzlappen der Leber .... Lobus caudatus
28 Rechte Dickdarmbiegung .... Flexura coli dextra
29 Linke Dickdarmbiegung .... Flexura coli sinistra
30 Gallenblase .... Vesica biliaris (fellea)
31 Kleines Netz .... Omentum minus
32 Netzbeutel (Rückwand) .... Bursa omentalis
33 Dünndarmgekröse .... Mesenterium
34 Aortenschlitz (im Zwerchfell) .... Hiatus aorticus
35 Speiseröhrenschlitz (im Zwerchfell) .... Hiatus oesophageus
36 Linke Magenschlagader + -vene .... A. + V. gastrica sinistra
37 Untere Gekrösevene .... V. mesenterica inferior
38 Viereckiger Lendenmuskel .... M. quadratus lumborum
39 Magen-Dickdarm-Band .... Lig. gastrocolicum

A

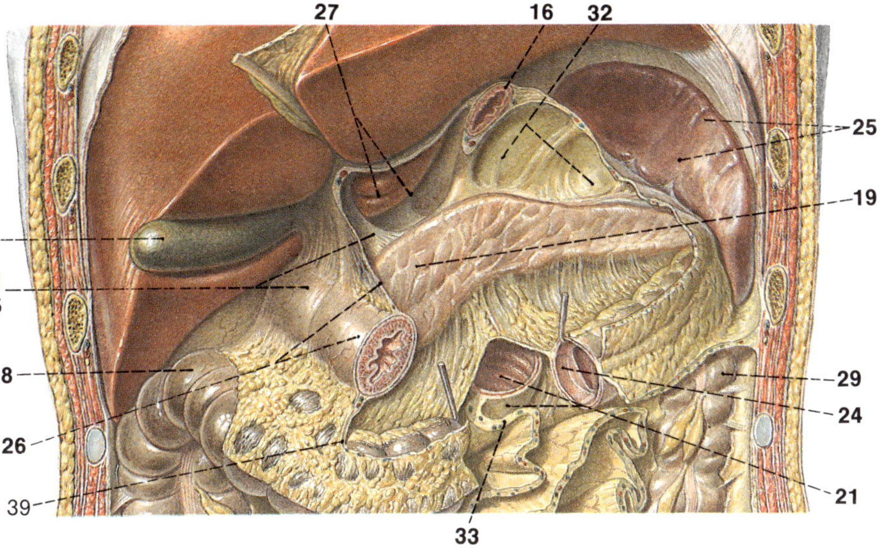
27
16
32
25
19
30
31
5
28
29
24
26
21
39
33

B

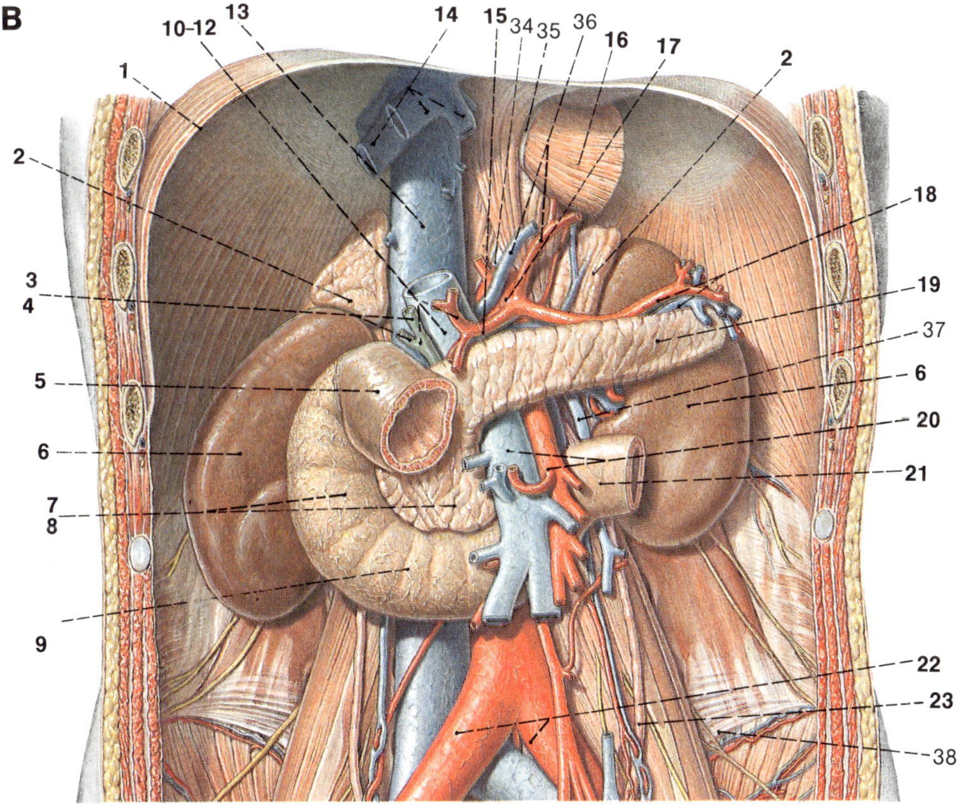
13
10–12
14
15
34
35
36
16
17
2
1
2
18
3
4
19
37
5
6
6
20
21
7
8
9
22
23
38

Hormondrüsen

Hormondrüsen im engeren Sinn:
- Hirnanhangsdrüse
- Nebennieren
- Schilddrüse
- Bauchspeicheldrüse
- Nebenschilddrüsen
- Keimdrüsen

Auch in zahlreichen anderen Organen entstehen Hormone oder hormonähnliche Stoffe:
- In der Schleimhaut des Magen-Darm-Kanals werden Hormone gebildet, die für die Verdauungsvorgänge wichtig sind: Gastrin fördert die Magensaftbildung, Cholecystokinin veranlaßt die Absonderung von Galle und Bauchspeichel, Serotonin erregt die glatte Muskulatur, Enteroglucagon erhöht die Blutzuckerkonzentration usw.
- Die Niere steuert durch Renin ihre eigene Durchblutung und beeinflußt auch den Blutdruck (Renin-Angiotensin-System).
- Die Plazenta übernimmt ab dem zweiten Schwangerschaftsdrittel die gesamte Versorgung mit weiblichen Geschlechtshormonen für Mutter und Kind (die Eierstöcke ruhen dann).

Die *Nebenschilddrüsen* (➥ S. 268) wurden erst vor etwa 100 Jahren entdeckt. Damals war die Kropfoperation aufgekommen. Wurde die Schilddrüse vollständig entnommen, traten bald nach der Operation Muskelkrämpfe auf (Tetanie). Sie beruhten auf einer Senkung des Blutcalciumspiegels. Diese Krämpfe blieben aus, wenn man bei der Operation die rückwärtigen Teile der Schilddrüse im Körper beließ. In mikroskopischen Schnitten hat man dann den andersartigen Bau der Nebenschilddrüsen bemerkt und ihre Rolle im Calciumstoffwechsel erforscht.

Das *Parathormon* der Nebenschilddrüsen fördert die Calciumaufnahme aus der Nahrung im Darm und den Calciumabbau im Knochen. Es regelt den Calciumspiegel im Blut und die Calciumausscheidung im Harn. Calcium ist für viele Lebensvorgänge, u. a. für die Herztätigkeit, nötig. Der Körper des Erwachsenen enthält etwa 2 % Calcium (also 1 bis 2 kg). Der weitaus überwiegende Teil davon liegt in den Knochen. Überschüssiges Calcium wird im Skelett gespeichert und bei Bedarf mobilisiert. Bei Mangel an Vitamin D ist die „Verkalkung" des Skeletts gestört, die Knochen sind weich und verbiegen sich (Rachitis beim Kind, Knochenerweichung = Osteomalazie beim Erwachsenen).

A Lage wichtiger Hormondrüsen im Körper. Bei zwei auf diesem Bild dargestellten Organen ist strittig, ob man sie zu den Hormondrüsen rechnen soll: bei der Zirbeldrüse (einem Teil des Zwischenhirns) und dem Thymus (der heute zu den lymphatischen Organen gerechnet wird).
B Schema der Hirnanhangsdrüse (Hypophyse).
C Lupenbild eines Medianschnitts der Hirnanhangsdrüse (Vergrößerung 10fach).
D Mikroskopisches Bild der Hirnanhangsdrüse (schematisiert, Kresazanfärbung, Vergrößerung etwa 800fach).

1	Hirnanhangsdrüse (Hypophyse)	Hypophysis (Glandula pituitaria)
2	Zirbeldrüse (Epiphyse)	Corpus pineale (Glandula pinealis)
3	Schilddrüse	Glandula thyroidea
4	Nebenschilddrüsen (Epithelkörperchen)	Glandulae parathyroideae
5	Thymus (Bries)	Thymus
6	Nebennieren	Glandulae suprarenales (adrenales)
7	Bauchspeicheldrüse	Pancreas
8	Hoden	Testis
9	Vorderlappen (= Adenohypophyse)	Adenohypophysis (Lobus anterior)
10	Hinterlappen (= Neurohypophyse)	Neurohypophysis (Lobus posterior)
11	Hypophysenstiel	Infundibulum
12	Mittellappen (zum Vorderlappen gehörend)	Pars intermedia
13	Reste der Rachenwand	-
14	Trichterlappen (zum Vorderlappen gehörend)	Pars tuberalis
15	Nervenbahnen vom Zwischenhirn zum Hinterlappen	Tractus hypothalamohypophysialis
16	Bindegewebige Kapsel	Capsula glandularis
17	Sich schwach anfärbende Zelle (Gammazelle)	Endocrinocytus chromophobus
18 - 21	Sich stark anfärbende Zellen	Endocrinocyti chromophili
18 + 19	Saure Farbstoffe aufnehmende Zellen	Endocrinocyti acidophili
18	Alphazelle (Wachstumshormonzelle)	Endocrinocytus somatotrophicus
19	Epsilonzelle (Prolactinzelle)	Endocrinocytus mammotrophicus
20 + 21	Basische Farbstoffe aufnehmende Zellen	Endocrinocyti basophili
20	Beta-1-Zelle (ACTH-Zelle) +	Endocrinocytus corticotrophicus
	Beta-2-Zelle (TSH-Zelle)	Endocrinocytus thyrotrophicus
21	Deltazelle (Gonadotropinzelle)	Endocrinocytus gonadotrophicus
22	Stammzellen	-
23	Haargefäß (= Kapillare)	Vas capillare

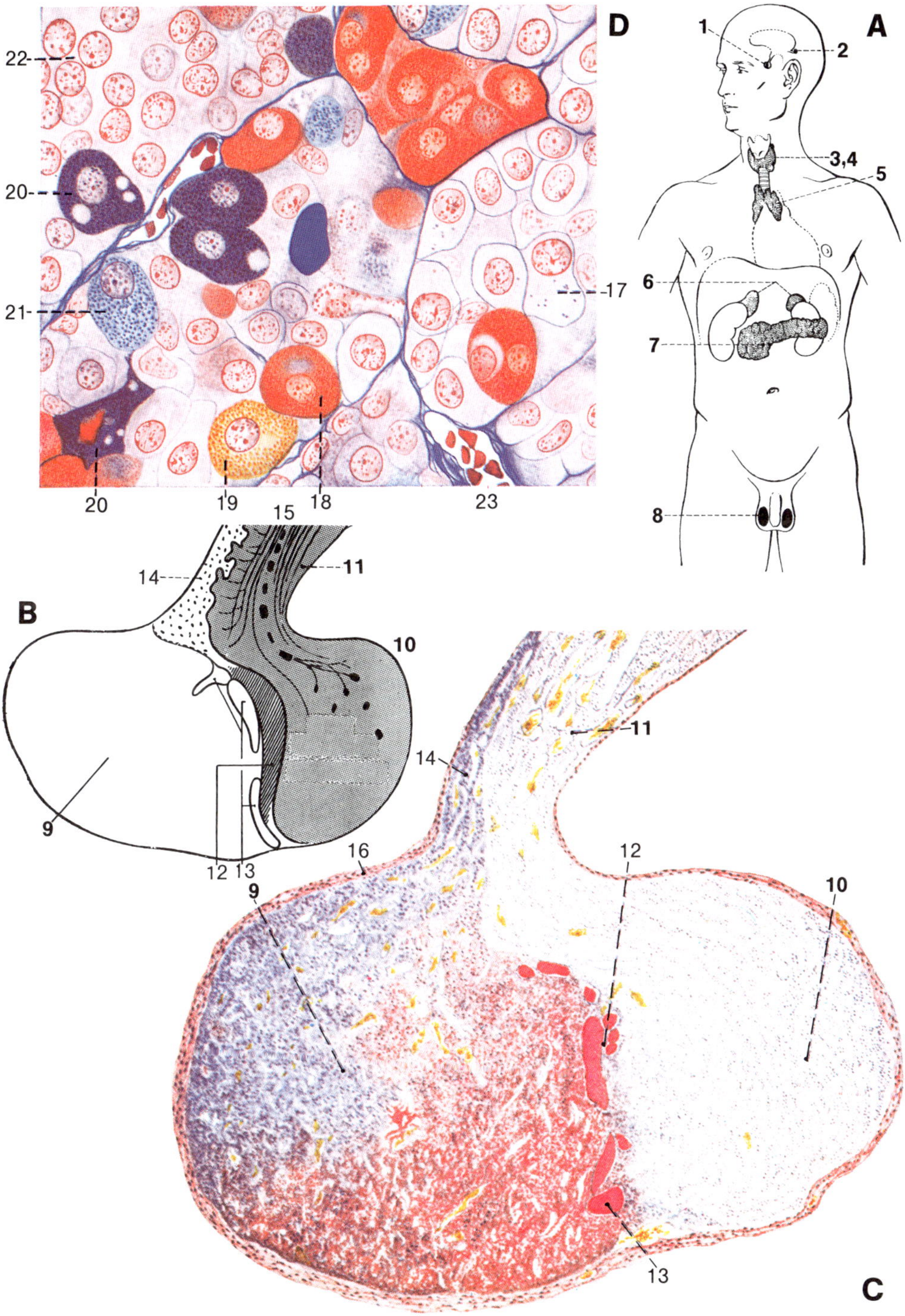
D
22
20
21
20
19
18
23
17
15
A
1
2
3,4
5
6
7
8
B
14
11
10
9
12
13
C
14
11
16
9
12
10
13

Hirnanhangsdrüse

Die Hirnanhangsdrüse (Hypophyse) besteht aus zwei funktionell und entwicklungsgeschichtlich verschiedenen Anteilen (➡ S. 263, B-D):

• Der *Vorderlappen* entsteht aus der Rachenwand. Er steuert andere Hormondrüsen, das Wachstum und die Milchsekretion.

• Der *Hinterlappen* ist ein Teil des Zwischenhirns. Er erzeugt seine Hormone nicht selbst. Sie entstehen im Hypothalamus (einem anderen Teil des Zwischenhirns) und gelangen durch den Hypophysenstiel in den Hinterlappen. Dort werden sie gespeichert und bei Bedarf an das Blut abgegeben.

Vorderlappenhormone: • thyreotropes Hormon (TSH) → Schilddrüse • adrenocorticotropes Hormon (ACTH) → Nebennierenrinde • follikelstimulierendes Hormon (FSH) + Luteinisierungshormon (LH) → Keimdrüsen • Wachstumshormon (somatotropes Hormon, STH) → Wachstum • Prolactin (PRL) → Brustdrüse • melanozytenstimulierendes Hormon (MSH) → braune Hautfarbe
Hinterlappenhormone: • Oxytocin → glatte Muskeln (z.B. Gebärmutter) • Adiuretin (ADH) → Niere (Harneindickung)

Der Vorderlappen wird selbst wieder durch „Releasing-„ und „Inhibitinghormone" des Zwischenhirns gesteuert. TRH, das Releasinghormon für die Ausschüttung von TSH, kann man bereits künstlich herstellen. Es wird in der Diagnostik von Schilddrüsenerkrankungen angewandt.

A Die Hirnanhangsdrüse im Türkensattel der Schädelbasis. Auf dem Medianschnitt durch den Kopf ist auch die *Zirbeldrüse* zu sehen. Die Zirbeldrüse wird auch „Epiphyse" genannt (man hüte sich vor der Verwechslung mit der Epiphyse der Knochen). Sie ist ein Teil des Zwischenhirns. Seit Jahrhunderten rätselt man über ihre Bedeutung. Descartes vermutete in ihr den Sitz der Seele. Sie beeinflußt bei manchen Tieren Hautfarbe und Geschlechtsreife.

B Röntgenbild des Türkensattels. Die Hirnanhangsdrüse selbst ist im Röntgenbild nicht zu sehen. Da sie aber den Türkensattel praktisch völlig ausfüllt, kann man von der Größe des Türkensattels auf die Größe der Hirnanhangsdrüse schließen. Bei Geschwülsten der Hirnanhangsdrüse wird der Türkensattel ausgeweitet. Jeder Knochen gibt allmählich zunehmendem Druck nach: Auf der einen Seite wird Knochen abgebaut, auf der anderen angebaut.

• Man achte auf die große Keilbeinhöhle unter dem Türkensattel: Operationen an der Hirnanhangsdrüse können durch Nasenhöhle und Keilbeinhöhle hindurch vorgenommen werden.

C Akromegalie: Vergröberung der Gesichtszüge bei übermäßiger Produktion von Wachstumshormon im Erwachsenenalter (z.B. bei manchen Geschwülsten der Hirnanhangsdrüse). Durch das Wachstumshormon wird das Knochenwachstum angeregt. Beim Erwachsenen ist ein nennenswertes Längenwachstum nicht mehr möglich, weil die knorpeligen Wachstumszonen (Epiphysenfugen) in den langen Röhrenknochen schon verknöchert sind. Das Breitenwachstum der Knochen (Knochenanbau durch die Knochenhaut) geht jedoch zeitlebens weiter. Übermäßiges Breitenwachstum wird vor allem am Kopf, an den Händen und an den Füßen bemerkt: Schuhe, die früher gut gepaßt hatten, beginnen zu drücken, die Handschuhe werden zu eng, der Hut wird zu klein.

1	Türkensattel	Sella turcica
2	Sattellehne (Rückwand des Türkensattels)	Dorsum sellae
3	Keilbeinhöhle	Sinus sphenoidalis
4	Felsenbein	Pars petrosa
5	Hirnanhangsdrüse (Hypophyse)	Hypophysis (Glandula pituitaria)
6	Sehnervenkreuzung	Chiasma opticum
7	Stirnlappen (des Großhirns)	Lobus frontalis
8	Spinnwebenhaut	Arachnoidea mater cranialis (encephali)
9	Balken	Corpus callosum
10	Harte Hirnhaut (Dura)	Dura mater cranialis (encephali)
11	Dritte Hirnkammer	Ventriculus tertius
12	Hirnsichel	Falx cerebri
13	Zirbeldrüse (Epiphyse)	Corpus pineale (Glandula pinealis)
14	Gerader Blutleiter	Sinus rectus
15	Kleinhirn	Cerebellum
16	Vierte Hirnkammer	Ventriculus quartus
17	Basisschlagader (unpaar)	A. basilaris
18	Verlängertes Mark	Medulla oblongata
19	Rückenmark	Medulla spinalis
20	Untere Nasenmuschel	Concha nasalis inferior

A

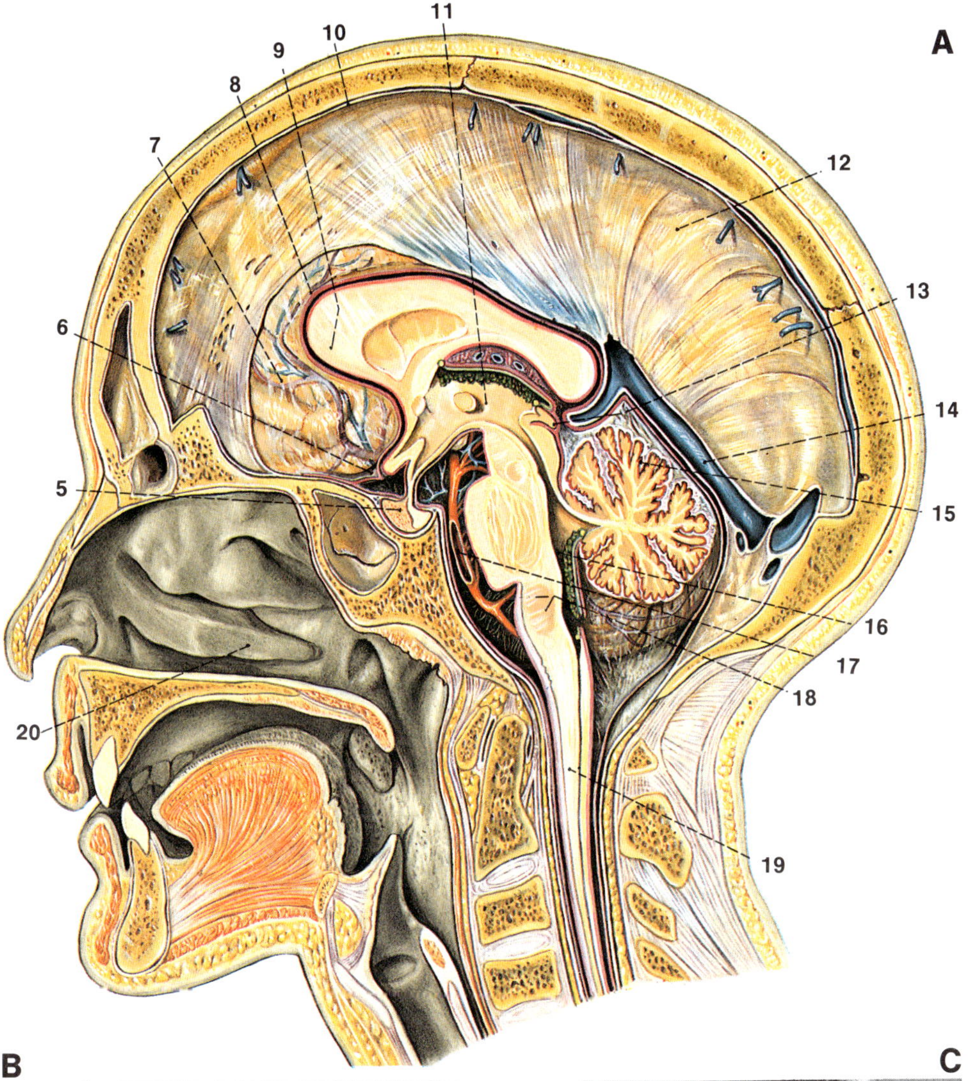

B

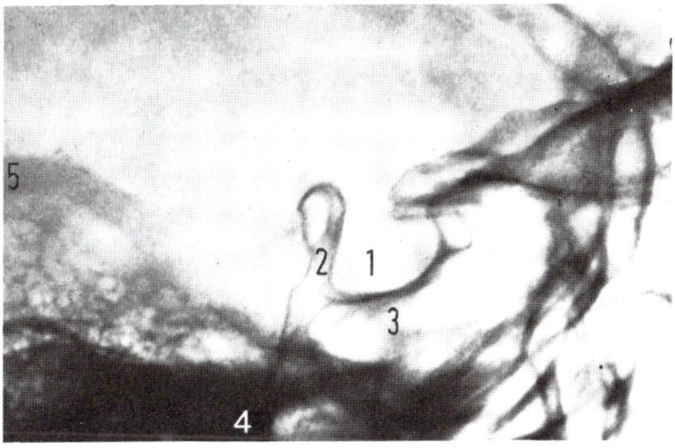

C

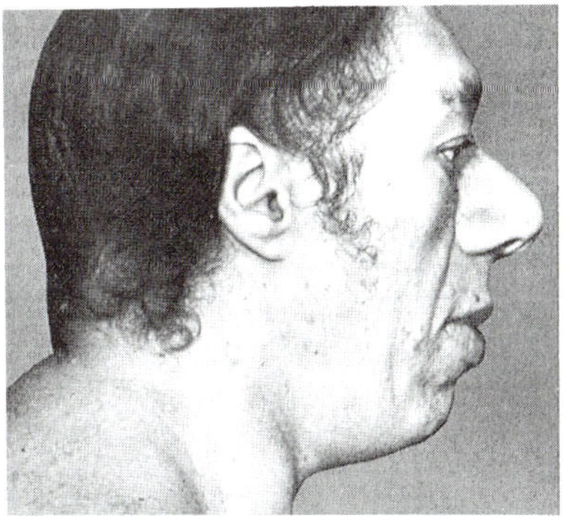

Schilddrüse

Die Schilddrüsenhormone Thyroxin (T_4) und Trijodthyronin (T_3) steigern den Energieumsatz („Grundumsatz") der Körperzellen

Patienten mit Überfunktion der Schilddrüse (*Hyperthyreose*) ist es wegen der vermehrten Wärmebildung meist zu warm. Patienten mit Unterfunktion der Schilddrüse (*Hypothyreose*) frösteln häufig. Der erhöhte Energieverbrauch beim Hyperthyreotiker bedingt einen erhöhten Nahrungsbedarf: Er ißt und ißt und nimmt dabei eher noch ab. Der Hypothyreotiker hingegen hat wenig Appetit und setzt doch Fett an.

• Die *Überfunktion* der Schilddrüse kommt zwar der „schlanken Linie" entgegen, ist aber trotzdem nicht erstrebenswert: Der gesteigerte Grundumsatz belastet den Kreislauf (das Herz schlägt schneller) und führt zu Nervosität. Die körperliche Leistungsfähigkeit läßt nach, weil der „auf Hochtouren laufende" Organismus bei Bedarf keine Reserven einsetzen kann. Im „Schongang" der Unterfunktion wiederum ist man nicht nur körperlich nicht sehr anziehend: Auch die geistigen Vorgänge sind verlangsamt. Nur „in der Mitte ist holdes Bescheiden". Die Schilddrüsenfunktion wird daher genau auf die Bedürfnisse des Organismus abgestimmt. Hierzu dient ein „Regelkreis" aus Zwischenhirn, Hypophysenvorderlappen und Schilddrüse.

• Beim Erwachsenen führt eine *Unterfunktion* der Schilddrüse zum Dickerwerden des Halses infolge Vergrößerung der Schilddrüse (*Kropf*). Kropfbildung ist vor allem in den Alpenländern häufig. Dies erklärt man so: Die Schilddrüsenhormone enthalten Jod. Dieses wird besonders mit dem Trinkwasser dem Körper zugeführt. In den Alpenländern ist das Wasser jodarm. Dadurch kann die Schilddrüse nicht genügend Hormon bilden. Ist im Blut zu wenig Schilddrüsenhormon, so bildet das Zwischenhirn das „Releasinghormon" TRH. Es veranlaßt den Hypophysenvorderlappen, thyreotropes Hormon (TSH) auszuschütten. Dieses löst normalerweise in der Schilddrüse vermehrte Hormonbildung aus. Diese registriert das Zwischenhirn und gibt daraufhin kein weiteres Releasinghormon ab. Das Zwischenhirn kann jedoch die Ursache einer mangelnden Hormonbildung nicht erkennen. Kann die Schilddrüse bei Jodmangel nur wenig Hormon erzeugen, so wird ständig vermehrt schilddrüsenanregendes Hormon gebildet. Es veranlaßt die Schilddrüse zum Wachstum, um gewissermaßen durch eine größere Drüse den Hormonbedarf sicherzustellen. Dies nützt bei Jodmangel nichts, so daß der Kropf immer größer wird.

A Kehlkopf mit Schilddrüse.

B Szintigramm der Schilddrüse. Die Schilddrüsenhormone Trijodthyronin (häufig abgekürzt T_3) und Thyroxin (T_4) enthalten Jod (3 bzw. 4 Jodatome pro Molekül). Die Schilddrüse speichert in den Körper aufgenommenes Jod, um immer genügend „auf Lager" zu haben. Kein anderes Organ enthält soviel Jod. Führt man dem Körper radioaktives Jod zu, so wird auch dieses in der Schilddrüse festgehalten. Die von ihm ausgehende Strahlung kann man aufzeichnen und so die Schilddrüse abbilden.

C Mikroskopisches Bild der Schilddrüse (Vergrößerung 120fach). Die Hormone (bzw. Vorstufen) werden in den Hohlräumen der Follikel gespeichert und nach Bedarf in das Blut abgegeben.

D Basedow-Krankheit (Überfunktion der Schilddrüse) mit „Glotzaugen" (Exophthalmus).

E Kretinismus (angeborene schwere Unterfunktion der Schilddrüse) bei einem 17jährigen Mädchen. Körperliche und geistige Entwicklung sind stark beeinträchtigt.

F Das Mädchen von Abb. E nach 13monatiger Behandlung mit Schilddrüsenhormon.

1	Zungenbein	Os hyoideum
2	Schildknorpel	Cartilago thyroidea
3	Schilddrüse, rechter Lappen	Glandula thyroidea, Lobus dexter
4	Schilddrüse, linker Lappen	Glandula thyroidea, Lobus sinister
5	Schilddrüsenenge	Isthmus glandulae thyroideae
6	Luftröhre	Trachea
7	Schilddrüsenfollikel	Folliculi [glandulae thyroideae]
8	Kleines Zungenbeinhorn	Cornu minus
9	Großes Zungenbeinhorn	Cornu majus
10	Oberes Horn (des Schildknorpels)	Cornu superius
11	Schildknorpel-Zungenbein-Membran	Membrana thyrohyoidea
12	Adamsapfel	Prominentia laryngea
13	Mittelständiges Ringknorpel-Schildknorpel-Band	Lig. cricothyroideum medianum
14	Ringknorpel-Schildknorpel-Muskel	M. cricothyroideus
15	Bindegewebe zwischen den Follikeln	(Textus connectivus)
16	Gespeicherte Hormone im Schilddrüsenfollikel	Colloidum
17	Vene	Vena

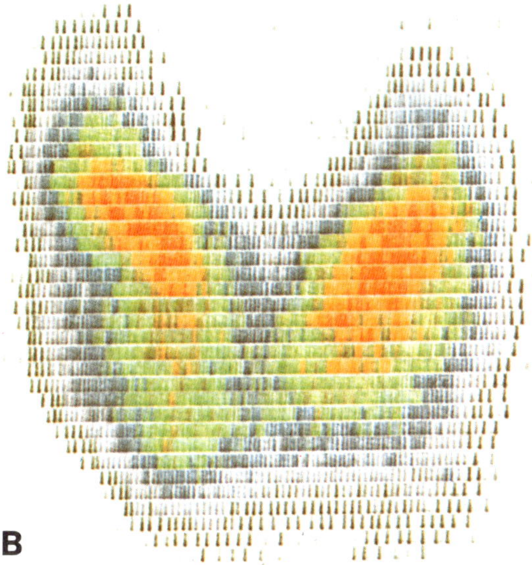

B

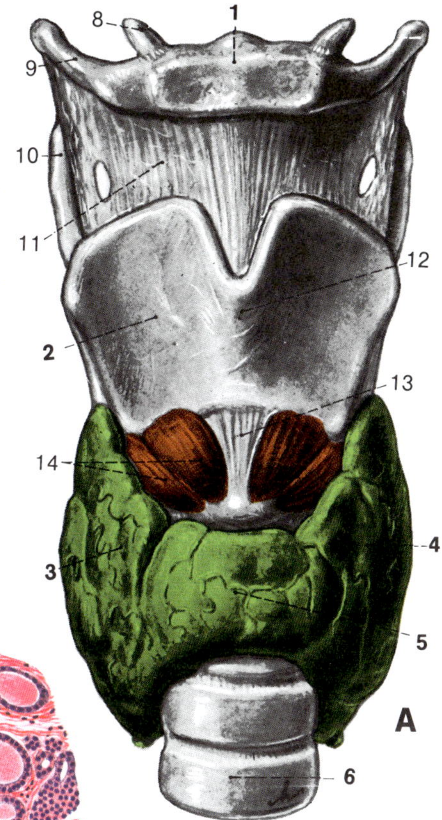

A

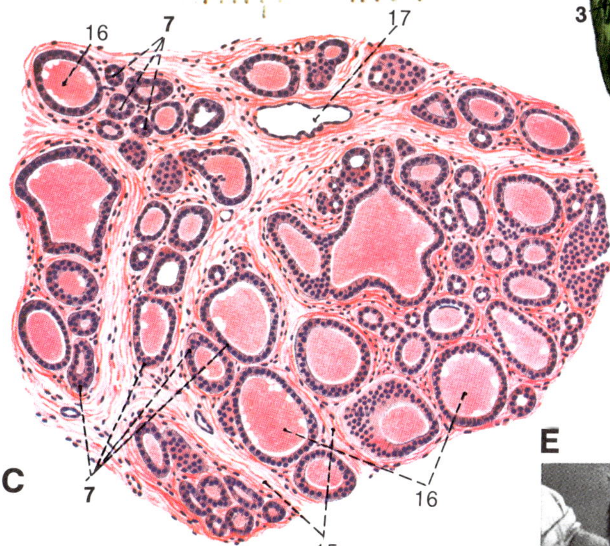

C

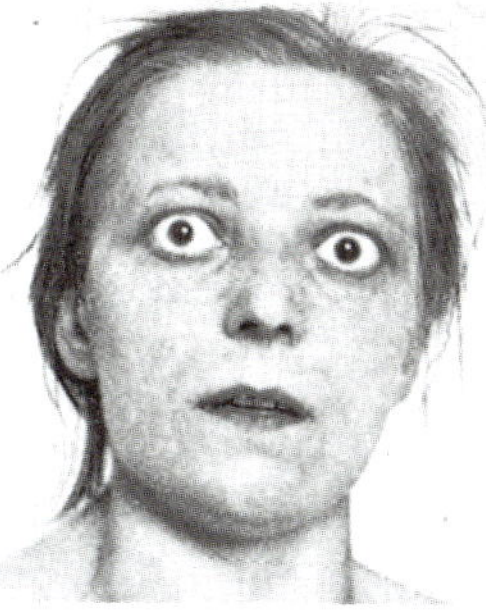

D

E

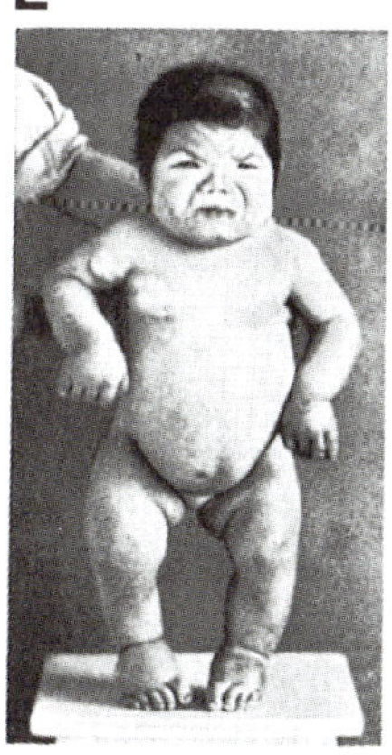

F

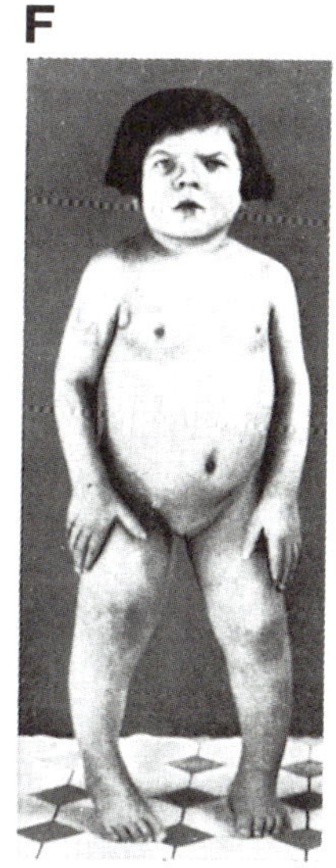

A Horizontalschnitt durch den Hals. Er veranschaulicht die Lage der Schilddrüse und der Nebenschilddrüsen zu Luftröhre und Speiseröhre. Eine Vergrößerung der Schilddrüse (Kropf) kann infolge Drucks auf Luft- und Speiseröhre zu Atem- und Schluckbeschwerden führen.

B Mikrokopisches Schnittbild einer *Nebenschilddrüse* (Vergrößerung etwa 400fach). Die dichte Lage der Drüsenzellen wird nur durch das Haargefäßnetz, dagegen kaum durch Bindegewebe unterbrochen. Wegen des dadurch bedingten deckgewebeartigen Aussehens nennt man die Nebenschilddrüsen auch „Epithelkörperchen". Der Mensch hat 4 solcher etwa linsengroßer Nebenschilddrüsen. Je 2 liegen normalerweise dem linken und dem rechten Schilddrüsenlappen rückwärts an (Aufgaben der Nebenschilddrüsen ➥ S. 262).

C Entwicklung wichtiger Hormondrüsen und des Thymus aus dem Rachenbereich beim Embryo in der fünften Woche nach der Befruchtung. Der Vorderlappen der Hirnanhangsdrüse entsteht aus dem Rachendach, die Schilddrüse (gelb Mitte) aus dem Zungengrund. Nebenschilddrüsen (blau) und Thymus (gelb, seitlich) gehen aus „Schlundtaschen" hervor, aus denen auch das Mittelohr und die Gaumenmandeln gebildet werden. Die Entwicklung des Thymus in der Nachbarschaft von Schilddrüse und Nebenschilddrüsen trug viel zu seiner früheren, inzwischen überholten Einordnung als Hormondrüse bei.

1	Schilddrüse	Glandula thyroidea
2	Schilddrüsenenge	Isthmus glandulae thyroideae
3	Luftröhre	Trachea
4	Halsschlagader (= gemeinsame Kopfschlagader)	A. carotis communis
5	Innere Halsvene (= innere Drosselvene)	V. jugularis interna
6	Kopfwender („Sternokleido")	M. sternocleidomastoideus
7	Speiseröhre	Oesophagus
8	Nebenschilddrüse (Epithelkörperchen)	Glandula parathyroidea
9	Rückläufiger Kehlkopfnerv („Rekurrens")	N. laryngealis recurrens
10	Siebenter Halswirbel	Vertebra cervicalis VII
11	Brustbein-Schildknorpel-Muskel	M. sternothyroideus
12	Brustbein-Zungenbein-Muskel	M. sternohyoideus
13	Vordere Halsvene	V. jugularis anterior
14	Hautmuskel des Halses	Platysma
15	Oberflächliche Halsfaszie	Fascia cervicalis, Lamina superficialis
16	Untere Schilddrüsenvenen	Vv. thyroideae inferiores
17	Mittlere Halsfaszie	Fascia cervicalis, Lamina pretrachealis
18	Kapsel (der Schilddrüse)	Capsula fibrosa
19	Verschieberaum zwischen Luftröhre und Speiseröhre	[Spatium oesophagotracheale]
20	Nerven zu den unteren Zungenbeinmuskeln	Ansa cervicalis
21	Oberer Herznerv (sympathisch)	N. cardiacus cervicalis superior
22	Vagus (zehnter Hirnnerv)	N. vagus
23	Untere Schilddrüsenschlagader	A. thyroidea inferior
24	Wirbelvene	V. vertebralis
25	Wirbelschlagader	A. vertebralis
26	Unteres Halsganglion („Sternganglion") (des Sympathikus)	Ganglion cervicothoracicum (stellatum)
27	Tiefe Halsfaszie	Fascia cervicalis, Lamina prevertebralis
28	Langer Halsmuskel	M. longus colli
29	Membranöse Rückwand (der Luftröhre)	Paries membranaceus
30	Verschiebeschicht hinter der Speiseröhre	[Spatium retro-oesophageum]
31	Halslymphstamm	Truncus jugularis
32 - 34	Hormonbildende Nebenschilddrüsenzellen	Endocrinocyti parathyroidei
32	Dunkle Hauptzelle	Endocrinocytus principalis densus
33	Helle Hauptzelle	Endocrinocytus principalis lucidus
34	Acidophile Zelle	Endocrinocytus oxyphilicus (acidophilus)
35	Kleine Schlagader	Arteriola
36	Bindegewebe	Textus connectivus
37	Kolloid	Colloidum
38	Haargefäß (Kapillare)	Vas capillare
39	Primitiver Rachen	Pharynx primitivus
40	Primitive Speiseröhre	Oesophagus primitivus
41	Anlagen der Lungen	Gemmae bronchopulmonariae
42	Anlage des Vorderlappens der Hirnanhangsdrüse	Saccus hypophysialis
43	Anlage der Schilddrüse	Diverticulum thyroideum
44 - 48	Erste bis fünfte Schlundtasche	Saccus primus - Saccus quintus

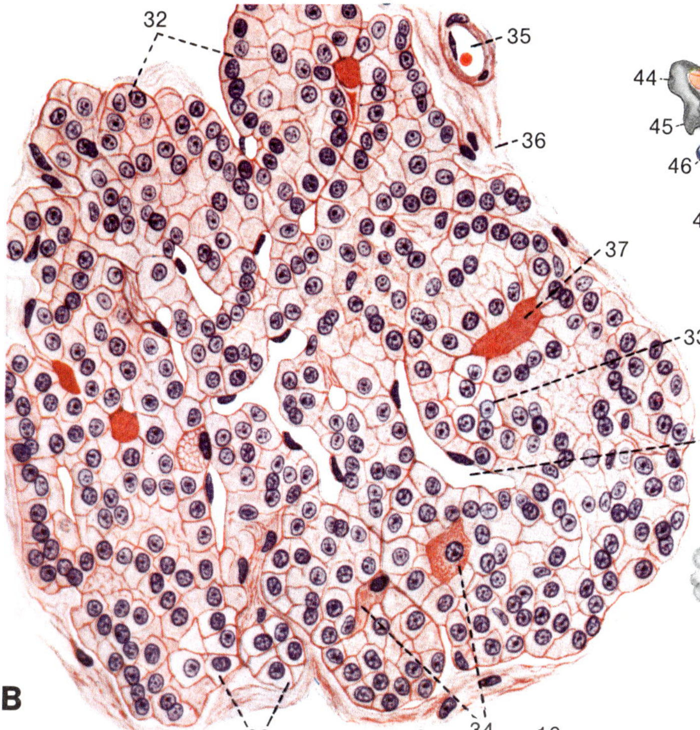
32
35
36
37
33
38
34
33

B

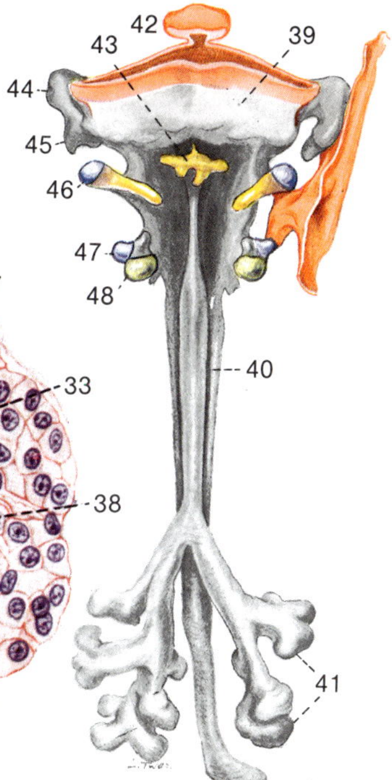
42
43
39
44
45
46
47
48
40
41

C

A

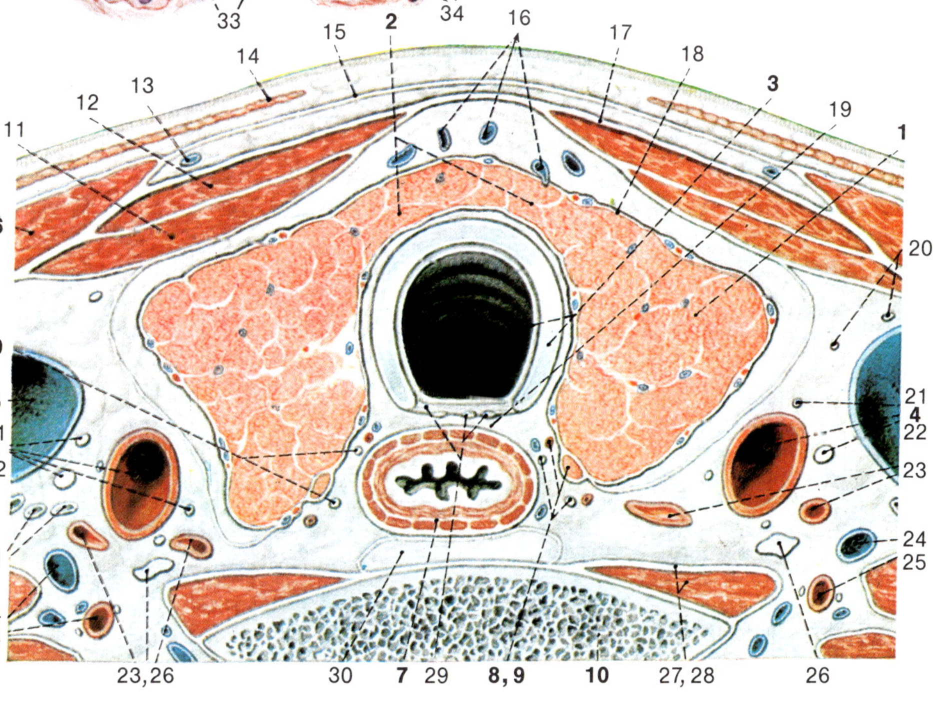
2
16
15
17
14
18
13
3
12
19
11
1
6
20
9
5
21
4
22
23
31
24
25
23, 26
30
7
29
8, 9
10
27, 28
26

Nebennieren

Eine Nebenniere wiegt nur etwa 10 g, trotzdem ist sie ein lebensnotwendiges Organ. Die Wirkstoffe sind gut erforscht und z.T. künstlich hergestellt, so daß bei Ausfall der Nebennieren eine Behandlung möglich ist. Mark und Rinde sind entwicklungsgeschichtlich unterschiedlicher Herkunft und haben verschiedene Funktionen. Bei niederen Wirbeltieren, z.B. Haien, bilden sie noch getrennte Organe. Der Grund der Zusammenlagerung ist unklar.

Nebennierenrindenhormone: • Glucocorticoide: z.B. Cortison +Hydrocortison • Mineralocorticoide: z.B. Aldosteron • Androgene
Nebennierenmarkhormone: • Adrenalin • Noradrenalin

In der *Nebennierenrinde* hat man bisher rund ein halbes Hundert verschiedener Hormone isoliert. Sie gehören chemisch zu den Steroiden. 3 Gruppen:

1. *Glucocorticoide*: Sie wirken auf den Kohlenhydratstoffwechsel (Glucose = Blutzucker). Sie erhöhen den Blutzuckerspiegel, indem sie den Abbau von Glykogen in den Speichern und die Neubildung von Blutzucker fördern. Sie sind damit Gegenspieler des Insulins der Bauchspeicheldrüse. Sie wirken stark entzündungshemmend. Deswegen werden chemisch von ihnen abgeleitete Stoffe in der Medizin viel verwendet.
2. *Mineralocorticoide*: Sie halten den Salz- und Wasserhaushalt des Körpers im Gleichgewicht.
3. *Androgene*: Das sind Stoffe, die den Körper im Sinne des männlichen Geschlechts ausgestalten. Sie stehen den Geschlechtshormonen nahe und werden sowohl beim Mann als auch bei der Frau gebildet. Bei der Frau überwiegt jedoch die Wirkung der von den Eierstöcken gebildeten Östrogene und Gestagene. Dieses Übergewicht kann in zweifacher Weise gestört werden:

• In den Wechseljahren nimmt die Bildung der weiblichen Geschlechtshormone ab, dadurch werden die Androgene relativ stärker wirksam. Dann treten männliche Körperbaumerkmale hervor, z.B. stärkere Behaarung im Gesicht.

• Die Nebennierenrinde bildet infolge einer Geschwulst vermehrt Androgene. Man beachte in Abb. C auf S. 273 die mehr männliche Körperform, die Verkleinerung der Brüste, den männlichen Typ der Schambehaarung und die stärkere Körperbehaarung (besonders auf Brust und Beinen).

Die im *Nebennierenmark* gebildeten, nahe verwandten Hormone: Adrenalin und Noradrenalin erregen das sympathische Nervensystem, beschleunigen die Herztätigkeit, erhöhen den Blutdruck und den Blutzucker. Adrenalin wird auch bei psychischer Erregung ausgeschüttet.

A Nebenniere in doppelter natürlicher Größe. Der untere Pol ist abgeschnitten, um die beiden Anteile der Nebenniere - Mark und Rinde - zu zeigen.

B Schnittfläche der in Abb. A gezeichneten Nebenniere. Beim lebenden Menschen sind die Rindensubstanz gelb und das Mark braunrot. Charakteristisch für eine Hormondrüse ist der Reichtum an Venen, denn sie gibt ihre Produkte direkt in das Blut ab. Die Venen ersetzen also die Ausführungsgänge dieser Drüsen.

C Mikroskopisches Schnittbild der Nebenniere (Vergrößerung 100fach). Die Nebennierenrinde ist in 3 Schichten gegliedert: Die Außenschicht bildet vorwiegend Mineralocorticoide, die Mittelschicht Glucocorticoide, die Innenschicht Androgene.

D Zellen aus dem Nebennierenmark (Vergrößerung etwa 800fach).

E Rindenzelle der Nebenniere bei stärkster lichtmikroskopischer Vergrößerung.

F Cushing-Krankheit im frühen Kindesalter. Bei vermehrter Bildung von Glucocorticoiden in der Nebenniere ist das Wachstum verzögert. Es wird vermehrt Fett angesetzt: „Vollmondgesicht", „Büffelnacken" und Stammfettsucht (➥ S. 47, C).

Magnetresonanzschichtbild (MRT) einer Nebennierengeschwulst *➥ S. 342.*

1	Nebennierenrinde	Cortex (glandulae suprarenalis)
2	Nebennierenmark	Medulla (glandulae suprarenalis)
3	Bindegewebige Kapsel (der Nebenniere)	Capsula
4	Cholesterinablagerungen	-
5	Zentralvene	V. centralis
6	Knäuelschicht (Außenschicht der Rinde)	Zona glomerulosa
7	Bündelschicht (Mittelschicht der Rinde)	Zona fasciculata
8	Netzschicht (Innenschicht der Rinde)	Zona reticularis
9	Vene (im Nebennierenmark)	Vena
10	Autonome Nervenzelle (im Nebennierenmark)	Neuron multipolare autonomicum
11	Nervenfasern (im Nebennierenmark)	Neurofibrae
12	Fetttröpfchen	Gutta lipidis (Adiposoma)

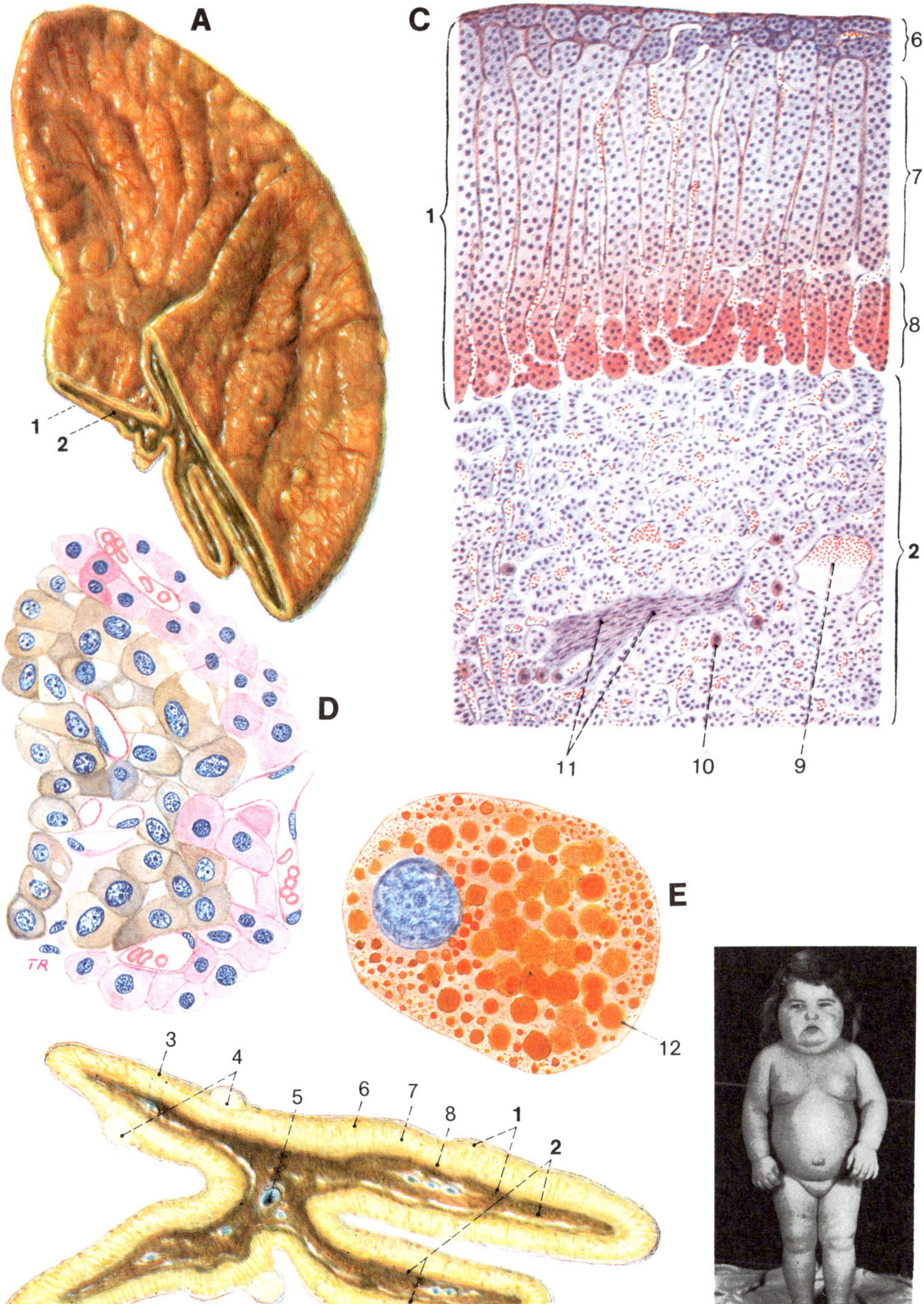
A
1
2
C
6
7
1
8
2
11
10
9
D
TR
E
12
3
4
5
6
7
8
1
2
B
F

Keimdrüsen als Hormondrüsen

Weibliche Geschlechtshormone erzeugen der Eierstock und der Mutterkuchen (Plazenta): • Östrogene (Follikelhormon) • Gestagene (Gelbkörperhormon, Progesteron)
Männliche Geschlechtshormone: • der Hoden bildet Testosteron • ähnliche Stoffe (Androgene) entstehen bei Frau und Mann in der Nebennierenrinde

Die Geschlechtshormone werden nicht von den Keinzellen (Eizellen bzw. Samenzellen), sondern bei der Frau von den „Follikelzellen" bzw. den Gelbkörperzellen (Abb. A), beim Mann von zwischen den Samenkanälchen liegenden „Zwischenzellen" (Abb. B) gebildet.

Die Hormonproduktion der Keimdrüsen wird vom Vorderlappen der *Hirnanhangsdrüse* (Hypophyse) mit Hilfe der gonadotropen Hormone (gonadotrop: auf die Keimdrüsen = Gonaden gerichtet) gesteuert:

• Das *follikelanregende Hormon* (FSH) veranlaßt, wie der Name schon sagt, das Wachstum und die Reifung der Follikel. Es steuert damit die erste Hälfte des Geschlechtszyklus der Frau (➥ S. 316)

• Das *Luteinisierungshormon* (LH) löst den Eisprung, den Aufbau des Gelbkörpers und dessen Hormonbildung aus. Die Hirnanhangsdrüse selbst wird wiederum vom *Zwischenhirn* überwacht. Dieses bildet „Releasinghormone", welche die Hormonbildung der Hirnanhangsdrüse in Gang setzen.

• Auch beim Mann wird von der Hirnanhangsdrüse Luteinisierungshormon erzeugt. Es fördert die Testosteronbildung in den Zwischenzellen (interstitielle Zellen) und wird daher auch „Interstitielle-Zellen-stimulierendes-Hormon" (ICSH) genannt.

Das Regulationssystem des Geschlechtszyklus steuert sich selbst: Die Erzeugung der Hormone des Eierstocks und der Hirnanhangsdrüse ist in einem *Regelkreis* zusammengeschlossen: Sinkt der Blutspiegel an Eierstockhormonen, z.B. beim Zusammenbruch des Gelbkörpers, so wirft das Zwischenhirn viel Gonadotropin-Releasinghormon aus. Die Hirnanhangsdrüse gibt daraufhin viel follikelanregendes Hormon ab, damit neue Follikel heranreifen. Dadurch wird die Hormonproduktion des Eierstocks belebt und das Zwischenhirn wieder gebremst.

A Gelbkörper (Vergrößerung 50fach). Nach dem Eisprung erfolgt in den Hohlraum des geplatzten Follikels eine geringe Blutung. Das Sprungloch wird durch ein Gerinnsel verschlossen. Die Follikelzellen vergrößern sich und füllen den ehemaligen Hohlraum aus. Durch Speichern von Cholesterinabkömmlingen nimmt das Gebilde allmählich die gelbe Farbe an, die zur Bezeichnung *Gelbkörper* führte. Der Gelbkörper erzeugt ebenfalls Hormone. Nach der Bildungsstätte nennt man die Hormone auch Follikelhormon (Östrogen) und Gelbkörperhormon (Gestagen).

B Zwischenzellen aus den männlichen Geschlechtsorganen (Vergrößerung etwa 400fach).

C-F Änderungen der Körperform bei Störungen der Hormonproduktion.

C + D Körperform bei vermehrter Produktion männlicher Geschlechtshormone durch Hoden oder Nebennierenrinde.

C Äußerliche Vermännlichung eines 17jährigen Mädchens: männliche Körperformen, männlicher Behaarungstyp, großer Kitzler, fehlende Brustdrüsenentwicklung, keine Regelblutung (➥ S. 343, M).

D Vorzeitige Geschlechtsentwicklung und Hochwuchs bei einem siebenjährigen Knaben.

E + F Körperform bei verminderter Produktion von Geschlechtshormonen. Die Geschlechtsreife (Pubertät) wird bei Frau und Mann durch eine vermehrte Bildung von Geschlechtshormonen in den Keimdrüsen (Eierstöcke und Hoden) herbeigeführt. Die Geschlechtshormone bestimmen die sog. sekundären Geschlechtsmerkmale: Vergrößerung der Geschlechtsorgane, weibliche bzw. männliche Körperform und Behaarungstyp, „Stimmbruch" beim männlichen Jugendlichen usw. Ohne die vermehrte Bildung von Geschlechtshormonen bleibt die Pubertät aus. Dies ist z.B. bei unterentwickelten Keimdrüsen, bei Störung der die Keimdrüsen steuernden Hirnanhangsdrüse oder bei Kastration der Fall. Beim Mann kommt es zum sog. eunuchoiden Hochwuchs mit besonders langen Beinen und Armen, kleinem Penis, schwacher Körperbehaarung und hoher Stimme. Die Frau behält kindliche Körperformen (Infantilismus), und die Regelblutung bleibt aus.

E Eunuchoidismus.

F Infantilismus bei 30jähriger Frau.

1 + 2	Hormonbildende Gelbkörperzellen	Endocrinocyti corporis lutei (Luteocyti)
1	Östrogenbildende Zelle (Thekaluteinzelle)	Thecoluteocytus
2	Gestagenbildende Zelle (Granulosaluteinzelle)	Granulosoluteocytus
3	Blutgefäße	Vasa sanguinea
4	Fibrin	Substantia fibrinoidea
5	Bluterguß	[Haematoma]
6	Leydig-Zwischenzelle	Endocrinocytus interstitialis

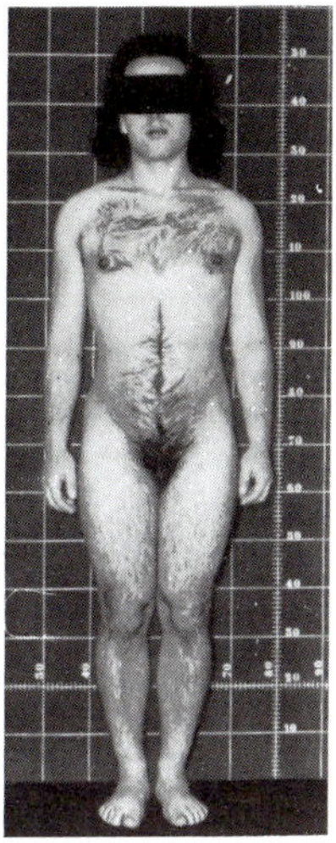
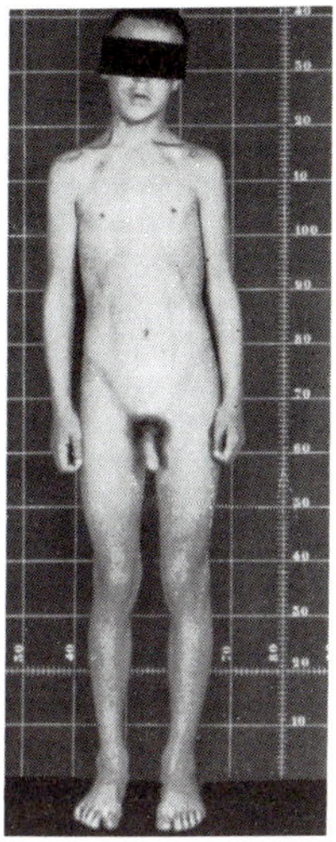

C D

A

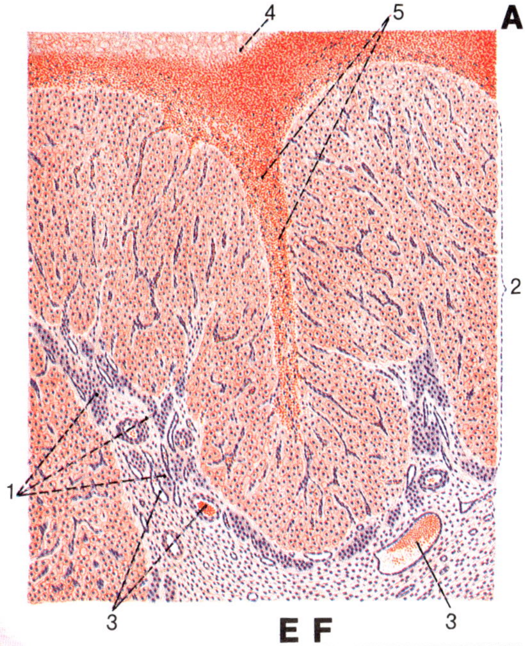

B

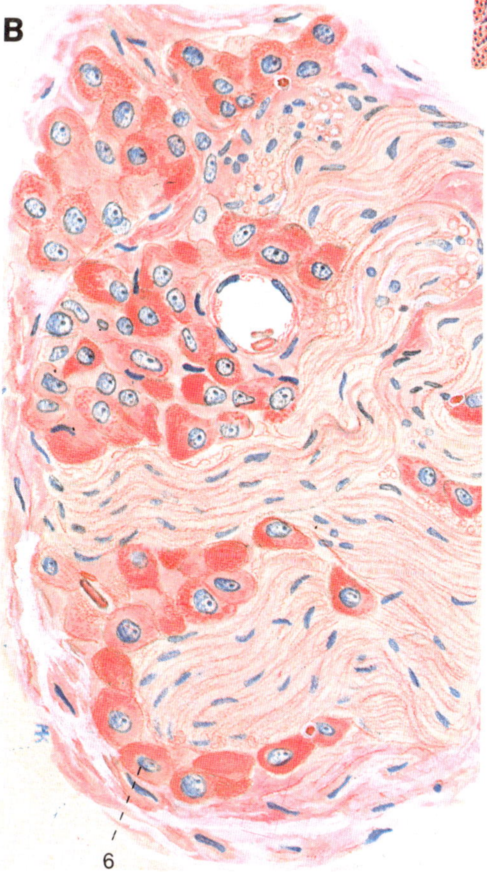

E F

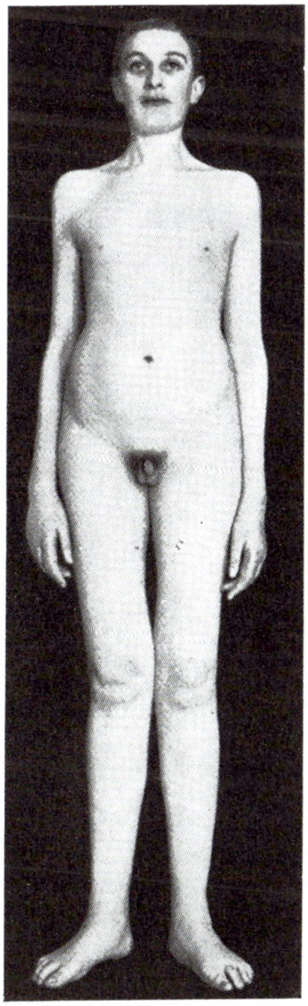
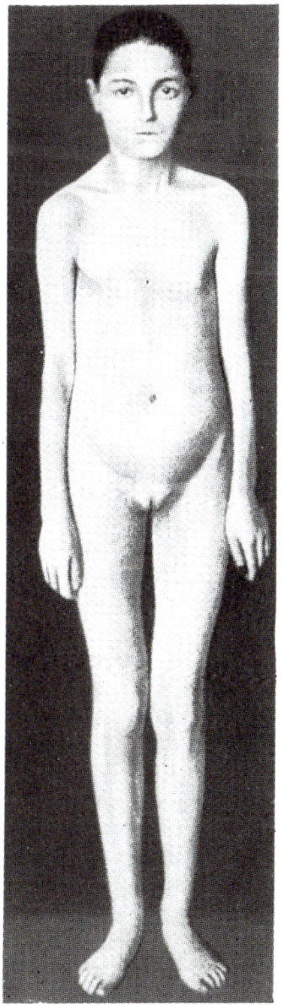

Nasenhöhle

Die Nasenhöhle hat die Atemluft für die unteren Luftwege vorzubereiten, sie
- anzuwärmen
- zu reinigen
- anzufeuchten
- chemisch zu prüfen

• Zur Lösung der ersten beiden Aufgaben läßt der Körper die Atemluft durch einen „Warmwasserheizkörper" strömen: Die Rippen des „Heizkörpers" sind die Nasenmuscheln, das „Warmwasser" ist das Blut. Die Nasenmuscheln sind mit gefäßreicher, ständig feucht gehaltener Schleimhaut bedeckt. Sie wärmt und feuchtet die Luft an.

• Zur Reinigung von Staubteilchen und möglichst auch von Bakterien sind die Deckzellen der Schleimhaut mit feinen Flimmerhärchen besetzt. Sie bewegen auf der feuchten Schleimhaut niedergeschlagene Staubteilchen in Richtung Rachen. Der Rachen ist außerdem reich mit lymphatischem Gewebe zur Bakterienabwehr ausgerüstet.

• Chemisch geprüft wird die Atemluft durch den Geruchssinn. Viele schädliche Gase riechen übel. Ihre Einatmung wird deswegen vermieden.

Nasennebenhöhlen:
- Stirnhöhle
- Siebbeinzellen
- Kieferhöhle
- Keilbeinhöhle

A Hohlräume des Gesichtsschädels: Mundhöhle (rot), Nasenhöhle (blau), Kiefer- und Stirnhöhlen (dunkelgrün), Siebbeinzellen und Tränenwege (➥ S. 189, D, und 221, A). Die „Zellen" des Siebbeins und des Warzenfortsatzes sind lufthaltige Hohlräume und keine Zellen der Zellen- und Gewebelehre!

B Medianschnitt durch Kopf und Hals. Die farbigen Pfeile zeigen die Überkreuzung von Luftweg (rot) und Speiseweg (blau).

C Blick in die Nasenhöhlen vom Rachen aus bei der hinteren Nasenspiegelung (hintere Rhinoskopie).

D Knorpel der äußeren Nase.

E Horizontalschnitt durch den Kopf auf Höhe der Augen. Er zeigt die enge Beziehung der Nasenhöhle zur Augenhöhle und zum Gehirn.

1	Obere Nasenmuschel	Concha nasalis superior
2	Mittlere Nasenmuschel	Concha nasalis media
3	Untere Nasenmuschel	Concha nasalis inferior
7	Nasenscheidewand	Septum nasi
8	Nasenhöhle	Cavitas nasi
9	Keilbeinhöhle	Sinus sphenoidalis
10	Stirnhöhle	Sinus frontalis
11	Siebbeinzellen	Cellulae (Sinus) ethmoidales
12	Siebbein	Os ethmoidale
13	Ohrtrompete	Tuba auditoria (auditiva)
14	Gaumenzäpfchen	Uvula palatina
17	Zunge	Lingua
18	Kehlkopf	Larynx
19	Schilddrüse	Glandula thyroidea
20	Speiseröhre	Oesophagus
21	Schädeldach	Calvaria
22	Balken	Corpus callosum
23	Großhirn	Cerebrum
24	Kleinhirn	Cerebellum
25	Rückenmark	Medulla spinalis
26	Wirbelkörper	Corpus vertebrae (vertebrale)
27	Nasenbein	Os nasale
28	Oberkiefer	Maxilla
29	Tränenbein	Os lacrimale
30	Tränenröhrchen	Canaliculus lacrimalis
33	Seitenfortsatz des Nasenscheidewandknorpels	Processus lateralis, Cartilago septi nasi
34	Großer Nasenflügelknorpel	Cartilago alaris major
36	Stirnbein-Oberkiefer-Naht	Sutura frontomaxillaris
37	Nasenbein-Oberkiefer-Naht	Sutura nasomaxillaris
38	Kleine Nasenflügelknorpel	Cartilagines alares minores
39	Augapfel	Bulbus oculi
40	Augenhöhle mit äußeren Augenmuskeln	Orbita + Mm. bulbi
41	Obere Augenhöhlenspalte	Fissura orbitalis superior
42	Keilbein	Os sphenoidale
43	Innere Kopfschlagader + kavernöser Blutleiter	A. carotis interna + Sinus cavernosus
44	Großhirn	Cerebrum
45	Hirnanhangsdrüse (im Türkensattel)	Hypophysis (Glandula pituitaria)

A

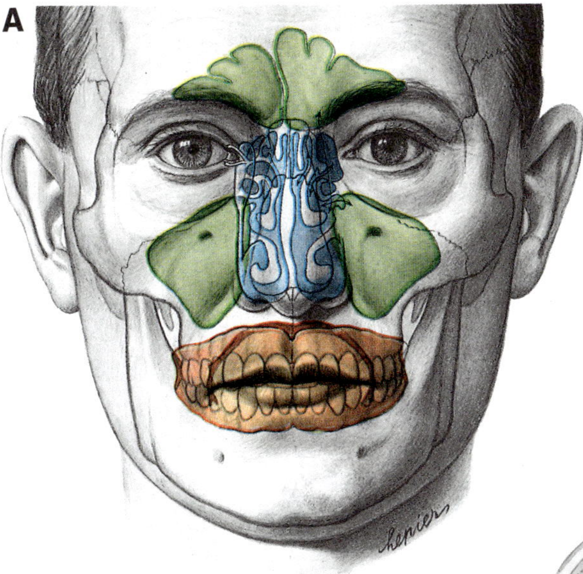

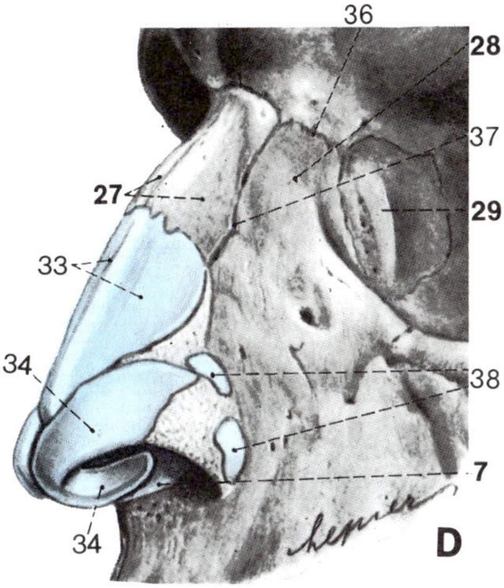
36
28
37
27
29
33
34
38
38
7
34

D

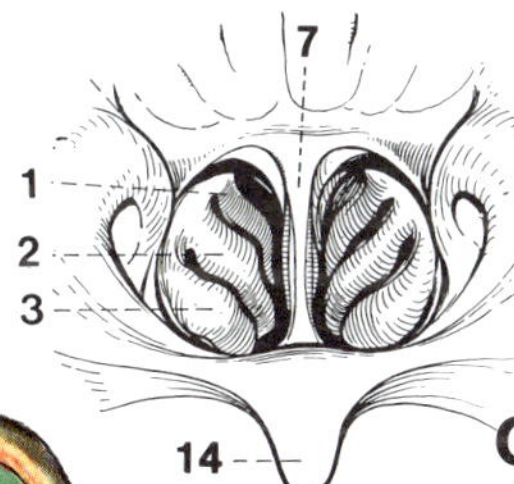
7
1
2
3
14

C

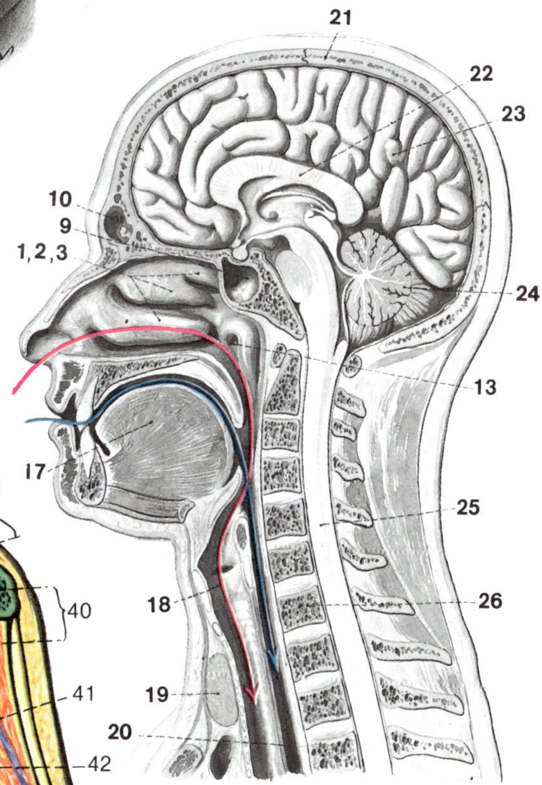
21
22
23
10
9
1,2,3
24
13
17
25
18
26
19
20

B

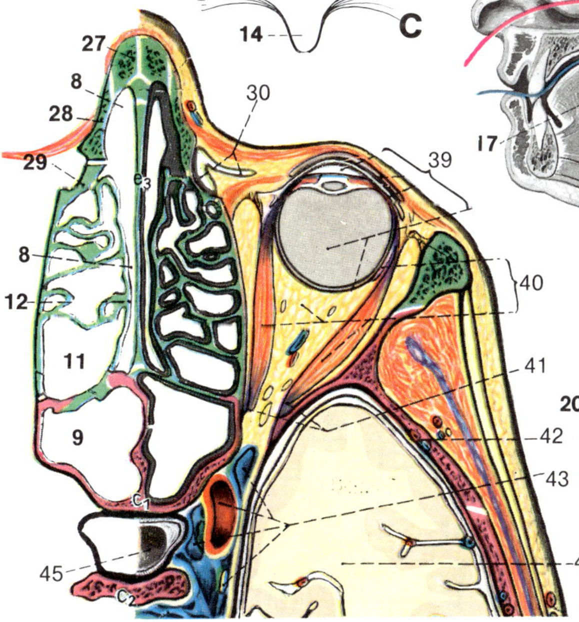
27
8
28
30
29
39
8
40
12
11
41
9
42
43
45
44

E

A Schnitt etwas links der Mittelebene durch Kopf und Hals. Blick auf die rechte Hälfte. Im Halsbereich sind die wichtigsten operativen Zugangswege mit Pfeilen angegeben: I Zugang zum Rachen zwischen Zungenbein und Kehlkopf, II Spaltung des Kehlkopfs, III Öffnung des Luftwegs zwischen Schildknorpel und Ringknorpel (Koniotomie) als Noteingriff bei Erstickungsgefahr, IV oberer Luftröhrenschnitt (Tracheotomie), V unterer Luftröhrenschnitt (unterhalb der Schilddrüsenenge).

1	Nasenbein	Os nasale
2	Nasenknorpel	Cartilagines nasi (nasales)
3	Nasenvorhof	Vestibulum nasi (nasale)
4	Nasenscheidewand	Septum nasi (nasale)
5	Rachenmündung der Ohrtrompete	Ostium pharyngeum tubae auditoriae
6	Keilbeinhöhle	Sinus sphenoidalis
7	Rachenmandel	Tonsilla pharyngealis (adenoidea)
8	Oberkiefer	Maxilla
9	Nasenrachenraum	Pars nasalis pharyngis
10	Weicher Gaumen (Gaumensegel)	Palatum molle (Velum palatinum)
11	Unterkiefer	Mandibula
12	Gaumenmandel	Tonsilla palatina
13	Zungenbein	Os hyoideum
14	Kehldeckel	Epiglottis
15	Schildknorpel	Cartilago thyroidea
16	Taschenfalte	Plica vestibularis
17	Stimmlippe	Plica vocalis
18	Ringknorpel	Cartilago cricoidea
19	Schilddrüsenenge (Isthmus)	Isthmus glandulae thyroideae
21	Luftröhre	Trachea
22	Speiseröhre	Oesophagus
23	Atlas (erster Halswirbel)	Atlas
24	Gelenk zwischen Atlas und Zapfen des Axis	Articulatio atlanto-axialis mediana
25	Mundteil des Rachenraums	Pars oralis pharyngis
26	Harte Rückenmarkhaut	Dura mater
27	Unterzungenwärzchen (Mündung des Unterkieferspeichelgangs)	Caruncula sublingualis
28	Kinn-Zungen-Muskel	M. genioglossus
29	Kinn-Zungenbein-Muskel	M. geniohyoideus
30	Unterkiefer-Zungenbein-Muskel	M. mylohyoideus
31	Blindes Loch des Zungengrundes	Foramen caecum linguae
32	Schildknorpel-Zungenbein-Band	Lig. thyrohyoideum medianum
33	Fettkörper vor dem Kehldeckel	Corpus adiposum pre-epiglotticum
34	Schildknorpel-Kehldeckel-Band	Lig. thyro-epiglotticum
35	Kehlkopftasche (Morgagni-Tasche)	Ventriculus laryngis
36	Ringknorpel-Schildknorpel-Band (davor Blutgefäße)	Lig. cricothyroideum medianum
37	Oberflächliche Halsfaszie	Fascia cervicalis, Lamina superficialis
38	Mittlere Halsfaszie	Fascia cervicalis, Lamina pretrachealis
39	Lymphknoten	Nodus lymphaticus
40	Untere Schilddrüsenvenen	Vv. thyroideae inferiores
41	Venenbogen der Drosselgrube	Arcus venosus jugularis
44	Pflugscharbein	Vomer
45	Keilbein	Os sphenoidale
46	Aufhängung des Rachens an der Schädelbasis	Fascia pharyngobasilaris
47	Atlas-Hinterhauptbein-Membran	Membrana atlanto-occipitalis anterior
48	Aufhängeband des Zahns des Axis	Lig. apicis dentis
49	Löcher in der harten Hirnhaut für Nerven	(Dura mater)
50	Hinterer Gaumenbogen	Arcus palatopharyngeus
51	Atlasquerband	Lig. transversum atlantis
52	Zapfen („Zahn") des Axis (zweiter Halswirbel)	Dens axis
53	Schleimhauthöckerchen über dem Keilknorpel	Tuberculum cuneiforme
54	Schleimhauthöckerchen über dem Spitzenknorpel	Tuberculum corniculatum
55	Hinteres Längsband	Lig. longitudinale posterior
56	Querer Stellknorpelmuskel	M. arytenoideus transversus
57	Vorderes Längsband	Lig. longitudinale anterius
58	Epiduralraum (Periduralraum)	Spatium epidurale (peridurale)
59	Tiefe Halsfaszie	Fascia cervicalis, Lamina prevertebralis
60	Verschiebeschicht hinter der Speiseröhre	[Spatium retro-oesophageum]

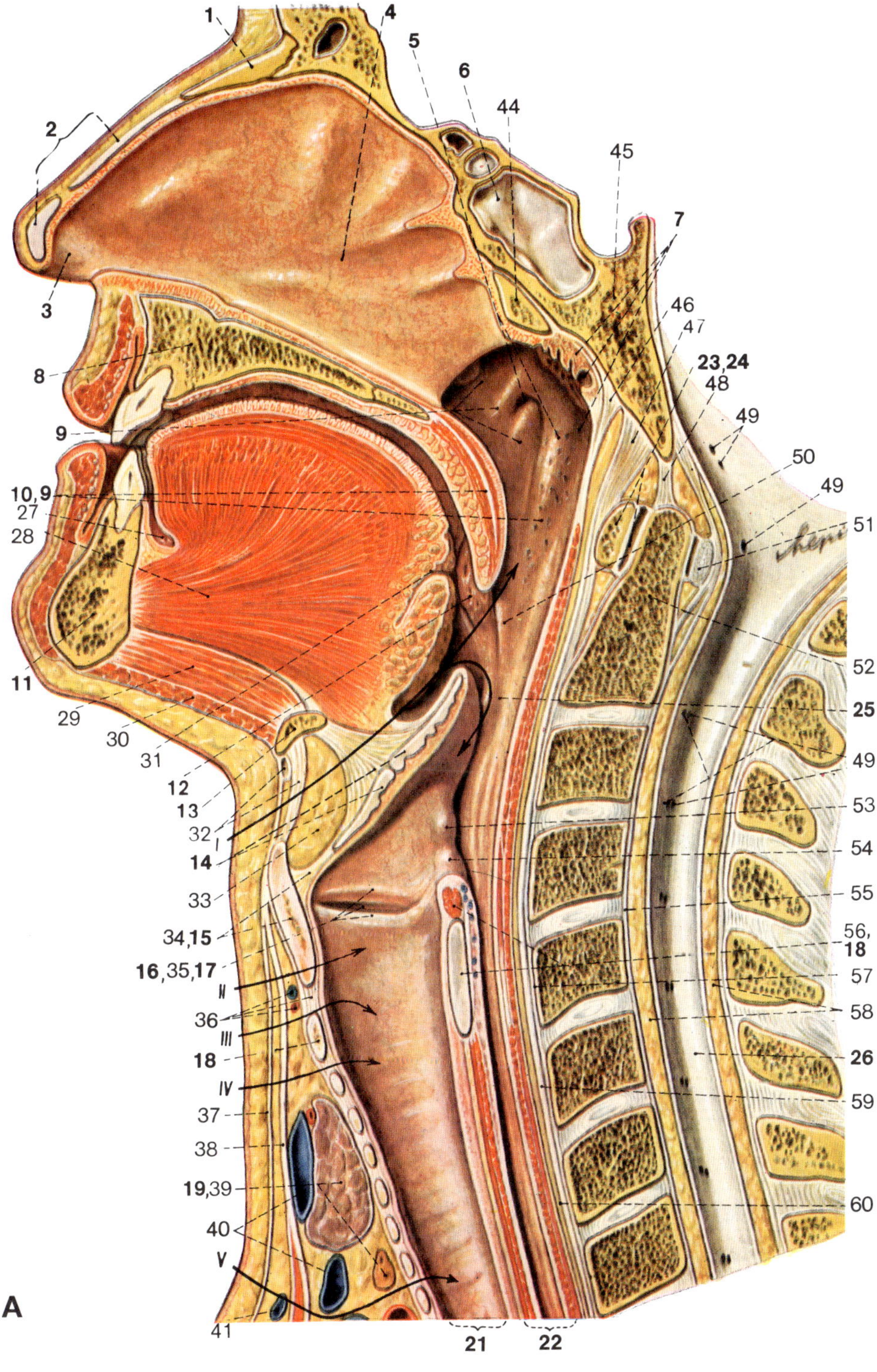
1
2
3
4
5
6
44
45
7
46
47
23,24
48
49
50
49
51
8
9
10,9
27
28
11
29
30
31
12
13
32
I
14
33
34,15
16,35,17
II
36
III
18
IV
37
38
19,39
40
V
41
21
22
52
25
49
53
54
55
56,
18
57
58
26
59
60

A

Kehlkopf

Der Kehlkopf verengt oder schließt den Luftweg:
- beim Schlucken
- beim Husten
- beim Sprechen, Singen, Schreien

Beim *Husten* wird die Stimmritze geschlossen, gleichzeitig aber eine Ausatmungsbewegung begonnen. Dadurch steigt der Druck in den unteren Luftwegen stark an. Wird dann die Stimmritze freigegeben, so strömt die Luft mit hoher Geschwindigkeit hinaus und reißt dabei Fremdkörper, Schleim usw. mit. Der Hustenreflex dient somit dem Schutz und der Reinigung der Luftwege.
Mit dem Verschlußmechanismus werden darüber hinaus auch *Laute* erzeugt. Die Stimmritze wird von zwei Stimmlippen geschlossen. In deren Rändern liegen die Stimmbänder, die von den Stimm-Muskeln unterpolstert werden. Die Stimmlippen geraten durch den Luftstrom in Schwingungen. Dabei entstehen ähnlich wie bei einem Blasinstrument Töne. Der Ton ist um so höher, je höher die Spannung und je dünner und kürzer die schwingende Stimmlippe ist. Der Stimmbruch des Knaben beruht auf dem durch Hodenhormone gesteuerten starken Wachstum des Kehlkopfs in der Pubertät: Die Stimmlippen werden länger, die Tonlage wird tiefer. Beim Kastraten bleibt dies aus.

A Kehlkopf von links vorn.

B Kehlkopfgerüst von links. Der Schildknorpel ist nur in Umrissen angegeben, so daß die Stimmbänder (gelb) sichtbar werden.

C Lufträume des Kehlkopfs im Röntgenbild (Schichtaufnahme).

D Frontalschnitt durch den Kehlkopf. Blick von hinten auf die vordere Hälfte. Knorpel blau.

1	Zungenbein	Os hyoideum
2	Schildknorpel	Cartilago thyroidea
3	Ringknorpel	Cartilago cricoidea
4	Luftröhrenknorpel	Cartilagines tracheales
5	Stellknorpel („Aryknorpel")	Cartilago arytenoidea
6	Oberer Kehlkopfinnenraum („Vorhof")	Vestibulum laryngis
7	Taschenfalte	Plica vestibularis
8	Kehlkopftasche (Morgagni-Tasche)	Ventriculus laryngis
9	Stimmlippe	Plica vocalis
10	Unterer Kehlkopfinnenraum (subglottischer Raum)	Cavitas infraglottica
11	Luftröhre	Trachea
12	Stimmband	Lig. vocale
13	Stimmritze	Rima glottidis
14	Kehldeckel	Epiglottis
15	Schildknorpel-Zungenbein-Membran	Membrana thyrohyoidea
16	Schildknorpel-Zungenbein-Band	Lig. thyrohyoideum medianum
17	Oberer Schildknorpeleinschnitt	Incisura thyroidea superior
18	Ringknorpel-Schildknorpel-Band	Lig. cricothyroideum
19	Kleines Horn (des Zungenbeins)	Cornu minus
20	Loch für den Durchtritt des Kehlkopfnervs	[Foramen nervi laryngei]
21	Großes Horn (des Zungenbeins)	Cornu majus
22	Weizenkornknorpel	Cartilago triticea
23	Oberes Horn (des Schildknorpels)	Cornu superius
24	„Schräge Linie" (zur Anheftung von Muskeln)	Linea obliqua
25	Ringknorpel-Schildknorpel-Muskel	M. cricothyroideus
26	Unteres Horn (des Schildknorpels)	Cornu inferius
27	Gelenkkapsel des Ringknorpel-Schildknorpel-Gelenks	Capsula articularis cricothyroidea
28	Zungengrund-Kehldeckel-Falte	Plica glosso-epiglottica mediana
29	Rachenbucht neben dem Kehldeckel	Recessus piriformis
30	Rachenbucht vor dem Kehldeckel	Vallecula epiglottica
31	Kehldeckelstiel	Petiolus epiglottidis
32	Schildknorpel-Kehldeckel-Band	Lig. thyro-epiglotticum
33	Elastische Membran zwischen Stimmband und Ringknorpel	Conus elasticus (Membrana cricovocalis)
34	Spitzenknorpel (Santorini-Knorpel)	Cartilago corniculata
35	Muskelfortsatz (des Stellknorpels)	Processus muscularis
36	Ringknorpel-Stellknorpel-Band	Lig. crico-arytenoideum
37	Stimmbandfortsatz (des Stellknorpels)	Processus vocalis
38	Stellknorpel-Kehldeckel-Muskel (Kehldeckelsenker)	Pars ary-epiglottica
39	Stimm-Muskel	M. vocalis
40	Stellknorpel-Kehldeckel-Falte	Plica ary-epiglottica

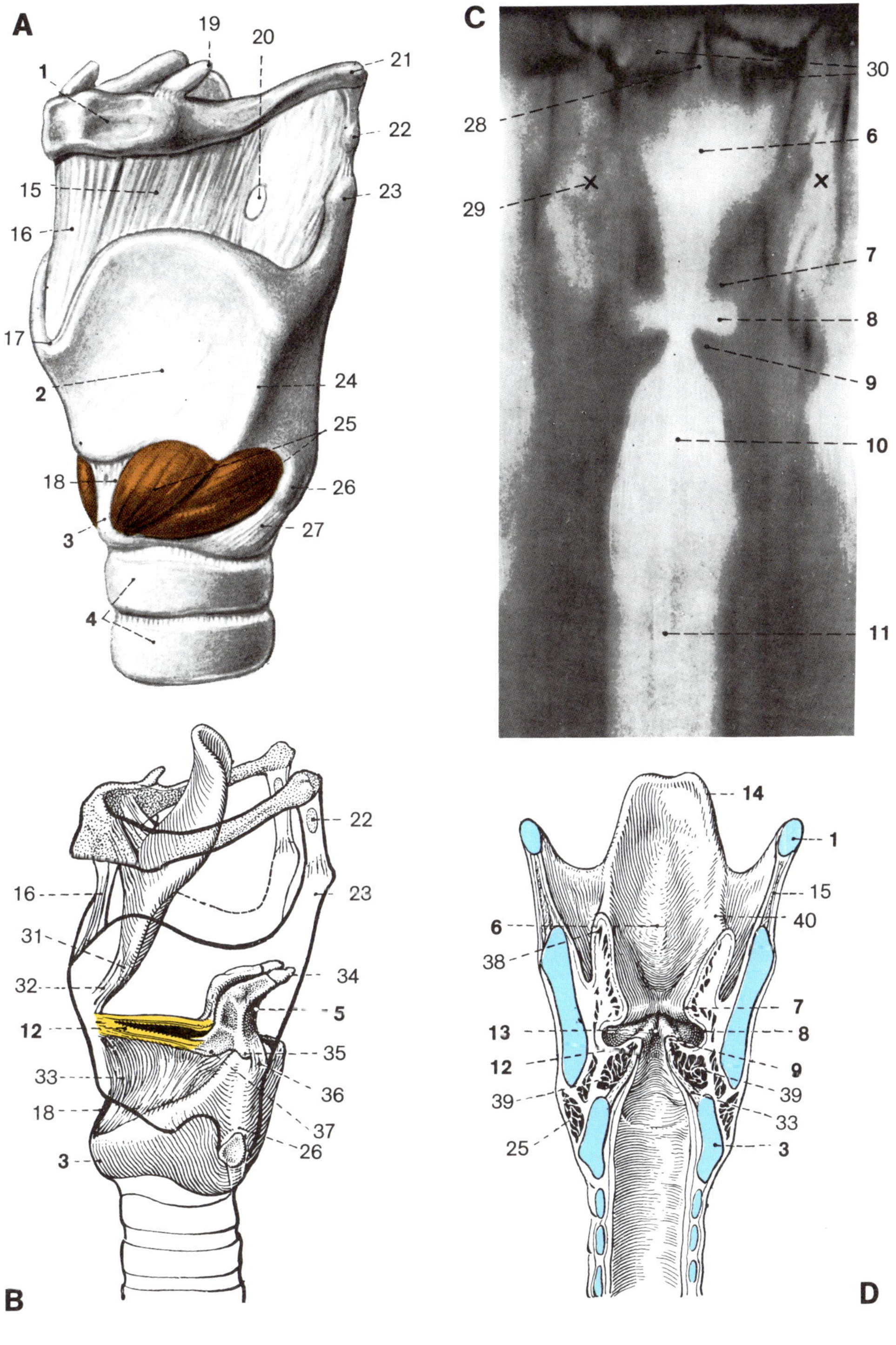
A
1
19
20
21
22
23
15
16
17
2
24
25
18
26
3
27
4
B
22
16
23
31
32
34
5
12
35
33
36
18
37
3
26
C
30
28
6
29
7
8
9
10
11
D
14
1
15
6
40
38
7
13
8
12
9
39
39
33
25
3

Kehlkopf

5 große Kehlkopfknorpel:	
• Kehldeckel	• Schildknorpel
• Ringknorpel	• 2 Stellknorpel (Aryknorpel)

Die *Stimmlippen* sind Schleimhautfalten, in deren Inneren ein elastisches Band (Stimmband) und ein Muskel (Stimm-Muskel) liegen. Legen sie sich aneinander, so schließen sie die Stimmritze. Durch Schwingungen der Stimmlippen entstehen Töne. Die Kehlkopfmuskeln verändern Länge, Dicke und Spannung der Stimmlippe und erzeugen so die verschiedenen Töne.

A Besichtigung des Kehlkopfes (*indirekte Kehlkopfspiegelung* = indirekte Laryngoskopie).
B Bild des Kehlkopfes, wie es sich bei der Kehlkopfspiegelung bietet. Naturgemäß kann man mit der abgebildeten Methode nur von oben in den Kehlkopf sehen. Durch Vor- und Rückneigen des Kopfes läßt sich trotzdem ein guter Überblick gewinnen. Eine Besichtigung der Luftröhre und der Bronchen ist mit Hilfe des Bronchoskops möglich.
C Projektion der im Kehlkopfspiegelbild B dargestellten Teile des Kehlkopfs.
D Stellung des Kehldeckels beim Atmen.
E Stellung des Kehldeckels beim Schlucken. Der Kehlkopf wird vom Zungenbein-Schildknorpel-Muskel an das Zungenbein gezogen. Dadurch wird der Fettkörper vor dem Kehldeckel zusammengestaucht. Er drückt seinerseits den Kehldeckel hinab, der sich schützend vor den Kehlkopfeingang legt.
F Kehlkopf von rechts hinten. Ein Teil der rechten Schildknorpelplatte ist abgetragen.
G-J Mögliche Stellungen der Stimmbänder durch Einsatz der Kehlkopfmuskeln.
G Stimmritze bei Flüstersprache. Die Stimmbänder sind aneinandergelegt. Die Luft streicht zwischen den Stellknorpeln hindurch. Wirkung der seitlichen Stellknorpelmuskeln.
H Totaler Verschluß der Stimmritze. Auch die Stellknorpel sind aneinandergelegt. Zusammenwirken von Schildknorpel-Stellknorpel-Muskeln und Stellknorpelmuskel.
I Weiteste Öffnung der Stimmritze beim tiefen Einatmen. Wirkung des hinteren Ringknorpel-Stellknorpel-Muskels („Postikus").
J Spannen der Stimmbänder durch Kippen des Schildknorpels gegen den Ringknorpel bei festgestellten Stellknorpeln. Wirkung des Ringknorpel-Schildknorpel-Muskels.

1	Kehldeckel	Epiglottis
2	Kehldeckelhöckerchen	Tuberculum epiglotticum
3	Stimmlippe (Stimmfalte)	Plica vocalis
4	Stellknorpel-Kehldeckel-Falte	Plica ary-epiglottica
5	Einschnitt zwischen den Stellknorpelspitzen	Incisura interarytenoidea
6	Zungenwurzel	Radix linguae
7	Zungenbein	Os hyoideum
8	Schildknorpel	Cartilago thyroidea
9	Ringknorpel	Cartilago cricoidea
10	Luftröhrenknorpel	Cartilagines tracheales
11	Schildknorpel-Zungenbein-Muskel	M. thyrohyoideus
12	Fettkörper vor dem Kehldeckel	Corpus adiposum pre-epiglotticum
13	Schildknorpel-Zungenbein-Band	Lig. thyrohyoideum medianum
14	Schildknorpel-Kehldeckel-Band	Lig. thyro-epiglotticum
15	Rachenbucht vor dem Kehldeckel	Vallecula epiglottica
16	Zungenbein-Kehldeckel-Band	Lig. hyo-epiglotticum
17	Schleimhauthöckerchen über dem Keilknorpel	Tuberculum cuneiforme
18	Schleimhauthöckerchen über dem Spitzenknorpel	Tuberculum corniculatum
19	Schräger Stellknorpelmuskel	M. arytenoideus obliquus
20	Querer Stellknorpelmuskel	M. arytenoideus transversus
21	Hinterer Ringknorpel-Stellknorpel-Muskel („Postikus")	M. crico-arytenoideus posterior
22	Membranöse Hinterwand (der Luftröhre)	Paries membranaceus
23	Schildknorpel-Zungenbein-Membran	Membrana thyrohyoidea
24	Keilknorpel (Wrisberg-Knorpel)	Cartilago cuneiformis
25	Stellknorpel-Kehldeckel-Muskel (Teil von 19)	Pars ary-epiglottica
26	(Atypisch verlaufende Muskelfasern)	-
27	Schildknorpel-Stellknorpel-Muskel	M. thyro-arytenoideus
28	Ringknorpel-Schildknorpel-Band	Lig. cricothyroideum
29	Seitlicher Ringknorpel-Stellknorpel-Muskel („Lateralis")	M. crico-arytenoideus lateralis
30	Gelenkfläche des Ringknorpels für den Schildknorpel	Facies articularis thyroidea
31	Ringknorpel-Schildknorpel-Muskel (äußerer Stimmbandspanner)	M. cricothyroideus
32	Ringband der Luftröhre (zwischen 2 Knorpelspangen)	Lig. anulare tracheale

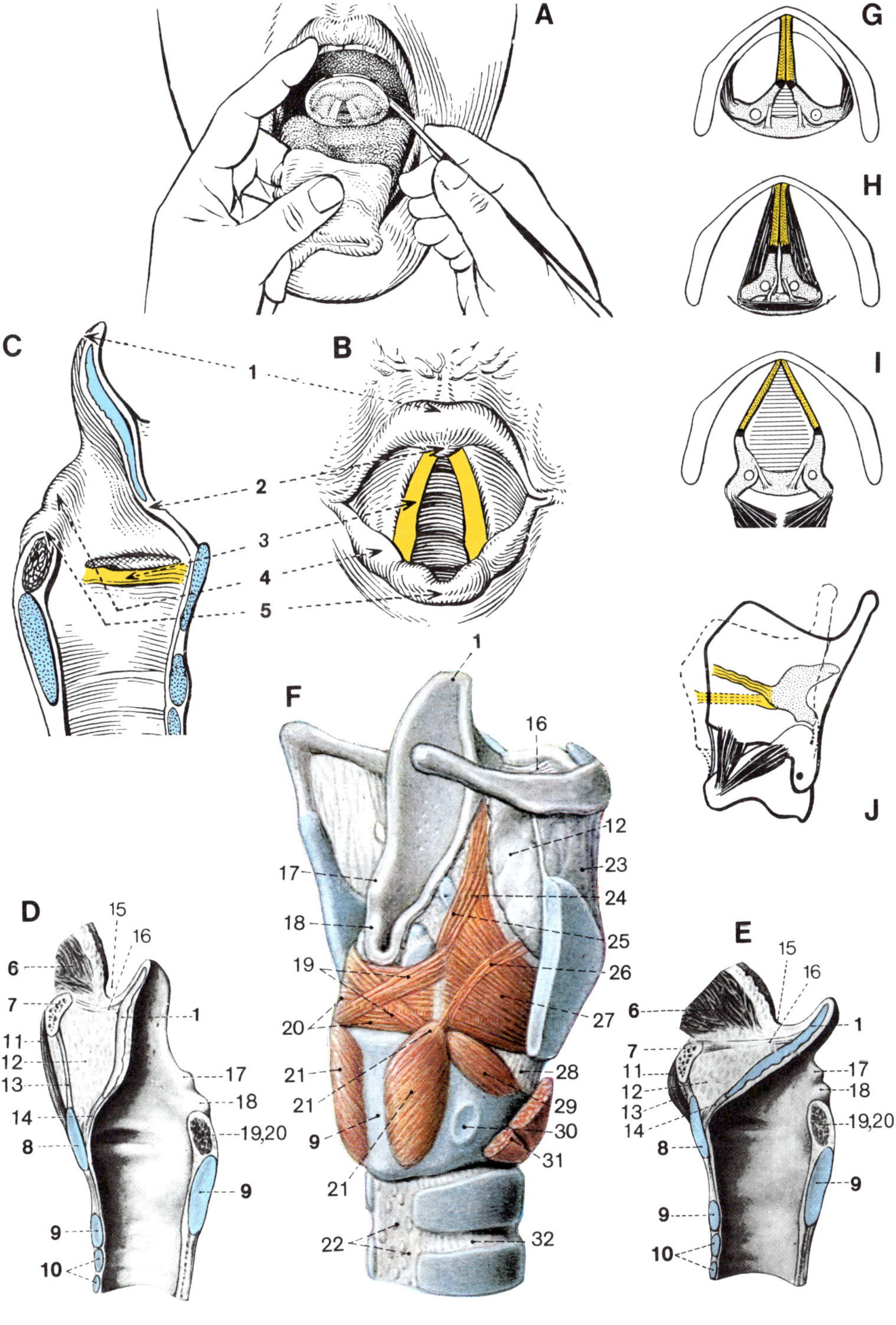
A
G
H
C
B
1
2
3
4
5
I
J
F
1
16
12
23
17
24
18
25
19
26
20
27
21
28
21
29
9
30
31
21
22
32
D
15
16
6
7
1
11
12
17
13
18
14
19,20
8
9
9
10
E
15
16
6
1
7
11
17
12
18
13
14
19,20
8
9
9
10

Luftröhre

- oberes Ende am Ringknorpel des Kehlkopfs
- unteres Ende = Luftröhrengabel auf Höhe der zweiten Rippen (Teilung in 2 Hauptbronchen)
- Länge 10-12 cm
- lichte Weite etwa wie kleiner Finger
- 16-20 hufeisenförmige Knorpelspangen verbunden durch elastische Ringbänder

Die Speiseröhre haben wir als einfachen Muskelschlauch kennengelernt. Durch einen derartigen Schlauch ist Luft nach dem Unterdruck-Überdruck-System der Atmung nicht angemessen schnell zu bewegen: Bei Erhöhung des Drucks weitet sich zwar der Schlauch aus, bei Sog hingegen fällt er zusammen und läßt keine Luft durch. Deshalb muß die Luftröhre versteift werden, um die Durchgängigkeit zu gewährleisten. Die Lunge ändert bei den Atembewegungen ihre Größe. Dies führt ebenso wie der Schluckakt oder Vor- und Rückneigen des Kopfes zu Längenänderungen der Luftröhre. Diese kann daher nicht aus einem starren Rohr bestehen, sondern muß wie die Wirbelsäule abwechselnd aus starren und beweglichen Elementen zusammengesetzt sein. Die starren Elemente sind die Knorpelspangen, die beweglichen die Ringbänder dazwischen. Die Luftröhrenknorpel sind nicht ringförmig geschlossen, sondern hufeisenförmig. Die Hinterwand der Luftröhre wird von einer Platte aus Bindegewebe und glatter Muskulatur gebildet. Sie läßt Weitenänderungen der Lichtung zu.

Die Luft hat einen weiten Weg zur Lunge durch Nasenhöhle, Rachen, Kehlkopf, Luftröhre und Bronchen. Mannigfach sind die möglichen Behinderungen. Wenn beim Schnupfen die Nasenhöhle verschlossen ist, können wir durch den Mund atmen. Bei Verschluß des Kehlkopfs (Schleimhautschwellung = Glottisödem, Lähmung der Kehlkopfmuskeln, Geschwulst) hingegen ist eine Umleitung nicht möglich. Um das Ersticken abzuwenden, muß man dann den Luftweg aufschneiden: Konusschnitt (Koniotomie) oder Luftröhrenschnitt (Tracheotomie) ➥ S. 277, III-V.

A Querschnitt durch die Luftröhre.
B Projektion der Luftröhre und der Lungen auf die vordere Leibeswand. Die Luftröhre teilt sich auf Höhe des Brustbeinwinkels (Ansätze der zweiten Rippen am Brustbein) in die beiden Stammbronchen.
C-E Die Lichtung der Luftröhre im Brustkorb ändert sich abhängig von der Atmung.
C Ruhezustand.
D Einatmung. Durch den Unterdruck im Brustraum wird die Luftröhre auseinandergezogen.
E Verstärkte Ausatmung beim Hustenstoß. Durch den Überdruck im Brustraum wird die Luftröhre zusammengepreßt.
F Luftröhre mit Nachbarorganen. Man achte auf die Anlagerung der Schilddrüse (➥ S. 267, A). Ein Kropf kann die Luftröhre allmählich „säbelscheidenartig" zusammenpressen (Operation nötig!).

1	Membranöse Rückwand (der Luftröhre)	Paries membranaceus
2	Schleimhaut	Tunica mucosa
3	Luftröhrenknorpel	Cartilago trachealis
4	Hüllgewebe (Adventitia)	Tunica adventitia
5	Zungenbein	Os hyoideum
6	Schildknorpel	Cartilago thyroidea
7	Ringknorpel	Cartilago cricoidea
8	Luftröhre	Trachea
9	Armnervengeflecht	Plexus brachialis
10	Vorderer Treppenmuskel (Rippenheber)	M. scalenus anterior
11	Arm-Kopf-Vene	V. brachiocephalica
12	Lunge	Pulmo
13	Innere Halsvene (innere Drosselvene)	V. jugularis interna
14	Halsschlagader (= gemeinsame Kopfschlagader)	A. carotis communis
15	Vagus (10. Hirnnerv)	N. vagus
16	Schilddrüse	Glandula thyroidea
17	Milchbrustgang (Hauptlymphstamm)	Ductus thoracicus
18	Schlüsselbeinschlagader	A. subclavia
19	Schlüsselbeinvene	V. subclavia
20	Zwerchfellnerv	N. phrenicus
21	Mittleres Halsganglion (des Sympathikus)	Ganglion cervicale medium
24	Mittlerer Treppenmuskel (Rippenheber)	M. scalenus medius
25	Hinterer Treppenmuskel (Rippenheber)	M. scalenus posterior
26	Oberer Kehlkopfnerv	N. laryngealis superior
27	Obere Kehlkopfschlagader	A. laryngea superior
28	Obere Schilddrüsenschlagader	A. thyroidea superior
29	Untere Schilddrüsenschlagader	A. thyroidea inferior

A

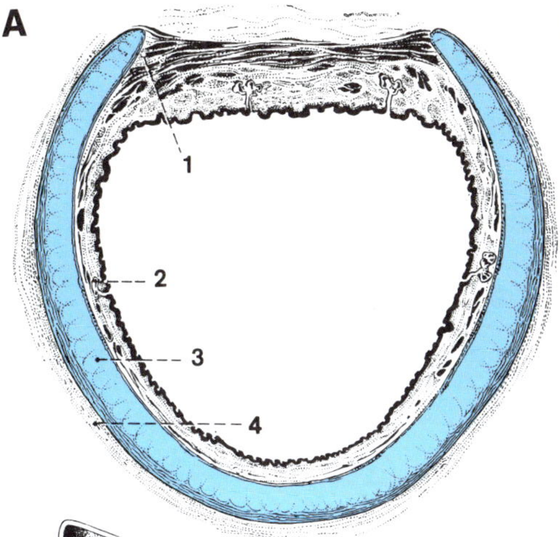

B

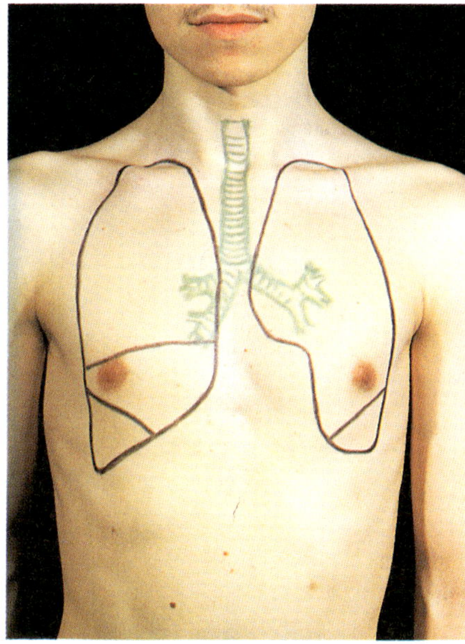

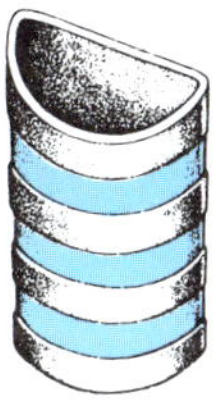

C

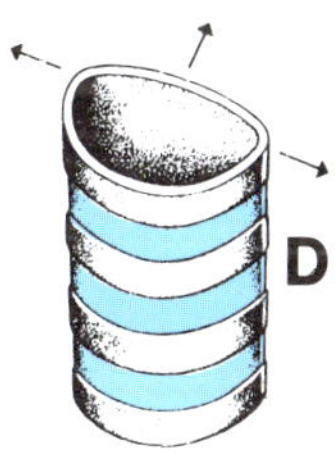

D

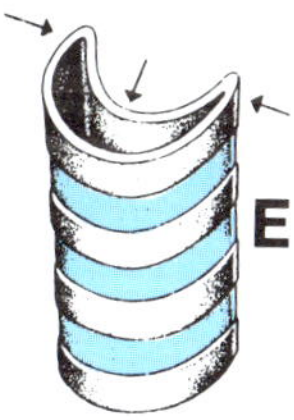

E

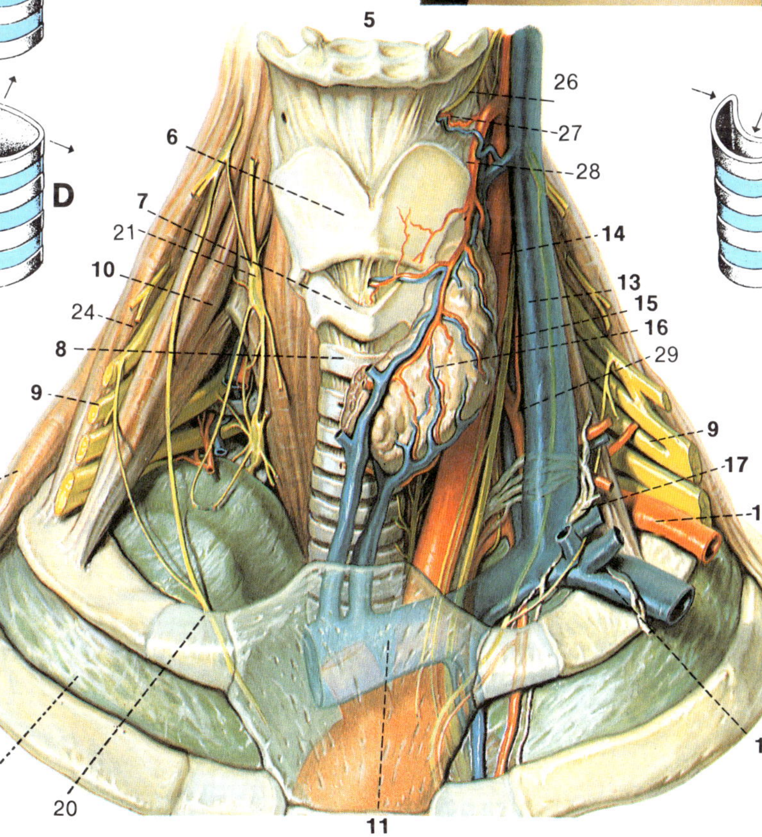

F

Lunge

Die Lunge hat im Grunde genommen keine Eigenform. Sie füllt den Raum aus, der zwischen Brustkorb, Zwerchfell und Mittelfellraum (Herz, große Blutgefäße, Speiseröhre, Thymus, Lymphknoten) übrig bleibt. In ihre Oberfläche drücken sich daher die Nachbarorgane ein. Wegen der Zwerchfellkuppel ist die Lungenbasis konkav. Auf der Medialseite wölbt das Herz die Herzbucht ein. Die großen Blutgefäße hinterlassen Rinnen. Auf der dem Mittelfell zugewandten Seite der Lunge liegt der „Hilus“, die Eintrittsstelle der Hauptbronchen und der großen Blutgefäße. Nur am Hilus treten Gefäße in die Lungen ein. Die übrige Oberfläche der Lunge ist mit dem glatten *Lungenfell* (einem Teil des Brustfells) überzogen. Es ermöglicht die Atembewegungen der Lunge (➥ S. 291, D + E).

A Lungen mit Bronchialbaum von vorn (➥ S. 287, A). Die Nummern in dieser Abbildung entsprechen der international üblichen Numerierung der Segmente bzw. der Segmentbronchen.

B Rippenseite der rechten Lunge.

C Mediale Seite der rechten Lunge. Sie liegt rückwärts der Wirbelsäule, vorn dem Mittelfellraum mit dem Herzen an. Im Lungenhilus Äste der Lungenschlagader blau (sauerstoffarmes Blut!), Äste der Lungenvenen rot (sauerstoffreiches Blut!).

Abb. **A**:

1 - 10	Segmentbronchen	Bronchi segmentales
a) rechte Lunge (im Bild links):		
1	Spitzensegmentbronchus	Bronchus segmentalis apicalis (B I)
2	Hintersegmentbronchus	Bronchus segmentalis posterior (B II)
3	Vordersegmentbronchus	Bronchus segmentalis anterior (B III)
4	Seitensegmentbronchus	Bronchus segmentalis lateralis (B IV)
5	Innensegmentbronchus	Bronchus segmentalis medialis (B V)
6	Spitzensegmentbronchus	Bronchus segmentalis superior (B VI)
7	Innenbasissegmentbronchus	Bronchus segmentalis basalis medialis (cardiacus) (B VII)
8	Vorderbasissegmentbronchus	Bronchus segmentalis basalis anterior (B VIII)
9	Seitenbasissegmentbronchus	Bronchus segmentalis basalis lateralis (B IX)
10	Hinterbasissegmentbronchus	Bronchus segmentalis basalis posterior (B X)
b) linke Lunge: Die Segmente 1 und 2 sind meist verschmolzen, das Segment 7 fehlt häufig:		
1 + 2	Spitzenhintersegmentbronchus	Bronchus segmentalis apicoposterior (B I+II)
3	Vordersegmentbronchus	Bronchus segmentalis anterior (B III)
4	Oberzungensegmentbronchus	Bronchus lingularis superior (B IV)
5	Unterzungensegmentbronchus	Bronchus lingularis inferior (B V)
6 - 10		wie rechte Lunge

Abb. **B** + **C**:

1	Rippenseite (der Lunge)	Facies costalis
2	Herzbucht (der Lunge)	Impressio cardiaca
11	Oberlappen	Lobus superior
12	Mittellappen (nur bei der rechten Lunge)	Lobus medius (pulmonis dextri)
13	Unterlappen	Lobus inferior
14	Horizontale Lungenspalte (zwischen Ober- und Mittellappen rechts)	Fissura horizontalis (pulmonis dextri)
15	Schräge Lungenspalte (zwischen Ober- und Unterlappen links bzw. Mittel- und Unterlappen rechts)	Fissura obliqua
16	Lungenspitze	Apex pulmonis
17	Lungenschlagader	A. pulmonalis
18	Lungenvenen	Vv. pulmonales
19	Stammbronchus	Bronchus principalis
20	Brustfell	Pleura
21	Zwerchfellseite (der Lunge)	Facies diaphragmatica
22	Vorderer Lungenrand	Margo anterior
23	Unterer Lungenrand	Margo inferior
24	Abdruck der Schlüsselbeinschlagader	(A. subclavia)
25	Abdruck der unpaaren hinteren Brustkorbvene	(V. azygos)
26	Oberlappenbronchus	Bronchus lobaris superior
27	Mittellappenbronchus	Bronchus lobaris medius
28	Unterlappenbronchus (links)	Bronchus lobaris inferior
29	Hiluslymphknoten	Nodus lymphaticus bronchopulmonalis

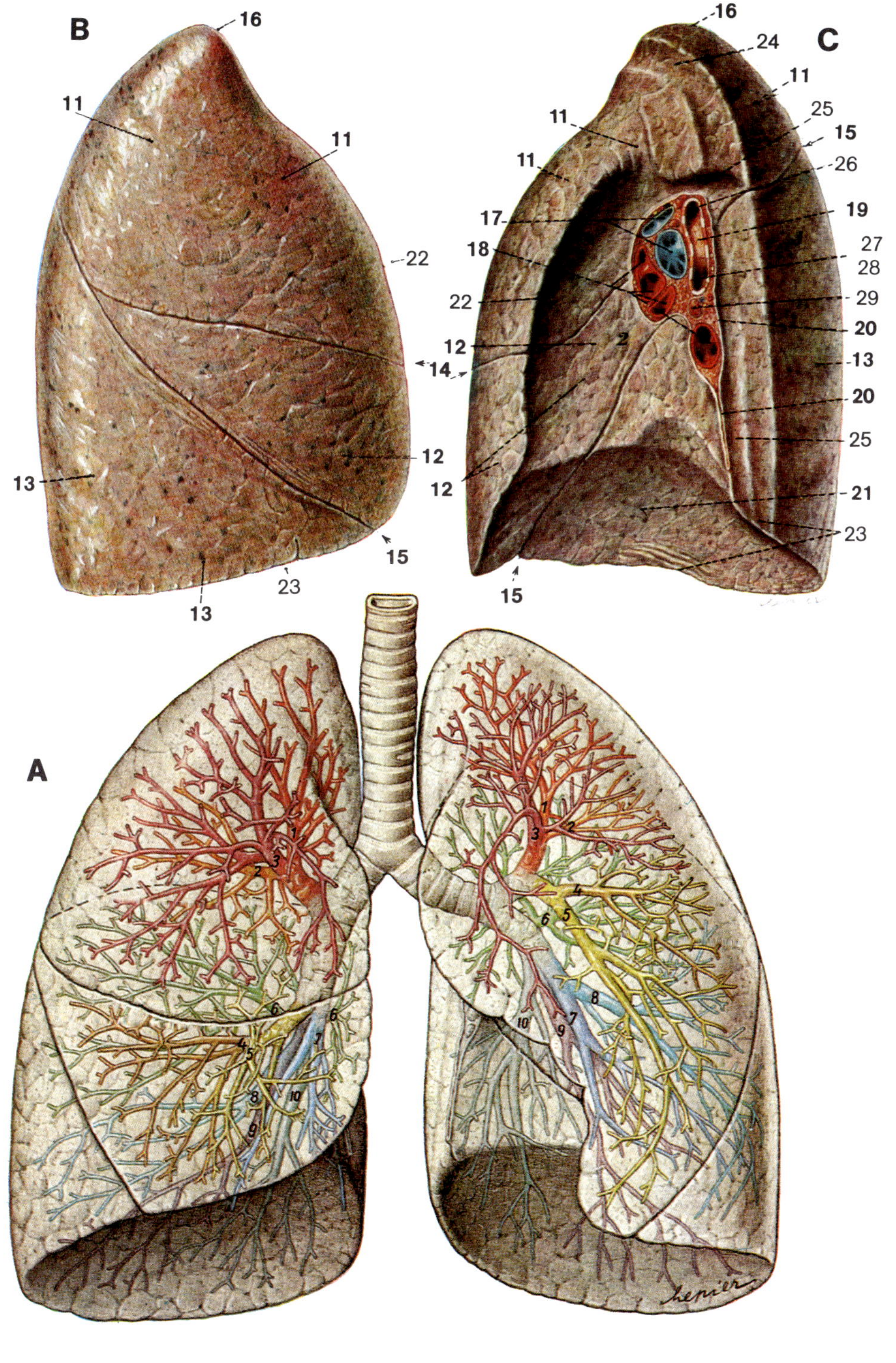
B
16
11
11
22
14
12
13
15
23
13
C
16
24
11
25
15
11
11
26
17
19
18
27
28
22
29
20
12
13
20
25
12
21
23
15
A
1
2
3
4
5
6
7
8
9
10

Lunge

Die Lunge dient dem Gasaustausch des Blutes. • Sauerstoff wird aufgenommen • Kohlendioxid wird abgegeben.

Austauschvorgänge sind an Oberflächen gebunden. Der Körper versucht daher auf kleinstem Raum größte Oberflächen zu entwickeln. Die Lungen sind nicht wie ein Blasebalg als einfache Hohlräume gebaut, sondern sind vielfältig gekammert. Die eigentlichen Austauschorgane sind die Lungenbläschen. Ihnen wird die Luft über ein Röhrensystem zugeführt, das sich wiederholt weiter aufzweigt: Die Luftröhre teilt sich in zwei Hauptbrochen (= Stammbronchen). Die Hauptbronchen teilen sich in zwei bzw. drei Lappenbronchen, diese wiederum in 2-5 Segmentbronchen usw.

Hauptgliederung:	• rechte Lunge 3 Lappen
	• linke Lunge 2 Lappen
Untergliederung:	• rechte Lunge 10 Segmente
	• linke Lunge 8-10 Segmente

Die Luftwege sind mit einem Baum zu vergleichen, dessen Stamm der Luftröhre und dessen Blätter den Lungenbläschen entsprechen. Diesem Röhrensystem entsprechend sind die Lungen gegliedert. So wie die Äste eines Baums haben die Bronchen außer über ihre Ursprungsstellen keine Verbindungen: Jeder Lappenbronchus versorgt nur einen Lappen, jeder Segmentbronchus nur ein Segment usw. Wie die Bronchen sind auch die Lungenschlagadern verzweigt. Damit entstehen funktionelle Einheiten, die zudem noch durch Bindegewebe abgegrenzt sind. Der Chirurg kann daher einen Lappen oder ein Segment isoliert entfernen.

Die großen Bronchen sind im Prinzip wie die Luftröhre gebaut: knorpelige und elastische Wandabschnitte wecheln ab. Die Bronchialknorpel sind unregelmäßig geformt. In den kleineren Bronchen werden sie allmählich spärlicher, dafür nimmt der Anteil von glattem Muskelgewebe in der Wand zu. Die Wand der Bronchiolen ist frei von Knorpeln, die Muskelwand ist kräftig. Diese Muskeln können die lichte Weite der Bronchiolen verändern und an die Bedürfnisse der Atmung anpassen.

Die Bronchialmuskeln werden vom autonomen Nervensystem versorgt: Der Parasympathikus verengt die Bronchen, der Sympathikus erweitert sie. Leider gibt es auch Fehlregulationen: Bei Allergien gegen in der Atemluft enthaltene Allergene (Stoffe, gegen die der betreffende Patient überempfindlich ist) kommt es zu vermehrter Anspannung der Bronchialmuskeln (so als wollten sie durch Engstellen der Bronchen verhindern, daß die Allergene in die Lunge gelangen). Dies erschwert vor allem die Ausatmung, weil die Bronchiolen durch den Überdruck zusätzlich zusammengepreßt werden. Beim Bronchialasthma spielen psychische Faktoren eine große Rolle.

A Kontrastmitteldarstellung des Bronchialbaums im Röntgenbild (Bronchographie).

B-D Projektion der Lungensegmente auf die Körperoberfläche. Der Oberlappen liegt überwiegend vorn, der Unterlappen hinten.

Querschnitte durch den Brustkorb mit Lungen und Herz ➥ *S. 376, 377,*
Bild von Lunge und Brustfell mit Organen des Mittelfellraums von vorn ➥ *S. 399,*
Projektion der Lunge auf die Körperoberfläche ➥ *S. 17, 19, 21, 23, 395.*

Rechte Lunge:

1 - 3 Oberlappen	Lobus superior
1 Spitzensegment	Segmentum apicale
2 Hintersegment	Segmentum posterius
3 Vordersegment	Segmentum anterius
4 + 5 Mittellappen	Lobus medius
4 Seitensegment	Segmentum laterale
5 Innensegment	Segmentum mediale
6 - 10 Unterlappen	Lobus inferior
6 Spitzensegment	Segmentum superius
7 Innenbasissegment (nicht an Brustwand angrenzend)	Segmentum basale mediale (cardiacum)
8 Vorderbasissegment	Segmentum basale anterius
9 Seitenbasissegment	Segmentum basale laterale
10 Hinterbasissegment	Segmentum basale posterius

Linke Lunge: Die Segmente 1 und 2 sind meist verschmolzen, das Segment 7 fehlt häufig:

1 - 5 Oberlappen	Lobus superior
1 + 2 Spitzenhintersegment	Segmentum apicoposterius
3 Vordersegment	Segmentum anterius
4 Oberzungensegment	Segmentum lingulare superius
5 Unterzungensegment	Segmentum lingulare inferius
6 - 10 Unterlappen (wie rechte Lunge)	Lobus inferior

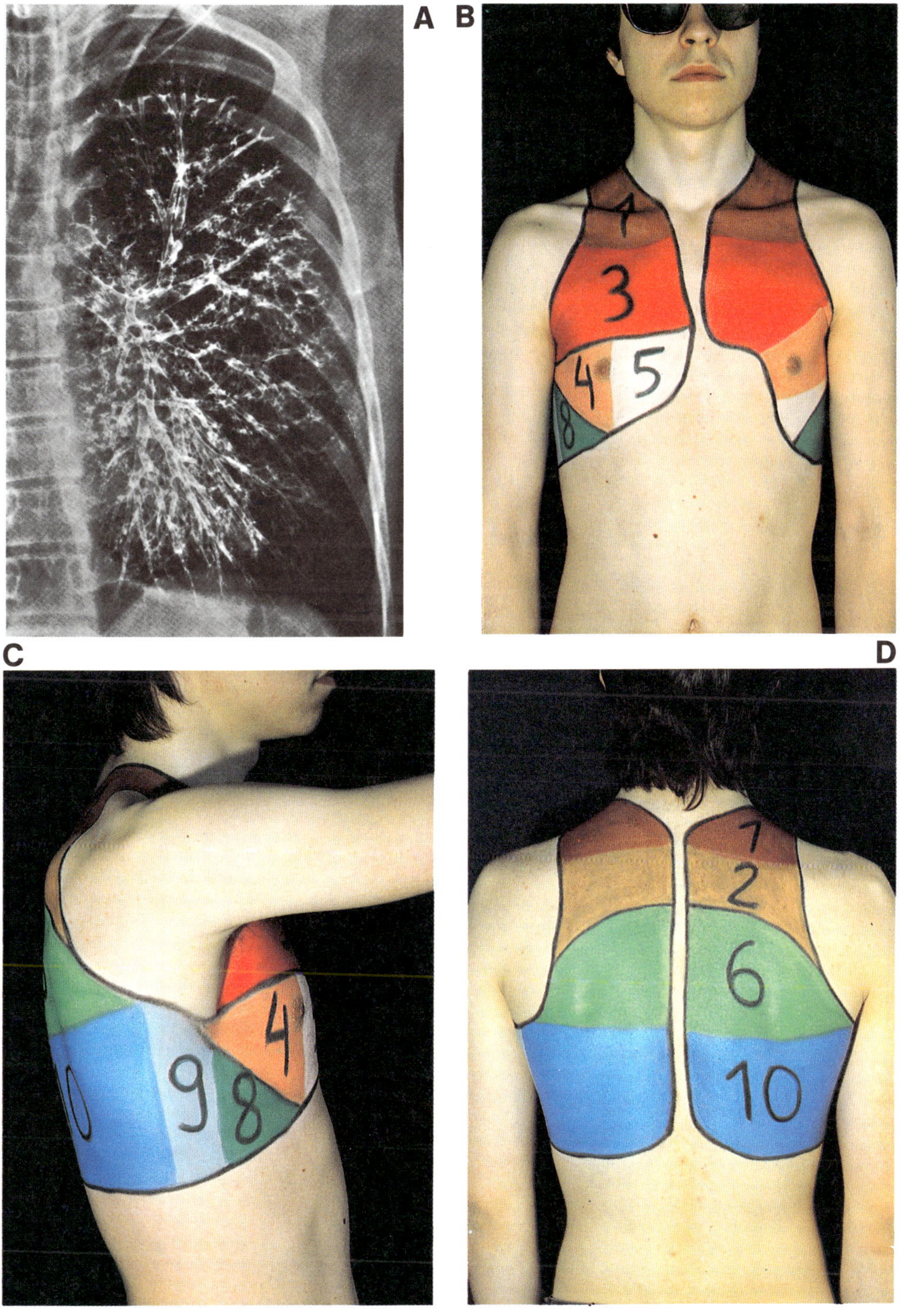
A
B
3
4
5
8
C
4
9
8
D
2
6
10

Brustfell

Das Brustfell (Pleura) ermöglicht die reibungsarme Verschiebung der Lunge gegen die Nachbarorgane bei den Atembewegungen. Es ist wie das Bauchfell ein geschlossener, praktisch leerer Sack. Der „Brustfellraum" ist somit nur ein Spalt, der einen dünnen Flüssigkeitsfilm enthält. Die Lunge ist so in das Brustfell eingestülpt, daß die eine Seite des Sacks der Lungenoberfläche, die andere Seite der Wand der Brusthöhle anliegt:

Das Brustfell bedeckt:
- Oberfläche der Lunge (Lungenfell)
- Innenseite des Brustkorbs (Rippenfell)
- Seitenwand des Mittelfellraums
- Oberseite des Zwerchfells

Pneumothorax

Gelangt Luft in den Brustfellspalt, so haftet die Lunge nicht mehr an der Brustwand. Die elastischen Fasern ziehen die Lunge von der Brustwand weg (➠ S. 290). Die Lunge wird kleiner. Damit sinkt die Atemleistung. Bei Verletzungen des Brustkorbs, welche die Brustwand durchdringen, muß man die Wunde sofort luftdicht verschließen. Sonst wird bei jeder Einatmung Luft in den Brustfellraum gesaugt, und der Pneumothorax (oft kurz „Pneu" genannt) wächst ständig.

Ein größerer Pneumothorax kann lebensbedrohend werden, weil nicht nur die Lunge auf der Seite des Pneumothorax behindert wird: Durch den Unterdruck im gesunden Teil der Brusthöhle wird der Mittelfellraum mit dem Herzen hinübergezogen. Dadurch wird auch die gesunde Lunge in ihrer Leistung eingeschränkt. Durch Zug an den Nerven können erhebliche vegetative Störungen ausgelöst werden. Ähnlich wie ein Pneumothorax kann eine größere Flüssigkeitsansammlung im Brustfellraum („Pleuraerguß") Beschwerden verursachen.

A-C Projektion der Lungen auf die Körperwand. Lungen blau, Brustfell hellviolett, Milz dunkelviolett, Leber braun, Gallenblase grün, Herzkontur gestrichelt. Die Lungen füllen nicht den ganzen Brustraum aus. Den mittleren Teil (Mittelfellraum = Mediastinum) nimmt das Herz mit den großen Blutgefäßen ein. Das Zwerchfell steht nicht quer, sondern wölbt sich weit nach oben in den Brustkorb hinein. Herz und Zwerchfell beeinflussen damit sehr wesentlich die Form der Lungen. Die Lunge erreicht aber auch bei tiefer Einatmung nicht den unteren Rand des Brustkorbs. Ihre Bewegungsmöglichkeiten werden durch den Entfaltungsraum des Brustfells (Pleura) begrenzt. Die Pleuragrenzen bestimmen damit den tiefst möglichen Stand der Lungen.

D Bronchialbaum und Lungenblutgefäße. Die Bustwand und das Herz sind entfernt. Die beiden Lungen sind mit Haken auseinandergezogen. Teile des Lungengewebes wurden entfernt, um die Blutgefäße und die Bronchen zu zeigen. Man achte auf die Farbe der Blutgefäße: Im Körperkreislauf (großen Kreislauf) sind wie üblich die Schlagadern hellrot und die Venen hellblau gezeichnet. Im Lungenkreislauf (kleinen Kreislauf) hingegen sind entsprechend dem Sauerstoffgehalt des Blutes die Schlagadern violett und die Venen rosarot dargestellt (➠ S. 291, C).

1	Vagus (zehnter Hirnnerv)	N. vagus
2	Schlüsselbeinvene	V. subclavia
3	Schlüsselbeinschlagader	A. subclavia
4	Arm-Kopf-Schlagaderstamm (nur rechts)	Truncus brachiocephalicus
5	Luftröhre	Trachea
6	Arm-Kopf-Vene	V. brachiocephalica
7	Obere Hohlvene	V. cava superior
8	Rechte untere Lungenvene	V. pulmonalis dextra inferior
9	Zwerchfell	Diaphragma
10	Großer Eingeweidenerv	N. splanchnicus major
11	Untere Hohlvene	V. cava inferior
12	Rechte hintere Brustkorblängsvene	V. azygos
13	Herzbeutel	Pericardium
14	Speiseröhre	Oesophagus
15	Schilddrüse	Glandula thyroidea
16	Halsschlagader (= gemeinsame Kopfschlagader)	A. carotis communis
17	Innere Halsvene (innere Drosselvene)	V. jugularis interna
18	Armnervengeflecht	Plexus brachialis
19	Milchbrustgang (Hauptlymphstamm)	Ductus thoracicus
20	Obere linke Lungenvene	V. pulmonalis sinistra superior
21	Linke Lungenschlagader	A. pulmonalis sinistra
23	Hauptbrochus (= Stammbronchus)	Bronchus principalis
24	Untere linke Lungenvene	V. pulmonalis sinistra inferior
25	Aortenbogen	Arcus aortae

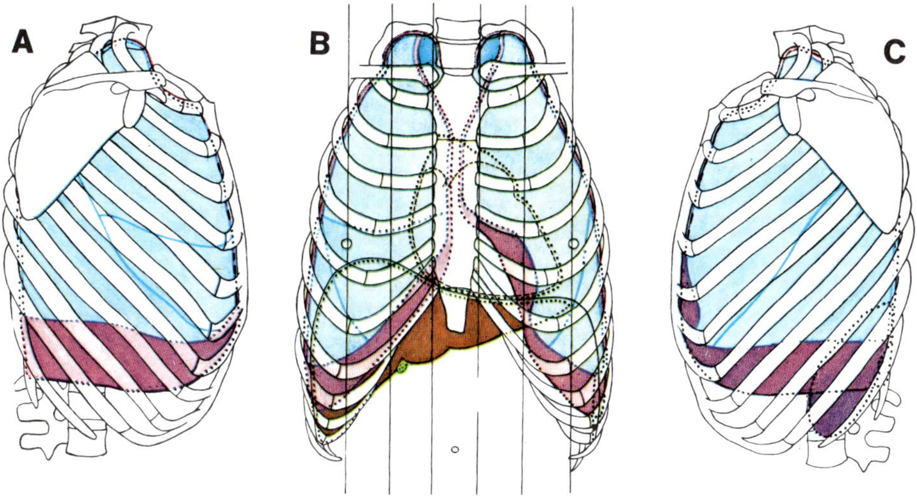
A
B
C

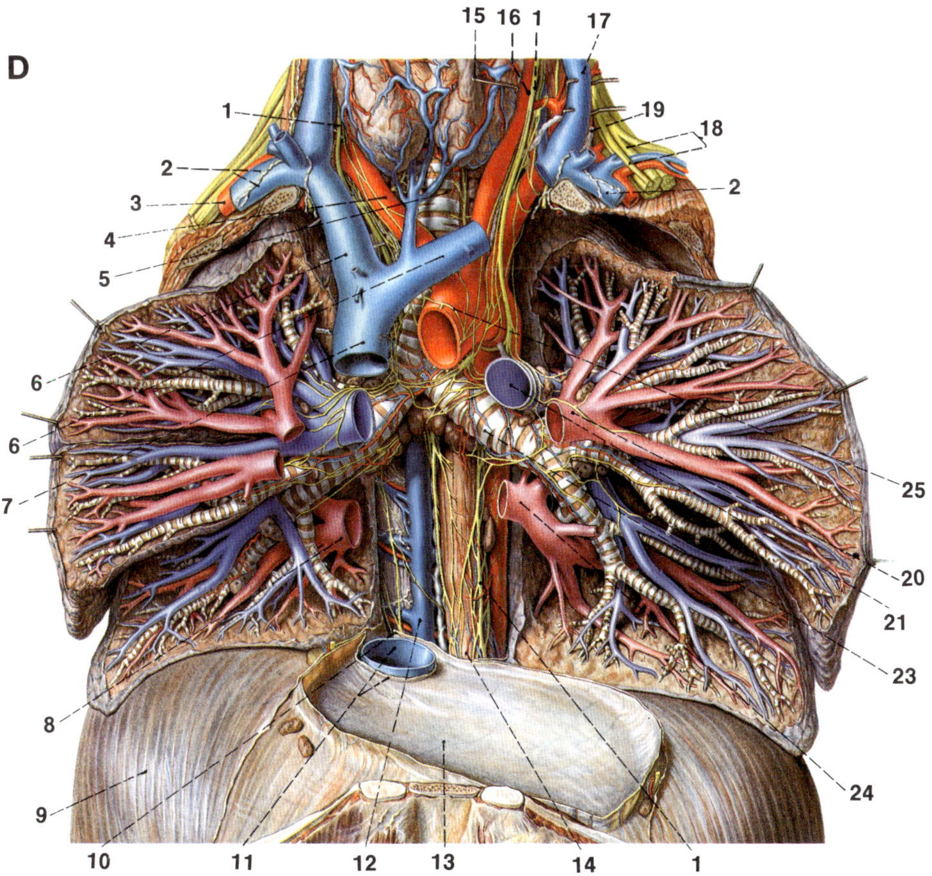
D
15
16
1
17
1
19
18
2
2
3
4
5
6
6
7
25
20
21
23
8
24
9
10
11
12
13
14
1

Atembewegungen der Lunge
Bei der Brustkorbatmung wird der Brustkorb vor allem in den unteren Abschnitten breiter und tiefer. Die Lunge wird dabei rhythmisch auseinandergezogen und zusammengepreßt. Bei der Zwerchfellatmung tritt das kuppelförmige Zwerchfell tiefer und gibt am Rand Verschieberäume frei. Dabei wird die Lunge nicht einfach auseinandergezogen, sondern gleitet auch im Brustfellraum auf und ab. Sie bewegt sich bei der Einatmung nach unten, und zwar am Unterrand je nach Atemtiefe etwa 3-10 cm. Damit entfaltet sich die Lunge nicht radiär, sondern von oben nach unten (Abb. D). Die „Lungenspitzen" bleiben weitgehend in Ruhe. Früher waren „Lungenspitzenkatarrhe" als milde Erkrankungsformen der Lungentuberkulose häufig.

Die Lunge gleitet im Brustfellraum bei der
- Einatmung (Inspiration) nach unten
- Ausatmung (Exspiration) nach oben

Damit die Lunge bei der Ausatmung wieder zur ursprünglichen Form zurückkehrt, ist sie reichlich mit elastischen Fasern durchsetzt. Diese umspinnen nicht nur das einzelne Lungenbläschen, auch Bronchen und Luftröhre weisen ein kräftiges elastisches Längssystem auf. Die Lunge besitzt dadurch die höchste *Gewebeelastizität* von allen Organen. Der Zug der elastischen Fasern wirkt in Richtung auf die großen Bronchen. Er sucht die Lunge zu verkleinern. Deshalb „kollabiert" die Lunge, wenn sie beim Pneumothorax (➥ S. 288) oder beim Pleuraerguß nicht mehr an der Brustwand haftet.
Die Lunge liegt der Brustwand nur lose an. Sie wird von der *Adhäsionskraft* des dünnen Flüssigkeitsfilms im Brustfellspalt an der Brustwand gehalten. Man kann sich dies mit Hilfe eines Plastikbeutels veranschaulichen: Gibt man in einen leeren Plastikbeutel einige Milliliter Wasser, so bilden sie einen dünnen Wasserfilm zwischen den beiden Wänden des Beutels. Man kann dann die beiden Wände nicht voneinander trennen. Bläst man in den Beutel Luft ein, so lassen sich die Wände mühelos auseinanderziehen.

A Aufzweigung eines kleinen Bronchus (Bronchiole) in die Lungenbläschen.
B Plastische Darstellung der Endaufzweigung einer Bronchiole mit Gefäßnetz.
C Schema eines Lungenläppchens mit Darstellung der Kontaktstellen zwischen großem und kleinem Kreislauf. Während in Abb. B die Schlagadern rot und die Venen blau gezeichnet sind, wird in Abb. C nicht der Wandbau des Gefäßes, sondern die Qualität des Blutes farbig unterschieden: Hier sind Gefäße mit sauerstoffreichem Blut rot, solche mit sauerstoffarmen blau eingetragen. Die Bronchen können „nicht von der Luft leben", sondern müssen wie alle anderen Organe mit Blut versorgt werden. Die *Blutgefäße der Bronchen* können nicht aus dem Lungenkreislauf gespeist werden:
- Das Blut in der Lungenschlagader ist sauerstoffarm.
- Das Blut in der Lungenvene ist zwar sauerstoffreich, hat aber einen niedrigen Druck.

Die Schlagadern der Bronchen entspringen daher aus der Brustaorta. An den Bronchiolen bestehen zwischen Körper- und Lungenkreislauf Verbindungen. Sie können zum Teil durch besondere Sperrvorrichtungen in den Schlagadern (Sperrarterien) verschlossen werden.
Wie zwischen den Bronchialschlagadern und den Lungenschlagadern bestehen auch zwischen den Bronchialvenen und den Lungenvenen Verbindungen. Über diese wird dem frisch arterialisierten Blut bereits in den Lungen wieder ein wenig venöses Blut beigemischt. Im linken Herz kommt dann nochmals etwas venöses Blut aus den kleinsten Herzvenen hinzu, die nicht in die Herzkranzvenen, sondern direkt in die Herzhöhlen münden. Im großen Kreislauf gibt es daher an keiner Stelle rein arterielles Blut.
D Entfaltung der Lunge bei der Einatmung.
E Atembewegungen des Bronchialbaums. Ausatmungsstellung weiß, Einatmungsstellung gepunktet. Mit der sich nach unten entfaltenden Lunge wird auch die Luftröhrengabel nach unten gezogen und dabei die Luftröhre gedehnt.

1	Bronchiole (knorpelfreier kleiner Bronchus)	Bronchiolus
2	Lungenbläschen	Alveoli pulmonis
3	Ast der Lungenschlagader	(A. pulmonalis)
4	Ast einer Lungenvene	(V. pulmonalis)
5	Endbronchiole	Bronchiolus respiratorius
6	Lungenbläschengang	Ductus alveolaris
7	Lungenbläschenscheidewand	Septum interalveolare
8	Elastischer Faserkorb des Lungenbläschens	(Fibrae elasticae)
9	Lungenkapillarnetz	Rete capillare
10	Sperrarterie	-
11	Ast einer Bronchialschlagader	(R. bronchialis)
12	Ast einer Bronchialvene	(V. bronchialis)

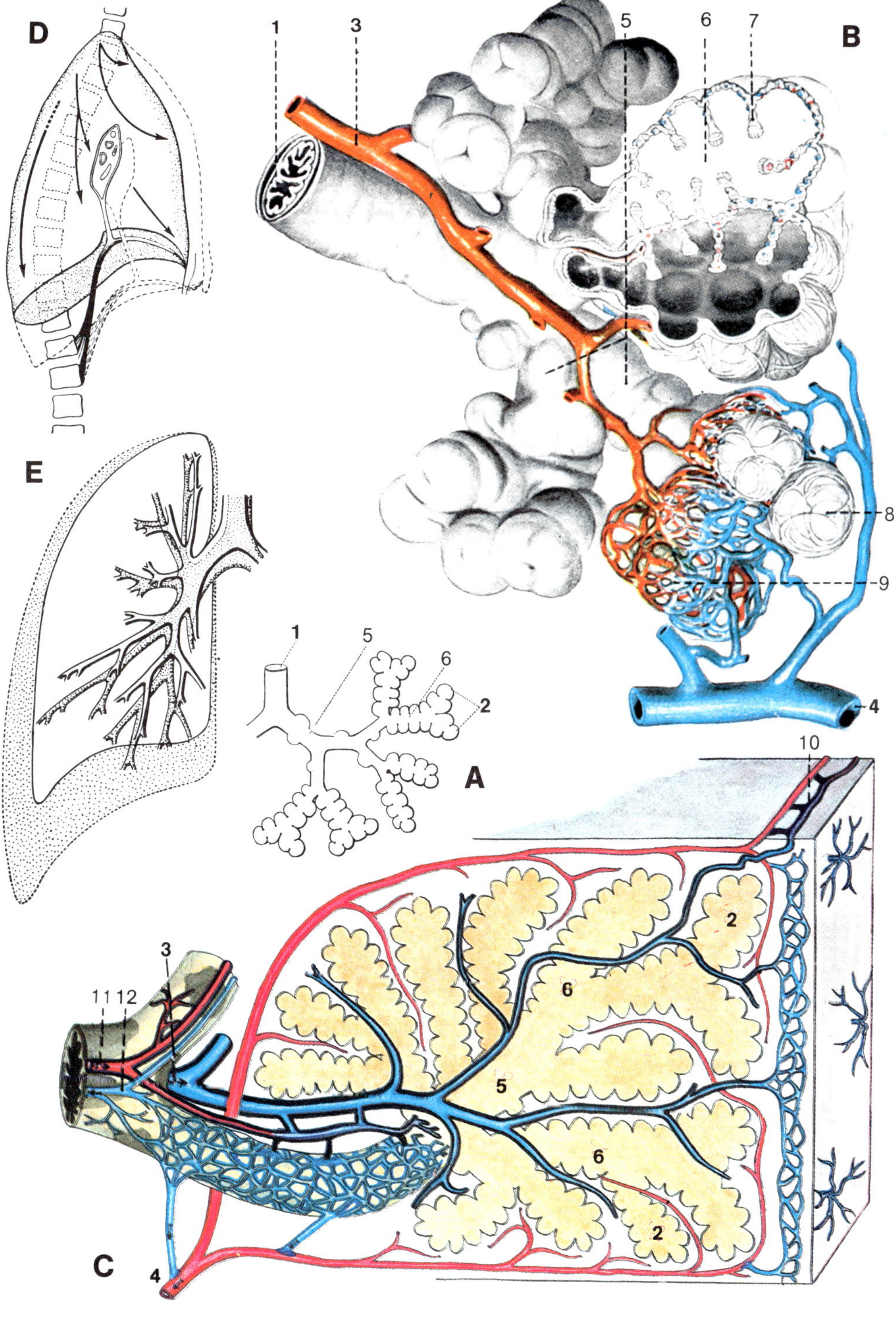
D
1
3
5
6
7
B
8
9
4
E
1
5
6
2
A
10
2
3
11
12
6
5
6
2
C
4

Lungenbläschen
Der Gasaustausch findet in der Wand der Lungenbläschen (Alveolen) statt, die von einem Haargefäßnetz umsponnen werden (Abbildung B auf der Seite vorher). Der Gasaustausch geht durch Diffusion und nicht als aktive Gewebeleistung vor sich. Der Austausch wird dann um so besser sein, je dünner die Trennwand zwischen Blut und Atemluft ist. Deshalb sind die Wände der Lungenbläschen hauchdünn ausgezogen. Erst mit dem Elektronenmikroskop konnte gezeigt werden, daß überhaupt eine zusammenhängende Wand vorhanden ist.

Die Trennwand („Diffusionsbarriere") zwischen Luft und Blut in den Lungenbläschen ist im Mittel 2,2 µm dick

Bei den Atembewegungen ändert sich der Rauminhalt der Lunge. Da sich die Bronchen aufgrund ihrer Knorpelversteifung nur gering erweitern können, muß sich die Größe der Lungenbläschen ändern. Beim Erwachsenen haben die Lungenbläschen bei Ausatmung einen Durchmesser von 0,1 bis 0,2 mm, bei Einatmung von 0,3 bis 0,5 mm. Die Größe der Lungenbläschen und mit ihr die Länge der umspinnenden Blutkapillaren wirken sich auf die Atem- und die Herzfrequenz aus. Je kleiner die Lungenbläschen, desto schneller müssen Atmung und Herzschlag sein. Das Kind mit kleineren Lungenbläschen hat eine raschere Atmung.
Damit sich die Lungenbläschen bei der Einatmung rasch entfalten können (und nicht wie bei dem auf der vorhergehenden Textseite beschriebenen Plastikbeutel aneinanderkleben) wird von speziellen Zellen der Lungenbläschenwand das *Surfactant* = Antiatelektasefaktor gebildet, das die Oberflächenspannung herabsetzt.
Die Oberfläche aller Lungenbläschen zusammen beträgt etwa 100-500 m^2 (die Schätzungen gehen weit aueinander). Die rechte Lunge ist etwas größer als die linke. Das Herz liegt mit seinem größeren Teil links und nimmt der linken Lunge Platz weg. Allerdings drängt rechts die Leber das Zwerchfell weiter nach oben. Die linke Lunge kann sich etwas weiter nach unten entfalten. Die 100 m^2 Lungenoberfläche werden pro Tag mit etwa 7000 bis 8000 l Blut durchspült.
Wird die Atemfläche durch Erkrankungen der Lunge kleiner, z.B. bei Lungenblähung = Emphysem, so muß das rechte Herz mehr arbeiten, um die gleiche Sauerstoffversorgung zu gewährleisten. Bei Erkrankungen des linken Herzens kommt es leicht zu einem Rückstau von Blut in die Lunge. Es treten dann Atembeschwerden auf, die vom Patienten häufig als eine Lungenerkrankung gedeutet werden. Sie verschwinden bei angemessener Behandlung der Herzkrankheit.

A Mikroskopisches Bild der Lunge bei etwa 50facher Vergrößerung.
B Mikroskopisches Bild der fetalen Lunge (gleiche Vergrößerung wie Abb. A). Da in der Gebärmutter noch nicht geatmet werden kann, ist die Lunge luftleer. Beim ersten Atemzug nach der Geburt werden die Lungenbläschen entfaltet. Daran kann der Rechtsmediziner erkennen, ob ein Kind tot geboren wurde oder nach der Geburt noch gelebt hat. Bei der „Schwimmprobe" geht die nicht beatmete Lunge unter, die beatmete schwimmt oben.
C + D Bronchoskopische Bilder der Luftröhre (**C**) und der Aufzweigung (Bifurkation) der Luftröhre in die beiden Hauptbronchen (**D**). Das Bronchoskop ist im Prinzip ein Rohr, an dem vorn eine Lampe angebracht ist. Dieses Rohr schiebt man bei stark zurückgeneigtem Kopf über den Rachen und den Kehlkopf in die Luftröhre ein und kann nun die Luftröhre und die Bronchen unmittelbar besichtigen. Durch das Rohr können auch feine Instrumente für kleinere Eingriffe eingeführt werden, z.B. zur Entnahme verdächtigen Gewebes zur Untersuchung. Anstelle starrer Rohre verwendet man heute bevorzugt biegsame Instrumente mit Glasfiberoptiken.
E Frontales Magnetresonanzschichtbild (MRT) des Oberkörpers. Die Schicht liegt zwischen den Magnetresonanzschichtbildern auf S. 18 E und 20 B. Zwischen den beiden Lungen sieht man in der Mitte das Herz. Die rechte Herzkammer ist weit geöffnet. In den rechten Vorhof (im Bild linkes unteres Eck des Herzens) mündet von unten die untere Hohlvene ein. Die rechte Zwerchfellkuppel (darunter die Leber) steht höher als die linke (darunter der Magen).

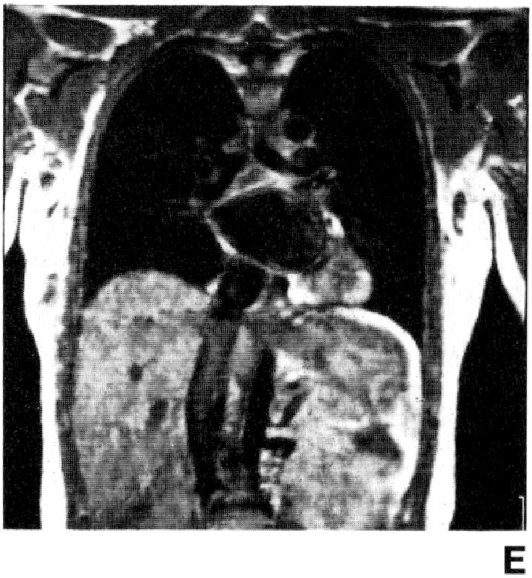

E

C

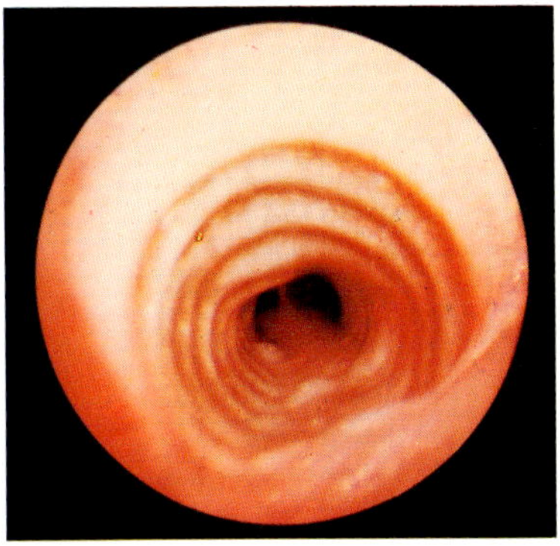

D

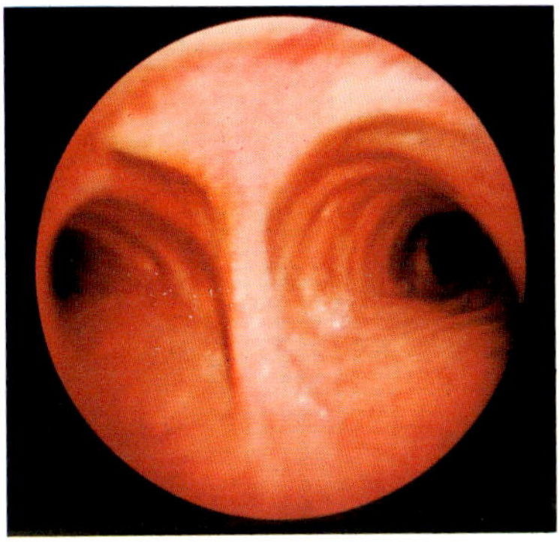

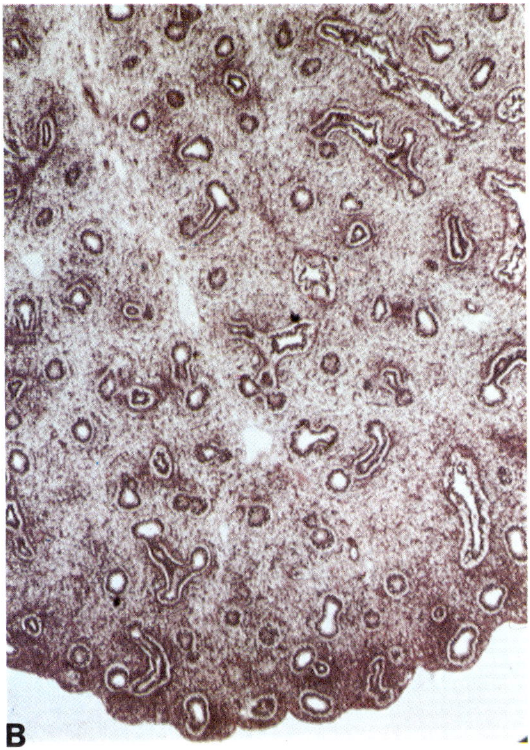

B

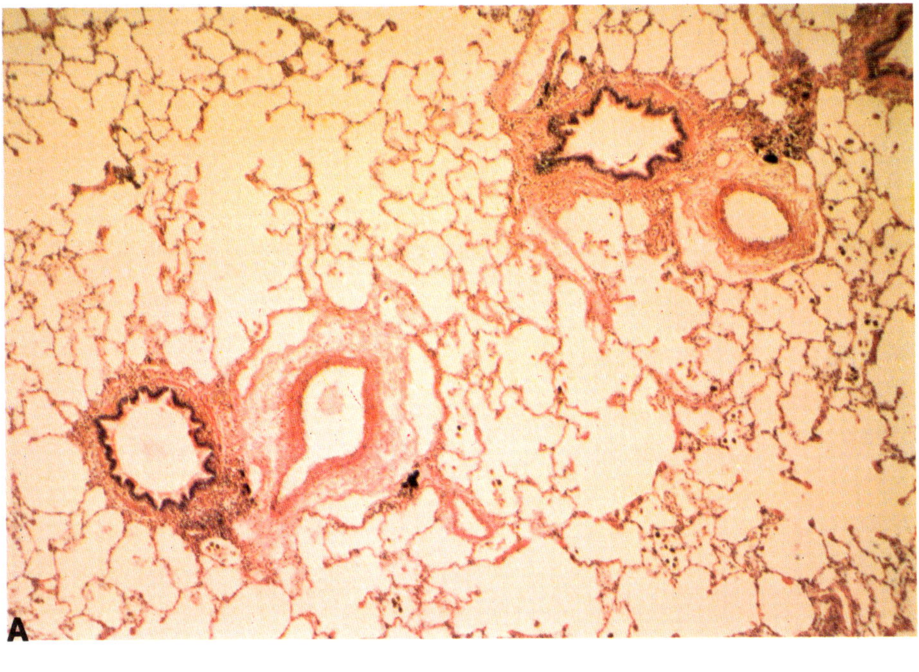

A

Niere

An der Niere unterscheidet man einen oberen und einen unteren Pol, eine Vorder- und eine Hinterfläche, einen inneren und einen äußeren Rand. Der innere Rand ist buchtartig eingezogen. Dort treten die Blut- und Lymphgefäße, die Nerven und der Harnleiter in die Niere ein bzw. aus.

Die eng umgrenzte Eintrittsstelle der Blutgefäße in Niere, Lunge und Milz nennt man *Hilus* oder Hilum: Nierenhilus, Lungenhilus, Milzhilus

Im Nierenhilus und der seitlich davon sich ausweitenden „Nierenbucht" liegen die Blutgefäße vorn, das Nierenbecken bzw. der Harnleiter hinten. Operationen am Nierenbecken werden daher meist von hinten her vorgenommen. Die Nieren eines Erwachsenen sind etwa 4 cm dick, 7 cm breit und 11 cm lang (Merkwort „4711"). Eine Niere wiegt etwa 120 bis 200 g.

A Rechte Niere von vorn.
B Rechte Niere von hinten. Aus der bindegewebigen Nierenkapsel ist ein Fenster aufgeklappt.
C Linke Niere von vorn (natürliche Größe). Ein Teil des Nierengewebes ist abgetragen, um den Blick auf das Nierenbecken freizugeben. Mit freiem Auge kann man zwei verschiedene Gewebearten an der Nierenschnittfläche unterscheiden: die feingekörnte *Rinde* und das längsgestreifte *Mark*. Das Nierenmark bildet keine zusammenhängende Schicht. Es ist in einzelne Lappen, die Nierenpyramiden, gegliedert. An deren Spitze wird der Harn jeweils in den zugehörenden „Kelch" des Nierenbeckens abgegeben.
D + E Verschiedene normale Formen des *Nierenbeckens*. **D** Ampullärer Typ: Die Nierenkelche sind kurz. Sie münden in einen weiten Sack. **E** Dendritischer Typ des Nierenbeckens: Die Nierenkelche sind lang. Das Nierenbecken erscheint baumartig verzweigt (griechisch déndron = Baum).
F Verschiebung der Nieren bei tiefer Ein- und Ausatmung. Die Nieren sind nicht fest mit der hinteren Bauchwand verwachsen, sondern sind im wesentlichen an den Blutgefäßen aufgehängt. Durch den hohen Druck in der Nierenschlagader werden sie in der Schwebe gehalten. Diese Aufhängung läßt ihre Verschiebung bei den Atembewegungen des Zwerchfells zu. Die Nieren treten nicht einfach tiefer, sondern beschreiben etwa Kreisbahnen um die Abgangspunkte der Nierenschlagadern an der Bauchaorta. Man beachte die Lage der Nieren vor den 12. Rippen. Bei Operationen an der Niere vom Rücken her wird die 12. Rippe weggebogen oder notfalls entfernt, um den Zugang zu erleichtern.

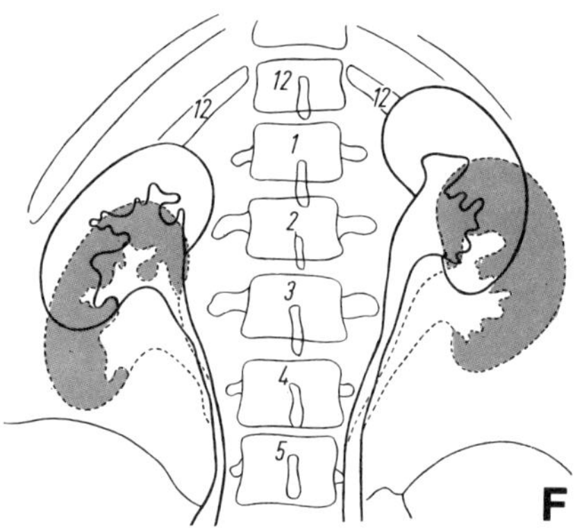

F

1 - 5	Erster bis fünfter Lendenwirbel	Vertebra lumbalis I-V
6	Oberer Nierenpol	Extremitas superior
7	Äußerer Nierenrand	Margo lateralis
8	Unterer Nierenpol	Extremitas inferior
9	Nierenschlagader	A. renalis
10	Nierenvene	V. renalis
11	Nierenhilus	Hilum renale
12	Zwölfter Brustwirbel und zwölfte Rippen	Vertebra thoracica XII + Costae XII
13	Harnleiter	Ureter
14	Nierenbecken (aufgeschnitten)	Pelvis renalis
15	Nierenrinde	Cortex renalis;
16	Nierenmark (gebildet von den Nierenpyramiden)	Medulla renalis; Pyramides renales
17	Zusätzliche Nierenschlagader (kommt häufig am oberen oder unteren Nierenpol vor)	A. renalis [accessoria]
18	Nierensäule (Teil der Nierenrinde zwischen den das Nierenmark bildenden Nierenpyramiden)	Columna renalis
19	Nierenpapille (Spitze der Nierenpyramide)	Papilla renalis
20	Nierenkelch (Teil des Nierenbeckens)	Calix renalis
21	Bindegewebige Nierenkapsel	Capsula fibrosa
22	Bogenschlagader	A. arcuata
23	(Teil der) Fettkapsel	Capsula adiposa

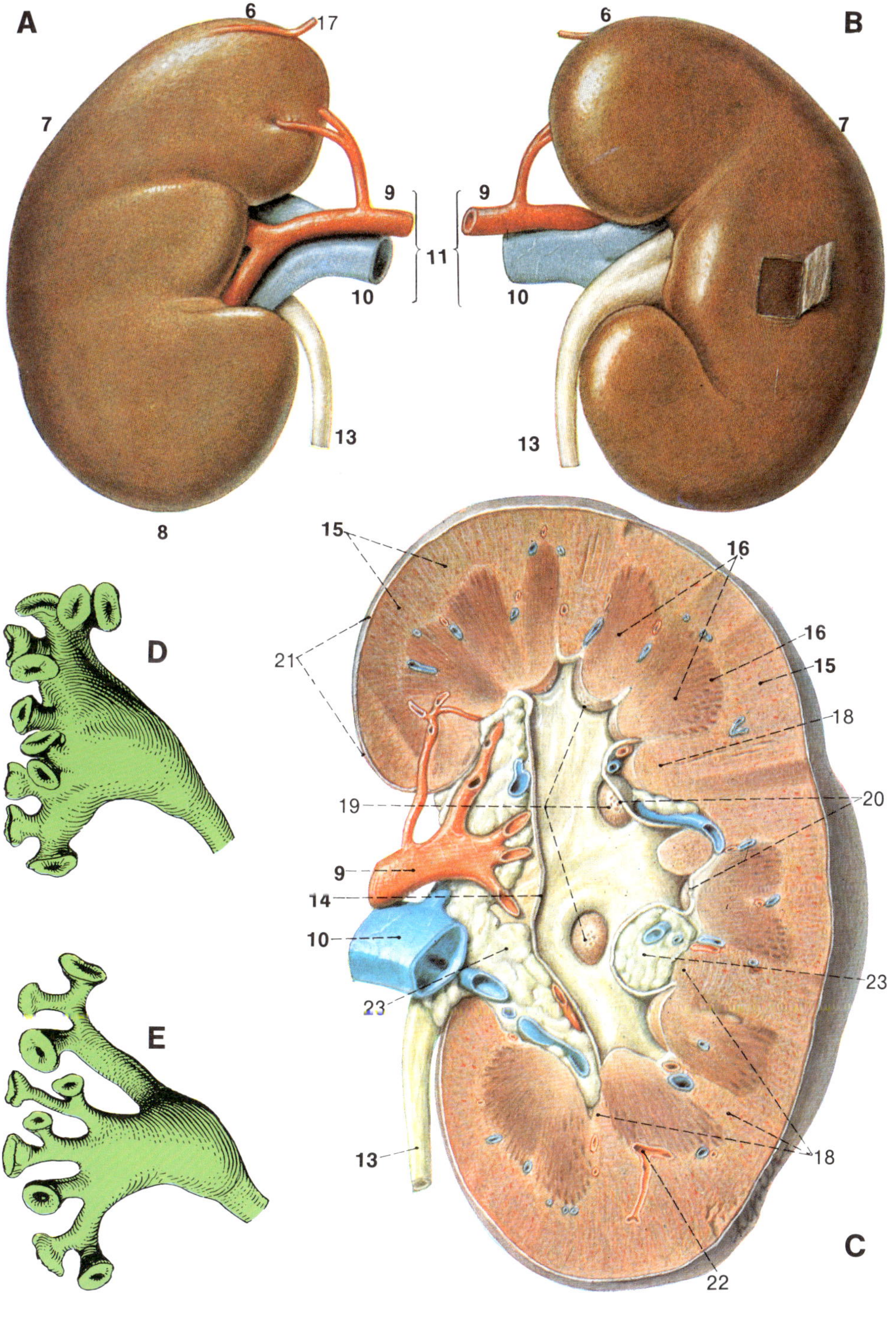
A
6
17
7
9
11
10
13
8
B
6
7
9
10
13
C
15
16
16
15
21
18
19
20
9
14
10
23
23
13
18
22
D
E

Aufgaben der Nieren

- Ausscheiden von Stoffwechselschlacken
- Regeln des Wasser- und Salzhaushalts
- Nebenwirkung auf Blutdruck und Blutbildung

Die Niere ist der Filteranlage eines Schwimmbekkens zu vergleichen, wobei das Blut dem Badewasser entspricht. Die einfachste Reinigung des Schwimmbeckens wäre, das gesamte Wasser abzulassen und frisches Wasser einzufüllen. Dagegen sprechen die Kosten für die Neufüllung und die Aufheizung. Man begnügt sich damit, ständig einen Teil des Wassers durch eine Filteranlage laufen zu lassen, die diesen Teil des Wassers gereinigt an das Becken zurückgibt. Der Schmutz im großen Becken wird so zwar nicht beseitigt, aber ständig „verdünnt", so daß er nicht überhand nimmt. Ähnlich wäre die einfachste „Blutreinigung", das gesamte Blut abzulassen und neues zu bilden. Dies ist natürlich unmöglich, da wir nicht zwischendurch einmal ohne Blut auskommen können. Es werden also von der Niere die Stoffwechselschlacken im Blut ständig nur verdünnt, nie aber vollständig beseitigt.

• Die Niere unterscheidet sich aber in einem Punkt sehr wesentlich von der Kläranlage eines Schwimmbeckens: Dieses soll möglichst reines Wasser an das Becken zurückliefern, die Niere hingegen soll nicht klares Wasser, sondern vollwertiges Blut an den Kreislauf zurückführen. Die Niere muß also entscheiden, was für den Körper wichtig ist (und damit im Blut bleiben soll) und was dem Körper abträglich ist (und daher ausgeschieden werden muß).

• Diese schwierige Aufgabe wird von der Niere in zwei Stufen bewältigt: Zunächst einmal scheidet sie in den Nierenkörperchen sehr viel mehr aus, als für den Körper zuträglich ist, dann aber holt sie in den Nierenkanälchen den größten Teil dieses „Primärharns" wieder zurück.

A Schema des Feinbaus der Niere. Dargestellt ist ein *Nephron*. Von dieser funktionellen Einheit gibt es in den beiden Nieren zusammen etwa zwei bis drei Millionen. Die kleingedruckten Zahlen bedeuten die durchschnittlichen Flüssigkeitsmengen in Litern, die pro Tag durch die entsprechenden Abschnitte (beider Nieren) strömen.

B Schema der Nierenschlagaderverzweigung. Die Nierenkörperchen hängen wie Früchte an den Zweigen des Baums der Nierenschlagader. In der Abbildung sind die Schlagadern rot, die Venen blau, die Hauptstücke der Harnkanälchen violett gezeichnet. Man beachte, daß die Gefäßknäuel der Nierenkörperchen dem eigentlichen Haargefäßnetz vorgeschaltet sind.

C Mikroskopisches Schnittbild eines *Nierenkörperchens* (Vergrößerung etwa 250fach). Die Nierenkörperchen mit einem Durchmesser von 1/5 bis 1/4 mm liegen an der Grenze der Sichtbarkeit mit dem freien Auge. Auf Schnitten durch die Nierenrinde (➥ S. 295, C) kann man sie als feine rote Pünktchen gerade noch sehen.

Bilder der Nieren mit Nachbarorganen ➥ S. 21, 249, 261, 299-301, 303, 395, 461.
Bild des Feinbaus des Gefäßknäuels des Nierenkörperchens ➥ S. 31.

1	Nierenkörperchen	Corpusculum renale
2	Gefäßknäuel	Glomerulus
3 - 5	Nierenkanälchen (= Harnkanälchen)	Tubulus renalis
3	Hauptstücks, gewundener Teil (proximales Tubuluskonvolut) + Hauptstück, gestreckter Teil	Tubulus contortus proximalis + Tubulus rectus proximalis
4	Überleitungsstück (dünner Teil der Henle-Schleife)	Tubulus attenuatus
5	Mittelstück, gestreckter Teil +(distaler Tubulus) Mittelstück, gewundener Teil (distales Tubuluskonvolut)	Tubulus rectus distalis + Tubulus contortus distalis
6	Sammelrohr	Tubulus renalis colligens
7	Nierenrinde	Cortex renalis
8	Nierenmark	Medulla renalis
9	Haargefäßnetz um die Nierenkanälchen	Rete capillare peritubulare
10	Zuführendes Schlagäderchen	Arteriola glomerularis afferens
11	Wegführendes Schlagäderchen	Arteriola glomerularis efferens
12	Gefäßknäuelkapsel	Capsula glomeruli
13	Papillengang	Ductus papillaris
14	Nierenkelch	Calix renalis
15	Zwischenlappenschlagader	A. interlobaris
16	Zwischenläppchenschlagader	A. interlobularis
17	Gerade Blutgefäße	Fasciculus vascularis (Vasa recta)
18	Sternvene	V. stellata
19	Bindegewebige Nierenkapsel (mit Blutgefäßen)	Capsula fibrosa
20	Blutgefäße der Fettkapsel	(Capsula adiposa)

B

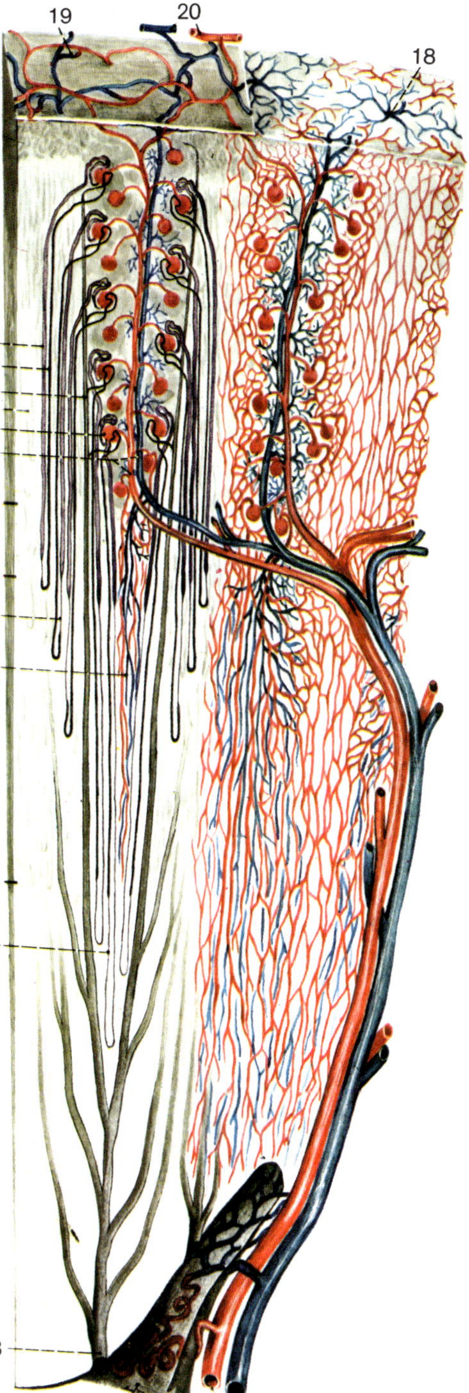
19
20
18
3
5
6
2
16
4
17
4
13
14
15

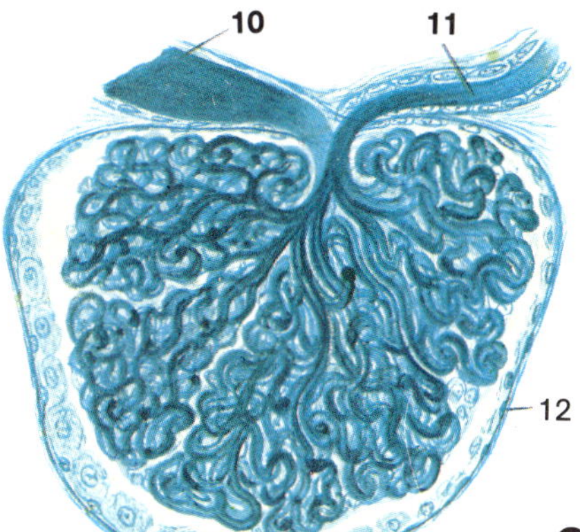
10
11
12

C

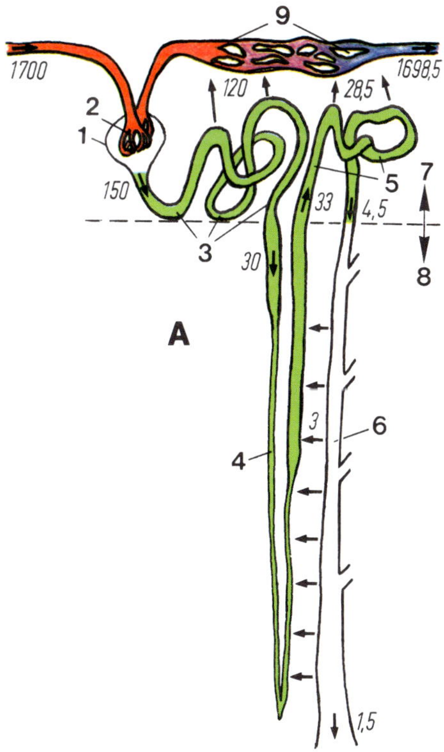
9
1700
1698,5
120
28,5
2
1
150
33
4,5
5
7
3
30
8
3
6
4
1,5

A

Harnbereitung
Die kleinen Äste der Nierenschlagader bilden *Gefäßknäuel* (Glomeruli), die von einer sehr dünnen Membran bedeckt sind und in einem Hohlraum hängen. Die Wand dieser Gefäßknäuel ist so beschaffen, daß Wasser, Salze, einfache Zucker und ähnliche Stoffe hindurchtreten können, während die größeren Eiweiße und die Blutkörperchen zurückgehalten werden. Durch den Blutdruck wird etwa ein Zehntel der durch die Nieren fließenden Flüssigkeitsmenge (etwa 1700 l Blut pro Tag) als *Primärharn* (150 bis 170 l pro Tag) abgepreßt. Dieser Primärharn gelangt in die *Nierenkanälchen.*

Gliederung des Nierenkanälchens (Tubulus):
- Hauptstück (gewundener + gestreckter Teil)
- Überleitungsstück (dünner Teil)
- Mittelstück (gestreckter + gewundener Teil)
- Verbindungsstück (mündet in Sammelrohr)

Das Nierenkanälchen ist in der Nähe des Glomerulus zunächst stark gewunden („proximales Tubuluskonvolut"), steigt dann in das Nierenmark ab und kehrt haarnadelartig wieder zur Rinde zurück (Henle-Schleife). In der Nähe des Glomerulus ist es erneut gewunden („distales Tubuluskonvolut". Zuletzt mündet es in ein Sammelrohr, das an einer Nierenpapille am Nierenbecken endet.
Die Nierenkanälchen werden vom Haargefäßnetz der Nierengefäße umsponnen (im Schema **A** der vorhergehenden Seite wurden die Haargefäße der besseren Übersicht wegen neben die Tubuluskonvolute gezeichnet). Dadurch ist ein Flüssigkeits- und Stoffaustausch zwischen Nierenkanälchen und Blutgefäßen möglich. Durch das Abpressen des Primärharns wurde das Blut in den Nierenschlagäderchen stark eingedickt. Es saugt daher im Haargefäßgebiet aufgrund des osmotischen Drucks Flüssigkeit aus den Nierenkanälchen zurück (rund 99 % des Primärharns). Wesentlich ist dabei die unterschiedliche Behandlung der gelösten Stoffe. Zum Teil werden diese aus dem Primärharn gut rückresorbiert (z.B. Traubenzucker, Kochsalz usw.), zum Teil nur wenig oder gar nicht. Von den Kanälchenzellen werden auch noch Stoffe aktiv an den Harn abgegeben.

A Mikroskopisches Schnittbild von Nierenkanälchen der Nierenrinde (Vergrößerung 320fach).
B Mikroskopisches Schnittbild von Nierenkanälchen im Nierenmark (Vergrößerung 150fach). Getroffen sind die engen absteigenden und die etwas weiteren aufsteigenden Teile der Henle-Schleife sowie die weiten Sammelrohre.
C Darstellung des Nierenbeckens und des Harnleiters im Röntgenbild. Es gibt 2 Wege:
- Man spritzt ein Röntgenkontrastmittel, das von den Nieren in den Harn ausgeschieden wird, in eine Vene (*intravenöse Pyelographie*).
- Man schiebt durch Harnröhre, Harnblase und Harnleiter einen Katheter bis in das Nierenbecken vor und spritzt dann das Röntgenkontrastmittel dort direkt ein (*retrograde Pyelographie*). Das Nierenbecken im Bild entspricht dem dendritischen Typ.

D Projektion der Nieren auf die vordere Bauchwand. Um die Lage der Nieren auf die Bauchwand aufzumalen, geht man am besten in folgenden Schritten vor:
- Zuerst sollte man sich die Lendenwirbelsäule einzeichnen. Der 4. Lendenwirbel entspricht etwa der Höhe des Nabels.
- Als nächstes sollte man sich den Verlauf des großen Lendenmuskels von der Wirbelsäule zum kleinen Rollhügel des Oberschenkelbeins klarmachen. Jetzt ist der Mittelbereich dargestellt, dem die Nieren außen anliegen.
- Zuletzt trägt man die Nieren (Länge 10-12 cm) so ein, daß 1. die Nierenbucht auf der Innenseite liegt, 2. die rechte Niere etwa 1-3 cm tiefer steht, 3. die Nieren nach unten entsprechend dem Rand des großen Lendenmuskels auseinanderweichen.

1 - 3, 5	(Abb. D) Lendenwirbel	Vertebrae lumbales (lumbares)
1	(Abb. C) Gasblasen im absteigendem Dickdarm	(Colon descendens)
3	(Abb. C) Großer Lendenmuskel (Seitenrand)	M. psoas major
4	Nierenbecken	Pelvis renalis
5	(Abb. C) Nierenkelche (dunkel) mit Nierenpapillen	Calices renales; Papillae renales
6	Harnleiter	Ureter
7	„Nierenschatten"	(Ren (Nephros))
8 - 10	Nierenkanälchen (= Harnkanälchen)	Tubulus renalis
8	Hauptstück, gewundener Teil (proximales Tubuluskonvolut)	Tubulus contortus proximalis
9	Überleitungsstück (dünner Teil der Henle-Schleife)	Tubulus attenuatus
10	Mittelstück, gewundener Teil (distales Tubuluskonvolut)	Tubulus contortus distalis
11	Sammelrohr	Tubulus renalis colligens
12 + XII	Zwölfter Brustwirbel	Vertebra thoracica XII
13	Bindegewebe	Textus connectivus
14	Haargefäßnetz um die Nierenkanälchen	Rete capillare peritubulare
15	Gerader Teil des Mittelstücks	Tubulus rectus distalis

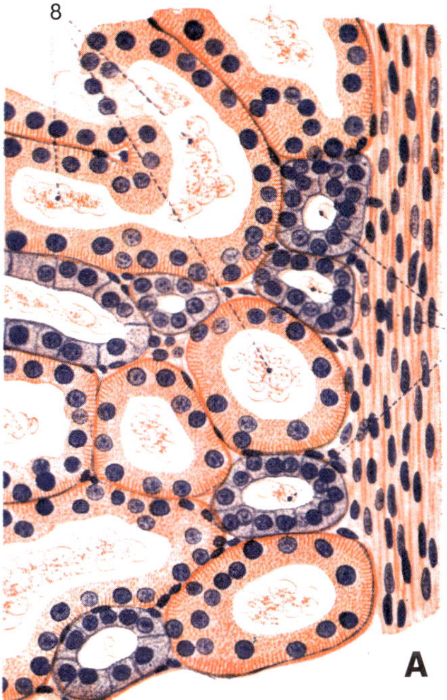

A

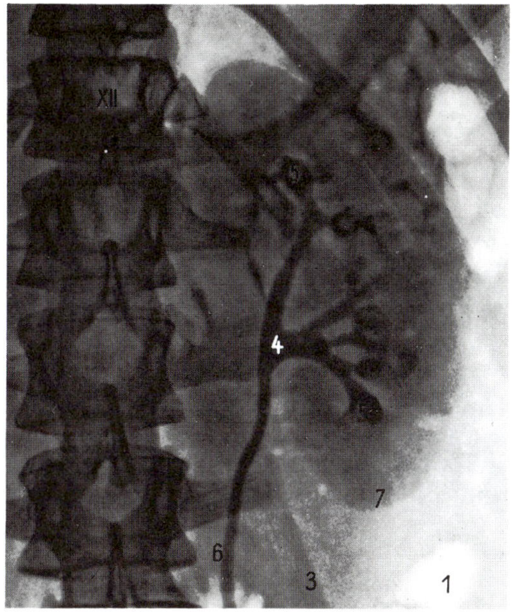

C

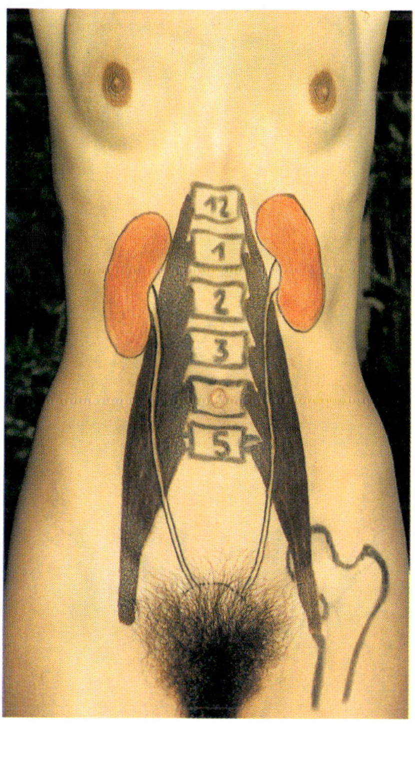

D

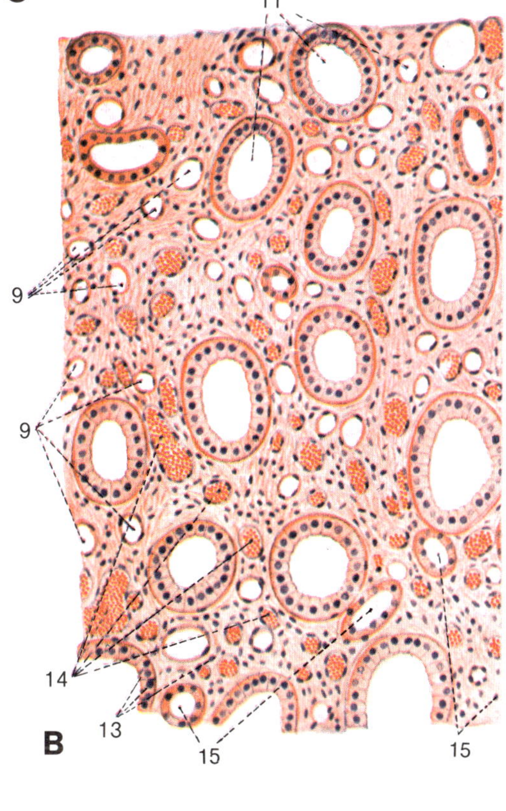

B

Lage der Nieren

Die Nieren liegen in einer Fettkapsel neben der Wirbelsäule und dem großem Lendenmuskel auf Höhe des 12. Brustwirbels bis 3. Lendenwirbels

A-C Fotos von Horizontalschnitten durch den Rumpf auf Höhe der Nieren (von unten gesehen). Die Nieren liegen der hinteren Bauchwand an. Man beachte das Fettpolster um die Nieren. Das Fett ist bei der Körpertemperatur des lebenden Menschen halbflüssig, so daß die Nieren nahezu im Fett schwimmen. Die Nieren ändern daher ihre Lage in Abhängigkeit von der Atmung (S. 294, F), der Körperhaltung, dem Blutdruck, dem Ernährungszustand usw.

A Querschnitt durch den Rumpf auf Höhe der Zwischenwirbelscheibe zwischen 11. und 12. Brustwirbel. Die große Leber drängt die rechte Niere nach unten. Deswegen ist nur die linke Niere vom Schnitt getroffen.

B Querschnitt durch den Rumpf auf Höhe des Oberrandes des 2. Lendenwirbels.

C Querschnitt durch den Rumpf auf Höhe des Oberrandes des 3. Lendenwirbels.

Weitere Querschnitte (Horizontalschnitte) durch die gleiche Leiche ➥ S. 135, 376, 377, 395.

A

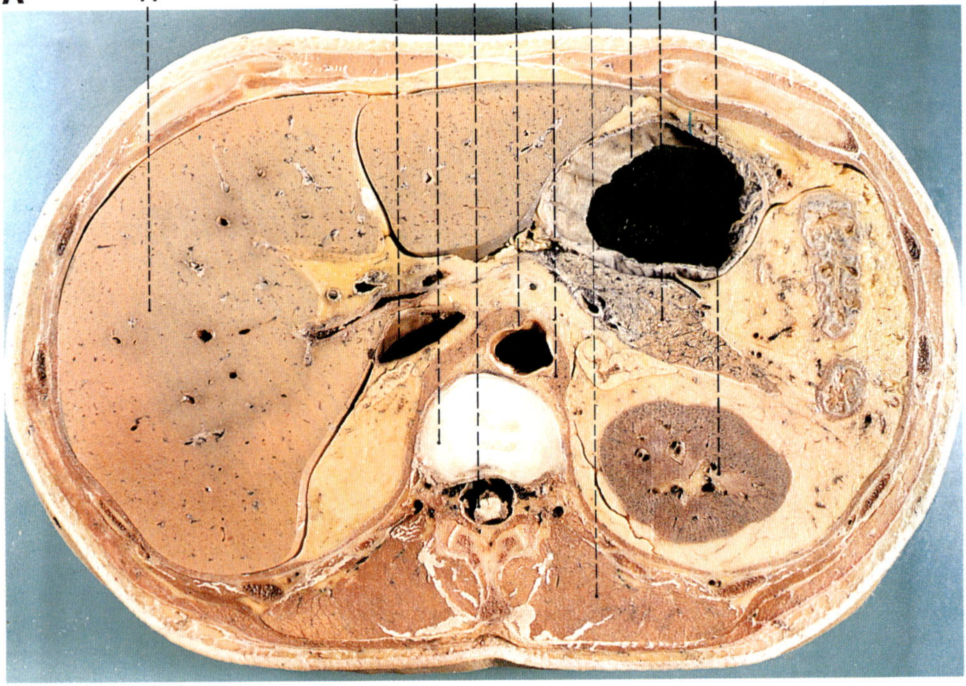

1	Wirbelkörper	Corpus vertebrae (vertebrale)
2	Zwischenwirbelscheibe	Discus intervertebralis
3	Rückenmark	Medulla spinalis
4	Wirbelsäulenaufrichter	M. erector spinae
5	Großer Lendenmuskel	M. psoas major
6	Zwerchfell (Lendenteil)	Pars lumbalis diaphragmatis
7	Gerader Bauchmuskel	M. rectus abdominis
8	Aorta	Aorta
9	Untere Hohlvene	V. cava inferior
10	Niere	Ren (Nephros)
11	Leber	Hepar
12	Magen	Gaster (Ventriculus)
13	Bauchspeicheldrüse	Pancreas

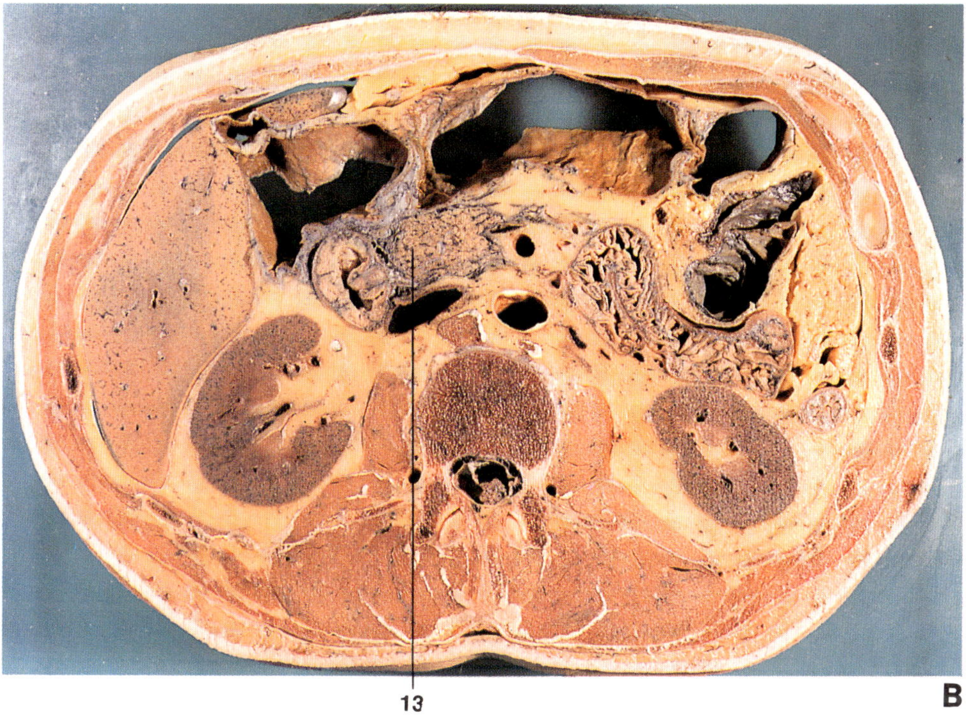

B

C

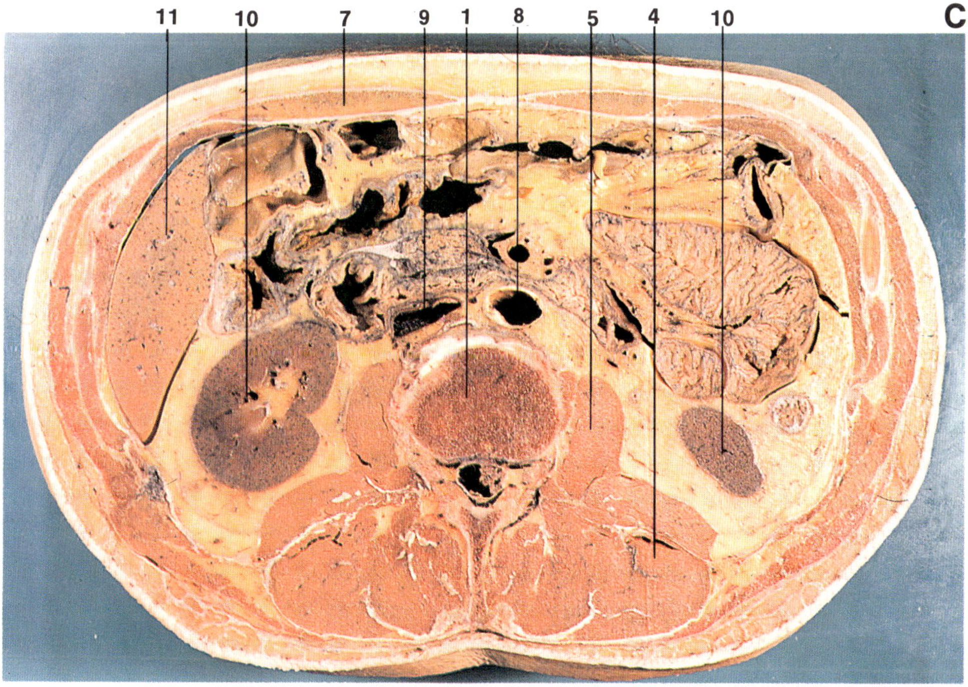

Retroperitonealraum (Hinterbauchfellraum)

Im „Raum hinter dem Bauchfell“ liegen:
- Nieren + Harnleiter
- Bauchaorta + Äste
- Nebennieren
- untere Hohlvene + Äste

Zum Retroperitonealraum zählt man üblicherweise nicht alle „retroperitonealen“ Organe (➥ S. 232), sondern nur die nicht zum Verdauungstrakt gehörenden primär retroperitonealen, die neben und unmittelbar vor der Wirbelsäule liegen.

A Hinterwand des Bauchraums mit Nieren und Harnwegen. Man vergleiche hierzu auch die Abbildungen auf den S. 249, 261 und 461.

1	Niere	Ren (Nephros)
2	Harnleiter	Ureter
3	Harnblase	Vesica urinaria
4	Zwerchfell	Diaphragma (thoraco-abdominale)
5	Nebenniere	Glandula suprarenalis (adrenalis)
6	Mageneingang (abgeschnitten)	Pars cardiaca
7	Mastdarm	Rectum
8	Stamm der Leber-, Milz- und Magenschlagadern	Truncus coeliacus
9	Obere Gekröseschlagader	A. mesenterica superior
10	Nierenschlagader	A. renalis
11	Hodenschlagader	A. testicularis
12	Untere Gekröseschlagader	A. mesenterica inferior
13	Gemeinsame Beckenschlagader	A. iliaca communis
14	Innere Beckenschlagader	A. iliaca interna
15	Untere Hohlvene	V. cava inferior
16	Lebervenen	Vv. hepaticae
17	Nierenvene	V. renalis
18	Hodenvene	V. testicularis
19	Gemeinsame Beckenvene	V. iliaca communis
20	Innere Beckenvene	V. iliaca interna
21	Großer Lendenmuskel	M. psoas major
22	Gerader Bauchmuskel	M. rectus abdominis
23	Querer Bauchmuskel	M. transversus abdominis
24	Innerer schräger Bauchmuskel	M. obliquus internus abdominis
25	Untere Zwerchfellschlagader	A. phrenica inferior
26	Untere Zwerchfellvene	V. phrenica inferior
27	Mittlere Nebennierenschlagader	A. suprarenalis (adrenalis) media
28	Nebennierenvene	V. suprarenalis (adrenalis)
29	Zwischenrippenmuskeln	Mm. intercostales
30	Lendenschlagader und Lendenvene	A. lumbalis + V. lumbalis
31	Zwölfte Rippe	Costa XII
32	Unterrippennerv	N. subcostalis
33	Darmbein-Unterbauch-Nerv	N. iliohypogastricus
34	Viereckiger Lendenmuskel	M. quadratus lumborum
35	Darmbein-Leisten-Nerv	N. ilio-inguinalis
36	Lendenwirbel-Darmbein-Band	Lig. iliolumbale
37	Äußerer Oberschenkelhautnerv	N. cutaneus femoris lateralis
38	Kleiner Lendenmuskel (Sehne)	M. psoas minor
39	Darmbeinmuskel	M. iliacus
40	Lenden-Kreuzbein-Knick	Promontorium
41	Mittelständige Kreuzbeinschlagader	A. sacralis mediana
42	Obere Mastdarmschlagader	A. rectalis superior
43	Oberschenkelnerv	N. femoralis
44	Darmbein-Lenden-Schlagader	A. iliolumbalis
45	Schamgegend-Oberschenkel-Nerv	N. genitofemoralis
46	Mittelständige Nabelfalte	Plica umbilicalis mediana
47	Mediale Nabelfalte	Plica umbilicalis medialis
48	Seitliche Nabelfalte	Plica umbilicalis lateralis
49	Bauchfelltasche zwischen Blase und Mastdarm	Excavatio rectovesicalis
50	Gekröse des S-förmigen Dickdarms	Mesocolon sigmoideum
51	Schlagadern zum S-förmigen Dickdarm	Aa. sigmoideae
52	Fettkapsel der Niere	Capsula adiposa
53	Zusätzliche Nierenschlagader (Varietät)	A. renalis [accessoria]
54	Bauchfell	Peritoneum

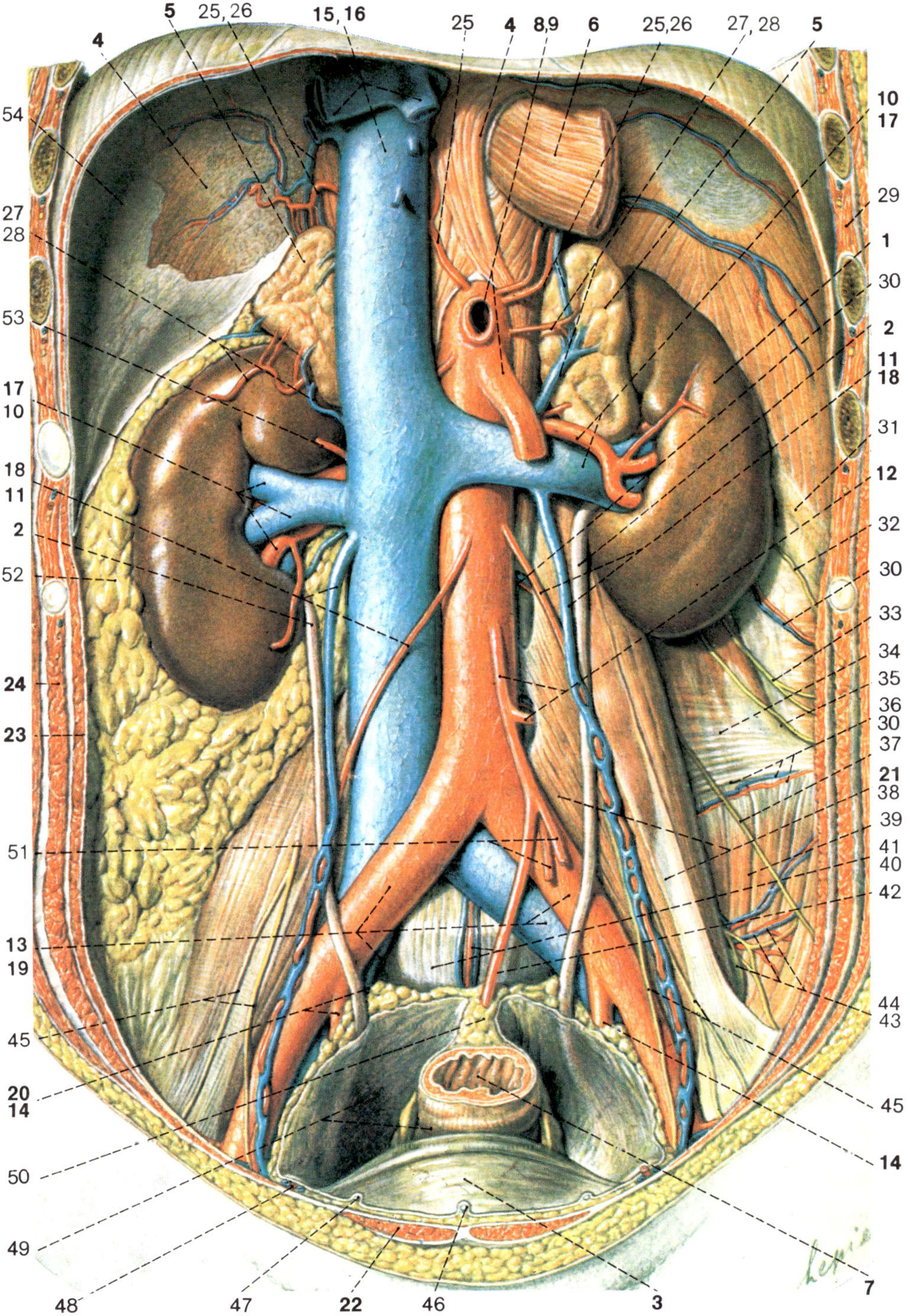
5
25, 26
15, 16
25
4
8,9
6
25,26
27, 28
5
4
54
27
28
53
17
10
18
11
2
52
24
23
51
13
19
45
20
14
50
49
48
47
22
46
3
7
10
17
29
1
30
2
11
18
31
12
32
30
33
34
35
36
30
37
21
38
39
41
40
42
44
43
45
14

Harnleiter

3 Wandschichten: Schleimhaut, Muskelwand, bindegewebige Hülle

• In leerem Zustand ist die *Schleimhaut* wie bei allen Hohlorganen in Falten gelegt. Deswegen ist das Epithel durch lockeres Verschiebegewebe von der Muskelwand getrennt. Harn reizt die Haut: Beim Säugling muß man häufig die Windeln wechseln, um Hautreizungen zu vermeiden. Die Schleimhaut der Harnwege muß daher eine besondere Anpassung an die ständige Benetzung mit Harn zeigen: Es ist das sogenannte „Übergangsepithel", das alle Harnwege auskleidet. Bei ihm bilden große haubenförmige Zellen die Grenzschicht zur Lichtung (➥ S. 37, G).

• Die *Muskelwand* hat die Aufgabe, den Harn vom Nierenbecken zur Harnblase zu transportieren. Dies kann man nicht einfach der Schwerkraft überlassen. Sonst würde sich im Liegen der Harn im Nierenbecken anstauen. Ein- bis viermal pro Minute läuft eine „peristaltische Welle" (➥ S. 236) vom Nierenbecken zur Harnblase über den Harnleiter hinweg. Deswegen sind die Muskelfasern nicht wie bei der Skelettmuskulatur parallel angeordnet, sondern gitterartig: außen und innen mehr in der Längsrichtung, dazwischen mehr ringförmig.

Die Muskelwand zieht sich nie gleichzeitig in allen Schichten oder gar über die ganze Länge des Harnleiters zusammen. Die peristaltische Welle beginnt mit einer Kontraktion der Längsschichten am Ausgang des Nierenbeckens. Dadurch wird der Harnleiter an dieser Stelle etwas verkürzt, aber zugleich auch erweitert. In diese Erweiterung fließt eine kleine Menge Harn. Durch Kontraktion der Ringschicht wird das Zurückströmen dieser Harnmenge in das Nierenbecken verhindert. Die peristaltische Welle läuft nun folgendermaßen ab: Zuerst kontrahieren sich die Längsschichten und erweitern die Lichtung, kurz danach folgt die Ringschicht und verhindert den Rückfluß nach oben. Der Harntropfen wird so durch den Harnleiter geschoben. Ähnlich wird ein Nierenstein durch den Harnleiter transportiert.

• Die *bindegewebige Hülle* dient der Verschiebung gegenüber den Nachbarorganen, außerdem verlaufen in ihr die Blutgefäße und Nerven.

An drei Stellen ist der Harnleiter besonders eng: in der Nähe des Nierenbeckens, an der Stelle, wo er die großen Blutgefäße des Beckens überkreuzt und am Eintritt in die Harnblase. An diesen Stellen „klemmt" sich leicht ein Stein ein. Die Harnleitermuskeln bemühen sich dann „krampfartig" den Stein weiterzutreiben. Diese Muskelkrämpfe sind mit sehr starken Schmerzen verbunden („Harnleiterkolik").

3 Engstellen des Harnleiters: • am oberen Ende (Übergang vom Nierenbecken) • etwa in der Mitte (Überkreuzung der großen Beckenblutgefäße • am unteren Ende (in der Harnblasenwand)

A Nierenbecken und Nierengefäße nach einem Ausgußpräparat in natürlicher Größe. Um eine anschauliche Vorstellung von der Verästelung und gegenseitigen Durchdringung von Schlagadern und Venen zu gewinnen, injiziert man in sie gefärbte Kunststoffe und löst anschließend das Gewebe mit starken Laugen auf. Es bleibt nur der Kunststoffausguß der Gefäße übrig („Korrosionspräparat"). Im Bild sind die Schlagadern rot, die Venen blau, das Nierenbecken und der Harnleiter gelb angefärbt.

B Mikroskopisches Bild des quergeschnittenen Harnleiters (Vergrößerung etwa 20fach).

C + D Häufige Varietäten des Harnleiters (meist belanglos): **C** = zweigeteilter Harnleiter (Ureter bifurcatus), **D** = doppelter Harnleiter (Ureter duplex). In beiden Fällen sind auch zwei Nierenbecken vorhanden. Bei doppeltem Harnleiter mündet der aus dem oberen Nierenbecken kommende in die Harnblase etwas tiefer ein. Deshalb überkreuzen sich die beiden Harnleiter. Machmal mündet dieser Harnleiter sogar „dystop" (an einer falschen Stelle), z.B. in die Harnröhre, die Scheide oder den Mastdarm. Dies ist dann nicht mehr belanglos, weil es zum unwillkürlichen Harnabgang oder zur aufsteigenden Infektion des Nierenbeckens kommen kann.

Verlauf des Harnleiters im kleinen Becken ➥ S. 309, A, 313, A, 317, C, 331, A.

1	Übergangsepithel	Epithelium transitionale
2	Verschiebeschicht der Schleimhaut	Lamina propria
3 - 5	Muskelwand des Harnleiters	Tunica muscularis
3	Äußere Längsschicht	Stratum longitudinale externum
4	Mittlere Ringschicht	Stratum circulare
5	Innere Längsschicht	Stratum longitudinale internum
6	Bindegewebige Hülle mit Blutgefäßen	Tunica adventitia
7	Kreuzung der beiden Harnleiter	[Decussatio ureterum]
8	Vereinigung der beiden Harnleiter	[Confluens ureterum]

D

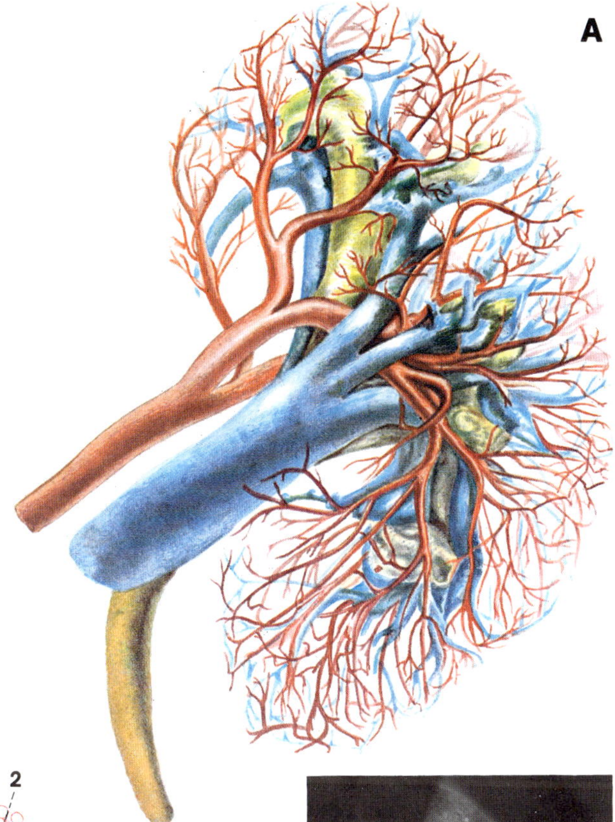

A

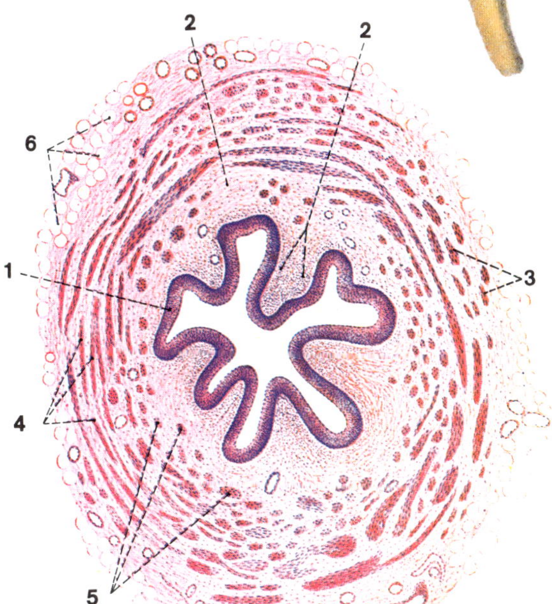

B

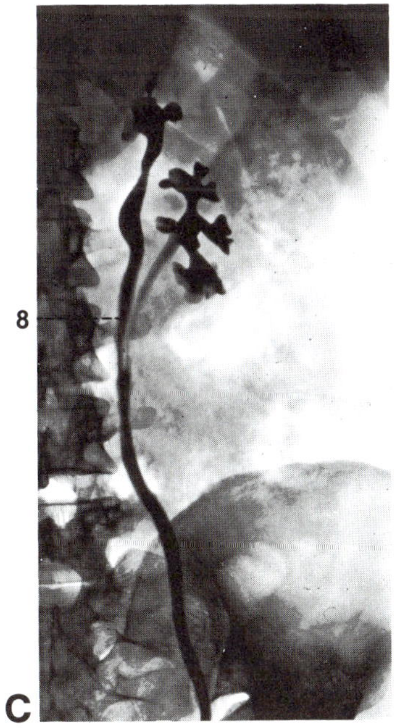

C

Harnblase

Die Harnblase ist ein Hohlorgan mit stark wechselndem Füllungszustand. Der Bau ihrer Wand muß diesem Umstand Rechnung tragen. In kontrahiertem Zustand ist die Schleimhaut in Falten gelegt, die sich mit zunehmender Füllung glätten. Lediglich im Harnblasendreieck zwischen den Mündungen der beiden Harnleiter und dem inneren Harnröhrenmund ist die Schleimhaut immer glatt. Die Harnleiter durchsetzen die Blasenwand nicht rechtwinklig, sondern schräg. Dadurch wird auf einfache Weise ein Rückfluß von Harn in den Harnleiter bei der Harnblasenentleerung verhindert: Die sich kontrahierende Muskulatur klemmt auch die Harnleiteröffnung ab.

Verschluß der Harnblase in 2 Stockwerken:
- oberer Verschluß (unwillkürlich): um den Harnblasenausgang Muskelschlingen + elastische Netze
- unterer Verschluß (willkürlich): Harnröhrenschließmuskel im Beckenboden

Unwillkürlicher Harnabgang ist, biologisch gesehen, ziemlich belanglos, belastet aber den Patienten wegen der sozialen Folgen. Häufigste Ursache bei der Frau ist die Gebärmuttersenkung, beim Mann die vergrößerte Vorsteherdrüse im Alter.

Die Harnblasenschleimhaut ist beim lebenden Menschen gut zu besichtigen, wenn man ein Zystoskop durch die Harnröhre in die Blase einführt (*Harnblasenspiegelung* = Zystoskopie). Spritzt man vorher einen geeigneten Farbstoff in die Blutbahn ein, der von den Nieren wieder in den Harn ausgeschieden wird, so kann man mit dem Zystoskop beobachten, wie der gefärbte Harn tropfenweise aus den Harnleiteröffnungen austritt. Man kann durch die Harnleiteröffnungen auch feine Katheter bis in die Nierenkelche vorschieben und ein Röntgenkontrastmittel einspritzen („retrograde Pyelographie", ➥ S. 299, C).

A Harnblase und männliche Harnröhre von vorn eröffnet, um das Schleimhautbild zu zeigen.

B Schema der Anordnung der Harnblasenmuskulatur. Beim Zusammenziehen der Muskeln der Harnblasenwand („Harnblasenauspresser") wird der Harnblasenhals erweitert und der Harnabfluß freigegeben (wenn gleichzeitig der willkürlich beeinflußbare Harnröhrenschließmuskel erschlafft).

C Änderung der Form der Harnblase bei Füllung.

D Änderung der Form der Harnblase bei Entleerung. Die Kugel hat von allen Körpern bei gegebenem Inhalt die kleinste Oberfläche. Deshalb wird die Harnblase bei Kontraktion der Muskulatur annähernd kugelförmig.

E Mikroskopisches Schnittbild der Harnblasenwand (Vergrößerung 18fach).

F Einstich in die stark gefüllte Harnblase durch die Bauchwand bei Harnverhaltung oder zum keimfreien Gewinnen von Harn zur Untersuchung. Das Bauchfell (grün) ist bei Punktion der vollen Harnblase nicht gefährdet.

Bilder der Lagebeziehungen der Harnblase zu den Nachbarorganen ➥ S. 17, 21, 247, 249, 303, 308, 309, 313, 315, 317, 331, 337,
Einführen eines Katheters in die Harnblase ➥ S. 329 (Frau), 341 (Mann).

1	Harnleitermündung	Ostium ureteris
2	Harnblasendreieck (zwischen den Mündungen der Harnleiter und der Harnröhre)	Trigonum vesicae
3	Vorsteherdrüse	Prostata (Glandula prostatica)
4	Mündung des (linken) Spritzkanals	(Ductus ejaculatorius)
5	Cowper-Drüse	Glandula bulbo-urethralis
6	Harnröhrenschließmuskel	M. sphincter urethrae
7	Harnröhre	Urethra
8	Schleimhaut mit Übergangsepithel	Tunica mucosa; Epithelium transitionale
9 - 11	Muskelwand (Harnblasenauspresser)	Tunica muscularis (M. detrusor vesicae)
9	Innere Längsschicht	Stratum longitudinale internum
10	Mittlere Ringschicht	Stratum circulare
11	Äußere Längsschicht	Stratum longitudinale externum
12	Bindegewebige Hülle mit Blutgefäßen	Tunica adventitia
13	Durch den Harnleiter aufgewölbte Schleimhautfalte	Plica ureterica
14	Harnblasenzäpfchen (über der Vorsteherdrüse)	Uvula vesicae
15	Samenhügel	Colliculus seminalis
16	(Rest der Müller-Gänge, aus denen bei der Frau die Gebärmutter und die Eileiter entstehen)	Utriculus prostaticus
17	Schleimhautfalte an der Hinterwand der Harnröhre	Crista urethralis
18	Verdicktes Ende des Harnröhrenschwellkörpers	Bulbus penis
19	Ausführungsgang der Cowper-Drüse (Mündung)	Ductus glandulae bulbo-urethralis
20	Harnröhrenschwellkörper	Corpus spongiosum penis
21	Harnblasenspitze	Apex vesicae

A

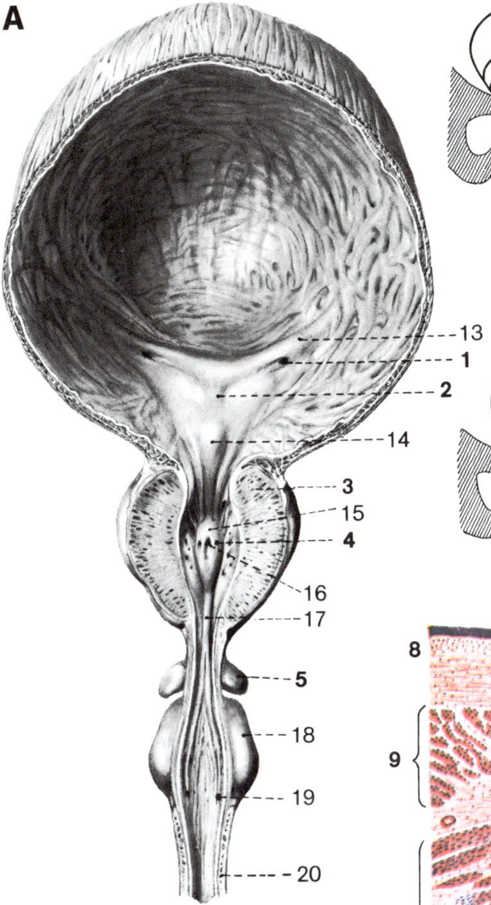

C

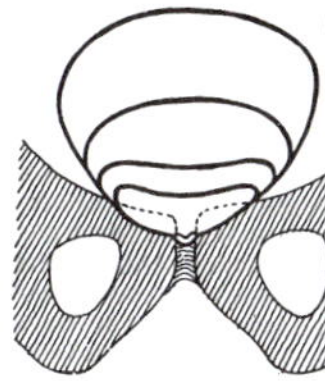

D

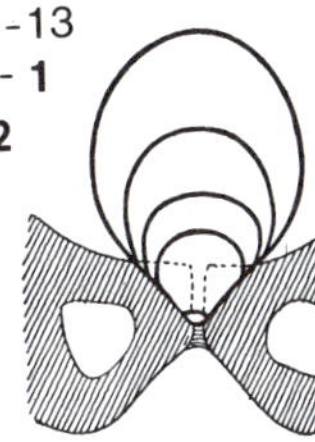

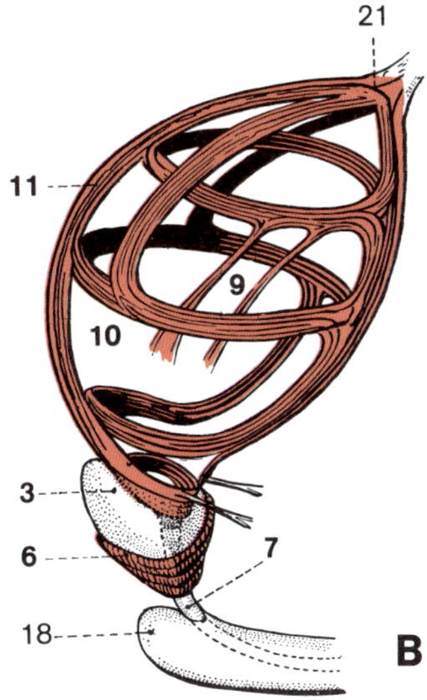

B

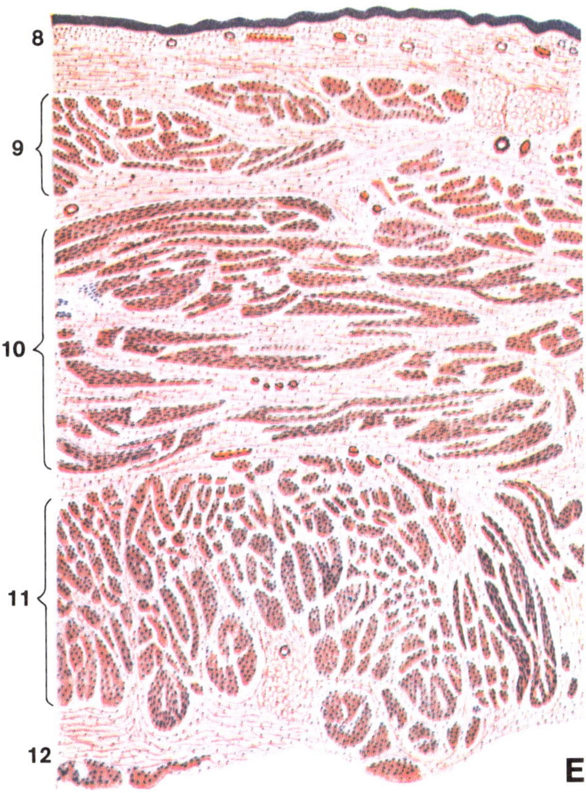

E

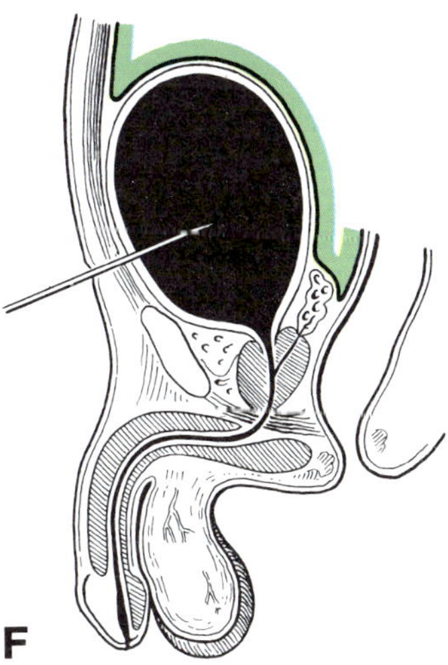

F

Weibliche Geschlechtsorgane: Überblick

Innere weibliche Geschlechtsorgane:	• Eierstock (Ovar) • Eileiter (Tube) • Gebärmutter (Uterus) • Scheide (Vagina)
Äußere weibliche Geschlechtsorgane (Vulva):	• Kitzler (Clitoris) • Scheidenvorhof • Scheidenvorhofdrüsen • kleine Schamlippen • große Schamlippen

A Medianschnitt durch das weibliche Becken. Harnweg und Verdauungskanal findet man im weiblichen und im männlichen Becken (➥ S. 331, B). Bei der Frau entfällt der Samenweg mit den entsprechenden Drüsen. Dafür sind Fruchthalter und Gebärkanal zwischen Harnblase und Mastdarm eingeschoben. Bei der Frau bleibt die Keimdrüse im Becken und wandert nicht wie der Hoden nach außen. Der Bau der Beckenwand und die Verteilung der Blutgefäße sind jedoch bei Frau und Mann sehr ähnlich.

B Bimanuelles Betasten der Gebärmutter. Bimanuell = mit zwei Händen: Ein oder zwei Finger sind in die Scheide oder den Mastdarm eingeführt, die andere Hand drückt durch die Bauchwand entgegen (Foto ➥ S. 322, H). So kann die Gebärmutter gut in ihrer Größe beurteilt werden. Dies ist z.B. für das Beurteilen der Schwangerschaftsdauer wichtig. Das Abtasten der Gebärmutter spielt jedoch nicht nur in der Schwangerschaftsdiagnostik eine Rolle: Die Gebärmutter ist das Organ der Frau, das am häufigsten an gutartigen (Myome) und bösartigen (Krebse) Geschwülsten erkrankt.

C Winkel an der Gebärmutter. Man unterscheidet:

• den Winkel innerhalb der Gebärmutter zwischen Gebärmutterkörper und Gebärmutterhals. Meist ist die Gebärmutter nach vorn geknickt (Anteflexion).

• den Winkel zwischen Gebärmutter und Scheide. Die Gebärmutter ist meist stark nach vorn gewendet (Anteversion). Eine rückwärtsgewendete Gebärmutter galt früher als Empfängnishindernis, weil dann der äußere Muttermund nach vorn weist und nicht in den „Samensee" im hinteren Scheidengewölbe eintaucht. Dies gilt jedoch nur für die Rückenlage der Frau. Bei Bauchlage läuft der Samen entsprechend der Schwerkraft nach vorn und damit vor den Gebärmuttereingang.

D Tasten des Eierstocks durch Scheide und Bauchwand mit 2 Händen („bimanuell"). Der Eierstock ist (wie der Hoden) sehr druckempfindlich.

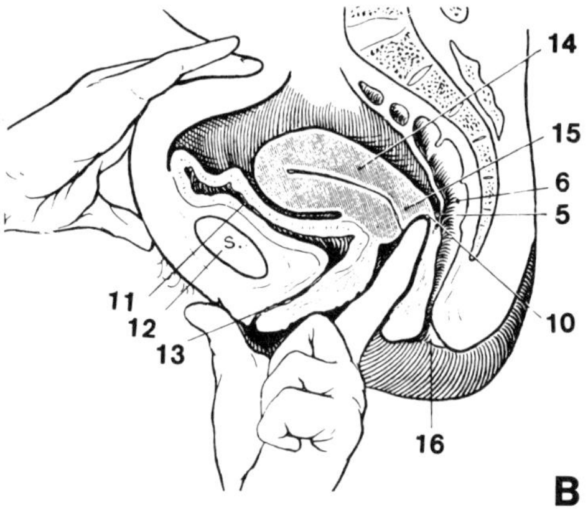

B

1	Eierstock	Ovarium
2	Eileiter	Tuba uterina (Salpinx)
3	Gebärmutterhöhle	Cavitas uteri
4	Dickdarm, S-förmiger Teil	Colon sigmoideum
5	Douglas-Raum (zwischen Gebärmutter und Mastdarm)	Excavatio recto-uterina
6	Mastdarm (mit Querfalten)	Rectum, Plicae transversae recti
7	Innerer Harnröhrenmund	Ostium urethrae internum
8	Harnleitermündung	Ostium ureteris
9	Muttermund	Ostium uteri
10	Scheidengewölbe	Fornix vaginae
11	Harnblase	Vesica urinaria
12	Schambeinfuge	Symphysis pubica
13	Harnröhre	Urethra
14	Gebärmutterkörper	Corpus uteri
15	Gebärmutterhals	Cervix uteri
16	After	Anus
17	Untere Bauchwandschlagader und -vene	A. + V. epigastrica inferior
18	Rundes Mutterband	Lig. teres uteri
19	Fransentrichter des Eileiters	Infundibulum tubae uterinae
20	Äußere Beckenvene	V. iliaca externa
21	Eierstockaufhängeband	Lig. suspensorium ovarii
22	Harnleiter	Ureter
23	Steißgefäßknäuel	Glomus coccygeum

A

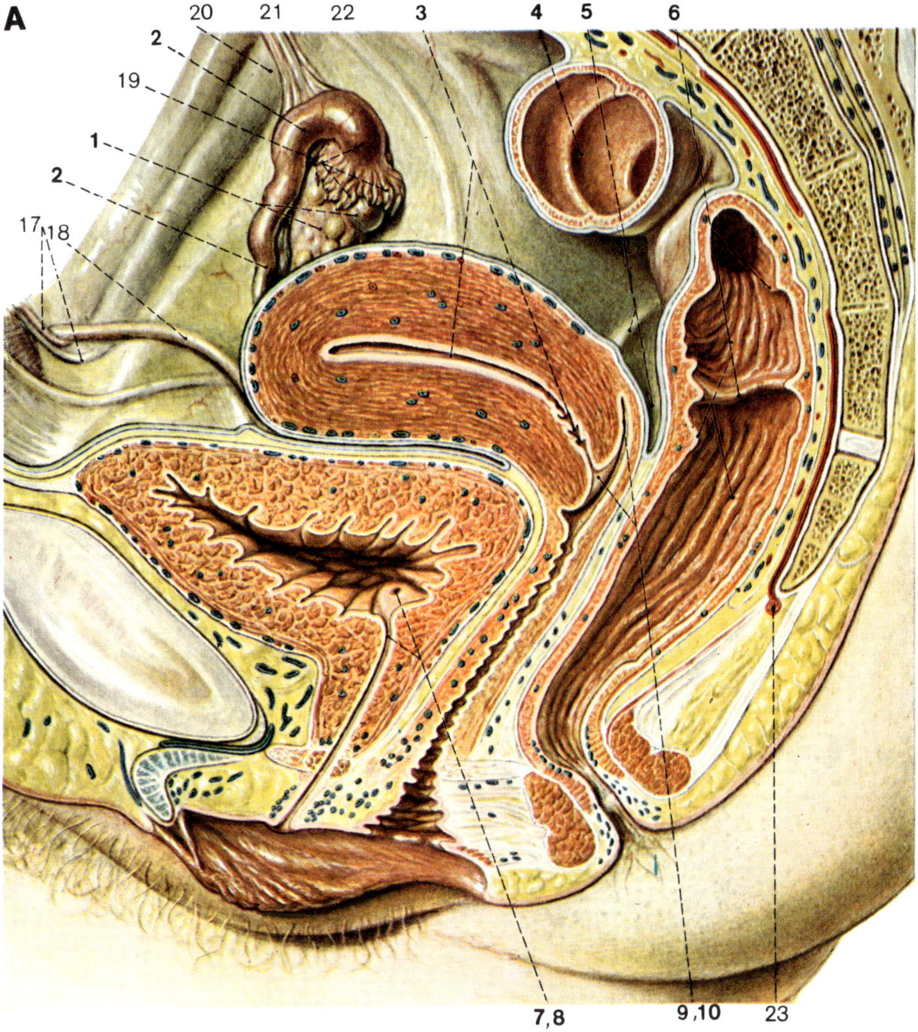

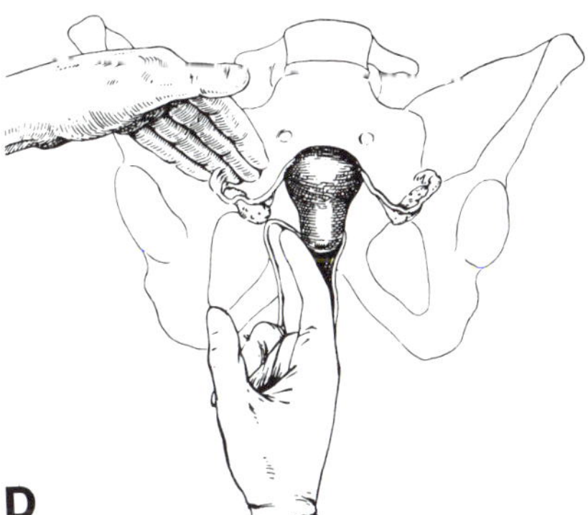

D

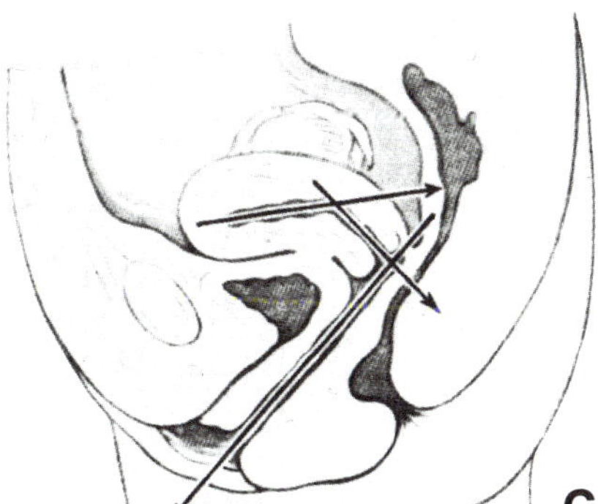

C

Eierstock

Der Eierstock ist Vorrats und Weiterentwicklungsorgan der Eizellen sowie Hormondrüse. Er entspricht in Form und Größe etwa einer flachen Pflaume. Beim weiblichen Neugeborenen ist bereits die endgültige Zahl von Eizellen (etwa 200 000) in jedem Eierstock vorhanden. Nach der Geburt wächst der Eierstock noch, aber die Eizellen vermehren sich nicht mehr. Nur wenige Eizellen gelangen zur vollen Reife (höchstens 400).

Die *Eizelle* ist mit etwa 1/8 mm Durchmesser eine der größten Zellen des menschlichen Organismus. Sie ist aber sehr viel kleiner als z.B. die Eizellen der Vögel. Das Vogelei enthält den gesamten Nährstoffbedarf für die Entwicklung. Die befruchtete Eizelle des Menschen hingegen ernährt sich mit Hilfe des Mutterkuchens (Plazenta) aus dem mütterlichen Körper. Die Eizellen liegen nicht isoliert im Eierstock. Sie sind von Hüllzellen (Follikelzellen) umgeben. Diese ernähren die Eizelle und erzeugen Hormone (Follikelhormon, ➥ S. 272).

Follikelreifung während des Eizellwachstums:
- Primordialfollikel: eine Schicht flacher Follikelzellen um Eizelle
- Primärfollikel: Follikelzellen kubisch
- Sekundärfollikel: bis 5 Schichten Follikelzellen
- Bläschenfollikel (Tertiärfollikel): Durchmesser bis 2 cm, flüssigkeitsgefüllt, Eizelle am Rand

Der Bläschenfollikel erreicht die Oberfläche des Eierstocks, bevor er platzt. Beim *Eisprung* (Ovulation) entleert sich die Flüssigkeit zusammen mit der Eizelle aus dem Eierstock und wird vom Fransentrichter des Eileiters aufgenommen. Der Rest des Follikels bildet sich zum *Gelbkörper* um. Während eines Menstruationszyklus (➥ S. 316) wachsen mehrere Follikel, aber meist wird nur einer sprungreif. Die übrigen erzeugen Hormone und bilden sich dann wieder zurück. Der Eierstock enthält zahlreiche dieser „atretischen" Follikel.

Die nichtbefruchtete Eizelle stirbt in wenigen Stunden ab. Die befruchtete Eizelle (*Zygote*) wird durch den Eileiter innerhalb von etwa 4 Tagen in die Gebärmutterhöhle transportiert. Während dieses Transports macht die Zygote die ersten Entwicklungsschritte durch (➥ S. 345, A). Dies ist nötig, damit sie sich in die Gebärmutterschleimhaut einnisten kann. Der mütterliche Organismus schafft zwar die Voraussetzungen, eindringen in die Gebärmutterschleimhaut muß die Frucht aber selbst.

A Eierstock (aufgeschnitten) mit geplatztem Follikel (etwa 1,3fache natürliche Größe).

B Eierstock (Lupenpräparat, Vergrößerung 3fach).

C Eizelle, 225fach vergrößert.

D Bläschenfollikel (Graaf-Follikel, Vergrößerung 80fach).

E Schema der *Reifeteilungen* während der Entwicklung der Eizelle. Während aus einem Spermatozyten I. Ordnung (➥ S. 334) vier gleichwertige Samenzellen entstehen, schnürt der Ovozyt seine überschüssigen Chromosomen als kleine Polkörperchen ab. Es entsteht nur eine reife Eizelle, die das gesamte Zellplasma erhält. Dabei wird der doppelte Chromosomensatz wie bei der Samenzelle auf den einfachen Satz reduziert. Die Eizelle tritt bereits vor der Geburt in die erste Reifeteilung ein. Diese wird erst mit der Follikelreifung beendet. Die zweite Reifeteilung läuft zur Zeit des Eisprungs ab und wird nach dem Eindringen der Samenzelle abgeschlossen. Dann vereinigen sich die beiden haploiden Chromosomensätze (je 23 Chromosomen von Mutter und Vater) zum normalen diploiden Chromosomensatz (46 Chromosomen) = Befruchtung im engeren Sinn.

3	Ruhender Follikel („Primärfollikel")	Folliculus ovaricus primarius
4	Wachsender Follikel („Sekundärfollikel")	Folliculus ovaricus secundarius
5	Bläschenfollikel („Tertiärfollikel")	Folliculus ovaricus tertiarius (vesiculosus)
6	Eizelle	Ovocytus
7	Zellkern (der Eizelle)	Nucleus
8	Geplatzter Follikel (nach Eisprung) mit beginnender	(Ovulatio)
	Umbildung in Gelbkörper	(Corpus luteum)
9	Weißkörper (zurückgebildeter Gelbkörper)	Corpus albicans
10	Bläschenfollikel in Rückbildung	Folliculus atreticus
11	Vene	Vena
12	Grundgewebe des Eierstocks	Stroma ovarii
13	Kernkörperchen	Nucleolus
14	Glashaut	Zona pellucida
15	Körnerschicht (kernreiche Schicht von Follikelzellen)	Epithelium folliculare (Stratum granulosum)
16	Grundhäutchen	Membrana basalis
17	Innere Follikelhülle (bildet Follikelhormon)	Theca interna
18	Äußere Follikelhülle	Theca externa

B

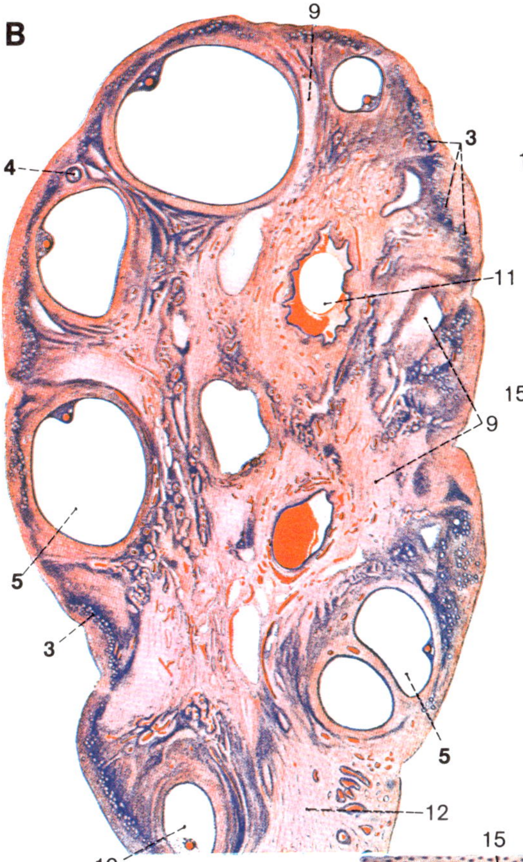
9
3
4
11
9
5
3
5
12
10

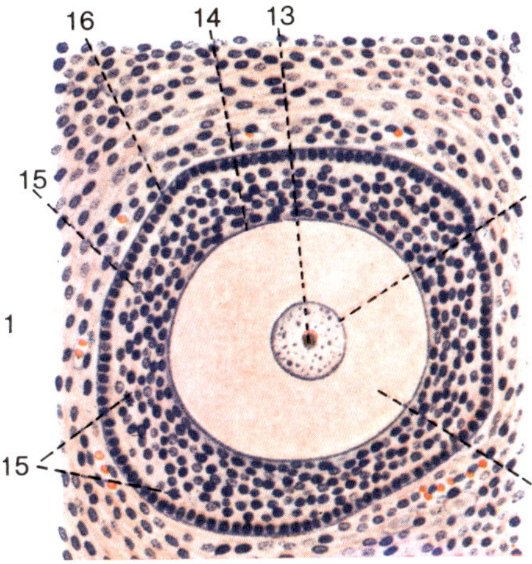
16
14
13
15
7
15
6

C

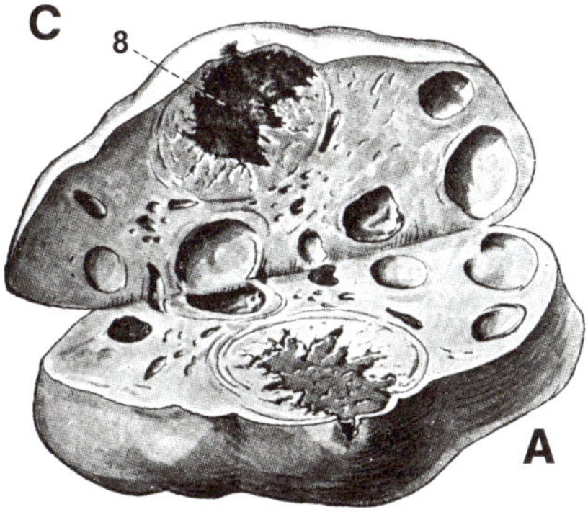
8

A

D

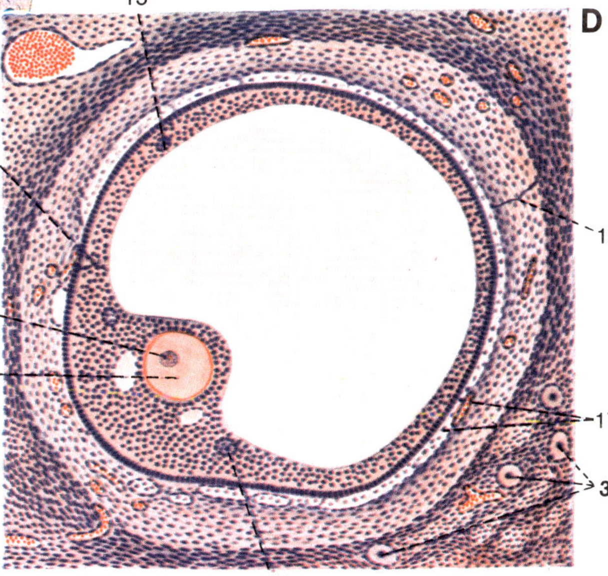
15
15
18
7
6
17
3
15

E

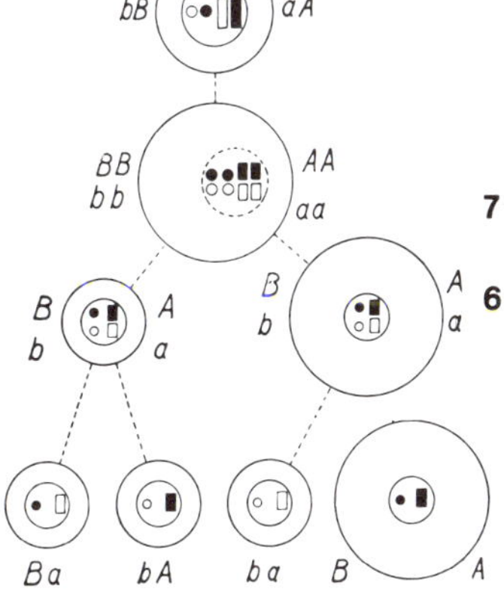
bB
aA
BB
bb
AA
aa
B
b
A
a
B
b
A
a
Ba
bA
ba
B
A

Eileiter

Der Eileiter fängt die beim Eisprung aus dem Eierstock austretende Eizelle auf und transportiert sie zur Gebärmutter

Zur Zeit des Eisprungs legt sich der Fransentrichter an die Stelle des Eierstocks, an der die Eizelle ausbrechen wird. Wie dieser Vorgang gesteuert wird, ist noch unklar. Gelegentlich wird jedoch eine Eizelle vom Eileiter nicht aufgefangen und fällt dann in die Bauchfellhöhle. Auch dort ist eine Befruchtung möglich. Eine solche (glücklicherweise seltene) „Bauchhöhlenschwangerschaft" kann wegen ungünstiger Ernährungsbedingungen für die Frucht im allgemeinen nicht ausgetragen werden.
Die vom etwa 12 bis 15 cm langen Eileiter aufgenommene Eizelle gleitet auf einer Schleimstraße (bewegt durch den Schlag der feinen Flimmerhärchen der Deckzellen und durch Muskelkontraktion) innerhalb von vier Tagen zur Gebärmutter. Bisweilen bleibt ein befruchtetes Ei im Eileiter liegen (besonders bei Verklebung der Falten der Eileiterschleimhaut nach Entzündungen. Da der Eileiter dem raschen Wachstum der Frucht nicht folgen kann, führt die „Eileiterschwangerschaft" meist zum Platzen des Eileiters und zu einer lebensbedrohenden Blutung.

A Weibliches Becken von vorn nach Entfernen der Bauchwand. Die Gebärmutter ist bei diesem Präparat etwas nach rechts verlagert (Dextroposition). Dadurch wird der linke Eierstock nach vorn gezogen. Die Gebärmutter liegt zwischen Harnblase und Mastdarm. Diese Organe ändern laufend ihren Füllungszustand. Sie schieben dabei die Gebärmutter vor oder zurück. Die Gebärmutter benötigt im Hinblick auf die Schwangerschaft einen gewaltigen Erweiterungsraum. Sie darf also keinesfalls an der Beckenwand fest angewachsen sein. Sie darf aber auch nicht lose dem oberen Ende der Scheide aufsitzen, da sie sonst durch die Scheide hindurch nach unten „fallen" könnte. Ein solche „Gebärmuttervorfall" kommt bei Erschlaffen des Bindegewebes, z.B. nach zahlreichen Schwangerschaften, tatsächlich vor. Das Problems ist so gelöst: Der Gebärmutterkörper ist mit Bauchfell überzogen und in der Bauchhöhle gut verschieblich. Der Gebärmutterhals hingegen ist mit Bindegewebezügen an der seitlichen Beckenwand befestigt (➥ S. 315, D). Einzelne Bindegewebezüge umgreifen die Harnblase und den Mastdarm und befestigen die Gebärmutter auch vorn und rückwärts. Diese Züge sind so angeordnet, daß sie die Harnblase und den Mastdarm nicht behindern.

B Querschnitt durch den weiten Teil des Eileiters (mikroskopisches Präparat). Charakteristisch für den weiten Teil des Eileiters ist die außerordentlich reich gefaltete Schleimhaut.

C Drehen des Eierstocks und Bewegen des Fransentrichters des Eileiters zur Stelle des bevorstehenden Eisprungs.

1	Wurmfortsatz	Appendix vermiformis
2	Blinddarm	Caecum
3	Fransentrichter des Eileiters	Infundibulum tubae uterinae
4	Eierstock	Ovarium
5	Eileiter	Tuba uterina (Salpinx)
6	Gebärmutter	Uterus
7	Bauchfelltasche zwischen Harnblase und Gebärmutter	Excavatio vesico-uterina
8	Harnblase	Vesica urinaria
9	Gerader Bauchmuskel	M. rectus abdominis
10	Douglas-Raum (Bauchfelltasche zwischen Gebärmutter und Mastdarm, tiefster Punkt der Bauchfellhöhle)	Excavatio recto-uterina
11	Harnleiter	Ureter
12	Beckengefäße (durch das Bauchfell durchscheinend)	Vasa iliaca; Peritoneum
13	Dickdarm, S-förmiger Teil	Colon sigmoideum
14	Äußerer schräger Bauchmuskel	M. obliquus externus abdominis
15	Innerer schräger Bauchmuskel	M. obliquus internus abdominis
16	Querer Bauchmuskel	M. transversus abdominis
17	Falten der Eileiterschleimhaut	Plicae tubariae (tubales)
18 + **19**	Muskelwand (des Eileiters)	Tunica muscularis
18	Ringmuskelschicht	Stratum circulare
19	Längsmuskelschicht	Stratum longitudinale
20	Bauchfellüberzug	Tunica serosa
21	Rundes Mutterband	Lig. teres uteri
22	Eierstockaufhängeband	Lig. suspensorium ovarii
23	Eierstockband (Eierstock-Gebärmutter-Band)	Lig. ovarii proprium
24	Venen	Venae
25	Schlagadern	Arteriae
26	Eileitergekröse	Mesosalpinx

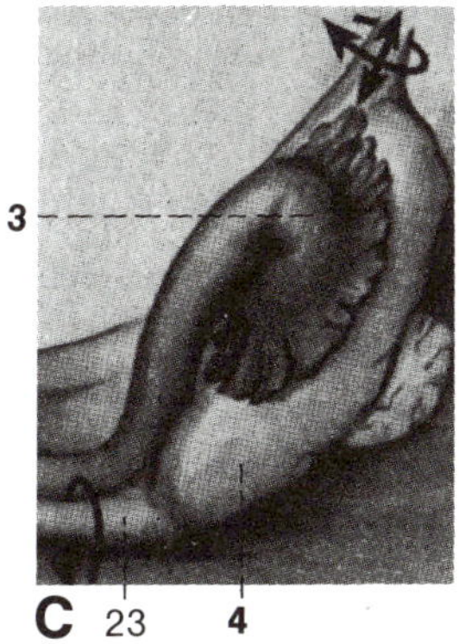

C

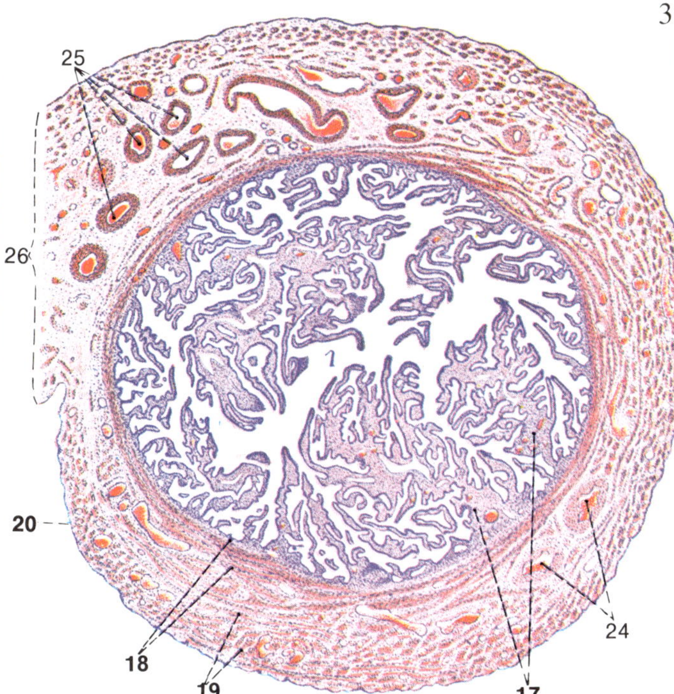

B

A

Gebärmutter

Die Gebärmutter als Fruchthalter:
- ernährt die Frucht
- schafft Raum für die heranwachsende Frucht
- treibt am Ende der Schwangerschaft die Frucht aus

Diesen Aufgaben entspricht ein Bau in drei Schichten:

• Die *Gebärmutterschleimhaut* (Endometrium) ist gefäß- und drüsenreich. In sie bettet sich das im Eileiter befruchtete Ei ein (➥ S. 345). Die Gebärmutterschleimhaut wird bei der geschlechtsreifen Frau ständig umgebaut (Menstruationszyklus, ➥ S. 316 und 319, A + B).

• Der *Bauchfellüberzug* ermöglicht die freie Entfaltung der Gebärmutter. Die Gebärmutter liegt großteils „intraperitoneal" (➥ S. 232 und 313, A). Sie kann sich damit den gesamten Bauchraum zunutze machen, indem sie die anderen intraperitoneal liegenden Bauchorgane nach oben und zur Seite drängt.

• Die *Muskelwand* dient der Austreibung der Frucht. Während der Schwangerschaft wächst die Muskulatur mit dem Kind. Die glatten Muskelzellen (➥ S. 67, B + C) sind spiralig angeordnet. Deswegen können nach vollendeter Geburt die beim Abstoßen des Mutterkuchens („Nachgeburt") aufgerissenen Blutgefäße abgeklemmt werden, und die Gebärmutter kann sich rasch verkleinern (➥ S. 355).

A Überblick über die inneren weiblichen Geschlechtsorgane. Eierstock, Eileiter, Gebärmutter und Scheide sind frontal aufgeschnitten.

B Schlagadern der inneren weiblichen Geschlechtsorgane (Anblick von hinten).

C Röntgenbild der Gebärmutterhöhle und der Eileiterlichtung. Bei der „Hysterosalpingographie" wird ein Röntgenkontrastmittel in die Gebärmutterhöhle eingespritzt. Es läuft von hier durch die Eileiter und tropft schließlich aus deren offenen Enden in die Bauchfellhöhle. Auf diese Weise kann man die Durchgängigkeit der Eileiter prüfen, z.B. um die Ursache von Unfruchtbarkeit zu klären.

D Befestigung der Gebärmutter an der Beckenwand.

1	Eierstock	Ovarium
2	Eierstockfollikel	Folliculi ovarici
3	Fransentrichter des Eileiters	Infundibulum tubae uterinae
4	Eileiter	Tuba uterina (Salpinx)
5	Eileitermündung (in die Gebärmutterhöhle)	Ostium uterinum tubae
6	Gebärmutterkörper	Corpus uteri
7	Gebärmutterhals	Cervix uteri
8	In die Scheide ragender Teil des Gebärmutterhalses („Portio")	Portio vaginalis cervicis
9	Gebärmutterhöhle	Cavitas uteri
10	Muttermund	Ostium uteri
11	Muskelwand der Gebärmutter	Tunica muscularis (Myometrium)
12	Bauchfellüberzug der Gebärmutter	Tunica serosa (Perimetrium)
13	Scheide	Vagina
14	Mastdarm	Rectum
15	Harnblase	Vesica urinaria
16	Gebärmutterschlagader	A. uterina
17	Eierstockschlagader	A. ovarica
18	Gebärmutterkuppe („Muttergrund")	Fundus uteri
19	Eierstockband (Gebärmutter-Eierstock-Band)	Lig. ovarii proprium
20	Eileitergekröse	Mesosalpinx
21	In der Gebärmutterwand gelegener Teil (des Eileiters)	Pars uterina
22	Querfalten der Scheidenschleimhaut	Rugae vaginales
23	Bindegeweberaum neben der Gebärmutter	Parametrium + Paracervix
24	Bindegeweberaum neben dem Mastdarm	[Paraproctium]
25	Bindegewebe in der Gebärmutter-Mastdarm-Falte des Bauchfells	(Plica recto-uterina)
26	Hauptbefestigungsband der Gebärmutter	[Lig. cardinale]
27	Bindegewebe in der Richtung des runden Mutterbandes	(Lig. teres uteri)
28	Bindegewebe von der Gebärmutter zum Schambein	[Lig. pubo-uterinum]
29	Schambeinfuge	Symphysis pubica
30	Bindegeweberaum neben der Harnblase	[Paracystium]
31	Eileiterast (der Gebärmutterschlagader)	R. tubarius (tubalis)
32	Eierstockast (der Gebärmutterschlagader)	R. ovaricus
33	Scheidenäste (der Gebärmutterschlagader)	Rr. vaginales
34	Scheidenschlagader	A. vaginalis

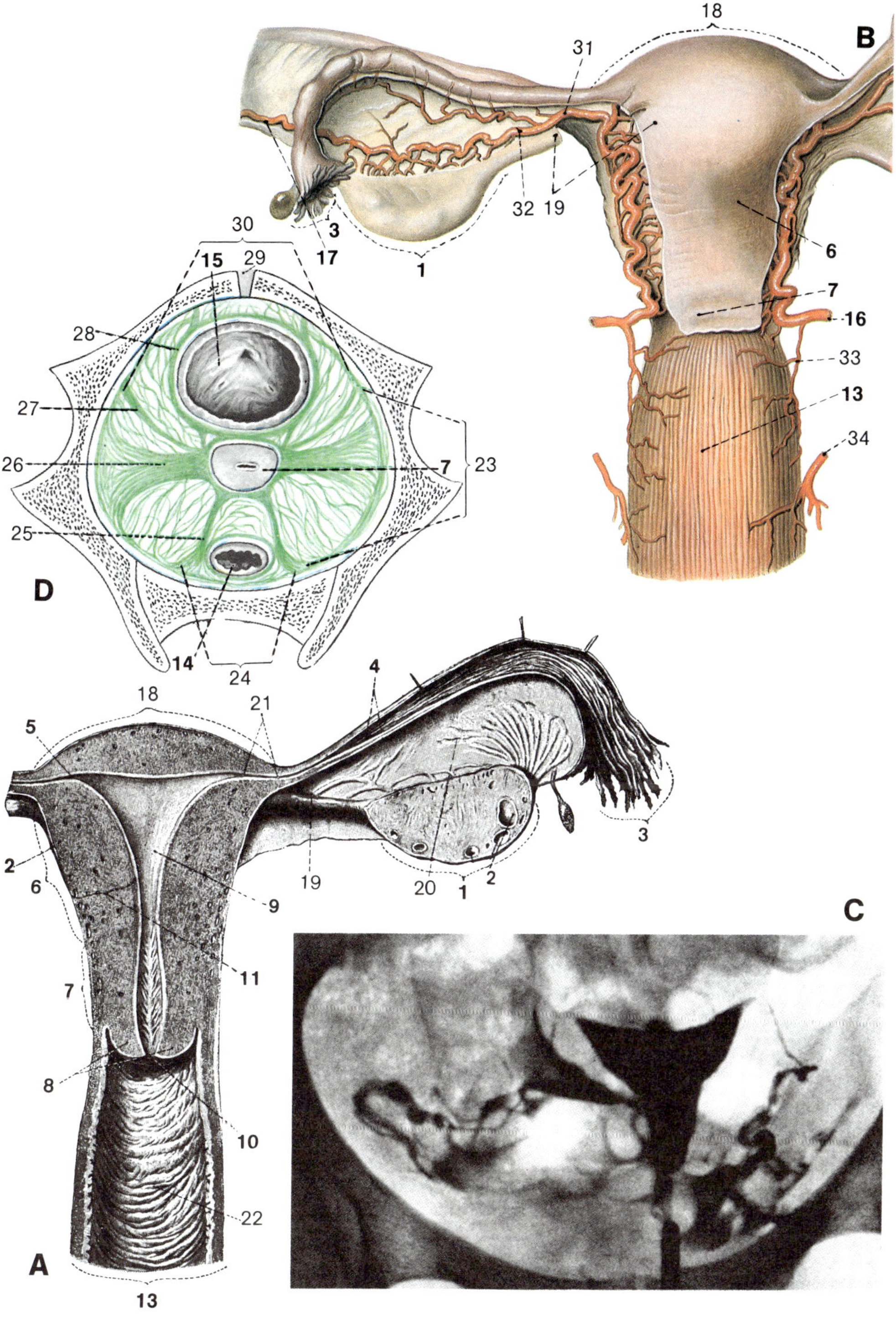
B
18
31
32
19
3
17
1
6
7
16
33
13
34
D
30
15
29
28
27
26
7
23
25
14
24
A
18
21
4
5
2
6
19
20
1
2
3
9
11
7
8
10
22
13
C

Geschlechtszyklus der Frau

Er tritt augenfällig mit der Monatsblutung (Menstruation) zutage und vollzieht sich schwerpunktmäßig in zwei Organen: im Eierstock und in der Gebärmutter. Doch sind auch der übrige Körper und das Seelenleben der Frau mitbetroffen. Manche Frauen leiden z.B. unter einer depressiven Stimmung vor der Regelblutung.

Eierstockzyklus:	Gebärmutterzyklus:	Tage:
• Follikelreifungsphase	• Blutungsphase (Menstruation)	1-4
• Follikelphase	• Wachstumsphase	5-14
• Gelbkörperphase	• Absonderungsphase	15-26
• Rückbildungsphase	• Blutleerephase	27-28

• Der Geschlechtszyklus beginnt in ärztlicher Sicht mit der Menstruation, denn während in der Gebärmutter noch die Reste der alten Schleimhaut abgestoßen werden, reifen im Eierstock bereits die nächsten Follikel heran.

• Die Follikel beginnen, Follikelhormon abzusondern. Unter seinem Einfluß wächst die neue Gebärmutterschleimhaut heran (➥ S. 319, A).

• Der Eisprung erfolgt etwa 14 Tage vor dem Beginn der nächsten Menstruation. Der geplatzte Follikel wandelt sich in den Gelbkörper um. Dieser erzeugt ein Hormon (Gelbkörperhormon = Progesteron), das die Gebärmutterschleimhaut auf die mögliche Schwangerschaft vorbereitet: Die Gebärmutterkörperdrüsen sondern Sekret ab.

• Wird die Eizelle nicht befruchtet, so bildet sich der Gelbkörper nach 2 Wochen rasch zu einer weißlichen Narbe („Weißkörper") zurück. Die Hormonbildung erlischt. Die Durchblutung der Gebärmutterschleimhaut wird stark gedrosselt. Dadurch wird ihre oberflächliche Schicht geschädigt und als nicht wiederverwendungsfähig bei der Monatsblutung abgestoßen.

• Wird dagegen die Eizelle befruchtet, so vergrößert sich der Gelbkörper („Schwangerschaftsgelbkörper") und erzeugt weiter Hormone. Diese hemmen das Ausschütten von follikelanregendem Hormon im Hypophysenvorderlappen (➥ S. 272). Deswegen reift während der Schwangerschaft kein Follikel heran und wird keine weitere Eizelle befruchtet. Ab etwa dem vierten Schwangerschaftsmonat wird die gesamte Hormonproduktion des Eierstocks vom Mutterkuchen übernommen.

• Der Geschlechtszyklus wird bei der nichtschwangeren Frau durch die gonadotropen Hormone des Vorderlappens der Hirnanhangsdrüse gesteuert (ausführlich ➥ S. 272). Nach der Befruchtung übernimmt innerhalb weniger Tage die Frucht die Steuerung mit dem Choriongonadotropin.

A Schema des weiblichen Geschlechtszyklus ohne Befruchtung der Eizelle. Oben Vorgänge im Eierstock, darunter in der Gebärmutter.

B Schema des weiblichen Geschlechtszyklus mit Befruchtung der Eizelle.

C Blick von oben in die weibliche Beckenhöhle (➥ S. 313, A). Auf der rechten Seite sind Eierstock und Eileiter auseinandergezogen, um die Beweglichkeit von Eierstock und Eileiter zu zeigen. Das Eierstockgekröse wurde dabei entfaltet. Man achte auf den Verlauf des Harnleiters neben dem Gebärmutterhals. Er ist dort bei Operationen an der Gebärmutter sehr gefährdet!

1	Harnblase	Vesica urinaria
2	Gebärmutterkörper	Corpus uteri
3	Bauchfelltasche zwischen Harnblase und Gebärmutter	Excavatio vesico-uterina
4	Rundes Mutterband	Lig. teres uteri
5	Eierstockband (Eierstock-Gebärmutter-Band)	Lig. ovarii proprium
6	Gebärmutterhals	Cervix uteri
7	Eileiter	Tuba uterina (Salpinx)
8	Eierstock	Ovarium
9	Fransentrichter des Eileiters	Infundibulum tubae uterinae
10	Douglas-Raum (Bauchfelltasche zwischen Gebärmutter und Mastdarm)	Excavatio recto-uterina
11	Eierstockaufhängeband (mit Eierstockgefäßen)	Lig. suspensorium ovarii
12	Harnleiter	Ureter
13	Mastdarm	Rectum
14	Dickdarm, S-förmiger Teil (Sigma)	Colon sigmoideum
15	Krummdarm	Ileum
16	Eileitergekröse	Mesosalpinx
17	Wurmfortsatz	Appendix vermiformis
18	Dickdarm, aufsteigender Teil	Colon ascendens
19	Mediale Nabelfalte	Plica umbilicalis medialis
20	Seitliche Nabelfalte	Plica umbilicalis lateralis
21	Gebärmutter-Mastdarm-Falte (des Bauchfells)	Plica recto-uterina

A

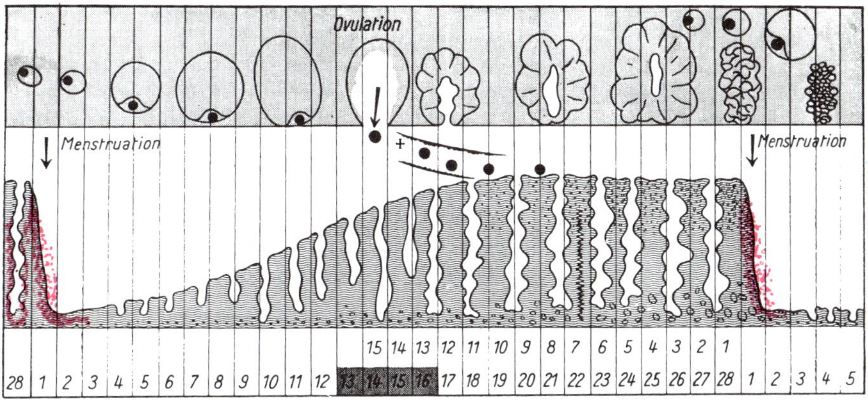
Ovulation
Menstruation
+
Menstruation
15 14 13 12 11 10 9 8 7 6 5 4 3 2 1
28 1 2 3 4 5 6 7 8 9 10 11 12 13 14 15 16 17 18 19 20 21 22 23 24 25 26 27 28 1 2 3 4 5

B

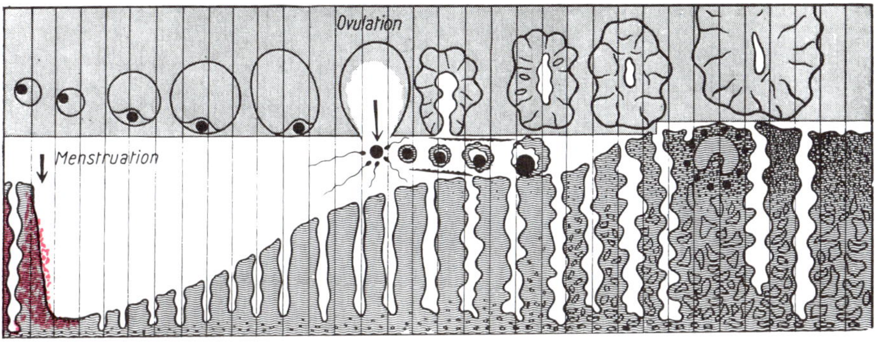
Ovulation
Menstruation

C

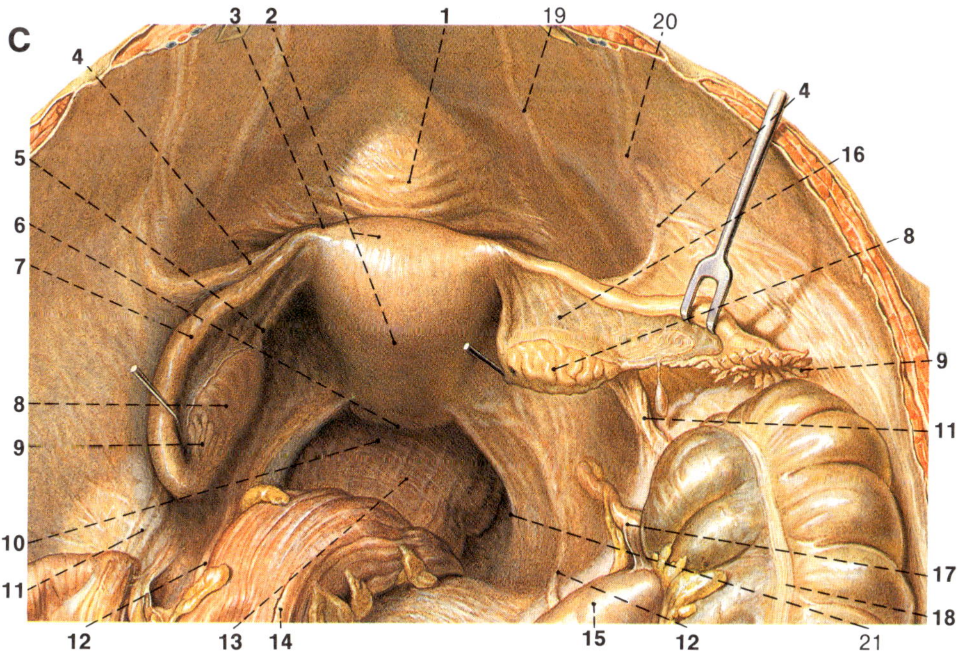
3 2 1 19 20
4
4
5
16
6
8
7
9
8
11
9
10
17
11
18
12 13 14 15 12 21

Empfängnisverhütung

Die 3 wichtigsten Formen sind:	• Kondom • „Pille“ • Zeitwahl

• Verhindern des Eindringens von Samenzellen in die Gebärmutter: Überziehen eines *Kondoms* über das Glied oder Einführen einer Gebärmutterkappe (*Pessar*) in die Scheide (➥ S. 323, B + C). Die Sicherheit wird erhöht, wenn man zusätzlich samenzelltötende Stoffe in die Scheide bringt. Das Kondom hat den besonderen Vorteil, zugleich die Infektionsgefahr zu mindern.

• Verhindern des Eisprungs (Ovulationshemmer, *Pille*): Hierbei wird das den Geschlechtszyklus steuernde Zwischenhirn getäuscht: Führt man dem Körper künstlich Eierstockhormone zu, so reagiert das Zwischenhirn, als ob eine Schwangerschaft vorläge, und veranlaßt keine Follikelreifung. Wo kein Follikel reift, kann auch keine Eizelle befruchtet werden. Das Zwischenhirn beantwortet ein Absinken des Blutspiegels der (künstlich zugeführten) Eierstockhormone sofort mit der Ausschüttung von Gonadotropin-Releasinghormon und veranlaßt damit über die Hirnanhangsdrüse eine Follikelreifung. Deshalb ist die regelmäßige Einnahme der Pille Grundvoraussetzung für die Sicherheit der empfängnisverhütenden Wirkung.

• Für die sichere empfängnisverhütende Wirkung der Pille ist auch noch die zyklische Veränderung am Schleimpfropf des Gebärmutterhalskanals („Zervixsekret“) wichtig (Abb. C). Dieser dichtet die Gebärmutterhöhle gegen das Einwandern von Bakterien ab. Auch für Samenzellen scheint er nur einige Tage vor dem Eisprung durchlässig zu sein. Er wird dann dünnflüssig und fadenziehend. Bei regelmäßiger Einnahme der Pille bleibt diese Verflüssigung aus. Wenn es also trotz Einnahme der Pille gelegentlich zu einem Eisprung kommt, so verhindert der undurchlässige Schleimpfropf die Befruchtung. Bei der *Mikropille* wird dieses Prinzip genutzt und der Eisprung erhalten. Die Mikropille wirkt nicht ganz so sicher.

• *Zeitwahl*: Die Körpertemperatur steigt nach dem Eisprung um etwa ein halbes Grad Celsius an (Abb. C). Durch Messen der „Basaltemperatur“ (morgens nüchtern in Bettruhe) kann man den Zeitpunkt des Eisprungs bestimmen. Diese Methode hat zwei erhebliche Nachteile: a) Der Temperaturanstieg zeigt den erfolgten Eisprung an, nicht den bevorstehenden. Der Temperaturanstieg ist somit kein Warnsignal vor der fruchtbaren Phase, sondern eine Art „Entwarnung“. b) Ein Temperaturanstieg kann auch einmal durch eine Erkältung usw. bedingt sein und dann als „Entwarnung“ fehlgedeutet werden. Die Basaltemperaturmessung ist nur bei regelmäßigem Zyklus gut auszuwerten. Dann aber ist sie im Grunde unnötig, weil der Eisprung immer die gleiche Zeitspanne (bei den meisten Frauen 14 Tage) vor der nächsten Menstruation erfolgt. Wichtig ist dieser Bezug zur folgenden, nicht zur vorhergehenden Blutung. Dauert der Zyklus bei einer Frau z.B. nur drei Wochen, so erfolgt der Eisprung eine Woche nach Beginn der Menstruation, da zwischen Eisprung und nächster Menstruation eben regelmäßig zwei Wochen liegen. Beim Absetzen der „Pille“ tritt der erste Eisprung meist einige Tage verspätet auf. Deshalb kommt es besonders leicht zur Befruchtung, wenn man zur Methode der Zeitwahl übergeht und gleich eine normale Zyklusdauer annimmt.

A + B Menstruationszyklus der Gebärmutterschleimhaut (➥ S. 316). Vergrößerung 60fach.

A Wachstumsphase (Proliferationsphase).

B Absonderungsphase (Sekretionsphase). Die Drüsen verlängern, erweitern und schlängeln sich. Sie beginnen um den fünften Tag nach dem Eisprung (dem wahrscheinlichen Ankunftstermin des befruchteten Eies in der Gebärmutter) mit der Sekretion von Schleim und Glykogen. Wird die Eizelle nicht befruchtet, so wird die nun überflüssige „Funktionsschicht“ der Gebärmutterschleimhaut abgestoßen. Eingeleitet wird dieser Vorgang durch eine vorübergehende Blutleere. Die Schleimhaut sinkt zusammen. Dann schießt wieder Blut ein, und die geschädigten Kapillaren platzen. Die Funktionsschicht wird flächenweise abgelöst und mit Blut vermischt nach außen entleert. Nach der Monatsblutung („Regel“, „Periode“, Menstruation, Menses usw.) wird wieder eine normale Funktionsschicht aufgebaut. Dies ist möglich, weil die Gebärmutterdrüsen bis in die Muskelschicht hineinreichen und bei der Menstruation nicht völlig abgestoßen werden. Deshalb bleiben auch nach einer „Ausschabung“ (Kürettage) der Gebärmutter durch den Arzt meist keine Schäden zurück. Bis zur Mitte des Zyklus ist die Schleimhaut dann wieder soweit erneuert, daß sie in eine neue Sekretionsphase eintreten kann.

C Weitere dem Zyklus unterworfene Vorgänge.

1	Deckgewebe	Epithelium
2	Bindegewebe der Schleimhaut („Stroma“)	Lamina propria mucosae (Stroma endometriale)
3	Gebärmutterdrüsen	Glandulae uterinae
4	Muskelwand (der Gebärmutter)	Tunica muscularis (= Myometrium)
5	Schraubenschlagadern	Aa. spirales

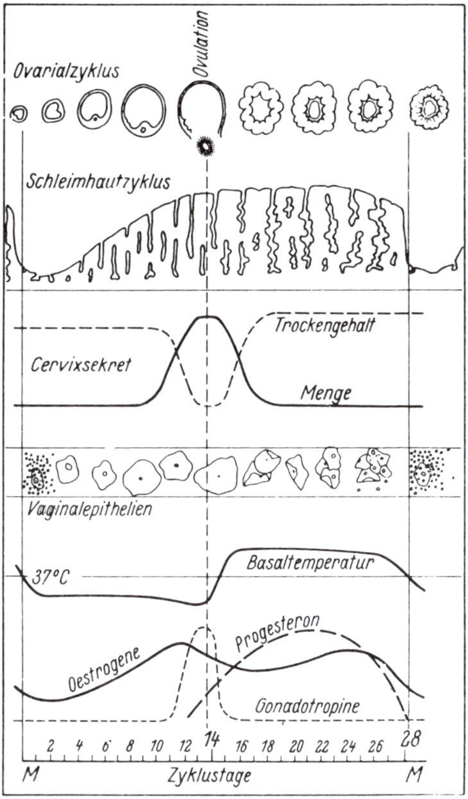
Ovulation
Ovarialzyklus
Schleimhautzyklus
Trockengehalt
Cervixsekret
Menge
Vaginalepithelien
Basaltemperatur
37°C
Progesteron
Oestrogene
Gonadotropine
2 4 6 8 10 12 14 16 18 20 22 24 26 28
M
Zyklustage
M

C

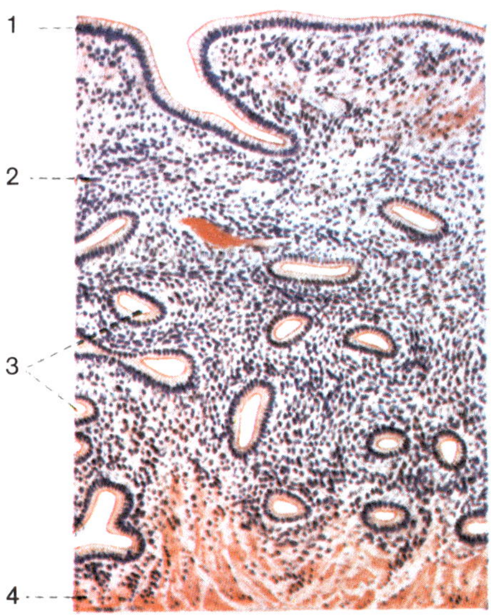
1
2
3
4

A

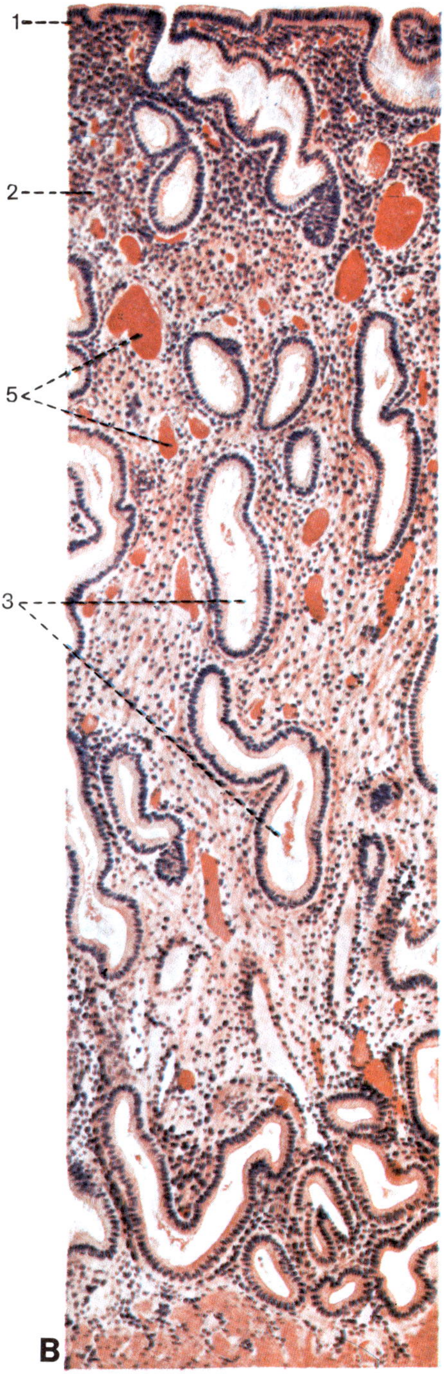
1
2
5
3

B

Scheide

Die Scheide ist
- Begattungsorgan
- Gebärkanal

• Als Gebärkanal muß sich die Scheide bei der Geburt bis an den Rand des kleinen Beckens erweitern können, denn der Kopf des Kindes füllt nahezu das gesamte kleine Becken aus. Sie soll aber danach nicht so weit bleiben, deshalb muß sie eine Muskelwand besitzen.

• Als Begattungsorgan benötigt sie eine glatte, feuchte Oberfläche, also eine Schleimhaut. Lange Zeit war umstritten, wie die Scheide bei sexueller Erregung befeuchtet wird, denn die Scheidenschleimhaut ist frei von Drüsen. Nach Lebendbeobachtungen bilden sich bei sexueller Erregung kleine Tröpfchen auf der Scheidenschleimhaut, ähnlich wie Schweiß. Da sie nicht aus Drüsen stammen können, müssen sie direkt aus dem reichen Blutgefäßnetz der Scheide als „Transsudat" durch die Schleimhautoberfläche gepreßt werden.

• Die Scheide wird in leerem Zustand von den Nachbarorganen zu einem querstehendem Spalt zusammengeschoben.

• Merkwürdigerweise haben viele Deutsche Hemmungen, die weiblichen wie die männlichen Geschlechtsorgane mit deutschen Bezeichnungen zu nennen. Häufig hört man Vagina (noch dazu falsch betont Vagina statt richtig Vagina) anstelle von Scheide, Penis anstelle von Glied.

A Gebärmutter und Scheide. Die Hinterwand der Scheide ist der Länge nach aufgeschnitten und mit vier Haken auseinandergezogen. Die Scheidenschleimhaut weist zahlreiche Querfalten auf. Den Muttermund verschließt ein Schleimpfropf.

B Die „Portio" (in die Scheide ragender Teil des Gebärmutterhalses) bei der gynäkologischen Untersuchung. Die Scheide ist mit zwei Mutterspiegeln („Spekula") auseinandergezogen. Bei einer Frau, die nicht geboren hat, ist der Muttermund rundlich. Die Muttermundlippen bilden einen Ring.

• Die praktische Bedeutung der Besichtigung der Portio besteht in der Möglichkeit, Erkrankungen des Gebärmutterhalses frühzeitig zu erkennen. Dies trifft vor allem für den häufigen Gebärmutterhalskrebs zu, dessen Entstehen sich schon Jahre vorher im Zellbild als „zervikale intraepitheliale Neoplasie" (CIN) ankündigt. Der zytologischen Untersuchung des Portioabstrichs mit Bewertung in 5 Stufen nach Papanicolaou (Pap 1 = normales Zellbild, Pap 5 = Krebs) kommt damit besonderer Vorsorgewert zu.

C Die „Portio" nach einer Entbindung. Der Muttemund bildet einen queren Spalt.

D Die „Portio" nach mehreren Entbindungen. Der breite Spalt des Muttermundes zeigt seitliche narbige Einkerbungen und deutliche vordere und hintere Muttermundlippen.

E Vorgänge an den weiblichen Geschlechtsorganen bei sexueller Erregung. Der Versteifung des Gliedes (Erektion) beim Mann entspricht die Befeuchtung (Lubrikation) der Scheide. Die Scheide weitet sich gleichzeitig aktiv aus, besonders in ihren oberen Abschnitten. In der „Plateauphase" vor dem Orgasmus verengt sich der untere Abschnitt der Scheide durch starke Venenfüllung („orgastische Manschette"). Während des Orgasmus kontrahiert sich wie beim Samenerguß (Ejakulation) des Mannes die Beckenbodenmuskulatur rhythmisch.

1	Gebärmutterkörper	Corpus uteri
2	Eileiter	Tuba uterina (Salpinx)
3	Gebärmutterhals	Cervix uteri
4	In die Scheide ragender Teil des Gebärmutterhalses („Portio")	Portio vaginalis cervicis
5	Muttermund (mit Schleimpfropf)	Ostium uteri
6	Scheide	Vagina
7	Äußerer Harnröhrenmund	Ostium urethrae externum
8	Kleine Schamlippe	Labium minus pudendi
9	Große Schamlippe	Labium majus pudendi
10	Kitzler	Clitoris
11	Gebärmuttervenengeflecht	Plexus venosus uterinus
12	Schleimhaut (der Scheide)	Tunica mucosa
13	Muskelwand (der Scheide)	Tunica muscularis
14	Große Scheidenvorhofdrüse (Mündung)	Glandula vestibularis major
15	Querfalten der Scheidenschleimhaut	Rugae vaginales
16	Reste des Jungfernhäutchens	Carunculae hymenales
17	Kitzlervorhaut	Preputium clitoridis
18	Schamhaare	Pubes
19	Scheidengewölbe	Fornix vaginae
20	Erweiterung der oberen Scheidenabschnitte bei sexueller Erregung	
21	Verengung der unteren Scheidenabschnitte („orgastische Manschette")	

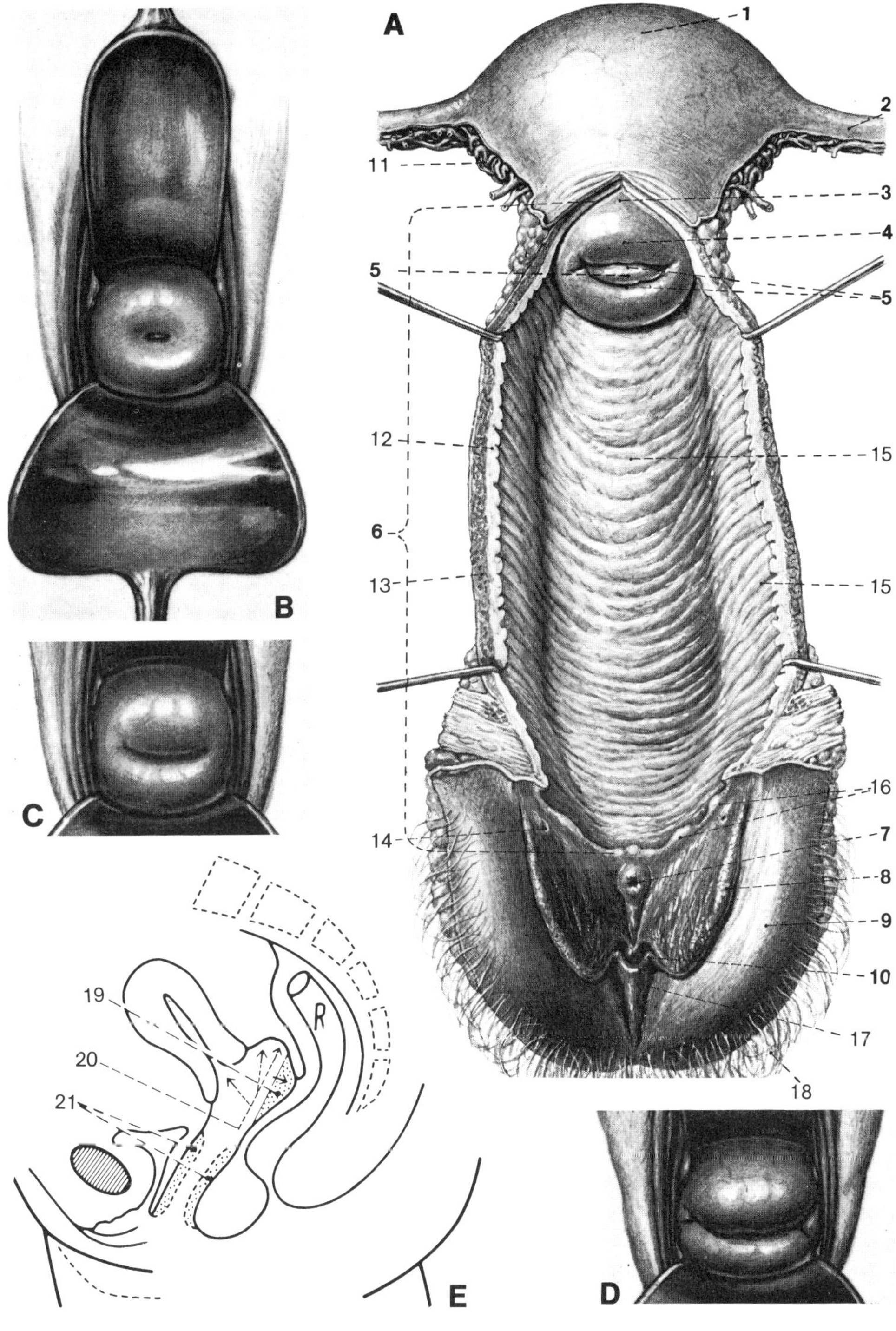
A
1
2
11
3
4
5
5
12
15
6
13
15
16
14
7
8
9
10
17
18
B
C
19
20
21
R
E
D

Scheide

A Kunststoffabdruck der Scheide und des Scheidenvorhofs einer jungen Frau. Die Scheide ist im oberen Teil weit, im unteren Teil eng. Die Enge ist durch die Beckenbodenmuskeln bedingt.

B + C Einführen eines Mutterrings (Pessars, Diaphragmas) zum Abstützen der Gebärmutter bei Gebärmuttervorfall oder zur mechanischen Empfängnisverhütung. Der Vorderrand des Rings muß an der Schambeinfuge abgestützt werden (**B**). Durch die Gummimembran tastet man den Muttermund (**C**).

D Mikroskopisches Bild der Scheidenwand bei 25facher Vergrößerung. Das mikroskopische Bild der Scheide ist gekennzeichnet durch das mehrschichtige unverhornte platte Deckgewebe, die reichlichen Blutgefäße, die glatte Muskulatur und das Fehlen von Drüsen.

E-G Mikroskopische Zellbilder von Scheidenabstrichen. Auch das Scheidenepithel macht zyklische Veränderungen durch. An den vorherrschenden Zellformen im Abstrichpräparat kann man die Phase des Geschlechtszyklus erkennen: **E** erste Zyklushälfte, **F** Mitte des Zyklus, **G** zweite Zyklushälfte.

H Tasten der inneren Geschlechtsorgane mit zwei Händen („bimanuell"): Zeige- und Mittelfinger der einen Hand (beim Rechtshänder gewöhnlich der rechten) liegen in der Scheide (oder je ein Finger in der Scheide und im Mastdarm). Die andere Hand drückt durch die Bauchdecke dagegen (➡ S. 308, B).

I Einführen eines „Spekulums" (Scheidenspiegels) in die Scheide. Mit Daumen und Zeigefinger der einen Hand werden die großen Schamlippen auseinandergespreizt. Mit der anderen Hand wird der Scheidenspiegel (beim meistverwandten zweiblättrigen Scheidenspiegel zunächst das hintere Blatt) unter sanftem Drehen vorgeschoben.

H

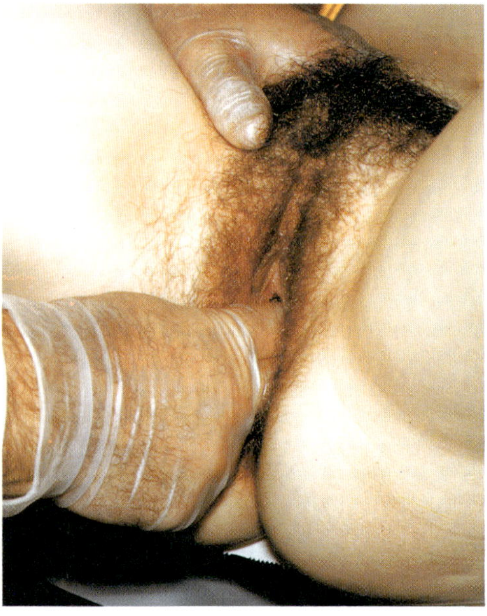

I

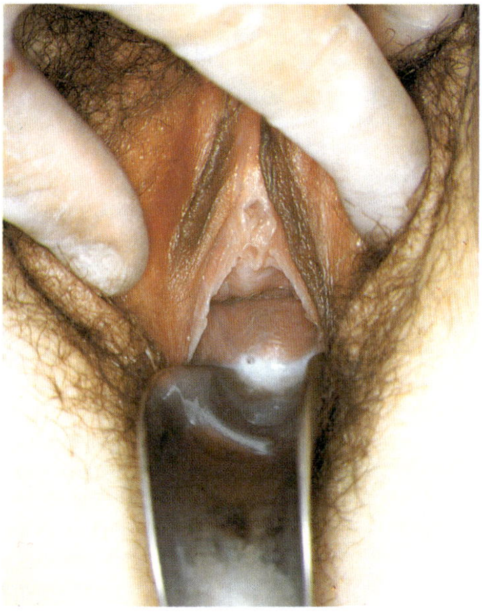

1	Scheide	Vagina
2	Scheidenvorhof	Vestibulum vaginae
3	After	Anus
4	Portio (in die Scheide ragender Teil des Gebärmutterhalses)	Portio vaginalis cervicis
5	Scheidenmund	Ostium vaginae
6	Kitzler	Clitoris
7	Blutgefäße	Vasa sanguinea
8	Glatte Muskelzellen	Myocyti nonstriati

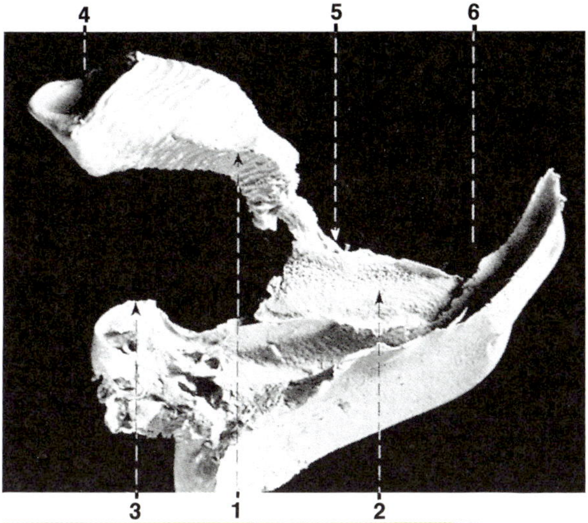

A

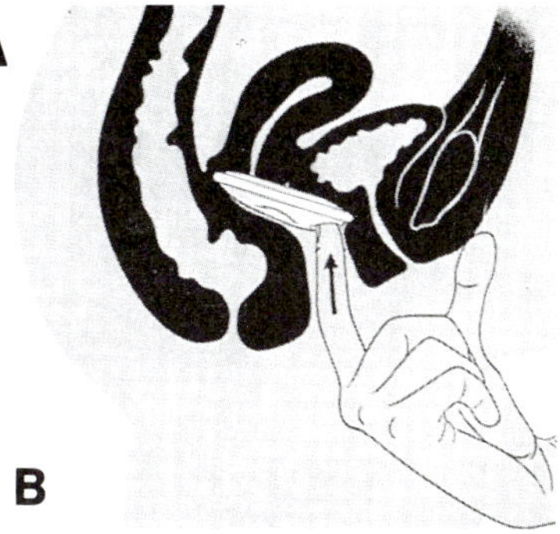

B

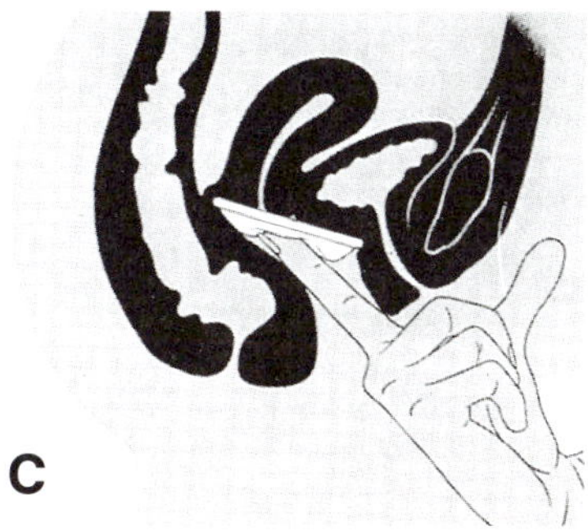

C

D

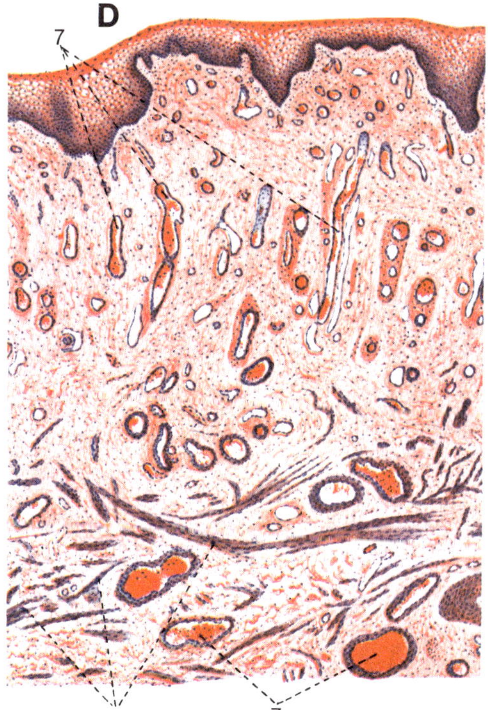

E

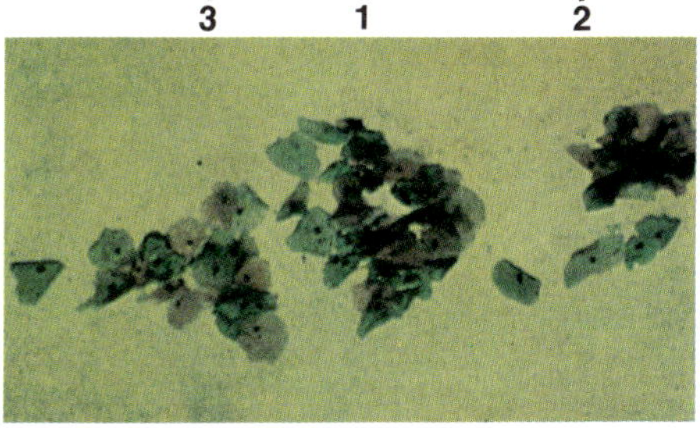

F

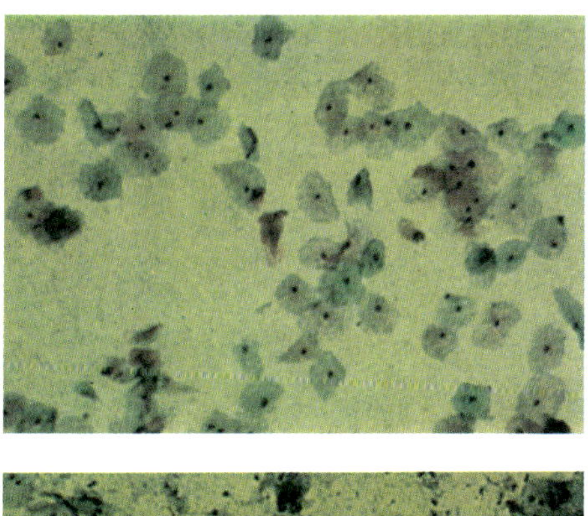

G

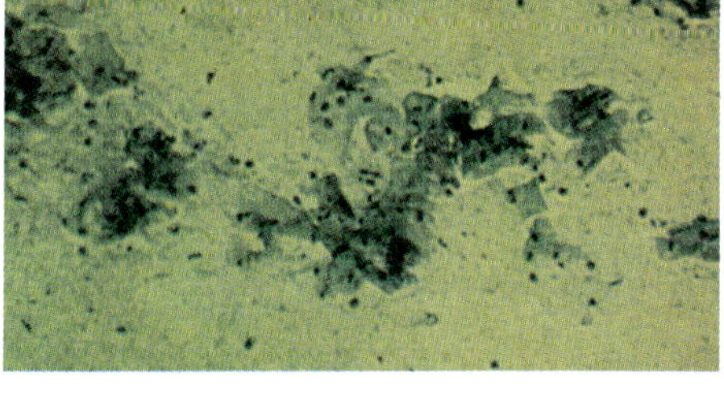

Beckenboden der Frau

> 2 „Zwerchfelle“ schließen den Beckenausgang:
> - „Beckenzwerchfell“ (Afterheber): läßt Levator-Tor für Harnröhre, Scheide und Mastdarm frei
> - „Urogenitalzwerchfell“: nur vorn, um Harn- und Geschlechtsweg

Der Beckenboden ist bei Frau und Mann nach dem gleichen Bauplan gestaltet (➥ S. 119, B). Unterschiede ergeben sich aus der größeren Weite des Beckenausgangs der Frau und vor allem aus dem Einbau des Geburtswegs. Die im Schambeinbogen ausgespannte Bindegewebe-Muskel-Platte (Urogenitalzwerchfell = Diaphragma urogenitale) ist bei der Frau breiter. Sie wird von der Scheide und dem Scheidenvorhof durchbrochen. Der Schwellkörpermuskel umgreift beim Mann den Harnröhrenschwellkörper (➥ S. 339, A). Bei der Frau zieht er zweigeteilt um die kleinen Schamlippen (die sich nicht wie beim Mann als Gliedhaut um die Harnröhre geschlossen haben). Der „Damm“ (zwischen äußeren Geschlechtsorganen und After) ist bei der Frau viel kürzer als beim Mann. Überdehnung der beiden „Zwerchfelle“ durch mehrere Geburten begünstigt die Senkung der Beckenorgane, z.B. den Gebärmuttervorfall (➥ S. 312, A).

A Beckenboden der Frau. Der größte Teil des Beckenbodens wird durch den Afterheber gesichert. Das Bild könnte zu der irrigen Vorstellung veranlassen, der Afterheber wäre horizontal im Becken ausgespannt. Er läuft jedoch trichterförmig auf den After zu, was man sehr eindrucksvoll in einem Frontalschnitt (➥ S. 245, B) sehen kann.

B Blutgefäße und Nerven des Beckenbodens und der äußeren Geschlechtsorgane der Frau. Rechte Bildhälfte Schlagadern, linke Bildhälfte Nerven. Die großen Blutgefäß- und Nervenstämme liegen in der Grube zwischen Beckenwand und Afterheber.

1	Kitzler	Clitoris
2	Kleine Schamlippe	Labium minus pudendi
3	Äußerer Harnröhrenmund	Ostium urethrae externum
4	Reste des Jungfernhäutchens	Carunculae hymenales
5	Scheide	Vagina
6	After	Anus
7	Afterheber	M. levator ani
8	Äußerer Afterschließmuskel	M. sphincter ani externus
9	Großer Gesäßmuskel	M. gluteus maximus
10	Steißbein	Os coccygis (Coccyx)
11	Sitzbeinhöcker	Tuber ischiadicum (ischiale)
12	Innere Schamschlagader (aus ihr entspringen 34-37)	A. pudenda interna
13	Schamnerv (aus ihm entspringen 30-32)	N. pudendus
14	Kitzlervorhaut	Preputium clitoridis
15	Große Scheidenvorhofdrüse (Mündung)	Glandula vestibularis major
16 - 20	Urogenitalzwerchfell	Diaphragma urogenitale
16	Schwellkörpermuskel	M. bulbospongiosus
17	Sitzbein-Schwellkörper-Muskel	M. ischiocavernosus
18	Untere Faszie des Urogenitalzwerchfells	Fascia diaphragmatis urogenitalis inferior (= Membrana perinei)
19	Oberflächlicher querer Dammuskel	M. transversus perinei superficialis
20	Tiefer querer Dammuskel	M. transversus perinei profundus
21	Sehnenzentrum des Damms	Centrum tendineum perinei
22	Schlanker Muskel	M. gracilis
23	Oberschenkelfaszie	Fascia lata
24	Halbsehniger Muskel	M. semitendinosus
25	Kreuzbein-Sitzbeinhöcker-Band	Lig. sacrotuberale
26	Beckenfaszie (auf dem inneren Hüftlochmuskel)	Fascia obturatoria
27	Gesäßfaszie	[Fascia glutea]
28	Sitzbein-After-Grube (zwischen Beckenwand und Afterheber)	Fossa ischio-analis
29	After-Steißbein-Band	Lig. anococcygeum
30	Hintere Schamlippennerven	Nn. labiales posteriores
31	Kitzlerrückennerv	N. dorsalis clitoridis
32	Untere Mastdarmnerven	Nn. rectales (anales) inferiores
33	Untere Gesäßhautnerven	Rr. clunium (gluteales) inferiores
34	Hintere Schamlippenschlagadern	Rr. labiales posteriores
35	Tiefe Kitzlerschlagader	A. profunda clitoridis
36	Dammschlagader	A. perinealis
37	Untere Mastdarmschlagader	A. rectalis inferior

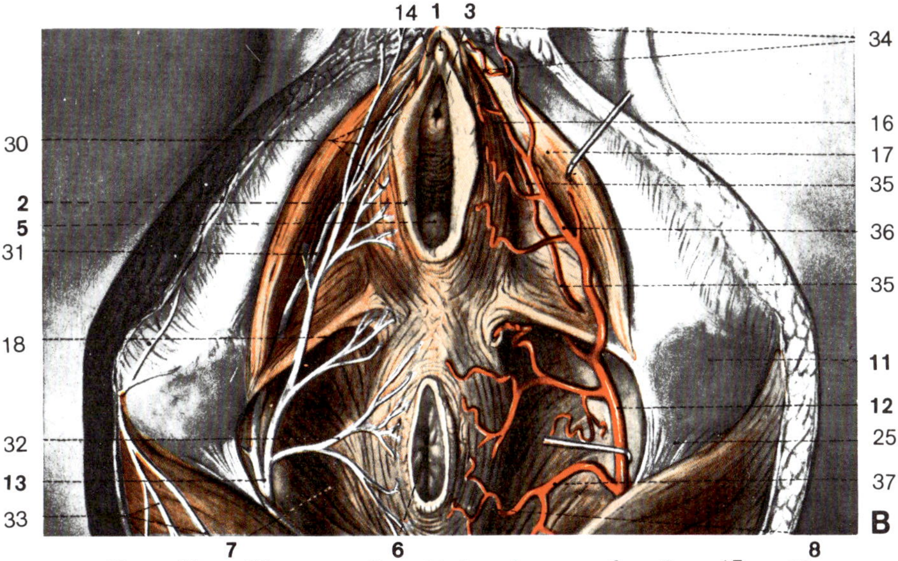
14
1
3
34
16
17
35
36
35
11
12
25
37
B
30
2
5
31
18
32
13
33
7
6
8

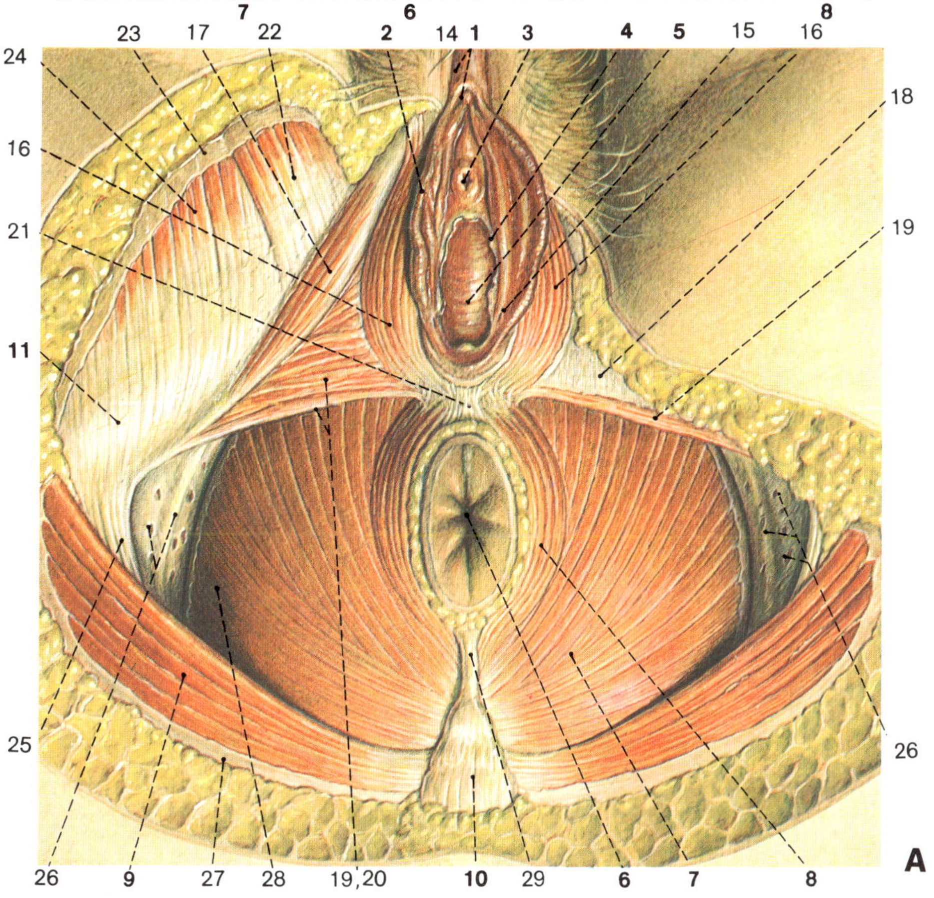
23
17
22
2
14
1
3
4
5
15
16
24
18
16
21
19
11
25
26
A
26
9
27
28
19, 20
10
29
6
7
8

Äußere weibliche Geschlechtsorgane

Entsprechungen der äußeren Geschlechtsorgane:	
• Kitzler • Kitzlereichel • Kitzlervorhaut • Kitzlerzügel • Kitzlerschwellkörper	• männliches Glied • Eichel • Vorhaut • Vorhautbändchen • Gliedschwellkörper
• kleine Schamlippen • Scheidenvorhof • Vorhofschwellkörper • große Scheidenvorhofdrüse	• Gliedhaut • Harnröhre im Glied • Harnröhrenschwellkörper • Cowper-Drüse
• große Schamlippen	• Hodensack

So sehr verschieden dem Laien die äußeren Geschlechtsorgane des Mannes und der Frau erscheinen, haben sie doch einen gemeinsamen Bauplan:

• Der *Kitzler* der Frau entspricht dem Glied des Mannes. Bei bestimmten Störungen der Hormonproduktion und bei manchen Zwitterformen kann der Kitzler so stark vergrößert sein, daß er dem männlichen Glied ähnlich wird und sogar eine Art Geschlechtsverkehr mit ihm ausgeübt werden kann (➥ S. 343). Der Kitzler ist wie die Eichel des Gliedes mit einer Vorhaut bedeckt. Schwellkörper besitzt der Kitzler wie das Glied, nur sind sie entsprechend kleiner. Der Kitzler ist damit auch zu einer gewissen Aufrichtung und Versteifung (Erektion) befähigt.

• Die *kleinen Schamlippen* entsprechen der verschieblichen Haut des Gliedschafts.

• Die *großen Schamlippen* entsprechen dem Hodensack, nur bleiben sie leer. Bei der Frau wird wie beim Mann ein Leistenkanal angelegt, der dann freilich nicht für den Durchtritt des Hodens benutzt wird. Beim Mann wird der Hoden durch ein Leitband durch den Leistenkanal gezogen). Ein entsprechendes Band wird auch bei der Frau angelegt: Es ist das runde Mutterband. Es zieht von der Gebärmutter durch den Leistenkanal zu den großen Schamlippen.

• Die *große Scheidenvorhofdrüse* (Bartholin-Drüse) entspricht der Cowper-Drüse des Mannes.

• Am einfachsten wird der Vergleich zwischen weiblichen und männlichen äußeren Geschlechtsorganen, wenn man sich die männliche Harnröhre hinten aufgeschlitzt und den Penis zusammengeschrumpft denkt. Eine Mündung der Harnröhre in der Dammgegend ähnlich wie bei der Frau kommt beim Mann als Mißbildung vor (Hypospadie).

A-D Äußere Geschlechtsorgane (Schamgegend = „Vulva") einer jungen Frau.

A Die kleinen Schamlippen liegen normalerweise auch beim Spreizen der Beine aneinander und verschließen den Eingang in den Scheidenvorhof.

B Beim Aufklappen der kleinen Schamlippen wird der Scheidenvorhof zugänglich.

C Kitzler und Kitzlerzügel werden sichtbar, wenn man die Kitzlervorhaut nach oben und die kleinen Schamlippen stark auseinanderzieht.

D Zeichnung zu den Fotos A-C.

E-J Spielarten des *Jungfernhäutchens*. Die Jungfräulichkeit der Frau ist durch ein Jungfernhäutchen auch körperlich sichtbar. Ein entsprechender Nachweis beim Mann fehlt. Aus ärztlicher Sicht ist es ein Schutz gegen das Eindringen von Bakterien in die Scheide. Dieser ist vor allem beim Säugling nötig, bei dem die Schamgegend mit Stuhl beschmiert wird. Auch das unversehrte Jungfernhäutchen muß eine Öffnung haben, damit das Blut der Monatsblutung abfließen kann. Fehlt ausnahmsweise diese Öffnung, so staut sich nach Eintritt der Geschlechtsreife das Blut an. Dann muß der Arzt das Jungfernhäutchen einschneiden.

E „Normalfall": Das Jungfernhäutchen hat eine zentrale Öffnung.

F Halbmondförmige Öffnung.

G Die Öffnung ist durch eine Gewebebrücke zweigeteilt.

H Siebförmiges Jungfernhäutchen.

I Jungfernhäutchen mit sehr kleiner Öffnung.

J Fehlende Öffnung: ärztlicher Eingriff nötig.

1	Große Schamlippe	Labium majus pudendi
2	Kleine Schamlippe	Labium minus pudendi
3	Kitzler	Clitoris
4	Scheidenvorhof (von den kleinen Schamlippen umfaßter Raum)	Vestibulum vaginae
5	Äußerer Harnröhrenmund	Ostium urethrae externum
6	Scheidenmund	Ostium vaginae
7	Jungfernhäutchen	Hymen
8	Kitzlervorhaut	Preputium clitoridis
9	Vorderer Zusammenschluß der großen Schamlippen	Commissura labiorum anterior
10	Kitzlerzügel	Frenulum clitoridis
11	Große Scheidenvorhofdrüse (Mündung)	Glandula vestibularis major
12	Hinterer Zusammenschluß der großen Schamlippen	Commissura labiorum posterior
13	Schamlippenzügel (hintere Vereinigung der kleinen Schamlippen)	Frenulum labiorum pudendi

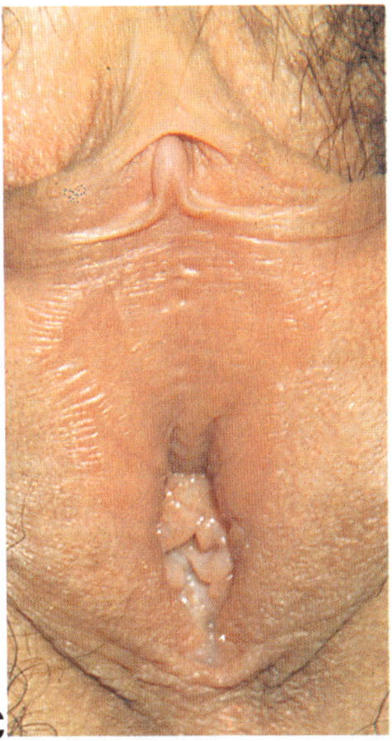

C

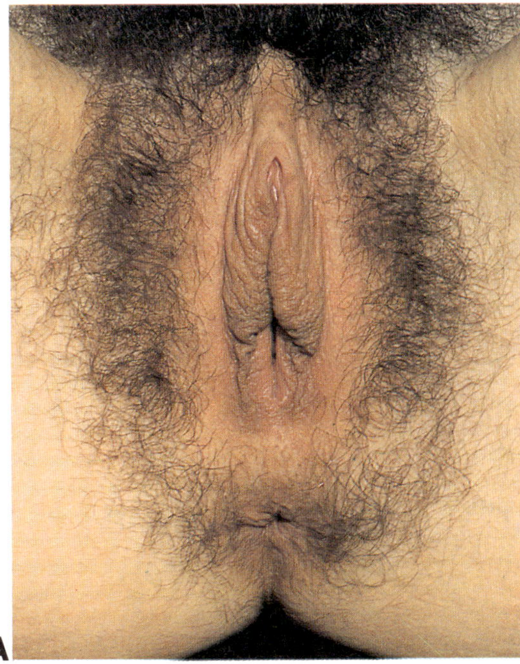

A

D

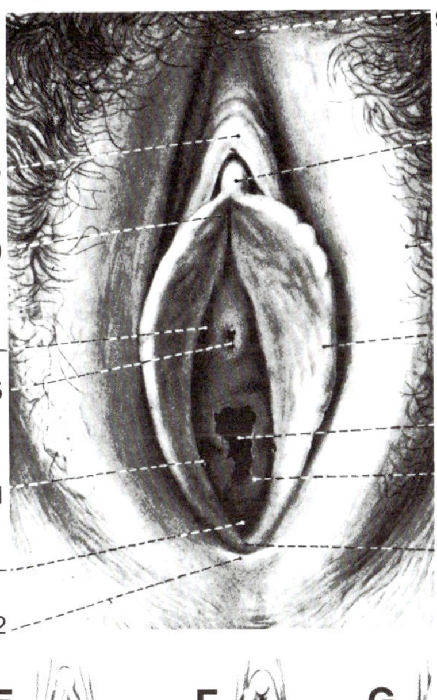

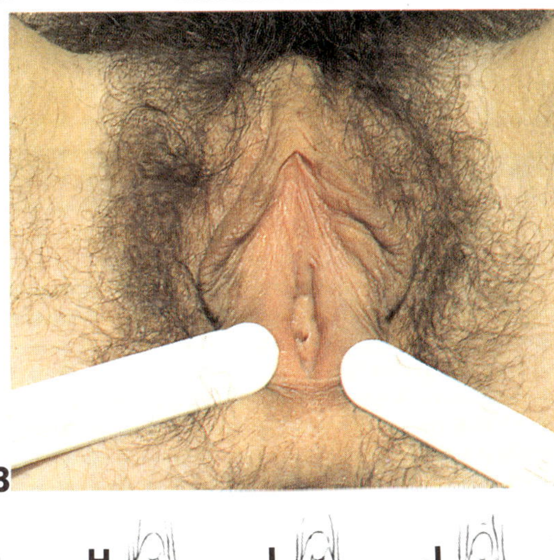

B

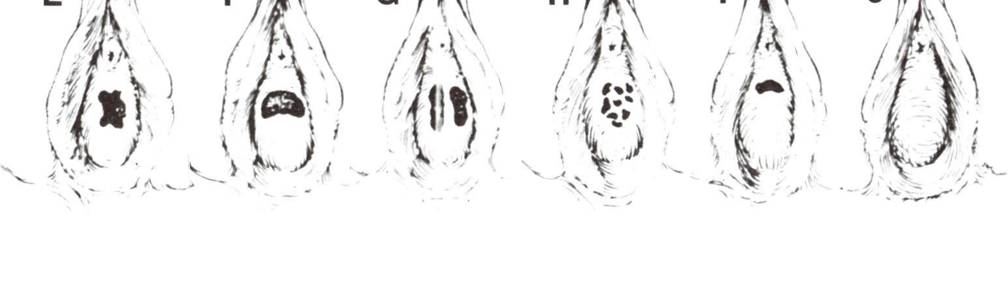

E F G H I J

Weibliche Harnröhre

Die Harnröhre der Frau ist sehr viel kürzer (3-5 cm) als die des Mannes (20-25 cm)
- sie ist daher leicht zu katherisieren
- begünstigt aber auch aufsteigende Infektionen

Infektionen der Harnwege sind beim weiblichen Geschlecht sehr viel häufiger als beim männlichen. Besonders häufig sind Schulmädchen befallen. Ursache ist meist unzweckmäßige Reinigung nach der Stuhlentleerung. Dabei werden Darmbakterien (Kolibakterien) in den Scheidenvorhof verschleppt und steigen dann in der kurzen Harnröhre zur Harnblase auf. Während die Harnblasenentzündung (Zystitis) mehr oder weniger nur lästig ist, drohen bei weiterem Aufstieg der Infektion durch die Harnleiter zu den Nierenbecken ernste Gefahren für die Nieren (Pyelonephritis). Deshalb ist konsequente Behandlung angezeigt.

A Projektion der äußeren weiblichen Geschlechtsorgane auf das Skelett: Schwellkörper und Kitzler blau, große Scheidenvorhofdrüse gelb, Urogenitalzwerchfell rot, Skelett ockerfarben.

B Urogenitalzwerchfell im Schambeinbogen ausgespannt.

C Betäubung des Schamnervs („Pudendusanästhesie"). Im Bild sind links die oberflächlichen, rechts die tieferen Nerven dargestellt. Durch eine Injektion neben dem Sitzbeinhöcker kann man die Nerven der äußeren Geschlechtsorgane betäuben.

D-F Einführen eines Katheters in die Harnblase der Frau. Keimfreies Arbeiten ist erforderlich, um nicht Krankheitserreger mit dem Katheter in die Harnblase zu bringen. **D** Spreizen der kleinen Schamlippen (sterile Handschuhe!), um die Harnröhrenmündung im Scheidenvorhof sichtbar zu machen. **E** Abtupfen mit sterilem Tupfer. **F** Sanftes Einführen des sterilen Katheters. Nicht vergessen, Schale zum Auffangen des Harns unterzuhalten! Die Frau kann den Harn nicht mehr willkürlich zurückhalten, sobald der Katheter in die Harnblase eingetreten ist (kein Schließmuskel kann einen Katheter abklemmen).

1	Schambein	Os pubis (Pubis)
2	Rundes Mutterband	Lig. teres uteri
3	Kitzler	Clitoris
4	Kitzlerschwellkörper	Corpus cavernosum clitoridis
5	Äußerer Harnröhrenmund	Ostium urethrae externum
6	Kleine Schamlippe	Labium minus pudendi
7	Vorhofschwellkörper	Bulbus vestibuli
8	Scheidenmund	Ostium vaginae
9	Große Scheidenvorhofdrüse (Bartholin-Drüse)	Glandula vestibularis major
10	Jungfernhäutchen	Hymen
11	Urogenitalzwerchfell	Diaphragma urogenitale
12	Sitzbein	Os ischii (Ischium)
13	Kreuzbein-Sitzbeinhöcker-Band	Lig. sacrotuberale
14	Kreuzbein-Sitzbeinstachel-Band	Lig. sacrospinale
15	After	Anus
16	Steißbein	Os coccygis (Coccyx)
17	Harnröhre (der Frau)	Urethra feminina
18	Scheide	Vagina
19	Sitzbeinstachel	Spina ischiadica (ischialis)
20	Schamnerv	N. pudendus
21	Sitzbeinhöcker	Tuber ischiadicum (ischiale)
22	Kitzlerrückenschlagader	A. dorsalis clitoridis
23	Kitzlerrückennerv	N. dorsalis clitoridis
24	Scheidenvorhofschwellkörper-Schlagader	A. bulbi vestibuli (vaginae)
25	Oberflächlicher querer Dammuskel	M. transversus perinei superficialis
26	Kitzlerrückenvene	V. dorsalis profunda clitoridis
27	Schambogenband	Lig. arcuatum pubis
28	Dammembran	Membrana perinei
29	Tiefer querer Dammuskel	M. transversus perinei profundus
30	Untere Faszie des Urogenitalzwerchfells	Fascia diaphragmatis urogenitalis inferior
31	Vordere Schamlippennerven	Nn. labiales anteriores
	(aus dem Darmbein-Leisten-Nerv)	N. ilio-inguinalis
32	Hintere Schamlippennerven (aus 20)	Nn. labiales posteriores
33	Dammäste des	Rr. perineales
	hinteren Oberschenkelhautnervs	N. cutaneus femoris posterior
34	Dammnerven	Nn. perineales
35	Untere Afternerven	Nn. rectales (anales) inferiores

D

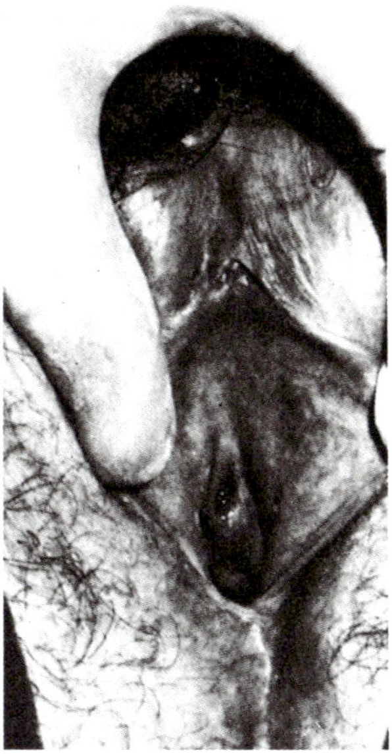

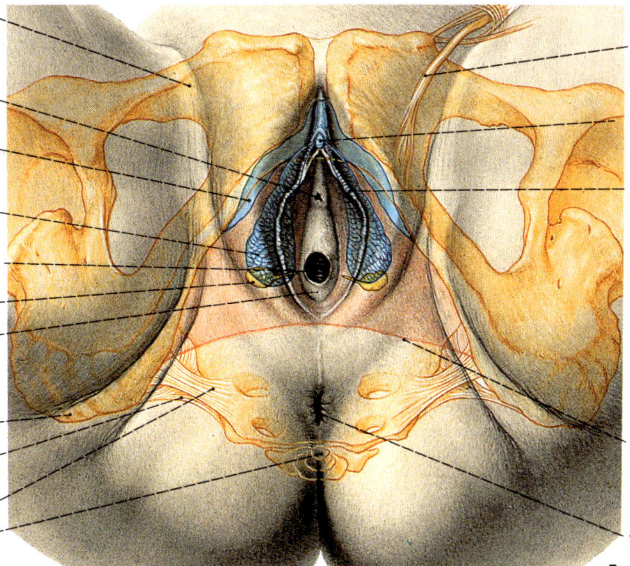
1
2
5
3
4
6
7
8
9
10
12
11
13
14
16
15

A

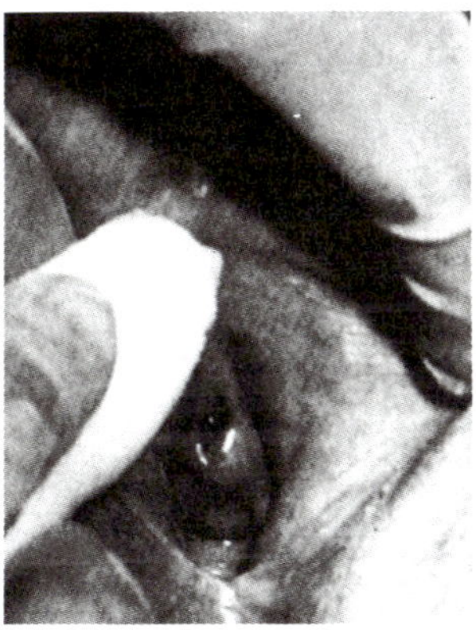

E

22
23
26
27
1
28
24
29
17
18
25
30

B

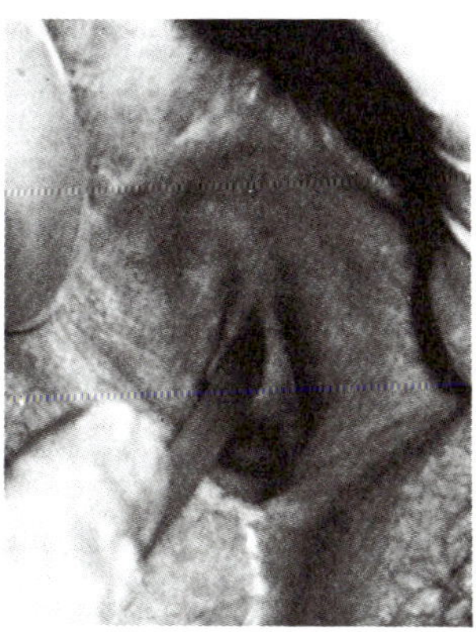

F

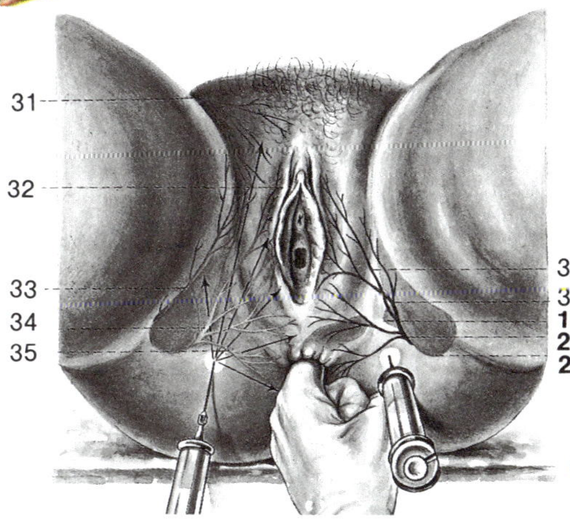
31
32
32
33
34
34
19
35
20
21

C

Männliche Geschlechtsorgane: Überblick

Innere männliche Geschlechtsorgane:	• Hoden • Nebenhoden • Samenleiter • Samenblase • Vorsteherdrüse • Cowper-Drüse
Äußere männliche Geschlechtsorgane:	• Glied (Penis) • Hodensack

Es mag überraschen, daß Hoden und Nebenhoden zu den „inneren" Geschlechtsorganen gerechnet werden, da sie doch offensichtlich „außen" liegen. Sie werden jedoch wie die Eierstöcke im Innern des Körpers angelegt und wandern erst kurz vor der Geburt durch den Leistenkanal in den Hodensack („Abstieg" des Hodens, ➥ S. 112).

A Innere und äußere männliche Geschlechtsorgane.
B Medianschnitt durch das männliche Becken.
C Untersuchung der Vorsteherdrüse und der Samenblasen vom Mastdarm aus. Mit dem in den Mastdarm eingeführten Zeigefinger kann der Arzt fast das gesamte kleine Becken austasten (*rektale Untersuchung*). Von besonderem Interesse ist dabei der Mastdarm selbst (wegen des Mastdarmkrebses, ➥ S. 244) und die Vorsteherdrüse.

Die gesunde Vorsteherdrüse hat etwa Form und Größe einer Kastanie. Sie besteht aus 30-50 Einzeldrüsen, die in einen Muskelkörper eingebettet sind. Die Muskulatur preßt das Sekret beim Samenerguß in die Harnröhre. Dort verdünnt es die Masse der Samenzellen und fördert ihre Beweglichkeit.

• In den „Wechseljahren des Mannes" beginnt sich der Innenteil der Vorsteherdrüse zu vergrößern (Prostatahypertrophie) und verursacht dann häufig Beschwerden beim Wasserlassen („Harnstottern"): Der Harn entleert sich nicht mehr im Strahl, sondern tröpfelnd.

• Im hohen Greisenalter erkrankt die Vorsteherdrüse besonders häufig (etwa bei einem Drittel der Achzigjährigen) an Krebs. Er wächst sehr langsam, ruft meist lange Zeit keine Beschwerden hervor und bleibt daher oft unbemerkt. Er spricht häufig auf eine Hormonbehandlung an.

1	Hoden	Testis (Orchis)
2	Nebenhoden	Epididymis
3	Samenleiter	Ductus deferens
4	Vorsteherdrüse	Prostata (Glandula prostatica)
5	Samenblase (= Bläschendrüse)	Vesicula (Glandula) seminalis
6	Harnröhre, membranöser Abschnitt	Urethra masculina, Pars membranacea
7	Cowper-Drüse	Glandula bulbo-urethralis
8	Verdicktes Ende des Harnröhrenschwellkörpers	Bulbus penis
9	Harnleiter	Ureter
10	Mastdarm	Rectum
11	Bauchfell	Peritoneum
12	Harnblase	Vesica urinaria
13	Schambeinfuge	Symphysis pubica
14	Spritzkanal	Ductus ejaculatorius
15	Hirnwasserraum (Subarachnoidealraum)	Spatium subarachnoideum
16	Harte Rückenmarkhaut (Dura)	Dura mater spinalis
17	Kreuzbeinkanal	Canalis sacralis
18	Bauchfelltasche zwischen Harnblase und Mastdarm	Excavatio rectovesicalis
19	Querfalte des Mastdarms	Plica transversa recti
20	Steißbein	Os coccygis (Coccyx)
21	Äußerer Afterschließmuskel	M. sphincter ani externus
22	Innerer Afterschließmuskel	M. sphincter ani internus
23	Afterkanal	Canalis analis
24	Harnröhrenschließmuskel	M. sphincter urethrae
25	Harnröhre, Vorsteherdrüsenabschnitt	Urethra masculina, Pars prostatica
26	Nebenhodenkopf	Caput epididymidis
27	Nebenhodenschwanz	Cauda epididymidis
28	Hodensack	Scrotum
29	Äußerer Harnröhrenmund	Ostium urethrae externum
30	Schiffergrube	Fossa navicularis urethrae
31	Eichel	Glans penis
32	Harnröhrenschwellkörper	Corpus spongiosum penis
33	Harnröhre, Schwellkörperabschnitt	Urethra masculina, Pars spongiosa
34	Gliedschwellkörper	Corpus cavernosum penis
35	Innerer Harnröhrenmund	Ostium urethrae internum
36	Verschieberaum vor der Harnblase	Spatium retropubicum

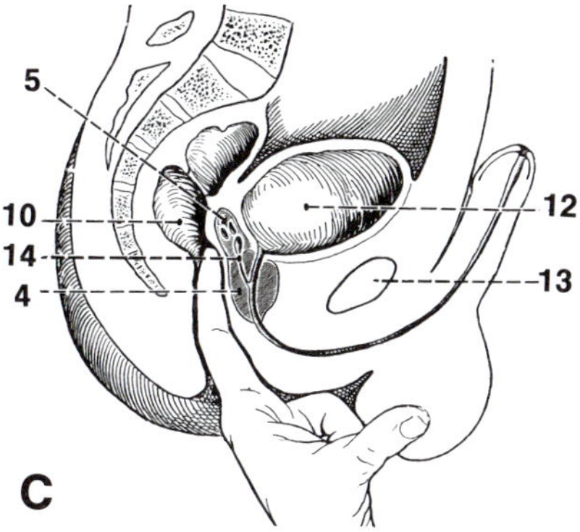
5
10
14
4
12
13

C

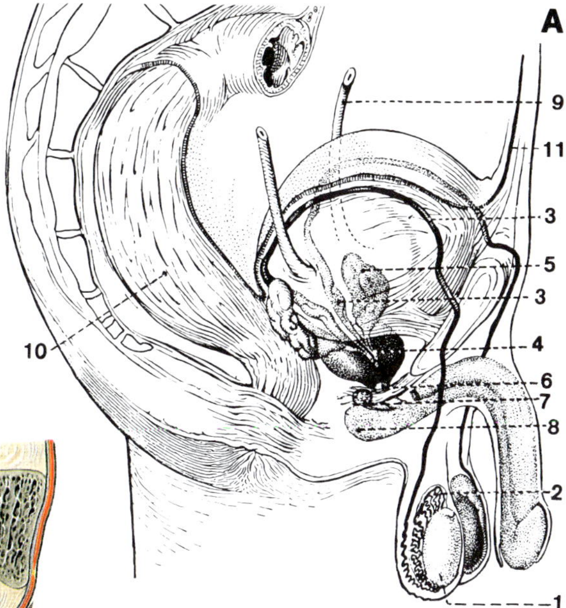
9
11
3
5
3
10
4
6
7
8
2
1

A

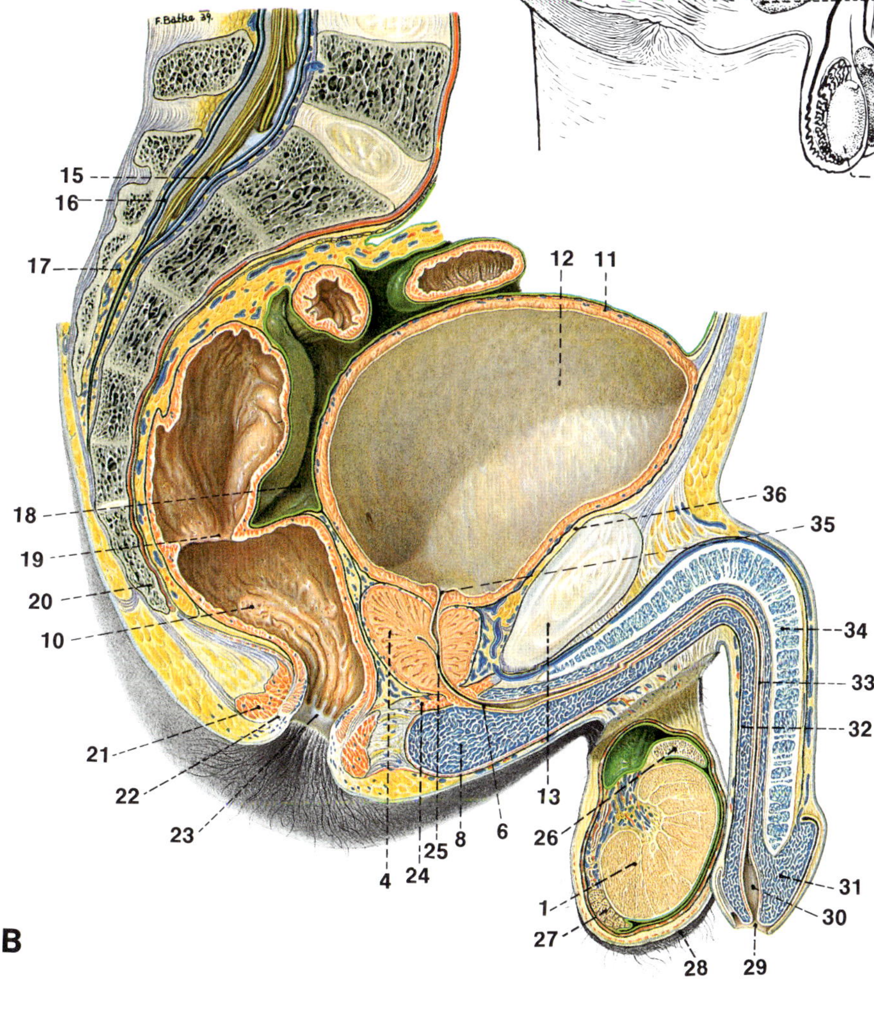
F. Batke 39
15
16
17
12
11
18
36
35
19
20
10
34
33
32
21
22
23
13
26
6
8
25
24
4
31
1
30
27
28
29

B

Hoden und Nebenhoden

- Im Hoden entstehen die Samenzellen
- im Nebenhoden reifen sie aus

In den Hodenkanälchen werden die Samenzellen gebildet. Die Hodenkanälchen sind gerade noch mit freiem Auge zu erkennen (Durchmesser etwa 0,2 mm). Sie sind im Hoden stark geknäuelt. Gestreckt sind sie etwa 30-70 cm lang. Das Kanalsystem des Hodens ist insgesamt 150-300 m lang. Die Hodenkanälchen münden in das Hodennetz. Aus diesem ziehen die abführenden Kanälchen zum Nebenhoden. Dort bildet sich aus ihnen der stark geschlängelte Nebenhodengang. Dieser ist gestreckt etwa 5-6 m lang. Der Nebenhoden dient als Samenspeicher. Der Nebenhodengang geht schließlich in den nicht geschlängelten Samenleiter über.

Samenleiter

Der Samenleiter transportiert die Samenzellen vom Nebenhoden zur Harnröhre

Der Samenleiter ist ähnlich wie der Harnleiter gebaut. Er unterscheidet sich von diesem durch den kleineren Durchmesser, das Deckgewebe (hohes mehrreihiges Epithel mit Bürstenbesatz) und die kompaktere Muskulatur (die zu transportierende Flüssigkeit ist dickflüssig und wird unter hohem Druck in die Harnröhre gespritzt). Der Samenleiter wird vom Nebenhoden bis zum inneren Leistenring von einem weitlumigen Venengeflecht, der Hodenschlagader, Nerven und Lymphgefäßen begleitet. Sie alle werden von bindegewebigen Hüllen und dem Hodenheber (Muskel) zum *Samenstrang* zusammengefaßt. Man unterscheide also die Begriffe Samenleiter und Samenstrang!

A Hoden und Nebenhoden. Die derbe bindegewebige Hülle des Hodens ist großteils entfernt. Im unteren Teil des Hodens wurden die Hodenkanälchen isoliert und herausgezogen. In den Nebenhodenläppchen wurden die Ausführungsgänge des Hodens freigelegt.
B Schema der Samenwege.
C Mikroskopisches Schnittbild des Hodens (Vergrößerung 40fach). Im Hoden sind ähnlich wie in der Bauchspeicheldrüse zwei Organe vereinigt: Die Hodenkanälchen erzeugen die Samenzellen (➥ S. 334), das Zwischengewebe männliche Geschlechtshormone (➥ S. 273, B).
D Bau des Hodensacks. Der Hoden entsteht (ähnlich wie der Eierstock) an der hinteren Bauchwand. Erst kurz vor der Geburt „wandert“ er durch den Leistenkanal in den Hodensack („Abstieg“ = Deszensus des Hodens). Auf seinem Weg durch die Bauchwand stülpt der Hoden alle Schichten der Bauchwand aus. Sie bedingen (in veränderter Form) den Bau des Hodensacks. Manchmal bleibt der Hoden im Leistenkanal („Leistenhoden“) oder im Bauchraum liegen. Holt er den Abstieg während der Kleinkinderzeit nicht nach, so ist eine ärztliche Behandlung erforderlich. Der Hoden wird nur im Hodensack zur Samenzellbildung fähig. Über Leistenkanal, Leistenbrüche und Temperaturregulation des Hodens ➥ S. 112-115.
E Mikroskopisches Schnittbild des Samenleiters (Vergrößerung etwa 10fach).

1	Hodenkanälchen	Tubuli seminiferi
2	Nebenhodengang	Ductus epididymidis
3	Samenleiter	Ductus deferens
4	Bindegewebehülle des Hodens	Tunica albuginea
5	Hodenzwischenzellen (Leydig-Zellen, hormonbildend)	Endocrinocyti interstitiales
6	Nebenhodenkopf	Caput epididymidis
7	Nebenhodenkörper	Corpus epididymidis
8	Nebenhodenschwanz	Cauda epididymidis
9	Hodenzwischenwände	Septula testis
10	Hodenläppchen	Lobuli testis
11	Hodennetz	Rete testis
12	Abführende Hodenkanälchen	Ductuli efferentes testis
13	Nebenhodenläppchen (mit 1-2 abführenden Hodenkanälchen)	Lobulus epididymidis
14	Blind endender Seitenast	Ductulus aberrans
15	Beihoden (Reste von Urnierenkanälchen	Paradidymis
16	Rankenvenengeflecht	Plexus pampiniformis
17	Bauchfell	Peritoneum
18	Innere Bauchwandfaszie	Fascia transversalis
19	Querer Bauchmuskel	M. transversus abdominis
20	Innerer schräger Bauchmuskel	M. obliquus internus abdominis
21	Fleischhaut	Tunica dartos
22	Seröse Hodenhülle	Tunica vaginalis testis
23	Hodenheber (Abspaltung von 19)	M. cremaster

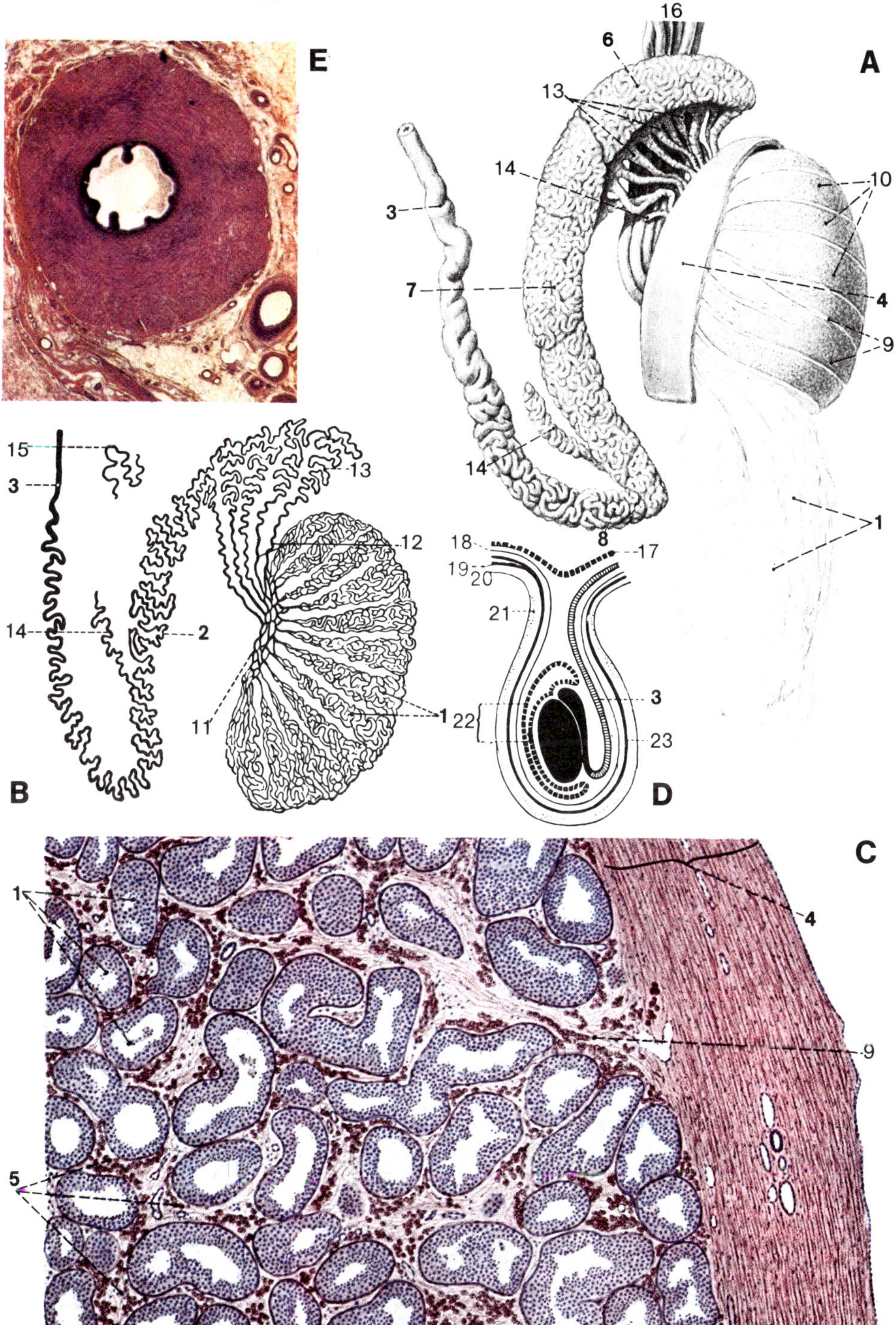
E
A
16
6
13
14
3
10
7
4
9
14
1
8
15
3
13
12
14
2
11
1
B
18
17
19
20
21
3
22
23
D
C
1
4
9
5

Samenflüssigkeit

Normales Samenzellbild (Spermatogramm):
• Zahl: 40-120 Millionen/ml (Normozoospermie)
• mehr als 60 % beweglich (Normokinospermie)
• mehr als 80 % normal geformt (Normomorphospermie)

Ähnlich wie man für das „Blutbild" die roten und weißen Blutkörperchen nach Verdünnen des Blutes in einer Zählkammer auszählt (heutzutage meist automatisiert) verfährt man für das „Samenzellbild" (Spermatogramm = Spermiogramm). Die Samenflüssigkeit (Sperma, Ejakulat) wird durch Selbstbefriedigung (Masturbation) gewonnen. Die Gesamtmenge der bei einem Samenerguß (Ejakulation) ausgeschleuderten Samenflüssigkeit beträgt im Durchschnitt 3-6 ml. Die oben angegebenen Werte gelten nach mindestens fünftägiger sexueller Enthaltsamkeit. Sinkt die Zahl der Samenzellen unter 10 Millionen pro ml, ist der Mann erfahrungsgemäß unfruchtbar. Das gleiche gilt, wenn die Zahl abnorm gestalteter Samenzellen (Zwerg- und Riesenformen, mehrköpfige und mehrschwänzige Samenzellen) überhandnimmt.

Zusammensetzung der Samenflüssigkeit:
• etwa 10 % aus Hoden + Nebenhoden
• etwa 20-30 % aus der Vorsteherdrüse
• etwa 60-70 % aus den Samenblasen

Samenzelle

Die Länge einer Samenzelle beträgt etwa 0,06 mm. Sie besteht aus Kopf und Geißel. Wäre die Geißel in ganzer Länge gezeichnet worden, so hätte die Abbildung beim gegebenen Maßstab um einen halben Meter nach rechts fortgesetzt werden müssen.

• Der *Kopf* der Samenzelle ist flach und besteht im wesentlichen aus dem Zellkern mit den Chromosomen. Der vordere Teil des Kopfes ist mit der dünnen Kopfkappe überzogen. Sie enthält die Enzyme, mit denen die Samenzelle die Hüllen der Eizelle durchdringt.

• An der *Geißel* werden ein Verbindungsstück, ein Mittelstück, ein Hauptstück und ein Endstück unterschieden. Im Mittelstück sind Mitochondrien schraubig um den Achsenfaden gewickelt. Das Hauptstück ist durch eine Scheide ringförmig angeordneter Fibrillen gekennzeichnet.

Die Samenzelle kann sich pro Minute um 3-3,5 mm vorwärtsbewegen. Sie kann also den Weg aus der Scheide zum Eileiter (wo meist die Befruchtung stattfindet) in ein bis zwei Stunden zurücklegen. Im sauren Milieu der Scheide gehen die Samenzellen rasch zugrunde. Hingegen können sie in der Gebärmutter und im Eileiter ein bis zwei Wochen beweglich bleiben. Die Befruchtungsfähigkeit ist vermutlich auf Stunden bis wenige Tage begrenzt.

A Flächenansicht des vorderen Abschnitts der Samenzelle (schematisch nach elektronenmikroskopischen Befunden, Vergrößerung 10 000fach).
B Querschnitte zu A.
C Längsschnitt zu A.
D Bau des Hauptstücks der Geißel der Samenzelle (stärker vergrößert als A).
E Bau des Endstücks der Geißel der Samenzelle.
F Querschnitt durch ein Hodenkanälchen. In den Hodenkanälchen entstehen die Samenzellen („Spermiogenese"). Am Rande des Kanälchens liegen die unreifsten Vorstufen (Stammsamenzellen = Spermatogonien). Sie entwickeln sich durch fortgesetzte Teilung und Umbildung zu Spermatozyten I. und II. Ordnung, dann zu Spermatiden und schließlich zu reifen Samenzellen (Spermien) weiter. Die jeweils reifere Form liegt näher zur Mitte des Kanälchens, denn die reifen Geschlechtszellen werden zum Nebenhoden abtransportiert. Während dieser etwa 3 Monate dauernden Entwicklung finden auch die beiden „Reifeteilungen" statt. Jede Samenzelle erhält (wie die Eizelle) nur einen einfachen Chromosomensatz (➥ S. 311, E).

1	Samenzelle (Samenfaden)	Spermatozoon (Spermium)
2	Kopf (der Samenzelle)	Caput
3 - 5	Geißel (der Samenzelle)	Flagellum (Cauda)
3	Verbindungsstück (der Geißel)	Flagellum, Pars conjungens
4	Mittelstück (der Geißel)	Flagellum, Pars intermedia
5	Hauptstück (der Geißel)	Flagellum, Pars principalis
6	Kopfkappe	Acrosoma (Galea acrosomatica)
7	Spiralfaden (= Mitochondrien)	Vagina mitochondrialis
8	Schlußring	Anulus
9	Sertoli-Zelle (Stützzelle)	Epitheliocytus sustenans
10	Stammsamenzelle (Spermatogonie)	Spermatogonium
11	Spermatozyt I. Ordnung	Spermatocytus primarius
12	Spermatozyt II. Ordnung	Spermatocytus secundarius
13	Stammsamenzelle (Spermatogonie) in Teilung	(Spermatogonium)
14	Spermatid	Spermatidium

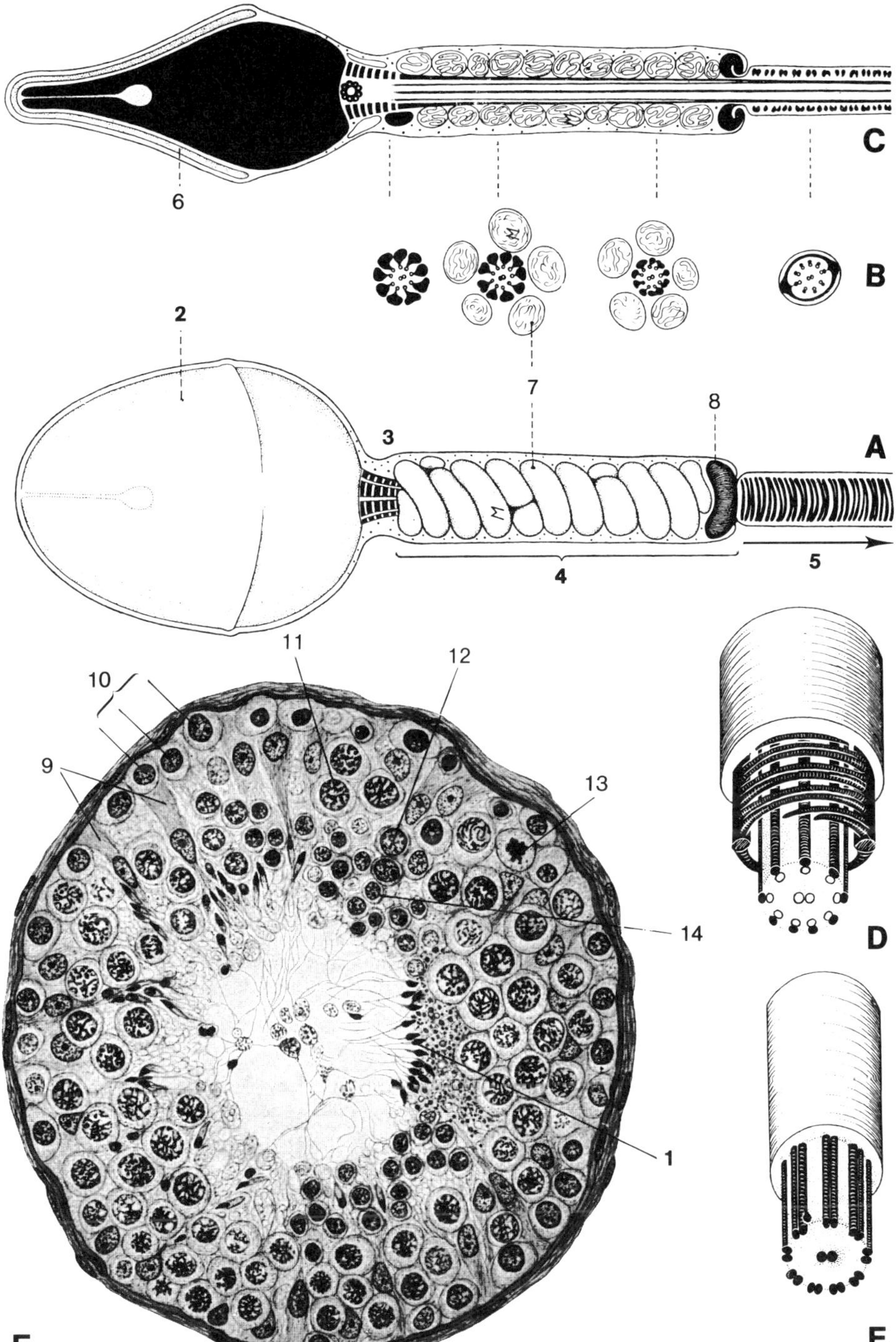
6
C
B
2
7
8
3
A
4
5
11
12
10
9
13
14
1
D
E
F

Männliche Harnröhre

3 Abschnitte der männlichen Harnröhre:
- prostatischer Teil in der Vorsteherdrüse
- membranöser Teil im Beckenboden
- spongiöser Teil im Harnröhrenschwellkörper

Die männliche Harnröhre hat zwei Aufgaben: Harnweg und Samenweg. Sie wird daher auch Harnsamenröhre genannt. Als Samenweg unterscheidet sie sich wesentlich von der Harnröhre der Frau (➥ S. 328):
- In ihrem harnblasennahen Abschnitt wird sie von Drüsen umgeben (Vorsteherdrüse, Samenblasen). Deren Sekrete sind wesentliche Bestandteile des „Samens" (➥ S. 334). Hier wird sie auch beim älteren Mann oft von einer an sich gutartigen Wucherung der Vorsteherdrüse zusammengepreßt. Häufig wird eine Operation nötig, um den freien Abfluß des Harns zu sichern. Dazu muß der Bauch meist nicht aufgeschnitten werden, sondern man kann durch die Harnröhre hindurch mit der elektrischen Schlinge die Geschwulst der Vorsteherdrüse in Spänen abtragen (transurethrale Prostataresektion).
- Im zweiten Abschnitt (im Beckenboden) wird sie vom Harnröhren-Schließmuskel umringt. Mit ihm kann man willkürlich den Harnweg schließen.
- Der Endabschnitt der männlichen Harnröhre liegt im Begattungsorgan „Glied" (Penis). Kurz vor der Mündung ist sie zur Schiffergrube erweitert.

A Männliche Harnröhre mit Harnblasengrund und Drüsen von rückwärts. Aus der Vorsteherdrüse ist ein Segment herausgeschnitten, um den Spritzkanal (Endabschnitt des Samenleiters nach Einmündung der Samenblasen) darzustellen.

B Männliche Harnröhre, von vorn her eröffnet. Man achte auf die 3 Schwellkörper.

1	Harnblase	Vesica urinaria
2	Harnleiter	Ureter
3	Samenleiter (erweiterter Teil)	Ampulla ductus deferentis
4	Samenblase (= Bläschendrüse)	Vesicula (Glandula) seminalis
5	Spritzkanal	Ductus ejaculatorius
6	Vorsteherdrüse	Prostata (Glandula prostatica)
7	Harnröhre, membranöser Abschnitt	Urethra masculina, Pars membranacea
8	Cowper-Drüse	Glandula bulbo-urethralis
9	Gliedschwellkörper	Corpora cavernosa penis
10	Harnröhrenschwellkörper	Corpus spongiosum penis
11	Eichel	Glans penis
12	Harnblasendreieck	Trigonum vesicae
13	Harnleitermündung	Ostium ureteris
14	Innerer Harnröhrenmund	Ostium urethrae internum
15	Spritzkanäle (Mündung)	Ductus ejaculatorii
16	Schiffergrube (Erweiterung der Harnröhre vor dem äußeren Harnröhrenmund)	Fossa navicularis urethrae
17	Vorhaut	Preputium penis
18	Äußerer Harnröhrenmund	Ostium urethrae externum
19	Ausführungsgang (der Samenblase)	Ductus excretorius
20	Schwellkörperschenkel (am Schambein angeheftet)	Crus penis
21	Rinne zwischen den Gliedschwellkörpern	[Sulcus corporum cavernosorum penis]
22	Eichelkrone	Corona glandis
23	Bauchfelltasche zwischen Harnblase und Mastdarm	Excavatio rectovesicalis
24	Harnblasengrund	Fundus vesicae
25	Unterer Schambeinast (abgesägt)	Ramus inferior ossis pubis
26	Verdicktes Ende des Harnröhrenschwellkörpers	Bulbus penis
27	Harnblasenzäpfchen (Vorwölbung über Vorsteherdrüse)	Uvula vesicae
28	Schleimhautfalte an der Hinterwand der Harnröhre	Crista urethralis
29	Samenhügel	Colliculus seminalis
30	Ausführungsgänge der Vorsteherdrüse	Ductus prostatici
31	Ausführungsgang der Cowper-Drüse	Ductus glandulae bulbo-urethralis
32	Derbe Bindegewebehülle der Gliedschwellkörper	Tunica albuginea corporum cavernosorum
33	Schwellkörperbälkchen	Trabeculae corporum cavernosorum
34	Schwellkörperkavernen (blutgefüllte Räume)	Cavernae corporum cavernosorum
35	Buchten der Harnröhrenschleimhaut (mit Mündungen der Harnröhrendrüsen)	Lacunae urethrales (Glandulae urethrales)
36	Tiefe Gliedschlagader	A. profunda penis
37	Rankenschlagadern	Aa. helicinae
38	Schleimhautfalte am oberen Rand der Schiffergrube	Valvula fossae navicularis

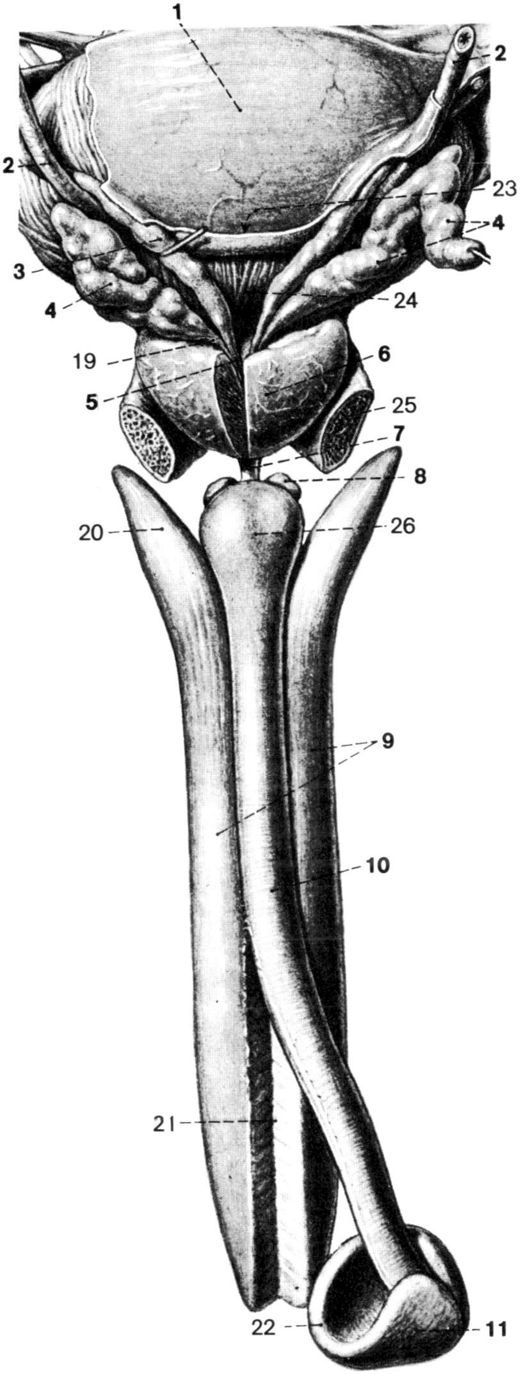
1
2
2
23
4
3
4
24
6
19
5
25
7
8
20
26
9
10
21
22
11

A

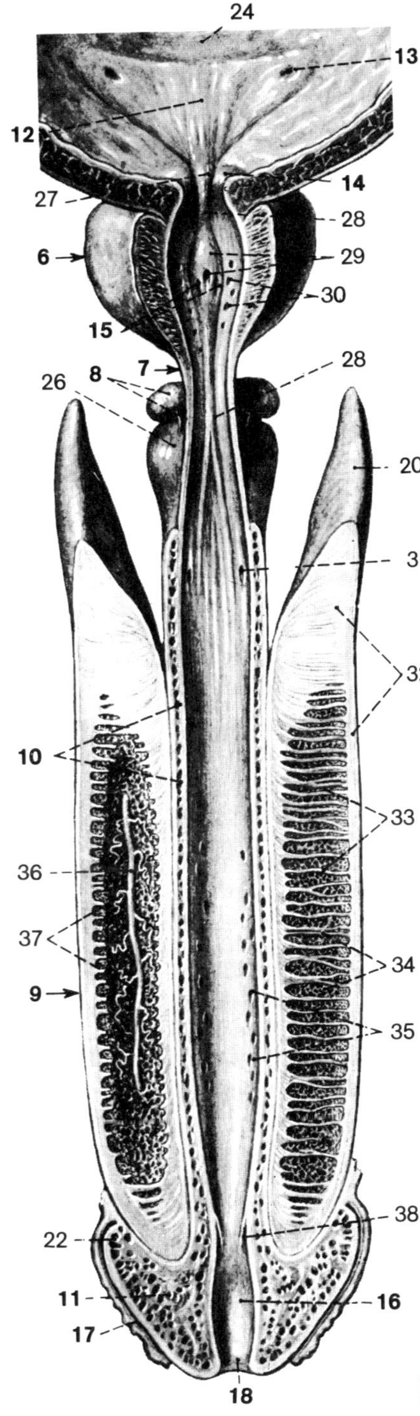
24
13
12
14
27
28
6
29
30
15
7
28
8
26
20
31
32
10
33
36
37
34
9
35
38
22
11
16
17
18

B

Männliches Glied

3 Schwellkörper im männlichen Glied:
- 2 Gliedschwellkörper: zu harter Schwellung fähig, am Schambein verankert
- 1 Harnröhrenschwellkörper: enthält Harnröhre, nur weiche Schwellung, endet mit Eichel

Das Glied (Penis) hat die Aufgabe, den Samen tief in die Scheide, möglichst unmittelbar vor die äußere Öffnung der Gebärmutter (Muttermund), einzuführen. Zu diesem Zweck besitzt es die Fähigkeit der „Erektion" (Aufrichtung): Es wird steifer, länger und dicker. Die Versteifung kommt durch die Füllung mit Schlagaderblut zustande (das Blut in den Venen hat einen zu niedrigen Druck!). Damit dabei die Harnröhre nicht zugedrückt wird, ist diese nicht in die paarigen Gliedschwellkörper, sondern unterhalb derselben in das Schwammgewebe des Harnröhrenschwellkörpers eingelassen. Dieser Harnröhrenschwellkörper endet in der Eichel, die ebenfalls nur zu einer weichen Schwellung, nicht aber zu einer harten Erektion fähig ist. Sie wirkt beim Geschlechtsverkehr als eine Art Stoßdämpfer.

A Beckenboden des Mannes von unten. Wichtigster Verschluß des Beckenausgangs ist bei Frau (➥ S. 325, A) und Mann der trichterförmig auf den After zu verlaufende Afterheber. Dieser Muskel läßt nach vorn jedoch ein „Tor" offen, durch das die Harnröhre (bei der Frau zusätzlich die Scheide) hindurchtritt (➥ S. 119, B). Dieses Tor wird durch eine Bindegewebe-Muskel-Platte verschlossen, die im Schambeinbogen ausgespannt ist (Urogenitalzwerchfell = Diaphragma urogenitale.

B Vorderer Abschnitt des männlichen Gliedes. Die Haut ist auf der rechten Seite abgeschnitten, die Vorhaut auseinandergezogen, um den Vorhautsack zu zeigen. Die Vorhaut ist mit dem Vorhautbändchen an der Eichelunterseite angewachsen. Die gesunde Vorhaut kann ohne Schwierigkeit zurückgestreift werden, so daß die Eichel freiliegt (nicht bei der Vorhautverengung = Phimose, ➥ S. 341, F).

C Mikroskopisches Bild der *Samenblase* (Ausschnitt, Vergrößerung etwa 50fach). Der Name der Samenblase ist irreführend: Es handelt sich nicht um einen Samenspeicher (das ist der Nebenhoden), sondern um eine schlauchförmige zusammengeknäuelte Drüse (gestreckt etwa 12-20 cm lang). Ihr Ausführungsgang vereinigt sich mit dem Samenleiter zum sog. Spritzkanal. Dieser zieht durch die Vorsteherdrüse hindurch und mündet in die Harnröhre. Das fruchtzuckerreiche Sekret der Samenblasen ernährt die Samenzellen, mit denen es beim Samenerguß vermischt wird.

1	Steißbein	Os coccygis (Coccyx)
2	After	Anus
3	Afterheber	M. levator ani
4	Äußerer Afterschließmuskel	M. sphincter ani externus
5	Großer Gesäßmuskel	M. gluteus maximus
6	Urogenitalzwerchfell (Bindegewebe-Muskel-Platte)	Diaphragma urogenitale
7	Sitzbein-Schwellkörper-Muskel	M. ischiocavernosus
8	Harnröhrenschwellkörpermuskel	M. bulbospongiosus
9	Harnröhrenschwellkörper	Corpus spongiosum penis
10	Cowper-Drüse	Glandula bulbo-urethralis
11	Großer Anzieher	M. adductor magnus
12	Sitzbeinhöcker	Tuber ischiadicum (ischiale)
13	Eichel	Glans penis
14	Äußerer Harnröhrenmund	Ostium urethrae externum
15	Vorhaut	Preputium penis
16	Sitzbein-After-Grube (zwischen Beckenwand und Afterheber)	Fossa ischioanalis
17	Gesäßfaszie (auf dem großen Gesäßmuskel)	[Fascia glutea]
18	After-Steißbein-Band	Lig. anococcygeum
19	Beckenfaszie (auf dem inneren Hüftlochmuskel)	Fascia obturatoria
20	Kreuzbein-Sitzbeinhöcker-Band	Lig. sacrotuberale
21	Oberschenkelfaszie	Fascia lata
22	Durchtrittsstellen für Gefäße und Nerven	-
23	Schlanker Muskel	M. gracilis
24	Fleischhaut des Hodensacks	Tunica dartos
25	Sehnenzentrum des Damms	Centrum tendineum perinei
26	Tiefer querer Dammuskel	M. transversus perinei profundus
27	Oberflächlicher querer Dammuskel	M. transversus perinei superficialis
28	Vorhautzügel	Frenulum preputii
29	Vene	Vena
30	Eichelkrone	Corona glandis

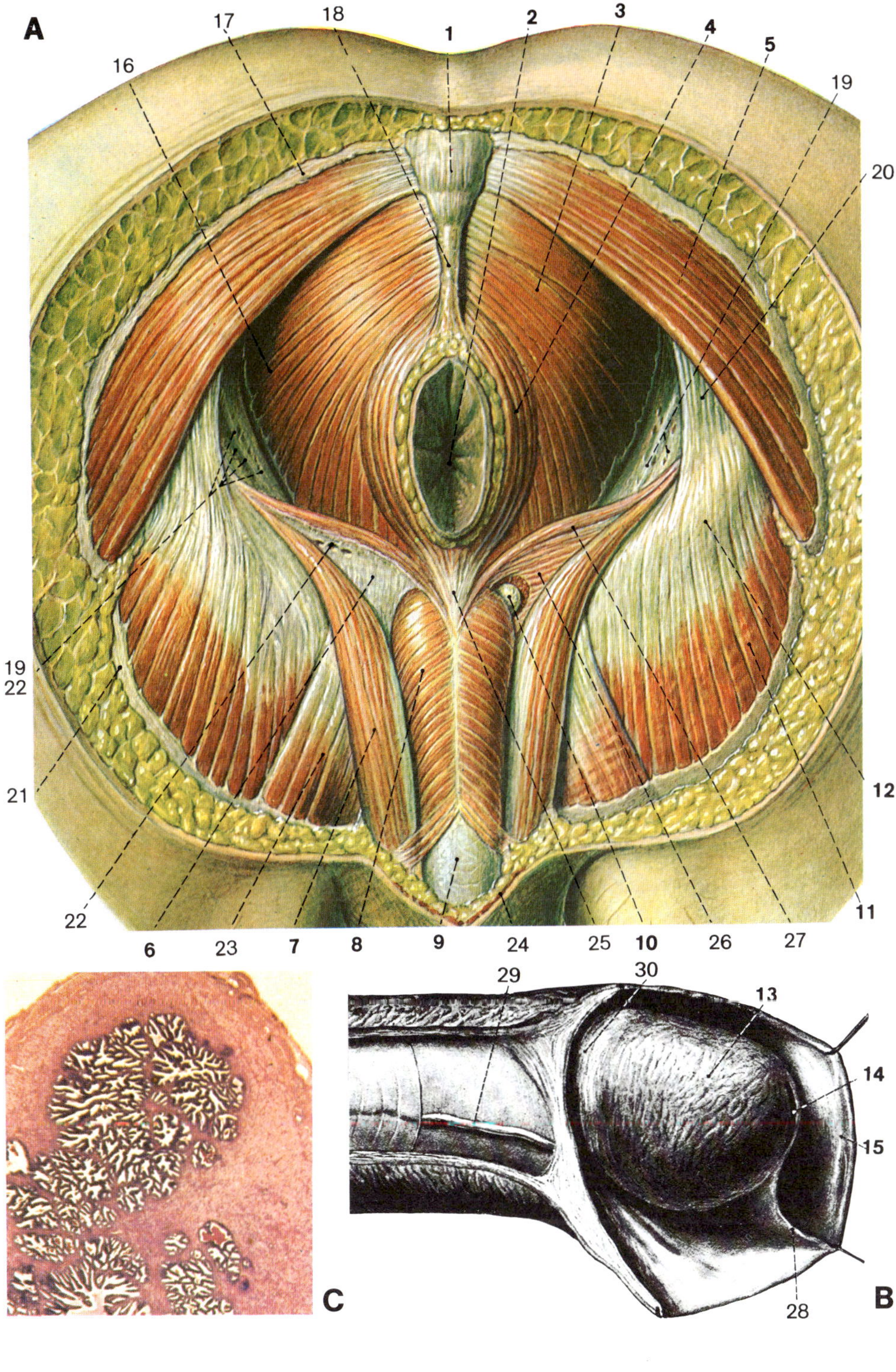
A
17
18
1
2
3
4
5
16
19
20
19
22
21
12
22
6
23
7
8
9
24
25
10
26
27
11
29
30
13
14
15
28
C
B

Hodensack

> Die Hodensackhaut ist dünn, fettarm und von einer Schicht glatter Muskeln unterlagert, sie ist
> - glatt (schlaff) bei herabhängendem Hoden
> - gerunzelt (angespannt) bei gehobenem Hoden

Der Hodensack paßt mit seiner Muskelschicht („Fleischhaut") die Haut an die jeweilige Stellung des Hodens (Temperaturregelung, ➥ S. 112) an. Die Bewegung des Hodens kann man beim Kremasterreflex unmittelbar beobachten: Streicht man beim Mann über die Innenseite des Oberschenkels, so wird der gleichseitige Hoden vom Hodenheber (Kremaster) hochgezogen.

Der Hodensack schafft zugleich Reserven für die Gliedhaut. Das Glied wird bei der Versteifung länger und dicker und muß doch mit Haut bedeckt bleiben. Es hat dafür 3 Reserven:

- Die Haut des nichtversteiften Glieds ist schlaff und kann gedehnt werden.
- Die Vorhaut gleitet auf den Gliedschaft zurück.
- Hodensackhaut wird auf das Glied gezogen.

A Äußere männliche Geschlechtsorgane mit Blutgefäßen und Nerven. Die Hodenhüllen sind eröffnet, auf der rechten Seite des Präparats (linke Bildhälfte) auch der Samenstrang. Das Bild vermittelt einen Eindruck vom komplizierten Bau der Region.

B Querschnitt durch das männliche Glied. Man sieht deutlich die 3 Schwellkörper, im unpaaren die Harnröhre. Die Gliedhaut ist gegen die Faserhaut der Schwellkörper gut verschieblich.

C Veränderungen der männlichen Geschlechtsorgane bei sexueller Erregung: Der Penis schwillt an (Erektion). Dabei wird die Harnröhre gestreckt und verlängert. Zugleich nimmt die Weite der Lichtung zu. Der Hoden wird durch den Hodenheber an den Damm gezogen. Der Samenleiter wird verkürzt.

D Einführen eines weichen Katheters in die Harnblase. „Katheterisieren" kann nötig sein, um z.B. bei einer Harnverhaltung (vor allem beim älteren Mann mit vergrößerter Vorsteherdrüse) die Harnblase zu entleeren. Man achte auf:

- Keimfreiheit (Aseptik): Infektionen der Harnblase sind oft nur mühsam zu behandeln. Es droht außerdem der Aufstieg der Infektion in das Nierenbecken. Deshalb ist alles zu unternehmen, was die Infektionsgefahr mindert: steriler Katheter, sterile Pinzette, sterile Gummihandschuhe. Der Katheter soll nicht länger als unbedingt nötig in der Harnblase belassen werden. Seine Lichtung ist geradezu eine Autobahn für das Einwandern von Bakterien. „Dauerkatheter" sind möglichst zu vermeiden.
- Schonendes Vorgehen: Durch Strecken und Anheben des Glieds wird die Doppelkrümmung der Harnröhre zum einfachen Bogen ausgeglichen.

E Einführen eines starren Rohrs (Katheters) in die Harnblase. Hierbei ist besondere Vorsicht geboten, damit die Katheterspitze im Beckenboden nicht die die Harnröhrenwand durchbohrt.

F Vorhautverengung (Phimose). Vorhaut und Eichel sind beim Säugling miteinander verklebt. Im Laufe der ersten drei Lebensjahre löst sich diese Verklebung. Die Vorhaut kann dann über die Eichel zurückgestreift werden. Gelingt dies nicht, so ist das Reinigen des Vorhautsacks erschwert. Die sich ansammelnde Vorhautschmiere (Smegma) verbreitet üblen Geruch und begünstigt chronische Entzündungen. Bei häufigen Entzündungen ist an die Beschneidung zu denken.

1	Gliedschwellkörper	Corpus cavernosum penis
2	Harnröhrenschwellkörper	Corpus spongiosum penis
3	Harnröhre, Schwellkörperabschnitt	Urethra masculina, Pars spongiosa
4	Samenleiter	Ductus deferens
5	Hodenschlagader	A. testicularis
6	Rankenvenengeflecht	Plexus pampiniformis
7	Nebenhodenkopf	Caput epididymidis
8	Hoden	Testis (Orchis)
9	Eichel	Glans penis
10	Äußerer Harnröhrenmund	Ostium urethrae externum
11	Hodenheber	M. cremaster
12	Nebenhodenkörper	Corpus epididymidis
13	Oberflächliche Gliedfaszie	Fascia penis superficialis
14	Tiefe Gliedschlagader	A. profunda penis
15	Gliedrückenvene	V. dorsalis profunda penis
16	Gliedrückennerv	N. dorsalis penis
17	Gliedscheidewand	Septum penis
18	Faserhaut der Gliedschwellkörper	Tunica albuginea corporum cavernosorum
19	Gliedrückenschlagader	A. dorsalis penis
21	Innere Samenstrangfaszie	Fascia spermatica interna
22	Oberflächliche Bauchwandvene	V. epigastrica superficialis
23	Äußere Schamvene	V. pudenda externa

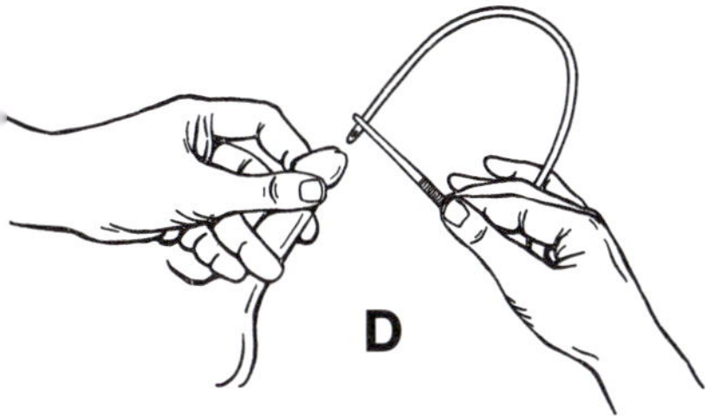

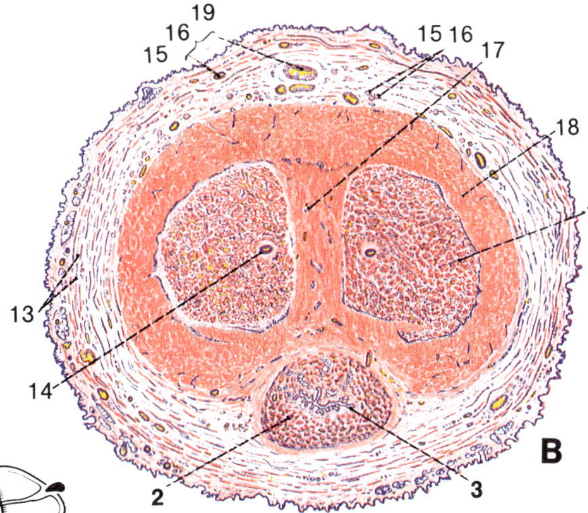

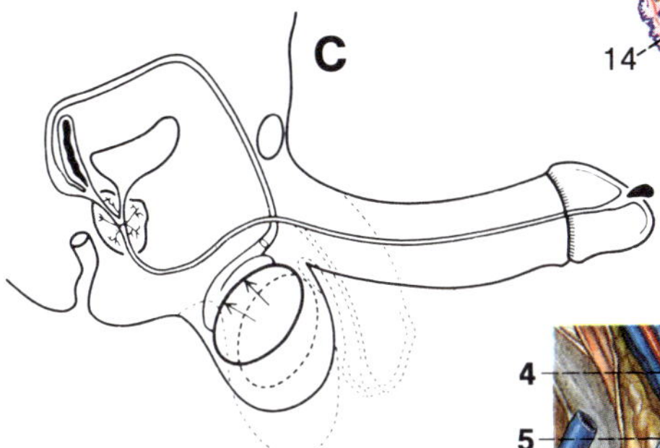

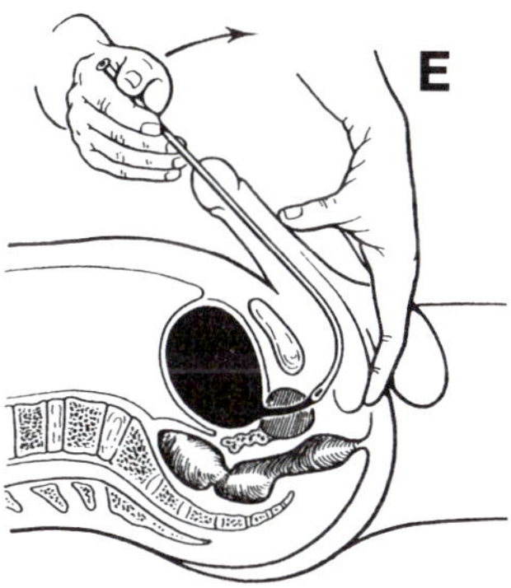

A

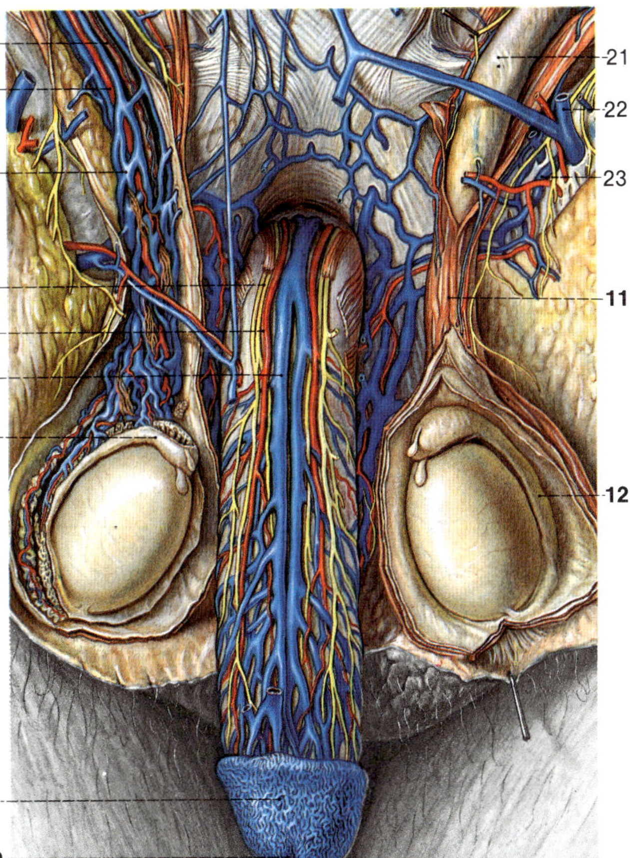

F

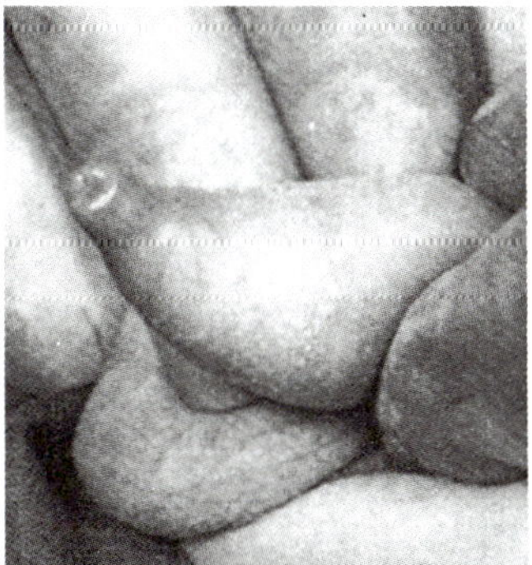

Zwitter

- Echte Zwitter (Hermaphroditen) haben Eierstöcke + Hoden oder kombinierte Keimdrüsen
- Scheinzwitter (Pseudohermaphroditen) haben Keimdrüsen des einen, aber äußere Merkmale des anderen Geschlechts

A-E Übergangsformen zwischen typisch weiblichen und typisch männlichen Geschlechtsorganen.
F Schema der verschiedenen Formen des Kitzlers und der großen Schamlippen bei Scheinzwittern. „Echte" Zwitter kommen beim Menschen extrem selten vor. Relativ häufig hingegen sind „falsche" Zwitter = Scheinzwitter: Männliche Pseudohermaphroditen haben Hoden, aber ihre äußeren Geschlechtsmerkmale sehen eher weiblich aus. Weibliche Pseudohermaphroditen haben Eierstöcke, aber einen penisartigen Kitzler.
G Turner-Syndrom (X0): nur 1 X-Chromosom, kein Y-Chromosom (S. 35).
H Klinefelter-Syndrom (XXY): 2 X-Chromosomen + 12 Y-Chromosom.
I + J Penisartige Entwicklung des Kitzlers bei einem Mädchen mit angeborener Störung der Nebennierenrinde (adrenogenitales Syndrom, ➥ S. 270 und 273).
K Äußere Geschlechtsorgane bei einem 8jährigen Mädchen mit adrenogenitalem Syndrom. Es war ursprünglich als Knabe angesehen und entsprechend erzogen worden.
L + M 22jährige Patientin mit angeborener Überfunktion der Nebennierenrinde. Der Kitzler ist penisartig vergrößert. Harnröhre und Scheide münden gemeinsam.
N Weibliche Entfaltung der Brustdrüsen bei einem Mann nach Einnahme weiblicher Geschlechtshormone (vor einer geschlechtsumwandelnden Operation).
O Frontales Magnetresonanzschichtbild (MRT) des Hinterbauchraums (➥ S. 20, C). In der Mitte des Bildes sieht man die Wirbelsäule (Wirbelkörper hell, Bandscheiben dunkel) mit den beiden großen Lendenmuskeln (dunkel), oben die Lungen (dunkel). Unter der rechten Zwerchfellkuppel (hell, im Bild links) liegt die Leber, darunter die rechte Niere. Unter der linken Zwerchfellkuppel findet man die Milz und die linke Niere. Der ovale dunkle Fleck zwischen Milz und Wirbelsäule ist eine Geschwulst der Nebennierenrinde, die ein adrenogenitales Syndrom verursacht hat. *Allgemeines über MRT ➥ S. 466.*

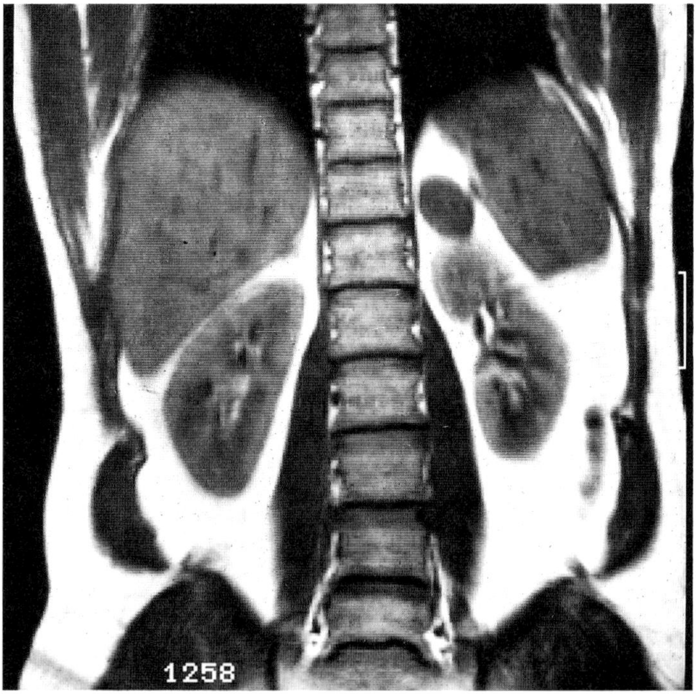

O

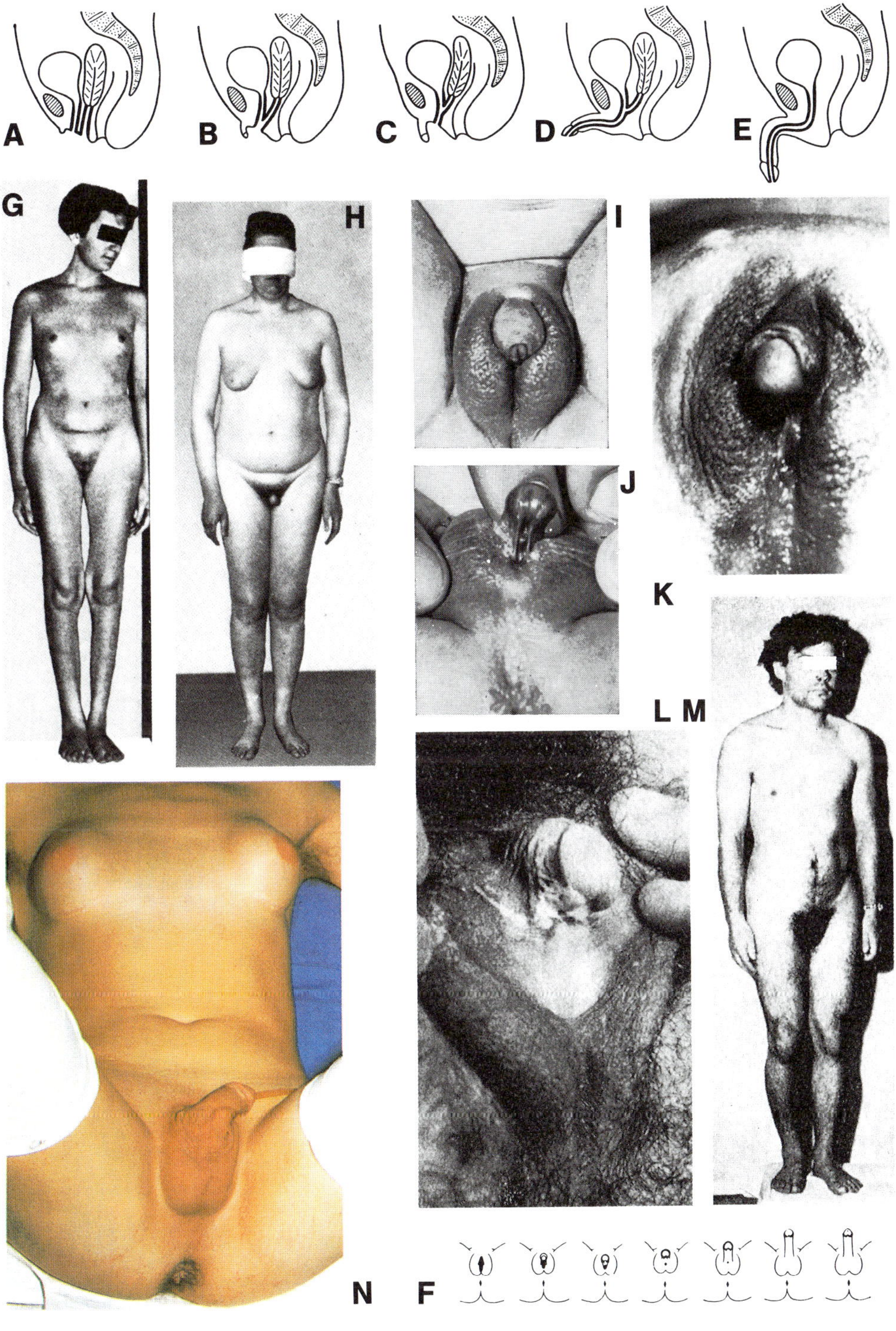
A
B
C
D
E
G
H
I
J
K
L M
N
F

Frühentwicklung

Erste Entwicklungswoche:
- befruchtete Eizelle (Zygote)
- Maulbeerstadium (Morula)
- Bläschenstadium (Blastozyste)

Die ersten Entwicklungsschritte der befruchteten Eizelle bestehen in Zellteilungen (2 → 4 → 8 → 16 Zellen usw.). Die Größe der Zygote ändert sich dabei nicht, d.h., die Zellen werden immer kleiner. Den kugeligen Zellhaufen vergleicht man mit einer Maulbeere. Im späten *Maulbeerstadium* sind die äußerlich gleichen Zellen schon spezialisiert:
- Die innen gelegenen Zellen werden den Embryo bilden (*Embryoblast*).
- Aus den außen gelegenen werden Mutterkuchen und Eihäute hervorgehen (*Trophoblast*). Der Trophoblast wächst zunächst sehr viel rascher als der Embryoblast. Er hebt sich stellenweise von diesem ab. Der Spalt füllt sich mit Flüssigkeit.

Um den 7. Tag nach dem Eisprung beginnt die Einnistung in die Gebärmutterschleimhaut.

A Entwicklung der befruchteten Eizelle auf dem Weg vom Eierstock zur Gebärmutter. Meist wird der weite Teil des Eileiters rasch, der enge Teil langsam durchlaufen. Das Schema zeigt die Entwicklungsschritte, wenn die Eizelle schon im Eileitertrichter befruchtet wird (häufig wird sie dies erst am Übergang vom weiten zum engen Teil).
- Geht der Transport sehr schnell oder ist die Entwicklung verzögert, so ist die befruchtete Eizelle noch nicht zur Einbettung reif, wenn sie in der Gebärmutterhöhle eintrifft. Sie wird dann meist durch den Gebärmutterhalskanal ausgestoßen (= keine Schwangerschaft trotz Befruchtung). Sie kann sich auch noch im scheidennahen Abschnitt der Gebärmutter einnisten. Dies ist sehr ungünstig, weil dann der Mutterkuchen (Plazenta) quer vor dem Muttermund zu liegen kommt (Placenta praevia: „vor dem Weg"). Die Plazenta versperrt dem Kind den Geburtsweg, was erhebliche Geburtskomplikationen zur Folge hat (➥ S. 352).
- Bei zu langsamem Transport oder zu rascher Entwicklung erfolgt die Einbettung schon im Eileiter. Dies führt zur gefürchteten „Eileiterschwangerschaft" (➥ S. 312).

B Spätes Maulbeerstadium (Morula), etwa 3 Tage nach der Befruchtung.

C Vollzogene Einbettung (Implantation, Nidation) der Frucht in die Gebärmutterschleimhaut, etwa 10 Tage nach der Befruchtung. Der Trophoblast ist durch das Deckgewebe der Gebärmutterschleimhaut in die Tiefe gewachsen. Das durch das Eindringen der Blastozyte im Deckgewebe entstandene Loch wurde durch ein Fibringerinnsel geschlossen.

D Zweiblättrige Keimscheibe, etwa 12 Tage nach der Befruchtung. Im Embryoblast haben sich zwei Lagen von Zellen differenziert:
- Aus dem *äußeren Keimblatt* (Ektoderm) entstehen später die Oberhaut, das Nervensystem und Teile der Sinnesorgane.
- Aus dem *inneren Keimblatt* (Endoderm) entwikkeln sich die Deckgewebe der Verdauungs- und Atmungsorgane, der Harnblase und der Harnröhre, ein Teil der Hormondrüsen sowie der Thymus.
- Über und unter den beiden Keimblättern bilden sich Hohlräume aus: unter dem inneren Keimblatt der „Dottersack", über dem äußeren Keimblatt die „Fruchtwasserhöhle".

E-G Bildung des mittleren Keimblatts in der dritten Woche nach der Befruchtung (äußeres Keimblatt blau, inneres Keimblatt rot, mittleres Keimblatt braun).

E Embryoblast und ein kleiner Teil des Trophoblasten bei Beginn der Einstülpung des mittleren Keimblatts. Der Trophoblast formt sich allmählich zur Zottenhaut um (➥ S. 347).

F Einstülpen des mittleren Keimblatts (Gastrulation) von der Fruchtwasserhöhle aus gesehen. Auf der rechten Bildhälfte ist das äußere Keimblatt abgetragen. Aus dem *mittleren Keimblatt* gehen der Bewegungsapparat, die Kreislauforgane, das lymphatische System (mit Ausnahme des Thymus) sowie die Harn- und Geschlechtsorgane (ausgenommen Harnblase und Harnröhre) hervor.

G Schnitt durch die Keimscheibe beim Einstülpen des mittleren Keimblatts.

1	Embryoblast (den Embryo bildend)	Embryoblastus
2	Trophoblast („Ernährungsschicht")	Trophoblastus
3	Äußeres Keimblatt (Ektoderm)	Ectoderma embryonicum
4	Inneres Keimblatt (Endoderm)	Endoderma embryonicum
5	Keimscheibe	Discus embryonicus
6	Fruchtwasserhöhle	Cavitas amniotica
7	Dottersack	Saccus vitellinus
8	Zottenhaut	Chorion
9	Siebhaut, basaler Teil	Decidua basalis
10	Siebhaut, Kapselteil	Decidua capsularis
11	Außerhalb des Embryos gelegenes mittleres Keimblatt	Mesoderma extra-embryonicum
12	Haftstiel	Pedunculus connectens (corporealis)

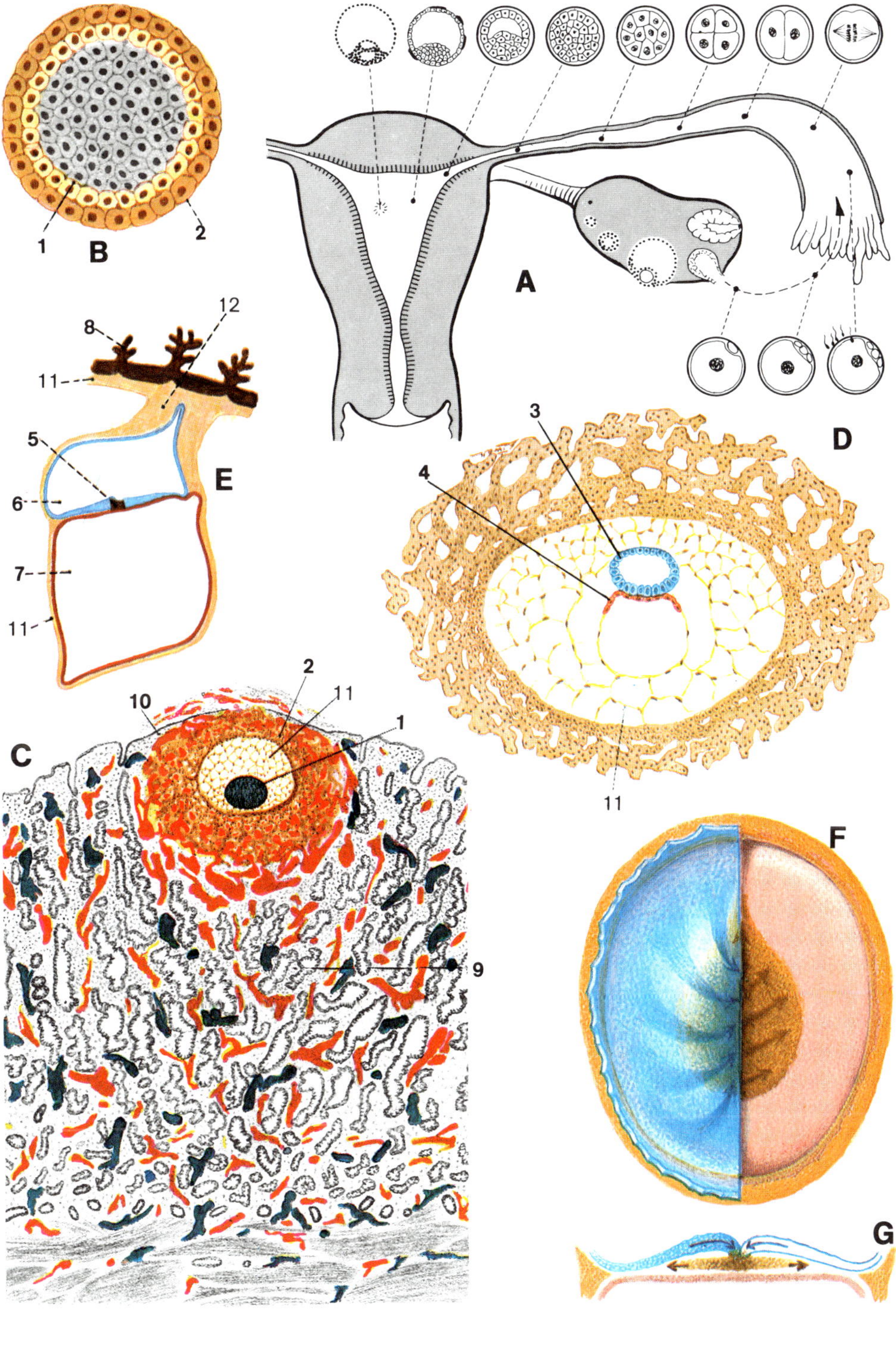
B
1
2
A
E
8
11
12
5
6
7
11
D
3
4
11
C
10
2
11
1
9
F
G

Leibesfrucht

Bis zur achten Entwicklungswoche bezeichnet man die Frucht als *Embryo*, danach als *Fetus*
- Während der Embryonalperiode laufen alle wesentlichen Ausgestaltungen (Organbildung) ab
- Die Fetalzeit ist durch Wachstums- und Reifungsvorgänge gekennzeichnet

A + B Lage der Frucht in der Gebärmutter.

C + D Entwicklung der Eihäute. In frühen Entwicklungsstadien (**C**) umgibt die Zottenhaut die ganze Frucht. In späteren Stadien (**D**) beschränken sich die Zotten auf den Bereich des Mutterkuchens (Plazenta). Die Höhle der Schafshaut enthält das Fruchtwasser. Es umgibt schützend die Frucht ähnlich wie das Hirnwasser das Zentralnervensystem.

E Noch ganz mit Zotten besetzte Frucht entsprechend dem Schema C.

F Querschnitt durch einen menschlichen Embryo am Beginn der vierten Woche nach der Befruchtung. In der vierten bis achten Woche entstehen die Organanlagen. Als erste Organe werden das Zentralnervensystem und das Herz angelegt. Das äußere Keimblatt faltet sich zur Neuralrinne ein. Sie schließt sich in den nächsten Tagen zum Neuralrohr (Abb. G). Dessen obere Abschnitte verbreitern sich rasch und entwickeln sich zu den einzelnen Hirnteilen. Die unteren Abschnitte behalten zunächst die Röhrenform bei und werden zum Rükkenmark. Im mittleren Keimblatt beginnt in der vierten Woche vom Kopfbereich absteigend eine Segmentierung. Die sogenannten Ursegmente sind Vorläufer der Wirbel, der Skelettmuskeln, der Vor- und Urniere usw. Es werden 4 Kopf-, 8 Hals-, 12 Brust-, 5 Lenden-, 5 Kreuzbein- und 8-10 Steißbeinursegmente angelegt. Ein Teil Kopf- und der Steißbeinursegmente löst sich wieder auf.

G Schema des Querschnitts durch einen Embryo in der vierten Woche nach der Befruchtung.

H Schematisierter Längsschnitt durch einen menschlichen Embryo in der siebenten Woche nach der Befruchtung. Bis zum Ende des zweiten Entwicklungsmonats sind alle wichtigen Organe angelegt. Der Embryo beginnt menschenähnlich auszusehen. Sein Herz schlägt schon seit der fünften Entwicklungswoche. Die äußeren Geschlechtsorgane von Mädchen und Knaben unterscheiden sich jedoch noch nicht.

1	Embryo („Leibesfrucht")	Embryo
2	Zottenhaut (aus Trophoblast und mittlerem Keimblatt)	Chorion
3	Fruchtwasserhöhle	Cavitas amniotica
4	Siebhaut (Schleimhaut der schwangeren Gebärmutter)	Decidua
5	Muskelwand der Gebärmutter	Tunica muscularis (Myometrium)
6	Gebärmutterhöhle	Cavitas uteri
7	Muttermund	Ostium uteri
8	Scheide	Vagina
9	Schafshaut (= Wasserhaut)	Amnion
10	Nabelschnur	Funiculus umbilicalis
11	Dottersack	Saccus vitellinus
12	Äußeres Keimblatt (Ektoderm)	Ectoderma embryonicum
13	Inneres Keimblatt (Endoderm)	Endoderma embryonicum
14	Mittleres Keimblatt innerhalb der Frucht (Mesoderm)	Mesoderma intra-embryonicum
15	Neuralrinne	Sulcus neuralis
16	Neuralrohr	Tubus neuralis
17	Mund	Os
18	Speiseröhre	Oesophagus
19	Luftröhre	Trachea
20	Herz	Cor
21	Leber	Hepar
22	Magen	Gaster (Ventriculus)
23	Zwölffingerdarm	Duodenum
24	Harnblase	Vesica urinaria
25	Mastdarm	Rectum
26	Blinddarm	Caecum
27	Nabelschleife des Darms	Ansa umbilicalis intestini
28	Nabelschnurgefäße (Nabelvene + Nabelschlagadern)	V. umbilicalis; Aa. umbilicales
29	Ursegment (Somit)	Somitus
30	Mittelplatte	Mesoderma intermedium
31	Seitenplatte	Mesoderma laminae lateralis
32	Spätere Leibeshöhle	Coeloma intra-embryonicum
33	Rückensaite (knorpelartige Vorstufe der Wirbelsäule)	Notochorda (Chorda dorsalis)
34	Hauptschlagader (= Aorta)	Aorta

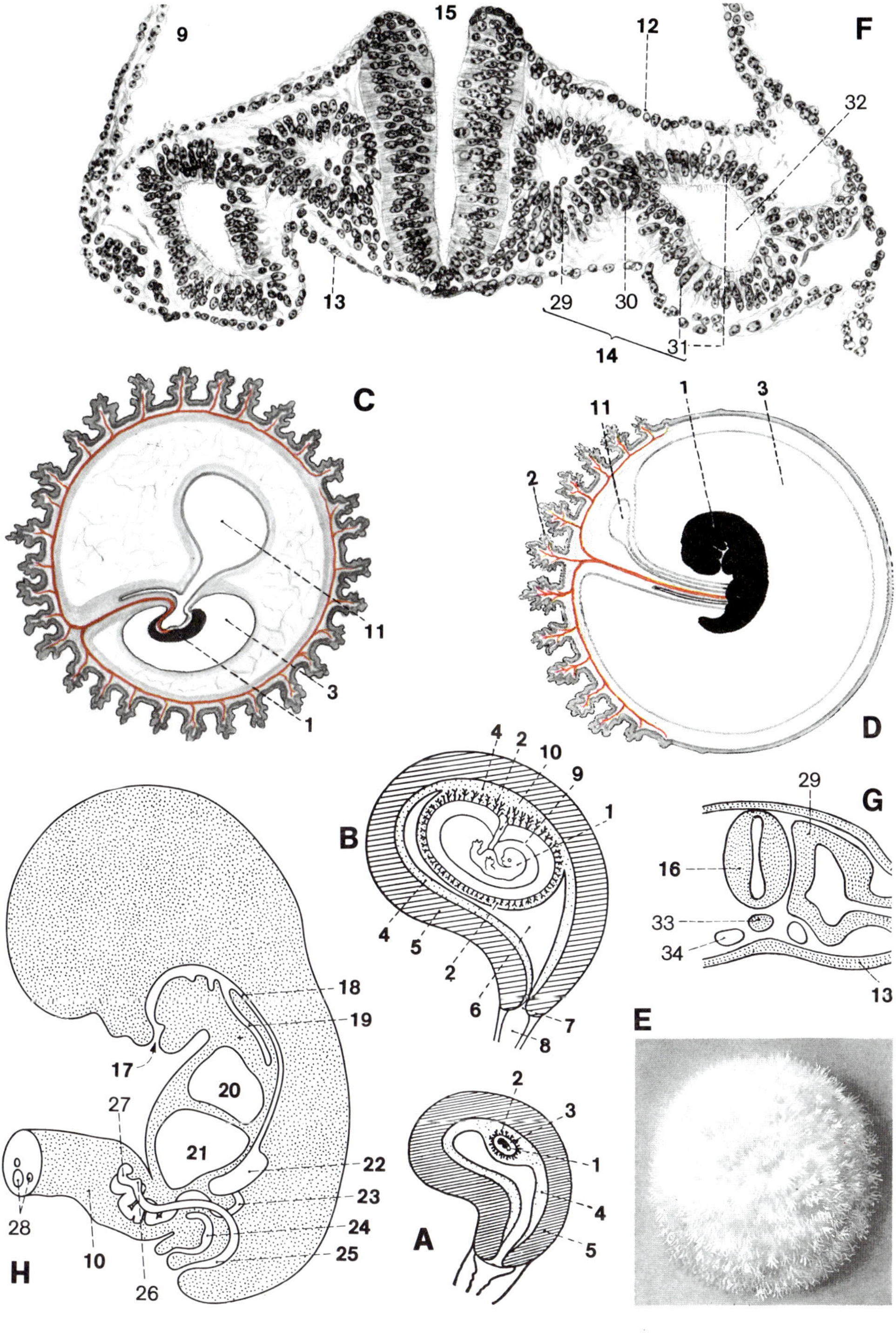

F
9
15
12
32
13
29
30
14
31
C
11
3
1
D
1
3
11
2
B
4
2
10
9
1
4
5
2
6
7
8
G
29
16
33
34
13
H
18
19
17
20
27
21
22
23
24
25
28
10
26
A
2
3
1
4
5
E

Entwicklungsalter und Schwangerschaftsdauer

3 Ausgangspunkte für Zeitangaben:
- Entwicklungsalter: von der Befruchtung an
- Menstruationsalter: vom ersten Tag der letzten normalen Menstruation an
- Schwangerschaft: von ersten Tag der ersten ausgefallenen Menstruation an

Die Entwicklung des Menschen beginnt mit der Befruchtung. Deshalb sollte man (rein theoretisch) das „Alter" eines Menschen von diesem Zeitpunkt an berechnen. Praktisches Problem dabei ist, daß man den Zeitpunkt der Befruchtung nicht genau angeben kann. Deshalb berechnen wir das „Lebensalter" von der Geburt an, obwohl wir dann bereits im Durchschnitt 268 ± 10 Tage (mittlere „Tragzeit") in der Gebärmutter gelebt haben.

Das Problem der Alterangabe besteht schon vor der Geburt. Der Zeitpunkt der Befruchtung könnte auf folgendem Weg geschätzt werden: Die Befruchtung ist nur innerhalb weniger Stunden nach dem Eisprung möglich. Der Eisprung geht dem Beginn der Menstruation in der Regel 14 Tage voraus. Folglich beginnt das Entwicklungsalter rund 14 Tage vor dem Beginn der ersten ausgefallenen Menstruation an. Da der Zeitpunkt der ausgefallenen Menstruation aber wiederum nach der vorhergehenden tatsächlichen Regelblutung abgeschätzt wird, ist es einfacher, gleich vom ersten Tag der letzten normalen Menstruation auszugehen. In der Frauenheilkunde ist es daher üblich, das Alter der Frucht als „Menstruationsalter" anzugeben. Gewöhnlich rechnet man in „Schwangerschaftsmonaten", die nicht Kalendermonate, sondern Mondmonate (Lunarmonate) zu 4 Wochen (28 Tagen) sind. Die mittlere Tragzeit im Menstruationsalter beträgt demnach nicht 9, sondern 10 Monate (40 Wochen). Das „Entwicklungsalter" der Frucht ist um etwa 2 Wochen geringer als das Menstruationsalter. Der Unterschied ist abhängig von der Zyklusdauer der betreffenden Frau. Die Menstruation folgt meist 14 Tage nach dem Eisprung. Folglich ist die größte Wahrscheinlichkeit einer Befruchtung beim 28-Tage-Zyklus 14 Tage nach dem Beginn der letzten Monatsblutung, beim 21-Tage-Zyklus 8 Tage, beim 35-Tage-Zyklus 21 Tage nachher. Entsprechend ändert sich der Unterschied zwischen Menstruationsalter und Entwicklungsalter und letztlich auch die Berechnung des wahrscheinlichen Entbindungstermins.

Die Rechnung mit Menstruationsalter ist wissenschaftlich unbefriedigend, aber der erste Tag der letzten Monatsblutung ist häufig der einzige Zeitpunkt, der richtig angegeben werden kann. Bei unregelmäßigem Zyklus kann man zudem den Befruchtungszeitpunkt kaum eindeutig ermitteln, ausgenommen bei seltenem Geschlechtsverkehr.

Die Frucht beginnt schon wenige Tage nach der Befruchtung den Körper der Mutter zu beeinflussen (➥ S. 352). Der Frau wird dies jedoch erst mit dem Ausbleiben der erwarteten Regelblutung bewußt. Für sie beginnt dann die „Schwangerschaft".

A-D Körperform des Fetus im dritten und vierten Schwangerschaftsmonat in natürlicher Größe.

A Embryo am Beginn des dritten Schwangerschaftsmonats = etwa siebente Entwicklungswoche (➥ S. 347, H). Die Organbildung steht vor dem Abschluß. Der Embryo sieht bereits menschenähnlich aus. Lediglich die Proportionen sind verschoben: Der Kopf macht noch etwa ein Drittel der Gesamtlänge aus (➥ S. 13, B). Arme und Beine sind kurz. Das Auge ist wegen der noch fehlenden Lider weit geöffnet.

B Fetus in der Mitte des dritten Schwangerschaftsmonats (etwa neunte Entwicklungswoche). Die Lider schließen sich. Die Nabelschnur ist in Nähe der Bauchwand verdickt, weil ein Teil des Darms („Nabelschleife") in die Nabelschnur verlagert ist („physiologischer Nabelbruch").

C Fetus am Ende des dritten Schwangerschaftsmonats (etwa elfte Entwicklungswoche). Die Nabelschleife des Darms zieht sich in den Bauchraum zurück. Das Herz arbeitet bereits seit 7 Wochen, Nervensystem und Skelettmuskulatur sind erst jetzt soweit entwickelt, daß die ersten Reflexe bei ausgestoßenen, aber gerade noch lebenden Feten auszulösen sind. Die Bewegungen sind so schwach, daß sie von der Frau nicht wahrgenommen werden.

D Fetus am Ende des vierten Schwangerschaftsmonats (etwa 14. Entwicklungswoche, Maßstab in mm). Der Fetus tritt jetzt in die Phase des raschesten Längenwachstums ein, das Gewicht hingegen nimmt nur langsam zu. Die Frau mit Schwangerschaftserfahrung fühlt manchmal schon jetzt die Kindsbewegungen in der Gebärmutter. In der ersten Schwangerschaft werden diese meist erst am Ende des fünften Schwangerschaftsmonats bemerkt.

E Röntgenbild des Fetus am Ende der Schwangerschaft. Der Fetus „steht kopf", denn der große Kopf muß bei der Geburt wie ein Eisbrecher die Weichteile des Beckens der Mutter auseinanderdrängen (➥ S. 357 und 359). Auf der linken Bildseite erkennt man die Wirbelsäule, auf der rechten die Gliedmaßen des Fetus. Röntgenaufnahmen des Fetus dürfen wegen der Gefahr des Strahlenschadens nur bei zwingender Notwendigkeit vorgenommen werden. Die Ultraschalluntersuchung hat Röntgenaufnahmen von Feten weitgehend entbehrlich gemacht.

F Mutterkuchen (Plazenta) mit Nabelschnur.

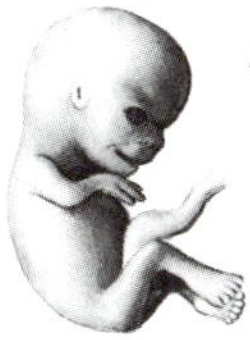

A

B

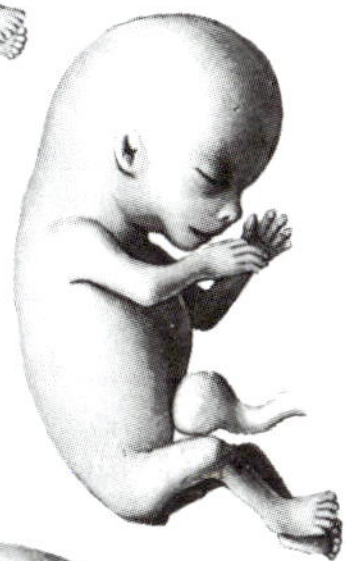

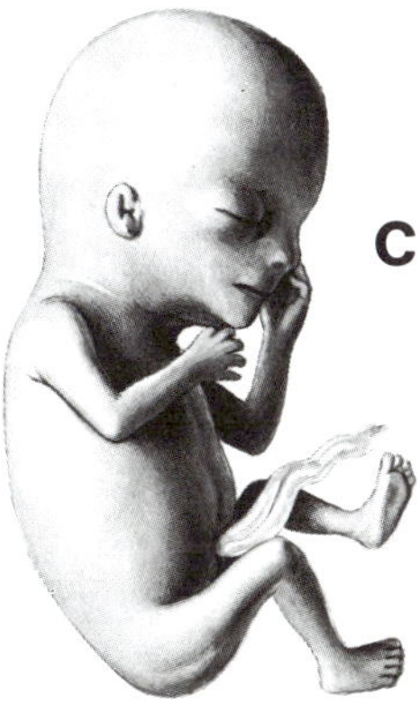

C

E

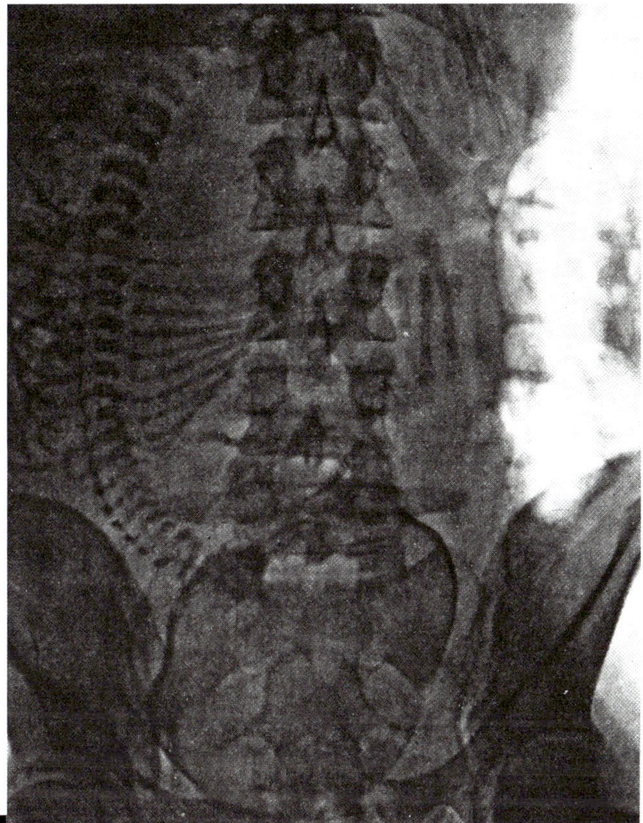

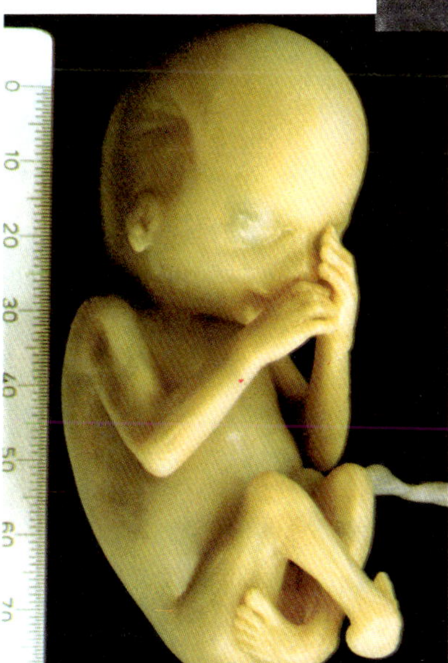

D

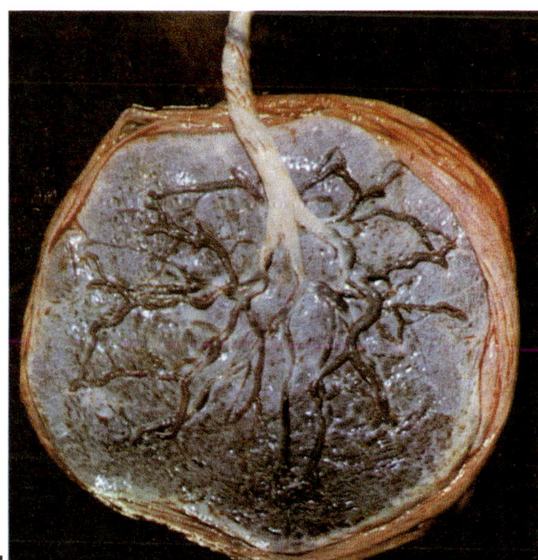

F

Plazenta

Aufgabe der Plazenta: Stoffaustausch zwischen kindlichem und mütterlichem Blut:	
von Blut der Mutter:	*an Blut der Mutter:*
• Sauerstoff • Nährstoffe (Eiweiß, Fett, Kohlenhydrate, Vitamine, Mineralstoffe) • Antikörper • Arzneimittel • im Blut enthaltene Umwelt- und Genußgifte	• Kohlendioxid • Stoffwechselschlacken • Hormone (von der Plazenta erzeugt, um den Körper der Mutter zu steuern)

Die deutsche Bezeichnung „Mutterkuchen" für das Ernährungsorgan der Frucht ist unglücklich: Es verbindet sich zu leicht die Vorstellung damit, daß dieser „Kuchen" von der Mutter für den Embryo gemacht wird. Die Frucht sorgt weitgehend für sich selbst. Sie nutzt lediglich die Möglichkeiten, die der weibliche Körper in jedem Zyklus bereitstellt. Die Plazenta besteht in erster Linie aus Geweben, die sich vom Trophoblasten (S. 344), also der Frucht, ableiten. In Abb. **A** gehören nur die untersten (grau gezeichneten) Schichten (Schleimhaut und Muskelwand der Gebärmutter) zur Mutter.

Die *Zottenhaut* wächst in die Gebärmutterschleimhaut ein. Sie reißt die Blutgefäße der Schleimhaut auf und wird vom mütterlichen Blut umspült. In den Zotten baut die Frucht ihr eigenes Blutgefäßsystem auf. Es ist schon ab der vierten Entwicklungswoche funktionsfähig. Der Blutstrom in den Zotten wird vom Herzen des Embryos in Fluß gehalten. Mütterlicher und kindlicher Blutkreislauf sind völlig getrennt. Der Embryo ist also kein Teil des mütterlichen Körpers, sondern von der Befruchtung an ein selbständiges Lebewesen. Er bewohnt lediglich während der Schwangerschaft den Körper der Mutter und lebt von ihm.

• Die Plazenta übernimmt für die Frucht die Aufgaben, die im nachgeburtlichen Leben Lunge, Darm und Nieren erfüllen werden.

• Die Plazenta ist außerdem eine Hormondrüse. Bereits wenige Tage nach der Befruchtung muß das neu entstandene Lebewesen um sein Überleben kämpfen. Es muß die drohende Monatsblutung verhindern. Dazu muß der Gelbkörper im Eierstock aktiv erhalten werden. Die Zottenhaut der Frucht bildet dazu ein „auf die Keimdrüsen gerichtetes Hormon" (*Choriongonadotropin*, abgekürzt HCG), das dem entsprechenden Hormon der Hirnanhangsdrüse der Frau ähnelt. Dieses Hormon wird in die mütterliche Blutbahn abgegeben und gelangt mit dem Blut zum Eierstock. Erst auf diesem Weg erfährt der Körper der Mutter von der Befruchtung der Eizelle. Er kann sich nun auf die Schwangerschaft einstellen. Manchmal kommt diese Mitteilung zu spät: Die Monatsblutung ist schon ausgelöst und spült die Frucht mit der Funktionsschicht der Gebärmutterschleimhaut fort. Ist jedoch die Gefahr der Monatsblutung gebannt, so erzeugt die Zottenhaut bald soviel HCG, daß man bereits am ersten Tag des Ausbleibens der Monatsblutung dieses Hormon im Harn der Mutter nachweisen kann („Schwangerschaftstest"). In der Folgezeit übernimmt die Plazenta auch die Produktion von *Follikel- und Gelbkörperhormon*. Ab dem dritten Schwangerschaftsmonat wird die gesamte Hormonbildung der Eierstöcke von der Plazenta übernommen. Die Leibesfrucht sorgt damit soweit wie nur möglich für sich selbst.

A Schema vom Bau der Plazenta.

B Mikroskopisches Bild der Plazenta (Vergrößerung etwa 40fach). Im Gegensatz zu den Darmzotten sind die Plazentazotten recht ungleich groß.

C + D Ausstoßen der Plazenta als *Nachgeburt*. Nach der Geburt des Kindes löst sich die Plazenta manchmal sofort, manchmal auch erst nach 30-60 Minuten von der Gebärmutterwand ab und gleitet dann ohne Schwierigkeiten durch die vom Kind erweiterten Geburtswege nach außen. Dann prüft der Geburtshelfer die Nachgeburt sorgfältig auf Vollständigkeit: In der Gebärmutter zurückbleibende Plazentateile behindern das Zusammenziehen der Muskelwand und damit das Abklemmen der eröffneten Blutgefäße. Langanhaltende Blutungen sind die Folge. Zurückgebliebene Plazentateile müssen daher vom Geburtshelfer (auch wegen der Infektionsgefahr) ausgeräumt werden.

1 Nabelschlagadern .... Aa. umbilicales
2 Nabelvene .... V. umbilicalis
3 Zottenhaut .... Chorion
4 Muskelwand der Gebärmutter .... Tunica muscularis (Myometrium)

5 Schafshaut (Wand der Fruchtwasserhöhle) .... Amnion
6 Endzotten .... Villi terminales
7 Fibrin .... Substantia fibrinoidea
8 Zwischenzottenraum (mit mütterlichem Blut gefüllt) .... Spatium intervillosum
9 Haftzotten .... Villi ancorales
10 Scheidewand (der Siebhaut) .... Septum
11 Basalschicht der Gebärmutterschleimhaut .... Endometrium basale

C

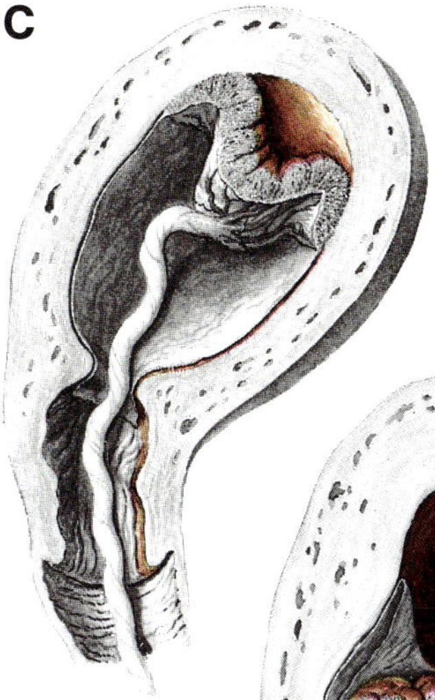

B

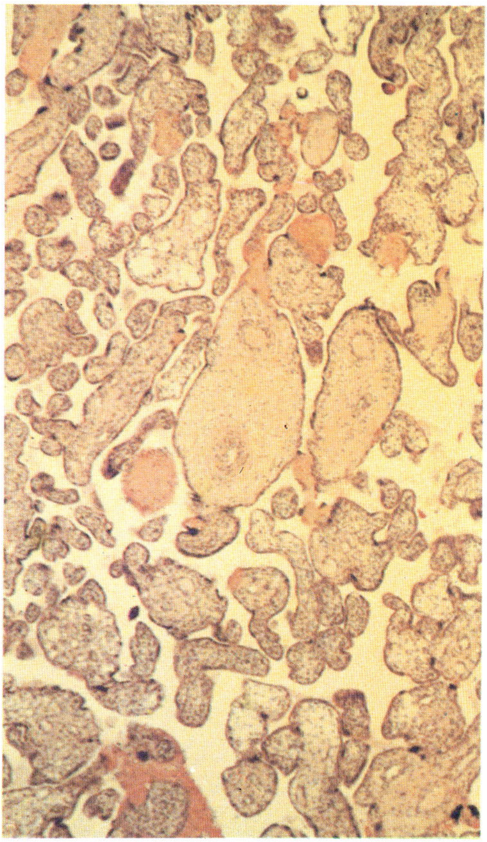

D

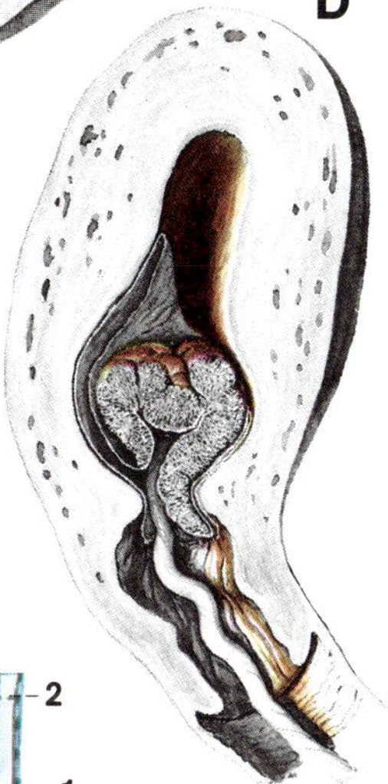

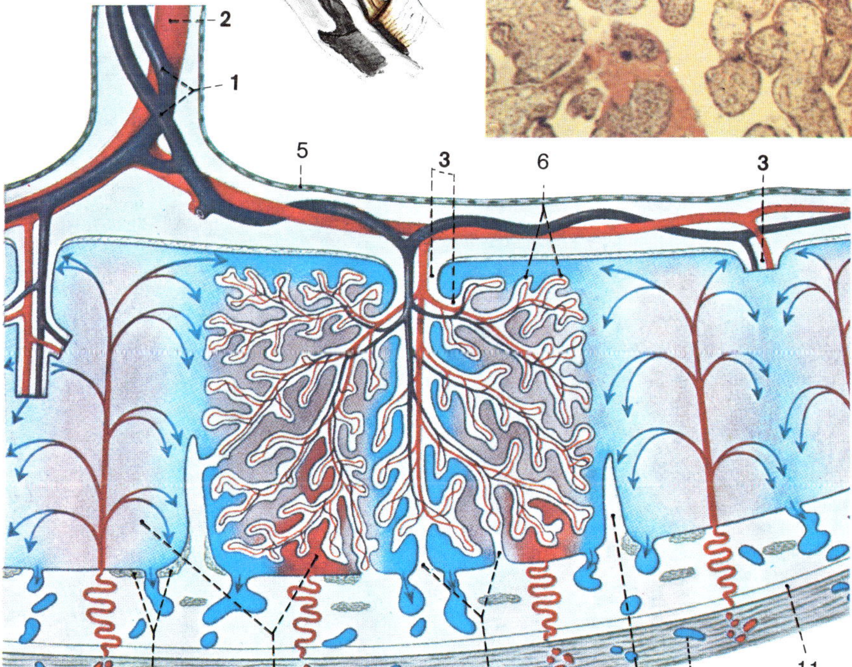

A

Getrennte Blutkreisläufe von Frucht und Mutter
Im Blutserum der Wirbeltiere findet man Antikörper gegen rote Blutkörperchen anderer Tiere der gleichen Art. Sie richten sich gegen bestimmte vererbte Blutgruppenmerkmale, von denen es beim Menschen über 100 verschiedene gibt. Die wichtigsten davon sind das AB0- und das Rhesussystem. Wird bei einer Blutübertragung die Blutgruppe nicht berücksichtigt, so kann es zu einer Verklumpung der roten Blutkörperchen und damit zu einem lebensbedrohenden Zustand kommen. Die Blutgruppenmerkmale werden nach den Mendel-Regeln vererbt. Das Blutgruppenspektrum des Kindes ergibt sich aus der Kombination mütterlicher und väterlicher Blutgruppen (was man zum Nachweis der Vaterschaft nutzt).

- Mutter und Kind haben nur ausnahmsweise völlig gleiche Blutgruppenmerkmale
- Die Kreisläufe von Mutter und Frucht müssen daher vollständig getrennt sein

Blutgruppenunverträglichkeit: In der Spätschwangerschaft werden die Zotten der Plazenta sehr dünn und reißen gelegentlich ein. Dann werden meist einige rote Blutkörperchen des Kindes in die Blutbahn der Mutter eingeschwemmt. Dort werden sie als Eindringlinge identifiziert, und die Mutter bildet Antikörper gegen die ihr fremden Blutgruppenmerkmale. Gelangen diese Antikörper durch die Plazenta in den kindlichen Kreislauf, so können sie schwere Störungen bis zum Tod des Kindes herbeiführen. Da die Sensibilisierung meist erst am Ende der Schwangerschaft erfolgt, wirkt sie sich beim ersten Kind noch nicht aus. Erst die folgenden Kinder mit gleicher Blutgruppe sind betroffen. Glücklicherweise sind nur wenige Konstellationen der Blutgruppen von Mutter und Kind in dieser Hinsicht gefährdet, z.B. die sog. Rh-Inkompatibilität (rhesuspositiver Fetus bei rhesusnegativer Mutter).

A *Blutkreislauf vor der Geburt* (➥ S. 362): Die Frucht reichert ihr Blut nicht in der Lunge, sondern in der Plazenta mit Sauerstoff an. Die Nabelvene mündet in die Pfortader. Die Nabelschlagadern entspringen aus den Beckenschlagadern. Folglich:
- sauerstoffreiches Blut in der unteren Hohlvene,
- sauerstoffarmes Blut in den großen Schlagadern.

Drei Kurzschlüsse mildern die Nachteile dieser Umkehr: der Venengang zur Umgehung der Leber, ein Loch in der Vorhofscheidewand und der Botallo-Schlagadergang zur Umgehung der Lunge.
B Atypische Lage des Mutterkuchens „vor dem (Geburts-) Weg“ (Placenta praevia). Bei der Erweiterung des Geburtsweges reißt der Mutterkuchen, und es droht eine schwere Blutung.

1	Scheide	Vagina
2	Fruchtwasserhöhle	Cavitas amniotica
3	Schlagadergang (Botallo-Gang)	Ductus arteriosus
4	Aortenbogen	Arcus aortae
5	Obere Hohlvene	V. cava superior
6	Stamm der Lungenschlagadern	Truncus pulmonalis
7	Rechter Vorhof	Atrium dextrum
8	Venengang (Arantius-Gang)	Ductus venosus
9	Untere Hohlvene	V. cava inferior
10	Nabelvene	V. umbilicalis
11	Pfortader	V. portae hepatis
12	Nabelschlagadern	Aa. umbilicales
13	Linker Vorhof	Atrium sinistrum
14	Nabelschnur	Funiculus umbilicalis
15	Muttermund	Ostium uteri
16	Gebärmutterenge	Isthmus uteri
17	Schafshaut (Wand der Fruchtwasserhöhle)	Amnion
18	Bauchfellüberzug der Gebärmutter	Tunica serosa (Perimetrium)
19	Randsinus (des Mutterkuchens)	Sinus marginalis
20	Gebärmuttervenengeflecht	Plexus venosus uterinus
21	Zwischenzottenraum (mit mütterlichem Blut gefüllt)	Spatium intervillosum
22	Scheidewand (der Siebhaut)	Septum
23	Freie Zotten	Villi liberi
24	Abgang (der Nabelschnur) aus der Mitte (des Mutterkuchens)	Fixio centralis
25	Schraubenschlagadern	Aa. spirales
26	Siebhaut (Schleimhaut der schwangeren Gebärmutter)	Decidua
27	Muskelwand der Gebärmutter	Tunica muscularis (Myometrium)
28	Zottenreicher Teil der Zottenhaut	Chorion frondosum
29	Glatter Teil der Zottenhaut	Chorion laeve
30	Nabelring	Anulus umbilicalis

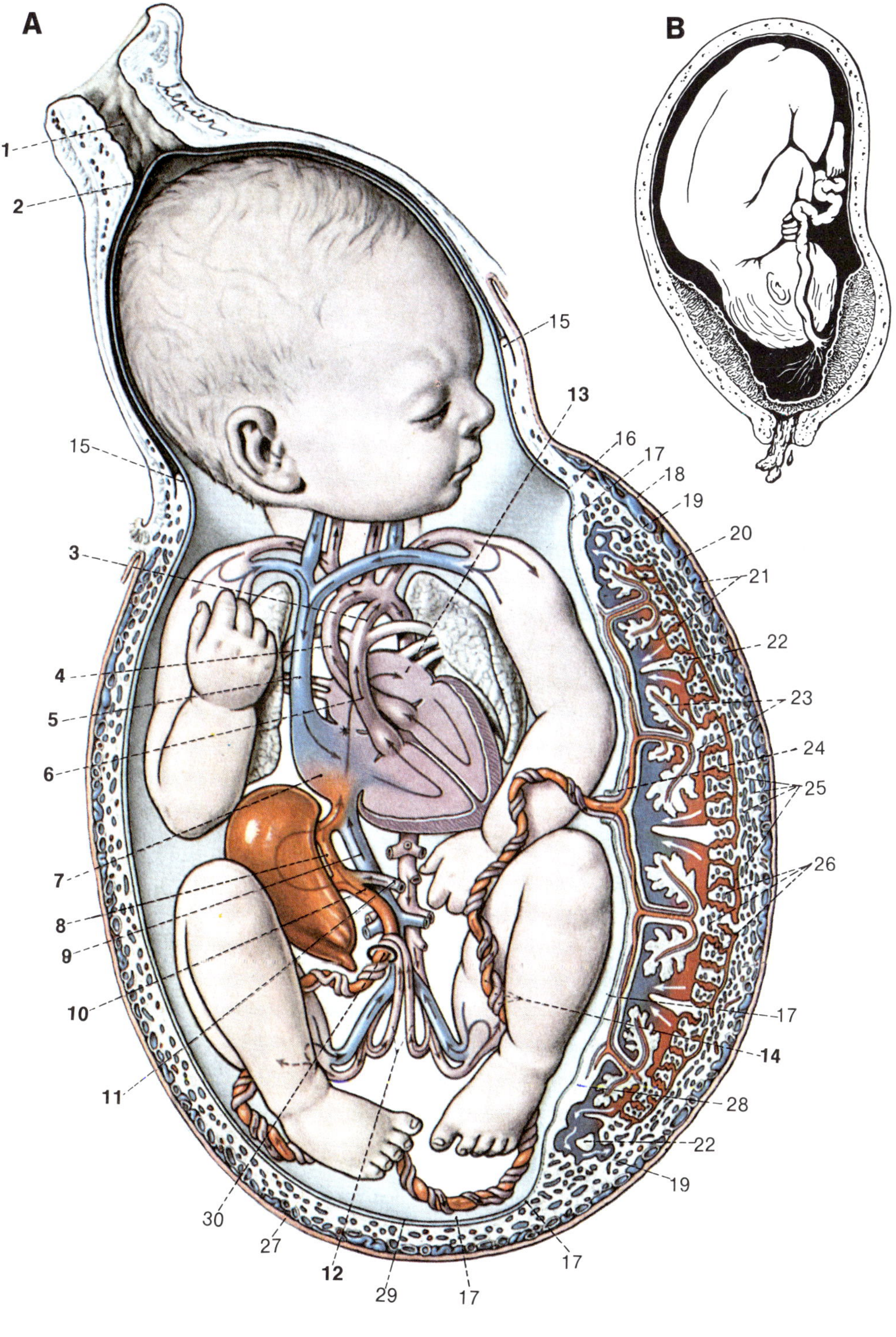
A
B
1
2
3
4
5
6
7
8
9
10
11
12
13
14
15
15
16
17
18
19
20
21
22
23
24
25
26
17
14
28
22
19
30
27
12
29
17
17

Wachstum der Leibesfrucht

Die Frucht wächst in den einzelnen Schwangerschaftsmonaten unterschiedlich rasch: am Anfang sehr langsam (da die befruchtete Eizelle von 1/8 mm Durchmesser nicht gleich einige Zentimeter zunehmen kann), bis zur Mitte der Schwangerschaft immer schneller und dann wieder langsamer. Mit Hilfe einer einfachen, allerdings sehr ungenauen Regel kann man die größte Länge der Frucht (Scheitel-Fersen-Länge) wie folgt in Zentimeter angeben: in den ersten fünf Schwangerschaftsmonaten (Lunarmonaten, ➥ S. 348) als Quadrat der Monatszahl: 1 - 4 - 9 - 16 - 25, dann jeweils um 5 cm zunehmend: 30 - 35 - 40 - 45 - 50.

A Größenzunahme der Gebärmutter während der Schwangerschaft. Die Ziffern bezeichnen die Schwangerschaftsmonate. Die Größe der Gebärmutter hängt nicht nur von der Größe der Frucht, sondern auch von der Menge des Fruchtwassers ab. Nach dem Bauchumfang allein ist das Alter einer Schwangerschaft nicht sicher zu beurteilen. Im zehnten Schwangerschaftsmonat tritt der Kopf des Fetus tiefer in das Becken, dadurch senkt sich die Gebärmutter etwas, so daß sie nicht mehr so weit nach oben reicht wie im neunten.

B Die gewaltige Größenzunahme der Gebärmutter muß zwangsläufig zu einer Verdrängung der benachbarten Organe führen. Hier bewährt sich die Beweglichkeit der Bauchorgane mit Hilfe des Bauchfellüberzugs. Der Darm wird an seinen Gekrösen nach oben geschoben. Eine Erweiterung des Bauchraums ist in 2 Richtungen möglich:

- Die freie Bauchwand wölbt sich nach vorn vor.
- Die Grenze zwischen Brust- und Bauchraum wird nach oben verschoben. Das Zwerchfell tritt in eine Ausatmungsstellung. Dadurch wird die Atemmenge und damit die körperliche Leistungsfähigkeit gemindert.

Die Körperfülle der Spätschwangerschaft bedingt schon an sich eine gewisse Schwerfälligkeit (das Wort „schwanger" leitet sich von „schwer, schwerfällig" ab). Die Raumnot im Becken beeinträchtigt den venösen Blutrückstrom. Krampfadern an den Beinen und Hämorrhoiden sind die Folge. Häufig sind auch die Harnwege gestört.

> Die Schwangerschaft ist ein normaler Vorgang im Leben der Frau, dennoch sind regelmäßige Vorsorgeuntersuchungen der Schwangeren dringend geboten

C Der Wurmfortsatz wird im Verlauf der Schwangerschaft bis in die Nähe des Rippenbogens nach oben geschoben. Dementsprechend atypisch sind die Symptome einer „Blinddarmentzündung".

D *Schwangerschaftsstreifen* auf der Bauchhaut. Im letzten Schwangerschaftsdrittel vergrößert sich der Bauchumfang rasch. Die Lederhaut wird dann stellenweise überdehnt, und das blutgefäßreiche Unterhautgewebe schimmert rötlich durch die Bauchdecke. Im Wochenbett bilden sich die Schwangerschaftsstreifen zu weißen Narbenstreifen um. Ähnlich wie in der Schwangerschaft können auch bei rasch zunehmender Fettsucht Dehnungsstreifen auftreten.

E Verkleinerung der Gebärmutter nach der Entbindung. Die Ziffern bezeichnen die Tage des *Wochenbetts*. Die Rückbildung der Muskelwand dauert etwa 6-8 Wochen. Die Schleimhaut hat jedoch schon nach 3-4 Wochen wieder ihre normale Beschaffenheit und ist damit für eine neue Schwangerschaft bereit. Allerdings erfolgt meist kein Eisprung, solange gestillt wird. Die Rückbildung der Gebärmutter während des Wochenbetts ist ein eindrucksvolles Beispiel für die Geschwindigkeit, mit der im Körper nicht nur Wachstums-, sondern auch Abbauvorgänge ablaufen können. Ein Sportler darf nicht etwa 3 Wochen „Urlaub" von seinem Training machen. Der Körper reduziert sofort die vorher mühsam aufgebaute Muskulatur. Wird ein Gelenk ruhiggestellt, z.B. durch einen Gipsverband, so schrumpft die Gelenkkapsel. Der ursprüngliche Bewegungsumfang muß dann erst wieder antrainiert werden.

1	Lunge	Pulmo
2	Leber	Hepar
3	Großes Netz	Omentum majus
4	Eierstock	Ovarium
5	Eileiter	Tuba uterina (Salpinx)
6	Nabelschnur	Funiculus umbilicalis
7	Rundes Mutterband	Lig. teres uteri
8	Dünndarm	Intestinum tenue
9	Herzbeutel	Pericardium
10	Nabel	[Umbilicus]
11	Gebärmutter	Uterus
12	Eierstockband (Gebärmutter-Eierstock-Band)	Lig. ovarii proprium
13	Dickdarm, absteigender Teil	Colon descendens
14	Leistenband	Lig. inguinale (Arcus inguinalis)

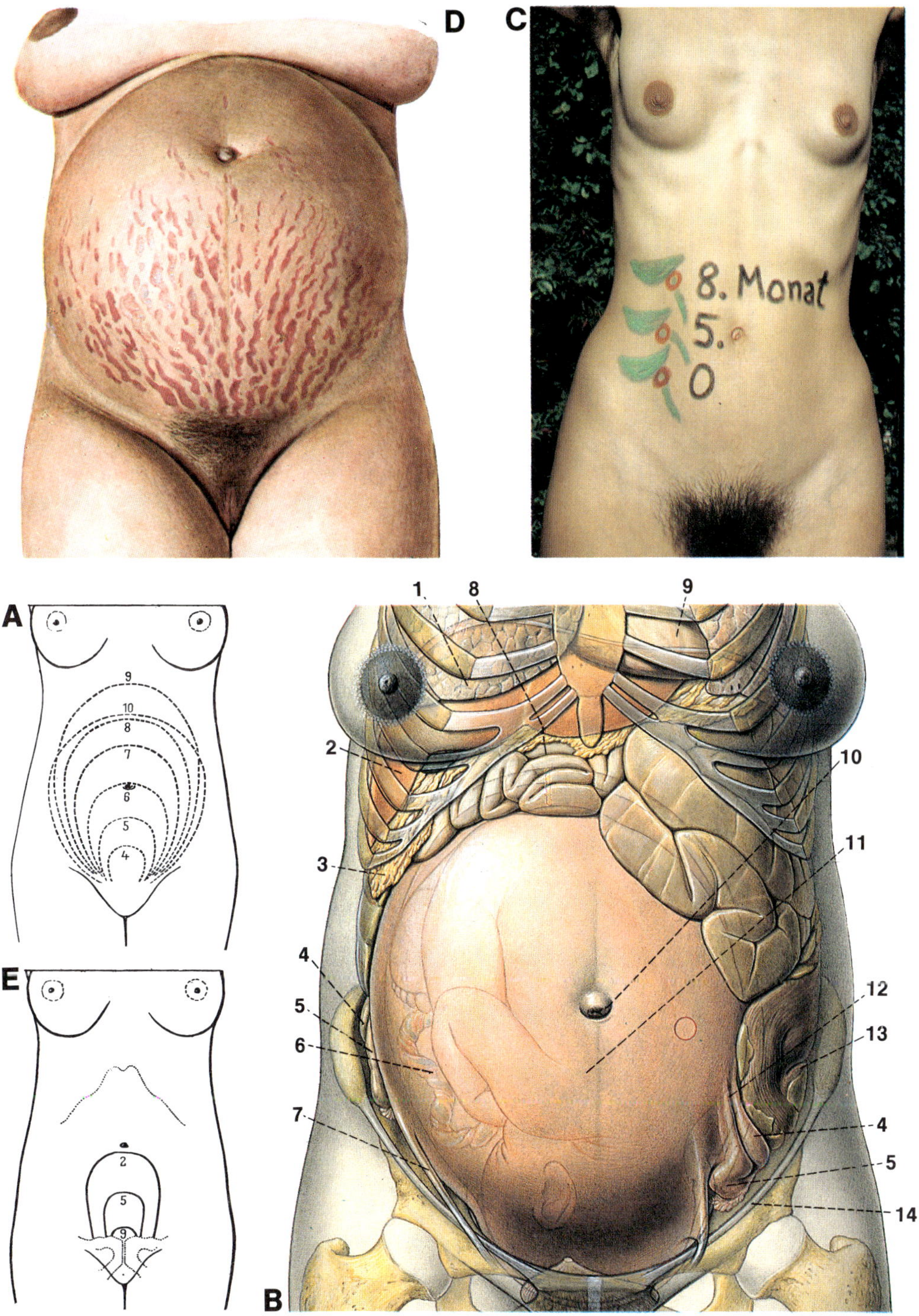
D
C
8. Monat
5.
0
A
9
10
8
7
6
5
4
E
2
5
9
B
1
8
9
2
10
3
11
4
5
6
12
13
7
4
5
14

Geburt

3 Abschnitte der Geburt:
- *Eröffnungszeit:* Erweitern des Geburtswegs
- *Austreibungszeit:* Durchtritt des Kindes durch den Beckenkanal
- *Nachgeburtszeit:* Ausstoßen der Plazenta

Die letzten Tage der Schwangerschaft kündigen sich an durch:
- Vorwehen: Anspannung der Gebärmuttermuskeln für einige Sekunden, erst nur vereinzelt, dann allmählich häufiger werdend.
- erleichtertes Atmen: Durch die Vorwehen wird die Leibesfrucht tiefer in das Becken gedrängt. Dadurch senkt sich die Gebärmutter etwas, und im Oberkörper wird mehr Platz für die Lungen.
- plötzliche Gewichtsabnahme von 1-2 kg infolge vermehrter Harnausscheidung durch die Niere (beginnende hormonelle Umstellung).

Den Beginn der Geburt setzt man mit dem Zeitpunkt an, zu dem die Wehen regelmäßig etwa alle fünf Minuten kommen und etwa eine Minute anhalten.

Die Geburt dauert länger bei Frauen, die zum erstenmal gebären, als bei Frauen, die schon mehrfach geboren haben. Als ganz grober Anhalt können für die 3 Abschnitte folgende Werte gelten: bei der Erstgebärenden 12, 1,5 und 0,25 Stunden, bei der Mehrgebärenden 7, 0,75 und 0,25 Stunden. Die Eröffnungszeit dauert also am längsten.

Reifezeichen des Neugeborenen

- *Gewicht*: mindestens 2500 g
- *Körperlänge*: mindestens 48 cm
- *Haut*: blaßrosa mit gutem Unterhautfettpolster
- *Fingernägel*: überragen Fingerkuppen
- *kleine Schamlippen*: von großen Schamlippen verdeckt
- *Hoden*: im Hodensack

Das „lebensfrische" gesunde Neugeborene schreit kräftig, bewegt sich aktiv, zeigt lebhafte Reflexe, rosige Haut und eine Herzfrequenz von über 100. Diese 5 Kriterien werden im „Apgar-Schema" eine, fünf und 15 Minuten nach der Geburt geprüft. Ein Neugeborenes, das nur das Gesicht verzieht, ohne zu schreien, mit schlaffen Muskeln, nicht reagiert, mit bläulicher oder weißlicher Haut und einer Herzfrequenz unter 100 ist gefährdet.

A Schwangere Gebärmutter am Beginn der Geburt. Der Gebärmutterhals diente während der Schwangerschaft als Verschluß des „Brutraums". Jetzt muß er erweitert werden, um den Durchtritt der Frucht zu gestatten. Der Muttermund ist zunächst noch geschlossen.

B Das Fortschreiten der Geburt erkennt der Geburtshelfer am Weiterwerden des Muttermunds. Die Eröffnungszeit ist beendet, wenn der Gebärmutterhals „völlig erweitert" ist.

C + D Schema der Veränderung des Geburtswegs während der Eröffnungszeit. Man achte auf den Fruchtwasserraum. Er erleichtert als Druckpolster das Erweitern des Geburtswegs. Nach dem Riß der Fruchtblase („Blasensprung") und dem Ablaufen des Fruchtwassers wirkt sich der Druck des Gebärmuttermuskels unmittelbar auf das Kind aus. Die Fruchtblase (aus Schafshaut und Zottenhaut) dichtet den Brutraum gegen das Eindringen von Bakterien ab. Bei vorzeitigem Blasensprung besteht daher besondere Infektionsgefahr.

E - H Austreibungszeit in „Hinterhauptlage" des Kindes. In der überwiegenden Mehrzahl der Geburten geht der Kopf des Kindes voran. Wegen seiner rundlichen Form kann er die Geburtswege besonders gut erweitern. Der nachfolgende Körper des Kindes ist im Umfang kleiner. Beim Kopf des Kindes ist der Durchmesser in Pfeilrichtung größer als der Querdurchmesser. Beim Beckeneingang der Mutter ist es jedoch umgekehrt.
- Der Kopf tritt deshalb quer in das Becken ein (**E**).
- Beim Beckenausgang der Mutter kann der Pfeildurchmesser durch Abbiegen des Steißbeins nach rückwärts erweitert werden (➥ S. 119, A). Deshalb dreht sich der Kopf des Kindes während seines Wegs durch das Becken aus der Quer- in die Längsrichtung (**F + G**). Er tritt dann mit dem Hinterhaupt voran durch den Beckenausgang (**H**).
- Der kindliche Kopf kann sich auf dem Weg durch das Becken den unterschiedlichen Durchmessern etwas anpassen: Die einzelnen Knochen des Schädeldachs sind noch nicht miteinander verwachsen. Sie sind durch breite Bindegewebezonen voneinander getrennt (besonders weit in den Fontanellen, ➥ S. 190, E, und 195, C). Die Knochen können sich dann dachziegelartig übereinanderschieben.

Nachgeburt ➥ S. 351, C + D.

1	Muskelwand der Gebärmutter	Tunica muscularis (Myometrium)
2	Fruchtwasser	Liquor amnioticus
3	Gebärmutterhals	Cervix uteri
4	Scheide	Vagina
5	Skelett der Frucht (schematisch)	-
6	Weichteile der Frucht (schematisch)	-

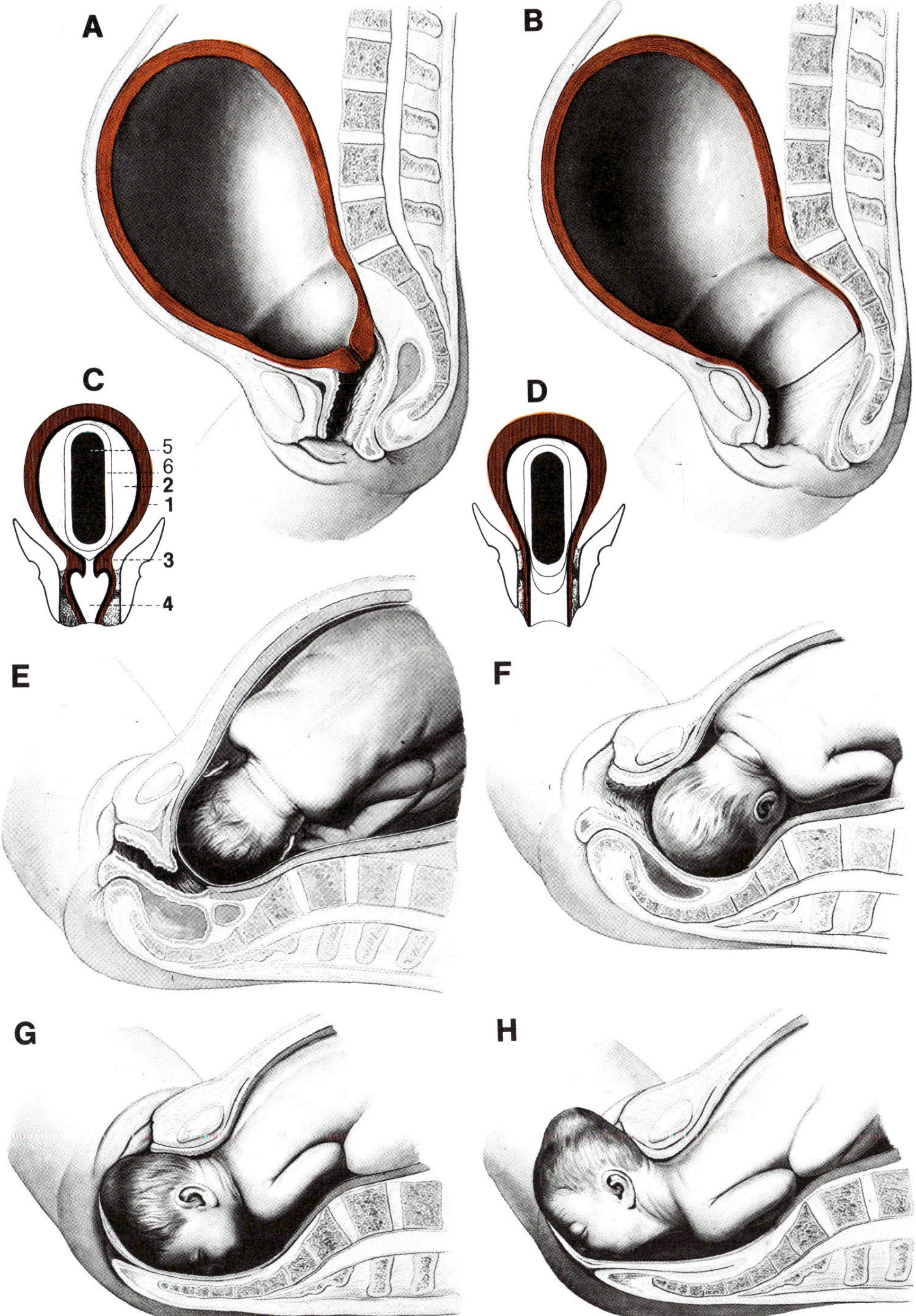
A
B
C
5
6
2
1
3
4
D
E
F
G
H

Gefahren für die Leibesfrucht

Gefahrenquelle:	*Beispiele:*
Infektionskrankheiten:	• Röteln • Herpes • Toxoplasmose • Zytomegalie • Syphilis
Chemische Stoffe:	• viele Arzneimittel (Beipackzettel lesen!) • Alkohol • Nicotin
Fehlernährung der Mutter:	• Eiweißmangel in Hungergebieten • Zuckermangel bei Diabetes • Vitaminmangel bei einseitiger Ernährung
Sauerstoffmangel:	• Durchblutungsstörung der Plazenta • Herzfehler der Mutter
Kurzwellige Strahlen:	• Röntgenuntersuchung • Strahlenbehandlung
Antikörper der Mutter:	• Blutgruppenunverträglichkeit
Mechnische Schäden:	• Nabelschnurumschlingung • Schnürfurchen durch Schafshautstränge

In der Phase der Organbildung ist der Embryo besonders anfällig gegen Störungen. Gefahren drohen durch Viruserkrankungen der Mutter, die auf ihn übergreifen können. Aber auch Medikamente und andere chemische Stoffe können durch die Plazenta in den Embryo gelangen und dort verheerend wirken. Kurzwellige Strahlen schädigen vor allem rasch wachsende Gewebe, was man z.B. zur Krebsbehandlung nutzt, was aber auch dem Embryo gefährlich werden kann.
Schädigungen des Embryos führen zu *Mißbildungen* oder zum Tod. Je nach dem Zeitpunkt der Schädigung sind die Mißbildungen verschieden, z.B. in der vierten Entwicklungswoche Mißbildungen des Gehirns, in der fünften Woche Mißbildungen der Gliedmaßen usw. Nach der neunten Entwicklungswoche entstehen kaum noch Mißbildungen.
Unglücklicherweise liegt die besonders empfindliche Phase der Entwicklung in einem so frühen Zeitpunkt, in dem sich die Frau über den Eintritt der Schwangerschaft oft noch nicht sicher ist. Die entscheidene Phase der Gehirnanlage liegt nur eine Woche nach dem Termin der fälligen Menstruation. Da die Menstruation bei der nichtschwangeren Frau auch einmal einige Tage später einsetzen kann, stellen sich zu diesem Zeitpunkt viele Frauen noch nicht auf eine Schwangerschaft ein. Dabei erfordert gerade die Frühschwangerschaft besondere Rücksicht der Mutter auf das Kind: Sie sollte möglichst keine Medikamente einnehmen und nicht rauchen. Röntgenuntersuchungen sollten, wenn möglich, bis nach dem dritten Schwangerschaftsmonat verschoben werden. Jede Frau, die nicht an Röteln erkrankt war, sollte vor der ersten Schwangerschaft gegen Röteln geimpft worden sein.

A-F Durchtritt des Kindes durch den Beckenboden. Beim Rumpf des Kindes ist umgekehrt wie beim Kopf der Querdurchmesser etwas größer als der Durchmesser in Pfeilrichtung (Sagittaldurchmesser). Der Rumpf des Kindes dreht sich daher ähnlich wie dies für den Kopf auf S. 356 beschrieben worden war. Nach dem Durchtritt des Kopfes in Pfeilrichtung (**A-C**), wendet sich der Körper des Kindes in die Querrichtung (**D**). Die beiden Schultern kommen nacheinander (**E-F**) zum Vorschein. Ist der Brustkorb geboren, gleiten Becken und Beine ohne Schwierigkeiten nach außen. Bei Steißlagen geht der Unterleib des Kindes voraus. Der Geburtsweg wird schlechter erweitert, „das dicke Ende kommt nach". Komplikationen sind dann häufig.
G Beckenboden der Frau beim Durchtritt des kindlichen Kopfes. Der wichtigste Muskel des Beckenbodens, der Afterheber (wegen seiner queren Ausspannung auch Beckenzwerchfell genannt, ➥ S. 119, B, 324, A), läßt nach vorne ein „Tor" frei und strahlt trichterförmig auf den After zu. Während sonst der After den tiefsten Punkt des Trichters bildet, schiebt sich der kindliche Kopf bei der Geburt in das Tor des Muskels und zieht den Trichter nach vorn. Die Verlaufsform der Muskelfasern ist diesem Ereignis schon angepaßt, so daß normalerweise keine größeren Schäden entstehen. Lediglich der Bereich zwischen Scheide und After ist durch Einrisse gefährdet. Bei ungünstigem Verlauf eines solchen „Dammrisses" kann der äußere Afterschließmuskel einreißen. Dann ist der sichere Afterverschluß gefährdet. Um dies zu verhindern, wird bei drohendem Dammriß vom Geburtshelfer vorsorglich zur Entlastung die überdehnte Haut zur Seite oder nach hinten eingeschnitten (Episiotomie).
H „Dammschutz": Der Geburtshelfer stützt den Beckenboden ab, um eine Überdehnung mit Dammriß zu verhüten.

1 Afterheber.......................................M. levator ani
2 After.......................................Anus

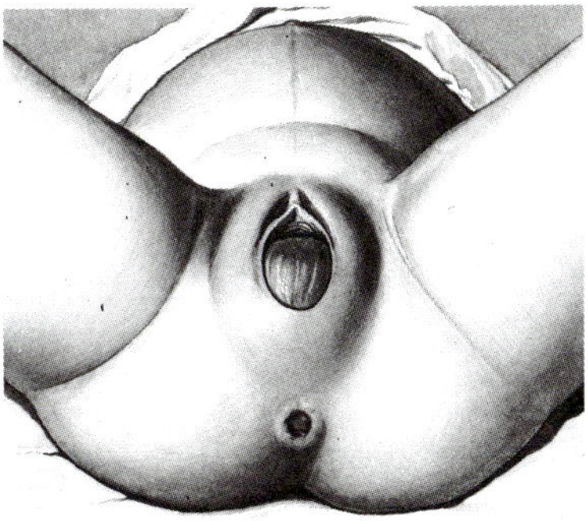

A

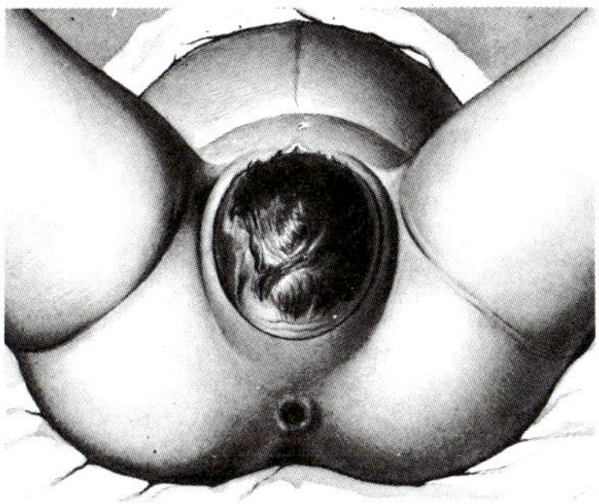

B

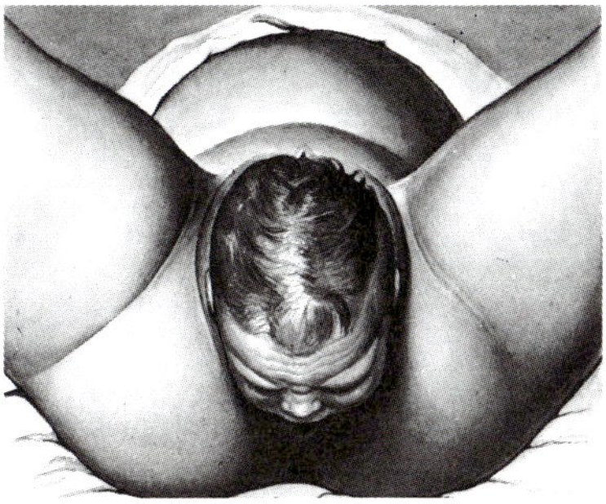

C

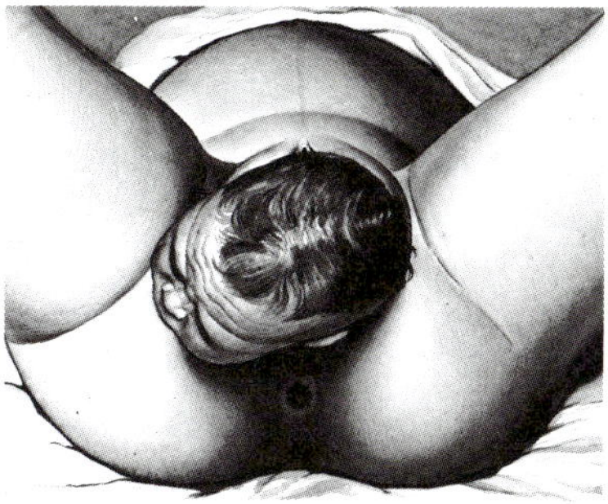

D

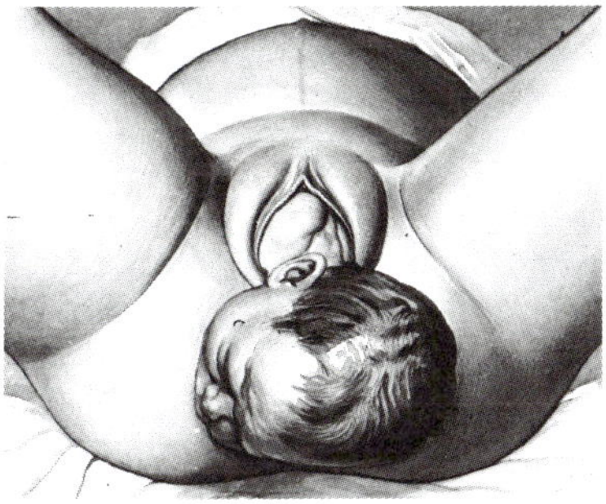

E

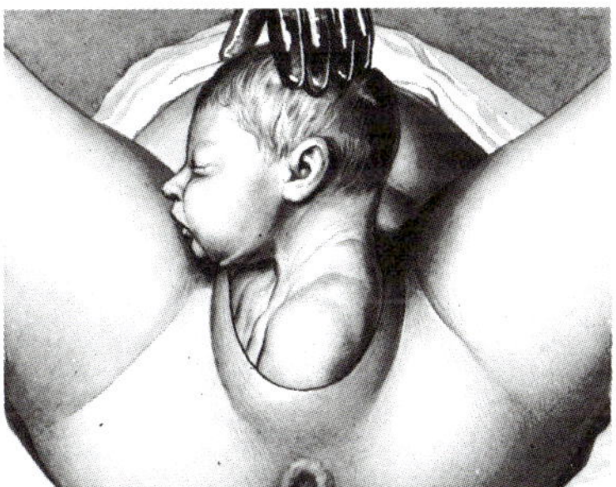

F

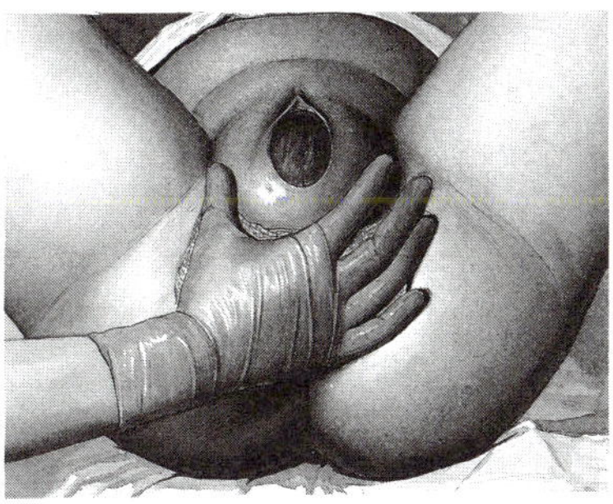

H

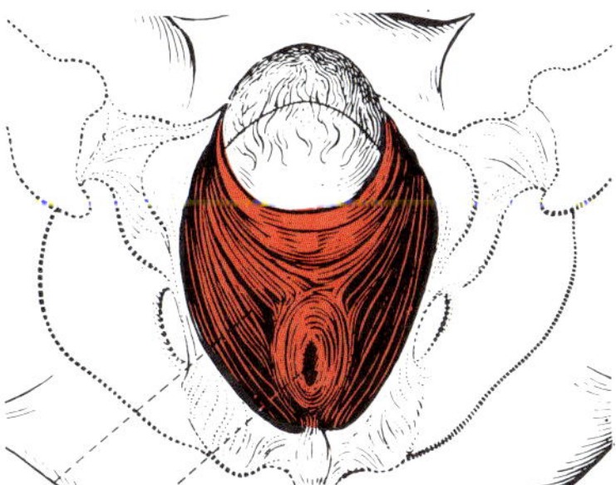

G

Kreislauf

Der Kreislauf transportiert:
- Atemgase: Sauerstoff + Kohlendioxid
- Nährstoffe: Blutzucker, Eiweiße, Fette, Vitamine
- Stoffwechselschlacken
- Wasser und Mineralstoffe
- Hormone
- Abwehrzellen + Abwehrstoffe (Antikörper)
- Wärme

Das Blut ist das wichtigste Transportmittel im Körper. Ähnlich wie eine Ringlinie der Straßenbahn wird es in einem „Kreislauf" herumgeführt, ohne Start und ohne Endstation. In allen Teilen des Körpers können Stoffe oder Energie zu- oder abgeladen werden. Selbst die entlegenste Zelle hat Anschluß an diesen Kreislauf. In der Lunge wird Sauerstoff aufgenommen und Kohlendioxid abgegeben. Im Darm werden Kohlenhydrate und Aminosäuren zugeladen, dafür erhält der Darm den nötigen Sauerstoff. In der Leber wird ein großer Teil der Kohlenhydrate und Aminosäuren dem Blut entnommen, gespeichert und allmählich in umgebauter Form dem Blut wieder zugeführt. Beim Umbau in der Leber entsteht nebenbei wie im Automotor Wärme. Das Blut übernimmt dann gleich die Aufgabe des Kühlwassers. Es transportiert die Wärme von den wärmeerzeugenden Organen des Körperinnern an die Körperoberfläche. Dort geht ständig Wärme verloren. Die Hormondrüsen übergeben ihre „Botenstoffe" einfach dem Blut. Dort werden sie wie eine Postwurfsendung allen Zellen angeboten. Sie erreichen damit auch die wenigen, für die sie eigentlich bestimmt sind. Nur dort lösen sie dann entsprechende Reaktionen aus. Das Blut ist schließlich auch Transportmittel für Abwehrstoffe und für „Kampfzellen" (weiße Blutkörperchen).

Damit das Blut ständig in Bewegung bleibt, brauchen wir eine Pumpe. Das *Herz* ist ein Muskelschlauch, der sich rhythmisch zusammenzieht und dabei den Inhalt des Schlauchs auspreßt. Diese Bewegung hat nur dann Sinn, wenn das Blut nicht auf beiden Enden herausspritzt, sondern nur an einem. Der Blutstrom läuft dann immer in die gleiche Richtung. Dies wird durch den Einbau von Ventilen, den Herzklappen, erreicht.

Das einfachste Herzmodell besteht aus einer *Kammer* mit zwei Klappen an den beiden Enden. Die eine verhindert das Rückströmen des Blutes in die zuführenden Gefäße (*Venen*) beim Zusammenziehen der Kammer („Systole"). Die andere hemmt den Rückfluß des Blutes aus den abführenden Gefäßen (*Schlagadern* = Arterien) in das Herz nach dem Erschlaffen der Kammer („Diastole"). Damit sich die Kammer rascher füllt, wird vor die Kammer als Sammelbecken ein *Vorhof* gestellt. In ihm sammelt sich das Blut während der Kammerkontraktion. Während der Kammererschlaffung spritzt dann der Vorhof das Blut in die Kammer. So wechseln Systole und Diastole in rascher Folge.

Beim Menschen reicht offenbar ein solches Herz nicht aus: Wir haben ein „rechtes Herz", welches das Blut durch die Lungen preßt, und ein „linkes Herz", welches für den Blutfluß im übrigen Körper verantwortlich ist. *Lungenkreislauf* (= kleiner Kreislauf) und *Körperkreislauf* (= großer Kreislauf) sind jedoch nicht unabhängig voneinander. Sie sind nur zwei Abschnitte eines durchgehenden Kreislaufs. Beide Herzen müssen die gleiche Blutmenge auswerfen, sonst staut sich das Blut in einer Kreislaufhälfte an. Deshalb sind die beiden Herzen zusammengelagert. Beide Vorhöfe und beide Kammern ziehen sich jeweils gleichzeitig zusammen.

A Kreislaufschema (nicht maßstabgerecht). Verfolgen Sie den Weg des Blutes durch den „kleinen" und den „großen" Kreislauf! Beachten Sie dabei die Sonderstellung der Leber, die auf S. 252 und 384 näher erläutert wird (Pfortaderkreislauf)!

B Lage des Herzens im Brustkorb bei tiefer Einatmung. Der Herzbeutel, der das Herz umschließt, ist mit der Sehnenplatte des Zwerchfells verwachsen. Das Herz muß somit den Bewegungen des Zwerchfells folgen. Das Herz hängt aber auch an den großen Blutgefäßen. Es kann sich daher nicht einfach parallel nach oben und unten verschieben, sondern muß sich dabei drehen. Bei der Einatmung steht das Herz nicht nur tiefer, sondern auch steiler. Bei tiefer Einatmung kann das Herz den Unterrand des Brustkorbs im Bereich des linken Rippenbogens unterschreiten. Man kann dann dort das Schlagen des Herzens durch die Bauchwand fühlen und bisweilen (bei schlanken Menschen) sogar als rhythmische Bewegungen der Haut sehen.

C Lage des Herzens im Brustkorb bei tiefer Ausatmung. Das Herz steht hoch und quer. Man beachte auch die Formänderung des Brustkorbs bei den Atembewegungen. Die linke Zwerchfellkuppel, auf der das Herz ruht, steht in der Regel etwas tiefer als die rechte, die von der Leber nach oben gedrängt wird.

1	Zwerchfell	Diaphragma (thoraco-abdominale)
2	Herzbeutel	Pericardium
12	Zwölfter Brustwirbel	Vertebra thoracica XII

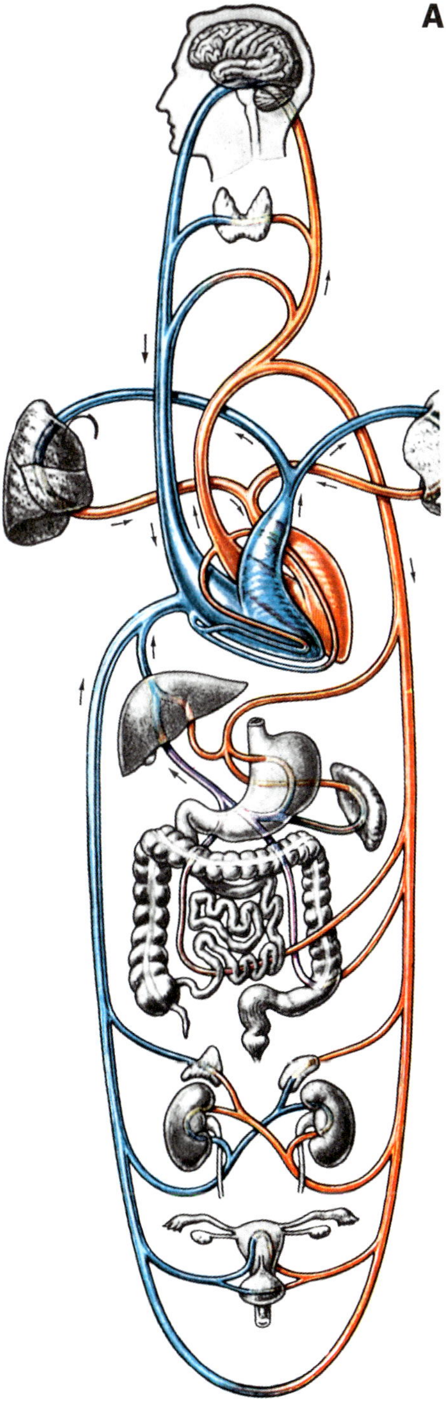

A

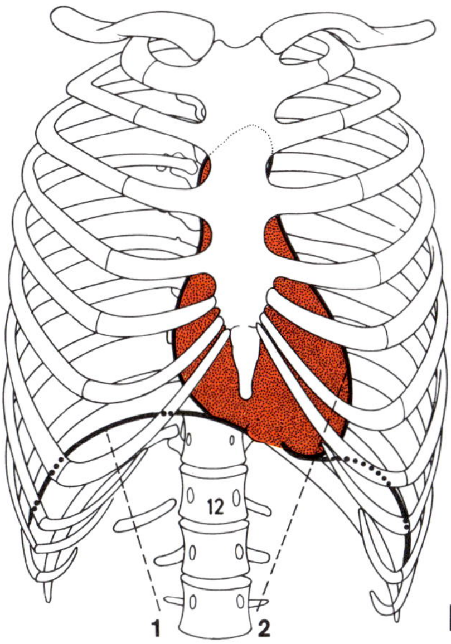

B

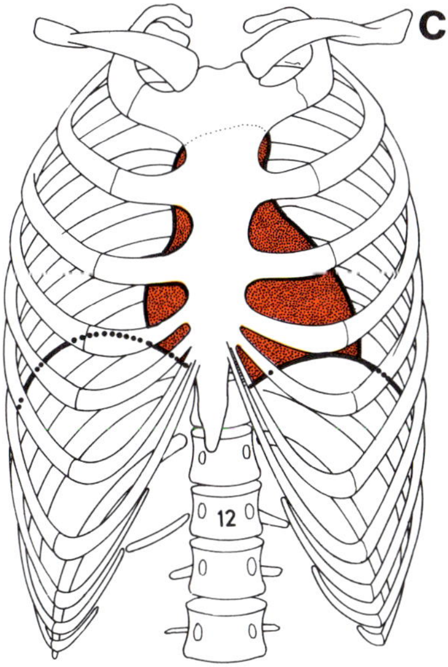

C

Gliederung des Herzens

Rechtes Herz:	*Linkes Herz:*
• rechter Vorhof • Trikuspidalklappe • rechte Herzkammer • Pulmonalklappe	• linker Vorhof • Mitralklappe • linke Herzkammer • Aortenklappe

Das Herz ist nicht „herzförmig" im Sinne des Lebkuchen- oder Spielkartenherzens. Es steht auch nicht vertikal, sondern schräg im Brustkorb. Damit ruht nicht die Herzspitze, sondern die rechte Herzkammer auf dem Zwerchfell. Die rechte Kontur wird vom rechten Vorhof und darüber von der in ihn einmündenden oberen Hohlvene gebildet. An der linken Kontur beteiligen sich unten die linke Kammer, darüber der linke Vorhof, die Lungenschlagader und ganz oben der Aortenbogen. Das Herz ist auch etwas um seine Längsachse gedreht. Dadurch sieht die rechte Herzkammer nach vorn, die linke mehr nach hinten. Schließlich ist das Herz auch noch etwas nach hinten geneigt. Deswegen liegt die Herzspitze der Brustwand, der linke Vorhof der Speiseröhre an.

Kreislauf vor der Geburt

Zur Teilumgehung von Lunge und Leber:
- ovales Loch: rechter → linker Vorhof
- Botallo-Gang: Lungenschlagader → Aorta
- Arantius Gang: Pfortader → untere Hohlvene

Der Fetus bezieht seinen Sauerstoff nicht aus seiner Lunge, sondern über den Mutterkuchen (Plazenta) aus dem mütterlichen Blut. Es ist daher nicht nötig, das gesamte Blut durch die (noch nicht entfaltete) Lunge zu leiten. Durch das ovale Loch (in der Vorhofscheidewand) und den Botallo-Gang wird Blut vom rechten Herzen gleich an das linke bzw. an den großen Kreislauf weitergegeben. Damit wird die Lunge umgangen. Ähnlich wird mit dem Arantius-Gang verhindert, daß das gesamte von der Nabelvene kommende Blut durch die Leber läuft (➥ S. 353, A). Nach der Geburt schließen sich die Kurzschlüsse. Tun sie dies nicht, so arbeitet das Herz unwirtschaftlich.

A Herz von vorn in natürlicher Lage und Größe. Der Herzbeutel ist aufgeschnitten und auseinandergezogen.

B-F Arbeitsphasen der Herzkammern (➥ S. 366).

B *Füllungszeit*: Die Vorhöfe entleeren sich in die Kammern (Vorhof-Kammer-Klappen schwarz).

C *Anspannungszeit*: Die Vorhof-Kammer-Klappen schließen sich, sobald der Druck in den Kammern den Druck in den Vorhöfen übersteigt.

D *Austreibungszeit*: Die Aortenklappe und die Lungenschlagaderklappe öffnen sich, sobald der Druck in den Kammern höher ist als in der Aorta bzw. den Lungenschlagadern. Die Klappenebene des Herzens wird nach unten gezogen. Dadurch wird Blut aus den Venen in die Vorhöfe gesaugt.

E *Entspannungszeit*: Aortenklappe und Lungenschlagaderklappe schließen sich, wenn der Druck in den Kammern unter den Druck in den großen Schlagadern fällt.

F *Füllungszeit*: Die Vorhof-Kammer-Klappen öffnen sich, sobald der Druck in den Vorhöfen höher ist als in den Kammern.

1	Rechter Vorhof	Atrium dextrum
2	Rechte Herzkammer	Ventriculus dexter
3	Linker Vorhof	Atrium sinistrum
4	Linke Herzkammer	Ventriculus sinister
5	Arm-Kopf-Schlagaderstamm (gemeinsamer Stamm für Schlüsselbein- und Halsschlagader rechts)	Truncus brachiocephalicus
6	Obere Hohlvene	V. cava superior
7	Herzbeutel	Pericardium
8	Rechte Herzkranzschlagader	A. coronaria dextra
9	Halsschlagader (gemeinsame Kopfschlagader)	A. carotis communis
10	Schlüsselbeinschlagader	A. subclavia
11	Aortenbogen	Arcus aortae
12	Stamm der Lungenschlagadern	Truncus pulmonalis
13	Linke Herzkranzschlagader, vorderer Zwischenkammerast	A. coronaria sinistra, R. interventricularis anterior
14	Herzspitze	Apex cordis
16	Rechte Lungenschlagader	A. pulmonalis dextra
17	Rechtes Herzohr	Auricula dextra
18	Botallo-Band	Lig. arteriosum
19	Linke Lungenschlagader	A. pulmonalis sinistra
20	Vordere Zwischenkammervene („große Herzvene")	V. interventricularis anterior
21	Linke Herzkranzschlagader, umbiegender Ast	A. coronaria sinistra, R. circumflexus
22	Ausflußbahn der rechten Herzkammer	Conus arteriosus
23	Fettgewebe	Textus adiposus

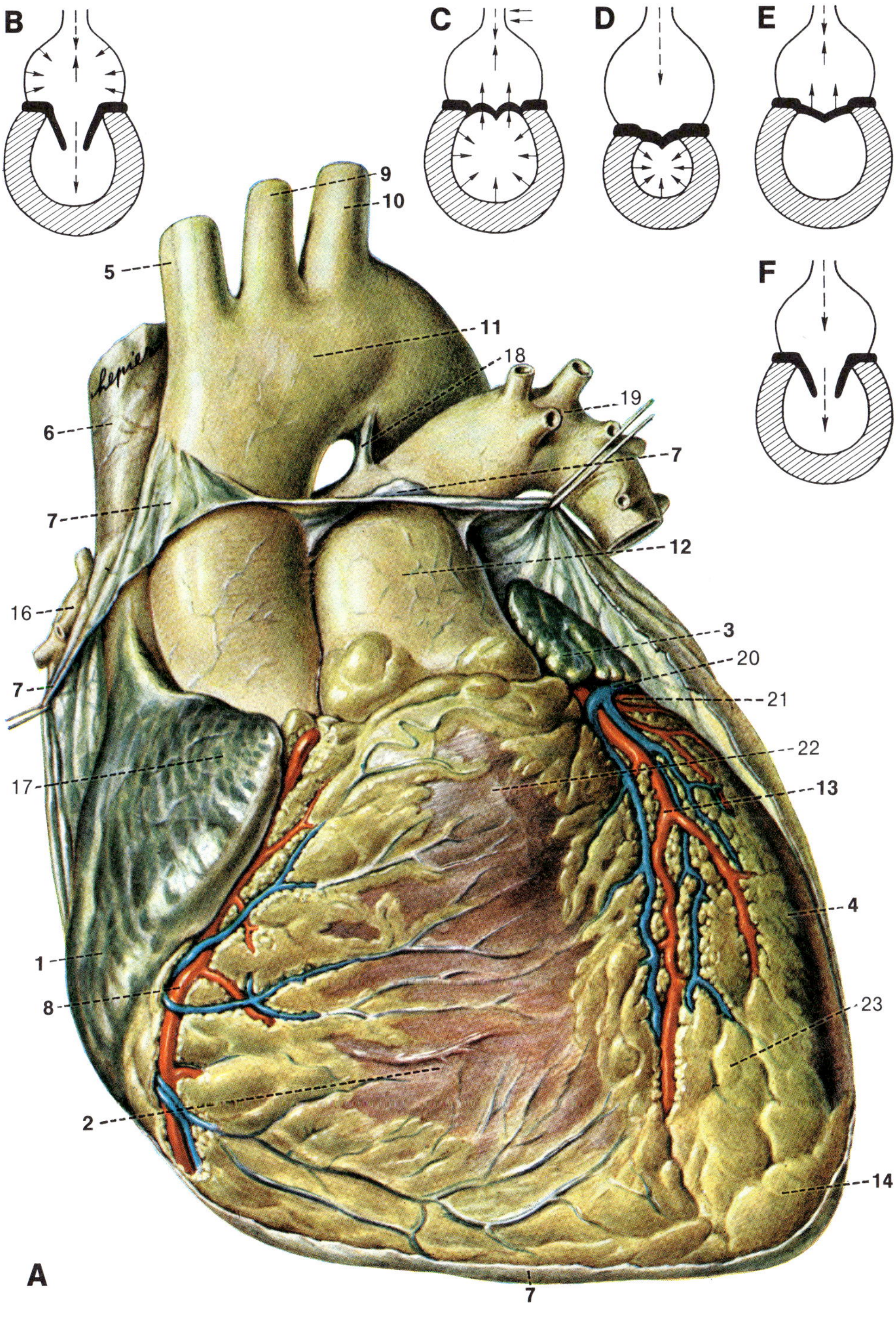
B
C
D
E
F
A
1
2
3
4
5
6
7
8
9
10
11
12
13
14
16
17
18
19
20
21
22
23

Röntgenbild des Herzens

Rechte Herzkontur:	*Linke Herzkontur:*
• obere Hohlvene • rechter Vorhof	• Aortenbogen • Lungenschlagader • linker Vorhof • linke Herzkammer

Im Standardröntgenbild (Strahlengang von hinten nach vorn = posterior-anterior = PA) weist die rechte Herzkontur zwei flache große Bogen, die linke drei kleine und einen großen Bogen auf. Die rechte Herzkammer ist normalerweise nicht randbildend. Sie ist von der Leber nicht abzugrenzen, von der sie nur durch die Sehnenplatte des Zwerchfells getrennt wird.

A Herz von vorn. Die punktierte Linie an den großen Gefäßen bezeichnet die Umschlagstelle des Herzbeutels (➥ S. 363, A).
B Röntgenbild des Herzens eines Leistungssportlers, Größe an der oberen Normgrenze (die Breite des Herzens sollte den halben Brustkorbdurchmesser nicht überschreiten). Man vergleiche die Konturen im Röntgenbild mit jenen in Abb. A.
C Herz von rechts vorn (im sog. 1. schrägen Durchmesser = „Fechterstellung“ = RAO).
D Herz von links vorn (im sog. 2. schrägen Durchmesser = „Boxerstellung“ = LAO). In dieser Stellung sind die rechte Herzkammer und der Aortenbogen besonders gut zu beurteilen.
E „Präkordialer Faustschlag“ zur Wiederbelebung. Bei übermäßiger Erregung des Herzens beginnen sich die einzelnen Herzmuskelfasern ungeordnet zusammenzuziehen („Kammerflimmern“). Dann wird kein Blut mehr ausgeworfen. Der Puls erlischt. Bei dieser Art des Herzstillstands kann man manchmal innerhalb der ersten Minute durch einen kräftigen Faustschlag auf die Herzgegend die geordnete Herzarbeit wieder in Gang setzen und so das Leben des Patienten retten.
F Frontales Magnetresonanzschichtbild (MRT) durch den Oberkörper. Die Schnittebene liegt weiter rückwärts als im vergleichbaren Bild auf S. 292, E. Beim Herzen ist der große dunkle Bereich (im Bild rechts) die linke Herzkammer mit dem Anfang der Aorta. Links daneben im Bild der rechte Vorhof mit der von oben kommenden oberen Hohlvene. Oberhalb der linken Kammer der Stamm der Lungenschlagadern und der Aortenbogen. Unter dem Herzen sieht man in der großen Leber die Lebervenen als dunkle Bänder auf den rechten Vorhof zulaufen.

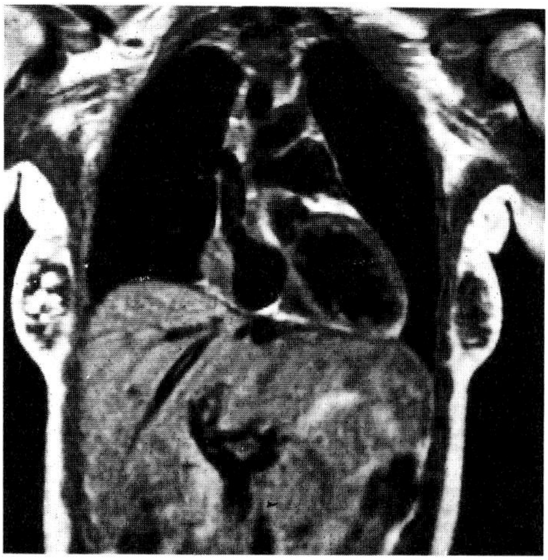

F

1	Linker Vorhof	Atrium sinistrum
2	Linke Herzkammer	Ventriculus sinister
3	Rechter Vorhof	Atrium dextrum
4	Rechte Herzkammer	Ventriculus dexter
5	Aorta (Hauptschlagader)	Aorta
6	Stamm der Lungenschlagadern	Truncus pulmonalis
7	Obere Hohlvene	V. cava superior
8	Innere Halsvene (innere Drosselvene)	V. jugularis interna
9	Schlüsselbeinvene	V. subclavia
10	Arm-Kopf-Vene	V. brachiocephalica
11	Zwerchfell	Diaphragma (thoraco-abdominale)
12	Schlüsselbeinschlagader	A. subclavia
13	Bronchus	Bronchus
14	Lungenvenen	Vv. pulmonales
15	Herzbeutel	Pericardium
16	Zwerchfellnerv	N. phrenicus
17	Herzganglion	Ganglion cardiacum
18	Rechtes Herzohr	Auricula dextra
19	Rückläufiger Kehlkopfnerv („Rekurrens“)	N. laryngealis recurrens
20	Vagus (zehnter Hirnnerv)	N. vagus

E

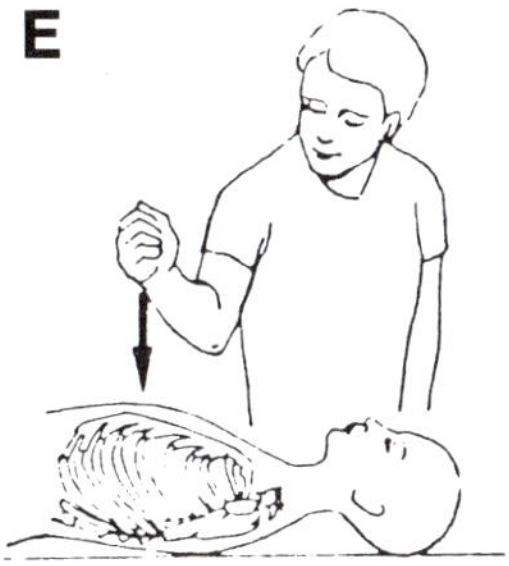

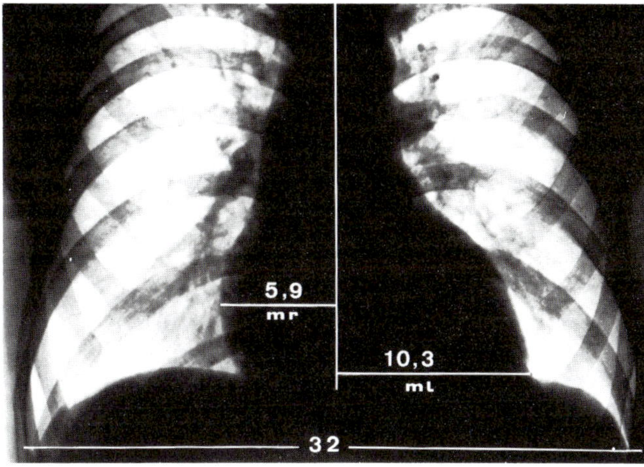
5,9
mr
10,3
ml
32

B

A

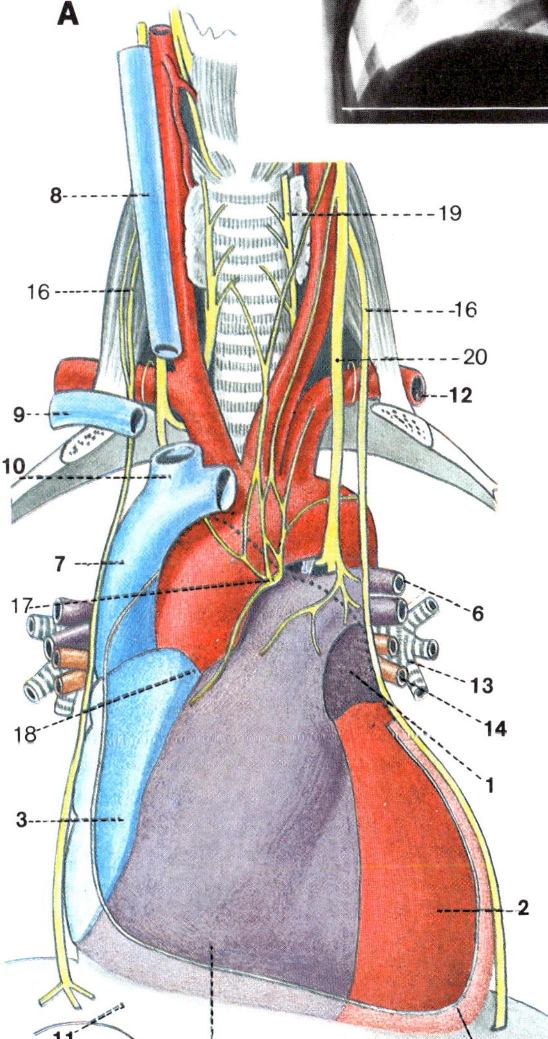
8
19
16
16
20
12
9
10
7
17
6
13
18
14
1
3
2
11
4
15

C

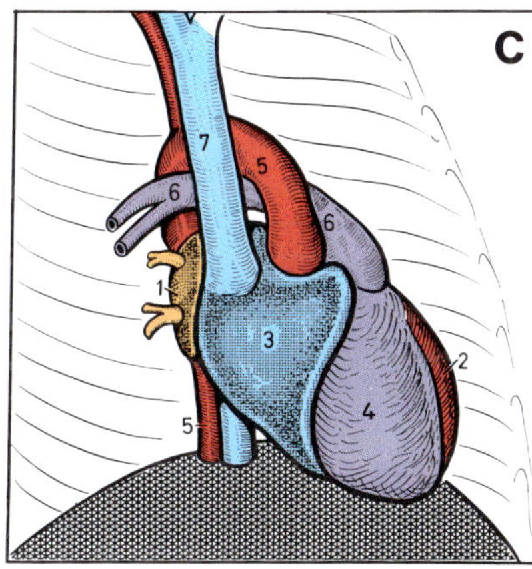
7
5
6
6
1
3
2
4
5

D

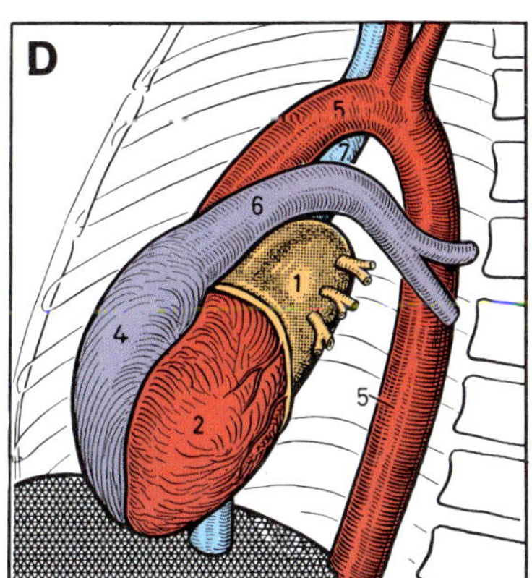
5
7
6
1
4
2
5

Herzklappen

Segelklappen (Vorhof-Kammer-Klappen): • rechts: Trikuspidalklappe (Dreizipfelklappe) • links: Mitralklappe (Zweizipfelklappe)
Taschenklappen (Ausflußbahnklappen): • rechts: Pulmonalklappe (Lungenschlagader-klappe) • links: Aortenklappe

Die beiden großen Herzklappen zwischen den Vorhöfen und den Kammern sind sehnige Segel, die von den Papillarmuskeln gezügelt werden. Ist der Druck im Vorhof größer, so weichen die Segel auseinander und geben den Blutstrom frei. Wird der Druck in der Kammer größer, so werden die Segel aufgebläht, schlagen zusammen und hemmen den Rückstrom des Blutes in die Vorhöfe.
Wegen der von den Papillarmuskeln gehaltenen Klappensegel werden die Vorhof-Kammer-Klappen (Atrioventrikularklappen = AV-Klappen) als *Segelklappen* bezeichnet. Im Gegensatz dazu ist bei den *Taschenklappen* zwischen den Herzkammern und den großen Schlagadern wegen der Taschenform eine Zügelung durch Muskeln nicht nötig (sie können nicht durchschlagen).

Stellung der Herzklappen in den 4 Arbeitsphasen der Herzkammern:

	Segel-klappen	Taschen-klappen
• Füllungszeit	auf	zu
• Anspannungszeit	zu	zu
• Austreibungszeit	zu	auf
• Entspannungszeit	zu	zu

Die Klappen sind Teile der Herzinnenwand (Endokard). Bei Entzündungen der Herzinnenwand (Endokarditis) können die Segel
• schrumpfen und nicht mehr dicht schließen (Klappeninsuffizienz). Bei jeder Kammerkontraktion (Systole) strömt dann Blut in den Vorhof zurück. Es muß erneut vom Vorhof in die Kammer ausgeworfen werden („Pendelblut").
• miteinander verkleben und dadurch die Öffnung einengen (Klappenstenose). Die Vorhöfe müssen dann das Blut unter höherem Druck durch die enge Klappenöffnung der Segelklappen in die Herzkammern pumpen (bzw. die Herzkammern durch die Taschenklappen in die großen Arterien).
In beiden Fällen arbeitet das Herz dann unwirtschaftlich.

A Längsschnitt durch das Herz, hintere-untere Hälfte (das Herz steht schräg im Brustkorb!). Die beiden „Hälften" des Herzens werden beim Erwachsenen normalerweise vollständig durch die Herzscheidewand getrennt. Die Pfeile in den Abb. A-C bezeichnen die Strömungsrichtung des Blutes. Im gesunden Herzen gibt es nur „Einbahnstraßen".
B Herz bei Kammererschlaffung (Diastole).
C Herz bei Kammeranspannung (Systole). Die Klappensegel der Vorhof-Kammer-Klappen blähen sich beim Zusammenziehen der Kammer auf. Ihre Ränder legen sich aneinander. Die Papillarmuskeln halten die Segel mit Sehnenfäden fest, damit sie nicht nach der Vorhofseite durchschlagen und dadurch den Blutrückstrom freigeben. (Die Klappensegel sind etwas verkürzt gezeichnet!)
D + E Kunstharzausgüsse der Hohlräume des Herzens und der großen Blutgefäße. Rechtes Herz (sauerstoffarmes Blut) blau, linkes Herz (sauerstoffreiches Blut) rot. Die inneren Oberflächen der großen Blutgefäße und der Hauptteile der Vorhöfe sind glatt, die der Herzkammern und der Herzohren sind wegen vorspringender Muskelbalken zerklüftet. **D** Ansicht von vorn, **E** von hinten. Wegen der Drehung des Herzens um seine 3 Hauptachsen (➥ S. 362) liegen größere Teile des rechten Herzens vorn, des linken Herzens hinten.

1	Rechter Vorhof	Atrium dextrum
2	Rechte Herzkammer	Ventriculus dexter
3	Linker Vorhof	Atrium sinistrum
4	Linke Herzkammer	Ventriculus sinister
5	Rechte Vorhof-Kammer-Klappe (= Dreizipfelklappe, Trikuspidalklappe)	Valva atrioventricularis dextra (Valva tricuspidalis)
6	Linke Vorhof-Kammer-Klappe (= Zweizipfelklappe, Mitralklappe)	Valva atrioventricularis sinistra (Valva bicuspidalis, Valva mitralis)
7	Obere Hohlvene	V. cava superior
8	Untere Hohlvene	V. cava inferior
9	Lungenvene	V. pulmonalis
10	Stamm der Lungenschlagadern	Truncus pulmonalis
11	Aorta (Hauptschlagader)	Aorta
12	Rechtes Herzohr	Auricula dextra
13	Linkes Herzohr	Auricula sinistra
14	Rechte Lungenschlagader	A. pulmonalis dextra
15	Linke Lungenschlagader	A. pulmonalis sinistra
16	Lungenvenen	Vv. pulmonales

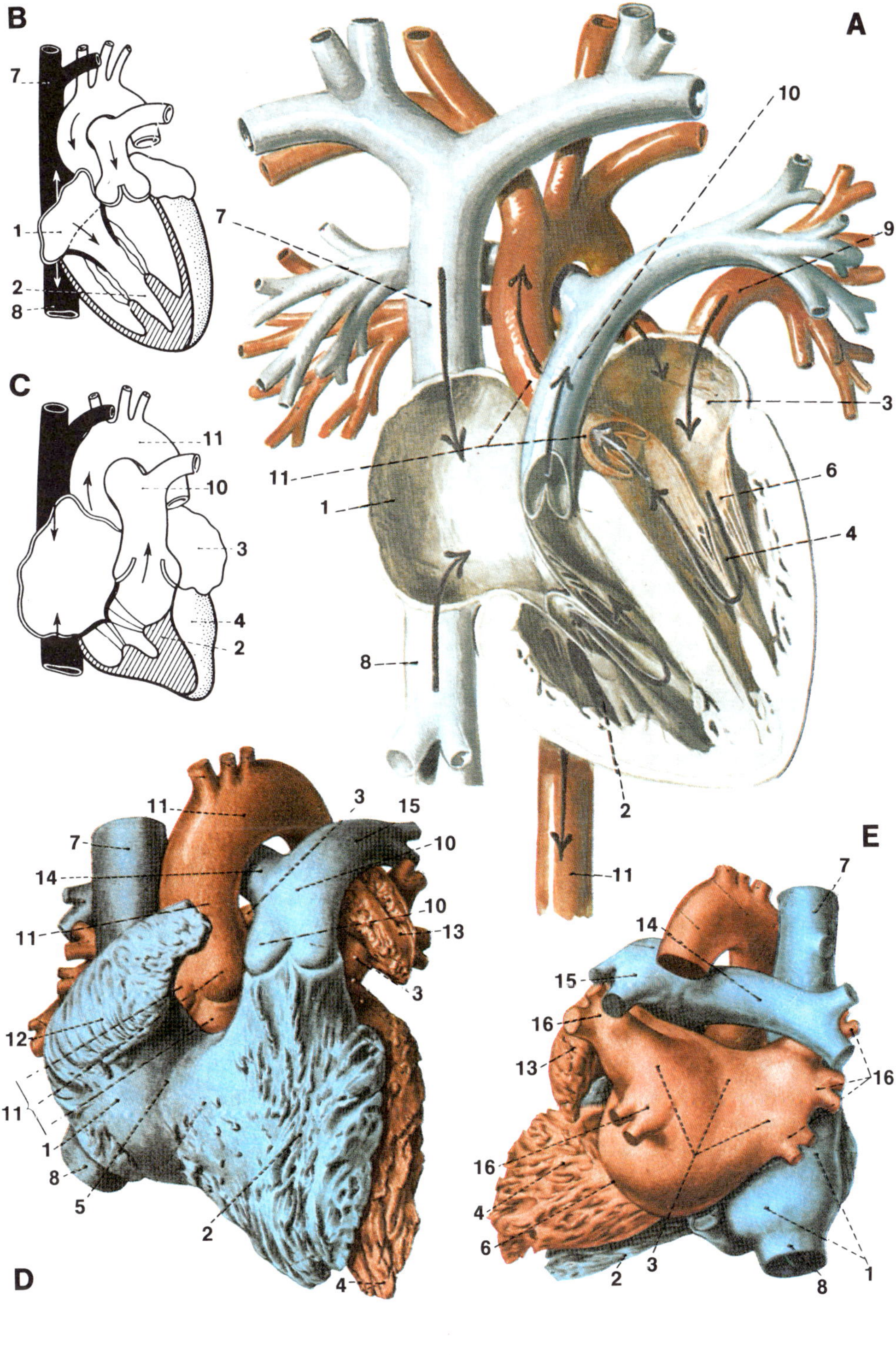
B
7
1
2
8
C
11
10
3
4
2
A
10
9
7
3
11
6
1
4
8
2
11
D
11
3
15
7
10
14
10
11
13
3
12
11
1
8
5
2
4
E
7
14
15
16
13
16
16
4
6
2
3
8
1

Herzbeutel
Das Herz „steckt" im Herzbeutel wie der Darm im Bauchfell (➥ S.247) oder die Lunge im Brustfell. Auch der Herzbeutel ist ein geschlossener Sack, ähnlich wie ein Fußball, aus dem die Luft ausgelassen und der dann mit der Faust eingedellt wurde. Das Herz im engeren Sinn ist der Faust zu vergleichen. Es wird von dem „eingedellten" Blatt des Herzbeutels überzogen, der so die Außenhaut (Epikard) des Herzens bildet. An den Einfluß- und Ausflußbahnen des Herzens schlägt das Epikard in das freie Blatt des Herzbeutels um (➥ S. 363, A). In der Ansicht von vorn sieht man die Umschlagstellen an der aufsteigenden Aorta und am Stamm der Lungenschlagadern. Zwischen den beiden Blättern des Herzbeutels ermöglicht eine dünne Flüssigkeitsschicht die reibungsarme Bewegung des Herzens. Dieses ändert schließlich rund 70mal pro Minute seine Form (Abb. B + C) und liefe rasch „heiß", würde es nicht gut „geschmiert".

Der Herzbeutel ermöglicht dem Herzen die freie Bewegung (ähnlich wie das Brustfell der Lunge und das Bauchfell dem Darm)

Der freie Blatt des Herzbeutel ist sehr viel straffer gebaut als das Brustfell oder das Bauchfell. Anders als diese lagert es sich nicht der Rumpfwand an und kann diese somit nicht als Verstärkung nutzen. Die große Zugfestigkeit des Herzbeutels hat auch Nachteile: Blutet es in den Beutel, so kann dieser sich nicht erweitern. Der Innendruck im Herzbeutel übersteigt rasch den Blutdruck in den in das Herz mündenden Venen und drückt sie zu. Die Vorhöfe können sich nicht mehr füllen („Herzbeuteltamponade"). Hier rettet nur die sofortige Punktion des Herzbeutels mit Absaugen des Ergusses das Leben.

A Hinterwand des Herzbeutels nach Entnahme des Herzens. Das Herz ist praktisch nur durch die großen Blutgefäße mit dem übrigen Körper verbunden. Nach Eröffnung des Herzbeutels kann man das Herz herausnehmen, wenn man die großen Blutgefäße durchtrennt. Arterien und Venen sind durch die quere Herzbeutelbucht getrennt. Man beachte das „Venenkreuz" (Abb. D)!

B Herz bei Kammererschlaffung (Diastole).

C Herz bei Kammerkontraktion (Systole).

D „Venenkreuz" an der Hinterwand des Herzens (➥ S. 373, C). Die Kenntnis dieses Kreuzes erleichtert die Orientierung am Herzen, wenn dieses aus dem Körper genommen wurde: Man schiebt eine Sonde durch die beiden Hohlvenen zur Bestimmung der Längsrichtung und entsprechend eine zweite Sonde durch die Lungenvenen zur Bestimmung der Querrichtung. Man kann so leicht die natürliche Lage des Herzens erkennen.

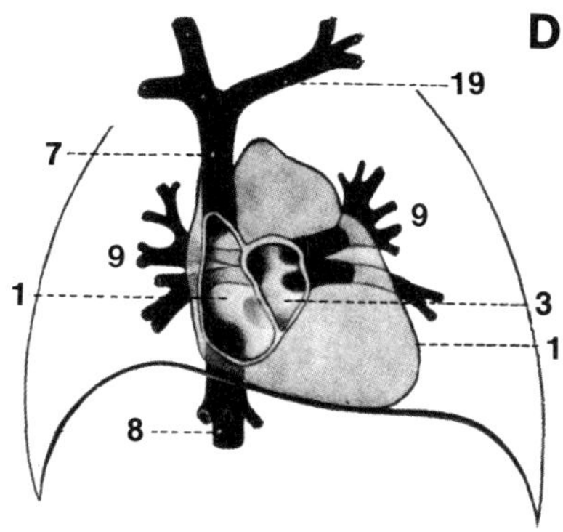

1	Rechter Vorhof	Atrium dextrum
2	Rechte Herzkammer	Ventriculus dexter
3	Linker Vorhof	Atrium sinistrum
4	Linke Herzkammer	Ventriculus sinister
5	Aorta (Hauptschlagader)	Aorta
6	Stamm der Lungenschlagadern	Truncus pulmonalis
7	Obere Hohlvene	V. cava superior
8	Untere Hohlvene	V. cava inferior
9	Lungenvenen	Vv. pulmonales
10	Herzbeutel	Pericardium
11	Lunge	Pulmo
12	Brustfell	Pleura
13	Quere Herzbeutelbucht	Sinus transversus pericardii
14	Fettgewebe	Textus adiposus
15	Zwerchfellnerv + Herzbeutel-Zwerchfell-Schlagader + -Vene	N. phrenicus + A. + V. pericardiacophrenica
16	Autonomes Nervengeflecht an der Aorta	Plexus aorticus
17	Vagus (zehnter Hirnnerv)	N. vagus
18	Schräge Herzbeutelbucht	Sinus obliquus pericardii
19	Arm-Kopf-Vene	V. brachiocephalica
20	Botallo-Band	Lig. arteriosum

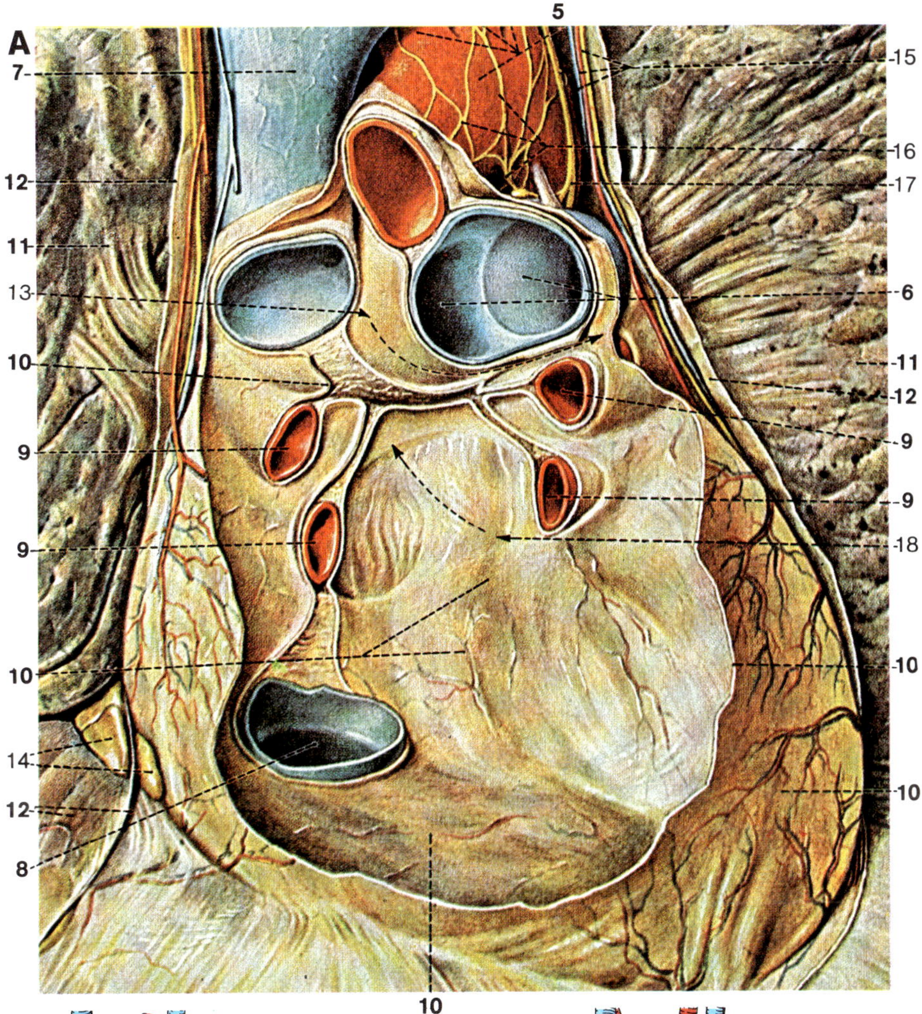
A
5
7
15
12
16
17
11
13
6
10
11
12
9
9
9
9
18
10
10
14
12
10
8
10

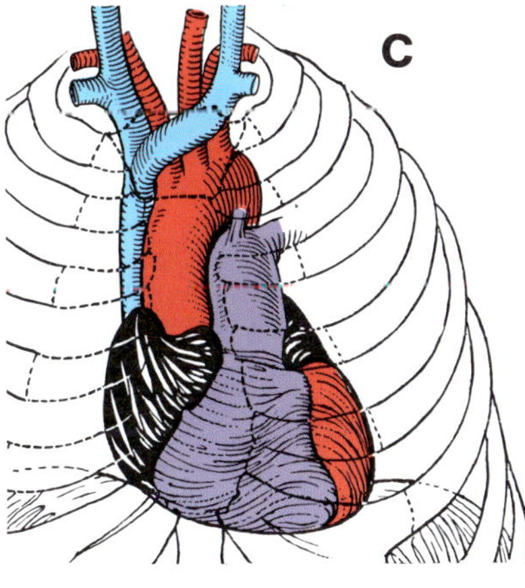
C

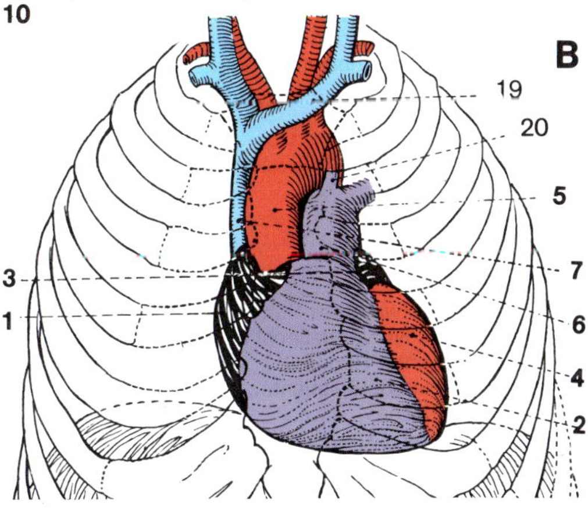
B
19
20
5
3
7
1
6
4
2

Herzmuskel

Das Herz ist ein Muskel. Mit dem Skelettmuskel hat es gemeinsam, daß Zusammenziehen und Erschlaffen rasch erfolgen müssen. Im Gegensatz zum Skelettmuskel darf es jedoch nicht ermüden. Daher unterscheidet sich der Herzmuskel im Bau etwas vom Skelettmuskel. Die Muskelzellen sind quergestreift und bilden ein spitzwinkliges Flechtwerk. Die Zellkerne liegen inmitten der Zellen.

- Beim Erwachsenen werden keine neuen Herzmuskelzellen mehr gebildet
- Beim Herzinfarkt zerstörte Herzmuskelzellen werden durch Bindegewebe ersetzt (Narbe)

Bei besonderer Beanspruchung des Kreislaufs verdicken und verlängern sich die einzelnen Fasern. Durch die gleichmäßige Größenzunahme der einzelnen Fasern wird das Herz insgesamt größer. Damit wachsen auch die Hohlräume, so daß das Schlagvolumen zunimmt. Die Zahl der Blutkapillaren ändert sich dabei nicht. Wächst die Muskelfaser über ein vernünftiges Maß hinaus, so reicht die Blutzufuhr nicht mehr aus. Die Leistung fällt wieder ab. Diese „Herzinsuffizienz" tritt verfrüht auf, wenn das Herz, z.B. durch undichte oder zu enge Klappen, unwirtschaftlich arbeitet. Dieser Schaden trifft meist zunächst nur eine Herzhälfte. Steigt der Blutdruck im großen Kreislauf stark an, z.B. Hochdruck (Hypertonie) bei manchen Nierenkrankheiten, so vergrößert sich zunächst das linke Herz. Erlahmt dieses, so kann es bei stärkeren Belastungen nicht mehr das gesamte von der Lunge kommende Blut in den großen Kreislauf auswerfen. Es staut sich in die Lunge zurück. Die Atemleistung sinkt. Der Druck im kleinen Kreislauf steigt. Das rechte Herz muß nun gegen einen höheren Widerstand arbeiten. Es wird sich zunächst verdicken und schließlich ebenfalls schwach werden.

A Mikroskopisches Bild der Herzmuskulatur im Längsschnitt (Vergrößerung etwa 400fach).

B Herzmuskulatur (Papillarmuskel) im Querschnitt (Vergrößerung etwa 400fach).

C Herzmuskelfasern beim Säugling. Die Fasern haben einen Durchmesser von etwa 7 bis 8 µm. Auf zwei Muskelfasern kommt eine Blutkapillare (schwarz).

D Herzmuskelfasern beim Erwachsenen. Die Faserdicke beträgt etwa 25 µm. Auf jede Muskelfaser entfällt jetzt eine Kapillare.

E Herzmuskel beim Sportler (➥ S. 365, B).

F + G Bei Zunahme der Herzmuskelfaserdicke steigt nicht nur das Herzgewicht, sondern auch der Rauminhalt der Herzkammern.

H Schema der Vorhof-Kammer-Klappen.

I Schema des Muskelfaserverlaufs in der linken Herzkammer. Die Herzmuskelfasern sind in spiraligen und schraubigen Windungen angeordnet und können so den Hohlraum in allen Richtungen verkleinern.

J Erregungsleitungssystem des Herzens (➥ S. 372).

1	Rechter Vorhof	Atrium dextrum
2	Rechte Herzkammer	Ventriculus dexter
3	Linker Vorhof	Atrium sinistrum
4	Linke Herzkammer	Ventriculus sinister
5	Kammerscheidewand	Septum interventriculare
6	Obere Hohlvene	V. cava superior
7	Untere Hohlvene	V. cava inferior
8	Lungenvenen	Vv. pulmonales
9	Rechte Vorhof-Kammer-Klappe (= Dreizipfelklappe, Trikuspidalklappe)	Valva atrioventricularis dextra (Valva tricuspidalis)
10	Linke Vorhof-Kammer-Klappe (= Zweizipfelklappe, Mitralklappe)	Valva atrioventricularis sinistra (Valva bicuspidalis, Valva mitralis)
11	Sinusknoten (= Keith-Flack-Knoten)	Nodus sinu-atrialis
12	Vorhof-Kammer-Knoten (= Aschoff-Tawara-Knoten = AV-Knoten)	Nodus atrioventricularis
13	Stamm des Erregungsleitungssystems (His-Bündel)	Fasciculus atrioventricularis
14	Linker Schenkel (des Erregungsleitungssystems)	Crus sinistrum
15	Rechter Schenkel (des Erregungsleitungssystems)	Crus dextrum
16	Klappensegel	Cuspis
17	Sehnenfäden	Chordae tendineae
18	Papillarmuskeln	Mm. papillares
19	Herzkranzbucht	Sinus coronarius
20	Herzmuskelzelle	Myocytus cardiacus
21	Glanzstreifen	Discus intercalatus
22	Verbindungen zwischen den Muskelfasern	Nexus
23 + 24	Bindegewebe + Blutgefäße	Textus connectivus + Vasa
25	Herzmuskelfasern	Myofibrae (cardiacae)

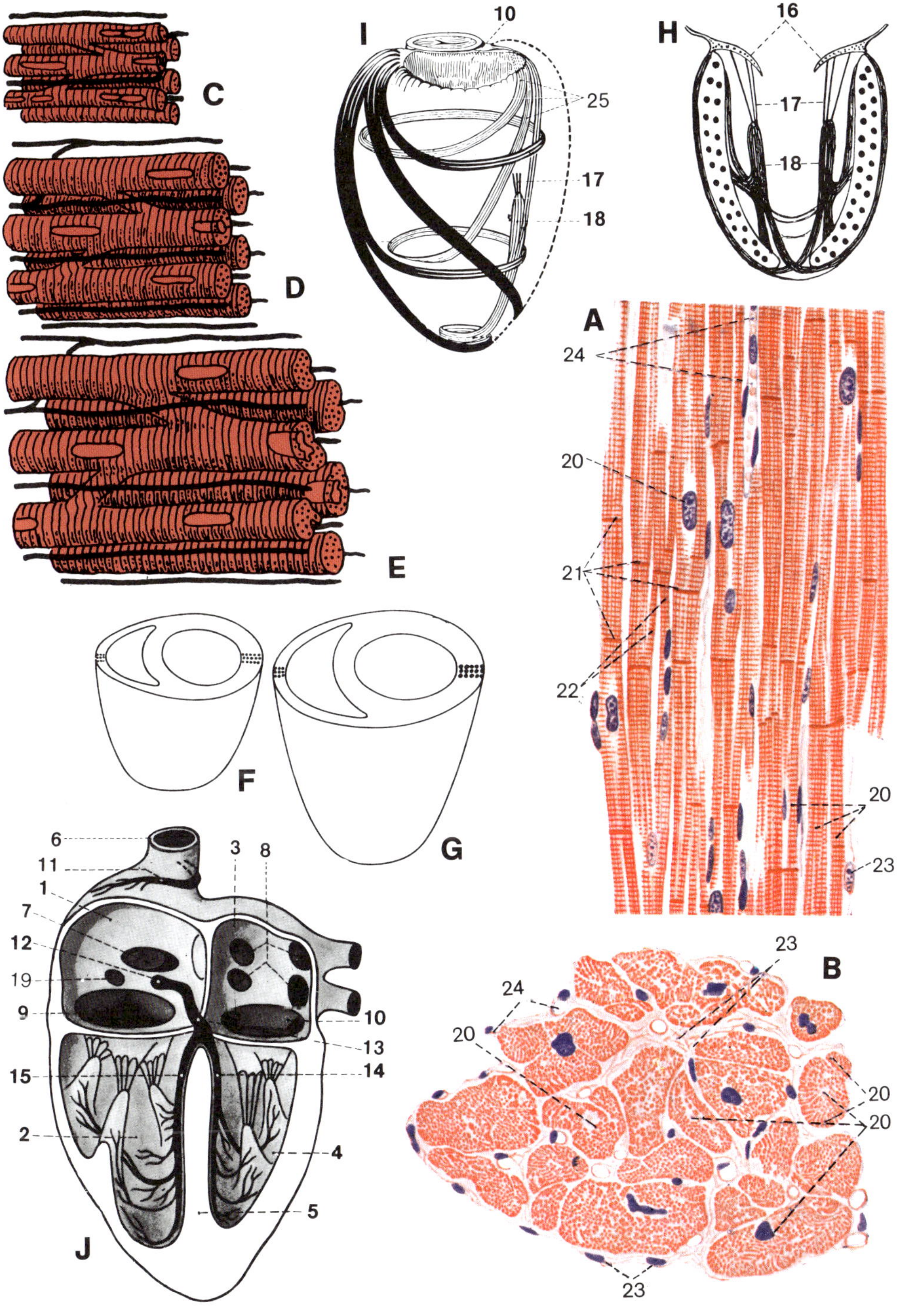
C
D
E
I
10
25
17
18
H
16
17
18
A
24
20
21
22
20
23
F
G
J
6
11
1
7
12
19
9
3
8
10
13
15
14
2
4
5
B
23
24
20
20
20
23

Erregungsleitungssystem

Sinusknoten → AV-Knoten → His-Bündel → Schenkel → Purkinje-Fasern

Der Kreislauf darf sich keine Erholungspause gönnen. Stillstand der Pumpe bedeutet Tod des Körpers. Daher muß das Herz möglichst selbständig sein. Würde es ausschließlich vom Nervensystem gesteuert, so könnte es bei einer Bewußtlosigkeit stehenbleiben. Das Herz erhält zwar Impulse vom Nervensystem: Es schlägt bei Aufregung rascher, im Schlaf langsamer. Es hat aber auch ein vom Nervensystem unabhängiges Erregungsbildungs- und Erregungsverteilungssystem (➥ S. 370, J). Dieses besteht nicht aus Nervenfasern, sondern aus spezialisierten Muskelfasern.
Durch rhythmisch im Sinusknoten entstehende Erregungen werden die Vorhöfe zur Kontraktion angeregt. Die Erregung gelangt dann zum AV-Knoten (atrio-ventrikulären = Vorhof-Kammer-Knoten). Von dort wird die Erregung über das His-Bündel, dessen Schenkel und die Purkinje-Fasern verzögert zu den Herzkammern weitergeleitet. So folgt jeder Vorhofkontraktion eine Kammerkontraktion zum günstigsten Zeitpunkt. Bei „Überleitungsstörungen", z.B. einem „Schenkelblock", kann dieses Zusammenspiel von Vorhöfen und Kammern verlorengehen. Die Herztätigkeit wird dann unwirtschaftlich (wie bei einem Automotor, dessen Zündzeitpunkt schlecht eingestellt ist).

Äußere Herzmassage

Bei Unfällen bleibt manchmal das Herz stehen, wenn das parasympathische Nervensystem übermäßig gereizt wird (reflektorischer Herzstillstand). Dann ist es lebensentscheidend, für einige Minuten den Blutkreislauf in Gang zu halten, bis das Herz wieder zu schlagen beginnt. Dazu preßt man den Brustkorb rhythmisch etwa 60mal pro Minute kräftig (!) zusammen. Das Herz kann im straffen Herzbeutel dem Druck nicht seitlich ausweichen. Es muß vielmehr seinen Rauminhalt verkleinern, d.h., Blut wird in die Schlagadern ausgeworfen. Bei Entlastung wird jeweils Blut aus den Venen angesaugt. Da sich die Klappen in der Aorta und in der Lungenschlagader rein passiv öffnen und schließen, kommt so auch ohne aktive Mitwirkung der Herzmuskulatur eine gerichtete Blutströmung zustande. Durch diese kann über die kritischen Minuten das Leben des Verunglückten erhalten werden.

A Projektion des Herzens und der großen Blutgefäße auf die vordere Brustwand: rechter Vorhof und obere Hohlvene violett, rechte Herzkammer und Lungenschlagadern blau, linker Vorhof orange, linke Herzkammer und Aorta rot.
B Klappenebene des Herzens und typische Abhörstellen (grüne Ringe) der einzelnen Herzklappen. Die Pfeile markieren die Richtung des Blutstroms, der das Klappengeräusch mitnimmt.
C „Venenkreuz" an der Hinterwand des Herzens. Die zum kleinen Kreislauf gehörenden Lungenvenen münden annähernd horizontal in den linken Vorhof ein. Die Hauptvenen des großen Kreislaufs, die obere und die untere Hohlvene, enden einander gegenüberstehend in Längsrichtung im rechten Vorhof. Hohlvenen und Lungenvenen bilden damit ein Kreuz (➥ S. 368, D).
D Brustwandableitungen des Ekg. Die grünen Punkte bezeichnen die Stellen, an denen die Brustwandelektroden angelegt werden.
E Das Herz nimmt fast den ganzen Raum zwischen Brustbein und Wirbelsäule ein (➥ S. 377, C). Druck auf den Brustkorb von vorn muß daher das Herz zusammenpressen. Diese Tatsache macht man sich bei der „äußeren Herzmassage" zunutze.
F + G Äußere Herzmassage. Man achte auf die beiden empfehlenswerten Handhaltungen des Helfers. **G** zeigt zusätzlich die Mund-zu-Mund-Beatmung durch einen zweiten Helfer. Wichtig ist dabei das Überstrecken des Kopfes des Verunglückten, um die Atemwege freizuhalten.

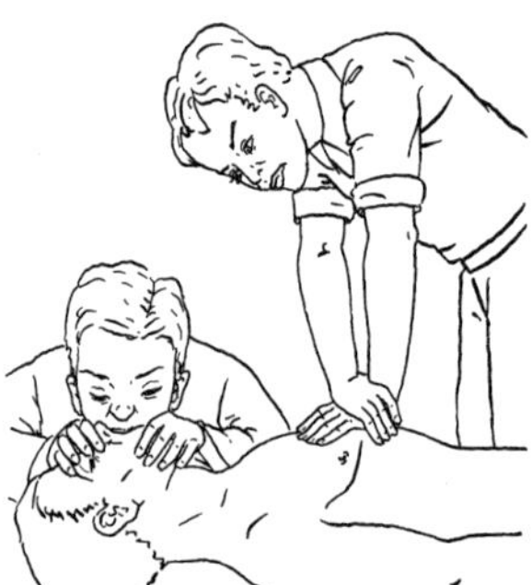
G

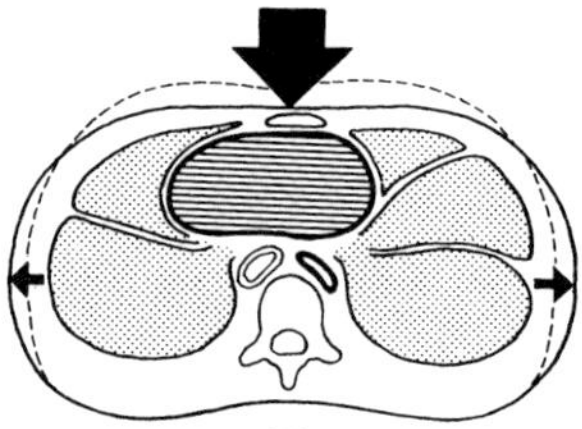
E

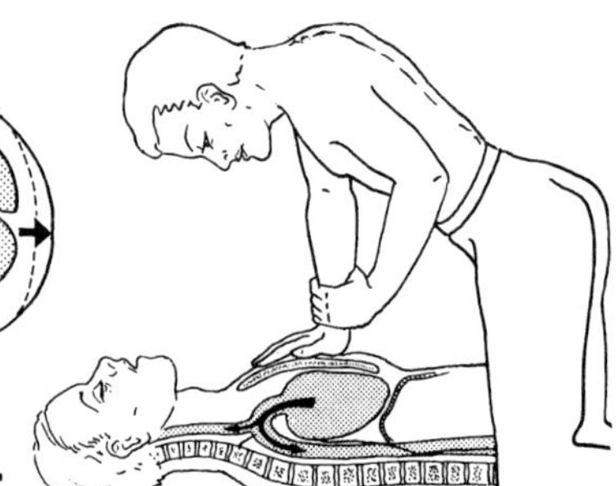
F

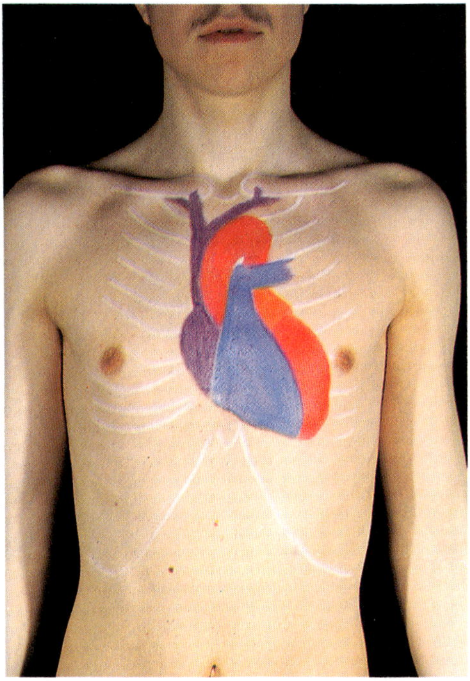

A

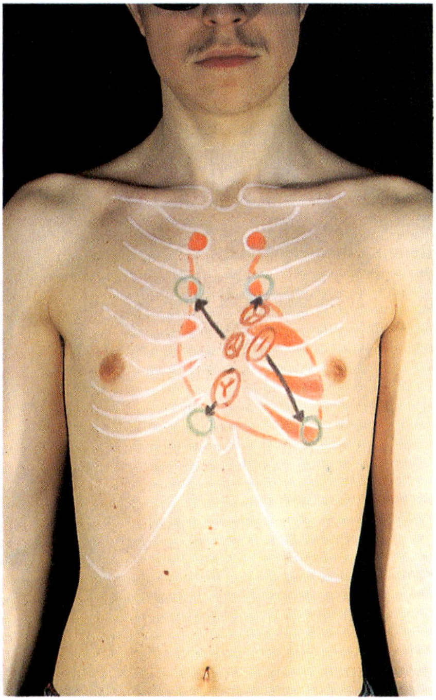

B

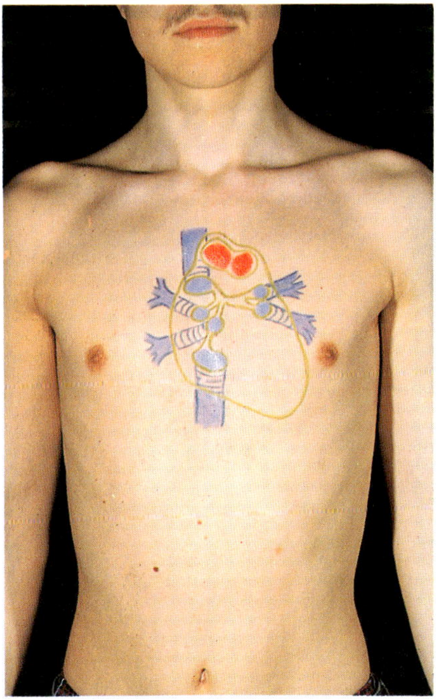

C

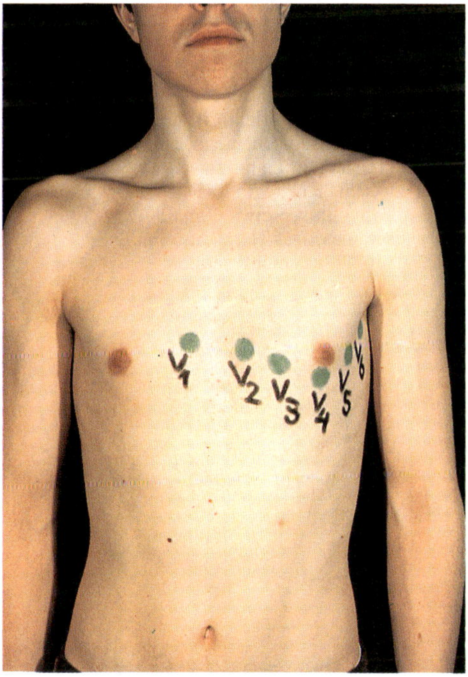

D

Herzkranzgefäße

- Der Herzmuskel wird nur über die beiden Herzkranzschlagadern mit Blut versorgt
- Herzinfarkt bei Verschluß eines größeren Astes

• Die *Herzkranzschlagadern* entspringen als erste Äste aus der Aorta unmittelbar oberhalb der Aortenklappe und verlaufen in der Herzkranzfurche zwischen Vorhöfen und Kammern, was ihnen ihren Namen eingebracht hat.

• Die *Herzvenen* sammeln sich mit wenigen Ausnahmen in der Herzkranzbucht. Diese mündet dann in den rechten Vorhof.

Durchblutungsstörungen der Herzkranzschlagadern führen zu heftigsten Schmerzen (*Angina pectoris*). Diese strahlen häufig vom Brustkorb in den linken Oberarm aus. Bei plötzlichem Verschluß eines größeren Astes einer Herzkranzschlagader kann die Blutversorgung des zugehörigen Herzteils meist nicht von Nachbargefäßen mit übernommen werden. Der betroffene Abschnitt stellt seine Tätigkeit ein und geht zugrunde. Der Patient bricht häufig nach kurzem, vernichtendem Brustschmerz bewußtlos zusammen. Wenn der *Herzinfarkt* überlebt wird, ersetzt der Körper das abgestorbene Herzmuskelgewebe durch Bindegewebe (Narbenbildung, ➥ S. 77). Dieser Bereich der Herzwand kann sich nun nicht mehr zusammenziehen. Der Herzinfarkt ist Ursache der meisten plötzlichen Todesfälle aus scheinbar völliger Gesundheit. Das Infarktrisiko wird durch Rauchen und Übergewicht wesentlich erhöht.

A Klappenebene des Herzens mit Herzkranzgefäßen. Die Vorhöfe sind abgetragen. Die Aorta und der Stamm der Lungenschlagadern sind durchgetrennt. Man sieht, daß die vier großen Herzklappen etwa in einer Ebene liegen. Diese Ebene steht allerdings im Körper nicht horizontal, sondern nach rechts hinten unten geneigt.

B Schema zu Abb. A.

C Herz mit Herzkranzgefäßen von hinten unten gesehen.

D Schema zu Abb. C.

E Bei der Herzverpflanzung beläßt man gewöhnlich Teile der beiden Vorhöfe mit den Mündungen der 6 großen Venen, um die Naht zu vereinfachen und dadurch die Operationszeit zu verkürzen.

1	Vorderer Zipfel	Cuspis anterior
2	Hinterer Zipfel	Cuspis posterior
3	Septaler Zipfel	Cuspis septalis
4	Linke Vorhof-Kammer-Klappe (= Zweizipfelklappe, Mitralklappe)	Valva atrioventricularis sinistra (Valva bicuspidalis, Valva mitralis)
5	Rechte Vorhof-Kammer-Klappe (= Dreizipfelklappe, Trikuspidalklappe)	Valva atrioventricularis dextra (Valva tricuspidalis)
6	Lungenschlagaderklappe (Pulmonalklappe) mit drei halbmondförmigen Taschen	Valva trunci pulmonalis + Valvulae semilunares
7	Aortenklappe mit drei halbmondförmigen Taschen	Valva aortae; Valvulae semilunares
8	Rechter Vorhof	Atrium dextrum
9	Rechte Herzkammer	Ventriculus dexter
10	Linker Vorhof	Atrium sinistrum
11	Linke Herzkammer	Ventriculus sinister
12	Stamm der Lungenschlagadern	Truncus pulmonalis
13	Aorta (Hauptschlagader)	Aorta
14	Rechte Herzkranzschlagader	A. coronaria dextra
15	Linke Herzkranzschlagader	A. coronaria sinistra
16	Lungenvenen	Vv. pulmonales
17	Obere Hohlvene	V. cava superior
18	Untere Hohlvene	V. cava inferior
19	Vorderer Zwischenkammerast (der linken Herzkranzschlagader)	R. interventricularis anterior
20	Umbiegender Ast (der linken Herzkranzschlagader)	R. circumflexus
21	Faserdreieck (des Herzskeletts)	Trigonum fibrosum
22	Linke Herzkranzvene (früher „große Herzvene“ genannt)	V. coronaria sinistra
23	Faserring am Klappenrand	Anulus fibrosus
24	Stamm des Erregungsleitungssystems (His-Bündel)	Fasciculus atrioventricularis
25	Hintere Zwischenkammervene („mittlere Herzvene“)	V. interventricularis posterior
26	Herzkranzbucht (Sammelstelle der Herzvenen)	Sinus coronarius
27	Klappe der Herzkranzbucht	Valvula sinus coronarii
28	Rechte Herzkranzvene („kleine Herzvene“)	V. coronaria dextra
29	Ast für rechte Ausflußbahn (der rechten Herzkranzschlagader)	R. coni arteriosi
30	Hinterer Zwischenkammerast (der rechten Herzkranzschlagader)	R. interventricularis posterior
31	Zwerchfell	Diaphragma (thoraco-abdominale)
32	Herzbeutel (Umriß)	Pericardium

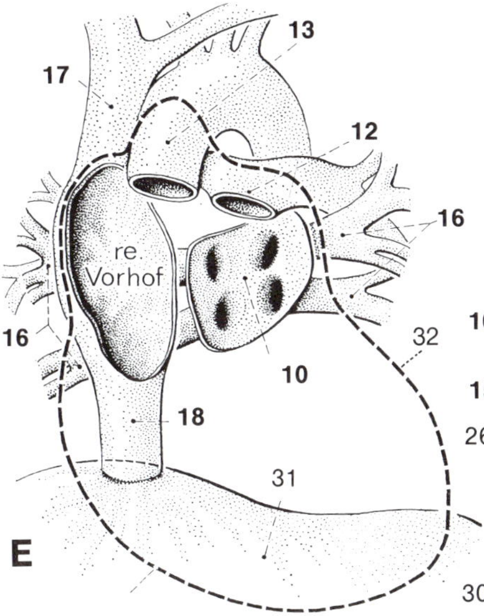
17
13
12
16
re.
Vorhof
16
10
32
18
31

E

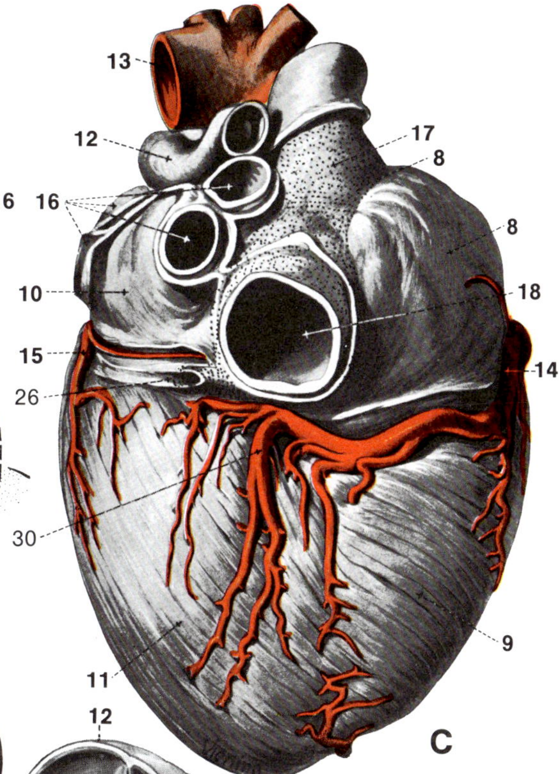
13
12
17
8
16
8
10
18
15
14
26
30
9
11

C

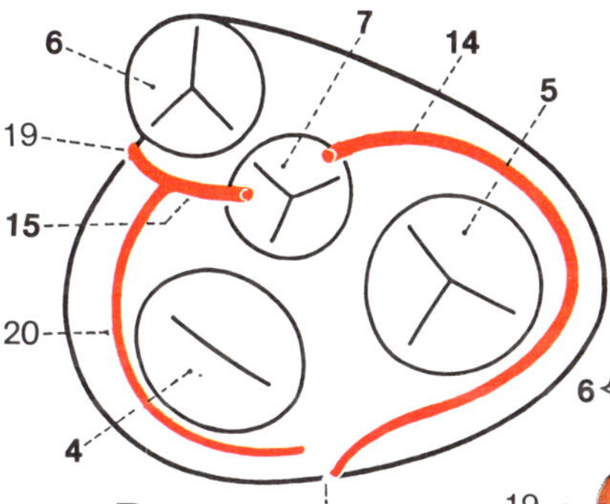
6
7
14
5
19
15
20
4
30

B

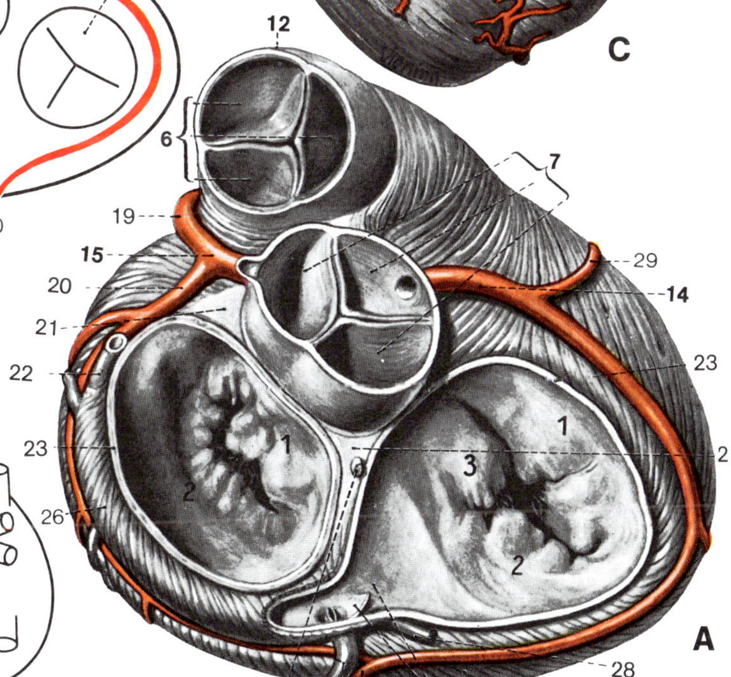
12
7
6
19
15
29
20
14
21
22
23
23
1
1
21
3
26
2
2
28
24
25
30
27

A

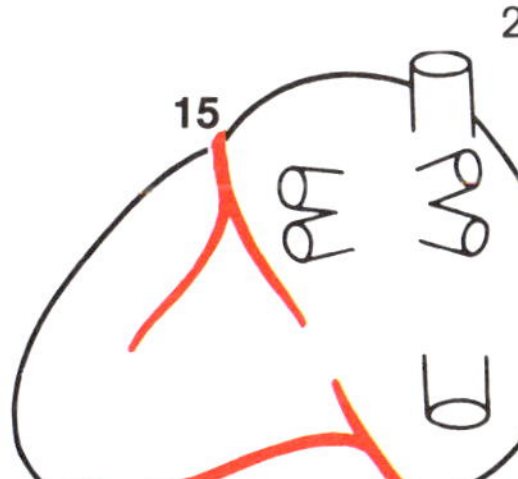
15
14

D

A-C Fotos von Querschnitten (Horizontalschnitten) durch den Brustkorb, Anblick von unten:
A auf der Höhe des Ansatzes der ersten Rippen am Handgriff des Brustbeins. Der Schnitt geht durch den Gipfel des Aortenbogens. Man sieht die Abgänge der großen Äste.
B auf Höhe des Ansatzes der dritten Rippen am Brustbein unmittelbar oberhalb des Herzens. Der Schnitt geht durch die Aufzweigung des Stamms der Lungenschlagadern. Die Aorta ist im Schnitt zweimal getroffen (vorn der aufsteigende, rückwärts der absteigende Teil).
C auf Höhe des Ansatzes der fünften Rippen am Brustbein. Der Schnitt geht wegen der Schräglage des Herzens durch die Vorhöfe und durch die Herzkammern. Wegen der extremen Hochlage des Zwerchfells bei der Leiche trifft der Schnitt auch noch den höchsten Teil der Leber.

A

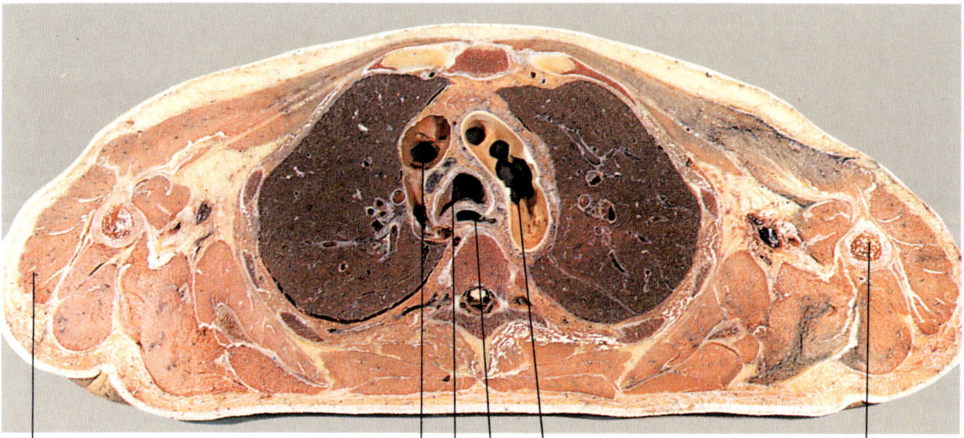

1	Wirbelkörper	Corpus vertebrae (vertebrale)
2	Rippe	Costa
3	Brustbein	Sternum
4	Schulterblatt	Scapula
5	Oberarmbein	Humerus
6	Großer Brustmuskel	M. pectoralis major
7	Kleiner Brustmuskel	M. pectoralis minor
8	Breiter Rückenmuskel	M. latissimus dorsi
9	Trapezmuskel (Kapuzenmuskel)	M. trapezius
10	Wirbelsäulenaufrichter	M. erector spinae
11	Deltamuskel	M. deltoideus
12	Rechte Lunge	Pulmo dexter
13	Linke Lunge	Pulmo sinister
14	Rechter Vorhof	Atrium dextrum
15	Vorhofscheidewand	Septum interatriale
16	Linker Vorhof	Atrium sinistrum
17	Rechte Herzkammer	Ventriculus dexter
18	Herzkammerscheidewand	Septum interventriculare
19	Linke Herzkammer	Ventriculus sinister
20	Aorta (Hauptschlagader)	Aorta
21	Stamm der Lungenschlagadern	Truncus pulmonalis
22	Obere Hohlvene	V. cava superior
23	Lungenvene	V. pulmonalis
24	Luftröhre	Trachea
25	Bronchus	Bronchus
26	Speiseröhre	Oesophagus
27	Leber	Hepar
28	Zwerchfell	Diaphragma (thoraco-abdominale)
29	Rückenmark	Medulla spinalis

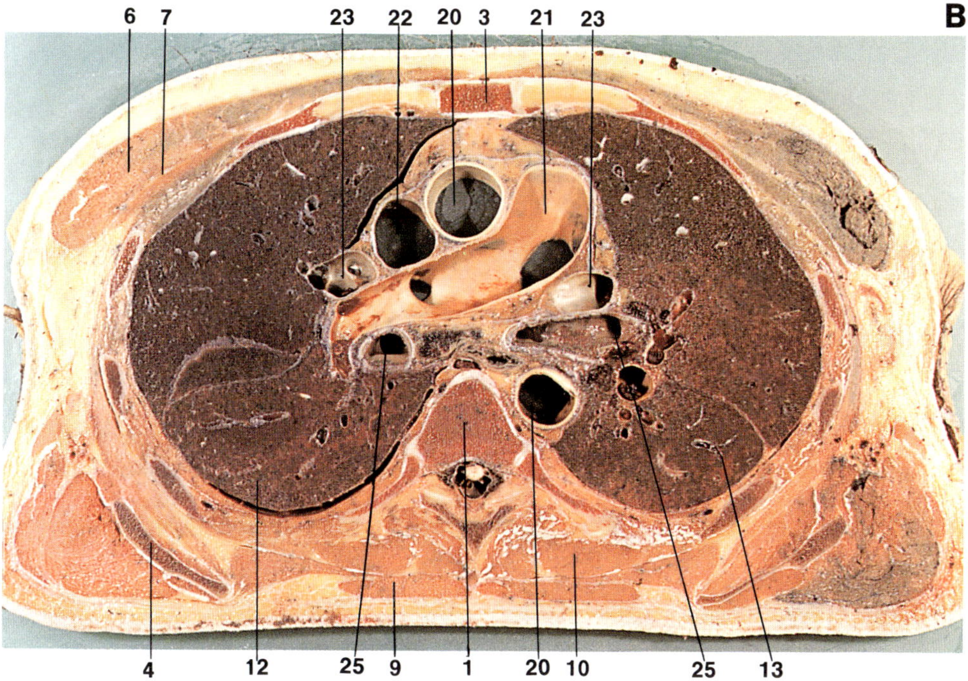
B
6
7
23
22
20
3
21
23
4
12
25
9
1
20
10
25
13

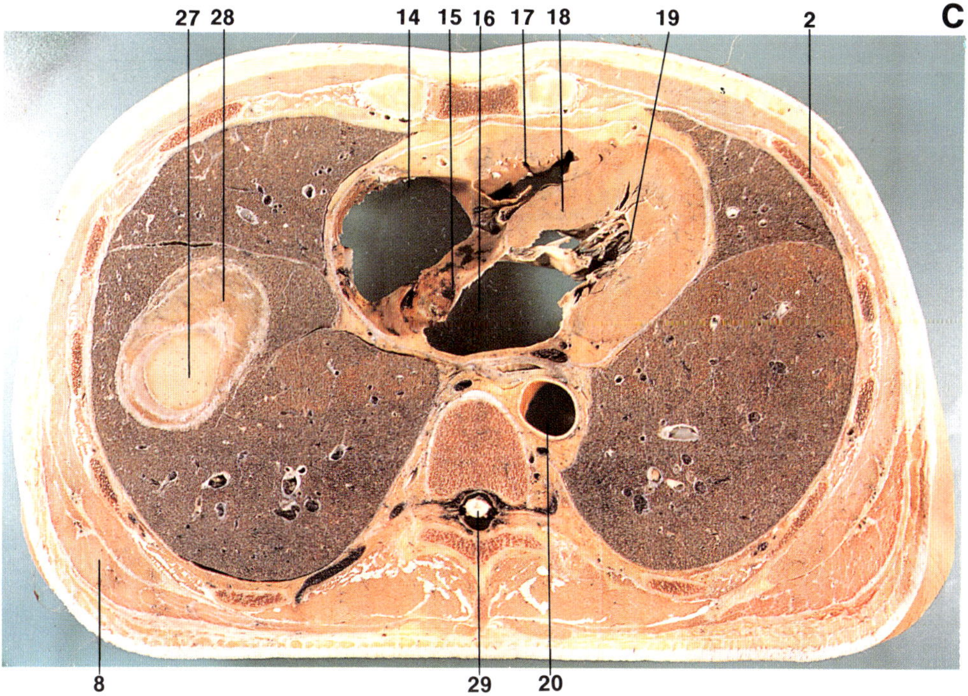
C
27
28
14
15
16
17
18
19
2
8
29
20

Gefäßwand

3 Wandschichten:
• Intima: glatte Gefäßinnenwand
• Media: Muskelwand
• Adventitia: bindegewebige Hülle

Die Wandschichten der Blutgefäße entsprechen den drei Schichten der Herzwand: Endokard, Myokard und Epikard. Dieses Bauprinzip trifft grundsätzlich für alle Blutgefäße zu. Der feinere Bau, besonders der Mittelschicht, weist jedoch erhebliche Unterschiede auf:

• In Abb. A ist unten der Bau einer mittleren **Schlagader** dargestellt. Die Mittelschicht enthält reichlich Muskelfasern („Schlagader vom muskulären Typ"). Die Muskelfasern sind vorwiegend ringförmig in die Gefäßwand eingelassen. So kann die lichte Weite des Gefäßrohres und damit die Durchblutungsmenge verändert werden. Bei einem warmen Fußbad werden die Füße rot. Die Gefäßmuskeln erschlaffen auf den Wärmereiz hin. Das Gefäßrohr wird weiter. Mehr Blut strömt hindurch. Die Haut rötet sich. Umgekehrt führt ein Kältereiz zu einer Anspannung der Gefäßmuskeln. Die Haut erblaßt. Die Gefäßmuskeln werden durch das autonome Nervensystem gesteuert.

• Die Wand der **Vene** (in Abb. A links oben) ist dünner als die Wand der Schlagader, da der Blutdruck in den Venen sehr viel niedriger als in den Schlagadern ist. Die drei Schichten (Intima, Media, Adventitia) sind häufig nicht klar abzugrenzen. Setzt man ein Stück Vene in den Verlauf einer Schlagader ein (z.B. bei Erkrankung einer Schlagader), so nimmt die ursprüngliche Vene bald den Wandbau einer Schlagader an: Der Wandbau hängt folglich von der Beanspruchung ab. Schlagadern und Venen laufen häufig parallel. Manchmal sind die Außenschichten der beiden Gefäßwände durch Bindegewebe so eng aneinander gekoppelt, daß sich die Pulsationen der Schlagader direkt auf die Vene auswirken: Die Lichtung der Vene wird rhythmisch verengt und damit der Rückstrom des Blutes zum Herzen gefördert.

• Die **Haargefäße** (Kapillaren) bilden das Bindeglied zwischen Schlagadern und Venen. Sie sind die feinsten Blutgefäße. Durch ihre Wände erfolgt der Stoffaustausch mit den umliegenden Zellen. Bei den Haargefäßen fehlen die Mittel- und die Außenschicht der Wand. Die Innenschicht besteht manchmal nur aus einer Lage flacher Zellen (➥ S. 30, C). Der Durchmesser beträgt 3 bis 40 µm. Die lichte Weite der engsten Haargefäße ist damit kleiner als der Durchmesser der roten Blutkörperchen (7,5 µm). Diese müssen sich unter starkem Verformen hindurchzwängen. An einigen Stellen des Körpers (Bindehaut des Auges, Zahnfleisch, Nagelwall) kann man die Blutströmung in den Kapillaren beim lebenden Menschen mit dem Mikroskop direkt beobachten.

• Die Wand eines größeren **Lymphgefäßes** (in Abb. A rechts oben) ähnelt einer Venenwand. Sie ist meist etwas dünner.

• Die Gewebe der Blutgefäßwände müssen wie jedes lebende Gewebe mit Nährstoffen versorgt werden. Die Wände der größeren Blutgefäße sind so dick, daß ihre Ernährung aus dem Blutstrom im Gefäß selbst nicht ausreicht. In der Wand der großen Blutgefäße liegen daher kleinere Blutgefäße, die deren Stoffwechsel sichern. Zwei dieser *Gefäße der Gefäße* sieht man in Abb. A rechts unten in der Außenschicht der Schlagaderwand.

A Schema vom Bau der Schlagader-, Venen- und Lymphgefäßwand im mikroskopischen Schnittbild. In je 2 Segmenten sind die elastischen bzw. zugfesten Fasern speziell angefärbt (braun bzw. blau).

B + C Ausweitung von *Umgehungsstraßen* (Kollateralbahnen) bei Verschluß einer Schlagader. Wird eine Schlagader durch eine Erkrankung undurchgängig (in **C** symbolisch durch zwei Unterbindungen angegben), so strömt infolge des Rückstaues das Blut mit höherem Druck in die vor dem Verschluß abgehenden Seitenäste. Diese werden dadurch allmählich erweitert und können manchmal die Aufgaben des verschlossenen Blutgefäßes mit übernehmen (sofern es sich nicht um eine „Endschlagader" handelt, ➥ S. 387, E).

D-G Entwicklung der *Arteriosklerose* (Atheromatose, „Schlagaderverkalkung").

D Beim Kind ist die Innenwand der Schlagader (Intima) glatt.

E Mit zunehmendem Lebensalter („beim einen früher, beim anderen später") werden in die Gefäßinnenwand Fette abgelagert. Freßzellen wandern ein. Die Innenwand verdickt sich. Fettstreifen treten auf. Begünstigt wird dieser Vorgang durch fettreiche Ernährung und Rauchen.

F Im fortgeschrittenen Stadium kommt es zum Zellzerfall und zu starker Vermehrung des Bindegewebes (= Sklerose). Die Muskelzellen der Gefäßwand gehen zugrunde. Schließlich wird Kalk eingelagert. Dadurch wird das Rohr starr und kann sich den Pulsschlägen in der „Schlag"-Ader nicht mehr anpassen. Der Blutdruck steigt. Der Unterschied zwischen dem systolischen und dem diastolischen Blutdruck wächst.

G Endstadium. Das verkalkte Gewebe wird schlecht ernährt. Dies führt zu Geschwüren und Blutgerinnseln. Die Lichtung des Gefäßes wird enger. Die Durchblutung der versorgten Körperteile ist gestört (bevorzugt in den Beinen und am Herzen). Das verkalkte Gefäßrohr kann brechen und eine heftige Blutung aus der Schlagader erfolgen (z.B. im Gehirn beim „Schlaganfall").

A

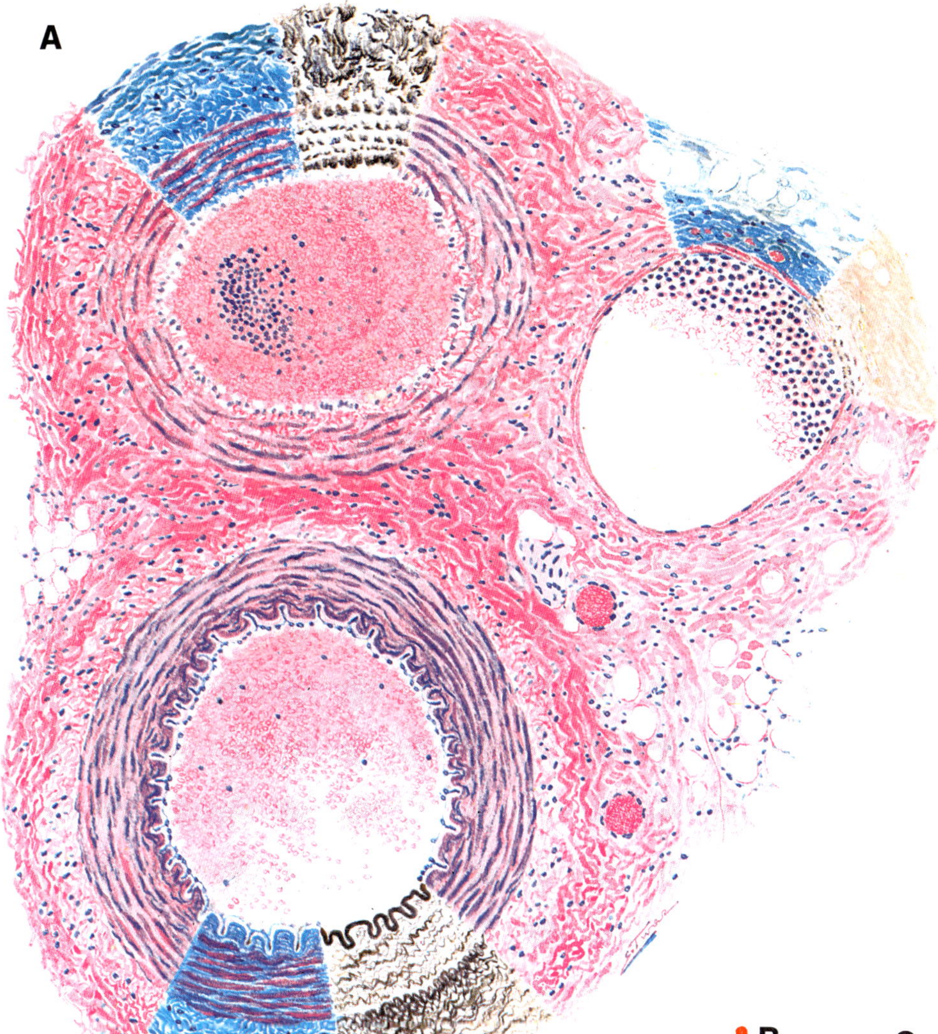

B C

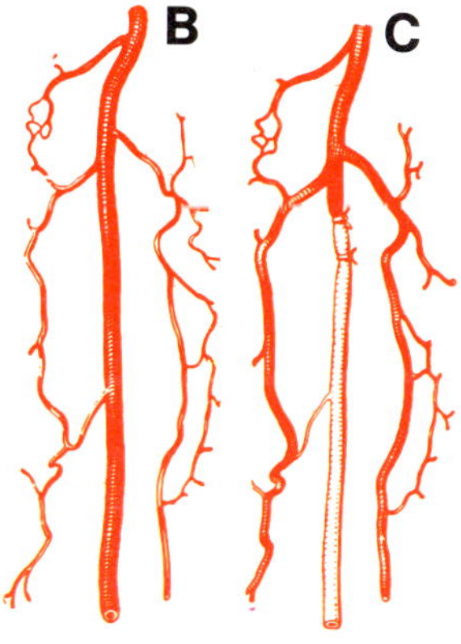

D E F G

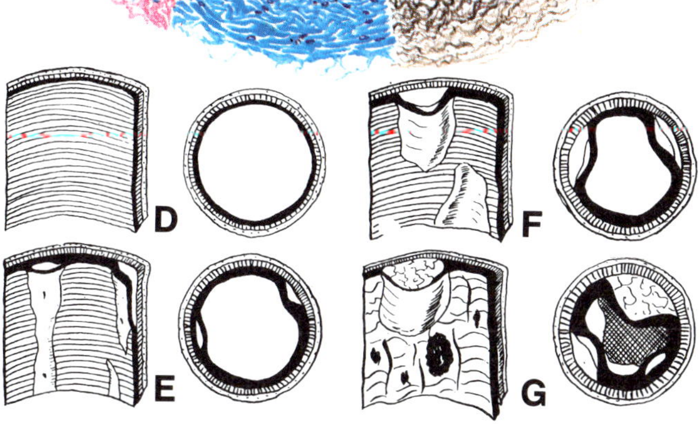

Schlagadern und Venen

- Schlagadern (Arterien): Blut fließt vom Herzen weg
- Venen: Blut strömt zum Herzen hin

Die Namen der Blutgefäße richten sich nach der Richtung des Blutstroms und nicht nach dem Sauerstoffgehalt:
- In den Lungenschlagadern fließt sauerstoffarmes („venöses“) Blut vom Herzen zur Lunge.
- In den Lungenvenen kommt sauerstoffreiches („arterielles“) Blut von der Lunge zum Herzen zurück.

Ähnlich steht es vor der Geburt mit den Nabelgefäßen: Der Mutterkuchen (Plazenta) sorgt für den Gasaustausch der Frucht und übernimmt damit die Aufgaben der Lunge. Dementsprechend fließt in den Nabelschlagadern sauerstoffarmes („venöses“) Blut zur Plazenta und kommt von dieser in der Nabelvene sauerstoffreich („arteriell“) zurück.
Die kleinsten Schlagadern (lichte Weite unter 0,5 mm) nennt man Arteriolen, die kleinsten Venen Venulen oder Venolen. In den engen Arteriolen fällt der Blutdruck stark ab. Deshalb muß der Körper den Blutrückstrom in den Venen durch besondere Maßnahmen unterstützen (➥ S. 386).

Windkesselfunktion

In der Hauptschlagader (Aorta) und den Anfangsabschnitten ihrer großen Äste wird die Mittelschicht der Wand nicht von glatten Muskelzellen, sondern von elastischem Bindegewebe gebildet („Schlagader vom elastischen Typ“). Dies hängt mit deren „Windkesselfunktion“ zusammen: Das Blut strömt aus dem Herzen nur beim Zusammenziehen der Herzkammern (Systole) aus. Wären die Schlagadern starre Rohre, so würde das Blut jeweils nur dann in ihnen fließen. Während der Füllungsphase der Herzkammern käme der Blutstrom zum Stehen. Dies wäre schlecht für die zu versorgenden Organe. Hinter das Herz ist deswegen ein Behältnis geschaltet, das sich bei Auswurf des Blutes erweitert, dann aber wieder zusammenzieht. So wird eine gleichmäßige Blutströmung gewährleistet. Diese Aufgabe erfüllt am einfachsten elastisches Bindegewebe: Im Gegensatz zu Muskeln hat Bindegewebe eine niedrige Stoffwechselrate. Es entfällt auch das Problem, das Zusammenziehen und Erschlaffen von Muskelfasern mit der Tätigkeit des Herzens abzustimmen.

A Überblick über die großen Schlagadern des Menschen.
B Schema vom Wandbau einer mittleren Schlagader (Schlagader vom muskulären Typ). Die Mittelschicht (Media) wird hauptsächlich von glatten Muskelzellen gebildet (in der Abb. gelb). Sie verlaufen überwiegend in Schraubenwindungen. Am Rand zur Innen- und Außenschicht trifft man auch mehr längsgerichtete Muskelzellen an. Diese Anordnung der Muskelzellen trifft man auch bei anderen röhrenförmigen Organen, z.B. Samenleiter, Harnleiter, Harnröhre, Gallenwege, an.
C Schnitt durch die Wand der Brustaorta (Vergrößerung 60fach).
D Die Hauptschlagader (Aorta) des Menschen mit den wichtigsten Ästen. Die Menge der in die Gefäßwand eingelagerten elastischen Fasern ist durch die Dunkelheit der Tönung angedeutet.

1	Aortenbogen	Arcus aortae
2 + **3**	Absteigende Aorta	Pars descendens aortae
2	Brustaorta	Pars thoracica aortae
3	Bauchaorta	Pars abdominalis aortae
4	Gemeinsame Beckenschlagader	A. iliaca communis
5	Äußere Beckenschlagader	A. iliaca externa
6	Innere Beckenschlagader	A. iliaca interna
7	Schlüsselbeinschlagader	A. subclavia
8	Halsschlagader (gemeinsame Kopfschlagader)	A. carotis communis
9	Außenschicht der Schlagaderwand („Adventitia“)	Tunica externa (adventitia)
10	Mittelschicht der Schlagaderwand („Media“)	Tunica media
11	Innenschicht der Schlagaderwand („Intima“)	Tunica interna (intima)
12	Oberschenkelschlagader	A. femoralis
13	Herz	Cor
14	Magen, dahinter Niere	Gaster (Ventriculus) + Ren (Nephros)
15	Leber, dahinter Niere	Hepar + Ren (Nephros)
16	Grimmdarm	Colon
17	Äußere elastische Schicht	Membrana elastica externa
18	Innere elastische Schicht	Membrana elastica interna
19	Ringförmig verlaufende Muskelfasern	[Stratum circulare]
20	Längsverlaufende Muskelfasern	[Stratum longitudinale]
21	Blutgefäße in der Adventitia („Gefäße der Gefäße“)	Vasa vasorum

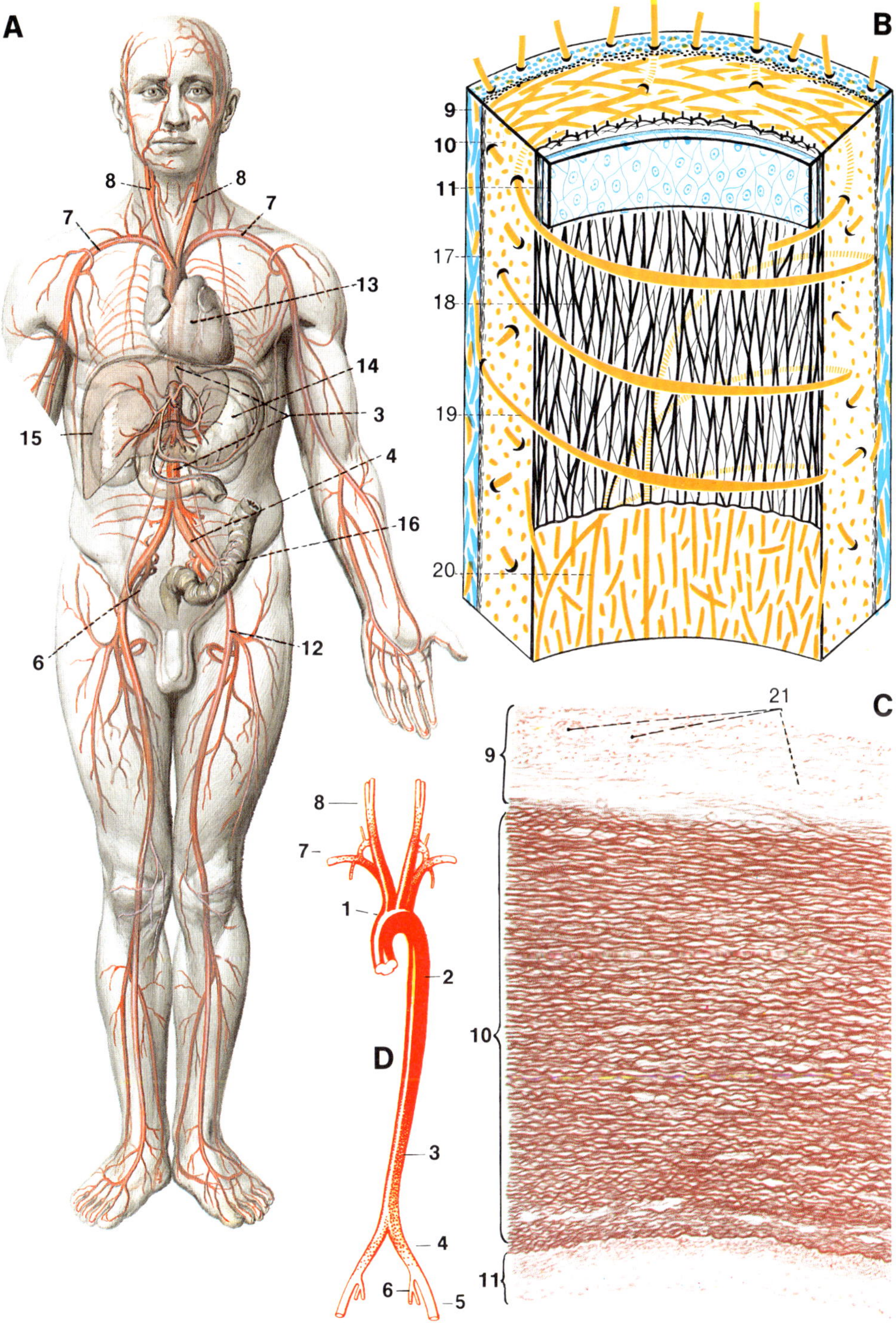
A
8
8
7
7
13
14
3
15
4
16
6
12
B
9
10
11
17
18
19
20
C
21
9
10
11
D
8
7
1
2
3
4
6
5

Schlagadern im Röntgenbild

Im normalen Röntgenbild sind die Schlagadern nicht zu sehen. Sie weisen annähernd die gleiche Strahlendurchlässigkeit wie die umgebenden Weichteile auf. Sie heben sich daher nicht von diesen ab. Spritzt man jedoch als „Kontrastmittel" einen nur wenig strahlendurchlässigen Stoff (z.B. eine Jodverbindung) in die Schlagader ein, so hebt sich diese nun deutlich von der Umgebung ab. Da das Blut in den Schlagadern sehr rasch strömt, müssen die Röntgenbilder noch während des Einspritzens aufgenommen werden. Mit solchen *Arteriographien* kann man den Sitz von Engstellen und Verschlüssen in Schlagadern nachweisen und damit eine gezielte Behandlung ermöglichen.

In die Oberschenkelschlagader ist besonders leicht zu injizieren: Sie verläuft unterhalb des Leistenbandes recht oberflächlich (➡ S. 81, 133). Hier kann sie auch bei einer starken Blutung am Bein zur Ersten Hilfe abgedrückt werden. Diese gute Zugänglichkeit der Oberschenkelschlagader nutzt man in der Röntgenologie zum Darstellen selbst weit entfernter Schlagadern (Seldinger-Methode): Man sticht eine lange Kanüle in die Oberschenkelschlagader herzwärts ein und führt über die Kanüle einen Schlauch in das Gefäß. Dann zieht man die Kanüle zurück und ersetzt sie durch einen langen dünnen Katheter. Diesen kann man im Rohrsystem der Schlagadern (nahezu) beliebig weit hochschieben: in die Bauchaorta, in den Aortenbogen, ja selbst in die Herzkranzgefäße und in die Halsschlagadern. Ist die Katheterspitze an der gewünschten Stelle angelangt, spritzt man das Röntgenkontrastmittel ein.

Von der Oberschenkelschlagader kann man einen Katheter in nahezu alle anderen Schlagadern schieben (ausgenommen Lungenschlagadern)

Die Arteriographie hat in den letzten Jahren mit der *Doppler-Sonographie* eine ernste Konkurrenz erhalten. Ultraschall wird von den Blutkörperchen reflektiert. Man kann aus dem Echo sogar die Strömungsgeschwindigkeit des Blutes berechnen und so schon einen leichten Rückstau erkennen.

A Hinterwand von Brust- und Bauchraum mit der Hauptschlagader (Aorta) und ihren wichtigsten Ästen. Die Eingeweide sind entfernt. Vom Zwerchfell blieb nur der Lendenteil mit dem Aortenschlitz stehen. Als Varietät findet man auf der rechten Seite des Präparats zwei Nierenschlagadern.

B Projektion der Aorta und ihrer großen Äste auf die vordere Körperwand. Der Aortenbogen liegt auf Höhe des ersten Zwischenrippenraums am Brustbein. Die Aorta teilt sich in die beiden gemeinsamen Beckenschlagadern unmittelbar links unterhalb des Nabels. Dort ist ihr Puls im Liegen meist leicht zu tasten.

C Röntgenbild der Bauchaorta und ihrer Äste („Arteriogramm"). Mit zunehmendem Alter verlaufen die Schlagadern immer stärker geschlängelt.

1	Milzschlagader	A. splenica (lienalis)
2	Gemeinsame Leberschlagader	A. hepatica communis
3	Nierenschlagader	A. renalis
4	Gemeinsame Beckenschlagader	A. iliaca communis
5	Aufsteigende Aorta	Pars ascendens aortae
6	Aortenbogen	Arcus aortae
7 + **8**	Absteigende Aorta	Pars descendens aortae
7	Brustaorta	Pars thoracica aortae
8	Bauchaorta	Pars abdominalis aortae
9	Arm-Kopf-Schlagaderstamm (gemeinsamer Stamm von Schlüsselbein- und Halsschlagader rechts)	Truncus brachiocephalicus
10	Halsschlagader (gemeinsame Kopfschlagader)	A. carotis communis
11	Innere Kopfschlagader	A. carotis interna
12	Äußere Kopfschlagader	A. carotis externa
13	Schlüsselbeinschlagader	A. subclavia
14	Hintere Zwischenrippenschlagadern	Aa. intercostales posteriores
15	Stamm der Leber-, Milz- und Magenschlagadern	Truncus coeliacus
16	Obere Gekröseschlagader	A. mesenterica superior
17	Untere Gekröseschlagader	A. mesenterica inferior
19	Innere Beckenschlagader	A. iliaca interna
20	Äußere Beckenschlagader	A. iliaca externa
21	Obere Schilddrüsenschlagader	A. thyroidea superior
22	Schilddrüsen-Hals-Schlagaderstamm	Truncus thyrocervicalis
23	Innere Brustwandschlagader	A. thoracica interna
24	Lendenschlagadern	Aa. lumbales
25	Mittelständige Kreuzbeinschlagader	A. sacralis mediana
26	Hodenschlagader	A. testicularis

C

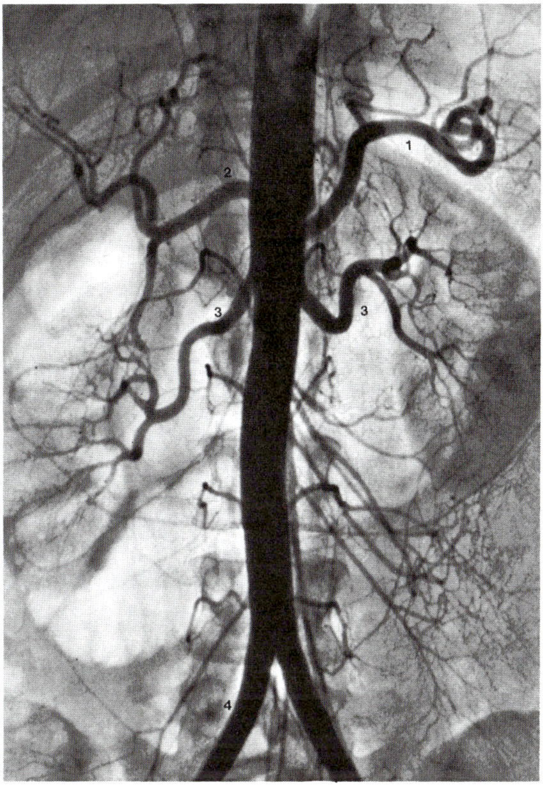

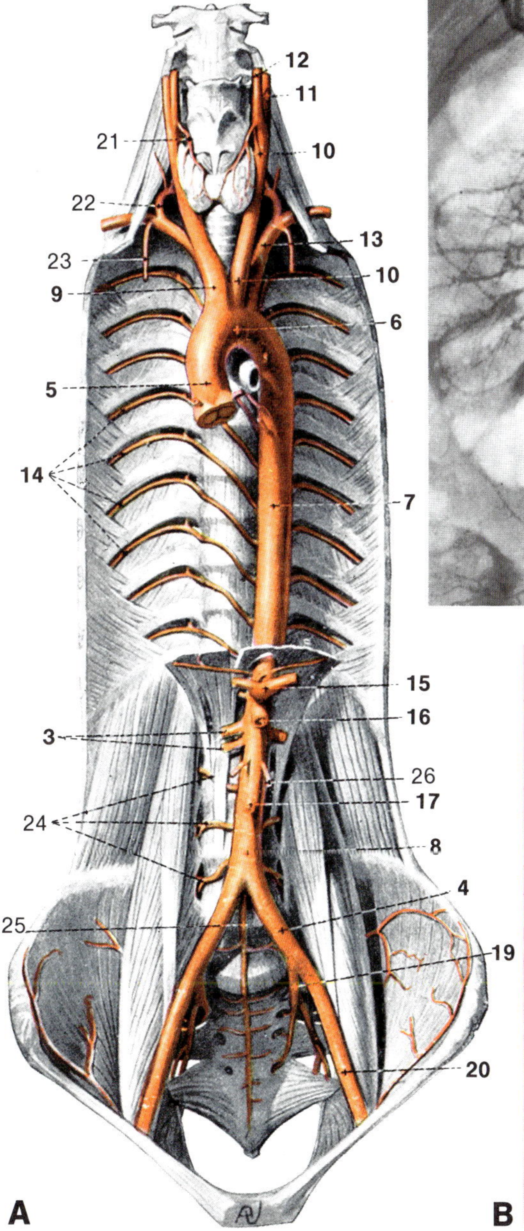

A

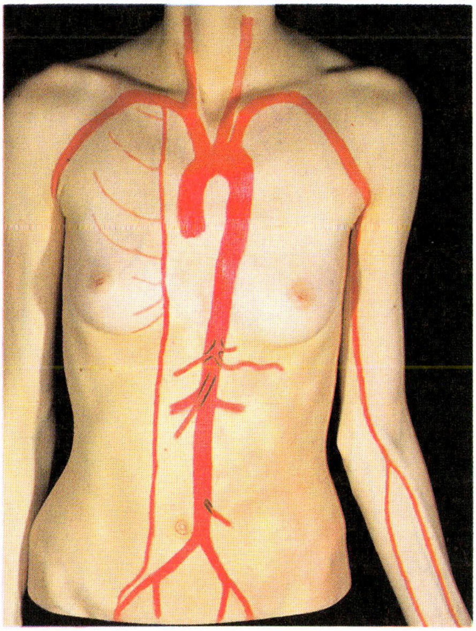

B

Venenklappen

Venenklappen verhindern die Stromumkehr in der Vene und sichern dadurch den Blutrückstrom

Die Klappensegel sind so angeordnet, daß sie sich bei Strömung des Blutes zum Herzen der Wand anlegen. Bleibt der Blutstrom stehen oder kehrt er sich gar um, so blähen sie sich auf und legen sich aneinander. Dadurch wird die Lichtung verlegt und so das Zurückfließen des Blutes in den Kapillarbereich verhindert.

Die Venenklappen kann man bei sich selbst am Unterarm gut sichtbar machen. Streicht man mit der flachen Hand kräftig am Unterarm zur Hand hin, so springen in den durchscheinenden Venen an einigen Stellen Vorwölbungen auf, die bei Wegnahme der Stauung sofort wieder verschwinden: Beim Massieren des Unterarms gegen die Strömungsrichtung des venösen Blutes wird dieses gegen die Klappen gepreßt. Diese dehnen sich dabei.

Bei angeborener Schwäche der Venenwand und starker Belastung (z.B. viel Stehen ohne Bewegung, Behinderung des Blutabflusses im Becken bei der Schwangerschaft usw.) gibt die Venenwand allmählich nach. Die Lichtung wird weiter. Die Klappensegel berühren sich nicht mehr. Die Klappen schließen nicht mehr dicht und können die Umkehr der Blutströmung nicht verhindern. Die Folge ist ein Rückstau des Blutes. Dieser fördert seinerseits wieder die Erweiterung der Vene. Es bilden sich *Krampfadern* (➥ S. 156), in denen zeitweise die Blutströmung aufhört. Dadurch wird die Ernährung des Gewebes gestört: Wo das venöse Blut nicht abfließt, kann arterielles Blut nicht einfließen. Der Gewebeuntergang führt zu schlecht heilenden Beingeschwüren. Es treten auch leicht Venenentzündungen auf.

A Große Venen des Menschen (Venen des allgemeinen Körperkreislaufs blau, Venen des Pfortadersystems violett). Die *Pfortader* (➥ S. 252, 389) hat eine Sonderstellung im Venensystem. Das Blut in ihr hat bereits ein Haargefäßnetz in den Verdauungsorganen durchflossen. In der Leber muß es erneut ein Haargefäßnetz durchqueren, bevor es zum Herzen zurückgelangt. Zwischen dem Pfortadersystem und dem Hohlvenensystem bestehen Verbindungen (portokavale Anastomosen). Sie werden vor allem bei der Leberzirrhose wichtig, wenn der Blutfluß durch die Leber behindert ist. Es bilden sich dann z.B. Krampfadern in der Speiseröhre (Ösophagusvarizen), die lebensbedrohende Blutungen verursachen können.

B In zusammengekauerter Stellung sind die Venen entspannt. Ihre Lichtung ist weit. Die Strömungsgeschwindigkeit des Blutes ist niedrig.

C In gestreckter Stellung werden die Venen gedehnt. Die Lichtung wird enger. Die Strömungsgeschwindigkeit steigt. Der Blutrückstrom zum Herzen wird verbessert.

D Venenklappen in der Oberschenkelvene. Die Vene ist in der Längsrichtung aufgeschnitten, so daß die Klappen im Innern sichtbar werden.

E Mikroskopisches Schnittbild einer Venenklappe (Vergrößerung etwa 30fach).

F Röntgenbild der Venen des Achsel-Schulter-Bereichs. Die auf dem normalen Röntgenbild nicht erkennbaren Venen kann man durch intravenöses Einspritzen eines „Kontrastmittels“ sichtbar machen (Phlebographie = Venographie). Die Venenklappen fallen besonders auf.

1	Obere Hohlvene	V. cava superior
2	Lebervenen	Vv. hepaticae
3	Pfortader	V. portae hepatis
4	Innere Beckenvene	V. iliaca interna
5	Große Rosenvene („große Saphena“)	V. saphena magna
6	Innere Halsvene (innere Drosselvene)	V. jugularis interna
7	Schlüsselbeinvene	V. subclavia
8	Aorta (Hauptschlagader)	Aorta
9	Herz	Cor
10	Niere	Ren (Nephros)
11	Untere Hohlvene	V. cava inferior
12	Dickdarm (Grimmdarm)	Colon
13	Oberschenkelvene	V. femoralis
14	Speichenseitige Hautvene des Arms („Zephalika“)	V. cephalica
15	Ellenseitige Hautvene des Arms („Basilika“)	V. basilica
16	Speichenvene	V. radialis
17	Venenklappen in Achselvene	Valvulae (venosae); V. axillaris
18 + 19	Kleiner + großer Oberarmhöcker	Tuberculum minus + majus
20	Oberarmkopf	Caput humeri (humerale)
21	Schultereck	Acromion
22	Schlüsselbein-Schultereck-Gelenk	Articulatio acromioclavicularis

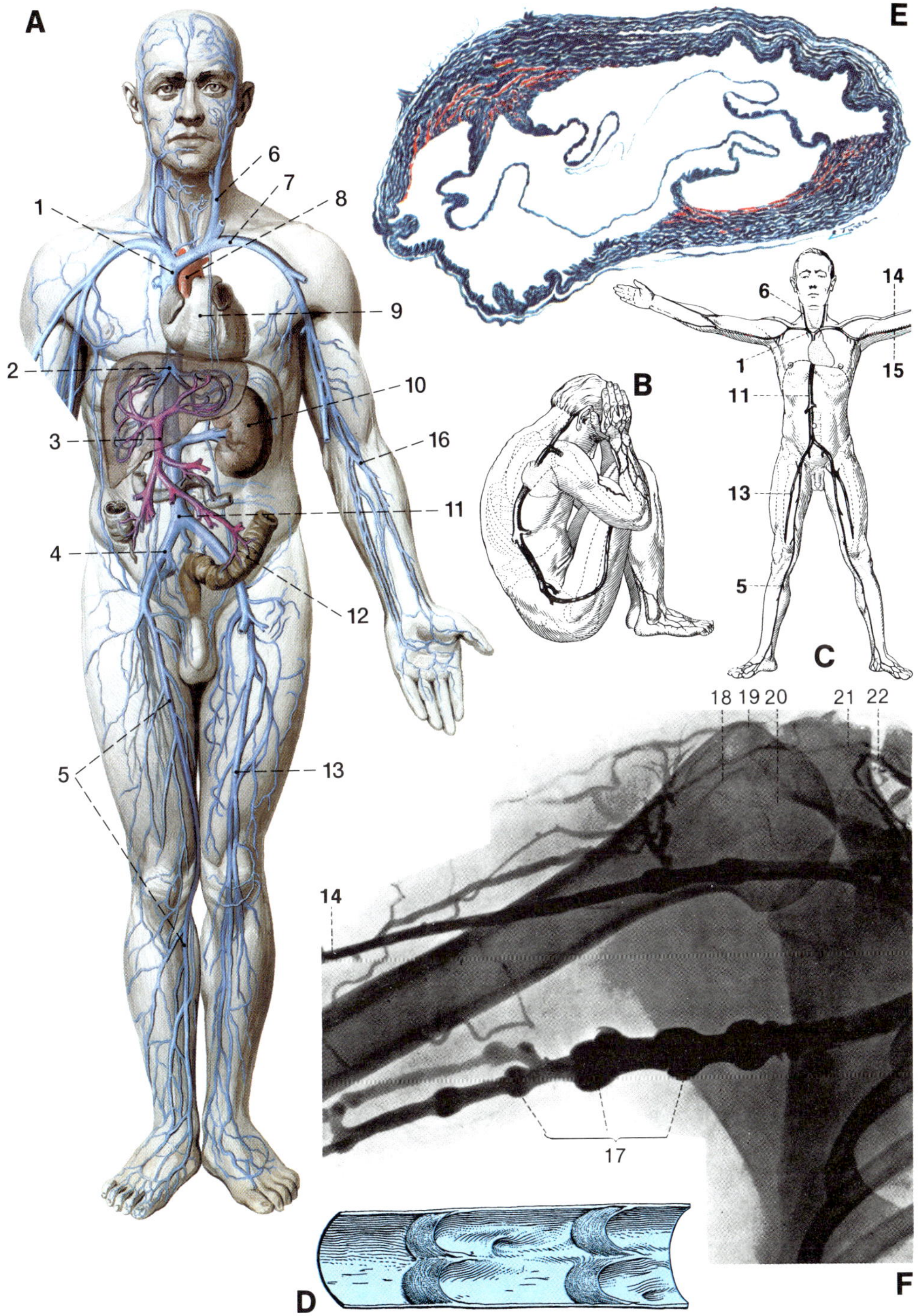
A
1
2
3
4
5
6
7
8
9
10
11
12
13
16
E
B
C
6
14
1
15
11
13
5
18 19 20
21 22
14
17
D
F

Kräfte des Blutrückstroms

- Bewegung des Körpers
- Pulswelle
- Unterdruck im Brustraum
- Bewegung der Klappenebene des Herzens
- arteriovenöse Anastomosen

In den kleinen Schlagadern und den Haargefäßen (Kapillaren) fällt der Blutdruck stark ab. Für den Rückstrom des Blutes in den Venen steht nur noch etwa ein Achtel des Blutdrucks als treibende Kraft zur Verfügung. Der Körper muß also durch zusätzliche Maßnahmen den Rückstrom sichern.

• *Bewegungen* aller Art wirken durch abwechselndes Straffen und Erschlaffen der Venenwand wie eine Massage, die das Blut zum Herzen zurücktreibt (Muskelpumpe, Fußsohlenpumpe, ➥ S. 156). Voraussetzung dafür sind die Venenklappen (➥ S. 384), die verhindern, daß das Blut in den Kapillarbereich zurückmassiert wird.

• Bei der schon beschriebenen engen Zusammenlagerung von Schlagadern und Venen (➥ S. 378) fördert die *Pulswelle* den Rückstrom in den Venen.

• Durch den *Unterdruck im Brustraum* beim Einatmen wird das Blut in Richtung Herz angesaugt. In den herznahen Venen herrscht Unterdruck. Dieser Sog birgt allerdings bei Verletzungen Gefahren in sich: Wird z.B. eine brustkorbnahe Halsvene aufgerissen, so wird Luft in die Vene hineingesaugt. Diese Luft verteilt sich in Form kleiner Gasblasen im Kreislauf. Diese Gasbläschen können wie ein Gerinnsel ein kleines Blutgefäß verschließen („Luftembolie") und den Gewebeuntergang im versorgten Organbereich herbeiführen.

• Das Herz selbst saugt in der Systole mit der *Bewegung der Ventilebene* Blut aus den Hohlvenen und Lungenvenen in die Vorhöfe.

• Für den venösen Rückstrom sind ferner Kurzschlüsse zwischen Schlagadern und Venen (*arteriovenöse Anastomosen*) von Bedeutung. Durch sie wird arterielles Blut mit hohem Druck dem venösen Blut beigemischt. So wird dessen Druck erhöht.

A *Hautvenen* des Menschen. Während die Venen in der Tiefe des Körpers meist gemeinsam mit den Schlagadern verlaufen („Begleitvenen"), sind die Hautvenen weitgehend selbständig. Bei dünnem Fettpolster sieht man die größeren Hautvenen bläulich durch die Haut schimmern. Am Handrükken, am Unterarm und am Fußrücken treten sie (auch ohne daß Krampfadern vorliegen) häufig plastisch durch die Haut hervor. Beim Mann sind die Hautvenen meist deutlicher zu sehen als bei der Frau, da bei dieser das Fettpolster unter der Haut im allgemeinen dicker ist. (Intravenöse Injektion ➥ S. 178).

B Einbau einer Vene in das umgebende Gewebe. Blutgefäße liegen nicht wie die Lunge oder das Herz frei verschieblich im Gewebe, sondern von ihrer bindegewebigen Außenschicht (Adventitia) strahlen Bindegewebezüge in das benachbarte Gewebe ein. Dies wirkt einer übermäßigen Verlagerung mit der Gefahr des Gefäßrisses entgegen und fördert den Blutrückstrom in den Venen (mit Hilfe der Venenklappen).

C Infrarotfoto der Brustwand einer Schwangeren. Mit der Infrarotfotografie kann man die Hautvenen sichtbar machen. Am Ende der Schwangerschaft ist die Brustdrüse besonders gut durchblutet. Man sieht das dichte Venennetz unter der Haut.

D + E Schema der Endverzweigung von Schlagadern. In **D** bilden die Äste der Schlagader ein Netz. Wird ein Ast (*), z.B. durch ein Blutgerinnsel (Embolus), verschlossen, so hat dies kaum nachteilige Folgen: Das Blut strömt über die Verbindungen („Kollateralen") zu den Nachbarästen in das Versorgungsgebiet des verschlossenen Astes ein. In **E** fehlt diese Kollateralenbildung. Jeder Schlagaderast versorgt sein Verzweigungsgebiet allein („Endarterie"). Wird ein solcher Ast (*) verschlossen, so kann kein Blut von Nachbarästen einfließen. Damit wird der entsprechende Organbereich von der Versorgung mit Sauerstoff und Nährstoffen abgeschnitten. Das Gewebe stirbt ab („Infarkt").

F Haarnadelförmige Kapillarschlingen im Nagelwall.

1	Äußere Halsvene (äußere Drosselvene)	V. jugularis externa
2	Speichenseitige Hautvene des Arms („Zephalika")	V. cephalica
3	Ellenseitige Hautvene des Arms („Basilika")	V. basilica
4	Mittelvene der Ellenbeuge	V. mediana cubiti
5	Große Rosenvene („große Saphena")	V. saphena magna
6	Hautvenen (des Kopfes)	Vv. cutaneae [capitis]
7	Vordere Halsvene (vordere Drosselvene)	V. jugularis anterior
8	Hautvenen (der Brustwand)	Vv. cutaneae [pectoris]
9	Hautvenen (der Bauchwand)	Vv. cutaneae [abdominis]
10	(Verbindung von den Hautvenen zu den tiefen Venen)	[V. perforans]
11	Mittelvene des Unterarms	V. mediana antebrachii
12	Hautvenen (der Hand)	Vv. cutaneae [manus]

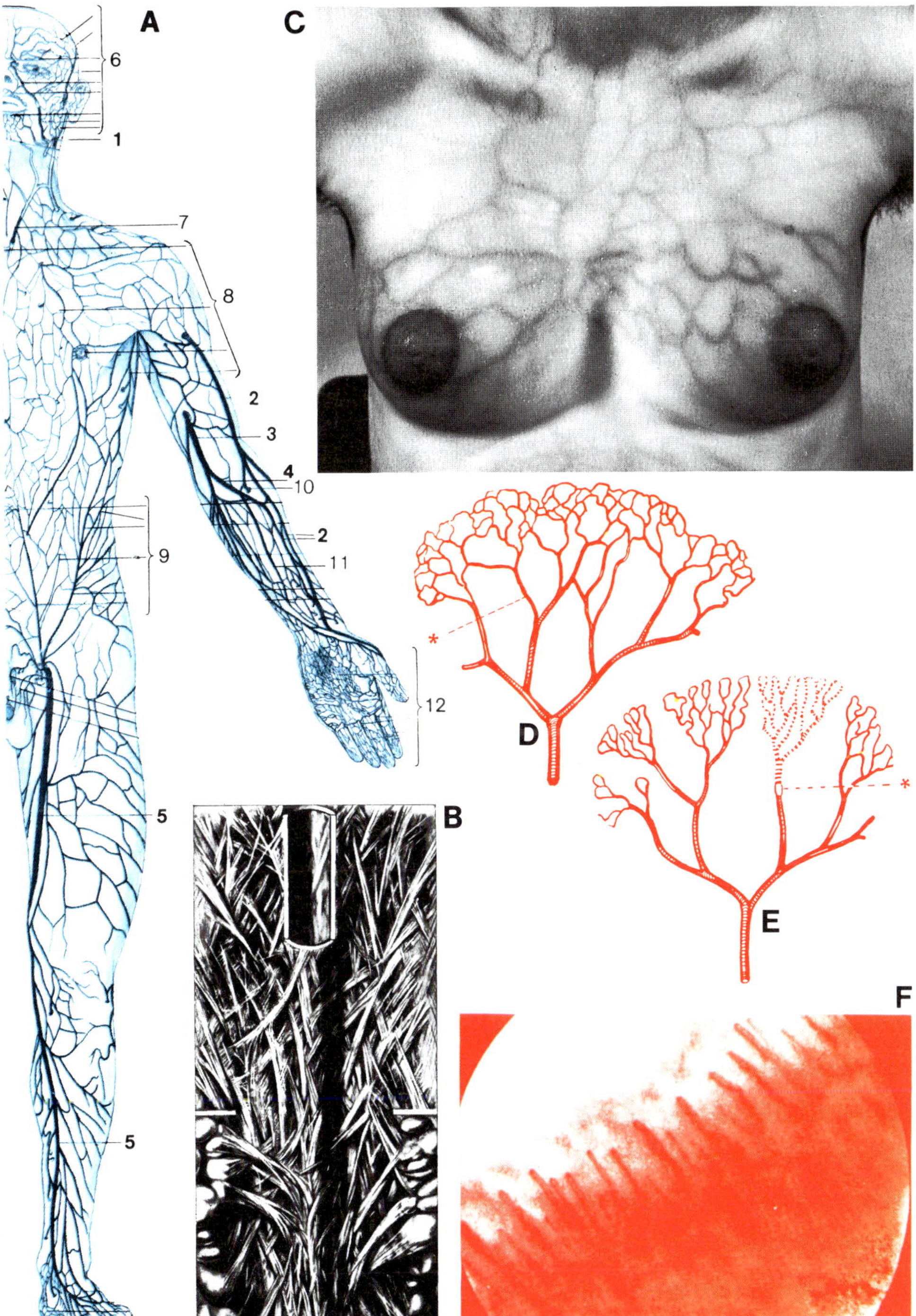
A
6
1
7
8
2
3
4
10
2
9
11
12
5
5
B
C
*
D
*
E
F

Pfortader

A Die Pfortader mit ihren Einzugsgebieten. Die Pfortader entsteht an der mit dem Pfeil markierten Stelle aus dem Zusammenfluß von Milzvene und oberer Gekrösevene. Sie sammelt das Blut von Magen, Darm und Milz und führt es der Leber zu. Die im Darm aufgenommenen Kohlenhydrate und Aminosäuren werden zur Leber gebracht. Dort werden sie gespeichert oder in körpereigene Stoffe umgebaut, bevor sie in den allgemeinen Kreislauf gelangen. Von diesem Weg ausgeschlossen sind im Darm aufgenommene Fette: Sie werden nicht über die Pfortader, sondern auf dem Lymphweg abtransportiert. Auf dem Umweg über den Brustmilchgang gelangen sie später doch noch in das Venenblut. Von der Milz kommen Abbauprodukte des roten Blutfarbstoffs zur Leber, die in die Galle als Gallenfarbstoffe (z.B. Bilirubin) ausgeschieden werden. Erläuterung des Pfortaderkreislaufs ➥ S. 252, portokavale Anastomosen ➥ S. 384, A.

1 a	Rechter Leberlappen	Lobus hepatis dexter
1 b	Linker Leberlappen	Lobus hepatis sinister
1 c	Quadratischer Leberlappen	Lobus quadratus
1 d	Schwanzlappen (der Leber)	Lobus caudatus
2	Magenkuppel (mit Haken hochgezogen)	Fundus gastricus (ventricularis)
3	Milz	Splen (Lien)
4 a	Kopf der Bauchspeicheldrüse	Caput pancreatis
4 b	Schwanz der Bauchspeicheldrüse	Cauda pancreatis
5	Zwölffingerdarm	Duodenum
6	Krummdarm (unterer Teil des Dünndarms)	Ileum
7	Blinddarm mit Wurmfortsatz	Caecum + Appendix vermiformis
8	Dickdarm, aufsteigender Teil	Colon ascendens
8 a	Rechte Dickdarmbiegung	Flexura coli dextra
8 b	Linke Dickdarmbiegung	Flexura coli sinistra
8 c	Dickdarm, absteigender Teil	Colon descendens
8 d	Dickdarm, S-förmiger Teil („Sigma“)	Colon sigmoideum
9	Mastdarm	Rectum
10	Pfortader und Leberschlagader	V. portae hepatis + A. hepatica propria
11	Gallenblase mit Gallenblasenvene	Vesica biliaris (fellea) + V. cystica
12	Lebergallengang + Gallenblasengang + Hauptgallengang	Ductus hepaticus + Ductus cysticus + Ductus choledochus (biliaris)
13	Untere Hohlvene	V. cava inferior
14	Stamm der Leber-, Milz- und Magenschlagadern	Truncus coeliacus
15	Milzschlagader und Milzvene	A. splenica (lienalis) + V. splenica
16	Obere Gekröseschlagader	A. mesenterica superior
17	Nierenschlagader und -vene	A. renalis + V. renalis
18	Bauchaorta	Pars abdominalis aortae
19	Obere Gekrösevene	V. mesenterica superior
20	Untere Gekrösevene	V. mesenterica inferior
21	Sichelförmiges Leberband	Lig. falciforme (hepatis)
22	Rundes Leberband	Lig. teres hepatis
23	Rechte Magenvene und Magenausgangvene	V. gastrica dextra + V. prepylorica
24	Rechte Magen-Netz-Schlagader	A. gastro-omentalis (-epiploica) dextra
25	Obere Bauchspeicheldrüsen-Zwölffingerdarm-Schlagader	A. pancreaticoduodenalis superior
26	Bauchspeicheldrüsen-Zwölffingerdarm-Venen	Vv. pancreaticoduodenales
27	Rechte Magen-Netz-Vene	V. gastro-omentalis (-epiploica) dextra
28	Rechte Dickdarmvene + mittlere Dickdarmvene	V. colica dextra + V. colica media (intermedia)
29	Krummdarm-Dickdarm-Vene	V. ileocolica
30	Wurmfortsatzvene	V. appendicularis
31	Kronenband (der Leber)	Lig. coronarium
32	Linke Magenschlagader und linke Magenvene	A. + V. gastrica sinistra
33	Linkes Dreieckband	Lig. triangulare sinistrum
34	Kurze Magenvenen	Vv. gastricae breves
35	Linke Magen-Netz-Vene	V. gastro-omentalis (-epiploica) sinistra
36	Mündung der unteren Gekrösevene in die Milzvene	V. mesenterica inferior + V. splenica
37	Mittlere Dickdarmvene	V. colica media (intermedia)
38	Linke Dickdarmvene	V. colica sinistra
39	Leerdarm- und Krummdarmvenen	Vv. jejunales, Vv. ilei
40	Sigmavenen	Vv. sigmoideae
41	Obere Mastdarmvene	V. rectalis superior

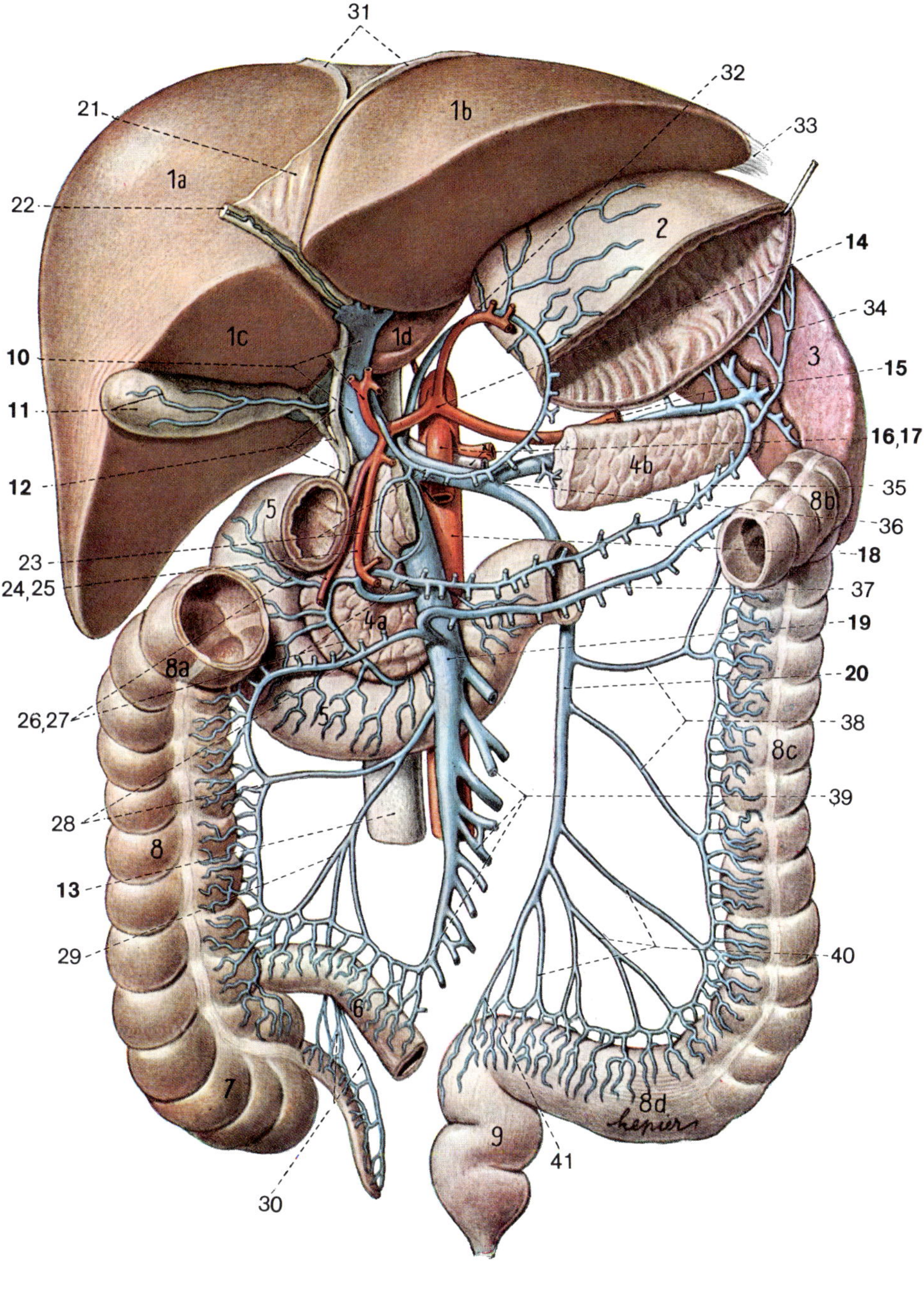
31
32
33
21
1b
1a
22
2
14
34
1c
1d
3
10
15
11
16,17
12
4b
35
8b
5
36
23
18
24,25
37
4a
19
8a
20
26,27
5
38
8c
39
28
8
13
29
40
6
7
8d
9
41
30

Lymphatisches System

- Lymphgefäße und Lymphknoten
- Mandeln (lymphatischer Rachenring)
- Milz
- Thymus
- schleimhautassoziiertes lymphatisches Gewebe, vor allem im Darm

Die Lymphgefäße (➡ S. 379, A) folgen im allgemeinen den großen Venen. Diese ziehen an Kopf, Hals und Extremitäten oberflächlich. Im Rumpf liegen die wichtigen Lymphbahnen in der Tiefe (z.B. an der Hinterwand des Bauchraums entlang den großen Gefäßen).

A Wichtige Lymphstraßen. Größtes Lymphgefäß ist der *Milchbrustgang*, der die Lymphe von den Beinen und aus dem Bauchraum sammelt. Der Name rührt daher, daß die Lymphe vom Darm die resorbierten Fette enthält, die ihr ein milchiges Aussehen verleihen. Der Milchbrustgang mündet in den linken Halsvenenwinkel ein.

B Darstellung der Leisten-, Becken- und Lendenlympknoten im Röntgenbild. Bei der *Lymphographie* spritzt man ein Röntgenkontrastmittel in ein Lymphgefäß ein und verfolgt dann den weiteren Weg der Lymphe. Zunächst injiziert man einen bestimmten Farbstoff unter die Haut z.B. des Fußrückens. Die Farbstoffteilchen werden auf dem Lymphweg abtransportiert und färben so Lymphgefäße an. Ein nun durch die Haut sichtbares Lymphgefäß wird freipräpariert. Mit einer Injektionsmaschine spritzt man ganz langsam Kontrastmittel ein. Das Kontrastmittel reichert sich in den Lymphknoten an und macht sie gut sichtbar.

C Schnittbild der *Gaumenmandel*. 10 bis 20 Buchten reichen weit in die Tiefe. Sie geben der Oberfläche der Gaumenmandel ein zerklüftetes Aussehen. Das Deckgewebe ist reichlich mit Lymphozyten durchsetzt. In den Buchten kommt es leicht zu Eiterungen. Die Gaumenmandel schwillt dann an. Dadurch wird die Schlundenge eingeengt („Angina“). Bei chronischen Entzündungen entfernt man die Gaumenmandeln, weil sie als Krankheitsherde möglicherweise auch andere Organe gefährden („Herdkrankheiten“). Nach der Lage der Gaumenmandeln ist anzunehmen, daß sie der Abwehr von Infektionen dienen, die über die Mundhöhle eindringen. Der Kontakt mit den Krankheitserregern ist vor allem für die Antikörperbildung wichtig.

D Lymphatischer Rachenring.

Lymphatischer Rachenring:

- Gaumenmandeln
- Zungengrundmandel
- Rachenmandel
- Ohrtrompetenmandeln
- nicht näher benannte Ansammlungen lymphatischen Gewebes in der Rachenhinterwand („Seitenstränge“)

Die lymphatischen Organe sind in der Kindheit am größten. Dies ist wegen ihrer Aufgabe als Abwehrorgane verständlich. Das Kind muß erst all die Infektionen durchmachen, gegen die der Erwachsene dann immun ist. Die Rachenmandel kann beim Kind so groß werden, daß sie die hinteren Nasenöffnungen einengt. Das Kind muß dann durch den Mund atmen. Dies macht es anfälliger gegen Infekte und verleiht ihm ein „schwachsinniges“ Aussehen. In solchen Fällen werden die Rachenmandeln operativ verkleinert.

1	Innere Halsvene (innere Drosselvene)	V. jugularis interna
2	Schlüsselbeinvene	V. subclavia
3	Dünndarm	Intestinum tenue
4	Leistenlymphknoten	Nodi lymphatici inguinales
5	Achsellymphknoten	Nodi lymphatici axillares
6	Milchbrustgang	Ductus thoracicus
7	Hintere Nasenöffung	Choana
8	Rachenmandel	Tonsilla pharyngealis (adenoidea)
9	Gaumenmandel	Tonsilla palatina
10	Zungenmandel	Tonsilla lingualis
11	Kehldeckel	Epiglottis
12	Rachen (aufgeschnittene Hinterwand)	Pharynx
13	Speiseröhre	Oesophagus
14	Mandellymphknötchen	Nodulus lymphaticus
15	Mündung des Milchbrustgangs in die Arm-Kopf-Vene	(V. brachiocephalica sinistra)
16	Rechter Hauptlymphgang	Ductus lymphaticus dexter
17	Lymphgefäße vom Darm	(Vasa lymphatica)
18	Rachenmündung der Ohrtrompete	Ostium pharyngeum tubae auditoriae
19	Rachendachnische (mit lymphatischem Gewebe)	Recessus pharyngeus
20	„Seitenstrang“	Plica salpingopharyngea
21	Gaumenmandelkrypte	Crypta tonsillaris
22	Muskelfasern	Myofibrae

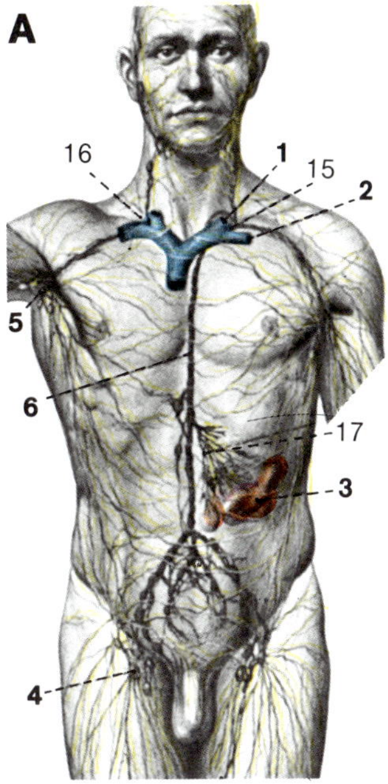
A
16
1
15
2
5
6
17
3
4

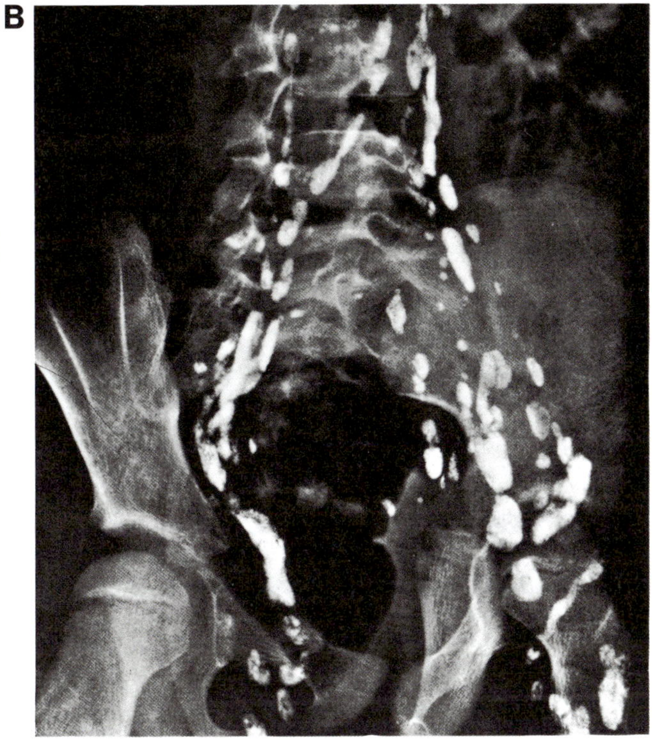
B

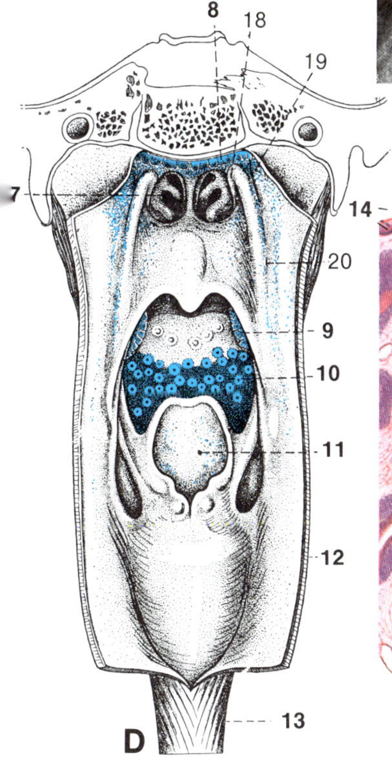
8
18
19
7
20
9
10
11
12
13
D

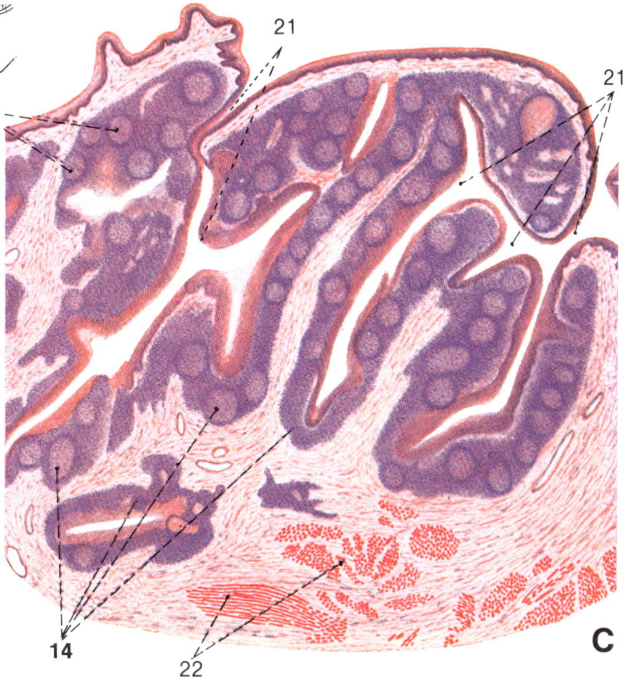
21
21
14
14
22
C

Aufgaben der Lymphknoten

- „Filtern" der Lymphe: Aufnahme von Fremdkörpern (z.B. Kohle- und Gesteinsstaub, Bakterien) durch Freßzellen
- Abwehrreaktionen durch B- und T-Lymphozyten, z.B. Antikörperbildung
- Neubildung von Lymphozyten

Regionäre Lymphknoten

Die Lymphknoten sind nicht wahllos über den Körper verstreut. Sie sind gewissermaßen als Wachposten an den Grenzen des Rumpfes zusammengezogen:

- Die Lymphe der Beine, der Bauchwand und der Gesäßgegend wird von den Leistenlymphknoten gefiltert.
- Die Lymphe der Arme sowie der vorderen und hinteren Brustwand fließt zu den Achsellymphknoten ab.
- Die Lymphe vom Kopf durchströmt mehrere Gruppen von Halslymphknoten.

Von diesen Abwehrstationen gelangt die Lymphe zu den Lymphknoten im Innern des Rumpfes. Jeder Körperteil, jedes Organ hat einen bestimmten Lymphknoten, der die erste Filterstation der abströmenden Lymphe bildet. Dieser wird „regionärer Lymphknoten" genannt.

Die Kenntnis der regionären Lymphknoten ist für den Arzt von besonderer Bedeutung: Bakterien und Geschwulstzellen werden auf dem Lymphweg abtransportiert. Eine Eiterung an der Hand zieht nach einiger Zeit Schmerzen in der Achselgrube nach sich: Die Infektion ist entlang der Lymphbahn weitergewandert und hat zu einer Entzündung der Achsellymphknoten geführt. Absiedlungen (Tochtergeschwülste = Metastasen) von Krebsgeschwülsten finden sich gewöhnlich zuerst in den regionären Lymphknoten. Deshalb werden z.B. bei der radikalen Operation des Brustkrebses gleich die Achsellymphknoten mit entfernt. Eine vorübergehende Schwellung des Arms muß man wegen der Unterbrechung der Lymphbahn in Kauf nehmen. Bei Krebsbestrahlungen werden die regionären Lymphknoten meist vorsorglich mitbestrahlt, wenn deren Lage dies zuläßt.

A Lymphbahnen und Lymphknoten. Normale Lymphknoten haben einen Durchmesser von wenigen Millimetern. Bei Entzündungen können sie bis zu Pflaumengröße anschwellen (Einwanderung von Lymphozyten aus der Blutbahn und vermehrte eigene Neubildung).

B Einzugsgebiete der Lymphknoten. Die großen Lymphknotenansammlungen findet man am Hals, in der Achselgegend und in der Leistengegend.

C Schema vom Bau eines Lymphknotens (Vergrößerung etwa 10fach). In einen Lymphknoten münden mehr Lymphgefäße ein, als aus ihm abgehen. Dies ist möglich, weil ein Teil der Lymphe nach „Filterung" im Lymphknoten in die Blutbahn weitergeleitet wird. Im Schnittbild sieht man

- zahlreiche Lymphknötchen (Lymphfollikel, Ansammlung von Lymphozyten, ➥ Abb. D),
- weite Maschenräume (Lymphsinus, ➥ S. 394), die von Lymphe durchströmt werden
- Klappen in den Lymphgefäßen (ähnlich Venenklappen): Sie geben den Lymphstrom nur in einer Richtung frei.

D Lymphknötchen (Sekundärknötchen) aus einem Lymphknoten (Vergrößerung etwa 400fach).

E Lymphstauung am Bein. Ist der Abfluß in den Lymphbahnen gestört, z.B. bei bestimmten Erkrankungen, aber auch nach Operationen und Bestrahlungen, so schwillt der betreffende Körperteil u. U. mächtig an (Elephantiasis).

Weitere Bilder vom Feinbau des Lymphknotens ➥ S. 43, 44 und 60.

1	Halslymphknoten	Nodi lymphatici cervicales
2	Achsellymphknoten	Nodi lymphatici axillares
3	Leistenlymphknoten	Nodi lymphatici inguinales
4	Lymphknoten im Bereich der Ohrspeicheldrüse	Nodi lymphatici parotidei
5	Lymphknoten unter dem Unterkiefer	Nodi lymphatici submandibulares
6	Lymphknoten unter dem Kinn	Nodi lymphatici submentales
7	Lymphknoten im Bereich des großen Brustmuskels	Nodi lymphatici interpectorales
8	Lymphknoten neben dem Brustbein	Nodi lymphatici parasternales
9	Lymphknoten im Bereich der Brustdrüse	Nodi lymphatici paramammarii
10	Ellenbeugenlymphknoten	Nodi lymphatici cubitales
11	Zuführendes Lymphgefäß	Vas lymphaticum afferens
12	Kapsel	Capsula
13	Randsinus	Sinus subcapsularis
14	Lymphknötchen	Nodulus lymphaticus (Lymphonodulus)
15	Abführendes Lymphgefäß	Vas lymphaticum efferens
16	Blutgefäße	Vasa sanguinea
17	Keimzentrum	Centrum germinale

D

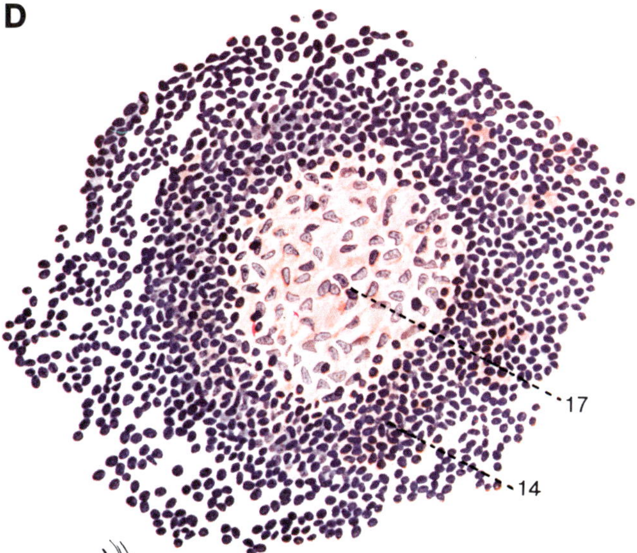

C

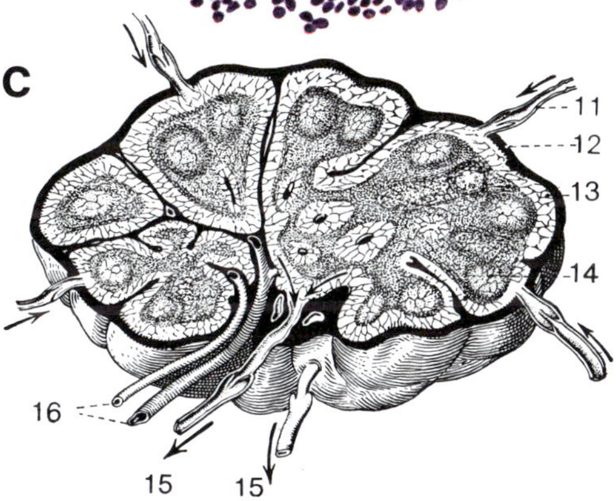

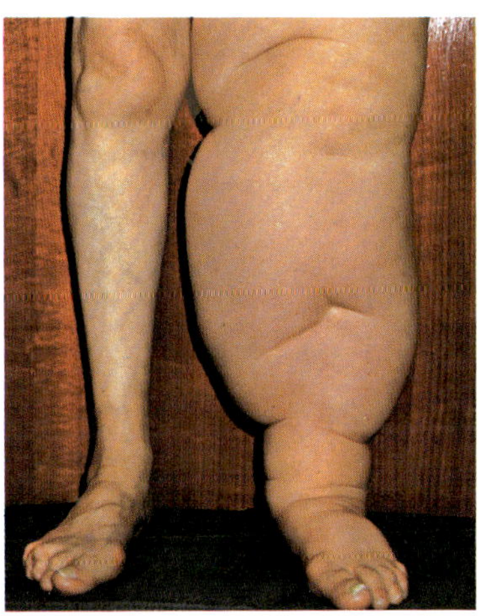

E

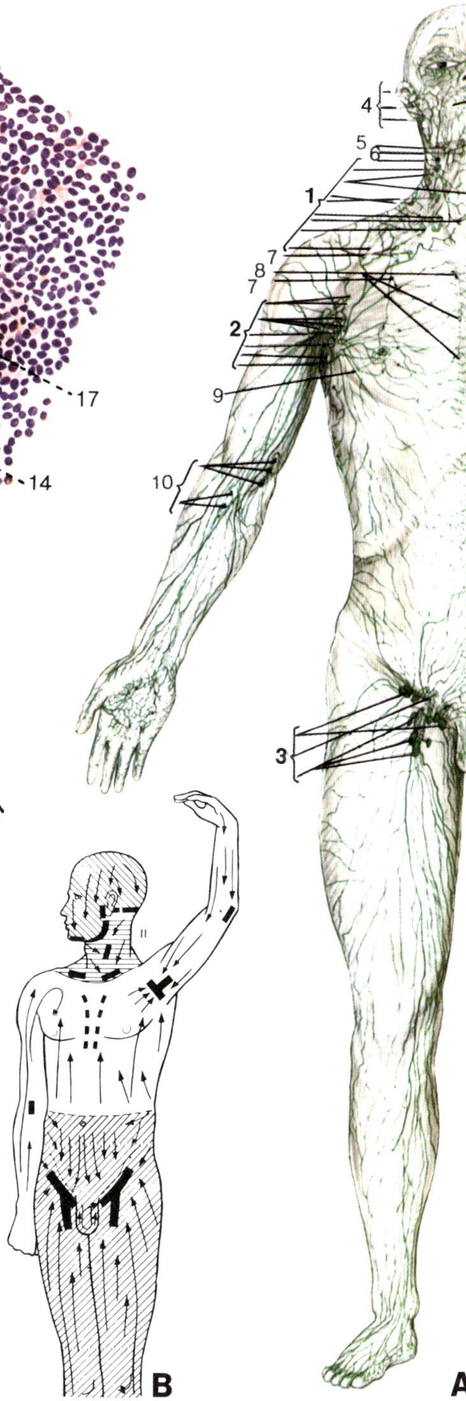

B A

Lymphatisches System als Transportsystem

Die Lymphbahn dient dem Transport von Stoffen, die nicht sofort dem Blut beigemischt werden können oder sollen

Dazu gehören Teilchen, die so groß sind, daß sie nicht ohne weiteres die Haargefäßwand durchdringen können, z.B. Ruß, Bakterien und Geschwulstzellen. Sie werden zunächst in den *Lymphknoten* gefiltert. Man hat diese deshalb auch als „Kläranlagen des Abwassersystems" bezeichnet. In die Lymphknoten münden meist mehrere Lymphgefäße ein. Die Lymphe gelangt hier in die Lymphsinus. Sie enthalten ein feines Gerüstwerk (Retikulum), das nach Art einer Reuse Teilchen abfangen kann. In den Wänden der Sinus können die *Uferzellen* (gehören zu den Makrophagen, ➥ S. 62) Teilchen aufnehmen (Phagozytose). So werden z.B. Bakterien von den Uferzellen „gefressen" und unschädlich gemacht. Die gereinigte Lymphe fließt dann in dem abführenden Lymphgefäß weiter (um evtl. weitere Filterstationen zu durchlaufen). So wird die gesamte Lymphe ein- oder mehrmals gefiltert, bevor sie ins Blut gelangt. In die Lymphgefäße sind Klappen eingebaut, die den Lymphstrom nur in einer Richtung zulassen.
Beim Lymphstrom handelt sich um keinen Kreislauf: Die Lymphgefäße beginnen blind und münden zuletzt in Venen ein (im Venenwinkel rechts und links am Hals). Die Wand der Lymphgefäße enthält glatte Muskelzellen, durch welche der Lymphstrom in Gang gehalten wird. Außerdem wirkt der Druck der Umgebung bei Körperbewegungen wie auf die Venen auch auf die Lymphgefäße ein. Der Lymphstrom ist jedoch wesentlich langsamer (etwa 1,5 ml/min) als der vom Herzen angetriebene Blutstrom (etwa 5000 ml/min).

Lymphatisches System als Abwehrsystem
Die spezifische Abwehr wird vor allem von den Lymphozyten getragen (➥ S. 60-63). Man rechnet sie zu den weißen Blutkörperchen, da sie sich zwischendurch im Blut aufhalten. Bei den Lymphozyten unterscheidet man als Hauptgruppen die B- und die T-Lymphozyten (Untergruppen ➥ S. 62):
- Die *T-Lymphozyten* (➥ S. 398) dienen der zellgebundenen Abwehr.
- Die *B-Lymphozyten* können sich in Plasmazellen umwandeln und Antikörper erzeugen.

Die Lymphozyten arbeiten eng mit den großen Freßzellen (Makrophagen, ➥ S. 42) und den antigenpräsentierenden Zellen (➥ S. 62) zusammen. Vermutlich bereiten diese Zellen das „Antigen" auf und geben es an die Lymphozyten weiter.

• Die Lymphozyten halten sich vorwiegend in den lymphatischen Organen auf • Nur ein kleiner Teil ist jeweils im Körper unterwegs: in den Lymphgefäßen und im Blut

Die „Wanderung" der Lymphozyten („Rezirkulation") geht von den lymphatischen Organen über deren abführenden Lymphgefäße zu den Lymphknoten und von diesen über die größeren Lymphbahnen und den Milchbrustgang in den Blutkreislauf. Von dort wandern die Lymphozyten nach einigen Minuten wieder in die Organe des lymphatischen Systems aus. Da jeder Lymphozyt auf ein ganz bestimmtes Antigen spezialisiert ist, wird durch diesen „Streifengang" die Wahrscheinlichkeit des Zusammentreffens mit diesem Antigen erhöht. Der Aufenthalt von wenigen Minuten im Blut genügt, um in alle Winkel des Körpers zu kommen: Die „Kreislaufzeit", d.h. die Reisezeit eines Blutkörperchens vom Ausgangspunkt durch den großen und den kleinen Kreislauf und zurück zum Ausgangspunkt dauert nur etwa eine Minute.

A Eingeweidefläche der Milz mit Milzschlagader und Milzvene.
B Die Milz mit ihren Nachbarorganen: linke Lunge, linke Niere, Dickdarm, Leber (braune gestrichelte Linie), Magen (weiße gestrichelte Linie) und Bauchspeicheldrüse (gelbe gestrichelte Linie).
C Die Milz auf einem Querschnitt (Horizontalschnitt) durch den Rumpf.

I + II	Lendenwirbel	Vertebrae lumbales (lumbares)
1	Milz	Splen (Lien)
2	Magen	Gaster (Ventriculus)
3	Leber	Hepar
5-12	Brustwirbel + Rippen (5.-12.)	Vertebrae thoracicae, Costae V-XII
13	Linke Lunge	Pulmo sinister
14	Speiseröhre	Oesophagus
15	Bauchspeicheldrüse	Pancreas
16	Niere	Ren (Nephros)
17	Dickdarm, absteigender Teil	Colon descendens
18	Bauchaorta	Pars abdominalis aortae
19	Milzschlagader	A. splenica (lienalis)
20	Milzvene	V. splenica
21	Herzbeutel (vor der Wirbelsäule)	Pericardium

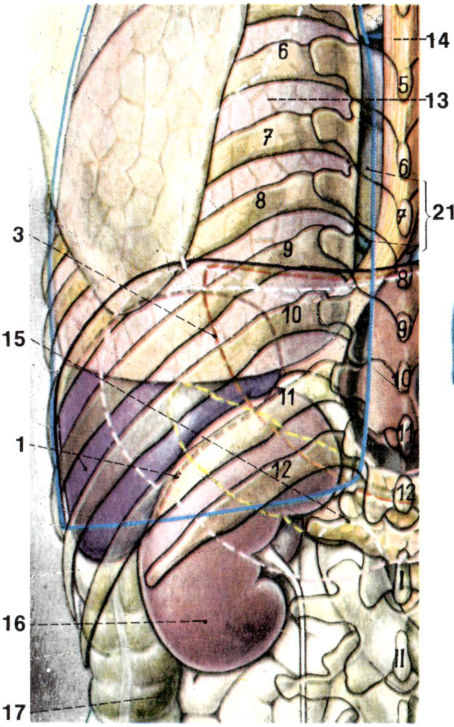
B
14
6
5
13
7
6
8
21
3
9
8
10
9
15
10
11
11
1
12
12
16
17

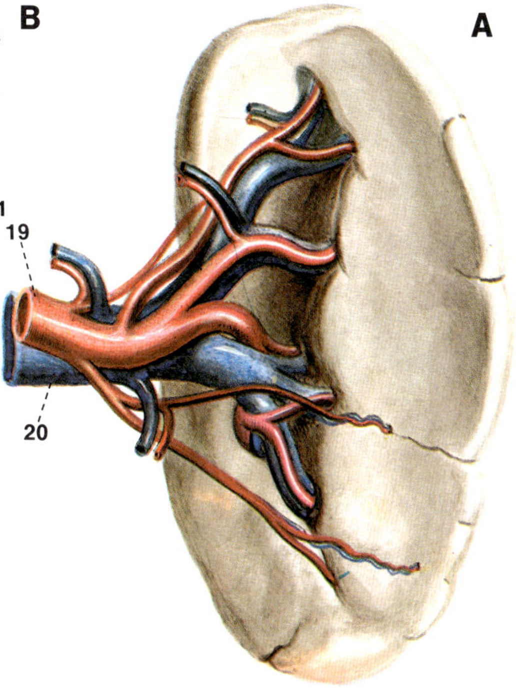
A
19
20

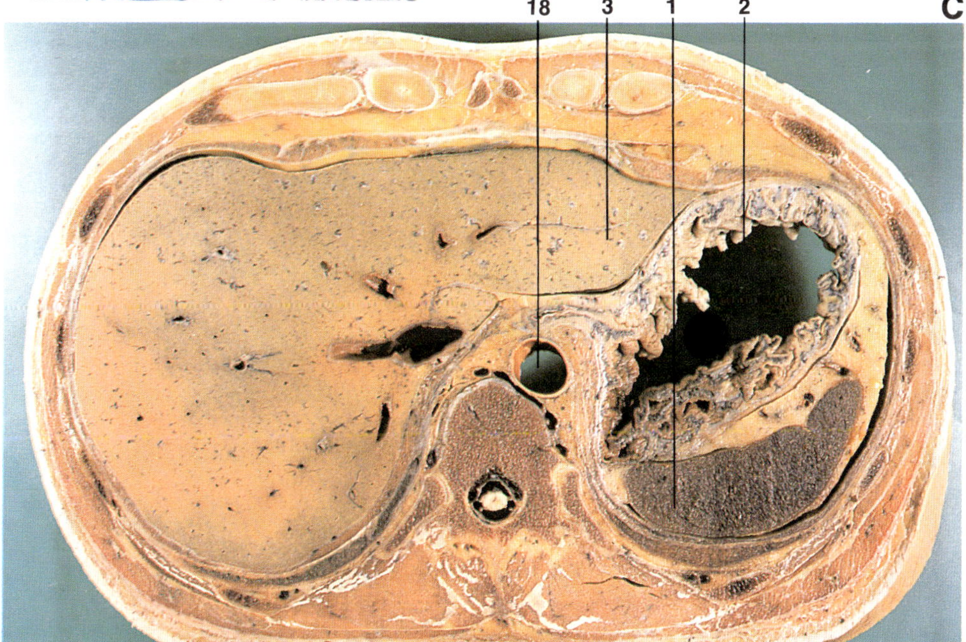
18
3
1
2
C

Milz

Schneidet man eine Milz durch, so sieht man außer dem bindegewebigen Balkenwerk weißliche (weiße Pulpa) und rötliche Bereiche (rote Pulpa). Die weiße Pulpa wird von den Milzkörperchen und den Lymphscheiden gebildet. Die rote Pulpa erhält ihre Farbe durch reichlich rote Blutkörperchen in den weiten Milzkapillaren (Sinus). Etwa 1/4 des Funktionsgewebes ist der weißen Pulpa, etwa 3/4 sind der roten Pulpa zuzurechnen.

> 2 Gewebeanteile = 2 Aufgaben:
> • weiße Pulpa: Abwehrorgan
> • rote Pulpa: Blutmauserung

• Mit der *weißen Pulpa* gehört die Milz zu den lymphatischen Organen. Sie erzeugt Lymphozyten und Abwehrstoffe. Sie hat damit ähnliche Aufgaben wie die Lymphknoten. Während ein Lymphknoten aber die Lymphe einer bestimmten Körperregion filtert, ist die Milz für die gesamte Blutbahn zuständig. Bei einer lokalen Infektion entzündet sich der regionäre Lymphknoten. Bei massiver Einschwemmung von Krankheitserregern in die Blutbahn („Blutvergiftung" = Sepsis) schwillt die Milz als Ausdruck ihrer Abwehrtätigkeit an.

• Die *rote Pulpa* steht im Dienst des Kreislaufs. In der Milz werden gealterte Blutkörperchen abgebaut. Den Mechanismus der *Blutmauserung* stellt man sich folgendermaßen vor: In der roten Pulpa müssen sich die roten Blutkörperchen durch ein enges bindegewebiges Netzwerk zwängen. Junge Blutkörperchen können sich gut verformen und schlüpfen daher durch das Netz. Alte Blutkörperchen sind weniger verformbar. Sie verfangen sich in den Maschen und werden abgebaut. Die mittlere Lebensdauer der roten Blutkörperchen beträgt etwa vier Monate.

Bei vielen Tieren dient die Milz auch als Blutspeicher, in welchem Blut „gelagert" und bei Bedarf in den Kreislauf ausgeschüttet wird (beim Menschen wenig wichtig).

Die roten Blutkörperchen bestehen zu etwa einem Drittel aus dem roten Blutfarbstoff (Hämoglobin). Beim Abbau der Blutkörperchen wird der Blutfarbstoff frei und muß entsorgt werden. Er wird gespalten und „recycelt": Ein Teil wird zu Gallenfarbstoffen umgebaut und über die Pfortader zur Leber transportiert. Diese scheidet ihn in die Galle aus. Bei verstärktem Blutabbau in der Milz kann die Haut durch die vermehrten Gallenfarbstoffe ein gelbliches Aussehen annehmen (Gelbsucht infolge vermehrten Blutabbaus = hämolytischer Ikterus, z.B. beim Neugeborenen).

Die gesunde Milz liegt etwa auf Höhe der 10. Rippe links oben der hinteren Bauchwand an. Wird sie unter dem Rippenbogen tastbar, so ist sie vergrößert.

Die Milz ist nicht lebensnotwendig. Ihre Aufgaben als lymphatisches Organ können beim Erwachsenen von den anderen lymphatischen Organen übernommen werden. Für ihre Aufgabe beim Blutabbau springt die Leber ein. Die Milz wird daher bei manchen Erkrankungen (z.B. bei gesteigertem Blutabbau) operativ entfernt. Trotzdem wird man die Milz nicht leichtfertig herausnehmen: Der Patient ist ohne Milz stärker durch eine Blutvergiftung gefährdet. Besonders Kinder sind dann anfälliger für Erkrankungen durch Bakterien.

Ein wichtiger Grund für die operative Entnahme der Milz ist der Kapselriß. Die Milz ist von einer sehr dünnen bindegewebigen Kapsel überzogen. Bei Quetschungen des Bauchraums mit erhöhtem Druck in der Milz, z.B. bei Verkehrsunfällen, kann die Kapsel aufplatzen. Es folgt eine massive Blutung in die Bauchfellhöhle (die Milz liegt intraperitoneal, ➥ S. 232). Ist die Blutung nicht zu stillen, muß man die Milz entfernen.

A Schema des mikroskopischen Baues der Milz.
B Mikroskopisches Schnittbild der Milz (Vergrößerung etwa 20fach). Man achte auf die Anordnung von Lymphknötchen um die Schlagadern („periarterielle Lymphscheide").
C Schema der Lymphozytenbesiedlung der Milz: B = B-Lymphozyten, T = T-Lymphozyten.

Weitere mikroskopische Schnittbilder der Milz ➥ S. 61 und 63.

1	Milzkapsel	Tunica fibrosa
2	Milzbalken	Trabecula splenica
3	Balkenvene	V. trabecularis
4	Balkenschlagader	A. trabecularis
5	Milzknötchenschlagader (Zentralschlagader)	A. lymphonoduli
6-10	Weiße Milzpulpa	Pulpa alba
6	Begleitscheide der Milzknötchenschlagader	Vagina periarterialis lymphatica
7	Freßzellenscheide um Haargefäße	Vagina pericapillaris macrophagiosa
8-10	Milzknötchen (Malpighi-Körperchen)	Lymphonodulus splenicus
8	Keimzentrum	Centrum germinale
9	Korona (Kranz)	Corona
10	Randzone (Marginalzone)	[Zona marginalis]

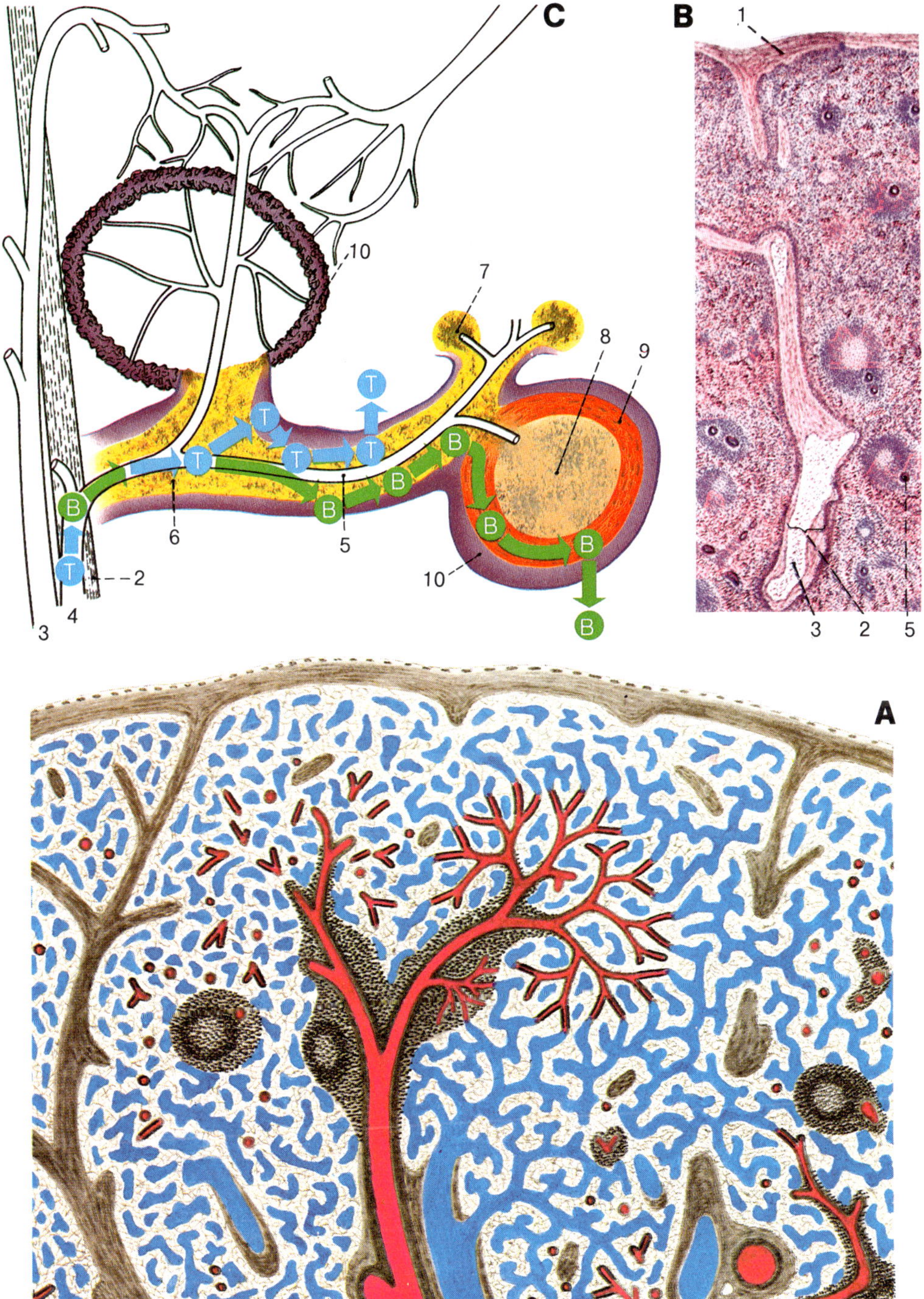
C
B
A
1
2
3
4
5
6
7
8
9
10
T
B

Thymus

Der Thymus ist das primäre lymphatische Organ, in dem die T-Lymphozyten auf ihre Abwehraufgaben geprägt werden

Der Thymus (die deutsche Bezeichnung Bries wird meist nur bei Schlachttieren verwendet) liegt hinter dem Brustbein. Beim Neugeborenen ist er mächtig entfaltet. In der Pubertät bildet er sich zurück und verfettet. Da der Thymus keinen Ausführungsgang besitzt, hielt man ihn früher für eine Hormondrüse. Er sollte etwas mit dem Wachstum zu tun haben. Heute sieht man den Thymus als primäres lymphatisches Organ an. Als solches hat er keine unmittelbare Abwehrfunktion, sondern übergeordnete Aufgaben. Dazu gehört die Bildung und Differenzierung der T-Lymphozyten (➥ S. 62).

Die Lymphozytenbildung ist besonders reichlich in der Kindheit, weil hier der erste Kontakt mit vielen Krankheitserregern erfolgt, gegen die man dann oft zeitlebens immun ist. Beim Zehnjährigen enthält der Thymus etwa 400 Milliarden Lymphozyten. Im Erwachsenenalter fällt die Zahl dann allmählich ab. Der Thymus bildet sich im Alter zurück und verfettet.

Aus dem Thymus wandern die T-Lymphozyten (thymusabhängige Lymphozyten) in die übrigen lymphatischen Organe aus und nehmen an der Rezirkulation (➥ S. 394) teil. Da der Thymus keine unmittelbare Abwehraufgabe hat, reagiert er auch nicht so heftig auf Infektionen wie die anderen lymphatischen Organe.

Bei angeborenem Fehlen des Thymus können keine T-Lymphozyten gebildet werden. Folge ist eine besondere Anfälligkeit gegen Infektionskrankheiten (ähnlich wie bei AIDS). Oft wird das Kindesalter nicht überlebt.

Fehlen des Thymus gibt es auch als Erbkrankheit bei der Maus, kombiniert mit einem Defekt der Fellbildung. Diese „Nacktmaus" ist ein wichtiges Versuchstier (und wird deswegen gezüchtet): Wegen der fehlenden T-Zellen unterbleibt die Abstoßungsreaktion bei Verpflanzung von Geweben anderer Arten. Man kann auf die Nacktmaus auch menschliche Gewebe verpflanzen und deren Wachstum beobachten. Dies dient vor allem der Krebsforschung: Man kann Krebsgewebe vom Menschen auf die Nacktmaus übertragen und an ihr unter den Bedingungen des lebenden Organismus verschiedene krebshemmende Arzneimittel (Zytostatika) testen, um das am besten wirksame zu finden.

A Thymus beim Neugeborenen.
B Thymus beim Erwachsenen.
C Mikroskopisches Schnittbild des Thymus (Vergrößerung etwa 200fach). Charakteristisch für den Thymus sind die *Hassall-Körperchen*. Die Aufgabe dieser schon beim Neugeborenen vorhandenen, zwiebelschalenartig geschichteten Zellkugeln ist immer noch unklar.

1	Luftröhre	Trachea
2	Thymus (Bries)	Thymus
3	Lunge	Pulmo
4	Herz (im Herzbeutel)	Cor; Pericardium
5	Schilddrüse	Glandula thyroidea
6	Lungenspitze	Apex pulmonis
7	Rippenfell	Pleura parietalis, Pars costalis
8	Rechte Lunge: Ober-, Mittel- und Unterlappen	Pulmo dexter: Lobus superior + Lobus medius + Lobus inferior
9	Kopfwender („Sternokleido")	M. sternocleidomastoideus
10	Halsschlagader (gemeinsame Kopfschlagader)	A. carotis communis
11	Innere Halsvene (innere Drosselvene)	V. jugularis interna
12	Arm-Kopf-Vene	V. brachiocephalica
13	Oberlappen der linken Lunge	Pulmo sinister, Lobus superior
14	Unterlappen der linken Lunge	Pulmo sinister, Lobus inferior
15	Unpaare Schilddrüsenvenen	Plexus thyroideus impar
16	Vorderer Treppenmuskel (Rippenheber)	M. scalenus anterior
17	Schlüsselbein und Unterschlüsselbeinmuskel	Clavicula; M. subclavius
18	1. Rippe	Costa prima
19	Vorderrand (der Lunge)	Margo anterior
20	Innere Brustkorbvene	V. thoracica interna
21	Großer Brustmuskel	M. pectoralis major
22	Kleiner Brustmuskel (Ursprünge)	M. pectoralis minor
23	Herzeinschnitt (der linken Lunge)	Incisura cardiaca (pulmonis sinistri)
24	Verschieberaum der Lunge zwischen Rippen und Mittelfellraum (Teil der Brustfellhöhle)	Recessus costomediastinalis (Cavitas pleuralis)

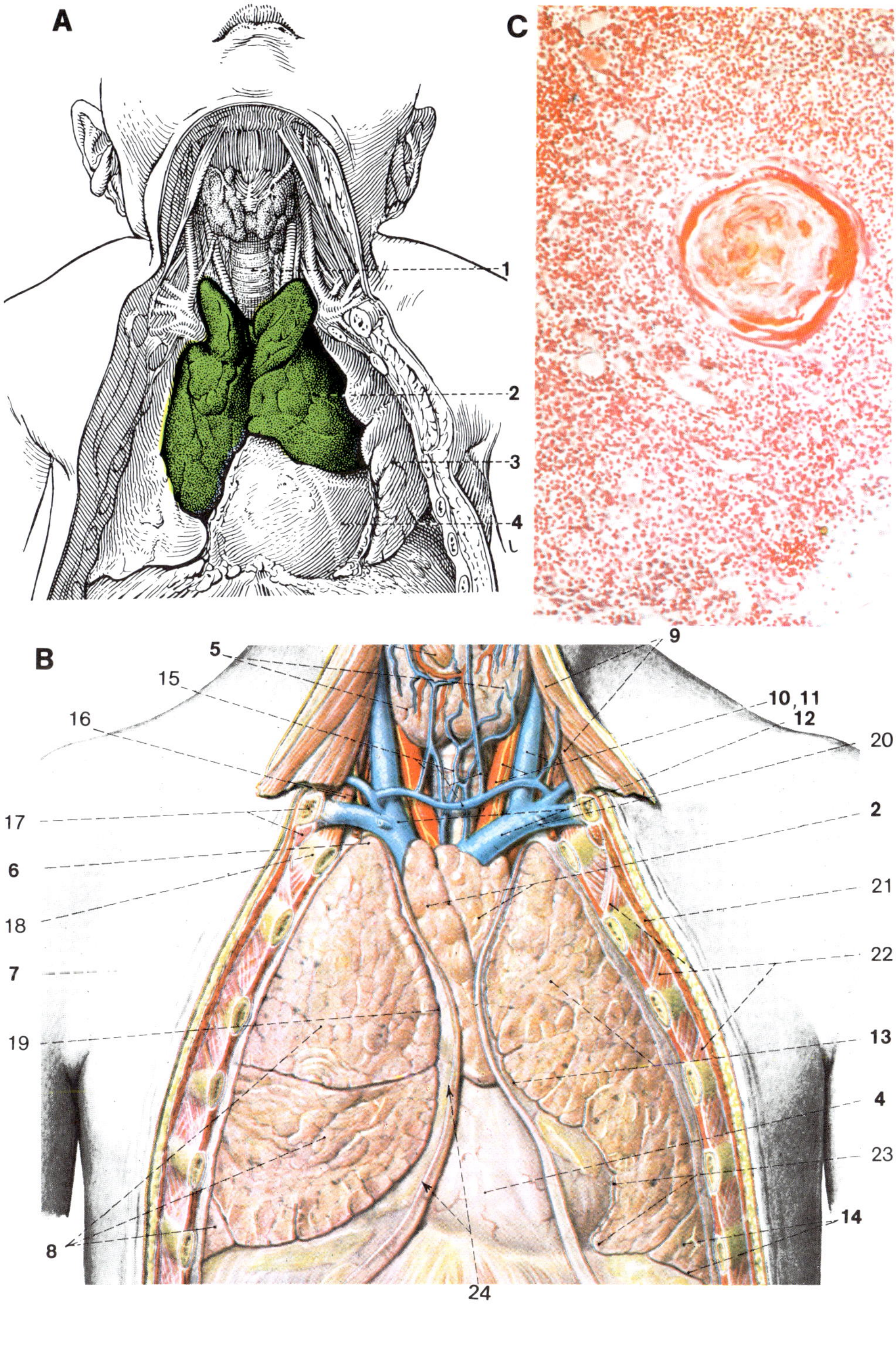
A
1
2
3
4
C
B
5
9
10,11
12
15
16
20
17
2
6
18
21
7
22
19
13
4
23
8
14
24

Auge

Das Auge wird gewöhnlich mit einem Fotoapparat (oder moderner mit einer Videokamera) verglichen.

(Video-)Kamera:	*Auge:*
Gehäuse	Lederhaut und knöcherne Wand der Augenhöhle
Objektiv mit Entfernungs-einstellung	• Hornhaut starr • Augenlinse verstellbar
Blende	Regenbogenhaut um Pupille
Verschluß	Lider (als „Objektivkappe“, Pupille kann nicht völlig geschlossen werden)
Film bzw. lichtempfindlicher Raster	Netzhaut mit Lichtrezeptoren: • helligkeitsempfindlichen Stäbchen • farbempfindlichen Zapfen
Kabel zum Videorecorder	Sehnerv + Sehstrang
Schirmbild bzw. Videokasette	primäres Sehzentrum in Hinterlappen des Großhirns
Betrachter (Fotograf)	Übergeordnete Sehzentren des Großhirns
Stromversorgung (Batterie)	• Energieversorgung über Blutkreislauf • Blutgefäße sind besonders reichlich in der Aderhaut
Zoom	fehlt

Ist die Kamera beschädigt, bringt man sie zur Reparatur. Das Auge repariert kleinere Schäden selbst, manchmal muß der Arzt mithelfen. Hat man die Kamera verloren, kauft man sich eine neue. Ein zerstörtes Auge kann man auch für noch so viel Geld nicht ersetzen. Man kann zwar die Hornhaut verpflanzen, nicht aber ein vollständiges Auge.

Scharfe Bilder bekommt man beim Fotoapparat nur dann, wenn das Bild genau auf den Film geworfen wird. Ebenso muß beim Auge das Bild genau auf der Netzhaut liegen.

Brechungsfehler:	*Ursache:*
• Kurzsichtigkeit:	Augapfel ist zu lang
• Weitsichtigkeit:	Augapfel ist zu kurz
• Alterssichtigkeit:	Augenlinse ist starr
• Stabsichtigkeit:	Hornhaut ist nicht gleichmäßig gekrümmt

• Das Bild von nahe vor dem Auge befindlichen Gegenständen liegt bei Ferneinstellung hinter der Netzhaut. Durch die stärkere Abkugelung der Linse (oder im Alter durch die Lesebrille) wird es nach vorn auf die Netzhaut gezogen. Der Augapfel kann jedoch so unglückliche Maße aufweisen, daß trotz Nah- und Ferneinstellung das Bild nicht immer auf die Netzhaut geworfen wird.

• Verzerrungen können entstehen, wenn die Hornhaut nicht gleichmäßig gekrümmt ist. Ist diese z.B. in der Horizontalen anders gekrümmt als in der Vertikalen, so entsteht die *Stabsichtigkeit* (Astigmatismus). Diese kann durch Vorsetzen von Zylindergläsern ausgeglichen werden. Die Stabsichtigkeit kann natürlich mit Kurz- oder Weitsichtigkeit verbunden sein. Auch Hornhautnarben bedingen Verzerrungen des Bildes. Sie sind dann meist nicht durch eine Brille, oft aber durch Kontaktlinsen („Haftschalen“) auszugleichen. In manchen Fällen hilft nur die Hornhautverpflanzung.

A Horizontalschnitt durch den linken Augapfel; untere Hälfte.

B-F Brechungsfehler des Auges. Bei der *Weitsichtigkeit* (Hyperopie) ist das Auge zu kurz (**B** + **C**), bei der *Kurzsichtigkeit* (Myopie) zu lang (**D-F**). Dem Kurzsichtigen kann durch Vorsetzen einer Streulinse geholfen werden. Das Bild wird dadurch nach hinten verlagert (**F**). Dem Weitsichtigen nützt eine Sammellinse, die das Bild nach vorn zieht (**C**).

1 Netzhaut .... Retina
2 Aderhaut .... Choroidea
3 Lederhaut .... Sclera
4 Hornhaut .... Cornea
5 Bindehaut .... Tunica conjunctiva
6 Regenbogenhaut .... Iris
7 Strahlenkörper .... Corpus ciliare
8 Linse .... Lens
9 Vordere Augenkammer .... Camera anterior
10 Hintere Augenkammer .... Camera posterior
11 Sehloch (= Pupille) .... Pupilla
12 Glaskörper .... Corpus vitreum
13 Gelber Fleck (Stelle schärfsten Sehens) .... Macula
14 „Blinder Fleck“ (= Sehnervenpapille) .... Discus nervi optici
15 Sehnerv (zweiter Hirnnerv) .... N. opticus

16 Achse des Augapfels .... Axis bulbi
17 Hauptsehlinie (zur Stelle des schärfsten Sehens) .... -

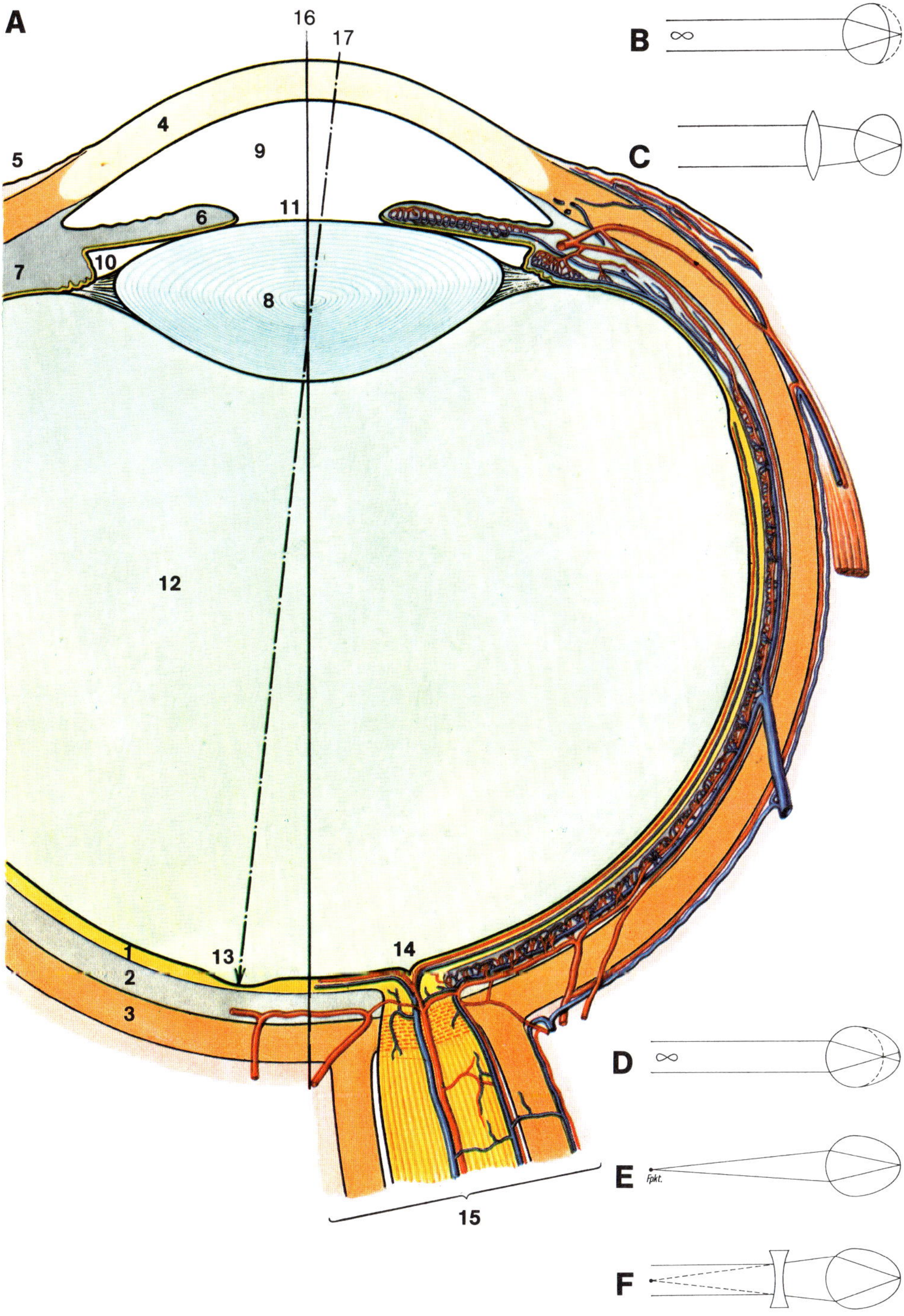
A
16
17
B
∞
C
4
9
5
11
6
7
10
8
12
1
13
14
2
3
D
∞
E
Fpkt.
15
F

Netzhaut

2 Arten Lichtsinneszellen in der Netzhaut: • Stäbchenzelle: nur helligkeitsempfindlich • Zapfenzelle: farbempfindlich

In die Kamera legt man den Film so ein, daß die lichtempfindliche Schicht dem Licht zugewandt ist. Beim menschlichen Auge ist es gerade umgekehrt. Das Licht muß erst acht Schichten der Netzhaut durcheilen, bis es auf die lichtempfindliche Schicht der Stäbchen und Zapfen trifft. Dies hat einen einfachen Grund. Im Fotoapparat kann man den Film wechseln: Für Urlaubsfotos am hellen Strand nimmt man einen Normalfilm, für Aufnahmen im Museum oder Theater einen hochempfindlichen Film usw. Die Netzhaut muß ihre Lichtempfindlichkeit selbst regulieren: Sie umhüllt die lichtempfindlichen Stäbchen und Zapfen verschieden weit mit einem dunklen Pigment. Die Stäbchen und Zapfen müssen also der Pigmentschicht anliegen, damit sich diese nach Bedarf zwischen die Stäbchen und Zapfen schieben kann (Abb. C + D). Da man die dunkle Schicht natürlich nicht vor das Licht stellen kann, ist das hochentwickelte Wirbeltierauge als „umgekehrtes Auge" gebaut. Der zunächst naheliegende Bau, die lichtempfindlichen Zellen dem Licht zuzuwenden, kommt nur bei niederen Tieren vor.

A Mikroskopisches Bild der Netzhaut (Vergrößerung 400fach).

B Schema zu Abb. A. Die Bezifferung der Schichten 1 bis 10 entspricht dem Gang des Lichts: Erst nach drei Schichten von Zellkernen erreicht es die lichtempfindlichen Stäbchen und Zapfen. Lebendes Gewebe ist jedoch durchsichtig, sofern nicht Farbstoffe usw. eingelagert sind.

C + D Verhalten des *Pigmentepithels* im Dunkeln (**C**) und bei starker Belichtung (**D**). Das Pigment kann verschieden weit zwischen die lichtempfindlichen Stäbchen und Zapfen vorgeschoben werden. Diese Abschirmung bietet über die Weitenveränderung des Sehlochs und der Lidspalte hinaus einen zusätzlichen Blendungsschutz.

E Foto des *Augenhintergrundes.* Die Netzhaut kann man auch beim lebenden Menschen mit Hilfe des Augenspiegels direkt betrachten. Das Prinzip ist einfach: Man blickt parallel mit einem hellen Licht durch die Pupille in das Auge. Dazu wird das Licht über einen Spiegel in das Auge geworfen. In der Mitte des Spiegels ist ein Loch, durch das der Betrachter bzw. die Kamera sieht.

• Wegen der Blutgefäße leuchtet die Netzhaut bei der Augenspiegelung (Ophthalmoskopie) rot auf.

• Die größeren Blutgefäße laufen alle auf eine helle Scheibe, die *Sehnervenpapille,* zusammen. An ihr verlassen die Nervenfasern der Netzhaut das Auge, um zum Zwischenhirn zu ziehen. An dieser Stelle treten auch die Blutgefäße in das Augeninnere ein. Da hier praktisch ein Loch in der Netzhaut ist, kann man an dieser Stelle nicht sehen. Es handelt sich um den sog. „blinden Fleck". Normalerweise bemerkt man diesen Gesichtsfeldausfall nicht, da man mit zwei Augen sieht und die blinden Flecke nicht zusammenfallen. Außerdem „ergänzt" auch beim einäugigen Sehen das Großhirn den Ausfall.

• Man kann sich leicht vom Vorhandensein des blinden Flecks überzeugen: Man nehme zwei kleine Papierstücke, male sich auf das eine ein Kreuz, auf das andere einen farbigen Punkt von etwa 1 cm Durchmesser und lege sie vor sich auf den Tisch. Nun schließe man das linke Auge und fixiere mit dem rechten das Kreuz. Dann bewege man den farbigen Punkt langsam nach rechts. Im Abstand von 10 bis 12 cm verschwindet er plötzlich aus dem Gesichtsfeld. Bei weiterer Seitwärtsbewegung kommt er ebensoplötzlich wieder zum Vorschein. Voraussetzung für das Gelingen dieses Versuchs ist das sorgfältige Fixieren des Kreuzes, d.h., das Auge darf nicht bewegt werden.

• Wenn man das Auge auf einen Punkt fixiert, so wird dessen Bild an der Stelle des schärfsten Sehens in der Netzhaut abgebildet. Diese Stelle („Makula") sieht im Augenhintergrundbild leicht gelblich aus. Sie wird daher auch „gelber Fleck" genannt.

1	Innere Grenzmembran	Stratum limitans internum
2	Schicht der Sehnervenfasern	Stratum neurofibrarum
3	Schicht der Sehnervenzellen	Stratum ganglionicum (ganglionare)
4	Innere Netzschicht	Stratum plexiforme internum
5	Innere Körnerschicht	Stratum nucleare internum
6	Äußere Netzschicht	Stratum plexiforme externum
7	Äußere Körnerschicht	Stratum nucleare externum
8	Äußere Grenzmembran	Stratum limitans externum
9	Schicht der Stäbchen und Zapfen	Stratum neuroepitheliale (photosensorium)
10	Pigmentepithel	Stratum pigmentosum
11	Amakrine Zelle	Neuron amacrinum
12	Horizontalzelle	Neuron horizontale

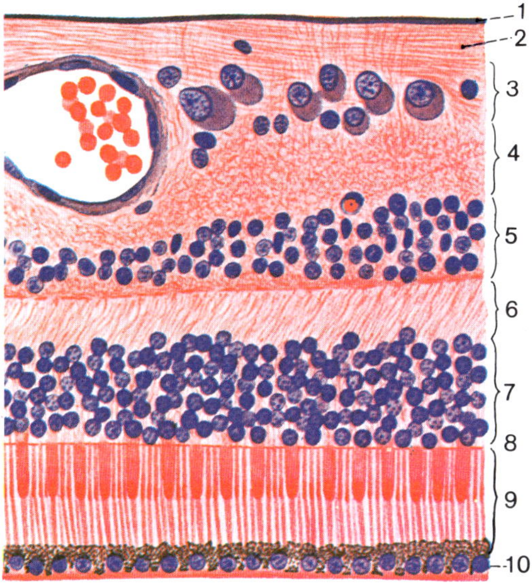

A

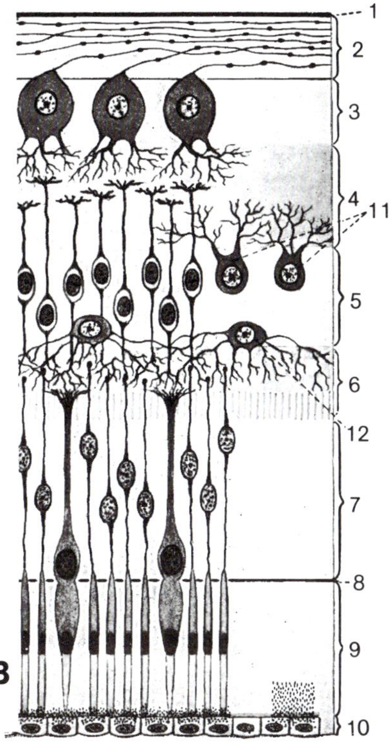

B

C

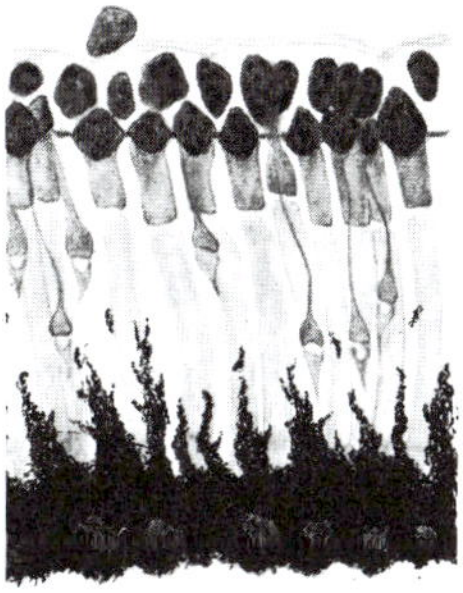

D

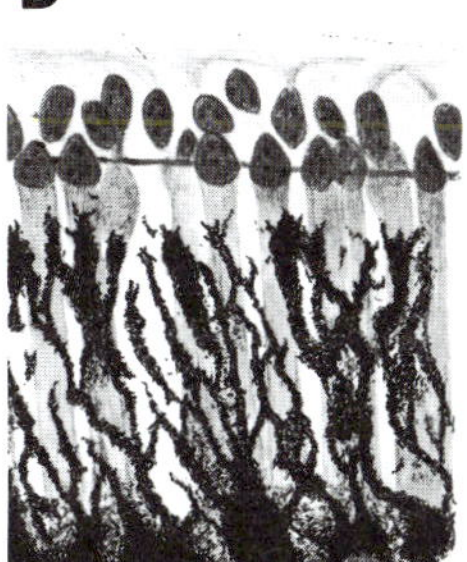

E

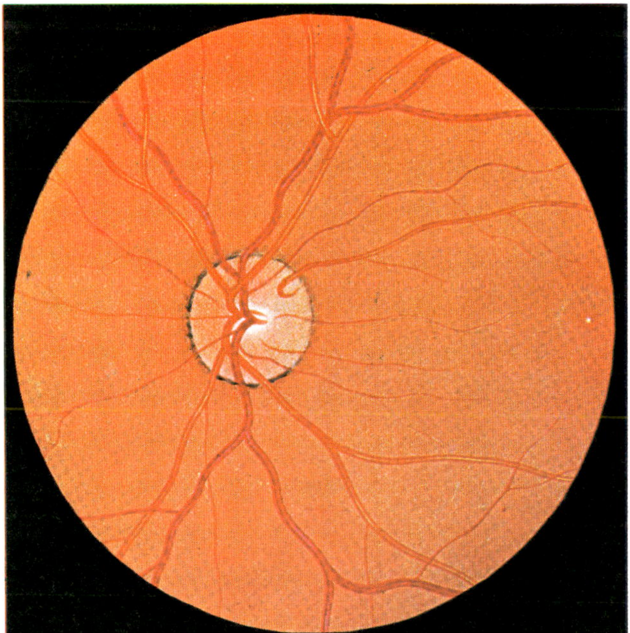

Sehbahn

Weg der Nervenerregung nach einem Lichtreiz:
↓ 3 Schichten Nervenzellen in der Netzhaut
↓ Sehnerv
↓ Sehnervenkreuzung
↓ Sehstrang
↓ äußerer Kniehöcker des Zwischenhirns
↓ Sehstrahlung
↓ Sehrinde im Hinterhauptlappen des Großhirns

A Lage der Augäpfel und der Sehnerven in den Augenhöhlen. Die Schädelknochen sind von oben her abgemeißelt.

B Bau der Stelle des schärfsten Sehens in der Netzhaut (Makula, *gelber Fleck*). Hier ist die Netzhaut so gebaut, daß das Bild möglichst wenig verfälscht wird. Diese Stelle ist frei von größeren Blutgefäßen. Die inneren Schichten der Netzhaut weichen etwas zur Seite. Am gelben Fleck gibt es nur die tageslichtempfindlichen Zapfen. Im Dunkeln kann man daher nicht scharf sehen.

C Schema der *Sehbahn*. Blindheit kann nicht nur durch Erkrankung des Auges, sondern auch durch eine Störung in jeder der 7 Teilstrecken der Sehbahn bedingt sein. Dabei sind auch Teilblindheiten möglich, d.h., Ausfall bestimmter Bereiche des Gesichtsfelds. In der Sehnervenkreuzung kreuzen jeweils nur die Nervenfasern, die zu den äußeren Gesichtsfeldhälften gehören. Also finden sich im linken Sehstrang die Nerven der rechten (schwarz), im rechten die der linken (gelb) Gesichtsfeldhälfte. Im rechten Großhirn wird verarbeitet, was wir links sehen, im linken, was wir rechts sehen. Im Mittelhirn werden die Sinneseindrücke mit den Bewegungen der Augen- und Körpermuskeln gekoppelt. Bei Zerstörung eines Sehnervs ist das betreffende Auge blind. Bei Zerstörung der Sehnervenkreuzung ist das Gesichtsfeld auf den zentralen Bereich geschrumpft (so als ob man Scheuklappen trüge). Bei Zerstörung eines Sehstrangs fällt die gegenüberliegende Gesichtsfeldhälfte aus.

D Bau des blinden Flecks. Hier brechen die Sehnervenfasern durch die Lederhaut. Sie verlassen als Sehnerv das Auge. Der Sehnerv wird von Bindegewebe umhüllt. Es entspricht den Hirnhäuten. Die *Sehnervenpapille* ist mit dem Augenspiegel leicht zu besichtigen. Bei einem erhöhten Druck in der Schädelhöhle („Hirndruck“) wölbt sich die Sehnervenpapille in das Augeninnere vor. Bei Verdacht auf Hirndruck, z.B. bei einer Hirngeschwulst oder einer Hirnblutung, ist mit dem Augenspiegel die Diagnose leicht zu stellen.

1	Augapfel	Bulbus oculi
2	Sehnerv	N. opticus
3	Sehnervenkreuzung	Chiasma opticum
4	Sehstrang	Tractus opticus
5	Augenhöhle	Orbita
6	„Gelber Fleck“ (Stelle schärfsten Sehens)	Macula
7	Netzhaut	Retina
8	Siebbein	Os ethmoidale
9	Siebplatte (des Siebbeins)	Lamina cribrosa
10	Sehnervenzellen	Neuron multipolare
11	Innere Grenzmembran	Stratum limitans internum
12	Schicht der Sehnervenfasern	Stratum neurofibrarum
13	Schicht der Sehnervenzellen	Stratum ganglionicum (ganglionare)
14	Innere Netzschicht	Stratum plexiforme internum
15	Innere Körnerschicht	Stratum nucleare internum
16	Äußere Netzschicht	Stratum plexiforme externum
17	Äußere Körnerschicht	Stratum nucleare externum
18	Äußere Grenzmembran	Stratum limitans externum
19	Schicht der Stäbchen und Zapfen	Stratum neuroepitheliale (photosensorium)
20	Pigmentepithel	Stratum pigmentosum
21	Zapfenzelle	Epitheliocytus (neurosensorius) conifer
22	Augenbewegungsnerv (dritter Hirnnerv)	N. oculomotorius
23	Äußerer Kniehöcker	Corpus geniculatum laterale
24	Kerngebiet des Augenbewegungsnervs	Nucleus nervi oculomotorii
25	Schwarzer Kern (Teil des extrapyramidal-motorischen Systems)	Substantia nigra
26	Hinterhauptlappen des Großhirns	Lobus occipitalis
27	Augenhöhlenganglion (= Ziliarganglion)	Ganglion ciliare
28	Siebplatte der Lederhaut	Lamina cribrosa sclerae
29	Zentrale Netzhautschlagader	A. centralis retinae
30	Blutgefäße + Nerven	Vasa sanguinea + Nervi
31	Großer Keilbeinflügel	Ala major

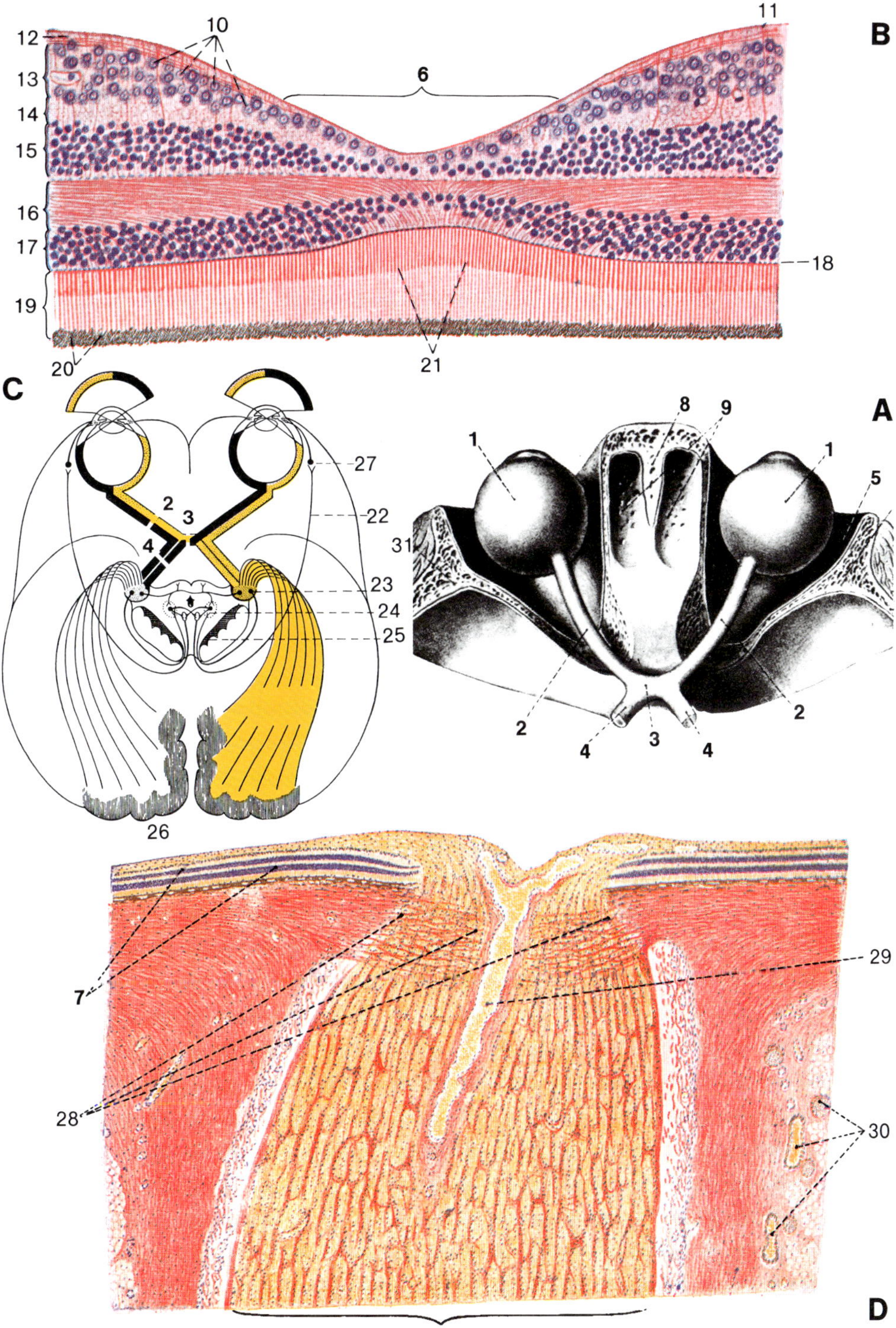
B
10
11
12
13
14
15
6
16
17
18
19
20
21
C
A
1
8
9
1
5
27
22
2
3
4
31
23
24
25
2
4
3
4
2
26
7
28
29
30
D
2

Regenbogenhaut

Sie regelt den Lichteintritt zur Netzhaut: • im Hellen wird die Pupille verengt • im Dunkeln wird die Pupille erweitert

Die Regenbogenhaut (Iris) übernimmt also die Aufgaben einer Blende. Sie verändert die Weite des Sehlochs (Pupille) mit Hilfe zweier Muskeln: des Schließmuskels und des Erweiterers der Pupille. Der Schließmuskel verläuft annähernd kreisförmig nahe dem Rand der Pupille. Der Erweiterer ist radspeichenartig angeordnet. Beide Muskeln unterstehen dem autonomen Nervensystem:

- der Schließmuskel dem Parasympathikus,
- der Erweiterer dem Sympathikus. Bei Aufregung (Sympathikuserregun) werden die Pupillen weit.

Die Blendenwirkung der Regenbogenhaut kann man beim Prüfen des *Pupillenreflexes* an den eigenen Augen beobachten: Man stelle sich in einem mäßig hellen Raum vor einen Spiegel und beobachte die Pupillen. Sie werden in Anpassung an die Dunkelheit weit sein. Dann leuchte man mit einer hellen Taschenlampe von der Seite auf das eine Auge. Sofort werden beide (!) Pupillen eng. Die Nerven der Regenbogenhautmuskeln sind so geschaltet, daß beide Pupillen gleich weit sind (wenn sie es nicht sind, liegt eine Nervenstörung vor).

Eine Blende ist nur dann wirksam, wenn nur das Loch in der Mitte, nicht aber der Blendenkörper selbst das Licht durchläßt. Die Regenbogenhaut ist daher an ihrer Rückseite mit dem Pigmentepithel der Netzhaut überzogen. Dieses schimmert bläulich durch die Regenbogenhaut und bedingt die Farbe der „blauen Augen". Beim „braunen" Auge ist zusätzlich Pigment in die Regenbogenhaut selbst eingelagert. Die Regenbogenhaut ist ein Teil der mittleren Schicht der Augenwand, die reichlich mit Blutgefäßen versehen ist.

Hornhaut

Vor der Regenbogenhaut liegt die vordere Augenkammer und als vordere Wand des Augapfels die glasklare Hornhaut. Diese bildet zusammen mit der weißen Lederhaut die äußere, straff bindegewebige Hülle des Auges. Diese derbe Wand ersetzt dem Auge das Skelett. Gegenüber einem starren Skelett besitzt sie den Vorteil der Unzerbrechlichkeit. Allerdings können Stiche die Hornhaut und die Lederhaut durchdringen. Dann tritt Flüssigkeit aus (Kammerwasser und Glaskörper): Das Auge „läuft aus".

Die Hornhaut ist frei von Blutgefäßen damit sie durchsichtig bleibt. Sie wird vom Kammerwasser auf dem Wege der Diffusion ernährt und auf der Vorderseite von der Tränenflüssigkeit befeuchtet. Als Folge von Entzündungen oder Verletzungen kann sich die Hornhaut teilweise oder vollständig eintrüben. Manchmal kann dann durch Übertragen einer gesunden Hornhaut das volle Sehvermögen wiederhergestellt werden.

A Foto der Augengegend.
B Mikroskopisches Bild des vorderen Augenabschnitts (Vergrößerung etwa 12fach).
C Regenbogenhaut mit Pupille (Foto, 10fache Vergrößerung). Die weißen Ringe im Sehloch sind die Reflexe des Ringblitzes von Hornhaut und Augenlinse.

1	Augenbrauen	Supercilia
2	Wimpern	Cilia
3	Oberlid	Palpebra superior
4	Unterlid	Palpebra inferior
5	Innerer Augenwinkel	Angulus oculi medialis
6	Äußerer Augenwinkel	Angulus oculi lateralis
7	Sehloch (= Pupille)	Pupilla
8	Regenbogenhaut	Iris
9	Lederhaut	Sclera
10	Aderhaut	Choroidea
11	Netzhaut	Retina
12	Bindehaut (auf der Lederhaut gelegen)	Tunica conjunctiva
13	Hornhaut	Cornea
14	Sehlochschließer	M. sphincter pupillae
15	Sehlocherweiterer	M. dilator pupillae
16	Augenlinse	Lens
17	Linsenmuskel (= Strahlenkörpermuskel)	M. ciliaris
18	Strahlenzone (Linsenaufhängung)	Zonula ciliaris
19	Pigmentepithel	Epithelium pigmentosum
20	Kammerwinkel	Angulus iridocornealis
21	Schlemm-Kanal (Abfluß des Kammerwassers)	Sinus venosus sclerae
22	Balkenwerk des Kammerwinkels	Reticulum trabeculare
23	Strahlenfortsätze (bilden Kammerwasser)	Processus ciliares

A

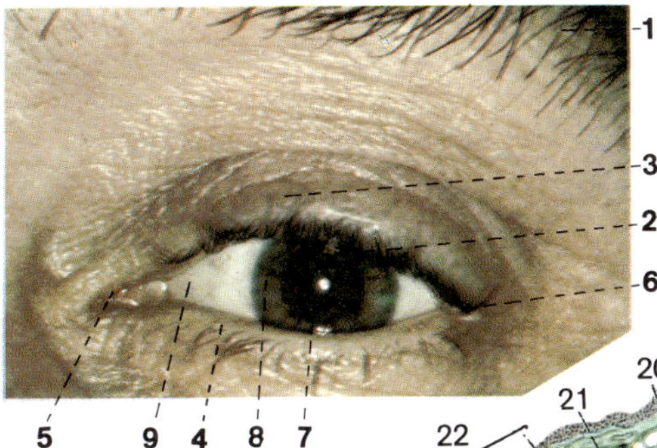

B

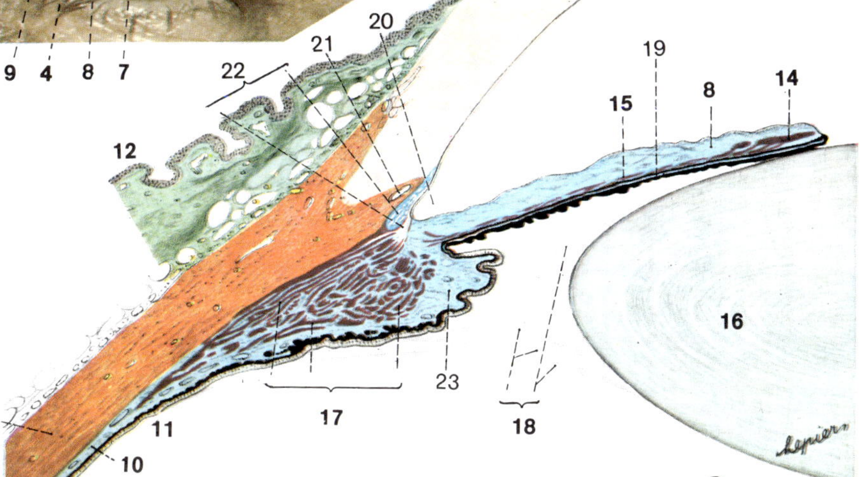

C

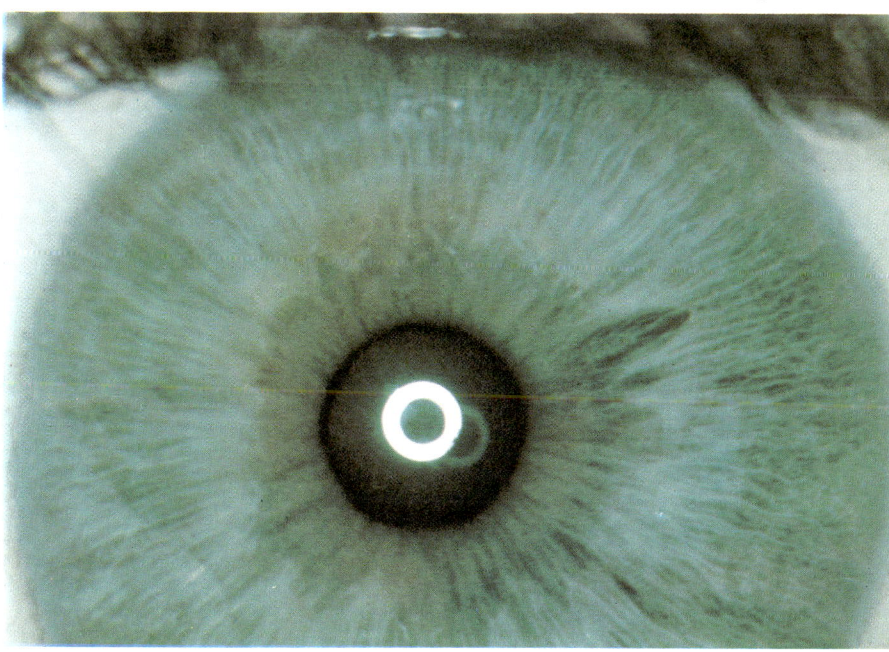

Augenlinse
Mit Hilfe der Augenlinse wird das Bild auf der Netzhaut scharf eingestellt. Wenn die Augenlinse sich stärker krümmt, so wird der Brennpunkt nach vorn verlagert (Naheinstellung), bei schwächerer Krümmung nach hinten (Ferneinstellung). Die Augenlinse hat aufgrund ihrer natürlichen Elastizität eine Neigung sich abzurunden. Sie ist im Strahlenkörper der mittleren Augenhaut aufgehängt, der sie streckt. Der Linsenmuskel zieht die mittlere Augenhaut nach vorn und entspannt damit den Strahlenkörper. Die Augenlinse kugelt sich dann aufgrund ihrer eigenen Elastizität ab (sie wird nicht etwa durch den Muskel zusammengepreßt).

> Ab dem 45. Lebensjahr nimmt die Elastizität der Augenlinse deutlich ab, um das 60. Lebensjahr ist sie praktisch erloschen

Bei Entspannung des Strahlenkörpers durch den Linsenmuskel kann sich die Augenlinse dann nicht mehr abrunden. Die Naheinstellung unterbleibt (*Alterssichtigkeit*). Durch Vorsetzen einer geeigneten Linse vor das Auge (Lesebrille) kann man im Nahbereich wieder scharf sehen.

A Augenlinse (Seitenansicht, 7fach vergrößert).
B Aufhängeapparat der Augenlinse (Vergrößerung 5fach). Hornhaut und Lederhaut sind entfernt. Die Regenbogenhaut ist an ihrem Strahlenkörperrand abgeschnitten.
C Der Inhalt der Augenhöhle nach Entfernen deren Seitenwand. Unterhalb der Augenhöhle ist die Kieferhöhle eröffnet, um die nahe Lagebeziehung zu verdeutlichen. Das Bild zeigt die Vielfalt von Muskeln, Blutgefäßen und Nerven hinter dem Augapfel. Um nicht durch zu viele Namen zu verwirren, wurden Äste der größeren Schlagadern und Nerven nicht eigens benannt. Die Hinweisziffer wurde dann in Klammern gesetzt, z.B. (11) = Ast der Augenschlagader.

2	Äußerer gerader Augenmuskel	M. rectus lateralis
3	Oberer gerader Augenmuskel	M. rectus superior
4	Unterer gerader Augenmuskel	M. rectus inferior
5	Oberer schräger Augenmuskel	M. obliquus superior
6	Unterer schräger Augenmuskel	M. obliquus inferior
7	Oberlidheber	M. levator palpebrae superioris
8	Augenschließmuskel (Ringmuskel des Auges)	M. orbicularis oculi
9	Tränendrüse	Glandula lacrimalis
10	Kieferhöhle	Sinus maxillaris
11	Augenschlagader (+ Äste)	A. ophthalmica
12	Oberkieferschlagader (+ Äste)	A. maxillaris
13	Mittlere Hirnhautschlagader	A. meningea media
14	Sehnerv (zweiter Hirnnerv)	N. opticus
15	Augenbewegungsnerv (dritter Hirnnerv) (+ Äste)	N. oculomotorius
16	Augenrollnerv (vierter Hirnnerv)	N. trochlearis
17	Ganglion des Drillingsnervs (fünfter Hirnnerv)	Ganglion trigeminale
18	Augenhöhlennerv (1. Hauptast des Drillingsnervs)	N. ophthalmicus
19	Oberkiefernerv (2. Hauptast des Drillingsnervs) (+ Äste)	N. maxillaris
20	Unterkiefernerv (3. Hauptast des Drillingsnervs) (+ Äste)	N. mandibularis
21	Augenhöhlenganglion (für Augenbinnenmuskeln)	Ganglion ciliare
22	Flügelgaumenganglion (für Tränendrüse)	Ganglion pterygopalatinum
23	Ohrganglion (für Ohrspeicheldrüse)	Ganglion oticum
24	Linsenstrahlen	Radii lentales
25	Hinterer Linsenpol	Polus posterior (lentis)
26	Linsenhinterfläche	Facies posterior (lentis)
27	Linsenäquator	Equator (lentis)
28	Linsenvorderfläche	Facies anterior (lentis)
29	Vorderer Linsenpol	Polus anterior (lentis)
30	Linsenachse	Axis (lentis)
31	Strahlenzone	Zonula ciliaris
32	Linsenmuskel	M. ciliaris
33	Fasern der Strahlenzone	Fibrae zonulares
34	Strahlenkörperrand der Regenbogenhaut	Margo ciliaris (iridis)
35	Strahlenfortsätze	Processus ciliares
36	Vordere Augenkammer	Camera anterior bulbi
37	Blutgefäße + Nerven zum Linsenmuskel	Aa. ciliares + Nn. ciliares breves
38	Stirnhöhle	Sinus frontalis
39	Augenabziehnerv (sechster Hirnnerv)	N. abducens
40	Innere Kopfschlagader	A. carotis interna

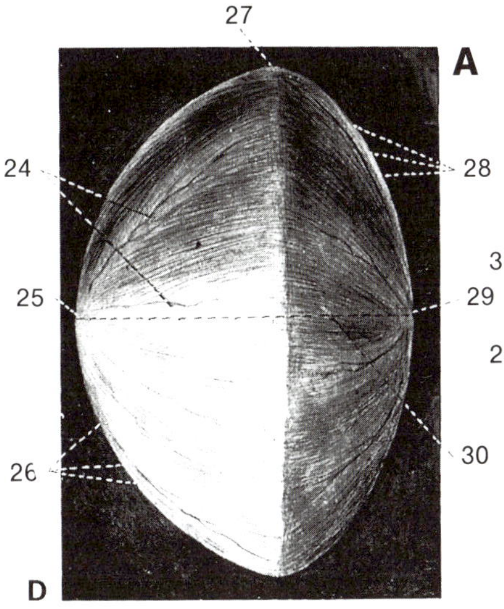
A
27
24
28
25
29
26
30
D

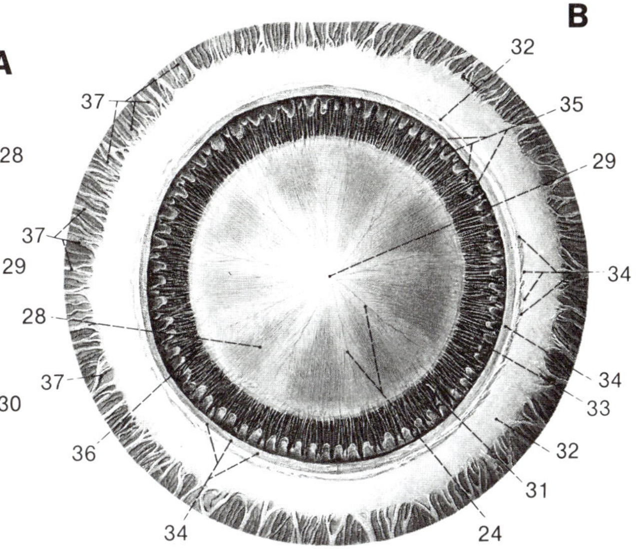
B
32
37
35
29
37
34
28
34
37
33
32
36
31
34
24

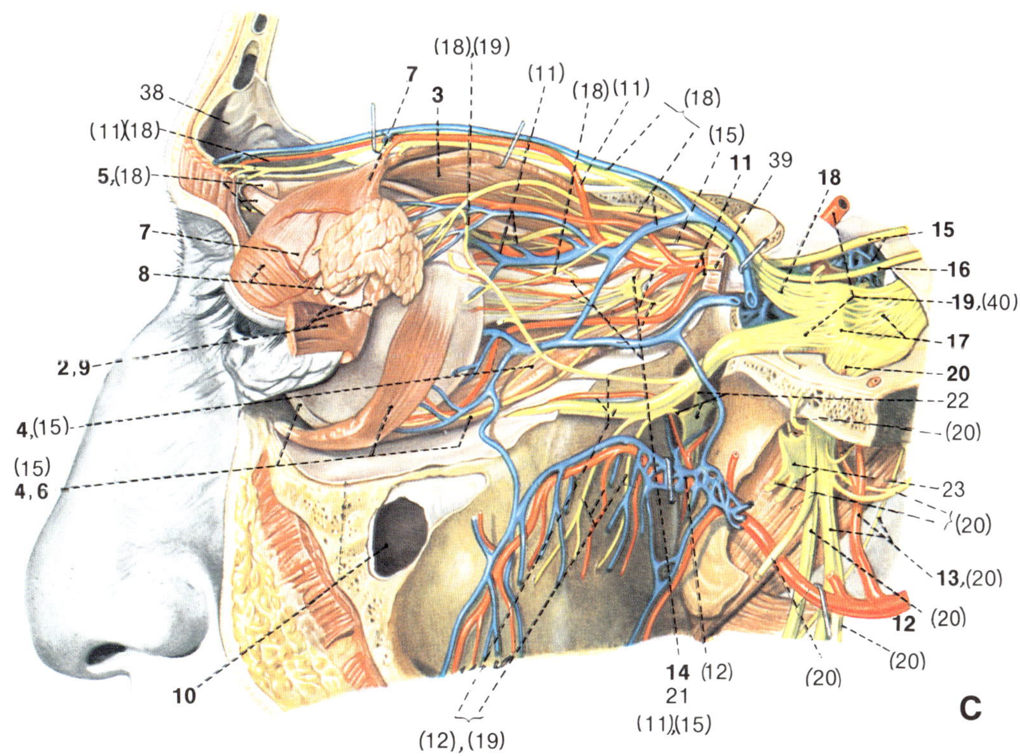
(18),(19)
7
3
(11)
(18) (11)
(18)
38
(11)(18)
(15)
5,(18)
11
39
18
15
7
16
8
19,(40)
17
2,9
20
22
4,(15)
(20)
(15)
4, 6
23
(20)
13,(20)
(20)
12
10
14 (12)
21
(11),(15)
(12), (19)
(20)
(20)
C

Augenmuskeln

3 innere Augenmuskeln:	• Schließmuskel der Pupille • Erweiterer der Pupille • Linsenmuskel
6 äußere Augenmuskeln:	• 4 „gerade“: innerer + äußerer + oberer + unterer • 2 „schräge“: innerer + äußerer

A Stellung von Auge und Sehnerv beim Blick geradeaus. Die geraden Augenmuskeln entspringen von einem Sehnenring um den Sehnerv.

B Der äußere gerade Augenmuskel dreht das Auge nach außen.

C Muskeln des linken Auges von seitlich. Der obere schräge Augenmuskel ist durch den oberen geraden Augenmuskel verdeckt.

D Schema der Bewegungsrichtungen der Augenmuskeln. Der innere und äußere gerade Augenmuskel bewegen das Auge ausschließlich in einer Hauptrichtung (nasen- bzw. schläfenwärts). Der obere und untere gerade sowie die beiden schrägen Augenmuskeln treten schräg an das Auge heran. Sie bewegen das Auge nicht nur nach oben oder unten, sondern zusätzlich nach innen oder außen und drehen es um seine Längsachse. Die Augenmuskeln werden vom 3., 4. und 6. Hirnnerv innerviert. Bei Störungen von Augenmuskelnerven kann das betroffene Auge nicht mehr in alle Stellungen gebracht werden. Es treten Doppelbilder auf.

Horizontalschnitt durch die Augenhöhle mit Augenmuskeln ➥ S. 275.

Augenlider

E Senkrechter Schnitt durch das Oberlid (12fache Vergrößerung). Die Lider schützen das Auge in doppelter Hinsicht:

- Bei Berührung der Hornhaut oder Bindehaut werden die Lider geschlossen (Lidschlußreflexe).
- Durch den Lidschlag wird die Tränenflüssigkeit über die Hornhaut verteilt und so das Auge vor Austrocknung bewahrt.

Die langen Liddrüsen bilden ein talgähnliches Sekret, mit welchem der Lidrand eingefettet wird. Diese Fettschicht ist wasserabweisend und verhindert damit ein Überlaufen der Tränenflüssigkeit. Beim Weinen wird soviel Tränenflüssigkeit gebildet, daß sie über den „Damm“ der Lidkanten läuft. Bei Verlegung eines Ausführungsgangs bildet sich ein schmerzloser kleiner Knoten im Lid, das „Hagelkorn“. Im Gegensatz zu diesem ist das „Gerstenkorn“ sehr schmerzhaft. Hierbei handelt es sich um eine Entzündung der Wimperndrüsen.

1	Innerer gerader Augenmuskel	M. rectus medialis
2	Äußerer gerader Augenmuskel	M. rectus lateralis
3	Oberer gerader Augenmuskel	M. rectus superior
4	Unterer gerader Augenmuskel	M. rectus inferior
5	Oberer schräger Augenmuskel	M. obliquus superior
6	Unterer schräger Augenmuskel	M. obliquus inferior
7	Augapfel	Bulbus oculi
8	Hornhaut	Cornea
9	Sehnerv	N. opticus
10	Stirnbein	Os frontale
11	Oberkiefer	Maxilla
12	Vorderseite des Augenlides	Facies anterior palpebralis
13	Hinterseite des Augenlides	Facies posterior palpebralis
14	Wimpern (Zilien)	Cilia
15	Lidbindehaut	Tunica conjunctiva palpebralis
16	Obere Lidplatte (straffes geflechtartiges Bindegewebe)	Tarsus superior
17	Lidplattendrüse (Meibom-Drüse)	Glandula tarsalis
18	Oberhaut	Epidermis
19	Optische Achse (des Auges)	Axis opticus
20	Knochenhaut der Augenhöhle	Periorbita
21	Oberlidheber	M. levator palpebrae superioris
22	Sehnenring um den Sehnerv	Anulus tendineus communis
23	Unterer Vorderrand der Augenhöhle	Margo infraorbitalis
24	Untere Augenhöhlenspalte	Fissura orbitalis inferior
25	Unterschläfengrube	Fossa infratemporalis
26	Nebentränendrüse	Glandula lacrimalis accessoria
27	Blutgefäß	Vas sanguineum
28	Ausführungsgang der Lidplattendrüse	(Glandula tarsalis)
29	Wimperndrüsen (Moll-Drüsen)	Glandulae ciliares
30	Augenschließmuskel, Lidteil	M. orbicularis oculi, Pars palpebralis
31	Oberer Lidplattenmuskel	M. tarsalis superior

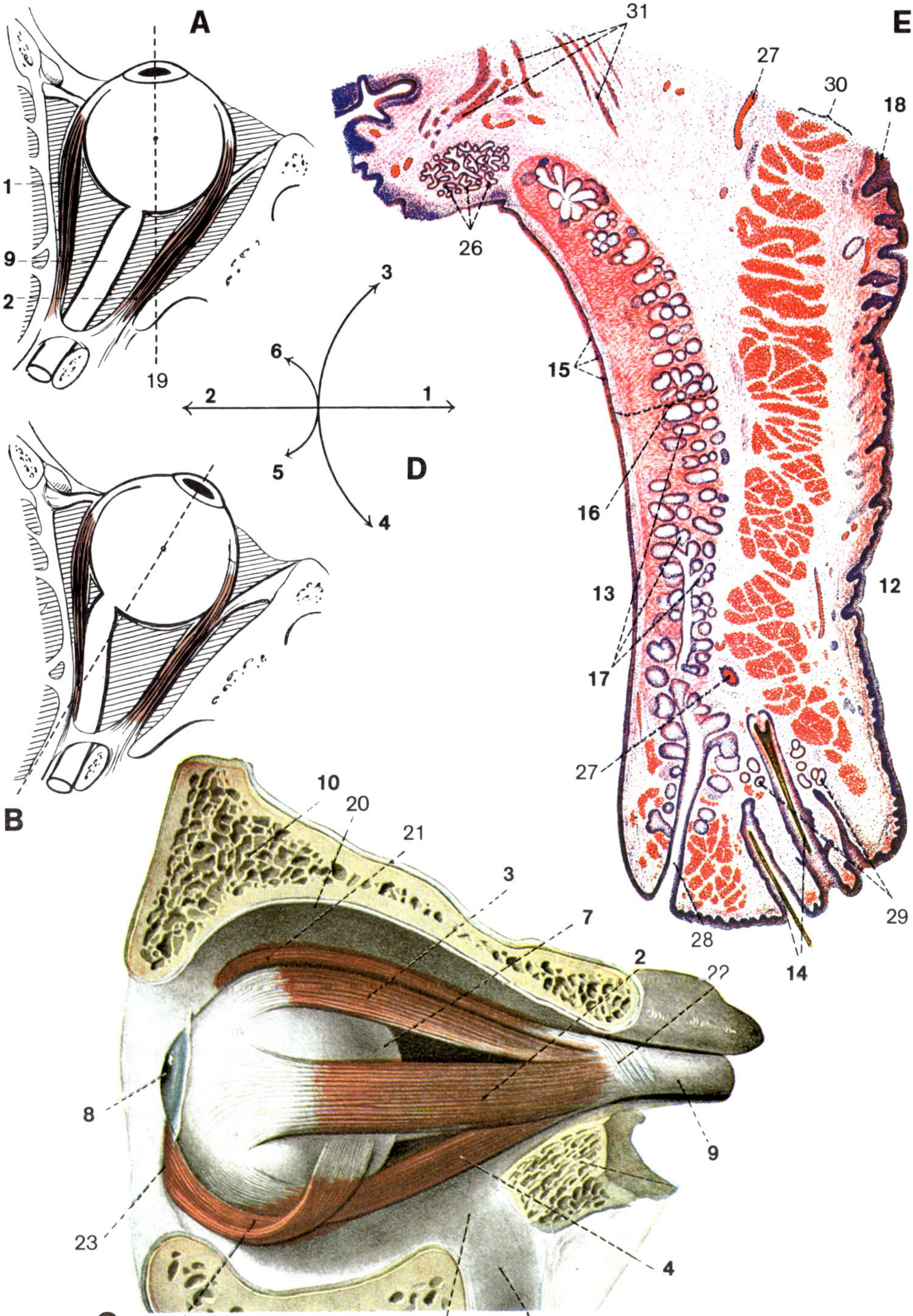
A
1
9
2
19
B
D
3
6
2
1
5
4
E
31
27
30
18
26
15
16
13
17
27
12
28
14
29
C
10
20
21
3
7
2
22
8
9
23
4
6
11
24
25

Tränenapparat

- Sekretion der Tränenflüssigkeit : Tränendrüse
- Verteilung über Augenvorderseite: Lidschlag
- Abfluß: über 2 Tränenröhrchen → Tränensack → Tränen-Nasen-Gang → unterer Nasengang

A Augenlider und Tränendrüse des rechten Auges nach Entfernen von Haut und Augenschließmuskel.
B Ableitende *Tränenwege* des rechten Auges. Wird mehr Tränenflüssigkeit gebildet, als auf dem oben beschriebenen Weg abfließen kann, dann laufen die „Tränen" über das Unterlid.
C-G Umstülpen (Ektropionieren) des Oberlides. Fliegt ein Staubkorn usw. „ins Auge", hat man das lebhafte Bedürfnis, den Fremdkörper zu entfernen. Das Unterlid kann man leicht vom Augapfel abziehen, so daß man einen guten Überblick über den unteren Bindehautsack bekommt. Anders ist es beim Oberlid. Der Laie bemüht sich meist vergeblich, es abzuheben. Dies liegt an der bindegewebigen Lidplatte, die das Oberlid versteift. Will man den oberen Bindehautsack besichtigen, so muß man das ganze Oberlid einschließlich Lidplatte umstülpen. Man läßt den Patienten nach unten sehen (**C**). Dann zieht man das Oberlid an den Wimpern nach unten (**D**). Der Daumen der anderen Hand tastet den Oberrand der Lidplatte (**E**) und drückt die Lidplatte nach unten. Gleichzeitig zieht man das Oberlid vom Auge ab und nach oben (**F**). Nach vollendetem Umstülpen liegt die Bindehaut des Oberlids frei (**G**). Der Fremdkörper kann nun leicht entfernt werden. Statt mit dem Daumen kann man die Lidplatte auch mit einem Glastäbchen, einem Spatel usw. nach unten drücken.
H Horizontales Computertomogramm (Erläuterung ➥ S. 464) durch die Schädelbasis. In den Augenhöhlen sieht man die Augäpfel, die Sehnerven und die inneren und äußeren geraden Augenmuskeln. Man vergleiche mit Abb. E auf S. 275.

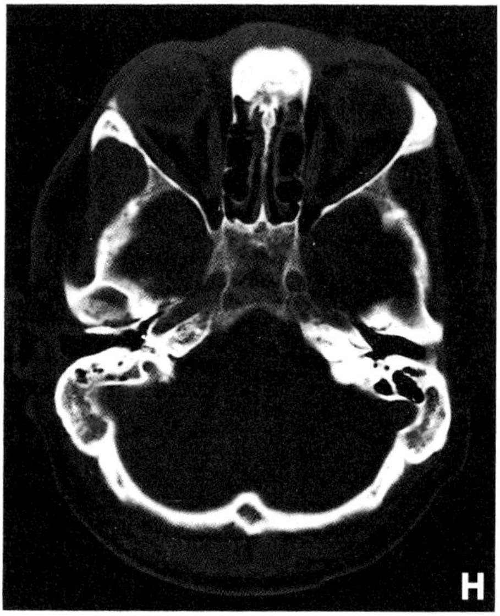

1	Tränendrüse	Glandula lacrimalis
2	Obere Lidplatte	Tarsus superior
3	Untere Lidplatte	Tarsus inferior
4	Jochbein	Os zygomaticum
5	Oberkiefer	Maxilla
6	Augapfelbindehaut (auf der Lederhaut)	Tunica conjunctiva bulbaris
7	Bindehautsack (zwischen 6 und 8)	Saccus conjunctivae
8	Lidbindehaut	Tunica conjunctiva palpebralis
9	Tränenpunkt auf dem Tränenhügel	Punctum lacrimale; Papilla lacrimalis
10	Tränenröhrchen	Canaliculus lacrimalis
11	Tränensack	Saccus lacrimalis
12	Tränen-Nasen-Gang	Ductus nasolacrimalis
13	Mittlere Nasenmuschel	Concha nasalis media
14	Untere Nasenmuschel	Concha nasalis inferior
15	Ausführungsgänge (der Tränendrüse)	Ductuli excretorii
16	Äußeres Lidband	Lig. palpebrale laterale
17	Bindegewebeplatte am Eingang der Augenhöhle	Septum orbitale
18	Oberlidheber (Sehne)	M. levator palpebrae superioris
19	Inneres Lidband	Lig. palpebrale mediale
20	Halbmondförmige Bindehautfalte (am Umschlag der Augapfelbindehaut auf die Lidbindehaut)	Plica semilunaris conjunctivae
21	Augenschließmuskel	M. orbicularis oculi
22	Tränenwärzchen	Caruncula lacrimalis
23	Unterer Nasengang (mit Mündung des Tränen-Nasen-Gangs)	Meatus nasi inferior
24	Unteraugenhöhlennerv (Ast des Drillingsnervs)	N. infraorbitalis
25	Kieferhöhle (Schleimhaut)	Sinus maxillaris

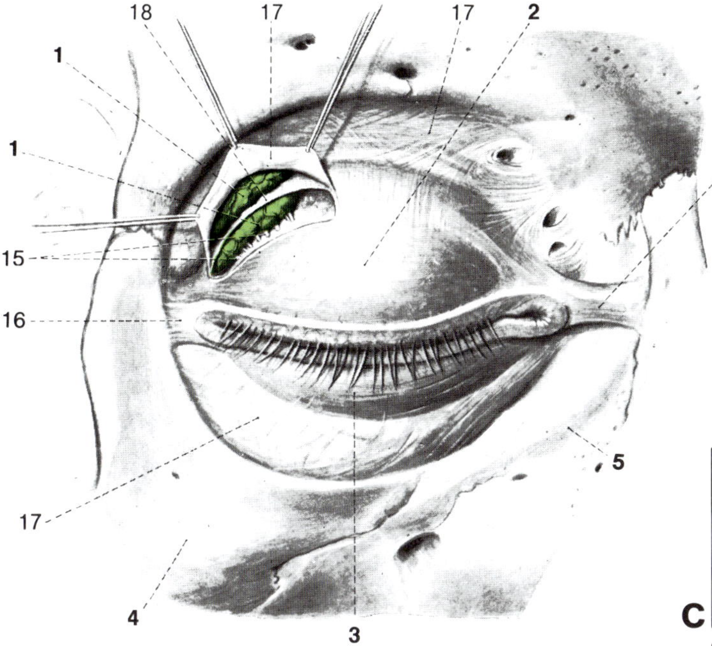

18
17
17
2
1
1
19
15
16
5
17
4
3

A

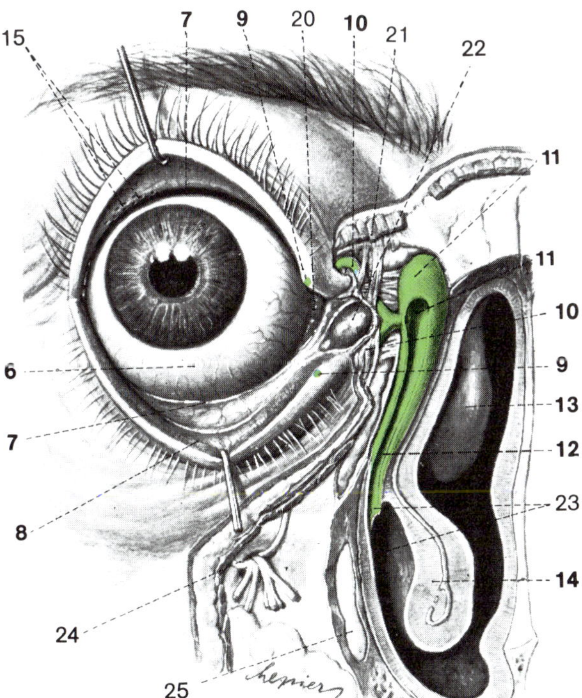

15
7
9
20
10
21
22
11
11
10
6
9
13
7
12
23
8
14
24
25

B

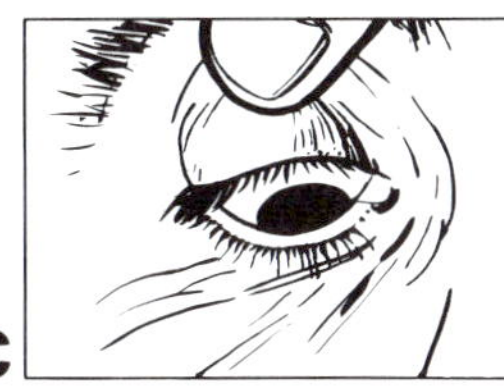

C

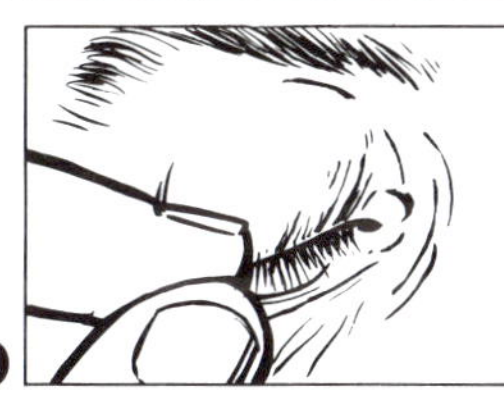

D

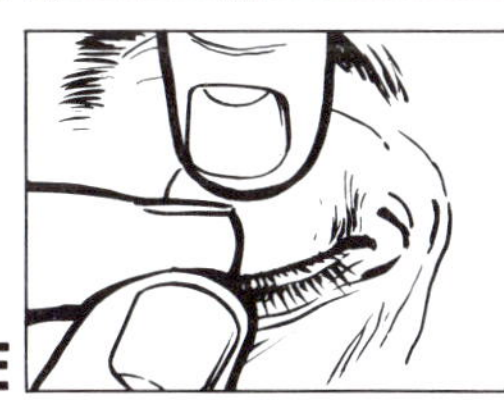

E

F

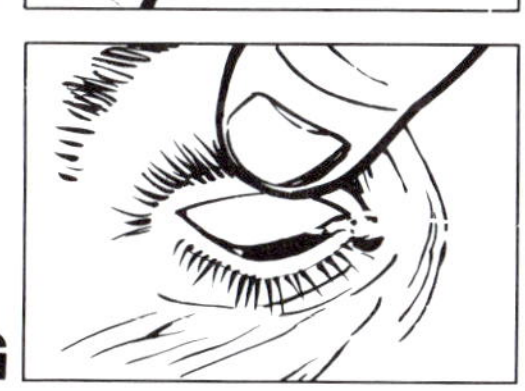

G

Hörorgan

3 Teile:	• Schalltrichter (*äußeres Ohr*) • Verstärker (*Mittelohr*) • Analysator für Tonhöhe, Klangfarbe und Lautstärke (*Innenohr*)

Im Innenohr („Labyrinth") ist auch noch das Gleichgewichtsorgan untergebracht.

A Überblick über das linke Hörorgan. Die Paukenhöhle (Mittelohr) ist durch das Trommelfell normalerweise gegen den äußeren Gehörgang luftdicht abgeschlossen. Sie wird durch die Ohrtrompete vom Rachenraum belüftet. Dies ist zum Druckausgleich nötig: Eine abgekammerte Luftblase wird vom Körper aufgesaugt (und eventuell durch Flüssigkeit ersetzt). Von der Bedeutung des Druckausgleichs über die Ohrtrompete kann man sich bei Erkältungen leicht überzeugen. Bei Rachenentzündungen wird häufig die Ohrtrompete durch die geschwollene Schleimhaut verschlossen. Es treten dann bald Schmerzen im Ohr auf: Da die Luft im Mittelohr verschwindet, wird das Trommelfell durch den äußeren Luftdruck schmerzhaft in die Paukenhöhle gepreßt. Ähnlich ist es bei raschen Talfahrten mit Bergbahnen: Man muß dann zum Druckausgleich öfter einmal schlucken. Beim Schluckakt werden nämlich jedesmal die Ohrtrompeten geöffnet und so die Paukenhöhlen belüftet.

B Schnitt durch den *äußeren Gehörgang* (5fache Vergrößerung).

C Rechte *Ohrmuschel*. Infolge ihres Stützgerüstes aus elastischem Knorpel ist die Ohrmuschel in allen Richtungen biegsam und kehrt doch immer wieder zu ihrer angeborenen Form zurück. Abstehende Ohren mit Verbänden zu behandeln, ist vergebliche Mühe. Nach Abnehmen des Verbandes stehen die Ohren wieder ab. Hier hilft nur die chirurgische Korrektur mit Herausschneiden eines Keils aus dem elastischen Knorpel.

• Druckempfindlichkeit der Ohrecke („Tragusschmerz") weist auf akute Entzündungen im äußeren Gehörgang oder der Paukenhöhle hin.

D Mikroskopisches Bild eines Ausschnitts aus dem äußeren Gehörgang (16fache Vergrößerung). Ein Teil des äußeren Gehörgangs wird sensibel vom zehnten Hirnnerv (Vagus) versorgt. Er führt die parasympathischen Fasern für die Brusteingeweide und einen großen Teil der Bauchorgane. Bei Reizung des äußeren Gehörgangs, z.B. mit einem Ohrschmalzlöffel, kann der Herzschlag unregelmäßig werden. Sogar Ohnmachten können auftreten.

E *Gehörgangspülung*. Ohrschmalzpfröpfe und Fremdkörper entfernt man aus dem Gehörgang besser nicht mit einem starren Gegenstand, sondern durch Spülen. Man verwendet hierzu meist eine große Spritze mit Fingerringen. Der Patient fängt mit einer Nierenschale das (körperwarme!) Spülwasser auf. Die Ohrmuschel wird nach hinten oben gezogen, weil dadurch der Gehörgang begradigt wird. Auch bei der Ohrenspiegelung ermöglicht man so den Blick auf das Trommelfell.

1	Ohrmuschel	Auricula
2	Äußerer Gehörgang	Meatus acusticus externus
3	Trommelfell	Membrana tympanica
4	Paukenhöhle	Cavitas tympanica (Cavum tympani)
5	Ohrtrompete (Tube)	Tuba auditoria (auditiva)
6	Schnecke	Cochlea
7	Bogengänge	Canales semicirculares
8	Trommelfellspanner	M. tensor tympani
9	Hammer	Malleus
10	Oberes Hammerband	Lig. mallei superius
11	Paukenhöhlenbucht oberhalb des Trommelfells	Recessus epitympanicus
12	Amboß	Incus
13	Ohrtrompetenknorpel	Cartilago tubae auditoriae
14	Membranöse Wand der Ohrtrompete	Lamina membranacea
15	Gaumensegelheber	M. levator veli palatini
16	Hammergriff	Manubrium mallei
17	Vorderer Hammerfortsatz	Processus anterior (mallei)
18	Seitlicher Hammerfortsatz	Processus lateralis (mallei)
19	Seitliches Hammerband	Lig. mallei laterale
20	Gehörgangsknorpel	Cartilago meatus acustici
21	Haut (des äußeren Gehörgangs)	Cutis
22	Ohrhaare	Tragi
23	Talgdrüsen	Glandulae sebaceae
24	Ohrschmalzdrüsen	Glandulae ceruminosae
25	Ohrecke („Ziegenbock")	Tragus
26	Ohrleiste	Helix
27	Gegenleiste	Antihelix

A
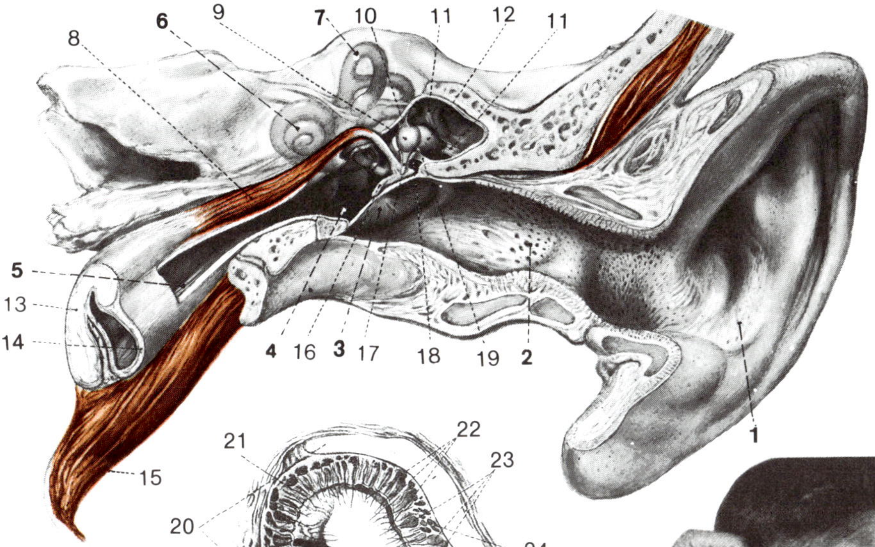
1
2
3
4
5
6
7
8
9
10
11
12
11
13
14
15
16
17
18
19

B
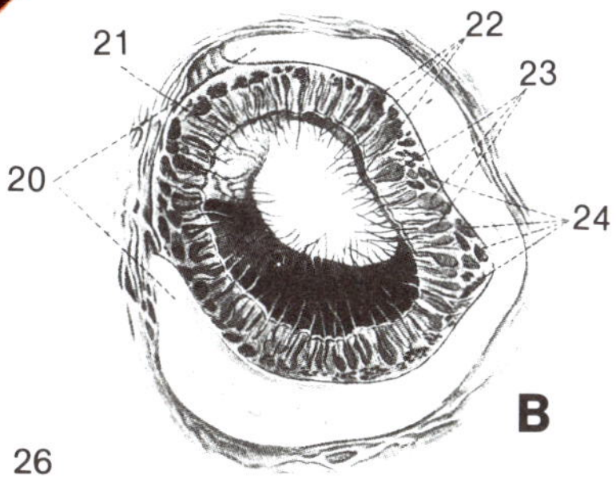
20
21
22
23
24

E
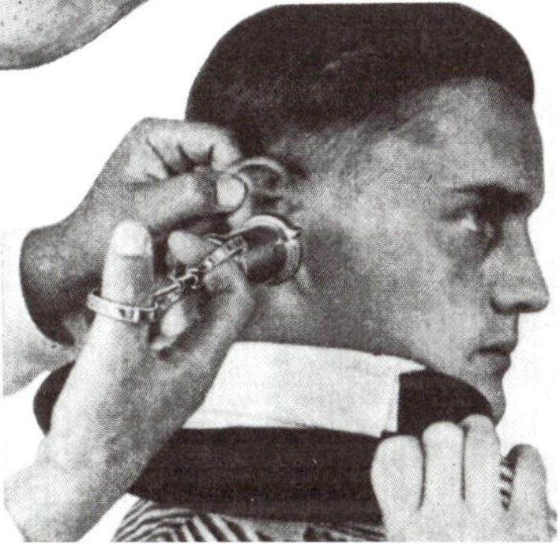

C
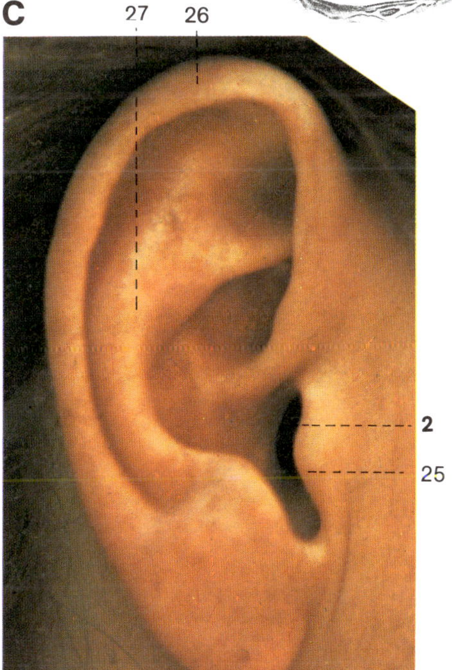
27
26
2
25

D
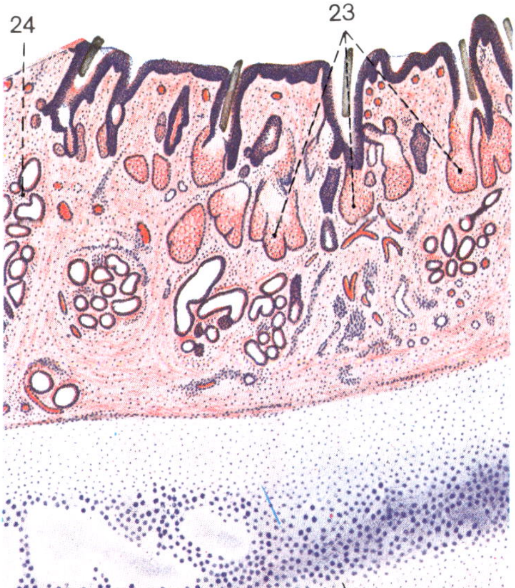
24
23
20

Mittelohr

- Grenze zum äußeren Ohr: Trommelfell
- Hauptraum: Paukenhöhle mit den 3 Gehörknöchelchen: Hammer, Amboß und Steigbügel
- Verbindung zum Rachen: Ohrtrompete
- Nebenräume: Warzenfortsatzzellen

Schallverstärkung im Mittelohr:

• Das Trommelfell (etwa 8 x 10 mm) ist viel größer als das ovale Fenster (etwa 2 x 4 mm), das zum Innenohr führt.

• Die Gehörknöchelchen liegen jeweils mit dem längeren Hebel in Richtung Trommelfell, mit dem kürzeren in Richtung ovales Fenster. Sie sind so geschickt aufgehängt, daß Erschütterungen durch das Gehen usw. nicht zum Mitschwingen und dadurch zu Geräuschempfindungen führen.

Die Gesamtverstärkung durch das Mittelohr beträgt 26 dB (dB = Dezibel = Maß der relativen Lautstärke). Diese Verstärkung ist nötig, weil die Luft einen sehr viel kleineren Wellenwiderstand als Wasser hat. Bei der Übertragung der Schallwellen von der Luft im äußeren Gehörgang auf die Flüssigkeit im Innenohr würde ohne Verstärker ein Verlust von 70 dB auftreten (70 dB entsprechen etwa der Lautstärke eines ruhig laufenden Automotors). Bei Zerstörung des Mittelohrs tritt keine völlige Taubheit, sondern Schwerhörigkeit (eben mit Verlust von 26 dB) ein.

Die Verstärkung ist abhängig von der Tonhöhe. Am besten wird der Bereich zwischen 1000 und 2000 Hz (Hz = Hertz = physikalische Einheit der Tonhöhe bzw. Schwingungsfrequenz) vom Mittelohr verstärkt. Es handelt sich um den Bereich der menschlichen Sprache.

A Schrägschnitt durch den äußeren und den inneren Gehörgang. Der Schnitt geht durch die Schnecke. Hammer und Amboß sind z.T. entfernt. Rechts unten blickt man in das Hohlraumsystem des Warzenfortsatzes. Ähnlich wie die Nasennebenhöhlen entstehen die *Warzenfortsatzzellen* großteils erst nach der Geburt: Die Schleimhaut der Paukenhöhle wächst in den Knochen des Warzenfortsatzes ein. Das dabei entstehende Kammersystem ist individuell verschieden. Es gibt Warzenfortsätze mit großen und solche mit kleinen Zellen. In diesem aufgelockerten Knochen setzen sich leicht Eiterungen fest. Bei Mittelohrentzündungen wird immer die Schleimhaut der Warzenfortsatzzellen mitbetroffen. Während die Paukenhöhle meist rasch ausheilt, können Eiterungen in den engen Zellen des Warzenfortsatzes über Wochen weiterschwelen und zu einem chirurgischen Eingriff zwingen.

B Frontalschnitt durch das Mittelohr (3fache Vergrößerung). Die Pfeile geben die Hauptbewegungsrichtung der Gehörknöchelchen bei Schalleinwirkung wieder.

C Trommelfell von außen (6fache Vergrößerung). Bei der Ohrenspiegelung (Prinzip wie Augenspiegelung, ➥ S. 402, E) leuchtet das gesunde Trommelfell rauchgrau auf. Die Gehörknöchelchen, vor allem der Hammergriff, scheinen durch. Der weiße Keil rechts unten ist ein Lichtreflex.

1	Äußerer Gehörgang	Meatus acusticus externus
2	Trommelfell	Membrana tympanica
3	Paukenhöhle	Cavitas tympanica (Cavum tympani)
4	Hammer	Malleus
5	Amboß	Incus
6	Steigbügel	Stapes
7	Warzenfortsatzzellen	Cellulae mastoideae
8	Häutiger Schneckengang	Ductus cochlearis
9	Hör- und Gleichgewichtsnerv (achter Hirnnerv)	N. vestibulocochlearis
10	Harte Hirnhaut	Dura mater cranialis (encephali)
11	Paukensaite	Chorda tympani
12	Vorhof der Warzenfortsatzzellen	Antrum mastoideum
13	Kiefergelenk (Gelenkkapsel)	Articulatio temporomandibularis
14	Vorhoftreppe	Scala vestibuli
15	Paukentreppe	Scala tympani
16	Hinterer Bogengangnerv	N. ampullaris posterior
17	Vorhof	Vestibulum
18	Hinterer Bogengang	Ductus semicircularis posterior
19	Seitlicher Bogengang	Ductus semicircularis lateralis
20	Gesichtsnerv	N. facialis (intermediofacialis)
21	Paukenhöhlenbucht über dem Trommelfell	Recessus epitympanicus
22	Paukenhöhlenboden	Paries jugularis
23	Innere Halsvene (innere Drosselvene)	V. jugularis interna
24	Paukenhöhlendach (Teil des Felsenbeins)	Tegmen tympani; Pars petrosa
25	Schlaffer Teil des Trommelfells	Membrana tympanica, Pars flaccida

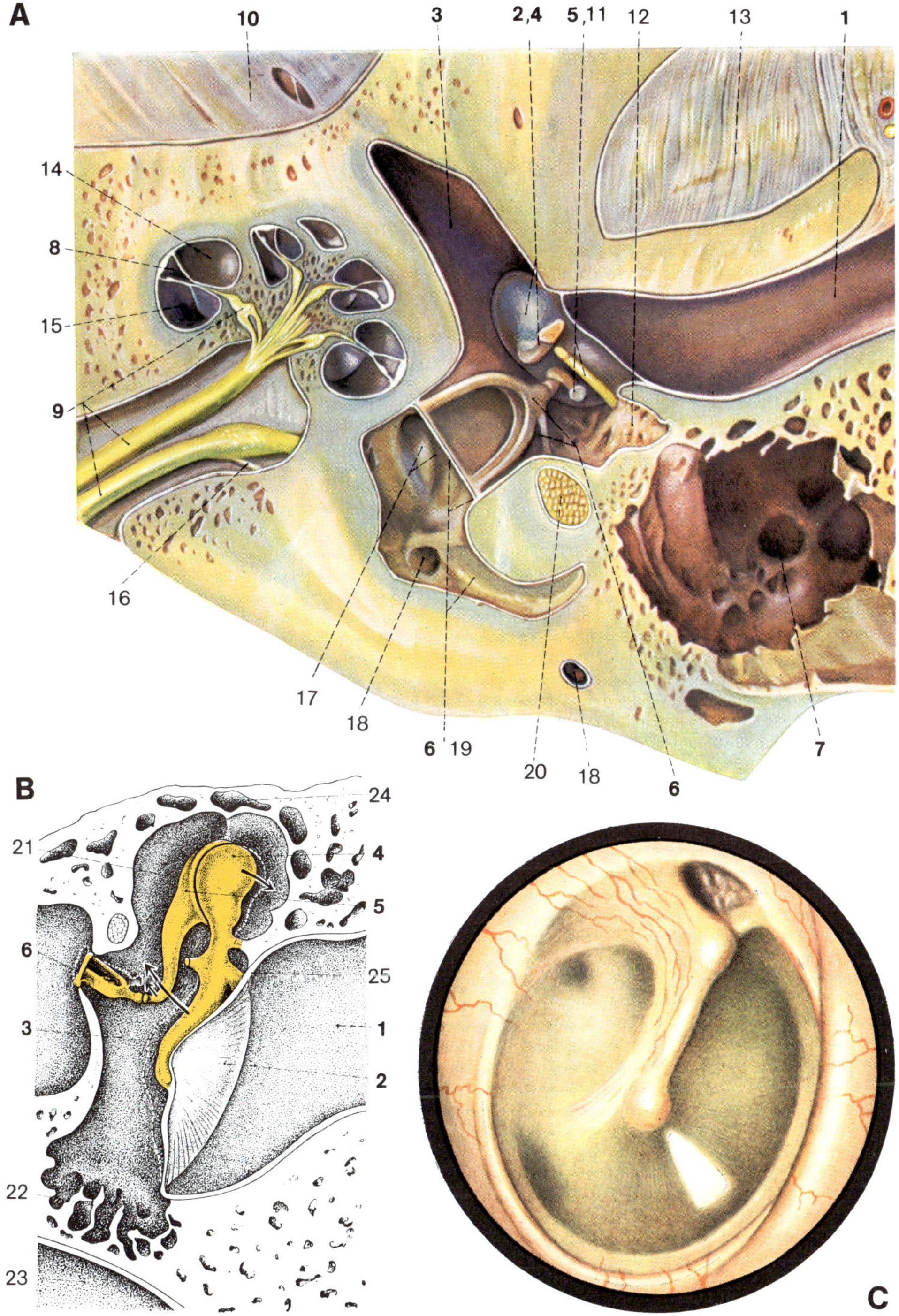
A
10
3
2,4
5,11
12
13
1
14
8
15
9
16
17
18
6 19
20
18
6
7
B
24
21
4
5
6
25
3
1
2
22
23
C

Mittelohr

Lufthaltige Räume des Mittelohrs:	• Paukenhöhle • Warzenfortsatzzellen • Ohrtrompete

A Überblick über das Hohlraumsystem des Mittelohrs. Warzenfortsatzzellen braun, Paukenhöhle blau, Ohrtrompete gelb.

B Darstellung der Paukenhöhle nach Aufmeißeln des Warzenfortsatzes, Entfernen der Gehörknöchelchen und des Trommelfells sowie Eröffnen der Kanäle des Innenohrs.

C Röntgenbild von Warzenfortsatz und Kiefergelenk.

D Mittelohr und Rachen. Die Paukenhöhle ist durch die Ohrtrompete mit dem Rachen verbunden. Dies ist entwicklungsgeschichtlich zu erklären. Die Paukenhöhle entsteht als Ausstülpung des Vorderdarms (aus dem Rachen, Speiseröhre, Magen und Zwölffingerdarm hervorgehen). Ihr wächst eine Bucht der äußeren Haut entgegen (➥ S. 269, C), die dann den äußeren Gehörgang bildet. Das Trommelfell wird zur Grenze zwischen Haut und Darmkanal (i.w.S.).

E + F Wirkung des *Steigbügelmuskels*: Bei Anspannen des Muskels wird die Steigbügelplatte im ovalen Fenster verkantet und dadurch weniger beweglich (**F**). Auf diese Weise werden laute Geräusche gedämpft. Bei Lähmung des Gesichtsnervs, der den Steigbügelmuskel innerviert, werden laute Geräusche schmerzhaft empfunden. Die beiden Mittelohrmuskeln (Steigbügelmuskel und Trommelfellspanner) mindern auch den Klirrfaktor und verkürzen Ausschwingvorgänge des Sprachschalls.

1	Gelenkfortsatz (des Unterkiefers)	Processus condylaris (mandibulae)
2	Kiefergelenk	Articulatio temporomandibularis
3	Höcker vor dem Kiefergelenk	Tuberculum articulare
4	Keilbeinhöhle	Sinus sphenoidalis
5	Innerer Gehörgang	Meatus acusticus internus
6	Labyrinth	Labyrinthus
7 + **8**	Warzenfortsatzzellen	Cellulae mastoideae
9	Warzenfortsatz	Processus mastoideus
10	Hinterhauptbein	Os occipitale
11	Ohrmuschel (nach vorn geklappt)	Auricula
12	Steigbügel	Stapes
13	Amboß	Incus
14	Trommelfell	Membrana tympanica
15	Ohrtrompete	Tuba auditoria (auditiva)
16	Rachenmündung der Ohrtrompete	Ostium pharyngeum tubae auditoriae
17	Felsenbein +	Pars petrosa +
	hintere Schädelgrube	Fossa cranii (cranialis) posterior
18	Rachenmandel	Tonsilla pharyngealis (adenoidea)
19	Zungengrund	Radix linguae
20	Kehldeckel	Epiglottis
21	Knochenkanal des hinteren Bogengangs	Canalis semicircularis posterior
22	Knochenkanal des vorderen Bogengangs	Canalis semicircularis anterior
23	Knochenkanal des seitlichen Bogengangs	Canalis semicircularis lateralis
24	Kanal des Gesichtsnervs	Canalis facialis
25	Ovales Fenster	Fenestra vestibuli
26	Vorwölbung durch die Schnecke	Promontorium
27	S-förmiger Blutleiter (der harten Hirnhaut)	Sinus sigmoideus
28	Steigbügelmuskel	M. stapedius
29	Aufhängung der Steigbügelplatte im ovalen Fenster	Syndesmosis tympanostapedialis
30	Paukensaite (Ast des 7. Hirnnervs)	Chorda tympani
31	Trommelfellspanner	M. tensor tympani
32	Gaumensegelheber	M. levator veli palatini
33	Gaumensegelspanner	M. tensor veli palatini
34	Haken des Flügelfortsatzes des Keilbeins	Hamulus pterygoideus
35	Stellknorpel-Kehldeckel-Falte	Plica ary-epiglottica
36	Griffelfortsatz-Rachen-Muskel	M. stylopharyngeus
37	Zweibäuchiger Muskel	M. digastricus
38	Zäpfchenmuskel	M. uvulae
39	Innerer Flügelmuskel	M. pterygoideus medialis
40	Schleimhautfalte über dem Kehlkopfnerv	Plica nervi laryngei
41	Schleimhauthöckerchen über dem Keilknorpel	Tuberculum corniculatum
42	Schleimhauthöckerchen über dem Spitzenknorpel	Tuberculum cuneiforme

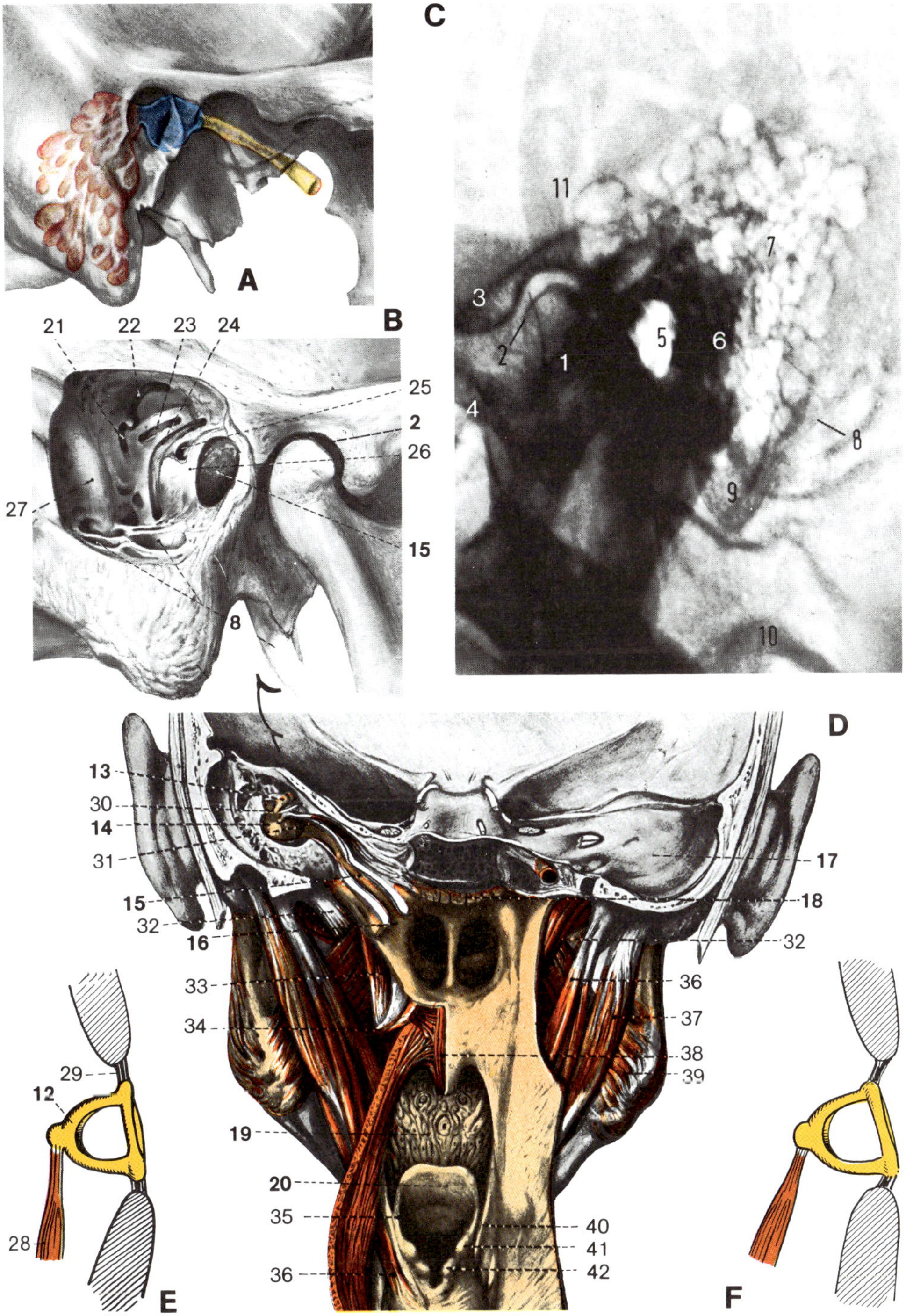
A
B
C
D
E
F
21
22
23
24
25
2
26
27
15
8
1
3
4
5
6
7
9
10
11
13
30
14
31
32
16
33
34
19
20
35
36
17
18
37
38
39
40
41
42
12
28
29

Innenohr

A Lage des Hör- und Gleichgewichtsorgans im Felsenbein. Das Hörorgan ist die Schnecke. Das Gleichgewichtsorgan besteht aus den beiden Vorhofsäckchen (Lageempfindung) und den drei Bogengängen (Beschleunigungsempfindung). Ein Teil des Felsenbeins ist abgemeißelt.

B Übersicht über die Weichteile des Innenohrs („häutiges Labyrinth", etwa 6fache Vergrößerung).

C + D Rasterelektronenmikroskopische Bilder der 4 Reihen von Haarzellen im Corti-Organ des Innenohrs (➥ S. 425, D). Vergrößerung C 1600fach, D 2300fach (Ausschnitt ➥ S. 29, G).

C

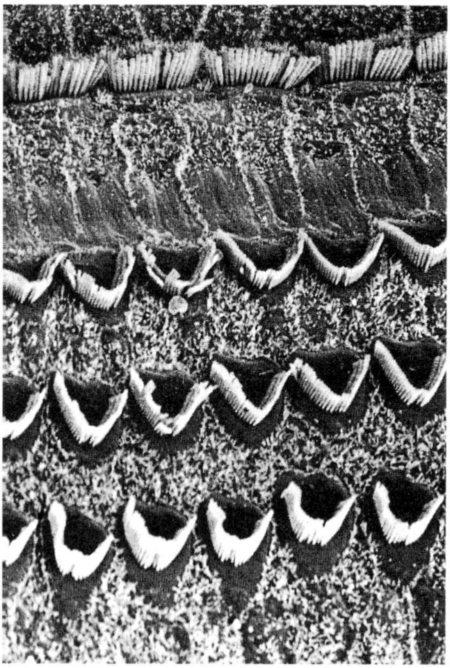

D

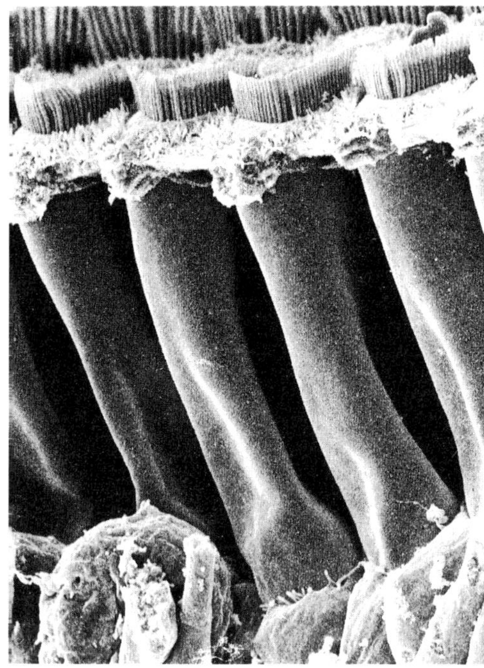

1	Felsenbein (Teil des Schläfenbeins)	Pars petrosa; Os temporale
2	Schnecke (Hörorgan)	Cochlea
3	Vorderer Bogengang	Ductus semicircularis anterior
4	Seitlicher Bogengang	Ductus semicircularis lateralis
5	Hinterer Bogengang	Ductus semicircularis posterior
6	Hör- und Gleichgewichtsnerv (achter Hirnnerv)	N. vestibulocochlearis
7	Gesichtsnerv (siebenter Hirnnerv)	N. facialis (intermediofacialis)
8	Vorhofsäckchen	Utriculus + Sacculus
9	Sattellehne (Rückwand des Türkensattels)	Dorsum sellae
10	Innere Kopfschlagader	A. carotis interna
11	Zünglein des Keilbeins	Lingula sphenoidalis
12	Großer Felsenbeinnerv	N. petrosus major
13	Knieganglion des Gesichtsnervs	Ganglion geniculi (geniculatum)
14	Paukenhöhlendach	Tegmen tympani
15	Hörnerv	N. cochlearis
16	Gleichgewichtsnerv	N. vestibularis
17	Labyrinthschlagader	A. labyrinthi (labyrinthina)
18	Endolymphgang	Ductus endolymphaticus
19	Endolymphsack (zum Druckausgleich)	Saccus endolymphaticus
20	Drosselloch	Foramen jugulare
21	Häutiger Schneckengang	Ductus cochlearis

A

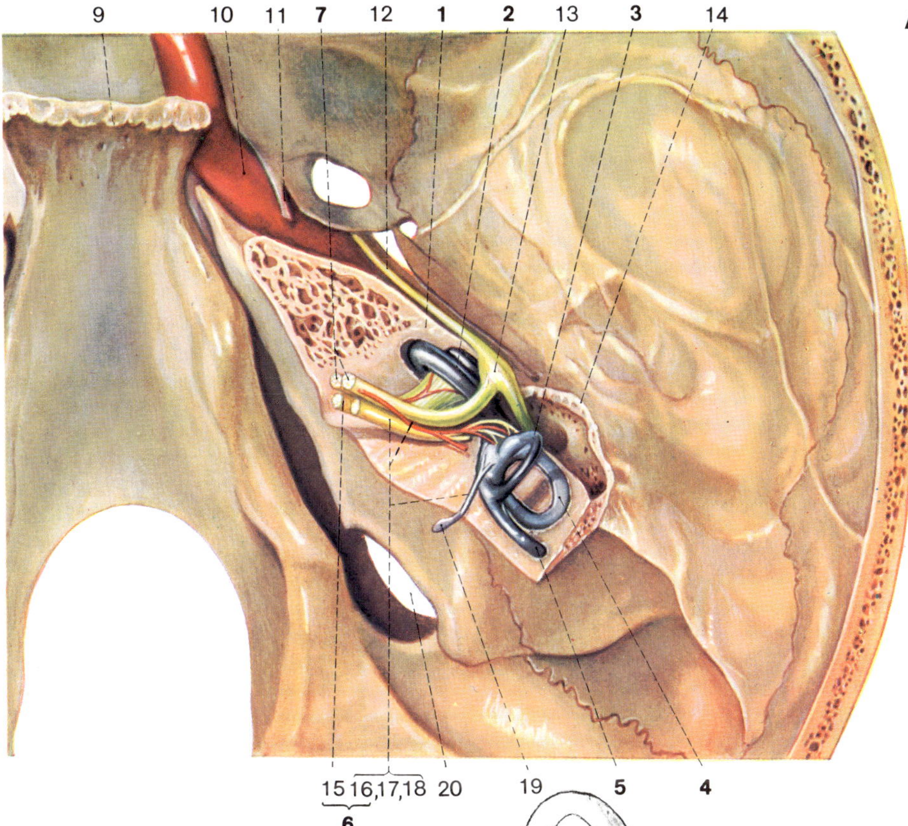

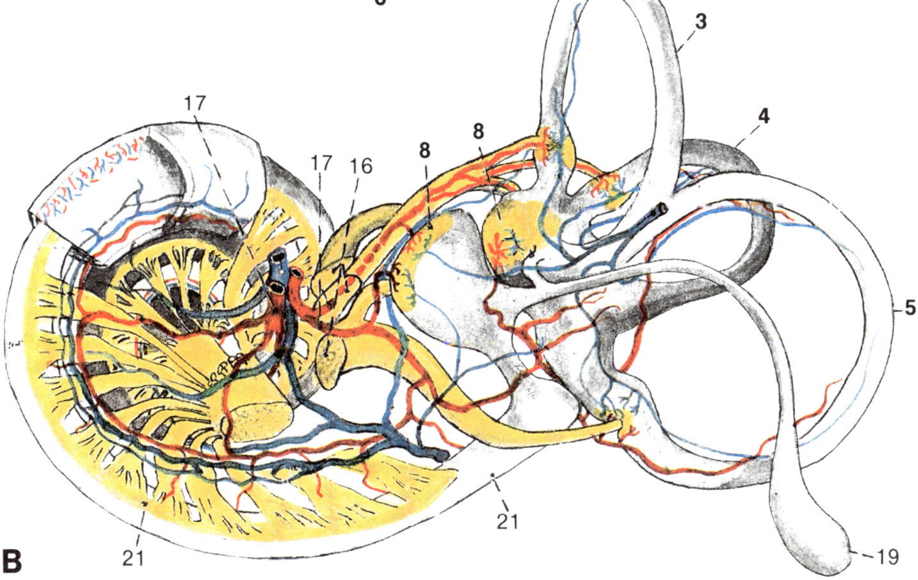

B

Gleichgewichtsorgan

- 3 Bogengänge: Sinnesorgane der Beschleunigungsempfindung
- 2 Vorhofsäckchen: Sinnesorgane der Lageempfindung.

Das Arbeitsprinzip der **Bogengänge** (Abb. B-E) ist sehr einfach: In den erweiterten Teilen der Bogengänge liegen die Sinneskämme mit den Gallertkuppeln. Das ganze Gangsystem ist mit Flüssigkeit („Endolymphe") gefüllt. Flüssigkeiten bleiben aufgrund ihrer Trägheit bei Bewegungen des Gefäßes zunächst in der Bewegung zurück. Wenn man eine gefüllte Kaffeetasse ruckartig zur Seite schiebt, so fließt der Kaffee auf der der Bewegung abgewandten Seite der Tasse über: Er kommt nicht so schnell mit. Ähnlich ist es in den Bogengängen: Hier drückt die zurückbleibende Flüssigkeit gegen die Gallertkuppel des Sinneskamms und biegt diese entgegen der Bewegung des Kopfes ab. Das Ausmaß der Ablenkung der Gallertkuppel entspricht der Stärke der Beschleunigung.

- Das Sinnesorgan spricht nicht auf die Bewegung als solche, sondern nur auf die Geschwindigkeitsänderung (Beschleunigung oder Verzögerung) an. Bei sehr langsamem Anfahren eines Zuges kann z.B. die Reizschwelle nicht erreicht werden. Wir sehen die Bewegung, glauben aber, der Zug am Nachbargeleise führe.
- Die drei Bogengänge stehen rechtwinklig zueinander entsprechend den drei Dimensionen des Raums. Das Gehirn erhält Informationen der Sinneskämme von ingesamt sechs Bogengängen. Es ermittelt daraus die Richtung der Bewegung.

Bei den **Vorhofsäckchen** (Abb. F + G) sind die Sinneshaare in eine Gallertschicht eingebettet. Auf ihr liegen Kalkkörnchen. Diese drücken entsprechend der Schwerkraft auf die Sinneshaare und erregen so die Sinneszellen. Von den beiden Vorhofsäckchen jeder Körperseite steht das eine horizontal, das andere vertikal. Dadurch werden bei jeder Lageänderung des Kopfes die Sinneshaare andersartig beansprucht.

A Schema der *Basilarmembran* in der Schnecke mit Angabe der zugehörigen Tonhöhen (in Hertz). Ursprünglich hatte man angenommen, daß die Basilarmembran aus einzelnen Saiten verschiedener Länge und Dicke aufgebaut wäre. Sie sollten jeweils bei einem ganz bestimmten Ton mitschwingen. Diese „Resonanztheorie" ist inzwischen verlassen worden. Aus der Untersuchung der Schnecken von Gehörgestörten weiß man, daß die hohen Töne in der Basis der Schnecke, nahe dem ovalen Fenster, gehört werden und die tiefen Töne in der Schneckenkuppel. Ein Aufbau der Basilarmembran aus einzelnen Saiten konnte jedoch nicht gefunden werden. Nach der heute gültigen Wanderwellentheorie laufen die Schallwellen je nach Tonhöhe mit unterschiedlicher Geschwindigkeit durch die Schnecke. Die Wellengeschwindigkeit für hohe Töne ist sehr viel höher als für niedere. Die Geschwindigkeit hängt auch von der Kanaltiefe ab. Die Welle „brandet" an einer bestimmten Stelle der Basilarmembran. Allerdings handelt es sich dabei nicht um eng begrenzte Bereiche. Bei mittleren Tonhöhen schwingt etwa ein Drittel der ganzen Basilarmembran.

B Gleichgewichtsorgan.

C-E Schemata vom Bau der Sinneskämme in den Bogengängen.

F Feinbau eines *Vorhofsäckchens* (350fache Vergrößerung).

G Kalkkörnchen aus der Gallertschicht eines Vorhofsäckchens im rasterelektronenmikroskopischen Bild (Vergrößerung 9800fach).

H Mikroskopisches Schnittbild der Ohrtrompete (Vergrößerung etwa 10fach).

1	Basilarmembran	Lamina basilaris
2	Vorderer Bogengang	Ductus semicircularis anterior
3	Seitlicher Bogengang	Ductus semicircularis lateralis
4	Hinterer Bogengang	Ductus semicircularis posterior
5	Vorhofsäckchen	Utriculus
6	Knöchernes Spiralblatt (zwischen Vorhof- und Paukentreppe)	Lamina spiralis ossea
7	Erweiterung (Ampulle) des Bogengangs	Ampulla membranacea
8	Sinneskamm	Crista ampullaris
9	Gallertkuppel	Cupula gelatinosa
10	Gleichgewichtszellen („Haarzellen")	Cellulae sensoriae pilosae
11	Haargefäße (Kapillaren)	Vasa capillaria
12	Nervenfasern	Neurofibrae
13	Ohrtrompetenknorpel	Cartilago tubae auditoriae
14	Membranöse Wand der Ohrtrompete	Lamina membranacea
15	Lichtung	[Lumen]
16	Schleimhaut	Tunica mucosa
17	Ohrtrompetendrüsen	Glandulae tubariae
18	Ohrtrompetenmandel	Tonsilla tubaria

A

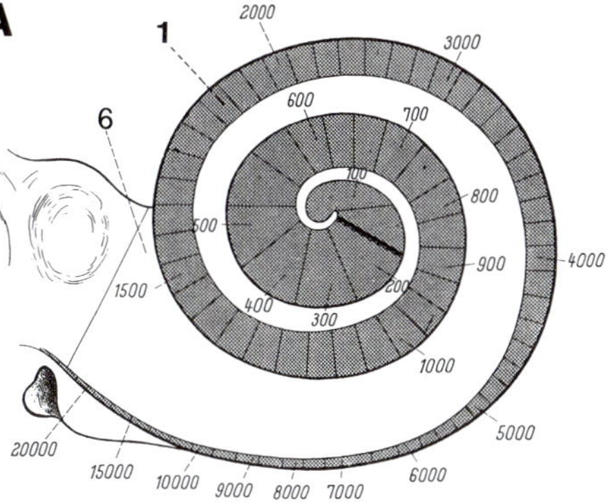
1
2000
3000
6
600
700
100
800
500
900
4000
1500
200
400
300
1000
5000
20000
15000
10000
9000
8000
7000
6000

B

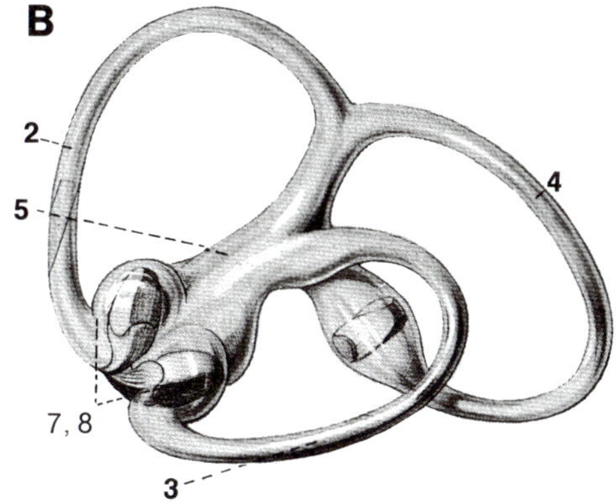
2
4
5
7, 8
3

C

D

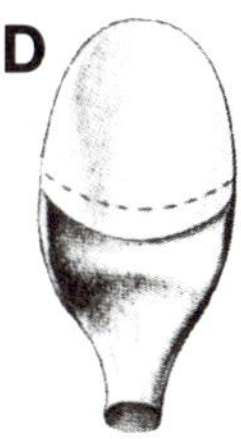

E

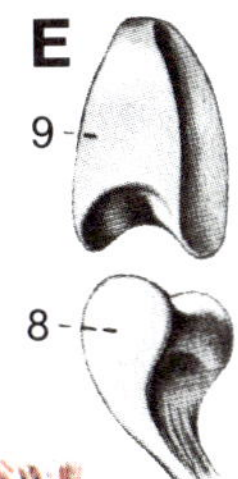
9
8

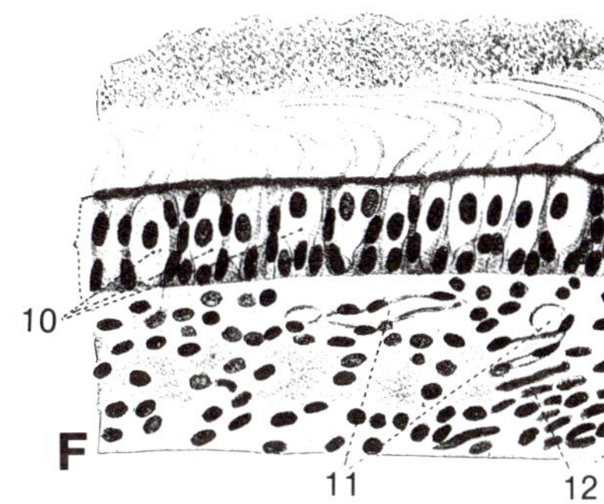
10
11
12

F

G

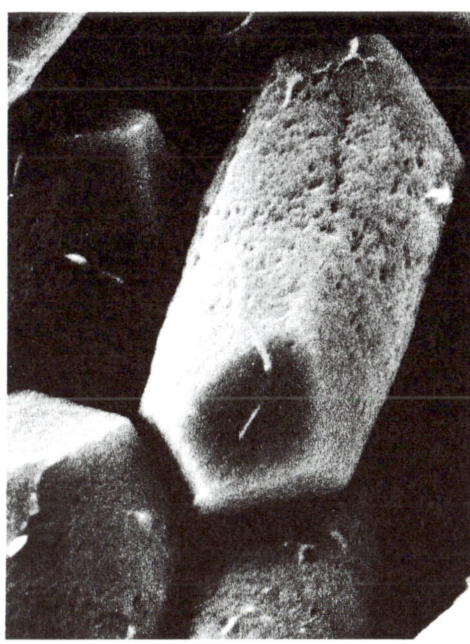

H

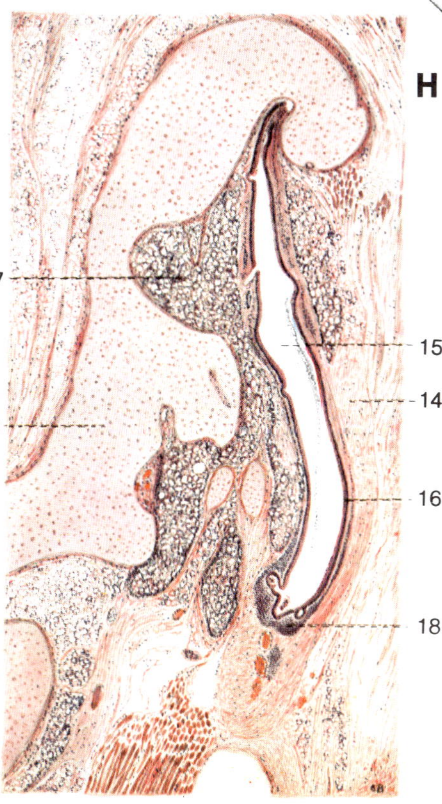
17
15
14
13
16
18

Innenohr

- Knöchernes Labyrinth: Kanalsystem im Felsenbein (Teil des Schläfenbeins)
- Häutiges Labyrinth: Schläuche in den Kanälen des knöchernen Labyrinths mit 2 getrennten Flüssigkeitsräumen: Perilymphe + Endolymphe

Das Innenohr wird wegen seines komplizierten Kanalsystems auch als „Labyrinth" bezeichnet. Es ist in zwei Bereiche zu gliedern:
• *Schneckenlabyrinth*: mit dem eigentlichen Hörorgan (Spiralorgan = Corti-Organ),
• *Vorhoflabyrinth*: mit den Vorhofsäcken und Bogengängen des Gleichgewichtsorgans.

- Die Basilarmembran ist die schwingende Saite an der Grenze von Perilymphraum und Endolymphraum in der Schnecke
- Ihr liegt das eigentliche Hörorgan (Spiralorgan = Corti-Organ) an

A Knöchernes Labyrinth (Vergrößerung etwa 7fach). Die knöcherne Wand des Kanalsystems besteht aus besonders dichtem Knochen und kann durch Abtragen des locker gebauten Knochens der Umgebung freigelegt werden. Beim abgebildeten Präparat ist die Schnecke aufgefeilt worden. Man beachte, daß die spiralige Knochenlamelle gegen die Schneckenkuppel zu immer kürzer wird. Entsprechend wird die Basilarmembran immer länger! *Achsenschnitt durch die Schnecke* ➥ *S. 417, A.*

B Schnitt durch einen knöchernen Schneckengang bei etwa 30facher Vergrößerung. Durch zwei Membranen wird der Endolymphraum (der häutige Schneckengang) vom Perilymphraum (Vorhof- und Paukentreppe) abgegrenzt.

C Bau des häutigen Schneckengangs mit dem Spiralorgan (Vergrößerung etwa 60fach).

D Spiralorgan im Innenohr: mikroskopischer Bau (300fache Vergrößerung). Durch die Bewegungen der Steigbügelplatte wird die Perilymphe im Vorhof in Schwingungen versetzt. Diese übertragen sich auf die Basilarmembran und damit auf die Endolymphe im Schneckengang. Dabei wird Flüssigkeit zwischen der Deckmembran und dem Corti-Organ verschoben. Vermutlich werden die Sinneshaare der Sinneszellen durch den Flüssigkeitsstrom bewegt und so die Sinneszellen erregt. Am Spiralorgan werden zahlreiche Zellarten unterschieden. Ihre Aufgaben sind z.T. noch nicht geklärt. In der Abbildung sind daher nur „Hörzellen" und „Stützzellen" besonders bezeichnet (Hörzellen und Hörnerv gelb).

E Foto des aus dem Felsenbein herausgefrästen knöchernen Vorhof- und Schneckenlabyrinths (Vergrößerung etwa 3fach).

1	Schnecke	Cochlea
2	Knöcherner Schneckengang	Canalis spiralis cochleae
3	Vorhoftreppe	Scala vestibuli
4	Paukentreppe	Scala tympani
5	Häutiger Schneckengang	Ductus cochlearis
6	Basilarmembran	Lamina basilaris
7	Spiralorgan (= Corti-Organ)	Organum spirale
8	Knöcherner Kanal des hinteren Bogengangs	Canalis semicircularis posterior
9	Knöchernes Spiralblatt (zwischen Vorhof- und Paukentreppe)	Lamina spiralis ossea
10	Schneckenkuppel	Cupula cochleae
11	Schneckenspindel	Modiolus
12	Schneckenloch (verbindet Vorhof- und Paukentreppe)	Helicotrema
13	Ende des knöchernen Spiralblatts	Hamulus laminae spiralis
14	Gefäßstreifen, der die Endolymphe bildet	Stria vascularis
15	Spiralband der Schnecke	Crista spiralis (Lig. spirale)
16	Ausstrahlung der Basilarmembran	(Lamina basilaris)
17	Knochenhaut	Periosteum
18	Reißner-Membran (trennt Schneckengang und Vorhoftreppe)	Paries vestibularis ductus cochlearis (Membrana vestibularis)
19	Deckmembran	Membrana tectoria (gelatinosa)
20	Vorhoflippe am Rand des knöchernen Spiralblatts	Labium limbi vestibulare
21	Innere Spiralrinne	Sulcus spiralis internus
22	Rand des knöchernen Spiralblatts	Limbus laminae spiralis
23	Nervenknoten des Hörnervs = Spiralganglion (nicht verwechseln mit Spinalganglion!)	Ganglion cochleare (spirale cochleae)
24	Äste der Labyrinthschlagader + Labyrinthvenen	(A. labyrinthi (labyrinthina)) (Vv. labyrinthales (labyrinthinae))
25	Hörzelle	Epitheliocytus sensorius pilosus
26	Stützzelle	Epitheliocytus phalangeus

B

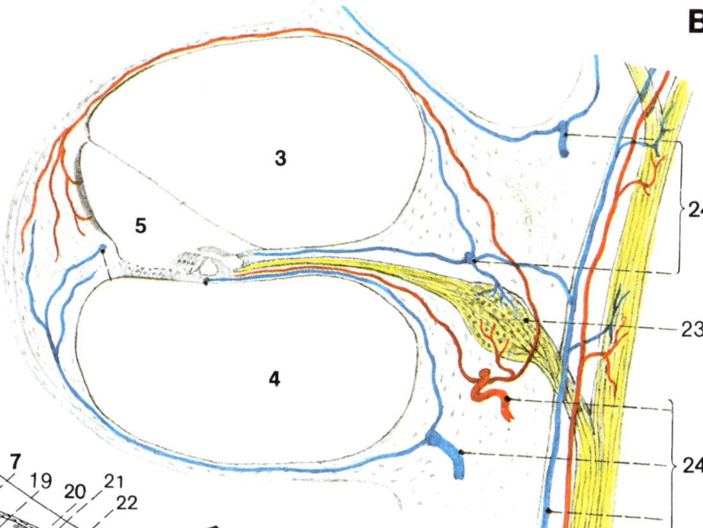
3
5
4
24
23
24

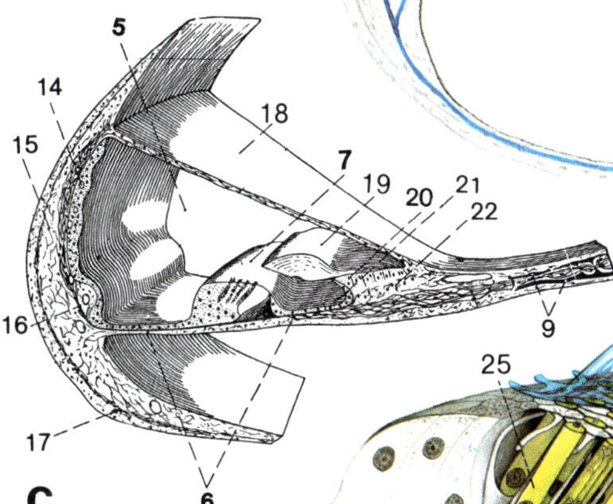
5
14
18
15
7
19
20
21
22
16
9
17
6

C

D

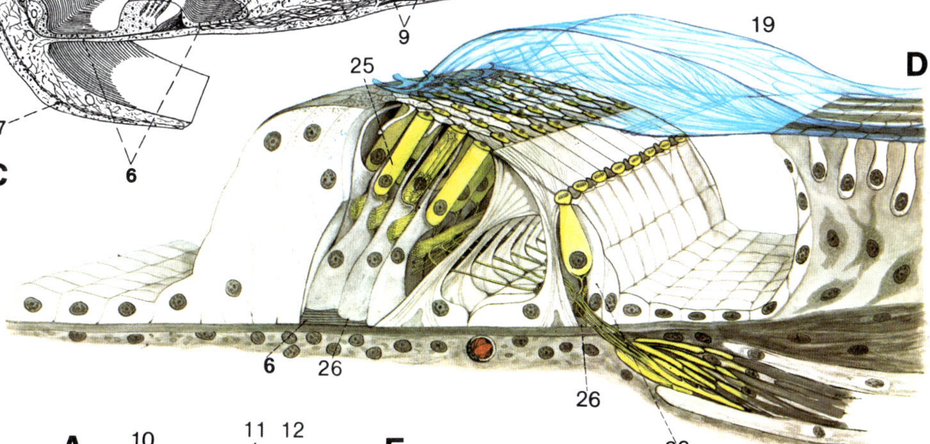
19
25
6
26
26
26

A

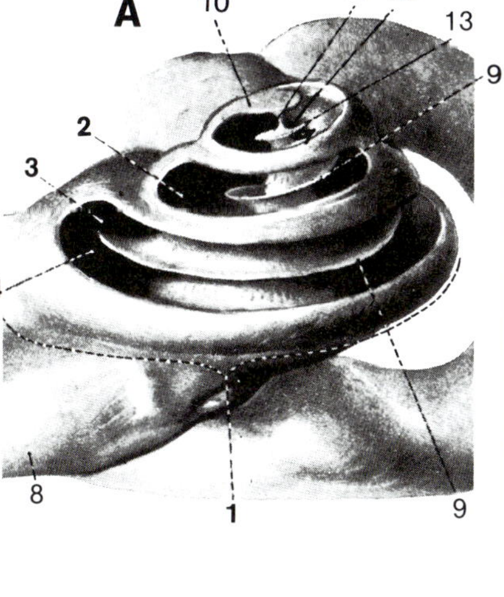
10
11
12
13
9
2
3
4
8
1
9

E

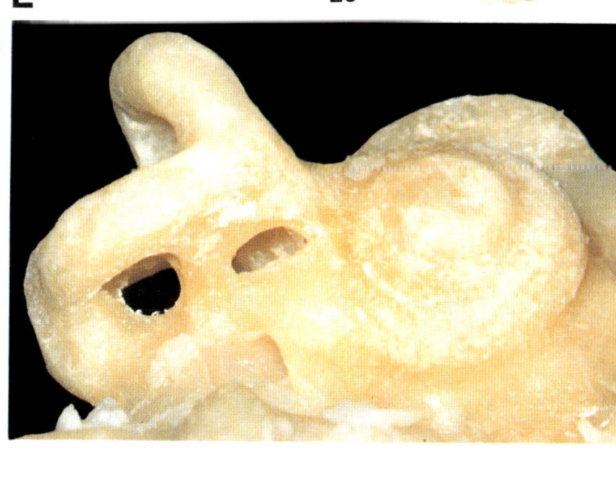

Gliederung des Nervensystems

- *Zentralnervensystem:* Gehirn und Rückenmark
- *peripheres Nervensystem*: Hirn- und Rückenmarknerven
- *autonomes = vegetatives Nervensystem:* Sympathikus, Parasympathikus, intramurales System

Das autonome Nervensystem ist eigentlich kein selbständiger dritter Bereich. Es umfaßt Teile des zentralen und des peripheren Nervensystem. Es steuert innerhalb des Organismus die Tätigkeit der inneren Organe. Die nicht zum autonomen Nervensystem gehörenden Teile des zentralen und peripheren Nervensystems werden auch als „animalisches" Nervensystem zusammengefaßt.

Das Nervensystem wird gewöhnlich mit einem Computer verglichen. Das Zentralnervensystem entspricht dann dem Prozessor + Arbeitsspeicher + Festplatte, in welchen die Daten verarbeitet und gespeichert werden, das periphere Nervensystem vermittelt die Verbindung zu den Eingabe- und Ausgabestationen (den Sinnesorganen und der Muskulatur). Das autonome Nervensystem ähnelt einem inneren Kontrollsystem des Computers.

Graue und weiße Rückenmarksubstanz

- Graue Nervensubstanz: reichlich Zellkörper der Nervenzellen
- Weiße Nervensubstanz: überwiegend Fortsätze (Axonen und Dendriten) von Nervenzellen („Nervenbahnen")

Auf Querschnitten des Rückenmarks (Abb. C-J) sieht man im Innern eine graue „Schmetterlingsfigur", die von einem weißen Mantel umhüllt ist.

• Die Farbe der weißen Substanz rührt von den fettartigen Stoffen in den Markscheiden der Nervenzellfortsätze (➥ S. 68) her. Die weiße Substanz nimmt im Rückenmark von unten nach oben zu: Es lagern sich immer neue Züge von sensiblen Nervenfasern mit Verlauf in Richtung Gehirn an (➥ S. 429, D). Umgekehrt schwenken von oben nach unten immer mehr motorische Nervenfasern zu den Muskeln ab. Das Lendenmark beherbergt also viel weniger Bahnen als das Halsmark.

• Die Ausdehnung der grauen Rückenmarksubstanz wird von der Zahl der Zellen bestimmt, die in dem entsprechenden Segment benötigt werden. Die graue Substanz ist besonders ausgedehnt im unteren Halsabschnitt, im unteren Lenden- und im oberen Kreuzbeinabschnitt, weil hier die Nervenzellkörper für die Arme und Beine liegen.

A Rückenmark im Wirbelkanal. Die Wirbelbogen und die hinteren Abschnitte der harten Rückenmarkhaut („Durasack", ➥ S. 433, A) und der Spinnwebenhaut sind stufenweise von oben nach unten weggenommen.

B Schema der Segmentanordnung von Rückenmark und Wirbelsäule (Halsmark rosa, Brustmark blau, Lenden- und Kreuzbeinmark schwarz, Steißmark rot). In der embryonalen Entwicklung jedes Menschen wird zuerst das Rückenmark mit seinen Nerven angelegt. Erst später bildet sich die Wirbelsäule um das Rückenmark herum aus. Die Wirbelsäule wächst in der Folgezeit etwas rascher als das Rückenmark. Sie schiebt sich so allmählich am Rückenmark vorbei. Während in der frühen Embryonalzeit das Rückenmark noch den ganzen Wirbelkanal ausfüllt, endet es beim Erwachsenen etwa auf Höhe des zweiten Lendenwirbels. Die Rückenmarknerven müssen aber in den zu dem betreffenden Segment gehörenden Zwischenwirbellöchern verbleiben. Deshalb hat dieser „Aufstieg" des Rückenmarks zur Folge, daß die Nervenwurzeln im Wirbelkanal vom Rückenmarksegment zum entsprechenden Wirbelsegment absteigen.

C-J Schemata von Querschnitten des Rückenmarks auf verschiedenen Höhen bei etwa dreifacher Vergrößerung. Graue Rückenmarksubstanz blau, weiße Rückenmarksubstanz gelb.

C Erstes Halssegment (C_1).
D Viertes Halssegment (C_4).
E Siebentes Halssegment (C_7).
F Zweites Brustsegment (Th_2).
G Zwölftes Brustsegment (Th_{12}).
H Fünftes Lendensegment (L_5).
I Erstes Kreuzbeinsegment (S_1).
J Viertes Kreuzbeinsegment (S_4).

I - XII	Wirbel	Vertebrae
1 - 12	Segmente des Rückenmarks	Segmenta medullae spinalis
13	Harte Rückenmarkhaut („Dura")	Dura mater spinalis
14	Wirbelbogen (abgesägt)	Arcus vertebrae (vertebralis)
15	Spinnwebenhaut des Rückenmarks	Arachnoidea mater spinalis
16	Äußerer Zwischenrippenmuskel	M. intercostalis externus
17	Hintere Zwischenrippenschlagader + -vene	A. + V. intercostalis posterior
18	Zwischenrippennerv	N. intercostalis
19	Spinalganglion (Nervenknoten neben dem Rückenmark)	Ganglion spinale (sensorium)
20	Innere Brustkorbfaszie	Fascia endothoracica
21	Rückenmark	Medulla spinalis
22	Hintere (sensible) Wurzel (des Rückenmarknervs)	Radix posterior (sensoria)

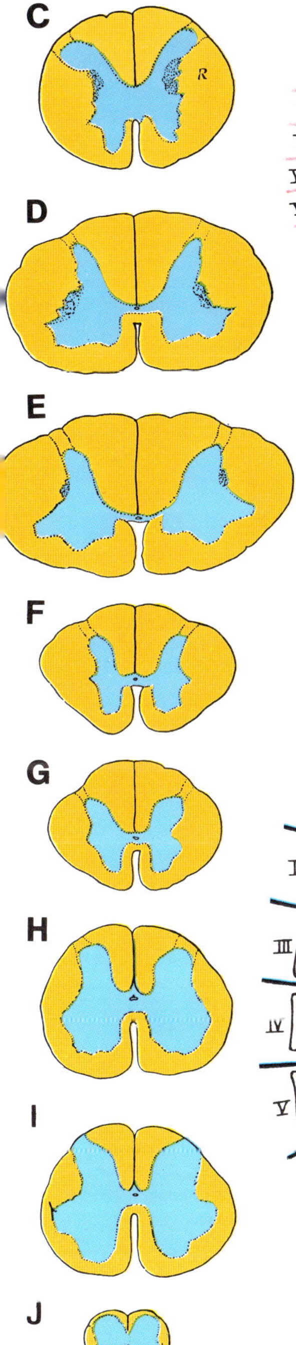
C
R
D
E
F
G
H
I
J

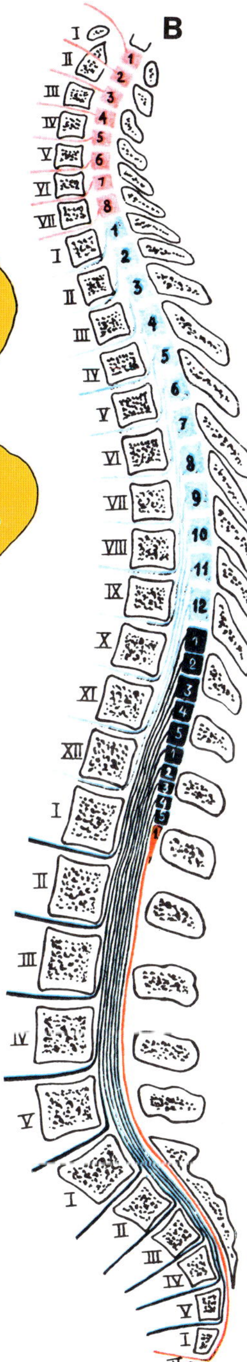
B

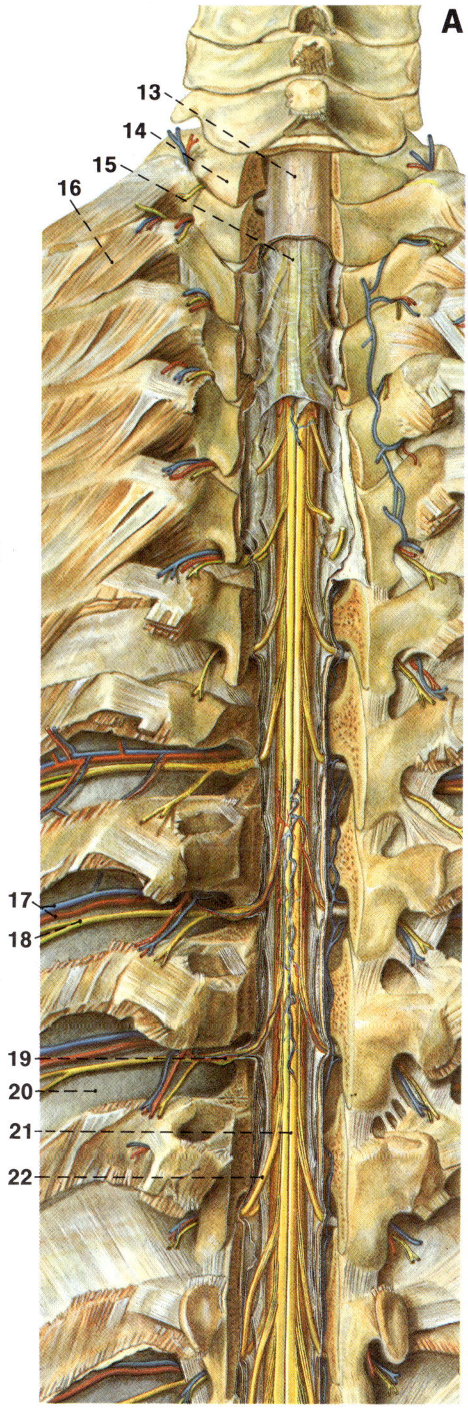
A
13
14
15
16
17
18
19
20
21
22

Nervenbahnen der weißen Rückenmarksubstanz

- aufsteigende Bahnen: Sensibilität
- absteigende Bahnen: Motorik

A + B Schemata (stark vereinfacht) vom Bau des Rückenmarks mit Reflexbogen (vgl. ➥ S. 430).
C Schema wichtiger Bahnen und Schaltstellen des Rückenmarks und der Rückenmarknerven. Die Pfeile geben die Leitungsrichtung der Bahnen an.
• Rot = motorische Nervenfasern zu den Muskeln in der vorderen Wurzel und im Rückenmarknerv.
• Hellblau = sensible Nervenfasern (von den Sinnesorganen der Oberflächen- und Tiefensensibilität) im Rückenmarknerv, im Spinalganglion und in der hinteren Wurzel. Hellblaue Pfeile = Hinterstrangbahnen (Tastempfindung). Schwarzblaue Pfeile = sensible Seitenstrangbahnen (Schmerz-, Temperatur- und Berührungsempfindung).
• Dunkelbraun = Bahnen vom Rückenmark zum Kleinhirn.
• Hellbraun = motorische Bahnen vom Gehirn zum Rückenmark.
D Schema der sensiblen Hinterstrangbahnen (Tastempfindung).
E Schema der sensiblen Bahnen für Schmerz-, Temperatur- und Berührungsempfindung.
F Ausfallserscheinungen bei einer halbseitigen *Querschnittverletzung* des Rückenmarks in der Mitte des Brustbereichs rechts. Da die einzelnen Bahnen auf verschiedener Höhe zur Gegenseite kreuzen, sind nicht alle Symptome auf der Seite der Verletzung. Die Schraffuren im Bild bedeuten:
a) Ausfall der Schmerz- und Temperaturempfindung: Die Bahnen kreuzen erst im Rückenmark, so daß der Ausfall auf der gesunden Seite liegt.
b) Muskellähmung: Die motorischen Bahnen kreuzen überwiegend im Hirnstamm, folglich sind die Muskeln auf der Seite der Verletzung gelähmt.
c) Ausfall der Tiefensensibilität (Lage- und Bewegungsempfindung).
d) überempfindlicher Bereich.
e) Ausfall aller Empfindungsqualitäten: Die Bahnen der Berührungsempfindung kreuzen z.T. ober- z.T. unterhalb, deshalb ist diese auf beiden Seiten geschwächt, aber nur im unmittelbar zerstörten Bereich vollständig aufgehoben.
G Lage des Rückenmarks im Wirbelkanal. Das Rückenmark „schwimmt" im Hirnwasser (Gehirn-Rückenmark-Flüssigkeit, „Liquor"). Es ist an den abgehenden Nerven und am Gehirn aufgehängt. Die harte Rückenmarkhaut („Dura") und die Knochenhaut sind gelb eingetragen.
H *Bandscheibenvorfall.* Er kommt fast nur an den unteren 3 Lendenzwischenwirbelscheiben vor. Bricht der Gallertkern rückwärts durch, so werden die Wurzeln der Nerven zum Bein (Pferdeschweif des Rückenmarks) gequetscht. Erfolgt der Durchbruch zur Seite, so trifft er den Rückenmarknerv im Zwischenwirbelloch.

1	Weiße Rückenmarksubstanz	Substantia alba
2	Graue Rückenmarksubstanz	Substantia grisea
3	Vorderhorn (der grauen Rückenmarksubstanz)	Cornu anterius
4	Hinterhorn (der grauen Rückenmarksubstanz)	Cornu posterius
5	Vordere Wurzel (des Rückenmarknervs)	Radix anterior (motoria)
6	Hintere Wurzel (des Rückenmarknervs)	Radix posterior (sensoria)
7	Spinalganglion (Nervenknoten neben dem Rückenmark)	Ganglion spinale (sensorium)
8	Rückenmarknerv	N. spinalis
9	Großhirnrinde	Cortex cerebralis (Pallium)
10	Quergestreifte Muskelfasern	Myofibrae
11	Oberhaut	Epidermis
12	Harte Rückenmarkhaut („Dura")	Dura mater spinalis
13	Spinnwebenhaut des Rückenmarks („Arachnoidea")	Arachnoidea mater spinalis
14	Weiche Rückenmarkhaut („Pia")	Pia mater spinalis
15	Epiduralraum (zwischen den 2 Durablättern)	Spatium epidurale (peridurale)
16	Hirnwasserraum (Subarachnoidealraum)	Spatium subarachnoideum
17	Dornfortsatz	Processus spinosus
18	Nervenzellkörper (um den Zellkern gelegen)	Corpus neurale
19	Innere Hinterstrangbahn (Goll-Strang)	Fasciculus gracilis
20	Äußere Hinterstrangbahn (Burdach-Strang)	Fasciculus cuneatus
21	Bahn der Schmerz- und Temperaturempfindung	Tractus spinothalamicus lateralis
22	Innere Schleife	Lemniscus medialis
23	Sehhügel (Teil des Zwischenhirns)	Thalamus
24	Gezähntes Band (der weichen Rückenmarkhaut)	Lig. denticulatum
25	Rückenmarknerv, hinterer Ast	N. spinalis, R. posterior
26	Rückenmarknerv, vorderer Ast	N. spinalis, R. anterior
27	Rückenmarknerv, Verbindungsast zum Grenzstrang	N. spinalis, R. communicans
28	Übergang der harten Rückenmarkheut in die Nervenscheide	Dura mater spinalis; Epineurium
29	Knochenhaut (des Wirbelkanals)	Periosteum

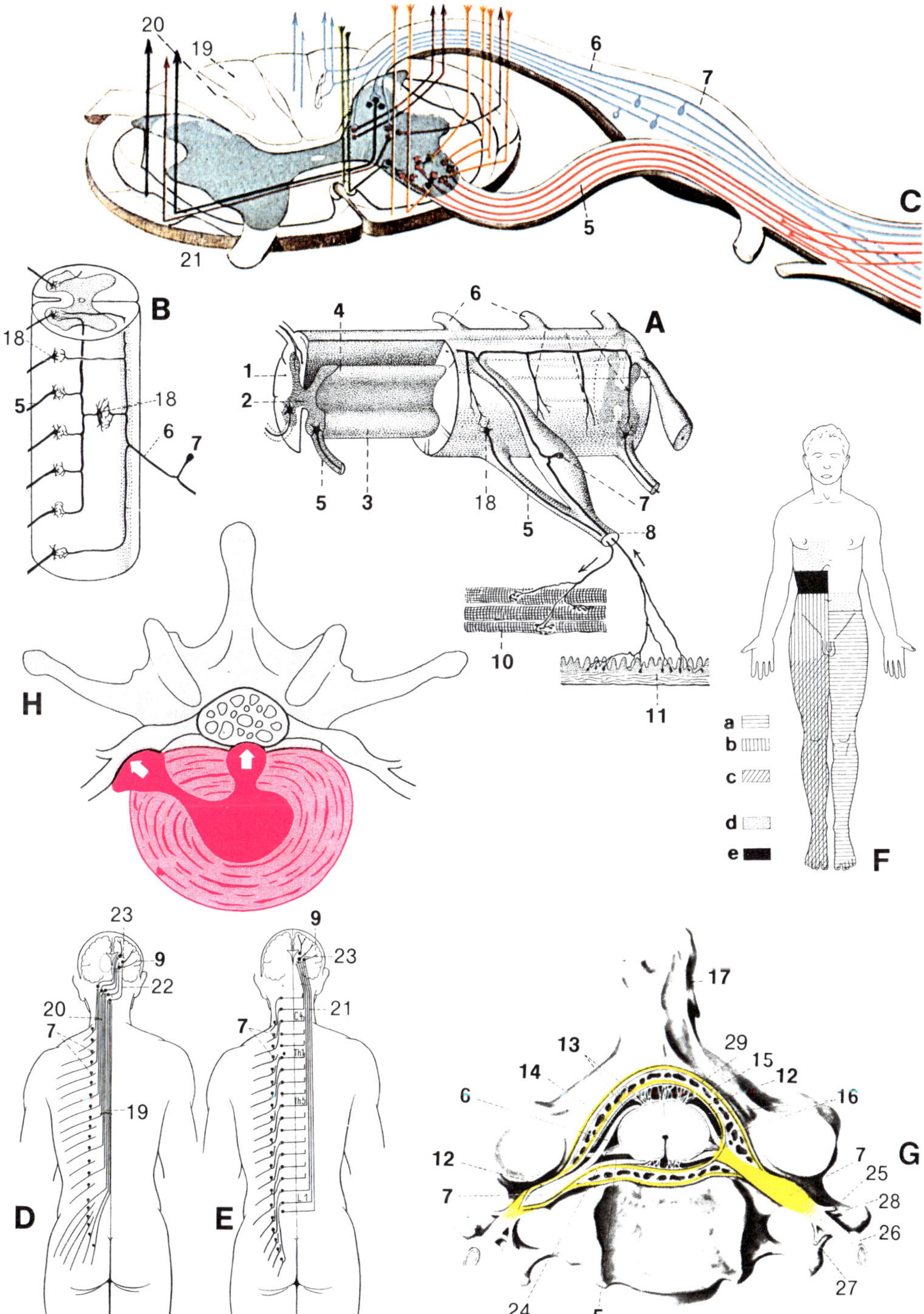
20
19
6
7
C
5
21
B
18
5
18
6
7
4
6
A
1
2
5
3
18
5
7
8
10
11
a
b
c
d
e
F
H
23
9
22
20
7
19
D
9
23
C4
21
7
Th1
Th5
L1
E
17
13
29
14
15
12
6
16
12
G
7
25
7
28
26
27
24
5

Nervenwurzeln

Jeder Rückenmarknerv hat 2 Wurzeln:
- vordere = motorische Wurzel
- hintere = sensible Wurzel

Die vordere Wurzel des Rückenmarknervs führt „motorische“, die hintere Wurzel „sensible“ Nervenfasern. Alle Impulse vom Rückenmark zu den Muskeln laufen über die vorderen Wurzeln, alle Empfindungen von der Haut oder aus der Tiefe des Körpers über die hinteren Wurzeln.

Reflexe

- Muskeleigenreflex: wenig ermüdbar
- Fremdreflex: rasch ermüdbar

Bei bewußten Reaktionen berichtet das Rückenmark zuerst dem Gehirn. Von dort kommen dann entsprechende „Anweisungen“ zum Rückenmark zurück. Bei den „Reflexen“ wird die Erregung im Rückenmark von der sensiblen Bahn direkt an die motorische weitergegeben:

• Beim Kniesehnenreflex z.B. wird durch den Schlag des Reflexhammers der vierköpfige Oberschenkelmuskel ruckartig gedehnt. Die Muskelspindeln (➥ S. 67, G) melden diese Dehnung dem Rückenmark. Dort veranlassen dann die motorischen Vorderhornzellen die Muskelkontraktion. Jeder Muskel ist mit einem derartigen *Muskeleigenreflex* als Schutzmechanismus ausgestattet. Er läuft häufig innerhalb nur eines Rückenmarksegments ab. Dabei sind zwei Nervenzellen (eine sensible und eine motorische) zusammengeschlossen (eine Kontaktstelle = „monosynaptischer Reflex“).

• Bei den sog. *Fremdreflexen* hingegen wird die Muskelanspannung von der Haut her ausgelöst. Streicht man z.B. über die Bauchhaut, so spannen sich die Bauchmuskeln an („Bauchdeckenreflex“). An den Fremdreflexen sind meist mehrere Nervenzellen beteiligt (mehrere Kontaktstellen = „polysynaptische Reflexe“).

A Querschnitt durch das Rückenmark im unteren Halsbereich (Vergrößerung 8fach).

B Schema der Bahnen und Kerngebiete des Rükkenmarks. Graue Substanz hellgraublau. Sensible Bahnen dunkelblau und violett. Motorische Bahnen rot und orange (hellrot Pyramidenbahnen, orange extrapyramidalmotorische Bahnen). Eigenapparat des Rückenmarks (z.B. für Reflexe) grün.

1 + 2	Graue Rückenmarksubstanz	Substantia grisea
1	Vordersäule = Vorderhorn	Columna anterior, Cornu anterius
2	Hintersäule = Hinterhorn	Columna posterior, Cornu posterius
3 + 4 + 5	Weiße Rückenmarksubstanz	Substantia alba
3	Vorderstrang	Funiculus anterior
4	Seitenstrang	Funiculus lateralis
5	Hinterstrang	Funiculus posterior
6 + 7	Rückenmarknerv	N. spinalis
6	Vordere (motorische) Wurzel	Radix anterior (motoria)
7	Hintere (sensible) Wurzel	Radix posterior (sensoria)
8	Weiche Rückenmarkhaut	Pia mater spinalis
9	Pyramiden-Seitenstrang-Bahn	Tractus corticospinalis (pyramidalis) lateralis
10	Pyramiden-Vorderstrang-Bahn	Tractus corticospinalis (pyramidalis) anterior
11	Sensible Hinterstrangbahnen	Fasciculus gracilis + Fasciculus cuneatus
12	Vordere Mittelspalte (des Rückenmarks)	Fissura mediana anterior
13	Hintere Rückenmarkscheidewand	Septum medianum posterius
14	Zentrale graue Substanz	Substantia (grisea) intermedia centralis
15	Zentralkanal	Canalis centralis
16	Blutgefäße	Vasa sanguinea
17	Netzsubstanz	Formatio reticularis
18	Hintere Kleinhirn-Seitenstrang-Bahn	Tractus spinocerebellaris posterior
19	Vordere Kleinhirn-Seitenstrang-Bahn	Tractus spinocerebellaris anterior
20	Seitliche Rückenmark-Sehhügel-Bahn (Schmerz- und Temperaturempfindung)	Tractus spinothalamicus (lateralis)
21 - 24	Bahnen des extrapyramidalmotorischen Systems	-
21	Bahn vom roten Kern zum Rückenmark	Tractus rubrospinalis
22	Mittelhirndach-Rückenmark-Bahn	Tractus tectospinalis
23	Olivenkern-Rückenmark-Bahn	Tractus olivospinalis
24	Vorhof-Rückenmark-Bahn (von den Kernen des Gleichgewichtsnervs)	Tractus vestibulospinalis
25	Seitensäule = Seitenhorn	Columna lateralis, Cornu laterale
26	Seitenstranggrundbündel	Fasciculi proprii laterales
27	Hinterstranggrundbündel	Fasciculi proprii posteriores
28	Vorderstranggrundbündel	Fasciculi proprii anteriores

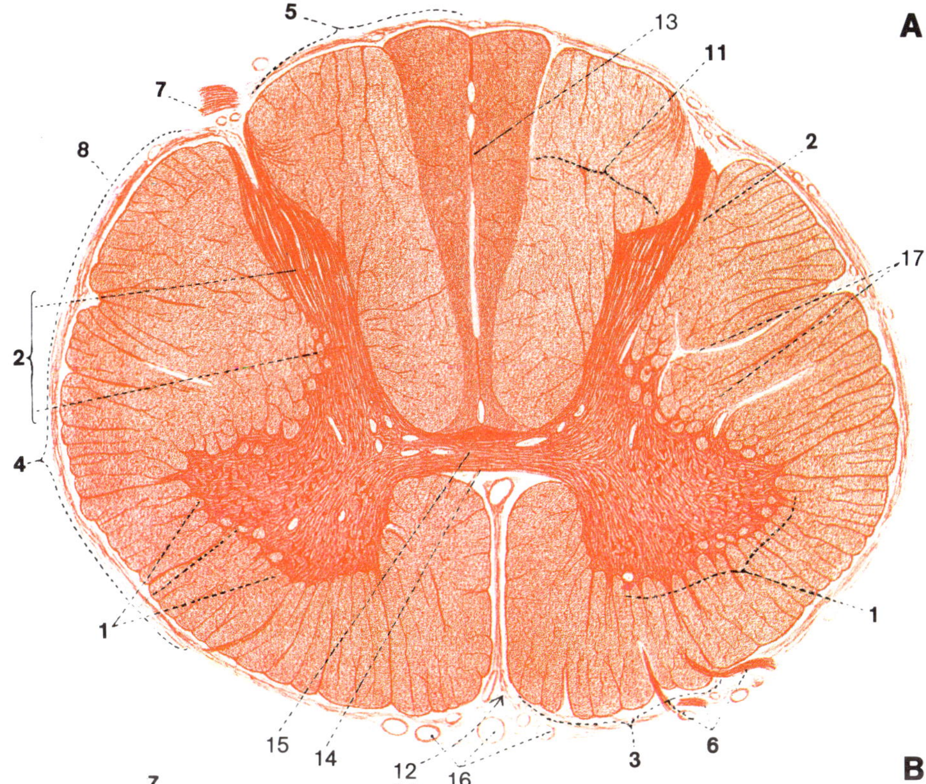
A
5
13
11
7
8
2
17
2
4
1
1
15
14
12
16
3
6

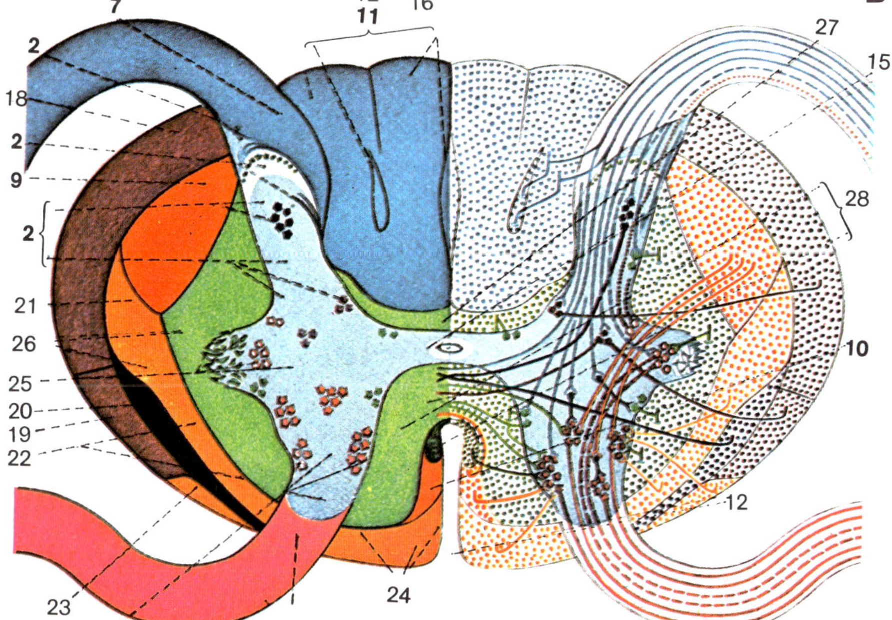
B
7
11
27
2
15
18
2
9
28
2
21
26
10
25
20
19
22
12
23
24
1
6

Wirbelkanal und Rückenmarkhäute

3 Rückenmarkhäute:
- weiche Rückenmarkhaut („Pia"): liegt dem Rückenmark an
- Spinnwebenhaut (Arachnoidea): sehr zart
- harte Rückenmarkhaut („Dura"): bildet derben „Sack" um Spinnwebenhaut

Den besten Eindruck von den drei Rückenmarkhäuten und den drei sie umgebenden Räumen erhält man durch Vergleich der Abb. S. 427, A, 429, G, und 433, A. Ähnlich wie das Rückenmark ist auch das Gehirn von drei Hirnhäuten und drei Räumen umgeben (➥ z.B. S. 449, A-C). Über das Hirnwasser ➥ S. 448.

3 Räume im Wirbelkanal:
- Hirnwasserraum (Subarachnoidealraum = Liquorraum): zwischen Pia und Spinnwebenhaut, enthält das Hirnwasser
- Subduralraum: zwischen Spinnwebenhaut und Dura, nur Spalt
- Epiduralraum (Periduralraum): zwischen Dura und Knochenhaut des Wirbelkanals, enthält Venengeflecht

A Wirbelkanal. Die Wirbelbogen sind wie in Abb. A auf S. 427 weggenommen. Der Sack der harten Rückenmarkhaut wurde jedoch nicht eröffnet. Man sieht das Venengeflecht im Epiduralraum und die aus dem Durasack austretenden Wurzeln der Rükkenmarknerven (➥ S. 429, G).

B Projektion der Wirbelsäulen- und Rückenmarksegmente auf den Rücken. Das Rückenmark endet schon auf Höhe des zweiten Lendenwirbels. Der Durasack reicht jedoch bis zum zweiten Kreuzbeinsegment. Er enthält unterhalb des zweiten Lendenwirbels nur noch die von Hirnwasser umspülten Wurzeln der unteren Rückenmarknerven.

C Lendenstich (*Lumbalpunktion*, in der Klinik oft abgekürzt LP). Der Hirnwasserraum reicht bis in den Kreuzbeinkanal, das Rückenmark jedoch nur bis zum zweiten Lendenwirbel. Man kann deshalb im unteren Lendenbereich eine Hohlnadel in den Hirnwasserraum einstechen, ohne das Rückenmark zu gefährden. Man kann dann Hirnwasser zur Untersuchung absaugen oder Medikamente, z.B. ein Betäubungsmittel bei der Spinalanästhesie, in den Hirnwasserraum einspritzen. Die Nadel wird genau in der Körpermittelebene zwischen 2 Dornfortsätzen eingeführt, gewöhnlich oberhalb oder unterhalb des vierten Lendendornfortsatzes. Diesen findet man in der Verbindungslinie der höchsten Punkte der beiden Darmbeinkämme. Der Weg der Nadel führt zuerst mühsam durch das dichte Gewebe der hinteren Bänder der Wirbeläule (➥ S. 93, A). Sobald die Nadelspitze den Epiduralraum erreicht hat, gleitet sie mühelos voran.

Der Lendenstich wird nach Möglichkeit beim sitzenden Patienten vorgenommen, weil der Arzt dabei die Körpermittelebene des Patienten leichter einhalten kann und nicht am Wirbelkanal vorbeisticht. Der Patient muß den Rumpf stark nach vorn krümmen, um die Zwischenräume zwischen den Dornfortsätzen zu erweitern. Gleichzeitig wird hierbei das Venengeflecht im Epiduralraum hinter dem Durasack zusammengepreßt und entleert. Die Hohlnadel wird dann nicht durch Blut verunreinigt (was bei der Untersuchung des Hirnwassers auf eine Blutung in den Hirnwasserraum entscheidend wichtig ist).

D Frontales Computertomogramm (Erläuterung ➥ S. 464) durch den Hirnschädel und die Halswirbelsäule. Man vergleiche mit S. 447, C: Hirnsichel und Kleinhirnzelt sowie die seitlichen Hirnkammern sind leicht zu erkennen. Der Schnitt geht durch das Hinterhauptloch, deshalb sieht man in der unteren Bildhälfte das obere Halsmark im Wirbelkanal.

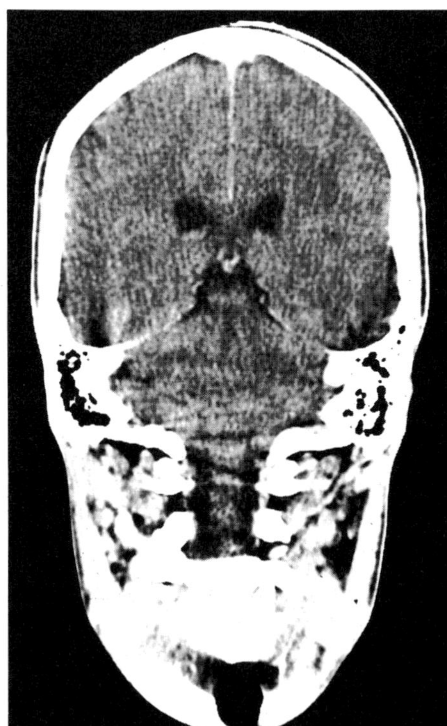

D

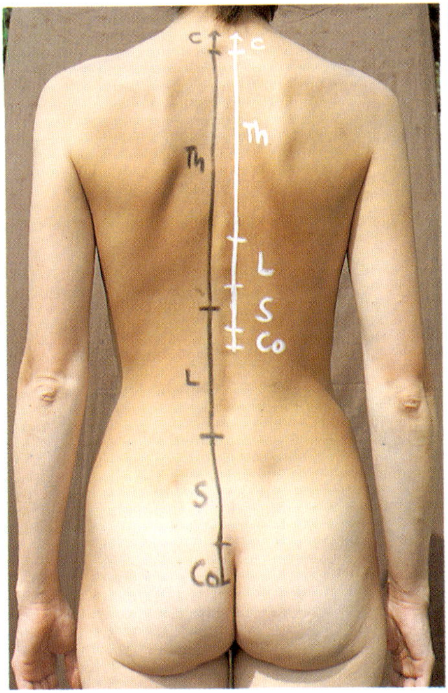

B

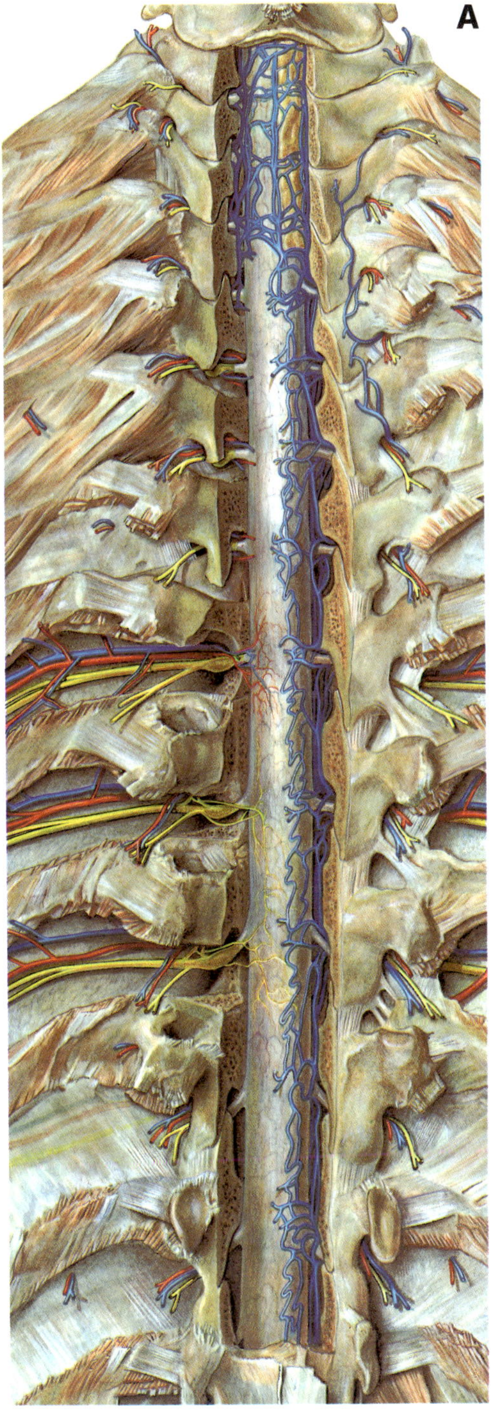
A

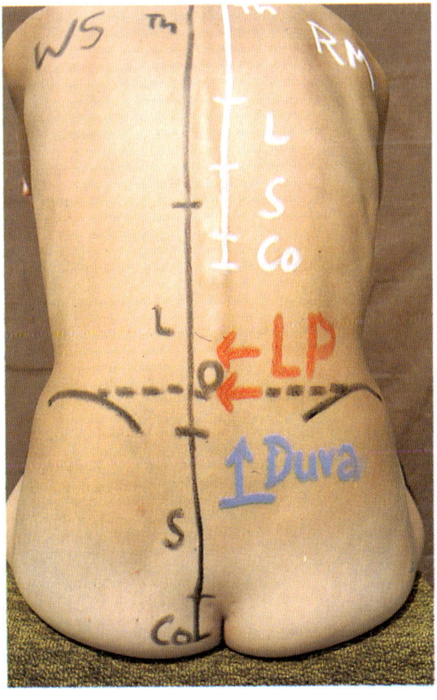

C

Hautbereiche der Rückenmarknerven

- Aus jedem Rückenmarksegment entspringt ein Paar von Rückenmarknerven
- Jeder Rückenmarknerv versorgt einen ganz bestimmten Hautbereich (*Dermatom*)

• Auf der Rückseite des Körpers bilden die Dermatome eine lückenlose Folge. Auf der Vorderseite wurden die Halssegmente 5-8 und das Brustsegment 1 in die Arme hinausverlegt (deshalb der „Segmentsprung" von C_4 nach Th_2 in Abb. E).

• Die Kenntnis der Dermatome ist für die Lokalisation von Erkrankungen im Wirbelkanal wichtig. Gelangt eine Erregung über einen bestimmten Nerv zum Rückenmark, so schließt das Zentralnervensystem, daß die Ursache der Erregung in dem zugehörigen Hautgebiet liegen muß. Daß der Nerv irgendwo in seinem Verlauf und nicht an seinen dafür bestimmten Endorganen erregt wird, kann das Zentralnervensystem nicht beurteilen. Der Schmerz wird in jedem Fall in das zugehörige Hautgebiet „projiziert", auch wenn der Nerv z.B. durch einen Bandscheibenvorfall im Zwischenwirbelloch gequetscht wird. Der Patient hat dann Schmerzen („Ischias") im an sich gesunden Bein. Diese Projektion bleibt selbst dann erhalten, wenn z.B. ein Bein amputiert wird. Man kann dann Schmerzen in dem fehlenden Bein empfinden („Phantomschmerz")!

• Die Dermatome sind nicht scharf gegeneinander abgegrenzt. Sie überlappen sich so weitgehend, daß häufig bei Lähmung eines Nervs noch kein Empfindungsausfall entsteht. Die Begrenzungen der Hautsegmente stimmen bei verschiedenen Menschen nicht völlig überein. Dementsprechend gibt es auch kleine Unterschiede in den Abbildungen verschiedener Bücher.

• Im Bereich des Rumpfes entspricht jedem Dermatom auch ein Hautnerv, d.h. der Rückenmarknerv zieht als Einheit zu seinem Haut- und Muskelgebiet. Im Bereich der Gliedmaßen hingegen überlagern und verschieben sich die Nervengebiete beträchtlich. Die einzelnen Rückenmarknerven bilden zunächst ein Geflecht (Plexus), aus dem dann nach Umordnung der Nervenfasern die in die Peripherie ziehenden Nerven hervorgehen. Die aus den vier großen *Nervengeflechten* (Hals-, Arm-, Lenden- und Kreuzbeinnervengeflecht) entspringenden Nerven führen Fasern aus mehreren Rückenmarksegmenten. Ihre Versorgungsgebiete können daher nicht den Dermatomen entsprechen.

A Überblick über die Rückenmarknerven.
B-E Zuordnung von Hautbereichen zu Segmenten des Rückenmarks.
F Frontales Computertomogramm durch den Hirnschädel und die Halswirbelsäule. Der Schnitt trifft den Zapfen des Drehers (➥ S. 93, F).

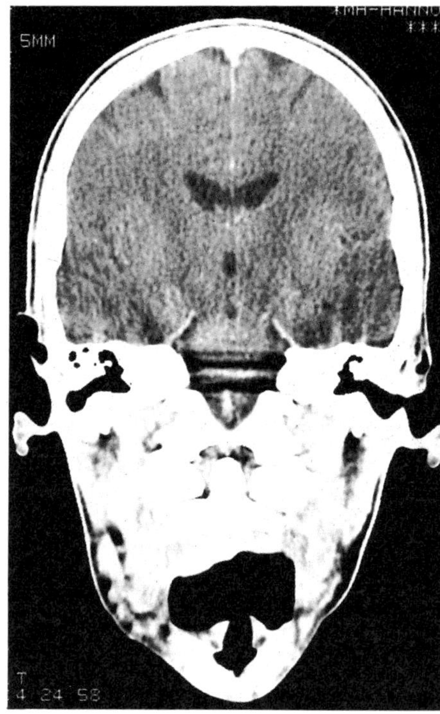

F

1	Großhirn	Cerebrum
2	Kleinhirn	Cerebellum
3	Armnervengeflecht	Plexus brachialis
4	Rückenmark	Medulla spinalis
5	Speichennerv	N. radialis
6	Mittelarmnerv	N. medianus
7	Ellennerv	N. ulnaris
8	Lenden-Kreuzbein-Nervengeflecht	Plexus lumbosacralis
9	Oberschenkelnerv	N. femoralis
10	Ischiasnerv	N. ischiadicus
11	Hautnerven	Nn. cutanei

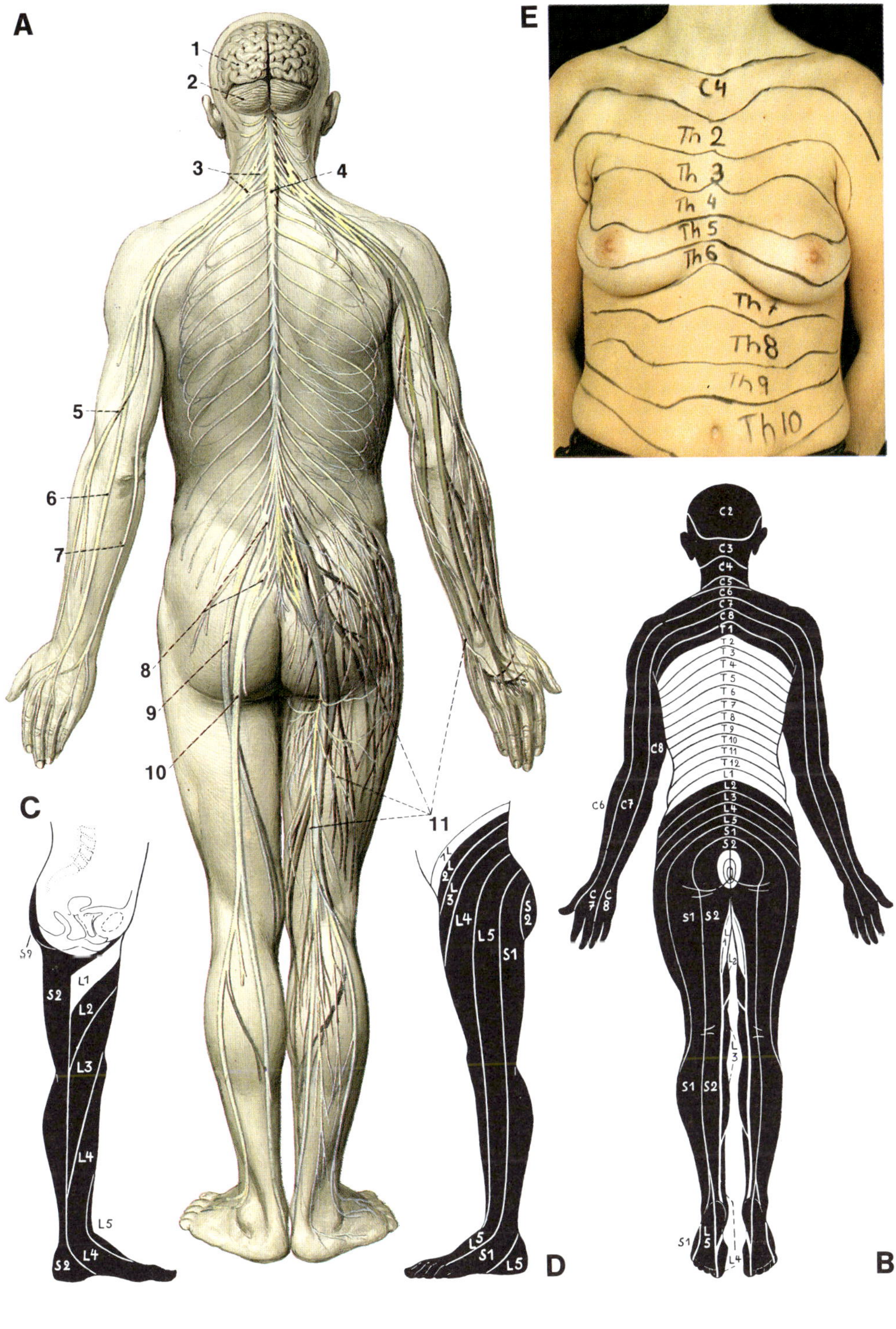
A
1
2
3
4
5
6
7
8
9
10
11
E
C4
Th 2
Th 3
Th 4
Th 5
Th6
Th7
Th8
Th9
Th10
B
C2
C3
C4
C5
C6
C7
C8
T1
T2
T3
T4
T5
T6
T7
T8
T9
T10
T11
T12
L1
L2
L3
L4
L5
S1
S2
C6
C7
C8
C 7
C 8
S1
S2
L 1
L2
L 3
S1
S2
S1
L 5
L4
C
S2
L1
L2
L3
L4
L5
L4
S2
D
L 1
L 2
L 3
L4
L5
S 2
S1
L5
S1
L5

Gehirn und Schädelhöhle

Gehirn + Hirnhäute füllen die Schädelhöhle:
- vordere Schädelgrube: Stirnlappen des Großhirns
- mittlere Schädelgrube: Schläfenlappen des Großhirns
- hintere Schädelgrube: Hirnstamm + Kleinhirn

A Das Gehirn im Schädel. Die linken Hälften des Schädeldachs, der harten Hirnhaut und der Spinnwebenhaut sind weggenommen, um die Lage von Großhirn und Kleinhirn zu zeigen. Die Oberflächen von Groß- und Kleinhirn sind durch Furchen und Windungen gegliedert (Oberflächenvergrößerung). Die Blutgefäße der Großhirnrinde verlaufen an deren Oberfläche (und nicht in der Tiefe wie bei den meisten inneren Organen).
B Linke Großhirnhälfte, von außen betrachtet. Die Lappen des Großhirns sind durch verschiedene Farben gekennzeichnet: Stirnlappen violett, Scheitellappen blau, Schläfenlappen gelbgrün, Hinterhauptlappen dunkelgrün.
C Frontales Computertomogramm durch den Hirnschädel und den Rachen. Die Hirnkammern sind deutlich zu erkennen (dunkelgrau, man vergleiche die Computertomogramme auf den vorhergehenden Seiten sowie die Abb. S. 447).

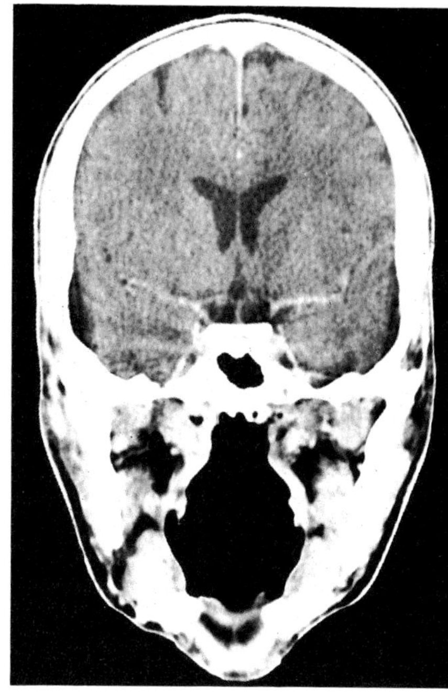

C

1	Stirnlappen (des Großhirns)	Lobus frontalis
2	Scheitellappen (des Großhirns)	Lobus parietalis
3	Hinterhauptlappen (des Großhirns)	Lobus occipitalis
4	Schläfenlappen (des Großhirns)	Lobus temporalis
5	Seitliche Großhirnfurche (Sylvius-Spalte)	Sulcus lateralis
6	Zentralfurche (zwischen Stirn- und Scheitellappen)	Sulcus centralis
7	Vordere Zentralwindung	Gyrus precentralis
8	Hintere Zentralwindung	Gyrus postcentralis
9	Kleinhirn	Cerebellum
10	Stirnhöhle	Sinus frontalis
11	Harte Hirnhaut („Dura")	Dura mater cranialis (encephali)
12	Oberer Hirnsichelblutleiter	Sinus sagittalis superior
13	Querer Blutleiter	Sinus transversus
14	S-förmiger Blutleiter	Sinus sigmoideus
15	Spinnwebenhaut des Gehirns	Arachnoidea mater cranialis (encephali)
16	Mittlere Großhirnschlagader (Äste)	A. cerebri media
17	Obere Stirnhirnwindung	Gyrus frontalis superior
18	Mittlere Stirnhirnwindung	Gyrus frontalis medius
19	Untere Stirnhirnwindung	Gyrus frontalis inferior
20	Furche vor der vorderen Zentralwindung	Sulcus precentralis
21	Furche hinter der hinteren Zentralwindung	Sulcus postcentralis
22	Oberrandwindung	Gyrus supramarginalis
23	Scheitellappenfurche	Sulcus intraparietalis
24	Winkelwindung	Gyrus angularis
26	Unteres Scheitelläppchen	Lobulus parietalis inferior
27	Untere Schläfenwindung	Gyrus temporalis inferior
28	Untere Schläfenfurche	Sulcus temporalis inferior
29	Mittlere Schläfenwindung	Gyrus temporalis medius
30	Obere Schläfenfurche	Sulcus temporalis superior
31	Obere Schläfenwindung	Gyrus temporalis superior

A

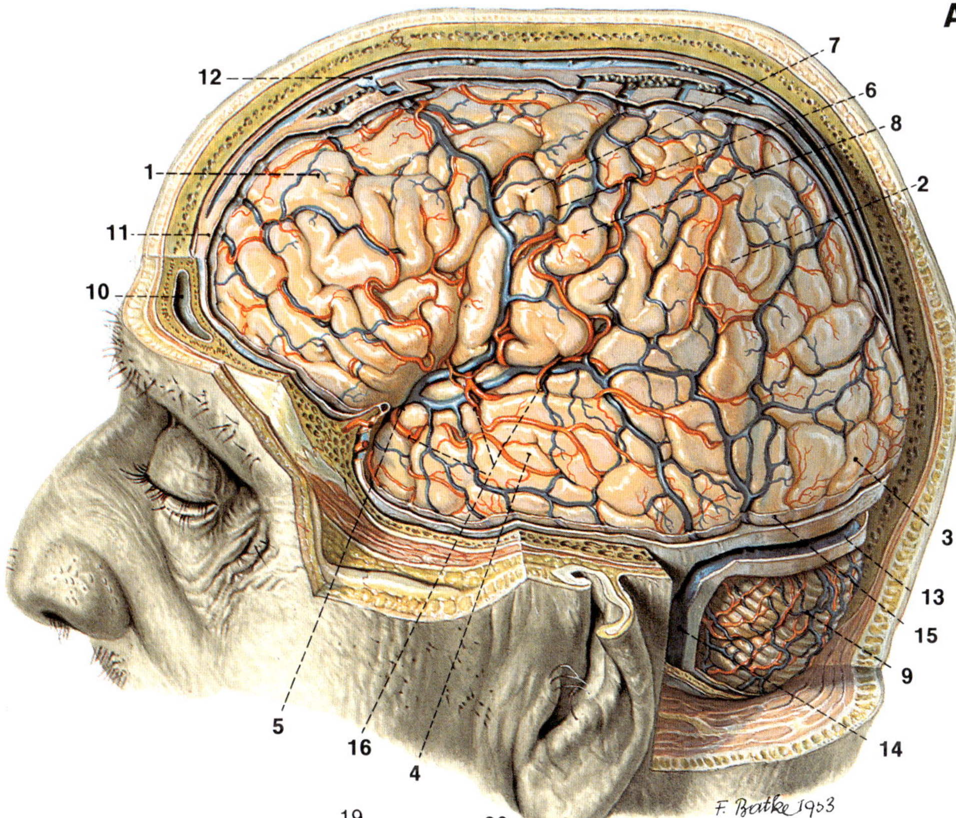
12
1
11
10
7
6
8
2
3
13
15
9
14
5
16
4
F. Batke 1953

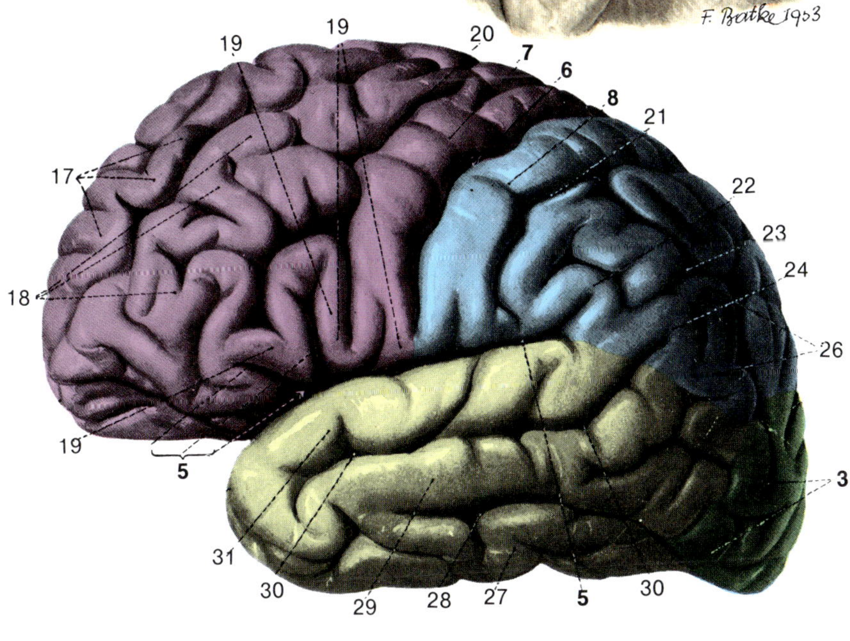
19
19
20
7
6
8
21
17
22
23
24
18
26
19
5
3
31
30
29
28
27
5
30

B

Gliederung des Gehirns

5 Abschnitte:	• Endhirn = Großhirn • Zwischenhirn • Mittelhirn • Hinterhirn (Brücke + Kleinhirn) • verlängertes Mark

Das verlängerte Mark ähnelt im Bau noch etwas dem Rückenmark. Hinterhirn und verlängertes Mark werden auch unter dem Begriff Rautenhirn zusammengefaßt. Unter *Hirnstamm* versteht man Mittelhirn, Brücke und verlängertes Mark (also das Gehirn ohne Groß-, Zwischen- und Kleinhirn).
Die 5 Abschnitte (➥ S. 441, A) sind bei den einzelnen Ordnungen der Wirbeltiere je nach deren Lebensweise und Entwicklungsstand verschieden groß. Die schwerstwiegenden Unterschiede findet man beim Großhirn, das beim Menschen den größten Teil des Gehirns ausmacht.
Das Gehirn des erwachsenen Menschen wiegt 1100-1500 g. Der Mensch hat jedoch nicht das größte Gehirn unter allen Lebewesen: Die Gehirne der größten Säugetiere sind schwerer (Elefant 5000 g, Wal bis 7000 g). Der Mensch hat auch nicht das relativ größte Gehirn (bezogen auf das Körpergewicht): Das „Spatzenhirn" ist relativ größer.
Das Gehirn ist die zentrale Verwaltungsstation des Körpers, in der alle Informationen aus dem Körper gesammelt und von der Befehle an alle Körperzellen erteilt werden. Die Größe dieses Hirnteils ist naturgemäß von der Zahl der Körperzellen abhängig. Der andere Hirnteil ist abhängig von der Entwicklungshöhe des Lebewesens. Der Apparat für die Koordination einiger Instinkte ist kleiner als ein „Denkgebäude". Für eine bestimmte Organisationshöhe kann der Programmapparat eine gewisse Mindestgröße nicht unterschreiten. Er wird beim Spatzen nicht kleiner sein können als beim Adler. Deswegen haben kleine Tiere relativ größere Gehirne als vergleichbare große.
Das Neugeborene hat ein relativ größeres Gehirn als der Erwachsene (bezogen auf das Körpergewicht). Es ist schließlich ein Lebewesen der Organisationshöhe Mensch. Die Gedächtnisspeicher sind lediglich noch nicht gefüllt. Die zunehmende Erfahrung läßt die angeborenen Fähigkeiten immer besser nutzen. Das menschliche Gehirn erreicht bereits mit 3 Jahren nahezu seine endgültige Größe. Unterernährung des Kleinkinds kann die Intelligenzentwicklung empfindlich stören
Für die Leistungsfähigkeit eines Gehirn ist weniger das Gewicht als die innere Vernetzung entscheidend. Die Zahl der nutzbaren Synapsen steht in Beziehung zu Intelligenz und Geschicklichkeit. Offenbar können Nervenzellen über Seitenzweige von Axonen neue Synapsen mit anderen Nervenzellen bilden. Umgekehrt scheinen Synapsen zugrunde zu gehen, wenn sie nicht benutzt werden.
Wenn das mittlere Hirngewicht bei der Frau etwas geringer ist als beim Mann, so ist dies Ausdruck einer im Durchschnitt geringeren Körpergröße und nicht einer minderen Leistungsfähigkeit.

A-C Vergleichende Anatomie des Gehirns dreier Wirbeltiere: Hai (**A**), Kaninchen (**B**), Mensch (**C**). Großhirn schwarz, Hirnkammern dunkelgrau.
D Hirnbasis mit den zwölf Hirnnerven (I-XII). Großhirn rosa, Kleinhirn gelb, Hirnstamm und Hirnnerven weiß.

1	Riechkolben (zum ersten Hirnnerv gehörig)	Bulbus olfactorius
2	Zweiter Hirnnerv (Sehnerv)	N. opticus
3	Dritter Hirnnerv (Augenbewegungsnerv)	N. oculomotorius
4	Vierter Hirnnerv (Augenrollnerv)	N. trochlearis
5	Fünfter Hirnnerv (Drillingsnerv)	N. trigeminus
6	Sechster Hirnnerv (Augenabziehnerv)	N. abducens
7	Siebenter Hirnnerv (Gesichtsnerv)	N. facialis (intermediofacialis)
8	Achter Hirnnerv (Hör- und Gleichgewichtsnerv)	N. vestibulocochlearis
9	Neunter Hirnnerv (Zungen-Rachen-Nerv)	N. glossopharyngeus
10	Zehnter Hirnnerv (Vagus)	N. vagus
11	Elfter Hirnnerv (Beinerv)	N. accessorius
12	Zwölfter Hirnnerv (Unterzungennerv)	N. hypoglossus
13	Stirnlappen (des Großhirns)	Lobus frontalis
14	Schläfenlappen (des Großhirns)	Lobus temporalis
15	Brücke	Pons
16	Kleinhirn	Cerebellum
17	Verlängertes Mark	Medulla oblongata
18	Hinterhauptlappen (des Großhirns)	Lobus occipitalis
19	Sehnervenkreuzung	Chiasma opticum
20	Hirnanhangsdrüse (Hypophyse)	Hypophysis (Glandula pituitaria)
21	Zwischenhirn	Diencephalon
22	Ganglion (Nervenknoten) des Drillingsnervs	Ganglion trigeminale
23	Rückenmark	Medulla spinalis

A

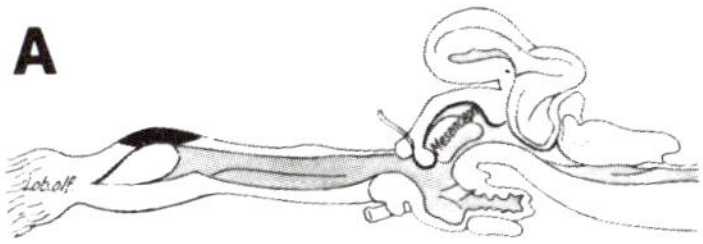

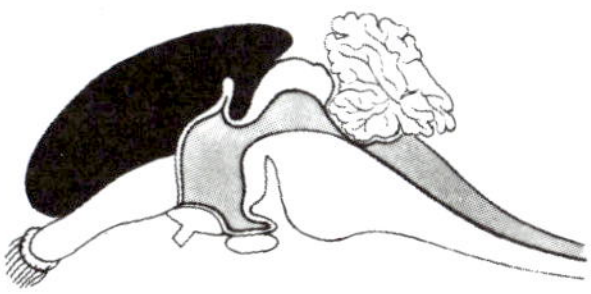

B

C

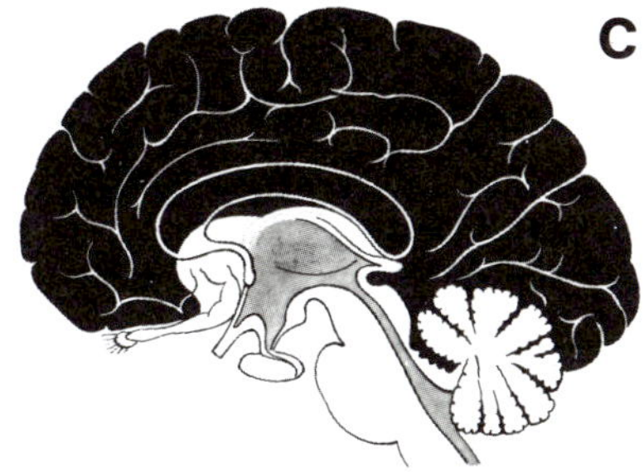

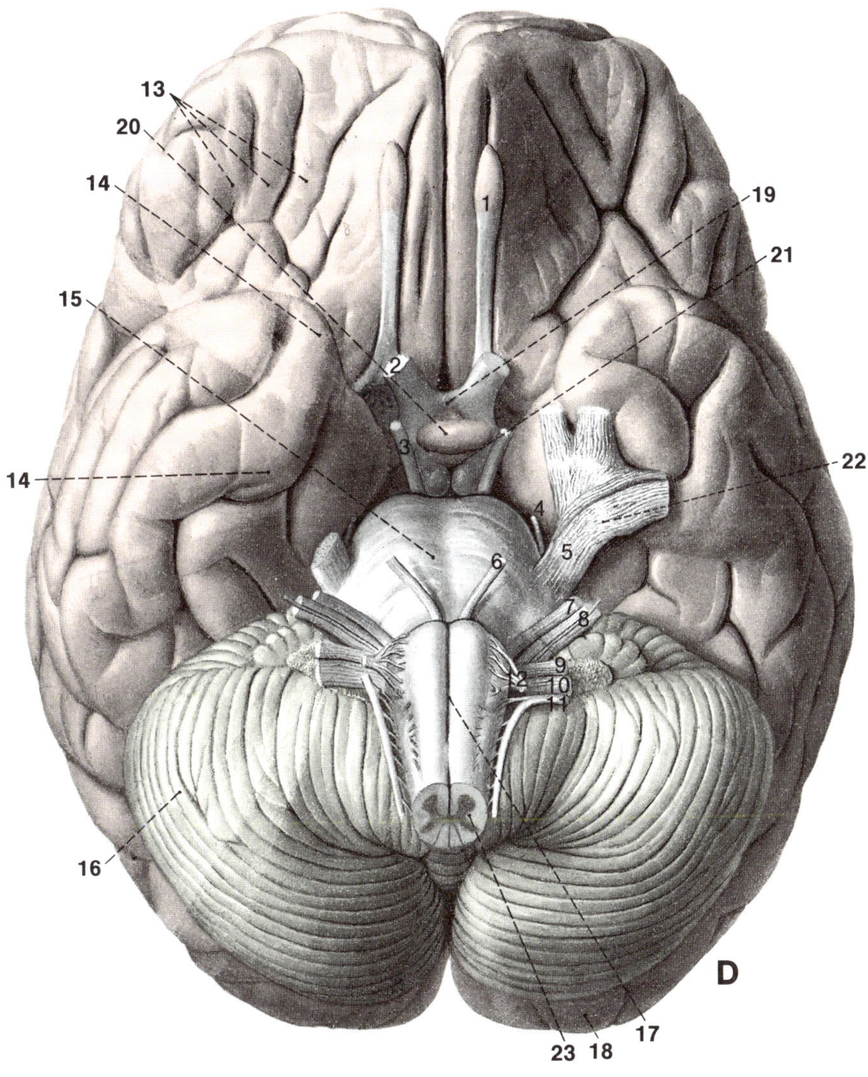

D

Vordere Zentralwindung des Großhirns

> In der vorderen Zentralwindung (+ Umgebung) liegt die primäre motorische Großhirnrinde, sie steuert die motorischen Kerngebiete der
> - Hirnnerven im Hirnstamm
> - Rückenmarknerven im Vorderhorn des Rückenmarks

Wenn Sie jetzt diese Zeilen lesen, so mußten Sie die Halsmuskeln veranlassen, den Kopf so einzustellen, daß das Gesicht über dem Buch steht. Die Augenmuskeln mußten dann die Augen so drehen, daß genau das Bild des Wortes am gelben Fleck der Netzhaut abgebildet wird, das Sie jetzt lesen. Der unmittelbare Impuls zu den Halsmuskeln kam von den Vorderhornzellen im Halsmark, zu den Augenmuskeln aus dem Mittelhirn. Diese Impulse wurden von der vorderen Zentralwindung auf dem Weg der „Pyramidenbahn" ausgelöst.

Die Zahl der Vorderhornzellen des Rückenmarks entspricht in etwa der Größe der Muskeln und der Feinheit ihrer Innervation. In der Großhirnrinde bestimmt die biologische Wertigkeit: Hand und Mund nehmen zusammen mehr als die Hälfte der gesamten motorischen Repräsentation ein. Sie bedürfen der sorgfältigsten Abstimmung ihrer Bewegungen. Mit ihnen verglichen, ist das Bewegungsspiel des Rumpfes unbedeutend. Die vordere Zentralwindung enthält also ein Bild des Körpers, das nur auf den ersten Blick verzerrt erscheint.

A Hauptabschnitte des Gehirns (➥ S. 438). Nicht als Hirnteil anzusehen ist der Vorderlappen der Hirnanhangsdrüse, der aus der Rachenwand hervorgeht. Der Hinterlappen der Hirnanhangsdrüse ist hingegen ein Teil des Zwischenhirns. Die überragende Bedeutung der unteren Abschnitte des Zwischenhirns (Hypothalamus) für die Steuerung vegetativer Funktionen hat man erst in den letzten Jahrzehnten erkannt. Früher war etwas einseitig das Großhirn Mittelpunkt des Interesses gewesen.

B Zentralnervensystem eines Fetus im dritten Schwangerschaftsmonat. Am Gehirn ist die Gliederung in die 5 Hauptabschnitte (End-, Zwischen-, Mittel-, Hinterhirn und verlängertes Mark) deutlich. Das Rückenmark füllt noch den ganzen Wirbelkanal aus (➥ S. 427, B).

C Linke Hälfte eines in der Körpermittelebene (median) durchgeschnittenen Gehirns. Der Hirnstamm ist beim Lagern des Präparats nach hinten abgebogen worden. Die Stellung beim Lebenden zeigt Abb. A.

D Repräsentation des Körpers in der vorderen Zentralwindung (➥ S. 437, B).

1	Großhirn = Endhirn	Cerebrum = Telencephalon
2	Zwischenhirn	Diencephalon
3	Mittelhirn	Mesencephalon
4	Brücke	Pons
5	Kleinhirn	Cerebellum
6	Verlängertes Mark	Medulla oblongata
4 + **5**	Hinterhirn	Metencephalon
4 + **5** + **6**	Rautenhirn	Rhombencephalon
7	Hirnanhangsdrüse (Hypophyse)	Hypophysis (Glandula pituitaria)
8	Rautengrube (Boden der vierten Hirnkammer)	Fossa rhomboidea
9	Stirnlappen (des Großhirns)	Lobus frontalis
10	Scheitellappen (des Großhirns)	Lobus parietalis
11	Hinterhauptlappen (des Großhirns)	Lobus occipitalis
12	Balken (Querverbindung der Großhirnhälften)	Corpus callosum
13	Dritte Hirnkammer (dritter Ventrikel)	Ventriculus tertius
14	Wasserleiter (Aquädukt) des Mittelhirns	Aqueductus mesencephali (cerebri)
15	Vierte Hirnkammer (vierter Ventrikel)	Ventriculus quartus
16	Sehnervenkreuzung	Chiasma opticum
17	Vierhügelplatte	Lamina tectalis
18	Spornfurche (Kalkarinafurche)	Sulcus calcarinus
19	Furche zwischen Scheitel- und Hinterhauptlappen	Sulcus parieto-occipitalis
20	Zentralfurche (zwischen Stirn- und Scheitellappen)	Sulcus centralis
21	Zirbeldrüse (Epiphyse)	Corpus pineale (Glandula pinealis)
22	Hintere Querverbindung (hintere Kommissur)	Commissura epithalamica (posterior)
23	Adergeflecht der dritten Hirnkammer	Plexus choroideus ventriculi tertii
24	Gürtelwindung	Gyrus cinguli (cingulatus)
25	Hirngewölbe	Fornix
26	Durchscheinende Scheidewand (der Vorderhörner der seitlichen Hirnkammern)	Septum pellucidum (lucidum)
27	Vordere Querverbindung (vordere Kommissur)	Commissura anterior
28	Warzenkörper des Zwischenhirns	Corpus mamillare
29	Augenbewegungsnerv (dritter Hirnnerv)	N. oculomotorius

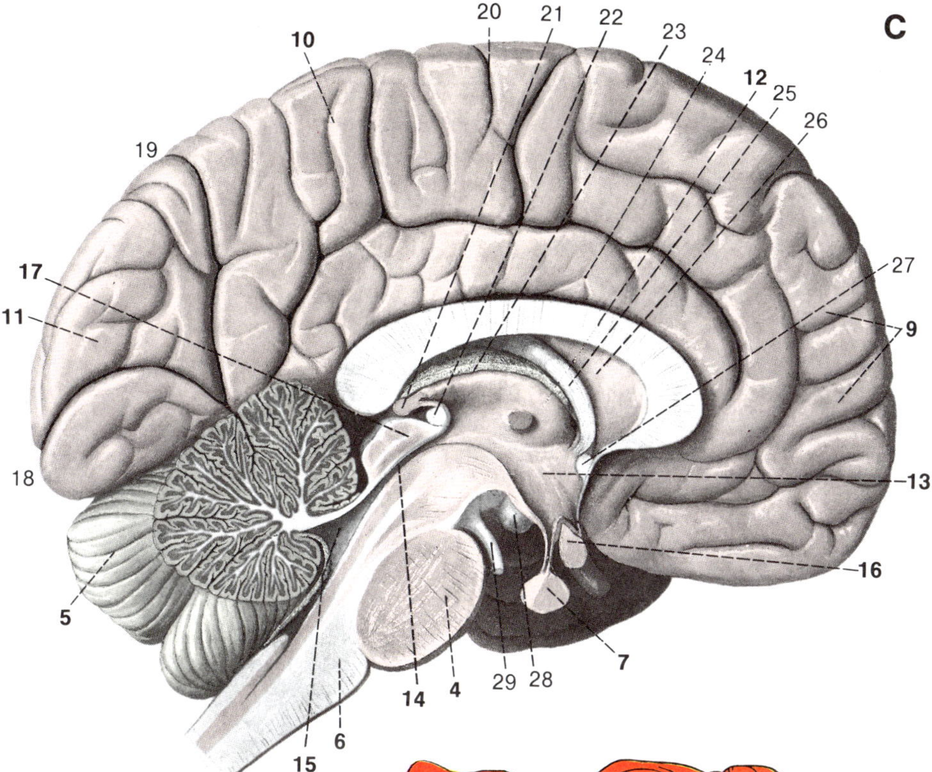
20
21
22
23
24
12
25
26
10
19
17
11
27
9
13
16
18
5
7
14
4
29
28
6
15

C

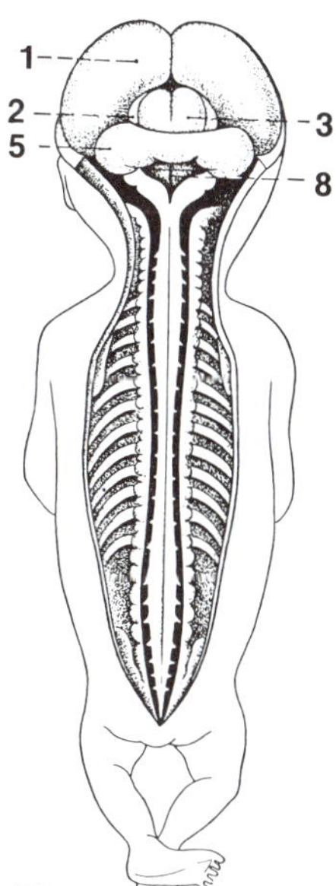
1
2
3
5
8

B

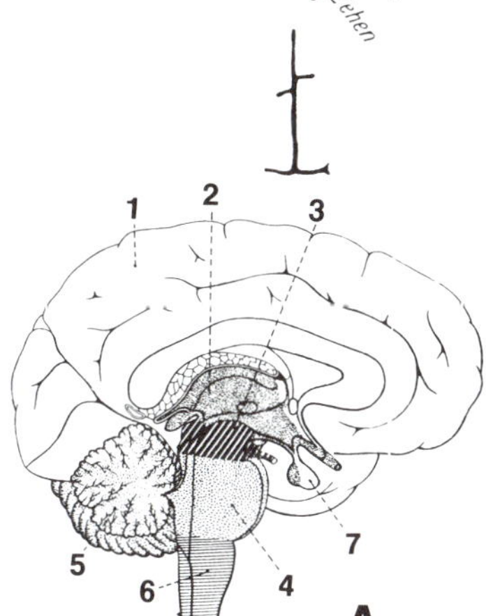
1
2
3
5
7
6
4

A

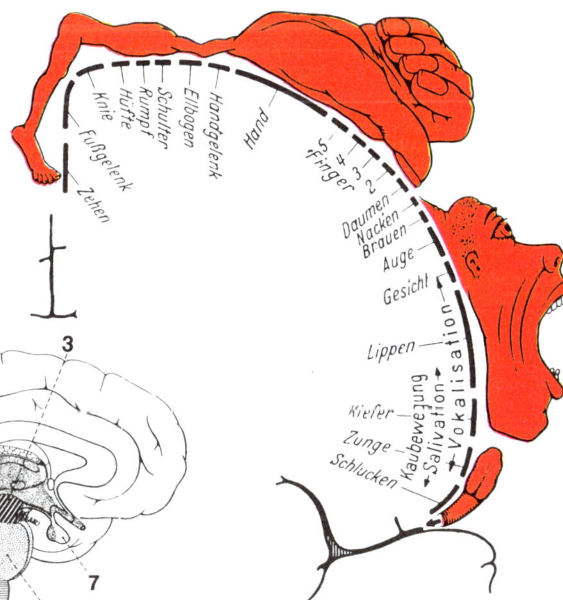
Zehen
Fußgelenk
Knie
Hüfte
Rumpf
Schulter
Ellbogen
Handgelenk
Hand
5
4
3
2
Finger
Daumen
Nacken
Brauen
Auge
Gesicht
Lippen
Kiefer
Zunge
Schlucken
Kaubewegung
Salivation
Vokalisation

D

Hintere Zentralwindung des Großhirns

- In der hinteren Zentralwindung (+ Umgebung) liegt die primäre sensible Großhirnrinde
- Hier enden die Bahnen der Tast-, Schmerz- und Temperaturempfindung

Ähnlich wie bei der primären motorischen Großhirnrinde in der vorderen Zentralwindung (➡ S. 441, D) ist auch in der primären sensiblen Großhirnrinde in der hinteren Zentralwindung der ganze Körper repräsentiert, jedoch mit etwas anderen Gewichten (Abb. B).

Wie wurden die Repräsentationen des Körpers in den Zentralwindungen erschlossen? Wenn bei einer eng begrenzten Verletzung (z.B. einer Schußverletzung) im Bereich der vorderen Zentralwindung Nervenzellen oder Nervenbahnen zerstört werden, so erhält der zugehörige Rückenmarkbereich keine Impulse mehr. Die zugehörige Muskelgruppe erscheint gelähmt. Nehmen wir an, der Schaden liege an der oberen Kante der linken Großhirnhälfte, wo das Bein repräsentiert ist. Da fast alle Bahnen vom Großhirn zum Bein die Mittellinie kreuzen, ist mithin das rechte Bein gelähmt. Fordert man den Patienten auf, das Bein zu heben, so kann er dies nicht. Schlägt man aber mit dem Reflexhammer auf das Kniescheibenband, so zuckt das Bein, als sei es gesund. Der Patient kann z.B. auch einen Krampf im Bein bekommen, der von dem nicht der Willkür unterliegenden „extrapyramidalmotorischen System" ausgelöst wird. Eine willkürliche Bewegung ist jedoch nicht möglich.

Bei Zerstörung eines Teils der hinteren Zentralwindung besteht für den repräsentierten Körperabschnitt eine Empfindungsstörung. Eine Verbrennung z.B. wird nicht bemerkt. Hingegen kann der Patient unter Umständen auf eine Berührung reflexartig zusammenzucken, denn der für Reflexe verantwortliche sensible Apparat des Rückenmarks ist nicht unmittelbar betroffen. Eine derartige Empfindungsstörung kann Bewegungsstörungen nach sich ziehen. Die Steuerung der Bewegungen geschieht mit Hilfe der sensiblen Rückmeldungen an die Hirnrinde über das erreichte Bewegungsausmaß. Bleiben diese Rückmeldungen aus, so können die Bewegungen nicht mehr optimal gesteuert werden.

Die rechte Körperhälfte ist in der linken Großhirnhälfte, die linke Körperhälfte in der rechten Großhirnhälfte repräsentiert, weil die Nervenbahnen bei Ihrem Verlauf zwischen Großhirn und Rückenmark die Seite wechseln (➡ S. 429, D-F).

A Frontalschnitt durch das Gehirn auf Höhe der Sehnervenkreuzung. Auf der rechten Bildseite sind die Nervenfaserzüge der weißen Hirnsubstanz eingezeichnet.

3 Gruppen von Nervenfaserzügen im Großhirn:

- *Assoziationsbahnen:* verbinden verschiedene Bereiche einer Großhirnhälfte
- *Kommissurenbahnen:* verbinden die beiden Großhirnhälften
- *Projektionsbahnen:* verbinden das Großhirn mit dem Hirnstamm, dem Kleinhirn und dem Rükkenmark

Fast alle wichtigen Projektionsbahnen verlaufen in der inneren Kapsel, die wichtigsten Kommissurenbahnen im Balken. Der Balken ist für die Zusammenarbeit der beiden Großhirnhälften entscheidend wichtig. Ist er zerstört, so „weiß die eine Hälfte nicht, was die andere tut" (➡ S. 446). Die innere Kapsel wird häufig beim Schlaganfall gestört.

B Repräsentation des Körpers in der hinteren Zentralwindung.

C Mikrokopisches Bild des Adergeflechts der Hirnkammern (Vergrößerung etwa 30fach). Die Adergeflechte sondern das Hirnwasser (Liquor) ab (➡ S. 448).

1	Balken (Querverbindung der Großhirnhälften)	Corpus callosum
2	Schweifkern	Nucleus caudatus
3	Sehhügel	Thalamus
4	Innere Kapsel	Capsula interna
5	Insellappen (des Großhirns)	Lobus insularis (Insula)
6 + 7	Linsenkern	Nucleus lentiformis (lenticularis)
6	Schale (äußerer Teil des Linsenkerns)	Putamen
7	Bleichkörper (innerer Teil des Linsenkerns)	Globus pallidus
8	Hypothalamus (unterer Teil des Zwischenhirns)	Hypothalamus
9	Dritte Hirnkammer	Ventriculus tertius
10	Sehnervenkreuzung	Chiasma opticum
11	Hirngewölbe	Fornix
12	Adergeflecht der seitlichen Hirnkammer	Plexus choroideus ventriculi lateralis
13	Adergeflecht der dritten Hirnkammer	Plexus choroideus (ventriculi tertii)
14	Vormauer	Claustrum
15	Äußere Kapsel	Capsula externa

A

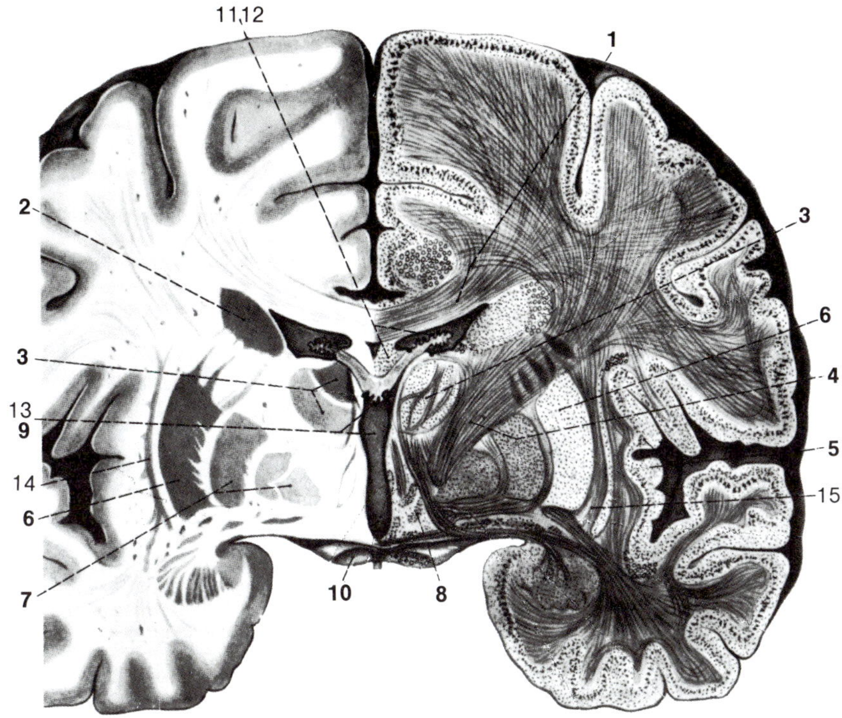
11,12
1
2
3
6
4
5
15
3
13
9
14
6
7
10
8

C

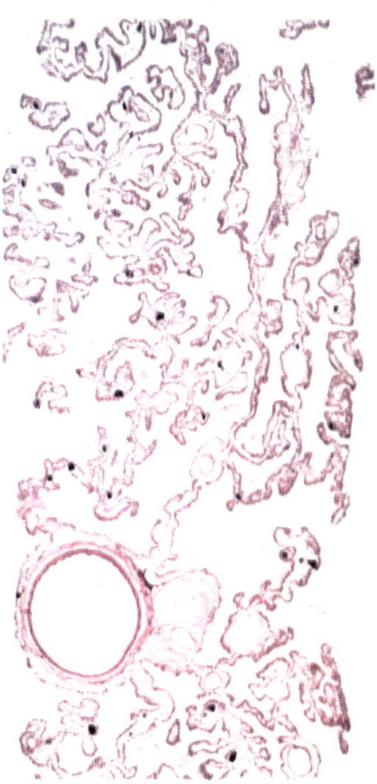

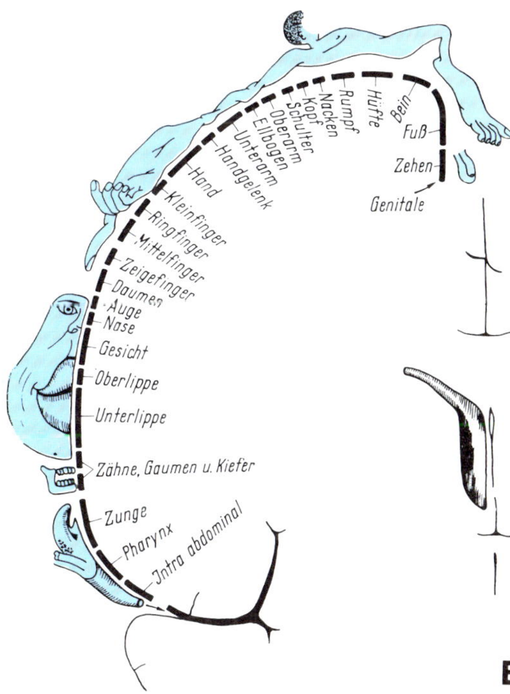
Hüfte
Rumpf
Nacken
Kopf
Schulter
Oberarm
Ellbogen
Unterarm
Handgelenk
Hand
Kleinfinger
Ringfinger
Mittelfinger
Zeigefinger
Daumen
Auge
Nase
Gesicht
Oberlippe
Unterlippe
Zähne, Gaumen u. Kiefer
Zunge
Pharynx
Jntra abdominal
Bein
Fuß
Zehen
Genitale

B

Übergeordnete Zentren der Großhirnrinde

• Motorik:	im Stirnlappen
• Sensibilität:	im Scheitellappen
• Sehen:	im Hinterhauptlappen
• Hören:	im Schläfenlappen

Die primäre motorische und sensible Großhirnrinde („Projektionsfelder“) werden von sekundären motorischen und sensiblen Bereichen („Assoziationsfelder“) gesteuert:

• Vor der vorderen Zentralwindung liegt die *sekundäre motorische Großhirnrinde*. In ihr werden Bewegungen zu Handlungen geordnet. Wird ein derartiges Gebiet zerstört, so entsteht keine Lähmung, sondern eine Unfähigkeit, bestimmte Handlungen auszuführen („Apraxie“).

• In der unteren Stirnwindung wird die Bildung von Lauten so koordiniert, daß daraus Worte und Sätze entstehen *(motorisches Sprachzentrum)*. Wird dieses Zentrum isoliert zerstört, so ist die Mund- und Kehlkopfmuskulatur nicht gelähmt. Der Patient kann ungestört essen, pfeifen, eine Melodie summen, aber er kann nicht mehr sprechen. Er versteht, was man mit ihm spricht, kann aber vorgesprochene Wörter nicht nachsprechen. Dieses Krankheitsbild nennt man „motorische Aphasie“.

• Bei den sekundären Großhirnrindenbereichen übernimmt eine Großhirnhälfte die Führung. Es gäbe ein Chaos, wenn die beiden Großhirnhälften unabhängig voneinander koordinieren wollten. Bei den meisten Menschen ist die linke Großhirnhälfte „dominant“, beim Linkshänder manchmal auch die rechte. Die dominante Großhirnhälfte vollzieht bewußte Entscheidungen. Die „untergeordnete“ steht dem Gefühl und dem Unbewußten näher. Das motorische Sprachzentrum liegt in der dominanten Hemisphäre. Deren Verletzung belastet den Patienten meist stärker als eine Verletzung der untergeordneten. Allerdings kann diese bei Ausfall der übergeordneten Großhirnhälfte im Laufe der Zeit einen Teil deren Aufgaben übernehmen.

• Die Zentralfurche bildet die Grenze zwischen dem „motorischen“ und dem „sensorischen“ Großhirnbereich. In der sekundären Großhirnrinde der Sensibilität, des Sehens und des Hörens entstehen aus Empfindungen Wahrnehmungen, d.h., der Sinneseindruck wird in einen Bedeutungszusammenhang eingeordnet. Den Handlungsunfähigkeiten („Apraxien“) im motorischen Bereich entsprechen im sensorischen Bereich die *Erkennungsstörungen* („Agnosien“).

• Im primären *Sehzentrum* in der Umgebung der Spornfurche kann z.B. ein schwarzer Kreis auf einem weißen Untergrund gesehen werden. Die Deutung als Buchstabe O hingegen findet erst im *Lesezentrum* statt. Beim Ausfall des Lesezentrums werden die Buchstaben zwar gesehen, nicht hingegen in ihrer Bedeutung erkannt („Alexie“).

• Bei der *taktilen Agnosie* fühlt der Patient mit geschlossenen Augen zwar die Kühle und Gezacktheit des Metallgegenstands, erkennt ihn aber erst nach Öffnen der Augen als Schlüssel.

• Agnosien ziehen häufig Apraxien nach sich: Wenn bei Zerstörung des *sensorischen Sprachzentrums* in der oberen Schläfenwindung das Wortverständnis aufgehoben ist, geht auch das Sprechvermögen verloren (weil man nicht mehr versteht, was man spricht).

A „Landkarte“ der Großhirnrinde mit Lokalisation der wichtigsten Funktionen (in die Windungen eingetragen) und der zugehörigen Ausfallerscheinungen bei Zerstörung des betreffenden Bereichs (mit Pfeil angegeben). Die Festlegung im Bereich der sekundären Großhirnrinde ist jedoch nicht gleichermaßen scharf wie bei der primären!

B Schädelhöhle mit harter Hirnhaut und Blutleitern. Die Venen des Gehirns münden in die Blutleiter der harten Hirnhaut ein, die das Blut hauptsächlich über den S-förmigen Blutleiter zur inneren Drosselvene weiterleiten. An 2 Stellen hebt sich die harte Hirnhaut vom Knochen ab und zieht frei durch die Schädelhöhle:

• Die Hirnsichel schiebt sich zwischen die beiden Großhirnhälften.

• Das Kleinhirnzelt spannt sich zwischen dem Kleinhirn und dem Hinterhauptlappen des Großhirns aus. In der Abb. ist auf beiden Seiten ein Teil des Kleinhirnzeltes entfernt, um den Blick in die hintere Schädelgrube freizugeben.

1	Hirnsichel (Teil der harten Hirnhaut)	Falx cerebri
2	Mittlere Hirnhautschlagader + -vene	A. + V. meningea media
3	Oberer Hirnsichelblutleiter	Sinus sagittalis superior
4	S-förmiger Blutleiter	Sinus sigmoideus
5	Unterer Hirnsichelblutleiter	Sinus sagittalis inferior
6	Kleinhirnzelt (Teil der harten Hirnhaut)	Tentorium cerebelli
7	Große Großhirnvene	V. cerebri magna
8	Gerader Blutleiter	Sinus rectus
9	Zusammenfluß der Blutleiter	Confluens sinuum
10	Großes Hinterhauptloch	Foramen magnum
11	Kavernöser Blutleiter	Sinus cavernosus

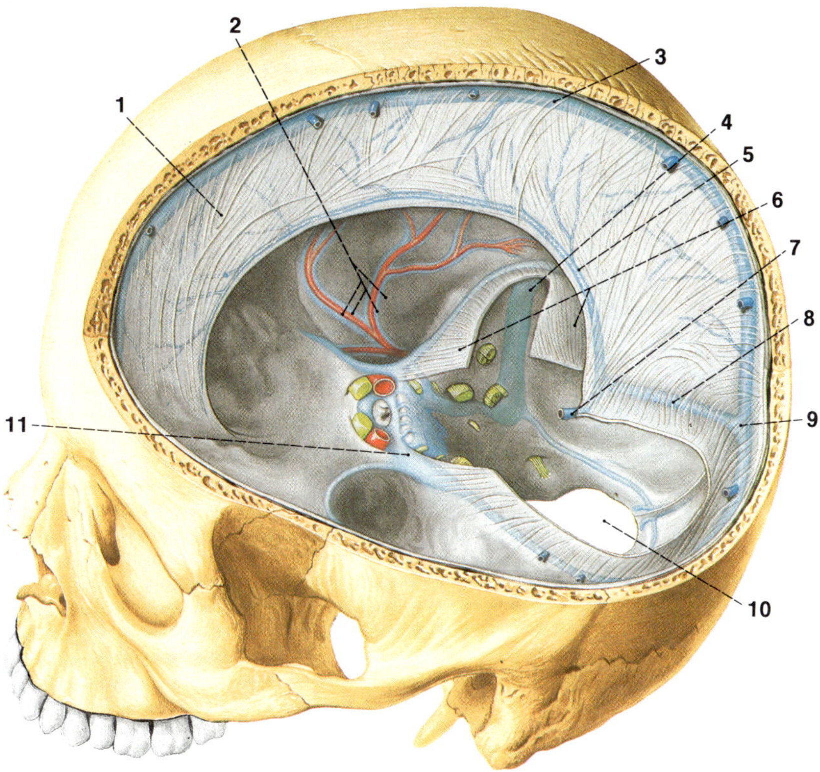
1
2
3
4
5
6
7
8
9
10
11

B

Motorische Lähmungen
Empfindungsstörungen
Frontale Agraphie
Zehen
Rumpf- u. Kopf-
drehung
Bein
Sensibles Feld
(Schmerz, Temperatur, Berührung)
Stereoagnosie
Arm
Muskelsinn
Kopf-
Rumpf-
drehun-
gen
Augenwendung
Apraxie
Störungen der
Handlungsfolge und
alogische Gedanken-
störungen
Schreiber
Aufmerksamkeits-
u. Denkantrieb
Finger
Form -
Raum -
Erkennen
Gesicht
Zunge
Sprechantrieb
Gesichts-
sensibilität
Wort -
Klang-
Geräusch-
(Wernicke)
Erkennen
Lesen
Rindenblindheit
Frontales
Assozia-
tions-
feld
mot. Sprech-
funktion
(Broca)
Kauen
Schlucken
Seh-
zone
Optische
Erinnerungen
Seelenblindheit
(optische Agnosie)
Ton-u. Musik-
empfindung
Charakter-
veränderungen
Wort-
Erinnerung
Farbenagnosie
Riechen
Akustische
Aufmerksamkeit
Motor. Aphasie
Wortstummheit
Temporale Alexie, Agraphie
Namentaubheit
Amnestische Aphasie
Amusie
Sensorische Aphasie

A

Hirnkammern

> *Innere Hirnwasserräume:*
> - 2 seitliche Hirnkammern im Großhirn
> - dritte Hirnkammer im Zwischenhirn
> - Wassserleiter im Mittelhirn
> - vierte Hirnkammer im Rautenhirn

Die Hirnkammern enthalten eine wasserklare Flüssigkeit (Hirnwasser = Nervenwasser = Hirn-Rükkenmark-Flüssigkeit), die der Arzt in Vereinfachung des vollen Namens Liquor cerebrospinalis meist als *Liquor* bezeichnet. Dieses Hirnwasser wird von den Adergeflechten (Gefäßzottenwülsten) der Hirnkammern (➥ S. 443, C) und von der weichen Hirnhaut gebildet. Es fließt durch die 3 Öffnungen der vierten Hirnkammer in den Subarachnoidealraum. Dieser „unter der Spinnwebenhaut gelegene Raum" umhüllt sowohl das Gehirn als auch das Rückenmark (➥ S. 429, G, und S. 448).

A Ausguß der hirnwassergefüllten Räume im Gehirn (innere Hirnwasserräume, Hirnkammern = Ventrikel). Ansicht von links. Natürliche Größe.

B Projektion der seitlichen Hirnkammern auf die Oberfläche des Großhirns (Blick von oben). Die drei „Hörner" der seitlichen Hirnkammer (Vorder-, Hinter- und Unterhorn) ragen in den Stirnlappen bzw. Hinterhauptlappen und Schläfenlappen.

C Frontalschnitt durch den Hinterkopf und die Bogen der oberen Halswirbel. Das Kleinhirn ist herausgenommen und dadurch die vierte Hirnkammer eröffnet. Die Schädelhöhle wird durch die Hirnsichel und das Kleinhirnzelt dreigeteilt (➥ S. 445, B). Man sieht im Großhirn die Anschnitte der seitlichen Hirnkammern. Der Augenrollnerv verläßt als einziger Hirnnerv den Hirnstamm rückwärts. Alle anderen Hirnnerven treten seitlich oder vorn aus. Man achte auf die Rautenform der Rautengrube, die dem Rautenhirn den Namen gab.

1	Seitliche Hirnkammer (Seitenventrikel)	Ventriculus lateralis
2	Dritte Hirnkammer (dritter Ventrikel)	Ventriculus tertius
3	Wasserleiter des Mittelhirns (Aquädukt)	Aqueductus mesencephali (cerebri)
4	Vierte Hirnkammer (vierter Ventrikel)	Ventriculus quartus
5	Stirnlappen (des Großhirns)	Lobus frontalis
6	Vordere Zentralwindung	Gyrus precentralis
7	Zentralfurche	Sulcus centralis
8	Hintere Zentralwindung	Gyrus postcentralis
9	Scheitellappen (des Großhirns)	Lobus parietalis
10	Spalt zwischen den Großhirnhälften	Fissura longitudinalis cerebralis
11	Oberer Hirnsichelblutleiter	Sinus sagittalis superior
12	Hirnsichel	Falx cerebri
13	Harte Hirnhaut („Dura")	Dura mater cranialis (encephali)
14	Vierhügelplatte	Lamina tecti
15	Augenrollnerv (vierter Hirnnerv)	N. trochlearis
16	Rautengrube (Boden der vierten Hirnkammer)	Fossa rhomboidea
17	Gesichtsnerv (siebenter Hirnnerv)	N. facialis (intermediofacialis)
18	Kleinhirnzelt	Tentorium cerebelli
19	S-förmiger Blutleiter	Sinus sigmoideus
20	Wirbelschlagader	A. vertebralis
21	Spinalganglion	Ganglion spinale (sensorium)
22	Harte Rückenmarkhaut („Dura")	Dura mater spinalis
23	Rückenmark	Medulla spinalis
24	Verlängertes Mark	Medulla oblongata
25	Beinerv (elfter Hirnnerv)	N. accessorius
26	Vagus (zehnter Hirnnerv)	N. vagus
27	Zungen-Rachen-Nerv (neunter Hirnnerv)	N. glossopharyngeus
28	Vorderhorn (der seitlichen Hirnkammer)	Cornu frontale (anterius)
29	Hinterhorn (der seitlichen Hirnkammer)	Cornu occipitale (posterius)
30	Unterhorn (der seitlichen Hirnkammer)	Cornu temporale (inferius)
31	Zwischenkammerloch (zwischen seitlicher und dritter Hirnkammer)	Foramen interventriculare
32	Vordere Querverbindung	Commissura anterior
33	Querverbindung der Sehhügel	Adhesio interthalamica
34	Kammerbucht oberhalb der Sehnervenkreuzung	Recessus opticus
35	Trichterbucht (in den Stiel der Hirnanhangsdrüse)	Recessus infundibuli
36	Seitenbucht der vierten Hirnkammer	Recessus lateralis (ventriculi quarti)
37	Mittlere Öffnung der vierten Hirnkammer	Apertura mediana (ventriculi quarti)
38	Zentralkanal (des Rückenmarks)	Canalis centralis
39	Gerader Blutleiter	Sinus rectus
40	Große Großhirnvene	V. cerebri magna

B

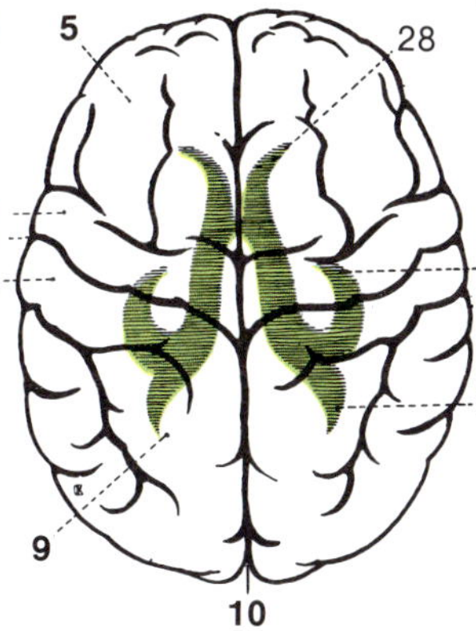
5
28
6
7
8
30
29
9
10

A

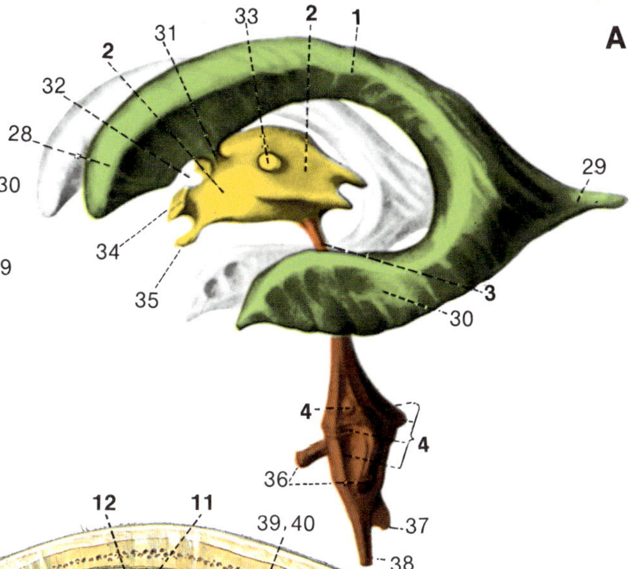
33
2
1
31
2
32
28
29
34
35
3
30
4
4
36
37
38

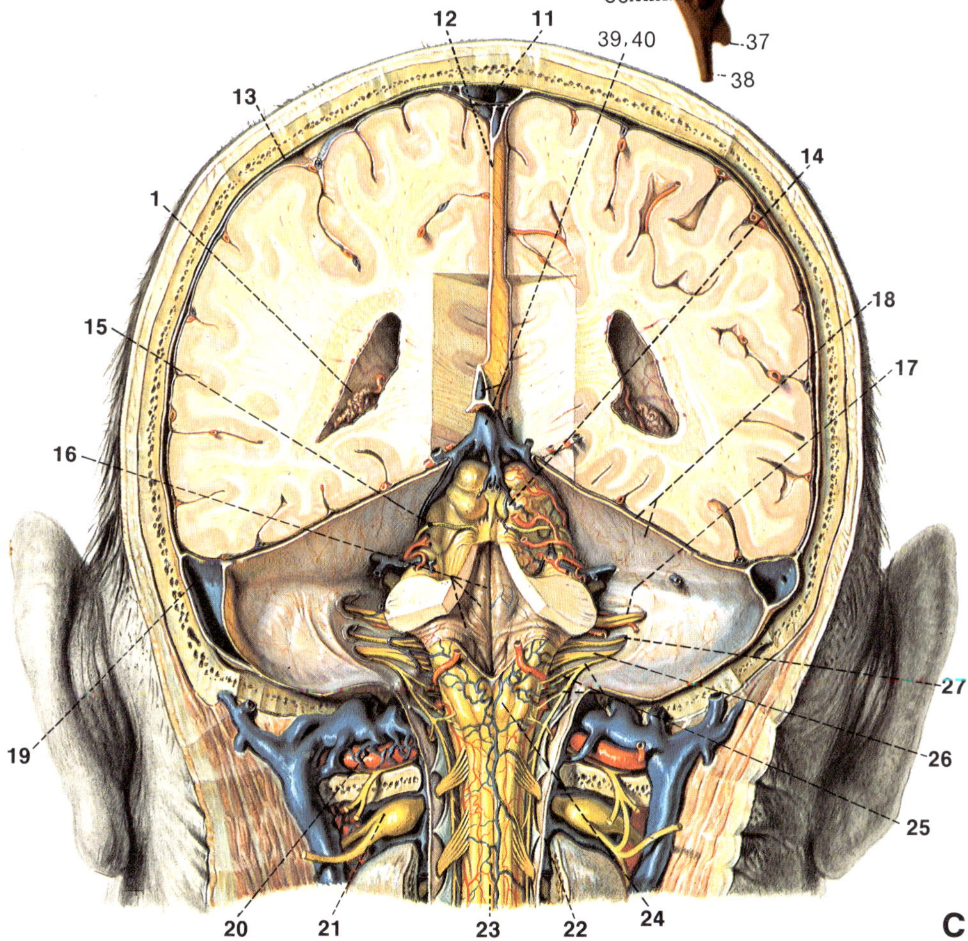
12
11
39, 40
13
14
1
15
18
17
16
27
19
26
25
20
21
23
22
24

C

Hirnwasser

- Es umgibt Gehirn und Rückenmark wie ein Wasserbett (äußerer Hirnwasserraum = Subarachnoidealraum)
- Gesamtmenge 100-200 ml (Milliliter)
- Absonderung (pro Tag etwa 650 ml): weiche Hirnhaut + Adergeflechte der Hirnkammern
- Abfluß: weiche Hirnhaut + Zotten der Spinnwebenhaut
- Entnahme zur Untersuchung: Lumbalpunktion

Wenn man mit dem Kopf gegen die Wand rennt, bekommt zwar der Kopf eine Beule, jedoch das Gehirn schlägt nicht hart am Knochen an, sondern fällt in das weiche Wasserbett des Hirnwassers. Der Aufschlag muß schon sehr heftig sein, wenn die Dämpfung durch das Hirnwasser nicht mehr ausreicht und es zur „Hirnerschütterung" kommt. (Einen ähnlichen mechanischen Schutz bietet das Fruchtwasser der Leibesfrucht.).

Ist der Hirnwasserabfluß gestört, steigt der Druck im Schädelinnern. Beim Kleinkind gibt der Schädel dem höheren Druck nach und wächst stark. Beim *Wasserkopf* wird das Hirngewebe geschädigt, und es droht Schwachsinn. Deshalb muß dem Hirnwasser operativ Abfluß verschafft werden, z.B. mit einem Kunststoffschlauch von einer seitlichen Hirnkammer durch das Schädeldach zu einer Vene im Brustraum oder in die Bauchfellhöhle.

A Schema der *Hirnhäute* und Hirnwasserräume (Liquorräume). Die harte Hirnhaut (dicke schwarze Linie) liegt der Innenseite der Knochen der Schädelhöhle an und erfüllt auch die Aufgaben der Knochenhaut. Sie ist aus straffem Bindegewebe aufgebaut. Spinnwebenhaut und harte Hirnhaut trennt nur ein schmaler Spalt (Subduralraum). Die weiche Hirnhaut schmiegt sich unmittelbar der Hirnrinde an und dringt in alle Furchen ein. Zwischen weicher Hirnhaut und Spinnwebenhaut erstreckt sich der mit Hirnwasser gefüllte Subarachnoidealraum (im Bild rotes Maschenwerk). Die weiten Venen in der harten Hirnhaut bezeichnet man als „Blutleiter" (blau). „Innere" Hirnwasserräume (Hirnkammern) rot (➥ S. 447, A).

B Schematisierter Schnitt durch Schädeldach und Hirnhäute am Ansatz der Hirnsichel. In die weiten Blutleiter (blau) ragen die Zotten der Spinnwebenhaut. Über diese fließt ein Teil des Hirnwassers in das Venenblut ab. Harte Hirnhaut schwarz.

C Harte Hirnhaut mit den Ästen der mittleren Hirnhautschlagader. Nimmt man den Knochen des Schädeldachs weg, so liegt die harte Hirnhaut frei. Zwischen Knochen und harter Hirnhaut verlaufen die Hirnhautschlagadern. Die größte davon ist die mittlere Hirnhautschlagader.

D Bluterguß zwischen Schädeldach und Gehirn.

- Bei Schädelbrüchen wird die harte Hirnhaut stark gezerrt. Dabei können Hirnhautschlagadern zerrissen werden. Die Blutung hebt beim *epiduralen Hämatom* die harte Hirnhaut vom Knochen ab und wölbt sie in das Schädelinnere vor. Das weiche Gehirn wird dadurch zusammengepreßt, schlecht durchblutet und stellt allmählich den Betrieb ein. Kennzeichnend ist der Krankheitsverlauf: Der Patient ist bei einem Unfall mit Schädelbruch zunächst meist kurze Zeit bewußtlos. Dann wird er wieder wach. Nach 1-2 Stunden wird er stärker benommen, und allmählich schwindet das Bewußtsein. Die Blutung schreitet nämlich langsam voran, weil sie die harte Hirnhaut vom Knochen lösen muß.
- Bei Blutungen zwischen harter Hirnhaut und Spinnwebenhaut (*subdurales Hämatom*) kann es sogar Tage bis (wenige) Wochen dauern, bis der Patient wieder bewußtlos wird. Die subdurale Blutung erfolgt im Gegensatz zur epiduralen aus Venen, aus denen das Blut des niedrigen Drucks wegen sehr langsam heraussickert. Bei Blutergüssen im Bereich der harten Hirnhaut muß man zur Druckentlastung des Gehirns das Schädeldach eröffnen und den Bluterguß ausräumen.

1	Harte Hirnhaut („Dura")	Dura mater cranialis (encephali)
2	Spinnwebenhaut des Gehirns	Arachnoidea mater cranialis (encephali)
3	Weiche Hirnhaut	Pia mater cranialis (encephali)
4	Subarachnoidealraum (Hirnwasserraum)	Spatium subarachnoideum
5	Vierte Hirnkammer	Ventriculus quartus
6	Mittlere Öffnung der vierten Hirnkammer	Apertura mediana ventriculi quarti
7	Blutleiter der harten Hirnhaut	Sinus durae matris
8	Hirnsichel (Teil der harten Hirnhaut)	Falx cerebri
9	Zotten der Spinnwebenhaut	Granulationes arachnoideae
10	Großhinrinde	Cortex cerebralis (Pallium)
11	Schädeldach	Calvaria
12	Oberer Hirnsichelblutleiter	Sinus sagittalis superior
13	Mittlere Hirnhautschlagader	A. meningea media
14	Stirnhöhle	Sinus frontalis
15	Verbindung zwischen Blutleiter und Kopfhautvene	V. emissaria
16	Pfeilnaht	Sutura sagittalis

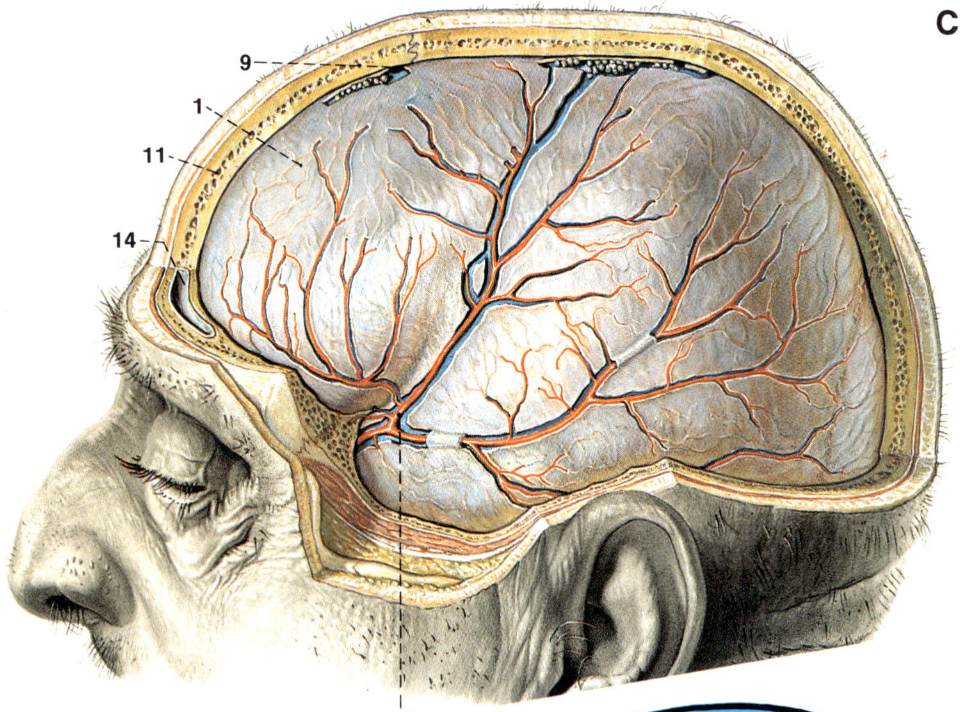
C
9
1
11
14
13

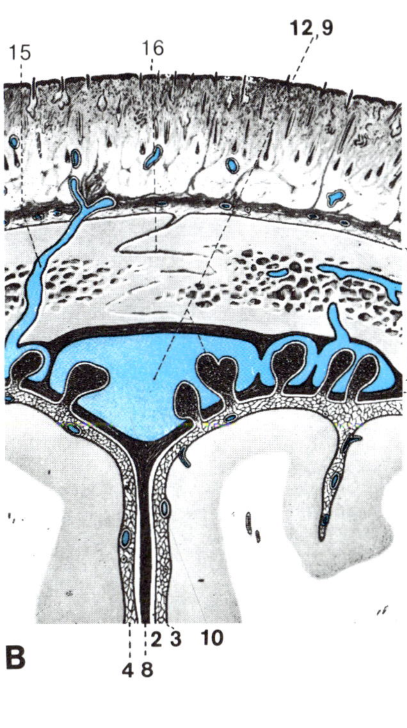
15
16
12, 9
11
1
4
8
2
3
10
B

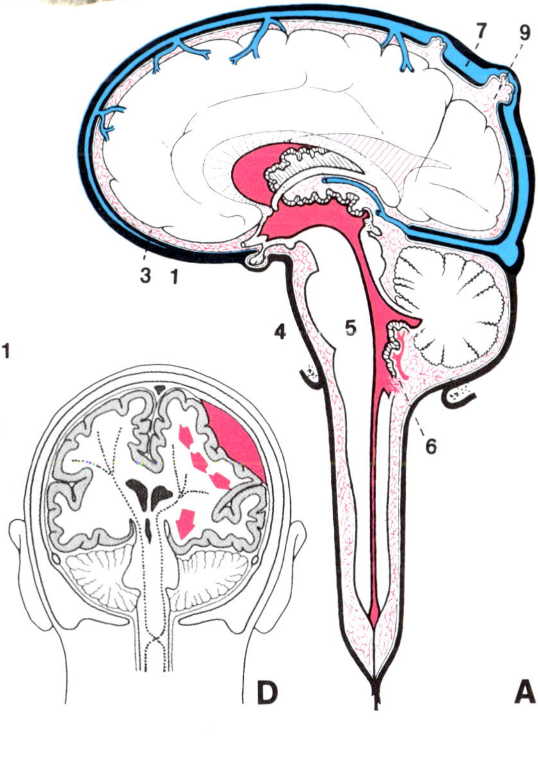
7
9
3
1
4
5
6
D
A

Aufgaben des Kleinhirns

• zeitliche Koordination der Bewegungen
• Erhalten des Gleichgewichts
• Regeln des Muskeltonus

Die Windungen des Kleinhirns sind sehr viel feiner als jene des Großhirns und ergeben ein blattartiges Aussehen. Deshalb wurde das Schnittbild in alten Zeiten als „Lebensbaum" bezeichnet. Heute sieht man das Kleinhirn als einen Bestandteil des motorischen Systems. Es hat enge Beziehungen
- zum Gleichgewichtsapparat,
- zur Großhirnrinde
- zu den basalen motorischen Kernen

Bei Kleinhirnerkrankungen kann der Patient nicht
- zielsicher greifen,
- rasche Bewegungsfolgen ausgeführen, wie sie etwa beim Klavierspiel nötig sind,
- sicher stehen,
- fließend sprechen usw.

Basale motorische Kerne

Neben der Willkürmotorik (Pyramidenbahn) bestehen noch weitere motorische Aufgaben, die meist unbewußt ablaufen. Beim ersten Fahrunterricht muß man jeweils die volle Aufmerksamkeit darauf richten, das Bremspedal mit dem rechten Fuß zu treten, wenn man das Auto zum Stehen bringen will. Der Geübte tritt die Bremse in der Gefahrsituation, ohne darüber nachdenken zu müssen. Das „motorische Gedächtnis" kann auf die eintrainierten Bewegungsprogramme zurückgreifen. Deren Erstellung und Auswahl ist Aufgabe der basalen motorischen Kerne. Da deren Bahnen außerhalb der Pyramidenbahn liegen, nennt man sie auch *extrapyramidalmotorisches System.*

Zu des basalen motorischen Kernen gehören u.a.:	
• Schweifkern	• roter Kern
• Linsenkern	• schwarzer Kern
• Subthalamus	• Olivenkern

A Schädelhöhle und Wirbelkanal von hinten eröffnet. Die harte Hirnhaut ist über dem Großhirn und dem Kleinhirn gefenstert. Die Spinnwebenhaut ist nur über der linken Kleinhirnhälfte erhalten. An der linken Großhirnhälfte sind auch die Blutgefäße entfernt. Das Kleinhirn füllt die hintere Schädelgrube unter dem Kleinhirnzelt aus. Man vergleiche das ähnliche Bild auf S. 447, bei dem das Kleinhirn aus der hinteren Schädelgrube entnommen wurde.

B Horizontalschnitt durch das Kleinhirn.

C Schema der Pyramidenbahn und der Großhirn-Kleinhirn-Bahnen.

1	Harte Hirnhaut („Dura")	Dura mater cranialis (encephali)
2	Spinnwebenhaut des Gehirns	Arachnoidea mater cranialis (encephali)
3	Großhirn	Cerebrum
4	Wirbelschlagader	A. vertebralis
5	Spinalganglion	Ganglion spinale (sensorium)
6	Harte Rückenmarkhaut	Dura mater spinalis
7	Spinnwebenhaut des Rückenmarks	Arachnoidea mater spinalis
8	Rückenmark	Medulla spinalis
9	Kleinhirn	Cerebellum
10	Oberer Hirnsichelblutleiter	Sinus sagittalis superior
11	Zotten der Spinnwebenhaut	Granulationes arachnoideae
12	Zusammenfluß der Blutleiter	Confluens sinuum
13	Querer Blutleiter	Sinus transversus
14	Kleinhirnrinde	Cortex cerebellaris
15	Kleinhirnmark	Corpus medullare
16	Kleinhirnwurm	Vermis cerebelli
17	Zahnkern (des Kleinhirns)	Nucleus dentatus
18	Großhirnrinde	Cortex cerebralis (Pallium)
19	Pyramidenbahnen	Fibrae corticospinales
20	Oberer Kleinhirnstiel	Pedunculus cerebellaris superior
21	Vierte Hirnkammer	Ventriculus quartus
22	Oberes Marksegel	Velum medullare superius
23	Dachkern	Nucleus fastigii
24	Markstrahlen	Laminae albae
25	Pfropfkern	Nucleus emboliformis
26	Kugelkern	Nucleus globosus
27	Rinden-Brücken-Bahnen	Fibrae corticopontinae
28	Mittlerer Kleinhirnstiel	Pedunculus cerebellaris medius (pontinus)
29	Brückenkerne	Nuclei pontis
30	Pyramidenkreuzung	Decussatio pyramidum (motoria)
31	Pyramidenseitenstrangbahn	Tractus corticospinalis (pyramidalis) lateralis
32	Pyramidenvorderstrangbahn	Tractus corticospinalis (pyramidalis) anterior

A

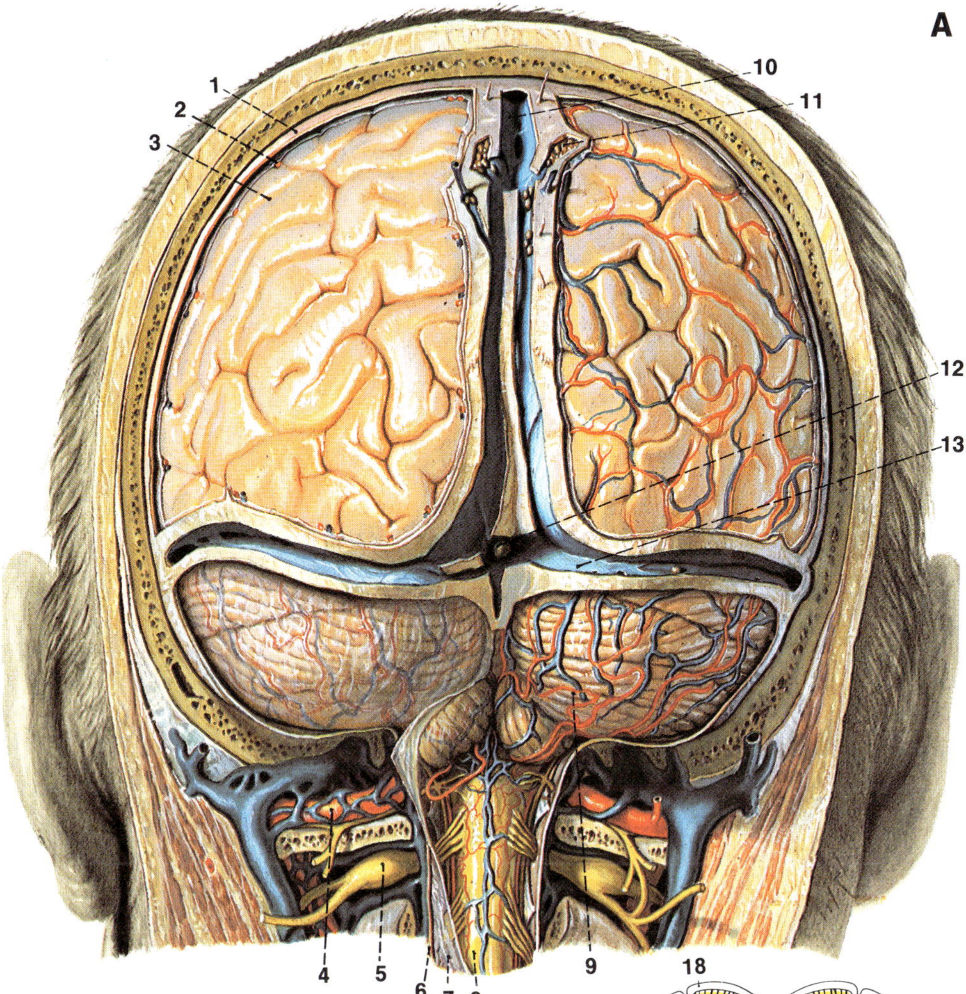
1
2
3
4
5
6
7
8
9
10
11
12
13

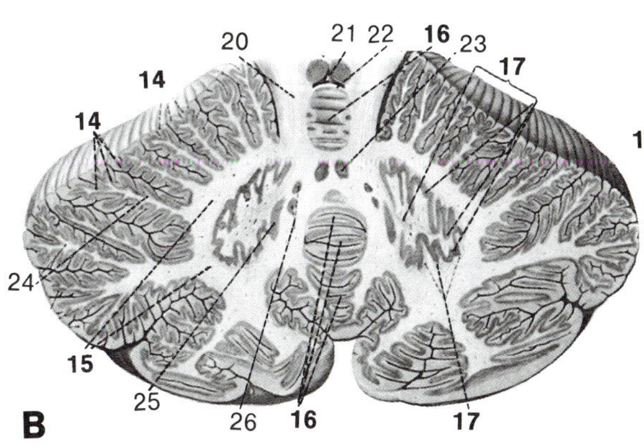
14
14
14
15
16
16
17
17
20
21
22
23
24
25
26

B

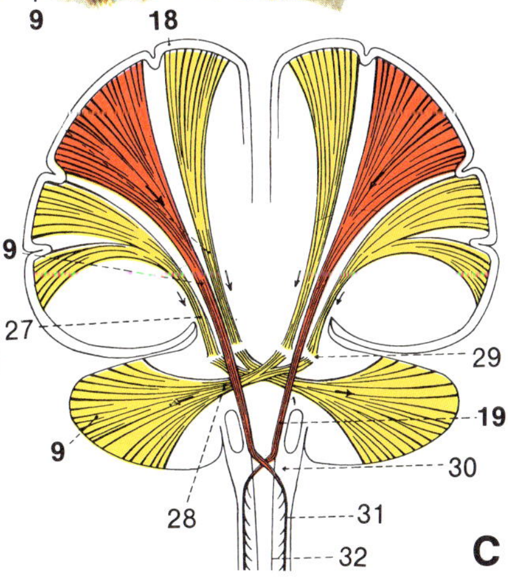
18
19
19
27
29
9
30
28
31
32

C

Hirnstamm

= Mittelhirn + Brücke + verlängertes Mark

A Hirnstamm von rechts hinten. Aus dem Hirnstamm entspringen die Hirnnerven III-XII.
B Hirnstamm von vorn.
C Hirnstamm mit plastischer Darstellung der Kerngebiete des dritten bis zwölften Hirnnervs. Motorische Kerne und Wurzeln rot, sensible blau, parasympathische gelb, Gleichgewichtsnerv hellgrün, Hörnerv dunkelgrün, extrapyramidalmotorische Kerne grau (roter Kern und Olivenkern).
D Querschnitt durch das verlängerte Mark auf Höhe des Olivenkerns (natürliche Größe).
E Mikroskopisches Bild eines Teils des Olivenkerns (Ausschnitt aus Abb. D, Vergrößerung 30fach). Die Markscheiden sind angefärbt, dadurch erscheint die „weiße" Hirnsubstanz dunkel, die „graue" hell! Der Olivenkern gehört zu den basalen motorischen Kernen (➥ S. 450).

1 - 12 Die 12 Hirnnerven (einzeln aufgeführt ➥ S. 456) .... Nn. craniales (encephalici)
13 Brücke .... Pons
14 Sehhügel (wichtige Schaltstelle der sensiblen Bahnen) ... Thalamus
15 Mittlerer Kleinhirnstiel .... Pedunculus cerebellaris medius (pontinus)
16 Rautengrube (= Boden der vierten Hirnkammer) .... Fossa rhomboidea
17 Sehstrang .... Tractus opticus
18 Pyramide .... Pyramis (medullae oblongatae)

19 Roter Kern .... Nucleus ruber
20 Hirnschenkel (Pyramiden- und Brückenbahn) .... Pedunculus cerebri (cerebralis)
21 Zirbeldrüse (Epiphyse) .... Corpus pineale (Glandula pinealis)
22 Parasympathischer Kern des Augenbewegungsnervs ..... Nucleus oculomotorius accessorius (autonomicus)
23 Kern des Augenbewegungsnervs .... Nucleus nervi oculomotorii (oculomotorius)
24 Kern des Augenrollnervs .... Nucleus (nervi) trochlearis
25 Sensibler Mittelhirnkern des Drillingsnervs .... Nucleus mesencephalicus (nervi) trigeminalis
26 Unterer Kern des Drillingsnervs .... Nucleus spinalis (inferior) nervi trigeminalis
27 Motorischer Kern des Drillingsnervs .... Nucleus motorius (nervi) trigeminalis
28 Kern des Augenabziehnervs .... Nucleus nervi abducentis (Nucl. abducens)
29 Kerne des Gleichgewichtsnervs .... Nuclei vestibulares
30 Kern des Gesichtsnervs .... Nucleus (nervi) facialis
31 Oberer Speichelkern .... Nucleus salivarius superior
32 Kerne des Hörnervs .... Nuclei cochleares
33 Unterer Speichelkern .... Nucleus salivarius inferior
34 Parasympathischer Kern des Vagus .... Nucleus dorsalis nervi vagi (vagalis dorsalis)
35 Kern des Unterzungennervs .... Nucleus nervi hypoglossi (hypoglossalis)
36 Motorischer Kern des neunten bis elften Hirnnervs .... Nucleus ambiguus
37 Geschmackskern .... Nucleus solitarius
38 Kern des Beinervs .... Nucleus nervi accessorii (accessorius)
39 Innerer Kniehöcker (Teil der Hörbahn) .... Corpus geniculatum mediale
40 + 41 Vierhügelplatte .... Lamina tectalis
40 Oberer Hügel (optisches Reflexzentrum) .... Colliculus superior
41 Unterer Hügel (Teil der Hörbahn) .... Colliculus inferior
42 Oberer Kleinhirnstiel .... Pedunculus cerebellaris superior
43 Unterer Kleinhirnstiel .... Pedunculus cerebellaris inferior
44 Höckerchen der äußeren Hinterstrangbahn .... Tuberculum cuneatum
45 Höckerchen der inneren Hinterstrangbahn .... Tuberculum gracile
46 Wurzeln von Rückenmarknerven .... (Nn. spinales)
47 Hintere Mittelrinne (des Rückenmarks) .... Sulcus medianus posterior
48 Rinne zwischen den beiden Hinterstrangbahnen .... [Sulcus posteromedialis]
49 Olive .... Oliva
50 Höckerchen des Drillingsnervs .... Tuberculum trigeminale
51 Vordere Seitenrinne (des Rückenmarks) .... Sulcus anterolateralis
52 Teile des Riechhirns .... (Rhinencephalon)
53 Warzenkörper des Zwischenhirns .... Corpus mamillare
54 Grube zwischen den Hirnschenkeln .... Fossa interpeduncularis
55 Seitlicher Kniehöcker (Teil des Sehbahn) .... Corpus geniculatum laterale
56 Vordere Mittelspalte (des Rückenmarks) .... Fissura mediana anterior
57 Seitenstrang .... Fasciculus lateralis
58 Pyramidenkreuzung .... Decussatio pyramidum (motoria)
59 Grauer Höcker .... Tuber cinereum

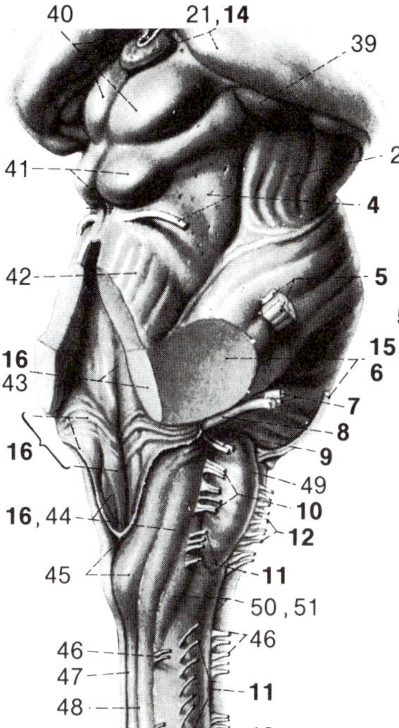
40
21, 14
39
41
20
4
42
5
16
43
15
6
7
16
8
9
49
16, 44
10
12
45
11
50, 51
46
46
47
11
48
46
46

A

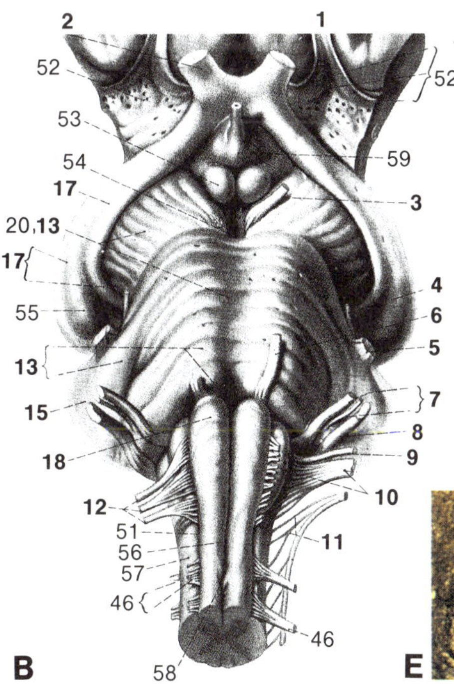
2
1
52
52
53
59
54
17
3
20, 13
17
4
55
6
5
13
7
15
8
18
9
12
10
51
11
56
57
46
46
58

B

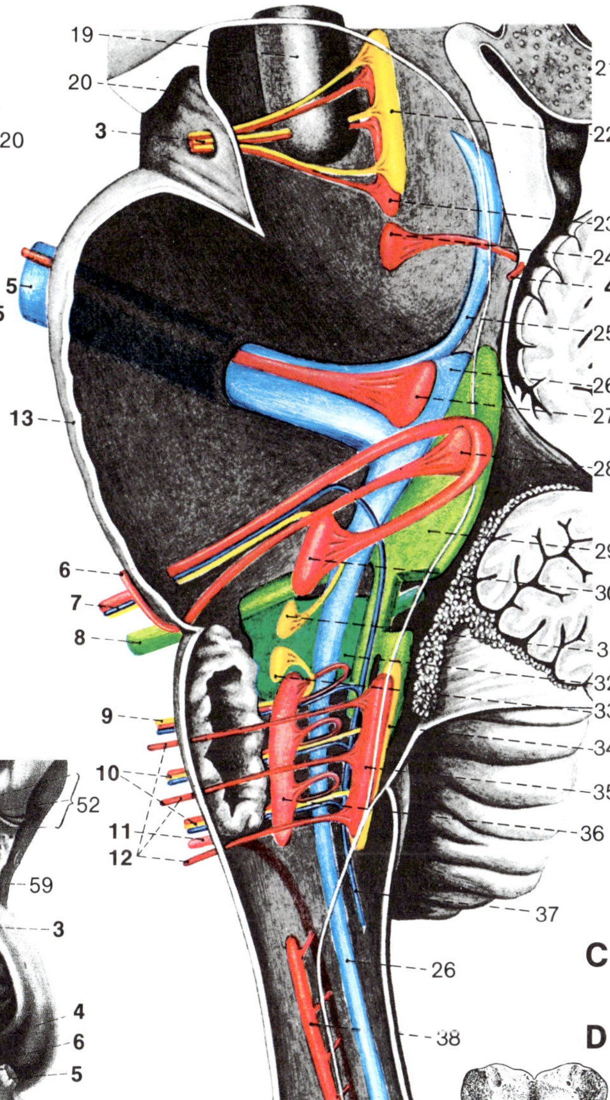
19
21
20
22
3
23
24
5
4
25
26
13
27
28
29
6
30
7
8
31
32
33
9
34
10
35
11
36
12
37
26
38

C

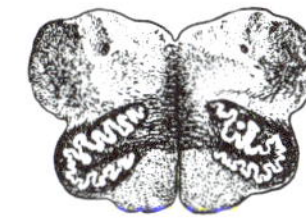

D

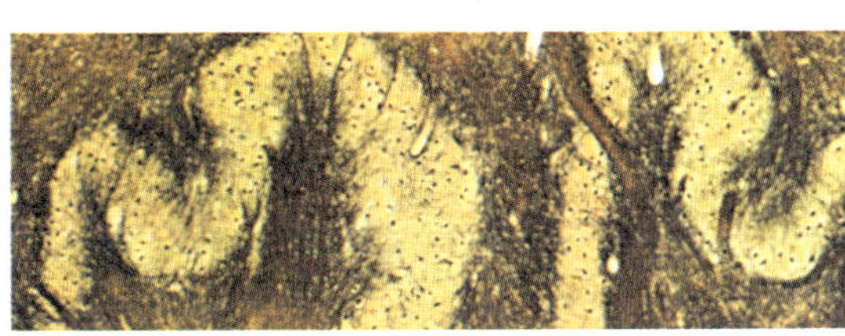

E

Hirnnerven

Der Mensch hat auf jeder Seite 12 Hirnnerven:	
I	Riechnerv („Olfaktorius")
II	Sehnerv („Optikus")
III	Augenbewegungsnerv („Okulomotorius")
IV	Augenrollnerv („Trochlearis")
V	Drillingsnerv („Trigeminus")
VI	Augenabziehnerv („Abduzens")
VII	Gesichtsnerv („Fazialis")
VIII	Hör- und Gleichgewichtsnerv („Vestibulokochlearis")
IX	Zungen-Rachen-Nerv („Glossopharyngeus")
X	Vagus
XI	Beinerv („Akzessorius")
XII	Unterzungennerv („Hypoglossus")

I. *Riechnerv*: Die feinen Riechfäden ziehen von der Riechschleimhaut in den obersten Abschnitten der Nasenhöhle durch die Siebplatte zum Riechkolben an der Basis des Stirnlappens des Großhirns. Das Riechvermögen ist beim Menschen im Gegensatz zu vielen Tieren (manche Schmetterlinge riechen den Partner über Kilometer hinweg) schlecht entwickelt. Das zum Riechnerv gehörende „Riechhirn" hat aber auch beim Menschen wichtige Aufgaben. Es ist ein Teil des „limbischen Systems", das Hunger, Durst, Sexualität, Aufmerksamkeit und Aggressivität („jemanden nicht riechen können") steuert. Das limbische System ist Angriffspunkt vieler Psychopharmaka.

II. *Sehnerv*: Schema ➥ S. 405, C.

III + IV + VI: Augenmuskelnerven:

III. *Augenbewegungsnerv*:

- Er versorgt alle äußeren Augenmuskeln mit Ausnahme der zwei vom vierten und sechsten Hirnnerv innervierten.
- Parasympathische Fasern ziehen zum Schließmuskel der Pupille und zum Linsenmuskel.

IV. *Augenrollnerv*: zum oberen schrägen Augenmuskel.

VI. *Augenabziehnerv*: zum äußeren geraden Augenmuskel. Er wird häufig bei Schädelbasisbrüchen verletzt. Es treten dann „Doppelbilder" beim Blick nach der erkrankten Seite auf.

V. *Drillingsnerv*. Er wird so genannt, weil er drei Hauptäste hat:

- Augenhöhlennerv,
- Oberkiefernerv,
- Unterkiefernerv.

Der Drillingsnerv versorgt mit seinen sensiblen Anteilen den Großteil der Haut und der Schleimhäute des Gesichts. Bei Entzündungen des Nervs können so starke Schmerzen im Gesichtsbereich auftreten („Trigeminusneuralgie"), daß manche Kranke an den Rand des Selbstmords getrieben werden. Der Drillingsnerv ist auch für Zahnschmerzen verantwortlich. Schmerzfreie Zahnbehandlung ist nach Betäuben der entsprechenden Äste des Drillingsnervs möglich (➥ S. 215, A).
Die motorischen Anteile des Drillingsnervs innervieren die 4 Kaumuskeln (Masseter, Schläfenmuskel, innerer und äußerer Flügelmuskel, ➥ S. 199).
Schemata der Verzweigung des Drillingsnervs: ➥ S. 207 und 215.

VII. *Gesichtsnerv*:

- Sein Hauptanteil ist motorisch. Er versorgt alle mimischen Muskeln (➥ S. 205). Der Gesichtsnerv ist somit verantwortlich für den Schluß der Lidspalte und des Mundes. Bei Fazialislähmung ist das Auge gefährdet, wenn die Lidspalte nicht mehr schützend geschlossen werden kann (Austrocknung der Hornhaut).
- Die parasympathischen und die Geschmacksfasern des Gesichtsnervs bilden meist einen eigenen Stamm, den Zwischennerv (Intermedius). Die parasympathischen Fasern ziehen zur Tränendrüse, zur Unterzungendrüse, zur Unterkieferdrüse und zu den kleinen Gaumen- und Nasendrüsen. Die Geschmacksfasern kommen von den vorderen zwei Dritteln der Zunge.

VIII. *Hör- und Gleichgewichtsnerv* (➥ S. 421):

- Hörnerv: vom Spiralorgan in der Schnecke,
- Gleichgewichtsnerv: von den Vorhofsäckchen und den Bogengängen.

IX. *Zungen-Rachen-Nerv*:

- motorisch zu den Rachenmuskeln,
- Schleimhautsensibilität von Rachen und Paukenhöhle,
- Geschmacksempfindung des hinteren Zungendrittels.

X. *Vagus* („umherschweifender" Nerv, da sein Versorgungsbereich vom Kopf bis zum Bauch reicht).

- Er innerviert alle Kehlkopfmuskeln (➥ S. 463, A) und einen teil der Rachenmuskeln.
- Er hat ein (unbedeutendes) sensibles Gebiet im äußeren Gehörgang.
- Er entsendet parasympathische Fasern zu den meisten Brust- und Bauchorganen. Bisweilen wird für ihn der deutsche Name Lungen-Magen-Nerv gebraucht. Diese Bezeichnung ist jedoch viel zu eng, da er nicht nur Lunge und Magen versorgt. Er läßt das Herz langsamer schlagen, regt die Sekretion der Verdauungssäfte an und steuert die meisten glatten Eingeweidemuskeln.

XI. *Beinerv*: motorisch zu Kopfwender und Trapezmuskel.

XII. *Unterzungennerv* („motorischer Zungennerv"): Er versorgt alle Zungenmuskeln. Ist die linke Zungenhälfte gelähmt, so weicht die Zungenspitze beim Herausstrecken der Zunge nach links ab. Die gelähmte Zungenhälfte ist deutlich kleiner, weil die Muskelfasern zurückgebildet sind (Bild einer Hypoglossuslähmung ➥ S. 207, D).

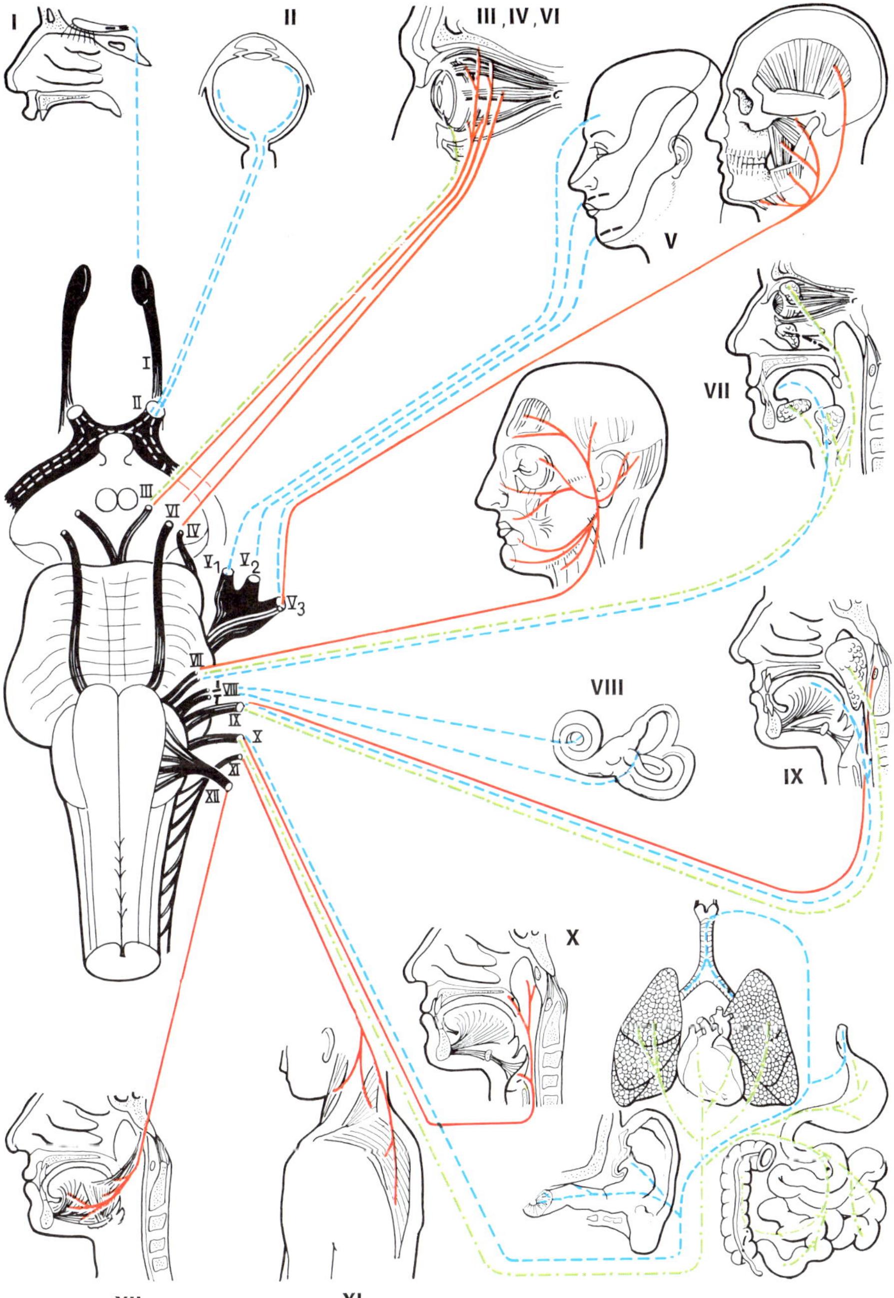
I
II
III, IV, VI
V
VII
VIII
IX
X
XI
XII
I
II
III
IV
VI
V1
V2
V3
VII
VIII
IX
X
XI
XII

Schlagaderring des Gehirns

- 4 Schlagadern vom Hals zum Gehirn: beidseits 1 innere Kopfschlagader + 1 Wirbelschlagader
- durch Verbindungsschlagadern zu Schlagaderring zusammengeschlossen
- aus diesem entspringen beidseits 3 Großhirnschlagadern (vordere + mittlere + hintere)

Die vier vom Hals in die Schädelhöhle ziehenden Schlagadern sind ähnlich wie die Straßen eines Kreisverkehrs zu einem Gefäßring zusammengeschlossen. Dies ist als Sicherheitsmaßnahme zu verstehen: Das Gehirn reagiert sehr empfindlich auf Störungen der Blutversorgung. Durch die Querverbindungen zwischen den großen Blutgefäßen kann der Ausfall einer Schlagader ohne Schwierigkeiten ausgeglichen werden. Allerdings ist dieser Schlagaderring - wie alles in der Anatomie - sehr unterschiedlich ausgebildet: Gelegentlich kommt es nach Verschluß einer Schlagader doch zu Ausfallerscheinungen.

Beim „Schlaganfall" ist häufig nicht eine der großen Schlagadern betroffen, die den Schlagaderring bilden, sondern ein kleinerer Ast, vor allem der mittleren Großhirnschlagader. Dann ist meist die innere Kapsel mit den langen Projektionsbahnen von und zur Großhirnrinde (➥ S. 442) besonders betroffen (Lähmungen, Empfindungsstörungen und Sprachstörungen). Dabei gibt es 2 Möglichkeiten:

- Die Schlagader ist verschlossen, z.B. durch ein Blutgerinnsel. Das Hirngewebe, das sonst von dieser Schlagader ernährt wurde, geht zugrunde (Hirninfarkt).
- Die Schlagader platzt, z.B. bei zu hohem Blutdruck. Die Blutung schädigt Hirngewebe.

A Schädelbasis mit Blutgefäßen und Nerven nach Entnahme des Gehirns. Die Blutleiter der harten Hirnhaut sind auf der rechten Seite eröffnet. Auf der linken Seite sind die Hirnhautschlagadern freigelegt.

B Schlagaderring des Gehirns (Schema).

C Die Lage des Schlagaderrings auf der Schädelbasis. Er liegt um den Türkensattel herum. Auf die Beschriftung der Hinweislinien wurde verzichtet, sie ergibt sich aus dem Vergleich mit den Abb. A und B.

1	Riechkolben (zum ersten Hirnnerv)	Bulbus olfactorius
2	Sehnerv (zweiter Hirnnerv)	N. opticus
3	Augenbewegungsnerv (dritter Hirnnerv)	N. oculomotorius
4	Augenrollnerv (vierter Hirnnerv)	N. trochlearis
5	Drillingsnerv (fünfter Hirnnerv)	N. trigeminus
6	Augenabziehnerv (sechster Hirnnerv)	N. abducens
7	Gesichtsnerv (siebenter Hirnnerv)	N. facialis (N. intermediofacialis)
8	Hör- und Gleichgewichtsnerv (achter Hirnnerv)	N. vestibulocochlearis
9	Zungen-Rachen-Nerv (neunter Hirnnerv)	N. glossopharyngeus
10	Vagus (zehnter Hirnnerv)	N. vagus
11	Beinerv (elfter Hirnnerv)	N. accessorius
12	Unterzungennerv (zwölfter Hirnnerv)	N. hypoglossus
13	Innere Kopfschlagader	A. carotis interna
14	Wirbelschlagader	A. vertebralis
15	Unpaare Schädelbasisschlagader (entsteht durch Vereinigung der Wirbelschlagadern)	A. basilaris
16	Vordere Großhirnschlagader	A. cerebri anterior
17	Mittlere Großhirnschlagader	A. cerebri media
18	Hintere Großhirnschlagader	A. cerebri posterior
16 + 29 + **17** + 30 + **18**	Schlagaderring des Gehirns (Willis-Ring)	Circulus arteriosus cerebri
19	Mittlere Hirnhautschlagader	A. meningea media
20	Oberer Hirnsichelblutleiter	Sinus sagittalis superior
21	Zusammenfluß der Blutleiter	Confluens sinuum
22	Querer Blutleiter	Sinus transversus
23	S-förmiger Blutleiter	Sinus sigmoideus
24	Kavernöser Blutleiter	Sinus cavernosus
25	Hirnanhangsdrüse (Hypophyse)	Hypophysis (Glandula pituitaria)
26	Rückenmark	Medulla spinalis
27	Hirnsichel (abgeschnitten)	Falx cerebri
28	Kleinhirnzelt (abgeschnitten)	Tentorium cerebelli
29	Vordere Verbindungsschlagader	A. communicans anterior
30	Hintere Verbindungsschlagader	A. communicans posterior
31	Vordere Hirnhautschlagader	A. meningea anterior
32	Hintere Hirnhautschlagader	A. meningea posterior
33	Unterer Felsenbeinblutleiter	Sinus petrosus inferior

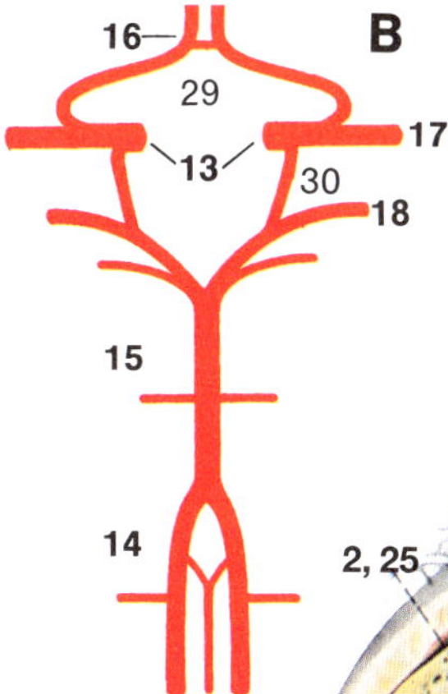
16
B
29
17
13
30
18
15
14

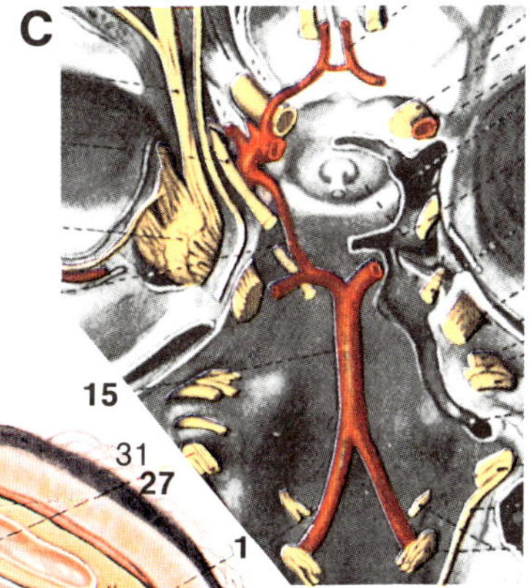
C
15

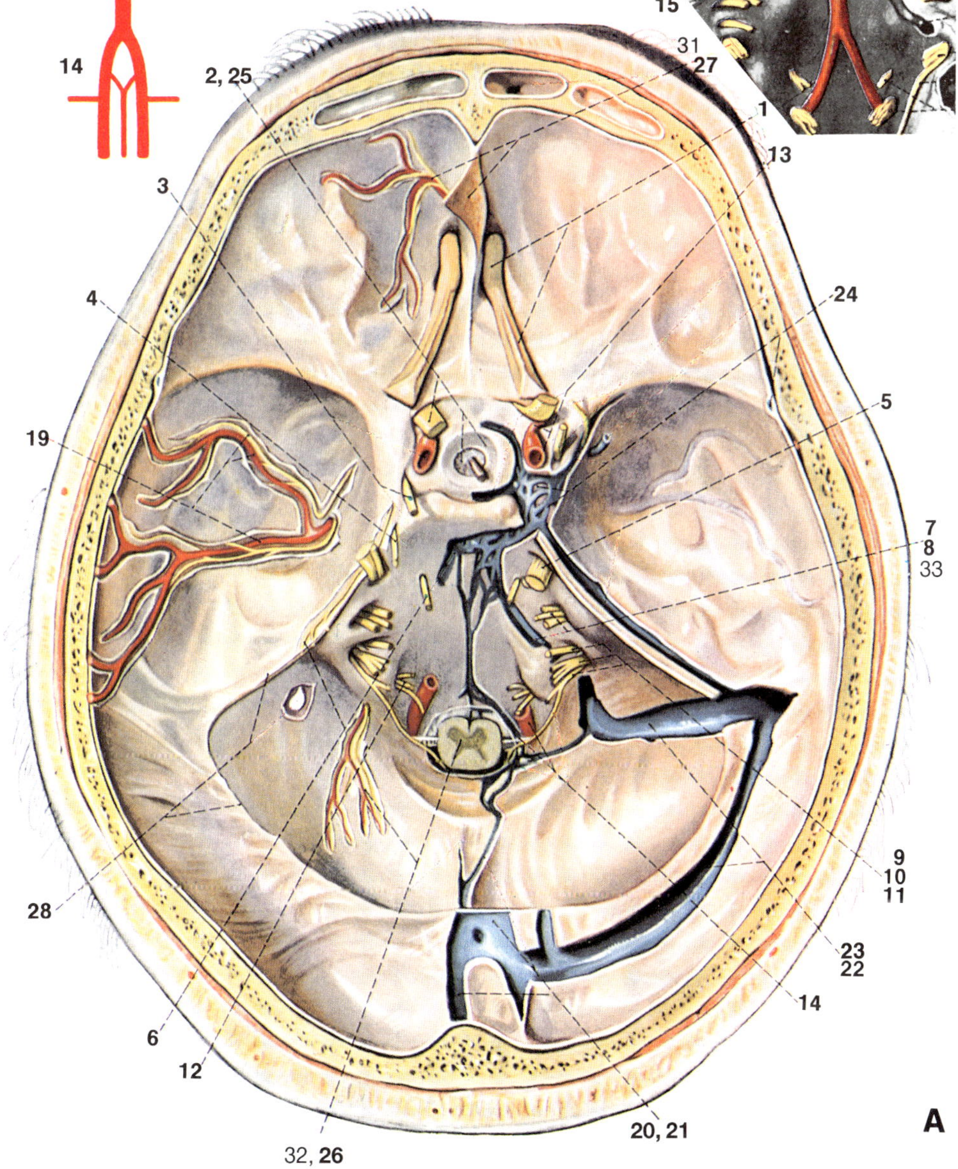
31
27
2, 25
1
13
3
24
4
5
19
7
8
33
9
10
11
28
23
22
14
6
12
20, 21
32, 26
A

Autonomes = vegetatives Nervensystem

Dem ZNS nahestehend:	• Sympathikus
	• Parasympathikus
Sehr selbständig:	• intramurales System

Die Zentren von *Sympathikus* und *Parasympathikus* liegen im Zentralnervensystem. Die Überträgersubstanz an den Nervenkontaktstellen (Synapsen) ist beim Parasympathikus Acetylcholin, beim Sympathikus meist Noradrenalin (und verwandte Stoffe). Während die motorischen Nervenfasern des animalischen peripheren Systems ohne Unterbrechung vom Hirnstamm und vom Rückenmark zu den Muskeln ziehen (1 Nervenzelle), ist in die autonomen Bahnen immer noch ein Ganglion eingeschaltet (2 Nervenzellen). Die Nervenfasern der Eingeweidesensibilität ziehen ungeschaltet durch die autonomen Ganglien. Sie haben ihre Zellen im Spinalganglion (wie die übrigen sensiblen Fasern). In vielen (nicht allen) Bereichen sind Sympathikus und Parasympathikus Gegenspieler (➥ S. 464):

- Sympathikus: „Leistung", „Kampfbereitschaft"
- Parasympathikus: „Erholung", „Aufbau"

Beim *intramuralen System* handelt sich um Gruppen von Nervenzellen in der Wand der inneren Organe, die weder dem Sympathikus noch dem Parasympathikus zuzuordnen sind. Sie steuern die Organe durch Verarbeiten von Reizen, die innerhalb der Organe entstehen. Sie werden vom Sympathikus und Parasympathikus beeinflußt, können aber auch unabhängig von diesen wirken. Dadurch bleiben die inneren Organe auch bei Ausfall des Zentralnervensystems funktionsfähig (allerdings sind sie dann wenig anpassungsfähig an die Bedürfnisse des Gesamtorganismus).

A Lage autonomer Kerngebiete im Zentralnervensystem und Schaltung in peripheren Ganglien. Das Kerngebiet des *Sympathikus* (rot) findet man in den Seitenhörnern des Brust- und oberen Lendenmarks, das des *Parasympathikus* (blau) im Hirnstamm und im Kreuzbeinabschnitt. Die sympathischen Nervenfasern laufen alle über den *Grenzstrang*, die parasympathischen zu einem großen Teil über den zehnten Hirnnerv (*Vagus*) und über die Beckennerven. Die motorischen Fasern für Magen-Darm-Kanal, Harnblase und Geschlechtsorgane durchlaufen das Grenzstrangganglion und werden erst in einem organnahen Eingeweidenervengeflecht auf die zweite Nervenzelle umgeschaltet (z.B. im Sonnengeflecht).

B *Head-Zonen* = Hautgebiete, in welche die Schmerzen von inneren Organen projiziert werden (Erläuterung ➥ S. 460).

C Head-Zone der Bauchspeicheldrüse.

D Bei Erkrankungen der Gallenwege strahlen die Schmerzen auch in die rechte Schultergegend aus.

III	Augenbewegungsnerv (dritter Hirnnerv)	N. oculomotorius
VII	Gesichtsnerv (siebenter Hirnnerv)	N. facialis (intermediofacialis)
IX	Zungen-Rachen-Nerv (neunter Hirnnerv)	N. glossopharyngeus
X	Vagus (zehnter Hirnnerv)	N. vagus
1	Ziliarganglion (für Schließmuskel des Sehlochs)	Ganglion ciliare
2	Flügelgaumenganglion (für Tränendrüse)	Ganglion pterygopalatinum
3	Ohrganglion (für Ohrspeicheldrüse)	Ganglion oticum
4	Unterkieferganglion (für Unterkiefer- + Unterzungendrüse)	Ganglion submandibulare
5	Autonome Ganglien (für die Brust- und Bauchorgane)	Ganglia plexuum autonomicorum (visceralium)
6	Beckenganglien	Ganglia pelvica
7	Oberes Halsganglion (des Sympathikus)	Ganglion cervicale superius
8	Mittleres Halsganglion (des Sympathikus)	Ganglion cervicale medium
9	Unteres Halsganglion („Sternganglion") (des Sympathikus)	Ganglion cervicothoracicum (stellatum)
10	Brustganglien (des Sympathikus)	Ganglia thoracica
11	Ganglien des Sonnengeflechts	Ganglia coeliaca
12	Oberes Gekröseganglion + unteres Gekröseganglion	Ganglion mesentericum superius + Ganglion mesentericum inferius
13	Lenden- und Kreuzbeinganglien (des Sympathikus)	Ganglia lumbalia, Ganglia sacralia
14	Head-Zone des Zwerchfells (C_4)	(Diaphragma (thoraco-abdominale))
15	Head-Zone des Herzens (Th_3-Th_4)	(Cor)
16	Head-Zone der Speiseröhre (Th_4-Th_5)	(Oesophagus)
17	Head-Zone des Magens (Th_8)	(Ventriculus, Gaster)
18	Head-Zone von Leber und Gallenblase (Th_8-Th_{11})	(Hepar; Vesica biliaris (fellea))
19	Head-Zone des Dünndarms (Th_{10})	(Intestinum tenue)
20	Head-Zone des Dickdarms (Th_{11}-L_1)	(Intestinum crassum)
21	Head-Zone der Harnblase (Th_{11}-L_1)	(Vesica urinaria)
22	Head-Zone von Niere und Hoden (Th_{10}-L_1)	(Ren (Nephros); Testis)

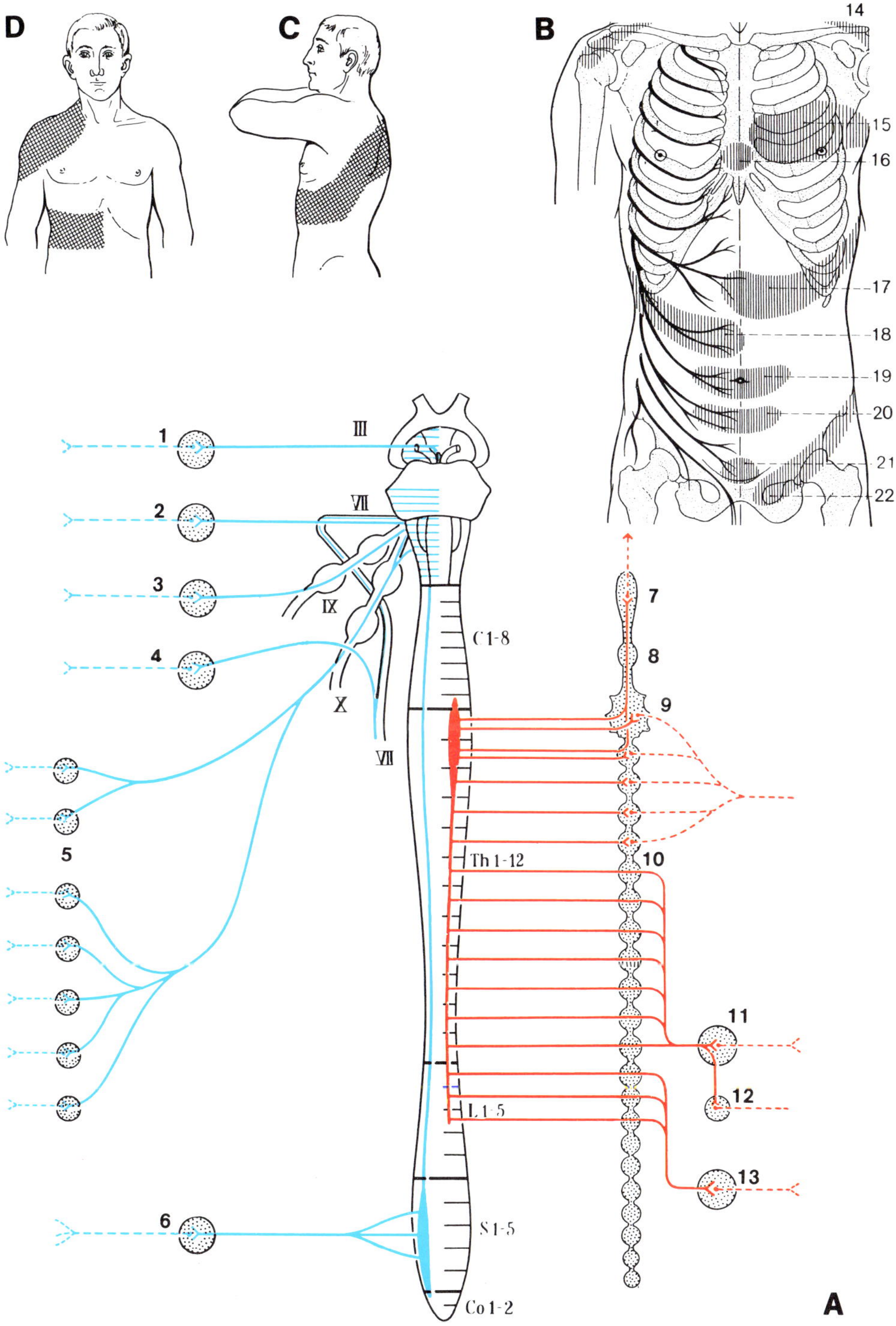
D
C
B
14
15
16
17
18
19
20
21
22
1
2
3
4
5
6
III
VII
IX
X
VII
C 1-8
Th 1-12
L 1-5
S 1-5
Co 1-2
7
8
9
10
11
12
13
A

Eingeweidesensibilität

Schmerz im Bauchraum:
- Oberbauch: mehr rechts: Leber, Gallenwege, Zwölffingerdarm; mehr links: Magen, Milz, Bauchspeicheldrüse, Herz
- Mittelbauch: Dünndarm, Querdickdarm
- Unterbauch: Mitte: Harnblase, Gebärmutter; rechts: Blinddarm mit Wurmfortsatz, aufsteigender Dickdarm; links: absteigender Dickdarm; rechts und links: Niere, Harnleiter, Eierstock, Eileiter

Die Nervenzellen der sensiblen Bahnen der Eingeweide liegen wie jene der Hautsensibilität im Spinalganglion. Von dort laufen die Bahnen großteils gemeinsam weiter. Im Gehirn werden die Meldungen von den Eingeweiden so behandelt, als ob sie von der Haut kämen, und in das zum betreffenden Segment gehörende Hautgebiet projiziert. Diese Hautgebiete (*Head-Zonen*) liegen nicht immer direkt über dem Organ, so daß leicht Irrtümer über den Erkrankungsherd entstehen. Bei sehr starken Erregungen kann der Schmerz in Nachbargebiete ausstrahlen, z.B. bei der Durchblutungsstörung des Herzmuskels (Angina pectoris) in den linken Arm, in den Oberbauch und in den Hals. Die Beziehung zwischen Eingeweiden und Haut besteht auch in der Weite der kleinen Schlagadern: Eine Gefäßverengung in der Tiefe zieht eine gleichsinnige Reaktion der Hautgefäße nach sich: Die Haut wird kühler. Umgekehrt kann man durch warme Umschläge die Blutgefäße der Haut und der inneren Organe erweitern. Die örtliche Wärmebehandlung ist durchaus wissenschaftlich begründet.

A + B Schaltschemata des Sympathikus. Die motorischen Nervenfasern des Sympathikus (grün) treten mit den übrigen motorischen Fasern (rot) in der vorderen Wurzel aus dem Rückenmark aus. Sie verlassen den Rückenmarknerv als „weißer (markführender) Verbindungsast" zum Grenzstrangganglion. In diesem werden die Fasern für Blutgefäße, Herz, Bronchen, Speicheldrüsen und Auge umgeschaltet. Diese Fasern laufen zum Teil im „grauen (markarmen) Verbindungsast" zum Rückenmarknerv zurück und mit diesem in die Peripherie. Sensible Bahnen blau. Die in Abb. B. eingezeichneten sympathischen Nervenfasern in der hinteren Wurzel sind umstritten.

C Sonnengeflecht: Ansammlung vegetativer Ganglien und Fasern um die großen Eingeweideschlagadern. Die sympathischen Nerven kommen vom Grenzstrang, die parasympathischen vom zehnten Hirnnerv (Vagus).

1	Seitensäule = Seitenhorn	Columna lateralis (Cornu laterale)
2	Vordere Wurzel (des Rückenmarknervs)	Radix anterior (motoria)
3	Hintere Wurzel (des Rückenmarknervs)	Radix posterior (sensoria)
4	Spinalganglion	Ganglion spinale (sensorium)
5	Grenzstrangganglion	Ganglion trunci sympathetici
6	Ganglion im Eingeweidenervengeflecht	Ganglion plexus autonomici
7	Untere Hohlvene und Lebervenen	V. cava inferior; Vv. hepaticae
8	Bauchfell (abgeschnitten)	Peritoneum
9	Nebenniere	Glandula suprarenalis (adrenalis)
10	Niere	Ren (Nephros)
11	Harnleiter	Ureter
12	Mageneingang (mit Nerven und Lymphknoten)	Pars cardiaca
13	Stamm der Leber-, Milz- und Magenschlagadern	Truncus coeliacus
14	Sonnengeflecht	Plexus coeliacus
15	Obere Gekröseschlagader + oberes Gekrösenervengeflecht	A. mesenterica superior + Plexus mesentericus superior
16	Bauchaorta	Pars abdominalis aortae
17	Lendenlymphknoten	Nodi lymphatici lumbales
18	Gemeinsame Beckenschlagader (+ autonome Nerven)	A. iliaca communis
19	Bahn der Schmerz- und Temperaturempfindung	Tractus spinothalamicus
20	Weißer Verbindungsast	R. communicans albus
21	Grauer Verbindungsast	R. communicans griseus
22	Untere Zwerchfellschlagader, untere Zwerchfellvene	A. + V. phrenica inferior
23	Untere Nebennierenschlagader	A. suprarenalis inferior
24	Lendenganglien (des autonomen Nervensystems)	Ganglia lumbalia (lumbaria)
25	Eierstockvene und Eierstockschlagader	V. ovarica; A. ovarica
26	Lendenlymphstamm	Truncus lumbaris
27	Nerven aus dem Lendennervengeflecht	Plexus lumbalis (lumbaris)
28	Linke Magenschlagader mit Magennerven	A. gastrica sinistra; Plexus gastricus
29	Sammelstelle der Lymphe des Bauchraums	Cisterna chyli
30	Oberes Beckengeflecht der autonomen Nerven	Plexus hypogastricus superior (N. presacralis)

A

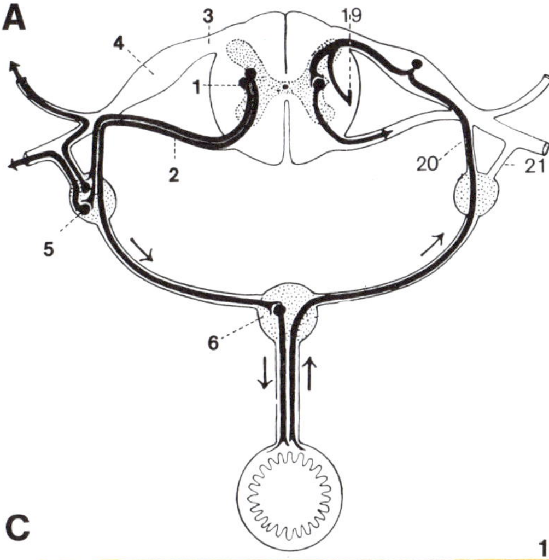
3
19
4
1
2
20
21
5
6

B

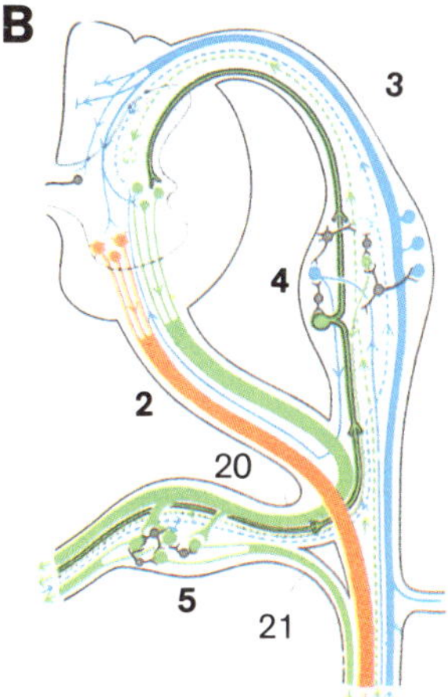
3
4
2
20
5
21

C

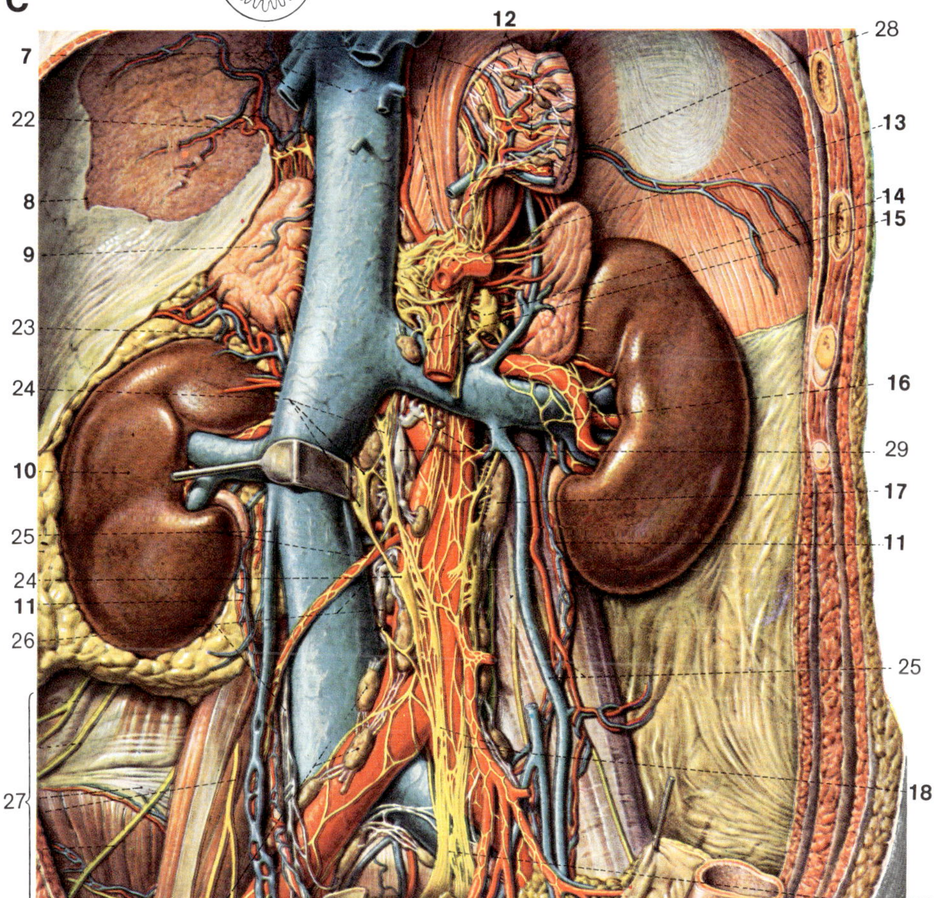
12
28
7
22
13
8
14
15
9
23
24
16
29
10
17
25
11
24
11
26
25
27
18
30

Gegenspiel im autonomen Nervensystem

Sympathikus:	*Parasympathikus:*
• erweitert Pupillen	• verengt Pupillen
• erweitert Bronchen	• verengt Bronchen
• erhöht Pulsfrequenz	• vermindert Pulsfrequenz
• erhöht Herzkraft	• vermindert Herzkraft
• mindert Magen- und Darmbewegungen	• vermehrt Magen- und Darmbewegungen
• vermindert Magen- und Darmsekretion	• vermehrt Magen- und Darmsekretion
• spannt Schließmuskeln an („Kontinenz")	• entspannt Schließmuskeln (Stuhlgang, Wasserlassen)
• verengt Schlagadern	• (keine Wirkung)
• fördert Schweißabsonderung	• (trockene Haut)
• (trockener Mund)	• fördert Speichelfluß

Die getrennte Ausführung der einzelnen Aufgaben wird dadurch erleichtert, daß die autonomen Nerven über verschiedenartige Rezeptoren in den einzelnen Organen wirken: Beim Sympathikus unterscheidet man Alpha- und Betarezeptoren, beim Parasympathikus N- und M-Rezeptoren (mit Untergruppen α_1, α_2, β_1, β_2, M_1, M_2). Die moderne Medizin verfügt über Arzneimittel, die gezielt einzelne Rezeptorentypen hemmen oder erregen. Besonders weite Verwendung finden die Betarezeptorenblocker.

A Autonome Nervenversorgung des Herzens. Die sympathischen Nerven kommen vom Grenzstrang, die parasympathischen vom zehnten Hirnnerv (Vagus).
B Brustwirbelsäule mit Rückenmark und Grenzstrang des Sympathikus.

1 Wirbelkörper .... Corpus vertebrae (vertebrale)
2 Wirbelbogen .... Arcus vertebrae (vertebralis)
3 Querfortsatz (mit Gelenkfläche für die Rippe) .... Processus transversus
4 Rippe .... Costa
5 Zwerchfell .... Diaphragma (thoraco-abdominale)
6 Speiseröhre .... Oesophagus
7 Aorta, absteigender Teil .... Pars descendens aortae
8 Hintere Zwischenrippenschlagader + -vene + ... A. + V. intercostalis posterior +
Zwischenrippennerv .... N. intercostalis
9 Untere Hohlvene .... V. cava inferior
10 Milchbrustgang .... Ductus thoracicus
11 Rückenmark .... Medulla spinalis
12 Harte Rückenmarkhaut .... Dura mater spinalis
13 Spinnwebenhaut .... Arachnoidea mater spinalis
14 Spinalganglion .... Ganglion spinale (sensorium)
15 Grenzstrang des Sympathikus .... Truncus sympatheticus
16 Vagus (zehnter Hirnnerv) .... N. vagus
17 Herzbeutel .... Pericardium

18 Innere Kopfschlagader .... A. carotis interna
19 Oberes Halsganglion (des Sympathikus) .... Ganglion cervicale superius
20 Mittleres Halsganglion (des Sympathikus) .... Ganglion cervicale medium
21 Unteres Halsganglion („Sternganglion") (des Sympathikus) .... Ganglion cervicothoracicum (stellatum)
22 Oberer Kehlkopfnerv .... N. laryngeus superior
23 Rückläufiger Kehlkopfnerv („Rekurrens") .... N. laryngeus recurrens
24 Gezähntes Band (der weichen Rückenmarkhaut) .... Lig. denticulatum
25 Wirbel-Rippenkopf-Gelenk .... Articulatio capitis costae (costalis)
26 Äußerer Zwischenrippenmuskel .... M. intercostalis externus
27 Innerer Zwischenrippenmuskel .... M. intercostalis internus
28 Brustfell .... Pleura
29 Großer Eingeweidenerv (des Sympathikus) .... N. splanchnicus thoracicus major
30 Zwerchfellnerv + ... N. phrenicus +
Herzbeutel-Zwerchfell-Schlagader + -Vene .... A. + V. pericardiacophrenica
31 Rechte hintere Brustkorblängsvene .... V. azygos
32 Nervenast zu den Rückenmarkhäuten .... R. meningeus
33 Epiduralraum = Periduralraum (mit Venenplexus) .... Spatium epidurale (peridurale)
34 Hinteres Längsband .... Lig. longitudinale posterius
35 Vorderes Längsband .... Lig. longitudinale anterius
36 Linke hintere Brustkorblängsvene .... V. hemiazygos
37 Innere Brustkorbfaszie .... Fascia endothoracica
38 Brustaorta-Nervengeflecht .... Plexus aorticus thoracicus
39 Speiseröhrenschlagadern + -venen .... Rr. + Vv. oesophageales

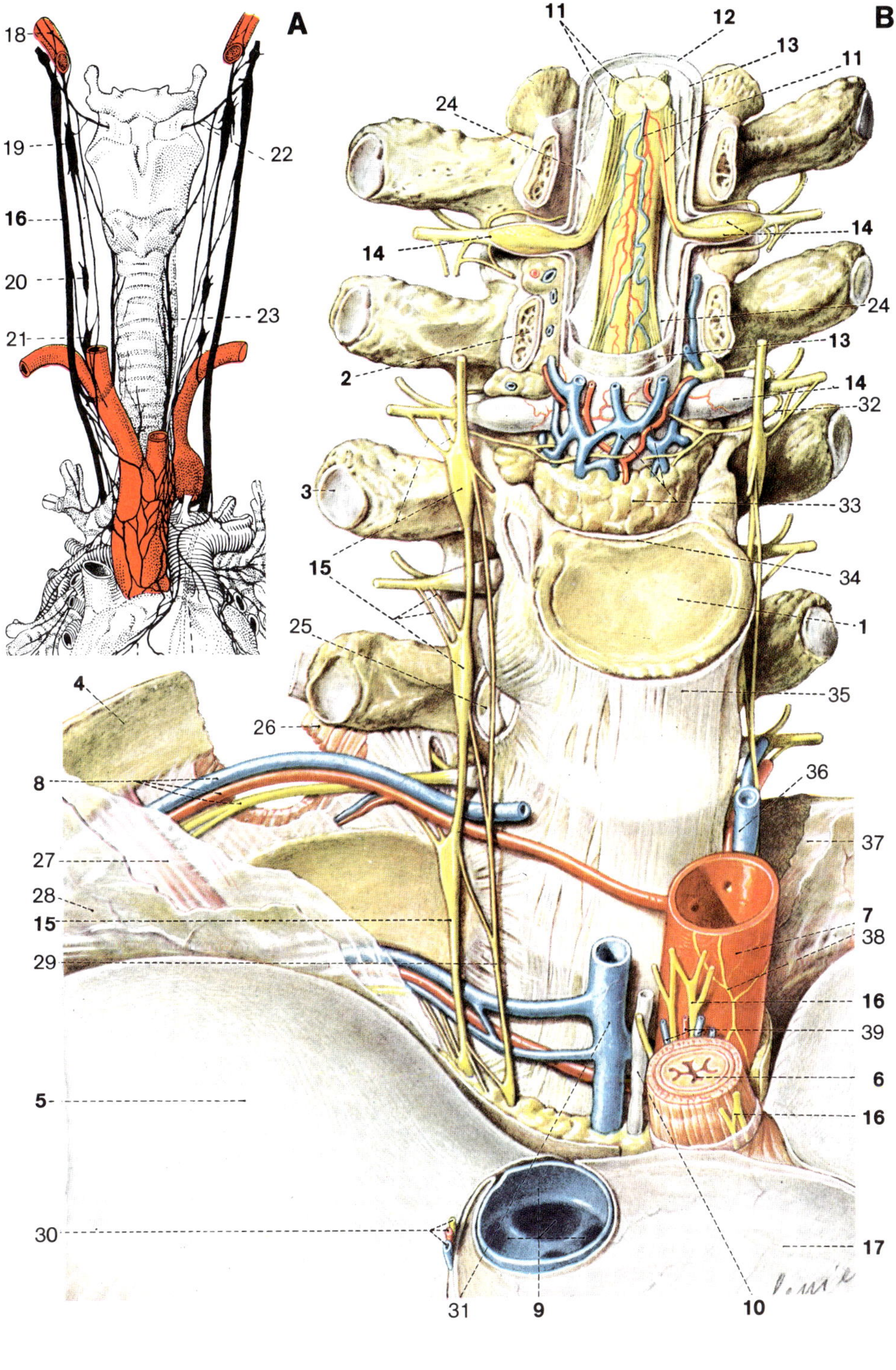
A
18
19
16
20
21
22
23
B
11
12
13
11
24
14
14
24
2
13
14
32
3
33
15
34
1
25
15
35
4
26
8
36
37
27
28
15
7
29
38
16
39
5
6
16
30
17
31
9
10

Moderne bildgebende Verfahren

- Ultraschalluntersuchung (Sonographie)
- Computertomographie (CT)
- Magnetbild (Magnetresonanztomographie = MRT, Kernspinresonanztomographie = NMR)

Die 3 genannten Verfahren haben in den letzten beiden Jahrzehnten bisher ungeahnte Möglichkeiten der Diagnostik eröffnet. Wegen der hohen Anschaffungskosten der Geräte haben sie aber auch nicht unwesentlich zur „Kostenexplosion im Gesundheitswesen" beigetragen.

Computertomographie

Bei der Computertomographie (abgekürzt CT) umkreisen die Röntgenröhre und ein ihr gegenüberstehendes Strahlenmeßgerät den Körper. Ein Computer errechnet aus den Meßdaten die Gewebedichten für ein Rasterbild, das dann auf einem Bildschirm wiedergegeben und abfotografiert wird. Man kann so nahezu beliebige Scheiben des Körpers abbilden („Tomogramm" = „Schnittbild").

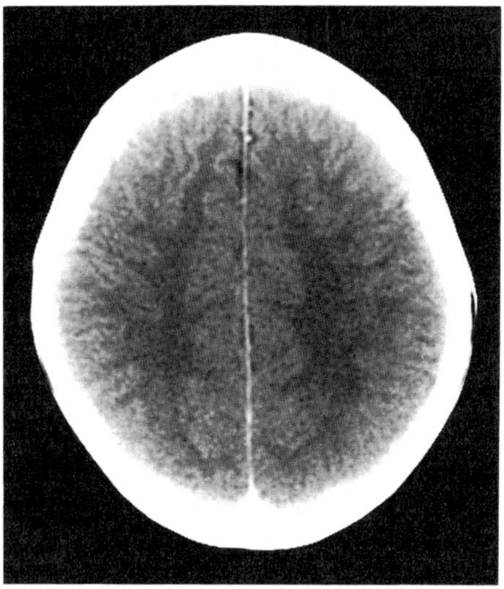

A

A-G Computertomogramme des Großhirns. Es sind 7 horizontale Schichten des Gehirns im Abstand von jeweils 1 cm dargestellt. Das Großhirnmark bildet sich dunkler ab als die Großhirnrinde, weil es besser strahlendurchlässig ist. Am dunkelsten sind die mit Hirnwasser gefüllten Räume (Hirnkammern und Subarachnoidealraum). Besonders hell sind der knöcherne Schädel (die eiförmige weiße Umrandung) und die bindegewebigen Scheidewände in der Schädelhöhle (Hirnsichel und Kleinhirnzelt). In die Blutgefäße ist ein Röntgenkontrastmittel eingespritzt worden, damit sie sich vom Hirngewebe abheben.

Weitere Computertomogramme des gleichen Kopfes ➥ S. 192 und 412 (horizontal durch die Schädelbasis) sowie 432-436 (frontal durch Gehirn und Rückenmark).

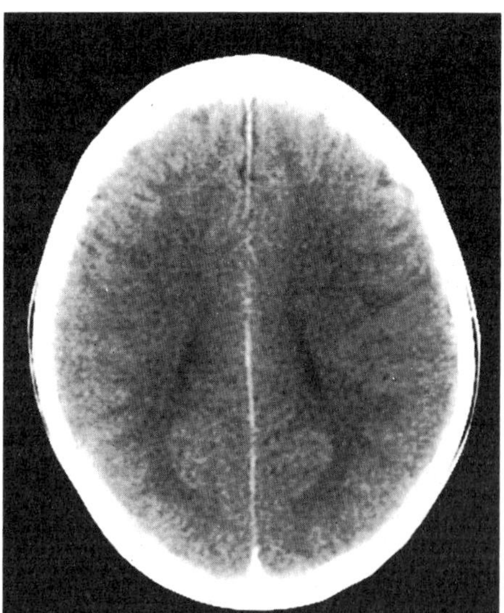

B

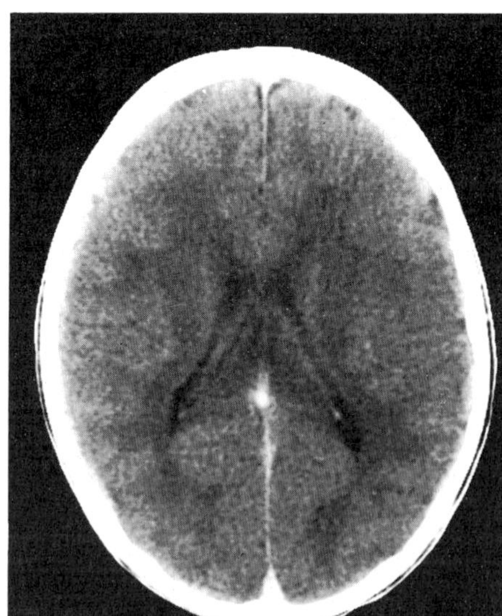

C

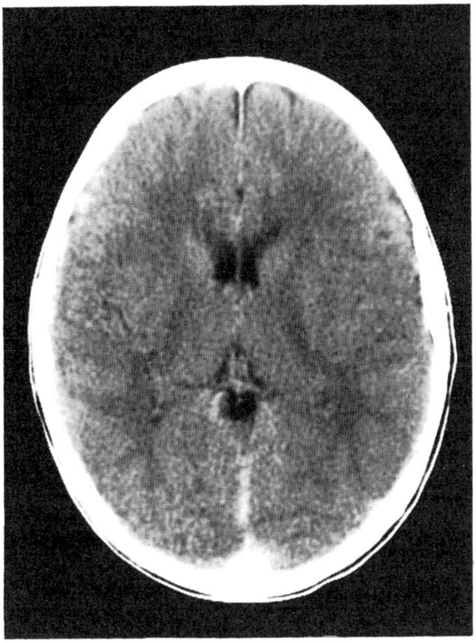

D

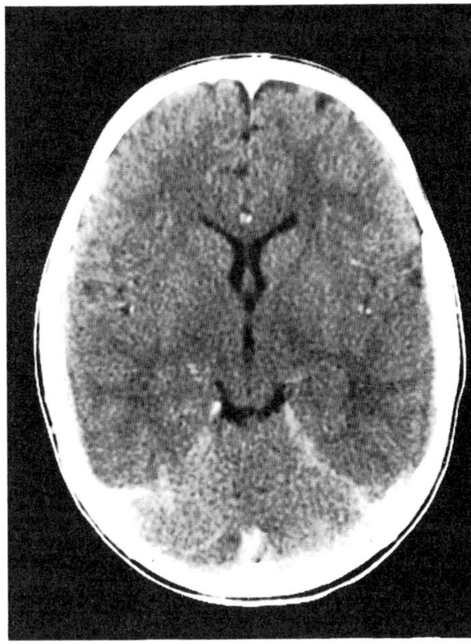

E

F

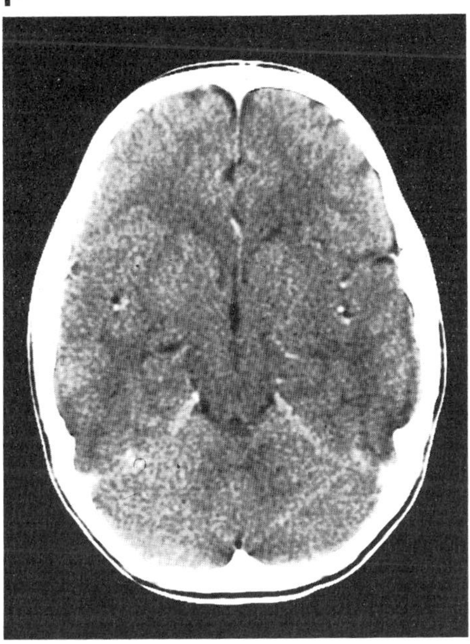

G

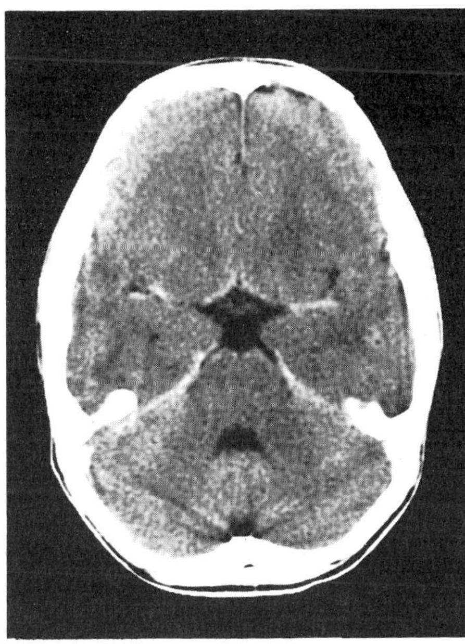

Magnetbild

Ähnlich wie bei der Computertomographie (CT, ➥ S. 464) wird bei der Magnetresonanztomographie (MRT, Kernspinresonanztomographie, NMR) das Bild einer Scheibe des Körpers im Computer errechnet. Die Meßdaten werden jedoch nicht mit Hilfe von Röntgenstrahlen, sondern über einen riesigen Magneten gewonnen. Vorteil: Es entfällt die Strahlenbelastung des Patienten. MRT und CT sind nicht identisch. Im MRT bildet sich z.B. anders als im Röntgenbild Fettgewebe weiß und kompakter Knochen dunkel ab. Luft- und Flüssigkeitsräume sind in beiden dunkel.

A-C Magnetresonanzschnittbilder des Körperstamms mit dem Zentralnervensystem.

A Medianschnitt durch den Oberkörper. Die rechte Hälfte des Bildes wird von der Wirbelsäule eingenommen. An ihrem S-förmig geschwungenem breiten Band kann man leicht 3 Zonen abgrenzen: Links im Bild die Wirbelkörper mit den Zwischenwirbelscheiben, in der Mitte der Wirbelkanal mit dem Rückenmark, rechts die Dornfortsätze mit Bändern und Muskeln. Links der Wirbelsäule folgen als dunkle Bereiche von oben nach unten der Rachen, die Luftröhre und die Herzhöhlen mit den großen Blutgefäßen, unter dem Herzen die hellere Leber.

B Schnitt durch den Unterkörper geringfügig neben der Körpermittelebene. Im Wirbelkanal ist überwiegend der hauptsächlich Fettgewebe enthaltende Epiduralraum getroffen.

C Schnitt durch den Kopf etwas seitlich der Körpermittelebene. Die Großhirnwindungen und -furchen sind deutlich zu erkennen (➥ S. 441).

D + E Frontalschnitte durch den Kopf. Man vergleiche mit den Computertomogrammen auf S. 432, 434 und 436. In den Magnetresonanzschnittbildern sind mehr Einzelheiten am Gehirn zu erkennen.

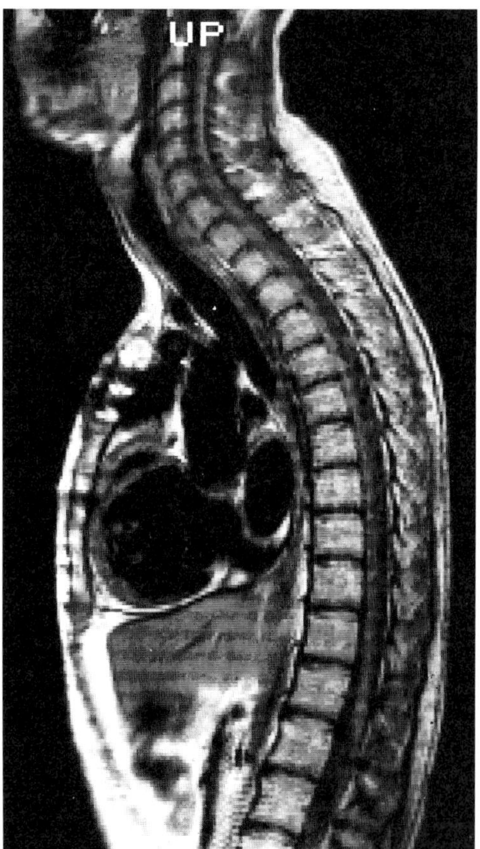

A

B

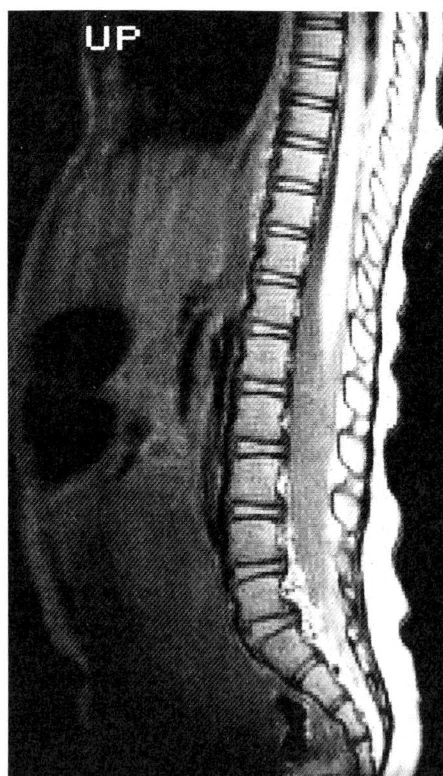

C

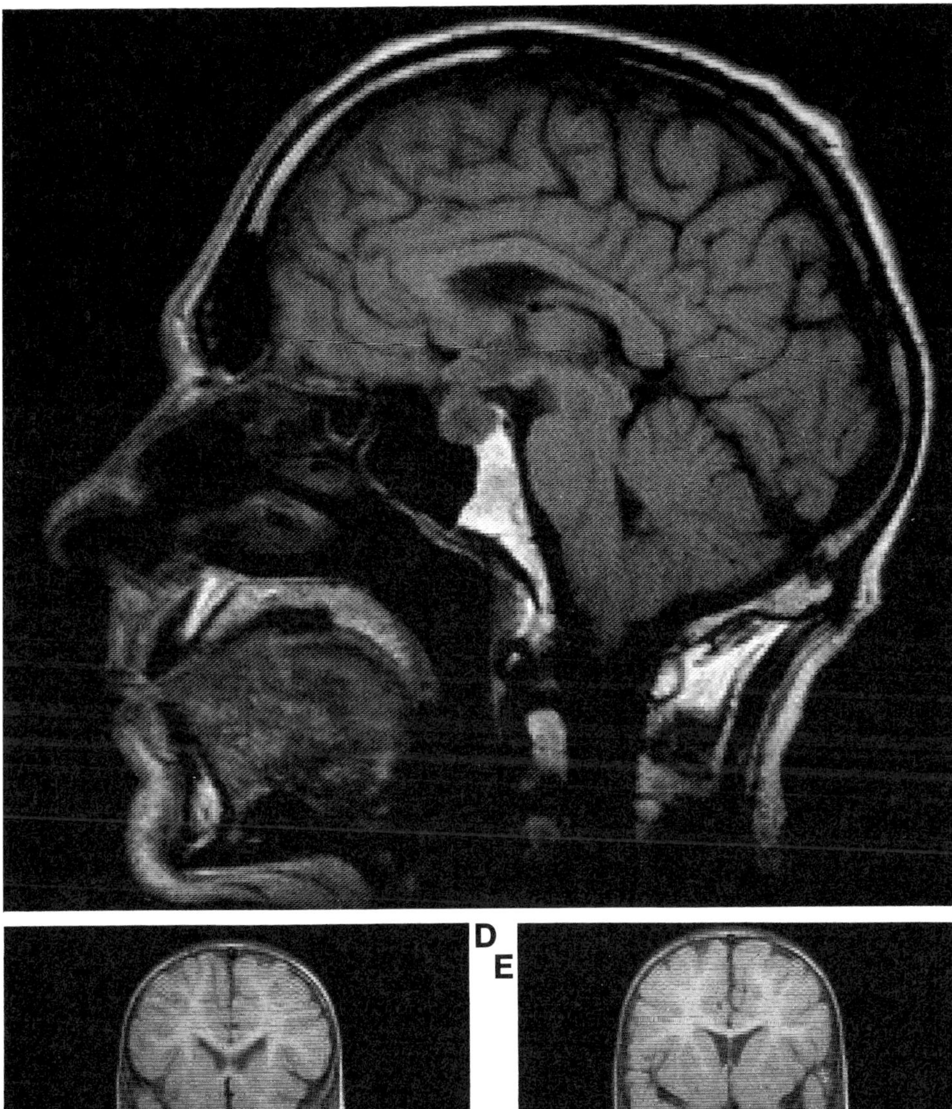

D

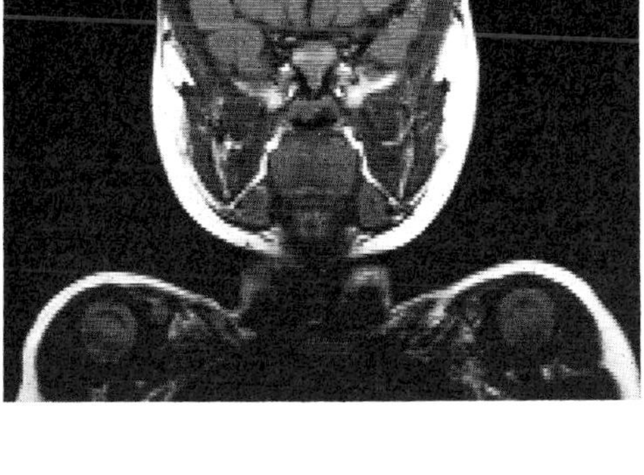

E

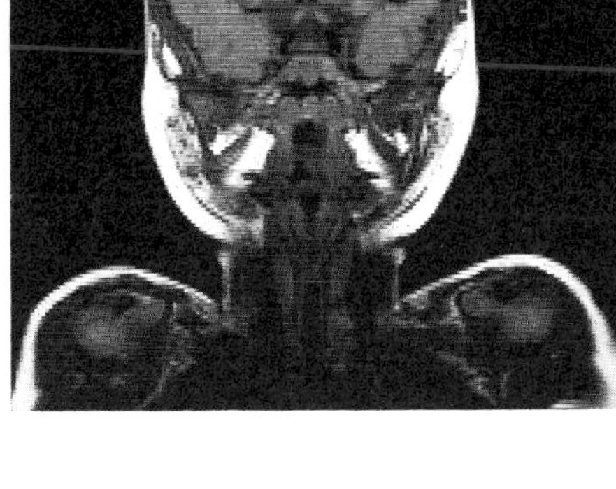

Ultraschallbild

Obwohl das Ultraschallbild auf den ersten Blick sehr viel vager als das Röntgenbild wirkt, hat die Ultraschalluntersuchung (Sonographie) jedoch wichtige Vorteile:

- Sie ist unschädlich und kann daher beliebig oft und beliebig lange ausgeführt werden. Während bei der Röntgenuntersuchung wegen der Strahlenbelastung meist nur ein Bild aufgenommen wird, kann der Arzt bei der Ultraschalluntersuchung den Schallkopf schwenken und neu aufsetzen und so kontinuierlich Hunderte von Bildern sehen, von denen dann einige wichtige als Dokumente fotografiert werden.
- Sie zeigt Dichteunterschiede in den Weichgeweben, die im Röntgenbild nicht oder nur mit zusätzlichem Aufwand und erhöhtem Risiko (Kontrastmittel) sichtbar gemacht werden können.
- Sie ermöglicht (als Doppler-Sonographie) sogar, die Blutströmung in den Blutgefäßen zu messen.

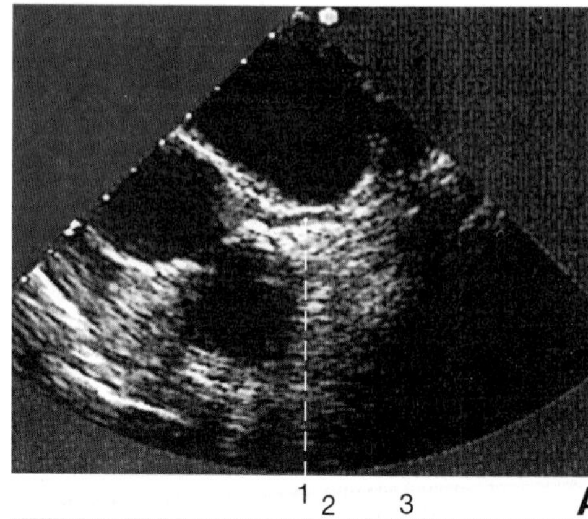

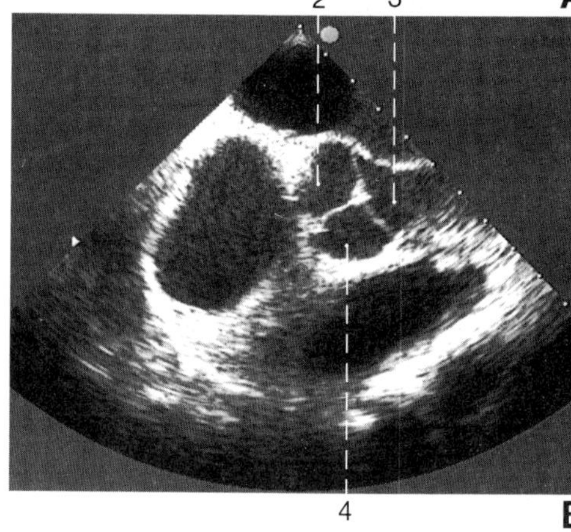

A + B Ultraschallbilder des Herzens von einem Schallkopf in der Speiseröhre aus (transösophageale Echokardiographie).
C Ultraschallbild der Leber von einem Schallkopf unterhalb des Rippenbogens (Subkostalschnitt).
D Ultraschallbild der Bauchaorta mit ihren großen Ästen (Längsschnitt nahe der Körpermittelebene).
E Ultraschallbild von Gallensteinen in der Gallenblase.
F Ultraschallbild der rechten Niere (Längsschnitt).
G Ultraschallbild der Beckenorgane einer jungen Frau (Längsschnitt).
H Ultraschallbild der Beckenorgane eines jungen Mannes (Querschnitt).

1	Linke Herzkranzschlagader	A. coronaria sinistra
2 - 4	Aortenklappe mit drei halbmondförmigen Taschen	Valva aortae; Valvulae semilunares
5	Größerer Ast der Pfortader	(V. portae hepatis)
6	Lebervenen	Vv. hepaticae
7	Untere Hohlvene	V. cava inferior
8	Linker Leberlappen	Lobus hepatis sinister
9	Stamm der Leber-, Milz- und Magenschlagadern	Truncus coeliacus
10	Bauchspeicheldrüse	Pancreas
11	Obere Gekröseschlagader	A. mesenterica superior
12	Gallensteine in der Gallenblase	(Vesica biliaris (fellea))
13	Schallschatten hinter den Gallensteinen	-
14	Unterer Nierenpol	Ren (Nephros), Extremitas inferior
15	Großer Lendenmuskel	M. psoas major
16	Zwerchfell	Diaphragma (thoraco-abdominale)
17	Oberer Nierenpol	Ren (Nephros), Extremitas superior
18	Muskelwand (des Gebärmutterkörpers)	Tunica muscularis (Myometrium)
19	Harnblase	Vesica urinaria
20	Schleimhaut (des Gebärmutterkörpers)	Tunica mucosa (Endometrium)
21	Gebärmutterhals	Cervix uteri
22	Scheide	Vagina
23	Vorsteherdrüse	Prostata (Glandula prostatica)

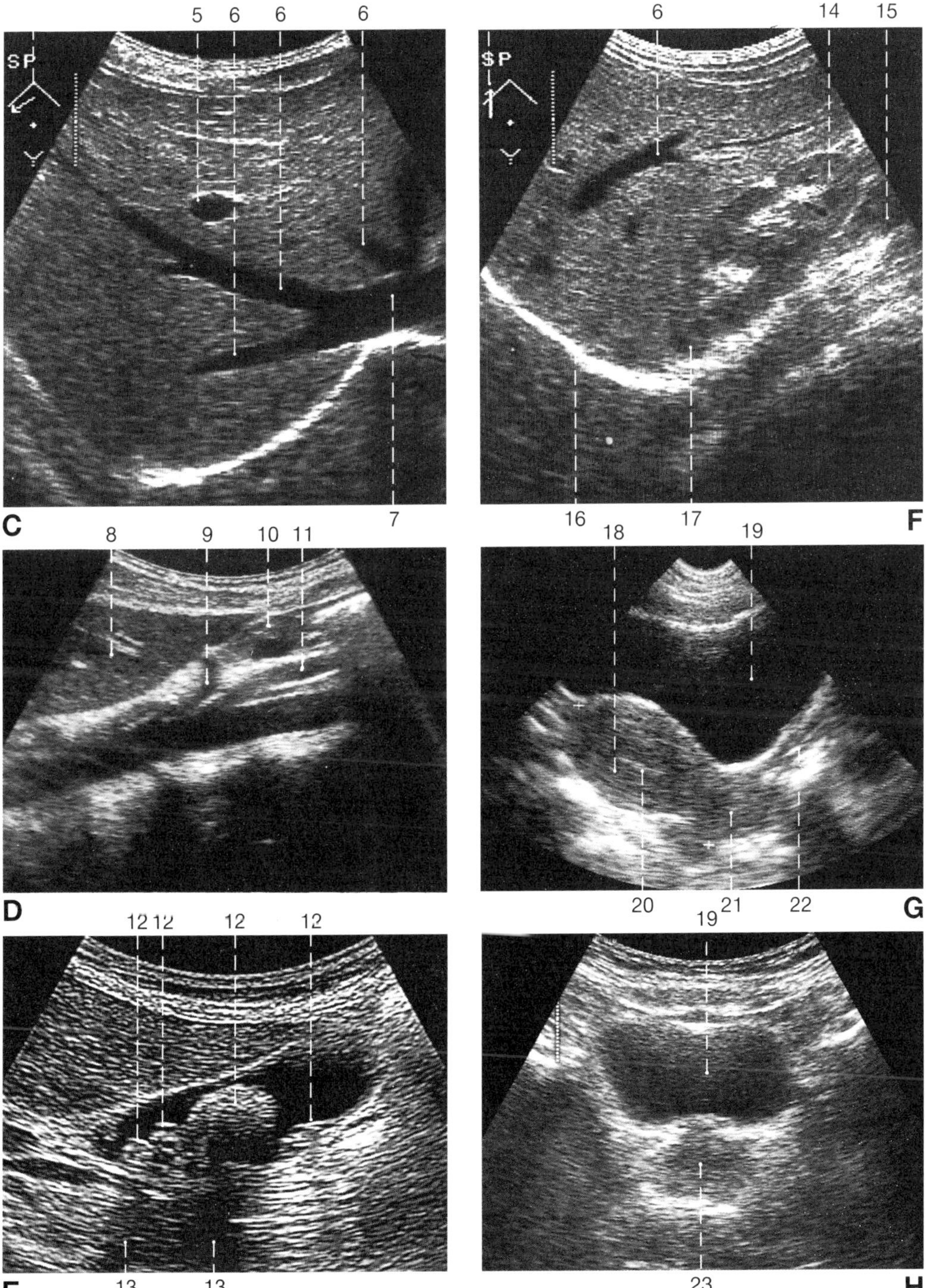
5 6 6 6
SP
7
C
6 14 15
SP
16 17
F
8 9 10 11
D
18 19
20 21 22
G
12 12 12 12
13 13
E
19
23
H

Wiederholungs- und Prüfungsfragen („Basiswissen")

1 Allgemeine Anatomie

1.1 Grundbegriffe

● **Was ist Anatomie?**
Anatomie ist die Lehre vom Bau des gesunden menschlichen Körpers.

● **Unter welchen Hauptgesichtspunkten kann man den Körperbau betrachten?**
① *Bausteine*: Zellen, Gewebe, Organe, Organsysteme (Zellenlehre = Zytologie, Gewebelehre = Histologie, mikroskopische und makroskopische Anatomie),
② *Lagebeziehungen*: topographische Anatomie,
③ *Entwicklung*: Entwicklungsgeschichte = Embryologie.

● **Zu welchen Organsystemen kann man die einzelnen Organe zusammenfassen?**
① *Bewegungsapparat*: Knochen, Gelenke, Muskeln.
② *Verdauungsorgane*: Mundhöhle (Lippen, Wangen, Zähne, Gaumen, Zunge, Speicheldrüsen), Rachen, Speiseröhre, Magen, Dünndarm, Dickdarm, After, Leber, Bauchspeicheldrüse.
③ *Hormondrüsen*: Hirnanhangsdrüse (Hypophyse), Schilddrüse, Nebenschilddrüsen, Inseln der Bauchspeicheldrüse, Nebennieren, Eierstöcke, Hoden.
④ *Atmungsorgane*: Nase mit Nebenhöhlen, Rachen, Kehlkopf, Luftröhre, Bronchen, Lungen.
⑤ *Harn- und Geschlechtsorgane*: Nieren, Harnleiter, Harnblase, Harnröhre, innere Geschlechtsorgane (Eierstöcke, Eileiter, Gebärmutter, Scheide - Hoden, Nebenhoden, Samenleiter, Samenblasen, Vorsteherdrüse), äußere Geschlechtsorgane (Kitzler, Schamlippen, Scheidenvorhof - Glied, Hodensack).
⑥ *Kreislauforgane*: Herz (mit Herzbeutel), Schlagadern (Arterien), Haargefäße (Kapillaren), Venen.
⑦ *Lymphatisches System*: Lymphgefäße, Lymphknoten, Thymus, Milz, Mandeln, schleimhautassoziiertes lymphatisches Gewebe.
⑧ *Haut*: mit Haaren, Nägeln, Schweiß-, Talg- und Milchdrüsen.
⑨ *Sinnesorgane*: Auge, Hör- und Gleichgewichtsorgan, Geschmacksknospen, Riechschleimhaut, Nervenendkörperchen.
⑩ *Nervensystem*: Zentralnervensystem (Gehirn, Rückenmark), periphere Nerven (Hirnnerven, Rükkenmarknerven), autonomes = vegetatives Nervensystem (Sympathikus, Parasympathikus, intramurales System).

● **Wie gliedert man den Körper topographisch?**
Kopf, Hals, Rumpf, Arme (obere Gliedmaßen), Beine (untere Gliedmaßen).

● **Welche Richtungsbegriffe verwendet man für die Hauptrichtungen im Körper?**
① Oben (kranial, superior) - unten (kaudal, inferior),
② vorn (ventral, anterior) - hinten = rückwärts (dorsal, posterior),
③ rechts (dexter) - links (sinister) bzw. zur Mitte zu (medial) - seitlich (lateral).

● **Welche zusätzlichen Richtungsbegriffe benutzt man nur bei den Gliedmaßen?**
① Rumpfnah (proximal) - rumpffern (distal),
② ellenseitig (ulnar) - speichenseitig (radial),
③ hohlhandseitig (palmar) - handrückenseitig (dorsal),
④ schienbeinseitig (tibial) - wadenbeinseitig (fibular),
⑤ fußsohlenseitig (plantar) - fußrückenseitig (dorsal).

● **Wie heißen die Hauptebenen des Körpers?**
① Frontalebenen (parallel zur Stirn),
② Transversalebenen (= Horizontalebenen),
③ Sagittalebenen (parallel zur Symmetrieebene = Medianebene).

● **Wer legt die Bezeichnungen für Organe usw. fest?**
① Die *lateinischen Bezeichnungen* für Zellen, Gewebe, Organe, Organsysteme usw. sind international vereinbart. Die Anatomen aus aller Welt entsenden Vertreter in ein Nomenklaturkomitee. Dieses überprüft, ergänzt und berichtigt die Bezeichnungen im Abstand einiger Jahre und veröffentlicht sie als Buch unter dem Namen Nomina anatomica. Es enthält rund 13 000 Bezeichnungen aus der Anatomie, Histologie und Embryologie.
② Die *deutschen Bezeichnungen* sind nicht festgelegt. Deshalb gibt es kleine Unterschiede zwischen verschiedenen Büchern.

● **Wie ändert sich die Körperform während des Wachstums?**
Das Neugeborene hat einen relativ großen Kopf und kurze Arme und Beine. Während des folgenden Wachstums bleibt der Kopf etwas zurück, während die Beine besonders rasch wachsen. Beim Neugeborenen macht der Kopf etwa 1/4 der gesamten Körperlänge aus, beim Erwachsenen nur 1/7 bis 1/10. Die Beinlänge beträgt beim Erwachsenen et-

wa die Hälfte der gesamten Körperlänge, beim Neugeborenen nur etwa ein Viertel.

● **Warum ist der Kopf beim Kleinkind so groß**?
Weil das Gehirn im Wachstum den anderen Organen vorauseilt und beim Dreijährigen schon nahezu seine Endgröße erreicht hat.

● **Wie unterscheiden sich der Körper der Frau und der des Mannes**?
Abgesehen von den Geschlechtsorganen entwickeln sich der weibliche und der männliche Körper nach dem gleichen Bauplan. Beim Vergleich einer größeren Anzahl erwachsener Frauen und Männer findet man aber Unterschiede in den Mittelwerten:
① Körperlänge und Körpergewicht der Frau sind geringer, dementsprechend sind auch die meisten Organe etwas kleiner.
② Das Unterhautfettgewebe der Frau ist dicker, deshalb treten Muskeln und Knochen nicht so stark hervor.
③ Das Becken der Frau ist breiter, die Schultern sind schmäler als beim Mann.
④ Die Brustdrüsen der Frau sind größer.
⑤ Der Kehlkopf der Frau ist kleiner, deshalb ist ihre Stimme höher.
⑥ Der Körper der Frau ist schwächer behaart. Die Obergrenze des Schamhaars verläuft bei der Frau horizontal, beim Mann steigt sie spitz zum Nabel auf.

● **Was besagt die Neunerregel**?
Die Neunerregel dient dem groben Abschätzen des Anteils der verbrannten Haut an der gesamten Körperoberfläche bei schweren Verbrennungen:
① Je 9 % der Körperoberfläche entfallen auf den Kopf und einen Arm.
② Je 2 x 9 = 18 % machen die Rumpfvorderseite, die Rumpfrückseite und ein Bein aus.
③ Das restliche 1 % weist man den äußeren Geschlechtsorganen zu.
④ Die Neunerregel gilt nur für Erwachsene. Bei Kindern entfällt ein geringerer Prozentsatz auf Arme und Beine, dafür ein größerer auf den Kopf.

● **Was sind Varietäten und Mißbildungen**?
Die Körper verschiedener Menschen sind nicht völlig übereinstimmend gebaut. Es bestehen Unterschiede in der Form der Organe, in der Verzweigung von Blutgefäßen usw. Die Abweichungen von der Norm (dem häufigsten Fall) nennt man:
① *Varietäten*, wenn sie für den betreffenden Menschen belanglos sind,
② *Mißbildungen*, wenn sie die Aufgaben des Körpers behindern.

● **Was versteht man unter inneren Organen**?
Dieser vielverwendete Begriff ist nicht ganz eindeutig. Mögliche Definitionen sind:
① die in der Leibeshöhle (Brust-, Bauch- und Beckenhöhle) liegenden Organe,
② Kopf-, Hals-, Brust-, Bauch- und Beckeneingeweide,
③ alles was nicht zum Bewegungsapparat oder zur Haut gehört,
④ Verdauungsorgane, Hormondrüsen, Atmungsorgane, Harn- und Geschlechtsorgane, Kreislauforgane und lymphatische Organe.

● **Was ist die Leibeshöhle**?
Die Leibeshöhle ist der von der Leibeswand umschlossene Hohlraum im Rumpf, der von Eingeweiden gefüllt wird. Die Leibeshöhle wird in Brust-, Bauch- und Beckenhöhle gegliedert.

● **Wie werden Brust-, Bauch- und Beckenhöhle voneinander getrennt**?
① Brust- und Bauchhöhle sind durch das Zwerchfell geschieden.
② Bauch- und Beckenhöhle sind nicht gegeneinander verschlossen. Sie bilden im Grunde eine gemeinsame Höhle. Der im kleinen Becken liegende Anteil wird Beckenhöhle, der darüber liegende Teil Bauchhöhle genannt.

● **Welche Organe liegen in der Brusthöhle**?
① *Herz* mit den großen Blutgefäßen (Lungenschlagadern, Lungenvenen, Brustaorta, obere Hohlvene und deren Äste),
② *Lungen* mit dem unteren Abschnitt der Luftröhre und dem Bronchialbaum,
③ Brustabschnitt der *Speiseröhre*,
④ *Thymus* (Bries),
ferner: Lymphknoten und Lymphgefäße (z.B. Milchbrustgang), Nerven (z.B. Vagus, Grenzstrang des Sympathikus).

● **Welche Organe liegen in der Bauchhöhle**?
① Magen und Darm: gesamter Dünndarm und Großteil des Dickdarms (Blinddarm mit Wurmfortsatz, aufsteigender, querer und absteigender Teil des Grimmdarms),
② große Verdauungsdrüsen: Leber mit Gallenwegen, Bauchspeicheldrüse,
③ Nieren mit Bauchabschnitten der Harnleiter,
④ Nebennieren,
⑤ Milz,
ferner Blutgefäße (Bauchaorta, untere Hohlvene und Pfortader mit ihren Ästen), Lymphgefäße und Lymphknoten, Nerven (z.B. Vagus, Grenzstrang des Sympathikus, autonome Nervenknoten).

● **Welche Organe liegen in der Beckenhöhle**?
① *Harnblase* mit den unteren Abschnitten der Harnleiter und dem oberen Abschnitt der Harnröhre,

② *Mastdarm* mit dem unteren Abschnitt des S-förmigen Grimmdarms,
③ *innere Geschlechtsorgane*: bei der Frau Eierstöcke, Eileiter, Gebärmutter und Scheide, beim Mann Beckenabschnitte der Samenleiter, Samenblasen und Vorsteherdrüse,
④ ferner Blut- und Lymphgefäße, Lymphknoten und Nerven. Da Bauch- und Beckenhöhle nicht scharf voneinander getrennt sind, kann gelegentlich auch eine Dünndarmschlinge in die Beckenhöhle herabhängen.

1.2 Zelle

● **Warum wird die Zelle als kleinste funktionelle Einheit des Körpers bezeichnet**?
Jede Zelle besitzt in ihrem Zellkern alle Erbanlagen des gesamten Körpers. Jede Zelle ist grundsätzlich zu allen Zelleistungen fähig, wie Eiweiß- und Fettaufbau, Energiegewinnung aus Nahrungsstoffen, Zellteilung. Zellen können unabhängig vom Körper in der Gewebekultur weiterleben und sich sogar vermehren. Allerdings spezialisieren sich viele Zellen während ihres Lebens auf einzelne Aufgaben und „verlernen" dabei die übrigen Fähigkeiten.

● **Was sind die beiden Hauptteile jeder Zelle**?
① Der *Zellkern* (= Nukleus) enthält die Erbanlagen in den Chromosomen.
② Der *Zelleib* (= Zytoplasma) enthält die winzigen Zellorgane = Organellen und das „Zellskelett" aus feinen Fädchen und Röhrchen. Er ist von der äußeren Zellmembran umgeben.

● **Was sind die wichtigsten Organellen**?
Mitochondrien, Ribosomen, endoplasmatisches Retikulum, Golgi-Apparat, Lysosomen.

● **Wozu dienen die Mitochondrien**?
Sie sind die „Kraftwerke" der Zelle. Mit Hilfe des vom Blut angelieferten Sauerstoffs werden in ihnen Kohlenhydrate und Fette bzw. deren Spaltprodukte zu Kohlendioxid und Wasser verbrannt. Dabei wird die für die übrigen Zelleistungen nötige Energie gewonnen.

● **Wozu dienen die Ribosomen**?
In ihnen wird aus Aminosäuren Eiweiß = Protein aufgebaut. Das Ribosom erhält vom Zellkern in Form der Boten-Ribonucleinsäure (mRNS) eine Art Schablone für das Zusammenfügen der richtigen Aminosäuren in der richtigen Reihenfolge. Die Ribosomen liegen einzeln oder in Gruppen im Zelleib oder sind an das endoplasmatische Retikulum angelagert.

● **Wozu dient das endoplasmatische Retikulum**?
Das endoplasmatische Retikulum ist ein Netzwerk von Röhrchen, Bläschen und flachen Hohlräumen. Es kommt in 2 Formen vor:
① Das *rauhe endoplasmatische Retikulum* ist mit Ribosomen bedeckt, die Eiweiße herstellen.
② Im *glatten endoplasmatischen Retikulum* werden Fette = Lipide aufgebaut.

● **Wozu dient der Golgi-Apparat**?
Er ist eine Art „Kartonfabrik": In ihm werden Membranen erzeugt. Diese benutzt er z.B., um Absonderungen der Zelle (Sekrete) zu umgeben. Diese Sekrete, z.B. Hormone, Verdauungssäfte, werden dann als membranumhüllte Bläschen durch die Zelle befördert. Das Bläschen verschmilzt mit der äußeren Zellmembran und entleert seinen Inhalt in die Umgebung der Zelle, z.B. in einen Drüsenausführungsgang. Die Membran wird wiederverwendet („recycelt"). Im Golgi-Apparat werden z.T. Kohlenhydrate den Sekreten beigefügt.

● **Wozu dienen die Lysosomen**?
Sie sind die „Verdauungsorgane" der Zelle: Sie enthalten mehr als 40 Arten von Verdauungsenzymen, mit denen sie in die Zelle aufgenommene Fremdkörper, Bakterien usw., aber auch verbrauchte Organellen auflösen.

● **Wie sind Zellmembranen gebaut**?
Alle Zellmembranen (äußere Zellmembran, Membranen der Organellen) sind nach dem gleichen Schema gebaut („Einheitsmembran"). Im Elektronenmikroskop sieht man einen Dreischichtenbau: 2 dunkle Streifen werden durch einen hellen getrennt. Die Zellmembranen bestehen hauptsächlich aus Phospholipiden, Cholesterin und Eiweiß.

● **Welche Typen von Zellfortsätzen unterscheidet man**?
① *Unbewegliche*: z.B. den Bürstensaum der Deckzellen der inneren Darmoberfläche zur Oberflächenvergrößerung (raschere Stoffaufnahme).
② *Bewegliche*: z.B. die Flimmerhaare der Deckzellen der Atemwege (Transport von Schleim).

● **Wie ist der Zellkern gebaut**?
Der Zellkern enthält die Erbanlagen (Gene) in Form von Desoxyribonucleinsäure (DNS) in den Chromosomen. Diese sind jedoch nur während der Zellteilung zu sehen. In der übrigen Zeit sind die DNS-Stränge entspannt. Der Zellkern ist von der Kernhülle umschlossen. Diese hat zahlreiche Löcher (Kernporen), die dem Stoffaustausch dienen. Viele Zellkerne enthalten ein oder mehrere Kernkörperchen. Dies sind sehr dichte, rundliche Gebil-

de, in denen Ribosomenbestandteile aufgebaut werden.

● **Wie entstehen Zellen**?
Zellen entstehen immer nur aus Zellen. Sie werden im Körper niemals aus Einzelteilen zusammengestellt, sondern sind immer das Ergebnis einer Zellteilung. Jede Zelle des Körpers stammt in direkter Linie von der befruchteten Eizelle ab. Bei der Zellteilung erhält jede Zelle (ausgenommen die Keimzellen) unabhängig von ihren besonderen Aufgaben den vollständigen Satz von Erbanlagen des Körpers.

● **Was versteht man unter Zellzyklus**?
Die Lebenszeit einer Zelle beginnt mit der Zellteilung, bei der sie entsteht. Sie endet mit der Zellteilung, in der sie sich selbst in 2 Tochterzellen teilt (oder mit dem Zelltod). Vor der eigentlichen Zellteilung muß der Bestand an DNS verdoppelt werden, damit jede Tochterzelle den vollen Satz an Chromosomen erhalten kann. Dementsprechend vollzieht sich das Leben einer Zelle (der Zellzyklus) in 4 Phasen:
① *G_1-Phase*: Die aus der Zellteilung hervorgegangene Zelle wächst zur vollen Größe heran und führt ihre besonderen Aufgaben aus. Diese Phase macht die längste Zeitspanne im Leben der meisten Zellen aus.
② *S-Phase*: Die DNS wird verdoppelt.
③ *G_2-Phase*: meist nur kurze Zwischenphase.
④ *M-Phase*: Zellteilung (Mitose), bei der 2 neue Zellen entstehen.

● **Wie läuft eine Zellteilung ab**?
Die Zellteilung (Mitose) ist in 4 Phasen zu gliedern:
① *Prophase* (Knäuelstadium): Die (bereits verdoppelte!) DNS knäuelt sich auf. Dadurch werden die Chromosomen sichtbar. Alle Chromosomen teilen sich längs zu Tochterchromosomen.
② *Metaphase* (Bildung des Muttersterns): Die Tochterchromosomen ordnen sich in einer Platte am Zelläquator an. Sie sind mit den Polkörperchen an den entgegengesetzten Polen der Zelle durch eine Spindel aus feinen Fädchen verbunden.
③ *Anaphase* (Auseinanderrücken der Kernhälften): Von jedem Tochterchromosomenpaar wird ein Chromosom von der Spindel zu seinem Polkörperchen gezogen.
④ *Telophase* (Endphase): Die Chromosomen verschwinden. Die Tochterkerne umgeben sich mit einer Kernmembran. Die Zelle schnürt sich am Äquator durch. Dabei wird meist der Zelleib zu etwa gleichen Teilen auf die beiden Tochterzellen verteilt.

● **Wodurch unterscheiden sich die Reifeteilungen von normalen Zellteilungen**?
Bei der Befruchtung verschmelzen eine Eizelle und eine Samenzelle. Hätte jede der beiden Keimzellen den vollen Bestand an Chromosomen, so müßte die befruchtete Eizelle dann den doppelten Bestand haben. Um dies zu verhindern, unterbleibt bei der Bildung der Keimzellen die Verdoppelung der DNS. Jede reife Keimzelle verfügt daher nur über einen halben Chromosomensatz. Die beiden Zellteilungen, aus denen die reifen Keimzellen mit dem halben Chromosomensatz hervorgehen, nennt man Reifeteilungen.

● **Warum können Kinder gleicher Eltern so unterschiedlich sein**?
Im Gegensatz zu den übrigen Körperzellen haben die Keimzellen unterschiedliche Bestände an Erbanlagen. Bei den Reifeteilungen werden die von Mutter oder Vater erhaltenen Erbanlagen mehr oder weniger willkürlich auf die Keimzellen verteilt. Bei der hohen Zahl menschlicher Erbanlagen ist es sehr wenig wahrscheinlich, daß zwei Keimzellen die gleiche Zusammenstellung der Erbanlagen erhalten. Nur eineiige Zwillinge sind erbgleich, weil sie beide aus der gleichen befruchteten Eizelle entstehen.

● **Was versteht man in der Anatomie unter Gewebe**?
Gewebe sind Verbände gleichartiger Zellen. Zellen sind sehr klein (mittlerer Durchmesser etwa 1/50 bis 1/100 mm). Deshalb müssen sich meist viele gleichartige Zellen zusammenschließen, um eine Aufgabe erfüllen zu können.

● **Wieviel Grundgewebe gibt es und wodurch sind sie gekennzeichnet**?
① *Deckgewebe* (Epithel): Dicht aneinandergelagerte Zellen überziehen die inneren und äußeren Oberflächen des Körpers.
② *Bindegewebe*: Die Zellen sind von einer Zwischenzellsubstanz umgeben, die Fasern enthält.
③ *Muskelgewebe*: Die Zellen können sich kraftvoll zusammenziehen.
④ *Nervengewebe*: Die Zellen vermögen Nachrichten zu verarbeiten und über ihre Fortsätze an andere Zellen weiterzugeben.

1.3 Deckgewebe

● **Wie kann man die Deckgewebe einteilen**?
① Nach der *Zahl der Zellschichten*: einschichtige und mehrschichtige Deckgewebe.
② Nach der *Gestalt der Zellen* in der obersten Zellschicht: plattes, würfelförmiges, säulenförmiges Deckgewebe.

③ Nach *Besonderheiten der Oberfläche*: Flimmerhaare, Hornschicht usw.

● **Nach welchen Gesichtspunkten verwendet der Körper die einzelnen Deckgewebe?**
① *Zellform*: Flache (platte) Zellen dienen nur dem Abgrenzen und Abdichten. Hohe (säulenförmige) Zellen enthalten mehr Organellen und erfüllen damit zusätzliche Aufgaben, z.B. Stoffaufnahme oder Stoffabgabe.
② *Zahl der Zellschichten* und *Verhornung*: je nach der Stärke des Abriebs.

● **Nennen Sie Beispiele für die einzelnen Deckgewebearten!**
① Einschichtiges plattes Deckgewebe: Innenseite der Blutgefäßwand, Bauchfell, Brustfell usw.
② Einschichtiges würfelförmiges Deckgewebe: Ausführungsgänge vieler Drüsen.
③ Einschichtiges säulenförmiges Deckgewebe: Innenauskleidung von Magen und Darm.
④ Einschichtiges säulenförmiges Deckgewebe mit Flimmerhaaren: Eileiter. Als „mehrreihiges" Deckgewebe in den Atemwegen (die Zellkerne liegen in mehreren Reihen übereinander und täuschen dadurch mehrere Zellschichten vor).
⑤ Mehrschichtiges plattes Deckgewebe: Mundhöhle, Rachen, Speiseröhre, Afterkanal, Scheide.
⑥ Mehrschichtiges verhorntes plattes Deckgewebe: Haut.
⑦ Übergangsepithel: Bei diesem mehrschichtigen Deckgewebe ist die oberste Zellschicht je nach Dehnung platt bis würfelförmig. Es kommt nur in den Harnwegen vor.

● **Was versteht man unter Drüsenzellen?**
Drüsenzellen sind Deckzellen mit der Fähigkeit, bestimmte Stoffe aufzubauen und abzusondern. Drüsenzellen können einzeln in einem Deckgewebe liegen, z.B. die Becherzellen der Darmwand und der Atemwege. Sie können sich aber auch in kleinerer oder größerer Zahl zu Organen zusammenschließen, die man Drüsen nennt.

● **Welche 2 Hauptgruppen von Drüsen gibt es?**
① Drüsen *mit Ausführungsgang*: Sie geben ihre Absonderungen (Sekrete) an eine innere oder äußere Oberfläche des Körpers ab (äußere Sekretion).
② Drüsen *ohne Ausführungsgang*: Sie geben ihre Absonderung in das Blut ab (innere Sekretion). Das Sekret nennt man Hormon, die Drüsen dementsprechend Hormondrüsen.

● **Wie kann man die Drüsen mit Ausführungsgang einteilen?**
① Nach der *Anordnung der Drüsenzellen* in schlauchförmige, beerenförmige und bläschenförmige Drüsen.
② Nach der *Art der Absonderung* in seröse (dünnflüssige Absonderung) und muköse (schleimige) Drüsen.
③ Nach der *Art der Stoffabgabe*: Die meisten Drüsen geben ihr Sekret frei an der Zelloberfläche ab, z.B. Schweiß, Speichel. Manche Sekrete werden jedoch mit Membranen umhüllt, so daß ein Teil der Zelle mit verlorengeht, z.B. Milch, Duftstoffe. In den Talgdrüsen schließlich wandeln sich die Zellen vollständig in ihr Sekret um und werden somit vollständig abgestoßen.

1.4 Bindegewebe

● **Woraus besteht die Zwischenzellsubstanz der Bindegewebe?**
Aus der Grundsubstanz und den Fasern:
① Die *Grundsubstanz* ist ein gestaltloser halbflüssiger Stoff aus kompliziert gebauten Kohlenhydraten und Eiweißen (Glycosaminoglycanen und Proteoglycanen).
② Die *Fasern* sind verantwortlich für die mechanische Belastbarkeit des Bindegewebes. Man unterscheidet 2 Hauptbaustoffe: Collagen (mit 5 Untertypen für die verschiedenen Arten zugfester Fasern) und Elastin (gummiähnlich).

● **Welches sind die wichtigsten Arten des Bindegewebes im engeren Sinn?**
① *Primitives* Bindegewebe: zellreich, kaum Fasern. Es ist die Urform des Bindegewebes, aus dem die übrigen Bindegewebe hervorgehen.
② *Lockeres* Bindegewebe: als Füllstoff zwischen den organspezifischen Geweben in vielen Organen.
③ *Dichtes unregelmäßiges* Bindegewebe: Die zugfesten Fasern bilden ein dichtes Geflecht, z.B. in der Lederhaut.
④ *Dichtes regelmäßiges* Bindegewebe: Die zugfesten Fasern liegen überwiegend parallel nebeneinander, z.B. in Sehnen und Bändern.
⑤ *Elastisches* Bindegewebe: Elastische Fasern findet man in den meisten Bindegeweben, besonders reichlich jedoch in den hinteren Bändern der Wirbelsäule und in der Mittelschicht der herznahen Schlagadern.
⑥ *Retikuläres* Bindegewebe: Die zarten Reticulinfasern (Collagen Typ III) bilden das Stützgerüst vieler zellreicher Organe.

● **Welche Gewebe rechnet man im weiteren Sinn zu den Bindegeweben?**
① *Fettgewebe*: Die Fettzellen speichern Fett in ihrem Zelleib.
② *Knorpel*: Die Grundsubstanz ist besonders fest.
③ *Knochen*: In die Grundsubstanz sind Kristalle aus Calcium- und Magnesiumsalzen eingelagert, um die Steifigkeit zu vergrößern.

④ Sonderfall *Blut*: Die Blutzellen leiten sich von Bindegewebezellen ab. Die „Grundsubstanz" ist flüssig (Blutserum). Die Fasern (Fibrin) werden erst bei der Blutgerinnung sichtbar.

● **Welche Aufgaben hat das Fettgewebe**?
① *Speicherfett*: Etwa 250 g Fettgewebe entsprechen dem Energiebedarf des Körpers für einen Tag. Ein normalgewichtiger Europäer mittlerer Größe hat in seinem Körper etwa 10 kg Fettgewebe. Er könnte damit etwa 6 Wochen ohne Nahrungsaufnahme leben (ohne schwere Arbeit und bei genügender Wasserzufuhr). Speicherfett findet man vor allem in der Unterhaut und unter dem Bauchfell.
② *Baufett*: Fettgewebe dient an verschiedenen Stellen des Körpers als Polster, z.B. Gesäßgegend (der Dicke sitzt weicher), um die Niere (die Niere „schwimmt" gegen Stöße geschützt im Fett), in der Wange des Neugeborenen (versteift diese, damit sie beim Saugen nicht einfällt).
③ Sonderform *„braunes" Fettgewebe*: Es scheint für die Regelung der Körpertemperatur der winterschlafenden Tiere wichtig zu sein. Beim Menschen kommt es nur beim Neugeborenen in nennenswertem Umfang vor.

● **Welche Gewebe faßt man unter dem Begriff Stützgewebe zusammen**?
Knorpel- und Knochengewebe. Knorpel ist druckfest, aber biegsam, Knochen druck- und biegefest.

● **Welche Arten des Knorpelgewebes gibt es**?
① *Hyaliner Knorpel*: Er enthält zugfeste Fasern. Diese haben die gleiche Lichtbrechung wie die Knorpelgrundsubstanz und sind deshalb normalerweise nicht sichtbar. Hyaliner Knorpel ist die im Körper am häufigsten verwandte Knorpelform, z.B. Rippenknorpel und Gelenkknorpel.
② *Faserknorpel*: Er ist besonders faserreich. Man kann ihn auch als Übergangsform zwischen hyalinem Knorpel und straffem Bindegewebe ansehen. Er ist z.B. Bauteil der Zwischenwirbelscheiben und der Schambeinfuge.
③ *Elastischer Knorpel*: Er enthält elastische Fasern. Er kommt z.B. in der Ohrmuschel und im Kehldeckel vor.

● **Wodurch unterscheiden sich Knorpel- und Knochengewebe**?
① Knochengewebe enthält reichlich anorganische Kristalle, vor allem Calciumphosphat als Hydroxylapatit. Gemeinsam mit den zugfesten Fasern bedingen diese die hohe Druck- und Biegefestigkeit des Knochens.
② Knochengewebe ist reich durchblutet. Es dient auch dem Calciumstoffwechsel.

● **Welche Haupttypen des Knochengewebes gibt es**?
① *Geflechtknochen*: Die zugfesten Fasern sind unregelmäßig durchflochten.
② *Lamellenknochen*: Die zugfesten Fasern sind in parallelen Lagen angeordnet.
Bei der Knochenentwicklung entsteht zunächst Geflechtknochen. Er wird später meist in Lamellenknochen umgebaut.

● **Was sind Osteone**?
Osteone sind schlanke Säulen aus Lamellenknochen. In ihrer Mitte verläuft jeweils ein Blutgefäß. Um dieses sind schießscheibenartig Knochenlamellen gewickelt. Osteone liegen in großer Zahl parallel nebeneinander in der dichten Rindenschicht der langen Knochen. Die Lücken zwischen den Osteonen werden von „Schaltlamellen" gefüllt.

1.5 Blut

● **Woraus besteht Blut**?
Etwa je zur Hälfte aus:
① *Blutzellen*: rote und weiße Blutkörperchen, Blutplättchen,
② *Blutplasma*: als flüssige „Zwischenzellsubstanz". Es enthält etwa 0,3 % des Eiweißes Fibrinogen, das bei der Blutgerinnung als Fibrin Fasern bildet. Der nach dem Ausfällen des Fibrins übrigbleibende Teil des Blutplasmas heißt Blutserum.

● **Was versteht man unter Hämatokrit**?
Hämatokrit nennt man den Anteil der Blutzellen am Gesamtblut. Er beträgt durchschnittlich 0,45 (45 %). Die Schwankungsbreite des Normalen ist groß (0,35-0,55). Der Hämatokrit wird durch Zentrifugieren von Blutverdünnungen bestimmt.

● **Wieviel Blut hat der Mensch**?
Das normale Blutvolumen beträgt bei der Frau etwa 6,5 % des Körpergewichts, beim Mann 7 %, beim Säugling 8 %. Demnach hat eine 50 kg schwere Frau etwa 3,25 l, ein 71 kg schwerer Mann etwa 5 l und ein 5 kg schwerer Säugling etwa 0,4 l Blut.

● **Welche Aufgaben haben die roten Blutkörperchen**?
Sie transportieren die Blutgase (Sauerstoff und Kohlendioxid) mit Hilfe des roten Blutfarbstoffs (Hämoglobin). Dieser macht etwa 1/3 des Gewichts eines roten Blutkörperchens aus. Sauerstoff wird in den Lungenkapillaren aufgenommen und mit dem Blut zu allen Körperzellen befördert. Dort wird er von den Mitochondrien benötigt, um Nahrungsstoffe zu Kohlendioxid und Wasser zu verbrennen. Dabei wird die für die Lebensvorgänge nötige

Energie gewonnen. Das Kohlendioxid wird vom Blut zu den Lungen zurücktransportiert. Das sauerstoffreiche („arterielle") Blut ist hellrot, das sauerstoffarme („venöse") ist dunkelrot.

● **Wie sind die roten Blutkörperchen gebaut**?
Die roten Blutkörperchen (Erythrozyten) sind runde Scheibchen von etwa 7,5 µm Durchmesser und 2 µm Dicke. Sie sind auf beiden Seiten eingedellt („bikonkav"). Sie haben weder einen Zellkern noch Organellen. Strenggenommen sind sie daher keine vollständigen Zellen. Sie können sich nicht teilen oder Schäden an der Zellmembran reparieren. Bei manchen angeborenen Leiden haben die roten Blutkörperchen abnorme Formen: oval, kugelförmig oder sichelförmig.

● **Welche Kenngrößen der roten Blutkörperchen werden üblicherweise beim Patienten bestimmt**?
① *Zahl*: normal etwa $4{,}5\text{-}5 \cdot 10^6/\mu l$ (4,5-5 Millionen pro Mikroliter) = $4{,}5\text{-}5 \cdot 10^{12}/l$ (4,5-5 Billionen pro Liter),
② *Hämoglobingehalt* im Blut (meist abgekürzt Hb): normal etwa 15-16 g/dl (Gramm pro Deziliter) = 150-160 g/l (Gramm pro Liter).
Eine Verminderung der Zellzahl oder des Hämoglobingehalts nennt man Blutarmut (Anämie).

● **Welche Aufgaben haben die weißen Blutkörperchen**?
Sie dienen Abwehrvorgängen. Diese üben sie nicht nur im Blut, sondern in fast allen Körpergeweben aus. Sie benützen das Blut lediglich als Verkehrsmittel, um zu ihren Arbeitsplätzen zu gelangen. Ihre Zahl im Blut wechselt daher stark. Im Durchschnitt halten sich etwa 5 % der weißen Blutkörperchen im Blut auf.

● **Wie teilt man die weißen Blutkörperchen ein**?
Es gibt 3 Hauptgruppen weißer Blutkörperchen (Leukozyten):
① *Granulozyten* („Körnchenzellen"): kennzeichnend sind der vielgelappte Zellkern und die zahlreichen Körnchen (Granula) im Zelleib.
② *Monozyten*: Sie sind die größten Leukozyten. Ihr Zellkern ist nur eingedellt, aber nicht gelappt.
③ *Lymphozyten*: Sie sind die kleinsten Leukozyten. Ihr Zellkern ist meist rund.

● **Welche Arten von Granulozyten unterscheidet man:**
Nach den Färbeeigenschaften der Körnchen im Zelleib unterscheidet man 3 Arten:
① *Neutrophile*: bevorzugen keine Farbstoffart (verhalten sich neutral),
② *Eosinophile*: färben sich mit Eosin stark an,
③ *Basophile*: nehmen basische Farbstoffe an.

● **Welche Aufgaben haben die 3 Arten der Granulozyten**?
① *Neutrophile* „fressen" Bakterien und verdauen sie mit Hilfe ihrer Lysosomen. Sie gehen nach einmaligem Einsatz zugrunde. Tote Neutrophile sind der Hauptbestandteil von Eiter.
② *Eosinophile* beseitigen Antigen-Antikörper-Komplexe. Bei allergischen Reaktionen und bei Wurmbefall sind sie vermehrt im Blut zu finden.
③ *Basophile* enthalten in ihren Körnchen gefäßerweiternde und gerinnungshemmende Stoffe.

● **Welche Aufgaben haben die Monozyten**?
Die Monozyten sind große Freßzellen (Makrophagen). Im Blut gibt es nur wenig Aufgaben für sie. Sie wandern aus dem Blut in die Gewebe aus. Dort beseitigen sie als „Gewebemakrophagen" vor allem Zellschutt. Sie umfließen den „Müll", nehmen ihn in ihren Zelleib auf und verdauen ihn mit Hilfe ihrer Lysosomen. Bei Abwehrvorgängen arbeiten die Monozyten eng mit den Lymphozyten zusammen.

● **Welche Stufen der Abwehr gegen Krankheitserreger unterscheidet man**?
① Die *allgemeine (angeborene) Abwehr* richtet sich gegen Kleinlebewesen ganz allgemein: Haut, Magensäure, Schleim in den Atemwegen, Abwehrstoffe (z.B. Lysozym), kleine Freßzellen (Neutrophile), große Freßzellen (Makrophagen).
② Die *spezifische (erworbene) Abwehr* richtet sich gegen einen speziellen Krankheitserreger: Lymphozyten.

● **Wie teilt man die Lymphozyten ein**?
① *T-Lymphozyten*: Killer-T-Zellen, Helfer-T-Zellen und Suppressor-T-Zellen sind aktivierte T-Lymphozyten,
② *B-Lymphozyten*: Plasmazellen entstehen aus aktivierten B-Lymphozyten,
③ *Nullzellen*: Lymphozyten, die weder T- noch B-Lymphozyten sind, z.B. natürliche Killerzellen.

● **Welche Aufgaben haben die T-Lymphozyten**?
Sie sind die wichtigsten Zellen der *zellgebundenen Immunreaktion*: Treffen T-Zellen auf das Antigen, auf das sie programmiert sind, so wandeln sie sich in den lymphatischen Organen in Lymphoblasten um. Diese teilen sich eifrig und schwärmen dann als „aktivierte T-Zellen" in verstärkter Mannschaft über das Blut zur Stelle des Antigenreizes aus:
① Die *Killer-T-Zellen* zerstören antigenhaltige Zellen, z.B. virusbefallene Zellen.
② Die *Helfer-T-Zellen* unterstützen die B-Lymphozyten. Sie sind bei AIDS stark vermindert.
③ Die *Suppressor-T-Zellen* hemmen unzweckmäßige Abwehrvorgänge.

● **Welche Aufgaben haben die B-Lymphozyten?**
Sie sind die Träger der *humoralen Immunreaktion*. Nach Kontakt mit ihrem Antigen wandeln sie sich in den lymphatischen Organen in B-Immunoblasten um, aus denen durch Zellteilungen die *Plasmazellen* entstehen. Diese erzeugen Antikörper gegen das Antigen. Die Antikörper gelangen auf dem Blut- oder Lymphweg zu den Antigenen und binden sie zu Antigen-Antikörper-Komplexen. Diese werden von eosinophilen Granulozyten beseitigt. Antikörperbesetzte Zellen werden von Killerzellen zerstört.

● **Was sind Gedächtniszellen?**
Sowohl bei den T- als auch bei den B-Lymphozyten entstehen langlebige Zellen, die das Antigen über Jahre hinweg in Erinnerung behalten. Bei einem erneuten Zusammentreffen mit ihm organisieren sie eine besonders rasche Immunantwort.

● **Was sind Blutplättchen?**
① Die Blutplättchen (Thrombozyten) werden zwar bei den zelligen Bestandteilen des Blutes aufgeführt, sind aber keine vollständigen Zellen. Es handelt sich vielmehr um Bruchstücke (Durchmesser 2-4 µm) von riesigen Zellen (Megakaryozyten) im Knochenmark.
② Blutplättchen können sich zusammenballen (Thrombozytenaggregation) und als Pfropf ein kleines Loch in einer Blutgefäßwand abdichten. Mit Enzymen beteiligen sie sich an der Blutgerinnung.

● **Wieviel Blutplättchen sind im Blut?**
Normalerweise etwa 200 000-300 000/µl = 200-300·10^9/l. Eine Verminderung nennt man Thrombopenie.

● **Wie lange leben die Blutzellen?**
① Rote Blutkörperchen: etwa 4 Monate,
② Granulozyten: einige Tage,
③ Monozyten: einige Monate,
④ Lymphozyten: 1-2 Wochen, die Gedächtniszellen mehrere Jahre,
⑤ Blutplättchen: etwa 10 Tage (in Blutkonserven gehen sie schnell zugrunde, daher muß man Frischblut übertragen, wenn es auf die Blutgerinnung ankommt!).

● **Wo entstehen die Blutzellen?**
Alle Arten der Blutzellen entstehen im roten Knochenmark, die Lymphozyten darüber hinaus auch in den lymphatischen Organen.

● **Wie entstehen die Blutzellen?**
Alle Blutzellen leiten sich von primitiven Bindegewebezellen ab. Zunächst entstehen Stammzellen, die noch alle 5 Wege der Blutzellbildung einschlagen können. Sie differenzieren sich zu einer zweiten Generation von Stammzellen, die sich nur noch in einer Richtung weiterentwickeln können, zu:
① roten Blutkörperchen,
② Granulozyten,
③ Monozyten,
④ Lymphozyten,
⑤ Blutplättchen.

● **Über welche Zwischenstufen entwickeln sich die roten Blutkörperchen?**
Die Stammzelle der roten Blutkörperchen ist groß und besitzt einen Zellkern und zahlreiche Organellen. Die Weiterentwicklung ist durch 3 Merkmale gekennzeichnet:
① Durch fortschreitende Zellteilungen entstehen immer kleinere Zellen.
② Roter Blutfarbstoff wird eingelagert, bis die Zelle zu einem Drittel aus ihm besteht.
③ Organellen werden immer weniger. Zuletzt wird auch noch der Zellkern ausgestoßen.

● **Was sind Retikulozyten?**
Es handelt sich um die frisch aus dem Knochenmark in das Blut entlassenen roten Blutkörperchen. Sie enthalten noch Reste von RNS, die sich mit Spezialfärbungen nachweisen lassen. Die Retikulozyten reifen in einem Tag zu den „erwachsenen" roten Blutkörperchen heran. Aus der Zahl der Retikulozyten im Blut (normal etwa 1 %) kann man auf die Intensität der Blutzellbildung schließen.

● **Über welche Zwischenstufen entwickeln sich die Granulozyten?**
Aus der Stammzelle gehen der Reihe nach folgende Zellen hervor:
① *Myeloblast*: runder Zellkern, im Zelleib noch keine Körnchen,
② *Myelozyt*: runder Zellkern, schon Körnchen im Zelleib, daher kann man bereits neutrophile, eosinophile und basophile Myelozyten unterscheiden,
③ *Metamyelozyt* („jugendlicher" Granulozyt): Zellkern eingebuchtet,
④ *stabkerniger Granulozyt*: Zellkern hufeisen- oder stabförmig,
⑤ *reifer Granulozyt*: Zellkern gelappt.

● **Wie entwickeln sich die Lymphozyten?**
Die Stammzellen der Lymphozyten liegen im Knochenmark. Aus ihnen entstehen über Lymphoblasten die Basislymphozyten. Diese verlassen das Knochenmark und begeben sich in lymphatische Organe. Dort spezialisieren sie sich weiter zu T- oder B-Lymphozyten:
① *T-Lymphozyten* werden im Thymus geprägt.
② *B-Lymphozyten* reifen bei Vögeln in der Bursa Fabricii heran. Beim Menschen fehlt dieses Organ. Bei ihm erfolgt die Prägung der B-Lymphozyten

im Knochenmark, im lymphatischen Gewebe des Darms und durch die Langerhans-Zellen der Haut.

● **Was ist ein Differentialblutbild?**
Die einzelnen Arten der weißen Blutkörperchen sind im Blut in unterschiedlicher Häufigkeit zu finden. Ihr Verteilungsmuster gibt wichtige Hinweise auf bestimmte Krankheiten. Man zählt daher in einem gefärbten Blutausstrich 100 weiße Blutkörperchen aus. Normalerweise findet man:
① Basophile 0-1,
② Eosinophile 2-4,
③ Myelozyten 0,
④ Metamyelozyten („Jugendliche") 0-1,
⑤ Stabkernige 3-5,
⑥ Segmentkernige (reife Neutrophile) 50-70,
⑦ Lymphozyten 20-30,
⑧ Monozyten .... 4-10.
Das Kleinkind hat weniger Segmentkernige und dafür mehr Lymphozyten.

● **Wieviel weiße Blutkörperchen enthält das Blut?**
Normalerweise 4000-8000/µl = $4\text{-}8 \cdot 10^9$/l. Eine Vermehrung nennt man Leukozytose (z.B. bei Infektionskrankheiten), eine Verminderung Leukopenie (z.B. nach Behandlung mit Strahlen oder zellteilunghemmenden Stoffen).

1.6 Muskelgewebe

● **Welche Arten des Muskelgewebes unterscheidet man?**
① *Skelettmuskel*: nach der kennzeichnenden Querstreifung im mikroskopischen Präparat auch quergestreiftes Muskelgewebe genannt.
② *Eingeweidemuskel*: ohne Querstreifung, daher auch glattes Muskelgewebe genannt.
③ *Herzmuskel*: eine Sonderform des quergestreiften Muskelgewebes, die in besonderem Maß zu Dauerleistungen befähigt ist.

● **Worauf beruht die Fähigkeit des Muskelgewebes sich zusammenzuziehen?**
Die Muskelzellen enthalten zahlreiche, parallel nebeneinanderliegende feine Fäden aus den Eiweißen *Actin* und *Myosin*. Die Actinfäden und ebenso die Myosinfäden sind wie die Borsten einer Bürste aneinandergekoppelt. Die „Bürste" der dünnen Actinfäden und die „Bürste" der dicken Myosinfäden stehen einander gegenüber und können ineinandergeschoben (genauer: -gezogen) werden. Dadurch wird der Abstand der „Bürsten" kleiner.

● **Worauf beruht die Querstreifung der Skelettmuskelfasern?**
In einem Muskelfäserchen wechseln ständig „Bürsten" aus den dünnen Actinfäden (hell) mit „Bürsten" aus den dicken Myosinfäden (dunkel) ab. Bei den in einer Muskelzelle zahlreich nebeneinanderliegenden Muskelfäserchen stehen beim Skelettmuskel die hellen und dunklen Teile auf gleicher Höhe, beim Eingeweidemuskel nicht.

1.7 Nervengewebe

● **Was kennzeichnet Nervenzellen?**
Aus dem Zelleib entspringen feine Fortsätze (Axon und Dendriten), die bis über einen Meter lang werden können. Die Fortsätze (= Nervenfasern) sind Telefonleitungen zu vergleichen, über die die Nervenzelle Nachrichten empfängt (Dendriten) oder absendet (Axon). Eine Nervenzelle mit all ihren Fortsätzen nennt man Neuron.

● **Was sind Markscheiden?**
Ähnlich wie Telefonkabel sind auch die Nervenzellfortsätze gegeneinander isoliert, damit die „Nachricht" nicht auf Nachbarfortsätze überspringt. Dazu wickeln sich die Zelleiber von Markscheidenzellen (Schwann-Zellen) spiralig um den Fortsatz der Nervenzelle. Je nach der Zahl der Windungen spricht man von markreichen und markarmen Nervenfasern. Die Erregung läuft in einem Nervenzellfortsatz um so schneller, je dicker die Markscheide ist.

Was sind Synapsen?
① Die Fortsätze von Nervenzellen gehen nicht nahtlos ineinander über, sondern sind an ihren Berührungsstellen durch einen Spalt (*Synapsenspalt*) getrennt. Vor dem Spalt ist die Nervenfaser verdickt (Endknopf).
② Die Erregung wird vom Endknopf durch den Synapsenspalt auf die nächste Zelle über einen chemischen *Überträgerstoff* (Neurotransmitter) weitergegeben. Wichtige Überträgerstoffe sind Acetylcholin und Noradrenalin.
③ Alle Synapsen (und damit alle Nervenfasern) sind Einbahnstraßen: Die Erregung wird immer nur in einer Richtung weitergeleitet.

● **Was ist eine motorische Endplatte?**
So bezeichnet man die Synapse zwischen einem Axon und einer Muskelzelle. Überträgerstoff ist beim Skelettmuskel Acetylcholin.

● **Was sind sensible und motorische Neuronen?**
Jede Nervenzelle (Neuron) kann Nachrichten nur in einer Richtung weitergeben, entweder auf das Gehirn zu oder von ihm weg:
① Ein *sensibles Neuron* leitet in Richtung Gehirn. Die Erregung beginnt an einem Rezeptor („Empfänger"), z.B. einer Sinneszelle. Den Weg für eine

Schmerzmeldung vom Fuß zum Großhirn teilen sich nur 3 sensible Neuronen.
② Ein *motorisches Neuron* leitet vom Gehirn weg. Die Erregung endet meist an einem Muskel. Den Weg vom Großhirn zu einem Muskel des Fußes teilen sich nur 2 motorische Neuronen.

● **Wie ist ein Nerv gebaut**?
In einem Nerv liegen zahlreiche Nervenfasern nebeneinander. Sie sind in kleineren Gruppen von zartem Bindegewebe umhüllt. Mehrere solcher Gruppen sind als Nervenfaserbündel mit kräftigerem Bindegewebe umgeben. Der Nerv als Ganzes ist nochmals von einer bindegewebigen Scheide umschlossen. Im Nerv verlaufen auch Blutgefäße.

● **Was sind Ganglien**?
Die Zellkörper der Nervenzellen sind nicht über den ganzen Körper verstreut, sondern befinden sich meist im Zentralnervensystem. Außerhalb des Zentralnervensystems findet man sie gewöhnlich in Gruppen angeordnet, die man Nervenknoten oder Ganglien nennt.

● **Was versteht man unter grauer und weißer Substanz**?
Auf Schnitten durch das Gehirn oder das Rückenmark sieht man dunklere und hellere Bereiche scharf voneinander abgegrenzt:
① In den dunkleren Bereichen = *graue Substanz* liegen die Zellkörper der Nervenzellen.
② In den helleren Bereichen = *weiße Substanz* findet man überwiegend Nervenfasern. Deren Markscheiden bedingen die helle Farbe.

● **Was versteht man unter Neuroglia**?
Dieser Begriff umfaßt alle Zellen des Nervensystems, die nicht Nervenzellen sind:
① die Markscheidenzellen der Nervenfasern,
② die Stützzellen (Astrozyten) des Zentralnervensystems,
③ die Wandzellen der Hirnkammern,
④ die Freßzellen (Mikroglia) des Zentralnervensystems.
Die Neuroglia macht nahezu die Hälfte der Masse des Zentralnervensystems aus. Sie übernimmt dort alle Aufgaben, die sonst im Körper vom Bindegewebe wahrgenommen werden.

1.8 Haut

● **Aus welchen Schichten besteht die Haut**?
① *Oberhaut* = Epidermis: mehrschichtiges, verhorntes Deckgewebe,
② *Lederhaut* = Dermis: Geflecht zugfester und elastischer Fasern,
③ *Unterhaut* = Subkutis: Fettpolster.
Manchmal faßt man Oberhaut und Lederhaut als Haut im engeren Sinn = Kutis zusammen.

● **Wie ist die Oberhaut gebaut**?
Wegen der starken Abnützung ist die Oberhaut in ständigem Umbau: An der Basis teilen sich die Zellen rasch. Sie wandern allmählich zur Oberfläche, verhornen dabei und werden schließlich abgerieben. Man unterscheidet daher 3 Hauptschichten der Oberhaut:
① *Keimschicht*,
② *verhornende Schicht*,
③ *Hornschicht*. Sie ist besonders dick (Schwielen) an mechanisch stark beanspruchten Stellen.
Die Oberhaut ist frei von Blutgefäßen. Jede blutende Hautwunde reicht daher mindestens bis in die Lederhaut.

● **Woher kommt die Bezeichnung Lederhaut**?
Aus der Lederhaut verschiedener Tiere wird durch Gerben Leder gewonnen. Das Geflecht zugfester und elastischer Fasern ist zäh und geschmeidig. Mit der Oberhaut ist die Lederhaut durch zapfenartige Vorsprünge (Papillen) verzahnt. Die Lederhaut ist reich an Haargefäßen (Kapillaren).

● **Wie ist die Unterhaut gebaut**?
Die Unterhaut besteht im wesentlichen aus Fettgewebe. Dieses wird von Bindegewebesträngen durchzogen, welche die Lederhaut an Knochen und Muskelbinden (Faszien) verankern. In der Unterhaut verlaufen die größeren Blut- und Lymphgefäße sowie Nerven.

● **In welche Hautschichten kann man injizieren**?
① *Subkutan* (s.c.) = in die Unterhaut: auch größere Mengen.
② *Intrakutan* (i.c.) = in die Lederhaut: nur kleine Mengen, z.B. Impfstoffe.

● **Wie kommt die unterschiedliche Hautfarbe zustande**?
In der Keimschicht der Oberhaut liegen Pigmentzellen, die einen braunschwarzen Farbstoff (Melanin) bilden. Sie geben den Farbstoff an die umliegenden Hautzellen ab. Je nach dem Ausmaß der Farbstoffbildung wird die Haut heller oder dunkler. Ultraviolettes Licht und Röntgenstrahlen regen die Farbstoffbildung an.

● **Welche Aufgaben hat die Haut**?
Die Haut grenzt den Organismus gegen die Umwelt ab. Sie hat damit im weitesten Sinne Schutzfunktionen:
① *Mechanischer Schutz*: Ihm dienen alle drei Schichten der Haut: Die Hornschicht der Oberhaut ist besonders dick (Schwielen) an Stellen starken

Abriebs (Hohlhand, Fußsohle). Die Lederhaut ist zart an Stellen geringen Zugs, z.B. Augenlider, dick bei starkem Zug, z.B. Rücken. Die Unterhaut wirkt als Polster an Stellen hoher Druckbelastung, z.B. am Gesäß. Haare vermindern die Reibung.
② *Wärmeschutz*: Das Fettpolster der Unterhaut und die Haare dienen der Wärmeisolierung. Will der Körper vermehrt Wärme abgeben, so erweitern sich die Blutgefäße der Lederhaut (Rötung der Haut), und die Schweißdrüsen bilden Schweiß. Beim Verdunsten des Schweißes wird dem Körper Wärme entzogen („Verdunstungswärme").
③ *Flüssigkeitsschutz*: Die von den Talgdrüsen eingefettete Hornschicht der Oberhaut verhindert das Eindringen von Wasser beim Baden, aber auch den Verlust von Wasser aus dem Körper. Bei schweren Verbrennungen ist der Flüssigkeitsschutz zerstört. Der Körper verliert dann viel Flüssigkeit, die durch Infusionen ersetzt werden muß.
④ *Strahlenschutz*: Der Farbstoff Melanin in der Oberhaut absorbiert Strahlen. Er verhindert damit, daß diese tiefer in den Körper vordringen. Wegen der höheren Lichteinstrahlung ist die Haut im Sommer dunkler als im Winter. Menschenrassen mit dunkler Hautfarbe sind besonders gut an die hohen Lichtintensitäten in Äquatornähe (Zentralafrika, Brasilien usw.) angepaßt.
⑤ *Bakterienschutz*: Die geschlossenen Zellschichten der Oberhaut behindern das Eindringen von Bakterien. Bei Verletzungen wird dieser Schutz durchbrochen. Es kommt zu Entzündungen und Eiterungen.
⑥ *Alarmauslöser*: Hautsinnesorgane (Druck-, Berührungs-, Vibrations-, Schmerz-, Wärme- und Kälteempfindung) melden Gefahren.
⑦ *Energiespeicher*: 1 kg Fett deckt den Energiebedarf des Körpers für 4 bis 5 Tage. Das Fettgewebe der Unterhaut enthält jedoch nicht nur Fett, sondern auch Wasser. Bei völligem Nahrungsentzug (Nulldiät) werden daher pro Woche etwa 1,5 bis 2 kg Fettgewebe abgebaut. Der Fettvorrat des Normalgewichtigen (etwa 10 kg) „reicht" für etwa 6 Wochen.

● **Welche Typen der Haut unterscheidet man?**
① *Leistenhaut*: unbehaarte Haut der Hohlhand und der Fußsohle. Sie ist straff auf der Unterlage (Hohlhandsehnenplatte, Fußsohlensehnenplatte) befestigt und ermöglicht so den festen Griff bzw. sicheren Stand. Der Name kommt von dem angeborenen Leistenmuster, das für jeden Menschen charakteristisch ist (Fingerabdruck!).
② *Felderhaut*: behaarte Haut am übrigen Körper. Mit der Lupe betrachtet, erscheint sie durch Furchen in kleine „Felder" eingeteilt.

● **Wie läuft die Wundheilung ab?**
① Ein Blutgerinnsel füllt die Wunde.
② In das Blutgerinnsel sprossen Haargefäße mit Bindegewebe ein. Das Deckgewebe wächst von den Rändern über die Wunde.
③ Vernarbung: Im Bindegewebe treten zunächst Gitterfasern, dann zugfeste Fasern auf. Die Narbe schrumpft.

● **Welche „Anhangsorgane" kommen in der Haut vor?**
① Haare,
② Nägel,
③ Drüsen.

● **Welche Haupttypen von Haaren unterscheidet man?**
① *Terminalhaare*: kräftige, dunkle Haare: Haupthaar, Augenbrauen, Wimpern, Barthaar, Haare in der Nasenöffnung und im äußerem Gehörgang, Achselhaar, Schamhaar.
② *Wollhaare* (Lanugo, Flaum): weiche, kürzere Haare an der übrigen Haut (unbehaart sind Hohlhand, Fußsohle und Lippenrot).

● **Wie ist das Haar gebaut?**
Das Haar ist ein Hornfaden. Den in der Haut steckenden Teil nennt man Haarwurzel, den herausragenden Teil Haarschaft. Das Haar wächst an der Haarwurzel. Die Lebensdauer der Terminalhaare beträgt etwa 3 bis 5 Jahre. Dann fällt das Haar aus. Es bildet sich eine neue Haarwurzel. An jedem Haar setzt ein winziger Haaraufrichtemuskel an. Durch eine Talgdrüse wird das Haar eingefettet und dadurch geschmeidig erhalten.

● **Wovon hängt die Haarfarbe ab?**
Vom Ausmaß des Farbstoffeinbaus (Melanin) beim Wachstum an der Haarwurzel. Wird kein Farbstoff mehr eingelagert, so ergraut das Haar. In weiße Haare sind kleine Luftbläschen eingeschlossen.

● **Welche Aufgaben haben Haare?**
① *Wärmeisolierung*: Zwischen den Haaren hält sich ein „Luftkissen", das die Wärmeabgabe behindert (Pelzmantel!).
② *Wärmeabgabe*: Beim Schwitzen kann das Wasser von der großen Oberfläche der Haare rascher verdunsten. Damit wird dem Körper schneller Wärme entzogen.
③ *Reibungsminderung*: z.B. Achselhaare, Haare der Afterfurche.
④ *Signalwirkung*: geschlechtsspezifische Behaarung des Gesichts (Bartwuchs) und des Unterbauchs (horizontale Begrenzung des Schamhaars bei der Frau, beim Mann dreieckig zum Nabel aufsteigend).
⑤ *Berührungsempfindung*: Das Haar kann als langer Hebel selbst sehr feine Berührungen verstärkt auf die Nervenendkörperchen übertragen.

● Was sind Nägel?
Nägel sind Hornplatten an den Finger- und Zehenendgliedern, die den Hufen und Klauen der Säugetiere entsprechen. Sie dienen dem Kratzen, schaffen aber auch ein Widerlager für die Fingerbeere und verbessern so die Tastempfindung. Das Organ „Nagel" besteht aus 3 Teilen:
① *Nagelplatte*: der eigentliche Nagel aus Horn.
② *Nagelbett*: die Haut, auf der der Nagel befestigt ist. Am rumpfnahen (proximalen) Ende des Nagelbetts wächst der Nagel (im Bereich des „Möndchens", das oft nur beim Daumen gut zu sehen ist).
③ *Nagelwall*: die hufeisenförmige Hautfalte, die die Nagelplatte umschließt.

● Welche Typen von Hautdrüsen unterscheidet man?
① *Talgdrüsen* fetten die Haare und die Hornschicht der Oberhaut ein und halten diese geschmeidig und wasserabweisend. Die Mündungen der Talgdrüsen sind an Nase und Wangen besonders weit („Mitesser").
② *Schweißdrüsen* bilden den Schweiß, eine wäßrige Flüssigkeit, bei deren Verdunstung dem Körper Wärme entzogen wird.
③ *Duftdrüsen* sind den Schweißdrüsen verwandt. Sie kommen an der Achselhaut sowie im Genital- und Afterbereich vor. Sie bedingen den typischen Geruch einer Person, woran z.B. der Hund seine Bezugspersonen erkennt.
④ *Milchdrüsen*: die Brustdrüsen.

● Warum bespricht der Anatom die Brustdrüsen meist bei der Haut und nicht bei den Geschlechtsorganen?
① Die Brustdrüsen sind typische Hautdrüsen. Sie liegen vollständig in der Haut und münden an der Hautoberfläche aus. Sie entsprechen im Bau etwa den Duftdrüsen, sie werden lediglich viel größer.
② Die Brustdrüsen werden bei Frau und Mann angelegt. Auch beim erwachsenen Mann kann man die Brustdrüsen durch Gabe weiblicher Geschlechtshormone in typisch weiblicher Form entfalten, z.B. beim Wunsch nach Geschlechtsumwandlung.

● Wie ist die Brustdrüse gebaut?
Jede der beiden Brustdrüsen besteht aus 15 bis 25 Einzeldrüsen, die getrennt an der Brustwarze ausmünden. Mit der Lupe sind die Mündungen der „Milchgänge" an der Brustwarze erkennbar. Jede Einzeldrüse besteht aus einem baumartig verzweigten System von Ausführungsgängen, an deren Enden die milchbildenden Drüsenzellen (wie die Blätter des Baums) liegen. Der Hauptausführungsgang = Milchgang erweitert sich vor der Mündung zum Milchsäckchen. Die 15 bis 25 Milchgänge laufen strahlig auf die Brustwarze zu. Das Drüsengewebe ist in Fettgewebe eingebettet.

● Was ist Milch?
Milch ist eine Emulsion von Fett in Wasser. Durch die Milcheiweiße werden die Fetttröpfchen in der Schwebe gehalten. Milch enthält außerdem Kohlenhydrate, Salze, Vitamine, Antikörper usw.

● Durch welche Bau- und Funktionseigentümlichkeiten wird das Saugen erleichtert?
① *Aufrichtungsreflex der Brustwarze*: Auf Berühren des Warzenhofs spannen sich die schraubenförmig angeordneten glatten Muskelzellen in der Brustwarze an und schieben diese gewissermaßen in den Mund des Säuglings. Bei der „Hohlwarze" ist die Aufrichtung gestört und damit das Saugen erschwert.
② *Milchsäckchen*: In den Erweiterungen der Milchgänge sammelt sich die Milch an. Die Milchsäckchen werden durch die Saugbewegungen des Mundes des Säuglings ausgepreßt.
③ *Wangenfettpfropf des Säuglings*: Er versteift die Wange und verhindert deren Einziehen beim Saugen.

● Wie entwickelt sich die Brustdrüse?
① *Neugeborenes*: Über den Mutterkuchen (Plazenta) gelangen Hormone der Mutter in den Körper der Leibesfrucht (Fetus). Durch diese wird die Brustdrüse funktionsfähig und kann nach der Geburt sogar etwas Milch absondern („Hexenmilch").
② *Kind*: Nach dem Wegfall der mütterlichen Hormone bildet sich die Brustdrüse rasch zurück.
③ *Pubertät*: Mit dem Anstieg der Blutspiegel der weiblichen Geschlechtshormone beginnt sich das Drüsengewebe zunächst unter dem Warzenhof zu vermehren: Der Warzenhof wölbt sich vor die Brustwand vor. Dann erst wächst der übrige Drüsenkörper heran. Den Hauptanteil an der „Brust" der nichtschwangeren Frau hat Fettgewebe.
④ *Geschlechtszyklus*: Vor der Regelblutung wird die Brust jeweils etwas großer. Dabei können gelegentlich ziehende Schmerzen auftreten.
⑤ *Schwangerschaft*: Erst jetzt gewinnt das Drüsengewebe in der Brust die Oberhand. Die Drüsenschläuche sprossen aus und treiben Seitenzweige. Lichtungen werden in ihnen sichtbar. Der Warzenhof wird dunkler.
⑥ *Stillen*: Die Milchsekretion wird vom Hormon Prolactin gesteuert. Dieses wird vom Vorderlappen der Hirnanhangsdrüse (Hypophyse) in das Blut abgegeben. Unmittelbar nach der Geburt wird nicht gleich die typische Muttermilch, sondern die eiweißreiche „Vormilch" (Kolostrum) abgesondert. Milch wird solange erzeugt, wie gesaugt wird (Reflex!). Nach dem Abstillen bildet sich die Brustdrüse wieder zu ihrem Ruhezustand zurück.

● **Warum sollte jede Frau ihre Brüste regelmäßig untersuchen?**
Der Brustkrebs ist die häufigste Krebsform bei der Frau. Er kann auch schon in den Zwanzigerjahren auftreten. Zur Selbstuntersuchung sollte man:
① die Brust im Spiegel betrachten bei herabhängenden und bei gehobenen Armen (auf Höhenunterschiede und Einziehungen achten!),
② die Brust sorgfältig auf Gewebeverhärtungen abtasten.

● **Warum soll man dabei auch die Achselhöhlen austasten?**
Die wichtigsten Lymphbahnen ziehen von der Brustdrüse zu den Achsellymphknoten. Die ersten Tochtergeschwülste (Metastasen) des Brustkrebses entstehen meist in der Achselhöhle.

2 Bewegungsapparat

2.1 Allgemeines

● **Welche Organgruppen faßt man unter dem Begriff Bewegungsapparat zusammen?**
Knochen, Gelenke, Muskeln und die zugehörigen Bänder, Sehnen, Sehnenscheiden, Schleimbeutel usw.

● **Besteht zwischen „Knochen“ und „Knochengewebe“ ein Unterschied?**
Ja. Knochen ist ein Organ. Es besteht zwar hauptsächlich aus Knochengewebe, doch sind an seinem Bau auch andere Gewebe beteiligt:
① straffes Bindegewebe in der Knochenhaut,
② lockeres Bindegewebe, Deck- und Muskelgewebe in der Wand der Blutgefäße,
③ Nervengewebe (vor allem die Knochenhaut ist sehr schmerzempfindlich).
Im Knochen sind außerdem die zugfesten Fasern des Knochengewebes entsprechend der hauptsächlich auftretenden Belastung angeordnet.

● **Welche Knochenformen unterscheidet man?**
① *Lange Knochen*: Oberarmbein, Speiche, Elle, Mittelhand- und Fingerknochen, Oberschenkelbein, Schienbein, Wadenbein, Mittelfuß- und Zehenknochen. Man nennt sie auch Röhrenknochen, weil ihr Mittelstück (= Schaft) hohl ist.
② *Kurze Knochen*: Hand- und Fußwurzelknochen, Wirbelkörper.
③ *Platte Knochen*: Brustbein, Rippen, Schulterblatt, Hüftbein, Schädeldach.
④ *Mischformen*: Wirbel und die meisten Knochen der Schädelbasis und des Gesichts.

● **Welche Bauteile findet man an (fast) allen Knochen?**
① Dichte Rindenschicht (Kortikalis, wenn besonders dick, dann Kompakta genannt),
② Knochenbälkchen im Innern (Spongiosa),
③ überknorpelte Gelenkflächen,
④ Knochenhaut (Periost) an der übrigen Oberfläche,
⑤ Knochenmark in den Hohlräumen.

● **Welche Abschnitte unterscheidet man an einem typischen Röhrenknochen?**
① Schaft mit Markhöhle,
② Gelenkenden mit überknorpelten Gelenkflächen,
③ Wachstumsfugen zwischen Schaft und Gelenkenden (knorpelig solange der Knochen wächst),
④ evtl. Vorsprünge für die Befestigung von Muskeln.

● **Was versteht man unter dem Maximum-Minimum-Prinzip des Knochenbaus?**
Knochen sind so gebaut, daß sie größtmögliche Belastung bei geringstmöglichem Gewicht gestatten.

● **Welche Arten von Knochenmark unterscheidet man?**
① *Rotes* = blutbildendes Knochenmark: in den kurzen und platten Knochen, beim Kind auch in Röhrenknochen,
② *gelbes* = Fettmark: in den Röhrenknochen.

● **Welche Aufgaben hat die Knochenhaut?**
Die Knochenhaut besteht aus 2 Schichten mit unterschiedlichen Aufgaben:
① Die *Innenschicht* enthält knochenbildende Zellen. Diese sorgen für das Dickenwachstum des Knochens und für die Bruchheilung.
② Die *Außenschicht* besteht aus einem Geflecht zugfester Fasern. Sie erhöht die Biegungssteifigkeit des Knochens und vermittelt die Befestigung von Muskeln, Sehnen und Bändern.

● **Wie erfolgt das Längenwachstum von Knochen?**
Knochengewebe kann nicht direkt wachsen, weil die Knochenzellen in den Knochen „eingemauert“ sind. Die Röhrenknochen enthalten während des Wachstumsalters Wachstumszonen (Epiphysenfugen) aus Knorpel. Der Knorpel wächst ständig und wird laufend in Knochen umgebaut. Nach dem Schluß der Epiphysenfugen (d.h. nach ihrer vollständigen Verknöcherung) ist ein Längenwachstum nicht mehr möglich.

● **Welche Faktoren beeinflussen das Längenwachstum des Körpers?**
① *Alter*: Das Längenwachstum ist besonders stark im ersten Lebensjahr und zu Beginn der Pubertät.
② *Vererbung*: Die Endgröße eines Menschen hängt stark von der Größe seiner Vorfahren ab.
③ *Ernährung*: In den letzten 100 Jahren hat die Endgröße der Europäer im Durchschnitt um etwa 10 cm zugenommen. Hauptursache dürfte die bessere Ernährung sein.
④ *Hormone*: Das Wachstumshormon der Hirnanhangsdrüse und die Schilddrüsenhormone fördern, die Geschlechtshormone hemmen das Längenwachstum (Einnahme der „Pille" im Wachstumsalter führt zu verminderter Endgröße).

● **Wie heilen Knochenbrüche?**
① In den Bluterguß um die Bruchenden wandern Bindegewebezellen aus dem Knochenmark und der Knochenhaut ein und vermehren sich. Eine bindegewebige Manschette (*bindegewebiger Kallus*) bildet sich außen um den Bruchspalt.
② Der bindegewebige Kallus verknöchert und wird dadurch zum *knöchernen Kallus*. Diese Knochenmanschette verhindert Verschiebungen der Bruchenden gegeneinander.
③ Nachdem auf diese Weise der Bruchspalt ruhiggestellt ist, wachsen die beiden Knochenenden knöchern zusammen.
④ Sind die Bruchenden stabil vereinigt, wird der nun nicht mehr benötigte knöcherne Kallus wieder abgebaut.

● **Wie sind Knochen beweglich miteinander verbunden?**
① Durch Bänder: z.B. Elle und Speiche durch die Zwischenknochenmembran,
② durch Knorpel: z.B. die Rippen mit dem Brustbein,
③ durch echte Gelenke: z.B. Schultergelenk, Hüftgelenk usw.

● **Durch welche Bauteile ist ein echtes Gelenk gekennzeichnet?**
① Gelenkspalt,
② überknorpelte Gelenkflächen der durch das Gelenk verbundenen Knochen,
③ Gelenkkapsel,
④ Gelenkschmiere,
⑤ bei den meisten Gelenken zusätzlich Bänder zur Stabilisierung der Bewegung.

● **Wie teilt man die Gelenke nach der Zahl der Hauptachsen ein?**
① *Einachsige Gelenke*: Scharniergelenk (z.B. Fingermittelgelenke), Radgelenk (z.B. Speichen-Ellen-Gelenke),
② *zweiachsige Gelenke*: Eigelenk (z.B. proximales Handgelenk), Sattelgelenk (z.B. Daumensattelgelenk), Drehscharniergelenk (z.B. Kniegelenk),
③ *dreiachsige Gelenke*: Kugelgelenk (z.B. Schultergelenk).

● **Wie protokolliert man am einfachsten den Bewegungsumfang eines Gelenks?**
Mit Hilfe der *Neutralnullmethode*. Nullstellung ist dabei für alle Gelenke die Stellung im aufrechten Stand mit angelegten Handflächen und geschlossenen Füßen. Man schreibt jeweils 3 Zahlen:
① den Winkel der vom Körper wegführenden Bewegung,
② die Nullstellung
③ den Winkel der zum Körper hinführenden Bewegung,
z.B. Abspreizen - Anführen 40°-0°-30° (Normalwerte beim Hüftgelenk).

● **Welche Besonderheiten zeigt der Gelenkknorpel?**
Er ist nicht von einer Knorpelhaut überzogen:
① *Vorteil*: Dies schafft eine glatte Oberfläche für reibungsarme Bewegungen.
② *Nachteil*: Die Ernährung (beim sonstigen hyalinen Knorpel über die Knorpelhaut) erfolgt über die Gelenkschmiere und den untergelagerten Knochen. Sie reicht bei starker Belastung nicht aus. Gelenkknorpel neigt daher zu Verschleiß (Arthrose). Die Möglichkeiten der Regeneration sind begrenzt.

● **Welche Teile unterscheidet man an einem Skelettmuskel?**
① *Ursprung und Ansatz*: die Befestigungen an Knochen (selten an der Haut),
② *Muskelbauch*: den hauptsächlich aus Muskelgewebe bestehenden kontraktilen Abschnitt,
③ *Sehnen*: Bündel zugfester Fasern, die wie Seile den Muskelzug auf den Knochen übertragen,
④ *Muskelspindeln*: Sinnesorgane, die dem Zentralnervensystem den Spannungszustand des Muskels melden,
⑤ *motorische Endplatten*: an ihnen wird die Erregung (der Befehl zur Kontraktion) vom Nerv auf den Muskel weitergegeben.

● **Wie weit kann sich ein Muskel maximal verkürzen?**
Bis auf etwa die Hälfte der Länge seiner Muskelfasern im Ruhezustand.

● **Welche Hilfseinrichtungen kennt man bei Muskeln und Sehnen?**
① Muskelbinde = *Faszie*: Eine Hülle aus Bindegewebe erleichtert die Verschiebung der Muskelfasern bei der Kontraktion.

② *Sehnenscheide*: Eine Gleithülle mit Flüssigkeitsschmierung mindert die Reibung der Sehne an Bändern.
③ *Schleimbeutel*: Ein Flüssigkeitskissen mindert die Reibung von Muskeln an Knochen oder verteilt den Druck von Knochen auf die Haut, z.B. vor der Kniescheibe, hinter dem Ellbogen usw.

● **In welche Hauptabschnitte wird die Leibeswand gegliedert?**
① *Rücken*: Wirbelsäule und tiefe Rückenmuskeln,
② *Brustwand*: Brustkorb und Brustmuskeln,
③ *Bauchwand*: Bauchmuskeln,
④ *Becken*: knöchernes Becken und Beckenboden.

2.2 Rücken

● **In welche Abschnitte ist die Wirbelsäule zu gliedern?**
① *Halswirbelsäule* aus 7 Halswirbeln,
② *Brustwirbelsäule* aus 12 Brustwirbeln,
③ *Lendenwirbelsäule* aus 5 Lendenwirbeln,
④ *Kreuzbein* aus 5 miteinander verschmolzenen Kreuzbeinwirbeln,
⑤ *Steißbein* aus 3-5 zurückgebildeten Schwanzwirbeln.

● **Aus welchen Bauelementen besteht die Wirbelsäule?**
Aus den 32-35 Wirbeln und den dazwischenliegenden Bewegungssegmenten.

● **Welche Teile unterscheidet man an einem Wirbel?**
① *Wirbelkörper*.
② *Wirbelbogen*: Er umschließt das Wirbelloch. Die Wirbelbogen aller Wirbel bilden zusammen mit den gelben Bändern die Wand des Wirbelkanals.
③ *Fortsätze*: 1 Dornfortsatz, 2 Querfortsätze, 2 obere und 2 untere Gelenkfortsätze.

● **Was versteht man unter dem Bewegungssegment?**
Den der Bewegung dienenden Raum zwischen 2 benachbarten Wirbeln. Er besteht aus:
① *Zwischenwirbelscheibe* = Bandscheibe: Ein Faserring umschließt den Gallertkern.
② *Zwischenwirbelloch*: für den Austritt des Rükkenmarknervs aus dem Wirbelkanal.
③ *Wirbelbogengelenk*: echtes Gelenk zwischen unterem und oberem Gelenkfortsatz.
④ *Bänder*: vorderes und hinteres Längsband an den Wirbelkörpern, gelbes Band zwischen den Wirbelbogen, Zwischendornfortsatzband, Zwischenquerfortsatzband.

● **Warum enthalten die hinteren Bänder der Wirbelsäule reichlich elastische Fasern?**
Der vor der Wirbelsäule gelegene Teil des Rumpfes ist schwerer als der hinter ihr gelegene. Damit wir nicht nach vorn fallen, müssen wir die Muskeln hinter der Wirbelsäule anspannen. Die elastischen Bänder wirken gleichsinnig zu den Rückenstreckmuskeln. Der Körper spart dadurch Muskelarbeit.

● **Wie unterscheiden sich die Wirbel in den einzelnen Abschnitten der Wirbelsäule?**
① *Halswirbel*: Sie haben kleine Wirbelkörper und ein Querfortsatzloch für die Wirbelschlagader. Beim ersten Halswirbel = Atlas („Träger") fehlt der Wirbelkörper. Aus dem zweiten Halswirbel = Axis („Dreher") ragt ein Zapfen („Zahn") nach oben.
② *Brustwirbel*: Sie haben Gelenkflächen für die Rippen am Wirbelkörper und an den Querfortsätzen. Die Dornfortsätze steigen schräg ab.
③ *Lendenwirbel*: Bei ihnen sind die Wirbelkörper besonders groß.
④ *Kreuzbein*: Die 5 Kreuzbeinwirbel verschmelzen zu einem einheitlichen Knochen. Beim Kind und beim Jugendlichen sind noch Knorpelfugen zwischen den Kreuzbeinwirbeln sichtbar. Der Wirbelkanal wird zum Kreuzbeinkanal. Die Nerven verlassen den Kreuzbeinkanal durch vordere und hintere Kreuzbeinlöcher.
⑤ *Steißbein*: Zum Steißbein verschmelzen 3-5 zurückgebildete Wirbelkörper. Es fehlen die Wirbelbogen.

● **Wie bezeichnet man die Krümmungen der Wirbelsäule?**
① *Lordose* = nach vorn konvexe Krümmung,
② *Kyphose* = nach hinten konvexe Krümmung,
③ *Skoliose* = seitliche Krümmung.

● **Was versteht man unter „physiologischer Krümmung" der Wirbelsäule?**
Die gesunde Wirbelsäule ist doppelt S-förmig gekrümmt. Es wechseln Lordosen und Kyphosen mäßigen Grades miteinander ab:
① Halslordose,
② Brustkyphose,
③ Lendenlordose,
④ Kreuzbeinkyphose.
⑤ Zwischen Lendenwirbelsäule und Kreuzbein ist die menschliche Wirbelsäule abgeknickt (Promontorium).

● **Was sind Fehlhaltungen?**
Alle Abweichungen von der physiologischen Krümmung:
① *Rundrücken*: verstärkte Brustkyphose.
② *Hohlrunder Rücken*: verstärkte Brustkyphose und verstärkte Lendenlordose.
③ *Flachrücken*: verminderte Krümmung.

④ *Skoliosen*: Häufigste Ursache seitlicher Krümmungen ist der Beckenschiefstand. Er beruht meist auf ungleicher Länge der beiden Beine.
⑤ *Buckel*: Knickbildung, z.B. beim Zusammenbruch eines Wirbelkörpers.
⑥ Begrenzte Bewegungseinschränkungen, z.B. bei Bandscheibenschäden.

● **Wie entsteht ein Bandscheibenvorfall**?
Bei Schäden am Faserring kann Gallertkern durch den Faserring in den Wirbelkanal oder in ein Zwischenwirbelloch gepreßt werden. Dabei werden häufig Nerven eingeklemmt. Dies führt zu heftigen Schmerzen („Ischias"). Bandscheibenvorfälle kommen fast nur an der 3.-5. Lendenbandscheibe vor. Im Hals- und Brustbereich sind sie sehr selten.

● **Wie kann man die Aufgaben der Wirbelsäule zusammenfassen**?
① *Stützaufgabe*: hauptsächlich Wirbelkörper. Diese werden entsprechend der größeren Last von oben nach unten größer.
② *Schutzaufgabe*: hauptsächlich Wirbelbogen: Im Wirbelkanal liegt geschützt das Rückenmark.
③ *Federungsaufgabe*: hauptsächlich Zwischenwirbelscheibe.
④ *Bewegungsaufgabe*: Bewegungssegment. Die Dorn- und Querfortsätze dienen als Anheftungsstellen für Muskeln.

● **Welche Bewegungsmöglichkeiten hat die Wirbelsäule**?
① Vorneigen,
② Rückneigen,
③ Seitneigen,
④ Drehen (gering in der Lendenwirbelsäule).

● **Welche Muskeln bewirken diese Bewegungen**?
① *Vorneigen*: gerade und schräge Bauchmuskeln (im aufrechten Stand unterstützt durch die Schwerkraft),
② *Rückneigen*: Rückenstrecker,
③ *Seitneigen*: seitliche Abschnitte der Rücken- und Bauchmuskeln,
④ *Drehen*: Schrägzüge der Rückenstrecker, seitliche Halsmuskeln, schräge Bauchmuskeln.

● **Was sind die „Rückenstrecker"**?
Unter der Bezeichnung „Rückenstrecker" oder „tiefe Rückenmuskeln" faßt man eine Vielzahl von Muskelzügen zusammen, die sich an Dorn- und Querfortsätzen sowie den benachbarten Rippenabschnitten, am Schädel und am Becken befestigen. Man kann sie grob gliedern in
① *Längszüge*: für Rück- und/oder Seitneigen,
② *Schrägzüge*: zusätzlich für Drehungen.

2.3 Brustwand und Zwerchfell

● **Wodurch unterscheiden sich Brust- und Bauchwand grundsätzlich**?
Die Bauchwand wird hauptsächlich von Muskeln gebildet. Die Brustwand hingegen ist durch einen Knochengitter versteift. Die Lungen benötigen eine druckstabile Umgrenzung. Beim Atmen wird der Rauminhalt der Brusthöhle verändert. Dies bedingt Druckunterschiede in den Lungen. Dadurch strömt die Atemluft ein und aus.

● **Welche Wände hat der Brustraum**?
① Brustkorb mit Zwischenrippenmuskeln,
② Brustwirbelsäule,
③ Zwerchfell.

● **Aus welchen Knochen besteht der Brustkorb**?
① *Brustbein*: mit Handgriff, Körper und Schwertfortsatz,
② *Rippen*: je 12 auf jeder Seite, von denen meist die oberen 10 mit den Rippenknorpeln am Brustbein befestigt sind. Die Knorpel der 7. bis 10. Rippe verschmelzen zum Rippenbogen. Die 11. und 12. Rippe enden frei in der Bauchwand.

● **Wie ist der Brustkorb an der Wirbelsäule aufgehängt**?
Durch die Wirbel-Rippen-Gelenke:
① *Rippenkopfgelenk*: Das hintere Ende der Rippe (= Rippenkopf) steht meist auf Höhe der Zwischenwirbelscheibe und berührt den darüber und den darunter stehenden Wirbelkörper.
② *Rippen-Querfortsatz-Gelenk*: Die Rippe ist auch noch mit dem Querfortsatz verbunden.

● **Welche Bewegungen sind in den Rippengelenken möglich**?
Wegen der Doppelbefestigung der Rippen an den Wirbelkörpern und an den Querfortsätzen können sich die Rippen dort nur um ihre eigene Längsachse drehen. Da sie aber in großem Bogen nach vorn gekrümmt sind, führt das Drehen am hinteren Ende zu einem Auf- und Abbewegen im vorderen Bereich. Über die Rippenknorpel wird dabei das Brustbein gehoben und gesenkt. Im unteren Bereich des Brustkorbs wird auch dessen Querdurchmesser größer und kleiner.

● **Welche Aufgaben haben die Zwischenrippenmuskeln**?
① *Abdichten* der Zwischenräume zwischen den Rippen, damit eine druckstabile Kammer für die Atembewegungen entsteht.
② Mitwirken bei den *Atembewegungen*: äußere Zwischenrippenmuskeln bei der Einatmung, innere Zwischenrippenmuskeln bei der Ausatmung.

● **Was ist das Zwerchfell?**
Das Zwerchfell ist eine dünne Muskel-Sehnen-Platte, die den Brustraum vom Bauchraum trennt. Sie ist an der unteren Brustkorböffnung und an der Lendenwirbelsäule befestigt. Von den Baucheingeweiden wird das Zwerchfell in den Brustkorb nach oben gewölbt. Bei den Atembewegungen wird es (ähnlich wie der Kolben im Zylinder des Automotors) im Brustkorb auf- und abgeschoben. Das Zwerchfell wird vom Zwerchfellnerv aus dem Halsnervengeflecht innerviert.

● **Auf welcher Höhe steht die Zwerchfellkuppel?**
Die Höhenlage der Zwerchfellkuppel ist abhängig von Ein- und Ausatmung, von der Körperhaltung, vom Konstitutionstyp usw. Als grober Anhalt kann gelten: Bei tiefer Ausatmung reicht die Zwerchfellkuppel rechts bis nahe an die Brustwarze. Links steht die Zwerchfellkuppel wegen des aufgelagerten Herzens etwas tiefer. Bei tiefer Einatmung kann die Zwerchfellkuppel bis zu 10 cm tiefertreten.

● **Welche Lücken hat das Zwerchfell?**
Das Zwerchfell darf Brustraum und Bauchraum nicht vollständig voneinander trennen, sondern muß Lücken für Verbindungswege freigeben. Die wichtigsten sind:
① *Aortenschlitz*: für die Hauptschlagader, in der das Blut vom Herzen zur unteren Körperhälfte fließt,
② *Hohlvenenloch*: für die untere Hohlvene. In dieser kehrt das Blut aus der unteren Körperhälfte zum Herzen zurück,
③ *Speiseröhrenschlitz*: für die Speiseröhre.

● **Welche ärztliche Bedeutung hat die Zwerchfell-Lücke für die Speiseröhre?**
Sie ist beim älteren Menschen häufig eine Bruchpforte. Durch die erweiterte Lücke können sich Teile des Magens oder des Darms in den Brustraum zwängen (Zwerchfellbruch = Hiatushernie).

● **Was versteht man unter äußerer und innerer Atmung?**
Unter Atmung versteht man die Versorgung des Körpers mit Sauerstoff und die Entsorgung von Kohlendioxid. Dabei sind 2 Teilvorgänge zu unterscheiden:
① *äußere Atmung*: der Gastransport in und aus dem Körper,
② *innere Atmung*: der Gasaustausch zwischen dem Blut und den Zellen und die sauerstoffabhängigen Stoffwechselvorgänge in den Zellen.

● **Welche Vorgänge liegen der äußeren Atmung zugrunde?**
Gase bewegen sich aufgrund von Druckunterschieden. Durch einen Unterdruck (gegenüber dem äußeren Luftdruck) wird Atemluft in den Brustraum gesaugt, durch einen Überdruck wieder ausgeblasen. Die Druckunterschiede werden durch Unterschiede des Rauminhalts erzeugt: Wird der Rauminhalt des Brustkorbs vergrößert, so sinkt der Druck, und Luft strömt ein (Einatmung). Umgekehrt wird bei der Ausatmung der Rauminhalt verkleinert, wodurch der Druck steigt.

● **Wie verändert der Körper den Rauminhalt des Brustraums?**
① *Rippenatmung* (Brustatmung): Die Rippen fallen von hinten nach vorn ab. Werden sie angehoben, so werden ihre vorderen Enden gleichzeitig nach vorn geschoben. Dadurch wächst der Brustkorbdurchmesser in Pfeilrichtung. Gleichzeitig nimmt auch der quere Brustkorbdurchmesser im unteren Bereich zu (Flankenatmung).
② *Zwerchfellatmung* (Bauchatmung): Zieht sich das Zwerchfell zusammen, so wird die Grenze zwischen Brust- und Bauchraum in Richtung Bauchraum verlagert. Der Höhendurchmesser des Brustraums wächst. Erschlafft das Zwerchfell, so wird es mit den Baucheingeweiden durch die Bauchmuskeln nach oben geschoben. Der Höhendurchmesser wird kleiner.

● **Welche Bedeutung hat die Wirbelsäule für die Atmung?**
Wird die Wirbelsäule nach rückwärts gekrümmt, so wird der Brustkorb ziehharmonikaartig auseinandergezogen. Dies unterstützt die Einatmung. Wird die Wirbelsäule nach vorn gebeugt, so wird der Brustkorb zusammengepreßt. Dies untersützt die Ausatmung. Bei der tiefen Einatmung strecken wir uns daher. Bei der tiefen Ausatmung lassen wir uns zusammensinken.

● **Welche Muskeln bewirken die Einatmung?**
① *Hauptmuskeln*: Zwerchfell, Treppenmuskeln, äußere Zwischenrippenmuskeln,
② *Hilfsmuskeln*: Kopfwender, großer und kleiner Brustmuskel, Rückenstrecker.

● **Welche Muskeln bewirken die Ausatmung?**
① *Hauptmuskeln*: Bauchmuskeln, innere Zwischenrippenmuskeln,
② *Hilfsmuskeln*: breiter Rückenmuskel („Hustenmuskel").

● **Welche sonstigen Kräfte unterstützen die Ausatmung?**
① *Schwerkraft*: In aufrechter Haltung zieht die Schwerkraft den Oberkörper nach unten. Im Liegen schiebt sie mit den Baucheingeweiden das Zwerchfell in den Brustraum.

② *Elastische Kräfte* der Lunge: Die Lunge enthält reichlich elastische Fasern. Diese werden bei der Einatmung gedehnt. Sie suchen die Lunge in den Ausatmungszustand zurückzuziehen. Da sich die Lunge normalerweise nicht von der Brustwand abheben kann, muß die Brustwand folgen.
③ *Verformungsenergie* des Brustkorbs: Bei der Einatmung werden die Rippenknorpel verdrillt. Sie suchen sich in die Ausatmungsstellung zurückzudrehen.

2.4 Bauchwand

● **Was versteht man in der Anatomie unter Bauchwand**?
Den zwischen Brustkorb und Hüftbeinen ausgespannten Teil der Leibeswand. Er ist frei von Knochen. Die Bauchwand besteht (von außen nach innen) aus Haut, Unterhaut, Bauchmuskeln und Bauchfell.

● **Wie verlaufen die 5 Bauchmuskeln**?
① *Gerader Bauchmuskel*: beidseits der Mittellinie von der Vorderseite des Brustkorbs zum Schambein.
② *Äußerer schräger Bauchmuskel*: seitlich des geraden Bauchmuskels von oben außen nach unten innen.
③ *Innerer schräger Bauchmuskel*: unter dem äußeren schrägen Bauchmuskel von unten außen nach oben innen. Seine Muskelfasern verlaufen etwa rechtwinklig zu denen des äußeren schrägen Bauchmuskels.
④ *Querer Bauchmuskel*: unter dem inneren schrägen Bauchmuskel horizontal von hinten nach vorn.
⑤ *Quadratischer Lendenmuskel*: beidseits der Wirbelsäule vom Darmbeinkamm zur 12. Rippe.

● **Was ist die Rektusscheide**?
Die rechten und linken schrägen und queren Bauchmuskeln sind vorn durch eine breite Sehnenplatte verbunden. Sie spaltet sich um die beiden geraden Bauchmuskeln zu einem vorderen und einem hinteren Blatt auf. Der gerade Bauchmuskel (Rektus) liegt in ihr wie in einem Köcher.

● **Was ist das Leistenband**?
Das Leistenband verbindet den vorderen oberen Darmbeinstachel mit dem Schambeinhöckerchen. Es handelt sich um das verstärkte untere Ende der Sehnenplatte des äußeren schrägen Bauchmuskels.

● **Welche Aufgaben haben die Bauchmuskeln**?
① *Rumpfbewegungen*: Die geraden Bauchmuskeln krümmen den Rumpf nach vorn, die schrägen zur Seite. Sie wirken teils gegen die Rückenstrecker, teils mit ihnen zusammen.
② *Verspannen der Bauchwand*: Die Bauchwand muß bei aufgerichtetem Körper einen Teil des Gewichts der Bauchorgane halten. Sie muß ihren Umfang dem jeweiligen Raumbedarf der Bauchorgane (Mahlzeiten, Entleerung von Harnblase und Mastdarm, Schwangerschaft) anpassen.
③ *Atmung*: Die Bauchmuskeln sind Gegenspieler des Zwerchfells. Bei der Ausatmung schieben sie über die Bauchorgane das erschlaffte Zwerchfell hoch.
④ *Bauchpresse*: Durch Anspannen der Bauchmuskeln wird der Druck im Bauchraum erhöht. Bei Erschlaffen der Afterschließmuskeln wird dadurch der Mastdarm entleert. Die Bauchpresse unterstützt auch die Entleerung der Harnblase, die Austreibung der Frucht bei der Entbindung (Preßwehen) und das Erbrechen.

● **Wie kann man die Bauchwand in Regionen gliedern**?
Durch 2 horizontale Linien (durch die Unterränder der Rippenbogen und durch die vorderen oberen Darmbeinstachel) kann man die Bauchwand in drei Zonen teilen: Oberbauch, Mittelbauch und Unterbauch. Jede dieser Zonen kann man durch 2 vertikale Linien (Seitenränder der geraden Bauchmuskeln) in 3 Regionen unterteilen. Damit ergeben sich insgesamt 9 Regionen:
① *Oberbauch* (von rechts nach links): rechte Rippenbogengegend (Lebergegend), Magengrube, linke Rippenbogengegend (Milzgegend),
② *Mittelbauch*: rechte Flankengegend, Nabelgegend, linke Flankengegend,
③ *Unterbauch*: rechte Leistengegend, Schamhaargegend, linke Leistengegend.

● **Welche Schwachstellen hat die Bauchwand**?
① *Nabel*: Vor der Geburt ist hier eine Lücke nötig, durch die die Nabelschnur die Leibesfrucht (Fetus) mit dem Mutterkuchen (Plazenta) verbindet. Nach dem „Abnabeln" verschließt der Körper die Lücke durch eine Narbenplatte.
② *Leistenkanal*: Beim Mann werden die Keimdrüsen zwar im Bauchraum angelegt, dann aber durch eine Lücke in der Bauchwand in den Hodensack verlagert. Diese Lücke muß zeitlebens zur Versorgung des Hodens mit Nerven, Blut- und Lymphgefäßen sowie zum Abtransport der Samenzellen im Samenleiter offenbleiben. Da weiblicher und männlicher Körper sich nach dem grundsätzlich gleichen Bauplan entwickeln, hat auch die Frau einen Leistenkanal. Er wird vom runden Mutterband durchsetzt.

● **Wie ist der Leistenkanal gebaut**?
Der Leistenkanal ist etwa 4 cm lang. Unmittelbar über dem Leistenband durchsetzt er die Bauchwand schräg. Er endet mit dem inneren Leistenring seit-

lich oben und mit dem äußeren Leistenring medial unten. Die Sehne des äußeren schrägen Bauchmuskels bildet die Vorderwand, die innere Bauchwandfaszie verstärkt durch Bänder die Hinterwand. Oben begrenzt ihn der Unterrand des inneren schrägen Bauchmuskels, unten das Leistenband.

● **Was sind Eingeweidebrüche**?
Eingeweidebrüche (Hernien) sind Ausstülpungen von Bauchinhalt (vor allem großes Netz und Darm) durch Lücken in der Wand des Bauchraums. Die wichtigsten Bruchpforten sind:
① äußerer Leistenring,
② Nabel,
③ Zwerchfellücke für die Speiseröhre.

● **Welche 2 Hauptformen der Leistenbrüche kann man unterscheiden**?
① *Indirekte Leistenbrüche*: Sie benutzen den angeborenen Leistenkanal und durchsetzen damit die Bauchwand schräg (vom inneren zum äußeren Leistenring). Sie sind beim männlichen Säugling häufig.
② *Direkte Leistenbrüche*: Sie brechen direkt durch die Bauchwand im Bereich des äußeren Leistenrings. Sie sind beim älteren Mann häufig.

2.5 Becken und Beckenboden

● **Welche Knochen bilden das knöcherne Becken**?
Die beiden Hüftbeine und das Kreuzbein. Zum Hüftbein verschmelzen 3 Knochen: Darmbein, Schambein und Sitzbein. Die Grenzen dieser Teilknochen treffen sich in der Hüftgelenkpfanne.

● **Welche Gelenke verbinden die Beckenknochen**?
① *Kreuzbein-Darmbein-Gelenke*: Wegen sehr straffer Bänder sind in ihnen nur kleine Bewegungen möglich.
② *Schambeinfuge*: Die beiden Schambeine werden durch eine Faserknorpelscheibe (ähnlich der Zwischenwirbelscheibe) verbunden.

● **Welche Einzelheiten sind am Hüftbein besonders hervorzuheben**?
① *Darmbein*: Darmbeinschaufel und Darmbeinkamm mit dem vorderen oberen und dem hinteren oberen Darmbeinstachel,
② *Schambein*: oberer und unterer Schambeinast, Schambeinhöckerchen,
③ *Sitzbein*: Sitzbeinhöcker und Sitzbeinstachel.

● **Was ist das Hüftloch**?
Schambein und Sitzbein umschließen ein etwa fünfmarkstückgroßes Loch im Knochen. Es wird durch die Hüftlochmembran aus straffem Bindegewebe verschlossen.

● **Was versteht man unter großem und kleinem Becken**?
Das knöcherne Becken ist einem Trichter mit weitem Auslauf zu vergleichen. Das kegelförmige Stück des Trichters (die seitlich ausladenden Darmbeinschaufeln) nennt man großes Becken, das Auslaufrohr kleines Becken. Die Grenze zwischen beiden verläuft vom Oberrand des Kreuzbeins zum Oberrand der Schambeinfuge.

● **Was ist der Beckenkanal**?
Beckenhöhle oder Beckenkanal nennt man den vom kleinen Becken umschlossenen Raum. In ihm liegen die Beckenorgane. Er ist bei der Frau der Gebärkanal, den die Leibesfrucht bei der natürlichen Geburt zum „Licht der Welt" wählt.
① *Beckeneingang*: Die obere Öffnung (Grenze zum großen Becken) ist etwa kartenherzförmig.
② *Beckenausgang*: Die untere Öffnung ist etwa rautenförmig. Sie wird durch den Beckenboden (Dammgegend) verschlossen. Die Eckpunkte der Raute sind der Unterrand der Schambeinfuge, die beiden Sitzbeinhöcker und die Steißbeinspitze.

● **Welche Stellung hat der Beckeneingang im Stehen**?
Der Beckeneingang steht nicht horizontal, sondern ist im aufrechten Stand um etwa 60° nach vorn unten gekippt. Dadurch wird der Beckenboden entlastet und ein Teil des Gewichts der Bauchorgane von den Schambeinen getragen.

● **Welche Geschlechtsunterschiede bestehen beim knöchernen Becken**?
Der Beckenkanal der Frau ist weiter als der des Mannes. Der von den unteren Schambeinästen gebildete Schambeinwinkel ist bei der Frau größer als beim Mann. An diesem Merkmal ist bei einem Skelett das Geschlecht am einfachsten zu erkennen.

● **Wie ist der Beckenboden gebaut**?
Aus 2 Muskel-Sehnen-Platten und aus Bindegeweberäumen. Die beiden Muskel-Sehnen-Platten sind das:
① *Beckenzwerchfell*: Es besteht aus dem Afterheber, dem Steißmuskel und dem äußeren Afterschließmuskel.
② *Urogenitalzwerchfell*: Es besteht aus der Damm-Membran, dem Harnröhrenschließmuskel und dem tiefen queren Damm-Muskel.

● **Welche Gemeinsamkeiten bestehen zwischen dem Zwerchfell und dem Beckenzwerchfell**?
Das Beckenzwerchfell ist ein Teil des Beckenbodens. Es schließt die Beckenhöhle nach hinten un-

ten ab. Da die Beckenhöhle ein Teil der Bauchhöhle ist, bildet das Beckenzwerchfell auch einen Teil der Wand des Bauchraums. Es ist deswegen mit dem Zwerchfell zu vergleichen, das den Bauchraum oben begrenzt:
① Zwerchfell und Beckenzwerchfell sind dünne Muskel-Sehnen-Platten.
② Sie sind nicht quer ausgespannt, sondern stark gewölbt: das Zwerchfell nach oben, das Beckenzwerchfell nach unten (sie umschließen die Bauchorgane).
③ Sie müssen Lücken für den Durchtritt von Organen enthalten: Speiseröhre, Aorta und untere Hohlvene beim Zwerchfell, Harnröhre, Scheide und Mastdarm beim Beckenzwerchfell.
④ Diese Lücken sind anfällig: Zwerchfellbrüche, Mastdarmvorfall, Gebärmuttervorfall.

● **Was ist der Afterheber**?
① Der Afterheber ist der Hauptmuskel des Beckenzwerchfells. Er setzt sich aus mehreren Teilen zusammen, die vom Schambein, vom Rand des Hüftlochs und von der Grenzlinie zwischen großem und kleinem Becken entspringen und trichterförmig auf den After und das After-Steißbein-Band zulaufen.
② Im vorderen Bereich ist eine große Lücke („Afterheber-Tor") für die Harnröhre und die Scheide eingelassen. Die Muskelfasern sind so angeordnet, daß sich das Afterheber-Tor bei der Geburt stark erweitern kann.
③ Der Muskel heißt Afterheber, weil er den Beckenboden, und damit auch den After, anhebt. Er verschließt den Beckenraum nach unten und trägt die Beckeneingeweide. Er wirkt mit beim Verschluß des Afters.

● **Welche Aufgabe hat das Urogenitalzwerchfell**?
① Diese durch Muskeln verstärkte Membran liegt unterhalb des Afterheber-Tors. Sie ist zwischen den beiden unteren Schambeinästen ausgespannt und enthält den Harnröhrenschließmuskel. Sie deckt das Afterheber-Tor ab und wirkt damit Eingeweidebrüchen an dieser Stelle entgegen.
② Bei der Entbindung wird das Urogenitalzwerchfell stark gedehnt. Nach mehreren Entbindungen kann es überdehnt sein. Dann kommt es leichter zum Gebärmuttervorfall und zu unwillkürlichem Harnabgang.

● **Was versteht man unter Damm**?
① Im engeren Sinn: den Bereich zwischen äußeren Geschlechtsorganen und After.
② Im weiteren Sinn (= Dammgegend): den etwa rautenförmigen Hautbezirk um die äußeren Geschlechtsorgane und den After, der unterhalb des Beckenausgangs liegt.
③ Als Dammraum bezeichnet man den gesamten Bindegeweberaum zwischen dem Beckenzwerchfell und der Haut der Dammgegend. In ihm verlaufen die Blutgefäße und Nerven zu den äußeren Geschlechtsorganen und zum After. Er enthält im vorderen Teil das Urogenitalzwerchfell.

2.6 Bein

● **Was versteht man unter Gliedmaßen**?
Gliedmaße (Extremität) wird in der Anatomie als Oberbegriff für Arm und Bein gebraucht. Dabei werden die der Befestigung am Rumpf dienenden Körperteile mit in den Begriff Gliedmaße einbezogen:
① *obere Gliedmaße*: Arm + Schultergürtel (einschließlich Schultergürtelmuskeln),
② *untere Gliedmaße*: Bein + Beckengürtel (Hüftbein einschließlich Hüftgelenkmuskeln).

● **Wie ist die untere Gliedmaße gegliedert**?
Durch die 3 großen Beingelenke (Hüftgelenk, Kniegelenk, oberes Sprunggelenk) wird die untere Gliedmaße in 4 Abschnitte gegliedert:
① *Beckengürtel*: Er ist zugleich ein Teil des Rumpfes.
② *Oberschenkel.*
③ *Unterschenkel.*
④ *Fuß*: Er läßt sich in 3 Bereiche untergliedern: Fußwurzel, Mittelfuß und Zehen.

● **Wie sind die Gelenkkörper des Hüftgelenks gebaut**?
① *Hüftpfanne*: Sie wird gemeinsam von den 3 Knochen des Hüftbeins (Darmbein, Schambein und Sitzbein) gebildet. Die Höhlung entspricht etwa dem Abdruck einer Halbkugel. Am inneren unteren Ende sinkt eine kleine Grube nochmals tiefer ein. Aus ihr entspringt das Hüftkopfband. Dem Rand der Hüftpfanne ist ein Faserknorpelring (Gelenklippe) aufgelagert. Er umschließt den Hüftkopf bis über den Äquator.
② *Hüftkopf*: Er ist annähernd kugelförmig und durch den Schenkelhals vom Schaft des Oberschenkelbeins abgespreizt. Dies ermöglicht einen größeren Bewegungsspielraum. Am oberen Ende des Oberschenkelschaftes springen 2 Knochenhöcker vor (großer und kleiner Rollhügel). Sie dienen dem Ansatz von Muskeln.

● **Wie ist die Kapsel des Hüftgelenks gebaut**?
Die Gelenkkapsel entspringt an der Gelenklippe und setzt seitlich am Schenkelhals an. Wegen des großen Bewegungsspielraums des Hüftgelenks muß sie recht weit sein. Sie umgreift den Hüftkopf und einen großen Teil des Schenkelhalses. Sie wird durch 3 Bänder verstärkt:

① Darmbein-Schenkel-Band: das stärkste Band des menschlichen Körpers,
② Schambein-Schenkel-Band,
③ Sitzbein-Schenkel-Band,
④ Ringzone: sie umrundet den Schenkelhals.

● **Welche Bewegungen sind im Hüftgelenk möglich**?
Das Hüftgelenk ist ein Kugelgelenk. Demgemäß hat es 3 Hauptachsen, um die 6 Hauptbewegungen erfolgen:
① Strecken - Beugen (Rückführen - Vorführen),
② Abspreizen - Anziehen (Anführen),
③ Außenkreiseln - Innenkreiseln (Auswärtsdrehen - Einwärtsdrehen).

● **Was ist die angeborene Hüftgelenkverrenkung**?
Bei etwa 2 % der Neugeborenen ist das Hüftpfannendach mangelhaft ausgebildet. Der Hüftkopf findet dann keinen Halt und gleitet nach oben aus der Hüftpfanne. Wichtig ist es, die Verrenkung noch im Säuglingsalter zu erkennen. Man kann dann durch einen Spreizverband die Verstärkung des Pfannendachs fördern. Ohne Behandlung kommt es zum Hinken und zum vorzeitigen Verschleiß des Hüftgelenks.

● **Welche Gefahren sind mit einem Schenkelhalsbruch verbunden**?
Im Alter werden wegen der meist geringeren körperlichen Anstrengung die Rindenschichten und die Bälkchen der Knochen dünner. Dies setzt die Bruchfestigkeit der Knochen herab. Dann führt manchmal schon ein leichter Sturz zu einem Knochenbruch. Besonders gefährdet ist der Schenkelhals. Bei ihm dauert zudem die normale Bruchheilung besonders lang (bis zu einem halben Jahr). Bei einem so langen Krankenlager kann aus einem „rüstigen Alten" ein hilfloser Greis werden. Durch Einsetzen eines künstlichen Hüftgelenks kann der Krankenhausaufenthalt auf 2 bis 3 Wochen verkürzt werden.

● **Welche Muskeln sind die wichtigsten für die 6 Hauptbewegungen des Hüftgelenks**?
① *Strecken*: großer Gesäßmuskel,
② *Beugen*: großer Lendenmuskel, Darmbeinmuskel, Faszienspanner, gerader Oberschenkelmuskel,
③ *Abspreizen*: mittlerer und kleiner Gesäßmuskel,
④ *Anziehen*: langer, kurzer und großer Anzieher,
⑤ *Außenkreiseln*: Gesäßmuskeln ,
⑥ *Innenkreiseln*: vordere Anteile des mittleren und des kleinen Gesäßmuskels.

● **Warum sind die Gesäßmuskeln so kräftig**?
① *Großer Gesäßmuskel*: Während die Hüftgelenkbeuger im allgemeinen nur das Gewicht des Beins heben, müssen die Strecker beim Treppensteigen und Bergaufgehen das Gewicht des restlichen Körpers über das Bein heben.
② *Mittlerer und kleiner Gesäßmuskel*: Das Durchschwingen des Beins beim Gehen wird erleichtert, wenn das Becken auf der Spielbeinseite etwas angehoben wird. Dies geschieht durch Zusammenziehen der Abspreizmuskeln auf der Standbeinseite. Die große Kraft der Abspreizer wird also nicht benötigt, um das Bein vom Körper abzuspreizen, sondern um den restlichen Körper über dem festgestellten Bein zur Seite zu neigen.

● **Welche Hauptgefahren birgt eine unsachgemäße Einspritzung in die Gesäßgegend in sich**?
① Schädigung wichtiger Nerven, z.B. des stärksten Nervs des Körpers (Ischiadikus): Das Bein kann dann gelähmt und gefühllos sein.
② Einspritzung in eine Schlagader: Aufgrund einer Durchblutungsstörung kann Gewebe absterben und sich ein großes Geschwür bilden.

● **Wie wählt man die richtige Stelle für eine Einspritzung in die Gesäßgegend**?
① Injiziert wird in den mittleren Gesäßmuskel, niemals in den großen! Das Einspritzfeld ist möglichst weit seitlich zu wählen.
② Bei Injektion in die *linke Gesäßgegend* legt die Schwester (Pfleger, Arzt) den Handteller ihrer linken Hand auf den großen Rollhügel des Patienten, tastet mit der Mittelfingerspitze den vorderen oberen Darmbeinstachel des Patienten und spreizt dann den Zeigefinger ab. Eingespritzt wird zwischen Zeige- und Mittelfinger.
③ Bei der *rechten Gesäßgegend* des Patienten wird sinngemäß der Darmbeinstachel mit der Zeigefingerspitze der linken Hand getastet und der Mittelfinger abgespreizt.

● **Was muß man bei der Einspritzung in die Gesäßgegend außerdem beachten**?
① *Einstichtiefe*: Eingespritzt wird in den Muskel und nicht in die Unterhaut. Deshalb muß man zuerst die Dicke des Fettgewebes abschätzen (Falte abheben), dann eine genügend lange Hohlnadel (Kanüle) wählen und entsprechend tief einstechen.
② *Menge*: Zwischen den Muskelfasern ist wenig Platz. Deshalb sollte man möglichst nicht mehr als 2 ml in den Muskel einspritzen. Andernfalls wird das Bindegewebe zwischen den Muskelfasern zerrissen, was starke Schmerzen auslösen kann.
③ *Verträglichkeit*: In den Muskel darf man nur Arzneimittel einspritzen, die ausdrücklich für die intramuskuläre (i.m.) Injektion vorgesehen sind.
④ *Nötigkeit*: Wegen der Gefahren der Einspritzung in die Gesäßgegend sollte der Arzt in jedem Fall prüfen, ob das Arzneimittel nicht ebensogut auf einem anderen Weg dem Patienten zuzuführen ist.

● Was liegt zwischen Leistenband und Hüftbein?
Der Raum zwischen Leistenband und Knochen wird durch einen Faszienstreifen in 2 Fächer geteilt:
① *Muskelfach* (seitlich): Durch dieses ziehen der Hüftbeinmuskel, der große Lendenmuskel und der Oberschenkelnerv.
② *Gefäßfach* (medial): Dieses durchqueren die Oberschenkelschlagader, die Oberschenkelvene und Lymphgefäße. Gelegentlich wird das Gefäßfach zur Bruchpforte für einen Eingeweidebruch (Schenkelhernie). Man beachte: Der Leistenbruch bricht oberhalb des Leistenbandes durch, der Schenkelbruch unterhalb.

● Wie sind die Gelenkkörper des Kniegelenks gebaut?
① *Oberschenkelbein*: Zwischen 2 überknorpelten walzenförmigen Gelenkknorren sinkt eine tiefe Grube zur Aufnahme der Kreuzbänder ein.
② *Schienbein*: Die überknorpelten Gelenkflächen auf den beiden Gelenkknorren sind nur flach eingedellt. Zwischen ihnen erheben sich die Ansatzstellen der Kreuzbänder. Unterhalb davon springt die Ansatzstelle des Kniescheibenbandes (= Endsehne des vierköpfigen Oberschenkelmuskels) stark vor.
③ *Kniescheibe*: Ihre überknorpelte Hinterfläche ist V-förmig gekrümmt. Sie gleitet damit in der Führungsrinne zwischen den beiden Gelenkknorren des Oberschenkelbeins.

● Was sind die Menisken?
① Die Menisken sind Faserknorpelringe. Sie liegen auf den Gelenkflächen des Schienbeins und umgreifen die Gelenkknorren des Oberschenkelbeins. Sie vertiefen gewissermaßen die sehr flachen „Gelenkpfannen" des Schienbeins und machen sie verschiebbar.
② Sie folgen den Bewegungen der Gelenkknorren des Oberschenkelbeins. Dadurch werden Kreiselungen im Kniegelenk möglich, was bei 2 feststehenden Pfannen nicht der Fall wäre.
③ Nachteil dieser Konstruktion ist, daß bei abruptem Strecken (z.B. beim Sturz) die Menisken zwischen den Knochen eingeklemmt werden können und dabei evtl. zerreißen. Der Innenmeniskus wird häufiger verletzt als der Außenmeniskus.

● In welche Teilgelenke kann man das Kniegelenk gliedern?
Die 3 Teilgelenke liegen zwischen:
① den inneren (medialen) Gelenkknorren des Oberschenkelbeins und des Schienbeins,
② den äußeren (lateralen) Gelenkknorren des Oberschenkelbeins und des Schienbeins,
③ der Kniescheibe und der Kniescheibenfläche des Oberschenkelbeins.
Die 3 Teilgelenke bilden eine funktionelle Einheit: An allen Bewegungen sind alle Teilgelenke beteiligt. Sie werden außerdem von einer gemeinsamen Gelenkkapsel umschlossen. Eine Entzündung in einem Teilgelenk greift immer auf die anderen Teilgelenke über.

● Welche Bewegungen können im Kniegelenk ausgeführt werden?
Das Kniegelenk ist ein Drehscharniergelenk mit 2 Hauptachsen und 4 Hauptbewegungen:
① Strecken - Beugen,
② Außenkreiseln - Innenkreiseln. Kreiseln ist nur bei gleichzeitigem Beugen möglich.

● Welche Bänder sichern die Bewegungen des Kniegelenks?
① *Seitenbänder*: Die Gelenkkapsel wird medial durch das Innenband, lateral durch das Außenband verstärkt. Die Seitenbänder verhindern übermäßiges Außenkreiseln sowie Abknicken nach außen oder innen.
② *Kreuzbänder*: Sie liegen in der Mitte des Gelenks zwischen den inneren und äußeren Gelenkknorren außerhalb der vom inneren Blatt der Gelenkkapsel umschlossenen (im Horizontalschnitt hufeisenförmigen) Gelenkhöhle. Die Kreuzbänder verhindern übermäßiges Strecken und Innenkreiseln. Volles Strecken im Kniegelenk ist nur möglich, wenn die Kreuzbänder durch leichtes Außenkreiseln etwas entspannt werden.

● Welche sind die wichtigsten Muskeln für die 4 Hauptbewegungen des Kniegelenks?
① *Strecken*: vierköpfiger Oberschenkelmuskel,
② *Beugen*: Sitzbein-Unterschenkel-Muskeln (halbsehniger und halbmembranöser Muskel, zweiköpfiger Oberschenkelmuskel), Wadenmuskeln,
③ *Innenkreiseln*: „Gänsefußmuskeln" (Schneidermuskel, schlanker Muskel, halbsehniger Muskel), halbmembranöser Muskel,
④ *Außenkreiseln*: zweiköpfiger Oberschenkelmuskel.

● Welche Aufgaben hat die Kniescheibe?
Die Kniescheibe ist als „Sesambein" in die Sehne des vierköpfigen Oberschenkelmuskels eingeschaltet:
① Sie verhindert die Reibung der Sehne an den Gelenkknorren des Oberschenkelbeins.
② Sie führt die Sehne und verhindert deren seitliches Abgleiten.
③ Sie hebt die Sehne von der Unterlage ab und erhöht damit das Drehmoment des Muskels.

● **Was sind O- und X-Beine**?
Die beiden Hüftgelenke haben einen größeren Abstand als die beiden Kniegelenke oder Sprunggelenke. Deshalb muß auch beim „geraden" Bein der Unterschenkel gegenüber dem Oberschenkel abgeknickt sein. Der Knick ist jedoch so bemessen, daß beim aufrechten Stand mit geschlossenen Beinen sowohl die Knie als auch die Innenknöchel sich berühren.
① Beim *O-Bein* klaffen in dieser Stellung die Knie auseinander.
② Beim *X-Bein* klaffen in dieser Stellung die Innenknöchel auseinander.

● **Wie kann man einen Gelenkerguß von einer Schwellung außerhalb der Gelenkkapsel des Kniegelenks unterschieden**?
① Durch den *Gelenkerguß* (Ansammlung von entzündlicher Flüssigkeit oder Blut in der Glenkhöhle) wird die Kniescheibe aus ihrer Führungsrinne gehoben. Sie verliert den seitlichen Halt. Sie vibriert daher, wenn man sie anstößt („tanzende Kniescheibe").
② Die *Schwellung außerhalb des Gelenks* liegt meist vor und seitlich der Kniescheibe. Die Kniescheibe ruht dabei fest in ihrer Führungsrinne.

● **Wo ist ein Kniegelenkerguß am einfachsten abzusaugen**?
Oberhalb der Kniescheibe liegt ein großer Schleimbeutel, der regelmäßig mit der Gelenkhöhle breit verbunden ist. Er wird immer in den Gelenkerguß einbezogen. Man sticht daher die Punktionsnadel am Oberrand der Kniescheibe in Querrichtung ein und saugt den Erguß aus dem Schleimbeutel ab.

● **Was liegt in der Kniekehle**?
Die hintere Kniegegend bezeichnet man auch als Kniekehle, weil beim Beugen hier eine rautenförmige Grube einsinkt.
① Die Raute wird oben begrenzt von den Sitzbein-Unterschenkel-Muskeln (Innenseite: halbsehniger und halbmembranöser Muskel, Außenseite: zweiköpfiger Oberschenkelmuskel), unten von den beiden Köpfen des Wadenmuskels.
② Die Raute selbst wird von einem Fettkörper gefüllt. In diesen sind der Ischiadikus, die Kniekehlenvene und die Kniekehlenschlagader mit ihren Ästen sowie Lymphgefäße eingebettet.

● **Welche Knochen versteifen den Unterschenkel**?
Das Schienbein und das Wadenbein. Die beiden sind durch eine Zwischenknochenmembran aus straffem Bindegewebe federnd aneinandergekoppelt. Die Membran bietet zugleich Ursprungsflächen für Muskeln. Das Wadenbein ist am Kniegelenk nicht direkt beteiligt. Lediglich das Außenband des Kniegelenks setzt an ihm an. Hingegen haben beide Unterschenkelknochen Gelenkflächen für das obere Sprunggelenk. Die vordere Schienbeinkante ist nicht von Muskeln überpolstert. Man stößt sich hier leicht an, was wegen des Nervenreichtums der Knochenhaut sehr schmerzhaft ist.

● **Aus welchen Knochen setzt sich das Fußskelett zusammen**?
① *Fußwurzelknochen*: Sprungbein, Fersenbein, Kahnbein, inneres, mittleres und äußeres Keilbein, Würfelbein,
② *Mittelfußknochen*: 5 Röhrenknochen mit Basis, Schaft und Kopf,
③ *Zehenknochen*: 5 Zehengrundglieder, 4 Zehenmittelglieder, 5 Zehenendglieder (an der Großzehe fehlt wie beim Daumen das Mittelglied).
④ *Sesambeine*: 2 Sesambeine liegen regelmäßig unter dem Kopf des 1. Mittelfußknochens. Weitere Sesambeine und „überzählige" Fußwurzelknochen kommen unterschiedlich häufig vor.

● **In welchen Gelenken finden die größeren Bewegungen der Fußknochen statt**?
① *Oberes Sprunggelenk*: zwischen Knöchelgabel der Unterschenkelknochen und Sprungbeinrolle,
② *unteres Sprunggelenk*: zwischen Sprungbein, Fersenbein und Kahnbein,
③ *Zehengrundgelenke*: zwischen den Köpfen der Mittelfußknochen und den Basen der Zehengrundglieder,
④ *Zehenmittelgelenke*: zwischen den Köpfen der Zehengrundglieder und den Basen der Zehenmittelglieder,
⑤ *Zehenendgelenke*: zwischen den Köpfen der Zehenmittelglieder (bei der Großzehe dem Kopf des Zehengrundglieds) und den Basen der Zehenendglieder.

● **In welchen Fußgelenken sind nur kleine Bewegungen möglich**?
① In den zahlreichen Gelenken zwischen den einzelnen Fußwurzelknochen, die nicht zu den Sprunggelenken gehören,
② in den Fußwurzel-Mittelfuß-Gelenken,
③ in den Gelenken zwischen den einzelnen Mittelfußknochen.
Trotz ihrer geringen Beweglichkeit sind diese Gelenke für das Anschmiegen des Fußes an den Boden und damit für ein elastisches Gehen und sicheres Stehen wichtig.

● **Wie ist das untere Sprunggelenk gebaut**?
Durch das sehr kräftige Zwischenknochenband wird das untere Sprunggelenk in 2 Gelenkkammern mit selbständigen Gelenkkapseln gespalten:

① *hinteres Teilgelenk*: zwischen den hinteren Gelenkflächen von Sprungbein und Fersenbein,
② *vorderes Teilgelenk*: zwischen dem Sprungbeinkopf und dem Kahnbein sowie je 2 Gelenkflächen des Sprungbeins und des Fersenbeins. Zwischen dem Kahnbein und dem Fersenbein klafft ein Spalt. Er wird durch das Pfannenband verschlossen. Es ist auf seiner Oberseite überknorpelt und wird so ein Teil der Gelenkpfanne.

● **Welche Bewegungen sind im oberen Sprunggelenk möglich**?
① Dieses ist in erster Linie ein Scharniergelenk. Die Sprungbeinrolle dreht sich in der Knöchelgabel von Schienbein und Wadenbein. Dabei wird die Fußspitze gesenkt (Beugen = Plantarflexion) und gehoben (Strecken = Dorsalextension).
② Die Sprungbeinrolle ist vorn breiter als hinten. Beim Beugen wird der schmälere Teil der Sprungbeinrolle zwischen die Knöchel gedreht. Dann sind auch kleine Seitbewegungen auszuführen.

● **Welche Bewegungen sind im unteren Sprunggelenk möglich**?
Das untere Sprunggelenk ist wegen seiner beiden Kammern mit insgesamt 8 Gelenkflächen schwer zu verstehen. Das vordere Teilgelenk ist an sich ein Kugelgelenk mit Kopf und Pfanne. Wegen der Koppelung an das hintere Teilgelenk kann die große Beweglichkeit eines Kugelgelenks jedoch nicht genutzt werden. Es bleibt nur eine Achse übrig, die schräg von vorn-oben-innen nach hinten-unten-außen durch Sprung- und Fersenbein zieht. Um diese Achse erfolgt eine „Maulschellenbewegung“, bei der der Fuß verkantet wird:
① *Auswärtsdrehen* (Pronation): Der innere Fußrand wird gesenkt und die Fußspitze nach außen geführt.
② *Einwärtsdrehen* (Supination): Der innere Fußrand wird gehoben und die Fußspitze nach innen geführt.

● **Welche Bänder sichern die Bewegungen der Sprunggelenke**?
① Innenseite: Deltaband (vom Schienbeinknöchel fächerförmig zu Kahnbein, Sprungbein und Fersenbein),
② Außenseite: 3 getrennte Bänder vom Wadenbeinknöchel zum Fersenbein sowie vorn und hinten zum Sprungbein,
③ Zwischenknochenband zwischen Sprungbein und Fersenbein (es trennt die beiden Teilgelenke des unteren Sprunggelenks),
④ Verklammerung der Knöchelgabel durch das vordere und das hintere Schienbein-Wadenbein-Band (diese beiden Bänder gehören strenggenommen nicht zu den Sprunggelenken, doch ist die Festigkeit der Knöchelgabel die Voraussetzung sicherer Bewegungen im oberen Sprunggelenk).

● **Welche Bewegungen sind in den Zehengelenken möglich**?
① *Zehengrundgelenke*: Sie sind an sich Kugelgelenke, doch gibt es für die aktive Kreiselung keine Muskeln. Deshalb bleiben 2 Hauptachsen mit 4 Hauptbewegungen übrig: Beugen (Plantarflexion) - Strecken (Dorsalextension), Abspreizen - Anziehen.
② *Zehenmittel- und -endgelenke*: Sie sind Scharniergelenke mit einer Achse und 2 Bewegungsrichtungen: Beugen (Plantarflexion) - Strecken (Dorsalextension).

● **Wie sind die Muskeln des Unterschenkels zu gliedern**?
Die Muskeln des Unterschenkels werden durch Muskelscheidewände in 4 Gruppen geteilt:
① *Oberflächliche Beuger*: dreiköpfiger Wadenmuskel. Er setzt mit der Achillesssehne am Fersenbein an und ist kräftiger als alle übrigen Muskeln zusammen. Die Achillessehne ist die stärkste Sehne des menschlichen Körpers.
② *Tiefe Beuger*: hinterer Schienbeinmuskel, langer Zehenbeuger, langer Großzehenbeuger,
③ *Strecker*: vorderer Schienbeinmuskel, langer Großzehenstrecker, langer Zehenstrecker,
④ *Wadenbeinmuskeln*: langer und kurzer Wadenbeinmuskel.

● **Wie sind die 4 Muskelgruppen des Unterschenkels den 4 Hauptbewegungen der Sprunggelenke zuzuordnen**?
① *Beugen*: oberflächliche und tiefe Beuger, Wadenbeinmuskeln,
② *Strecken*: Strecker,
③ *Auswärtsdrehen* (Pronation): Strecker und Wadenbeinmuskeln,
④ *Einwärtsdrehen* (Supination): oberflächliche und tiefe Beuger.

● **Welche Fußfehlformen entstehen bei Lähmung einer der 4 Muskelgruppen des Unterschenkels**?
① *Hackenfuß*: bei Lähmung der Beuger. Der Patient setzt beim Gehen nur die Ferse auf.
② *Spitzfuß*: bei Lähmung der Strecker. Der Patient betritt den Boden nur mit der Fußspitze.
③ *Klumpfuß*: bei Lähmung der Wadenbeinmuskeln. Der Fuß ist stark einwärtsgedreht. Der Patient geht nur auf dem äußeren Fußrand.
④ *Spitzklumpfuß*: bei Lähmung der Strecker und der Wadenbeinmuskeln.

● **Wie kann man die „kurzen“ Fußmuskeln gliedern**?
① Kurze Strecker: am Fußrücken,
② Zwischenknochenmuskeln: in den Lücken zwischen den Mittelfußknochen,

③ kurze Beuger: in der Fußsohle,
④ kurze Großzehenmuskeln,
⑤ kurze Kleinzehenmuskeln.

● **Wo sind am Fuß Sehnen in Sehnenscheiden eingebettet?**
Sehnenscheiden findet man immer dort, wo Sehnen von Haltebändern gezügelt werden:
① hinter und unter dem Schienbeinknöchel unter dem Halteband der Beugesehnen,
② am Fußrücken (im Bereich der Sprunggelenke) unter den Haltebändern der Strecksehnen,
③ unter dem Wadenbeinknöchel unter den Haltebändern der Wadenbeinmuskeln.

● **Was ist die Fußsohlensehnenplatte?**
Diese Platte straffen Bindegewebes (die beim Menschen den Anschluß an einen Muskel verloren hat) besteht aus:
① *Längszügen* von der Ferse zu den Zehen,
② *Querfasern*, die die Längszüge zusammenhalten,
③ *vertikalen Fasern* nach unten zur Haut und nach oben zu den Mittelfußknochen. Die Haut der Fußsohle ist matratzenartig auf dieser Sehnenplatte befestigt. Dadurch wird sie unverschieblich, was für den sicheren Stand nötig ist (sonst würde man in der Fußsohlenhaut hin- und herrutschen).

● **Wie sieht ein normaler Fußabdruck aus?**
① Die Hauptbelastungspunkte liegen beim gesunden Fuß unter dem Fersenbeinhöcker und unter dem Kopf des 1. Mittelfußknochens.
② Mäßig belastet ist die Haut unter den Köpfen der übrigen Mittelfußknochen und am äußeren Fußrand.
③ Wegen der Längswölbung des Fußes ist der innere Fußrand großteils unbelastet. Der normale Fußabdruck ist daher am Innenrand U-förmig eingezogen.

● **Wodurch werden die Fußwölbungen gesichert?**
① *Längswölbung*: Längsverspannung durch die Muskeln und Sehnen der Fußsohle, die Fußsohlensehnenplatte und Bänder, Anheben des Höhepunkts der Wölbung durch die beiden Schienbeinmuskeln,
② *Querwölbung*: Bänder, unterstützt durch die Sehne des langen Wadenbeinmuskels und durch den queren Kopf des Anziehers der Großzehe.

● **Welche Fußfehlformen sind als gestörte Fußwölbungen zu betrachten?**
① *Hohlfuß*: verstärkte Längswölbung.
② *Plattfuß* (Senkfuß): verminderte Längswölbung. Beim Plattknickfuß ist zusätzlich die Ferse nach außen abgeknickt.
③ *Spreizfuß*: Die Querwölbung ist eingebrochen. Der Vorfuß wird breiter. Der Kopf des 1. Mittelfußknochens tritt stark hervor. Die Großzehe wird seitlich abgebogen (Hallux valgus). Es bildet sich eine Schwiele unter dem Kopf des 2. oder 3. Mittelfußknochens.

2.7 Arm

● **Wie wird die obere Gliedmaße gegliedert?**
Durch die 3 großen Gelenke (Schultergelenk, Ellbogengelenk, oberes Handgelenk) wird die obere Gliedmaße in 4 Abschnitte gegliedert:
① *Schultergürtel*: Er ist zugleich ein Teil des Rumpfes.
② *Oberarm*.
③ *Unterarm*.
④ *Hand*: Sie läßt sich in 3 Bereiche untergliedern: Handwurzel, Mittelhand und Finger.

● **Welche Knochen bilden den Schultergürtel?**
① *Schlüsselbein*: Es ist in ganzer Länge unter der Haut zu tasten. Es ist neben der Speiche der am häufigsten brechende Knochen des menschlichen Körpers.
② *Schulterblatt*: An dem etwa dreieckigen platten Knochen liegt am äußeren Eck die Schulterpfanne für das Schultergelenk. Nach vorn springt der Rabenschnabelfortsatz, nach rückwärts die Schulterblattgräte mit dem Schultereck vor.

● **Durch welche Gelenke ist das Schlüsselbein mit anderen Knochen verbunden?**
① *Inneres Schlüsselbeingelenk* (Brustbein-Schlüsselbein-Gelenk): zwischen dem Handgriff des Brustbeins und dem inneren Ende des Schlüsselbeins.
② *Äußeres Schlüsselbeingelenk* (Schultereck-Schlüsselbein-Gelenk): zwischen dem Schultereck (äußeres Ende der Schulterblattgräte) und dem äußeren Ende des Schlüsselbeins.

● **Welche Hauptbewegungen sind in den Schlüsselbeingelenken möglich?**
Die Schlüsselbeingelenke sind ihrem Bau nach Kugelgelenke mit je 3 Hauptachsen und 6 Hauptbewegungen. Beide Knochen können sich jedoch nicht vom Rumpf abheben. Deswegen können die in den Gelenken vorhandenen Bewegungsmöglichkeiten nicht voll genutzt werden. Größte Bewegungen sind im:
① *inneren Schlüsselbeingelenk*: Heben und Senken,
② *äußeren Schlüsselbeingelenk*: Schwenken des unteren Schulterblattwinkels vor- und rückwärts.

● **Welche Hauptaufgabe haben die Schlüsselbeingelenke**?
Durch Bewegungen in den Schlüsselbeingelenken wird die Stellung der Schulterpfanne verändert. Dadurch wird der Bewegungsumfang des Arms beträchtlich erweitert.

● **Wie ist das Schultergelenk gebaut**?
① *Schulterpfanne*: Die flache birnförmige Höhlung ist wesentlich kleiner als der Schulterkopf. Der Rand ist durch eine faserknorpelige Gelenklippe erhöht.
② *Schulterkopf*: Anders als der Hüftkopf ist er nur durch eine leichte Einziehung (anatomischer Hals) vom Schaft des Oberarmbeins abgehoben. Seitlich dienen der große und der kleine Höcker dem Ansatz von Muskeln. Darunter verjüngt sich der Schaft zum chirurgischen Hals, wo der Knochen häufig bricht.

● **Warum wird das Schultergelenk am häufigsten von allen Gelenken verrenkt**?
Auf das Schultergelenk entfällt nahezu die Hälfte aller Verrenkungen. Dies liegt an:
① der verhältnismäßig kleinen Schulterpfanne,
② der weiten Gelenkkapsel,
③ den unzureichenden Bändern.
Das Schultergelenk wird hauptsächlich durch kräftige Muskeln („Muskelmanschette") gesichert. Bei sehr rasch erfolgenden Zerrungen kann das Gelenk schon verrenkt sein, bevor sich die Muskeln schützend anspannen können.

● **Welche Hauptbewegungen sind im Schultergelenk möglich**?
Das Schultergelenk ist ein Kugelgelenk mit 3 Hauptachsen und 6 Hauptbewegungen:
① Vorführen (Beugen) - Rückführen (Strecken),
② Abspreizen - Anziehen (Anführen),
③ Außenkreiseln - Innenkreiseln.
Der Bewegungsumfang des Arms wird durch das Zusammenwirken der Schlüsselbeingelenke (Verstellen der Schulterpfanne) mit dem Schultergelenk (Bewegen des Schulterkopfes) beachtlich erweitert.

● **Wie kann man die Muskeln im Bereich der Schulter gliedern**?
① Muskeln *von Rumpf, Hals und Kopf zum Schultergürtel* bewegen die Schlüsselbeingelenke: Kopfwender, Trapezmuskel, Schulterblattheber, Rautenmuskeln, kleiner Brustmuskel, vorderer Sägemuskel.
② Muskeln *vom Schultergürtel zum Oberarm* (oder Unterarm) bewegen das Schultergelenk: Deltamuskel, Obergrätenmuskel, Untergrätenmuskel, kleiner und großer runder Muskel, Unterschulterblattmuskel, dreiköpfiger Oberarmmuskel (Trizeps), Rabenschnabel-Oberarm-Muskel, zweiköpfiger Oberarmmuskel (Bizeps).
③ Muskeln *vom Rumpf zum Oberarm* bewegen die Schlüsselbeingelenke und das Schultergelenk: großer Brustmuskel, breiter Rückenmuskel.

● **Welche Muskeln sind die wichtigsten für die Hauptbewegungen des Schultergürtels**?
① *Heben des Schlüsselbeins*: Kopfwender, Trapezmuskel (oberer Teil),
② *Senken des Schlüsselbeins*: kleiner Brustmuskel,
③ *Schwenken des Schulterblatts nach vorn*: vorderer Sägemuskel,
④ *Schwenken des Schulterblatts nach hinten*: Schulterblattheber, Rautenmuskeln.

● **Welche Muskeln sind die wichtigsten für die Hauptbewegungen des Schultergelenks**?
① *Vorführen*: großer Brustmuskel, Deltamuskel (vorderer Teil), Rabenschnabelfortsatz-Oberarm-Muskel,
② *Rückführen*: breiter Rückenmuskel, großer runder Muskel, Deltamuskel (hinterer Teil),
③ *Abspreizen*: Deltamuskel, Obergrätenmuskel,
④ *Anziehen*: großer Brustmuskel, breiter Rückenmuskel, kleiner und großer runder Muskel,
⑤ *Außenkreiseln*: Untergrätenmuskel, kleiner runder Muskel, Deltamuskel (hinterer Teil),
⑥ *Innenkreiseln*: Unterschulterblattmuskel, großer Brustmuskel, breiter Rückenmuskel, großer runder Muskel, Deltamuskel (vorderer Teil), Rabenschnabelfortsatz-Oberarm-Muskel.

● **Welche Muskeln werfen die Achselfalten auf**?
① *Vordere Achselfalte*: großer Brustmuskel,
② *hintere Achselfalte*: breiter Rückenmuskel.

● **Wie ist die Achselhöhle umgrenzt**?
Die Achselhöhle hat bei abgespreiztem Arm etwa die Form einer vierseitigen Pyramide:
① *Vorderwand*: großer und kleiner Brustmuskel,
② *Hinterwand*: breiter Rückenmuskel, Schulterblatt mit aufgelagerten Muskeln,
③ *Innenwand*: Brustkorb mit angelagertem vorderen Sägemuskel,
④ *Außenwand*: Achselhaut.

● **Was liegt in der Achselhöhle**?
① *Achselschlagader*: mit zahlreichen Seitenästen zur Schultergegend und zur Brustwand.
② *Achselvene*: Ihre Äste entsprechen weitgehend denen der Achselschlagader. Zusätzlich bestehen Verbindungen zu Venen der Bauchwand.
③ *Achsellymphknoten*: Zu ihrem Einzugsgebiet gehören der gesamte Arm, die vordere und seitliche Brustwand (Brustdrüse!) sowie der Rücken.
④ *Armnervengeflecht*: Alle Nerven des Arms durchqueren die Achselhöhle.

● **Welcher Nerv ist bei Oberarmbrüchen gefährdet?**
Der *Speichennerv*. Er liegt dem Schaft des Oberarmbeins eng an. Er kann durch scharfkantige Knochenbruchstücke verletzt werden. Er ist auch noch während der Bruchheilung gefährdet: Er kann in den knöchernen Kallus „eingemauert" und dadurch gedrückt werden. Bei Lähmung des Speichennervs kann die Hand nicht mehr gestreckt werden („Fallhand").

● **Wie sind die Oberarmmuskeln zu gliedern?**
① *Beuger*: Die auf der Vorderseite des Oberarms liegenden Muskeln beugen im Ellbogengelenk: Armmuskel (vom Oberarmbein zur Elle), zweiköpfiger Oberarmmuskel (Bizeps, mit einem langen und einem kurzen Kopf vom Schulterblatt zur Speiche).
② *Strecker*: Die auf der Rückseite des Oberarms liegenden Muskeln strecken im Ellbogengelenk: dreiköpfiger Oberarmmuskel (Trizeps, vom Schulterblatt und vom Oberarmbein zum Ellbogen).

● **In welche Teilgelenke ist das Ellbogengelenk zu gliedern?**
① *Oberarm-Ellen-Gelenk*: zwischen der Rolle des Oberarmbeins und dem entsprechenden Einschnitt der Elle (zwischen Kronenfortsatz und Ellbogen).
② *Oberarm-Speichen-Gelenk*: zwischen dem Oberarmköpfchen und dem Speichenkopf.
③ *Oberes Speichen-Ellen-Gelenk*: zwischen dem Speichenkopf und einem entsprechenden Einschnitt der Elle.

● **Welche Bewegungen sind im Ellbogengelenk möglich?**
Die 3 Teilgelenke werden von einer gemeinsamen Gelenkkapsel umhüllt und bilden eine funktionelle Einheit. Sie haben zusammen 2 Achsen mit 4 Bewegungsrichtungen:
① Beugen - Strecken,
② Auswärtsdrehen (Supination) - Einwärtsdrehen (Pronation).

● **Welche Bänder sichern die Bewegungen im Ellbogengelenk?**
① *Ringband*: bogenförmig von der Vorderseite der Elle um den Speichenhals zur Hinterseite der Elle. Der Speichenkopf wird vom Ringband wie in einer Schlaufe gehalten. Ist die Schlaufe zu weit, kann der Speichenkopf hindurchschlüpfen (häufige Verrenkung beim Kleinkind).
② *Innenband*: von der Innenseite des Oberarmbeins fächerförmig zur Elle.
③ *Außenband*: von der Außenseite des Oberarmbeins in das Ringband einstrahlend.

● **Welche Muskeln sind die wichtigsten für die Bewegungen des Ellbogengelenks?**
① *Beugen*: Armmuskel, Bizeps, Oberarm-Speichen-Muskel,
② *Strecken*: Trizeps,
③ *Auswärtsdrehen*: Bizeps, Auswärtsdreher,
④ *Einwärtsdrehen*: runder und quadratischer Einwärtsdreher, speichenseitiger Handbeuger.

● **Welcher Nerv liegt unmittelbar neben dem Ellbogen?**
Der *Ellennerv* liegt einwärts vom Ellbogen ungeschützt unmittelbar unter der Haut. Er wird dort häufig verletzt, ist aber auch leicht zu tasten und bequem für eine Leitungsbetäubung zugänglich.

● **Durch welche Knochen ist der Unterarm versteift?**
Durch Speiche und Elle. Die beiden Knochen sind durch eine Zwischenknochenmembran aneinandergekoppelt und an den beiden Enden durch Gelenke verbunden (oberes und unteres Speichen-Ellen-Gelenk).
① Die *Speiche* bricht besonders häufig beim Sturz auf die Hand (häufigster Knochenbruch).
② Die *Elle* bricht am häufigsten, wenn der Unterarm zur Abwehr eines Schlags schützend vor das Gesicht gehalten wird („Parierbruch").

● **Welche Knochen bilden das Handskelett?**
① *Handwurzelknochen*: 8, davon je 4 in einer Reihe. Obere Reihe: Kahnbein, Mondbein, Dreieckbein, hinzu kommt als Sesambein das Erbsenbein. Untere Reihe: Trapezbein (großes Vieleckbein), Trapezoidbein (kleines Vieleckbein), Kopfbein, Hakenbein.
② *Mittelhandknochen*: 5, mit Basis, Schaft und Kopf.
③ *Fingerknochen*: 5 Fingergrundglieder, 4 Fingermittelglieder (fehlt beim Daumen), 5 Fingerendglieder.
④ *Sesambeine*: 2 Sesambeine liegen regelmäßig vor dem Kopf des 1. Mittelhandknochens. Weitere Sesambeine und „überzählige" Handwurzelknochen kommen in unterschiedlicher Häufigkeit vor.

● **In welchen Gelenken finden die größeren Bewegungen der Handknochen statt?**
① *Oberes Handgelenk* (proximales Handgelenk): zwischen der Speiche und der oberen Reihe der Handwurzelknochen (Kahnbein, Mondbein, Dreieckbein, nicht Erbsenbein). Die Elle ist durch eine Faserknorpelscheibe vom Handgelenk getrennt.
② *Unteres Handgelenk* (distales Handgelenk): zwischen der oberen und der unteren Reihe der Handwurzelknochen (ohne Beteiligung des Erbsenbeins).

③ *Daumensattelgelenk*: zwischen dem Trapezbein und der Basis des Mittelhandknochens des Daumens.
④ *Fingergrundgelenke*: zwischen den Köpfen der Mittelhandknochen und den Basen der Fingergrundglieder.
⑤ *Fingermittelgelenke*: zwischen den Köpfen der Fingergrundglieder und den Basen der Fingermittelglieder.
⑥ *Fingerendgelenke*: zwischen den Köpfen der Fingermittelglieder (beim Daumen des Daumengrundglieds) und den Basen der Fingerendglieder.

● **In welchen Gelenken der Hand ist die Beweglichkeit gering**?
① In den Gelenken zwischen Handwurzelknochen, die nicht zu den Handgelenken gehören,
② in den Handwurzel-Mittelhand-Gelenken II-V,
③ in den Gelenken zwischen Mittelhandknochen. Trotzdem ist die Beweglichkeit in diesen Gelenken für den geschickten Griff wichtig.

● **Welche Bewegungen sind in den Handgelenken möglich**?
Die beiden Handgelenke haben meist getrennte Gelenkkapseln. Trotzdem arbeiten sie eng zusammen. Sie haben 2 Achsen mit 4 Bewegungsrichtungen:
① Beugen (Palmarflexion) - Strecken (Dorsalextension),
② Abspreizen speichenwärts (zur Daumenseite) - Abspreizen ellenwärts (zur Kleinfingerseite).

● **Welche Bewegungen sind im Daumensattelgelenk möglich**?
Das Handwurzel-Mittelhand-Gelenk des Daumens ist, wie der Name sagt, ein Sattelgelenk mit 2 Achsen und 4 Bewegungsrichtungen:
① Abspreizen - Anziehen (vom Zeigefinger weg bzw. zu ihm hin),
② Gegenüberstellen (Opposition) - Rückstellen (zum Kleinfinger hin bzw. von ihm weg).

● **Welche Bewegungen sind in den Fingergelenken möglich**?
① *Fingergrundgelenke*: Dem Bau nach sind sie Kugelgelenke. Es fehlen jedoch Muskeln für selbständige Kreiselungen. Demnach bleiben: Beugen - Strecken, Abspreizen - Anziehen.
② *Fingermittel- und -endgelenke*: Sie sind reine Scharniergelenke mit Beugen und Strecken.

● **Wie sind die Unterarmmuskeln zu gliedern**?
① *Beuger*: Sie entspringen vom inneren Obergelenkknorren des Oberarmbeins sowie von der Vorderseite der Unterarmknochen und der Zwischenknochenmembran. Die Mehrzahl beugt in den Handgelenken. Als Beispiele seien genannt: der speichenseitige und der ellenseitige Handbeuger, der oberflächliche und der tiefe Fingerbeuger.
② *Strecker*: Sie entspringen vom äußeren Obergelenkknorren des Oberarmbeins sowie von der Hinterseite der Unterarmknochen und der Zwischenknochenmembran. Die Mehrzahl streckt in den Handgelenken. Als Beispiele seien genannt: die speichenseitigen und der ellenseitige Handstrecker sowie die Fingerstrecker.

● **Was ist der Hohlhandkanal (Karpaltunnel)**?
Die Handwurzelknochen liegen nicht flach nebeneinander, sondern sind etwa hufeisenförmig angeordnet. Die Enden des „Hufeisens" (Kahnbein und Trapezbein einerseits, Erbsenbein und Haken des Hakenbeins andererseits) sind durch das Halteband der Beugesehnen verbunden. Dadurch entsteht ein „Tunnel", durch den alle Sehnen der Fingerbeuger ziehen. Mit ihnen gelangt der Mittelarmnerv zur Hohlhand. Bei Schwellungen im Handwurzeltunnel kann er gequetscht werden und dann schmerzen (Karpaltunnelsyndrom).

● **Wo sind an der Hand Sehnen in Sehnenscheiden eingebettet**?
Sehnenscheiden findet man immer dort, wo Sehnen von Haltebändern gezügelt werden:
① im Handwurzeltunnel unter dem Halteband der Beugesehnen,
② am Handrücken (im Bereich der Handgelenke) unter dem Halteband der Strecksehnen,
③ in den Sehnenkanälen der Finger (auf der Hohlhandseite).

● **Was ist die Hohlhandsehnenplatte**?
Diese Platte straffen Bindegewebes besteht aus:
① Längszügen von der Handwurzel zu den Fingern,
② Querfasern (halten die Längszüge zusammen),
③ vertikalen Fasern zur Haut und in die Tiefe. Die Haut der Hohlhand ist matratzenartig auf dieser Sehnenplatte befestigt. Dadurch wird sie unverschieblich, was für den sicheren Griff nötig ist (sonst würde der Hammer in der Hand hin- und herrutschen).

● **Wie kann man die „kurzen" Handmuskeln gliedern**?
① Muskeln des Daumenballens,
② Muskeln des Kleinfingerballens,
③ Zwischenknochenmuskeln.

● **Welche Muskeln sind die wichtigsten für die Bewegungen der Handgelenke**?
① *Beugen*: speichenseitiger und ellenseitiger Handbeuger, Hohlhandsehnenspanner,
② *Strecken*: speichenseitige und ellenseitiger Handstrecker, ferner Fingerstrecker,

③ *Abspreizen speichenwärts*: speichenseitige Handstrecker und speichenseitiger Handbeuger, Abspreizer des Daumens,
④ *Abspreizen ellenwärts*: ellenseitiger Handstrecker und ellenseitiger Handbeuger.

● **Welche Muskeln sind die wichtigsten für die Bewegungen im Daumensattelgelenk?**
① *Abspreizen*: langer und kurzer Daumenabspreizer,
② *Anziehen*: Muskeln des Daumenballens, 1. hinterer Zwischenknochenmuskel,
③ *Gegenüberstellen*: Muskeln des Daumenballens,
④ *Rückstellen*: kurzer und langer Daumenstrecker.

● **Welche Muskeln sind die wichtigsten für die Bewegungen in den Fingergrundgelenken?**
① *Beugen*: Zwischenknochenmuskeln,
② *Strecken*: Fingerstrecker,
③ *Abspreizen*: hintere Zwischenknochenmuskeln, Daumen- und Kleinfingerabspreizer,
④ *Anziehen*: vordere Zwischenknochenmuskeln, Daumenanzieher.

● **Welche Muskeln sind die wichtigsten für die Bewegungen in den Fingermittel- und -endgelenken?**
① *Beugen*: oberflächlicher und tiefer Fingerbeuger, kurzer und langer Daumenbeuger,
② *Strecken*: Zwischenknochenmuskeln, kurzer und langer Daumenstrecker.

2.8 Kopf

● **Was ist der Schädel und wie gliedert man ihn?**
Der Schädel ist das knöcherne Skelett des Kopfes. Man gliedert ihn in:
① *Gehirnschädel*: Er umschließt die Schädelhöhle, in der das Gehirn liegt. Er besteht aus dem Schädeldach und der Schädelbasis.
② *Gesichtsschädel*: Er umfaßt den Augenbereich, den Nasenbereich und den Mundbereich.

● **Welche Knochen bilden das Schädeldach?**
Stirnbein, Scheitelbeine, Hinterhauptbein, Schläfenbeine, Keilbein.

● **Welche Knochen bilden die Schädelbasis?**
Stirnbein, Siebbein, Keilbein, Schläfenbeine, Hinterhauptbein.

● **Welche Knochen bilden den Gesichtsschädel?**
Unterkiefer, Oberkiefer, Siebbein, Pflugscharbein, Gaumenbeine, Jochbeine, Nasenbeine, Tränenbeine, untere Nasenmuscheln.

● **Was sind die Schädelgruben?**
Der Boden der Schädelhöhle (= Oberseite der Schädelbasis) wird auf jeder Seite durch zwei vorspringende Knochenkämme (kleine Keilbeinflügel, Oberkanten der Felsenbeine) in 3 Gruben gegliedert:
① *vordere Schädelgrube*: für den Stirnlappen des Großhirns,
② *mittlere Schädelgrube*: für den Schläfenlappen des Großhirns
③ *hintere Schädelgrube*: für den Hirnstamm und das Kleinhirn.

● **Warum sind Schädelbasisbrüche so gefährlich?**
In die Knochen der Schädelbasis sind zahlreiche Kanäle eingelassen, durch die Nerven und Blutgefäße ziehen. Bei Schädelbasisbrüchen können diese verletzt werden. Folgen sind z.B. Lähmungen von Augen- und Gesichtsmuskeln oder Blutungen in die Schädelhöhle. Durch eine größere Blutung wird das Gehirn zusammengedrückt und in seinen Aufgaben behindert (der Patient wird bewußtlos). Dann muß man den Schädel eröffnen (Trepanation) und die Blutung beseitigen.

● **Was sind Schädelnähte?**
Abgesehen vom Kiefergelenk sind die einzelnen Knochen des Schädels nicht durch Gelenke, sondern durch straffes Bindegewebe verbunden. Diese Bindegewebefugen des Schädels nennt man Nähte (Suturen). Bei der Geburt ermöglichen sie eine Verschiebung der Schädelknochen, damit der Kopf leichter durch das Becken der Mutter hindurchgleiten kann. Beim Kind wachsen die Schädelknochen an den Nähten. Nach Abschluß des Wachstums werden die Nähte nicht mehr benötigt und verknöchern allmählich. Sie sind jedoch noch lange im Röntgenbild zu erkennen.

● **Welches sind die wichtigsten Schädelnähte?**
① *Kranznaht*: zwischen Stirnbein und Scheitelbeinen,
② *Pfeilnaht*: zwischen den beiden Scheitelbeinen,
③ *Lambdanaht*: zwischen den Scheitelbeinen und dem Hinterhauptbein,
④ *Stirnnaht*: in der Mitte des Stirnbeins. Sie verknöchert schon in den ersten Lebensjahren, so daß die ursprünglich 2 Stirnbeine zu einem Knochen verschmelzen.

● **Was sind Fontanellen?**
Fontanellen sind größere knochenfreie Bezirke im Schädeldach des Neugeborenen. Sie liegen dort, wo größere Schädelnähte aufeinanderstoßen:
① *große Fontanelle*: am Zusammentreffen von Stirnnaht, Kranznaht und Pfeilnaht,

② *kleine Fontanelle*: am Zusammentreffen von Pfeilnaht und Lambdanaht.
③ *vordere und hintere Seitenfontanelle*: unterhalb des Scheitelbeins.
Durch rasches Wachstum der Schädelknochen schließen sich die Fontanellen im ersten Lebenjahr.

● **Wie ist das Kiefergelenk gebaut?**
① Die Unterkiefergrube am Schläfenbein bildet die Gelenkpfanne.
② In ihr bewegt sich der Unterkieferkopf am Gelenkfortsatz des Unterkiefers.
③ Zwischen Kopf und Pfanne teilt eine Gelenkscheibe aus Faserknorpel die Gelenkhöhle in 2 Kammern.
④ Die Gelenkkapsel reicht auch noch über das Gelenkhöckerchen vor der Gelenkpfanne.
⑤ Kräftige Bänder ziehen vom Unterkiefer zum Keilbein und zum Griffelfortsatz des Schläfenbeins.

● **Welche Bewegungen kann man im Kiefergelenk ausführen?**
① *Scharnierbewegung*: Öffnen und Schließen des Mundes. Dabei dreht sich der Kieferkopf nicht nur um seine quere Achse, sondern gleitet auch an der Gelenkscheibe entlang nach vorn auf das Gelenkhöckerchen.
② *Schlittenbewegung*: Vor- und Zurückschieben des Unterkiefers, ohne daß dabei der Mund geöffnet wird.
③ *Mahlbewegung*: Drehen des Unterkiefers um eine vertikale Achse. Jeweils ein Unterkieferkopf bleibt in der Gelenkpfanne, der andere gleitet nach vorn.

● **Wie kann man die Muskeln des Kopfes gliedern?**
① *Mimische Muskeln*: für die Mimik (die Ausdrucksbewegungen des Gesichts), für den Lidschlag sowie das Öffnen und Schließen der Lippen,
② *Kaumuskeln*: für das Kiefergelenk,
③ *äußere Augenmuskeln*: für die Bewegungen des Auges,
④ *Zungenmuskeln*: fur die Bewegungen der Zunge,
⑤ *Gaumenmuskeln*: für die Bewegungen des Gaumensegels,
⑥ *obere Zungenbeinmuskeln*: Sie gehören auch zu den Halsmuskeln.

● **Wieviel Kaumuskeln hat der Mensch?**
Auf jeder Seite 4, und zwar:
① *Masseter*: vom Jochbogen zum Kieferwinkel,
② *Schläfenmuskel*: von der Schläfenfläche des Schädels zum Muskelfortsatz des Unterkiefers,
③ *innerer Flügelmuskel*: aus der Flügelgrube des Keilbeins zum Unterkieferwinkel,
④ *äußerer Flügelmuskel*: vom Flügelfortsatz des Keilbeins zum Gelenkfortsatz des Unterkiefers und zur Gelenkscheibe.

● **Welche Muskeln sind für die einzelnen Bewegungen des Kiefergelenks wichtig?**
① *Schließen des Mundes*: Masseter, Schläfenmuskel, innerer Flügelmuskel,
② *Öffnen des Mundes*: äußerer Flügelmuskel, Zungenbeinmuskeln (unterstützt durch die Schwerkraft),
③ *Vorschieben* des Unterkiefers: äußerer Flügelmuskel,
④ *Zurückziehen* des Unterkiefers: Schläfenmuskel,
⑤ *Mahlbewegung*: äußerer Flügelmuskel und Schläfenmuskel im Wechsel.

2.9 Hals

● **Worin besteht die Sonderstellung des Zungenbeins unter den Knochen?**
Es ist der einzige Knochen beim Menschen, der keinen direkten Kontakt mit anderen Knochen hat. Es ist lediglich mit Bändern und Muskeln im vorderen Halsbereich aufgehängt.

● **Wie kann man die Muskeln des Halses gliedern?**
① *Oberflächliche Schicht*: Hautmuskel (Platysma), Kopfwender (Sternokleidomastoideus), Trapezmuskel,
② *mittlere Schicht*: Unterzungenbeinmuskeln,
③ *tiefe Schicht*: Treppenmuskeln (vorderer, mittlerer, hinterer), Schulterblattheber, Muskeln auf der Vorderseite der Wirbelsäule, Nackenmuskeln (zugleich Teil der tiefen Rückenstrecker).

● **Welche Muskeln bewegen das Zungenbein?**
① *Senken des Zungenbeins*: Unterzungenbeinmuskeln: Brustbein-Zungenbein-Muskel, Schulterblatt-Zungenbein-Muskel, Schildknorpel-Zungenbein-Muskel zusammen mit dem Brustbein-Schildknorpel-Muskel,
② *Heben des Zungenbeins*: Mundbodenmuskeln: Unterkiefer-Zungenbein-Muskel, Kinn-Zungenbein-Muskel, Zungen-Zungenbein-Muskel, zweibäuchiger Muskel, Griffelfortsatz-Zungenbein-Muskel.

● **Welche Aufgaben hat der Kopfwender?**
Der Kopfwender entspringt mit 2 Köpfen vom Brustbeinhandgriff und vom inneren Ende des Schlüsselbeins. Die beiden Köpfe setzen gemeinsam am Warzenfortsatz an (deshalb Sternokleidomastoideus = Brustbein-Schlüsselbein-Warzenfortsatz-Muskel). Er bewegt entweder den Kopf oder das Schlüsselbein:

① Er neigt den Kopf zur gleichen Seite und nach rückwärts,
② er dreht ihn zur Gegenseite,
③ er zieht ihn nach vorn.
④ Er hebt das Schlüsselbein im inneren Schlüsselbeingelenk.

● **Welche Aufgaben hat der Trapezmuskel**?
Der Trapezmuskel entspringt von den Dornfortsätzen der Hals- und Brustwirbel sowie vom Hinterhaupt. Er setzt am äußeren Ende des Schlüsselbeins, am Schultereck und an der Schulterblattgräte an und ist danach in 3 Teile zu gliedern. Deren Hauptaufgaben sind:
① *oberer Teil*: hebt den Schultergürtel an,
② *mittlerer Teil*: zieht das Schulterblatt zur Wirbelsäule,
③ *unterer Teil*: schwenkt das Schulterblatt nach außen und hilft dadurch mit beim Heben des Arms (indem er die Schulterpfanne dreht).

● **Wie kann man den Hals in Regionen einteilen**?
① *Vordere Halsgegend*: zwischen den beiden Kopfwendern,
② *Kopfwendergegend*: der vom Kopfwender eingenommene Bereich,
③ *seitliche Halsgegend*: zwischen dem Hinterrand des Kopfwenders und dem Vorderrand des Trapezmuskels,
④ *Nackengegend*: im Bereich des Halsteils des Trapezmuskels.

● **Was sind die Schlüsselbeingruben**?
Hauteinsenkungen über und unter dem Schlüsselbein:
① *große Oberschlüsselbeingrube*: der untere Teil der seitlichen Halsgegend,
② *kleine Oberschlüsselbeingrube*: die Grube zwischen den beiden Köpfen des Kopfwenders,
③ *Unterschlüsselbeingrube*: zwischen dem großen Brustmuskel und dem Deltamuskel.

● **Wie ist der Mundboden gebaut**?
Als Mundboden bezeichnet man den vom U-förmigen Unterkieferkörper umschlossenen Raum. Der Unterkiefer-Zungenbein-Muskel ist als quere Platte im „Hufeisen" des Unterkiefers ausgespannt. Er teilt den Mundboden in 2 Stockwerke:
① *Unterstockwerk*: In ihm liegen der vordere Bauch des zweibäuchigen Muskels, der Hauptteil der Unterkieferspeicheldrüse und zahlreiche Lymphknoten.
② *Oberstockwerk*: In ihm liegen der Kinn-Zungenbein-Muskel, der Unterkieferspeichelgang, die Unterzungenspeicheldrüse und die Zungenbasis.

3 Verdauungsorgane

● **Welche Organe rechnet man zu den Verdauungsorganen**?
Mundhöhle (mit Gebiß, Zunge und Speicheldrüsen), Rachen, Speiseröhre, Magen, Darm, Leber mit Gallenwegen und Bauchspeicheldrüse.

3.1 Mundhöhle

● **Wie wird die Mundhöhle begrenzt**?
① Dach: *Gaumen*,
② Seitenwand: *Wange*,
③ Boden: *Mundboden*,
④ Vorderwand: *Lippen*,
⑤ hintere Begrenzung: *Weicher Gaumen* mit Zäpfchen und Gaumenbogen umgeben die *Schlundenge* (= Öffnung zum Rachen).

● **Wie wird die Mundhöhle gegliedert**?
Durch die beiden Zahnbogen wird die Mundhöhle in 2 Teile gegliedert:
① *Vorhof der Mundhöhle*: zwischen Lippen bzw. Wangen und den Zähnen,
② *eigentliche Mundhöhle*: zwischen den Zähnen und der Schlundenge.

● **Wie sind die Lippen gebaut**?
① Die Lippen sind eigenbewegliche Weichteilfalten. Sie dienen dem gas- und flüssigkeitsdichten Verschluß der Kieferspalte. Ein Kern aus Skelettmuskel (z.B. Schließmuskel des Mundes) ist vorn von behaarter Haut, hinten von Schleimhaut überzogen.
② Am freien Rand der Lippe findet sich das *Lippenrot*. Dort ist die Haut unbehaart, unpigmentiert und nur leicht verhornt. Deshalb schimmert die gefäßreiche Lederhaut rötlich durch. Die Haut ist hier auch frei von Schweißdrüsen. Daher muß man die Lippen wiederholt mit Speichel befeuchten, damit sie nicht austrocknen. Das Lippenrot ist reich an Nerven. Nach der Zunge ist es der berührungsempfindlichste Teil des menschlichen Körpers (Küssen!).

● **Was ist eine Hasenscharte**?
① Die Oberlippe entsteht bei der Entwicklung der Leibesfrucht durch Verschmelzen von 3 Hautwülsten. Bleibt die Verschmelzung zwischen dem mittleren und einem seitlichen Hautwulst aus, so klafft in der Oberlippe eine Spalte.
② Je nach dem Ausmaß der Entwicklungshemmung kann die Oberlippe nur leicht eingekerbt oder bis zum Nasenloch hinauf gespalten sein.
③ Etwa jedes tausendste Neugeborene ist mit dieser Mißbildung behaftet.

● **Wie sind die Wangen gebaut?**
Sie sind grundsätzlich ähnlich wie die Lippen gebaut, es fehlt lediglich der freie Rand mit dem Lippenrot. Die Wange besteht daher aus 3 Schichten:
① *Außenschicht*: behaarte Haut. Beim Säugling liegt unter der Haut ein derber Fettpfropf, der die Wange versteift. Er verhindert das Einziehen der Wange beim Saugen.
② *Mittelschicht*: Wangenmuskel („Trompetermuskel").
③ *Innenschicht*: Mundschleimhaut mit Wangendrüsen.

● **Aus welchen Geweben ist ein Zahn zusammengesetzt?**
① *Zahnbein* (Dentin): Ähnlich wie beim Knochengewebe sind in eine organische Grundsubstanz mit zugfesten Fasern anorganische Kristalle zur Härtung eingelagert. Der Anteil der Kristalle ist jedoch höher als beim Knochengewebe. Die zahnbeinbildenden Zellen liegen am Rande des Zahnbeins.
② *Zahnschmelz*: Er ist noch härter als Zahnbein, weil er zu mehr als 99 % aus Kristallen besteht. Er ist das härteste Gewebe des menschlichen Körpers. Die zahnschmelzbildenden Zellen gehen beim Zahndurchbruch zugrunde. Deshalb kann der Zahnschmelz nicht erneuert werden.
③ *Zement*: grobfaseriger Knochen.
Diese 3 Zahnhartgewebe machen den Hauptteil des Zahns aus. Das Zahnmark in der Zahnhöhle enthält Blutgefäße und Nerven und daher auch Binde- Muskel- und Nervengewebe.

● **Welche Abschnitte unterscheidet man am Zahn?**
① *Zahnkrone*: der von Zahnschmelz überzogene Teil,
② *Zahnwurzel*: der von Zement bedeckte Teil,
③ *Zahnhals*: zwischen Zahnkrone und Zahnwurzel,
④ *Zahnhöhle*: der Hohlraum im Zahn, der das Zahnmark enthält.
Von dieser anatomischen Definition abweichend bezeichnet man als „klinische Zahnkrone" den aus dem Zahnfleisch ragenden und als „klinische Zahnwurzel" den im Zahnfleisch und im Kiefer steckenden Teil des Zahns.

● **Wieviel Zähne umfaßt das bleibende Gebiß?**
Das vollständige Gebiß des Erwachsenen besteht aus 32 Zähnen. In jeder Kieferhälfte sind dies:
① 2 Schneidezähne,
② 1 Eckzahn,
③ 2 vordere Backenzähne (Prämolaren),
④ 3 Mahlzähne (Molaren).

● **Wieviel Zähne enthält das Milchgebiß?**
20, und zwar in jeder Kieferhälfte:
① 2 Milchschneidezähne,
② 1 Milcheckzahn,
③ 2 Milchmahlzähne.

● **Wie beziffert der Zahnarzt die Zähne?**
Mit 2 Ziffern läßt sich jeder Zahn kennzeichnen:
① Die *erste Ziffer* bezeichnet die Kieferhälfte: 1 = rechts oben, 2 = links oben, 3 = links unten, 4 = rechts unten.
② Mit der *zweiten Ziffer* werden die Zähne einer Kieferhälfte von vorn nach hinten durchnumeriert: 1 = medialer Schneidezahn, 8 = dritter Mahlzahn (= Weisheitszahn).
Beispiel: 43 (gesprochen „vier drei") = Eckzahn rechts unten.
Beim Milchgebiß verwendet man die Ziffern 5-8 für die Kieferhälften.

● **Warum hat das Kind weniger Zähne als der Erwachsene?**
Die Kieferknochen sind noch nicht groß genug, um das vollständige Gebiß tragen zu können. Der Zahndurchbruch wird jeweils der Größe des Kiefers angepaßt.

● **Wie entsteht ein Zahn?**
Die Zähne werden im Innern der Kieferknochen aufgebaut. Zuerst wird eine Art Gußform angelegt. An diese „Zahnglocke" lagern auf der Innenseite zahnbeinbildende Zellen das Zahnbein, auf der Außenseite schmelzbildende Zellen den Zahnschmelz an. Ist auf diese Weise die Zahnkrone fertiggestellt, so wartet der Zahn auf seinen „Durchbruch". Dazu wird der Knochen über der Zahnkrone abgebaut. Am anderen Ende des Zahns beginnt die Zahnwurzel zu wachsen und schiebt dadurch die Zahnkrone allmählich aus dem Kieferknochen.

● **In welcher Reihenfolge brechen normalerweise die Zähne durch?**
① Milchgebiß: 1-2-4-3-5,
② bleibendes Gebiß: 6-1-2-4-5-3-7-8.

● **Was versteht man unter Zahnhalteapparat?**
Jeder Zahn ist mit der Wurzelhaut aus zugfesten Fasern federnd im Zahnfach des Kieferknochens aufgehängt. Zement, Wurzelhaut und Knochen bilden zusammen den Zahnhalteapparat.

● **Was ist das Zahnfleisch?**
Als Zahnfleisch bezeichnet man den Teil der Mundschleimhaut, der die zahntragenden Teile der Kieferknochen überzieht. Es heftet sich am Zahnhals an den Zahn an und schützt dadurch die Wurzelhaut vor dem Eindringen von Bakterien. Mit einer Zahnfleischpapille schiebt sich das Zahnfleisch in den Zwischenraum zwischen 2 Zähnen.

● **Was versteht man unter Parodontose**?
Der gesunde Zahn steckt zu mehr als der Hälfte seiner Länge im Kieferknochen. Bei der Parodontose wird der zahntragende Teil des Kieferknochens niedriger. Der Zahn ragt immer weiter aus dem Knochen. Er beginnt allmählich zu wackeln und fällt schließlich aus.

● **Wie entsteht Zahnschmerz**?
① Im Zahnbein liegen viele feine Nervenfasern mit Schmerzempfängern. Sie „schlafen", solange sie allseits von Zahnbein umgeben sind. Werden sie jedoch durch eine Zahnfäule (Karies) oder durch den Bohrer des Zahnarztes freigelegt, so geraten sie in heftige Erregung.
② Erstes Warnzeichen ist Schmerz bei Kälteeinwirkung auf den Zahn. Dann ist die „Isolierschicht" aus Zahnbein bereits so dünn, daß die Kälte zu den Schmerzempfängern durchdringt.
③ Besonders heftige Schmerzen verursacht eine Entzündung des Zahnmarks. In der engen Zahnhöhle führt die mit jeder Entzündung verbundene Schwellung zu einem erheblichen Druck, durch den die Nerven gequetscht werden. Eröffnet der Zahnarzt die Zahnhöhle, so läßt schlagartig der Schmerz nach.

● **Wie kann man Zahnschmerz ausschalten**?
① Durch Dämpfen des Schmerzzentrums im Gehirn mit Schmerzmitteln.
② Durch *örtliche Betäubung*: Die feinen Nervenfasern des Zahnbeins vereinigen sich im Zahnmark zum Zahnnerv. Dieser verläßt an der Spitze der Zahnwurzel den Zahn. Er verläuft zunächst mit anderen Zahnnerven in einem Knochenkanal und schließt sich zuletzt dem 2. oder 3. Hauptast des Drillingsnervs an. Zur Leitungsbetäubung spritzt man das Anästhetikum entweder in die Umgebung der Zahnwurzel oder an das Ende des Knochenkanals, in dem der Zahnnerv verläuft. Besonders günstig ist die Lage beim Unterkiefer: Alle Zahnnerven sammeln sich in einem gemeinsamen Knochenkanal, der in der Mitte des Kieferastes endet. Durch eine Einspritzung hinter und oberhalb des Weisheitszahns kann man die Zähne einer ganzen Unterkieferhälfte schmerzfrei machen.

● **Was versteht man unter Schlußbißstellung**?
Die Stellung der Zähne bei festem Zusammenbeißen. Die oberen Schneidezähne können dabei vor, auf oder hinter den unteren Schneidezähnen stehen:
① *Überbiß* (Scherenbiß): Obere und untere Schneidezähne gleiten wie die beiden Blätter einer Schere aneinander vorbei (die oberen vor den unteren). Diese Schlußbißstellung ist in Deutschland am verbreitetsten.
② *Kopfbiß* (Zangenbiß): Obere und untere Schneidezähne treffen zangenartig aufeinander.
③ *Progeniebiß*: Die unteren Schneidezähne stehen vor den oberen.
④ *Dachförmiger Überbiß*: Die oberen Schneidezähne stehen schräg vor. Diese Zahnstellung ist bei Chinesen und Japanern häufig.

● **Wie wird ein Bissen in der Mundhöhle vor dem Schlucken aufbereitet**?
① *Mahlbewegungen* der Kiefer: Durch abwechselndes Anspannen des äußeren Flügelmuskels und des Schläfenmuskels wird der Unterkiefer gegen den Oberkiefer verschoben und dabei der Bissen zwischen den Kauflächen der Mahlzähne und der vorderen Backenzähne zerrieben.
② *Wechselspiel von Zunge und Wangen*: Die Zähne können nur den Teil des Bissens zerreiben, der sich zwischen ihnen befindet. Deshalb müssen Zunge und Wangen immer wieder neue Teile des Bissens zwischen die Zähne schieben.
③ *Durchspeicheln*: Bei den Kaubewegungen wird Speichel dem Bissen beigemischt, wodurch er besser gleitet. Die Lippen verhindern dabei, daß der Speichel aus dem Mund läuft.
④ *Chemische Überprüfung*: Der Geschmacksinn dient der groben Prüfung des Bissens: Unzuträgliche Stoffe schmecken häufig schlecht. Allerdings gibt es viele Ausnahmen!

● **Was ist Speichel**?
① Speichel ist eine wäßrige Flüssigkeit, die Enzyme und Schleim enthält. Sie wird von den Speicheldrüsen in die Mundhöhle abgesondert. Bei der Untersuchung von Speichelproben findet man auch abgeschilferte Zellen der Mundschleimhaut, Abwehrzellen, Bakterien usw.
② Der Speichel verbessert die Gleitfähigkeit des Bissens. Die kleine Menge an Enzymen dient wohl eher der Selbstreinigung der Mundhöhle (z.B. Auflösen von Speiseresten zwischen den Zähnen) als der Verdauung.
③ *Zahnstein* ist eine Speichelablagerung. Er entsteht besonders an den unteren Zähnen, weil diese an den „Speichelsee" unter der Zungenspitze angrenzen.

● **Wie kann man die Speicheldrüsen einteilen**?
① *Kleine Speicheldrüsen*: in der Schleimhaut der Lippen, der Wangen, der Zunge und des Gaumens,
② *große Speicheldrüsen*: Ohrspeicheldrüse, Unterkieferspeicheldrüse, Unterzungenspeicheldrüse.

● **Wie ist die Ohrspeicheldrüse gebaut**?
① Die etwa 20-30 g schwere Drüse füllt den Raum zwischen Unterkieferast (vorn), Warzenfortsatz (hinten) und Griffelfortsatzmuskeln (innen).
② Ihr Ausführungsgang (*Ohrspeichelgang*) zieht auf dem Masseter zur Wange. Dort mündet er ge-

genüber dem 2. oberen Mahlzahn in den Vorhof der Mundhöhle.
③ Bei den Kaubewegungen wird die Ohrspeicheldrüse zwischen dem Unterkieferast und dem Warzenfortsatz zusammengedrückt. Dabei wird Speichel aus der Drüse ausgepreßt.
④ *Mumps* („Ziegenpeter") ist eine ansteckende Entzündung der Ohrspeicheldrüse (Virusinfektion).

● **Wie ist die Unterkieferspeicheldrüse gebaut**?
Die etwa 10-15 g schwere Drüse liegt oberflächlich im Mundboden in Nähe des Kieferwinkels. Der Unterkieferspeichelgang läuft im oberen Stockwerk des Mundbodens nach vorn und mündet am unteren Ende des Zungenbändchens aus.

● **Wie ist die Unterzungenspeicheldrüse gebaut**?
Die etwa 5 g schwere Drüse liegt in der Tiefe der Rinne zwischen Zunge und Unterkiefer dem Unterkieferspeichelgang an. Sie besteht aus mehreren Teildrüsen, die mit selbständigen Ausführungsgängen an der Schleimhaut der Rinne zwischen Zunge und Unterkiefer ausmünden. Die Unterzungenspeicheldrüse sondert einen stark schleimhaltigen Speichel ab.

● **Welche Aufgaben hat die Zunge**?
Die Zunge ist ein „Mehrzweckorgan":
① *Saugorgan*: Wird sie bei geschlossenem Mund nach rückwärts gezogen, so entsteht ein Unterdruck im Mund. Auf diesem Weg saugen wir Flüssigkeiten in den Mund.
② *Greiforgan*: Das Rind rupft mit seiner rauhen Zunge Gras ab. Das Chamäleon fängt mit seiner langen Zunge Fliegen. Beim Menschen tritt die Greifaufgabe in den Hintergrund, weil wir in den Händen die vollendetsten Greifwerkzeuge haben, die von der Natur je hervorgebracht wurden.
③ *Mahlorgan*: Weiche Speisen werden zwischen Zunge und hartem Gaumen zerrieben. Feste Speisen werden im Wechselspiel von Zunge und Wangen zwischen die Zahnreihen geschoben und dort zermahlen.
④ *Schluckorgan*: Der zerkleinerte und durchspeichelte Bissen wird von der Zunge in den Rachen geschoben, wodurch der Schluckakt eingeleitet wird.
⑤ *Sprechorgan*: Die Zunge wirkt entscheidend mit bei der Bildung der Laute. In vielen Sprachen wird für Zunge und Sprache das gleiche Wort verwendet, z.B. lateinisch und italienisch lingua, spanisch lengua, französisch langue.
⑥ *Tastorgan*: Die Zungenspitze ist der berührungsempfindlichste Teil des menschlichen Körpers. Kleine Speisereste zwischen den Zähnen werden von der Zungenspitze als große Widerstände empfunden.
⑦ *Geschmacksorgan*: Am Zungenrücken liegen die Geschmacksknospen, mit deren Hilfe wir süß, sauer, salzig und bitter unterscheiden können.
⑧ *Abwehrorgan*: Die Rachenseite der Zunge enthält reichlich lymphatisches Gewebe („Zungenmandel").

● **Wie ist die Zunge gebaut**?
Die Zunge ist ein mit Schleimhaut überzogener Muskel.

● **Wie sind die Zungenmuskeln angeordnet**?
① *Binnenmuskeln*: Die Muskelfasern der Zunge verlaufen in den 3 Hauptrichtungen des Raums: von vorn nach hinten, vom Rand zur Mitte, von oben nach unten. Damit kann die Zunge wie kein anderer Muskel eine Vielfalt von Formen annehmen. Sie kann sich aktiv verlängern, wenn sich die queren und die vertikalen Muskelfasern gemeinsam anspannen. Die Binnenmuskeln werden vom 12. Hirnnerv (Unterzungennerv) versorgt.
② *Außenmuskeln*: In die Zunge strahlen Muskeln von der Rückseite des Kinns, vom Zungenbein, vom Gaumensegel und vom Griffelfortsatz ein. Durch sie kann die Zunge als Ganzes in der Mundhöhle nach vorn, unten, oben, hinten und zur Seite bewegt werden.

● **Wie ist die Zungenschleimhaut gebaut**?
Die Schleimhaut ist auf der Zungenunterseite glatt, am Zungenrücken durch Papillen aufgerauht. Man unterscheidet 4 Arten von Papillen:
① *Fadenpapillen*: Sie sind reichlich mit Empfängern der Berührungsempfindung besetzt. Als häufigste Form sind sie über den gesamten Zungenrücken verteilt.
② *Pilzpapillen*: an der Zungenspitze und am Zungenrand.
③ *Blattpapillen*: Es wechseln „Blätter" und Gräben seitlich am Zungenrand.
④ *Wallpapillen*: Sie sind die größten Papillen. Etwa 7-12 sieht man beim Besichtigen der Zunge V-förmig an deren hinteren Rand angeordnet. Die runde Papille ist von einem Graben umgeben, in dem die Geschmacksknospen liegen. In den Graben münden Drüsen aus („Spüldrüsen").

● **Wie sind die Geschmacksknospen gebaut**?
① Etwa 20-30 Zellen (Geschmackszellen und Stützzellen) sind zu einem faßförmigen Organ zusammengelagert. In seine Öffnung an der Schleimhautoberfläche (Geschmacksporus) ragen Sinneshaare. An seiner Basis bilden die Geschmacksnerven Synapsen mit den Sinneszellen.
② Geschmacksknospen liegen in der Wand der pilzförmigen Papillen, der Blattpapillen und der Wallpapillen.

③ Die einzelne Geschmacksknospe ist vermutlich auf eine Geschmacksqualität spezialisiert. Süß wird überwiegend an der Zungenspitze, sauer am Zungenrand, salzig an beiden und bitter im Bereich der Wallpapillen empfunden.

● **Welche Nerven versorgen die Zunge?**
① *Motorisch*: 12. Hirnnerv (Unterzungennerv).
② *Berührungsempfindung*: Zungennerv aus dem 3. Hauptast des Drillingsnervs (5. Hirnnerv),
③ *Geschmacksempfindung*: 7. (Gesichtsnerv) und 9. Hirnnerv (Zungen-Rachen-Nerv).

● **Was versteht man unter sublingualer Arzneimittelgabe?**
Die Mundschleimhaut kann bestimmte Arzneimittel rasch aufnehmen. Dazu wird die Tablette „unter die Zunge“ (= sublingual) gelegt, wo sie im Speichelsee rasch zerfällt. Die Inhaltsstoffe werden von der dort sehr weichen Schleimhaut gut aufgesaugt. Mit Nitropräparaten kann man z.B. auf diese Weise einen Herzanfall (Angina pectoris) schnell beenden. Die sublinguale Tablettengabe wird heute z.T. durch einen Spray ersetzt (Sprühen des Arzneimittels in den Mund).

● **Wie ist der Gaumen gegliedert?**
Der Gaumen bildet die Trennwand zwischen Mundhöhle und Nasenhöhlen. Er ist in 2 Abschnitte zu gliedern:
① *Harter Gaumen*: Der vordere Teil des Gaumens ist durch Knochen versteift und bietet damit ein Widerlager für die Zunge.
② *Weicher Gaumen* (Gaumensegel): Der hintere Teil des Gaumens ist frei von Knochen. Sein freier Rand endet mit dem Gaumenzäpfchen. Beim Schlucken wird er angehoben und an die hintere Rachenwand gepreßt. Die Nasenhöhle wird so gegen den Rachen abgedichtet. Dadurch wird verhindert, daß Speisen statt in die Speiseröhre in die Nasenhöhle gelangen. Beim Sprechen ist die Stellung des Gaumensegels für die Bildung mancher Laute wichtig. Beim Schlafen in Rückenlage mit geöffnetem Mund schwingt das schlaffe Gaumensegel im Luftstrom hin und her (Schnarchen!).

● **Was ist die Schlundenge?**
Der Übergang von der Mundhöhle zum Rachen. Er wird begrenzt:
① *oben*: vom Gaumensegel,
② *seitlich*: von den Gaumenbogen mit der Gaumenmandel,
③ *unten*: von der Zungenwurzel.

● **Was sind die Gaumenbogen?**
Beidseits 2 Schleimhautfalten, zwischen denen die Mandelbucht mit der Gaumenmandel einsinkt:
① *vorderer Gaumenbogen*: vom Gaumensegel seitlich zur Zunge,
② *hinterer Gaumenbogen*: vom Gaumensegel zur seitlichen Rachenwand.
Die Schleimhaut der Gaumenbogen kann bei Entzündungen stark anschwellen und die Schlundenge erheblich einengen („Angina“). Dann ist das Schlucken behindert.

● **Was ist eine Gaumenspalte?**
① Während der Entwicklung der Leibesfrucht verschmelzen 2 seitliche Gaumenfortsätze in der Mitte und bilden so den Gaumen. Bleibt diese Verschmelzung aus, so klafft ein Spalt im Gaumen.
② Die Gaumenspalte kann verschieden weit von hinten nach vorn reichen: Manchmal ist nur das Gaumenzäpfchen zweigeteilt, manchmal ist aber der gesamte Gaumen gespalten. Dann ist das Schlucken erheblich behindert. Deshalb muß dieser Defekt operativ verschlossen werden.
③ Eine vollständige Gaumenspalte in Verbindung mit doppelseitiger Hasenscharte nennt man *Wolfsrachen*.

3.2 Rachen und Speiseröhre

● **Wie ist der Rachen zu gliedern?**
Am Rachen sind nach der Vorderwand 3 Stockwerke abzugrenzen (die Hinterwand läuft ohne Grenzen durch):
① Obergeschoß = *Nasenrachenraum*: auf Höhe der Nasenhöhle,
② Hauptgeschoß = *Mundrachenraum*: auf Höhe der Mundhöhle,
③ Keller = *Kellerrachen*: auf Höhe des Kehlkopfs.

● **Welche Verbindungen hat die Rachenhöhle?**
① *Nasenrachenraum*: Die Choanen führen in die Nasenhöhle, die Ohrtrompete zur Paukenhöhle (Mittelohr).
② *Mundrachenraum*: Die Schlundenge grenzt ihn gegen die Mundhöhle ab.
③ *Kellerrachen*: Nach vorn führt der Kehlkopfeingang in den unteren Luftweg, nach hinten unten der Speiseröhrenmund in die Speiseröhre.

● **Wie ist die Rachenwand gebaut?**
① *Schleimhaut*: Sie ist reich an Drüsen und an lymphatischem Gewebe (Rachendachmandel, Seitenstränge).
② *Muskelwand*: Der Schlundschnürer ist eine geschlossene Platte hufeisenförmig in der hinteren und seitlichen Rachenwand verlaufender Skelettmuskelfasern. Sie wird entsprechend den 3 Stockwerken als oberer, mittlerer und unterer Schlundschnürer untergegliedert. In den Schlundschnürer strahlen vom Griffelfortsatz und vom Gaumensegel

die Schlundheber ein. Die Rachenmuskeln werden vom 9. (Zungen-Rachen-Nerv) und 10. Hirnnerv (Vagus) innerviert.

● **Wie läuft der Schluckakt ab**?
① Verlagerung des Bissens in den hinteren Teil der *Mundhöhle*: Dazu wird der Mundboden nach vorn angehoben und dadurch die Zunge gegen den harten Gaumen gepreßt. Bei geschlossenem Mund bleibt dem Bissen nur der Ausweg nach hinten.
② *Verschluß des Kehlkopfs*: Der Kehlkopf wird angehoben. Dabei wird der Kehldeckel nach unten gestaucht und legt sich dadurch schützend über den Kehlkopfeingang.
③ *Verschluß des Nasenrachenraums*: Das Gaumensegel wird angehoben. Ihm wölbt sich ein Wulst der hinteren Rachenwand entgegen.
④ Transport des Bissens durch die *Schlundenge* aus der Mundhöhle in die *Rachenhöhle*: Die Zunge wird dazu kolbenartig zurückgezogen. Der Bissen gleitet nun schnell in den Mundrachen und weiter links und rechts am Kehldeckel vorbei zum Speiseröhrenmund.
⑤ In der *Speiseröhre* schiebt ihn eine peristaltische Welle weiter in den Magen.

● **Was ist eine peristaltische Welle**?
Die Muskelwand von Speiseröhre, Magen und Darm besteht aus einer inneren Ring- und einer äußeren Längsschicht. Zieht sich die Ringschicht zusammen, so wird der Schlauch enger und länger. Zieht sich die Längsschicht zusammen, so wird der Schlauch kürzer und weiter. Bei der peristaltischen Welle läuft eine Erweiterung über den Schlauch, der unmittelbar eine Verengung folgt. In der Erweiterung liegt der Speisebrei, der von der Verengung weitergeschoben wird. Auf diese Weise wird der Speisebrei durch den Verdauungskanal befördert. Auch in anderen Gängen, z.B. Harnleiter und Samenleiter, laufen ähnliche Transportvorgänge ab.

● **Wie lang ist die Speiseröhre**?
Etwa 25 cm. Führt man eine Magensonde bei zurückgeneigtem Kopf des Patienten über den Mund ein, so erreicht deren Spitze in etwa 15 cm Abstand von den Schneidezähnen den Speiseröhrenmund und in etwa 40 cm den Mageneingang.

● **Wie ist die Wand der Speiseröhre gebaut**?
Sie besteht aus 4 Schichten. Von innen nach außen sind dies:
① *Schleimhaut*: In Ruhe ist sie zusammengefaltet. Beim Schlucken wird sie gedehnt. Die Grenze zur Lichtung bildet ein mehrschichtiges plattes Deckgewebe, die Grenze zur Unterschleimhaut eine dünne Muskellage. Mit deren Hilfe kann sich die Schleimhaut an den zu schluckenden Bissen anpassen und z.B. verhindern, daß sich eine Fischgräte einspießt.
② *Unterschleimhaut*: eine lockere Verschiebeschicht mit Blutgefäßen, Nerven und lymphatischem Gewebe.
③ *Muskelwand*: Sie ist aus 2 Teilschichten zusammengesetzt: einer Ringschicht innen und einer Längsschicht außen. Im oberen Drittel der Speiseröhre besteht sie aus Skelettmuskelgewebe, darunter aus glattem Muskelgewebe.
④ *Hüllschicht*: aus Bindegewebe. Sie verbindet die Speiseröhre mit den Nachbarorganen und sichert ihre Lage. Beim Bauchabschnitt der Speiseröhre ist die Hüllschicht durch das Bauchfell ersetzt.

● **Welche Abschnitte kann man an der Speiseröhre abgrenzen**?
① *Halsabschnitt*: vom Speiseröhrenmund bis zur oberen Brustkorböffnung,
② *Brustabschnitt*: von der oberen Brustkorböffnung bis zum Durchtritt durch das Zwerchfell (längster Teil),
③ *Bauchabschnitt*: vom Zwerchfell bis zum Mageneingang (nur etwa 3 cm lang).

● **An welchen Stellen der Speiseröhre bleiben übergroße Bissen bevorzugt stecken**?
Die Speiseröhre hat 3 Engstellen:
① am oberen Ende (Speiseröhrenmund),
② in der Mitte (an der Kreuzung mit dem Aortenbogen),
③ an der Durchtrittstelle durch das Zwerchfell.

3.3 Magen

● **Welche Aufgaben hat der Magen**?
① *Vorratsbehälter*: Der über die Speiseröhre ankommende Speisebrei wird im Magen gespeichert und nur in dem Maß an den Zwölffingerdarm weitergegeben, wie dieser ihn weiterverarbeiten kann.
② *Desinfektion*: Die Magensäure erreicht ein pH von etwa 1. Damit wird die überwiegende Mehrzahl aller Bakterien abgetötet. Der Dünndarm ist dementsprechend keimarm.
③ *Verdauung*: Mit dem Enzym Pepsin wird Eiweiß gespalten.
④ *Intrinsic-Faktor*: Die Magenwand sondert einen Stoff ab, der für die Aufnahme von Vitamin B_{12} nötig ist.

● **Wie ist die Magenwand gebaut**?
Sie besteht aus 3 Hauptschichten und 2 Zwischenschichten. Die Hauptschichten sind von innen nach außen:
① *Schleimhaut*: Die Grenze zur Lichtung bildet ein einschichtiges Deckgewebe mit hohen (säulenförmigen) Zellen, die Grenze zur Unterschleimhaut

eine dünne Muskellage. Die Schleimhaut ist sehr dick, weil in ihr dicht nebeneinander die schlauchförmigen Magendrüsen liegen.
② *Muskelwand*: Sie ist aus 3 Teilschichten zusammengesetzt: einer Längsschicht außen, einer Ringschicht in der Mitte und einer unvollständigen Längsschicht innen. Sie besteht aus glattem Muskelgewebe.
③ *Bauchfell*: Der größte Teil der Magenwand ist mit dem glatten Bauchfell überzogen. Es gestattet die reibungsarme Verschiebung des Magens gegen die Nachbarorgane bei den Größenänderungen im Zusammenhang mit Nahrungsaufnahme und Weitergabe des Speisebreis.
Zwischen die 3 Hauptschichten sind 2 lockere Verschiebeschichten eingeschoben:
① *Unterschleimhaut*: zwischen Schleimhaut und Muskelwand,
② *Unterbauchfell*: zwischen Muskelwand und Bauchfell.

● **Wie sieht der Magen aus**?
Der Magen ist ein gekrümmter Schlauch von unterschiedlicher Weite. Seine Form im Röntgenbild wird gewöhnlich mit einem Haken, einem Posthorn oder einem Stierhorn verglichen
① Rechts ist er eingedellt: *kleine Magenkrümmung*.
② Links ist er ausgebuchtet: *große Magenkrümmung*.
③ Nach oben wölbt sich die *Magenkuppel* (Fundus) vor.
④ Der *Mageneingang* (Kardia) liegt nicht am höchsten Punkt, sondern ist ewas nach rechts zum oberen Ende der kleinen Magenkrümmung verschoben.
⑤ Der Magenausgang (*Magenpförtner* = Pylorus) liegt ebenfalls rechts. Der vorgelagerte Pförtnerabschnitt ist gegen den *Magenkörper* (Korpus) meist scharf nach rechts oben abgeknickt.
⑥ In leerem Zustand ist der Magen zu einem darmähnlichen Rohr zusammengezogen. Bei der Füllung wird er allmählich nach links erweitert.

● **Wie wird der Magen gegliedert**?
① Mageneingang (Kardia),
② Magenkuppel (Fundus),
③ Magenkörper (Korpus),
④ Pförtnerabschnitt,
⑤ Magenpförtner (Pylorus).
Die einzelnen Teile sind äußerlich nicht scharf voneinander abgesetzt. Sie unterscheiden sich jedoch etwas im Bau der Magendrüsen.

● **Welche Zellarten findet man in den Magendrüsen**?
① *Hauptzellen*: Sie sondern die Enzymvorstufe Pepsinogen ab, die in der Magenlichtung zum eiweißspaltenden Enzym Pepsin aktiviert wird.
② *Belegzellen*: Sie bilden die Magensäure (Salzsäure).
③ *Nebenzellen*: Sie erzeugen Schleim. Mit ihm schützt sich die Schleimhaut vor der Selbstverdauung durch die Säure und das Pepsin.
④ *G-Zellen*: Sie sind besonders reichlich im Pförtnerabschnitt. Sie stellen das Hormon Gastrin her.

● **Wie wird die Arbeit des Magens gesteuert**?
① Durch *Nerven*: Der 10. Hirnnerv (Vagus) regt die Magendrüsen zur Bildung von Pepsinogen und Salzsäure an. Er ist auch für den größten Teil der Magenbewegungen zuständig. Ausgenommen ist jedoch der Magenpförtner. Seine Muskeln werden vom Sympathikus innerviert.
② Durch *Hormone*: Die G-Zellen schütten das Hormon Gastrin aus, wenn der Pförtnerabschnitt durch Speisebrei gedehnt wird. Das Gastrin regt die Drüsen im Magenkörper und in der Magenkuppel zu vermehrter Absonderung an.

● **Wo liegt der Magen**?
Im linken Oberbauch, großteils von den unteren Rippen verdeckt. Er grenzt rechts an die Leber, links an die Milz, hinten an die Bauchspeicheldrüse, oben an das Zwerchfell und unten an den Querteil des Dickdarms an.

3.4 Darm

● **Wie wird der Darm gegliedert**?
In 2 Hauptteile mit mehreren Unterabschnitten:
① *Dünndarm*: Zwölffingerdarm (Duodenum), Leerdarm (Jejunum), Krummdarm (Ileum),
② *Dickdarm*: Blinddarm (Zäkum) mit Wurmfortsatz (Appendix), Grimmdarm (Kolon, mit aufsteigendem, querem, absteigendem und S-förmigem Teil), Mastdarm (Rektum).

● **Welche Aufgaben hat der Dünndarm**?
① *Spaltung* der Nahrungsbestandteile in kleine Moleküle („Verdauung"): Eiweiße werden zu Aminosäuren, Kohlenhydrate zu einfachen Zuckern, Fette zu Fettsäuren und Glycerin abgebaut. Die Darmwand bildet dazu Enzyme. Sie werden ergänzt durch die Galle (aus der Leber) und den Bauchspeichel (aus der Bauchspeicheldrüse), die beide in den Zwölffingerdarm abgegeben werden.
② *Aufnahme* (Resorption) der verdauten Nahrungsbestandteile: Sie erfolgt teilweise rein passiv aufgrund des Konzentrationsgefälles, teilweise aktiv aufgrund von „Pumpen" in den Darmwandzellen. Aminosäuren, Zucker, Salze und Vitamine werden dann mit dem Blut, Fette mit der Lymphe aus dem Darm abtransportiert.

● Welche Aufgaben hat der Dickdarm?
① *Vollendung der Verdauung*: Normalerweise bleibt für den Dickdarm diesbezüglich kaum etwas zu leisten, weil der Dünndarm diese Aufgabe praktisch vollständig erfüllt. Im Dickdarm werden dann noch einige für den Dünndarm unverdauliche Nahrungsbestandteile mit Hilfe der Dickdarmbakterien (Koli) gespalten. Für die menschliche Ernährung hat dies kaum eine Bedeutung, ist aber bei pflanzenfressenden Tieren sehr wichtig.
② *Bildung von Stuhl*: Unverwertbare Nahrungsbestandteile werden mit dem Stuhl wieder aus dem Körper entfernt. Im Dickdarm wird der Stuhl so vorbereitet, daß er gut durch den After gleiten kann: Wasser wird je nach Bedarf aus dem Speisebrei aufgenommen oder ihm zugesetzt. Schleim wird beigemengt. Mit dem Stuhl werden auch noch einige Stoffe ausgeschieden, die der Körper nicht anders loswerden kann, z.B. Schwermetalle.
③ *Speicherung von Stuhl*: Im Mastdarm wird der Stuhl bis zur Entleerung gespeichert.

● Wie ist die Darmwand gebaut?
Grundsätzlich wie die Magenwand aus 3 Hauptschichten (Schleimhaut, Muskelwand, Bauchfell) und 2 Zwischenschichten (Unterschleimhaut, Unterbauchfell). In den einzelnen Darmabschnitten sind die 5 Schichten jedoch unterschiedlich ausgestaltet.

● Was sind Darmzotten?
① Darmzotten sind fingerartige Ausstülpungen der Darmschleimhaut. Sie sind etwa 1 mm lang. Die Darmzotte ist wie die übrige Schleimhaut von einem einschichtigen hohen Deckgewebe bedeckt. Der Kern besteht aus Bindegewebe, das Blut- und Lymphgefäße enthält.
② Durch die große Oberfläche der Zotten werden verdaute Nahrungsbestandteile aufgenommen und auf dem Blut- und Lymphweg abtransportiert. Im Kern der Darmzotte liegt auch ein kleiner Muskel. Mit seiner Hilfe kann sich die Darmzotte zusammenziehen. Dabei werden die Venen und die Lymphgefäße ausgepreßt und so der Abfluß der aufgenommenen Nahrungsbestandteile gefördert.

● Was sind Darmkrypten?
Darmkrypten sind handschuhartige Einstülpungen der Darmschleimhaut (also gerade umgekehrt wie die Darmzotten). Sie ähneln den schlauchförmigen Magendrüsen, sind aber kürzer (etwa 0,2-0,4 mm). In ihrer Wand sitzen Drüsenzellen, die Verdauungssäfte oder Schleim erzeugen.

● Welche Zellarten kommen im Deckgewebe der Darmschleimhaut vor?
① *Saumzellen*: Die Mehrzahl der Zellen dient der Stoffaufnahme. An ihrer der Lichtung zugewandten Seite tragen sie viele kleine Ausstülpungen zur Vergrößerung der aufnehmenden Oberfläche. Diese Mikrozotten (Mikrovilli) sind nur etwa 1 µm lang (etwa 1/1000 der Länge der Darmzotten). Sie liegen dicht nebeneinander wie die Borsten einer Bürste (daher auch Bürstensaum genannt). Die Lebensdauer der Saumzellen beträgt nur etwa 2 Tage. Sie werden ständig aus der Tiefe der Darmkrypten erneuert.
② *Becherzellen*: Sie bilden Schleim.
③ *Körnerzellen*: Sie erzeugen Verdauungsenzyme.
④ *Hormonbildende Zellen*: Sie bauen Hormone auf, mit denen der Darm seine eigene Tätigkeit, die Arbeit ihm zugeordneter Drüsen und andere Stoffwechselvorgänge steuert. Dazu gehören z.B. Gastrin (regt die Magensaftbildung an), CCK (Cholecystokinin-Pancreozymin, fördert Gallenfluß und Bauchspeichelbildung) u.a.

● Welche Bewegungen laufen in der Darmwand ab?
① *Mischbewegungen*: Durch Pendelbewegungen und Segmentierungsbewegungen wird der Speisebrei mit den Verdauungssäften durchmischt.
② *Peristaltische Wellen*: Durch sie wird der Speisebrei im Darm weiterbefördert (normalerweise afterwärts, beim tiefen Erbrechen auch mundwärts = „Antiperistaltik“).
③ *Feineinstellung der Schleimhaut*: Mit Hilfe der Muskelschicht der Schleimhaut kann sich diese an Knochensplitter, Fischgräten usw. anpassen und deren Einspießen verhindern. Ohne diese Fähigkeit könnten fleisch- oder fischfressende Tiere nicht überleben.
④ *Zottenpumpe*: Durch Melkbewegungen in den Darmzotten wird der Abtransport der aufgenommenen Nahrungsbestandteile in den Venen und Lymphgefäßen beschleunigt.

● Durch welche Nerven werden die Darmbewegungen gesteuert?
Durch den *Parasympathikus*. In den Verlauf der Nervenfasern sind wie bei allen vegetativen Nerven Ganglien eingeschaltet. Sie liegen in Nervengeflechten in der Muskelwand und in der Unterschleimhaut des Darms. Die Nervenfasern gelangen zum Darm auf 2 Wegen:
① *Vagus* (10. Hirnnerv): Er versorgt den Dünndarm und den Dickdarm etwa bis zur Mitte des Querteils.
② *Beckeneingeweidenerven*: zum Rest des Dickdarms.

● Wie lang ist der Dünndarm?
Bei der Leiche etwa 5 m, beim Lebenden nur etwa die Hälfte. Der große Unterschied beruht darauf, daß in der lebenden Darmwand die Muskeln angespannt sind und den Darm zusammenziehen.

● Welche Baueigentümlichkeiten dienen der Oberflächenvergrößerung des Dünndarms?
Die Stoffaufnahme geht um so rascher vor sich, je größer die aufnehmende Fläche ist. Die innere Oberfläche des Dünndarms wird in 3 Stufen auf etwa 100 m^2 erhöht:
① *Ringfalten*: Sie schneiden etwa 1 cm in die Lichtung des Darms ein.
② *Darmzotten*: Länge etwa 1 mm.
③ *Bürstensaum*: Höhe etwa 1 µm.

● Kann man ohne Dünndarm leben?
Grundsätzlich ja, aber:
① Wenn nicht mindestens 20-40 cm vom Dünndarm erhalten sind, muß man sich „künstlich" mit Nährlösungen ernähren, weil die Verdauungsleistung des Dickdarms allein nicht ausreicht.
② Der Hauptgallengang muß in den Dickdarm eingepflanzt werden, damit die Galle abfließen kann. Andernfalls würde die zurückgestaute Galle in das Blut übertreten und allmählich lebensbedrohende Störungen auslösen.

● Wie sieht der Zwölffingerdarm aus?
① Der Zwölffingerdarm ist der 1. Abschnitt des Dünndarms. Er beginnt am Magenpförtner und ist etwa „12 Fingerbreiten" lang. Er ist C-förmig gekrümmt. Die Ausbuchtung geht nach rechts zur Leber. In der Höhlung des „C" liegt der Kopf der Bauchspeicheldrüse.
② In den absteigenden Teil des Zwölffingerdarms münden der Hauptgallengang und der Bauchspeichelgang (meist gemeinsam) ein.

● Wie unterscheiden sich Leerdarm und Krummdarm?
① Äußerlich gar nicht. Man rechnet die oberen 2/5 des nach Abzug des Zwölffingerdarms verbleibenden Dünndarms zum Leerdarm, die unteren 3/5 zum Krummdarm. Die beiden gehen ohne scharfe äußere Grenze ineinander über.
② Der Chirurg muß sich vom Zwölffingerdarm oder vom Blinddarm ausgehend am Dünndarm entlangtasten, wenn er die Zugehörigkeit einer Darmschlinge zum Leerdarm oder Krummdarm bestimmen will. Dies ist z.B. bei Magenoperationen wichtig, bei denen eine Leerdarmschlinge an den Restmagen angenäht werden soll. Verbindet man versehentlich den Krummdarm mit dem Magen, so wird ein Großteil des Dünndarms aus dem Weg des Speisebreis ausgeschlossen, und dem Patienten drohen Ernährungsstörungen.

● Wie lang ist der Dickdarm?
Etwa 1 m. Der Hauptanteil davon entfällt auf den Grimmdarm.

● Kann man ohne Dickdarm leben?
Ja, aber der Patient ist vor allem aus 2 Gründen beeinträchtigt:
① Der Stuhl ist durchfallartig dünn. Es fehlt die Eindickung, die normalerweise im Dickdarm erfolgt. Mit dem dünnen Stuhl gehen dem Körper vermehrt Wasser und Salze verloren.
② Kann der After nicht erhalten werden, so muß ein Kunstafter (Stoma) in der Bauchwand angelegt werden.

● Wodurch unterscheiden sich Dünn- und Dickdarm äußerlich?
Die Weite allein ist trügerisch: Ein verkrampfter Dickdarm ist enger als ein erschlaffter Dünndarm. Man kann den Dickdarm sicher erkennen an:
① *Bandstreifen* (Tänien): Die Längsmuskelschicht der Muskelwand bedeckt nicht den ganzen Umfang des Dickdarms, sondern ist zu 3 Streifen zusammengezogen, die bandartig am Dickdarm entlanglaufen.
② *Schnürringe* und *Ausbuchtungen*: Die Ringschicht der Muskelwand zieht die Dickdarmwand an wechselnden Stellen ringartig ein, während sich dazwischen die Dickdarmwand schlaff ausbuchtet.
③ *Fettanhängsel*: Unter dem Bauchfell wird beim Dickdarm Fett gespeichert. Es wölbt das Bauchfell in erbs- bis walnußgroßen Lappen vor.

● Wodurch unterscheiden sich Dünndarm und Dickdarm im Feinbau?
Beim Dickdarm:
① fehlen Darmzotten und Körnerzellen,
② sind die Darmkrypten besonders tief,
③ sind die Becherzellen besonders reichlich.

● Wo liegt die Grenze zwischen Dünn- und Dickdarm?
① Meist im rechten Mittelbauch, etwa in der Mitte der Verbindungslinie zwischen Nabel und rechtem vorderem oberem Darmbeinstachel. Dort geht der Krummdarm in den Blinddarm über.
② Als „Rückschlagventil" ist die *Bauhin-Klappe* eingebaut: Sie läßt den Darminhalt aus dem Krummdarm in den Blinddarm gleiten, nicht aber umgekehrt. Allerdings schließt sie nicht sehr dicht: Beim hohen Kontrastmitteleinlauf kann man im Röntgenbild beobachten, wie eine kleine Menge des Kontrastmittels aus dem Dickdarm in den Dünndarm übertritt.

● Was ist der Blinddarm?
① Das blind endende Anfangsstück des Dickdarms unterhalb der Bauhin-Klappe. Es ist etwa 7 cm lang und setzt sich nach oben ohne scharfe Grenze in den aufsteigenden Teil des Grimmdarms fort.
② Etwas hinter und unterhalb der Bauhin-Klappe geht vom Blinddarm der *Wurmfortsatz* ab. Dieser

ist im Mittel etwa 10 cm lang und 6 mm dick und enthält reichlich lymphatisches Gewebe. Im engen Wurmfortsatz kommt es leicht zu Passagestörungen, die zu Entzündungen führen können. Sie werden in der Umgangssprache fälschlich „Blinddarmentzündung" statt Wurmfortsatzentzündung genannt. Die Behandlung besteht meist in der vollständigen Entfernung des Wurmfortsatzes („Blinddarmoperation").

● **Wie ist der Grimmdarm gegliedert**?
Der Grimmdarm umgibt wie ein Bilderrahmen den größten Teil des Dünndarms (Leerdarm und Krummdarm):
① *aufsteigender Teil*: vom Blinddarm zur Leber aufsteigend,
② *Querteil*: von der Leber meist girlandenartig unterhalb des Magens zur Milz,
③ *absteigender Teil*: von der Milz zum linken Darmbein,
④ *S-förmiger Teil*: in mehreren Krümmungen ins kleine Becken zum Mastdarm (rechts unten ist der „Bilderrahmen" nicht geschlossen).

● **Wie sind abnorme Lagen des Wurmfortsatzes zu erklären**?
Beim Embryo liegt der Dickdarm zuerst unterhalb des Dünndarms. Dann erfolgt die sogenannte Darmdrehung (entgegen dem Uhrzeigersinn):
① Der Dickdarm schiebt sich (mit dem Blinddarm an der Spitze) zunächst links vom Dünndarm hoch (Richtung Milz).
② Von dort wendet er sich oberhalb des Dünndarms nach rechts (Richtung Leber).
③ Zuletzt steigt er rechts vom Dünndarm zum rechten Darmbein ab. Damit ist der Rahmen um den Dünndarm vollendet. Der Blinddarm mit dem Wurmfortsatz findet so seine endgültige Lage zwischen dem Nabel und dem rechten Darmbein.
④ Bei Entwicklungsstörungen kann die Darmdrehung unvollständig oder übervollständig ablaufen. Dann finden Blinddarm und Wurmfortsatz eine andere Stelle des Bauch- oder Beckenraums als endgültige Bleibe. Dann liegt auch das Schmerzzentrum bei einer Wurmfortsatzentzündung nicht an der typischen Stelle.

● **Wie ist der Mastdarm gebaut**?
① Mastdarm heißt der an den S-förmigen Teil des Grimmdarms anschließende Endabschnitt des Dickdarms in der Beckenhöhle. Er ist ebenfalls leicht S-förmig gebogen: Zunächst schmiegt er sich der Krümmung des Kreuzbeins an. Am Beckenboden ist er zum After hin scharf abgeknickt.
② In seine Lichtung springen einige Schleimhautfalten vor. Bei der Mastdarmspiegelung (Rektoskopie) muß man darauf achten, diese nicht zu verletzen.
③ Der untere Teil des Mastdarms erkrankt besonders häufig an Krebs. Er wird bei der Vorsorgeuntersuchung mit dem Finger ausgetastet. Der Dickdarm- und Mastdarmkrebs steht an zweiter Stelle aller Krebstodesfälle.

● **Wie ist der Afterverschluß gesichert**?
Es wirken mehrere Mechanismen zusammen:
① *Schließmuskeln*: Der innere Afterschließmuskel entspricht der verdickten Ringschicht des übrigen Darms. Er besteht aus glattem Muskelgewebe. Der äußere Afterschließmuskel gehört zu den Beckenbodenmuskeln. Er besteht aus quergestreiftem Muskelgewebe.
② *Schwellkörper*: Im oberen Stockwerk des Afterkanals ist die Schleimhaut zu 8-10 Längsfalten (Aftersäulen) ausgestülpt, in denen Gefäßgeflechte liegen. Die Aftersäulen schmiegen sich eng aneinander und ermöglichen dadurch den gasdichten Verschluß. Sie werden von sauerstoffreichem Blut durchströmt. Bei Blutungen aus erweiterten Gefäßgeflechten (Hämorrhoiden) ist das Blut hellrot!
③ *Entlastung*: Der Speicherteil des Mastdarms wird erst bei der Stuhlentleerung über den After gezogen. Sonst liegt er weiter rückwärts. Die Stuhlsäule ruht dann auf dem After-Steißbein-Band und dem hinteren Teil des Afterhebers.

● **Wie wird Stuhl entleert**?
① Die Afterschließmuskeln erschlaffen.
② Die Muskelwand des Mastdarms zieht sich zusammen.
③ Die Muskelwände des Bauchraums (Bauchmuskeln, Zwerchfell, Teile des Beckenbodens) spannen sich an und erhöhen den Druck im Bauchraum (Bauchpresse).

● **Woraus besteht Stuhl**?
① Unverdauliche Nahrungsreste, z.B. Zellulose,
② Schleim (aus den Becherzellen der Dickdarmwand),
③ abgeschilferte Zellen der Darmoberfläche,
④ von der Leber in die Galle ausgeschiedene Stoffe, z.B. Gallenfarbstoffe (sie bedingen die braune Farbe des Stuhls, bei Verschluß des Hauptgallengangs ist der Stuhl lehmfarben),
⑤ Bakterien, vor allem Dickdarmbakterien (Kolonbakterien, gewöhnlich kurz Koli genannt),
⑥ Wasser.

3.5 Leber und Gallenwege

● **Welche Aufgaben hat die Leber**?
Die Leber ist das „Zentrallaboratorium" des Körpers:
① *Eiweißstoffwechsel*: Aufbau der Bluteiweiße aus Aminosäuren (die über die Pfortader aus dem Darm

zur Leber gelangen), Abbau verbrauchter Bluteiweiße zu Harnstoff,
② *Kohlenhydratstoffwechsel*: Aufbau von Glycogen (tierischer Stärke) aus einfachen Zuckern zu Speicherung und Wiederabbau, wenn der Blutzuckerspiegel sinkt, bei Bedarf auch Umbau von Eiweiß und Milchsäure in Blutzucker,
③ *Fettstoffwechsel*: Auf- und Abbau von Fettsäuren und Cholesterin,
④ *Entgiftung*: Abbau oder Unwirksammachen von Hormonen und vieler im Körper entstehender schädlicher Stoffwechselabfallprodukte sowie mit der Nahrung zugeführter Schadstoffe (hierzu gehören leider auch viele Arzneimittel, von denen deshalb viel größere Mengen eingenommen werden müssen, damit wenigstens ein Teil im Körper wirken kann),
⑤ *Bildung von Galle*: Die Galle ist für die Fettverdauung im Darm nötig. Es werden aber mit der Galle auch Stoffe ausgeschieden, die dann den Körper mit dem Stuhl verlassen.

● **Wie schwer ist die Leber**?
Die gesunde Leber eines Erwachsenen wiegt etwa 1,5 kg. Sie ist das größte innere Organ des Menschen.

● **Kann man ohne Leber leben**?
Nein. Angesichts der Vielfalt ihrer Aufgaben besteht auch keine Aussicht, eine „künstliche" Leber zu schaffen. Nach Verlust der Leber kann nur eine Leberverpflanzung von einem anderen Menschen das Weiterleben ermöglichen.

● **Wo liegt die Leber**?
Im Oberbauch unmittelbar unter dem Zwerchfell, etwa 3/4 rechts und 1/4 links. Die gesunde Leber ist rechts praktisch vollständig vom Brustkorb verdeckt. Bei der Atmung steigt die Leber mit dem Zwerchfell auf und ab.

● **Wie sieht die Leber aus**?
Die rotbraune Leber ist am ehesten mit einer Halbkugel zu vergleichen:
① *Zwerchfellseite*: Sie liegt dem Zwerchfell an und ist wie dieses gekrümmt.
② *Eingeweideseite*: Sie ist den übrigen Bauchorganen zugewandt und eher flach. An der „Leberpforte" treten die Blut- und Lymphgefäße, Nerven und Gallengänge in die Leber ein bzw. aus. Die Gallenblase und die untere Hohlvene dellen die Leber ein. Diese Rinne markiert die Grenze zwischen rechtem und linkem Leberlappen.

● **Wie ist die Leber gegliedert**?
① Nach der Aufzweigung von Pfortader, Leberschlagader und Gallengängen ist die Leber zunächst in 2 Lappen geteilt, die wiederum in insgesamt 8 Segmente gegliedert sind. Müssen Teile der Leber entfernt werden, so legt man die Schnittlinie am besten an die Grenzen von Segmenten.
② Die Leber verfügt über eine große Kraft zur Neubildung: Bleiben 2 gesunde Segmente erhalten, so wachsen diese im Laufe eines Halbjahres wieder zu einer etwa normalgroßen Leber heran.

● **Was ist ein Leberläppchen**?
① Das Leberläppchen ist die kleinste Funktionseinheit der Leber . Die Leber ist aus etwa einer halben bis einer Million Leberläppchen von etwa 1 mm Durchmesser und 1-2 mm Höhe aufgebaut.
② Am Rand des Läppchens liegen die zuführenden Blutgefäße (Äste der Leberschlagader und der Pfortader), in der Mitte die Zentralvene, über die das Blut abfließt. Die Leberzellen sind in Platten und Balken so angeordnet, daß jede Zelle an den Blutstrom angrenzt, der vom Rand des Läppchens zur Mitte geht. Die Haargefäße der Leber sind besonders weit (*Sinusoide*).
③ In umgekehrter Richtung strömt die Galle zwischen den Leberzellen ab. Die größeren Gallengänge laufen dann gemeinsam mit den Ästen der Pfortader und der Leberschlagader („*Lebertrias*").

● **Woraus besteht Galle**?
Pro Tag bildet die Leber etwa 1 l goldgelber Lebergalle, die dann in der Gallenblase zur grünlichen Blasengalle eingedickt wird. Diese enthält etwa 14-20 % feste Stoffe:
① *Gallensäuren*: Sie emulgieren Fette (machen feinste Tröpfchen aus ihnen) im Darm. Nach getaner Arbeit werden die wertvollen Gallensäuren aus dem Darm wieder aufgesaugt und über die Pfortader zur Leber zurücktransportiert, um erneut in die Galle ausgeschieden zu werden.
② *Gallenfarbstoffe* (vor allem Bilirubin): Sie entstehen aus dem Blutfarbstoff Hämoglobin und bedingen die braune Farbe des Stuhls. Gelangt keine Galle in den Darm, so wird der Stuhl hell lehmfarben (z.B. bei Verschluß des Hauptgallengangs). Die Gallenfarbstoffe treten dann in das Blut über und färben den Körper gelb (Verschlußgelbsucht).
③ *Cholesterin*: Es bildet mit den Gallensäuren und Lecithin eine mizellare Lösung, die ein bestimmtes Mengengleichgewicht voraussetzt. Wird dieses gestört, so fällt Cholesterin aus. Dieses kann dann den Kristallisationsmittelpunkt für Gallensteine bilden.
④ Salze, Schleim, Stoffwechselabfallprodukte usw.

● **Wie sind die Gallenwege gegliedert**?
① *Gallenwege in der Leber*: Die Gallenkanälchen vereinigen sich zu immer größeren Gallengängen bis zu den Segmentgängen und Lappengängen.
② *Gallenwege außerhalb der Leber*: Die beiden Lappengänge treten als rechter und linker Leber-

gang aus der Leberpforte aus. Sie vereinigen sich zum *gemeinsamen Lebergang*. Von diesem geht der *Gallenblasengang* zur Gallenblase ab. Von dieser Abzweigung an nennt man den Lebergang *Hauptgallengang* (Choledochus).

● **Wo mündet der Hauptgallengang**?
① Er mündet in den absteigenden Teil des Zwölffingerdarms (meist gemeinsam mit dem Bauchspeichelgang). Die Schleimhaut ist dort zur großen Zwölffingerdarmpapille (meist *Vater-Papille* genannt) vorgewölbt.
② An der Mündung umgreift ein Schließmuskel (meist *Oddi-Sphinkter* genannt) den Hauptgallengang. Wird im Darm keine Galle benötigt, so schließt er die Mündung. Dann kann die Galle nicht abfließen. Sie wird in die Gallenblase zurückgestaut und dort bis auf das 5-10fache durch Wasserentzug eingedickt.

● **Welche Aufgaben hat die Gallenblase**?
① Sie speichert Galle. Die Leber erzeugt Tag und Nacht Galle. Diese wird aber nur nach den Mahlzeiten zur Emulgierung der Fette im Darm benötigt. In den Zwischenzeiten wird die Galle in der Gallenblase gespeichert.
② Die Gallenblase hat ein Fassungsvermögen von nur 40-100 ml. Die Leber sondert aber pro Tag etwa 1 l Galle ab. Deshalb muß die Galle in der Gallenblase eingedickt werden. Dies geschieht durch Wasserentzug. Bei ungünstiger Zusammensetzung der Galle können dabei Stoffe aus der Lösung ausgefällt werden und Gallensteine bilden.

● **Wie ist die Gallenblasenwand gebaut**?
Ähnlich wie Magen- und Darmwand mit 3 Hauptschichten (Schleimhaut, Muskelwand, Bauchfell) und 2 Zwischenschichten (Unterschleimhaut, Unterbauchfell). Es fehlt die Muskelschicht der Schleimhaut, weil die Gallenblase nicht mit Speisebrei in Berührung kommt und sich daher nicht vor Knochensplittern usw. schützen muß. In der Muskelwand sind die glatten Muskelzellen scherengitterartig durchflochten. Die Gallenblase kann sich deswegen gleichmäßig auf einen Mittelpunkt hin zusammenziehen. Das Bauchfell fehlt an der Anlagerungsfläche an die Leber.

● **Wo liegt die Gallenblase**?
① Im rechten Oberbauch in der Gallenblasengrube auf der Eingeweideseite der Leber. Den Boden der Gallenblase findet man auf der Höhe des Rippenbogens etwa handbreit rechts der Mittellinie.
② Die Gallenblase berührt außer der Leber auch den absteigenden Teil des Zwölffingerdarms und den Querteil des Dickdarms. Ein fortgeschrittener Gallenblasenkrebs kann daher auf diese Organe übergreifen.

● **Was sind Gallenkoliken**?
① Äußerst schmerzhafte, krampfartige Anspannungen der Muskelwand der Gallenblase. Häufigste Ursache sind Gallensteine. Der Körper versucht Gallensteine auf natürlichem Weg (über den Gallenblasengang und den Hauptgallengang in den Zwölffingerdarm) loszuwerden. In dem sehr engen Gallenblasengang bleiben Steine leicht stecken. Die Gallenblase bemüht sich dann, den Stein durch besonders hohen Druck hindurchzupressen.
② Kennzeichnend für Gallenkoliken ist, daß der Schmerz häufig nicht nur in der Gallenblasengegend, sondern auch in der rechten Schulter empfunden wird.

● **Wie kann man die Gallenwege im Röntgenbild sichtbar machen**?
① *Perorale* oder *intravenöse Cholangiographie*: Dem Patienten wird durch den Mund oder über eine Vene ein Röntgenkontrastmittel eingegeben, das von der Leber in die Galle ausgeschieden wird. Dieses früher vielverwandte Verfahren ist heute weitgehend durch die risikolose Ultraschalluntersuchung ersetzt.
② *ERCP* = endoskopische retrograde Cholangiopankreatikographie: Bei einer Zwölffingerdarmspiegelung wird die große Zwölffingerdarmpapille aufgesucht und das Röntgenkontrastmittel über eine Sonde in sie eingespritzt. Da Hauptgallengang und Bauchspeichelgang hier meist gemeinsam ausmünden, werden nicht nur die Gallenwege, sondern auch der Bauchspeichelgang mit Röntgenkontrastmittel gefüllt.
③ *PTC* = perkutane transhepatische Cholangiographie: Bei einer Ultraschalluntersuchung der Leber sieht man erweiterte Gallengänge in der Leber. Diese sticht man durch die Haut mit einer langen Hohlnadel an und spritzt in sie das Röntgenkontrastmittel ein
④ *Intraoperative Cholangiographie*: Bei einer Gallenblasenoperation müssen auch die übrigen Gallenwege nach Gallensteinen abgesucht werden. Der Chirurg spritzt dann das Röntgenkontrastmittel direkt in den eröffneten Gallenblasengang ein.

● **Kann man ohne Gallenblase leben**?
Ja, meist sogar ohne schwerwiegende Störungen. Die Gallenblase wird wegen Gallensteinen häufig entfernt (die Gallensteine allein herauszunehmen hätte wenig Zweck, weil sich meist rasch neue bilden würden). Dann fließt die Galle ständig in den Darm ab. Dort kann sie die meiste Zeit nicht verwertet werden, fehlt aber in der nötigen Menge nach den Mahlzeiten. Deshalb müssen Patienten nach der Gallenblasenentfernung evtl. die Fettzufuhr einschränken, um Beschwerden zu vermeiden.

3.6 Bauchspeicheldrüse

● **Wozu dient die Bauchspeicheldrüse?**
Die Bauchspeicheldrüse (Pankreas) ist ein Doppelorgan mit 2 recht verschiedenen Anteilen (die bei manchen Tieren auch völlig getrennt im Bauchraum liegen):
① *Verdauungsdrüse*: Der weitaus überwiegende Teil der Drüse bildet den Bauchspeichel (etwa 1-2 l pro Tag). Dieser Verdauungssaft enthält Bicarbonat sowie eiweiß-, fett- und kohlenhydratspaltende Enzyme. Der Bauchspeichel wird über den Bauchspeichelgang in den absteigenden Teil des Zwölffingerdarms abgegeben. Dort neutralisiert das Bicarbonat die Magensäure.
② *Hormondrüse*: In den Verdauungsdrüsenteil sind kleine Inseln von hormonbildendem Gewebe eingesprengt. Sie erzeugen u.a. das „Inselhormon" Insulin. Dieses ist für die Verwertung des Blutzukkers in den Geweben nötig.

● **Kann man ohne Bauchspeicheldrüse leben?**
Ja, aber:
① man ist zuckerkrank (Diabetes mellitus) und muß täglich Insulin einspritzen.
② man kann die aufgenommene Nahrung nicht mehr vollständig verdauen und dementsprechend nicht vollständig in den Körper aufnehmen. Trotz reichlicher Nahrungszufuhr bleibt man mager.

● **Wie sieht die Bauchspeicheldrüse aus?**
Die Bauchspeicheldrüse ist ein etwa 15 cm langer, 3-4 cm breiter und 1-2 cm dicker Drüsenstrang von etwa 70-100 g Gewicht. Ihre Oberfläche ist klein gelappt. Ohne scharfe Grenzen ist die Bauchspeicheldrüse in 3 Teile zu gliedern:
① *Kopf*: Das rechte Ende schmiegt sich in die Höhlung des „C" des Zwölffingerdarms. In diesen mündet der Ausführungsgang (Bauchspeichelgang), der aus dem Kopf der Drüse austritt.
② *Körper*: Das Mittelstück liegt hinter dem Magen.
③ *Schwanz*: Das linke Ende berührt die Milz.
Die Inseln sind von außen nicht zu sehen. Sie sind über alle 3 Abschnitte verteilt, besonders reichlich im Schwanz.

● **Wo liegt die Bauchspeicheldrüse?**
Im Oberbauch an der Hinterwand des Bauchraums:
① Sie legt sich hufeisenförmig um den 1. oder 2. Lendenwirbelkörper. Der Kopf liegt rechts der Wirbelsäule. Der Schwanz steigt vor der linken Niere zur Milz an. Bei Verkehrsunfällen kann die Bauchspeicheldrüse z.B. zwischen Lenkrad und Wirbelsäule zerquetscht werden.
② Der Hauptgallengang zieht häufig durch den Kopf der Bauchspeicheldrüse zum Zwölffingerdarm. Er kann durch eine Geschwulst im Kopf der Bauchspeicheldrüse abgeklemmt werden. Eine Verschlußgelbsucht ist häufig des erste Zeichen eines Bauchspeicheldrüsenkrebses.

● **Darf man Teile der Bauchspeicheldrüse entfernen?**
Der Bauchspeichelgang verläßt die Drüse an ihrem rechten Ende. Deshalb kann man vom linken Ende beliebig abschneiden, ohne den Abfluß des Bauchspeichels zu gefährden. Entfernt man jedoch den rechten Teil der Drüse, dann muß man dafür sorgen, daß der Stumpf des Bauchspeichelgangs wieder Anschluß an den Darm findet. Anderfalls würde der zurückgestaute Bauchspeichel die eigene Drüse verdauen.

3.7 Bauchfell

● **Was ist das Bauchfell?**
Das Bauchfell (Peritoneum) überzieht als glatte Haut die Oberfläche der meisten Bauchorgane und die Innenseite der Bauchwand. Das Bauchfell bildet einen geschlossenen Sack, der die Bauchfellhöhle umschließt. Diese gehört mit der Brustfellhöhle und der Herzbeutelhöhle zu den „serösen" Höhlen. Deren Aufgabe ist es, das Verschieben der inneren Organe in Anpassung an ihren wechselnden Raumbedarf zu erleichtern. Deswegen wird die Oberfläche der serösen Häute von einem spiegelnd glatten Deckgewebe gebildet. Die Reibung wird zusätzlich durch Befeuchtung vermindert.

● **Was ist ein Bauchfellerguß?**
① Normalerweise enthält die Bauchfellhöhle nur eine geringe Menge Flüssigkeit, gerade soviel, wie zur Benetzung des Bauchfells nötig ist. Absonderung und Wiederaufnahme der Flüssigkeit stehen im Gleichgewicht.
② Wird die Absonderung vermehrt (z.B. bei einer Entzündung) oder ist die Wiederaufnahme gestört (z.B. bei einer Herzschwäche), so nimmt die Flüssigkeit zu. In extremen Fällen kann sie viele Liter betragen und den Patienten wegen des Gewichts erheblich behindern.
③ Zunächst wird man versuchen, größere Flüssigkeitsmengen über die Nieren auszuschwemmen. Gelingt dies nicht ausreichend, so muß man den Bauchfellerguß (*Aszites*) absaugen. Zur „Aszitespunktion" durchsticht man die Bauchwand meist links unterhalb des Nabels. Da Ergüsse in seröse Höhlen reichlich Bluteiweiß enthalten, so geht beim Ablassen der Flüssigkeit dem Körper wertvolles Eiweiß verloren.

● **Was bedeuten intra- und retroperitoneal?**
Die einzelnen Bauchorgane sind in unterschiedlichem Ausmaß von Bauchfell (Peritoneum) umgeben. Ein Organ liegt:

① *intraperitoneal* (im Bauchfell), wenn seine Oberfläche überwiegend mit Bauchfell überzogen ist,
② *retroperitoneal* (hinter dem Bauchfell), wenn nur seine Vorderfläche von Bauchfell bedeckt ist.

● **Was folgt aus der intra- oder retroperitonealen Lage?**
Je weitgehender ein Organ von Bauchfell überzogen ist, desto besser kann es seine Größe und Lage verändern. Intraperitoneale Organe sind daher beweglich, retroperitoneale ortsfest. Dies hat große praktisch-medizinische Bedeutung:
① *für die Diagnose*: Intraperitoneale Organe können manchmal recht ausgefalle Lagen aufweisen. So kann z.B. beim Zwerchfellbruch der Magen in die Brusthöhle schlüpfen. Hingegen ist es sehr unwahrscheinlich, daß eine Niere dies tut.
② *für Operationen*: Das Bauchfell ist sehr schmerzempfindlich und infektionsgefährdet. Bei den retroperitonealen Organen kann man bisweilen einen Zugangsweg wählen, ohne das Bauchfell verletzen zu müssen, bei den intraperitonealen nicht. Dafür kann sich der Chirurg das intraperitoneale Organ oft zu einem kleinen Schnitt hinziehen, das retroperitoneale nur sehr beschränkt.

● **Welche Organe liegen intra- und welche retroperitoneal?**
① *Intraperitoneale Organe* (beweglich): Magen, Leerdarm, Krummdarm, Blinddarm mit Wurmfortsatz, Querteil und S-förmiger Teil des Dickdarms, Leber, Milz, Eierstöcke, Eileiter, Gebärmutter.
② *Retroperitoneale Organe* (ortsfest): Bei ihnen kann man noch 2 Untergruppen abgrenzen:
• *Primär* retroperitoneale Organe liegen zu allen Entwicklungszeitpunkten hinter dem Bauchfell und sind daher sehr ortsfest: Nieren, Nebennieren, Harnblase, Mastdarm.
• *Sekundär* retroperitoneale Organe liegen in frühen Entwicklungsstadien intraperitoneal und lagern sich dann an die hintere Bauchwand an. Ihr hinterer Bauchfellüberzug verklebt mit dem Bauchfell der hinteren Bauchwand und löst sich dann auf. Sie weisen öfters eine atypische Lage auf, wenn sie zum Zeitpunkt der Verlötung mit der hinteren Bauchwand ihre typische Lage noch nicht erreicht haben. In seltenen Fällen bleiben sie sogar intraperitoneal. Sekundär retroperitoneal sind: Zwölffingerdarm, auf- und absteigender Teil des Dickdarms, Bauchspeicheldrüse.

● **Was sind Gekröse?**
① Auch die intraperitonealen Organe können nicht vollständig von Bauchfell überzogen sein. Irgendwo müssen Blut- und Lymphgefäße sowie Nerven zu dem Organ gelangen und die Verbindung mit dem übrigen Körper aufrechterhalten. Auch muß sich das Bauchfell irgendwo von der Bauchwand auf das Organ umschlagen, wenn es einen geschlossenen Sack bilden soll. Die auf beiden Seiten von Bauchfell überzogene Versorgungsstraße nennt man Gekröse.
② Je länger das Gekröse ist, desto länger ist der Stiel, mit dem das Organ an der Bauchwand befestigt ist, desto beweglicher ist das Organ. Besonders lange Gekröse haben: Magen, Leerdarm, Krummdarm, Wurmfortsatz, Querteil und S-förmiger Teil des Dickdarms.

● **Was ist das große Netz?**
Das große Netz ist eine große Bauchfellfalte, die wie eine Schürze vom Querteil des Dickdarms nach unten hängt. Sie hat 3 Aufgaben:
① *Abwehr*: Das große Netz enthält reichlich Freßzellen und Lymphozyten. Bei örtlichen Entzündungen in der Bauchfellhöhle findet man das große Netz an der erkrankten Stelle zusammengeballt.
② *Stoffaufnahme*: Wegen seiner großen Oberfläche und seines Reichtums an Blutgefäßen wirkt das große Netz entscheidend am Flüssigkeitsgleichgewicht in der Bauchfellhöhle mit. Es vermag auch Stoffe aus der Bauchfellhöhle aufzunehmen.
③ *Fettdepot*: Beim Fettsüchtigen kann das große Netz zu einer mehrere Zentimeter dicken Platte anschwellen.

● **Was ist das kleine Netz?**
Der zwischen Magen, Zwölffingerdarm und Leber ausgespannte Teil des vorderen Magengekröses.

● **Was ist der Netzbeutel?**
Ein mit Bauchfell ausgekleideter großer Spaltraum zwischen dem Magen und der Bauchspeicheldrüse. Er sichert der Hinterwand des Magens freie Beweglichkeit. Der enge Eingang in den Netzbeutel liegt zwischen Leberpforte und Zwölffingerdarm hinter dem kleinen Netz.

4 Hormondrüsen

● **Wo werden im Körper Hormone gebildet?**
① In einigen Drüsen, deren ausschließliche Aufgabe die Hormonbildung ist (Hormondrüsen im engeren Sinn): Hirnanhangsdrüse (Hypophyse), Schilddrüse, Nebenschilddrüsen, Nebennieren,
② in einigen Organen mit Doppelfunktion, in denen die Hormonbildung eine zweite Hauptaufgabe ist: Bauchspeicheldrüse, Keimdrüsen (Eierstöcke, Hoden),
③ an vielen weiteren Stellen des Körpers, an denen einzelne Zellen oder Zellgruppen Hormone erzeugen, z.B. im Zwischenhirn, im Magen, im Darm, in den Nieren.

4.1 Hirnanhangsdrüse und Zwischenhirn

● **Wo liegt die Hirnanhangsdrüse**?
Wie der Name besagt, ist sie ein Anhang des Gehirns. Das bohnengroße, etwa 1 g schwere Organ liegt im Türkensattel, einer Grube des Keilbeins. Durch einen Stiel ist es mit dem Zwischenhirn verbunden. Im seitlichen Röntgenbild des Kopfes ist der Türkensattel gut zu erkennen und danach die Größe der Hirnanhangsdrüse zu beurteilen.

● **Wie ist die Hirnanhangsdrüse gegliedert**?
Sie besteht aus 2 Lappen mit verschiedener Herkunft und verschiedenen Aufgaben:
① *Vorderlappen* (Adenohypophyse): Er geht aus der Rachenwand hervor. Er erzeugt mehrere Hormone, darunter solche, durch die die Arbeit anderer Hormondrüsen gesteuert wird. Daher nennt man die Hirnanhangsdrüse auch übergeordnete Hormondrüse.
② *Hinterlappen* (Neurohypophyse): Er ist eigentlich ein Teil des Zwischenhirns. Er baut selbst keine Hormone auf. Er speichert vom Zwischenhirn angelieferte Hormone und gibt diese an das Blut ab.

● **Welche Hormone erzeugt der Vorderlappen der Hirnanhangsdrüse**?
① Schilddrüsenanregendes Hormon (Thyrotropin, internationale Abkürzung *TSH*): Es veranlaßt die Schilddrüse zur Bildung von Thyroxin (T_3) und Trijodthyronin (T_4).
② Nebennierenrindenanregendes Hormon (Corticotropin = *ACTH*): Die Nebennierenrinde erzeugt daraufhin eine Vielzahl von Hormonen, darunter Cortison.
③ Keimdrüsenanregende Hormone (Gonadotropine): bei der Frau follikelstimulierendes Hormon (*FSH*, regt die Weiterentwicklung von Follikeln an) und Luteinisierungshormon (*LH*, regt den Eisprung und die Umwandlung des Follikels in den Gelbkörper an), beim Mann zwischenzellanregendes Hormon (*ICSH*, es ist identisch mit dem LH der Frau).
④ Wachstumshormon (Somatotropin = *STH*): Es steuert das Knochenwachstum.
⑤ Prolactin (*PRL*): Es setzt die Milcherzeugung in der Brustdrüse in Gang.
⑥ Pigmentzellanregendes Hormon (*MSH*): Es wirkt auf die braune Hautfarbe.

● **Welche Hormone werden vom Hinterlappen der Hirnanhangsdrüse in das Blut abgegeben**?
Die Hormone des Hinterlappens werden im Zwischenhirn aufgebaut und dann entlang der Nervenzellfortsätze in den Hinterlappen transportiert. Dort werden sie gespeichert und bei Bedarf an das Blut abgegeben:
① *Oxytocin*: Es regt die glatten Muskelzellen zum Zusammenziehen an. Es ist für die Wehen bei der Entbindung wichtig.
② *Adiuretin*: Es veranlaßt die Eindickung des Harns in den Sammelrohren der Nieren. Bei Ausfall dieses Hormons werden riesige Mengen dünnen Harns gebildet. Der Patient leidet unter entsetzlichem Durst, weil er die Wasserverluste durch Trinken ausgleichen muß (Wasserharnruhr).

● **Wie wird die Arbeit des Vorderlappens der Hirnanhangsdrüse gesteuert**?
Durch das Zwischenhirn. Es erzeugt 2 Gruppen von Hormonen, die auf die Hirnanhangsdrüse einwirken:
① *Releasinghormone*: Sie fördern die Hormonabgabe der Hirnanhangsdrüse.
② *Inhibitinghormone*: Sie hemmen die Hormonabgabe der Hirnanhangsdrüse.
Vermutlich gibt es für jedes Hormon des Vorderlappens der Hirnanhangsdrüse ein Releasing- und ein Inhibitinghormon des Zwischenhirns. TRH, das Releasinghormon für das schilddrüsenanregende Hormon ist in der Schilddrüsendiagnostik wichtig. Die Hormone des Zwischenhirns gelangen nicht über den allgemeinen Kreislauf, sondern über besondere Venen vom Zwischenhirn durch den Stiel der Hirnanhangsdrüse direkt zum Vorderlappen.

● **Wie wird die Hormonabgabe des Zwischenhirns geregelt**?
Durch Rückkoppelungsmechanismen: Das Zwischenhirn kontrolliert die Blutspiegel der Hormone der Schilddrüse, der Nebennieren und der Keimdrüsen. Fällt z.B. der Blutspiegel der Schilddrüsenhormone unter eine bestimmte Marke ab, so entsendet das Zwischenhirn TRH zur Hirnanhangsdrüse. Diese schüttet daraufhin schilddrüsenanregendes Hormon in das Blut aus. Dieses gelangt über den Kreislauf zur Schilddrüse und regt diese zu vermehrter Bildung der Hormone T_3 und T_4 an.

● **Können Geschwülste der Hirnanhangsdrüse Sehstörungen verursachen**?
① Ja. Unmittelbar vor der Hirnanhangsdrüse liegt die Sehnervenkreuzung. Sie wird durch den Wachstumsdruck von Geschwülsten der Hirnanhangsdrüse häufig geschädigt. Dann gehen die kreuzenden Fasern der beiden Sehnerven zugrunde, während die nicht kreuzenden erhalten bleiben.
② Da die kreuzenden Sehnervenfasern von den nasenseitigen Hälften der Netzhäute kommen, werden dadurch die äußeren Gesichtsfeldhälften beeinträchtigt. Der Patient hat das Gefühl, als ob er Scheuklappen trüge.

● **Kann man ohne Hirnanhangsdrüse leben?**
Ja, allerdings ist die Behandlung aufwendig, da Schilddrüse, Nebennieren und Keimdrüsen ihre Hormonproduktion einstellen, wenn sie nicht durch die entsprechenden Hormone der Hirnanhangsdrüse angeregt werden. Man muß folglich dem Patienten Schilddrüsenhormone, Nebennierenrindenhormone, Geschlechtshormone und ein Ersatzpräparat für Adiuretin laufend zuführen.

4.2 Schilddrüse

● **Wie sieht die Schilddrüse aus?**
Die etwa 50 g schwere Drüse hat die Form eines „H": 2 seitliche Lappen sind durch einen etwa fingerdicken queren Strang (Isthmus) verbunden. Die Drüse hat wenig Eigenform. Sie paßt sich an den freien Raum beidseits der Luftröhre an.

● **Wo liegt die Schilddrüse?**
In der vorderen Halsgegend. Der Isthmus ist etwa 2 Fingerbreit unterhalb des Ringknorpels vor der Luftröhre besonders beim Schlucken leicht zu tasten. Die beiden Lappen liegen neben der Luftröhre bedeckt von den Kopfwendern. Manchmal erstreckt sich ein bleistiftdicker Fortsatz am Kehlkopf vorbei bis zur Zunge nach oben. Eine vergrößerte Schilddrüse (Kropf) kann auch in den Brustraum nach unten reichen.

● **Welche Hormone bildet die Schilddrüse?**
Die Schilddrüse enthält 2 Arten von Drüsenzellen, die 2 Arten von Hormonen erzeugen:
① *Follikelzellen*: In ihnen entstehen die jodhaltigen Hormone Thyroxin (abgekürzt T_4) und Trijodthyronin (T_3). Sie steuern die Intensität der Stoffwechselvorgänge. Sie sind lebensnotwendig, können aber auch als Tabletten zugeführt werden.
② *C-Zellen*: Sie erzeugen Calcitonin, das an der Regelung des Calciumstoffwechsels beteiligt ist, aber notfalls entbehrt werden kann.

● **Wie sind die hormonbildenden Zellen in der Schilddrüse angeordnet?**
In Form der *Schilddrüsenfollikel*. Die hormonbildenden Zellen umgeben als einschichtiges kubisches Deckgewebe kleine Hohlräume, in denen die jodhaltigen Hormone gespeichert werden. Die Durchmesser der Follikel wechseln je nach der Menge gespeicherten Hormons etwa zwischen 0,05 und 0,5 mm. Der größte Teil der Follikelwand wird von den Follikelzellen eingenommen. Zwischen sie sind einzelne C-Zellen eingesprengt.

● **Was versteht man unter Über- und Unterfunktion der Schilddrüse?**
① *Überfunktion*: Es wird zuviel T_3 und T_4 erzeugt. Da die jodhaltigen Schilddrüsenhormone den Energieumsatz des Körpers erhöhen, ist es dem Patienten ständig zu warm. Er ißt viel, wird aber nicht dick. Der gesteigerte Grundumsatz belastet das Herz. Der Patient ist nervös. Die Leistungsfähigkeit läßt nach, weil der ständig mit voller Kraft laufende Körper keine Reserven einsetzen kann.
② *Unterfunktion*: Es wird zuwenig T_3 und T_4 erzeugt. Der Grundumsatz ist vermindert. Der Patient fröstelt, hat wenig Appetit und setzt trotzdem Fett an. Auch die geistigen Vorgänge können verlangsamt sein.

● **Was ist ein Kropf?**
Eine Vergrößerung der Schilddrüse. In den Alpenländern beruht sie häufig auf mangelnder Jodzufuhr mit dem Trinkwasser. Dann können nicht genügend jodhaltige Hormone erzeugt werden. Das Zwischenhirn stellt den Mangel im Blut fest und schickt das Releasinghormon TRH zur Hirnanhangsdrüse. Diese gibt daraufhin TSH in das Blut ab, um die Schilddrüse anzuregen. Die Schilddrüse beantwortet die Aufmunterung zu vermehrter Produktion mit einer Vergrößerung der Produktionsanlagen (Vermehrung der Zellzahl). Aber auch die größere Schilddrüse kann wegen des Jodmangels nicht mehr Hormon erzeugen. Deswegen kommen über das Zwischenhirn und die Hirnanhangsdrüse ständig neue Wachstumsanstöße, und die Schilddrüse wächst und wächst.

● **Welche Gefahren sind mit einem Kropf verbunden?**
① Ein kleiner *Jodmangelkropf* ist nur ein Schönheitsfehler. Ein stark wachsender Kropf kann jedoch die Speiseröhre und die Luftröhre zusammenpressen und dadurch Schluck- und Atemstörungen auslösen.
② Außer dem Jodmangelkropf gibt es jedoch auch andere Kropfarten, die z.B. durch eine Überfunktion (*Basedow-Krankheit*) oder durch bösartiges Wachstum (*Schilddrüsenkrebs*) den Patienten gefährden. Bei jedem Kropf sollte daher die Ursache eindeutig geklärt werden.

4.3 Nebenschilddrüsen

● **Was haben die Nebenschilddrüsen mit der Schilddrüse zu tun?**
Die 4 etwa linsengroßen Nebenschilddrüsen liegen den Schilddrüsenlappen hinten an (je 2 rechts und links). In ihren Aufgaben sind Nebenschilddrüsen und Schilddrüse völlig unabhängig voneinander. Um Verwechslungen mit der Schilddrüse auszuschließen, werden die Nebenschilddrüsen vielfach auch *Epithelkörperchen* genannt.

● **Welches Hormon erzeugen die Nebenschilddrüsen?**
Parathormon. Dieses fördert die Aufnahme von Calcium aus der Nahrung im Darm und den Abbau von Calcium aus den Knochen. Es vermindert die Calciumausscheidung durch die Nieren. Durch alle 3 Maßnahmen erhöht es den Calciumspiegel im Blut. Der richtige Calciumgehalt des Blutes ist für viele Lebensvorgänge, u.a. die Herztätigkeit, wichtig. Fällt der Calciumspiegel im Blut, so treten Muskelkrämpfe auf (Tetanie).

● **Welche Folgen hat eine Überfunktion der Nebenschilddrüsen?**
① Wegen des erhöhten Calciumspiegels im Blut „verkalkt" der Körper. Besonders die Nieren werden dadurch geschädigt.
② Wegen des vermehrten Calciumabbaus aus den Knochen werden diese bruchanfälliger.
③ Bei einer plötzlichen Übersteigerung (*hypercalcämische Krise*) kann es zum Herzstillstand kommen.

● **Warum ist die Suche nach den Nebenschilddrüsen für den Chirurgen oft recht mühsam?**
Eine Überfunktion der Nebenschilddrüsen beruht häufig auf einer gutartigen Geschwulst in einer der 4 Nebenschilddrüsen. Diese muß dann entfernt werden. Die Lage der Nebenschilddrüsen ist jedoch bei verschiedenen Menschen recht unterschiedlich. Manchmal liegt eine Nebenschilddrüse gar nicht der Schilddrüse an, sondern ist in den Brustraum verlagert (meist an den Thymus).

● **Kann man ohne Nebenschilddrüsen leben?**
Ja, aber man muß dann lebenslang ein Ersatzpräparat für das Parathormon einnehmen.

4.4 Nebennieren

● **Was haben die Nebennieren mit den Nieren zu tun?**
Die beiden etwa je 10 g schweren Nebennieren liegen den oberen Polen der beiden Nieren kappenartig an. Herkunft und Aufgaben von Nebennieren und Nieren sind jedoch völlig verschieden.

● **Wie sind die Nebennieren gegliedert?**
In der menschlichen Nebenniere sind 2 Hormondrüsen vereint, die bei manchen Tieren als getrennte Organe im Bauch liegen:
① *Nebennierenrinde*,
② *Nebennierenmark*.

● **Welche Hormone erzeugt die Nebennierenrinde?**
In der Nebennierenrinde sind etwa 50 verschiedene Hormone nachgewiesen worden. Sie sind chemisch nahe miteinander verwandt (Sterine) und lassen sich nach der Funktion 3 Gruppen zuordnen:
① *Glucocorticoide*: Hormone für den Kohlenhydratstoffwechsel, z.B. Cortison und Hydrocortison. Sie wirken auch stark entzündungshemmend. Deshalb werden chemisch von ihnen abgeleitete Stoffe in der Medizin viel verwendet.
② *Mineralocorticoide*: Hormone für den Salz- und Wasserhaushalt, z.B. Aldosteron.
③ *Androgene*: Hormone, die den männlichen Geschlechtshormonen nahestehen, aber bei Frau und Mann gebildet werden. Eine vermehrte Erzeugung von Androgenen kann bei der Frau zu einer gewissen „Vermännlichung" führen, wobei besonders die stärkere Körperbehaarung auffällt.

● **Welche Hormone erzeugt das Nebennierenmark?**
Adrenalin und Noradrenalin.
① Beide erregen den Sympathikus. Sie beschleunigen dadurch den Herzschlag, erhöhen den Blutdruck und den Blutzucker und versetzen den Körper insgesamt in Alarmstimmung. Sie werden auch bei psychischer Erregung ausgeschüttet.
② Unabhängig von der Nebenniere werden Adrenalin und Noradrenalin an den Synapsen des Sympathikus in den Erfolgsorganen als Überträgerstoffe verwendet. Dabei werden sie gezielt an einer motorischen Endplatte usw. gebildet.
③ Als Hormone im Blut erreichen sie auf einen Schlag alle „adrenergen" Synapsen (alle die Adrenalin als Überträgerstoff benutzen können) und können damit den gesamten sympathischen Teil des autonomen Nervensystems in Erregung versetzen.

● **Kann man ohne Nebennieren leben?**
Ja, aber man muß täglich Tabletten mit Gluco- und Mineralocorticoiden einnehmen. Auf die Androgene kann man verzichten, da sie auch von den Keimdrüsen hergestellt werden. Die Hormone des Nebennierenmarks kann man entbehren, es leidet jedoch die rasche Einstellung auf einen Streß.

4.5 Weitere Hormonbildungsstätten

● **Welche Hormone erzeugen die Inseln der Bauchspeicheldrüse?**
① *Insulin*: Es wird von den B-Zellen gebildet, die den Hauptanteil der Inseln ausmachen. Insulin fördert die Blutzuckerverwertung in den Körperzellen und senkt daher den Blutzucker. Bei Insulinmangel steigt der Blutzucker an. Der Zuckerkranke muß das Insulin einspritzen, da es bei Einnahme durch den Mund im Magen zerstört würde.

② *Glucagon*: Es wird von den A-Zellen erzeugt. Es mobilisiert in der Leber Kohlenhydrate und erhöht so den Blutzucker.
③ Weitere Hormone, die auch im Magen und im Darm entstehen, z.B. Gastrin und Somatostatin.

● **Welchen Anteil haben die Inseln an der gesamten Bauchspeicheldrüse?**
Etwa 2-3 %. Da die gesunde Bauchspeicheldrüse etwa 70-100 g wiegt, beträgt das Gewicht des Inselorgans etwa 2-2,5 g. Die Gesamtzahl der Inseln beträgt etwa eine halbe Million.

● **Was ist das gastrointestinale endokrine System?**
Unter diesem Begriff faßt man alle hormonbildenden Zellen im Magen und im Darm zusammen. Bis jetzt ist bereits über ein Dutzend verschiedener Hormone nachgewiesen worden, z.B.:
① *Gastrin*: Es regt die Absonderung von Magensaft an.
② *CCK* (Cholecystokinin-Pancreozymin): Es regt die Bewegung der Gallenblase und die Absonderung von enzymreichem Bauchspeichel an.
③ *Secretin*: Es regt die Bildung von bicarbonatreichem Bauchspeichel an.
④ *Enteroglucagon*: Es wirkt ähnlich wie das Glucagon der Inseln der Bauchspeicheldrüse.
⑤ *Serotonin*: Es wirkt auf glatte Muskelzellen.
⑥ *Somatostatin*: mit einer Fülle von Wirkungen, darunter auch die Hemmung einiger anderer Hormone.

● **Welche Hormone entstehen in der Niere?**
Die Nierenhormone werden im juxtaglomerulären Apparat gebildet:
① *Renin*: Es erhöht den Blutdruck.
② *Erythropoetin*: Es regt die Bildung roter Blutkörperchen an.

● **Welche Hormone entstehen in den Eierstöcken?**
Unter dem Einfluß der Hormone FSH und LH des Vorderlappens der Hirnanhangsdrüse baut der Eierstock 2 Gruppen weiblicher Geschlechtshormone auf:
① *Östrogene*, z.B. Follikelhormon, werden von den heranreifenden Follikeln und vom Gelbkörper erzeugt.
② *Gestagene*, z.B. Progesteron, entstehen nur im Gelbkörper.
Die weiblichen Geschlechtshormone steuern den Menstruationszyklus und sind für das Heranreifen der Leibesfrucht unentbehrlich.

● **Welche Hormone entstehen in der Plazenta?**
① *HCG* (Choriongonadotropin): Es wirkt ähnlich wie das Luteinisierungshormon der Hirnanhangsdrüse. Sobald sich die Zygote in die Gebärmutterschleimhaut eingenistet hat, also bereits wenige Tage nach der Befruchtung, beginnen die Vorläuferzellen der Plazenta (Trophoblast) HCG zu erzeugen.
② *Östrogene* und *Gestagene*: Im 2. Schwangerschaftsdrittel geht der gesamte Aufbau an weiblichen Geschlechtshormonen von den Eierstöcken auf die Plazenta über. Die Frucht sichert auf diese Weise ihren für die weitere Entwicklung unumgänglichen Hormonbedarf.

● **Welches Hormon entsteht in den Hoden?**
Das männliche Geschlechtshormon (*Testosteron*): Die männliche Leibesfrucht erzeugt es bereits im 4. Entwicklungsmonat. Es bestimmt die Entwicklung der äußeren Geschlechtsorgane. Ohne Testosteron entwickelt sich ein weiblicher Körper trotz männlichen Chromosomenbestands. Im Leben nach der Geburt ist Testosteron für die typisch männlichen Körperbaumerkmale verantwortlich: stärkere Behaarung, tiefere Stimme, kräftigere Muskeln usw.

5 Atmungsorgane

● **Welche Organe rechnet man zu den Atmungsorganen?**
① Nasenhöhle mit Nebenhöhlen, Kehlkopf, Luftröhre, Bronchen und Lunge
② im weiteren Sinne auch Rachen (wird meist bei den Verdauungsorganen behandelt), Brustfell und Atemmuskeln.

5.1 Nasenhöhle und Nasennebenhöhlen

● **Welche Aufgaben hat die Nasenhöhle?**
In der Nasenhöhle wird die Atemluft für die Lunge vorbereitet. Sie wird:
① angewärmt,
② angefeuchtet,
③ von Staubteilchen und Bakterien gereinigt,
④ chemisch geprüft (Geruch!).

● **Wie wird die Nasenhöhle begrenzt?**
① *Dach* (Grenze zur Schädelhöhle): Siebplatte des Siebbeins,
② *mediale Wand* (Grenze zur gegenüberliegenden Nasenhöhle): Nasenscheidewand,
③ *Seitenwand* (Grenze zur Kieferhöhle, zu den Siebbeinzellen und zur Flügelgaumengrube): Oberkiefer, Siebbein, Gaumenbein,
④ *Boden* (Grenze zur Mundhöhle): knöcherner Gaumen,

⑤ *Vorderwand*: äußere Nase,
⑥ *Hinterwand*: fehlt (offen zum Nasenrachenraum).

● **Wie wird die Nasenhöhle gegliedert?**
① Von der Seitenwand springen drei *Nasenmuscheln* (obere, mittlere und untere) in die Lichtung der Nasenhöhle vor. Durch diese wird die Nasenhöhle in 3 Stockwerke gegliedert (oberer, mittlerer und unterer Nasengang).
② Vor den Nasenmuscheln liegt der *Nasenvorhof*.
③ Hinter den Nasenmuscheln bildet die *Choane* die Öffnung zum Nasenrachenraum.

● **Wie sind die Nasenmuscheln gebaut?**
Ein Skelett aus sehr zartem Knochen ist von einer dicken, gefäßreichen Schleimhaut umgeben. Bei einer Entzündung (Schnupfen) schwillt die Schleimhaut stark an und kann die Nasengänge verschließen.

● **Wie ist die Nasenscheidewand gebaut?**
Das Skelett der Nasenscheidewand wird teils von Knochen (Siebbein, Pflugscharbein), teils von Knorpel gebildet. Es ist auf beiden Seiten von Schleimhaut überzogen. Die Schleimhaut ist zum Teil, ähnlich wie auf den Nasenmuscheln, schwellkörperartig verdickt.

● **Was sind die Nasennebenhöhlen?**
Die Nasennebenhöhlen sind mit Nasenschleimhaut ausgekleidete, luftgefüllte Hohlräume in Nachbarknochen der Nasenhöhle. Es handelt sich beidseits um die:
① Kieferhöhle,
② Stirnhöhle,
③ Siebbeinzellen,
④ Keilbeinhöhle.

● **Wozu dienen die Nasennebenhöhlen?**
① Gewichtsersparnis,
② Resonanzräume für die Stimme,
③ Unterstützung der Nasenhöhle bei der Vorbereitung der Atemluft.

● **Wie entstehen die Nasennebenhöhlen?**
Erst kurz vor der Geburt beginnt Nasenschleimhaut in die Nachbarknochen einzuwachsen und den Knochen abzubauen. Die endgültige Größe der Nasennebenhöhlen wird erst um das 25. Lebensjahr erreicht. Rechte und linke Nasennebenhöhlen sind häufig verschieden groß.

● **Wo münden die Nasennebenhöhlen in die Nasenhöhle?**
Die Nasennebenhöhlen münden dort, von wo aus die Nasenschleimhaut in den Knochen eingewachsen ist:
① mittlerer Nasengang: Kieferhöhle, Stirnhöhle, vordere Siebbeinzellen,
② oberer Nasengang: hintere Siebbeinzellen,
③ oberhalb der oberen Nasenmuschel: Keilbeinhöhle.

● **Warum sind Nebenhöhlenentzündungen so langwierig?**
Bei der Entzündung schwillt die Schleimhaut an. Dadurch wird häufig die Mündung in die Nasenhöhle verschlossen. Das entzündliche Sekret kann dann nicht abfließen. Führen Medikamente nicht zur Heilung, sollte man die erkrankten Nasennebenhöhlen wiederholt spülen. Hilft auch dies nichts, muß man die Höhle operativ eröffnen und die kranke Schleimhaut entfernen.

5.2 Kehlkopf und Luftröhre

● **Welche Aufgaben hat der Kehlkopf?**
① Verschluß des Luftwegs beim Schlucken, Husten usw.
② Stimme.

● **Wie wird der Kehlkopfeingang beim Schlucken verschlossen?**
Der Kehlkopf wird an das Zungenbein gezogen. Dadurch wird der Fettkörper vor dem Kehldeckel zusammengestaucht. Er drückt den Kehldeckel hinab, der sich schützend vor den Kehlkopfeingang legt.

● **Aus welchen Bauteilen ist der Kehlkopf zusammengesetzt?**
① *Kehlkopfknorpel*: Sie bilden das „Skelett" des Kehlkopfs. Die größten Kehlkopfknorpel sind der Schildknorpel, der Ringknorpel, der Kehldeckel und die beiden Stellknorpel.
② *Kehlkopfmuskeln*: Sie bewegen die Kehlkopfknorpel gegeneinander.
③ *Kehlkopfschleimhaut*: Sie kleidet den Innenraum des Kehlkopfs aus. Sie springt auf jeder Seite mit 2 Falten in die Lichtung vor: Taschenfalten und Stimmlippen.

● **Wie wird die Kehlkopfhöhle gegliedert?**
Durch die Engstellen zwischen den beiden Taschenfalten (Vorhofspalte) und zwischen den beiden Stimmlippen (Stimmritze) wird die Lichtung des Kehlkopfs in 3 Stockwerke gegliedert:
① *Vorhof* des Kehlkopfs: zwischen Kehlkopfeingang und Vorhofspalte,
② *Mittelstockwerk* (Glottis): zwischen Vorhofspalte und Stimmritze, seitlich zur Kehlkopftasche ausladend,
③ *Unterstockwerk* (subglottischer Raum): zwischen Stimmritze und Luftröhre.

● **Wie ist die Stimmlippe gebaut**?
Die Stimmlippe ist eine Schleimhautfalte, deren Kern das Stimmband und der Stimmuskel bilden:
① *Stimmband*: Es ist etwa 3 mm hoch und 2 mm breit und besteht hautsächlich aus elastischen Fasern. Es ist vorn an der Innenseite des Schildknorpels, hinten am Stimmfortsatz des Stellknorpels befestigt.
② *Stimmuskel*: So bezeichnet man den sich an das Stimmband anlagernden Teil des Schildknorpel-Stellknorpel-Muskels. Er schwingt mit dem Stimmband zur Erzeugung von Tönen.
③ *Schleimhaut*: Die Schleimhaut der Stimmlippe ist besonders stark beansprucht. Sie trägt daher einen Überzug aus einem mehrschichten platten Deckgewebe. Die übrigen Atemwege sind nur von einem einschichtigen Deckgewebe bedeckt.

● **Was ist die Kehlkopfspiegelung**?
① *Indirekte Kehlkopfspiegelung*: Über einen in den Rachen gehaltenen kleinen Spiegel kann man durch den Mund von oben in den Kehlkopf blikken, wenn man gleichzeitig hineinleuchtet (z.B. über einen Stirnspiegel). Man sieht dann den Oberrand des Kehldeckels, die Schleimhautfalten vom Kehldeckel zu den beiden Stellknorpeln, die beiden Taschenfalten und die beiden Stimmfalten.
② *Direkte Kehlkopfspiegelung*: Ohne Spiegel kann man in den Kehlkopf blicken, wenn der Patient den Kopf stark zurückneigt und man die Zunge nach vorn drückt. Man verwendet dazu den Spatel eines Laryngoskops. Obwohl hierbei kein Spiegel verwendet wird, heißt diese Untersuchung traditionsgemäß „Spiegelung“.

● **Warum sind die Heilungsaussichten beim Kehlkopfkrebs besonders gut**?
Der Kehlkopfkrebs beginnt meist an den Stimmlippen. Schon ein kleines Knötchen ruft eine hartnäckige Heiserkeit hervor, die den Patienten zum Arztbesuch veranlaßt. Mit Hilfe der Kehlkopfspiegelung kann dann die Erkrankung in einem sehr frühen Stadium erkannt und manchmal sogar im Rahmen der Spiegelung operiert werden.

● **Wie wird die Weite der Stimmritze verändert**?
Durch Schwenkbewegungen der Stellknorpel. In Ruhe nehmen die Stellknorpel eine Stellung ein, die durch Bänder festgelegt ist. Aus dieser Mittelstellung kann die Stimmritze durch die „Stellmuskeln“ erweitert und verengt werden:
① *Atemstellung*: Die Stimmritze ist weit. Dies geschieht durch den hinteren Ringknorpel-Stellknorpel-Muskel („Postikus“).
② *Sprechstellung*: Die Stimmritze ist eng. Dies geschieht hauptsächlich durch den seitlichen Ringknorpel-Stellknorpel-Muskel („Lateralis“).

● **Wie werden im Kehlkopf die verschiedenen Töne erzeugt**?
Durch Verändern der Länge, der Dicke und der Spannung der Stimmlippe. Dies erfolgt hauptsächlich durch die „*Spannmuskeln*“: Stimmuskel („Vokalis“) und Ringknorpel-Schildknorpel-Muskel („Externus“). Der Ton ist um so höher, je höher die Spannung und je dünner und kürzer die schwingende Lippe ist.

● **Was bestimmt die charakteristische Klangfarbe einer Stimme**?
Die Klangfarbe hängt außer vom Kehlkopf auch von den darüber liegenden Luftwegen ab.

● **Welche Organe sind neben dem Kehlkopf für das Sprechen wichtig**?
① *Gehirn*: In ihm sind die einzelnen Wörter und Wortbedeutungen gespeichert. Von ihm werden die am Sprechen beteiligten Muskeln gesteuert.
② *„Ansatzrohr“* (Mundhöhle, Nasenhöhle, Rachen): Die einzelnen Laute werden durch eine typische Stellung der Zunge, des Gaumensegels, der Zähne und der Lippen erzeugt. Die Stimmlippen fügen nur die Stimme hinzu. Für die Flüstersprache werden die Stimmlippen nicht benötigt.
③ *Untere Luftwege*: Die Lunge liefert normalerweise bei der Ausatmung die Luft, die in Schwingungen versetzt wird.

● **Welche Folgen hat die Entfernung des Kehlkopfs**?
① Der Kehlkopf muß bisweilen wegen eines fortgeschrittenen Kehlkopfkrebses entfernt werden. Dann wird meist der Eingang in den Luftweg am Rachen verschlossen, damit nicht Speisen in die Luftröhre gelangen. Der Patient atmet über ein Atemrohr, das durch ein Loch in der Haut des Halses in die Luftröhre eingeführt wird (Luftröhrenschnitt). Dann ist die Luftzufuhr aus der Lunge in das „Ansatzrohr“ unterbrochen. Es fehlt die für das Sprechen nötige Luft.
② Viele Kehlkopflose erlernen die *Speiseröhrensprache*: Sie schlucken Luft und rülpsen diese zum Sprechen wieder hoch. Manche erlernen sogar, den Speiseröhreneingang ähnlich wie die Stimmritze willkürlich zu verengen und hier eine Art Stimmlippe zu bilden.

● **Wie wirkt sich eine Rekurrenslähmung aus**?
Fast alle Kehlkopfmuskeln werden vom rückläufigen Kehlkopfnerv („Rekurrens“) betätigt. Bei einseitiger Lähmung dieses Nervs kann das zugehörige Stimmband nur noch mangelhaft gespannt werden. Die Stimme ist dann oft heiser. Bei doppelseitiger Lähmung kommt zur Heiserkeit noch die Atemnot hinzu: Die Stimmritze kann nicht

mehr erweitert werden. Bei Schilddrüsenoperationen ist der Rekurrens besonders gefährdet.

● **Welche Eingriffe kommen bei Erstickungsgefahr in Frage?**
Liegt das Atemhindernis im Kehlkopf oder darüber und haben andere Maßnahmen (stabile Seitenlagerung mit überstrecktem Kopf, abschwellende Arzneimittel) nicht zur Erleichterung geführt, so verbleiben:
① *Intubation*: Einführen eines Atemschlauchs (Tubus) durch Mund oder Nase über den Kehlkopf in die Luftröhre.
② *Konusschnitt*: Durchtrennen der Haut, des elastischen Konus und der Schleimhaut zwischen Schild- und Ringknorpel als Noteingriff bei Lebensgefahr, wenn die Intubation nicht gelingt.
③ *Luftröhrenschnitt* (Tracheotomie): Direkter Zugang zur Luftröhre durch die Haut des Halses und Einsetzen einer Atemkanüle. Dieser Eingriff wird ausgeführt, wenn die Luftzufuhr über längere Zeit (mehrere Tage bis Jahre) gesichert werden muß.

● **Wie ist die Luftröhre gebaut?**
① Die Luftröhre ist ein etwa 10-12 cm langes und 16-18 mm weites Rohr, das den Kehlkopf mit den Bronchen verbindet.
② Die Wand ist durch 16-20 Knorpelspangen versteift, um den Luftweg sicher offen zu halten. Zwischen den Knorpelspangen liegt elastisches Bindegewebe, damit sich die Luftröhre auf die wechselnden Längen bei Ein- und Ausatmung einstellen kann. Die Lichtung der Luftröhre ist mit Schleimhaut ausgekleidet.
③ Die Luftröhre teilt sich etwa auf Höhe des Brustbeinwinkels in den rechten und den linken Hauptbronchus.

5.3 Lunge und Brustfell

● **Welche Aufgaben hat die Lunge?**
Die Lunge dient dem Gasaustausch bei der Atmung. Sauerstoff wird aus der Atemluft aufgenommen und Kohlendioxid an sie abgegeben.

● **Was versteht man unter Bronchialbaum?**
Die Luftröhre teilt sich in 2 Hauptbronchen, diese verzweigen sich in je 2-3 Lappenbronchen, diese wiederum in je 2-5 Segmentbronchen usw. So verästelt sich der Luftweg wie ein Baum in immer feinere Zweige, bis am Ende die Lungenbläschen den Blättern entsprechen.

● **Wie ist ein Bronchus gebaut?**
Grundsätzlich ähnlich wie die Luftröhre, jedoch ändert sich der Bau mit zunehmender Aufzweigung:
① Die Lichtung wird immer enger.
② Die Knorpel werden unregelmäßig und fehlen bei den kleinen Bronchen ganz. Dafür wird die Schleimhaut von glatten Muskeln umgeben, welche die Weite der Lichtung verändern können.

● **Wie groß ist ein Lungenbläschen?**
Ein Lungenbläschen ist am Ende der Ausatmung etwa 0,1-0,2 mm, am Ende der Einatmung etwa 0,3-0,5 mm weit. Die Oberfläche aller Lungenbläschen zusammen beträgt etwa 100 m^2.

● **Wie ist ein Lungenbläschen gebaut?**
Die Wand des Lungenbläschens besteht aus:
① einem sehr flachen Deckgewebe,
② zartem Bindegewebe,
③ einem dichten Haargefäßnetz.
Die Trennschicht zwischen der Atemluft und dem Blut ist nur etwa 1/500 mm dick. In das Deckgewebe sind einzelne größere Zellen eingelagert, die das *Surfactant* bilden. Dieses setzt die Oberflächenspannung herab und verhindert das Zusammenfallen der Lungenbläschen. Bei Frühgeborenen wird dieses manchmal nicht ausreichend gebildet, was zu Atemstörungen führt. In den Lungenbläschen findet man auch „Staubzellen". Sie beseitigen Staubteilchen, die mit der Atemluft in die Lungenbläschen gelangt sind.

● **Was ist die Schwimmprobe?**
Die Lunge der Leibesfrucht hat keine Verbindung zur Außenluft. Daher sind die Lungenbläschen noch nicht entfaltet. Die Lunge ist klein und dicht. Beim ersten Atemzug wird Luft in die Lunge gesaugt, und die Lungenbläschen entfalten sich. Das Lungengewebe wird durch den hohen Luftgehalt leicht. Wirft man ein Stückchen Lunge in Wasser, so schwimmt es oben, wenn es beatmet war, oder geht unter, wenn es noch nicht beatmet war. Auf diese Weise kann der Rechtsmediziner unterscheiden, ob ein totes Neugeborenes nach der Geburt noch gelebt hat oder tot geboren wurde.

● **Wie ist die Lunge gegliedert?**
Zwischen den einzelnen Ästen des Bronchialbaums bestehen keine Querverbindungen. Jeder Bereich der Lunge wird nur über einen einzigen Bronchus beatmet. Dementsprechend ist die Lunge nach dem Bronchialbaum gegliedert:
① *Lungenflügel*: Die beiden Hauptbronchen versorgen je eine Hälfte der Lunge. Da der rechte und der linke Lungenflügel nur über die Luftröhre zusammenhängen, sonst aber völlig getrennt sind, spricht der Arzt gewöhnlich von der rechten und der linken Lunge.
② *Lungenlappen*: Der rechte Hauptbronchus teilt sich in 3, der linke in 2 Lappenbronchen. Demgemäß ist die rechte Lunge in 3 Lappen (Ober-, Mit-

tel- und Unterlappen), die linke Lunge in 2 Lappen (Ober- und Unterlappen) gegliedert.
③ *Lungensegmente*: Entsprechend der Aufzweigung der Lappenbronchen in 2-5 Segmentbronchen sind die Lappen in 2-5 Segmente geteilt. Die rechte Lunge enthält insgesamt 10 Segmente, die linke 8-10. Muß bei Operationen ein Teil der Lunge entfernt werden, so wird in der Regel ein vollständiges Segment, ein vollständiger Lappen oder ein ganzer Lungenflügel entnommen.

● **Sind die beiden Lungenflügel gleich groß**?
Nein. Da das Herz überwiegend in der linken Hälfte der Brusthöhle liegt, ist die linke Lunge etwas kleiner (etwa 10%).

● **Wie wird die Lunge mit Blut versorgt**?
Der Lungenkreislauf (= „kleiner" Kreislauf) hat 2 Schenkel:
① *Lungenschlagadern*: Sie leiten das sauerstoffarme (!) Blut von der rechten Herzkammer zum Haargefäßnetz der Lungen. Sie verzweigen sich wie die Bronchen zu Lappenschlagadern, Segmentschlagadern usw.
② *Lungenvenen*: Sie führen das sauerstoffreiche (!) Blut von den Lungen zum linken Vorhof zurück.
③ Eine kleine Menge sauerstoffreichen Blutes gelangt über Blutgefäße der Bronchen (aus dem großen Kreislauf) zur Lunge.

● **Wie nennt man den Raum zwischen den beiden Lungenflügeln**?
Mittelfellraum (Mediastinum). Er beherbergt das Herz, den Thymus, die Speiseröhre, große Blutgefäße, Lymphknoten und Nerven.

● **Was ist das Brustfell**?
Das Brustfell (Pleura) kleidet die Brustfellhöhle aus. Sie gehört mit der Bauchhöhle und der Herzbeutelhöhle zu den „serösen Höhlen". Diese dienen der leichten Verschiebung der inneren Organe in Anpassung an ihren wechselnden Raumbedarf. Dazu sind die Wände der Höhle und der in ihr liegenden Organe mit einem spiegelnd glatten, flachen Deckgewebe überzogen. Die Reibung wird zusätzlich durch Befeuchtung vermindert. Am Brustfell unterscheidet man 2 Abschnitte:
① *Lungenfell*: der glatte Überzug der Lungen,
② *Rippenfell*: der glatte Überzug der Innenseite der Brustwand, des Zwerchfells und des Mittelfellraums.

● **Was ist ein Brustfellerguß**?
① Normalerweise enthält die Brustfellhöhle nur eine geringe Menge Flüssigkeit, gerade soviel, wie zur Benetzung des Brustfells nötig ist. Absonderung und Wiederaufnahme der Flüssigkeit stehen im Gleichgewicht.
② Wird die Absonderung vermehrt (z.B. bei einer Entzündung) oder ist die Wiederaufnahme gestört (z.B. bei Herzschwäche), so nimmt die Flüssigkeit zu (in extremen Fällen bis zu einigen Litern).
③ Wegen der Behinderung der Lungen und des Herzens muß man größere Flüssigkeitsmengen entfernen. Bei der „Pleurapunktion" sticht man durch einen Zwischenrippenraum in die Brusthöhle ein und saugt den Erguß ab.
④ Da die beiden Brustfellhöhlen normalerweise vollständig getrennt sind, kann auch ein Brustfellerguß auf eine Seite beschränkt sein.

● **Was ist ein Pneumothorax**?
Eine Luftansammlung im Brustfellraum. Die Lunge steht unter einem starken elastischen Zug, der sie in Richtung auf die großen Bronchen zu verkleinern sucht. Entsteht ein Loch in der Brustwand oder in der Lungenwand, so wird Luft in den Brustfellraum eingesaugt, und die Lunge zieht sich zusammen. Eine kleine Luftmenge wird vom Körper rasch wieder aufgenommen. Einen größeren Pneumothorax muß man absaugen, damit sich die Lunge wieder ausdehnen kann.

6 Harn- und Geschlechtsorgane

● **Wie werden die Harnorgane gegliedert**?
① *Harnbereitende Organe*: Nieren,
② *harnableitende Organe* (Harnwege): Harnleiter (Ureter), Harnblase, Harnröhre (Urethra).
Das Nierenbecken gehört der Lage nach zur Niere, nach Aufgaben und Wandbau zu den Harnwegen.

● **Wie werden die Geschlechtsorgane gegliedert**?
① *Innere Geschlechtsorgane*: bei der Frau Eierstöcke, Eileiter, Gebärmutter und Scheide, - beim Mann Hoden, Nebenhoden, Samenleiter, Samenblasen und Vorsteherdrüse,
② *äußere Geschlechtsorgane*: bei der Frau Kitzler, Schamlippen und Scheidenvorhof, beim Mann Glied und Hodensack.
Hoden und Nebenhoden entwickeln sich im Innern des Körpers und werden erst kurz vor der Geburt (manchmal auch erst danach) in den Hodensack verlagert. Sie werden deshalb wie die weibliche Keimdrüse zu den inneren Geschlechtsorganen gerechnet.

● **Warum werden Harn- und Geschlechtsorgane gewöhnlich gemeinsam besprochen**?
Wegen Gemeinsamkeiten in der Entwicklung und der Lage: z.B. münden bei der Frau Harnröhre und Scheide in den Scheidenvorhof. Die männliche Harnröhre ist sowohl Harnweg als auch Samenweg (deshalb bisweilen Harn-Samen-Röhre genannt).

6.1 Nieren

● **Welche Aufgaben haben die Nieren?**
① *Hauptaufgabe*: Regeln des Salz- und Wasserhaushalts sowie Ausscheiden von im Blut gelösten Stoffwechselschlacken. Die Nieren erzeugen dazu Harn von wechselnder Menge und Zusammensetzung.
② *Nebenaufgabe*: Beeinflussen von Blutdruck und Blutbildung über die Hormone Renin und Erythropoetin.

● **Nach welchem Prinzip bereitet die Niere Harn?**
① In den *Nierenkörperchen* wird aus der die Niere durchströmenden Blutflüssigkeit (Serum) etwa 1/5 als „Primärharn" abgepreßt.
② Dieser Primärharn durchläuft dann das Röhrensystem der *Nierenkanälchen*. In ihnen wird der Primärharn gesichtet: Was für den Körper noch verwertbar ist, wird wieder aufgenommen, der Rest wird als endgültiger Harn in das Nierenbecken ausgeschieden.

● **Wieviel Primärharn wird pro Tag in den Nieren verarbeitet?**
Etwa 150-170 l. Durch die beiden Nieren fließt etwa 1/5 des vom Herzen in den großen Kreislauf gepumpten Blutes. Je Herzschlag wirft das Herz etwa 70 ml Blut aus. Das ergibt pro Minute etwa 5 l, pro Stunde etwa 300 l und pro Tag etwa 7200 l. Davon nimmt etwa 1/5 den Weg durch die Nieren, das sind etwa 1500 l pro Tag. Blut besteht zu etwa 45 % aus Blutkörperchen und zu 55 % aus Blutflüssigkeit. Wird von den etwa 800 l Blutflüssigkeit etwa 1/5 in den Nieren abgepreßt, so ergibt das 160 l Primärharn.

● **Kann man ohne Nieren leben?**
Ja, aber man muß sich dann 2-3mal wöchentlich einer „künstlichen" Niere bedienen (Dialyse), um das Blut von Stoffwechselschlacken zu reinigen und den Salz- und Wasserhaushalt in Ordnung zu bringen.

● **Wie sieht eine Niere aus?**
Wie eine riesige dunkelrotbraune Bohne. Eine menschliche Niere ist etwa 4 cm dick, 7 cm breit, 11 cm lang („4711") und wiegt etwa 120-200 g. Man unterscheidet einen oberen und einen unteren Pol sowie eine Vorder- und eine Hinterseite. In der Nierenbucht liegt das Nierenbecken, aus dem der Harnleiter hervorgeht.

● **Wo liegen die Nieren?**
① Der Hinterwand des Bauchraums angelagert etwa auf Höhe der 12. Rippen neben den Wirbelkörpern des 12. Brust- bis 3. Lendenwirbels.
② Die rechte Niere steht wegen der großen Leber etwas tiefer als die linke.
③ Die Klopfschmerzhaftigkeit des Nierenlagers prüft man in der Lendengegend (zwischen Brustkorb und Darmbeinkamm) seitlich der tiefen Rükkenstreckmuskeln.

● **Wie ist ein Nierenkörperchen gebaut?**
Jedes der etwa 1 Million Nierenkörperchen besteht aus 3 Hauptteilen:
① *Haargefäßknäuel* (Glomerulus): Aus ihm wird der Primärharn abgepreßt.
② *Kapselraum*: Er nimmt den Primärharn auf.
③ *Kapsel*: Sie umgibt den Kapselraum ähnlich wie das Bauchfell den Bauchraum. Ein Blatt bildet die äußere Wand, das andere (Füßchenzellen) legt sich auf den Haargefäßknäuel.
Zu jedem Haargefäßknäuel kommt das Blut in einem zuführenden Schlagäderchen (Arteriole) und fließt in einem wegführenden Schlagäderchen (nicht in einer Vene!) ab. Der Kapselraum öffnet sich in das zugehörige Nierenkanälchen.

● **Woraus besteht der Nierenfilter?**
Die Wand zwischen dem Blut und dem Kapselraum des Nierenkörperchens besteht aus 3 Schichten:
① *Kapillarendothel* (Deckgewebe des Haargefäßes): Die sehr flachen Zellen enthalten Fenster, durch welche Flüssigkeiten, aber nicht Blutzellen hindurchtreten können.
② *Basalmembran*: Sie läßt nur Stoffe bis zu einer relativen Molekülmasse (Molekulargewicht) von etwa 65 000 durch. Damit werden die Bluteiweiße im Blut zurückgehalten.
③ *Füßchenzellen*: Sie haben zahlreiche Fortsätze, zwischen denen Schlitzporen von gleichmäßiger Weite offen bleiben. Die Füßchenzellen bilden das innere Blatt der Kapsel des Kapselraums.

● **Wie ist das Nierenkanälchen gegliedert?**
Für das etwa 3-4 cm lange Nierenkanälchen (Tubulus) gibt es eine verwirrende Vielfalt von Gliederungen und Bezeichnungen. Das Bauprinzip ist jedoch einfach: geknäuelt - gestreckt - geknäuelt:
① *Erster Kanälchenknäuel* (proximales Tubuluskonvolut): Der Anfangsabschnitt des Nierenkanälchens ist aufgeknäuelt und liegt seinem Nierenkörperchen an.
② *Kanälchenschleife* (Henle-Schleife): 2 lange gestreckte Abschnitte gehen haarnadelartig in einander über.
③ *Zweiter Kanälchenknäuel* (distales Tubuluskonvolut): Der Endabschnitt des Nierenkanälchens ist wieder aufgeknäuelt und liegt ebenfalls seinem Nierenkörperchen an.

● Was sind die Sammelrohre?
Etwa je 10 Nierenkanälchen münden mit einem Verbindungsstück in einen größeren Kanal ein, den man Sammelrohr nennt. Ähnlich wie Venen vereinigen sich die Sammelrohre zu laufend größeren Gefäßen, bis sie schließlich als Papillengänge an einer Nierenpapille in das Nierenbecken münden.

● Was versteht man unter einem Nephron?
Das Nierenkörperchen mit dem zugehörigen Nierenkanälchen faßt man unter dem Begriff Nephron zusammen. Zum Nephron gehören nicht die Sammelrohre. Das Nephron ist die Funktionseinheit der Niere, in der der Harn im wesentlichen gebildet wird. In den Sammelrohren wird jedoch noch Wasser entzogen. Eine menschliche Niere enthält etwa 1 Million Nephren.

● Wie wirken die Nierenhormone?
① *Renin*: Die Niere kann nur Primärharn abpressen, wenn der Blutdruck im Gefäßknäuel höher ist als der Druck im Kapselraum + dem Widerstand im Nierenfilter. Sinkt der Blutdruck zu sehr ab, so muß die Niere die Arbeit einstellen. Deshalb verfügt die Niere über einen Steuerungsmechanismus, mit dessen Hilfe sie den Blutdruck erhöhen kann. Sie sondert dazu das Hormon Renin ab. Dieses löst im Blutplasma die Bildung von Angiotensin aus. Dieses wiederum verengt die kleinen Schlagadern im Körper und erhöht dadurch den Blutdruck. Außerdem bewirkt es in der Nebennierenrinde die Erzeugung des Hormons Aldosteron. Dieses wirkt auf die Niere zurück, indem es die Natrium- und Wasseraufnahme im Nierenkanälchen fördert. Dadurch wird die Blutflüssigkeit vermehrt, was ebenfalls den Blutdruck steigert.
② *Erythropoetin*: Das 2. Nierenhormon fördert die Bildung roter Blutkörperchen.

● Was ist der juxtaglomeruläre Apparat?
Die hormonbildenden Zellen der Niere sowie die Zellen, mit denen die Niere den Blutdruck und den Salzgehalt des Blutes prüft, liegen dem Gefäßknäuel (Glomerulus) an. Sie werden unter dem Begriff juxtaglomerulärer Apparat zusammengefaßt.

● Welche Aufgabe hat das Nierenbecken?
① Es fängt den Harn auf, der aus den Papillengängen austropft. Das Nierenbecken ist dazu in etwa 10 Nierenkelche gegliedert, die je 1-3 Nierenpapillen (mit je 10-30 Papillengängen) umgeben. Das Nierenbecken verengt sich trichterförmig zum Harnleiter.
② Das Nierenbecken bietet offenbar gute Lebensbedingungen für Bakterien. Jedenfalls ist eine Nierenbeckenentzündung (Pyelitis) meist recht hartnäckig. Im Nierenbecken können auch Harnsteine entstehen.

● Kann man das Nierenbecken im Röntgenbild sehen?
Nur nach Füllung mit einem Röntgenkontrastmittel. Dieses ist auf 2 Wegen einzuführen:
① *Retrograde Pyelographie*: Über Harnröhre, Harnblase und Harnleiter wird ein Katheter in das Nierenbecken hochgeschoben und das Kontrastmittel direkt eingespritzt. Dieser Weg ist mühsam (Harnblasenspiegelung nötig) und birgt die Gefahr in sich, Bakterien aus infizierten Harnwegen in das Nierenbecken zu verschleppen. Dieses Verfahren wird daher nur in besonderen Fällen angewandt.
② *Intravenöse Pyelographie*: Man spritzt in die Blutbahn ein Kontrastmittel ein, das von den Nieren in den Harn ausgeschieden wird. Mit dem Harn stellen sich dann das Nierenbecken und die übrigen ableitenden Harnwege im Röntgenbild dar. Gefahr dieses Verfahrens ist die allergische Reaktion auf das Kontrastmittel (zwar selten, dann aber mitunter lebensbedrohend).

● Welche Fehlbildungen kommen bei den Nieren vor?
① *Einzelniere*: Auf einer Seite fehlt die Niere völlig.
② *Abnorm kleine Niere*: Sie erkrankt häufiger an Nierenbeckenentzündungen und löst auch häufig einen Bluthochdruck aus.
③ *Doppelniere*: eine Niere mit 2 getrennten Nierenbecken.
④ *Beckenniere*: Die Niere steigt während ihrer Entwicklung normalerweise aus dem Becken in die Lendengegend auf. Sie bleibt gelegentlich an der Beckenwand liegen.
⑤ *Hufeisenniere*: Die beiden Nieren sind zu einer verschmolzen, die dann gewöhnlich hufeisenförmig um den Abgang der unteren Gekröseschlagader aus der Bauchaorta liegt.
⑥ *Kuchenniere*: eine Niere ohne typische Nierenform.
⑦ *Sackniere*: Niere mit einem abnorm weiten Nierenbecken.
⑧ *Zystenniere*: Die Niere enthält kleinere oder größere Hohlräume. Es kann sich um eine Einzelzyste handeln. Es kann die Niere aber auch völlig von Hohlräumen durchsetzt sein, so daß kaum noch arbeitsfähiges Nierengewebe übrig bleibt.

● Wie dringt der Chirurg zur Niere vor?
Es gibt mehrere Möglichkeiten:
① *Von vorn*: Ein Teil der Vorderfläche der Niere ist von Bauchfell bedeckt. Daher kann man durch die Bauchfellhöhle zur Niere gelangen, wenn man den Darm usw. zur Seite schiebt.
② *Von der Seite*: Von einem Flankenschrägschnitt aus gelangt man hinter dem Bauchfell zur Niere.
③ *Von hinten*: Man muß die 12. Rippe nach oben drängen, um den Zugang zu erleichtern.

6.2 Harnwege

● **Welches Deckgewebe ist für die Harnwege kennzeichnend?**
Das *Übergangsepithel*. Es verhindert, daß Harn aus den Harnwegen wieder in den Körper aufgenommen wird. Muß man, z.B. wegen eines Krebses, die Harnblase entfernen, so kann man zwar aus Darm eine „Ersatzblase“ schaffen. Man kann sie aber nicht mit Übergangsepithel auskleiden. Deshalb wird ein Teil des Harns von der Ersatzblasenwand wieder aufgesaugt.

● **Was ist der Harnleiter?**
Ein etwa 30-35 cm langer Schlauch, der das Nierenbecken mit der Harnblase verbindet. Er hat den typischen Dreischichtenbau vieler Hohlorgane:
① *Schleimhaut*: mit Übergangsepithel,
② *Muskelwand*: mit der Fähigkeit zu peristaltischen Bewegungen,
③ *bindegewebige Hülle*: Sie dient der Verschiebung gegenüber den Nachbarorganen. In ihr verlaufen auch die Blutgefäße und Nerven des Harnleiters.

● **Was sind Harnleiterkoliken?**
Kleine Nierensteine gehen aus dem Nierenbecken auf „natürlichem Wege“ über den Harnleiter in die Harnblase ab. Gelegentlich bleibt dabei ein Stein im Harnleiter stecken. Der Harnleiter versucht dann mit verstärkter Peristaltik den Stein weiterzuschieben. Dabei kann sich die Muskelwand des Harnleiters sehr schmerzhaft verkrampfen.

● **Wieviel Harnleiter hat der Mensch?**
Normalerweise auf jeder Seite einen. Häufige Fehlbildungen sind jedoch:
① der doppelte Harnleiter: Von der Niere ziehen 2 Harnleiter zur Harnblase. Das Nierenbecken ist dabei zweigeteilt.
② der gespaltene Harnleiter: Aus einem geteilten Nierenbecken entspringen 2 Harnleiter, die sich jedoch irgenwo auf ihrem Weg zur Harnblase vereinigen.

● **Wie sieht die Harnblase aus?**
Sie ist etwa einem Ball zu vergleichen. Gefüllt ist sie eine pralle Kugel. Entleert ist sie eingedellt. Die Größe wechselt mit dem Füllungszustand. Bei einer Füllung von etwa 0,2 l tritt Harndrang auf, der ab etwa 0,4 l sehr heftig wird.

● **Wo liegt die Harnblase?**
① Im kleinen Becken hinter der Schambeinfuge oberhalb des Beckenzwerchfells. Sie ist das vorderste Organ im kleinen Becken. Sie grenzt hinten bei der Frau an die Gebärmutter und die Scheide, beim Mann an den Mastdarm an.
② Der Harnblasenscheitel und ein Teil des Harnblasenkörpers sind von Bauchfell überzogen. Deshalb können wechselnde Darmschlingen die Harnblase oben berühren. Bei der Füllung dehnt sich die Harnblase nach oben aus und hebt dabei das Bauchfell mit an. Deshalb kann man die gefüllte Harnblase mit einer langen Hohlnadel durch die Bauchwand etwas oberhalb der Schambeinfuge anstechen, ohne das Bauchfell zu verletzen (Harnblasenpunktion).

● **Wie ist die Wand der Harnblase gebaut?**
Sie besteht wie die Wand ähnlicher Organe aus 3 Hauptschichten und 2 dazwischenliegenden Verschiebeschichten. Die Hauptschichten sind:
① *Schleimhaut*: mit Übergangsepithel. Sie ist bei gefüllter Harnblase glatt, bei entleerter in Falten gelegt.
② *Muskelwand*: Die Muskelzellen sind in Schlingen angeordnet, die aus einer inneren Längslage in eine mittlere Ringschicht und von da in eine äußere Längslage umbiegen. Auf diese Weise kann sich die Harnblase harmonisch verkleinern und sich dabei vollständig entleeren.
③ *Bauchfell* bzw. *bindegewebige Hülle*.

● **Was ist das Harnblasendreieck?**
Die Harnblase hat 3 Öffnungen:
① vorn den inneren Harnröhrenmund,
② hinten die beiden Harnleitermündungen.
Die 3 Öffnungen bilden die Eckpunkte eines Dreiecks, in welchem die Schleimhaut immer glatt bleibt.

● **Wie wird verhindert, daß Harn aus der Harnblase in den Harnleiter zurückläuft?**
Die Harnleiter durchsetzen die Muskelwand der Harnblase nicht gerade, sondern schräg. Deswegen werden sie mit zunehmender Füllung der Harnblase immer stärker zusammengepreßt. Die Harnleiter müssen mit Hilfe ihrer Peristaltik den Harn durch die Enge hindurchspritzen. Versagt dieser Verschlußapparat, so kommt es zum „vesikoureteralen Reflux“. Dieser begünstigt den Aufstieg einer Infektion aus der Harnblase zum Nierenbecken.

● **Wie ist die Harnröhre gebaut?**
① Sie ist ein Schlauch ähnlich wie der Harnleiter, jedoch ist nur das Anfangsstück mit Übergangsepithel ausgekleidet, dann folgt ein mehrschichtiges plattes Deckgewebe.
② Die Harnröhre beginnt mit dem inneren Harnröhrenmund im Blasenboden und endet mit dem äußeren Harnröhrenmund bei der Frau im Scheidenvorhof, beim Mann an der Eichel.
③ Die Harnröhre ist bei der Frau 3-5 cm, beim Mann 25-30 cm lang.

● **Welche Vor- und Nachteile hat die kürzere Harnröhre der Frau gegenüber der längeren des Mannes?**
① *Vorteile*: Eine Harnverhaltung ist bei der Frau selten. Der ältere Mann leidet hingegen häufig an Harnabflußstörungen. Das Einführen eines Katheters oder eines Zystoskops in die Harnblase ist bei der Frau einfach, beim Mann bisweilen mühsam.
② *Nachteile*: Der kurze Weg zur Harnblase begünstigt das Einwandern von Bakterien. Deswegen sind Harnweginfektionen bis hinauf zur Nierenbeckenentzündung bei der Frau, besonders bei kleinen Mädchen, häufiger.

● **Wie sind Harnblase und Harnröhre verschlossen?**
Zwischen innerem und äußerem Harnröhrenmund liegen nur 2 Verschlußmechanismen:
① *innerer Verschluß*: Der innere Harnröhrenmund wird von elastischen Netzen geschlossen gehalten. Die elastischen Netze werden von Muskelzügen unterstützt, die vom Schambein aus den Harnröhrenmund schlingenförmig umgreifen.
② *äußerer Verschluß*: Dieser liegt nicht am äußeren Harnröhrenmund, sondern am Durchtritt der Harnröhre durch das Urogenitalzwerchfell. Dort umgreift der Harnröhrenschließmuskel die Harnröhre ringförmig.

● **Wie wird die Harnblase entleert?**
① Anspannen der Muskelwand der Harnblase („Austreibungsmuskel"),
② Öffnen der Verschlußmechanismen: Die elastischen Netze des inneren Verschlusses werden teils durch den Druck des Harns gedehnt, teils durch den Austreibungsmuskel auseinandergezogen. Den Harnröhrenschließmuskel können wir willentlich erschlaffen lassen.

● **Welche Nerven sind an der Harnentleerung beteiligt?**
① *Autonome Nerven* versorgen die Muskelwand der Harnblase und der Harnröhre. Für den Austreibungsmuskel ist der Parasympathikus zuständig. Nahezu ebensowichtig wie die motorischen Nerven sind die sensiblen, die den Füllungszustand der Harnblase dem Zentralnervensystem melden.
② *Willkürnerven* (Schamnerv) versorgen den Harnröhrenschließmuskel.
Beim Säugling entleert sich die Harnblase automatisch, wenn eine bestimmte Füllung erreicht ist. Dann wird das Kind trainiert, den Harnröhrenschließmuskel dauernd angespannt zu halten und ihn nur zur gewollten Harnentleerung zu entspannen. Dieser Mechanismus ist doppelt störanfällig: In starker Aufregung kann man einnässen. Umgekehrt fällt es oft schwer, unter ungewohnten Bedingungen, z.B. im Liegen nach einer Operation, Wasser zu lassen.

● **Welche Ursachen kann ein unwillkürlicher Harnabgang haben?**
① Harnträufeln bei Anstrengung (*Streßinkontinenz*): Es beruht meist auf einer Schwäche der Verschlußmechanismen. Besonders gefährdet ist die Frau nach mehreren Entbindungen, bei denen jedesmal der Beckenboden stark aufgedehnt wird. Senkt sich dann die Gebärmutter, so wird auch die mit der vorderen Scheidenwand verwachsene Harnröhre in ihrer Lage beeinträchtigt.
② Unwiderstehlicher Harndrang (*Dranginkontinenz*): Hauptursache ist ein Reizzustand der Schleimhaut (Reizblase). Die sensiblen Nerven werden erregt, bevor noch die Harnblase gefüllt ist. Wird dem dadurch ausgelösten Harndrang nicht stattgegeben, so zieht der Körper die „Notbremse" und läßt den Harn entgegen dem Willen laufen.
③ *Reflexblase*: Ist die Verbindung zwischen dem Gehirn und den Harnblasenzentren im unteren Rückenmark unterbrochen (z.B. bei einer Querschnittlähmung), so wird weder der Harndrang bewußt noch kann der Harnröhrenschließmuskel willentlich betätigt werden. Die Harnblase wird dann automatisch über Dehnungsreflexe geleert.
④ *Überlaufblase*: Sind die Nerven zur Harnblase oder das Zentrum im Rückenmark gestört, so sind auch die Reflexe erloschen. Die Harnblase kann dann nicht mehr aktiv entleert werden. Wenn sie voll ist, läuft sie über. Die Harnblasennerven können bei Operationen im kleinen Becken und bei Unfällen mit Einspießen von Gegenständen in die Dammgegend (Pfählungsverletzungen) beschädigt werden.
⑤ *Harnfistel*: Als Mißbildung kann ein Harnleiter statt in die Harnblase in die Scheide oder in die Harnröhre unterhalb des Harnröhrenschließmuskels ausmünden. Dann träufelt der Harn aus, wie er von der Niere abgesondert wird. Ähnlich können durch Geschwülste oder als Bestrahlungsfolge Verbindungen zwischen der Harnblase und der Scheide entstehen, durch die Harn abläuft.

6.3 Weibliche Geschlechtsorgane

● **Welche Aufgaben hat der Eierstock?**
Der Eierstock erfüllt zwischen Pubertät und Wechseljahren 2 Aufgaben:
① *Keimzellbildung*: In meist vierwöchigen Abständen reifen Eizellen zur Befruchtungsfähigkeit heran.
② *Hormondrüse*: In von der Eizellreifung abhängigen Rhythmen werden die weiblichen Geschlechtshormone Follikelhormon und Gelbkörperhormon erzeugt.

● **Wie groß ist ein Eierstock?**
Der flach eiförmige Eierstock einer geschlechtsreifen Frau ist etwa 4 cm lang, 2 cm breit und 1 cm dick. In den Wechseljahren bildet er sich zurück und ist bei der Greisin manchmal nur noch mandelgroß.

● **Wo liegt der Eierstock?**
① An der Seitenwand des kleinen Beckens in der Eierstockgrube. Vom unteren Pol zieht das Eierstockband zur Gebärmutter. Über den oberen Pol stülpt sich der Fransentrichter des Eileiters.
② Der Eierstock liegt intraperitoneal, d.h., der größte Teil seiner Oberfläche ist von Bauchfell bedeckt. Im Aufhängeband des Eierstocks treten von oben die Eierstockgefäße in den Eierstock ein bzw. aus.

● **Wie sieht ein Schnitt durch den Eierstock aus?**
Man erkennt von außen nach innen 4 Schichten:
① Bauchfell: die glatte Oberfläche,
② bindegewebige Kapsel,
③ *Eierstockrinde*: Sie enthält zahlreiche kleinere oder größere Hohlräume, die Eierstockfollikel mit den Eizellen.
④ *Eierstockmark*: lockeres Bindegewebe mit Blut- und Lymphgefäßen sowie Nerven.

● **Wieviel Eizellen enthält ein Eierstock?**
Bei der Geburt ist bereits die endgültige Zahl von etwa 200 000 Eizellen erreicht. Davon können zwischen Pubertät und Wechseljahren höchstens 400-500 vollständig heranreifen.

● **Welche Entwicklungsstadien durchläuft ein Eierstockfollikel?**
① *Primordialfollikel*: Die Eizelle ist von einer Schicht flacher Follikelzellen umgeben.
② *Primärfollikel*: Die Follikelzellen werden kubisch.
③ *Sekundärfollikel*: Die Follikelzellen liegen in mehreren Schichten übereinander.
④ *Tertiärfollikel* = Bläschenfollikel: Zwischen den Follikelzellen bildet sich ein flüssigkeitsgefüllter Hohlraum.
⑤ *Reifer Follikel*: Der Follikel ist fertig zum Eisprung.

● **Wie ist der sprungreife Eierstockfollikel gebaut?**
① *Eihügel*: Die Eizelle liegt am Rand der Follikelhöhle von einer Glashaut und einem Strahlenkranz von Follikelzellen umgeben.
② *Körnerschicht*: Die Follikelhöhle ist von einer zellkernreichen Schicht von Follikelzellen (Granulosazellen) ausgekleidet, die das körnige (granulierte) Aussehen bedingt.
③ *Bindegewebige Hülle* (Theka): Sie enthält auch hormonbildende Zellen (Thekazellen), die das Follikelhormon (Östrogen) absondern.

● **Wie geht der Eisprung vor sich?**
Der sprungreife Eierstockfollikel hat einen Durchmesser von etwa 1-2 cm. Er wölbt die Oberfläche des Eierstocks vor. In die Follikelhöhle wird dauernd Flüssigkeit abgesondert, so daß der Druck im Follikel steigt. Er wird immer praller. Schließlich reißt die Wand an der Oberfläche des Eierstocks ein. Die Follikelflüssigkeit strömt in die Bauchfellhöhle aus und reißt den Eihügel mit. Der Fransentrichter des Eileiters hat sich schon vorher über die erwartete Rißstelle geschoben und fängt normalerweise die Eizelle (mit ihren Hüllzellen) auf.

● **Wie entsteht der Gelbkörper?**
Nach dem Ausströmen der Follikelflüssigkeit wird der geplatzte Eierstockfollikel vom Nachbargewebe zusammengepreßt. Körnerschicht und bindegewebige Hülle verdicken sich und verfärben sich allmählich gelblich (wegen der Einlagerung von Lipoiden). Der Gelbkörper wird zur Hormondrüse:
① *Granulosaluteinzellen*: Die Zellen der ehemaligen Körnerschicht erzeugen das Gelbkörperhormon Progesteron (Gestagen).
② *Thekaluteinzellen*: Zellen der ehemaligen bindegewebigen Hülle sondern weiterhin das Follikelhormon ab.

● **Was ist das Schicksal des Gelbkörpers?**
Es hängt davon ab, ob die Eizelle befruchtet wird oder nicht:
① *bei Befruchtung*: Schon kurz nach dem Einnisten der befruchteten Eizelle in die Gebärmutterschleimhaut sondern die Vorläuferzellen der Plazenta das Hormon Choriongonadotropin (HCG) ab. Unter seinem Einfluß wandelt sich der „Zyklusgelbkörper" in den „Schwangerschaftsgelbkörper" um. Dieser vergrößert sich und versorgt etwa 3 Monate Mutter und Leibesfrucht mit weiblichen Geschlechtshormonen. Dann wird diese Aufgabe von der Plazenta übernommen. Der Gelbkörper verkümmert, und der Eierstock ruht meist bis zum Ende der Stillzeit.
② *ohne Befruchtung*: Der Gelbkörper bildet sich nach 2 Wochen zum funktionslosen „Weißkörper" zurück.

● **Wie werden Follikelreifung und Gelbkörperbildung gesteuert?**
Durch Hormone der Hirnanhangsdrüse:
① *follikelstimulierendes Hormon* (FSH): Es veranlaßt das Heranreifen von etwa 20 Follikeln, von denen normalerweise nur einer zum Eisprung gelangt. Die übrigen dienen vermutlich nur der Erzeugung von Follikelhormon.

② *Luteinisierungshormon* (LH): Unter seinem Einfluß kommt es zum Eisprung und zur Gelbkörperbildung.

● **Was hat der Eierstock mit dem Zwischenhirn zu tun?**
Das Zwischenhirn überprüft die Blutspiegel der Eierstockhormone und steuert danach die Hormonabgabe der Hirnanhangsdrüse mit Releasinghormonen:
① Nach der Rückbildung des Gelbkörpers (welche die Regelblutung auslöst) fallen die Blutspiegel der Eierstockhormone stark ab. Dies wird vom Zwischenhirn bemerkt. Es schickt daraufhin das Releasinghormon für das FSH (FSH-RH) zur Hirnanhangsdrüse. Diese gibt daraufhin FSH in das Blut ab, das im Eierstock die Follikelreifung einleitet.
② Zeigt ein hoher Follikelhormonspiegel die vollzogene Follikelreifung an, so veranlaßt das Zwischenhirn die Hirnanhangsdrüse zur Abgabe von LH. Dieses löst im Eierstock den Eisprung und die Gelbkörperbildung aus.
③ Ein hoher Blutspiegel an Gelbkörperhormon zeigt dem Zwischenhirn die vollzogene Gelbkörperbildung an. Es gibt daraufhin der Hirnanhangsdrüse keine weiteren Befehle zur Bildung von FSH und LH. Die Hirnanhangsdrüse stellt daraufhin die Abgabe von FSH und LH ein. Der Gelbkörper ist ohne LH nicht lebensfähig und bildet sich also zurück. Dies löst in der Gebärmutter die Regelblutung aus.
④ Bei Eintritt einer Schwangerschaft sondern die Vorläuferzellen des Mutterkuchens ein LH-ähnliches Hormon (HCG) ab, das den Zusammenbruch des Gelbkörpers verhindert. Die Blutspiegel der Eierstockhormone bleiben hoch. Zwischenhirn und Hirnanhangsdrüse ruhen. Es reifen keine neuen Follikel. Deshalb kann die Frau während einer Schwangerschaft nicht noch einmal schwanger werden.

● **Wie wirkt die „Pille“?**
① Durch die Einnahme von Eierstockhormonen wird im Körper eine Hormonsituation wie während einer Schwangerschaft geschaffen. Zwischenhirn und Hirnanhangsdrüse werden auf diese Weise ruhiggestellt. Es kommt daher kein Anstoß zur Follikelreifung und zum Eisprung. Wenn keine Eizelle heranreift, kann auch keine befruchtet werden.
② Voraussetzung für eine sichere empfängnisverhütende Wirkung ist die regelmäßige Einnahme: Sinkt der Hormonspiegel im Blut auch nur einmal stark ab, so kann über das Zwischenhirn und die Hirnanhangsdrüse eine Follikelreifung in Gang gesetzt werden.
③ Bei der Mikropille wird der Eisprung belassen und nur der Schleimpfropf im Gebärmutterhalskanal für Samenzellen undurchlässig gemacht.

● **Wie sieht der Eileiter aus?**
Der Eileiter ist ein etwa 12-15 cm langer Schlauch, der von der Gebärmutter seitlich oben abgeht. Er ist an seinem freien Ende trichterartig erweitert und mit Fransen besetzt (Fransentrichter).

● **In wieviel Abschnitte kann man den Eileiter gliedern?**
In 4:
① *Gebärmutterteil*: Er durchsetzt die Muskelwand der Gebärmutter und mündet in die Gebärmutterhöhle.
② *Enger Teil*: Anschließend an die Gebärmutter ist der Eileiter über eine Strecke von 3-4 cm sehr eng.
③ *Weiter Teil*: Zur Seite erweitert er sich allmählich und legt sich bogenförmig um den Eierstock.
④ *Fransentrichter*: Das freie Ende ist lose über den oberen Pol des Eierstocks gestülpt. Er öffnet sich frei in die Bauchfellhöhle.

● **Wie ist die Wand des Eileiters gebaut?**
Sie ist in 3 Hauptschichten zu gliedern:
① *Schleimhaut*: Das hohe einschichtige Deckgewebe besteht aus 2 Zellarten: Drüsenzellen erzeugen Nährstoffe für die Eizelle und Schleim. Bewimperte Zellen schlagen mit ihren Wimpern in Richtung Gebärmutter. Dadurch wird der Schleim in Richtung Gebärmutter bewegt. Die Schleimhaut ist dicht in Falten gelegt.
② *Muskelwand*: Sie setzt sich ähnlich wie bei der Speiseröhre oder dem Darm aus einer inneren Ringschicht und einer äußeren Längsschicht zusammen. Damit sind die Voraussetzungen für peristaltische Wellen gegeben. Durch diese wird die Eizelle auf dem langsamen Fließband der Schleimstraße rascher gebärmutterwärts bewegt.
③ *Bauchfell*: Der Eileiter liegt intraperitoneal, d.h., der größte Teil seiner Oberfläche ist mit Bauchfell überzogen. Dieses gibt dem Eileiter die nötige Beweglichkeit, um seinen Fransentrichter jeweils über die Stelle des Eisprungs zu stülpen und den großen Lageänderungen der Gebärmutterkuppe während der Schwangerschaft zu folgen. Zwischen Bauchfell und Muskelwand schiebt sich lockeres Bindegewebe.

● **Was versteht der Frauenarzt unter Adnexe?**
Eierstock + Eileiter. Adnexe bedeutet Anhängsel. Eierstock und Eileiter hängen seitlich oben an der größeren Gebärmutter.

● **Wie groß ist die Gebärmutter?**
① Die nichtschwangere Gebärmutter hat die Form einer etwas abgeflachten Birne. Sie ist bei der geschlechtsreifen Frau etwa 7-10 cm lang, 4-5 cm breit, 2-3 cm dick und wiegt etwa 50 g.
② In der Schwangerschaft steigt das Gewicht auf mehr als das Hundertfache an: Am Ende der

Schwangerschaft wiegt die Gebärmutter etwa 6 kg. Davon entfallen etwa 3-3,5 kg auf die Leibesfrucht, etwa 0,5 kg auf die Plazenta, etwa 1 kg auf das Fruchtwasser und 1 kg auf die Gebärmutterwand.
③ Nach den Wechseljahren bildet sich die Gebärmutter stark zurück.

● In welche Abschnitte wird die Gebärmutter gegliedert?
① *Gebärmutterkörper* (Korpus): der breite obere Teil,
② *Gebärmutterhals* (Zervix, Kollum): der walzenförmige untere Teil.
Gebärmutterkörper und Gebärmutterhals werden durch die Gebärmutterenge (Isthmus) getrennt. Den in die Scheide ragenden Teil des Gebärmutterhalses nennt man meist Portio.

● Wie ist die Gebärmutter abgeknickt?
Normalerweise doppelt nach vorn:
① Der Gebärmutterkörper ist gegenüber dem Gebärmutterhals nach vorn geknickt (Anteflexion).
② Die Gebärmutter als ganzes ist gegenüber der Scheide nach vorn geknickt (Anteversion). Der Abknickwinkel ist abhängig von der Füllung der Harnblase. Mit zunehmender Größe der Harnblase wird die auf ihr liegende Gebärmutter immer stärker aufgerichtet.

● Wie sieht die Gebärmutterhöhle aus?
Bei der nichtschwangeren Gebärmutter ist sie in der Seitenansicht nur ein Spalt. Von vorn betrachtet ist der Hohlraum des Gebärmutterkörpers dreieckig: Die oberen Eckpunkte bilden die Eileitermündungen. Am unteren Eckpunkt beginnt der Gebärmutterhalskanal mit dem inneren Muttermund. Er endet mit dem äußeren Muttermund an der Oberfläche der Portio.

● Wie ist die Gebärmutterwand gebaut?
Sie ist in 3 Schichten gegliedert:
① *Schleimhaut* (Endometrium): Sie ist reich an Drüsen und Blutgefäßen. Sie bietet beste Ernährungsbedingungen für die befruchtete Eizelle. Nach dem Verhalten während des Menstruationszyklus kann man 2 Teilschichten unterscheiden: die oberflächliche Funktionsschicht und die tiefe Basalschicht.
② *Muskelwand* (Myometrium): Die glatten Muskelzellen können sich während der Schwangerschaft bis auf das 20fache verlängern. Bei der Geburt der Leibesfrucht spannt sich die Muskelwand rhythmisch an („Wehen").
③ *Bauchfell* (Perimetrium): Der glatte Überzug ermöglicht die freie Entfaltung in der Bauchfellhöhle. Die in der Schwangerschaft stark wachsende Gebärmutter drängt die anderen intraperitonealen Bauchorgane zur Seite.

● Welche Bauchfelltaschen umgeben die Gebärmutter?
Die Gebärmutter liegt in einer queren Bauchfellfalte, die als breites Mutterband zur seitlichen Beckenwand zieht. Vor und hinter dieser Falte erstreckt sich die Bauchfellhöhle weit nach unten:
① Bauchfelltasche zwischen Harnblase und Gebärmutter: Sie reicht bis an den Gebärmutterhals.
② Bauchfelltasche zwischen Mastdarm und Gebärmutter (meist Douglas-Raum genannt): Sie reicht bis an die hintere Scheidenwand. Sie bildet den tiefsten Punkt der Bauchfellhöhle. Deshalb sammeln sich hier Blut und Eiter bei entsprechenden Erkrankungen an. Sie können bei einer „Douglas-Punktion" durch die Scheide abgesaugt werden.

● Wodurch wird die Lage der Gebärmutter gesichert?
Die Gebärmutter darf nicht zu fest verankert sein, sonst könnte sie sich bei der Schwangerschaft nicht frei entfalten. Sie erhält einen gewissen Halt durch:
① *Nachbarorgane*, vor allem durch die Scheide, die ihrerseits durch den Beckenboden gestützt wird.
② *Bänder*: Vom Gebärmutterhals zieht straffes Bindegewebe zur seitlichen Beckenwand („*Kardinalband*") sowie bogenförmig seitlich der Harnblase nach vorn bzw. seitlich des Mastdarms nach hinten. Weniger wichtig sind die vom Gebärmutterkörper ausgehenden Bänder:
- Das *runde Mutterband* läuft ähnlich wie der Samenleiter des Mannes durch den Leistenkanal.
- Das *Eierstockband* verbindet die Gebärmutter mit dem Eierstock.

● Was ist das breite Mutterband?
Die Bauchfellfalte von der Gebärmutter zur seitlichen Beckenwand. Sie überzieht:
① vorn oben das runde Mutterband,
② hinten oben den Eileiter,
③ etwas darunter das Eierstockband,
④ in der Tiefe das Kardinalband und die Gebärmuttergefäße.

● Was ist ein Gebärmuttervorfall?
Nach mehreren Entbindungen können die Aufhängevorrichtungen der Gebärmutter überdehnt sein. Dann verliert die Gebärmutter den Halt. Sie sinkt in die Scheide und kann in schweren Fällen sogar die Scheide umkrempeln und in den Scheidenvorhof austreten.

● Was geschieht bei der Regelblutung?
Wird die Eizelle nach dem Eisprung nicht befruchtet, so wird die auf die Einnistung der Eizelle vorbereitete vollsaftige Funktionsschicht der Schleimhaut des Gebärmutterkörpers nicht mehr benötigt.

Sie wird daher abgestoßen. Dabei blutet es aus den aufgerissenen Blutgefäßen. Das „Menstruationsblut" besteht aus Blut und Schleimhautfetzen.

● **Wie ändert sich der Bau der Schleimhaut des Gebärmutterkörpers während eines Menstruationszyklus**?
Nach der Regelblutung wird die Funktionsschicht der Gebärmutterschleimhaut von der erhaltenen Basalschicht aus erneuert und für die Aufnahme der nächsten Eizelle vorbereitet. Dabei kann man 2 Zeitabschnitte abgrenzen:
① *Wachstumsphase* (Proliferationsphase): Die Oberfläche der Gebärmutterhöhle wird mit einem neuen Deckgewebe überzogen. Drüsen sprossen aus der Basalschicht aus. Sie sind zunächst gerade und am Ende der Wachstumsphase leicht geschlängelt.
② *Absonderungsphase* (Sekretionsphase): Nach dem Eisprung schlängeln sich die Drüsen stärker. Sie erscheinen im Schnittbild ziehharmonikaartig gefaltet. In den Drüsen treten Bläschen auf, die Glycogen enthalten. Um den 4. Tag nach dem Eisprung (dem wahrscheinlichen Ankunftstermin der Eizelle in der Gebärmutterhöhle) beginnen die Drüsen Schleim und Glycogen abzusondern. Wird die Eizelle nicht befruchtet, so beginnt meist 14 Tage nach dem Eisprung die Regelblutung (Menstruation).

● **Wodurch wird der Menstruationszyklus der Gebärmutterschleimhaut gesteuert**?
① Durch die Eierstockhormone. Die Wachstumsphase wird vom Follikelhormon (Östrogen), die Absonderungsphase vom Gelbkörperhormon (Gestagen) unterhalten.
② Bildet sich der Gelbkörper zurück und sinkt entsprechend der Blutspiegel an Gelbkörperhormon, so verkrampfen sich die kleinen Schlagadern der Gebärmutterschleimhaut. Schießt nach Lösen des Krampfes das Blut wieder ein, so platzen die geschädigten Haargefäße, und die Regelblutung beginnt.

● **Wovon hängt die Dauer eines Menstruationszyklus ab**?
① Von der *Dauer der Follikelreifung*. Die Gelbkörperphase des Eierstocks vom Eisprung bis zur Regelblutung ist recht konstant (meist 14 Tage). Dagegen benötigt die Follikelreifung unterschiedliche Zeitspannen mit einem Mittel von 14 Tagen.
② Dies macht die Unsicherheit der „Zeitwahl" aus: Nur bei erfahrungsgemäß gleich langen Zyklen kann man den Zeitpunkt des Eisprungs einigermaßen sicher vorausberechnen. Nach dem Absetzen der „Pille" ist die erste Follikelphase häufig verlängert. Dies sollte man beim Übergang zur Zeitwahl unbedingt beachten!

● **Wie ändert sich die Körpertemperatur während des Menstruationszyklus**?
① Sie ist während der Gelbkörperphase um etwa 0,5° Celsius höher als während der Follikelphase. Die Temperatur steigt erst nach dem Eisprung an.
② Bei der Basaltemperaturmessung zur Empfängnisverhütung kann man allerdings durch eine Erkältung irregeführt werden und ein leichtes Fieber fälschlich als „Entwarnung" deuten.

● **Welche Sonderstellung hat die Schleimhaut des Gebärmutterhalses**?
① Der Gebärmutterhalskanal ist nicht für die Einnistung der befruchteten Eizelle vorgesehen. Seine Schleimhaut verändert sich deshalb nicht so stark wie die des Gebärmutterkörpers während eines Menstruationszyklus. Sie wird bei der Regelblutung nicht mit abgestoßen.
② Die in die Scheide ragende Portio ist wie die Scheide von einem mehrschichtigen platten Deckgewebe überzogen. Allerdings liegt die Grenze zwischen den beiden Deckgeweben nicht genau am äußeren Muttermund. Bei der jungen geschlechtsreifen Frau dehnt sich das Gebärmutterdeckgewebe häufig noch auf einen Teil der Oberfläche der Portio aus.

● **Was zeigt die Jodprobe an**?
Betupft man die Oberfläche der Portio mit Lugol-Lösung, so färbt sich das mehrschichtige platte Deckgewebe der Scheide braun an, während das hohe Deckgewebe der Gebärmutter und Krebsgewebe ungefärbt bleiben.

● **Welche Aufgaben hat der Schleimpfropf im Gebärmutterhalskanal**?
① Er schützt die Gebärmutterhöhle vor dem Eindringen von Bakterien. Auch für Samenzellen ist er die meiste Zeit nicht zu durchdringen. Nur vor dem Eisprung wird er für wenige Tage flüssiger und durchlässig.
② Bei regelmäßiger Einnahme von Gestagenen („Mikropille") bleibt die Verflüssigung aus. Dann ist trotz Eisprungs keine Befruchtung möglich, weil die Samenzellen nicht zur Eizelle gelangen können.

● **Wo liegen die regionären Lymphknoten der Gebärmutter**?
① Für den Gebärmutterhals und einen Teil des Gebärmutterkörpers liegen sie in der Tiefe des breiten Mutterbandes und an der seitlichen Beckenwand.
② Von einem Teil des Gebärmutterkörpers fließt die Lymphe entlang dem runden Mutterband zu den Leistenlymphknoten ab.
Da die Gebärmutter besonders häufig an Krebs erkrankt, ist die Kenntnis der regionären Lymphknoten als wahrscheinlichster Ort der ersten Tochtergeschwülste wichtig.

● **Wie ist die Wand der Scheide gebaut?**
Sie ist wie die Wand der meisten schlauchförmigen Organe aus 3 Schichten zusammengesetzt:
① *Schleimhaut*: Sie trägt ein mehrschichtiges plattes Deckgewebe ohne Drüsen. Das Deckgewebe verändert sich während des Menstruationszyklus: Es ist am Anfang unverhornt. Gegen die Mitte des Zyklus verhornt es leicht. Anschließend schuppt die Hornschicht wieder ab. In einem Scheidenabstrich kann man an der Zellform die Zyklusphase erkennen.
② *Muskelwand*: Die glatten Muskelzellen sind innen mehr ringförmig, außen eher in der Längsrichtung angeordnet. Mit Hilfe der Muskelwand kann die beim Geschlechtsverkehr oder in extremer Weise bei der Entbindung aufgedehnte Scheide wieder verengt werden.
③ *Bindegewebige Hülle*: Sie ist mit den bindegewebigen Hüllen von Harnröhre, Harnblase, unterem Mastdarm und Beckenboden verbunden.

● **Wie wird die Scheide befeuchtet?**
Da die Scheidenwand keine Drüsen enthält, kann sie nicht durch Drüsen befeuchtet werden. Ihre Oberfläche wird vermutlich durch eine direkte Ausschwitzung (Transsudat) aus dem dichten Blutgefäßnetz der Schleimhaut schlüpfrig gemacht. Die verstärkte Befeuchtung der Scheide ist kennzeichnend für die sexuelle Erregung der Frau.

● **Wie ist die Scheide vor Infektionen geschützt?**
① *Saures Milieu*: Das Deckgewebe enthält reichlich Glycogen. Aus abgeschilferten Zellen wird dieses durch die Scheidenbazillen zu Milchsäure abgebaut. Der Schutz gegen Infektionen ist allerdings begrenzt. Bei hohen Blutspiegeln der Eierstockhormone (Schwangerschaft, Pille) ist die Schleimhaut besonders aufgelockert und saftreich. Dann gedeihen manche Einzeller (z.B. Trichomonaden) und Pilze (Soor) besonders gut.
② *Jungfernhäutchen*: Vor dem ersten Geschlechtsverkehr verengt es den Scheideneingang und erschwert dadurch das Eindringen von Krankheitserregern. Auch vor der Entjungferung muß es eine Öffnung haben, sonst könnte das Blut bei der Regelblutung nicht abfließen.

● **Was versteht man unter weiblicher Scham?**
Unter „weiblicher Scham" (Vulva) faßt man die äußeren weiblichen Geschlechtsorgane zusammen:
① *Große Schamlippen*: Sie gehen vorn vom Schamberg aus und umgrenzen die Schamspalte. Sie sind mit Schamhaaren besetzt.
② *Kleine Schamlippen*: Diese unbehaarten Hautfalten liegen in der Schamspalte und umschließen den Scheidenvorhof. Vorn laufen sie in die Vorhaut des Kitzlers und in den Kitzlerzügel aus.
③ *Scheidenvorhof*: Er ist mit einem unverhornten mehrschichtigen platten Deckgewebe ausgekleidet und wird von den Scheidenvorhofdrüsen befeuchtet.
④ *Kitzler* (Klitoris): Er ist der Bereich stärkster sexueller Erregbarkeit. Er kann mit Hilfe von Schwellkörpern etwas aufgerichtet werden. Bei allen Untersuchungen oder Pflegemaßnahmen in der Dammgegend ist die hohe Berührungsempfindlichkeit des Kitzlers zu beachten.

● **Was mündet in den Scheidenvorhof?**
① *Scheide*: mit dem Scheidenmund, der vor der Entjungferung durch das Jungfernhäutchen weitgehend verschlossen ist.
② *Harnröhre*: mit dem äußeren Harnröhrenmund.
③ *Kleine Scheidenvorhofdrüsen*.
④ *Große Scheidenvorhofdrüsen* (Bartholin-Drüsen): auf jeder Seite eine etwa erbsgroße Schleimdrüse. Die Mündung ist meist nur bei Entzündungen als roter Punkt an der Innenseite der kleinen Schamlippen sichtbar. Die entzündete Drüse kann zu Hühnereigröße anschwellen und dann die große Schamlippe vorwölben.
⑤ *Skene-Gänge*: 2 etwa 2 cm lange Blindsäcke neben dem äußeren Harnröhrenmund. In ihnen können sich Infektionen lange halten.

6.4 Männliche Geschlechtsorgane

● **Welche Aufgaben hat der Hoden?**
Der Hoden hat (wie der Eierstock) 2 Aufgaben:
① *Keimzellbildung*: Ab der Geschlechtsreife bis ins hohe Alter entstehen im Hoden Samenzellen.
② *Hormondrüse*: Das ganze Leben, schon vor der Geburt beginnend, erzeugt er das männliche Geschlechtshormon Testosteron.

● **Wie ist der Hoden gebaut?**
Der beim geschlechtsreifen Mann etwa walnuß- bis hühnereigroße Hoden ist von einer bindegewebigen Kapsel umhüllt. Von dieser ziehen Scheidewände in die Tiefe. Sie teilen den Hoden in etwa 250 Läppchen auf. Jedes von diesen enthält 2-4 Hodenkanälchen mit dem samenzellbildenden Gewebe. Im Bindegewebe zwischen den Hodenkanälchen liegen die hormonbildenden Hodenzwischenzellen.

● **Wie entstehen die Samenzellen?**
① In der Wand der Hodenkanälchen liegen die *Stammsamenzellen*. Sie teilen sich laufend in Stammzellen A und B. Die *Stammzellen A* sind für den Erhalt der Stammzellen bestimmt (sie teilen sich weiter in A- und B-Zellen).
② Die *Stammzellen B* entwickeln sich über mehrere Zwischenstufen zu den Samenzellen weiter. Dabei

werden die beiden Reifeteilungen durchlaufen. Bei ihnen wird der Chromosomensatz halbiert. Eizelle und Samenzelle enthalten je den halben Chromosomensatz. Durch deren Vereinigung entsteht bei der Befruchtung wieder der volle Chromosomensatz. Aus jeder Stammzelle B gehen 4 reife Samenzellen hervor.
③ Die Samenzellbildung dauert 2-3 Monate.

● **Wie unterscheiden sich Ei- und Samenzellbildung?**
① *Eizellbildung*: Sie läuft großteils schon vor der Geburt ab. Beim neugeborenen Mädchen ist bereits die endgültige Zahl von Eizellen (etwa 200 000 in jedem Eierstock) erreicht. Die Eizellen sind schon in die Reifeteilungen eingetreten. Sie werden dann unterbrochen, bis die einzelne Eizelle 10-50 Jahre später in „ihrem" Zyklus innerhalb von etwa 10 Tagen heranreift.
② *Samenzellbildung*: Der Hoden des neugeborenen Knaben enthält nur einige Stammsamenzellen. Erst in der Pubertät beginnt deren Vermehrung und die Entwicklung der Samenzellen. Das Heranreifen der Samenzelle dauert daher wesentlich länger als das der schon vorentwickelten Eizelle. Dafür können Samenzellen das ganze restliche Leben und in nahezu unbegrenzter Zahl erzeugt werden. Bei einem Samenerguß werden rund 300 Millionen Samenzellen ausgeworfen!

● **Wie lang sind die Hodenkanälchen?**
Entwirrt man das dicht zusammengeknäuelte Hodenkanälchen, so ist es gestreckt etwa 50 cm lang. Bei insgesamt etwa 600 Hodenkanälchen ergibt dies eine samenbildende Röhre von 300 m Länge.

● **Welche Aufgabe haben die Ammenzellen?**
In den Hodenkanälchen liegen auch Stützzellen (Sertoli-Zellen), die vermutlich eine Art Ernährungsaufgabe für die heranreifenden Samenzellen übernehmen. Sie erzeugen unter dem Einfluß der Hirnanhangsdrüse ein spezielles Eiweiß (androgenbindendes Protein), das die männlichen Geschlechtshormone im Hodenkanälchen festhält.

● **Warum wird der Hoden aus der Bauchhöhle in den Hodensack verlagert?**
Wegen der Temperatur. Bei Körpertemperatur vermag der Hoden zwar Hormon, aber keine Samenzellen zu bilden. Dazu ist offenbar eine etwas niedrigere Temperatur nötig. Männer, bei denen die Hoden in der Bauchhöhle verblieben sind, können zwar den Geschlechtsverkehr vollziehen, aber in der Regel nicht zeugen.

● **Wie wird die Temperatur im Hoden geregelt?**
Durch den Hodenheber (Kremaster). Dieser Muskel zieht den Hoden nach oben (näher an den wärmeren Bauchraum), wenn die Temperatur im Hoden zu niedrig ist. Der Muskel erschlafft, und der Hoden sinkt nach unten, wenn die Temperatur im Hoden zu hoch ist.

● **Auf welchem Weg werden die Samenzellen aus den Hodenkanälchen abtransportiert?**
Die Hodenkanälchen münden in ein Kanälchennetz (Hodennetz) ein, aus dem etwa ein Dutzend abführender Hodenkanälchen zum Nebenhoden zieht. Von dort werden die Samenzellen über den Samenleiter und die Harnröhre nach außen gepumpt.

● **Welche Aufgaben hat der Nebenhoden?**
In ihm werden die Samenzellen gespeichert, bis sie zum Samenerguß benötigt werden. Dabei reifen sie völlig aus. Der Nebenhoden ernährt die gespeicherten Samenzellen.

● **Wie ist der Nebenhoden gegliedert?**
① *Nebenhodenkopf*: Er liegt dem oberen Hodenpol an. Das runde Dutzend abführender Hodenkanälchen geht hier in ebensoviele Nebenhodenläppchen über. Diese münden in den Nebenhodengang.
② *Nebenhodenkörper*: Er erstreckt sich am hinteren Rand des Hodens.
③ *Nebenhodenschwanz*: Er biegt am unteren Hodenpol haarnadelförmig in den Samenleiter um.

● **Wie ist der Nebenhodengang gebaut?**
Der Nebenhodengang ist ein etwa 4-5 m langer Schlauch, der auf etwa 5 cm Länge zusammengeknäuelt ist. Die Wand wird von einem mehrreihigen Deckgewebe, glatten Muskelzellen und Bindegewebe aufgebaut. Die Muskelschicht wird in Richtung Samenleiter immer stärker.

● **Was versteht man unter Samenleiter und was unter Samenstrang?**
① *Samenleiter*: Der etwa stricknadeldicke, 50-60 cm lange, muskelkräftige Gang verbindet den Nebenhoden mit der Harnröhre. Er durchquert die Bauchwand im Leistenkanal.
② *Samenstrang*: Das Anfangsstück des Samenleiters zwischen Nebenhoden und Bauchwand wird von Blut- und Lymphgefäßen sowie Nerven vom und zum Hoden und Nebenhoden begleitet. Sie werden von Bindegewebe und dem Hodenheber umhüllt. Alles zusammen macht den Samenstrang aus.

● **In welche Abschnitte wird der Samenleiter gegliedert?**
① *Transportteil*: Der größte Teil des Samenleiters sorgt nur für den Samentransport.
② *Drüsenteil*: Die letzten Zentimeter vor der Einmündung der Samenblase sind erweitert. In der Wand liegen Drüsenzellen.

③ *Spritzkanal*: Die Endstrecke liegt in der Vorsteherdrüse. Sie ist zugleich Ausführungsgang der Samenblase.

● **Wie ist die Wand des Samenleiters gebaut?**
Sie zeigt den typischen Dreischichtenbau der meisten Schlauchorgane:
① *Schleimhaut*: Sie ist im Transportteil kaum, im Drüsenteil hingegen stark gefaltet.
② *Muskelwand*: Im Verhältnis zur Weite der Lichtung ist sie dicker als bei den anderen Schlauchorganen. Dies beruht wohl darauf, daß sie beim Samenerguß in wenigen Sekunden den gesamten Samenleiter entleeren muß.
③ *Bindegewebige Hülle*.

● **Wie kann man den Mann auf einfache Weise unfruchtbar machen?**
Durch Unterbrechen der Samenleiter. Die Samenleiter sind im Hodensack leicht zu tasten und durch einen kleinen Einschnitt in die Haut des Hodensacks freizulegen. Dann schneidet man ein 1-2 cm langes Stück aus jedem Samenleiter heraus. Nachteil des Verfahrens: Es ist nicht beliebig rückgängig zu machen (die operative „Rekanalisierung" gelingt nicht immer).

● **Warum ist der Name Samenblasen irreführend?**
Die Samenblasen sind keine Samenspeicher, sondern Drüsen (daher auch Bläschendrüse genannt). Sie sondern eine fruchtzuckerreiche Flüssigkeit ab, die der Ernährung der Samenzellen dient. Auf sie entfällt der Hauptanteil des beim Samerguß ausgeworfenen „Samens". Da die Samenblasen in den Samenleiter einmünden, verirren sich auch einige Samenzellen in ihre Lichtung. Dies hatte zu der irrigen Annahme eines Samenspeichers geführt.

● **Wie ist die Samenblase gebaut?**
Ein etwa 15 cm langer Drüsenschlauch ist auf etwa 5 cm Länge und 1-2 cm Dicke zusammengewunden. Die Schleimhaut ist reich gefaltet. Die Muskelwand preßt die Drüse beim Samenerguß aus. Das Bauchfell bedeckt normalerweise die Kuppe der Samenblase.

● **Wie ist die Vorsteherdrüse gebaut?**
Die Vorsteherdrüse (Prostata) hat etwa die Form und die Größe einer Kastanie. Sie ist aus etwa 30-50 Einzeldrüsen zusammengesetzt, die mit 15-20 Ausführungsgängen in die Harnröhre einmünden. Die Vorsteherdrüse besteht aus 3 Gewebeanteilen:
① *Drüsengewebe*: Die Absonderung enthält Zitronensäure und Enzyme. Sie bedingt den typischen Geruch der Samenflüssigkeit.
② *Glattes Muskelgewebe*: Die Drüse enthält soviel Muskelzellen wie keine andere Drüse. Deshalb fühlt sich die Vorsteherdrüse, die man durch den Mastdarm tasten kann, recht derb an. Die Muskeln pressen die Drüse beim Samenerguß aus.
③ *Kapsel*: aus straffem Bindegewebe und glatten Muskeln.

● **Wo liegt die Vorsteherdrüse?**
Die Vorsteherdrüse liegt im kleinen Becken oberhalb des Beckenzwerchfells. Sie umgibt die Harnröhre unmittelbar unter der Harnblase. Hiervon kommt auch ihr Name: Dringt man vom Damm aus zur Harnblase vor, so steht die Vorsteherdrüse vor der Harnblase.

● **Warum verursachen Erkrankungen der Vorsteherdrüse häufig Harnabflußstörungen?**
① Die Vorsteherdrüse umgibt wie ein Ring den Anfangsabschnitt der männlichen Harnröhre. Jede Schwellung der Vorsteherdrüse muß daher die Harnröhre einengen.
② Die beim älteren Mann sehr häufige gutartige Geschwulst der Vorsteherdrüse (Prostataadenom) ist die häufigste Ursache für Harnverhaltungen beim Mann.
③ Auch der Krebs der Vorsteherdrüse kann die Harnröhre einengen. Er ist die häufigste Krebserkrankung des Mannes im Greisenalter.

● **Was sind die Cowper-Drüsen?**
Die beiden erbsgroßen Drüsen münden in die männliche Harnröhre unterhalb der Vorsteherdrüse. Sie entsprechen den großen Scheidenvorhofdrüsen der Frau. Sie befeuchten die Harnröhre und die Eichel mit Schleim.

● **Wie ist die männliche Harnröhre gegliedert?**
① *Vorsteherdrüsenteil*: Unmittelbar unter dem inneren Harnröhrenmund durchsetzt die Harnröhre die Vorsteherdrüse. Ihre Lichtung ist dort nicht rund, sondern hufeisenförmig, weil sich von rückwärts der Samenhügel in sie vorbuchtet. An ihm münden die beiden Spritzkanäle (die Endabschnitte der Samenleiter) in die Harnröhre.
② *Membranöser Teil*: Unterhalb der Vorsteherdrüse durchsetzt die Harnröhre das Urogenitalzwerchfell. Sie wird dabei vom Harnröhrenschließmuskel umgeben. Dieser willkürlich beeinflußbare Muskel ist der einzige aktive Verschlußmechanismus der Harnröhre.
③ *Schwellkörperteil*: Die längste Strecke der Harnröhre liegt im Harnröhren-Schwellkörper. Kurz vor dem äußeren Harnröhrenmund an der Eichel ist die Harnröhre zur Schiffergrube erweitert.

● **Welche Krümmungen der Harnröhre muß man beim Einführen eines Katheters berücksichtigen?**
Die männliche Harnröhre hat 2 Krümmungen:

① *feste Krümmung*: Beim Eintritt in den Harnröhren-Schwellkörper biegt die Harnröhre nach vorn ab.
② *bewegliche Krümmung*: Das Glied hängt in Ruhe nach unten. Dementsprechend ist die Harnröhre in ihrem Schwellkörperteil nach unten gebogen.
Die bewegliche Krümmung kann man verändern, die feste nicht. Das Einführen eines Katheters wird erleichtert, wenn man die S-förmige Krümmung zu einer gleichförmigen umgestaltet. Dazu hebt man das Glied in Richtung Bauchwand an. Beim Einführen eines starren Katheters muß man besonders sacht vorgehen, um die Harnröhrenwand im Bereich der festen Krümmung nicht zu durchbohren.

● **Welche Abschnitte unterscheidet man am männlichen Glied**?
Von vorn nach hinten 3:
① *Eichel*: Das vordere Ende mit dem äußeren Harnröhrenmund ist weich („Stoßdämpfer").
② *Gliedschaft*: Der bewegliche Abschnitt kann hart anschwellen.
③ *Gliedwurzel*: Das hintere Ende ist an den Schambeinen und am Urogenitalzwerchfell befestigt.

● **Wie ist das männliche Glied gebaut**?
Es besteht aus den Schwellkörpern und den Gliedhüllen:
① *Gliedschwellkörper*: 2 „kavernöse" Schwellkörper, die sich hart versteifen können. Sie sind mit den Gliedschenkeln an den unteren Schambeinästen verankert.
② *Harnröhren-Schwellkörper*: Der unpaarige Schwellkörper ist nur zu einer weichen Schwellung fähig. In seinem Innern liegt die Harnröhre. Er endet mit der Eichel.
③ *Gliedbinden*: Straffes Bindegewebe faßt die 3 Schwellkörper zu einer Einheit zusammen. In die Gliedbinden strahlen das Schlingenband und das Halteband des Glieds ein, die von der Bauchwand bzw. dem Schambein kommen.
④ *Haut*: Sie ist besonders dünn und gut verschieblich. Vorn endet die Haut mit einer Hautfalte (Vorhaut), die von der Eichel auf den Gliedschaft zurückgezogen werden kann. Die Vorhaut ist mit dem Vorhautbändchen an der Unterseite der Eichel befestigt.
⑤ *Schwellkörpermuskeln*: Die rückwärtigen Abschnitte der Schwellkörper sind von quergestreiften Muskeln umhüllt: 2 Sitzbein-Gliedschwellkörper-Muskeln fördern die Versteifung. Der Harnröhren-Schwellkörper-Muskel preßt die Harnröhre beim Samenerguß aus.

● **Wie wird das männliche Glied versteift**?
Es füllen sich die Hohlräume der Schwellkörper mit Blut:
① *Öffnen der Rankenschlagadern*: Die in Ruhe durch Polster der Gefäßinnenhaut verschlossenen kleinen Schlagadern der Gliedschwellkörper öffnen sich. Dadurch schießt Blut unter dem hohen arteriellen Blutdruck in die Kavernen ein.
② *Erschlaffen der glatten Muskeln*: Die Kavernen sind in Ruhe durch glatte Muskeln in ihren Wänden zusammengezogen.
③ *Schließen arteriovenöser Kurzschlüsse*: In Ruhe wird ein Teil des Blutes von den Schlagadern unter Umgehung der Kavernen direkt in Venen eingeleitet.
④ *Abklemmen von Venen*: Die aus den Schwellkörpern abziehenden Venen durchsetzen die Gliedbinden schräg. Beim Prallwerden der Schwellkörper werden diese Venen abgeklemmt.

● **Wie unterscheiden sich die beiden Schwellkörperarten bei der Versteifung des männlichen Glieds**?
① Die *Gliedschwellkörper* werden von Schlagaderblut unter hohem Druck gefüllt (knorpelhart).
② Der *Harnröhren-Schwellkörper* wird nur venös gestaut. Er bleibt weich. Dies ist nötig, damit die Harnröhre nicht zugedrückt wird. Sie muß für den Samenerguß offen bleiben.

● **Wann wird das männliche Glied versteift**?
① Bei sexueller Erregung,
② im Schlaf in den Traumphasen (in denen auch die Augen rasche Bewegungen ausführen),
③ krankhaft bei bestimmten Störungen im Rükkenmark oder bei Thrombosen der Schwellkörper.

● **Warum nützt willentliche Anstrengung so wenig bei mangelnder Versteifung des männlichen Glieds**?
Die Versteifung ist kein Anspannungs-, sondern ein Entspannungsvorgang: Die Polster der Gefäßinnenhaut müssen abschwellen, die glatten Muskeln der Kavernenwand müssen erschlaffen. Besonderer Leistungsdruck stört die Entspannung und führt zur „Impotenz".

● **Wie geht der Samenerguß vor sich**?
① Kurz nacheinander spritzen die Vorsteherdrüse, die Samenleiter und die Samenblasen ihren Inhalt in die Harnröhre. Dieser wird dann durch rhythmisches Zusammenziehen der Beckenbodenmuskeln, vor allem des Harnröhren-Schwellkörper-Muskels, aus der Harnröhre nach außen geschleudert.
② Der Samenerguß wird vom Sympathikus (Drüsen und Samenleiter) und vom Schamnerv (Beckenbodenmuskeln) gesteuert.
③ Bei einem normalen Samenerguß werden etwa 2-4 ml einer gallertigen Flüssigkeit ausgeworfen, die innerhalb von 5-30 Minuten dünnflüssig wird.

● **Wie ist die Samenflüssigkeit zusammengesetzt**?
① *Samenzellen*: Normalerweise enthält die Samenflüssigkeit etwa 60-120 Millionen Samenzellen pro Milliliter. Davon sind etwa 5-10 % tot und 10-30 % abnorm.
② *Drüsenabsonderungen*: Sie stammen aus der Vorsteherdrüse und den Samenblasen und machen den Hauptteil der Samenflüssigkeit aus. Für die Ernährung der Samenzellen ist der Gehalt an Fruchtzucker besonders wichtig.
③ *Zufallsbestandteile*: abgeschilferte Deckzellen, Blutkörperchen, Zelltrümmer usw.

● **Gibt es einen gemeinsamen Bauplan für die äußeren Geschlechtsorgane bei Frau und Mann**?
Ja. Es entsprechen einander:
① Kitzler und Eichel,
② kleine Schamlippen und Schwellkörperteil der männlichen Harnröhre,
③ große Schamlippen und Hodensack,
④ große Scheidenvorhofdrüse und Cowper-Drüse.

● **Worin wird der gemeinsame Bauplan von Frau und Mann besonders augenscheinlich**?
In den Zwischenformen zwischen dem typisch weiblichen und dem typisch männlichen Bau der äußeren Geschlechtsorgane, z.B.:
① eichelartige bis gliedartige Vergrößerung des Kitzlers bei der Frau bzw. besondere Kürze des Glieds beim Mann,
② untere Harnröhrenspalte beim Mann: Die Harnröhre mündet irgendwo auf der Unterseite des Glieds oder in der Dammgegend wie bei der Frau.

6.5 Schwangerschaft und Entwicklung

● **Wie lange dauert die Entwicklung der Leibesfrucht von der Befruchtung bis zur Geburt**?
① Durchschnittlich 268 ± 10 Tage („Entwicklungsalter").
② Da der Zeitpunkt der Empfängnis meist nicht genau zu ermitteln ist, rechnet man das Alter der Frucht in der Klinik üblicherweise als „Menstruationsalter" vom ersten Tag der letzten Regelblutung an, obwohl der Eisprung und damit die Befruchtung durchschnittlich erst 2 Wochen später erfolgen. Nach dieser Rechnung dauert das Leben in der Gebärmutter durchschnittlich 282 Tage = rund 40 Wochen = 10 Mondmonate („Schwangerschaftsmonate").
③ Für die Frau beginnt die „Schwangerschaft" subjektiv mit dem Ausbleiben der erwarteten Regelblutung, also zu einem Zeitpunkt, an dem die Frucht bereits 2 Wochen ihrer Entwicklung zurückgelegt hat (am Ende des 1. „Schwangerschaftsmonats").
④ Bei allen Zeitangaben sollte man daher sorgfältig zwischen Entwicklungszeiten und Schwangerschaftszeiten unterscheiden.

● **Wie berechnet man einfach den wahrscheinlichen Geburtstermin**?
① Man zählt zum ersten Tag der letzten Regelblutung 7 Tage hinzu und zieht 3 Monate ab. Beispiel: Die letzte Regelblutung begann am 7. 8., wahrscheinlicher Geburtstermin ist dann der 14. 5.
② Dauert der Menstruationszyklus einer Frau üblicherweise nicht 28 Tage, so verlängert oder verkürzt sich auch die Schwangerschaftsdauer um die gleiche Zahl von Tagen, wie der Menstruationszyklus länger oder kürzer als 28 Tage ist.
③ Die Berechnung kann nur einen ungefähren Anhalt geben. Man muß einen Spielraum von 2 Wochen mehr oder weniger einbeziehen.

● **Wie rasch wächst die Leibesfrucht**?
Eine ungefähre Vorstellung von der Größe des Kindes gewinnt man nach folgender Regel: Die größte Länge beträgt am Ende der ersten 5 Schwangerschaftsmonate jeweils das Quadrat der Monatszahl in cm, also 1 - 4 - 9 - 16 - 25. Anschließend nimmt die Länge jeweils 5 cm pro Monat zu: 30 - 35 - 40 - 45 - 50. Man beachte, daß Schwangerschaftsmonate immer als „Mondmonate" zu 28 Tagen gerechnet werden.

● **Wie wächst die Gebärmutter während der Schwangerschaft**?
Die Gebärmutterkuppe erreicht am Ende des 6. Schwangerschaftsmonats etwa die Höhe des Nabels. Am Ende des 9. Monats ist am Brustkorb der höchste Stand erreicht. Im 10. Monat senkt sich die Gebärmutter wieder etwas.

● **Wann und wo wird die Eizelle befruchtet**?
Die Eizelle ist nach dem Eisprung etwa 6-12 Stunden befruchtbar (Samenzellen können etwa 1-2 Tage lang nach dem Samenerguß befruchten). Damit ist die Zeitspanne, in der eine Befruchtung erfolgen kann, recht kurz. Da die Eizelle nach dem Eisprung vom Eileiter aufgenommen wird, ist der Eileiter in der Regel der Ort der Befruchtung.

● **Wie lange dauert der Weg der Eizelle zur Gebärmutter und welche Entwicklungsschritte macht sie dabei durch**?
① Auf dem etwa 3-4 Tage dauernden Weg durch den Eileiter teilt sich die befruchtete Eizelle mehrfach und kommt im *Maulbeerstadium* (Morula) von etwa 16 Zellen in der Gebärmutterhöhle an.
② Dort geht sie in das *Bläschenstadium* (Blastozyste) über, bevor sie sich in die Schleimhaut ein-

nistet. Dabei findet eine erste Spezialisierung von Zellen statt: Aus der äußeren Zellmasse (Trophoblast) gehen die Zottenhaut und der Mutterkuchen (Plazenta), aus der inneren Zellmasse (Embryoblast) der eigentliche Embryo hervor.

● **Wie nistet sich die befruchtete Eizelle in die Gebärmutterschleimhaut ein**?
5-6 Tage nach der Befruchtung heftet sich der Blasenkeim an die Gebärmutterschleimhaut an. Vermutlich sondern dann die Zellen der späteren Zottenhaut Enzyme ab, mit denen die Oberfläche der Gebärmutterschleimhaut aufgelöst wird, so daß der Blasenkeim eindringen kann.

● **Was geschieht in der 2. Entwicklungswoche**?
Die Einnistung des Blasenkeims in die Gebärmutterschleimhaut wird abgeschlossen.
① Die Zellen der Zottenhaut (des späteren Mutterkuchens) vermehren sich rasch und bilden Hohlräume zwischen sich. Sie lösen die Wand mütterlicher Blutgefäße auf. Mütterliches Blut durchströmt nun die Hohlräume.
② Im Innern des Blasenkeims hat sich die *Keimscheibe mit 2 Zellschichten* (dem äußeren und dem inneren Keimblatt) gebildet. Sie liegt zwischen 2 Hohlräumen, dem späteren Fruchtwasserraum und dem Dottersack.
③ Die Zellen der Zottenhaut beginnen in dieser Woche schon Hormone zu erzeugen: Mit dem HCG (Choriongonadotropin) erhalten sie den Gelbkörper im Eierstock und verhindern damit die Regelblutung.

● **Was geschieht in der 3. Entwicklungswoche**?
Es bildet sich das *mittlere Keimblatt* aus. Im Bereich des Primitivstreifens wandern Zellen aus dem äußeren Keimblatt in die Tiefe und drängen äußeres und inneres Keimblatt auseinander. In diesem mittleren Keimblatt bildet sich ein Vorläufer der Wirbelsäule, die Chorda. In der Zottenhaut treten die ersten Blutgefäße auf. Die Entwicklung des Herzens beginnt.

● **Was geschieht in der 4.-8. Entwicklungswoche**?
In dieser sogenannten Embryonalperiode werden alle Organe angelegt. Dabei entstehen aus dem:
① *äußeren Keimblatt*: Nervensystem, Auge, Innenohr und Oberhaut,
② *inneren Keimblatt*: das Deckgewebe der Verdauungs- und der Atmungsorgane einschließlich der zugehörigen Drüsen (Speicheldrüsen, Leber), der Harnblase und der Abkömmlinge des Rachenraums (Paukenhöhle, Mandeln, Schilddrüse, Nebenschilddrüsen, Thymus),
③ *mittleren Keimblatt*: alle übrigen Organe: Knochen, Muskeln, Herz, Blut- und Lymphgefäße, Großteil der Harn- und Geschlechtsorgane sowie die bindegewebigen Anteile der sonst vom äußeren oder inneren Keimblatt gebildeten Organe.
Am Ende der 8. Entwicklungswoche sieht die Leibesfrucht bereits menschenähnlich aus.

● **Wann beginnt das Herz zu schlagen**?
Etwa am 23. Entwicklungstag, bevor noch seine eigene Entwicklung abgeschlossen ist. Die Herzscheidewand bildet sich erst während der laufenden Arbeit des Herzens. Durch den eigenen Blutkreislauf der Leibesfrucht wird der Stoffaustausch zwischen mütterlichem und kindlichem Blut wesentlich verbessert.

● **Wann entwickeln sich Arme und Beine**?
① In der 5. Entwicklungswoche entstehen die ersten Anlagen der Arme und Beine als paddelartige Ausstülpungen.
② In der 6. Entwicklungswoche ist bereits die Gliederung in die 3 Hauptabschnitte Oberarm, Unterarm und Hand bzw. Oberschenkel, Unterschenkel und Fuß erkennbar.
③ In der 8. Entwicklungswoche werden die Finger und Zehen getrennt.

● **Welche Aufgaben hat die Plazenta (der Mutterkuchen)**?
Sie dient dem Stoffaustausch zwischen Leibesfrucht und Mutter. Sie übernimmt vor der Geburt die Aufgaben von Lunge, Darm und Nieren: Sauerstoff und Nährstoffe werden aus dem mütterlichen Blut entnommen, Kohlendioxid und andere Schlackenstoffe an dieses abgegeben.

● **Wie ist die Plazenta gebaut**?
① Bauprinzip: Die Zotten der Zottenhaut der Leibesfrucht ragen in Hohlräume, die von mütterlichem Blut durchströmt werden.
② Die Blutkreisläufe des Kindes und der Mutter bleiben dabei vollständig getrennt. Dies ist nötig, weil die Blutkörperchen des Kindes eine andere Eiweißzusammensetzung haben als die der Mutter. Gelangen bei Verletzungen des Mutterkuchens kindliche Blutkörperchen in den Kreislauf der Mutter, so werden sie als fremd betrachtet und Antikörper gegen sie gebildet. Diese können über die Plazenta in den kindlichen Kreislauf gelangen und die Leibesfrucht schwer schädigen.

● **Wie nennt man die Leibesfrucht in verschiedenen Entwicklungsstadien**?
① *Embryo*: bis zum Ende des 2. Entwicklungsmonats (der 10. Woche im „Menstruationsalter“). In dieser Zeitspanne werden alle Organe angelegt. An ihrem Ende sieht die Leibesfrucht bereits menschenähnlich aus.

② *Fetus*: vom Ende der Embryonalperiode bis zur Geburt. In dieser Zeitspanne finden zwar noch manche Feinentwicklungen statt, im wesentlichen aber handelt es sich um Wachstumsvorgänge.

● **Wann beginnt das selbständige Leben eines Menschen**?

① In der Sicht des Anatomen mit der Befruchtung. Von diesem Zeitpunkt an sind alle erblichen Merkmale eines Menschen festgelegt. Von da ab entwickelt sich die Leibesfrucht nach ihren eigenen Gesetzen. Bereits nach 5-6 Tagen dringt sie mit Hilfe eigener Enzyme in die Gebärmutterschleimhaut der Mutter ein. In der 2. Entwicklungswoche übernimmt sie schon die Steuerung der mütterlichen Eierstöcke (mit dem HCG).

② Die Leibesfrucht wird nicht etwa von der Mutter zusammengebaut, sondern entwickelt sich selbst. Sie nimmt lediglich die Angebote der Mutter an Ernährung und Schutz in Anspruch. Freilich kann die Leibesfrucht nicht ohne die Mutter leben. Aber auch der erwachsene Mensch ist noch auf seine Mitmenschen angewiesen (um so mehr, je „zivilisierter" er ist).

● **Was ist eine Eileiterschwangerschaft**?

Die Entwicklung der Leibesfrucht ist nicht an die Gebärmutter gebunden. Am 5.-6. Tag nach der Befruchtung beginnt sich die Eizelle einzunisten, wo sie sich gerade befindet. Verzögert sich der Transport durch den Eileiter, so verbleibt die Eizelle dort. Auch die Eileiterschleimhaut bietet zunächst gute Entwicklungsbedingungen. Die Muskelwand kann allerdings mit dem Wachstum der Frucht nicht Schritt halten. Meist platzt sie im 2. oder 3. Schwangerschaftsmonat. Eine schwere Blutung ist die Folge. Die Lebensgefahr ist nur durch die sofortige Operation abzuwenden.

● **Welche Anzeichen weisen auf die bevorstehende Geburt hin**?

① *Vorwehen*: Die Gebärmutterwand spannt sich jeweils für einige Sekunden an. Die Frau verspürt dabei einen ziehenden Schmerz.

② *Erleichtertes Atmen*: Durch die Vorwehen wird die Leibesfrucht in den Beckeneingang gedrängt. Die Gebärmutter senkt sich dadurch ein wenig. Dies schafft Platz im Oberbauch und darüber im Brustraum.

③ *Abgang eines Schleimpfropfs*: Der Gebärmutterhalskanal wird allmählich erweitert. Dadurch verliert der dortige Schleimpfropf seinen Halt und wird ausgestoßen.

④ *Plötzliche Gewichtsabnahme*: Aufgrund der Hormonumstellung scheidet die Niere mehr Wasser aus. Die Schwangere muß häufig Wasser lassen und verliert dadurch 1-2 kg an Gewicht.

● **In welche Abschnitte wird der Geburtsvorgang eingeteilt**?

① *Eröffnungsperiode*: Der Gebärmutterhalskanal wird aufgedehnt. Die Eröffnungsperiode endet normalerweise mit dem Platzen der Fruchtblase und dem Auslaufen von Fruchtwasser

② *Austreibungsperiode*: Die Leibesfrucht wird durch das kleine Becken der Mutter gepreßt.

③ *Nachgeburtsperiode*: Der Mutterkuchen mit dem Rest der Eihäute wird ausgestoßen.

● **Wie lange dauert eine Geburt**?

Dies ist individuell sehr verschieden. Die erste Entbindung einer Frau beansprucht meist sehr viel mehr Zeit als die folgenden. Im Durchschnitt dauert die Entbindung einer Erstgebärenden vom Einsetzen regelmäßiger Wehen bis zum Ausstoßen der Nachgeburt 16 Stunden, davon entfallen 14 Stunden auf die Eröffnungperiode, 1,5 Stunden auf die Austreibungsperiode und eine halbe Stunde auf die Nachgeburtsperiode. Die Mehrgebärende schafft es in durchschnittlich der halben Zeit.

● **Warum dauert die Eröffnungsperiode so lang**?

Brutraum ist die Gebärmutterkörperhöhle. Der Gebärmutterhalskanal hingegen bleibt während der Schwangerschaft eng. Er verschließt den Brutraum und verhindert das Eindringen von Bakterien usw. Der erste Abschnitt der Geburt dient dazu, den Gebärmutterhalskanal aufzuweiten. Bei jeder Wehe wird die Leibesfrucht gegen den Gebärmutterhals gepreßt und dehnt ihn auf diese Weise allmählich aus. Gleichzeitig werden die spiralig angeordneten Muskelzellen des Gebärmutterhalses durch den Zug von oben abgewickelt. Während der Gebärmutterkörper im Verlauf von Monaten aufgeweitet wurde, muß dies beim Gebärmutterhals in Stunden geschehen. Dies ist mühsam und schmerzhaft für die Frau.

● **Warum dreht sich das Kind auf dem Weg durch den Beckenkanal**?

① Die Leibesfrucht wird normalerweise erst zu einem Zeitpunkt geboren, in dem sie nur noch mit Mühe den Beckenkanal durchsetzen kann. Der Kopf ist der am meisten Platz beanspruchende Teil der Leibesfrucht. Sein Längsdurchmesser (Durchmesser in Pfeilrichtung) ist größer als der Querdurchmesser.

② Beim *Beckeneingang* ist jedoch der Längsdurchmesser kleiner als der Querdurchmesser. Deshalb tritt der kindliche Kopf mit zur Seite gewendetem Gesicht in den Beckenkanal ein.

③ Im *Beckenausgang* ist der Längsdurchmesser größer als der Querdurchmesser. Deshalb wird der kindliche Kopf auf dem Weg durch den Beckenkanal in die Längsrichtung zurückgedreht.

④ Nachdem der Kopf ausgetreten ist, dreht sich das Kind nochmals in die Querrichtung, weil der Querdurchmesser des Brustkorbs größer ist als der Längsdurchmesser.

● **Was versteht man unter Wochenbett?**
Die Zeitspanne von etwa 6-8 Wochen nach der Entbindung. Sie wird benötigt, um den Körper der Mutter wieder auf den nichtschwangeren Zustand umzustellen:
① *Verkleinerung der Gebärmutter*: Nach einer Woche wiegt die Gebärmutter noch etwa 500 g, nach 2 Wochen 350 g, nach 6 Wochen 50-70 g.
② *Abheilen der Gebärmutterwunde*: Nach dem Ausstoßen der Nachgeburt bleibt die Gebärmutterwand angespannt. Dadurch werden die aufgerissenen Blutgefäße abgeklemmt. Die Blutung läßt daher bald nach. Der Ausfluß aus der Gebärmutter ist zunächst noch bluthaltig (roter Wochenfluß), wird dann wegen der großen Zahl weißer Blutkörperchen eiterähnlich (weißer Wochenfluß) und schließlich dünnflüssig (wäßriger Wochenfluß).
③ *Festigen des Beckenbodens*: Der stark gedehnte Muskel- und Bindegewebeapparat des Beckenbodens nimmt wieder normale Maße an.
④ *Entwässerung*: Die Schwangere hat vermehrt Wasser im Körper festgehalten. Schon kurz vor der Entbindung beginnend werden in einer „Harnflut" oft 2-3 l Harn pro Tag ausgeschieden. Die Wöchnerin freut sich über die rasche Gewichtsabnahme.
⑤ *Stillen*: Unmittelbar nach der Geburt wird von den Brustdrüsen eine fettarme Vormilch (Kolostrum) mit reichlich weißen Blutkörperchen abgegeben. Nach 2-3 Tagen schießt die richtige Muttermilch ein. Sie wird solange erzeugt, wie an der Brustwarze gesaugt wird. Über einen „neurohormonalen Reflex" wird die Milchbildung in Gang gehalten.

7 Kreislauforgane und lymphatisches System

7.1 Allgemeines

● **Was wird im Kreislauf transportiert?**
Nahezu alles, was im Körper von einem Ort zu einem anderen befördert werden muß:
① *Blutgase*: Allen Zellen wird Sauerstoff angeliefert und Kohlendioxid abgenommen. In der Lunge (bei der Leibesfrucht in der Plazenta) wird Kohlendioxid wieder gegen Sauerstoff ausgetauscht.
② *Nahrungsbestandteile*: Im Darm werden Aminosäuren, einfache Zucker, Salze und Vitamine aufgenommen und dann über die Pfortader zur Leber gebracht. Dort wird ein großer Teil von ihnen dem Blut entnommen, gespeichert und nach Bedarf wieder an das Blut abgegeben. Fette werden vom Darm nicht auf dem Blutweg, sondern auf dem Lymphweg abtransportiert. Da aber die Lymphe schließlich doch in den Blutstrom einmündet, gelangen auch die Fette (in feinsten Tröpfchen) in den Kreislauf.
③ *Wärme*: In stark arbeitenden Organen entsteht als Nebenprodukt des Stoffwechsels Wärme. An der Körperoberfläche, mit der Atmung und mit den Ausscheidungen geht dem Körper Wärme verloren. Der Kreislauf sorgt für den Temperaturausgleich und damit für die gleichbleibende Körpertemperatur.
④ *Hormone*: Die Hormondrüsen geben ihre „Botenstoffe" in das Blut ab. Mit ihm werden sie wie eine Postwurfsendung allen Zellen angeboten und erreichen damit auch die wenigen, für die sie bestimmt sind.
⑤ *Abwehrmittel*: Mit dem Blut gelangen Antikörper und Abwehrzellen zu ihren Einsatzorten (zum Antigen).
⑥ *Wasser*: Alle Zellen sind von der Wasserzufuhr über den Kreislauf abhängig.
⑦ *Schlackenstoffe*: Nahezu alles, was der Körper nicht mehr benötigt, wird auf dem Blutweg zu den Ausscheidungsorganen (Nieren, Leber, Lunge) befördert.

● **Was versteht man unter „großer" und „kleiner" Kreislauf?**
Es gibt nur einen Kreislauf. Das Herz wird aber bei einem Blutumlauf zweimal durchflossen: einmal die rechte und einmal die linke Herzhälfte. Dementsprechend kann man den Kreislauf in 2 Abschnitte teilen:
① *Großer Kreislauf = Körperkreislauf*: der Weg von der linken Herzkammer durch alle Organe (außer Lunge) und zurück zum rechten Vorhof.
② *Kleiner Kreislauf = Lungenkreislauf*: der Weg von der rechten Herzkammer durch die Lunge zum linken Vorhof.

● **Welche Organe gehören zu den Kreislauforganen?**
① *Herz*: die Pumpe des Kreislaufs.
② *Schlagadern = Arterien*: So nennt man alle Blutgefäße, die Blut vom Herzen wegleiten. Sie führen im Körperkreislauf sauerstoffreiches, im Lungenkreislauf sauerstoffarmes („venöses") Blut.
③ *Haargefäße = Kapillaren*: die feinsten Blutgefäße, in denen der Stoffaustausch mit den Körperzellen erfolgt.
④ *Venen*: So nennt man alle Blutgefäße, in denen das Blut zum Herzen zurückströmt. Sie führen im Körperkreislauf sauerstoffarmes, im Lungenkreislauf sauerstoffreiches („arterielles") Blut.

● **Welches Bauprinzip ist allen Kreislauforganen gemeinsam**?
Die Wand des Herzens und der Blutgefäße besteht aus 3 Schichten:
① *Innenschicht* (Intima): Ein einschichtiges, sehr flaches Deckgewebe (Endothel) ruht auf Bindegewebe. Die Innenschicht heißt beim Herzen Endokard.
② *Mittelschicht* (Media): Muskelschicht. Ihr Bau wechselt in den einzelnen Abschnitten des Kreislaufs. Sie ist beim Herzen sehr mächtig (Myokard) und fehlt bei den Haargefäßen. Bei den herznahen Schlagadern sind die Muskeln weitgehend durch elastische Lamellen verdrängt.
③ *Außenschicht* (Adventitia): Bindegewebe vermittelt die Verbindung mit der Umgebung. Beim Herzen bildet das Epikard eine Seite der Herzbeutelhöhle.

● **Welche Aufgabe hat das Muskelgewebe in der Mittelschicht der Blutgefäßwand**?
Mit seiner Hilfe können die Blutgefäße ihre lichte Weite regeln.
① Dies wirkt sich auf den *Blutdruck* aus (hoher Blutdruck bei engen Schlagadern).
② Es wird damit auch die *Blutverteilung* im Körper gesteuert: In den jeweils am stärksten arbeitenden Organen werden (vor allem die kleinen) Schlagadern weitgestellt. Dafür müssen sich in anderen Körperteilen die kleinen Schlagadern verengen.
③ Versagt dieser Ausgleichsmechanismus und werden zuviele Gefäße erweitert, so reicht die Blutmenge nicht. Der Blutdruck fällt dann stark ab. Wichtige Organe erhalten nicht mehr genügend Blut. In diesem „*Schock*" genannten Zustand ist das Auffüllen des Kreislaufs mit Flüssigkeit das wichtigste Gebot.

● **Welche Aufgabe haben die elastischen Lamellen in den herznahen Schlagadern**?
① In den herznahen Schlagadern (Hauptschlagader mit den Anfangsstücken ihrer Hauptäste und Lungenschlagader) ist das Muskelgewebe in der Mittelschicht weitgehend durch elastische Lamellen verdrängt. Diese werden durch die Pulswelle gedehnt und ziehen sich anschließend wieder auf ihre ursprüngliche Länge zusammen.
② Durch diese „*Windkesselfunktion*" wird der Blutstrom gleichmäßiger: In starrren Rohren würde das Blut nur fließen, wenn die Herzkammern Blut in die Gefäße spritzen. Bei der Erschlaffung der Herzkammern würde der Blutstrom ruhen. So aber wird ein Teil der Energie von den elastischen Lamellen aufgenommen und während der Erschlaffung der Herzkammern durch das Zusammenziehen der Gefäßwand wieder frei. Die Schlagadern vom elastischen Typ pumpen also gewissermaßen mit.

● **Was versteht man unter Hochdruck- und Niederdrucksystem**?
Der Blutdruck ist in den einzelnen Abschnitten des Kreislaufs unterschiedlich hoch:
① *Hochdrucksystem*: linke Herzkammer und Schlagadern des Körperkreislaufs,
② *Niederdrucksystem*: alle übrigen Bereiche des Kreislaufs, also Haargefäße und Venen des Körperkreislaufs, rechte Herzhälfte, Lungenkreislauf, linker Vorhof.

● **Was ist ein Umgehungskreislauf**?
Das Gefäßsystem wird gewöhnlich mit einem Baum, dessen Ästen und Zweigen verglichen. Dieser Vergleich hinkt. Im Gegensatz zu den Zweigen bilden Blutgefäße oft Querverbindungen. Bei Verschluß eines Blutgefäßes kann dann Blut auf Umwegen doch noch ins Zielgebiet gelangen. In manchen Organen gibt es reichlich Umgehungskreisläufe, z.B. im Darm, in anderen nicht ausreichend, z.B. im Oberschenkel und in der Kniekehle. Deshalb gibt es am Darm selten, am Bein häufig Durchblutungsstörungen.

● **Was ist eine Endarterie**?
Eine Schlagader, zu der es keinen ausreichenden Umgehungskreislauf gibt. Bei Verschluß einer Endarterie stirbt das von ihr versorgte Gewebe ab.

● **Was versteht man unter einem Wundernetz**?
Normalerweise durchströmt das Blut auf seinem Weg durch den Körperkreislauf nur ein Haargefäßnetz, also Herz → Schlagadern → Haargefäße → Venen → Herz. An wenigen Stellen des Körpers verzweigt sich eine Vene „wunderbarerweise" in ein zweites Haargefäßnetz („Wundernetz"), z.B. in der Leber: also Herz → Schlagadern → Haargefäße des Darms → Pfortader → Haargefäße der Leber → Lebervenen → Herz.

● **Was sind Venenklappen**?
In die Arm- und Beinvenen sind *Rückschlagventile* eingebaut. Sie lassen den Blutstrom nur in einer Richtung zu. Die Venenklappe besteht aus Falten der Veneninnenhaut. Sie legen sich der Wand an, wenn das Blut zum Herzen strömt. Bei Stillstand der Strömung oder gar beginnender Stromumkehr blähen sie sich auf, legen sich aneinander und verschließen so die Vene.

● **Reicht der Blutdruck für den Blutrückstrom in den Venen**?
Nein. Vom ursprünglichen Druck in der Hauptschlagader bleibt nach dem Durchlaufen der Haargefäße nur etwa 1/8 übrig. Dieser Druck entspricht einer Wassersäule von etwa 20 cm. Er reicht folglich nicht aus, um im Stehen das Blut 100-120 cm

von den Füßen zum Herzen zu heben. Es müssen daher weitere „Pumpen" eingesetzt werden.

● **Welche Kräfte fördern zusätzlich den Blutrückstrom in den Venen**?

① *Muskelpumpe*: Zieht sich ein Muskel zusammen, so wird er kürzer, gleichzeitig aber auch dicker. Der dickere Muskel preßt die umliegenden Venen zusammen. Das Blut kann infolge der Venenklappen nur herzwärts fließen. Es wird in das nächste Klappenstockwerk angehoben. Bei rhythmischer Muskelarbeit, z.B. beim Gehen, wird das Blut in den Venen ebensorhythmisch zum Herzen gepumpt.

② *Fußsohlenpumpe*: Bei jedem Aufsetzen des Fußes werden die Venen der Fußsohle ausgepreßt. Längeres ruhiges Stehen behindert den Blutrückstrom. Man sollte dann zwischendurch „auf der Stelle treten".

③ *Atmung*: Durch den Unterdruck bei der Einatmung wird Blut in den Brustraum gesaugt.

④ *Bewegung der Ventilebene des Herzens*: Bei jeder Anspannung der Herzkammern wird die Ventilebene in Richtung Herzspitze gezogen und damit Blut in die Vorhöfe eingesaugt.

⑤ Weitere Kräfte: Venen werden auch bei Gelenkbewegungen, Bewegungen des Darms, durch den Schlagaderpuls usw. zusammengepreßt. Jedes Strecken von Venen verengt diese. Ganz allgemein kann man sagen: Jegliche Art von Bewegung fördert den Blutrückstrom.

● **Was sind Krampfadern**?

Erweiterte und geschlängelte Venen. Das Blut fließt in ihnen langsam. Häufig werden die Venenklappen in ihnen undicht, weil die Klappensegel in der erweiterten Vene nicht mehr aneinanderreichen. Dann kann sich die Strömung sogar umkehren. Die Hautvenen des Beins sind am häufigsten von Krampfadern befallen.

● **Wie unterscheidet sich der Kreislauf vor und nach der Geburt**?

Vor der Geburt stehen die Lungen noch nicht mit der Außenwelt in Verbindung und können daher den Gasaustausch nicht besorgen. Diese Aufgabe übernimmt vor der Geburt der Mutterkuchen (Plazenta). Deshalb muß möglichst viel Blut durch die Plazenta fließen, während der Lungenkreislauf der Frucht stark gedrosselt werden kann. Der Lungenkreislauf kann allerdings nicht völlig ausgelassen werden, da die Lunge zur ihrer Entwicklung Nährstoffe und Sauerstoff benötigt. Daher:

① sind die Blutgefäße zur und von der Plazenta (2 Nabelschlagadern und eine Nabelvene) besonders weit,

② mindern 3 Kurzschlüsse im Kreislauf die Durchblutung von Lunge und Leber.

● **Welche Kurzschlüsse findet man im Kreislauf vor der Geburt**?

① *Venengang*: Die Nabelvene mündet in die Pfortader. Damit gelangt ihr Blut in die Leber. Vor der Geburt würde damit das gesamte von der Plazenta kommende Blut die Leber durchströmen. Das wäre nicht zweckmäßig. Der Großteil des Blutes wird daher durch den Venengang von der Pfortader an der Leber vorbei direkt zur unteren Hohlvene weitergeleitet.

② *Ovales Loch*: In der Vorhofscheidewand ist ein Loch, durch welches das Blut aus dem rechten Vorhof direkt in den linken Vorhof gelangt und dadurch den Lungenkreislauf umgeht.

③ *Schlagadergang* (Botallo-Gang): Ein Teil des Blutes nimmt nicht den Weg durch das ovale Loch, sondern fließt aus dem rechten Vorhof in die rechte Herzkammer. Es wird von dort in die Lungenschlagader ausgeworfen. Durch eine Querverbindung zur Hauptschlagader (Aorta) wird auch von diesem Blut noch ein Teil an der Lunge vorbeigeführt.

● **Wie wird der Kreislauf nach der Geburt umgestellt**?

① Mit dem Durchtrennen der Nabelschnur (Abnabelung) fällt schlagartig die Sauerstoffversorgung über die Plazenta aus. Der Gehalt an Kohlendioxid im kindlichen Blut steigt rasch an. Durch ihn wird das Atemzentrum erregt. Dieses setzt die Atembewegungen in Gang. Blut wird in die sich entfaltende Lunge eingesaugt und fließt zum linken Vorhof zurück. Dadurch steigt dort der Druck an. Das ovale Loch ist aber von 2 Scheidewänden begrenzt, die auseinanderklaffen, wenn der Druck rechts höher ist, und zusammenschlagen, wenn der Druck links ansteigt. Das ovale Loch schließt sich also nach den ersten Atemzügen infolge der Umkehrung des Druckunterschieds.

② Der Venengang und der Schlagadergang schrumpfen ein und sind normalerweise nach wenigen Wochen völlig dicht.

7.2 Herz

● **Welche Hauptteile kann man am Herzen unterscheiden**?

① *Vorhöfe*: rechter und linker Vorhof,

② *Herzkammern*: rechte und linke Herzkammer,

③ *Scheidewand*: Vorhof- und Kammerscheidewand,

④ *Einflußbahnen*: obere und untere Hohlvene, 4 Lungenvenen,

⑤ *Ausflußbahnen*: Hauptschlagader (Aorta) und Lungenschlagader,

⑥ *Herzklappen*: Dreizipfelklappe (Trikuspidalklappe), Zweizipfelklappe (Mitralklappe), Lungen-

schlagaderklappe (Pulmonalklappe), Hauptschlagaderklappe (Aortenklappe),
⑦ *Herzkranzgefäße*: Herzkranzschlagadern (Koronararterien) und Herzvenen,
⑧ *Wandschichten*: Herzinnenwand (Endokard), Herzmuskel (Myokard), Herzbeutel (Epikard und Perikard).

● **Wie sieht das Herz aus?**
① Es ist nicht herzförmig (wie das Spielkartenherz), sondern eher kegelförmig.
② Es hat eine Spitze und eine Basis.
③ Zwischen den Vorhöfen und den Herzkammern schneidet die Herzkranzfurche zu einer tiefen Rinne ein.
④ Die vordere und die hintere Zwischenkammerfurche sind hingegen nur flache Dellen.
⑤ Die beiden Vorhöfe sind um den Stamm der Lungenschlagader mit dem rechten und dem linken Herzohr nach vorn ausgestülpt.

● **Wie sieht das Herz im Röntgenbild aus?**
Die Umrisse des Herzens heben sich im Röntgenbild gut von der benachbarten, besser strahlendurchlässigen Lunge ab. Im Standardröntgenbild des Brustkorbs (im sagittalen Strahlengang) bildet das Herz mit den großen Blutgefäßen den sogenannten Mittelschatten. Dessen Umrisse werden bestimmt:
① *rechts*: von der oberen Hohlvene (obere Hälfte) und dem rechten Vorhof (untere Hälfte),
② *links*: von oben nach unten von der Hauptschlagader (Aorta), der Lungenschlagader, dem linken Vorhof und der linken Herzkammer.

● **Wie groß ist das Herz?**
Nach der „*Faustregel*" ist das Herz eines Menschen etwas größer als seine geballte Faust. Das ausgespülte Herz einer Frau wiegt im Mittel etwa 250-300 g, das eines Mannes etwa 300-350 g. Das Gesamtvolumen eines Herzens (Hohlräume + Wände) beträgt etwa 0,5-0,8 l, bei Sportlern auch über 1 l.

● **Welche Aufgaben haben die 4 Herzräume?**
① *Herzkammern*: Sie sind die eigentlichen Pumpwerke des Kreislaufs. Sie spritzen das Blut in die großen Schlagadern. Der Weg durch den kleinen Kreislauf ist kürzer als der durch den großen. Daher muß die linke Herzkammer mit einem höheren Druck arbeiten (beim gesunden jungen Erwachsenen etwa 120 mm Hg) als die rechte (etwa 20 mm Hg).
② *Vorhöfe*: Sie sind Sammelbecken für das in den Venen zum Herzen zurückkommende Blut. Während des Erschlaffens der Herzkammerwände zwischen 2 Herzschlägen spritzen sie das gesammelte Blut in die Herzkammern ein. Auf diese Weise werden die Herzkammern schnell gefüllt. Dies ist die Voraussetzung für die rasche Aufeinanderfolge der Herzschläge.

● **Was versteht man unter Systole und Diastole?**
Das Anspannen der Wand einer Herzhöhle nennt man Systole, das Erschlaffen Diastole. Vorhöfe und Herzkammern ziehen sich nicht zur gleichen Zeit zusammen: Die Vorhofsystole geht der Kammersystole voraus, fällt also in die Zeit der Kammerdiastole. Umgekehrt sind die Vorhöfe erschlafft (Vorhofdiastole), wenn die Kammern ausspritzen (Kammersystole). Werden die Begriffe Systole und Diastole ohne den Zusatz Vorhof- oder Kammergebraucht, so ist im Zweifelsfall die Kammer gemeint.

● **Wie ist die Herzwand gebaut?**
Die Wand des Herzens besteht aus 3 Hauptschichten, die durch 2 lockere Verschiebeschichten getrennt werden. Die 3 Hauptschichten sind:
① *Herzinnenhaut* (Endokard),
② *Herzmuskel* (Myokard),
③ *Herzaußenhaut* (Epikard).

● **Wie ist die Herzinnenhaut gebaut?**
Ein sehr flaches einschichtiges Deckgewebe liegt auf feinfaserigem und elastischem Bindegewebe. Die Herzinnenhaut ist frei von Blutgefäßen. Sie wird auf der einen Seite vom Blut in den Herzhöhlen, auf der anderen Seite von den Blutgefäßen der angrenzenden Verschiebeschicht ernährt. Die Segel und Taschen der Herzklappen sind Falten der Herzinnenhaut, die durch Faserplatten verstärkt sind.

● **Wie ist der Herzmuskel gebaut?**
① Der größte Teil der Herzwand besteht aus *Herzmuskelgewebe*. Es handelt sich um eine Sonderform des quergestreiften Muskelgewebes, die an Dauerleistungen besonders angepaßt ist. Schließlich darf der Herzmuskel zwischen den einzelnen Schlägen nie länger als für den Bruchteil einer Sekunde erschlaffen.
② Die Dicke des Herzmuskels in der Wand der 4 Herzhöhlen hängt vom darin erzeugten Druck ab: Sie ist gering bei den Vorhöfen, mittelmäßig bei der rechten Herzkammer und am größten bei der linken Herzkammer (einschließlich der Kammerscheidewand, die ja auch ein Teil der Wand der linken Herzkammer ist).

● **Wie ist die Herzaußenhaut gebaut?**
Das Herz ist dauernd in Bewegung und ändert dabei rhythmisch seine Form. Zur Minderung der Reibung ist es daher mit einer glatten Haut (mit Flüssigkeitsschmierung) überzogen. Dieses *Epikard* ist ein Teil des Herzbeutels. Die Glätte der

Oberfläche wird durch ein einschichtiges, plattes bis kubisches Deckgewebe erzielt.

● Wie ist der Herzbeutel gebaut?
Der Herzbeutel (*Perikard*) ist nach dem gleichen Prinzip gebaut, wie das Brustfell und das Bauchfell. Ein Unterschied besteht darin, daß sich Brust- und Bauchfell an die Leibeswand anlegen können, der Herzbeutel jedoch nicht. Er muß die Außenwand seiner Höhle selbst schaffen. Sie liegt als derber Beutel (zugfestes Bindegewebe wie bei flachen Sehnen) in der Brusthöhle. Am Herzbeutel im weiteren Sinn kann man daher 2 Anteile unterscheiden:
① die derbe Hülle (den Herz-„Beutel" im engeren Sinn),
② die glatte Innenhaut, die sowohl die Oberfläche des Herzens (Epikard) als auch des Beutels überzieht und die Herzbeutelhöhle umschließt.

● Was ist ein Herzbeutelerguß?
In der Herzbeutelhöhle befindet sich normalerweise eine geringe Flüssigkeitsmenge, um die glatte Oberfläche zu schmieren. Ähnlich wie in der Brustfellhöhle oder der Bauchfellhöhle kann die Flüssigkeitsmenge zunehmen. Der Herzbeutelerguß ist jedoch ungleich gefährlicher als ein Brustfellerguß oder gar ein Bauchfellerguß: Während sich der Bauchraum erweitern und mühelos mehrere Liter Erguß aufnehmen kann, ist dies beim derben Herzbeutel nicht der Fall. Die Flüssigkeit im Herzbeutel nimmt dem Herzen Platz weg. Je größer der Erguß, desto kleiner wird das Herz. Schon bei etwa 300 ml wird es kritisch: Wird der Druck in der Herzbeutelhöhle höher als in den Vorhöfen, so werden diese zugedrückt. Dann kann kein Blut in das Herz einfließen. Wenn nichts hineinkommt, kann auch nichts herauskommen. Das Herz hört auf zu pumpen. Der Tod kann nur durch Absaugen des Herzbeutelergusses abgewendet werden.

● Welche Aufgaben haben die Herzklappen?
Sie sind Rückschlagventile, die den Blutstrom nur in einer Richtung zulassen. Ein Kreislauf des Blutes ist nur möglich, wenn die Pumpe das Blut nur in einer Richtung ausspritzt. Zugleich muß verhindert werden, daß das Blut in die Pumpe zurückläuft. Da das menschliche Herz 4 pumpende Räume hat, benötigt es auch 4 Rückschlagventile:
① Klappen zwischen den Vorhöfen und den Herzkammern: Sie schließen sich während der Anspannung der Herzkammern. Sie verhindern den Blutrückstrom aus den Herzkammern in die Vorhöfe.
② Klappen zwischen den Herzkammern und den großen Schlagadern: Sie schließen sich während des Erschlaffens der Herzkammern und verhindern den Blutrückstrom aus den großen Schlagadern.

● Wie sind die Herzklappen gebaut?
Die 4 Herzklappen sind 2 Typen zuzuordnen:
① *Segelklappen*: Die Öffnungen zwischen den Vorhöfen und den Herzkammern sind weit (etwa für 3 Finger durchgängig). Die Rückschlagventile bestehen hier aus 2 bzw. 3 segelartigen Falten der Herzinnenhaut, die sich wie Fallschirme aufblähen, wenn der Druck in den Herzkammern steigt, und zusammenfallen, wenn der Druck in den Vorhöfen höher ist.
② *Taschenklappen*: Die großen Schlagadern sind nur etwa daumendick (Weite 2-3 cm). Die sehr viel kleineren Verschlußmembranen sind taschenartig an der Gefäßwand angewachsen. Beide Taschenklappen haben je 3 Taschen.

● Welche Aufgaben haben die Papillarmuskeln?
Die Segel der Segelklappen werden über Haltefäden von den Papillarmuskeln festgehalten. Wenn man die Klappensegel mit Fallschirmen vergleicht, dann sind die Papillarmuskeln die Fallschirmspringer, die an den Halteseilen hängen. Die Papillarmuskeln öffnen keinesfalls die Klappen. Dies geschieht rein passiv aufgrund des Druckgefälles. Sie verhindern vielmehr, daß die Segel bei der Kammeranspannung in die Vorhöfe durchschlagen. Fallen Papillarmuskeln aus, z.B. nach einem Herzinfarkt, so schlagen die Segel durch, und die Klappe schließt nicht mehr dicht.

● Wie heißen die 4 Herzklappen?
① *Segelklappen* = Vorhof-Kammer-Klappen = Atrioventrikularklappen = AV-Klappen:
• Dreizipfelklappe = Trikuspidalklappe (die rechte Segelklappe hat 3 Segel),
• Zweizipfelklappe = Mitralklappe (die linke Segelklappe hat 2 Segel).
② *Taschenklappen*:
• Lungenschlagaderklappe = Pulmonalklappe (rechts),
• Hauptschlagaderklappe = Aortenklappe (links).

● Wo liegen die Herzklappen?
Die 4 Herzklappen liegen etwa in einer Ebene („Ventilebene"). Sie trennt Vorhöfe und Herzkammern und ist am Herzen außen durch die Herzkranzfurche markiert. Da das Herz schräg im Brustraum steht, ist auch die Ventilebene von links nach rechts geneigt.

● Wie verhalten sich die Herzklappen während eines Herzschlags?
Jeden Herzschlag (Herzzyklus) kann man in 4 Phasen einteilen:
① *Anspannungszeit*: Bei der Anspannung der Herzkammerwand schließen sich die Segelklappen. Dann bleiben Segel- und Taschenklappen ge-

schlossen, bis der Druck in den Herzkammern den Druck in den großen Schlagadern überschritten hat und die Lungenschlagaderklappe und die Hauptschlagaderklappe aufstößt.
② *Austreibungszeit*: Die Taschenklappen bleiben geöffnet, solange der Druck in den Herzkammern höher ist als in den großen Schlagadern. Sinkt er ab, so schlagen die Taschenklappen zu.
③ *Erschlaffungszeit*: Während des Erschlaffens der Herzkammerwände bleiben Segel- und Taschenklappen geschlossen.
④ *Füllungszeit*: Die Segelklappen gehen auf, wenn der Druck in den Herzkammern unter den Vorhofdruck gefallen ist. Dann fließt das in den Vorhöfen gesammelte Blut in die Herzkammern ein.

● **Welche Störungen kommen an den Herzklappen vor**?
Es gibt 2 Hauptarten von Herzklappenfehlern:
① Undichte Klappe (*Klappeninsuffizienz*): Die Segel oder Taschen legen sich nicht dicht aneinander oder haben Löcher. Blut strömt durch die geschlossene Klappe zurück.
② Zu enge Klappe (*Klappenstenose*): Die Klappe öffnet sich nicht weit genug, so daß der Blutstrom behindert ist.
Die beiden Fehlerarten können auch gemeinsam vorkommen (kombinierter Herzklappenfehler): eine zu enge Klappe schließt außerdem nicht dicht.

● **Welche Hauptursachen haben Herzklappenfehler**?
① *Herzinnenhautentzündung* (Endokarditis): Die Segel und Taschen der Herzklappen sind Falten der Herzinnenhaut. Sie schwellen bei deren Entzündung an und können miteinander verkleben. Dann wird die Klappe zu eng. Sie können aber auch nach der Entzündung narbig schrumpfen oder Löcher bekommen. Dann schließt die Klappe nicht mehr dicht. Häufigste Folge der Herzinnenhautentzündung ist die zu enge Zweizipfelklappe (Mitralstenose).
② *Herzinfarkt*: Sind von ihm auch Papillarmuskeln betroffen, so schlagen die Klappensegel durch, und die Klappe schließt nicht mehr dicht. Häufigste Folge des Herzinfarkts ist die undichte Zweizipfelklappe (Mitralinsuffizienz).
③ *Entwicklungsstörung*: Ein Herzklappenfehler kann auch angeboren sein. Meist ist dann eine Klappe zu klein. Häufigster angeborener Herzklappenfehler ist die zu enge Lungenschlagaderklappe (Pulmonalstenose).

● **Welche Folgen hat ein Herzklappenfehler**?
Er führt früher oder später zu einer Überlastung des Herzmuskels:
① *Undichte Klappe*: Durch sie fließt ein Teil des Blutes zurück, das beim nächsten Herzschlag erneut weitergepumpt werden muß. Ein Teil des Blutes pendelt also im Herzen hin und her, ohne daß er dem Körper nützt. Das Herz muß deswegen größere Mengen pumpen, als dies beim gesunden Herzen nötig ist.
② *Zu enge Klappe*: Die Durchflußmenge hängt außer von der Weite des Gefäßes auch vom Druck ab. Ist die Klappe zu eng, so muß das Blut mit einem höheren Druck hindurchgepreßt werden, damit der Körper ausreichend mit Blut versorgt wird. Das Herz muß also mit größerer Kraft pumpen, als dies beim gesunden Herzen nötig ist.

● **Wie entstehen die Herztöne**?
Beim gesunden Herzen kann man bei jedem Herzschlag 2 Töne hören:
① *Erster Herzton*: Der dumpfe Herzton entsteht durch den Schluß der Segelklappen und die Anspannung der Herzkammerwand. Er bezeichnet den Beginn der Kammersystole.
② *Zweiter Herzton*: Der helle Herzton kommt durch das Zuschlagen der Taschenklappen zustande. Er bezeichnet den Beginn der Kammerdiastole.

● **Was sind Herzgeräusche**?
Zusätzlich zu den normalen Herztönen können weitere „Geräusche" zu hören sein, vor allem bei Herzklappenfehlern (Strömungsgeräusche wie bei der Wasserleitung, Schwingungen von Klappensegeln und -taschen). Man nennt sie
① *systolische* Geräusche, wenn sie zwischen 1. und 2. Herzton zu hören sind,
② *diastolische* Geräusche, wenn sie zwischen 2. und 1. Herzton auftreten.

● **Wo hört man die Herztöne ab**?
Die Herztöne kann man über dem gesamten mittleren Brustbereich hören. Will man jedoch Geräusche von einer bestimmten Herzklappe möglichst genau hören, so setzt man das Stethoskop an folgenden Stellen auf:
① *Aortenklappe*: 2. Zwischenrippenraum rechts neben dem Brustbein,
② *Pulmonalklappe*: 2. Zwischenrippenraum links neben dem Brustbein,
③ *Mitralklappe*: im Bereich des Herzspitzenstoßes, also meist im 5. Zwischenrippenraum links, etwas rechts der Brustwarze,
④ *Trikuspidalklappe*: am unteren Ende des Brustbeinkörpers auf Höhe des Ansatzes der 6. Rippen (oder etwas rechts oder links davon, darüber gehen die Meinungen auseinander).

● **Was ist der Herzspitzenstoß**?
① Während jedes Herzschlags ändert das Herz seine Form und seine Lage im Brustkorb. Bei der Kammeranspannung wird dabei eine Stelle der Herzwand in Nähe der Herzspitze gegen die vorde-

re Brustwand gedrängt. Liegt diese Stelle auf der Höhe eines Zwischenrippenraums, so kann man den Herzspitzenstoß tasten oder sogar als rhythmische Vorwölbung sehen.
② Die Lage des Herzspitzenstoßes hängt von der Form und der Größe des Herzens, aber auch von der Form des Brustkorbs, der Körperhaltung usw. ab. Am häufigsten findet man den Herzspitzenstoß im 5. Zwischenrippenraum, etwas rechts der linken Brustwarze.
③ Die Lage des Herzspitzenstoßes läßt einen (groben) Schluß auf die Größe des Herzens zu. Das Herz ist meist vergrößert, wenn der Herzspitzenstoß links der linken Brustwarze zu tasten ist.

● **Welche Aufgabe hat das Erregungsleitungssystem des Herzens?**
Muskeln arbeiten nur, wenn vom Nervensystem ein entsprechender Impuls zu ihnen kommt. Beim Herzmuskel wäre dies unpraktisch und gefährlich: Zum einen müßte das Nervensystem die Impulse in Abständen von weniger als einer Sekunde tagaus tagein pausenlos senden. Zum anderen könnte eine kurzdauernde Störung im Nervensystem zum Herzstillstand führen. Mit seinem eigenen Erregungsbildungs- und Erregungsleitungssystem ist das Herz weitgehend unabhängig vom Nervensystem. Es sorgt dafür, daß
① das Herz regelmäßig arbeitet und keine Pausen entstehen,
② sich die einzelnen Abschnitte der Herzwand in einer sinnvollen Reihenfolge anspannen, also zuerst die Vorhöfe und dann, mit einer kleinen Verzögerung (0,1-0,2 s), die Herzkammern.

● **Aus welchem Gewebe ist das Erregungsleitungssystem aufgebaut?**
Aus *Herzmuskelgewebe*. Anders als bei allen anderen Muskeln übernehmen hier nicht Nerven, sondern spezialisierte Herzmuskelzellen die Erregungsleitung.

● **Wie ist das Erregungsleitungssystem gegliedert?**
① *Sinusknoten*: In einem kleinen Knoten in der Nähe der Mündung der oberen Hohlvene entstehen rhythmisch Erregungen. Diese breiten sich in weniger als 0,1 s über die beiden Vorhöfe aus und veranlassen deren Anspannung. Die Erregung springt nicht auf die Kammern über, da die Muskeln der Vorhöfe und der Kammern durch die Ventilebene vollständig voneinander getrennt sind.
② *AV-Knoten* (Atrioventrikularknoten): In der Nähe der Ventilebene liegt in der Vorhofscheidewand ein zweiter Knoten, der für die Erregung der Herzkammermuskeln zu sorgen hat. Zu ihm gelangt die Vorhoferregung. Sie wird aber nicht sofort an die Kammern weitergegeben, sondern etwa 0,1 s festgehalten. Diese Zeit benötigen die Vorhöfe, um die Kammern zu füllen.
③ *His-Bündel*: In der Ventilebene ist eine kleine Lücke für den Durchtritt des Erregungsleitungssystems gelassen. Durch sie läuft ein Strang vom AV-Knoten zur Kammerscheidewand. Er wird nach dem Entdecker His-Bündel genannt. Er teilt sich in 2 Schenkel auf:
④ *Schenkel* des Erregungsleitungssystems: Auf jeder Seite der Kammerscheidewand zieht ein Schenkel in Richtung Herzspitze (links meist zweigeteilt). Er spaltet sich in zahlreiche *Purkinje-Fasern* auf, über welche die Erregung zu den Muskelzellen der Herzkammerwand und der Papillarmuskeln gelangt.

● **Wie wird das Herz zu schnellerem oder langsamerem Schlagen veranlaßt?**
Im Sinusknoten entstehen normalerweise etwa 70 Erregungen pro Minute. Über die Herznerven wird der Sinusknoten zu schnellerer (Sympathikus) oder langsamerer (Parasympathikus) Erregungsbildung veranlaßt. Ähnlich wie der Sympathikus wirken die Hormone des Nebennierenmarks (Adrenalin, Noradrenalin).

● **Was geschieht, wenn der Sinusknoten ausfällt?**
Das Herz bleibt dann nicht stehen, weil auch der AV-Knoten rhythmisch Erregungen erzeugt, und zwar etwa 40 pro Minute. Sie werden normalerweise nicht wirksam, weil der Sinusknoten schneller ist. Fällt jedoch die Erregung des Sinusknotens aus, so schlägt das Herz im langsamen Rhythmus des AV-Knotens weiter. Das Herz arbeitet dann allerdings nicht mehr ökonomisch, da Vorhöfe und Kammern nicht mehr aufeinander abgestimmt sind. Es ist dann das Einsetzen eines künstlichen Herzschrittmachers zu erwägen.

● **Wieviel Herzkranzschlagadern hat der Mensch?**
In der Sicht des Anatomen 2: eine rechte und eine linke. Die linke teilt sich jedoch schon nach etwa 1 cm in 2 Äste: vorderer Zwischenkammerast (meist abgekürzt RIVA) und umbiegender Ast (CX). Die beiden sind jeder etwa so dick wie die rechte Herzkranzschlagader. Deshalb zählt der Kliniker 3 Herzkranzschlagadern, wenn er bei der koronaren Herzkrankheit (KHK) von einer Ein-, Zwei- oder Dreigefäßerkrankung spricht.

● **Wo entspringen die Herzkranzschlagadern?**
Aus der Hauptschlagader (Aorta) unmittelbar oberhalb der Aortenklappe.

● **Wie verlaufen die Herzkranzschlagadern?**
① *Rechte Herzkranzschlagader*: Sie läuft in der

rechten Herzkranzfurche von vorn um den rechten Umfang des Herzens nach rückwärts und steigt dann als hinterer Zwischenkammerast in der hinteren Zwischenkammerfurche ab.
② *Linke Herzkranzschlagader*: Der Hauptstamm und der umbiegende Ast liegen in der linken Herzkranzfurche. Der vordere Zwischenkammerast zieht in der vorderen Zwischenkammerfurche zur Herzspitze.

● **Wie sind die Versorgungsbereiche der beiden Herzkranzschlagadern abgegrenzt**?
Die rechte und die linke Herzkranzschlagader versorgen nicht getrennt die rechte und die linke Herzhälfte. Die Grenze ist vorn nach rechts und hinten nach links verschoben. Demnach gehören zur:
① *linken Herzkranzschlagader*: der größte Teil der linken Herzkammerwand, der linken Vorhofwand und der Kammerscheidewand sowie ein kleiner Teil der rechten Herzkammerwand im Bereich der Vorderwand,
② *rechten Herzkranzschlagader*: der größte Teil der rechten Herzkammerwand und der rechten Vorhofwand sowie ein kleiner Teil der Kammerscheidewand und der linken Herzkammerwand im Bereich der Hinterwand. Meist gehören auch der Sinusknoten und der AV-Knoten zur rechten Herzkranzschlagader.

● **Was ist ein Herzinfarkt**?
Der Herzinfarkt beruht auf dem Verschluß eines größeren Astes der Herzkranzschlagadern. Bei ungenügendem Umgehungskreislauf stirbt ein Teil des Herzmuskels ab und arbeitet nicht mehr mit. Je größer der abgestorbene Bereich, desto geringer wird die Pumpleistung des Herzens. Erschwerend kann der Ausfall von Papillarmuskeln und des Erregungsleitungssystems hinzukommen (Folge: undichte Segelklappen bzw. Herzrhythmusstörungen). Der Herzinfarkt führt häufig zum Tode. Im vereinten Deutschland sterben jährlich etwa 85 000 Menschen am akuten Herzinfarkt.

● **Wie häufig sind angeborene Herzfehler**?
Knapp 1 % der Neugeborenen sind mit schwereren Herzfehlern behaftet. Die häufigsten sind:
① Loch in der Kammerscheidewand (Ventrikelseptumdefekt, abgekürzt VSD),
② Loch in der Vorhofscheidewand (Vorhofseptumdefekt, ASD),
③ Vertauschung von Hauptschlagader und Lungenschlagader (Transposition der großen Arterien, TGA),
④ reitende Hauptschlagader (Dextroposition der Aorta),
⑤ Engstelle in der Hauptschlagader (Aortenisthmusstenose).

Manchmal sind mehrere Herzfehler gleichzeitig vorhanden, z.B. bei der häufigen Fallot-Tetralogie: Loch in der Kammerscheidewand + reitende Hauptschlagader + Engstelle in der Lungenschlagader + Verdickung der Wand der rechten Herzkammer.

● **Zu welchem Zeitpunkt der Entwicklung entstehen die meisten Herzfehler**?
In der 3.-6. Entwicklungswoche macht das Herz alle wichtigen Entwicklungsschritte durch. Anschließend wächst es nur noch (von den Umstellungen nach der Geburt abgesehen). Wenn die Schwangere ihr Kind nicht gefährden will, wird sie in dieser Zeitspanne nicht rauchen, keinen Alkohol trinken, möglichst keine Medikamente einnehmen und sich keinen radioaktiven Strahlen oder Röntgenstrahlen aussetzen. Eine Rötelnerkrankung in dieser Zeitspanne führt mit hoher Wahrscheinlichkeit zu Herzfehlern. Deshalb sollte jede Frau schon vor Eintritt einer Schwangerschaft gegen Röteln geimpft worden sein.

● **Welche Folgen hat ein Loch in der Herzscheidewand**?
Vor der Geburt bringt es keine Nachteile, weil das ovale Loch in der Vorhofscheidewand schon normalerweise vorhanden ist. Die Probleme treten erst nach dem ersten Atemzug auf, wenn der Lungenkreislauf voll in Betrieb genommen wird. Dann steigt der Druck in der linken Herzhälfte an. Durch ein verbleibendes Loch in der Scheidewand wird sauerstoffreiches Blut aus der linken Herzhälfte in die rechte gespritzt und erneut zur Lunge befördert (Links-rechts-Nebenschluß). Diese Blutmenge fehlt im Körperkreislauf, aber belastet den Lungenkreislauf zusätzlich. Die rechte Herzkammer muß mehr arbeiten als beim gesunden Herzen. Dies kann zu vorzeitigem Versagen führen (mit einem großen Loch in der Kammerscheidewand stirbt das Kind ohne Operation schon mit 1-2 Jahren).

● **Welche Folgen hat die Vertauschung von Haupt- und Lungenschlagader**?
Entspringt die Hauptschlagader aus der rechten und die Lungenschlagader aus der linken Herzkammer, so sind großer und kleiner Kreislauf vollständig getrennt. Vor der Geburt stört dies nicht, weil der Lungenkreislauf sowieso durch 2 Kurzschlüsse weitgehend umgangen wird. Nach der Geburt wird die Lage kritisch: Das sauerstoffreiche Blut aus der Lunge wird zur Lunge zurückgeschickt, das sauerstoffarme aus dem Körper erneut in den Körper ausgeworfen. Dies würde zum sofortigen Tod führen, wenn nicht die beiden Kurzschlüsse noch einige Zeit offen wären. Ohne Operation besteht keine Überlebenschance.

7.3 Schlagadern

● **Welche Schlagadern entspringen direkt aus dem Herzen?**
Nur 2:
① *Hauptschlagader* (Aorta): aus der linken Herzkammer für den Körperkreislauf,
② *Stamm der Lungenschlagadern*: aus der rechten Herzkammer für den Lungenkreislauf.

● **Wie verzweigt sich der Stamm der Lungenschlagadern?**
Der Stamm der Lungenschlagadern steigt aus der rechten Herzkammer steil nach links auf und teilt sich nach wenigen Zentimetern annähernd T-förmig in die rechte und linke Lungenschlagader. Diese schließen sich dem rechten und linken Hauptbronchus an und verzweigen sich mit den Bronchen in Lappen- und Segmentschlagadern.

● **Wie sieht die Hauptschlagader aus?**
Ähnlich wie ein Spazierstock (oder Schirmstock) mit halbkreisförmigem Griff. Das Anfangsstück ist beim jungen Erwachsenen etwa 2-3 cm dick.

● **In welche Abschnitte wird die Hauptschlagader gegliedert?**
① *Aufsteigende Aorta*: Vom Herzen steigt die Hauptschlagader nach rechts oben auf.
② *Aortenbogen*: In der Krümmung des „Spazierstocks" wendet sich die Hauptschlagader zuerst nach links hinten und dann nach unten.
③ *Absteigende Aorta*: Sie liegt den Wirbelkörpern links an. Sie hat 2 Unterabschnitte:
• *Brustaorta*: Dieser im Brustraum gelegene Teil reicht vom hinteren Ende des Aortenbogens bis zum Aortenschlitz des Zwerchfells.
• *Bauchaorta*: Im Bauchraum steigt die Aorta weiter ab, immer etwas links der Mittellinie. Sie endet mit ihrer Aufgabelung in die rechte und linke gemeinsame Beckenschlagader gering unterhalb des Nabels.

● **Welche Schlagadern entspringen aus den einzelnen Brustabschnitten der Hauptschlagader?**
① *Aufsteigende Aorta*: rechte und linke Herzkranzschlagader,
② *Aortenbogen*: Halsschlagader (= gemeinsame Kopfschlagader), Schlüsselbeinschlagader (rechts mit einem gemeinsamen Stamm, links einzeln),
③ *Brustaorta*: hintere Zwischenrippenschlagadern sowie kleinere Äste zu den Brustorganen und zum Zwerchfell.

● **Welche Schlagadern entspringen aus dem Bauchabschnitt der Hauptschlagader?**
Die zahlreichen Äste der Bauchaorta kann man in 2 Gruppen gliedern:
① *unpaarige Äste*: der gemeinsame Stamm der Leber-, Milz- und Magenschlagadern, die obere und die untere Gekröseschlagader,
② *paarige Äste*: Nierenschlagader, Eierstockschlagader bzw. Hodenschlagader, ferner Äste zum Zwerchfell, zu den Nebennieren und zur hinteren Bauchwand.

● **Wie verzweigt sich die Halsschlagader (gemeinsame Kopfschlagader)?**
Sie teilt sich etwa auf Höhe des Oberrandes des Schildknorpels in die:
① *innere Kopfschlagader*: Diese steigt ohne Äste in die Schädelhöhle auf und versorgt das Gehirn.
② *äußere Kopfschlagader*: Diese zweigt sich in zahlreiche Äste zur gesamten Oberfläche des Kopfes, zum vorderen Halsbereich, zu Mund- und Nasenhöhle und zum Rachen auf.

● **Welche Bereiche des Körpers versorgt die Schlüsselbeinschlagader mit Blut?**
① Hals, soweit er nicht von der äußeren Kopfschlagader betreut wird,
② Gehirn, zusätzlich zur inneren Kopfschlagader,
③ gesamter Arm,
④ vordere Brustwand,
⑤ oberer Teil der Bauchwand.

● **Wie oft ändert die Hauptblutversorgungsbahn des Arms ihren Namen?**
2mal.
① Sie beginnt als *Schlüsselbeinschlagader*.
② Nach dem Erreichen der Achselhöhle heißt sie *Achselschlagader*. Diese versorgt den Schulterbereich und die Wände der Achselhöhle.
③ Sie läuft weiter zum Arm und heißt dann *Armschlagader*. In der Ellenbeuge gabelt sich diese zur Speichen- und zur Ellenschlagader auf. Diese ziehen weiter zur Hand und vereinigen sich dort wieder in den beiden Hohlhandbogen. Aus diesen gehen die starken hohlhandseitigen Fingerschlagadern hervor. Am Handrücken sind die Schlagadern schwach.

● **Wie wird die Brustwand mit Blut versorgt?**
Ähnlich dem Käfig des Brustkorbs mit den Querverstrebungen der Rippen und den Längsverstrebungen des Brustbeins und der Wirbelsäule bilden auch die Schlagadern eine Art Käfig: Die Zwischenrippenschlagadern verlaufen in den Zwischenrippenräumen. Sie entspringen hinten aus der Brustaorta, vorn aus der inneren Brustwandschlagader (einem Ast der Schlüsselbeinschlagader, der am Rand des Brustbeins zur Bauchwand zieht).

● **Welche Besonderheit haben die Äste der Bauchaorta zu Magen, Leber, Milz und Darm?**
Während (fast) alle übrigen Schlagadern des Kör-

pers paarig sind (also eine rechts und eine links), werden die genannten Organe von unpaarigen Schlagadern versorgt. Es gibt insgesamt nur 3. Diese sind dafür besonders stark:
① *gemeinsamer Stamm der Leber-, Milz- und Magenschlagadern*: Er zweigt sich schon nach etwa 1 cm in Äste zu diesen Organen auf.
② *obere Gekröseschlagader*: Sie versorgt mit zahlreichen Ästen den Großteil des Darms und der Bauchspeicheldrüse.
③ *untere Gekröseschlagader*: Sie ist die schwächste der 3 Schlagadern und versorgt nur die afternahe Hälfte des Dickdarms einschließlich des Mastdarms.
Die Äste der Gekröseschlagadern sind untereinander stark vernetzt. Bei Verschluß eines stärkeren Astes ist der Umgehungskreislauf mehrfach gesichert. Nur bei Ausfall eines Hauptstammes wird es bedrohlich (Mesenterialinfarkt).

● **Wie verzweigt sich die gemeinsame Beckenschlagader**?
Sie teilt sich in die:
① *äußere Beckenschlagader*: Diese gibt Äste zur Bauchwand ab und zieht weiter zum Bein.
② *innere Beckenschlagader*: Diese zweigt sich zu den Beckenorganen (Harnblase, Gebärmutter, unterer Teil des Mastdarms), zur Gesäßgegend und zur Dammgegend (einschließlich äußeren Geschlechtsorganen) auf.

● **Wie oft ändert die Hauptblutversorgungsbahn des Beins ihren Namen**?
4mal.
① Sie beginnt als *gemeinsame Beckenschlagader*.
② Nach Abgang der inneren Beckenschlagader heißt sie *äußere Beckenschlagader*.
③ Sie tritt unter dem Leistenband in den Oberschenkel über und heißt dann *Schenkelschlagader*.
④ Nach Eintritt in die Kniekehle nimmt sie den Namen *Kniekehlenschlagader* an. Diese gabelt sich in die vordere und die hintere Schienbeinschlagader auf. Die vordere läuft zum Fußrücken, die hintere zur Fußsohle.
Bei Verschluß von großen Beinschlagadern reicht der Umgehungskreislauf häufig nicht aus. Es kommt zu Schmerzen beim Gehen und in schweren Fällen zum Absterben von Gewebe.

7.4 Venen

● **Welche Venen münden direkt in das Herz**?
Es münden in den
① *rechten Vorhof*: die obere und die untere Hohlvene sowie über die Herzkranzbucht die größeren Herzvenen,
② *linken Vorhof*: die 4 Lungenvenen.
③ In alle 4 Hohlräume des Herzens münden ferner die kleinsten Herzvenen aus der Herzwand.

● **Welche Einzugsgebiete haben die Hohlvenen**?
① *Obere Hohlvene*: die obere Körperhälfte (oberhalb des Zwerchfells mit Ausnahme der Lungenvenen und der Herzvenen),
② *untere Hohlvene*: die untere Körperhälfte (unterhalb des Zwerchfells).
Zwischen den Einzugsgebieten der beiden Hohlvenen gibt es zahlreiche Verbindungen, z.B. von den Venen der vorderen und der hinteren Bauchwand zu den Venen der vorderen und hinteren Brustwand. Eine wichtige Umgehungsbahn bilden auch die Wirbelvenengeflechte.

● **Aus welchen Venen entsteht die obere Hohlvene**?
Zur oberen Hohlvene fließen die rechte und die linke Arm-Kopf-Vene zusammen. Diese wiederum gehen aus der Vereinigung mehrerer Venen im „Venenwinkel“ hervor:
① *innere Halsvene* (innere Drosselvene): Ihr Einzugsgebiet entspricht etwa dem Versorgungsbereich der inneren Kopfschlagader.
② *äußere und vordere Halsvene* (äußere und vordere Drosselvene): entsprechen der äußeren Kopfschlagader.
③ *Schlüsselbeinvene*: entspricht der gleichnamigen Schlagader (Arm!).

● **Aus welchen Venen entsteht die untere Hohlvene**?
Zur unteren Hohlvene fließen die rechte und die linke gemeinsame Beckenvene zusammen. Zur gemeinsamen Beckenvene vereinigen sich die:
① *innere Beckenvene*: Ihr Einzugsgebiet entspricht etwa dem Versorgungsbereich der inneren Beckenschlagader.
② *äußere Beckenvene*: entspricht der gleichnamigen Schlagader (Bein!).

● **Wodurch unterscheidet sich die Astfolge der unteren Hohlvene von jener der Bauchaorta**?
Die den 3 unpaarigen Ästen der Bauchaorta entsprechenden Venen münden nicht direkt in die untere Hohlvene, sondern vereinigen sich zur Pfortader. Diese zieht zur Leber und bildet dort ein zweites Haargefäßnetz („Wundernetz“). Erst die aus diesem hervorgehenden Lebervenen münden kurz vor dem rechten Vorhof in die untere Hohlvene ein.

● **Welches Einzugsgebiet hat die Pfortader**?
Zur Pfortader vereinigen sich die
① *obere Gekrösevene*: mit dem Blut vom Dünndarm, von der oberen Hälfte des Dickdarms und von der Bauchspeicheldrüse,

② *Milzvene*: Sie hat vorher die untere Gekrösevene mit dem Blut von der unteren Hälfte des Dickdarms aufgenommen.
Die Magenvenen münden direkt in den etwa 6 cm langen Stamm der Pfortader. Er liegt hinter dem Zwölffingerdarm und spaltet sich an der Leberpforte in 2 Äste zum rechten und zum linken Leberlappen auf.

● **Welche Verbindungen bestehen zwischen dem Einzugsgebiet der Pfortader und dem direkten Stromgebiet der Hohlvenen**?
① Zwischen den Magenvenen (zur Pfortader) und den Speiseröhrenvenen (zur oberen Hohlvene),
② zwischen der Nabelvene (zur Pfortader) und Venen der Bauchwand (zur unteren und zur oberen Hohlvene),
③ zwischen den mittleren Mastdarmvenen (zur Pfortader) und den unteren Mastdarmvenen (zur unteren Hohlvene),
④ zwischen kleinen Venen der an die Bauchwand angelagerten Darmteile (zur Pfortader) und Venen der hinteren Bauchwand (zur unteren Hohlvene).

● **Welche Bedeutung haben die Verbindungen zwischen Pfortader- und Hohlvenengebiet**?
Als Umgehungskreisläufe bei Strömungsbehinderungen im Pfortadergebiet. Ist dem Blut der normale Abfluß aus der Pfortader verwehrt, so steigt zunächst der Druck an (Pfortaderhochdruck). Durch ihn erweitern sich die Verbindungswege zu den Hohlvenen. Diese reichen jedoch für die große Blutmenge der Pfortader nicht aus. Sie werden überdehnt. Vor allem an der Speiseröhre bilden sich Krampfadern (Ösophagusvarizen). Oft platzen diese schon bei einer geringen zusätzlichen Druckerhöhung, z.B. Pressen beim Stuhlgang. Die dann eintretende Blutung ist schwer zu stillen.

● **Wie entstehen Strömungshindernisse in der Pfortader**?
① *Vor der Leber* (prähepatisch): Eine Geschwulst, z.B. ein Krebs der Bauchspeicheldrüse, kann die Pfortader zusammenpressen. Ein Blutgerinnsel kann ihre Lichtung verschließen.
② *In der Leber* (intrahepatisch): Eine innere Vernarbung der Leber (Leberverhärtung) kann die Blutgefäße verengen. Häufigste Ursache des Pfortaderhochdrucks ist die Leberzirrhose bei Alkoholismus.
③ *Nach der Leber* (posthepatisch): Selten liegt ein Hindernis in den Lebervenen vor.

● **Welche größeren Hautvenen gibt es am Bein**?
① *Große Rosenvene* (große Saphena): Sie entsteht im Bereich des Schienbeinknöchels und zieht dann auf der Innenseite des Beins in der Unterhaut hoch. Etwa 3 Fingerbreit unterhalb des Leistenbandes mündet sie in die Schenkelvene ein.
② *Kleine Rosenvene* (kleine Saphena): Sie entsteht im Bereich des Wadenbeinknöchels und zieht dann auf der Rückseite des Unterschenkels hoch zur Kniekehle. Dort mündet sie in die Kniekehlenvene ein.

● **Welche chirurgische Bedeutung haben die Hautvenen des Beins**?
① Die beiden größeren Hautvenen werden vom Chirurgen bevorzugt verwendet, wenn er als Ersatz für eine verschlossene Schlagader ein körpereigenes Blutgefäß einsetzen will. Da die Wände von Schlagadern und von Venen nach dem gleichen Prinzip gebaut sind, kann sich die Venenwand rasch an den höheren Druck anpassen.
② Bei starkem Befall mit Krampfadern werden diese Venen am besten entfernt, z.B. in einer „Strippingoperation".

● **Was sind Perforansvenen**?
Verbindungen zwischen den Hautvenen und den tiefen Venen des Beins. Sie sind mit Venenklappen versehen, die nur den Blutstrom von der Oberfläche in die Tiefe zulassen. Dadurch wird der Blutabfluß aus der Haut begünstigt, der nicht so gut durch die Muskelpumpe gefördert wird wie der Blutstrom in den tiefen Venen. Undichte Klappen in den Perforansvenen begünstigen das Entstehen von Krampfadern.

7.5 Lymphatisches System

● **Was rechnet man zum lymphatischen System**?
① Lymphgefäßsystem,
② lymphatische Organe: Lymphknoten, Mandeln, Milz und Thymus,
③ schleimhautassoziiertes lymphatisches Gewebe, vor allem im Darm, aber auch in zahlreichen weiteren Organen, wie Bronchen, Geschlechtsorganen, Speicheldrüsen, Brustdrüse usw.

● **Welche Aufgaben haben die Lymphgefäße**?
Sie bilden ein Transportsystem neben dem Blutkreislauf. Sie befördern Stoffe, die nicht sofort dem Blut beigemischt werden sollen oder können und erst gefiltert werden müssen. Dazu gehören:
① die aus der Nahrung aufgenommenen Fette,
② Teilchen, die nicht die Haargefäßwand durchdringen können, wie Bakterien und Geschwulstzellen.
Der Lymphstrom ist sehr langsam: pro Tag werden insgesamt nur etwa 2 l Lymphe transportiert (gegenüber etwa 7000 l Blut im Blutkreislauf!).

● **Wie ist das Lymphgefäßsystem angeordnet?**
① Das Lymphgefäßsystem bildet keinen geschlossenen Kreislauf wie das Blutgefäßsystem. Es beginnt blind im Gewebe mit den Lymphkapillaren und endet mit den großen Lymphstämmen, die beidseits am Hals in den Venenwinkel einmünden.
② Die Lymphgefäße ähneln dünnwandigen Venen und laufen an Arm und Bein auch häufig parallel zu Hautvenen. Kennzeichnend für die Lymphgefäße sind zahlreiche Taschenklappen.
③ In den Verlauf der Lymphbahn sind Lymphknoten als Filterstationen eingeschaltet. Meist durchströmt die Lymphe mehrere Lympknoten, bevor sie in das Blut eingeleitet wird.

● **Was ist der Milchbrustgang?**
Der stärkste Lymphstamm des Körpers.
① Zu ihm vereinigen sich die Lymphbahnen der unteren Körperhälfte (Beine, Becken, Bauchraum, Bauchwand). Er tritt durch den Aortenschlitz in den Brustraum über und steigt entlang der Hauptschlagader zum Hals auf.
② Kurz vor seiner Mündung in den linken Venenwinkel nimmt er noch Lymphstämme vom linken Arm, von der linken Lunge und von der linken Kopfhälfte auf. Damit ergießt sich die Lymphe von 3/4 des Körpers in den linken Venenwinkel und nur das restliche Viertel in den rechten.
③ Der Name Milchbrustgang beruht auf der milchartigen weißen Farbe der vom Darm kommenden fettreichen Lymphe.

● **Welche Aufgaben haben die lymphatischen Organe?**
① Sie dienen der spezifischen Abwehr. Sie bilden und beherbergen Lymphozyten.
② Daneben haben sie zum Teil noch andere Aufgaben: Die Lymphknoten sind als Filterstationen in das Lymphgefäßsystem eingeschaltet. Die Milz ist eine Art Blutlymphknoten und filtert z.B. überalterte rote Blutkörperchen aus.

● **Wie sehen Lymphknoten aus?**
Sie sind hirsekorn- bis bohnengroß. Auf der einen Seite des Lymphknotens treten mehrere zuführende Lymphgefäße ein. Auf der anderen Seite fließt die gereinigte Lymphe in den abführenden Lymphgefäßen ab.

● **Wie ist ein Lymphknoten gebaut?**
① *Filterstation*: Die Lymphe durchströmt ein Reusenwerk von Hohlräumen (Sinus). In deren Wänden sitzen Freßzellen, die Zelltrümmer, Bakterien, ungelöste Stoffe usw. aus der Lymphe aufnehmen und sie so reinigen.
② *Bildungs- und Aufenthaltsstätte von Lymphozyten*: Der Raum zwischen den Sinus ist von Lymphozyten gefüllt. In der Rinde und im Mark findet man überwiegend B-Lymphozyten, im dazwischen gelegenen Parakortex T-Lymphozyten.

● **Was sind Lymphknötchen?**
① Rundliche Ansammlungen von Lymphozyten im Gewebe nennt man Lymphknötchen (Lymphfollikel). Im mikroskopischen Präparat haben sie häufig einen dunkleren Rand und eine hellere Mitte (Keimzentrum). Im Keimzentrum teilen sich die Lymphozyten lebhaft.
② Lymphknötchen werden überwiegend von B-Lymphozyten besiedelt. Lymphknötchen sind besonders reichlich in den B-Lymphozyten-Regionen der lymphatischen Organe, kommen aber auch in vielen anderen Organen vor.

● **Wo liegen im Körper Lymphknoten?**
Lymphknoten sind im Körper nicht gleichförmig verteilt, sondern wie Festungen an strategisch bedeutsamen Stellen zu Gruppen zusammengezogen. Die wichtigsten Lymphknotengruppen sind:
① *Leistenlymphknoten*: für die Lymphe des Beins (einschließlich Gesäßgegend), der vorderen Bauchwand und der Dammgegend,
② *Achsellymphknoten*: für die Lymphe des Arms, der Brustwand und des Rückens,
③ *Halslymphknoten*: für die Lymphe des Kopfes und des Halses,
④ *Lymphknoten entlang der Bauchaorta*: für die Lymphe der Bauchorgane,
⑤ *Lymphknoten des Mittelfellraums*: für die Lymphe der Brustorgane.

● **Was versteht man unter regionären Lymphknoten?**
Die erste Filterstation für die Lymphe einer bestimmten Region.
① An den Gliedmaßen sind die regionären Lymphknoten oft weit von ihrer Region entfernt, z.B. sind die regionären Lymphknoten des Fußrückens die Leistenlymphknoten.
② Bei den inneren Organen liegen die regionären Lymphknoten meist in der Nähe des Organs.

● **Welche ärztliche Bedeutung haben Lymphknoten?**
In ihren Filtereinrichtungen bleiben Bakterien und Geschwulstzellen hängen. Bei Infektionen erkranken daher die regionären Lymphknoten häufig mit. Bei bösartigen Geschwülsten (Krebs) wachsen die ersten Tochtergeschwülste (Metastasen) meist in den regionären Lymphknoten heran.

● **Sind Lymphknoten zu tasten?**
① Gesunde Lymphknoten sind weich wie Fettgewebe und daher in der Unterhaut nicht zu tasten.
② Bei Erkrankungen können sie stark anschwellen und tastbar werden. Als Folge einer Entzündung

wird vermehrt Bindegewebe eingebaut (Vernarbung). Dann bleibt ein Lymphknoten zeitlebens verhärtet. In der Leistengegend sind bei fast allen Erwachsenen verhärtete Lymphknoten zu tasten.
③ Krebsbefallene Lymphknoten sind besonders hart. Jede neu entstehende schmerzlose Lymphknotenverhärtung ist daher krebsverdächtig! Das Abtasten der wichtigen Lymphknotengruppen gehört zu jeder eingehenden ärztlichen Untersuchung.

● **Sieht man Lymphgefäße und Lymphknoten im Röntgenbild**?
Normalerweise nicht. Man kann sie aber teilweise durch Kontrastmittel darstellen (Lymphographie). Dazu spritzt man zuerst einen Farbstoff in die Unterhaut, der auf dem Lymphweg abtransportiert wird und dabei die Lymphgefäße anfärbt. Dann wird eines der durch die Haut schimmernden Lymphgefäße freigelegt und eine sehr feine Hohlnadel eingestochen. Durch diese wird mit Hilfe einer Injektionsmaschine das Kontrastmittel ganz langsam eingespritzt, damit das Lymphgefäß nicht platzt. Mit dem injizierten Lymphgefäß stellen sich auch alle Lymphknoten im Röntgenbild dar, die von der kontrastmittelhaltigen Lymphe durchflossen werden.

● **Was versteht man in der Anatomie unter Mandeln**?
Die Mandeln (Tonsillen) sind lymphatische Organe in der Rachenwand. Es handelt sich um:
① *Gaumenmandel*: Das etwa mandelgroße Organ liegt in der Mandelgrube zwischen den beiden Gaumenbogen an der Schlundenge. Bei Entzündungen schwellen die Mandeln und ihre Umgebung stark an. Dann wird die Schlundenge sehr eng („Angina“), und das Schlucken wird beschwerlich.
② *Rachenmandel*: Das unpaarige Organ liegt im Rachendach. Eine große Rachenmandel kann die Verbindung zwischen Nasenhöhle und Rachen einengen und die Atmung behindern.
③ *Ohrtrompetenmandel*: um die Mündung der Ohrtrompete gelegen.
④ *Zungenmandel*: Der Zungengrund (hinter den Wallpapillen) ist stark mit lymphatischem Gewebe durchsetzt.
⑤ *Seitenstränge*: 2 Streifen lymphatischen Gewebes laufen längs an der hinteren Rachenwand. Bei Rachenentzündungen fallen sie durch ihre stärkere Rötung und Schwellung auf.

● **Wodurch unterscheiden sich die Mandeln von Lymphknoten**?
① Sie liegen in der Schleimhaut und besiedeln auch das Deckgewebe mit Lymphozyten.
② Sie haben nur abführende, aber keine zuführenden Lymphgefäße. Sie können daher keine Filterstationen für Lymphe sein.

● **Welche Vorstellungen hat man über die Aufgaben der Mandeln**?
Unbestritten stehen die Mandeln als lymphatische Organe im Dienst der Abwehr. Ihrer Lage nach kontrollieren sie die Eingänge in den Luftweg und den Speiseweg („lymphatischer Rachenring“). Wie sie als Grenzwächter arbeiten, darüber sind die Meinungen geteilt:
① Sie vernichten Bakterien und Viren, die mit der Atemluft oder Nahrung in den Körper gelangen.
② Sie identifizieren die eingedrungenen Kleinstlebewesen und lösen entsprechende Immunreaktionen aus.

● **Bestehen Altersunterschiede in der Größe der Mandeln**?
Ja. Die Immunabwehr wird in der Kindheit aufgebaut. Der Erwachsene ist mit den meisten Krankheitserregern schon einmal in Berührung gekommen und ist daher schon immun dagegen. Die lymphatischen Organe sind folglich in der Kindheit am größten. Die Rachenmandel ist bei manchen Kindern so groß, daß die Atmung durch die Nase nicht mehr ausreicht und der Mund geöffnet gehalten werden muß. In diesem Fall wird man die Rachenmandel kappen, um die Nase für die Atmung freizubekommen.

● **Wo im Körper findet man noch mandelähnliche Organe**?
① In der Wand des Dünndarms, vor allem des Krummdarms, liegen zahlreiche kleine Ansammlungen von Lymphknötchen unmittelbar unter dem Deckgewebe. Einige davon werden mehrere Zentimeter lang (Peyer-Platten). Der Wurmfortsatz ist als ganzer mehr oder weniger vom Verdauungsorgan zum lymphatischen Organ umgestaltet. Man faßt all die kleineren und größeren „Darmmandeln“ unter dem Begriff *darmassoziiertes lymphatisches Gewebe* zusammen (abgekürzt GALT).
② Ähnliches lymphatisches Gewebe findet man in der Schleimhaut der Bronchen und der Geschlechtsorgane, in Speicheldrüsen, in der Brustdrüse usw. Man hat hierfür den Sammelbegriff *schleimhautassoziiertes lymphatisches Gewebe* (MALT) vorgeschlagen.

● **Was ist der Thymus**?
Ein lymphatisches Organ im oberen Mittelfellraum. Beim Säugling besteht es aus 2 Lappen von je etwa 5 cm Länge und 2 cm Breite. Der Thymus wächst beim Kleinkind noch etwas, bleibt dann bis zur Pubertät etwa gleich groß und verfettet anschließend zum Thymusrestkörper.

● **Welche Aufgaben hat der Thymus**?
① Er ist der „Ausbildungsort“ der T-Lymphozyten (T = thymusabhängig). Er wird fast ausschließlich

von T-Lymphozyten bevölkert. Da die B-Lymphozyten weitgehend fehlen, findet man in ihm auch keine Lymphknötchen (als typische B-Lymphozyten-Ansammlungen). Mit der Rückbildung des Thymus beim Erwachsenen hängt vermutlich die Abwehrschwäche des alten Menschen zusammen.
② Möglicherweise bildet er auch Hormone, z.B. Thymosin, das die Entwicklung der lymphatischen Organe fördert.
③ Die Muskelschwächekrankheit (Myasthenie) wird mit einer „Überfunktion" des Thymus in Zusammenhang gebracht. Sie wird jedenfalls durch Entfernen des Thymus gebessert.

● **Wie sieht die Milz aus**?
Die gesunde Milz ist etwa 4 cm dick, 7 cm breit, 11 cm lang („4711") und wiegt etwa 150 g. Die Form kann man mit etwas Phantasie mit einem Orangenviertel vergleichen: Die Zwerchfellfläche ist gleichmäßig konvex. Die Eingeweidefläche wird vorn vom Magen und von der linken Dickdarmbiegung, hinten von der linken Niere eingedellt. Dazwischen treten die Milzgefäße am Milzhilum in die Milz ein bzw. aus.

● **Wo liegt die Milz**?
Im linken Oberbauch seitlich hinten etwa im Bereich der 9.-11. Rippe.

● **Wie ist die Milz im Innern gegliedert**?
Auf einem Schnitt durch die Milz sieht man außer dem bindegewebigen Balkenwerk mehr weißliche und mehr rötliche Bereiche (weiße und rote Pulpa).

● **Welche Aufgaben hat die weiße Pulpa**?
Sie besteht aus lymphatischem Gewebe und erzeugt Lymphozyten und Abwehrstoffe. Sie ist in den Aufgaben am ehesten mit einem in die Blutbahn eingeschalteten Lymphknoten zu vergleichen. Während der Lymphknoten nur die Lymphe aus wenigen zuführenden Lymphgefäßen filtert, ist die Milz für den gesamten Blutkreislauf zuständig. Bei einer Überschwemmung des Kreislaufs mit Bakterien („Blutvergiftung" = Sepsis) ist die Milz das zentrale Abwehrorgan. In der Milz halten sich etwa 20mal soviel Lymphozyten auf wie in allen Lymphknoten zusammengenommen.

● **Welche Aufgaben hat die rote Pulpa**?
In ihr werden die gealterten roten Blutkörperchen abgebaut („Blutmauserung"). Dies stellt man sich so vor: Die roten Blutkörperchen müssen sich in der roten Pulpa durch das enge Netzwerk der Milzstränge zwängen. Junge Blutkörperchen können sich gut verformen und schlüpfen durch das Netz. Mit zunehmendem Alter werden die roten Blutkörperchen starrer. Sie verfangen sich dann in den Maschen des Netzes und werden von Freßzellen abgebaut. Der bei der Blutmauserung freiwerdende Blutfarbstoff Hämoglobin wird zu Gallenfarbstoffen umgebaut und von der Leber in die Galle ausgeschieden. Bei vermehrtem Blutkörperchenabbau kann daher eine Gelbsucht auftreten.

● **Kann man ohne Milz leben**?
Ja, aber man ist dann durch eine Blutvergiftung stärker gefährdet. Der Blutzellabbau wird nach Entfernen der Milz von der Leber übernommen.

● **Wieso ist die Milz besonders unfallgefährdet**?
Das pralle Organ hat eine verhältnismäßig zarte bindegewebige Kapsel. Bei Quetschung platzt diese leicht. Dann blutet es bedrohlich. Früher wurde in solchen Fällen die Milz einfach entfernt. Heute bemüht man sich, die Milz wegen ihrer Abwehraufgaben zu erhalten und den Riß zu kleben. Die Milz kann auch bei Operationen im Bauchraum leicht verletzt werden. Der Chirurg muß daher in der Milzgegend sehr behutsam vorgehen.

● **Was ist eine Nebenmilz**?
Etwa jeder 5. Mensch hat noch eine zweite, meist sehr kleine Milz. Sie liegt gewöhnlich in der Nähe der Hauptmilz, gelegentlich aber auch irgendwoanders im Bauchraum. Sogar im Hodensack wurde schon eine Nebenmilz gefunden.

8 Sinnesorgane

8.1 Auge

● **In wieviel Hauptschichten wird die Wand des Auges gegliedert**?
Die Wand des Auges bilden 3 Augenhäute:
① äußere = faserreiche Augenhaut: Lederhaut und Hornhaut,
② mittlere = gefäßreiche Augenhaut: Aderhaut, Strahlenkörper und Regenbogenhaut,
③ innere = nervenzellreiche Augenhaut: Netzhaut.

● **Wie ist die äußere Augenhaut gebaut**?
① Die äußere Augenhaut besteht hauptsächlich aus zugfesten Fasern. Sie ist daher ähnlich wie Bänder und Sehnen weiß gefärbt. Nur im vordersten Abschnitt sind die Fasern in eine Grundsubstanz mit gleichem Lichtbrechungsindex eingelagert und deswegen durchsichtig. Den durchsichtigen Teil nennt man *Hornhaut*, den weißen *Lederhaut*.
② Die Hornhaut ist etwas stärker gekrümmt als die Lederhaut und wölbt sich daher vor. Trocknet die Hornhaut ein, so wird sie trüb. Sie muß daher ständig mit Tränenflüssigkeit befeuchtet werden. Die gesunde Hornhaut ist frei von Blutgefäßen.

● **Wie ist die mittlere Augenhaut gebaut?**
Die mittlere Augenhaut besteht aus 3 Teilen:
① *Aderhaut*: eine gefäßreiche Schicht zwischen Lederhaut und Netzhaut.
② *Strahlenkörper*: Er sondert das Kammerwasser ab und enthält den Linsenmuskel für die Entfernungseinstellung der Augenlinse.
③ *Regenbogenhaut*: Sie stellt mit Hilfe der Sehlochmuskeln je nach Helligkeit das Sehloch (Pupille) enger oder weiter. Sie hat damit die gleiche Aufgabe wie die Blende bei der Kamera. Die Farbe der Regenbogenhaut hängt von der Menge des eingelagerten Pigments ab: braun = pigmentreich, blau = pigmentarm.

● **Wie ist die innere Augenhaut gebaut?**
Die Netzhaut enthält die Lichtsinneszellen und zahlreiche weitere Nervenzellen. Das menschliche Auge nimmt mit 2 Arten von Sinnesfortsätzen (Rezeptoren) Lichtreize auf:
① Die *Stäbchen* melden nur hell oder dunkel.
② Mit den *Zapfen* können Farben unterschieden werden.
Die Netzhaut ist in 10 Schichten zu gliedern. Die inneren 9 Schichten sind durchsichtig. Das Licht muß erst 8 Schichten durchqueren, bis es in der 9. Schicht auf die Stäbchen und Zapfen trifft. Die äußerste Schicht (Pigmentepithel) ist reich an einem braunen Farbstoff. Durch diesen werden Lichtreflexe im Auge verhindert.

● **Was ist der gelbe Fleck?**
Der gelbe Fleck (*Makula*) ist die Stelle des schärfsten Sehens in der Netzhaut. Um einen Gegenstand genau zu betrachten, dreht man das Auge so, daß das Bild des Gegenstands auf den gelben Fleck fällt. Dort liegen nur Zapfen. Diese benötigen helleres Licht als die Stäbchen. Deshalb kann man im Dunkeln nicht scharf sehen.

● **Was ist der blinde Fleck?**
Die Stächen- und Zapfenzellen melden dem Gehirn die Lichtreize über den Sehnerv. Die Sehnervenfasern verlassen die Netzhaut nicht einzeln, sondern gebündelt an einer ganz bestimmten Stelle. Dort ist deshalb kein Platz für Stäbchen und Zapfen. Deshalb können an dieser Stelle keine Lichtreize wahrgenommen werden.

● **Was versteht man unter „Sehbahn"?**
Den Weg der Nervenerregung von der Netzhaut zum Großhirn (seine Unterbrechung führt zu teilweiser oder vollständiger Blindheit):
① 3 Schichten Nervenzellen in der Netzhaut,
② Sehnerv,
③ Sehnervenkreuzung,
④ Sehstrang,
⑤ äußerer Kniehöcker des Zwischenhirns,
⑥ Sehstrahlung,
⑦ Sehrinde im Hinterhauptlappen des Großhirns.

● **Wozu dient das Augenspiegeln?**
Leuchtet man durch die Pupille mit einer starken Lampe in das Auge und sieht man mit dem Lichtstrahl hinein, so kann man den „*Augenhintergrund*" (= Netzhaut) betrachten. Dabei kann man nicht nur Erkrankungen des Auges, z.B. Altersveränderungen und Netzhautablösung, erkennen. Hier kann man auch kleine Schlagadern und Venen beobachten, ohne den Körper aufschneiden zu müssen. Man kann so z.B. Gefäßveränderungen beim Bluthochdruck sehen. Aus der Form des blinden Flecks kann man auf manche Erkrankungen des Gehirns, z.B. einen erhöhten Hirnwasserdruck, schließen.

● **Was ist die Augenlinse?**
① Die Augenlinse ist ein glasklares, stark lichtbrechendes, linsenförmiges Gebilde im Innern des Auges. Ihr Durchmesser beträgt etwa 1 cm und ihre größte Dicke 4 mm.
② Sie hat, zusammen mit der Hornhaut, ähnliche Aufgaben wie das Linsensystem im Objektiv einer Kamera: Sie wirft ein Bild der vor dem Auge befindlichen Umwelt auf die Netzhaut. Durch den Linsenmuskel des Strahlenkörpers wird die Krümmung der Augenlinse auf die Entfernung eingestellt. Sie ist deswegen mit feinen Fasern am Strahlenkörper aufgehängt.
③ Mit zunehmendem Lebensalter nimmt die Elastizität der Augenlinse ab. Sie verharrt zuletzt in der Ferneinstellung. Deshalb benötigt auch der Normalsichtige etwa ab dem 45. Lebensjahr eine Lesebrille.

● **Was sind Kurz-und Weitsichtigkeit?**
Bei diesen sog. Brechungsfehlern stimmen die Lichtbrechung in Hornhaut und Augenlinse nicht mit der Gesamtform des Auges überein. Das Bild der Umwelt liegt nicht auf der Netzhaut:
① Beim *Kurzsichtigen* ist das Auge zu lang. Das Bild liegt vor der Netzhaut. Durch eine vor das Auge gesetzte Zerstreuungslinse kann das Bild zurückverlagert werden.
② Beim *Weitsichtigen* ist das Auge zu kurz. Das Bild liegt hinter der Netzhaut. Durch eine Sammellinse wird das Bild nach vorn gezogen.

● **Was ist das Kammerwasser?**
Das Kammerwasser ist eine klare Flüssigkeit, die den Hohlraum zwischen der Hornhaut und der Augenlinse füllt. Das Kammerwasser wird vom Deckgewebe des Strahlenkörpers abgesondert. Es ist für den Augeninnendruck verantwortlich.

● **Was sind grauer und grüner Star?**
① Grauen Star (*Katarakt*) nennt man eine Trübung

der Augenlinse. Ist sie hochgradig, so können die Lichtstrahlen nicht mehr zur Netzhaut gelangen. Entfernt man die trübe Augenlinse (Staroperation), so kehrt das Sehvermögen zurück. Um scharf sehen zu können, muß man allerdings eine Kunststofflinse an die Stelle der entfernten Augenlinse in das Auge oder eine Starbrille vor das Auge setzen.
② Grünen Star (*Glaukom*) nennt man eine Erhöhung des Augeninnendrucks. Sie ruft heftige Schmerzen hervor. Das Auge kann wegen des Drucks auf die Netzhaut erblinden. Ursache ist meist ein gestörter Abfluß des Kammerwassers (im Kammerwinkel zwischen Hornhaut und Regenbogenhaut).

● **Was ist der Glaskörper**?
Der Glaskörper ist eine zellfreie, durchsichtige Gallerte, die den Hohlraum zwischen Augenlinse und Netzhaut ausfüllt.

● **Wieviel innere Augenmuskeln gibt es**?
3, davon 2 in der Regenbogenhaut, einer im Strahlenkörper:
① Erweiterer der Pupille,
② Schließmuskel der Pupille,
③ Linsenmuskel.
Der Erweiterer der Pupille wird vom Sympathikus, die beiden anderen werden vom Parasympathikus versorgt. Deshalb wird bei Aufregung und Angst (Sympathikus!) die Pupille weit.

● **Wieviel äußere Augenmuskeln gibt es**?
6, davon 4 gerade und 2 schräge.
① Die äußeren Augenmuskeln liegen in der Augenhöhle um das Auge und den Sehnerv herum. Sie dienen der Feineinstellung des Auges, damit das Bild des betrachteten Gegenstands auf den gelben Fleck der Netzhaut fällt. (Die Grobeinstellung erfolgt durch Drehen des Kopfes oder des ganzen Körpers.)
② Die äußeren Augenmuskeln werden von den Augenmuskelnerven (3., 4. und 6. Hirnnerv) versorgt. Bei Lähmungen entstehen Doppelbilder.

● **Welche Aufgaben haben die Augenlider**?
① *Lichtschutz*: Mit Hilfe der Lider kann man das Sehorgan nahezu „abschalten".
② *Blendschutz*: Durch „Zukneifen" der Lider kann man die „Abblendung" (durch Verengen der Pupille) unterstützen.
③ *Schutz vor Austrocknung*: Mit dem Lidschlag wird die Tränenflüssigkeit über die Augenvorderfläche verteilt. Dies ist nötig, damit die Hornhaut nicht austrocknet und sich trübt.
④ *Mechanischer Schutz*: Bei Annäherung einer Gefahr werden die Lider reflektorisch geschlossen (Hornhautreflex, Bindehautreflex).

● **Wie sind die Augenlider gebaut**?
Die Augenlider sind Platten aus Bindegewebe und Skelettmuskel, die außen von zarter Haut, innen von Schleimhaut (Bindehaut) überzogen sind:
① *Lidplatte*: Ein Streifen dicht verfilzten zugfesten Bindegewebes bildet eine Art Skelett des Lids. Er ist im Oberlid etwa 10 mm, im Unterlid 5 mm hoch.
② *Schließmuskel des Auges*: Eine Schicht ringförmig die Lidspalte umziehender Muskelfasern liegt vor der Lidplatte. Sie wird vom Gesichtsnerv versorgt. Bei dessen Ausfall (Fazialislähmung) kann die Lidspalte nicht mehr geschlossen werden. Dann droht die Hornhaut auszutrocknen und sich zu trüben. Zum Schutz davor muß der Patient einen „Uhrglasverband" tragen.
③ *Oberlidheber*: Das Oberlid wird von einem Muskel gehoben, der mit den äußeren Augenmuskeln aus der Tiefe der Augenhöhle kommt.
④ *Wimpern*: Kräftige Haare an den Lidkanten halten Insekten usw. vom Auge fern.
⑤ *Liddrüsen*: An der Lidkante münden 3 Arten von Drüsen: Lidplattendrüsen, Wimperndrüsen und Talgdrüsen. Das schmerzhafte Gerstenkorn ist die Eiterung einer Wimperndrüse.

● **Was ist die Bindehaut**?
Die Bindehaut ist eine Schleimhaut. Sie bedeckt die Hinterseite der Lider und an der Vorderseite des Auges die Lederhaut (nicht die Hornhaut). Im Bindehautsack schlägt sie sich vom Lid auf das Auge um. Augentropfen werden in den Bindehautsack geträufelt. Bei der Bindehautentzündung rötet sich das „Weiße" des Auges, weil sich in der sonst klaren Bindehaut die Blutgefäße erweitern.

● **Welche Aufgaben hat die Tränenflüssigkeit**?
Täglich wird etwa ein halber Liter Tränenflüssigkeit erzeugt. Sie dient dem:
① Reinigen der Bindehautsäcke,
② Befeuchten der Hornhaut,
③ Ausgleich kleiner Unebenheiten der Hornhaut, damit auf der Netzhaut kein verzerrtes Bild entsteht.

● **Wo wird die Tränenflüssigkeit gebildet und wohin fließt sie ab**?
Die Tränenflüssigkeit wird von der *Tränendrüse* (oben seitlich in der Augenhöhle) abgesondert. Sie wird beim Lidschlag über die Vorderfläche des Augapfels verteilt. Am inneren Augenwinkel wird die Tränenflüssigkeit über die Tränenröhrchen in den *Tränensack* abgesaugt und dann über *den Tränen-Nasen-Gang* in die Nasenhöhle abgeleitet. Dort hilft sie noch mit beim Anfeuchten der Atemluft. Wird mehr Tränenflüssigkeit gebildet, als über die Tränenwege abfließen kann, so perlt sie als „Tränen" über die Kante des Unterlids.

8.2 Hör- und Gleichgewichtsorgan

● **Aus welchen Hauptteilen besteht das Hör- und Gleichgewichtsorgan**?
① Schalltrichter = *äußeres Ohr*: Ohrmuschel und äußerer Gehörgang,
② Verstärker = *Mittelohr*: Paukenhöhle mit Trommelfell und Gehörknöchelchen, Ohrtrompete und Hohlräume des Warzenfortsatzes,
③ Analysator = *Innenohr*: Schneckenlabyrinth (Hörorgan) und Vorhoflabyrinth (Gleichgewichtsorgan).

● **Wie ist der äußere Gehörgang gebaut**?
Der äußere Gehörgang ist 3-4 cm lang und 5-10 mm weit. Er beginnt an der Ohrmuschel und endet am Trommelfell. Sein Stützgerüst besteht teils aus Knochen, teils aus elastischem Knorpel. Er ist mit Haut ausgekleidet, die Talgdrüsen und Ohrschmalzdrüsen enthält. Kräftige Haare erschweren das Eindringen von Insekten.

● **Kann man abstehende Ohren durch Verbände allmählich anlegen**?
*Nein.*Die Ohrmuschel ist durch elastischen Knorpel versteift, der sich immer wieder zu seiner ursprünglichen Form aufrichtet.

● **Welche Aufgaben hat das Trommelfell**?
① Es überträgt die im äußeren Gehörgang ankommenden Schallschwingungen auf die Gehörknöchelchen.
② Es dichtet die Paukenhöhle gegen den äußeren Gehörgang ab. Ist das Trommelfell durchlöchert, so kann beim Schwimmen Wasser in die Paukenhöhle eindringen und Gleichgewichtsstörungen auslösen.

● **Wie sieht das Trommelfell aus**?
① Das Trommelfell kann man beim Lebenden mit dem Ohrenspiegel betrachten. Es ist eine annähernd kreisförmige Membran von etwa 1 cm Durchmesser und 0,1 mm Dicke. Die Mitte ist durch den angelagerten Hammergriff trichterförmig nach innen eingezogen. Das gesunde Trommelfell ist etwa graugelb, das entzündete ist gerötet.
② Das Trommelfell steht nicht quer zum Gehörgang, sondern ist von hinten-oben-außen nach vorne-unten-innen geneigt. Am oberen Umfang ist eine besonders dünne Stelle. Hier bricht der Eiter bei Mittelohrentzündungen häufig durch.

● **Wozu dienen die Gehörknöchelchen**?
Die 3 nur wenige Millimeter langen Gehörknöchelchen (*Hammer*, *Amboß* und *Steigbügel*) übertragen die Schallschwingungen vom Trommelfell über das ovale Fenster auf die Flüssigkeit im Innenohr. Dabei werden die Schallwellen verstärkt, weil das Trommelfell einen viel größeren Durchmesser als das ovale Fenster hat. Diese Verstärkung ist nötig, weil durch die Flüssigkeit im Innenohr die Schwingungen stark gedämpft werden. Bei Verlust der Gehörknöchelchen wird man schwerhörig.

● **Wie ist die Paukenhöhle begrenzt**?
Die Paukenhöhle ist mit einem winzigen schmalen (3-6 mm breiten) Zimmer zu vergleichen:
① Die Decke grenzt an die mittlere Schädelgrube mit dem Schläfenlappen des Großhirns.
② Die Außenwand bildet das Trommelfell gegen den äußeren Gehörgang.
③ Die Innenwand grenzt an das Innenohr.
④ Aus der Vorderwand zieht die Ohrtrompete zum Nasenrachenraum.
⑤ An der Hinterwand ist der Eingang zu den Hohlräumen im Warzenfortsatz.
⑥ Unter dem Boden liegt die innere Drosselvene, über die das Blut aus dem Gehirn abströmt.

● **Welche Aufgabe hat die Ohrtrompete**?
① Die Ohrtrompete verbindet die Paukenhöhle mit dem Nasenrachenraum. Bei jedem Schlucken wird die Ohrtrompete durch die Gaumensegelmuskeln geöffnet. Dann strömt Luft aus der Nasenhöhle in die Paukenhöhle.
② Wie wichtig diese Belüftung ist, merkt man am besten bei einer Rachenentzündung. Dann schwillt meist die Schleimhaut der Ohrtrompete zu, und die Belüftung der Paukenhöhle ist aufgehoben. Der Körper saugt die Luft aus der Paukenhöhle auf. Durch den äußeren Luftdruck wird das Trommelfell in die Paukenhöhle gepreßt und kann nicht mehr schwingen. Die Folge ist eine Schwerhörigkeit. Sie verschwindet schlagartig, wenn die Ohrtrompete wieder aufgeht.

● **Welche ärztliche Bedeutung haben die Warzenfortsatzzellen**?
① Die Warzenfortsatzzellen entstehen ähnlich wie die Nasennebenhöhlen großteils erst nach der Geburt. Die Schleimhaut der Paukenhöhle wächst in den Knochen ein und baut ihn ab. Dadurch wird der Knochen leichter.
② Bei einer Mittelohrentzündung erkranken die Warzenfortsatzzellen mit. Der Eiter kann schlecht abfließen, daher ist die Warzenfortsatzeiterung sehr hartnäckig. Oft muß man dann den Warzenfortsatz aufstemmen und den Eiter ausräumen. Wegen der Nähe des Gehirns, des Innenohrs und großer Blutgefäße sind Warzenfortsatzeiterungen gefährlich.

● **Was ist das Labyrinth**?
Das Innenohr besteht aus einem komplizierten Kanal- und Schlauchsystem im Felsenbein. Es ist von außen nicht zu sehen, weil es in den Knochen eingeschlossen ist. Man muß den Knochen aufmeißeln, um die Kanäle freizulegen. Da die Orientie-

rung schwierig ist, liegt der Vergleich mit einem Irrgarten (Labyrinth) nahe. Man unterscheidet:
① *häutiges* Labyrinth: das Sinnesorgan,
② *knöchernes* Labyrinth: das Kanalsystem im Felsenbein, in dem das häutige Labyrinth liegt.

● **Was versteht man unter Endolymphe und Perilymphe?**
① Das häutige Labyrinth ist mit einer wäßrigen Flüssigkeit gefüllt, die man Endolymphe (Innenwasser) nennt.
② Zwischen dem häutigen Labyrinth und der Wand des Knochenkanals befindet sich eine ähnliche Flüssigkeit, die wegen ihrer Lage als Perilymphe (Außenwasser) bezeichnet wird. Endo- und Perilymphe sind streng voneinander getrennt.

● **Wie wird das Innenohr gegliedert?**
Das Innenohr enthält zwei Sinnesorgane:
① *Hörorgan*: Es liegt in dem Teil des Labyrinths, den man wegen seiner Form Schnecke nennt.
② *Gleichgewichtsorgan*: Es besteht aus den beiden Vorhofsäckchen (Lageempfindung), den 3 Bogengängen (Bewegungsempfindung) und einem Druckausgleichsgang.

● **Wie sind die Vorhofsäckchen gebaut?**
In den beiden Vorhofsäckchen liegt eine Schicht winziger Kalksteinchen (kleiner als rote Blutkörperchen) auf den Sinneshaaren der Sinneszellen. Je nach Lage des Körpers werden die Sinneshaare vom Gewicht der Steinchen anders abgebogen.

● **Wie werden in den Bogengängen Bewegungen des Kopfes ermittelt?**
Die Bogengänge sind mit einer wäßrigen Flüssigkeit (Endolymphe) gefüllt. Bei Bewegungen bleibt diese Flüssigkeit aufgrund ihrer Trägheit zunächst etwas zurück und biegt dabei eine Gallertkuppel in einem erweiterten Teil des Bogengangs ab. Die 3 Bogengänge jeder Seite stehen rechtwinklig zueinander, um Bewegungen in allen 3 Dimensionen des Raums erfassen zu können.

● **Wie ist die Schnecke gegliedert?**
Das knöcherne Schneckenlabyrinth ist in 2½ Windungen um die Schneckenspindel spiralig aufgerollt. Seine Lichtung wird durch 2 Membranen in 3 Gänge zerlegt:
① In der Mitte liegt der *Schneckengang*. Er ist mit Endolymphe gefüllt.
② Die beiden anderen Gänge enthalten Perilymphe. Sie heißen *Vorhoftreppe* (zur Schneckenkuppel zu) und *Paukentreppe* (zur Schneckenbasis zu).

● **Was ist das Corti-Organ?**
Das *Spiralorgan* mit den Hörsinneszellen liegt im Schneckengang. Es wird nach seinem Erforscher auch Corti-Organ genannt. Es ruht auf der Basilarmembran, die den Schneckengang von der Paukentreppe trennt. Über einen Hügel mit Sinneszellen wölbt sich die gallertige Deckmembran.

● **Wie gelangen die Schallschwingungen zum Spiralorgan?**
① Vom Mittelohr werden die Schallschwingungen über die Steigbügelplatte im ovalen Fenster auf die Perilymphe übertragen. Sie laufen in der Vorhoftreppe bis zur Schneckenkuppel und über die Paukentreppe zurück zum runden Fenster in der Wand zwischen Innen- und Mittelohr.
② Von der Perilymphe gehen die Schallschwingungen über die beiden trennenden Membranen (Basilarmembran und Reißner-Membran) auf die Endolymphe im Schneckengang über. Das Corti-Organ vibriert mit der Basilarmembran. Dadurch verschiebt sich die Flüssigkeit zwischen den Sinneszellen und der Deckmembran. Dabei werden die Sinneshaare abgebogen.

● **Wie erkennt das Spiralorgan Töne?**
Die Basilarmembran ist in der Schneckenbasis etwa 0,1 mm, in der Schneckenkuppel jedoch etwa 0,5 mm breit. Je nach Tonhöhe schwingen verschiedene Bereiche der Basilarmembran besonders stark. Hohe Töne werden nahe der Schneckenbasis, tiefe nahe der Schneckenkuppel registriert.

9 Nervensystem

● **Wie kann man das Nervensystem gliedern?**
① Nach der Lage in *zentrales* und *peripheres* Nervensystem: Das Zentralnervensystem umfaßt Gehirn und Rückenmark, das periphere Nervensystem die Hirn- und Rückenmarknerven.
② Nach den Aufgaben in *animalisches* und *autonomes* (= vegetatives) Nervensystem. Das animalische Nervensystem dient vor allem der Auseinandersetzung mit der Umwelt. Die Vorgänge in ihm sind zumindest teilweise bewußt und dem Willen unterworfen. Das autonome Nervensystem steuert vor allem die inneren Organe. Die Vorgänge in ihm laufen überwiegend unbewußt ab und können im allgemeinen vom Willen nicht beeinflußt werden.

9.1 Rückenmark

● **Wie kann man das Rückenmark gliedern?**
① Nach *Segmenten* (ähnlich wie die Wirbelsäule): 8 Halssegmente (C_1-C_8), 12 Brustsegmente (Th_1-Th_{12}), 5 Lendensegmente (L_1-L_5), 5 Kreuzbeinsegmente (S_1-S_5), 1-3 Steißsegmente (Co_1-Co_3). Aus jedem Segment entspringt rechts und links ein Segmentnerv = Rückenmarknerv.

② nach *grauer und weißer Substanz*: Die graue Substanz (mit den Nervenzellkörpern) bildet eine „Schmetterlingsfigur" im Innern. Sie wird rundherum von weißer Substanz (Nervenfasern) umgeben.
③ nach der *Leitungsrichtung*: in einen motorischen (vorderen) und einen sensiblen (hinteren) Teil.

● **Stimmen die Segmente der Wirbelsäule und des Rückenmarks überein**?
Nur teilweise:
① Die Halswirbelsäule besteht aus 7 Halswirbeln, das Halsmark jedoch aus 8 Halssegmenten. Als 1. Halsnerv wird der Nerv zwischen Hinterhauptbein und 1. Halswirbel, als 8. Halsnerv der Nerv zwischen 7. Halswirbel und 1. Brustwirbel gerechnet.
② Das Rückenmark ist beim Erwachsenen deutlich kürzer als die Wirbelsäule. Sein unteres Ende findet man meist auf Höhe der 1. Lendenzwischenwirbelscheibe. Deshalb liegen die einander entsprechenden Segmente der Wirbelsäule und des Rückenmarks nicht auf gleicher Höhe.

● **Wie entsteht die Segmentverschiebung zwischen Rückenmark und Wirbelsäule**?
Bei der jungen Leibesfrucht füllt das Rückenmark den ganzen Wirbelkanal. Dann wächst die Wirbelsäule rascher als das Rückenmark. Das untere Ende des Rückenmarks steigt daher im Wirbelkanal auf.

● **Was füllt den Wirbelkanal unterhalb des Rückenmarkendes**?
Die segmentalen Rückenmarknerven behalten ihre beim Embryo festgelegten Austrittsstellen aus dem Wirbelkanal bei, auch wenn das Rückenmark aufsteigt. Unterhalb des Rückenmarkendes füllen die Wurzeln der unteren Lenden-, der Kreuzbein- und der Steißnerven den Wirbelkanal. Die zahlreich nebeneinander liegenden Nervenwurzeln erinnern an einen Pferdeschweif und werden deshalb so genannt.

● **Wie ist die graue Substanz des Rückenmarks gegliedert**?
Die „Flügel" der „Schmetterlingsfigur" werden als Hörner oder Säulen bezeichnet:
① *Vorderhorn*: Es enthält die Zellkörper der motorischen Rückenmarknerven.
② *Hinterhorn*: Es enthält die Zellkörper bestimmter sensibler Neuronen.
③ *Seitenhorn*: Es enthält die Zellkörper autonomer Nervenzellen. Ein Seitenhorn gibt es nur in den Segmenten C_8 bis L_2 und S_2 bis S_4.

● **Wie ist die weiße Substanz des Rückenmarks gegliedert**?
Durch außen am Rückenmarks sichtbare Furchen entstehen auf jeder Seite 3 Stränge:
① Vorderstrang,
② Seitenstrang,
③ Hinterstrang.
Der Hinterstrang führt nur sensible Nervenfasern, die beiden anderen sind gemischt.

● **Nennen Sie Beispiele für lange Nervenbahnen in der weißen Substanz des Rückenmarks**!
① *Pyramidenbahn*: für willkürliche Bewegungen,
② *extrapyramidalmotorische Bahnen*: für unwillkürliche Bewegungen (z.B. Bewegungen zum Erhalten des Gleichgewichts),
③ *Hinterstrangbahnen*: für Druck-, Berührungs- und Vibrationsempfindung sowie Tiefensensibilität,
④ *Rückenmark-Sehhügel-Bahn*: für Schmerz-, Kälte- und Wärmeempfindung,
⑤ *Kleinhirn-Seitenstrang-Bahnen*: verbinden das Rückenmark mit dem Kleinhirn.

● **Was ist eine vollständige Querschnittlähmung**?
Eine Verletzung des Rückenmarks, bei der die weiße Substanz auf beiden Seiten durchgetrennt ist. Häufigste Ursache ist ein Unfall. Je höher die Verletzungsstelle im Wirbelkanal liegt, desto größer ist der Körperbereich, der keine Verbindung zum Gehirn mehr hat. In ihm sind
① alle Muskeln nicht mehr willkürlich zu betätigen,
② alle Empfindungen aufgehoben.
Besonders schwer trifft den Patienten die Lähmung von Harnblase und Mastdarm

● **Welche Beschwerden bestehen bei einer halbseitigen Querschnittverletzung**?
Die Ausfälle liegen nicht alle auf der verletzten Seite, da die Nervenbahnen auf ihrem Weg zwischen Gehirn und Rückenmark die Seite wechseln („kreuzen"). Die Kreuzungsstelle liegt bei den einzelnen Nervenbahnen auf unterschiedlichen Höhen. Unterhalb der Verletzungsstelle bestehen:
① auf der Seite der Verletzung: erhebliche Muskelschwäche und stark verminderte Berührungsempfindung,
② auf der Gegenseite: leichte Muskelschwäche und Ausfall der Schmerz- und Temperaturempfindung.

● **Was sind die Wurzeln des Rückenmarknervs**?
① *Vordere = motorische Wurzel*: Alle motorischen Nervenfasern verlassen das Rückenmark in der Furche zwischen Vorder- und Seitenstrang.
② *Hintere = sensible Wurzel*: Alle sensiblen Nervenfasern treten in das Rückenmark in der Furche zwischen Seiten- und Hinterstrang ein.
Vordere und hintere Wurzel vereinigen sich zum Rückenmarknerv im Zwischenwirbelloch.

● **Was ist das Spinalganglion?**
Die Zellkörper zu allen sensiblen Nervenfasern eines Rückenmarknervs liegen in einem Ganglion in der hinteren Wurzel im Zwischenwirbelloch.

● **Was sind Reflexe?**
Reflexe sind Kurzschlußverbindungen zwischen sensiblen und motorischen Neuronen ohne Einschaltung des Großhirns. Sie dienen der sehr raschen Reaktion auf Reize. Man unterscheidet:
① *Muskeleigenreflexe*: Die ruckartige Dehnung eines Muskels (z.B. durch Beklopfen seiner Sehne mit dem Reflexhammer) löst sein Zusammenziehen aus: Bekannteste Beispiele sind der Kniesehnenreflex und der Achillessehnenreflex.
② *Fremdreflexe* (Hautreflexe): Bestreichen der Haut löst eine Bewegung aus, z.B. Bauchdeckenreflex oder Fluchtreflex der Fußsohle.

9.2 Hirnhäute

● **Was sind die Hirnhäute?**
Das Gehirn ist von 3 Bindegewebelagen umhüllt:
① *harte Hirnhaut* (Dura)
② *Spinnwebenhaut* (Arachnoidea),
③ *weiche Hirnhaut* (Pia).
Die harte Hirnhaut ist derb und liegt den die Schädelhöhle begrenzenden Knochen innen an. Die weiche Hirnhaut schmiegt sich der Oberfläche des Gehirns an. Die Spinnnwebenhaut zwischen beiden ist, wie der Name besagt, besonders dünn.

● **Welche Aufgaben hat die harte Hirnhaut?**
① *Mechanisch*: Aufgrund ihrer Derbheit trägt die harte Hirnhaut zur Festigkeit des Schädels bei und sichert so auch das Gehirn.
② *Knochenbildung*: Die harte Hirnhaut übernimmt die Aufgaben der Knochenhaut auf der Innenseite der die Schädelhöhle umgrenzenden Knochen.
③ *Gliederung der Schädelhöhle*: Die harte Hirnhaut liegt dem Knochen an und springt mit Scheidewänden in das Innere der Schädelhöhle vor. Wichtige Scheidewände sind die Hirnsichel zwischen den beiden Großhirnhälften und das Kleinhirnzelt zwischen Groß- und Kleinhirn.
④ *Blutleiter*: In der harten Hirnhaut eingeschlossen sind Abflußkanäle für das vom Gehirn abströmende Blut. Ihrer Aufgabe nach sind sie Venen. Man nennt sie aber nicht so, weil ihre Wände nicht wie Venenwände gebaut sind.

● **Was ist das Hirnwasser?**
Das Hirnwasser (Liquor) ist eine wasserklare Flüssigkeit, welche die Hirnwasserräume (Liquorräume) füllt:
① *innerer Hirnwasserraum*: 4 Hirnkammern (Ventrikel) im Innern des Gehirns (2 seitliche Hirnkammern im Großhirn, die 3. Hirnkammer im Zwischenhirn, die 4. Hirnkammer im Rautenhirn).
② *äußerer Hirnwasserraum*: zwischen Spinnwebenhaut und weicher Hirnhaut (Subarachnoidealraum). Er setzt sich in den Wirbelkanal fort und umschließt dort das Rückenmark.

● **Welche Aufgaben hat das Hirnwasser?**
Hauptaufgabe ist der mechanische Schutz des Zentralnervensystems. Gehirn und Rückenmark schwimmen gewissermaßen im Hirnwasser. Dadurch wird ihre Mitbewegung bei heftigen Bewegungen des Körpers gebremst. Die empfindlichen Nervenzellen werden so vor Quetschung bewahrt. Deswegen kommt es nicht so leicht zur „Hirnerschütterung".

● **Wo wird das Hirnwasser gebildet?**
① Das Hirnwasser wird von den Adergeflechten in den 4 Hirnkammern sowie von der weichen Hirnhaut abgesondert.
② Aus den inneren Hirnwasserräumen fließt es durch 3 Öffnungen im Dach der 4. Hirnkammer in den äußeren Hirnwasserraum ab.
③ Ist dieser Abfluß behindert, so droht beim Kind die Entstehung eines „Wasserkopfes".

● **Wo kann man Hirnwasser zur Untersuchung entnehmen?**
Die Untersuchung des Hirnwassers liefert wichtige Aufschlüsse bei Erkrankungen der Hirnhäute und des Zentralnervensystems:
① Man gewinnt eine kleine Menge am einfachsten bei der „*Lumbalpunktion*" aus dem Wirbelkanal der unteren Lendenwirbelsäule.
② In besonderen Fällen wird der Einstich in das Hinterhauptloch (*Subokzipitalpunktion*) oder direkt in die Hirnkammern (*Ventrikelpunktion*) nötig.

● **Wie wird eine Lumbalpunktion ausgeführt?**
① Wenn es der Zustand des Patienten zuläßt, wird der vorgekrümmte Patient im Sitzen punktiert.
② Die lange Punktionsnadel wird zwischen den Dornfortsätzen des 3. und 4. oder 4. und 5. Lendenwirbels eingestochen und dann genau in der Körpermittelebene vorgeschoben.
③ Sie dringt durch das Zwischendornfortsatzband und das gelbe Band in den Wirbelkanal ein.
④ Nach dem Durchsetzen der harten Rückenmarkhaut liegt sie im Hirnwasserraum. Dann kann Hirnwasser zur Untersuchung entnommen oder ein Betäubungsmittel zur Spinalanästhesie eingespritzt werden.

● **Welche Blutungen im Bereich der Hirnhäute bedrohen das Leben?**
① *Epidurale Blutung*: zwischen harter Hirnhaut und Knochen. Durch den Bluterguß wird das Ge-

hirn zusammengedrückt („Hirndruck"). Die harte Hirnhaut wird dabei vom Knochen abgehoben. Deshalb wächst der Bluterguß nur langsam an. Meist liegen einige Stunden zwischen dem Unfall und der erneuten Bewußtlosigkeit des Patienten. Die Blutung erfolgt meist aus der mittleren Hirnhautschlagader.
② *Subdurale Blutung*: zwischen harter Hirnhaut und Spinnwebenhaut. Meist handelt es sich um eine venöse Sickerblutung. Es dauert oft mehrere Tage oder sogar Wochen, bis der Hirndruck so stark ist, daß der Patient bewußtlos wird.
③ *Subarachnoideale Blutung*: zwischen Spinnwebenhaut und weicher Hirnhaut (in den äußeren Hirnwasserraum). Das Blut mischt sich mit dem Hirnwasser. Den Patienten quälen schwerste Kopfschmerzen.

● **Welche Leitungsbetäubungen sind im Bereich der Rückenmarkhäute möglich**?
① *Spinalanästhesie*: Bei einer Lumbalpunktion wird das Betäubungsmittel in den Hirnwasserraum eingespritzt. Durch entsprechende Lagerung des Patienten (aufgerichtet oder schräg) wird das Betäubungsmittel auf einen kleineren oder größeren Teil der Nervenwurzeln verteilt. Dementsprechend ist der betäubte Bereich auf die Dammgegend, die Beine oder die gesamte untere Körperhälfte ausgedehnt.
② *Epiduralanästhesie* (= Periduralanästhesie): Das Betäubungsmittel wird nicht in den Hirnwasserraum, sondern in den Epiduralraum (zwischen harter Rückenmarkhaut und Wand des Wirbelkanals) eingespritzt. Je nach Höhe der Einstichstelle ist ein entsprechender Teil der Körperoberfläche betäubt.

9.3 Gehirn

● **Wie wird das Gehirn gegliedert**?
① *Vorderhirn*: Großhirn und Zwischenhirn,
② *Mittelhirn*,
③ *Rautenhirn*: Brücke, Kleinhirn und verlängertes Mark.

● **Was ist und welche Aufgaben hat der Hirnstamm**?
Unter dem Begriff Hirnstamm faßt man Mittelhirn, Brücke und verlängertes Mark zusammen. Dieser Teil des Gehirns ähnelt im Bau noch etwas dem Rückenmark. Er enthält:
① die Kerngebiete des 3. bis 12. Hirnnervs,
② Nervenbahnen vom Gehirn zum Rückenmark und umgekehrt,
③ Nervenbahnen vom Großhirn zum Kleinhirn und umgekehrt,
④ Steuerungszentren des autonomen Nervensystems: Atemzentrum, Kreislaufzentrum, Schluckzentrum, Brechzentrum usw.

● **Was ist die Netzsubstanz**?
Als Netzsubstanz bezeichnet man die zwischen den Hirnnervenkernen und den langen Nervenbahnen liegenden Nervenzellgruppen und Nervenfaserzüge. Sie dienen der Zusammenschaltung der Hirnnerven und enthalten die vegetativen Zentren.

● **Welche Aufgaben hat das Kleinhirn**?
① Erhalten des *Gleichgewichts*: in Zusammenarbeit mit dem Gleichgewichtsorgan (8. Hirnnerv).
② Regeln des *Muskeltonus*: in Zusammenarbeit mit den Muskelspindeln.
③ Steuern des *Zusammenspiels der Bewegungen*: in Zusammenarbeit mit dem Großhirn.

● **Welche Beschwerden hat ein Patient mit Kleinhirnstörungen**?
① Gleichgewichtsstörungen: Schwanken beim Stehen, Torkeln beim Gehen,
② Muskelschlaffheit,
③ Mangelndes Zusammenspiel der Bewegungen: Störung bei raschen Bewegungsfolgen (z.B. beim Schreibmaschineschreiben), Danebengreifen usw.

● **Welche Hauptaufgaben haben die beiden Hauptabschnitte des Zwischenhirns**?
① Der *Sehhügel* (Thalamus) ist eine Schaltstelle für alle Empfindungsbahnen, die vom Rückenmark oder vom Hirnstamm zum Großhirn ziehen.
② Der *Hypothalamus* ist die oberste Instanz für alle vegetativen Funktionen. Er regelt Essen, Trinken, Körpertemperatur, Sexualität, Schlaf usw. über Triebe und Gestimmtheiten: Hunger, Durst usw. Er bildet auch Hormone, mit denen er die Hirnanhangsdrüse steuert.

● **Nach welchen Gesichtspunkten kann man das Großhirn gliedern**?
① Nach Hälften (*Hemisphären*): rechte und linke Großhirnhälfte, verbunden durch den Balken,
② nach *Lappen*: Stirnlappen, Scheitellappen, Hinterhauptlappen, Schläfenlappen, Insellappen,
③ nach der Oberflächengestaltung in zahlreiche *Windungen* und *Furchen*: z.B. die vordere und hintere Zentralwindung vor und hinter der Zentralfurche,
④ nach der Nervenzelldichte in graue (zellreiche) und weiße (zellarme) Substanz: Aus *grauer Substanz* bestehen die Großhirnrinde und die Basalganglien, aus *weißer Substanz* das Großhirnmark.

● **Wie ist die Großhirnrinde gebaut**?
Die Großhirnrinde ist etwa 2 bis 4 mm dick, hat eine Oberfläche von etwa 1/5 Quadratmeter und ent-

hält etwa 10 Milliarden Nervenzellen. Der Feinbau in den einzelnen Hirnwindungen unterscheidet sich etwas, je nach deren Aufgaben. Meist liegen 6 Schichten von Nervenzellen übereinander.

● **Wie ist das Großhirnmark gebaut**?
Das Großhirnmark besteht aus Nervenbahnen. Es handelt sich um Fortsätze von Nervenzellen, die diese mit anderen Nervenzellen verbinden. Man unterscheidet 3 Arten:
① Längsverbindungen (*Assoziationsbahnen*): zwischen Nervenzellen einer Großhirnhälfte.
② Querverbindungen (*Kommissurenbahnen*): zwischen Nervenzellen der rechten und der linken Großhirnhälfte. Die größte Ansammlung von Querverbindungen ist der Balken.
③ ab- oder aufsteigende Verbindungen (*Projektionsbahnen*): zwischen Nervenzellen des Großhirns und Nervenzellen anderer Teile des Zentralnervensystems. Die wichtigsten ab- oder aufsteigenden Verbindungen liegen in der inneren Kapsel beisammen.

● **Was sind die Basalganglien**?
Unter diesem Begriff faßt man einige größere Ansammlungen grauer Substanz (= Kerne) im Großhirnmark zusammen. Die wichtigsten sind der Schweifkern und der Linsenkern. Sie gehören zum basalen motorischen (extrapyramidalmotorischen) System.

● **Was ist das basale motorische System**?
Das basale motorische System steuert die unwillkürlichen Bewegungen. Bei Störungen dieses Systems leidet der Patient unter Muskelsteife und Zittern oder Muskelzuckungen oder unwillkürlichen absonderlichen Bewegungen. Zu den basalen motorischen Kernen gehören u.a.:
① im Großhirn: die Basalganglien (*Schweifkern* und *Linsenkern*).
② im Zwischenhirn: *Subthalamus*.
③ im Mittelhirn: *roter* und *schwarzer Kern* (bei Störung des schwarzen Kerns kommt es zur Parkinson-Krankheit = „Schüttellähmung").
④ im verlängerten Mark: *Olivenkern*.

● **Wie ist die Großhirnrinde funktionell gegliedert**?
Die Großhirnrinde ist die oberste Befehlszentrale des Körpers. Ähnlich wie die Regierung eines Landes in Ministerien, Abteilungen, Unterabteilungen usw. gegliedert ist, haben auch verschiedene Bereiche der Großhirnrinde verschiedene Aufgaben. Man konnte sie anhand der Symptome erforschen, unter denen Patienten mit ganz begrenzten Zerstörungen der Großhirnrinde leiden (z.B. bei Schußverletzungen). Danach kann man den Großhirnlappen folgende Hauptaufgaben zuordnen:
① *Stirnlappen*: Motorik, Denken,
② *Scheitellappen*: Tastempfindung (Sensibilität),
③ *Hinterhauptlappen*: Sehen,
④ *Schläfenlappen*: Hören.
Innerhalb der einzelnen Lappen übernehmen Teilbereiche besondere Aufgaben in den primären und sekundären Zentren.

● **Welchen Aufgaben hat die primäre motorische Großhirnrinde**?
In ihr ist jeweils einer Gruppe von Nervenzellen eine bestimmte Muskelgruppe zugeordnet. Werden diese Nervenzellen zerstört, so können die zugehörigen Muskeln nicht mehr willkürlich bewegt werden. In der vorderen Zentralwindung des Stirnlappens sind alle Muskeln des Körpers wie auf einer Landkarte repräsentiert: im unteren Teil die Zunge, darüber die Muskeln des Gesichts, des Arms, des Rumpfes und schließlich am oberen Ende die Muskeln des Beins.

● **Welche Aufgaben haben die sekundären motorischen Zentren**?
① In ihnen entstehen die Handlungsantriebe und die Bewegungsentwürfe. Will man z.B. einen zu Boden gefallenen Gegenstand aufheben, muß man sich zunächst bücken, dann die Hand ausstrecken, zugreifen, sich wieder erheben und den Gegenstand ablegen. Dabei wird eine Vielzahl von Muskeln eingesetzt. Sie müssen in der richtigen Reihenfolge und mit der richtigen Kraft betätigt werden.
② Zusätzlich erfolgen noch Ausgleichsbewegungen zum Erhalten des Gleichgewichts. Die sekundären motorischen Zentren im Stirnhirn müssen daher ihre Bewegungsentwürfe mit zahlreichen Zentren abstimmen, vor allem mit dem Kleinhirn.
③ Eine Störung der sekundären motorischen Zentren nennt man *Apraxie*. Dann sind die Muskeln nicht gelähmt, der Patient kann aber mit ihnen keine sinnvollen Bewegungen ausführen.

● **Welchen Aufgaben hat die primäre sensible Großhirnrinde**?
In der hinteren Zentralwindung ist die ganze Körperoberfläche Punkt für Punkt repräsentiert. Am unteren Ende liegt der Kopf. Dann folgen nach oben (ähnlich wie bei der primären motorischen Großhirnrinde) Arm, Rumpf und Bein. Jede Gruppe von Großhirnrindenzellen ist für die Berührungsempfindung usw. in einem bestimmten Bereich der Haut oder Schleimhaut zuständig. Sind diese Zellen zerstört, so fehlt die Empfindung an der zugehörigen Hautstelle.

● **Welche Aufgaben haben die sekundären sensiblen Zentren**?
① In ihnen entstehen aus Empfindungen Wahrnehmungen. Wird uns bei geschlossenen Augen

z.B. ein Schlüssel in die Hand gedrückt, so fühlen wir zunächst die Kühle und Härte des Metalls, die Zacken des Bartes usw. in der primären sensiblen Großhirnrinde. Dieses gibt die Informationen an die sekundären Zentren im Scheitellappen weiter. Dort werden sie zusammengefügt, mit Erinnerungsbildern verglichen, bis schließlich das Muster „Schlüssel" paßt.
② Störungen der sekundären sensiblen Zentren nennt man *Agnosien*: Dann kann z.B. die Kühle, Härte und Zackigkeit des Schlüssels beschrieben werden, der Schlüssel wird jedoch erst erkannt, wenn die Augen geöffnet werden.

● **Was sind die Sprachzentren**?
① *Motorisches Sprachzentrum*: Es gehört zu den sekundären motorischen Zentren. In ihm werden die Stellungen von Lippen, Zunge, Gaumensegel, Rachenwand, Kehlkopfmuskeln, Atemmuskeln usw. so aufeinander abgestimmt, daß bedeutsame Lautfolgen entstehen, die wir Sprache nennen. Das motorische Sprachzentrum liegt in der unteren Stirnhirnwindung.
② *Sensorisches Sprachzentrum*: Es gehört zu den sekundären Hörzentren. In ihm werden Lautfolgen als Worte gedeutet. Es liegt im Schläfenlappen des Großhirns.
Die beiden Sprachzentren sind nur in einer Großhirnhälfte ausgebildet, und zwar gewöhnlich in der linken, beim Linkshänder gelegentlich auch in der rechten Großhirnhälfte.

● **Was sind Aphasien**?
Aphasien sind Störungen der Sprachzentren. Häufigste Ursache ist der linksseitige Schlaganfall.
① *Motorische Aphasie*: Das motorische Sprachzentrum ist gestört. Der Patient kann essen, pfeifen usw., aber nicht sprechen. Er versteht, was man spricht, kann aber vorgesprochene Wörter nicht nachsprechen.
② *Sensorische Aphasie*: Das sensorische Sprachzentrum ist gestört. Der Patient hört zwar die Laute, versteht aber nicht, was man zu ihm spricht. Es ist, als ob man in einer ihm nicht bekannten Fremdsprache zu ihm spräche. Da der Patient auch nicht mehr versteht, was er selbst spricht, ist indirekt auch sein Sprechen gestört.

● **Welche Aufgaben haben die Sehzentren**?
① *Primäres Sehzentrum*: In den beiden primären Sehzentren ist je eine Gesichtsfeldhälfte vertreten: im rechten Sehzentrum die linke Gesichtsfeldhälfte und umgekehrt im linken Sehzentrum die rechte. Jeder Nervenzellgruppe des Sehzentrums entspricht ein bestimmter Bereich des Gesichtsfeldes.
② *Sekundäre Sehzentren*: In ihnen werden die in den primären Sehzentren gesehenen Formen und Farben gedeutet, z.B. ein schwarzer Kreis auf weißem Grund als Buchstabe O (im Lesezentrum).
Die Sehzentren liegen im Hinterhauptlappen des Großhirns.

● **Was versteht man unter Rindenblindheit und unter Seelenblindheit**?
① *Rindenblindheit*: Ein primäres Sehzentrum ist gestört. Dem Patienten fehlt eine Gesichtsfeldhälfte. Bei beidseitigem Ausfall der Sehzentren ist der Patient blind. Die Augen können dabei völlig in Ordnung sein, wie die intakten Reflexe beweisen, z.B. Verengung der Pupille auf Lichtreize.
② *Seelenblindheit*: Die Störung liegt in den sekundären Sehzentren. Die gesehenen Formen und Farben können nicht mehr gedeutet werden. Es gibt verschiedene Formen der Seelenblindheit. Bei der Buchstabenblindheit werden die Buchstaben zwar gesehen, nicht aber in ihrer Bedeutung erkannt. Bei der Wortblindheit werden die Buchstaben noch richtig benannt, sie können jedoch nicht mehr zu Wörtern zusammengefügt werden.

● **Welche Aufgaben hat das limbische System**?
Unter diesem Begriff werden bestimmte Teile des Großhirns und des Zwischenhirns zusammengefaßt, die für die Gefühle, Stimmungen, Affekte, Triebe und Strebungen wichtig sind. Zahlreiche Psychopharmaka greifen am limbischen System an.

● **Was ist die innere Kapsel**?
Die innere Kapsel ist ein Teil des Großhirnmarks, der die Basalganglien durchzieht. Auf engstem Raum liegen hier die wichtigsten Verbindungen zwischen Großhirn und Rückenmark beisammen (Pyramidenbahn und Körperfühlbahn). Beim Schlaganfall ist häufig dieser Bereich geschädigt. Folge ist die Lähmung und Gefühlsstörung einer Körperhälfte (Halbseitenlähmung).

● **Wie wird das Gehirn mit Blut versorgt**?
① *Blutzufluß*: beidseits über die innere Kopfschlagader und die Wirbelschlagader. Diese bilden an der Hirnbasis einen Schlagaderring, aus dem beidseits 3 Großhirnschlagadern entspringen.
② *Blutabfluß*: über die Blutleiter der harten Hirnhaut zur inneren Drosselvene.

9.4 Autonomes Nervensystem

● **Welche Teile des autonomen Nervensystem haben enge Beziehungen zum Zentralnervensystem**?
Die beiden Gegenspieler Sympathikus und Parasympathikus:
① Der *Sympathikus* läßt das Herz schneller schlagen, verengt die Blutgefäße und die Schließmus-

keln der Verdauungsorgane, erweitert die Bronchen und steigert die Absonderung von Schweiß usw.
② Der *Parasympathikus* läßt das Herz langsamer schlagen, steigert die Absonderung der meisten Drüsen (ausgenommen Schweißdrüsen), fördert die Bewegung von Magen und Darm (ausgenommen Schließmuskeln) und verengt die Bronchen usw.

● **Welcher Teil des autonomen Nervensystem ist sehr selbständig?**
Das intramurale System. Es handelt sich um Gruppen von Nervenzellen in derWand der inneren Organe, welche die Tätigkeit dieser Organe steuern. Sie werden zwar normalerweise von Sympathikus und Parasympathikus beeinflußt, können aber notfalls auch unabhängig arbeiten.

● **Wo liegen die Kerngebiete des autonomen Nervensystems im Zentralnervensystem?**
① *Sympathikus*: Seitenhörner des Rückenmarks vom 8. Hals- bis zum 2. Lendensegment,
② *Parasympathikus*: Hirnstamm (Kopfparasympathikus) und Seitenhörner des Rückenmarks vom 2. bis zum 4. Kreuzbeinsegment (Beckenparasympathikus),
③ *übergeordnete Zentren* (Atemzentrum, Kreislaufzentrum usw.): im Hirnstamm und im Zwischenhirn.

● **Wo liegen die Ganglien des autonomen Nervensystems?**
In die Bahn vom Zentralnervensystem zum Erfolgsorgan sind beim vegetativen Nervensystem (im Gegensatz zum animalischen Nervensystem) Ganglien eingeschaltet:
① *Sympathikus*: im Grenzstrang (beidseits der Wirbelsäule) und im Sonnengeflecht (an der Bauchaorta),
② *Parasympathikus*: in der Nähe oder in der Wand der Erfolgsorgane.

● **Wie verlaufen die Nervenfasern des autonomen Nervensystems im Körper?**
Sie legen sich überwiegend an animalische Nerven an und verlaufen zumindest streckenweise mit diesen. Der Kopfparasympathikus zieht mit dem 3., 7., 9. und 10. Hirnnerv, der Sympathikus überwiegend mit Rückenmarknerven. Der Vagus (10. Hirnnerv) führt die Hauptmasse der parasympathischen Nervenfasern für Brust- und Bauchraum. Es gibt aber auch selbständige autonome Nerven, z.B. die sympathischen Herznerven von den Grenzstrangganglien zum Herzen.

● **Was sind Alpha- und Betarezeptoren?**
① An den Synapsen des Sympathikus am Erfolgsorgan verwendet der Körper verschiedene Überträgerstoffe (Adrenalin, Noradrenalin und verwandte Stoffe). Je nach Art des Überträgerstoffs kann man die Rezeptoren an den Synapsen in Alpha- und Betarezeptoren (mit weiteren Untergruppen) einteilen.
② Die überaus große praktische Bedeutung besteht darin, daß Arzneimittel entdeckt wurden, die gezielt eine Gruppe dieser Rezeptoren hemmen. Mit Betarezeptorenblockern kann man z.B. die erregenden Betarezeptoren des Herzens dämpfen und dadurch einen erhöhten Blutdruck senken. Die Betarezeptorenblocker gehören zu den am meisten verwandten Heilmitteln.

● **Was sind Head-Zonen?**
Zwischen dem animalischen und dem autonomen Nervensystem bestehen zahlreiche Querverbindungen. Dadurch ergeben sich z.B. Wechselbeziehungen zwischen bestimmten Hautbereichen und bestimmten inneren Organen. Sie drücken sich in 2 Richtungen aus:
① Bei Erkrankung des inneren Organs schmerzt das zugehörige Hautgebiet (= Head-Zone).
② Über das Hautgebiet kann man das innere Organ beeinflussen. So kann man z.B. durch heiße Umschläge, Massagen usw. die Durchblutung des Organs vermehren. Auf diesem Weg sind viele Maßnahmen der „pysikalischen Therapie" zu erklären.

● **Wo liegen die Head-Zonen der wichtigsten Organe?**
① *Herz*: um die 4. Rippe links vorn und linker Oberarm,
② *Speiseröhre*: unterer Teil des Brustbeins,
③ *Magen*: Magengrube und links davon,
④ *Leber* und *Gallenblase*: Lebergegend und rechte Schulter,
⑤ *Bauchspeicheldrüse*: linke Milzgegend, zum linken Schulterblatt aufsteigend,
⑥ *Dünndarm*: Nabelgegend,
⑦ *Dickdarm*: Unterbauch,
⑧ *Niere* und *Harnleiter*: von der 12. Rippe über die Flankengegend und die Leistengegend in die großen Schamlippen bzw. den Hodensack absteigend,
⑨ *Harnblase*: Schamhaargegend.

9.5 Peripheres Nervensystem

● **Was sind Rückenmarknerven?**
Aus jedem Rückenmarksegment entspringt rechts und links je ein Rückenmarknerv (Spinalnerv, Segmentnerv). Er verläßt durch das Zwischenwirbelloch den Wirbelkanal. Dann teilt er sich in einen hinteren und einen vorderen Ast.
① Die *hinteren Äste* versorgen Haut und Muskeln des Rückens einschließlich des Nackens und des Hinterhaupts.

② Die meist sehr viel stärkeren *vorderen Äste* versorgen die Seiten- und die Vorderwand des Halses und des Rumpfes sowie die gesamten Arme und Beine.

● **Wieviel Rückenmarknerven hat der Mensch**?
Auf jeder Seite 8 Halsnerven, 12 Brustnerven, 5 Lendennerven, 5 Kreuzbeinnerven, 1-3 Steißnerven.

● **Was sind Nervengeflechte**?
Während die hinteren Äste der einzelnen Rückenmarknerven immer getrennt verlaufen, durchflechten sich die vorderen Äste in bestimmten Bereichen:
① *Halsnervengeflecht*: 1. bis 4. Halsnerv,
② *Armnervengeflecht*: 5. Halsnerv bis 1. Brustnerv,
③ *Lendennervengeflecht*: 12. Brustnerv bis 4. Lendennerv,
④ *Kreuzbeinnervengeflecht*: 4. Lendennerv bis 4. Kreuzbeinnerv.

● **Welche sind die stärksten Äste der einzelnen Nervengeflechte**?
① *Halsnervengeflecht*: Zwerchfellnerv,
② *Armnervengeflecht*: Achselnerv (Axillaris), Speichennerv (Radialis), Ellennerv (Ulnaris), Mittelarmnerv (Medianus), Muskel-Haut-Nerv (Muskulokutaneus),
③ *Lendennervengeflecht*: Oberschenkelnerv (Femoralis), Hüftlochnerv,
④ *Kreuzbeinnervengeflecht*: Ischiadikus, oberer und unterer Gesäßnerv.

● **Wie heißen die Hirnnerven und welche Versorgungsgebiete haben sie**?
Der Mensch hat auf jeder Seite 12 Hirnnerven:
1. Hirnnerv = Riechnerven: Nase (Geruchsempfindung),
2. Hirnnerv = Sehnerv: Auge (Sehvermögen),
3., 4. und 6. Hirnnerv werden unter dem Begriff *Augenmuskelnerven* zusammengefaßt. Sie steuern die Bewegungen des Auges: 3. Augenbewegungsnerv, 4. Augenrollnerv, 6. Augenabziehnerv,
5. Hirnnerv = Drillingsnerv (Trigeminus): Kaumuskeln, Oberflächenempfindung von Gesicht, Nasen- und Mundhöhle,
7. Hirnnerv = Gesichtsnerv (Fazialis): mimische Muskeln, Geschmacksempfindung, Drüsen,
8. Hirnnerv = Hör- und Gleichgewichtsnerv: Innenohr (Hörvermögen, Lage- und Bewegungsempfindung),
9. Hirnnerv = Zungen-Rachen-Nerv: Rachenmuskeln, Oberflächenempfindung von Rachen und hinterem Zungendrittel, Geschmacksempfindung, Ohrspeicheldrüse,
10. Hirnnerv = Vagus: Kehlkopf, alle Brust- und Mehrzahl der Bauchorgane (parasympathisch),
11. Hirnnerv = Beinerv: Kopfwender und Trapezmuskel,
12. Hirnnerv = Unterzungennerv: Zungenmuskel.

Bildnachweis

Die Abbildungen entstammen den nachstehenden Quellen, wurden jedoch fast durchweg geändert. Soweit nichts anderes angegeben, sind die Bücher im Verlag Urban & Schwarzenberg, München-Wien-Baltimore bzw. Berlin-Wien, erschienen.

001 Ahrer, E.: Praktische Diagnostik in der Unfallchirurgie, 2. Aufl. 1962.

002 Altmann, R.: Klinische Venenpulsregistrierung. In: Klinik der Gegenwart, Bd. 6, S. 167-208. 1958.

003 Arzt, L., K. Zieler (Hrsg.): Die Haut- und Geschlechtskrankheiten, Bd. 1. 1934.

004 Banholzer, P., B. Weigold: Gallenwege. In: H. Kremer, W. Dobrinski (Hrsg.): Sonographische Diagnostik, 4. Aufl., S. 95-111. 1994.

005 Bauer, R.: Einführung in die Röntgendiagnostik innerer Organe. 1971.

006 Becker, H.: Bisher unveröffentlichte Computertomogramme.

007 Benninghoff, A., K. Goerttler: Lehrbuch der Anatomie des Menschen, Bd. 1, 10. Aufl. 1968.

008 Benninghoff, A., K. Goerttler: Lehrbuch der Anatomie des Menschen, Bd. 2, 8. Aufl. 1967.

009 Benninghoff, A., K. Goerttler: Lehrbuch der Anatomie des Menschen, Bd. 3, 8. Aufl. 1967.

010 Benninghoff/Goerttler: Lehrbuch der Anatomie des Menschen. Herausgegeben von H. Ferner, J. Staubesand. Bd. 2, 11. Aufl. 1977.

011 Benninghoff/Goerttler: Lehrbuch der Anatomie des Menschen. Herausgegeben von H. Ferner, J. Staubesand. Bd. 3, 10. Aufl. 1977

012 Berchtold, R., H. Hamelmann, H.-J. Peiper: Chirurgie. 1987.

013 Berens von Rautenfeld, D. : Bisher unveröffentlichte elektronenmikroskopische Bilder.

014 Berlin-Heimendahl, S. v.: Physiologie und Pathologie des Neugeborenen. In: H. Schwalm, G. Döderlein (Hrsg.): Klinik der Frauenheilkunde und Geburtshilfe, Bd. 1, S. 57-164. 1969.

015 Bernau, A.: Orthopädische Röntgendiagnostik. Einstelltechnik. 1982.

016 Biemer, E.: Transsexualismus: geschlechtsumwandelnde Operationen. Med. Klin. 77 (1982), 468-474.

017 Birkner, R.: Das typische Röntgenbild des Skeletts. 1977.

018 Blumberg, J.: Lehrbuch der topographischen Anatomie mit besonderer Berücksichtigung ihrer Anwendung. 1926

019 Blunck, W.: Die konstitutionelle Entwicklungsverzögerung. Med. Klin. 72 (1977), 918-923.

020 Brandt, G.: Eingriffe an den Extremitäten. In: B. Breitner: Chirurgische Operationslehre, Bd. 4/2, Tl. 1. 1959.

021 Broman, I.: Cölom. In: L. Bolk, E. Göppert, E. Kallius, W. Lubosch (Hrsg.): Handbuch der vergleichenden Anatomie der Wirbeltiere, Bd. 3, S. 989-1018. 1937

022 Broser, F.: Topische und klinische Diagnostik neurologischer Krankheiten. 1975.

023 Brücke, H. von: Die Operationen an der Appendix, Eingriffe bei Peritonitis und bei abgekapselten peritonealen Abzessen. In: B. Breitner: Chirurgische Operationslehre, Bd. 3, Tl. 7. 1957.

024 Buck-Gramcko, B.: Eingriffe an der Hand. I. Teil. In: B. Breitner: Chirurgische Operationslehre, Bd. 6, Tl. 1a. 1975.

025 Burckhardt, W.: Atlas und Praktikum der Dermatologie und Venerologie, 10. Aufl. 1972.

026 Casper, L.: Lehrbuch der Urologie mit Einschluß der männlichen Sexualerkrankungen. 5. Aufl.1932.

027 Denck, H.: Eingriffe an der Brustwand. In: B. Breitner: Chirurgische Operationslehre, Bd. 2, Tl. 6. 1980.

028 Dobrinski, W.: Harnblase und Prostata. In: H. Kremer, W. Dobrinski (Hrsg.): Sonographische Diagnostik, 4. Aufl., S. 261-268. 1994.

029 Döderlein, G., G. Mestwerdt, E. Göltner: Gynäkologie und Geburtshilfe. 1973.

030 Eufinger, H.: Kleine Chirurgie, 5. Aufl. 1974.

031 Fawcett, D. W.: Atlas zur Elektronenmikroskopie der Zelle. Übersetzt und bearbeitet von J. Staubesand. 1973.

032 Gesenius, H.: Empfängnisverhütung. In: H. Schwalm, G. Döderlein (Hrsg.): Klinik der Frauenheilkunde und Geburtshilfe, Bd. 5, S. 557-611. 1966.

033 Goecke, C.: Kleine Gynäkologie. 1972.

034 Gögler, E.: Erste Versorgung von Verletzten. In: Chirurgie der Gegenwart, Bd. 4, Tl. 3. 1973.

035 Hauser, G. A.: Intersexualität. In: H. Schwalm, G. Döderlein (Hrsg.): Klinik der Frauenheilkunde und Geburtshilfe, Bd. 5, S. 613-640. 1966.

036 Hecker, W. Ch., R. Daum, W. A. Maier: Die Eingriffe im Säuglings- und Kindesalter. In: B. Breitner: Chirurgische Operationslehre, Bd. 2, Tl. 9. 1970.

037 Heintz, P.: Bisher unveröffentlichte NMR-Bilder.

038 Heitzmann, C.: Atlas der descriptiven Anatomie des Menschen. 9. Aufl. von E. Zuckerkandl. Braumüller, Wien-Leipzig 1902/1905.

039 Heni, F.: Magersucht durch Anorexie. In: H. Schwalm, G. Döderlein (Hrsg.): Klinik der Frauenheilkunde und Geburtshilfe, Bd. 6, S. 629-644. 1967.

040 Heni, F., D. Klaus: Innersekretorische Drüsen (ohne Keimdrüsen). In: H. Schwalm, G. Döderlein (Hrsg.): Klinik der Frauenheilkunde und Geburtshilfe, Bd. 7, S. 1-217. 1968.

041 Hesse, I.: Bisher unveröffentlichte elektronenmikroskopische Fotos.

042 Hruby, K.: Kurze Augenheilkunde. 4. Aufl. 1972.

043 Huffmann, J. W.: Gynäkologie des Kindesalters. In: H. Schwalm, G. Döderlein, K. H. Wulf (Hrsg.): Klinik der Frauenheilkunde und Geburtshilfe, Bd. 1, S. 261-314. 1974.

044 Jonge, Th. E. de: Anatomie der Zähne. In: K. Häupl, W. Meyer, K. Schuchardt (Hrsg.): Die Zahn-, Mund- und Kieferheilkunde, Bd. 1, S. 169-232. 1958.
045 Kaboth, W., H. Begemann: Blut. In: O. H. Gauer, K. Kramer, R. Jung (Hrsg.): Physiologie des Menschen, Bd. 5. 1971.
046 Kaiser, P.: Hals-, Nasen- und Ohrenheilkunde, 11. Aufl. 1965.
047 Kern, E.: Pankreaschirurgie. In: Chirurgie der Gegenwart, Bd. 2, Tl. 8. 1974.
048 Ketterl, W.: In H. Horch, L. Hupfauf, W. Ketterl, G. Schmuth: Praxis der Zahnheilkunde, 2.Aufl. (im Druck).
049 Korte, W.: Sterilität bei Frau und Mann. In: H. Schwalm, G. Döderlein (Hrsg.): Klinik der Frauenheilkunde und Geburtshilfe, Bd. 5, S. 329-480. 1966.
050 Krause, R. (Hrsg.): Enzyklopädie der mikroskopischen Technik. 3. Aufl. 1926/1927.
051 Kremer, H., M. A. Schreiber: Technik und Ablauf der Oberbauchsonographie. In: H. Kremer, W. Dobrinski (Hrsg.): Sonographische Diagnostik, 4. Aufl., S. 53-61. 1994.
052 Kremling, H., W. Lutzeyer, R. Heintz: Gynäkologische Urologie und Nephrologie, 2.Aufl. 1982.
053 Kummer, B.: Statik und Dynamik des menschlichen Körpers. In: G. Lehmann (Hrsg.): Handbuch der gesamten Arbeitsmedizin, Bd. 1, S. 9-65. 1961.
054 Landois-Rosemann: Lehrbuch der Physiologie des Menschen. 28. Aufl. Bd. 1, 1960: Bd. 2, 1962.
055 Leiber, B.: Der menschliche Lymphknoten. 1961.
056 Leiber, B., Th. Olbert: Die klinischen Eponyme. 1968.
057 Leiber, B., G. Olbrich: Die klinischen Syndrome. Bd. 1, 5. Aufl. 1972.
058 Lemtis, H., P. Köpf-Maier: Bisher unveröffentlichte Fotos.
059 Lewit, K.: Manuelle Medizin, 2. Aufl. 1977.
060 Lewy, F. H.: In: Th. Brugsch, F. H. Lewy: Die Biologie der Person. 1926/1931.
061 Lippert, H.: Arterienvarietäten. 60 Beilagetafeln zu Medizinische Klinik, Bd. 62-64. 1967/1969.
062 Lippert, H.: Bisher unveröffentlichte Fotos.
063 Lippert, H.: Aus der graphischen Sammlung des Verfassers.
064 Lippert, H., A. Buchhorn, U. Thorns: Bisher unveröffentlichte Fotos.
065 Lippert, H., S. Delventhal: Bisher unveröffentlichte Fotos.
066 Lippert, H., S. Delventhal, G. Filler, U. Harenkamp, N. Klein, E. Schalber, K. Spätlich und Studenten der Medizinischen Hochschule Hannover: Bisher unveröffentlichte Fotos aus Übungen zur Anatomie am Lebenden an der Medizinischen Hochschule Hannover.
067 Lippert, H., P. Köpf-Maier: Bisher unveröffentlichte Fotos.
068 Lippert, H., A. Luhmann: Bisher unveröffentlichte Fotos.
069 Lippert, H., A. Luhmann: Zeichnungen unter Mitverwendung von Holzschnitten aus Vesalius (*125*).
070 Lippert, H., R. Pabst: Arterial variations in man. Classification and frequency. Bergmann, München 1985.
071 Marchesani, O., H. Sautter: Atlas des Augenhintergrundes, 2. Aufl. 1959.
072 Mathis, H.: Parodontopathien. In: Klinik der Gegenwart, Bd. 2, S. 355-362. 1956.
073 Meinecke, F. W.: Die Verletzungen der Wirbelsäule mit Markschäden. In: Chirurgie der Gegenwart, Bd. 4, Tl. 16. 1974.
074 Meyer, W.: Histologie der Zähne und des Gebisses. In: K. Häupl, W. Meyer, K. Schuchardt (Hrsg.): Die Zahn-, Mund- und Kieferheilkunde, Bd. 1, S. 253-296. 1958.
075 Meyer, W.: Entwicklung der Zähne und des Gebisses. In: K. Häupl, W. Meyer, K. Schuchardt (Hrsg.): Die Zahn-, Mund- und Kieferheilkunde, Bd. 1, S. 307-346. 1958.
076 Meyer-Burg, J., R. Häring, H. Henning, F. Lindlar, G. Palme, U. Ziegler, W. Schlungbaum: Die kranke Gallenblase. 1974.
077 Möbius, W.: Die Anwendung der Röntgen- und Strahlendiagnosik während Schwangerschaft, Geburt und Wochenbett. In: H. Schwalm, G. Döderlein, K. H. Wulf (Hrsg.): Klinik der Frauenheilkunde und Geburtshilfe, Bd. 6, S. 261-393. 1967.
078 Mörl, H.: Prophylaxe und Therapie von Gefäßwandveränderungen. Med. Klin. 73 (1978), 722-729.
079 Müller-Vahl, H.: Iatrogene Läsionen an peripheren Nerven und an der Muskulatur. Med. Habil.-Schrift, Hannover 1985.
080 Mutschelknauss, R.: Die Klinik der marginalen Parodontopathien und ihre pathohistologischen Grundlagen. In: D. Haunfelder, L. Hupfauf, W. Ketterl, G. Schmuth (Hrsg.): Praxis der Zahnheilkunde, Bd. 1, Tl. A 14. 1973.
081 Neff, M., H. Kremer: Transösophageale Echokardiographie. In: H. Kremer, W. Dobrinski (Hrsg.): Sonographische Diagnostik, 4. Aufl., S. 373-387. 1994.
082 Niesert, W.: Blutungen in der Schwangerschaft und nach der Geburt. In: H. Schwalm, G. Döderlein (Hrsg.): Klinik der Frauenheilkunde und Geburtshilfe, Bd. 2, S. 119-182/8. 1964, 1969.
083 Noltenius, H.: Biologie der Krankheiten. 1974.
084 Oehlert, W.: Speiseröhre, Magen und Darm. In: Büchner, F., E. Grundmann: Spezielle Pathologie, Bd. 1, S. 175-268. 5. Aufl. 1974.
085 Overzier, C.: Erkrankungen der männlichen Keimdrüsen und die Intersexualität. In: Klinik der Gegenwart, Bd. 9, S. 97-124. 1959.
086 Pabst, R.: Die Milz - ein überflüssiges Organ? Med. Klin. 76 (1981), 210-216.
087 Pabst, R., A. Luhmann: Bisher unveröffentlichte Fotos.
088 Patzelt, V.: Histologie, 3. Aufl. 1948.
089 Pernkopf, E.: Topographische Anatomie des Menschen. Bd. 1, 2. Aufl. 1943.
090 Pernkopf, E.: Topographische Anatomie des Menschen, Bd. 2, 2. Aufl. 1943.
091 Pernkopf, E.: Topographische Anatomie des Menschen, Bd. 3. 1952.

092 Pernkopf, E.: Topographische Anatomie des Menschen, Bd. 4. 1960.
093 Petermann, J.: Die Chirurgie des Bauchfells und des Netzes. In: M. Kirschner, O. Nordmann (Hrsg.): Die Chirurgie, Bd. 6, S. 111-208. 2. Aufl. 1941.
094 Pichlmaier, H.: Organtransplantation. In: Chirurgie der Gegenwart, Bd. 1, Tl. 4, 1973.
095 Pitzen, P., H. Rössler: Kurzgefaßtes Lehrbuch der Orthopädie, 13. Aufl. 1976.
096 Primer, G.: Einführung in die Bronchoskopie. 1978.
097 Quast-Hötte, G., H. Lippert: Doppelmißbildungen ("siamesische Zwillinge"). Med. Klin. 72, 758-762, 1977.
098 Reiss, G: Bisher unveröffentlichte elektronenmikroskopische und Lupenpräparationsbilder.
099 Richter, K.: Erkrankungen der Vagina. In: H. Schwalm, G. Döderlein (Hrsg.): Klinik der Frauenheilkunde und Geburtshilfe, Bd. 8, S. 433-587. 1971.
100 Riesz, E.: Die Untersuchung der Bewegungsorgane. 1973.
101 Rothschuh, K. E.: Theorie des Organismus. 2. Aufl. 1963.
102 Schertel, L. , D. Puppe, E. Schwepper, H. Witt, K. zum Winkel: Atlas der Xeroradiographie. 1976.
103 Schink, W.: Gelenkmessungen an den Gliedmaßen nach der Neutral-Null-Methode. In: Chirurgie der Gegenwart, Bd. 5, Tl. 16. 1977.
104 Schmidtke, I.: Diagnostik, Beurteilung und Therapie des Lymphödems der unteren Extremitäten. Med. Klin. 71 (1976), 1351-1364.
105 Schramm, T., H. Kremer: Aspekte der gynäkologischen Sonographie für den Internisten und Allgemeinarzt. In: H. Kremer, W. Dobrinski (Hrsg.): Sonographische Diagnostik, 4. Aufl., S. 273-280. 1994.
106 Schütz, E., K. E. Rotschuh: Bau und Funktion des menschlichen Körpers. 10./11. Aufl. 1968.
107 Schultze, O.: Atlas und kurzgefaßtes Lehrbuch der topographischen und angewandten Anatomie, 4. Aufl. von W. Lubosch. Lehmann, München 1935.
108 Schumann, M.: Lehr- und Hilfsbuch für medizinische-technische Assistentinnen. 1931.
109 Schuster, H. P.: Notfallmedizin - Intensivmedizin. In: Klinik der Gegenwart, Bd. 11, S. 733. 1978.
110 Sobotta, J.: Atlas und Lehrbuch der Histologie und mikroskopischen Anatomie, 4. Aufl. Lehmann, München 1929.
111 Sobotta, J., H. Becher: Atlas der Anatomie des Menschen, Bd. 1, 16 Aufl. 1967.
112 Sobotta, J., H. Becher: Atlas der Anatomie des Menschen, Bd. 2, 16. Aufl. 1965.
113 Sobotta, J., H. Becher: Atlas der Anatomie des Menschen, Bd. 3, 16. Aufl. 1962.
114 Sonnabend, E.: Zahnärztliche Röntgenologie: In: Praxis der Zahnheilkunde, Bd. 4, Tl. E1, 1975.
115 Soost, H.-J., P. Ziffer: Weibliches Genitale und Mamma. In: Krebsvorsorge und Krebsfrüherkennung. 1974.
116 Spreng, M: Der Kauabdruck, 2. Aufl. 1953.
117 Stein, E.: Technik der diagnostischen und therapeutischen Eingriffe in der Inneren Medizin. In: Klinik der Gegenwart, Bd. 5, S. 639-712. 1963.
118 Tandler, J.: In: A. Bum (Hrsg.): Handbuch der Krankenpflege, 2. Aufl. 1922.
119 Toldt, C.: In: The Urban & Schwarzenberg Collection of Medical Illustrations Since 1896. 1977.
120 Toldt/Hochstetter: Anatomischer Atlas, Bd.1, 27. Aufl. (Hrsg.: J. Krmpotic-Nemanic). 1979.
121 Tscherne, E.: Menstruation und Menstruationsstörungen. In: H. Schwalm, G. Döderlein (Hrsg.): Klinik der Frauenheilkunde und Geburtshilfe, Bd. 6, S. 157-260. 1967.
122 Urban & Schwarzenberg: Bilder aus dem Verlagsarchiv.
123 Urbantschitsch, V.: Lehrbuch der Ohrenheilkunde. 5. Aufl. 1910.
124 Verschuer, O. v.: Genetik des Menschen. 1959.
125 Vesalius, A.: De humani corporis fabrica libri septem. Basel 1543.
126 Vorherr, H.: Physiologie und Pathologie der Laktation. Mastitis. In: H. Schwalm, G. Döderlein (Hrsg.): Klinik der Frauenheilkunde und Geburtshilfe, Bd. 3, S. 165. 1977.
127 Wallraff, J.: Leitfaden der Histologie des Menschen. 8. Aufl. 1972.
128 Weibel, W.: Lehrbuch der Frauenheilkunde, 7. Aufl. 1944.
129 Weigold, B., P. Banholzer: retroperitoneale Gefäße. In: H. Kremer, W. Dobrinski (Hrsg.): Sonographische Diagnostik, 4. Aufl., S. 207-220. 1994.
130 Weissbecker, L.: Wachstumsstörungen und ihre Behandlung. In: Klinik der Gegenwart, Bd. 7, S. 209-233. 1958.
131 Wendt, G. G., U. Theile: Humangenetik und prophylaktische Medizin. In: Klinik der Gegenwart, Bd. 11, S. 283-356. 1974.
132 Westermann, J.: Bisher unveröffentlichte Mikrofotos.
133 Wicke, L.: Atlas der Röntgenanatomie. 1977.
134 Widmer, A., F. Deucher: Eingriffe an Kolon, Rektum und Anus. Grundzüge und allgemeine Richtlinien. In: B. Breitner: Chirurgische Operationslehre, Bd. 6, Tl. 10. 1977.
135 Winkelmann, W.: Akromegalie. In: Klinik der Gegenwart, Bd. 7, S. E235-244. 1979.

Auf den folgenden beiden Seiten ist für jede Abbildung die Herkunft angegeben: Die Ziffern vor den Buchstaben bedeuten die Seite in diesem Buch, die Buchstaben bezeichnen die Abbildung, die kursiven kleinen Ziffern beziehen sich auf die Nummern des voranstehenden Literaturverzeichnisses. Beispiel: 243 A*119*, B*061/070*, C*038*, D*067* = auf Seite 243 stammen die Abbildungen A aus Toldt (Nr. *119* des Literaturverzeichnisses), B aus Lippert (*061*, auch abgedruckt in *070*), C aus Heitzmann (*038*), D gehört zu einer bisher unveröffentlichten Bildreihe, die der Verfasser gemeinsam mit Frau Prof. Dr. P. Köpf-Maier erarbeitete (*067*).

3 *125*
5 A-D*125*
7 A+B*069*
9 A+B*069*, C*114*
11 A*063*, B-G*124*, H-J*008*
13 A*019*, B*124*, C+D*012*, E*053*
15 A*131*, B*095*, C*130*, D*057*, E*097*, F+G*039*
17 *118*
18 D+E*037*
19 A+B*118*, C*068*
20 B+C*037*
21 *118*
23 A*118*, B*067*, C+D*007*
25 A*041*, B*127*
27 A-D*041*
29 A*098*, B-D*127*, E*098*, F*031*, G*098*
31 A*083*, B*088*, C*031*, D*008*, E*010*
33 A-E*007*, F-N*087*
35 A-C*131*, D+E*068*, F*085*
37 A-G*127*, H*108*, I*110*, J*088*, K*050*
39 A-F*127*, G-K*088*
41 A+B*127*, C+D*007*, E-H*088*
43 A*050*, B+C*007*, D*110*
44 F+G*013*
45 A+B*007*, C+D*127*, E*041*
47 A*007*, B*041*, C-F*057*
49 A*127*, B*088*, C-E*007*
51 A*007*, B*050*, C*007*
53 A*088*, B+C*127*, D+E*111*
55 A*008*, B*110*, C*127*
57 *045*
59 *045*
61 A+B*013*, C+D*132*
63 A*013*, C+D*132*
65 A+B*007*, C*050*, D*007*, E*127*, F+G*007*
67 A*110*, B+C*128*, D*050*, E-G*127*
69 A*009*, B*106*, C+D*050*, E*068*, F*050*, G*110*
71 A+B*127*, C+D*088*, E*110*, F*009*
73 A*110*, B-F*009*, G+H*110*, I*073*
75 A*088*, B*009*, C*106*, D*062*, E*030*, F-K*012*
77 A-D*083*, E-O*025*, P*065*
79 A+B*009*, C*088*, D*110*, E+F*009*
81 A*110*, B*009*, C*110*, D*064*, E*066*
83 A*068*, B*089*, C+D*068*
85 A+B*110*, C*009*, D*012*, E*066*
86 A-E*126*
87 F*089*, G+H*066*
89 A-C*066*, D-G*115*, H*066*, I*065*
91 A-F*007*, G*111*, H*065*
93 A*007*, B*015*, C-E*007*, F*015*
95 A-D*007*, E-G*095*, H*065*
97 A*111*, B+C*007*
98 C-I*095*
99 A*111*, B*015*, K-O*095*
101 A+B*118*, C-F*007*
103 A*007*, B*118*, C+D*066*
105 A-C*007*, D-G*066*
107 A+B*007*, C*067*
109 A-D*007*, E*067*
111 A*111*, B*090*
113 A*018*, B*007*, C*027*, D*023*, E*067*
115 A*007*, B*090*, C-G*007*
117 A+B*007*, C*133*, D-F*007*
119 A*018*, B*128*, C+D*059*
121 A*118*, B-E*007*, F*067*
123 A*068*, B+C*007*, D*090*, E*007*
124 A-E*012*
125 F-H*066*, I+J*007*, K-M*065*
127 A*007*, B-D*067*, E*095*, F+G*007*
129 A*007*, B*018*, C-E*007*
131 A*117*, B*065*, C*117*, D-F*065*, G*079*
133 A*007*, B*018*, C*117*, D-G*007*
135 A+B*007*, C+D*067*, E*068*
137 A+B*007*, C*018*, D*015*, E*012*, F+G*007*
139 A*090*, B-D*007*, E*090*, F*015*
141 A*090*, B*100*, C+D*066*, E+F*015*
143 A*007*, B+C*015*, D+E*007*, F+G*065*
145 A*090*, B*015*, C*090*, D*015*, E*012*
147 A*090*, B+C*007*, D+E*012*, F+G*065*
149 A*007*, B*018*, C*066*
151 A*007*, B*018*, C-G*007*
153 A*007*, B*020*, C*007*
155 A+B*007*, C*018*, D*066*
157 A-C*113*, D+E*012*
159 A*118*, B*020*, C*007*, D*001*, E+F*015*
161 A*089*, B*018*, C*007*, D-G*012*
163 A*007*, C*015*, D*111*, E*015*, F*065*
165 A-H*007*
167 A*009*, B-E*066*
168 I+J*007*
169 A+B*007*, C*089*, D+E*007*, F*015*, G+H*012*
171 A*007*, B*009*, C-E*007*, F*067*, G*007*
173 A-C*007*, D*111*, E-G*007*
175 A-C*007*
177 A+B*018*
179 A*113*, B*009*, C+D*067*, E+F*001*
180 E+F*024*
181 A*007*, B*018*, C*102*, D*015*
182 I+J*007*
183 A*089*, B+C*007*, D-H*103*
185 A-G*007*
187 A*113*, B*061/070*, C+D*089*, E*067*
188 E*007*
189 A*092*, B*015*, C*017*, D*007*
190 E*111*, F*010*
191 A*092*, B*015*, C+D*007*
192 C*006*
193 A+B*092*
194 D*068*
195 A+B*092*, C*111*
196 F*111*
197 A*197*, B-E*007*
199 A-C*007*, D-H*116*
201 A*111*, B-D*007*
203 A*091*, B*111*, C*007*, D*036*
205 A*113*, B+C*062*
207 A*113*, B*018*, C*118*, D*009*
209 A*018*, B+C*061/070*, D*012*, E*066*
211 A*074*, B*044*, C-H*074*, I*112*
213 A*127*, B*112*, C*127*, D*014*, E*048*
215 A*008*, B*112*, C*010*, D*008*, E+F*080*, G*072*
217 A-J*075*, K+L*017*
219 A*112*, B+C*008*, D*054*, E*110*
221 A*092*, B-G*054*
223 A*008*, B+C*112*, D*110*
225 A*113*, B+C*008*
227 A+B*112*, C*008*, D*107*, E*110*
229 A*113*, B*008*, C-F*005*
231 A*008*, B*112*, C+D*110*, E*084*
233 A*118*, B*008*, C+D*064*
235 A*008*, B*110*, C*118*, D*110*
237 A+B*008*, C*068*, D*008*, E*064*
239 A+B*005*, C*008*, D*110*, E*084*
240 D*110*
241 A*090*, B+C*067*
242 E*037*
243 A*119*, B*061/070*, C*038*, D*067*
245 A*005*, B*090*, C*111*, D*134*
247 A*093*, B-E*008*
249 *112*
251 A*090*, B*008*
253 A*008*, B*110*
254 C*037*
255 A*127*, B*110*
256 G*065*
257 A+B*008*, C*110*, D*005*, E+F*076*
259 A*008*, B*127*, C*005*, D-I*047*
261 A+B*112*
263 A+B*008*, C+D*127*
265 A*092*, B*017*, C*135*
267 A*112*, B*120*, C*110*, D-F*106*
269 A*112*, B*127*, C*088*
271 A+B*112*, C*110*, D+E*088*, F*057*

273 A110, B088, C+D057, E+F106
275 A092, B118, C008, D112, E092
277 112
279 A+B112, C+D008
281 A-C008, D-F112, G-J008
283 A008, B066, C-E008, F091
285 A-C112
287 A133, B-D066
289 A-C018, D089
291 A+B008, C088, D+E008
293 A+B068, C+D096
294 F008
295 A-C112, D+E008
297 A008, B+C088
299 A+B110, C112, D067
300 A068
301 B+C068
303 112
305 A026, B110, C+D005
307 A-D008, E110, F117
308 B008
309 A112, C+D029
311 A008, B-D110, E008
313 A112, B110, C054
315 A106, B113, C049, D018
317 A+B008, C090
319 A+B127, C054
321 A-D112, E010
322 H+I058
323 A099, B+C032, D110, E-G121
325 A112, B008
327 A-C065, D112, E-J043
329 A090, B112, C122, D-F052
331 A008, B008, C090
333 A112, B008, C110, D008, E087
335 A-F008
337 A+B112
339 A+B112, C068
341 A090, B110, C010, D030, E117, F030
342 O037
343 A-E085, F057, G+H131, I+J057, K040, L+M035, N016
345 A033, B-G088
347 A+B106, C-E128, F088, G021, H010
349 A-C128, D064, E077, F112
351 A127, B068, C+D128
353 A113, B082
355 A008, B090, C067, D128, E008
357 A+B128, C+D008, E-H128
359 A-F128, G008, H128
361 A113, B+C008
363 A113, B-F002
364 F037
365 A018, B-D005, E109
367 A118, B+C054, D+E089
368 D113
369 A113, B+C008
371 A+B110, C-G054, H+I008, J113
372 E+F109, G034
373 A-D066
375 A113, B061/070, C008, D061/070, E094
376 A068
377 B+C068
379 A088, B+C008, D-G078
381 A118, B008, C110, D008
383 A008, B066, C133
385 A118, B-D008, E088, F113
387 A003, B005, C058, D-F008
389 113
391 A118, B133, C110, D008
393 A003, B055, C008, D127, E104
395 A038, B090, C068
397 A088, B110, C086
399 A008, B112, C068
401 A088, B-F106
403 A110, B127, C+D009, E071
405 A113, B110, C009, D110
407 A068, B092, C068
409 A+B113, C092
411 A+B009, C113, D009, E110
412 H006
413 A+B113, C-G042
415 A009, B113, C068, D110, E046
417 A092, B009, C113
419 A092, B009, C017, D008, E+F009
420 C+D098
421 A092, B088
423 A-F009, G098, H123
425 A113, B088, C009, D088, E098
427 A089, B018, C-J009
429 A+B009, C089, D+E009, F057, G113, H012
431 A110, B089
432 D006
433 A089, B+C067
434 F006
435 A118, B-D009, E066
436 C006
437 A092, B009
439 A-C060, D113
441 A+B009, C113, D054
443 A092, B054, C068
445 A009, B113, C092
447 A101, B113
449 A009, B113, C092, D012
451 A092, B+C009
453 A+B092, C011, D009, E068
455 022
457 A092, B061/070, C009
459 A113, B009, C+D056
461 A+B009, C113
463 A009, B113
464 A-C006
465 D-G006
466 A+B037
467 C-E037
468 A+B081
469 C051, D129, E004, F051, G105, H028

Sachverzeichnis

Fettgedruckte Seitenzahlen beziehen sich auf Hauptstellen, kursiv gesetzte auf Hinweislinien in Abbildungen.

A

B

D

E

F

H

M

N

O

P

Q

T

U

V